2025年注册会计师全国统一考试辅导教材

会　　计

中国注册会计师协会　组织编写

中国财经出版传媒集团
中国财政经济出版社
·北京·

图书在版编目（CIP）数据

会计/中国注册会计师协会组织编写. --北京：中国财政经济出版社，2025.2. --(2025年注册会计师全国统一考试辅导教材). --ISBN 978-7-5223-3746-3

Ⅰ.F230

中国国家版本馆CIP数据核字第2025Y4E143号

责任编辑：张若丹　王立辉　　　责任校对：张　凡
封面设计：陈宇琰　　　　　　　　责任印制：党　辉

会计
KUAIJI

中国财政经济出版社 出版

URL: http://www.cfeph.cn

E-mail: cfeph@cfeph.cn

（版权所有　翻印必究）

社址：北京市海淀区阜成路甲28号　邮政编码：100142
营销中心电话：010-88191522
天猫网店：中国财政经济出版社旗舰店
网址：https://zgcjjcbs.tmall.com
河北眺山实业有限责任公司印刷　各地新华书店经销
成品尺寸：185mm×260mm　16开　53印张　1 210 000字
2025年2月第1版　2025年2月河北第1次印刷
印数：1—60 000　定价：103.00元
ISBN 978-7-5223-3746-3
（图书出现印装问题，本社负责调换，电话：010-88190548）
本社图书质量投诉电话：010-88190744
打击盗版举报热线：010-88191661　QQ：2242791300

前　　言

注册会计师行业是社会主义市场经济体系的重要制度安排，是财会监督的重要专业力量，注册会计师审计承担着执业监督的重要使命。

《中华人民共和国注册会计师法》规定，国家实行注册会计师全国统一考试制度。作为注册会计师行业资格准入的基础环节，注册会计师全国统一考试在选拔高素质会计审计专业人才、评价专业人才资质能力、引导专业人才健康成长等方面发挥了不可替代的作用。

注册会计师全国统一考试分为专业阶段和综合阶段两个阶段。专业阶段考试设会计、审计、财务成本管理、公司战略与风险管理、经济法和税法6个科目，主要测试考生是否具备注册会计师执业所需要的职业道德和专业知识，是否掌握基本的职业技能。综合阶段考试设职业能力综合测试科目，分设试卷一和试卷二，主要测试考生是否具备执业所需综合运用专业知识的能力，是否能够坚持正确的职业价值观、遵从职业道德规范、保持正确的职业态度，是否能够有效解决实务问题。

为贯彻国家人才战略和行业人才全生命周期管理理论，落实注册会计师考试质量保证体系改革精神，体现理论性、科学性、全面性、系统性、实践性和可读性等质量要求，有效帮助考生复习备考，我会组织专家以注册会计师全国统一考试大纲为基准，编写了专业阶段考试6个科目的辅导教材，选编了《经济法规汇编》。如有疏漏，欢迎指正。

特别说明的是，本套辅导教材以及相关用书，不是注册会计师全国统一考试的指定用书。

中国注册会计师协会
2025年2月

目 录

第一章 总论 …………………………………………………………………（ 1 ）
　第一节 会计概述 …………………………………………………………（ 1 ）
　第二节 财务报告目标、会计基本假设和会计基础 ……………………（ 5 ）
　第三节 会计信息质量要求 ………………………………………………（ 10 ）
　第四节 会计要素及其确认与计量 ………………………………………（ 13 ）
　第五节 财务报告 …………………………………………………………（ 20 ）
　第六节 可持续信息披露 …………………………………………………（ 21 ）

第二章 存货 …………………………………………………………………（ 28 ）
　第一节 存货的确认和初始计量 …………………………………………（ 28 ）
　第二节 发出存货的计量 …………………………………………………（ 32 ）
　第三节 期末存货的计量 …………………………………………………（ 34 ）
　第四节 存货的清查盘点 …………………………………………………（ 38 ）
　第五节 存货的列示与披露 ………………………………………………（ 39 ）

第三章 固定资产 ……………………………………………………………（ 41 ）
　第一节 固定资产的确认和初始计量 ……………………………………（ 41 ）
　第二节 固定资产的后续计量 ……………………………………………（ 50 ）
　第三节 固定资产的处置 …………………………………………………（ 57 ）

第四章 无形资产 ……………………………………………………………（ 60 ）
　第一节 无形资产的确认和初始计量 ……………………………………（ 60 ）
　第二节 内部研究开发支出的确认和计量 ………………………………（ 69 ）
　第三节 无形资产的后续计量 ……………………………………………（ 74 ）
　第四节 无形资产的处置 …………………………………………………（ 79 ）
　第五节 无形资产的列示与披露 …………………………………………（ 79 ）

第五章　投资性房地产 （82）
　　第一节　投资性房地产的特征与范围 （82）
　　第二节　投资性房地产的确认和初始计量 （85）
　　第三节　投资性房地产的后续计量 （87）
　　第四节　投资性房地产的转换和处置 （88）

第六章　长期股权投资与合营安排 （94）
　　第一节　基本概念 （94）
　　第二节　长期股权投资的初始计量 （96）
　　第三节　长期股权投资的后续计量 （105）
　　第四节　长期股权投资核算方法的转换及处置 （119）
　　第五节　合营安排 （126）

第七章　资产减值 （135）
　　第一节　资产减值概述 （135）
　　第二节　资产可收回金额的计量 （137）
　　第三节　资产减值损失的确认与计量 （144）
　　第四节　资产组的认定及减值处理 （145）
　　第五节　商誉减值测试与处理 （152）

第八章　负债 （155）
　　第一节　流动负债 （155）
　　第二节　非流动负债 （165）

第九章　职工薪酬 （168）
　　第一节　职工和职工薪酬的范围及分类 （168）
　　第二节　短期薪酬的确认与计量 （170）
　　第三节　离职后福利的确认与计量 （176）
　　第四节　辞退福利的确认与计量 （178）
　　第五节　其他长期职工福利的确认与计量 （181）

第十章　股份支付 （182）
　　第一节　股份支付概述 （182）
　　第二节　股份支付的确认和计量 （185）
　　第三节　股份支付的应用举例 （195）

第十一章　借款费用 ……………………………………………………………………… (201)
第一节　借款费用概述 ………………………………………………………………… (201)
第二节　借款费用的确认 ……………………………………………………………… (203)
第三节　借款费用的计量 ……………………………………………………………… (205)

第十二章　或有事项 …………………………………………………………………… (211)
第一节　或有事项概述 ………………………………………………………………… (211)
第二节　或有事项的确认和计量 ……………………………………………………… (213)
第三节　或有事项会计处理的具体应用 ……………………………………………… (217)
第四节　或有事项的列报 ……………………………………………………………… (222)

第十三章　金融工具 …………………………………………………………………… (224)
第一节　金融工具概述 ………………………………………………………………… (224)
第二节　金融资产和金融负债的分类和重分类 ……………………………………… (225)
第三节　金融负债和权益工具的区分 ………………………………………………… (238)
第四节　金融工具的计量 ……………………………………………………………… (257)
第五节　金融资产转移 ………………………………………………………………… (275)
第六节　套期会计 ……………………………………………………………………… (285)
第七节　金融工具的披露 ……………………………………………………………… (298)

第十四章　租赁 ………………………………………………………………………… (306)
第一节　租赁概述 ……………………………………………………………………… (306)
第二节　承租人会计处理 ……………………………………………………………… (314)
第三节　出租人会计处理 ……………………………………………………………… (324)
第四节　特殊租赁业务的会计处理 …………………………………………………… (330)

第十五章　持有待售的非流动资产、处置组和终止经营 …………………………… (337)
第一节　持有待售的非流动资产和处置组 …………………………………………… (337)
第二节　终止经营 ……………………………………………………………………… (352)

第十六章　所有者权益 ………………………………………………………………… (356)
第一节　实收资本 ……………………………………………………………………… (356)
第二节　其他权益工具 ………………………………………………………………… (359)
第三节　资本公积、其他综合收益及留存收益 ……………………………………… (362)

第十七章 收入、费用和利润 (369)
    第一节 收入 (369)
    第二节 费用 (421)
    第三节 利润 (423)

第十八章 政府补助 (426)
    第一节 政府补助概述 (426)
    第二节 政府补助的会计处理 (429)
    第三节 政府补助的列报 (438)

第十九章 所得税 (439)
    第一节 所得税会计的基本原理 (439)
    第二节 资产、负债的计税基础 (440)
    第三节 暂时性差异 (448)
    第四节 递延所得税资产及负债的确认和计量 (451)
    第五节 所得税费用的确认和计量 (460)
    第六节 所得税的列报 (464)

第二十章 非货币性资产交换 (466)
    第一节 非货币性资产交换的概念 (466)
    第二节 非货币性资产交换的确认和计量 (468)
    第三节 非货币性资产交换的会计处理 (472)

第二十一章 债务重组 (481)
    第一节 债务重组的定义和方式 (481)
    第二节 债务重组的会计处理 (483)
    第三节 债务重组的相关披露 (493)

第二十二章 外币折算 (494)
    第一节 记账本位币的确定 (494)
    第二节 外币交易的会计处理 (496)
    第三节 外币财务报表折算 (501)

第二十三章 财务报告 (505)
    第一节 财务报表概述 (505)
    第二节 资产负债表 (508)
    第三节 利润表 (515)
    第四节 现金流量表 (518)

第五节　所有者权益变动表 ……………………………………………………… (528)
　　第六节　财务报表附注披露 ……………………………………………………… (530)
　　第七节　中期财务报告 …………………………………………………………… (540)

第二十四章　会计政策、会计估计及其变更和差错更正 ……………………………… (546)
　　第一节　会计政策及其变更概述 ………………………………………………… (546)
　　第二节　会计估计及其变更概述 ………………………………………………… (550)
　　第三节　会计政策与会计估计变更的划分 ……………………………………… (552)
　　第四节　会计政策和会计估计变更的会计处理 ………………………………… (554)
　　第五节　前期差错及其更正 ……………………………………………………… (561)

第二十五章　资产负债表日后事项 ……………………………………………………… (565)
　　第一节　资产负债表日后事项概述 ……………………………………………… (565)
　　第二节　调整事项的会计处理 …………………………………………………… (568)
　　第三节　非调整事项的会计处理 ………………………………………………… (573)

第二十六章　企业合并 …………………………………………………………………… (576)
　　第一节　企业合并概述 …………………………………………………………… (576)
　　第二节　企业合并的会计处理 …………………………………………………… (582)

第二十七章　合并财务报表 ……………………………………………………………… (608)
　　第一节　合并范围的确定 ………………………………………………………… (608)
　　第二节　合并财务报表编制原则、前期准备事项及程序 ……………………… (634)
　　第三节　长期股权投资与所有者权益的合并处理（同一控制下企业合并） … (639)
　　第四节　长期股权投资与所有者权益的合并处理（非同一控制下企业合并） … (659)
　　第五节　内部商品交易的合并处理 ……………………………………………… (685)
　　第六节　内部债权债务的合并处理 ……………………………………………… (696)
　　第七节　内部固定资产交易的合并处理 ………………………………………… (703)
　　第八节　内部无形资产交易的合并处理 ………………………………………… (715)
　　第九节　特殊交易在合并财务报表中的会计处理 ……………………………… (722)
　　第十节　所得税会计相关的合并处理 …………………………………………… (732)
　　第十一节　合并现金流量表的编制 ……………………………………………… (738)

第二十八章　每股收益 …………………………………………………………………… (740)
　　第一节　每股收益的基本概念 …………………………………………………… (740)
　　第二节　基本每股收益 …………………………………………………………… (740)
　　第三节　稀释每股收益 …………………………………………………………… (742)
　　第四节　每股收益的列报 ………………………………………………………… (751)

第二十九章 公允价值计量 (754)
第一节 公允价值概述 (754)
第二节 公允价值计量要求 (759)
第三节 公允价值计量的具体应用 (769)

第三十章 政府及民间非营利组织会计 (776)
第一节 政府会计概述 (776)
第二节 政府单位特定业务的会计核算 (780)
第三节 民间非营利组织会计 (823)

第一章 总 论

第一节 会计概述

一、会计的定义

会计是以货币为主要计量单位,反映和监督一个单位经济活动的一种经济管理工作。在企业,会计主要提供企业财务状况、经营成果和现金流量信息,并对企业经营活动和财务收支进行监督。会计是随着人类社会生产的发展和经济管理的需要而产生、发展并不断完善起来的。人类文明不断进步,社会经济活动不断革新,生产力不断提高,会计的核算内容、核算方法等也得到了较大发展,逐步由简单的计量与记录行为发展成为主要以货币单位综合地反映和监督经济活动过程的一种经济管理工作,并在参与单位经营管理决策、提高资源配置效率、促进经济健康持续发展方面发挥积极作用。

二、会计的作用

会计是现代企业的一项重要的基础性工作,通过一系列会计程序,提供决策有用的信息,并积极参与经营管理决策,提高单位经济效益,服务于市场经济的健康有序发展。具体来说,会计在社会主义市场经济中的作用,主要包括以下几个方面。

第一,提供决策有用的信息,提高企业透明度,规范企业行为。

会计通过其反映职能,提供的有关企业财务状况、经营成果和现金流量方面的信息,是包括投资者和债权人在内的各方面进行决策的依据。比如,对于作为企业所有者的投资者来说,为了选择投资对象、衡量投资风险、作出投资决策,不仅需要了解企业包括毛利率、总资产收益率、净资产收益率等指标在内的盈利能力和发展趋势方面的信息,也需要了解有关企业经营情况及所处行业的信息;对于作为企业债权人的银行来说,为了选择贷款对象、衡量贷款风险、作出贷款决策,不仅需要了解企业包括流动比率、速动比率、资产负债率等指标在内的短期偿债能力和长期偿债能力,也需要了解企业所处行业的基本情况及其在同行业所处的地位;对于作为社会经济管理者的政府部门来说,为了制定经济政策、进行宏观调控、配置社会资源,需要从总体上掌握企业的资产负债结构、损益状况和现金流转情况，从宏观上把握经济运行状况和发展变化趋势。所有这一切，都需要会计提供有助于进行决策的信息，通过提高会计信息透明度来规范企业会计行为。

第二，加强经营管理，提高经济效益，促进企业可持续发展。

企业经营管理水平的高低直接影响着企业的经济效益、经营成果、竞争能力和发展前景，在一定程度上决定着企业的前途和命运。为了满足企业内部经营管理对会计信息的需要，现代会计已经渗透到企业内部经营管理的各个方面。比如，企业会计通过分析和利用有关企业财务状况、经营成果和现金流量方面的信息，可以全面、系统、总括地了解企业生产经营活动情况、财务状况和经营成果，并在此基础上预测和分析未来发展前景；可以通过发现过去经营活动中存在的问题，并找出差距及原因，以提出改进措施；可以通过预算的分解和落实，建立起内部经济责任制，从而做到目标明确、责任清晰、考核严格、赏罚分明。总之，会计通过真实地反映企业的财务信息，参与经营决策，为处理企业与各方面的关系、考核企业管理人员的经营业绩、落实企业内部管理责任奠定基础，为加强企业经营管理、提高经济效益发挥积极作用。

第三，考核企业管理层经济责任的履行情况。

企业接受了包括国家在内的所有投资者和债权人的投资，就有责任按照预定的发展目标和要求，合理利用资源，加强经营管理，提高经济效益，接受考核和评价。会计信息有助于评价企业的业绩，有助于考核企业管理层经济责任的履行情况。比如，对于作为企业所有者的投资者来说，为了了解企业当年经营活动成果和资产保值增值情况，需要将利润表中的净利润与上年进行对比，以反映企业的盈利发展趋势，需要与同行业进行对比，以反映企业在与同行业竞争时所处的位置，从而考核企业管理层经济责任的履行情况；对于作为社会经济管理者的政府部门来说，需要了解企业资产负债表、利润表和现金流量表中所反映的实际情况，了解企业可持续经营能力。所有这一切，都需要会计提供信息。

三、会计人员职业道德

会计人员承担着生成和提供会计信息、维护国家财经纪律和经济秩序的重要职责，会计人员职业道德素质直接影响会计工作和会计信息质量。会计人员具有可靠的职业道德品质，才能保证会计信息的合法、真实、准确、及时、完整，广大财务报表使用者才会对其依赖的会计信息有信心。

（一）会计人员职业道德的内容

根据《中华人民共和国会计法》（以下简称会计法）的规定，会计人员应当遵守职业道德，提高业务素质，严格遵守国家有关保密规定；财政部门对各单位从事会计工作的人员是否具备专业能力、遵守职业道德的情况实施监督。

会计人员职业道德的范畴包含以下内容：

（1）坚持诚信，守法奉公。牢固树立诚信理念，以诚立身、以信立业，严于律己、心存敬畏。学法知法守法，公私分明、克己奉公，树立良好职业形象，维护会计行业声誉。

（2）坚持准则，守责敬业。严格执行准则制度，保证会计信息真实完整。勤勉尽责、爱岗敬业，忠于职守、敢于斗争，自觉抵制会计造假行为，维护国家财经纪律和经济秩序。

（3）坚持学习，守正创新。始终秉持专业精神，勤于学习、锐意进取，持续提升会计专业能力。不断适应新形势新要求，与时俱进、开拓创新，努力推动会计事业高质量发展。

（二）中国注册会计师职业道德

维护公众利益是注册会计师行业的宗旨。公众不仅包括注册会计师服务的客户，也包括投资者、债权人、政府机构、社会公众等其他可能依赖注册会计师提供的信息以作出相关决策的组织或人员。这种依赖赋予注册会计师维护公众利益的责任。注册会计师应当遵守中国注册会计师职业道德守则，履行相应的社会责任，维护公众利益。

为了发挥注册会计师在社会经济活动中的鉴证和服务作用，加强对注册会计师的管理，《中华人民共和国注册会计师法》对注册会计师的行为进行了规范，并赋予了财政部对事务所及注册会计师的法定监督检查职责。

注册会计师应当遵循下列职业道德基本原则：

（1）诚信。诚信是注册会计师行业存在和发展的基石，在职业道德基本原则中居于首要地位。注册会计师应当遵循诚信原则，在所有的职业活动中保持正直、诚实守信。例如，注册会计师可以通过下列方式遵循诚信原则：在对客户所采取的立场提出质疑时保持正直、诚实守信；当怀疑某项陈述可能包含严重虚假或误导性内容时，对不一致的信息实施进一步调查并寻求进一步审计证据，以就具体情况下需要采取的恰当措施作出知情决策。

（2）客观公正。客观公正原则要求注册会计师不得由于偏见、利益冲突或他人的不当影响而损害自己的职业判断。例如，注册会计师在面临压力时坚持自己的立场，或在适当时质疑他人，即使这样做会对会计师事务所或注册会计师个人造成潜在的不利后果。

（3）独立性。独立性是鉴证业务的灵魂，是专门针对注册会计师从事审计和审阅业务、其他鉴证业务而提出的职业道德基本原则。在执行审计和审阅业务、其他鉴证业务时，注册会计师应当遵循独立性原则，从实质上和形式上保持独立性，不得因任何利害关系影响其客观公正。

（4）专业胜任能力和勤勉尽责。根据该原则的要求，注册会计师应当获取并保持应有的专业知识和技能，确保为客户提供具有专业水准的服务，并做到勤勉尽责。

（5）保密。注册会计师应当遵循保密原则，对职业活动中获知的涉密信息保密。这使信息提供者通常可以放心地向注册会计师提供其从事职业活动所需的信息，而不必担心该信息被其他方获知，这有利于注册会计师更好地维护公众利益。

（6）良好职业行为。注册会计师应当遵循良好职业行为原则，爱岗敬业，遵守相关法律法规，避免发生任何可能损害职业声誉的行为。

四、企业会计准则的制定与企业会计准则体系

根据会计法的规定，中国企业会计准则由财政部制定。

多年来，尤其是改革开放以来，我国一直与时俱进，顺时应势，积极推进会计改革和国家统一的会计制度（会计准则是国家统一的会计制度的一部分）建设。2006年2月15日，财政部在多年会计改革经验积累的基础上，顺应我国社会主义市场经济发展和经济全球化的需要，发布了企业会计准则体系。这套企业会计准则体系包括《企业会计准则——基本准则》（以下简称基本准则）和具体准则及有关应用指南，实现了与国际财务报告准则的趋同。企业会计准则体系自2007年1月1日起首先在上市公司范围内施行，之后逐步扩大到几乎所有大中型企业。

中国现行企业会计准则体系由基本准则、具体准则、应用指南和解释等组成。

（一）基本准则

我国基本准则主要规范了以下内容：(1) 财务报告目标。基本准则明确了我国财务报告的目标是向财务报告使用者提供决策有用的信息，并反映企业管理层受托责任的履行情况。(2) 会计基本假设。基本准则强调了企业会计确认、计量和报告应当以会计主体、持续经营、会计分期和货币计量为会计基本假设。(3) 会计基础。基本准则要求企业会计确认、计量和报告应当以权责发生制为基础。(4) 会计信息质量要求。基本准则建立了企业会计信息质量要求体系，规定企业财务报告中提供的会计信息应当满足会计信息质量要求。(5) 会计要素分类及其确认、计量原则。基本准则将会计要素分为资产、负债、所有者权益、收入、费用和利润六个要素，同时对各要素进行了严格定义。会计要素在计量时以历史成本为基础，可供选择的计量属性包括历史成本、重置成本、可变现净值、现值和公允价值等。(6) 财务报告。基本准则明确了财务报告的基本概念、应当包括的主要内容和应反映信息的基本要求等。

基于基本准则规范的上述内容，基本准则在企业会计准则体系中发挥着十分重要的作用，主要包括：

一是统驭具体准则的制定。基本准则规范了包括财务报告目标、会计基本假设、会计信息质量要求、会计要素的定义及其确认、计量原则、财务报告等在内的基本问题，是制定具体准则的基础，对各具体准则的制定起着统驭作用，可以确保各具体准则的内在一致性。我国基本准则第三条明确规定："企业会计准则包括基本准则和具体准则，具体准则的制定应当遵循本准则（即基本准则）。"在企业会计准则体系的建设中，各项具体准则也都明确规定按照基本准则的要求进行制定和完善。

二是为会计实务中出现的、具体准则尚未规范的新问题提供会计处理依据。在会计实务中，由于经济交易事项的不断发展、创新，一些新的交易或者事项在具体准则中尚未规范但又急需处理，这时，企业不仅应当对这些新的交易或者事项及时进行会计处理，而且在处理时应当严格遵循基本准则的要求，尤其是基本准则关于会计要素的定义及其确认与计量等方面的规定。因此，基本准则不仅扮演着具体准则制定依据的角色，也为会计实务中出现的、具体准则尚未作出规范的新问题提供了会计处理依据，从而确保了企业会计准则体系对所有会计实务问题的规范作用。

（二）具体准则

具体准则是在基本准则的指导下，对企业各项资产、负债、所有者权益、收入、费用、利润及相关交易事项的确认、计量和报告进行规范的会计准则。

（三）解释

解释是对具体准则实施过程中出现的问题、具体准则条款规定不清楚或者尚未规定的问题作出的补充说明。

（四）应用指南

应用指南是对具体准则相关条款的细化和有关重点难点问题提供的操作性指南，以利于会计准则的贯彻落实和指导实务操作。

另外，为及时回应社会对企业会计准则实施的关切，财政部在官网上发布了企业会计准则应用案例和实施问答，这些内容在发布一段时间后将被纳入应用指南。

2011年10月18日，财政部发布了《小企业会计准则》。《小企业会计准则》规范了适用于小企业的资产、负债、所有者权益、收入、费用、利润及利润分配、外币业务、财务报表等会计处理及其报表列报等问题。《小企业会计准则》适用于在中华人民共和国境内依法设立的、符合《中小企业划型标准规定》所规定的小型企业标准的企业，但股票或债券在市场上公开交易的小企业、金融机构或其他具有金融性质的小企业、属于企业集团内的母公司和子公司的小企业除外，自2013年1月1日起在所有适用的小企业范围内施行。《小企业会计准则》的发布与实施，标志着我国涵盖所有企业的会计准则体系的建成。

第二节 财务报告目标、会计基本假设和会计基础

一、财务报告目标

（一）财务报告目标的受托责任观和决策有用观

财务报告目标是指企业编制财务报告提供会计信息的目的。它是财务会计概念框架或者我国基本准则的最高层次，对财务会计的规范发展起着导向性作用。财务报告目标从传统上来讲有两种观点：一是财务报告目标的受托责任观；二是财务报告目标的决策有用观。

财务报告目标的受托责任观主要形成于公司制企业发端与盛行时期。在公司制企业下，公司财产所有权与经营权分离，财产所有者将财产投入公司后不再直接干预财产的具体经营，而是委托给公司管理层，由公司管理层作为受托者对财产进行妥善保管并使其增值；受托者接受委托者的委托后，获得了财产的自主经营权和处置权，但负有定期向委托者报告其受托责任履行情况的义务，这就是基于公司制的财务报告受托责任观。财务报告受托责任观的核心内容是：财务报告目标应以恰当方式有效反映受托者受托管

理委托人财产责任的履行情况。财务报告在委托人和受托人之间起着桥梁作用，核心是揭示过去的经营活动与财务成果。

财务报告目标的决策有用观则主要源于资本市场的发展。随着公司制企业的发展，股权的交换和流通显得越来越迫切，而资本市场的发展为其提供了交易的平台，顺应了形势发展的需要。在资本市场发展的前提下，公司的股权进一步分散，分散的投资者在关心公司资产保值增值的同时，更关心公司的价值创造和股票的涨跌，投资者关注的核心从公司财产本身更多地转向公司价值管理和资本市场股票的表现。如果公司管理层管理不善、业绩不佳，投资者往往不是直接更换公司管理层，而是"用脚投票"，通过卖出股票来直接行使相关的权利，公司财务报告为此需要向投资者提供与其投资决策相关的信息，这就是基于资本市场的财务报告决策有用观。财务报告决策有用观的核心内容是：财务报告应当向投资者等外部使用者提供决策有用的信息，尤其是提供与企业财务状况、经营成果、现金流量等相关的信息，从而有助于使用者评价公司未来现金流量的金额、时间和不确定性。财务报告除了需要揭示过去的经营业绩外，还需要提供有助于未来决策的相关信息。

财务报告目标的受托责任观和决策有用观各有侧重，并且往往与企业发展和外部环境变化相关。从国际财务报告准则和世界许多国家会计准则及其会计实务发展来看，目前国际会计准则理事会和各国会计准则制定机构在确定财务报告目标时，尽管决策有用观地位越来越上升，但往往还是尽可能兼顾受托责任观和决策有用观。许多人认为，受托责任观和决策有用观尽管关注点有所不同，但是两者之间并不矛盾，反而有时相互补充，从而可以更好地满足信息使用者的信息需要。

（二）我国关于财务报告目标的规定

我国基本准则明确了财务报告的目标，规定财务报告的目标是向财务报告使用者提供与企业财务状况、经营成果和现金流量等有关的会计信息，反映企业管理层受托责任履行情况，有助于财务报告使用者作出经济决策。我国对财务报告目标的界定，兼顾了决策有用观和受托责任观。

基本准则规定，财务报告使用者主要包括投资者、债权人、政府及其有关部门和社会公众等。

满足投资者的信息需要是企业财务报告编制的首要出发点。近年来，我国企业改革持续深入，产权日益多元化，资本市场快速发展，机构投资者及其他投资者队伍日益壮大，对会计信息的要求日益提高。在这种情况下，投资者更加关心其投资的风险和报酬，他们需要会计信息来帮助其作出决策，比如决定是否应当买进、持有或者卖出企业的股票或者股权，他们还需要通过会计信息来帮助其评估企业现金流量的金额、时间和不确定性、支付股利的能力等。因此，基本准则将投资者作为企业财务报告的首要使用者，凸显了投资者的地位，体现了保护投资者利益的要求，是市场经济发展的必然。根据投资者决策有用的目标，财务报告所提供的信息应当如实反映企业所拥有或者控制的经济资源、对经济资源的要求权以及经济资源及其要求权的变化情况；如实反映企业的各项收入、费用、利得和损失的金额及其变动情况；如实反映企业各项经营活动、投资活动和筹资活动等所形成的现金流入和现金流出情况等，从而有助于现在的或者潜在的投资者正确、合理地评价企业的资产质量、偿债能力、盈利能力和营运效率等，有助于投资者根据相关会计信息作出理性的投资决策，有助于投资者评估与投资有关的未来现金流量的金额、时间和不确定性等。

除了投资者之外，基本准则还规定企业财务报告的使用者还有债权人、政府及有关部门、社会公众等。例如，企业贷款人、供应商等债权人通常十分关心企业的偿债能力和财务风险，他们需要通过会计信息来评估企业能否如期支付贷款本金及其利息，能否如期支付所欠购货款等；政府及其有关部门作为经济管理和经济监管部门，通常关心经济资源分配的公平、合理，市场经济秩序的公正、有序，宏观决策所依据信息的真实可靠等，他们需要通过会计信息来监管企业的有关活动（尤其是经济活动）、制定税收政策、进行税收征管和国民经济统计等。

应当讲，投资者及其他使用者等决策所需的许多信息是共同的。由于投资者是企业资本的主要提供者，通常情况下，如果财务报告能够满足这一群体的会计信息需求，也就可以满足其他使用者的大部分信息需求。

在强调财务报告对外部使用者决策有用的同时，财务报告体现的受托责任目标也不容忽视。改革开放以来，我国一直在推动各类企业（尤其是国有企业）建立现代企业制度，现代企业制度强调企业所有权和经营权相分离，企业管理层是受委托人之托经营管理企业及其各项资产，负有受托责任。即企业管理层所经营管理的企业各项资产基本是投资者投入的资本（或者留存收益作为再投资）或者向债权人借入的资金所形成的，企业管理层有责任妥善保管并合理、有效运用这些资产。企业投资者和债权人等也需要及时或者经常性地了解企业管理层保管、使用资产的情况，以便于评价企业管理层的责任情况和业绩，并决定是否需要调整投资或者信贷政策，是否需要加强企业内部控制和其他制度建设，是否需要更换管理层等。因此，财务报告应当反映企业管理层受托责任的履行情况，以有助于外部投资者和债权人等评价企业的经营管理责任和资源使用的有效性。

按照我国基本准则的规定，我国企业财务报告的目标对于决策有用观和受托责任观两者应当兼顾。财务报告的决策有用观和受托责任观是统一的，投资者出资委托企业管理层经营，希望获得更多的投资回报，实现股东财富的最大化，从而进行可持续投资；企业管理层接受投资者的委托从事生产经营活动，努力实现资产安全完整，保值增值，防范风险，促进企业可持续发展，就能够更好地持续履行受托责任，为投资者提供回报，为社会创造价值。由此可见，财务报告的决策有用观和受托责任观是有机统一的，企业编制财务报告应当努力满足这些目标，以服务于我国市场经济发展的需要。

二、会计基本假设

会计基本假设是企业会计确认、计量和报告的前提，是对会计核算所处时间、空间环境等所作的合理设定。会计基本假设包括会计主体、持续经营、会计分期和货币计量。

(一) 会计主体

会计主体，是指企业会计确认、计量和报告的空间范围。为了向财务报告使用者反映企业财务状况、经营成果和现金流量，提供与其决策有用的信息，会计核算和财务报告的编制应当集中于反映特定对象的活动，并将其与其他经济主体区别开来，才能实现财务报告的目标。

在会计主体假设下，企业应当对其本身发生的交易或者事项进行会计确认、计量和报告，反映企业本身所从事的各项生产经营活动。明确界定会计主体是开展会计确认、计量和报告工作的重要前提。

明确会计主体，才能划定会计所要处理的各项交易或事项的范围。在会计工作中，只有那些影响企业本身经济利益的各项交易或事项才能加以确认、计量和报告，那些不影响企业本身经济利益的各项交易或事项则不能加以确认、计量和报告。会计工作中通常所讲的资产、负债的确认，收入的实现，费用的发生等，都是针对特定会计主体而言的。

明确会计主体，才能将会计主体的交易或者事项与会计主体所有者的交易或者事项以及其他会计主体的交易或者事项区分开来。例如，企业所有者的经济交易或者事项是属于企业所有者主体所发生的，不应纳入企业会计核算的范围，但是企业所有者投入企业的资本或者企业向所有者分配的利润，则属于企业主体所发生的交易或者事项，应当纳入企业会计核算的范围。

会计主体不同于法律主体。一般来说，法律主体必然是一个会计主体。例如，一个企业作为一个法律主体，应当建立财务会计系统，独立反映其财务状况、经营成果和现金流量。但是，从报告角度看，一个会计主体不一定是一个法律主体。会计主体是被要求或主动选择编制财务报表的主体，可以是单个法律主体，也可以由一个以上法律主体构成。例如，在企业集团的情况下，一个母公司拥有若干子公司，母子公司虽然是不同的法律主体，但是母公司对于子公司拥有控制权，为了全面反映企业集团的财务状况、经营成果和现金流量，就有必要将企业集团作为一个会计主体，编制合并财务报表。当一个会计主体不是法律主体，并且不是仅由具有母子公司关系的法律主体构成的情况下，会计主体的边界主要由财务报表主要使用者的信息需求来确定。比如，由企业管理的证券投资基金、企业年金基金等，尽管不属于法律主体，但属于会计主体，应当对每项基金进行会计确认、计量和报告。

(二) 持续经营

持续经营，是指在可以预见的将来，企业将会按当前的规模和状态继续经营下去，不会停业，也不会大规模削减业务。在持续经营假设下，会计确认、计量和报告应当以企业持续、正常的生产经营活动为前提。

企业是否持续经营，在会计原则、会计方法的选择上有很大差别。一般情况下，应当假定企业将会按照当前的规模和状态继续经营下去。明确这个基本假设，就意味着会计主体将按照既定用途使用资产，按照既定的合约条件清偿债务，会计人员就可以在此基础上选择会计原则和会计方法。如果判断企业会持续经营，就可以假定企业的固定资产会在持续经营的生产经营过程中长期发挥作用，并服务于生产经营过程，固定资产就可以根据历史成本进行记录,并采用折旧的方法,将历史成本分摊到各个会计期间或相关产品的成本中。如果判断企业不会持续经营,固定资产就不应采用历史成本进行记录并按期计提折旧。

明确这个基本假设,就意味着会计主体将按照既定用途使用资产,按照既定合约条件清偿债务,并根据企业会计准则进行确认、计量和报告,而不是按照企业破产清算有关会计处理规定处理。因此,对于封闭式基金、理财产品、信托计划等寿命固定或可确定的结构化主体,有限寿命本身并不影响持续经营假设的成立。

如果一个企业在不能持续经营时还仍然按照持续经营进行会计处理,选择会计确认、计量和报告的原则与方法,就不能客观地反映企业的财务状况、经营成果和现金流量,会误导会计信息使用者的经济决策。《企业破产清算有关会计处理规定》(财会〔2016〕23号)规范了企业破产清算的会计处理,明确规定破产企业会计确认、计量和报告以非持续经营为前提。

(三) 会计分期

会计分期,是指将一个企业持续经营的生产经营活动划分为一个个连续的、间隔相同的期间。会计分期的目的,在于通过会计期间的划分,将持续经营的生产经营活动划分成连续、相等的期间,据以结算盈亏,按期编报财务报告,从而及时向财务报告使用者提供有关企业财务状况、经营成果和现金流量的信息。

在会计分期假设下,企业应当划分会计期间,分期结算账目和编制财务报告。会计期间通常分为年度和中期。中期,是指短于一个完整的会计年度的报告期间,如月度、季度、半年度等。

根据持续经营假设,一个企业将按当前的规模和状态持续经营下去。但是,无论是企业的生产经营决策还是投资者、债权人等的决策都需要及时的信息,都需要将企业持续的生产经营活动划分为一个个连续的、长短相同的期间,分期确认、计量和报告企业的财务状况、经营成果和现金流量。明确会计分期假设意义重大,由于会计分期,才产生了当期与以前期间、以后期间的差别,才使不同类型的会计主体有了记账的基准,进而出现了折旧、摊销等会计处理方法。

(四) 货币计量

货币计量,是指会计主体在财务会计确认、计量和报告时以货币计量,反映会计主体的生产经营活动。

在会计的确认、计量和报告过程中之所以选择以货币为基础进行计量,是由货币本身的属性决定的。货币是商品的一般等价物,是衡量一般商品价值的共同尺度,具有价值尺度、流通手段、贮藏手段和支付手段等特点。其他计量单位,如重量、长度、容积、台、件等,只能从一个侧面反映企业的生产经营情况,无法在量上进行汇总和比较,不便于会计计量和经营管理。只有选择货币尺度进行计量,才能充分反映企业的生产经营情况。所以,基本准则规定会计确认、计量和报告选择货币作为计量单位。

在有些情况下,统一采用货币计量也有缺陷,某些影响企业财务状况和经营成果的因素,如企业经营战略、研发能力、市场竞争力等,往往难以用货币来计量,但这些信息对于使用者决策来讲也很重要，为此，企业可以在财务报告中补充披露有关非财务信息来弥补上述缺陷。

三、会计基础

企业会计的确认、计量和报告应当以权责发生制为基础。权责发生制基础要求，凡是当期已经实现的收入和已经发生或应当负担的费用，无论款项是否收付，都应当作为当期的收入和费用，计入利润表；凡是不属于当期的收入和费用，即使款项已在当期收付，也不应当作为当期的收入和费用。

在实务中，企业交易或者事项的发生时间与相关货币收支时间有时并不完全一致。例如，款项已经收到，但销售并未实现；或者款项已经支付，但并不是为本期生产经营活动而发生的。为了更加真实、公允地反映特定会计期间的财务状况和经营成果，基本准则明确规定，企业在会计确认、计量和报告中应当以权责发生制为基础。

收付实现制是与权责发生制相对应的一种会计基础，它是以收到或支付的现金作为确认收入和费用等的依据。目前，我国的行政事业单位预算会计通常采用收付实现制，行政事业单位财务会计通常采用权责发生制。

第三节 会计信息质量要求

会计信息质量要求是对企业财务报告中所提供会计信息质量的基本要求，是使财务报告中所提供会计信息对投资者等使用者决策有用应具备的基本特征，它主要包括可靠性、相关性、可理解性、可比性、实质重于形式、重要性、谨慎性和及时性等。

一、可靠性

可靠性要求企业应当以实际发生的交易或者事项为依据进行确认、计量和报告，如实反映符合确认和计量要求的各项会计要素及其他相关信息，保证会计信息真实可靠、内容完整。

会计信息要有用，必须以可靠为基础，如果财务报告所提供的会计信息是不可靠的，就会给投资者等使用者的决策产生误导甚至损失。为了贯彻可靠性要求，企业应当做到：

（1）以实际发生的交易或者事项为依据进行确认、计量，将符合会计要素定义及其确认条件的资产、负债、所有者权益、收入、费用和利润等如实反映在财务报表中，不得根据虚构的、没有发生的或者尚未发生的交易或者事项进行确认、计量和报告。

（2）在符合重要性和成本效益原则的前提下，保证会计信息的完整性，其中包括应当编报的报表及其附注内容等应当保持完整，不能随意遗漏或者减少应予披露的信息，与使用者决策相关的有用信息都应当充分披露。

（3）包括在财务报告中的会计信息应当是中立的、无偏的。如果企业在财务报告中为了达到事先设定的结果或效果，通过选择或列示有关会计信息以影响决策和判断的，这样的财务报告信息就不是中立的。

二、相关性

相关性要求企业提供的会计信息应当与投资者等财务报告使用者的经济决策需要相关，有助于投资者等财务报告使用者对企业过去、现在或者未来的情况作出评价或者预测。

会计信息是否有用，是否具有价值，关键是看其与使用者的决策需要是否相关，是否有助于决策或者提高决策水平。相关的会计信息应当能够有助于使用者评价企业过去的决策，证实或者修正过去的有关预测，因而具有反馈价值。相关的会计信息还应当具有预测价值，有助于使用者根据财务报告所提供的会计信息预测企业未来的财务状况、经营成果和现金流量。例如，区分收入和利得、费用和损失，区分流动资产和非流动资产、流动负债和非流动负债以及适度引入公允价值等，都可以提高会计信息的预测价值，进而提升会计信息的相关性。

会计信息质量的相关性要求，需要企业在确认、计量和报告会计信息的过程中，充分考虑使用者的决策模式和信息需要。但是，相关性是以可靠性为基础的，两者之间并不矛盾，不应将两者对立起来。也就是说，会计信息在可靠性前提下，尽可能地做到相关性，以满足投资者等财务报告使用者的决策需要。

三、可理解性

可理解性要求企业提供的会计信息应当清晰明了，便于投资者等财务报告使用者理解和使用。

企业编制财务报告、提供会计信息的目的在于使用，而要让使用者有效地使用会计信息，应当能让其了解会计信息的内涵，弄懂会计信息的内容，这就要求财务报告所提供的会计信息应当清晰明了，易于理解。只有这样，才能提高会计信息的有用性，实现财务报告的目标，满足向投资者等财务报告使用者提供决策有用信息的要求。

会计信息毕竟是一种专业性较强的信息产品，在强调会计信息的可理解性要求的同时，还应假定使用者具有一定的有关企业经营活动和会计方面的知识，并且愿意付出努力去研究这些信息。对于某些复杂的信息，如交易本身较为复杂或者会计处理较为复杂，但其对使用者的经济决策相关的，企业就应当在财务报告中予以充分披露。

四、可比性

可比性要求企业提供的会计信息应当相互可比。可比性主要包括以下两层含义：

（一）同一企业不同时期可比

为了便于投资者等财务报告使用者了解企业财务状况、经营成果和现金流量的变化趋势，比较企业在不同时期的财务报告信息，全面、客观地评价过去、预测未来，从而作出决策，因此，会计信息应当可比。会计信息质量的可比性要求同一企业不同时期发生的相同或者相似的交易或者事项，应当采用一致的会计政策，不得随意变更。但是，满足会计信息可比性要求，并非表明企业不得变更会计政策，如果按照规定或者在会计政策变更后可以提供更可靠、更相关的会计信息的，可以变更会计政策。有关会计政策变更的情况，应当在附注中予以说明。

（二）不同企业相同会计期间可比

为了便于投资者等财务报告使用者评价不同企业的财务状况、经营成果和现金流量及其变动情况，会计信息质量的可比性要求不同企业同一会计期间发生的相同或者相似的交易或者事项，应当采用相同或相似的会计政策，确保会计信息口径一致、相互可比，以使不同企业按照一致的确认、计量和报告要求提供有关会计信息。

五、实质重于形式

实质重于形式要求企业应当按照交易或者事项的经济实质进行会计确认、计量和报告，而不仅仅以交易或者事项的法律形式为依据。

企业发生的交易或事项在多数情况下，其经济实质和法律形式是一致的。但在某些特定情况下，会出现不一致。例如，商品已经售出，但企业为确保到期收回债款而暂时保留商品的法定所有权时，该权利通常不会对客户取得对该商品的控制权构成障碍，在满足收入确认的其他条件时，企业确认相应的收入。

六、重要性

重要性要求企业提供的会计信息应当反映与企业财务状况、经营成果和现金流量有关的所有重要交易或者事项。在合理预期下，如果省略或者错报会影响投资者等财务报告使用者的决策判断，该项目就具有重要性。重要性应当根据企业所处的具体环境，从项目的性质和金额两方面予以判断，且对各项目重要性的判断标准一经确定，不得随意变更。判断项目性质的重要性，应当考虑该项目在性质上是否属于企业日常活动，是否显著影响企业的财务状况、经营成果和现金流量等因素；判断项目金额大小的重要性，应当考虑该项目金额占资产总额、负债总额、所有者权益总额、营业收入总额、营业成本总额、净利润、综合收益总额等直接相关项目金额的比重或所属报表单列项目金额的比重。

七、谨慎性

谨慎性要求企业对交易或者事项进行会计确认、计量和报告应当保持应有的谨慎，不应高估资产或者收益、低估负债或者费用。

在市场经济环境下，企业的生产经营活动面临着许多风险和不确定性，如应收款项的可收回性、固定资产的使用寿命、无形资产的使用寿命、售出存货可能发生的退货或者返修等。会计信息质量的谨慎性要求，需要企业在面临不确定性因素的情况下作出职业判断时，应当保持应有的谨慎，充分估计到各种风险和损失，既不高估资产或者收益、也不低估负债或者费用。例如，要求企业对可能发生的资产减值损失计提资产减值准备、对售出商品可能发生的保修义务等确认预计负债等，就体现了会计信息质量的谨慎性要求。

谨慎性的应用不允许企业设置秘密准备。如果企业故意低估资产或者收益，或者故意高估负债或者费用，则不符合会计信息的可靠性和相关性要求，损害会计信息质量，扭曲企业实际的财务状况和经营成果，从而对使用者的决策产生误导，这是不符合会计准则要求的。

八、及时性

及时性要求企业对于已经发生的交易或者事项，应当及时进行确认、计量和报告，不得提前或者延后。会计信息的价值在于帮助所有者或者其他方面作出经济决策，具有时效性。即使是可靠、相关的会计信息，如果不及时提供，就失去了时效性，对于使用者的效用就大大降低，甚至不再具有实际意义。在会计确认、计量和报告过程中贯彻及时性，一是要求及时收集会计信息，即在经济交易或者事项发生后，及时收集整理各种原始单据或者凭证；二是要求及时处理会计信息，即按照会计准则的规定，及时对经济交易或者事项进行确认、计量，并编制财务报告；三是要求及时传递会计信息，即按照国家规定的有关时限，及时地将编制的财务报告传递给财务报告使用者，便于其及时使用和决策。

在实务中，为了及时提供会计信息，可能需要在有关交易或者事项的信息全部获得之前即进行会计处理，这样虽然满足了会计信息的及时性要求，但可能会影响会计信息的可靠性；反之，如果企业等到与交易或者事项有关的全部信息获得之后再进行会计处理，这样的信息披露虽然提高了信息的可靠性，但可能会由于时效性问题，对于投资者等财务报告使用者决策的有用性将大大降低。这就需要在及时性和可靠性之间作相应权衡，以投资者等财务报告使用者的经济决策需要为判断标准。

第四节　会计要素及其确认与计量

会计要素是根据交易或者事项的经济特征所确定的财务会计对象的基本分类。会计要素按照其性质分为资产、负债、所有者权益、收入、费用和利润，其中，资产、负债和所有者权益要素侧重于反映企业的财务状况，收入、费用和利润要素侧重于反映企业的经营成果。会计要素的界定和分类可以使财务会计系统更加科学严密，为投资者等财务报告使用者提供更加有用的信息。

一、会计要素定义及其确认条件

（一）资产的定义及其确认条件

1. 资产的定义

资产是指企业过去的交易或者事项形成的、由企业拥有或者控制的、预期会给企业带来经济利益的资源。根据资产的定义，资产具有以下几个方面的特征：

（1）资产预期会给企业带来经济利益。资产预期会给企业带来经济利益，是指资产直接或者间接导致现金和现金等价物流入企业的潜力。这种潜力可以来自企业日常的生产经营活动，也可以是非日常活动；带来的经济利益可以是现金或者现金等价物，或者是可以转化为现金或者现金等价物，或者是可以减少现金或者现金等价物流出。

资产预期能否为企业带来经济利益是资产的重要特征。例如，企业在生产经营活动中积累了大量原始数据，但由于这些原始数据在关联性、精确性、及时性等方面存在质量欠缺，还无法找到适当的应用场景，无法确定预期能够给企业带来经济利益，因此不应当将该数据确认为资产。前期已经确认为资产的项目，如果不能再为企业带来经济利益的，也不能再确认为企业的资产。

(2) 资产应为企业拥有或者控制的资源。资产作为一项资源，应当由企业拥有或者控制，具体是指企业享有某项资源的所有权，或者虽然不享有某项资源的所有权，但该资源能被企业所控制。

企业享有资产的所有权，通常表明企业能够排他性地从资产中获取经济利益。通常在判断资产是否存在时，所有权是考虑的首要因素。在有些情况下，资产虽然不为企业所拥有，即企业并不享有其所有权，但企业控制了这些资产，同样表明企业能够从资产中获取经济利益，符合会计上对资产的定义。如果企业既不拥有也不控制资产所能带来的经济利益，就不能将其作为企业的资产予以确认。

(3) 资产是由企业过去的交易或者事项形成的。资产应当由企业过去的交易或者事项所形成，过去的交易或者事项包括购买、生产、建造行为或者其他交易或事项。换句话说，只有过去的交易或者事项才能产生资产，企业预期在未来发生的交易或者事项不形成资产。例如，企业有购买某存货的意愿或者计划，但是购买行为尚未发生，就不符合资产的定义，不能因此而确认存货资产。

2. 资产的确认条件

将一项资源确认为资产，需要符合资产的定义，还应同时满足以下两个条件：

(1) 与该资源有关的经济利益很可能流入企业。从资产的定义可以看到，能否带来经济利益是资产的一个本质特征，但在现实生活中，由于经济环境瞬息万变，与资源有关的经济利益能否流入企业或者能够流入多少实际上带有不确定性。因此，资产的确认还应与经济利益流入的不确定性程度的判断结合起来，如果根据编制财务报表时所取得的证据，与资源有关的经济利益很可能流入企业，那么就应当将其作为资产予以确认；反之，不能确认为资产。例如，某企业赊销一批商品给某一客户，因满足收入确认等相关条件从而形成了对该客户的应收账款，由于企业最终收到款项与销售实现之间有时间差，而且收款又在未来期间，因此带有一定的不确定性，如果企业在销售时判断未来很可能收到款项或者能够确定收到款项，企业就应当将该应收账款确认为一项资产；如果企业判断在通常情况下很可能部分或者全部无法收回，表明该部分或者全部应收账款已经不符合资产的确认条件，应当计提坏账准备，减少资产的账面价值。

(2) 该资源的成本或者价值能够可靠地计量。财务会计系统是一个确认、计量和报告的系统，其中计量起着枢纽作用，可计量性是所有会计要素确认的重要前提，资产的确认也是如此。只有当有关资源的成本或者价值能够可靠地计量时，资产才能予以确认。在实务中，企业取得的许多资产都是发生了实际成本的，例如，企业购买或者生产的存货，企业购置的厂房或者设备等，对于这些资产，只要实际发生的购买成本或者生产成本能够可靠计量，就视为符合了资产确认的可计量条件。在某些情况下，企业取得的资产没有发生实际成本或者发生的实际成本很小，例如，企业持有的某些衍生金融工具形成的资产，对于这些资产，尽管它们没有实际成本或者发生的实际成本很小，但是如果其公允价值能够可靠计量的话，也被认为符合了资产可计量性的确认条件。

（二）负债的定义及其确认条件

1. 负债的定义

负债是指企业过去的交易或者事项形成的、预期会导致经济利益流出企业的现时义务。根据负债的定义，负债具有以下几个方面的特征：

（1）负债是企业承担的现时义务。负债必须是企业承担的现时义务，它是负债的一个基本特征。其中，现时义务是指企业在现行条件下已承担的义务。未来发生的交易或者事项形成的义务，不属于现时义务，不应当确认为负债。

这里所指的义务可以是法定义务，也可以是推定义务。其中，法定义务是指因合同、法规或其他司法解释等产生的义务，通常是企业在经济管理和经济协调中，依照经济法律、法规的规定必须履行的责任。例如，企业购买原材料形成应付账款，企业向银行贷入款项形成借款，企业按照税法规定应当交纳的税款等，均属于企业承担的法定义务，需要依法予以偿还。推定义务是指根据企业以往的习惯做法、已公开的承诺或声明、已公开宣布的经营政策而将承担的义务。由于以往的习惯做法或通过公开的承诺或声明，企业向外界表明了它将承担特定的责任，从而也使受影响的各方形成了其将履行那些责任的合理预期。例如，某企业多年来制定了一项销售政策，对于售出商品提供一定期限内的售后保修服务，预期将为售出商品提供的保修服务就属于推定义务，应当将其确认为一项负债。

（2）负债预期会导致经济利益流出企业。预期会导致经济利益流出企业也是负债的一个本质特征，只有企业在履行义务时会导致经济利益流出企业的，才符合负债的定义，如果不会导致企业经济利益流出的，就不符合负债的定义。在履行现时义务清偿负债时，导致经济利益流出企业的形式多种多样，例如，用现金偿还或以实物资产形式偿还，以提供劳务形式偿还，部分转移资产、部分提供劳务形式偿还，将负债转为资本等。

（3）负债是由企业过去的交易或者事项形成的。负债应当由企业过去的交易或者事项所形成。换句话说，只有过去的交易或者事项才形成负债，企业将在未来发生的承诺、签订的合同等交易或者事项，不形成负债。

2. 负债的确认条件

将一项现时义务确认为负债，需要符合负债的定义，还需要同时满足以下两个条件：

（1）与该义务有关的经济利益很可能流出企业。从负债的定义可以看到，预期会导致经济利益流出企业是负债的一个本质特征。在实务中，履行义务所需流出的经济利益带有不确定性，尤其是与推定义务相关的经济利益通常需要依赖大量的估计。因此，负债的确认应当与经济利益流出的不确定性程度的判断结合起来。如果有确凿证据表明，与现时义务有关的经济利益很可能流出企业，就应当将其作为负债予以确认；反之，如果企业承担了现时义务，但是会导致企业经济利益流出的可能性很小，就不符合负债的确认条件，不应将其作为负债予以确认。

（2）未来流出的经济利益的金额能够可靠地计量。负债的确认在考虑经济利益流出企业的同时，对于未来流出的经济利益的金额应当能够可靠计量。对于与法定义务有关的经济利益流出金额，通常可以根据合同或者法律规定的金额予以确定，考虑到经济利益流出的金额通常在未来期间，有时未来期间较长，有关金额的计量需要考虑货币时间价值等因素的影响。对于与推定义务有关的经济利益流出金额，企业应当根据履行相关义务所需支出的最佳估计数进行估计，并综合考虑有关货币时间价值、风险等因素的影响。

(三) 所有者权益的定义及其确认条件

1. 所有者权益的定义

所有者权益是指企业资产扣除负债后，由所有者享有的剩余权益。公司的所有者权益又称为股东权益。所有者权益是所有者对企业资产的剩余索取权，它是企业资产中扣除债权人权益后应由所有者享有的部分，既可反映所有者投入资本的保值增值情况，又体现了保护债权人权益的理念。

2. 所有者权益的来源构成

所有者权益的来源包括所有者投入的资本、直接计入所有者权益的利得和损失（其他综合收益）、留存收益等，通常由股本（或实收资本）、资本公积（含股本溢价或资本溢价、其他资本公积）、盈余公积和未分配利润构成。商业银行等金融企业在税后利润中提取的一般风险准备，也构成所有者权益。

3. 所有者权益的确认条件

所有者权益体现的是所有者在企业中的剩余权益，因此，所有者权益的确认主要依赖于其他会计要素，尤其是资产和负债的确认；所有者权益金额的确定也主要取决于资产和负债的计量。例如，企业接受投资者投入的资产，在该资产符合企业资产确认条件时，就相应地符合了所有者权益的确认条件；当该资产的价值能够可靠计量时，所有者权益的金额也就可以确定了。

(四) 收入的定义及其确认条件

1. 收入的定义

收入是指企业在日常活动中形成的、会导致所有者权益增加的、与所有者投入资本无关的经济利益的总流入。根据收入的定义，收入具有以下几方面的特征：

（1）收入是企业在日常活动中形成的。日常活动是指企业为完成其经营目标所从事的经常性活动以及与之相关的活动。例如，工业企业制造并销售产品、商业企业销售商品、保险公司签发保单、咨询公司提供咨询服务、软件企业为客户开发软件、安装公司提供安装服务、商业银行对外贷款、租赁公司出租资产等，均属于企业的日常活动。明确界定日常活动是为了将收入与利得相区分，因为企业非日常活动所形成的经济利益的流入不能确认为收入，而应当计入利得。

（2）收入是与所有者投入资本无关的经济利益的总流入。收入应当会导致经济利益的流入，从而导致资产的增加。例如，企业销售商品，应当收到现金或者在未来有权收到现金，才表明该交易符合收入的定义。但是在实务中，经济利益的流入有时是所有者投入资本的增加所导致的，所有者投入资本的增加不应当确认为收入，应当将其直接确认为所有者权益。

（3）收入会导致所有者权益的增加。与收入相关的经济利益的流入应当会导致所有者权益的增加，不会导致所有者权益增加的经济利益的流入不符合收入的定义，不应确认为收入。例如，企业向银行借入款项，尽管也导致了企业经济利益的流入，但该流入并不导致所有者权益的增加，反而使企业承担了一项现时义务。企业对于因借入款项所导致的经济利益的增加，不应将其确认为收入，应当确认为一项负债。

2. 收入的确认条件

企业应当在履行了合同中的履约义务，即在客户取得相关商品或服务控制权时确认收入。取得相关商品控制权，是指能够主导该商品的使用并从中获得几乎全部的经济利益。

（五）费用的定义及其确认条件

1. 费用的定义

费用是指企业在日常活动中发生的、会导致所有者权益减少的、与向所有者分配利润无关的经济利益的总流出。根据费用的定义，费用具有以下几方面的特征：

（1）费用是企业在日常活动中形成的。费用必须是企业在其日常活动中所形成的，这些日常活动的界定与收入定义中涉及的日常活动的界定相一致。因日常活动所产生的费用通常包括销售成本（营业成本）、职工薪酬、折旧费、无形资产摊销费等。将费用界定为日常活动所形成的，目的是为了将其与损失相区分，企业非日常活动所形成的经济利益的流出不能确认为费用，而应当计入损失。

（2）费用是与向所有者分配利润无关的经济利益的总流出。费用的发生应当会导致经济利益的流出，从而导致资产的减少或者负债的增加（最终也会导致资产的减少）。其表现形式包括现金或者现金等价物的流出，存货、固定资产和无形资产等的流出或者消耗等。鉴于企业向所有者分配利润也会导致经济利益的流出，而该经济利益的流出显然属于所有者权益的抵减项目，不应确认为费用，应当将其排除在费用的定义之外。

（3）费用会导致所有者权益的减少。与费用相关的经济利益的流出应当会导致所有者权益的减少，不会导致所有者权益减少的经济利益的流出不符合费用的定义，不应确认为费用。

2. 费用的确认条件

费用的确认除了应当符合定义外，也应当满足严格的条件，即费用只有在经济利益很可能流出企业从而导致企业资产减少或者负债增加，且经济利益的流出额能够可靠计量时才能予以确认。因此，费用的确认至少应当符合以下条件：一是与费用相关的经济利益应当很可能流出企业；二是经济利益流出企业的结果会导致资产的减少或者负债的增加；三是经济利益的流出额能够可靠计量。

（六）利润的定义及其确认条件

1. 利润的定义

利润是指企业在一定会计期间的经营成果。通常情况下，如果企业实现了利润，表明企业的所有者权益将增加，业绩得到了提升；反之，如果企业发生了亏损（即利润为负数），表明企业的所有者权益将减少，业绩下滑了。因此，利润往往是评价企业管理层业绩的一项重要指标，也是投资者等财务报告使用者进行决策时的重要参考。

2. 利润的来源构成

利润包括收入减去费用后的净额、直接计入当期利润的利得和损失等。其中，收入减去费用后的净额反映的是企业日常活动的业绩，直接计入当期利润的利得和损失反映的是企业非日常活动的业绩。直接计入当期利润的利得和损失，是指应当计入当期损益、最终会引起所有者权益发生增减变动的、与所有者投入资本或者向所有者分配利润无关的利得或者损失。企业应当严格区分收入和利得、费用和损失之间的区别，以更加全面地反映企业的经营业绩。

3. 利润的确认条件

利润反映的是收入减去费用、利得减去损失后的净额的概念，因此，利润的确认主要依赖于收入和费用以及利得和损失的确认，其金额的确定也主要取决于收入、费用、利得和损失金额的计量。

二、会计要素计量属性及其应用原则

（一）会计要素计量属性

会计计量是为了将符合确认条件的会计要素登记入账并列报于财务报表而确定其金额的过程。企业应当按照规定的会计计量属性进行计量，确定相关金额。计量属性是指所计量的某一要素的特性方面，如桌子的长度、铁矿石的重量、楼房的高度等。从会计角度看，计量属性反映的是会计要素金额的确定基础，主要包括历史成本、重置成本、可变现净值、现值和公允价值等。

1. 历史成本

历史成本，就是取得或制造某项财产物资时所实际支付的现金或者其他等价物，是取得时点的实际成本。在历史成本计量下，资产按照其购置时支付的现金或者现金等价物的金额，或者按照购置资产时所付出的对价的公允价值计量。负债按照其因承担现时义务而实际收到的款项或者资产的金额，或者承担现时义务的合同金额，或者按照日常活动中为偿还负债预期需要支付的现金或者现金等价物的金额计量。

2. 重置成本

重置成本又称现行成本，是指按照当前市场条件，重新取得同样一项资产所需支付的现金或现金等价物金额。在重置成本计量下，资产按照现在购买相同或者相似资产所需支付的现金或者现金等价物的金额计量。负债按照现在偿付该项债务所需支付的现金或者现金等价物的金额计量。

3. 可变现净值

可变现净值，是指在正常生产经营过程中，以预计售价减去进一步加工成本和销售所必需的预计税金、费用后的净值。在可变现净值计量下，资产按照其正常对外销售所能收到的现金或者现金等价物的金额扣减该资产至完工时估计将要发生的成本、估计的销售费用以及相关税费后的金额计量。

4. 现值

现值是指对未来现金流量以恰当的折现率进行折现后的价值，是考虑货币时间价值因素等的一种计量属性。在现值计量下，资产按照预计从其持续使用和最终处置中所产生的未来净现金流入量的折现金额计量。负债按照预计期限内需要偿还的未来净现金流出量的折现金额计量。

5. 公允价值

公允价值，是指市场参与者在计量日发生的有序交易中，出售一项资产所能收到或转移一项负债所需支付的价格，即脱手价格。企业以公允价值计量相关资产或负债，应当假定市场参与者在计量日出售资产或者转移负债的交易是在当前市场条件下的有序交易，并应当假定出售资产或者转移负债的有序交易在该资产或负债的主要市场进行；对于不存在主要市场的，应当假定该交易在该资产或负债的最有利市场进行。

（二）各会计要素计量属性之间的关系

在各会计要素计量属性中，历史成本通常反映的是资产或者负债过去的价值，而重置成本、可变现净值、现值以及公允价值通常反映的是资产或者负债的现时成本或者现时价值，是与历史成本相对应的计量属性。当然这种关系也并不是绝对的。比如，资产或者负债的历史成本许多就是根据交易时有关资产或者负债的公允价值确定的，在非货币性资产交换中，如果交换具有商业实质，且换入、换出资产（不包括按照《企业会计准则第14号——收入》提供的商品）的公允价值能够可靠计量的，换入资产入账成本的确定应当以换出资产的公允价值为基础，除非有确凿证据表明换入资产的公允价值更加可靠；在非同一控制下的企业合并交易中，合并成本也是以购买方在购买日为取得对被购买方的控制权而付出的资产、发生或承担的负债等的公允价值确定的。再比如，在应用公允价值时，当相关资产或者负债不存在活跃市场的报价或者不存在同类或者类似资产的活跃市场报价时，需要采用估值技术来确定相关资产或者负债的公允价值，而在采用估值技术估计相关资产或者负债的公允价值时，现值往往是比较普遍采用的一种估值方法，在这种情况下，公允价值就是以现值为基础确定的。另外，公允价值相对于历史成本而言，具有很强的时间概念，也就是说，当前环境下某项资产或负债的历史成本可能是过去环境下该项资产或负债的公允价值，而当前环境下某项资产或负债的公允价值也许就是未来环境下该项资产或负债的历史成本。

（三）会计要素计量属性的应用原则

企业在对会计要素进行计量时，一般应当采用历史成本。采用重置成本、可变现净值、现值、公允价值计量的，应当保证所确定的会计要素金额能够取得并可靠计量。

在企业会计准则体系建设中适度、谨慎地引入公允价值这一计量属性，是因为随着我国资本市场的发展，股权分置改革的基本完成，越来越多的股票、债券、基金等金融产品在交易所挂牌上市，使得这类金融资产的交易已经形成了较为活跃的市场，因此，我国已经具备了引入公允价值的条件。在这种情况下，引入公允价值，更能反映企业的现实情况，与投资者等财务报告使用者的决策更具相关性。

值得一提的是，我国引入公允价值是适度、谨慎和有条件的。原因是考虑到我国尚属新兴的市场经济国家，如果不加限制地引入公允价值，有可能出现公允价值计量不可靠，甚至借此人为操纵利润的现象。因此，在投资性房地产和生物资产等具体准则中规定，只有在公允价值能够取得并可靠计量的情况下，才能采用公允价值计量。例如，对于按照企业会计准则相关规定确认为无形资产或存货等资产类别的数据资源，基于数据交易市场的发展现状等情况，当前尚不具备公允价值计量条件，企业应当按照本书有关章的规定应用相应的计量属性，不得以评估等方式得出的金额直接作为后续计量的依据。

第五节 财务报告

财务会计的目的是通过向外部会计信息使用者提供有用的信息，帮助使用者作出相关决策。承担这一信息载体和功能的便是企业编制的财务报告，它是财务会计确认和计量的最终成果，是沟通企业管理层与外部信息使用者之间的桥梁和纽带。

一、财务报告及其编制

财务报告是企业对外提供的反映企业某一特定日期的财务状况和某一会计期间的经营成果、现金流量等会计信息的文件。

根据财务报告的定义，财务报告具有以下几层含义：一是财务报告应当是对外报告，其服务对象主要是投资者、债权人等外部使用者，专门为了内部管理需要的、特定目的的报告不属于财务报告的范畴；二是财务报告应当综合反映企业的生产经营状况，包括某一时点的财务状况和某一时期的经营成果与现金流量等信息，以勾画出企业财务的整体和全貌；三是财务报告必须形成一套系统的文件，不应是零星的或者不完整的信息。

财务报告是企业财务会计确认与计量最终结果的体现，投资者等使用者主要是通过财务报告来了解企业当前的财务状况、经营成果和现金流量等情况，从而预测未来的发展趋势。因此，财务报告是向投资者等财务报告使用者提供决策有用信息的媒介和渠道，是沟通投资者、债权人等使用者与企业管理层之间信息的桥梁和纽带。

随着我国改革开放的深入和市场经济体制的完善，财务报告的作用日益突出，我国会计法、公司法、证券法等出于保护投资者、债权人等利益的需要，也规定企业应当定期编报财务报告。

二、财务报告的构成

财务报告包括财务报表和其他应当在财务报告中披露的相关信息和资料。其中，财务报表由报表本身及其附注两部分构成，附注是财务报表的有机组成部分，而报表至少应当包括资产负债表、利润表和现金流量表等。考虑到小企业规模较小，外部信息需求相对较低，小企业编制的报表可以不包括现金流量表。全面执行企业会计准则体系的企业所编制的财务报表，还应当包括所有者权益（股东权益）变动表。

财务报表是财务报告的核心内容，但是除了财务报表之外，财务报告还应当包括其他相关信息，具体可以根据有关法律法规的规定和外部使用者的信息需求而定。如企业可以在财务报告中披露其承担的社会责任、对社区的贡献、可持续发展能力等信息，这些信息对于使用者的决策也是相关的,尽管属于非财务信息,无法包括在财务报表中,但是如果有规定或者使用者有需求的,企业应当在财务报告中予以披露,有时企业也可以自愿在财务报告中披露相关信息。

第六节 可持续信息披露

可持续发展概念的诞生最早可追溯到20世纪80年代,世界环境与发展委员会在《我们共同的未来》[1]这一报告中首次系统阐述了可持续发展的概念,明确可持续发展是指既能满足当代人的需要,又不对后代人满足其需要的能力构成危害的发展,以公平性、持续性、共同性为三大基本原则。而后,联合国193个成员国于2015年在可持续发展峰会上正式通过17个可持续发展目标[2],通过衡量社会、经济、环境三个维度,旨在从2015年到2030年间以综合方式彻底解决这三个维度的发展问题,转向可持续发展的道路。

企业ESG是环境(environmental)、社会(social)和治理(governance)三个英文单词的缩写,是近年来兴起的企业管理和金融投资的重要理念,其核心是关注企业环境、社会和公司治理等可持续绩效的投资理念和评价标准,被视为"可持续发展"理念在企业界和投资界的具象投影,其内涵不仅包括企业追求可持续发展的核心理念,也包括企业践行可持续发展的行动指南与工具。

随着可持续发展成为全球共识,可持续信息披露也在推动和追踪全球可持续发展进程中扮演着重要角色。一家企业从管理其业务对环境的影响(如企业的温室气体减排措施、资源回收利用等),到员工健康与安全和可持续供应链管理,再到企业治理,都可纳入可持续发展问题的范畴。相关可持续发展问题不仅通过直接方式(如原材料、劳工成本等)或间接方式(如员工、投资方、监管机构等利益相关方)影响企业短期内的经营业绩和财务状况,还可能在中期甚至长期内影响企业的整体价值。所以,如何更好地披露可持续信息,为企业的利益相关方提供决策基础,是企业对外报告需要面临的新的课题。

一、可持续信息的定义

可持续信息(又称可持续发展信息),是指企业环境、社会和治理方面的可持续议题相关风险、机遇和影响(以下简称可持续风险、机遇和影响)的信息。根据可持续信息的定义,可持续信息具有下列特征:

(一)可持续信息是围绕特定可持续议题进行的信息披露

可持续议题,是指对企业、经济、社会、环境和利益相关方具有影响的事项或因素,

---

[1] 又称《布伦特兰报告》(Brundtland Report),详情见https://www.brundtland.co.za/2022/08/03/brundtland-report-1987-our-common-future/。

[2] 详情见https://www.un.org/zh/70001/page/180631。

如气候变化、污染物排放、员工健康与安全、反商业贿赂等。企业可以在不同层次确定披露的可持续议题，如当企业考虑披露污染物排放议题相关的信息时，可以根据其实际情况确定子议题，如空气污染、水污染和土壤污染等。

（二）可持续信息是关于可持续议题相关风险、机遇和影响的信息

可持续风险和机遇，是指企业就特定可持续议题与其整个价值链中的利益相关方、经济、社会和环境的互动而产生的可合理预期会影响企业发展前景（即企业短期、中期或者长期的现金流量、融资渠道及资本成本等）的风险和机遇。例如，能源企业面临的气候变化带来的风险和机遇（如极端天气导致的物理风险，或者政府部门为应对气候变化而颁布的减少温室气体排放政策带来的转型风险和机遇）。可持续影响，是指企业与特定可持续议题相关的活动（包括与之相关的价值链活动，下同）对经济、社会和环境产生的实际影响或者可预见的潜在影响，包括积极影响或者消极影响。例如，污水排放企业排放污水对其生产经营地周边的水域和居民的影响。可持续风险和机遇可以理解为外部环境和其他利益相关方活动对企业的财务影响，而可持续影响则是企业相关活动对外部环境和其他利益相关方产生的影响。企业面临的可持续风险和机遇及其产生的可持续影响共同决定了哪些可持续议题与企业相关，也决定了企业应当披露哪些可持续议题相关的具体风险、机遇和影响信息。

二、可持续信息披露的目标与原则

可持续信息披露的目标，是向投资者、债权人、政府及其有关部门和其他利益相关方（以下统称信息使用者）提供有关企业重要的可持续风险、机遇和影响的信息，从而使其了解可持续议题如何影响企业的未来发展、经营成果和财务状况，并了解企业的经营活动如何影响环境与社会，以便其作出资源配置等经济决策或者其他决策。其中，投资者和债权人是可持续信息的基本使用者，其他利益相关方则是指其利益可能影响企业，以及受到或可能受到企业活动影响的群体或者人员，如员工、消费者、客户、供应商、社区以及企业的业务伙伴和社会伙伴等。

为了满足信息使用者的决策需求，可持续信息披露应当符合重要性原则。

重要性原则在具体应用过程中，应按财务重要性和影响重要性（即实务中常说的"双重重要性"）分别针对可持续风险和机遇信息与可持续影响信息进行评估。

针对可持续风险和机遇信息，重要性的评估，是指在合理预期下，某项可持续风险和机遇信息的省略、错报或者模糊处理会影响可持续信息基本使用者（投资者和债权人）据此作出决策的，该信息具有重要性。从财务重要性的视角，企业应当评估特定可持续风险和机遇是否会给企业带来重要的当期或者预期财务影响，包括对现金流量、融资渠道及资本成本的影响。

针对可持续影响信息，重要性的评估，是指企业应当评估其是否对经济、社会和环境产生了重要影响。从影响重要性的视角，对于实际的消极影响，应当以消极影响的严重程度为评估标准；对于可预见的潜在的消极影响，应当以消极影响的严重程度和发生的可能性为评估标准。对于消极影响严重程度的评估，应当以消极影响的规模、范围、

不可补救程度为评估标准。对于实际的积极影响,应当以积极影响的规模和范围为评估标准;对于可预见的潜在的积极影响,应当以积极影响的规模、范围以及发生的可能性为评估标准。

对于具有重要性的可持续风险、机遇和影响的信息,企业应当将其纳入可持续信息披露的范围。除此之外,可持续信息披露还应当包括国家或经营地所在司法辖区法律法规要求披露的可持续信息。

企业在披露可持续信息时,报告期间应当与其财务报表的报告期间保持一致,报告主体范围也应当与财务报表主体保持一致。报告主体为合并主体时,可持续信息披露所涵盖的母公司和子公司应当与合并财务报表合并范围保持一致。

除了报告主体的可持续信息外,企业的可持续信息披露还应当考虑其价值链情况。可持续信息中定义的价值链,具体是指与企业的价值创造活动各环节构成的完整关系链条,即与企业的业务模式及其所处外部环境相关的互动、资源和关系,包括企业的产品或者服务从概念到交付、消费直至生命周期结束所涉及的互动、资源、关系以及开展的全部活动。企业与价值链中的资源和关系形成了一个相互依赖的系统,而这种依赖可能会导致企业面临可持续风险和机遇,例如,食品加工企业可能面临上游供应商因存在污染问题而被责令停产导致的原材料供应中断风险。同时,企业的经营活动也会对其价值链产生可持续影响,例如,消费电子产品企业生产的含有有害物质的电子产品在其使用寿命结束后,可能因下游废品处理企业不当处理该产品的废品而对环境产生影响。

企业在识别可持续风险、机遇和影响,确定价值链范围,编制可持续风险或者机遇预期财务影响(即不包括当期财务影响)的信息及编制可持续影响信息时,应当使用报告日合理且有依据的信息(即该信息无须付出过度成本或者努力即可获得)。其中,企业在编制可持续风险或者机遇预期财务影响的信息时,应当采用与其技能、能力和资源相称的方法。

三、可持续信息质量要求

与会计信息质量要求相似,企业披露的可持续信息应当具有可靠性、相关性、可比性、可验证性、可理解性和及时性等质量特征。

(一)可靠性

可靠性要求企业如实反映重要的可持续风险、机遇和影响,保证可持续信息完整、中立和准确。信息完整要求企业披露有助于信息使用者了解其可持续风险、机遇和影响所必需的信息,避免重要信息被省略、漏报。信息中立要求企业在可持续信息披露时不带偏见,不低估或者夸大信息,尽可能做到不偏不倚地反映积极和消极的方面,并在作出重大判断时保持应有的审慎。信息准确要求企业采取充分的流程和内部控制以避免重要信息被错报或者模糊处理,确保事实信息不存在重要错误、描述精确,估计和预测被清晰识别。信息准确并不要求一项信息在所有方面都完美精确,例如,一项不精确的估计信息如果披露了其估计的方法和输入值,以及其可能的局限性和不确定性,该信息仍然是准确的。

（二）相关性

相关性要求企业披露的可持续信息与信息使用者的决策相关，有助于信息使用者作出评价或者预测。重要性原则是相关性在特定企业应用的体现，其考虑了一项可持续信息的性质和规模，从而确定哪些可持续信息对企业而言是重要的而应当予以披露。

（三）可比性

可比性要求企业披露的可持续信息可以与企业不同时期提供的信息进行比较，以及与其他企业特别是同一行业企业或者从事相似经营活动、具有相似业务模式的企业提供的信息进行比较。实务中，许多可持续信息数据需要使用估计方法进行估计（如气候变化议题中涉及的温室气体范围三排放量），由于估计方法多样且通常涉及判断，当企业在本期对某一可持续信息数据的估计采用了新的方法时，企业应当使用新的估计方法重新计算比较期间的可持续信息数据并进行披露，以保证不同期间的可比性。

（四）可验证性

可验证性要求企业披露的可持续信息能够通过该信息本身或者生成该信息的输入值加以证实。可验证性意味着不同的具有相关专业知识和经验的独立第三方能够对一项信息是否如实反映达成共识。企业可以通过下列方式提高可持续信息披露的可验证性：（1）提供能够与披露的可持续信息相互验证的业务信息和外部信息；（2）提供估计信息所使用的输入值、假设和方法；（3）提供经管理层和治理层复核的信息，并披露相关复核流程和内部控制。

（五）可理解性

可理解性要求企业披露的可持续信息内容清晰明了，便于信息使用者理解和使用。根据相关规定或实务惯例，企业会将披露的可持续信息作为独立的报告（如可持续发展报告）对外公告，从而与其他报告中的信息互相区分，以更为清晰地披露可持续信息，便于信息使用者理解和使用。但可持续信息作为独立报告，不意味着企业对于在其他报告中已披露的信息还需要在可持续信息中进行重复披露，企业可以通过交叉索引的方式从企业的其他报告（如财务报表）中获取相关信息，并披露相关信息所来源的报告。

（六）及时性

及时性要求企业披露的可持续信息能够及时满足使用者的信息需求。根据相关规定或实务惯例，可持续信息通常与财务报表或年度报告同时对外披露，从而使信息使用者能够更及时有效地作出决策。

四、可持续信息披露的主要内容

为向信息使用者提供可持续信息供其作出决策，企业披露的可持续信息应当使信息使用者了解企业日常经营活动中与可持续议题相关的各个方面，通常包括治理，战略，风险和机遇管理（或治理，战略，风险、机遇和影响管理），以及指标和目标等四个核心要素。

当前国际范围内的不同可持续披露准则中，四个核心要素披露所适用的具体领域有所差异。如在欧洲可持续报告准则（ESRS）中，四个核心要素的披露适用于可持续风险、机遇和影响，即每一项可持续风险、机遇和影响都应围绕治理，战略，风险、机遇和影响管理，以及指标和目标进行披露；在我国企业可持续披露准则与国际可持续披露准则（ISSB Standards）中，四个核心要素的披露则仅适用于可持续风险和机遇，即企业应对每一项可持续风险和机遇围绕治理，战略，风险和机遇管理，以及指标和目标进行披露。除针对可持续风险和机遇围绕四个核心要素进行披露外，我国企业可持续披露准则还要求企业应当根据信息使用者的信息需求，针对重要的可持续影响信息按照相关规定进行披露。国际可持续披露准则由于其目标主要使用者为投资者和债权人，未对可持续影响信息的披露作出要求。

下列四个核心要素披露的具体内容围绕可持续风险和机遇，不包括可持续影响。

（一）治理

在治理方面，可持续信息披露的目标，是使可持续信息基本使用者了解企业管理和监督可持续风险和机遇所采用的治理架构、控制措施和程序。为了实现这一目标，企业应当披露下列信息：

（1）负责监督可持续风险和机遇的治理机构（包括董事会及其下设委员会或者其他类似机构）或者人员的信息，包括：①该机构或者人员的职权范围、授权、职责描述和其他相关政策如何体现其监督责任；②该机构或者人员如何确定其是否具备在执行、监督可持续风险和机遇的战略、制度等方面的专业技能和胜任能力，以监督企业为管理可持续风险和机遇而制定的战略；③该机构或者人员获悉可持续风险和机遇的方式和频率；④该机构或者人员在监督企业的战略、重大交易决策、风险管理流程以及相关政策时，如何考虑可持续风险和机遇；⑤该机构或者人员如何监督可持续风险和机遇的目标设定，并监控这些目标的实现进展，包括是否以及如何将相关绩效指标纳入薪酬政策。

（2）管理层在管理和监督可持续风险和机遇所采用的治理架构、控制措施和程序中的作用的信息，包括：①特定管理层岗位或者部门是否被赋予管理和监督可持续风险和机遇的职责，以及如何对该岗位或者部门进行监督；②管理层是否采用控制措施和程序对可持续风险和机遇的监督予以支持，以及如何将这些控制措施和程序与企业的其他内部职能相整合。

企业针对可持续风险和机遇的管理和监督已经建立整体性治理架构和内部制度的，可以对上述内容进行整合披露，无须披露单个议题的相关信息。

（二）战略

在战略方面，可持续信息披露的目标，是使可持续信息基本使用者了解企业管理可持续风险和机遇所制定的战略和可能结果。为了实现这一目标，企业应当披露下列信息：

（1）可持续风险和机遇，包括：①可合理预期会影响企业发展前景的可持续风险和机遇；②这些风险和机遇对企业的业务模式和价值链的当期和预期影响，并说明企业的业务模式和价值链中可持续风险和机遇集中的领域，包括特定活动、业务关系、地理区域、设施和资产类型等；③这些风险和机遇可合理预期影响企业发展前景的时间范围（可持续信息报告期间结束后的时间范围），包括短期（1年以内）、中期（1~5年）和长期（5年以上），以及如何与企业用于战略决策的时间范围相关联。因行业特殊性、业务周期、投资期限等原因，企业需要采用与上述短期、中期和长期不一致的时间范围时，应披露其采用的短期、中期和长期定义以及相关理由的信息。

（2）可持续风险和机遇如何影响企业的战略和决策，包括：①企业的战略和决策当期如何应对或者计划如何应对可持续风险和机遇；②企业以前报告期间披露的管理计划的进展，包括定量和定性信息；③企业如何在战略和决策中考虑可持续风险和机遇之间的权衡。

（3）可持续风险和机遇的当期和预期财务影响，包括下列定量和定性信息：①可持续风险和机遇对企业报告期间的财务状况、经营成果和现金流量的影响；②识别出的可能对下一年度报告期间相关财务报表的资产和负债账面价值存在重大调整风险的可持续风险和机遇；③基于管理可持续风险和机遇的战略，企业预计其财务状况、经营成果和现金流量在短期、中期和长期将如何变化。

（4）企业的战略和业务模式对可持续风险的韧性（即企业的战略和业务模式对可持续风险有关的不确定性作出调整的能力），包括评估韧性所采用的情景分析等方法和关键假设、使用的输入值或者参数、时间范围等。

企业提供定量信息时，可以披露单个数值或者区间数值。

（三）风险和机遇管理

在风险和机遇管理方面，可持续信息披露的目标，是使可持续信息基本使用者了解企业识别、评估、排序和监控可持续风险和机遇的流程（包括这些流程是否以及如何融入企业的整体风险管理流程），以及评估企业的整体风险状况及其整体风险管理流程。为了实现这一目标，企业应当披露下列信息：

（1）用于识别、评估、排序和监控可持续风险的流程和相关政策，包括：①采用的方法和关键假设；②使用的输入值和参数及其来源；③如何评估可持续风险影响的性质、可能性和规模；④是否以及如何考虑可持续风险相较于其他类型风险的优先级；⑤如何监控可持续风险；⑥与上一报告期间相比，是否以及如何改变所使用的流程。

（2）用于识别、评估、排序和监控可持续机遇的流程。

（3）用于识别、评估、排序和监控可持续风险和机遇的流程在多大程度上以及如何融入企业的整体风险管理流程。

企业针对可持续风险和机遇进行统一管理的，可以对上述内容进行整合披露，无须披露单个议题的相关信息。

（四）指标和目标

在指标和目标方面，可持续信息披露的目标，是使可持续信息基本使用者了解企业在可持续风险和机遇方面的绩效，包括企业设定的目标的进展和国家法律法规、战略规划要求企业实现的目标的进展。为了实现这一目标，企业应当披露下列信息：

（1）相关规定要求披露的指标（如有害废弃物排放量）；

（2）企业用于计量和监控其可持续风险和机遇的指标（如温室气体排放量），以及衡量可持续风险和机遇管理绩效的指标（如温室气体减排量），包括与特定业务模式、活动或者其他表明企业具有某一行业的共同特征相关的指标。如果企业设定了一项指标，则应当说明：①如何定义指标；②指标是绝对值、相对值还是定性指标；③指标是否以及如何经独立第三方验证；④计算指标的方法、关键假设、方法的局限性以及使用的输入值或者参数；⑤指标的修订及原因（如适用）。

（3）企业设定的目标的进展和国家法律法规、战略规划要求企业实现的目标的进展，并说明：①用于设定目标和监控目标进展的指标（如温室气体目标减排量和已实现减排量）；②企业设定的或者被要求实现的特定定量或者定性目标；③目标适用的时间范围；④计量指标实现情况的基准期间；⑤阶段性目标和中期目标（如适用）；⑥目标实现情况的绩效及其未来趋势或者变化分析；⑦目标的修订及原因（如适用）。

为满足信息使用者的信息需求，除按照我国可持续披露基本准则相关规定外，企业还应当按照可持续披露具体准则和应用指南的规定，披露按照可持续披露基本准则确定的重要的可持续影响信息。例如，建筑施工类企业从事的建筑施工业务可能会发生安全事故，导致其员工面临职业伤害和死亡的风险，因此企业的经营活动对员工职业健康和安全这一可持续议题存在重大影响。对于该可持续影响，企业可以结合实际情况，披露报告期间因从事建筑施工活动而发生的安全事故数量和比率，受安全事故影响的员工数量和比率（可以按严重程度类别披露，如暂时性的职业伤害、长期丧失工作能力的职业伤害和死亡），以及员工因职业伤害损失的工作天数和因职业伤害而死亡的数量和比率，从而让信息使用者了解该企业员工职业健康和安全的现状；同时，企业还可以披露为防范安全事故发生和降低安全事件对员工健康产生的影响所设定的目标（如"零事故""零伤害"），采取的举措（如已实施的安全管理体系、改善员工工作环境的措施、为员工提供的安全施工培训和为员工购买的职业保险等），以及举措的实际效果，从而让信息使用者了解企业如何应对员工健康和安全这一可持续议题的相关影响。

五、可持续信息和财务报表信息的关联和关系

企业在编制可持续信息披露时，所披露的可持续信息应当与财务报表信息之间相互关联，从而使信息使用者能够更好地理解不同披露之间的联系。可持续信息与财务报表信息之间的关联，包括可持续定量信息直接取自财务报表相关项目数值，或者取自财务报表相关项目数值的一部分或者合计数。同时，企业编制可持续信息所使用的数据和假设应当考虑所适用的企业会计准则的要求，尽可能与其编制相关财务报表所使用的数据和假设保持一致；若存在不一致的，应当披露重大差异的信息并说明理由。此外，以货币计量的可持续信息也应当使用与其相关财务报表一致的币种。

可持续议题相关的风险、机遇和影响，也可能会对财务报表信息产生影响。例如，企业的固定资产由于自然气候事件（物理风险）或政策变动（转型风险）等原因而无法使用，企业需要重新评估资产的使用寿命和残值，并考虑对递延所得税资产和未来应纳税所得额的影响。又如，企业生产过程中造成其生产经营所在地及周边的土壤污染，导致其面临可能的罚款和赔偿，企业需要估计其可能发生的支出金额并相应确认预计负债。

第二章 存　　货

第一节　存货的确认和初始计量

一、存货的性质与确认条件

（一）存货的概念

存货，指企业在日常活动中持有以备出售的产成品或商品、处在生产过程中的在产品、在生产过程或提供劳务过程中耗用的材料、物料等。

企业的存货具体通常包括以下内容：

（1）原材料，指企业在生产过程中经加工改变其形态或性质并构成产品主要实体的各种原料及主要材料、辅助材料、外购半成品（外购件）、修理用备件（备品备件）、包装材料、燃料等。为建造固定资产等各项工程而储备的各种材料，虽然同属于材料，但是，由于用于建造固定资产等各项工程不符合存货的定义，因此不能作为企业的存货进行核算。

（2）在产品，指企业正在制造尚未完工的产品，包括正在各个生产工序加工的产品和已加工完毕但尚未检验或已检验但尚未办理入库手续的产品。

（3）半成品，指经过一定生产过程并已检验合格交付半成品仓库保管，但尚未制造完工成为产成品，仍需进一步加工的中间产品。

（4）产成品，指工业企业已经完成全部生产过程并验收入库，可以按照合同规定的条件送交订货单位，或者可以作为商品对外销售的产品。企业接受外来原材料加工制造的代制品和为外单位加工修理的代修品，制造和修理完成验收入库后，应视同企业的产成品。

（5）商品，指商品流通企业外购或委托加工完成验收入库用于销售的各种商品。

（6）周转材料，指企业能够多次使用，但不符合固定资产定义的材料，如为了包装本企业商品而储备的各种包装物，各种工具、管理用具、玻璃器皿、劳动保护用品以及在经营过程中周转使用的容器等低值易耗品和建造承包商的钢模板、木模板、脚手架等其他周转材料。但是，周转材料符合固定资产定义的，应当作为固定资产处理。

（二）存货的确认条件

存货必须在符合定义的前提下，同时满足以下两个条件，才能予以确认：（1）与该存货有关的经济利益很可能流入企业；（2）该存货的成本能够可靠地计量。

企业日常活动中持有、最终目的用于出售的数据资源，符合存货定义和确认条件的，应当确认为存货，否则，不应当确认为存货。例如，汽车销售企业在日常活动中购进并用于销售的二手车，应当作为存货进行会计处理。

二、存货的初始计量

企业取得存货应当按照成本进行计量。存货成本包括采购成本、加工成本和使存货达到目前场所和状态所发生的其他成本三个组成部分。企业存货的取得主要是通过外购和自制两个途径。

企业在日常核算中采用计划成本法或售价金额法核算的存货成本，实质上也是存货的实际成本。比如，采用计划成本法，通过"材料成本差异"或"产品成本差异"科目将材料或产成品的计划成本调整为实际成本。采用售价金额法，通过"商品进销差价"科目将商品的售价调整为实际成本（进价）。

（一）外购存货的成本

企业外购存货主要包括原材料或商品。外购存货的成本即存货的采购成本，指企业物资从采购到入库前所发生的相关支出，包括购买价款、相关税费、运输费、装卸费、保险费以及其他可归属于存货采购成本的费用。

（1）存货的购买价款，是指企业购入的材料或商品的发票账单上列明的价款，但不包括按规定可以抵扣的增值税进项税额。

（2）存货的相关税费，是指企业购买、自制或委托加工存货发生的进口关税、消费税、资源税和不能抵扣的增值税进项税额等应计入存货采购成本的税费。

（3）其他可归属于存货采购成本的费用，即采购成本中除上述各项以外的可归属于存货采购成本的费用，如在存货采购过程中发生的仓储费、包装费、运输途中的合理损耗、入库前的挑选整理费用等。这些费用能分清负担对象的，应直接计入存货的采购成本；不能分清负担对象的，应选择合理的分配方法，分配计入有关存货的采购成本，可按所购存货的数量或采购价格比例进行分配。企业通过外购方式取得确认为存货的数据资源，其采购成本包括购买价款、相关税费、保险费，以及数据权属鉴证、质量评估、登记结算、安全管理等所发生的其他可归属于存货采购成本的费用。

对于采购过程中发生的物资毁损、短缺等，除合理的途中损耗应当作为存货的其他可归属于存货采购成本的费用计入采购成本外，应区别不同情况进行会计处理：

（1）从供货单位、外部运输机构等收回的物资短缺或相应赔款，应冲减所购物资的采购成本。

（2）因遭受意外灾害发生的损失和尚待查明原因的途中损耗，暂作为待处理财产损溢进行核算，查明原因按照管理权限报经批准后，如属于自然灾害导致的损失，计入营业外支出；如属于应由相关人员赔偿的损失，计入其他应收款；属于管理原因导致的损失，计入管理费用。

商品流通企业在采购商品过程中发生的运输费、装卸费、保险费以及其他可归属于存货采购成本的费用等进货费用，应计入所购商品成本。在实务中，企业也可以将发生的运输费、装卸费、保险费以及其他可归属于存货采购成本的费用等进货费用先进行归集，期末，按照所购商品的存销情况进行分摊。对于已销售商品的进货费用，计入主营业务成本；对于未售商品的进货费用，计入期末存货成本。商品流通企业采购商品的进货费用金额较小的，可以在发生时直接计入当期销售费用。

（二）加工取得存货的成本

企业通过进一步加工取得的存货，主要包括产成品、在产品、半成品、委托加工物资等，其成本由采购成本、加工成本构成。某些存货还包括使存货达到目前场所和状态所发生的其他成本，如可直接认定的产品设计费用等。例如，企业通过数据加工取得确认为存货的数据资源，其成本包括采购成本，数据采集、脱敏、清洗、标注、整合、分析、可视化等加工成本和使存货达到目前场所和状态所发生的其他支出。通过进一步加工取得的存货的成本中采购成本是由所使用或消耗的原材料采购成本转移而来的，因此，计量加工取得的存货成本，重点是要确定存货的加工成本。

存货加工成本由直接人工和制造费用构成，其实质是企业在进一步加工存货的过程中追加发生的生产成本，因此，不包括直接由材料存货转移来的价值。其中，直接人工是指企业在生产产品过程中，直接从事产品生产的工人的职工薪酬。直接人工和间接人工的划分依据通常是生产工人是否与所生产的产品直接相关（即可否直接确定其服务的产品对象）。制造费用是指企业为生产产品和提供劳务而发生的各项间接费用。制造费用是一项间接生产成本，包括企业生产部门（如生产车间）管理人员的职工薪酬、折旧费、办公费、水电费、机物料消耗、劳动保护费、季节性和修理期间的停工损失，以及与存货的生产和加工相关的固定资产日常修理费用等。企业在停工停产期间计提的符合存货成本确认条件的固定资产折旧和无形资产摊销等，应当计入相应存货成本。

企业在加工存货过程中发生的直接人工和制造费用，如果能够直接计入有关的成本核算对象，则应直接计入该成本核算对象。否则，应按照合理方法分配计入有关成本核算对象。分配方法一经确定，不得随意变更。

1. 直接人工的分配

如果企业生产车间同时生产不同产品，则其发生的直接人工应采用合理方法分配计入各产品成本中。由于工资形成的方式不同，直接人工的分配方法也不同。比如，按计时工资或者按计件工资分配直接人工。

2. 制造费用的分配

由于企业各个生产车间或部门的生产任务、技术装备程度、管理水平和费用水准各不相同，因此，制造费用的分配一般应按生产车间或部门先进行归集，然后根据制造费用的性质，合理选择分配方法。企业所选择的制造费用分配方法，必须与制造费用的发生具有较密切的相关性，并且使分配到每种产品上的制造费用金额科学合理，同时还应当考虑计算手续的简便。在各种产品之间分配制造费用的方法，通常有按生产工人工资、按生产工人工时、按机器工时、按耗用原材料的数量或成本、按直接成本（原材料、燃料、动力、生产工人工资等职工薪酬之和）及按产成品产量等。

月末，企业应当根据在产品数量的多少、各月在产品数量变化的大小、各项成本比重的大小，以及定额管理基础的好坏等具体条件，采用适当的分配方法将直接人工、制造费用以及直接材料等生产成本在完工产品与在产品之间进行分配。常用的分配方法有：不计算在产品成本法、在产品按固定成本计价法、在产品按所耗直接材料成本计价法、约当产量比例法、在产品按定额成本计价法、定额比例法等。

企业在成本计算时，应当根据其生产经营特点、生产经营组织类型和成本管理要求，确定成本计算方法。成本计算的基本方法有品种法、分批法和分步法三种。企业具体选用哪种分配方法分配制造费用，由企业自行决定。分配方法一经确定，不得随意变更。如需变更，应当在财务报表附注中予以说明。

（三）其他方式取得存货的成本

企业取得存货的其他方式主要包括接受投资者投资、非货币性资产交换、债务重组、企业合并以及存货盘盈等。

（1）投资者投入存货的成本。投资者投入存货的成本，应当按照投资合同或协议约定的价值确定，但合同或协议约定价值不公允的除外。在投资合同或协议约定价值不公允的情况下，按照该项存货的公允价值作为其入账价值，存货的公允价值与投资合同或协议约定的价值之间的差额计入资本公积。

（2）通过非货币性资产交换、债务重组、企业合并等方式取得的存货的成本。企业通过非货币性资产交换、债务重组、企业合并等方式取得的存货，其成本应当分别按照《企业会计准则第7号——非货币性资产交换》《企业会计准则第12号——债务重组》《企业会计准则第20号——企业合并》等的规定确定。但是，其后续计量和披露应当执行《企业会计准则第1号——存货》的规定。

（3）盘盈存货的成本。盘盈的存货应按其重置成本作为入账价值，并通过"待处理财产损溢"科目进行会计处理，按管理权限报经批准后，根据具体情况分别处理。

在确定存货成本的过程中，下列费用不应当计入存货成本，而应当在其发生时计入当期损益：(1)非正常消耗的直接材料、直接人工及制造费用，应计入当期损益，不得计入存货成本。例如，企业超定额的废品损失以及由自然灾害而发生的直接材料、直接人工及制造费用，由于这些费用的发生无助于使该存货达到目前场所和状态，不应计入存货成本，而应计入当期损益。(2)仓储费用，指企业在采购入库后发生的储存费用，应计入当期损益。但是，在生产过程中为达到下一个生产阶段所必需的仓储费用则应计入存货成本。例如，某种酒类产品生产企业为使生产的酒达到规定的产品质量标准，而必须发生的仓储费用，就应计入酒的成本，而不是计入当期损益。(3)不能归属于使存货达到目前场所和状态的其他支出，不符合存货的定义和确认条件，应在发生时计入当期损益，不得计入存货成本。(4)企业采购用于广告营销活动的特定商品，向客户预付货款未取得商品时，应作为预付账款进行会计处理，待取得相关商品时计入当期损益（销售费用）。企业取得广告营销性质的服务比照该原则进行处理。

第二节 发出存货的计量

一、发出存货成本的计量方法

企业应当根据各类存货的实物流转方式、企业管理的要求、存货的性质等实际情况，合理地选择发出存货成本的计算方法，以合理确定当期发出存货的实际成本。

对于性质和用途相似的存货，应当采用相同的成本计算方法确定发出存货的成本。企业在确定发出存货的成本时，可以采用先进先出法、移动加权平均法、月末一次加权平均法和个别计价法等方法。现行会计准则不允许采用后进先出法确定发出存货的成本。

（一）先进先出法

先进先出法是以先购入的存货应先发出（销售或耗用）这样一种存货实物流转假设为前提，对发出存货进行计价。采用这种方法，先购入的存货成本在后购入存货成本之前转出，据此确定发出存货和期末存货的成本。

先进先出法可以随时结转存货发出成本，但较繁琐。如果存货收发业务较多，且存货单价不稳定时，其工作量较大。在物价持续上升时，期末存货成本接近于市价，而发出成本偏低，会高估企业当期利润和库存存货价值；物价下降时，则会低估企业当期利润和库存存货价值。

（二）移动加权平均法

移动加权平均法，是指以每次进货的成本加上原有库存存货的成本，除以每次进货数量与原有库存存货的数量之和，据以计算加权平均单位成本，作为在下次进货前计算各次发出存货成本的依据。计算公式如下：

$$存货单位成本 = \frac{原有库存存货的实际成本 + 本次进货的实际成本}{原有库存存货数量 + 本次进货数量}$$

本次发出存货成本 = 本次发出存货数量 × 本次发货前的存货单位成本

本月月末库存存货成本 = 月末库存存货的数量 × 本月月末存货单位成本

采用移动加权平均法能够使企业管理层及时了解存货成本的结存情况，计算出的平均单位成本及发出和结存的存货成本比较客观。但是，由于每次收货都要计算一次平均单位成本，计算工作量较大，对收发货较频繁的企业不适用。

（三）月末一次加权平均法

月末一次加权平均法，是指以当月全部进货数量加上月初存货数量作为权数，去除当月全部进货成本加上月初存货成本，计算出存货的加权平均单位成本，以此为基础计算当月发出存货成本和期末存货成本的一种方法。

$$\text{存货单位成本} = \frac{\text{月初库存存货的实际成本} + \Sigma\left(\text{本月某批进货的实际单位成本} \times \text{本月某批进货的数量}\right)}{\text{月初库存存货数量} + \text{本月各批进货数量之和}}$$

本月发出存货成本 = 本月发出存货的数量 × 存货单位成本

本月月末库存存货成本 = 月末库存存货的数量 × 存货单位成本

采用月末一次加权平均法只在月末一次计算加权平均单价，有利于简化成本计算工作。但由于平时无法从账上提供发出和结存存货的单价及金额，不利于存货成本的日常管理与控制。

上述存货发出的计量方法中，不适用于收发业务频繁的企业或者使用时较繁琐的企业，在会计信息化支持下，依然可以适用。

（四）个别计价法

个别计价法，亦称个别认定法、具体辨认法、分批实际法，其特征是注重所发出存货具体项目的实物流转与成本流转之间的联系，逐一辨认各批发出存货和期末存货所属的购进批别或生产批别，分别按其购入或生产时所确定的单位成本计算各批发出存货和期末存货的成本。即把每一种存货的实际成本作为计算发出存货成本和期末存货成本的基础。对于不能替代使用的存货、为特定项目专门购入或制造的存货以及提供的劳务，通常采用个别计价法确定发出存货的成本，如珠宝、名画等贵重物品。在实际工作中，越来越多的企业采用计算机信息系统进行会计处理，个别计价法可以广泛应用于发出存货的计价，并且个别计价法确定的存货成本最为准确。

二、存货成本的结转

企业销售存货，应当将已售存货的成本结转为当期损益，计入营业成本。也就是说，企业在确认存货销售收入的当期，应当将已经销售存货的成本结转为主营业务成本，计入当期营业成本。

存货为商品、产成品的，企业应采用先进先出法、移动加权平均法、月末一次加权平均法和个别计价法确定已销售商品的实际成本。存货为非商品存货的，如材料等，应将已出售的材料的实际成本予以结转，计入当期其他业务成本。这里所讲的材料销售不构成企业的主营业务。如果材料销售构成了企业的主营业务，则该材料为企业的商品存货，而不是非商品存货。

对已售存货计提了存货跌价准备，还应结转已计提的存货跌价准备，冲减当期主营业务成本或其他业务成本，实际上是按已售存货的账面价值结转主营业务成本或其他业务成本。企业按存货类别计提存货跌价准备的，也应按比例结转相应的存货跌价准备。

企业的周转材料（如包装物和低值易耗品）符合存货定义和确认条件的，按照使用次数分次计入成本费用。金额较小的，可在领用时一次计入成本费用，以简化核算，但为加强实物管理，应当在备查簿上进行登记。

企业因非货币性资产交换、债务重组等转出的存货成本，分别参见本书第二十章非货币性资产交换和第二十一章债务重组。

第三节　期末存货的计量

一、存货期末计量及存货跌价准备计提原则

资产负债表日，存货应当按照成本与可变现净值孰低计量。

当存货成本低于可变现净值时，存货按成本计量；当存货成本高于可变现净值时，存货按可变现净值计量，同时按照成本高于可变现净值的差额计提存货跌价准备，计入当期损益。

成本与可变现净值孰低计量的理论基础主要是使存货符合资产的定义，且符合谨慎性的质量要求。当存货的可变现净值下跌至成本以下时，表明该存货为企业带来的未来经济利益低于其账面成本，因而应将这部分损失从资产价值中扣除，计入当期损益。否则，存货的可变现净值低于成本时，如果仍然以其成本计量，就会出现虚计资产的现象。

二、存货的可变现净值

可变现净值，是指在日常活动中，存货的估计售价减去至完工时估计将要发生的成本、估计的销售费用以及相关税费后的金额。这里的销售费用不仅包括销售存货过程中发生的增量成本，还应包括企业将在销售存货过程中必须发生的、除增量成本以外的其他成本，如销售门店发生的水电、摊销等费用。

（一）可变现净值的基本特征

（1）确定存货可变现净值的前提是企业在进行日常活动。如果企业不是在进行正常的生产经营活动，比如企业处于清算过程，则不能按照存货后续计量原则确定存货的可变现净值。

（2）可变现净值为存货的预计未来净现金流入，而不是简单地等于存货的售价或合同价。企业预计的销售存货现金流量，并不完全等于存货的可变现净值。存货在销售过程中可能发生的销售费用和相关税费，以及为达到预定可销售状态还可能发生的加工成本等相关支出，构成现金流入的抵减项目。企业预计的销售存货现金流量，扣除这些抵减项目后，才能确定存货的可变现净值。

（3）不同存货可变现净值的构成不同。

①产成品、商品和用于出售的材料等直接用于出售的商品存货，在正常生产经营过程中，应当以该存货的估计售价减去估计的销售费用和相关税费后的金额，确定其可变现净值。

②需要经过加工的材料存货，在正常生产经营过程中，应当以所生产的产成品的估计售价减去至完工时估计将要发生的成本、估计的销售费用和相关税费后的金额，确定其可变现净值。

（二）确定存货的可变现净值时应考虑的因素

企业在确定存货的可变现净值时，应当以取得的确凿证据为基础，并且考虑持有存

货的目的、资产负债表日后事项的影响等因素。

1. 确定存货的可变现净值应当以取得确凿证据为基础

确定存货的可变现净值必须建立在取得确凿证据的基础上。这里所讲的"确凿证据"是指对确定存货的可变现净值和成本有直接影响的客观证明。

（1）存货成本的确凿证据。存货的采购成本、加工成本和其他成本及以其他方式取得存货的成本，应当以取得外来原始凭证、生产成本账簿记录等作为确凿证据。

（2）存货可变现净值的确凿证据。存货可变现净值的确凿证据，是指对确定存货的可变现净值有直接影响的确凿证明，如产成品或商品的市场销售价格、与产成品或商品相同或类似商品的市场销售价格、销货方提供的有关资料和生产成本资料等。

2. 确定存货的可变现净值应当考虑持有存货的目的

由于企业持有存货的目的不同，确定存货可变现净值的计算方法也不同。如用于出售的存货和用于继续加工的存货，其可变现净值的计算就不相同。因此，企业在确定存货的可变现净值时，应考虑持有存货的目的。企业持有存货的目的，通常可以分为：（1）持有以备出售的存货，如商品、产成品，其中又分为有合同约定的存货和没有合同约定的存货；（2）将在生产过程或提供劳务过程中耗用的存货，如材料等。

3. 资产负债表日后事项对确定存货的可变现净值的影响

确定存货可变现净值时，应当以资产负债表日取得最可靠的证据估计的售价为基础并考虑持有存货的目的，资产负债表日至财务报告批准报出日之间存货售价发生波动的，如有确凿证据表明其对资产负债表日存货已经存在的情况提供了新的或进一步的证据，则在确定存货可变现净值时应当予以考虑，否则不应予以考虑。

三、存货期末计量和存货跌价准备的计提

（一）存货估计售价的确定

对于企业持有的各类存货，在确定其可变现净值时，最关键的问题是确定估计售价。企业应当区别如下情况确定存货的估计售价：

（1）为执行销售合同或者劳务合同而持有的存货，通常应当以该存货（如产成品或商品）的合同价格作为其可变现净值的计算基础。如果企业与购买方签订了销售合同（或劳务合同，下同），并且销售合同订购的数量等于企业持有存货的数量，在这种情况下，在确定与该项销售合同直接相关存货的可变现净值时，应当以销售合同价格作为其可变现净值的计算基础。也就是说，如果企业就其存货（如产成品或商品）签订了销售合同，则该批存货的可变现净值应当以合同价格作为计算基础；如果企业销售合同所规定的标的物还没有生产出来，但持有专门用于该标的物生产的原材料，其可变现净值也应当以合同价格作为计算基础。

（2）如果企业持有存货的数量多于销售合同订购数量，超出部分的存货可变现净值应当以产成品或商品的一般销售价格（即市场销售价格）作为计算基础。

（3）如果企业持有存货的数量少于销售合同订购数量，实际持有与该销售合同相关的存货应以销售合同所规定的价格作为可变现净值的计算基础。如果该合同为亏损合同，还应同时按照《企业会计准则第13号——或有事项》的规定处理。

(4) 没有销售合同约定的存货（不包括用于出售的材料），其可变现净值应当以产成品或商品一般销售价格（即市场销售价格）作为计算基础。

(5) 用于出售的材料等，通常以市场价格作为其可变现净值的计算基础。这里的市场价格是指材料等的市场销售价格。如果用于出售的材料存在销售合同约定，应按合同价格作为其可变现净值的计算基础。

（二）材料存货的期末计量

材料存货的期末价值应当以所生产的产成品的可变现净值与成本的比较为基础加以确定。

(1) 对于为生产而持有的材料等，如果用其生产的产成品的可变现净值预计高于成本，则该材料仍然应当按照成本计量。这里的"材料"是指原材料、在产品、委托加工材料等。"可变现净值高于成本"中的成本是指产成品的生产成本。

(2) 如果材料价格的下降表明产成品的可变现净值低于成本，则该材料应当按可变现净值计量，按其差额计提存货跌价准备。

（三）计提存货跌价准备的方法

(1) 企业通常应当按照单个存货项目计提存货跌价准备。企业在计提存货跌价准备时通常应当以单个存货项目为基础。在采用计算机信息系统进行会计处理的情况下，企业完全有可能做到按单个存货项目计提存货跌价准备。在这种方式下，企业应当将每个存货项目的成本与其可变现净值逐一进行比较，按较低者计量存货，并且按成本高于可变现净值的差额，计提存货跌价准备。这就要求企业应当根据管理要求和存货的特点，明确规定存货项目的确定标准。比如，将某一型号和规格的材料作为一个存货项目、将某一品牌和规格的商品作为一个存货项目，等等。

(2) 对于数量繁多、单价较低的存货，可以按照存货类别计提存货跌价准备。如果某一类存货的数量繁多并且单价较低，企业可以按存货类别计量成本与可变现净值，即按存货类别的成本总额与可变现净值总额进行比较，每个存货类别均取较低者确定存货期末价值。

▶【例2-1】丁公司的有关资料及存货期末计量见表2-1，假设丁公司在此之前没有对存货计提跌价准备。

表2-1　　　　　　　　按存货类别计提存货跌价准备

商品	数量（台）	成本（元）单价	成本（元）总额	可变现净值（元）单价	可变现净值（元）总额	按存货类别确定的账面价值（元）	由此计提的存货跌价准备（元）
第一组							
A商品	400	10	4 000	9	3 600		
B商品	500	7	3 500	8	4 000		
合　计			7 500		7 600	7 500	0
第二组							
C商品	200	50	10 000	48	9 600		
D商品	100	45	4 500	44	4 400		
合　计			14 500		14 000	14 000	500

续表

商品	数量（台）	成本（元） 单价	成本（元） 总额	可变现净值（元） 单价	可变现净值（元） 总额	按存货类别确定的账面价值（元）	由此计提的存货跌价准备（元）
第三组							
E商品	700	100	70 000	80	56 000		
合　计			70 000		56 000	56 000	14 000
总　计			92 000		77 600	77 500	14 500

（3）与在同一地区生产和销售的产品系列相关、具有相同或类似最终用途或目的，且难以与其他项目分开计量的存货，可以合并计提存货跌价准备。存货具有相同或类似最终用途或目的，并在同一地区生产和销售，意味着存货所处的经济环境、法律环境、市场环境等相同，具有相同的风险和报酬。因此，在这种情况下，可以对该存货进行合并计提存货跌价准备。

（4）存货存在下列情形之一的，通常表明存货的可变现净值低于成本。①该存货的市场价格持续下跌，并且在可预见的未来无回升的希望。②企业使用该项原材料生产的产品的成本大于产品的销售价格。③企业因产品更新换代，原有库存原材料已不适应新产品的需要，而该原材料的市场价格又低于其账面成本。④因企业所提供的商品或劳务过时或消费者偏好改变而使市场的需求发生变化，导致市场价格逐渐下跌。⑤其他足以证明该项存货实质上已经发生减值的情形。

（5）存货存在下列情形之一的，通常表明存货的可变现净值为零。①已霉烂变质的存货。②已过期且无转让价值的存货。③生产中已不再需要，并且已无使用价值和转让价值的存货。④其他足以证明已无使用价值和转让价值的存货。

需要注意的是，资产负债表日，同一项存货中一部分有合同价格约定、其他部分不存在合同价格的，应当分别确定其可变现净值，并与其相对应的成本进行比较，分别确定存货跌价准备的计提或转回的金额，由此计提的存货跌价准备不得相互抵销。

（四）存货跌价准备转回的处理

（1）资产负债表日，企业应当确定存货的可变现净值。企业确定存货的可变现净值，应当以资产负债表日的状况为基础确定，既不能提前确定存货的可变现净值，也不能延后确定存货的可变现净值，并且在每一个资产负债表日都应当重新确定存货的可变现净值。

（2）企业的存货在符合条件的情况下，可以转回计提的存货跌价准备。存货跌价准备转回的条件是以前减记存货价值的影响因素已经消失，而不是在当期造成存货可变现净值高于成本的其他影响因素。

（3）当符合存货跌价准备转回的条件时，应在原已计提的存货跌价准备的金额内转回。即在对该项存货、该类存货或该合并存货已计提的存货跌价准备的金额内转回。转回的存货跌价准备与计提该准备的存货项目或类别应当存在直接对应关系，但转回的金额以将存货跌价准备余额冲减至零为限。

▶【例2-2】2×22年12月31日，甲公司W7型机器的账面成本为500万元，但由于W7型机器的市场价格下跌，预计可变现净值为400万元，由此计提存货跌价准备100万元。

假定：(1) 2×23年6月30日，W7型机器的账面成本仍为500万元，但由于W7型机器市场价格有所上升，使得W7型机器的预计可变现净值变为475万元。

(2) 2×23年12月31日，W7型机器的账面成本仍为500万元，由于W7型机器的市场价格进一步上升，预计W7型机器的可变现净值为555万元。

本例中：(1) 2×23年6月30日，由于W7型机器市场价格上升，W7型机器的可变现净值有所恢复，应计提的存货跌价准备为25万元（500-475），则当期应冲减已计提的存货跌价准备75万元（100-25），且小于已计提的存货跌价准备（100万元），因此，应转回的存货跌价准备为75万元。

甲公司的账务处理如下：

借：存货跌价准备　　　　　　　　　　　　　　　　750 000
　　贷：资产减值损失——存货减值损失　　　　　　　　750 000

(2) 2×23年12月31日，W7型机器的可变现净值又有所恢复，应冲减存货跌价准备为55万元（500-555），但是对W7型机器已计提的存货跌价准备的余额为25万元，因此，当期应转回的存货跌价准备为25万元而不是55万元（即以将对W7型机器已计提的"存货跌价准备"余额冲减至零为限）。

甲公司的账务处理如下：

借：存货跌价准备　　　　　　　　　　　　　　　　250 000
　　贷：资产减值损失——存货减值损失　　　　　　　　250 000

(五) 存货跌价准备的结转

企业计提了存货跌价准备，如果其中有部分存货已经销售，则企业在结转销售成本时，应同时结转对其已计提的存货跌价准备。对于因债务重组、非货币性资产交换转出的存货，也应同时结转已计提的存货跌价准备。如果按存货类别计提存货跌价准备的，应当按照发生销售、债务重组、非货币性资产交换等而转出存货的成本占该存货未转出前该类别存货成本的比例，结转相应的存货跌价准备。

第四节　存货的清查盘点

存货清查，是指通过对存货的实地盘点，确定存货的实有数量，并与账面结存数核对，从而确定存货实存数与账面结存数是否相符的一种专门方法。

由于存货种类繁多、收发频繁，在日常收发过程中可能发生计量错误、计算错误、自然损耗，还可能发生损坏变质以及贪污、盗窃等情况，造成账实不符，形成存货的盘盈、盘亏。对于存货的盘盈、盘亏，应填写存货盘点报告，及时查明原因，按照规定程序报批处理。

为反映和监督企业在财产清查中查明的各种存货的盘盈、盘亏和毁损情况，企业应当设置"待处理财产损溢"科目，借方登记存货的盘亏、毁损金额及盘盈的转销金额，贷方登记存货的盘盈金额及盘亏的转销金额。企业清查的各种存货损溢，应在期末结账前处理完毕，期末处理后，"待处理财产损溢"科目应无余额。

企业发生存货盘亏或毁损时，应借记"待处理财产损溢"科目，贷记"原材料""库存商品"等科目。在按管理权限报经批准后，根据造成存货盘亏或毁损的原因，分别以下情况进行处理：

（1）属于计量收发差错和管理不善等原因造成的存货短缺，应先扣除残料价值、可以收回的保险赔偿和过失人赔偿，将净损失计入管理费用。

（2）属于自然灾害等非常原因造成的存货毁损，应先扣除处置收入（如残料价值）、可以收回的保险赔偿和过失人赔偿，将净损失计入营业外支出。

（3）属于重大会计差错的，按照《企业会计准则第28号——会计政策、会计估计变更和差错更正》进行会计处理。

因存货盘亏或毁损，按规定不能抵扣的增值税进项税额应当予以转出。

企业发生存货盘盈时，按管理权限报经批准后分别处理：属于自然溢余（如某些作为存货的化学品）的，调整库存存货数量以及存货的单位成本。属于重大会计差错的，按照《企业会计准则第28号——会计政策、会计估计变更和差错更正》进行会计处理。属于其他原因导致的盘盈（如属于日常收发计量且不重大的差错）的，按重置成本冲减当期管理费用或计入营业外收入。

第五节 存货的列示与披露

一、列示

企业应当在资产负债表中单独列示存货。在资产负债表中，对于"存货"项目，企业应当根据"材料采购""在途物资""原材料""库存商品""发出商品""委托加工物资""周转材料""生产成本""合同履约成本（初始确认时摊销期限不超过一年或一个正常营业周期）"等科目的期末余额合计，减去"存货跌价准备""合同履约成本减值准备""商品进销差价"等科目期末余额后的金额填列；对材料采用计划成本核算的企业，还应按加或减"材料成本差异"科目期末余额后的金额填列。确认为存货的数据资产，还应当根据重要性原则并结合本企业的实际情况在"存货"项目下增设"其中：数据资源"项目，反映资产负债表日确认为存货的数据资源的期末账面价值。

二、披露

1. 企业应当在附注中披露的与存货有关的信息

（1）各类存货的期初和期末账面价值；

（2）确定发出存货成本所采用的方法；

（3）存货可变现净值的确定依据，存货跌价准备的计提方法，当期计提的存货跌价准备的金额，当期转回的存货跌价准备的金额，以及计提和转回的有关情况；

（4）用于担保的存货账面价值。

2. 关于确认为存货的数据资源的披露要求

（1）对于确认为存货的数据资源，企业应当在会计报表附注中披露相关会计信息，包括：①按照外购存货、自行加工存货等类别披露的相关会计信息；②企业应当披露确定发出数据资源存货成本所采用的方法；③企业应当披露数据资源存货可变现净值的确定依据、存货跌价准备的计提方法、当期计提的存货跌价准备的金额、当期转回的存货跌价准备的金额，以及计提和转回的有关情况；④企业应当单独披露对企业财务报表具有重要影响的单项数据资源存货的内容、账面价值和可变现净值；⑤企业应当披露所有权或使用权受到限制的数据资源存货，以及用于担保的数据资源存货的账面价值等情况。

（2）对于确认为存货的数据资源，以及企业合法拥有或控制的、预期会给企业带来经济利益的、但由于不满足存货准则确认条件而未确认为存货的数据资源，企业可以根据实际情况，在会计报表附注中自愿披露相关信息，包括：①数据资源的应用场景或业务模式、对企业创造价值的影响方式，与数据资源应用场景相关的宏观经济和行业领域前景等；②用于形成相关数据资源的原始数据的类型、规模、来源、权属、质量等信息；③企业对数据资源的加工维护和安全保护情况，以及相关人才、关键技术等的持有和投入情况；④数据资源的应用情况，包括数据资源相关产品或服务等的运营应用、作价出资、流通交易、服务计费方式等情况；⑤重大交易事项中涉及的数据资源对该交易事项的影响及风险分析，重大交易事项包括但不限于企业的经营活动、投融资活动、质押融资、关联方及关联交易、承诺事项、或有事项、债务重组、资产置换等；⑥数据资源相关权利的失效情况及失效事由、对企业的影响及风险分析等；⑦数据资源转让、许可或应用所涉及的地域限制、领域限制及法律法规限制等权利限制；⑧企业认为有必要披露的其他数据资源相关信息。

此外，需要注意的是，企业对数据资源进行评估且评估结果对企业财务报表具有重要影响的，应当披露评估依据的信息来源，评估结论成立的假设前提和限制条件，评估方法的选择，各重要参数的来源、分析、比较与测算过程等信息。

第三章 固定资产

第一节 固定资产的确认和初始计量

一、固定资产的定义和确认条件

(一) 固定资产的定义

固定资产,是指同时具有下列特征的有形资产:(1) 为生产商品、提供劳务、出租或经营管理而持有的;(2) 使用寿命超过一个会计年度。

从固定资产的定义看,固定资产具有以下三个特征:

1. 为生产商品、提供劳务、出租或经营管理而持有

企业持有固定资产的目的是为了生产商品、提供劳务、出租或经营管理,即企业持有的固定资产是企业的劳动工具或手段,而不是直接用于出售的产品。其中,"出租"的固定资产,是指用于出租的机器设备类固定资产,不包括出租的建筑物,其中,以经营租赁方式出租的建筑物属于企业的投资性房地产,不属于固定资产。

2. 使用寿命超过一个会计年度

固定资产的使用寿命,是指企业使用固定资产的预计期间,或者该固定资产所能生产产品或提供劳务的数量。通常情况下,固定资产的使用寿命是指使用固定资产的预计期间,比如自用房屋建筑物的使用寿命或使用年限。对于某些机器设备或运输设备等固定资产,其使用寿命往往以该固定资产所能生产产品或提供劳务的数量来表示,例如,发电设备按其预计发电量估计使用寿命,汽车或飞机等按其预计行驶或飞行里程估计使用寿命。固定资产使用寿命超过一个会计年度,意味着固定资产属于长期资产,随着使用和磨损,通过计提折旧方式逐渐减少其账面价值。

3. 固定资产是有形资产

固定资产具有实物特征,这一特征将固定资产与无形资产区别开来。有些无形资产可能同时符合固定资产的其他特征,如无形资产为生产商品、提供劳务而持有,使用寿命超过一个会计年度,但是由于其没有实物形态,所以不属于固定资产。工业企业所持

有的工具、用具、备品备件、维修设备等资产，施工企业所持有的模板、挡板、架料等周转材料以及地质勘探企业所持有的管材等资产，尽管该类资产具有固定资产的某些特征，如使用期限超过一年，也能够带来经济利益，但由于数量多、单价低，考虑到成本效益原则，在实务中通常确认为存货。但符合固定资产定义和确认条件的，比如企业（民用航空运输）的高价周转件等，应当确认为固定资产。对于构成固定资产的各组成部分，如果各自具有不同使用寿命或者以不同方式为企业提供经济利益，适用不同折旧率或折旧方法的，该各组成部分实际上是以独立的方式为企业提供经济利益，因此，企业应当分别将各组成部分确认为单项固定资产。例如，飞机的引擎，如果其与飞机机身具有不同的使用寿命，适用不同折旧率或折旧方法，则企业应当将其确认为单项固定资产。企业由于安全或环保的要求购入设备等，虽然不能直接给企业带来未来经济利益，但有助于企业从其他相关资产的使用获得未来经济利益，也应确认为固定资产。

（二）固定资产的确认条件

固定资产在符合定义的前提下，应当同时满足以下两个条件，才能加以确认。

1. 与该固定资产有关的经济利益很可能流入企业

资产最重要的特征是预期会给企业带来经济利益。企业在确认固定资产时，需要判断与该项固定资产有关的经济利益是否很可能流入企业。如果与该项固定资产有关的经济利益很可能流入企业，并同时满足固定资产确认的其他条件，那么企业应将其确认为固定资产；否则不应将其确认为固定资产。

2. 该固定资产的成本能够可靠地计量

成本能够可靠地计量是资产确认的一项基本条件。企业在确定固定资产成本时必须取得确凿证据，但是，有时需要根据所获得的最新资料，对固定资产的成本进行合理的估计。比如，企业对于已达到预定可使用状态但尚未办理竣工决算的固定资产，需要根据工程预算、工程造价或者工程实际发生的成本等资料，按估计价值确定其成本，办理竣工决算后，再按照实际成本调整原来的暂估价值。

二、固定资产的初始计量

固定资产的初始计量是指确定固定资产的取得成本。取得成本包括企业为购建某项固定资产达到预定可使用状态前所发生的一切合理的、必要的支出。在实务中，企业取得固定资产的方式是多种多样的，包括外购、自行建造、投资者投入以及非货币性资产交换、债务重组和企业合并等，取得的方式不同，其成本的具体构成内容及确定方法也不尽相同。

（一）外购固定资产的成本

企业外购固定资产的成本，包括购买价款、相关税费、使固定资产达到预定可使用状态前所发生的可归属于该项资产的运输费、装卸费、安装费和专业人员服务费等，不包括按规定可以抵扣的增值税进项税额。

外购固定资产是否达到预定可使用状态，需要根据具体情况进行分析判断。如果购入不需安装的固定资产，购入后即可发挥作用，因此，购入后即可达到预定可使用状态。

如果购入需安装的固定资产，只有安装调试后，达到设计要求或合同规定的标准，该项固定资产才可发挥作用，才意味着达到预定可使用状态。

在实务中，企业可能以一笔款项同时购入多项没有单独标价的资产。如果这些资产均符合固定资产的定义，并满足固定资产的确认条件，则应将各项资产单独确认为固定资产，并按各项固定资产公允价值的比例对总成本进行分配，分别确定各项固定资产的成本。如果以一笔款项购入的多项资产中还包括固定资产以外的其他资产，也应按类似的方法予以处理。

企业购入的固定资产分为不需要安装的固定资产和需要安装的固定资产两种情形。前者的取得成本为企业实际支付的购买价款、包装费、运杂费、保险费、专业人员服务费和相关税费（不含可抵扣的增值税进项税额）等，其账务处理为：按应计入固定资产成本的金额，借记"固定资产"科目，贷记"银行存款""其他应付款""应付票据"等科目；后者的取得成本是在前者取得成本的基础上，加上安装调试成本等，其账务处理为：按应计入固定资产成本的金额，先记入"在建工程"科目，安装完毕交付使用时再转入"固定资产"科目。

▶【例3-1】2×22年2月1日，甲公司购入一台需要安装的生产用机器设备，取得的增值税专用发票上注明的设备价款为50万元，增值税进项税额为6.5万元，款项已通过银行支付；安装设备时，领用本公司原材料一批，价值3万元，购进该批原材料时支付的增值税进项税额为0.39万元；支付安装工人的工资为0.49万元。该生产用机器设备于2×22年3月20日安装调试完成，达到预定可使用状态。假定不考虑其他相关税费。甲公司的账务处理如下（除特殊说明外，本章例题中的公司均为增值税一般纳税人）：

(1) 支付设备价款、增值税：
借：在建工程——××设备　　　　　　　　　　　　　500 000
　　应交税费——应交增值税（进项税额）　　　　　　 65 000
　　贷：银行存款　　　　　　　　　　　　　　　　　565 000
(2) 领用本公司原材料、支付安装工人工资等费用：
借：在建工程——××设备　　　　　　　　　　　　　 34 900
　　贷：原材料　　　　　　　　　　　　　　　　　　 30 000
　　　　应付职工薪酬　　　　　　　　　　　　　　　 4 900
(3) 设备安装完毕达到预定可使用状态：
借：固定资产——××设备　　　　　　　　　　　　　534 900
　　贷：在建工程——××设备　　　　　　　　　　　　534 900
固定资产的成本 = 500 000 + 34 900 = 534 900（元）

企业购买固定资产通常在正常信用条件期限内付款，但也会发生超过正常信用条件购买固定资产的经济业务，如采用分期付款方式购买资产，且在合同中规定的付款期限比较长，超过了正常信用条件。在这种情况下，该项购货合同实质上具有融资性质，购入固定资产的成本不能以各期付款额之和确定，而应以各期付款额的现值之和确定。固定资产购买价款的现值，应当按照各期支付的价款选择恰当的折现率进行折现后的金额加以确定。折现率是反映当前市场货币时间价值和延期付款债务特定风险的利率。该折现率实质上是供货企业的必要报酬率。各期实际支付的价款之和与其现值之间的差额，在达到预定可使用状态之前符合《企业会计准则第17号——借款费用》中规定的资本化条件的，应当通过在建工程计入固定资产成本，其余部分应当在信用期间内确认为财务费用，计入当期损益。其账务处理为：购入固定资产时，按购买价款的现值，借记"固定资产"或"在建工程"等科目，按应支付的金额，贷记"长期应付款"科目，按其差额，借记"未确认融资费用"科目。

▶【例3-2】2×15年1月1日，甲公司与乙公司签订一项购货合同，甲公司从乙公司购入一台需要安装的特大型设备。合同约定，甲公司采用分期付款方式支付价款。该设备价款共计900万元（不考虑增值税），在2×15年至2×19年的5年内每半年支付90万元，每年的付款日期分别为当年6月30日和12月31日。

2×15年1月1日，设备如期运抵甲公司并开始安装。2×15年12月31日，设备达到预定可使用状态，发生安装费398 530.60元，已用银行存款付讫。不考虑相关税费的影响。

假定甲公司适用的6个月折现率为10%。

(1) 购买价款的现值 = 900 000 × (P/A, 10%, 10) = 900 000 × 6.1446 = 5 530 140 (元)。

2×15年1月1日甲公司的账务处理如下：

借：在建工程——××设备　　　　　　　　　　　　5 530 140
　　未确认融资费用　　　　　　　　　　　　　　　3 469 860
　　贷：长期应付款——乙公司　　　　　　　　　　　　　9 000 000

(2) 确定信用期间未确认融资费用的分摊额，如表3-1所示。

表3-1　　　　　　　　　　未确认融资费用分摊表

2×15年1月1日　　　　　　　　　　　　　　　　　　　　　　单位：元

日期①	分期付款额②	确认的融资费用③=期初⑤×10%	应付本金减少额④=②-③	应付本金余额期末⑤=期初⑤-④
2×15年1月1日				5 530 140
2×15年6月30日	900 000	553 014	346 986	5 183 154
2×15年12月31日	900 000	518 315.40	381 684.60	4 801 469.40
2×16年6月30日	900 000	480 146.94	419 853.06	4 381 616.34
2×16年12月31日	900 000	438 161.63	461 838.37	3 919 777.97
2×17年6月30日	900 000	391 977.80	508 022.20	3 411 755.77
2×17年12月31日	900 000	341 175.58	558 824.42	2 852 931.35
2×18年6月30日	900 000	285 293.14	614 706.86	2 238 224.49
2×18年12月31日	900 000	223 822.45	676 177.55	1 562 046.94
2×19年6月30日	900 000	156 204.69	743 795.31	818 251.63
2×19年12月31日	900 000	81 748.37*	818 251.63	0
合计	9 000 000	3 469 860	5 530 140	0

注：*尾数调整：81 748.37 = 900 000 - 818 251.63，818 251.63为最后一期应付本金余额。

(3) 2×15年1月1日至2×15年12月31日为设备的安装期间,未确认融资费用的分摊额符合资本化条件,计入固定资产成本。

2×15年6月30日,甲公司的账务处理如下:

借:在建工程——××设备　　　　　　　　　　　　553 014
　　贷:未确认融资费用　　　　　　　　　　　　　　553 014
借:长期应付款——乙公司　　　　　　　　　　　900 000
　　贷:银行存款　　　　　　　　　　　　　　　　900 000

2×15年12月31日,甲公司的账务处理如下:

借:在建工程——××设备　　　　　　　　　　　　518 315.40
　　贷:未确认融资费用　　　　　　　　　　　　　　518 315.40
借:长期应付款——乙公司　　　　　　　　　　　900 000
　　贷:银行存款　　　　　　　　　　　　　　　　900 000
借:在建工程——××设备　　　　　　　　　　　　398 530.60
　　贷:银行存款等　　　　　　　　　　　　　　　398 530.60
借:固定资产——××设备　　　　　　　　　　　　7 000 000
　　贷:在建工程——××设备　　　　　　　　　　　7 000 000

固定资产的成本 = 5 530 140 + 553 014 + 518 315.40 + 398 530.60 = 7 000 000(元)

(4) 2×16年1月1日至2×19年12月31日,该设备已经达到预定可使用状态,未确认融资费用的分摊额不再符合资本化条件,应计入当期损益。

2×16年6月30日,甲公司的账务处理如下:

借:财务费用　　　　　　　　　　　　　　　　　480 146.94
　　贷:未确认融资费用　　　　　　　　　　　　　　480 146.94
借:长期应付款——乙公司　　　　　　　　　　　900 000
　　贷:银行存款　　　　　　　　　　　　　　　　900 000

以后期间的账务处理与2×16年6月30日相同,此处略。

(二) 自行建造固定资产的成本

自行建造固定资产的成本,由建造该项资产达到预定可使用状态前所发生的必要支出构成,包括工程用物资成本、人工成本、缴纳的相关税费、应予资本化的借款费用以及应分摊的间接费用等。测试固定资产可否正常运转而发生的支出属于固定资产达到预定可使用状态前的必要支出,应当计入该固定资产成本。测试固定资产可否正常运转,指评估该固定资产的技术和物理性能是否达到生产产品、提供服务、对外出租或用于管理等标准的活动,不包括评估固定资产的财务业绩。

企业将固定资产达到预定可使用状态前产出的产品或副产品对外销售(以下统称试运行销售)的,应当按照《企业会计准则第14号——收入》《企业会计准则第1号——存货》等规定,对试运行销售相关的收入和成本分别进行会计处理,计入当期损益,不应将试运行销售相关收入抵销相关成本后的净额冲减固定资产成本。试运行产出的有关产品或副产品在对外销售前,符合《企业会计准则第1号——存货》规定的应当确认为存货,符合其他相关企业会计准则中有关资产确认条件的应当确认为相关资产。这里所称的"固定资产达到预定可使用状态前产出的产品或副产品",包括测试固定资产可否正常运转时产出的样品等情形。企业应当按照《企业会计准则第 1 号——存货》《企业会计准则第 14 号——收入》《企业会计准则第 30 号——财务报表列报》等规定,判断试运行销售是否属于企业的日常活动,并在财务报表中分别日常活动和非日常活动列示试运行销售的相关收入和成本,属于日常活动的,在"营业收入"和"营业成本"项目列示;属于非日常活动的,在"资产处置收益"等项目列示。同时,企业应当在附注中单独披露试运行销售的相关收入和成本金额、具体列报项目以及确定试运行销售相关成本时采用的重要会计估计等相关信息。企业自行建造固定资产包括自营建造和出包建造两种方式。无论采用何种方式,所建工程都应当按照实际发生的支出确定其工程成本并单独核算。

1. 自营方式建造固定资产

企业以自营方式建造固定资产,是指企业自行组织工程物资采购、自行组织施工人员从事工程施工完成固定资产建造。实务中,企业较少采用自营方式建造固定资产,多数情况下采用出包方式。企业如有以自营方式建造固定资产,其成本应当按照直接材料、直接人工、直接机械施工费等计量。

企业为建造固定资产准备的各种物资应当按照实际支付的买价、运输费、保险费等相关税费作为实际成本,并按照各种专项物资的种类进行明细核算。工程完工后,剩余的工程物资转为本企业存货的,按其实际成本或计划成本进行结转。建设期间发生的工程物资盘亏、报废及毁损,减去残料价值以及保险公司、过失人等赔款后的净损失,计入所建工程项目的成本;盘盈的工程物资或处置净收益,冲减所建工程项目的成本。工程完工后发生的工程物资盘盈、盘亏、报废、毁损,计入当期营业外收支。

建造固定资产领用工程物资、原材料或库存商品,应按其实际成本转入所建工程项目的成本。自营方式建造固定资产应负担的职工薪酬、辅助生产部门为之提供的水、电、修理、运输等劳务,以及其他必要支出等也应计入所建工程项目的成本。符合资本化条件,应计入所建造固定资产成本的借款费用按照《企业会计准则第 17 号——借款费用》的有关规定处理。

所建造的固定资产已达到预定可使用状态,但尚未办理竣工结算的,应当自达到预定可使用状态之日起,根据工程预算、造价或者工程实际成本等,按暂估价值转入固定资产,并按有关计提固定资产折旧的规定,计提固定资产折旧。待办理竣工决算手续后再调整原来的暂估价值,但不需要调整原已计提的折旧额。

企业以自营方式建造固定资产,发生的工程成本应通过"在建工程"科目核算,工程完工达到预定可使用状态时,从"在建工程"科目转入"固定资产"科目。

企业按照国家规定提取的安全生产费,应当计入相关产品的成本或当期损益,同时记入"专项储备"科目。企业使用提取的安全生产费时,属于费用性支出的,直接冲减"专项储备"科目。企业使用提取的安全生产费形成固定资产的,应当通过"在建工程"科目归集所发生的支出,待安全项目完工达到预定可使用状态时确认为固定资产;同时,按照形成固定资产的成本冲减"专项储备"科目,并确认相同金额的累计折旧。该固定资产在以后期间不再计提折旧。"专项储备"科目期末余额在资产负债表所有者权益项下的"专项储备"项目反映。企业提取的维简费等其他具有类似性质的费用，比照安全生产费的原则进行会计处理。

2. 出包方式建造固定资产

在出包方式下，企业通过招标方式将工程项目发包给建造承包商，由建造承包商（即施工企业）组织工程项目施工。企业要与建造承包商签订建造合同，企业是建造合同的甲方，负责筹集资金和组织管理工程建设，通常称为建设单位；建造承包商是建造合同的乙方，负责建筑安装工程施工任务。企业的新建、改建、扩建等建设项目，经常采用出包方式。一个建设项目通常由若干项工程构成，如新建一个火电厂包括建造发电车间、冷却塔、安装发电设备等，新建的火电厂即为建设项目，建造的发电车间、冷却塔、安装发电设备均为单项工程。

（1）出包工程的成本构成。企业以出包方式建造固定资产，其成本由建造该项固定资产达到预定可使用状态前所发生的必要支出构成，包括发生的建筑工程支出、安装工程支出以及需分摊计入各固定资产价值的待摊支出。

①建筑工程、安装工程支出。由于建筑工程、安装工程采用出包方式发包给建造承包商承建，因此，工程的具体支出，如人工费、材料费、机械使用费等由建造承包商核算。对于发包企业而言，建筑工程支出、安装工程支出是构成在建工程成本的重要内容，发包企业按照合同规定的结算方式和工程进度定期与建造承包商办理工程价款结算，结算的工程价款计入在建工程成本。

②待摊支出。待摊支出是指在建设期间发生的，不能直接计入某项固定资产价值，而应由所建造固定资产共同负担的相关费用，包括为建造工程发生的管理费、可行性研究费、临时设施费、公证费、监理费、应负担的税金、符合资本化条件的借款费用、建设期间发生的工程物资盘亏、报废及毁损净损失，以及负荷联合试车费等。企业为建造固定资产通过出让方式取得土地使用权而支付的土地出让金不计入在建工程成本，应确认为无形资产（土地使用权）。

（2）出包工程的账务处理。在出包方式下，"在建工程"科目主要是企业与建造承包商办理工程价款的结算科目，企业支付给建造承包商的工程价款，作为工程成本通过"在建工程"科目核算。企业应按合理估计的工程进度和合同规定结算的进度款，借记"在建工程——建筑工程（××工程）""在建工程——安装工程（××工程）"科目，贷记"银行存款""预付账款"等科目。工程完成时，按合同规定补付的工程款，借记"在建工程"科目，贷记"银行存款"等科目。企业将需安装设备运抵现场安装时，借记"在建工程——在安装设备（××设备）"科目，贷记"工程物资——××设备"科目；企业为建造固定资产发生的待摊支出，借记"在建工程——待摊支出"科目，贷记"银行存款""应付职工薪酬""长期借款"等科目。

在建工程达到预定可使用状态时，首先计算分配待摊支出，待摊支出的分配率可按下列公式计算：

$$待摊支出分配率 = \frac{累计发生的待摊支出}{建筑工程支出 + 安装工程支出 + 在安装设备支出} \times 100\%$$

$$××工程应分配的待摊支出 = \left(\begin{array}{c} ××工程的 \\ 建筑工程支出 \end{array} + \begin{array}{c} ××工程的 \\ 安装工程支出 \end{array} + \begin{array}{c} ××工程的在 \\ 安装设备支出 \end{array} \right) \times \begin{array}{c} 待摊支出 \\ 分\ 配\ 率 \end{array}$$

其次，计算确定已完工的固定资产成本：

房屋、建筑物等固定资产成本＝建筑工程支出＋应分摊的待摊支出

需要安装设备的成本＝设备成本＋为设备安装发生的基础、支座等建筑工程支出＋安装工程支出＋应分摊的待摊支出

最后，进行相应的账务处理，借记"固定资产"科目，贷记"在建工程——建筑工程""在建工程——安装工程"等科目。

（三）其他方式取得的固定资产的成本

企业取得固定资产的其他方式与存货类似，主要包括接受投资者投资、非货币性资产交换、债务重组、企业合并等。

1. 投资者投入固定资产的成本

接受固定资产投资的企业，在办理了固定资产移交手续之后，应按投资合同或协议约定的价值加上应支付的相关税费作为固定资产的入账价值，但合同或协议约定价值不公允的除外。在投资合同或协议约定价值不公允的情况下，按照该项固定资产的公允价值作为入账价值，固定资产的公允价值与投资合同或协议约定的价值之间的差额计入资本公积。

2. 通过非货币性资产交换、债务重组、企业合并等方式取得的固定资产的成本

企业通过非货币性资产交换、债务重组、企业合并等方式取得的固定资产，其成本应当分别按照《企业会计准则第7号——非货币性资产交换》《企业会计准则第12号——债务重组》《企业会计准则第20号——企业合并》等的规定确定。但是，其后续计量和披露应当执行固定资产准则的规定。

3. 盘盈固定资产的成本

盘盈的固定资产，作为前期差错处理，在按管理权限报经批准处理前，应先通过"以前年度损益调整"科目核算。

（四）存在弃置义务的固定资产

对于特殊行业的特定固定资产，确定其初始成本时，还应考虑弃置费用。弃置费用通常是指根据国家法律和行政法规、国际公约等规定，企业承担的环境保护和生态恢复等义务所确定的支出。

弃置费用的金额与其现值比较差额通常较大，需要考虑货币时间价值，对于这些特殊行业的特定固定资产，企业应当根据《企业会计准则第13号——或有事项》，按照现值计算确定应计入固定资产成本的金额和相应的预计负债。确认弃置费用形成的预计负债后，在固定资产的使用寿命内按照预计负债的摊余成本和实际利率计算确定的利息费用应当在发生时计入财务费用。

由于技术进步、法律要求或市场环境变化等原因，特定固定资产的履行弃置义务可能发生支出金额、预计弃置时点、折现率等变动而引起的预计负债变动，应按照以下原则调整该固定资产的成本：（1）对于预计负债的减少，以该固定资产账面价值为限扣减固定资产成本。如果预计负债的减少额超过该固定资产账面价值，超出部分确认为当期损益。（2）对于预计负债的增加，增加该固定资产的成本。按照上述原则调整的固定资产，在资产剩余使用年限内计提折旧。一旦该固定资产的使用寿命结束，预计负债的所

有后续变动应在发生时确认为损益。

值得注意的是,一般工商企业的固定资产发生的报废清理费用不属于弃置费用,应当在发生时作为固定资产处置费用处理。

▶【例3-3】乙公司经国家批准于2×22年1月1日建造完成核电站核反应堆并交付使用,建造成本为2 500 000万元,预计使用寿命40年。该核反应堆将会对当地的生态环境产生一定的影响,根据法律规定,企业应在该项设施使用期满后将其拆除,并对造成的污染进行整治,预计发生弃置费用250 000万元。假定适用的折现率为10%。2×26年12月31日,由于技术进步,乙公司预计发生的弃置费用由250 000万元下降至200 000万元。假定适用的折现率不变。

核反应堆属于特殊行业的特定固定资产,确定其成本时应考虑弃置费用。账务处理为:

(1) 2×22年1月1日,弃置费用的现值=250 000×(P/F, 10%, 40) = 250 000×0.0221 = 5 525(万元)。

固定资产的成本 = 2 500 000 + 5 525 = 2 505 525(万元)

借:固定资产——××核反应堆　　　　　　　　　　25 055 250 000
　　贷:在建工程——××核反应堆　　　　　　　　　25 000 000 000
　　　　预计负债——××核反应堆——弃置费用　　　　　55 250 000

(2) 计算第1年应负担的利息费用 = 55 250 000×10% = 5 525 000(元)

借:财务费用　　　　　　　　　　　　　　　　　　5 525 000
　　贷:预计负债——××核反应堆——弃置费用　　　　　5 525 000

预计弃置费用变化前,企业应当按照实际利率法计算确定每年的财务费用,账务处理略。

(3) 2×26年12月31日,该核反应堆已使用满5年,按照实际利率法计算确定每年的利息费用之后,弃置费用的现值 = 250 000×(P/F, 10%, 35) = 250 000×0.0356 = 8 900(万元)[1];进一步考虑弃置费用下降的影响之后,弃置费用的现值 = 200 000×(P/F, 10%, 35) = 250 000×0.0356 = 7 120(万元)。

2×26年12月31日,乙公司的账务处理如下:

借:预计负债——××核反应堆——弃置费用　　　　　17 800 000
　　贷:固定资产——××核反应堆　(89 000 000 - 71 200 000) 17 800 000

调整后的固定资产账面价值,应在固定资产剩余使用年限内计提折旧。

(4) 2×27年1月1日,考虑弃置费用下降影响后的预计负债余额与弃置费用的现值相等,即7 120万元。2×27年应负担的利息费用 = 7 120×10% = 712(万元)。

借:财务费用　　　　　　　　　　　　　　　　　　7 120 000
　　贷:预计负债——××核反应堆——弃置费用　　　　　7 120 000

如果以后年度预计弃置费用等未发生变化,企业应当按照实际利率法计算确定每年

---

[1] 弃置费用的现值8 900万元是采用复利现值系数直接计算得到的近似值,与按照实际利率法计算每年利息费用后的结果8 898.07万元 $[5\,525 \times (1 + 10\%)^5]$ 存在尾差。

的财务费用，账务处理略。

假定以后年度，乙公司预计发生的弃置费用未改变，但由于折现率、预计弃置时点发生变化而引起预计负债变动，乙公司也应当按照相同原则对固定资产的成本进行调整，调整的固定资产，在固定资产剩余使用年限内计提折旧。后续乙公司应当使用变化后的折现率计算确定每年的财务费用。

第二节 固定资产的后续计量

固定资产的后续计量主要包括固定资产折旧的计提、减值损失的确定，以及后续支出的计量。其中，固定资产的减值应当按照《企业会计准则第8号——资产减值》处理。

一、固定资产折旧

（一）固定资产折旧的定义

折旧，是指在固定资产的使用寿命内，按照确定的方法对应计折旧额进行的系统分摊。

（二）影响固定资产折旧的因素

影响固定资产折旧的因素主要有以下几个方面：

（1）固定资产原价，指固定资产的成本。

（2）固定资产的使用寿命，指企业使用固定资产的预计期间，或者该固定资产所能生产产品或提供劳务的数量。企业确定固定资产使用寿命时，应当考虑下列因素：

①该项资产预计生产能力或实物产量；

②该项资产预计有形损耗，指固定资产在使用过程中，由于正常使用和自然力的作用而引起的使用价值和价值的损失，如设备使用中发生磨损、房屋建筑物受到自然侵蚀等；

③该项资产预计无形损耗，指由于科学技术的进步和劳动生产率的提高而带来的固定资产价值上的损失，如因新技术的出现而使现有的资产技术水平相对陈旧、市场需求变化使其所生产的产品过时等；

④法律或者类似规定对该项资产使用的限制。某些固定资产的使用寿命可能受法律或类似规定的约束。

（3）预计净残值，指假定固定资产预计使用寿命已满并处于使用寿命终了时的预期状态，企业目前从该项资产处置中获得的扣除预计处置费用后的金额。

（4）固定资产减值准备，指固定资产已计提的减值准备累计金额。固定资产计提减值准备后，应当在剩余使用寿命内根据调整后的固定资产账面价值（固定资产账面余额扣减累计折旧和累计减值准备后的金额）和预计净残值重新计算确定折旧率和折旧额。

（三）计提折旧的固定资产范围

企业应当对所有的固定资产计提折旧，但是，已提足折旧仍继续使用的固定资产和单独计价入账的土地除外。在确定计提折旧的范围时还应注意以下几点：

（1）固定资产应当按月计提折旧，并根据用途计入相关资产的成本或者当期损益。固定资产应自达到预定可使用状态时开始计提折旧，终止确认时或划分为持有待售非流动资产时停止计提折旧。如果固定资产并未终止确认或划分为持有待售非流动资产，但处于闲置状态或处于退出活跃的使用状态时，仍应计提折旧，除非该固定资产已提足折旧。为了简化核算，当月增加的固定资产，当月不计提折旧，从下月起计提折旧；当月减少的固定资产，当月仍计提折旧，从下月起不计提折旧。

（2）固定资产提足折旧后，不论能否继续使用，均不再计提折旧；提前报废的固定资产也不再补提折旧。所谓提足折旧是指已经提足该项固定资产的应计折旧额。应计折旧额，是指应当计提折旧的固定资产的原价扣除其预计净残值后的金额。如果已对固定资产计提减值准备，还应当扣除已计提的固定资产减值准备累计金额。

（3）已达到预定可使用状态但尚未办理竣工决算的固定资产，应当按照估计价值确定其成本，并计提折旧；待办理竣工决算后再按实际成本调整原来的暂估价值，但不需要调整原已计提的折旧额。

（四）固定资产折旧方法

企业应当根据与固定资产有关的经济利益的预期消耗方式合理选择折旧方法。可选用的折旧方法包括年限平均法、工作量法、双倍余额递减法和年数总和法等。企业选用不同的固定资产折旧方法，将影响固定资产使用寿命期间内不同时期的折旧费用，因此，固定资产的折旧方法一经确定，不得随意变更。如需变更应当符合固定资产准则的规定，至少于每年年度终了对固定资产的使用寿命、预计净残值和折旧方法进行复核，按复核的结果进行处理。对于构成固定资产的每个部件的成本与该固定资产总成本相比是重大的，企业应将固定资产的初始计量金额分摊至该固定资产的各重要部件，并对该重要部件单独计提折旧，该项固定资产的剩余组成部分也应单独计提折旧，如果剩余组成部分具有不同的使用寿命，可能需要采用近似技术，以如实反映剩余部件消耗或使用寿命的方式计提该剩余部分的折旧。对于构成固定资产的某项组成部件相对于该固定资产总成本而言不重大的，企业也可以选择对该组成部件单独计提折旧。

值得注意的是，企业在确定固定资产折旧方法时，应当根据与固定资产有关的经济利益的预期消耗方式作出决定。由于收入可能受到投入、生产过程、销售等因素的影响，这些因素与固定资产有关经济利益的预期消耗方式无关。因此，企业不应以包括使用固定资产在内的经济活动所产生的收入为基础计提折旧。

1. 年限平均法

年限平均法又称直线法，是指将固定资产的应计折旧额均衡地分摊到固定资产预计使用寿命内的一种方法。采用这种方法计算的每期折旧额均相等。计算公式如下：

$$年折旧率 = \frac{1 - 预计净残值率}{预计使用寿命（年）} \times 100\%$$

月折旧率 = 年折旧率 ÷ 12

月折旧额 = 固定资产原价 × 月折旧率

采用年限平均法计算固定资产折旧虽然比较简便，但它也存在着一些明显的局限性。

首先，固定资产在不同使用年限提供的经济效益是不同的。一般来讲，固定资产在其使用前期工作效率相对较高，所带来的经济利益也较多；而在其使用后期，工作效率一般呈下降趋势，因而，所带来的经济利益也就逐渐减少。年限平均法不予考虑，明显是不合理的。其次，固定资产在不同的使用年限发生的维修费用也不一样。固定资产的维修费用将随着其使用时间的延长而不断增加，而年限平均法也没有考虑这一因素。

当固定资产各期负荷程度相同时，各期应分摊相同的折旧费，这时采用年限平均法计算折旧是合理的。但是，如果固定资产各期负荷程度不同，采用年限平均法计算折旧时，则不能反映固定资产的实际使用情况，计提的折旧额与固定资产的损耗程度也不相符。

2. 工作量法

工作量法是根据实际工作量计算每期应计提折旧额的一种方法。计算公式如下：

$$单位工作量折旧额 = \frac{固定资产原价 \times (1 - 预计净残值率)}{预计总工作量}$$

某项固定资产月折旧额 = 该项固定资产当月工作量 × 单位工作量折旧额

工作量法假定固定资产价值的降低不是由于时间的推移，而是由于使用。对于在使用期内工作量负担程度差异大，提供的经济效益不均衡的固定资产而言，特别是在有形磨损比经济折旧更为重要的情况下，工作量法的这一假定是合理的。

但是，工作量法把有形损耗看作是引起固定资产折旧的唯一因素，由于无形损耗的客观存在，固定资产即使不使用也会发生折旧，使用工作量法难以在账面上对这种情况作出反映。

3. 双倍余额递减法

双倍余额递减法是指在不考虑固定资产预计净残值的情况下，根据每期期初固定资产原价减去累计折旧后的金额（即固定资产净值）和双倍的直线法折旧率计算固定资产折旧的一种方法。计算公式如下：

年折旧率 = 2 ÷ 预计使用寿命（年）× 100%

月折旧率 = 年折旧率 ÷ 12

月折旧额 = 固定资产净值 × 月折旧率

采用双倍余额递减法时，由于每年年初固定资产净值没有扣除预计净残值，因此，在应用这种方法计算折旧额时必须注意不能使固定资产的净值降低到其预计净残值以下，即采用双倍余额递减法计提折旧的固定资产，应在其折旧年限到期前两年内，将固定资产净值扣除预计净残值后的余额平均摊销。

▶【例3-4】甲公司某项设备原价为120万元，预计使用寿命为5年，预计净残值率为4%；假设甲公司没有对该机器设备计提减值准备。

甲公司按双倍余额递减法计提折旧，每年折旧额计算如下：

年折旧率 = 2/5 × 100% = 40%

第1年应提的折旧额 = 120 × 40% = 48（万元）

第2年应提的折旧额 = (120 - 48) × 40% = 28.8（万元）

第3年应提的折旧额 = (120 - 48 - 28.8) × 40% = 17.28（万元）

从第4年起改按年限平均法（直线法）计提折旧：

第 4 年、第 5 年应提的折旧额 =（120 − 48 − 28.8 − 17.28 − 120 × 4%）÷ 2 = 10.56（万元）

4. 年数总和法

年数总和法又称年限合计法，是将固定资产的原价减去预计净残值的余额乘以一个以固定资产尚可使用寿命为分子、以预计使用寿命逐年数字之和为分母的逐年递减的分数计算每年的折旧额。计算公式如下：

年折旧率 = 尚可使用寿命/预计使用寿命的年数总和 × 100%

月折旧率 = 年折旧率 ÷ 12

月折旧额 =（固定资产原价 − 预计净残值）× 月折旧率

▶【例 3 − 5】承【例 3 − 4】，采用年数总和法计算的各年折旧额如表 3 − 2 所示。

表 3 − 2　　　　　　　　　　　　　折旧计算表　　　　　　　　　　　　金额单位：元

年份	尚可使用寿命（年）	原价 − 预计净残值	年折旧率	每年折旧额	累计折旧
第 1 年	5	1 152 000	5/15	384 000	384 000
第 2 年	4	1 152 000	4/15	307 200	691 200
第 3 年	3	1 152 000	3/15	230 400	921 600
第 4 年	2	1 152 000	2/15	153 600	1 075 200
第 5 年	1	1 152 000	1/15	76 800	1 152 000

双倍余额递减法和年数总和法都属于加速折旧法，其特点是在固定资产使用的早期多提折旧，后期少提折旧，其递减的速度逐年加快，从而相对加快折旧的速度，目的是使固定资产成本在估计使用寿命内加快得到补偿。

（五）固定资产折旧的会计处理

固定资产应当按月计提折旧，计提的折旧应通过"累计折旧"科目核算，并根据用途计入相关资产的成本或者当期损益。

（1）企业基本生产车间所使用的固定资产，其计提的折旧应计入制造费用。

（2）管理部门所使用的固定资产，其计提的折旧应计入管理费用。

（3）销售部门所使用的固定资产，其计提的折旧应计入销售费用。

（4）自行建造固定资产过程中使用的固定资产，其计提的折旧应计入在建工程成本。

（5）经营租出的固定资产，其计提的折旧应计入其他业务成本。

▶【例 3 − 6】甲公司 2 × 22 年 1 月固定资产计提折旧情况如下：第一生产车间厂房计提折旧 7.6 万元，机器设备计提折旧 9 万元。管理部门房屋建筑物计提折旧 13 万元，运输工具计提折旧 4.8 万元。销售部门房屋建筑物计提折旧 6.4 万元，运输工具计提折旧 5.26 万元。此外，本月第一生产车间新购置一台设备，原价为 122 万元，预计使用寿命 10 年，预计净残值 1 万元，按年限平均法计提折旧。

本例中，新购置的设备本月不提折旧，应从 2 × 22 年 2 月开始计提折旧。甲公司 2 × 22 年 1 月计提折旧的账务处理如下：

借：制造费用——第一生产车间　　　　　　　　　　　　　166 000
　　管理费用　　　　　　　　　　　　　　　　　　　　　178 000

销售费用　　　　　　　　　　　　　　　　　　　　　　116 600
　　　贷：累计折旧　　　　　　　　　　　　　　　　　　　460 600

（六）固定资产使用寿命、预计净残值和折旧方法的复核

　　由于固定资产的使用寿命长于一年，属于企业的非流动资产，企业至少应当于每年年度终了，对固定资产的使用寿命、预计净残值和折旧方法进行复核。

　　在固定资产使用过程中，其所处的经济环境、技术环境以及其他环境有可能对固定资产使用寿命和预计净残值产生较大影响。例如，固定资产使用强度比正常情况大大加强，致使固定资产实际使用寿命大大缩短；替代该项固定资产的新产品的出现致使其实际使用寿命缩短，预计净残值减少等。为真实反映固定资产为企业提供经济利益的期间及每期实际的资产消耗，企业至少应当于每年年度终了，对固定资产使用寿命和预计净残值进行复核。如有确凿证据表明，固定资产使用寿命预计数与原先估计数有差异，应当调整固定资产使用寿命；固定资产预计净残值预计数与原先估计数有差异，应当调整预计净残值。

▶【例3-7】甲公司是一家全球邮轮运输公司，2×22年全球部分港口已经颁布了限制排放量较高的老式邮轮进入的禁令，甲公司预测将会有越来越多的港口颁布此类禁令，且预计在未来十年内，整个欧洲和北美地区的港口均会禁止使用燃油的老式邮轮驶入。为了继续在这些地区开展业务，甲公司必须使用污染更少的新能源邮轮来代替现在的老式邮轮。考虑到即将出台的法规，以及所有邮轮运输公司都需要应对的邮轮更换需求，甲公司预计排放量较高的老式邮轮在二手市场上的价格也会相应下降。假定甲公司原来预计老式邮轮的使用年限为15年，净残值率为10%。

　　本例中，由于气候风险对非金融资产的使用寿命和残值产生的影响，甲公司考虑到新的行业法规非常有可能出台，预计在2×32年之前就必须使用新能源邮轮，老式邮轮在结束使用寿命时在二手市场上的价格将从之前的原值的10%下降到5%，所以甲公司重新评估其现有老式邮轮的使用寿命缩短至2×32年，净残值率调整为5%，并根据相关准则的要求披露预计邮轮的使用寿命和残值的重要会计估计和判断。

　　固定资产使用过程中所处经济环境、技术环境以及其他环境的变化也可能致使与固定资产有关的经济利益的预期消耗方式发生重大改变，企业也应相应改变固定资产折旧方法。例如，某企业以前年度采用年限平均法计提固定资产折旧，此次年度复核中发现，与该固定资产相关的技术发生很大变化，年限平均法已很难反映该项固定资产给企业带来经济利益的预期消耗方式，因此，决定由年限平均法变更为双倍余额递减法。又如，某采掘企业各期产量相对稳定，原来采用年限平均法计提折旧。年度复核中发现，由于该企业使用了先进技术，产量大幅增加，可采储量逐年减少，该项固定资产给企业带来经济利益的预期消耗方式已发生重大改变，该企业应将年限平均法改为产量法。

　　企业应当根据与固定资产有关的经济利益的预期消耗方式等实际情况合理确定固定资产折旧方法、预计净残值和使用寿命，除有确凿证据表明经济利益的预期消耗方式发生了重大变化，或者取得了新的信息、积累了更多的经验，能够更准确地反映企业的财务状况和经营成果，否则不得随意变更固定资产折旧方法。

　　企业应当结合自身的实际情况，制定固定资产目录、分类方法、每类或每项固定资

产的使用寿命、预计净残值、折旧方法等。固定资产使用寿命、预计净残值和折旧方法的改变应作为会计估计变更,按照《企业会计准则第28号——会计政策、会计估计变更和差错更正》处理。

二、固定资产的后续支出

固定资产的后续支出是指固定资产使用过程中发生的更新改造支出、修理费用等。

后续支出的处理原则为:符合资本化条件的,应当计入固定资产成本或其他相关资产的成本(例如,与生产产品相关的固定资产的后续支出计入相关产品生产的成本),同时将被替换部分的账面价值扣除;不符合资本化条件的,应当计入当期损益。

(一)资本化的后续支出

固定资产发生可资本化的后续支出时,企业一般应将该固定资产的原价、已计提的累计折旧和减值准备转销,将固定资产的账面价值转入在建工程,并在此基础上重新确定固定资产原价。当固定资产转入在建工程时,应停止计提折旧。在固定资产发生的后续支出完工并达到预定可使用状态时,再从在建工程转为固定资产,并按重新确定的固定资产原价、使用寿命、预计净残值和折旧方法计提折旧。固定资产发生的可资本化的后续支出,通过"在建工程"科目核算。例如,生产和储存化学品企业必须遵循国家新发布的有关环保规定,因此,生产和储存化学品的企业需要在现有生产设备中安装新的化学处理装置,如果企业不安装新的化学处理装置,将不再能生产和销售化学产品,为此,企业因安装新的化学处理装置而发生的成本应增加固定资产成本。

▶【例3-8】甲公司有关固定资产更新改造的资料如下:

(1) 2×20年12月30日,该公司自行建成了一条生产线,建造成本为1 136 000元;采用年限平均法计提折旧;预计净残值率为3%,预计使用寿命为6年。

(2) 2×23年1月1日,由于生产的产品适销对路,现有生产线的生产能力已难以满足公司生产发展的需要,但若新建生产线则建设周期过长。甲公司决定对现有生产线进行改扩建,以提高其生产能力。假定该生产线未发生减值。

(3) 2×23年1月1日至3月31日,经过三个月的改扩建,完成了对这条生产线的改扩建工程,达到预定可使用状态共发生支出537 800元,全部以银行存款支付。

(4) 该生产线改扩建工程达到预定可使用状态后,大大提高了生产能力,预计将其使用寿命延长4年,即为10年。假定改扩建后的生产线的预计净残值率为改扩建后固定资产账面价值的3%;折旧方法仍为年限平均法。

(5) 为简化计算过程,整个过程不考虑相关税费;甲公司按年度计提固定资产折旧。

本例中,生产线改扩建后,生产能力大大提高,能够为企业带来更多的经济利益,改扩建的支出金额也能可靠计量,因此该后续支出符合固定资产的确认条件,应计入固定资产的成本。有关的账务处理如下:

(1) 固定资产后续支出发生前:

该条生产线的应计折旧额 = 1 136 000 × (1 - 3%) = 1 101 920 (元)

年折旧额 = 1 101 920 ÷ 6 ≈ 183 653.33 (元)

2×21年和2×22年两年计提固定资产折旧的账务处理为:

借：制造费用　　　　　　　　　　　　　　　　　　　183 653.33
　　贷：累计折旧　　　　　　　　　　　　　　　　　　　　183 653.33

(2) 2×23年1月1日，固定资产的账面价值 = 1 136 000 − 183 653.33 × 2 = 768 693.34（元）。固定资产转入改扩建：

借：在建工程——××生产线　　　　　　　　　　　768 693.34
　　累计折旧　　　　　　　　　　　　　　　　　　　367 306.66
　　贷：固定资产——××生产线　　　　　　　　　　　　1 136 000

(3) 2×23年1月1日至3月31日，发生改扩建工程支出：

借：在建工程——××生产线　　　　　　　　　　　537 800
　　贷：银行存款　　　　　　　　　　　　　　　　　　　537 800

(4) 2×23年3月31日，生产线改扩建工程达到预定可使用状态，固定资产的入账价值 = 768 693.34 + 537 800 = 1 306 493.34（元）。

借：固定资产——××生产线　　　　　　　　　　　1 306 493.34
　　贷：在建工程——××生产线　　　　　　　　　　　　1 306 493.34

(5) 2×23年3月31日，转为固定资产后，按重新确定的使用寿命、预计净残值和折旧方法计提折旧：

应计折旧额 = 1 306 493.34 ×（1 − 3%）= 1 267 298.54（元）

月折旧额 = 1 267 298.54 ÷（7 × 12 + 9）= 13 626.87（元）

年折旧额 = 13 626.87 × 12 = 163 522.39（元）

2×23年应计提的折旧额 = 13 626.87 × 9 = 122 641.83（元）

会计分录为：

借：制造费用　　　　　　　　　　　　　　　　　　　122 641.83
　　贷：累计折旧　　　　　　　　　　　　　　　　　　　　122 641.83

企业发生的某些固定资产后续支出可能涉及替换原固定资产的某组成部分，当发生的后续支出符合固定资产确认条件时，应将其计入固定资产成本，同时将被替换部分的账面价值扣除。这样可以避免将替换部分的成本和被替换部分的成本同时计入固定资产成本，导致固定资产成本重复计算。企业对固定资产进行定期检查发生的大修理费用，有确凿证据表明符合资本化条件的部分，可以计入固定资产成本或其他相关资产的成本；不符合资本化条件的，应当费用化，计入当期损益。

▶【例3-9】某航空公司2×20年12月购入一架飞机，总计花费8 000万元（含发动机），发动机当时的购价为500万元。公司未将发动机作为一项单独的固定资产进行核算。2×29年初，公司开辟新航线，航程增加。为延长飞机的空中飞行时间，公司决定更换一部性能更为先进的发动机。新发动机购价700万元，另需支付安装费用51 000元。假定飞机的年折旧率为3%，不考虑相关税费的影响，公司的账务处理为：

(1) 2×29年初飞机的累计折旧金额 = 80 000 000 × 3% × 8 = 19 200 000（元），固定资产转入在建工程：

借：在建工程——××飞机	60 800 000	
累计折旧	19 200 000	
贷：固定资产——××飞机		80 000 000

（2）安装新发动机：

借：在建工程——××飞机	7 051 000	
贷：工程物资——××发动机		7 000 000
银行存款		51 000

（3）2×29年初老发动机的账面价值 = 5 000 000 − 5 000 000 × 3% × 8 = 3 800 000（元），终止确认老发动机的账面价值。假定报废处理，无残值。

借：营业外支出	3 800 000	
贷：在建工程——××飞机		3 800 000

（4）发动机安装完毕，投入使用。固定资产的入账价值 = 60 800 000 + 7 051 000 − 3 800 000 = 64 051 000（元）。

借：固定资产——××飞机	64 051 000	
贷：在建工程——××飞机		64 051 000

（二）费用化的后续支出

与固定资产有关的修理费用等后续支出，不符合资本化条件的，在发生时应当按照受益对象计入当期损益或计入相关资产的成本。一般情况下，固定资产投入使用之后，由于固定资产磨损、各组成部分耐用程度不同，可能导致固定资产的局部损坏，为了维护固定资产的正常运转和使用，充分发挥其使用效能，企业将对固定资产进行必要的维护。不符合固定资产资本化后续支出条件的固定资产日常修理费用，在发生时应当按照受益对象计入当期损益或相关资产成本，并根据不同情况分别处理：

（1）与存货的生产和加工相关的固定资产日常修理费用，按照《企业会计准则第1号——存货》规定的存货成本确定原则进行会计处理。

（2）行政管理部门、企业专设的销售机构等发生的固定资产日常修理费用，按照功能分类计入管理费用或销售费用。

第三节　固定资产的处置

一、固定资产终止确认的条件

固定资产满足下列条件之一的，应当予以终止确认：

1. 该固定资产处于处置状态

固定资产处置包括将固定资产划分为持有待售类别，以及出售、转让、报废或毁损、对外投资、非货币性资产交换、债务重组等。处于处置状态的固定资产不再用于生产商品、提供劳务、出租或经营管理，因此，不再符合固定资产的定义，应予终止确认。

2. 该固定资产预期通过使用或处置不能产生经济利益

固定资产的确认条件之一是"与该固定资产有关的经济利益很可能流入企业"，如果一项固定资产预期通过使用或处置不能产生经济利益，就不再符合固定资产的定义和确认条件，应予终止确认。

二、固定资产处置的账务处理

企业出售、转让划分为持有待售类别的固定资产或处置组，按照本书有关持有待售非流动资产、处置组和终止经营的相关内容进行会计处理；未划分为持有待售类别而出售、转让的固定资产，通过"固定资产清理"科目归集所发生的损益，将处置收入扣除账面价值和相关税费后产生的利得或损失转入"资产处置损益"科目，计入当期损益；固定资产因报废或毁损等原因而终止确认的，通过"固定资产清理"科目归集所发生的损益，其产生的利得或损失计入营业外收入或营业外支出。企业通过"固定资产清理"科目核算的出售、转让、报废或毁损而处置的固定资产，其会计处理一般经过以下几个步骤：

第一，固定资产转入清理。固定资产转入清理时，按固定资产账面价值，借记"固定资产清理"科目，按已计提的累计折旧，借记"累计折旧"科目，按已计提的减值准备，借记"固定资产减值准备"科目，按固定资产账面余额，贷记"固定资产"科目。

第二，发生的清理费用。固定资产清理过程中发生的有关费用以及应支付的相关税费，借记"固定资产清理"科目，贷记"银行存款""应交税费"等科目。

第三，出售收入和残料等的处理。企业收回出售固定资产的价款、残料价值和变价收入等，应冲减清理支出。按实际收到的出售价款以及残料变价收入等，借记"银行存款""原材料"等科目，贷记"固定资产清理""应交税费——应交增值税（销项税额）"等科目。

第四，保险赔偿的处理。企业计算或收到的应由保险公司或过失人赔偿的损失，应冲减清理支出，借记"其他应收款""银行存款"等科目，贷记"固定资产清理"科目。

第五，清理净损益的处理。固定资产清理完成后的净损失，属于生产经营期间正常出售、转让所产生的损失，借记"资产处置损益"科目，贷记"固定资产清理"科目；属于因自然灾害发生毁损、已丧失使用功能等原因而报废清理所产生的损失，借记"营业外支出——非流动资产毁损报废损失"科目，贷记"固定资产清理"科目。固定资产清理完成后的净收益，借记"固定资产清理"科目，贷记"资产处置损益"或"营业外收入"科目。

三、固定资产的清查

固定资产是一种单位价值较高、使用期限较长的有形资产，对于管理规范的企业而言，盘盈、盘亏的固定资产较为少见。企业应当健全制度，加强管理，定期或者至少于每年年末对固定资产进行清查盘点，以保证固定资产核算的真实性和完整性。在固定资产清查过程中，如果发现盘盈、盘亏的固定资产，应当填制固定资产盘盈盘亏报告表，同时，应当及时查明原因，并按照规定程序报批处理，在期末结账前处理完毕。

1. 固定资产盘盈的会计处理

企业在财产清查中盘盈的固定资产，作为前期差错处理。在按管理权限报经批准处理前应先通过"以前年度损益调整"科目核算，并按照《企业会计准则第 28 号——会计政策、会计估计变更和差错更正》进行会计处理。

2. 固定资产盘亏的会计处理

固定资产盘亏造成的损失，应当计入当期损益。企业在财产清查中盘亏的固定资产，按盘亏固定资产的账面价值，借记"待处理财产损溢——待处理固定资产损溢"科目，按已计提的累计折旧，借记"累计折旧"科目，按已计提的减值准备，借记"固定资产减值准备"科目，按固定资产原价，贷记"固定资产"科目。按管理权限报经批准后处理时，按可收回的保险赔偿或过失人赔偿，借记"其他应收款"科目，按应计入营业外支出的金额，借记"营业外支出——盘亏损失"科目，贷记"待处理财产损溢"科目。

第四章 无形资产

第一节 无形资产的确认和初始计量

一、无形资产的定义与基本特征

无形资产，是指企业拥有或者控制的没有实物形态的可辨认非货币性资产。预计能为企业带来未来经济利益是作为一项资产的本质特征，无形资产也不例外。通常情况下，企业拥有或者控制的无形资产，是指企业拥有该项无形资产的所有权，且该项无形资产能够为企业带来未来经济利益。但在某些情况下并不需要企业拥有其所有权，如果企业有权获得某项无形资产产生的经济利益，同时又能约束其他人获得这些经济利益，则说明企业控制了该无形资产，或者说控制了该无形资产产生的经济利益，并受法律的保护。比如，企业自行研制的技术通过申请依法取得专利权后，在一定期限内拥有了该专利技术的法定所有权；又比如，企业与其他企业签订合约转让商标权，由于合约的签订，使商标使用权转让方的相关权利受到法律的保护。相对于其他资产，无形资产具有以下特征：

（一）无形资产不具有实物形态

无形资产通常表现为某种权利、某项技术或是某种获取超额利润的综合能力。它们不具有实物形态，看不见，摸不着，比如，土地使用权、非专利技术等。无形资产为企业带来经济利益的方式与固定资产不同，固定资产是通过实物价值的磨损和转移来为企业带来未来经济利益，而无形资产很大程度上是通过自身所具有的技术等优势为企业带来未来经济利益，不具有实物形态是无形资产区别于其他资产的特征之一。

某些无形资产的存在有赖于实物载体。比如，计算机软件需要存储在介质中，但这并不改变无形资产本身不具有实物形态的特性。在确定一项包含无形和有形要素的资产是属于固定资产，还是属于无形资产时，需要通过判断来加以确定，通常以哪个要素更重要作为判断的依据。例如，计算机控制的机械工具没有特定计算机软件就不能运行时，则说明该软件是构成相关硬件不可缺少的组成部分，该软件应作为固定资产处理；如果计算机软件不是相关硬件不可缺少的组成部分，则该软件应作为无形资产核算。

（二）无形资产具有可辨认性

要作为无形资产进行核算，该资产必须是能够区别于其他资产可单独辨认的，如企业持有的专利权、非专利技术、商标权、土地使用权、特许权等。从可辨认性角度考虑，商誉是与企业整体价值联系在一起的，无形资产的定义要求无形资产是可辨认的，以便与商誉能够清楚地区分开来。企业合并中取得的商誉代表了购买方为从不能单独辨认并独立确认的资产中获得预期未来经济利益而付出的代价。这些未来经济利益可能产生于取得的可辨认资产之间的协同作用，也可能产生于购买者在企业合并中准备支付的但不符合在财务报表上确认条件的资产。从计量上来讲，商誉是企业合并成本大于合并中取得的各项可辨认资产、负债公允价值份额的差额，代表的是企业未来现金流量大于每一单项资产产生未来现金流量的合计金额，其存在无法与企业自身区分开来，由于不具有可辨认性，虽然商誉也是没有实物形态的非货币性资产，但不构成无形资产。符合以下条件之一的，则认为其具有可辨认性：

（1）能够从企业中分离或者划分出来，并能单独用于出售或转让等，而不需要同时处置在同一获利活动中的其他资产，则说明无形资产可以辨认。某些情况下无形资产可能需要与有关的合同一起用于出售、转让等，这种情况下也视为可辨认无形资产。

（2）产生于合同性权利或其他法定权利，无论这些权利是否可以从企业或其他权利和义务中转移或者分离。如一方通过与另一方签订特许权合同而获得的特许使用权，通过法律程序申请获得的商标权、专利权等。

如果企业有权获得一项无形资产产生的未来经济利益，并能约束其他方获取这些利益，则表明企业控制了该项无形资产。例如，对于会产生经济利益的技术知识，若其受到版权、贸易协议约束（如果允许）等法定权利或雇员保密法定职责的保护，那么说明该企业控制了相关利益。客户关系、人力资源等，由于企业无法控制其带来的未来经济利益，不符合无形资产的定义，不应将其确认为无形资产。内部产生的品牌、报刊名、刊头、客户名单和实质上类似项目的支出，由于不能与整个业务开发成本区分开来，因此，这类项目也不应确认为无形资产。

（三）无形资产属于非货币性资产

非货币性资产，是指企业持有的货币资金和将以固定或可确定的金额收取的资产以外的其他资产。无形资产由于没有发达的交易市场，一般不容易转化成现金，在持有过程中为企业带来未来经济利益的情况不确定，不属于以固定或可确定的金额收取的资产，属于非货币性资产。货币性资产主要有现金、银行存款、应收账款、应收票据和短期有价证券等，它们的共同特点是直接表现为固定的货币数额，或在将来收到一定货币数额的权利。应收款项等资产也没有实物形态，其与无形资产的区别在于无形资产属于非货币性资产，而应收款项等资产则不属于非货币性资产。另外，虽然固定资产也属于非货币性资产，但其为企业带来经济利益的方式与无形资产不同，固定资产是通过实物价值的磨损和转移来为企业带来未来经济利益，而无形资产很大程度上是通过某些权利、技术等优势为企业带来未来经济利益。

二、无形资产的内容

无形资产通常包括专利权、非专利技术、商标权、著作权、特许权、土地使用权等。

（一）专利权

专利权，指国家专利主管机关依法授予发明创造专利申请人，对其发明创造在法定期限内所享有的专有权利，包括发明专利权、实用新型专利权和外观设计专利权。发明专利权的期限为20年，实用新型专利权和外观设计专利权的期限为10年，均自申请日起计算。

（二）非专利技术

非专利技术也称专有技术，指不为外界所知、在生产经营活动中已采用了的、不享有法律保护的、可以带来经济效益的各种技术和诀窍。非专利技术一般包括工业专有技术、商业贸易专有技术、管理专有技术等。非专利技术并不是专利法的保护对象，非专利技术用自我保密的方式来维持其独占性，具有经济性、机密性和动态性等特点。

（三）商标权

商标是用来辨认特定的商品或劳务的标记。商标权，指专门在某类指定的商品或产品上使用特定的名称或图案的权利。经商标局核准注册的商标为注册商标，包括商品商标、服务商标和集体商标、证明商标；商标注册人享有商标专用权，受法律保护。注册商标的有效期为10年，自核准注册之日起计算。注册商标有效期满，需要继续使用的，应当在期满前12个月内申请续展注册；在此期间未能提出申请的，可以给予6个月的宽展期。宽展期满仍未提出申请的，注销其注册商标。每次续展注册的有效期为10年。

（四）著作权

著作权又称版权，指作者对其创作的文学、科学和艺术作品依法享有的某些特殊权利。著作权包括作品署名权、发表权、修改权和保护作品完整权，还包括复制权、发行权、出租权、展览权、表演权、放映权、广播权、信息网络传播权、摄制权、改编权、翻译权、汇编权以及应当由著作权人享有的其他权利。著作权人包括作者和其他依法享有著作权的公民、法人或者其他组织。著作权属于作者，创作作品的公民是作者。由法人或者其他组织主持，代表法人或者其他组织意志创作，并由法人或者其他组织承担责任的作品，法人或者其他组织视为作者。作者的署名权、修改权、保护作品完整权的保护期不受限制。公民的作品，其发表权、复制权、发行权、出租权、展览权、表演权、放映权、广播权、信息网络传播权、摄制权、改编权、翻译权、汇编权以及应当由著作权人享有的其他权利的保护期，为作者终生及其死亡后50年，截止于作者死亡后第50年的12月31日；如果是合作作品，截止于最后死亡的作者死亡后第50年的12月31日。

（五）特许权

特许权，又称经营特许权、专营权，指企业在某一地区经营或销售某种特定商品的权利或是一家企业接受另一家企业使用其商标、商号、技术秘密等的权利。通常有两种形式：一种是由政府机构授权，准许企业使用或在一定地区享有经营某种业务的特权，如水、电、邮电通信等专营权、烟草专卖权等；另一种指企业间依照签订的合同，有限期或无限期使用另一家企业的某些权利，如连锁店分店使用总店的名称等。另外，企业的某些特殊业务也会产生特许权，如社会资本方的政府和社会资本合作（PPP）项目合同符合无形资产模式的应当确认为无形资产，具体见第十七章收入部分的相关内容。

（六）土地使用权

土地使用权，指国家准许某企业在一定期间内对国有土地享有开发、利用、经营的权利。根据我国土地管理法的规定，我国土地实行公有制，任何单位和个人不得侵占、买卖或者以其他形式非法转让。企业取得土地使用权的方式大致有行政划拨取得、外购取得（例如以缴纳土地出让金方式取得）及投资者投资取得等。

三、无形资产的确认条件

无形资产应当在符合定义的前提下，同时满足以下两个确认条件时，才能予以确认。

（一）与该无形资产有关的经济利益很可能流入企业

作为无形资产确认的项目，必须满足其产生的经济利益很可能流入企业这一条件。通常情况下，无形资产产生的未来经济利益可能包括在销售商品、提供劳务的收入中，或者企业使用该项无形资产而减少或节约的成本中，或体现在获得的其他利益中。例如，生产加工企业在生产工序中使用了某种知识产权，使其降低了未来生产成本，而不是增加未来收入。企业在判断无形资产产生的经济利益是否很可能流入时，应当对无形资产在预计使用寿命内可能存在的各种经济因素作出合理估计，并且应当有明确证据支持。例如，某数据标注企业在前期开发相关数据标注工具时，相关数据标注技术尚在探索当中，且数据标注市场需求难以预计，企业基于上述因素及相关证据分析，有关支出不能满足"与该无形资产有关的经济利益很可能流入企业"的确认条件，从而不能作为无形资产予以确认。又如，某企业在提供智能财务共享服务过程中涉及客户企业的费用报销、合同台账等数据，分析认为如果取得客户授权并进行脱敏等加工处理，相关数据存在开发潜力，但在尚未构建起清晰的应用场景、无法确认预期能够带来经济利益时，不能作为无形资产予以确认。再如，某企业对轨道交通领域某细分行业和相关区域数据进行汇聚形成相关分析工具，但该细分行业仍在发育初期，缺乏统一的行业规范标准，潜在客户对该分析工具的认可度也不够高，在需求前景不明、缺乏潜在客户的情况下无法确认预期能够带来经济利益，不能作为无形资产予以确认。

（二）该无形资产的成本能够可靠地计量

成本能够可靠地计量是资产确认的一项基本条件。比如，企业内部产生的品牌、报刊名等，因其成本无法可靠计量，不作为无形资产确认。又比如，一些高新科技企业的科技人才，假定其与企业签订了服务合同，且合同规定其在一定期限内不能为其他企业提供服务。在这种情况下，虽然这些科技人才的知识在规定的期限内预期能够为企业创造经济利益，但由于这些技术人才的知识难以辨认，且形成这些知识所发生的支出难以计量，因而不能作为企业的无形资产加以确认。

企业无形项目的支出，除下列情形外，均应于发生时计入当期损益：(1) 符合无形资产的定义及确认条件的，构成无形资产成本的部分；(2) 非同一控制下企业合并中取得的、不能单独确认为无形资产、构成购买日确认的商誉的部分。

四、无形资产的初始计量

无形资产通常是按实际成本计量，即以取得无形资产并使之达到预定用途而发生的相关支出作为无形资产的成本。对于不同来源取得的无形资产，其初始成本构成也不尽相同。

(一) 外购的无形资产成本

外购的无形资产，其成本包括购买价款、相关税费以及直接归属于使该项资产达到预定用途所发生的其他支出。其中，直接归属于使该项资产达到预定用途所发生的其他支出，包括使无形资产达到预定用途所发生的专业服务费用、测试无形资产是否能够正常发挥作用的费用等。但下列各项不包括在无形资产的初始成本中：(1) 为引入新产品进行宣传发生的广告费、管理费用及其他间接费用。(2) 无形资产已经达到预定用途以后发生的费用。例如，在形成预定经济规模之前发生的初始运作损失，以及在无形资产达到预定用途之前发生的其他经营活动的支出，如果该经营活动并非是无形资产达到预定用途必不可少的，则有关经营活动的损益应于发生时计入当期损益，而不构成无形资产的成本。又如，企业研究开发形成一项数据库，达到了预定用途并按本章规定将其确认为无形资产，之后定期发生的安全管理等支出并未增加企业未来的经济利益流入，应在实际发生时计入当期损益，不构成无形资产的成本。在无形资产达到预定用途之前发生的其他经营活动的支出，如果该经营活动并非是为使无形资产达到预定用途所必不可少的，有关经营活动的损益应于发生时计入当期损益，不构成无形资产的成本。

企业通过外购方式取得确认为无形资产的数据资源，其成本包括购买价款，相关税费，直接归属于使该项无形资产达到预定用途所发生的数据脱敏、清洗、标注、整合、分析、可视化等加工过程所发生的有关支出，以及数据权属鉴证、质量评估、登记结算、安全管理等费用。企业通过外购方式取得数据采集、脱敏、清洗、标注、整合、分析、可视化等服务所发生的有关支出，不符合《企业会计准则第6号——无形资产》规定的无形资产确认条件的，应当根据用途计入当期损益。

如果购入的无形资产超过正常信用条件延期支付价款（如分期付款购买无形资产），实质上具有融资性质的，无形资产的成本为购买价款的现值。无形资产购买价款的现值，应当按照各期支付的购买价款选择恰当的折现率进行折现后的金额加以确定。折现率是反映当前市场货币时间价值和延期付款债务特定风险的利率。该折现率实质上是无形资产出售方的必要报酬率。各期实际支付的价款与购买价款的现值之间的差额，符合借款费用资本化条件的，应当计入无形资产成本，其余部分应当在信用期间内确认为财务费用，计入当期损益。企业采用分期付款方式购买无形资产时，按购买价款的现值，借记"无形资产"科目，按应支付的金额，贷记"长期应付款"科目，按其差额，借记"未确认融资费用"科目。

▶【例4-1】因甲公司某项生产活动需要乙公司已获得的专利技术,如果使用了该项专利技术,甲公司预计其生产能力比原先提高20%,销售利润率增长15%。为此,甲公司从乙公司购入一项专利权,按照协议约定以现金支付,实际支付的价款为300万元,并支付相关税费1万元和有关专业服务费用5万元,款项已通过银行转账支付,不考虑可抵扣的增值税进项税额。

分析:(1)甲公司购入的专利权符合无形资产的定义,即甲公司能够拥有或者控制该项专利技术,符合可辨认的条件,同时是不具有实物形态的非货币性资产。(2)甲公司购入的专利权符合无形资产的确认条件。首先,甲公司的某项生产活动需要乙公司已获得的专利技术,甲公司使用该项专利技术后,预计生产能力比原先提高20%,销售利润率增长15%,即经济利益很可能流入;其次,甲公司购买该项专利权的成本为300万元,另外支付相关税费和有关专业服务费用6万元,即成本能够可靠计量。由此,符合无形资产的确认条件。

无形资产初始计量的成本 = 300 + 1 + 5 = 306(万元)

甲公司的账务处理如下:

借:无形资产——专利权　　　　　　　　　　　　　　　3 060 000
　　贷:银行存款　　　　　　　　　　　　　　　　　　　　　　3 060 000

▶【例4-2】2×22年1月8日,甲公司从乙公司购买一项商标权,由于甲公司资金周转比较紧张,经与乙公司协议采用分期付款方式支付款项。合同规定,该项商标权总计1 000万元,每年末付款200万元,5年付清。假定银行同期贷款利率为5%。为了简化核算,假定不考虑其他相关税费(已知5年期利率为5%,其年金现值系数为4.3295)。

甲公司的有关计算如表4-1所示。

表4-1　　　　　　　　　　　未确认的融资费用　　　　　　　　　金额单位:万元

年限	融资余额	利率	本年利息 融资余额×利率	付款	还本 付款-利息	未确认融资费用 上年余额-本年利息
0	865.90					134.10
1	709.19	0.05	43.30	200.00	156.70	90.80
2	544.65	0.05	35.46	200.00	164.54	55.34
3	371.88	0.05	27.23	200.00	172.77	28.11
4	190.48	0.05	18.59	200.00	181.41	9.52
5	0.00	0.05	9.52	200.00	190.48	0.00
合计			134.10	1 000.00	865.90	

甲公司的账务处理如下:

无形资产现值 = 1 000 × 20% × 4.3295 = 865.9(万元)

未确认的融资费用 = 1 000 - 865.9 = 134.1(万元)

借:无形资产——商标权　　　　　　　　　　　　　　　8 659 000
　　未确认融资费用　　　　　　　　　　　　　　　　　1 341 000

　　　　贷：长期应付款　　　　　　　　　　　　　　　　　　　　　10 000 000
　2×22年末付款时：
　　借：长期应付款　　　　　　　　　　　　　　　　　　　　　　2 000 000
　　　　贷：银行存款　　　　　　　　　　　　　　　　　　　　　　2 000 000
　　借：财务费用　　　　　　　　　　　　　　　　　　　　　　　　433 000
　　　　贷：未确认融资费用　　　　　　　　　　　　　　　　　　　433 000
　2×23年末付款时：
　　借：长期应付款　　　　　　　　　　　　　　　　　　　　　　2 000 000
　　　　贷：银行存款　　　　　　　　　　　　　　　　　　　　　　2 000 000
　　借：财务费用　　　　　　　　　　　　　　　　　　　　　　　　354 600
　　　　贷：未确认融资费用　　　　　　　　　　　　　　　　　　　354 600
　2×24年末付款时：
　　借：长期应付款　　　　　　　　　　　　　　　　　　　　　　2 000 000
　　　　贷：银行存款　　　　　　　　　　　　　　　　　　　　　　2 000 000
　　借：财务费用　　　　　　　　　　　　　　　　　　　　　　　　272 300
　　　　贷：未确认融资费用　　　　　　　　　　　　　　　　　　　272 300
　2×25年末付款时：
　　借：长期应付款　　　　　　　　　　　　　　　　　　　　　　2 000 000
　　　　贷：银行存款　　　　　　　　　　　　　　　　　　　　　　2 000 000
　　借：财务费用　　　　　　　　　　　　　　　　　　　　　　　　185 900
　　　　贷：未确认融资费用　　　　　　　　　　　　　　　　　　　185 900
　2×26年末付款时：
　　借：长期应付款　　　　　　　　　　　　　　　　　　　　　　2 000 000
　　　　贷：银行存款　　　　　　　　　　　　　　　　　　　　　　2 000 000
　　借：财务费用　　　　　　　　　　　　　　　　　　　　　　　　95 200
　　　　贷：未确认融资费用　　　　　　　　　　　　　　　　　　　95 200

（二）投资者投入的无形资产成本

　　投资者投入的无形资产的成本，应当按照投资合同或协议约定的价值确定无形资产的取得成本。投资合同或协议约定价值不公允的，应按无形资产的公允价值作为入账金额，无形资产的公允价值与投资合同或协议约定的价值之间的差额计入资本公积。

　▶【例4-3】因乙公司创立的商标有较好的声誉，甲公司预计使用乙公司商标后可使其未来利润增长30%。为此，甲公司与乙公司协议商定，乙公司以其商标权投资于甲公司，双方协议价格（等于公允价值）为500万元，甲公司另支付印花税等相关税费2万元，款项已通过银行转账支付。

　　该商标权的初始计量，应当以取得时的成本为基础。取得时的成本为投资协议约定的价格500万元,加上支付的相关税费2万元。

甲公司接受乙公司作为投资的商标权的成本 = 500 + 2 = 502（万元）

甲公司的账务处理如下：

借：无形资产——商标权　　　　　　　　　　　　　5 020 000
　　贷：实收资本（或股本）　　　　　　　　　　　　5 000 000
　　　　银行存款　　　　　　　　　　　　　　　　　　20 000

（三）企业通过非货币性资产交换、债务重组等方式取得的无形资产成本

企业通过非货币性资产交换、债务重组等方式取得的无形资产，其成本应当分别按照《企业会计准则第7号——非货币性资产交换》《企业会计准则第12号——债务重组》等的规定确定。

（四）通过政府补助取得的无形资产成本

通过政府补助取得的无形资产成本，应当按照公允价值计量；公允价值不能可靠取得的，按照名义金额计量，具体按照《企业会计准则第16号——政府补助》的规定进行会计处理。

（五）土地使用权的处理

企业取得的土地使用权，通常应当按照取得时所支付的价款及相关税费确认为无形资产。土地使用权用于自行开发建造厂房等地上建筑物时，土地使用权的账面价值不与地上建筑物合并计算其成本，而仍作为无形资产进行核算，土地使用权与地上建筑物分别进行摊销和提取折旧。但下列情况除外：

（1）房地产开发企业取得的土地使用权用于建造对外出售的房屋建筑物，相关的土地使用权应当计入所建造的房屋建筑物成本。

（2）企业外购的房屋建筑物，实际支付的价款中包括土地以及建筑物的价值，则应当对支付的价款按照合理的方法（例如，公允价值）在土地和地上建筑物之间进行分配；如果确实无法在地上建筑物与土地使用权之间进行合理分配的，应当全部作为固定资产，按照固定资产确认和计量的规定进行处理。

企业改变土地使用权的用途，将其用于出租或增值目的时，应将其转为投资性房地产。

▶【例4-4】2×22年1月1日，A股份有限公司购入一块土地的使用权，以银行存款转账支付8 000万元，并在该土地上自行建造厂房等工程，发生材料支出12 000万元，工资费用8 000万元，其他相关费用10 000万元等。该工程已经完工并达到预定可使用状态。假定土地使用权的使用年限为50年，该厂房的使用年限为25年，两者都没有净残值，都采用直线法进行摊销和计提折旧。为简化核算，不考虑其他相关税费。

分析：A公司购入土地使用权，使用年限为50年，表明它属于使用寿命有限的无形资产，在该土地上自行建造厂房，应将土地使用权和地上建筑物分别作为无形资产和固定资产进行核算，并分别摊销和计提折旧。

A公司的账务处理如下：

（1）支付转让价款：

借：无形资产——土地使用权　　　　　　　　　　　80 000 000

　　　　贷：银行存款　　　　　　　　　　　　　　　　　　　　80 000 000
　（2）在土地上自行建造厂房：
　　借：在建工程　　　　　　　　　　　　　　　　　　　　300 000 000
　　　　贷：工程物资　　　　　　　　　　　　　　　　　　　120 000 000
　　　　　　应付职工薪酬　　　　　　　　　　　　　　　　　 80 000 000
　　　　　　银行存款　　　　　　　　　　　　　　　　　　　100 000 000
　（3）厂房达到预定可使用状态（厂房建设在达到预定可使用状态前，土地使用权的摊销应计入在建工程成本，此题略）：
　　借：固定资产　　　　　　　　　　　　　　　　　　　　300 000 000
　　　　贷：在建工程　　　　　　　　　　　　　　　　　　　300 000 000
　（4）厂房建设达到预定可使用状态后，每年摊销土地使用权和对厂房计提折旧：
　　借：制造费用（土地摊销）　　　　　　　　　　　　　　　 1 600 000
　　　　制造费用（厂房折旧）　　　　　　　　　　　　　　　 12 000 000
　　　　贷：累计摊销　　　　　　　　　　　　　　　　　　　　1 600 000
　　　　　　累计折旧　　　　　　　　　　　　　　　　　　　 12 000 000

（六）企业合并中取得的无形资产成本

企业合并中取得的无形资产，按照企业合并的分类分别处理：

（1）同一控制下吸收合并，按照合并日被合并方相关无形资产在最终控制方合并财务报表中的账面价值确认为取得时的初始成本；同一控制下控股合并，合并方在合并日编制合并报表时，应当按照被合并方相关无形资产在最终控制方合并财务报表中的账面价值作为合并基础。

（2）非同一控制下的企业合并中，购买方取得的无形资产应以其在购买日的公允价值计量，包括：①被购买企业原已确认的无形资产。②被购买企业原未确认的无形资产，但如取得的无形资产的公允价值能够可靠计量，购买方就应在购买日将其独立于商誉确认为一项单独的无形资产。非同一控制下的企业合并中，购买方在对企业合并中取得的被购买方资产进行初始确认时，应当对被购买方拥有的但在其财务报表中未确认的无形资产进行充分辨认和合理判断，满足下列条件之一的，应确认为无形资产：第一，源于合同性权利或其他法定权利；第二，能够从被购买方中分离或者划分出来，并能单独或与相关合同、资产和负债一起，用于出售、转移、授予许可、租赁或交换。例如，被购买方正在进行中的一个研究开发项目，符合无形资产的定义且其公允价值能够可靠计量，则购买方应将其独立于商誉确认为一项无形资产。

在非同一控制下的企业合并中，如果取得的无形资产本身可以单独辨认，但其计量或处置必须与有形的或其他无形的资产一并作价，如天然矿泉水的商标可能与特定的泉眼有关，但不能独立于该泉眼出售，在这种情况下，如果该无形资产及与其相关的资产各自的公允价值不能可靠计量，则应将该资产组（即将无形资产与其相关的有形资产一并）独立于商誉确认为单项资产。

第二节 内部研究开发支出的确认和计量

通常情况下,企业自创商誉以及企业内部产生的无形资产不确认为无形资产,如企业内部产生的品牌、报刊名等。但是,由于确定研究与开发费用是否符合无形资产的定义和相关特征(例如,可辨认性)、能否或者何时能够为企业产生预期未来经济利益,以及成本能否可靠地计量尚存在不确定因素,因此,研究与开发活动发生的费用,除了要遵循无形资产确认和初始计量的一般要求外,还需要满足其他特定的条件,才能够确认为一项无形资产。首先,为评价内部产生的无形资产是否满足确认标准,企业应当将资产的形成过程分为研究阶段与开发阶段两个部分;其次,对于开发过程中发生的费用,在符合一定条件的情况下,才可确认为一项无形资产。在实务工作中,具体划分为研究阶段与开发阶段,以及是否符合资本化的条件,应当根据企业的实际情况以及相关信息予以判断。

一、研究阶段和开发阶段的划分

对于企业自行进行的研究开发项目(包括企业内部数据资源的研究开发),应当区分研究阶段与开发阶段分别进行核算。

(一)研究阶段

研究阶段是指为获取新的技术和知识等进行的有计划的调研,有关研究活动的例子包括:为获取知识而进行的活动;研究成果或其他知识的应用研究、评价和最终选择;材料、设备、产品、工序、系统或服务替代品的研究;新的或经改进的材料、设备、产品、工序、系统或服务的可能替代品的配制、设计、评价和最终选择等。

研究阶段的特点在于:

(1)计划性。研究阶段是建立在有计划的调研基础上,即研发项目已经董事会或者相关管理层的批准,并着手收集相关资料、进行市场调查等。例如,某药品公司为研究开发某药品,经董事会或者相关管理层的批准,有计划地收集相关资料、进行市场调查、比较市场中相关药品的药性、效用等活动。

(2)探索性。研究阶段基本上是探索性的,为进一步的开发活动进行资料及相关方面的准备,在这一阶段不会形成阶段性成果。

从研究活动的特点看,其研究是否能在未来形成成果,即通过开发后是否会形成无形资产均具有很大的不确定性,企业也无法证明其能够带来未来经济利益的无形资产的存在,因此,研究阶段的有关支出在发生时,应当予以费用化计入当期损益。

(二)开发阶段

开发阶段是指在进行商业性生产或使用前,将研究成果或其他知识应用于某项计划或设计,以生产出新的或具有实质性改进的材料、装置、产品等。有关开发活动的例子包括:生产前或使用前的原型和模型的设计、建造和测试;含新技术的工具、夹具、模具和冲模的设计;不具有商业性生产经济规模的试生产设施的设计、建造和运营;新的或经改造的材料、设备、产品、工序、系统或服务所选定的替代品的设计、建造和测试等。

开发阶段的特点在于：

（1）具有针对性。开发阶段是建立在研究阶段基础上，因而，对项目的开发具有针对性。

（2）形成成果的可能性较大。进入开发阶段的研发项目往往形成成果的可能性较大。

由于开发阶段相对于研究阶段更进一步，相对于研究阶段来讲，进入开发阶段，则很大程度上形成一项新产品或新技术的基本条件已经具备，此时如果企业能够证明满足无形资产的定义及相关确认条件，所发生的开发支出可资本化，确认为无形资产的成本。

（三）研究阶段与开发阶段的不同点

（1）目标不同。研究阶段一般目标不具体，不具有针对性；而开发阶段多是针对具体目标、产品、工艺等。

（2）对象不同。研究阶段一般很难具体化到特定项目上；而开发阶段往往形成对象化的成果。

（3）风险不同。研究阶段的成功概率很难判断，一般成功率很低，风险比较大；而开发阶段的成功率较高，风险相对较小。

（4）结果不同。研究阶段的结果多是研究报告等基础性成果；而开发阶段的结果则多是具体的新技术、新产品等。

二、开发阶段有关支出资本化的条件

在开发阶段，同时满足下列条件的，将有关开发支出资本化计入无形资产的成本：

（一）完成该无形资产以使其能够使用或出售在技术上具有可行性

企业在判断是否满足该条件时，应以目前阶段的成果为基础，并提供相关的证据和材料，证明企业进行开发所需的技术条件等已经具备，不存在技术上的障碍或其他不确定性。比如，企业已经完成了全部计划、设计和测试活动，这些活动是使资产能够达到设计规划书中的功能、特征和技术所必需的活动或经过专家鉴定等。

对于数据资源而言，完成该数据资源无形资产以使其能够使用或出售在技术上具有可行性。这一条件通常同时包括：（1）企业应当开展项目研发立项工作，经过规划、设计和可行性分析，形成可行性分析报告等相关材料，并按照企业内部要求完成了相应审批。按规定需要有关部门审批的，还应当经有关部门审批。（2）企业应当具备数据资源无形资产开发所需的相关技术条件，如数据采集技术、数据整合技术、数据存储技术、数据分析技术、数据挖掘技术、数据安全与隐私保护技术等。（3）企业应当有详细的开发计划、技术路线图、技术文档、技术评估报告或评估意见等，证明相关项目能够按照预定的技术路径完成。（4）企业应当提供相关技术验证说明，证明数据资源无形资产技术路径已经通过了相关的技术测试和验证，能够合理证明其功能和技术性能符合预期，不存在技术上的障碍或其他技术不确定性。（5）数据资源无形资产开发应当已经达到一定的稳定性，企业应当对数据资源技术成熟度和可靠性进行分析，以合理证明其预计可以在业务环境中稳定运行，不会频繁出现技术故障。

（二）具有完成该无形资产并使用或出售的意图

开发某项产品或专利技术产品等，通常是根据管理层决定该项研发活动的目的或者意图加以确定。也就是说，研发项目形成成果后，是为出售还是自己使用并从使用中获得经济利益，应当以管理层的决定为依据。因此，企业的管理层应当明确表明其持有拟开发无形资产的目的，并具有完成该项无形资产开发并使其能够使用或出售的可能性。

对于数据资源而言，具有完成该数据资源无形资产并使用或出售的意图。这一条件通常同时包括：(1) 企业应当有经批准的数据资源无形资产开发立项相关书面决策文件（如开发计划书、立项决议等），内容一般应涵盖数据资源无形资产的开发目标、预计需求方、开发必要性、开发可行性、开发总体计划、预期成果、预期收益、项目时间表、需要的各项资源等。(2) 企业应当能够说明其开发数据资源无形资产的目的、数据资源无形资产使用的业务模式、应用场景。例如，企业将数据资源无形资产与其他资源相结合使用，从而服务、支持生产经营或管理活动，实现降本增效等目的；企业运用数据资源无形资产对外提供有关服务；企业授权外部单位使用数据资源无形资产从而赚取收入等。

（三）无形资产产生经济利益的方式，包括能够证明运用该无形资产生产的产品存在市场或无形资产自身存在市场，无形资产将在内部使用的，应当证明其有用性

开发支出资本化作为无形资产确认，其基本条件是能够为企业带来未来经济利益。如果有关的无形资产在形成以后，主要是用于形成新产品或新工艺的，企业应对运用该无形资产生产的产品市场情况进行估计，应能够证明所生产的产品存在市场，并能够带来经济利益的流入；如果有关的无形资产开发以后主要是用于对外出售的，则企业应能够证明市场上存在对该类无形资产的需求，开发以后存在外在的市场可以出售并带来经济利益的流入；如果无形资产开发以后，不是用于生产产品，也不是用于对外出售，而是在企业内部使用的，则企业应能够证明在企业内部使用时对企业的有用性。

对于数据资源而言，数据资源无形资产产生经济利益的方式，包括能够证明运用该数据资源无形资产生产的产品存在市场或数据资源无形资产自身存在市场，数据资源无形资产将在内部使用的，应当证明其有用性。这一条件通常可分为下列情形：(1) 该数据资源无形资产形成后主要直接用于生产产品或对外提供服务的，企业应当对运用该数据资源无形资产生产的产品或提供的服务的市场情况进行合理估计，能够证明所生产的产品或提供的服务存在市场，有明确的市场需求，能够为企业带来经济利益流入。(2) 该数据资源无形资产形成后主要用于授权使用的，应当能够证明市场上存在对该类数据资源无形资产的需求，开发以后存在外在的市场可以授权，并带来经济利益流入。(3) 该数据资源无形资产形成后主要用于企业内部使用的，应当能够对数据资源无形资产单独或与企业其他资产结合使用以实现降本增效等目的，即在增加收入、降低成本、节约工时、提高运营效率、减少风险损失等方面的情况以定量定性方式进行前后对比分析，合理证明在上述相关方面的收益预计将大于研发支出概算。

（四）有足够的技术、财务资源和其他资源支持，以完成该无形资产的开发，并有能力使用或出售该无形资产

这一条件主要包括：(1) 为完成该项无形资产开发具有技术上的可靠性。开发的无形资产并使其形成成果在技术上的可靠性，是继续开发活动的关键。因此，必须有确凿证据证明企业继续开发该项无形资产有足够的技术支持和技术能力。(2) 财务资源和其他资源支持。财务和其他资源支持是能够完成该项无形资产开发的经济基础，因此，企业必须能够证明为完成该项无形资产的开发所需的财务和其他资源，是否能够足以支持完成该项无形资产的开发。(3) 能够证明企业在开发过程中所需的技术、财务和其他资源，以及企业获得这些资源的相关计划等。如在企业自有资金不足以提供支持的情况下，是否存在外部其他方面的资金支持，如银行等金融机构愿意为该无形资产的开发提供所需资金的声明等来证实。(4) 有能力使用或出售该无形资产以取得收益。

对于数据资源而言，有足够的技术、财务资源和其他资源支持，以完成该数据资源无形资产的开发，并有能力使用或出售该数据资源无形资产。这一条件通常同时包括：(1) 企业应当具备开发数据资源无形资产所需的技术团队，能够保证团队投入必要的开发时间，从而有确凿证据证明企业继续开发该项数据资源无形资产有足够的技术支持和技术能力。(2) 企业应当能够证明为完成该项数据资源无形资产开发具有足够的专门资金、软件硬件条件等财务和其他资源。自有资金不足以支持研发活动的，应当能够证明可以获得银行等其他方面的外部资金支持。(3) 企业应当能够证明数据来源、使用范围和方式等方面的合法合规性。(4) 除用于内部使用的数据资源无形资产外，企业应当能够证明具有相应的市场资源、渠道资源等，以确保该项数据资源无形资产或者运用该项数据资源无形资产生产的产品或提供的服务能够顺利推向市场并被客户接受。

（五）归属于该无形资产开发阶段的支出能够可靠地计量

企业对于开发活动发生的支出应单独核算，如发生的开发人员的工资、材料费等。在企业同时从事多项开发活动的情况下，所发生的支出同时用于支持多项开发活动的，应按照一定的标准在各项开发活动之间进行分配，无法明确分配的，应予费用化计入当期损益，不计入开发活动的成本。

对于数据资源而言，归属于该数据资源无形资产开发阶段的支出能够可靠地计量。这一条件通常同时包括：(1) 企业应当对数据资源无形资产研发活动采取项目化管理，对于数据资源无形资产研发活动发生的支出应当单独归集和核算，如外购数据支出、研发使用内部数据时的加工整理支出、与该数据资源无形资产研发活动项目直接相关的研发人员薪酬、研发使用的硬件折旧、研发使用的软件摊销、研发用资源租赁费（或使用费），以及用于研发活动的外购技术服务等其他直接及间接成本等。企业不得将应由其他生产经营活动负担的支出计入研发活动支出。(2) 企业应当具备内部数据治理和成本管理等方面可靠的信息化条件，能够对数据资源无形资产研发支出进行完整、准确、及时记录。(3) 企业同时从事多项研发活动的，所发生的支出应当能够系统合理地在各项研究开发活动之间进行分摊，分摊原则以及方法应当保持一致，无法明确分摊的支出应予费用化计入当期损益。一项研发活动同时产生数据资源无形资产和其他资产的，所发生的支出应当能够系统合理地在数据资源无形资产和其他资产之间进行分摊，分摊原则以及方法应当保持一致。

三、内部开发的无形资产的计量

内部研发活动形成的无形资产，其成本由可直接归属于该资产的创造、生产并使该资产能够以管理层预定的方式运作的所有必要支出组成。可直接归属于该资产的成本主要包括：开发该无形资产时耗费的材料、劳务成本、注册费，在开发该无形资产过程中使用的其他专利权和特许权的摊销，以及按照借款费用的处理原则可资本化的利息支出等。在开发无形资产过程中发生的除上述可直接归属于无形资产开发活动的其他销售费用、管理费用等间接费用、无形资产达到预定用途前发生的可辨认的无效和初始运作损失、为运行该无形资产发生的培训支出等不构成无形资产的开发成本。

值得说明的是，内部开发无形资产的成本仅包括在满足资本化条件的时点至无形资产达到预定用途前发生的支出总和，对于同一项无形资产在开发过程中达到资本化条件之前已经费用化计入当期损益的支出不再进行调整。

四、内部研究开发支出的会计处理

（一）基本原则

企业内部研究和开发无形资产，其在研究阶段的支出全部费用化，计入当期损益（管理费用——研究费用）；开发阶段的支出符合条件的资本化，不符合资本化条件的计入当期损益（管理费用——研究费用）。如果确实无法区分研究阶段的支出和开发阶段的支出，应将其所发生的研发支出全部费用化，计入当期损益。

企业购买正在进行中的研究开发项目且符合资本化条件的，应确认为无形资产。取得后发生的研究开发支出，应当比照上述内部研究开发项目支出的规定进行会计处理。

（二）具体账务处理

(1) 企业自行开发无形资产发生的研发支出，不满足资本化条件的，借记"研发支出——费用化支出"科目，满足资本化条件的，借记"研发支出——资本化支出"科目，贷记"原材料""银行存款""应付职工薪酬"等科目。

(2) 企业以其他方式取得的正在进行中的研究开发项目，符合资本化条件的，应按确定的金额，借记"研发支出——资本化支出"科目，贷记"银行存款"等科目。以后发生的研发支出，应当比照上述第一条原则进行会计处理。

(3) 研究开发项目达到预定用途形成无形资产的，应按"研发支出——资本化支出"科目的余额，借记"无形资产"科目，贷记"研发支出——资本化支出"科目。

▶【例4-5】2×22年1月1日，甲公司经董事会批准研发某项新产品专利技术，该公司董事会认为，研发该项目具有可靠的技术和财务等资源的支持，并且一旦研发成功将降低该公司产品的生产成本。该公司在研究开发过程中发生材料费5 000万元、人工工资1 000万元，以及其他费用4 000万元，总计10 000万元，其中，符合资本化条件的支出为6 000万元。2×22年12月31日，该专利技术已经达到预定用途。

分析：首先，甲公司经董事会批准研发某项新产品专利技术，并认为完成该项新型技术无论从技术上还是财务等方面，都能够得到可靠的资源支持，并且一旦研发成功将降低公司的生产成本，因此，符合条件的开发费用可以资本化。其次，甲公司在开发该项新型技术时，累计发生10 000万元的研究与开发支出，其中符合资本化条件的开发支出为6 000万元，其符合"归属于该无形资产开发阶段的支出能够可靠地计量"的条件。

甲公司的账务处理如下：

(1) 发生研发支出：

借：研发支出——费用化支出　　　　　　　　　　40 000 000
　　　　　　——资本化支出　　　　　　　　　　60 000 000
　　贷：原材料　　　　　　　　　　　　　　　　50 000 000
　　　　应付职工薪酬　　　　　　　　　　　　　10 000 000
　　　　银行存款　　　　　　　　　　　　　　　40 000 000

(2) 2×22年12月31日，该专利技术已经达到预定用途：

借：管理费用——研究费用　　　　　　　　　　　40 000 000
　　无形资产　　　　　　　　　　　　　　　　　60 000 000
　　贷：研发支出——费用化支出　　　　　　　　40 000 000
　　　　　　　　——资本化支出　　　　　　　　60 000 000

除了内部开发产生的无形资产外，其他内部产生的无形资产，比照上述原则进行处理。

第三节　无形资产的后续计量

一、无形资产后续计量的原则

无形资产初始确认和计量后，在其后使用该项无形资产期间内应以成本减去累计摊销额和累计减值损失后的余额计量。确定无形资产在使用过程中的累计摊销额，基础是估计其使用寿命，而使用寿命有限的无形资产才需要在估计使用寿命内采用系统合理的方法进行摊销，对于使用寿命不确定的无形资产则不需要摊销，但至少每年进行减值测试。

（一）估计无形资产的使用寿命

企业应当在取得无形资产时分析判断其使用寿命。如无形资产的使用寿命为有限的，应当估计该使用寿命的年限或者构成使用寿命的产量等类似计量单位数量；无法预见无形资产为企业带来未来经济利益期限的，应当视为使用寿命不确定的无形资产。

无形资产的后续计量是以其使用寿命为基础的。无形资产的使用寿命包括法定寿命和经济寿命两个方面。有些无形资产的使用寿命受法律、规章或合同的限制，称为法定寿命。如我国法律规定发明专利权的有效期为20年，商标权的有效期为10年。有些无形资产（如永久性特许经营权、非专利技术等）的使用寿命则不受法律或合同的限制。经济寿命是无形资产可以为企业带来经济利益的年限。由于受技术进步、市场竞争等因素的影响，无形资产的经济寿命往往短于法定寿命。因此，在估计无形资产的使用寿命时，应当综合考虑各方面相关因素的影响，合理确定无形资产的使用寿命。确定无形资产的经济寿命，通常应考虑以下因素：

(1) 该资产通常的产品寿命周期，以及可获得的类似资产使用寿命的信息；
(2) 技术、工艺等方面的现实情况及对未来发展的估计；
(3) 以该资产生产的产品或服务的市场需求情况；

（4）现在或潜在的竞争者预期采取的行动；

（5）为维持该资产产生未来经济利益的能力所需要的维护支出，以及企业预计支付有关支出的能力；

（6）对该资产的控制期限，以及对该资产使用的法律或类似限制，如特许使用期间、租赁期间等；

（7）与企业持有的其他资产使用寿命的关联性等。

对确认为无形资产的数据资源的使用寿命进行估计时，还应重点关注数据资源相关业务模式、权利限制、更新频率和时效性、有关产品或技术迭代、同类竞品等因素。

（二）无形资产使用寿命的确定

某些无形资产的取得源自合同性权利或其他法定权利，其使用寿命不应超过合同性权利或其他法定权利的期限。例如，企业以支付土地出让金方式取得一块土地50年的使用权，如果企业准备持续持有，在50年期间内没有计划出售，则该项土地使用权预期为企业带来未来经济利益的期间为50年。但如果企业使用资产的预期期限短于合同性权利或其他法定权利规定的期限的，则应当按照企业预期使用的期限确定其使用寿命。例如，企业取得一项专利技术，法律保护期间为20年，企业预计运用该专利生产的产品在未来15年内会为企业带来经济利益。就该项专利技术，第三方向企业承诺在5年内以其取得之日公允价值的60%购买该专利权，从企业管理层目前的持有计划来看，准备在5年内将其出售给第三方。为此，该项专利权的实际使用寿命为5年。

如果合同性权利或其他法定权利能够在到期时因续约等延续，当有证据表明企业续约不需要付出重大成本时，续约期才能够包括在使用寿命的估计中。下列情况下，一般说明企业无须付出重大成本即可延续合同性权利或其他法定权利：有证据表明合同性权利或法定权利将被重新延续，如果在延续之前需要第三方同意，则还需有第三方将会同意的证据；有证据表明为获得重新延续所必需的所有条件将被满足，以及企业为延续持有无形资产付出的成本相对于预期从重新延续中流入企业的未来经济利益相比不具有重要性。如果企业为延续无形资产持有期间而付出的成本，与预期从重新延续中流入企业的未来经济利益相比具有重要性，本质上是企业获得的一项新的无形资产。

没有明确的合同或法律规定无形资产的使用寿命的，企业应当综合各方面情况，例如聘请相关专家进行论证、与同行业的情况进行比较以及参考企业的历史经验等，来确定无形资产为企业带来未来经济利益的期限。如果企业经过这些努力，仍无法合理确定无形资产为企业带来经济利益的期限的，再将其作为使用寿命不确定的无形资产。例如，企业取得了一项在过去几年市场份额领先的畅销产品的商标。该商标按照法律规定还有5年的使用寿命，但是在保护期届满时，企业可每10年即以较低的手续费申请延期，同时有证据表明企业有能力申请延期。此外，有关的调查表明，根据产品生命周期、市场竞争等方面情况综合判断，该商标所创立的品牌将在不确定的期间内为企业产生现金流量。综合各方面情况，该商标可视为使用寿命不确定的无形资产。又如，企业通过公开拍卖取得一项出租车运营许可，按照所在地规定，以现有出租运营许可为限，不再授予新的运营许可，而且在旧的出租车报废以后，有关的运营许可可用于新的出租车。企业估计在可预计的未来，其将持续经营出租车行业。对于该运营许可，其为企业带来未来经济利益的期限从目前情况看，无法可靠估计。因此，应视其为使用寿命不确定的无形资产。

企业在对确认为无形资产的数据资源的使用寿命进行估计时，应当考虑无形资产估计使用寿命的因素，并重点关注数据资源相关业务模式、权利限制、更新频率和时效性、有关产品或技术迭代、同类竞品等因素。

如果企业根据可获得的情况判断，有确凿证据表明无法合理估计其使用寿命的无形资产，才能作为使用寿命不确定的无形资产。企业不得在没有确凿证据的情况下，随意判断某项无形资产为使用寿命不确定的无形资产。

（三）无形资产使用寿命的复核

企业至少应当于每年年度终了，对使用寿命有限的无形资产的使用寿命及摊销方法进行复核，如果有证据表明无形资产的使用寿命及摊销方法不同于以前的估计（如由于合同的续约或无形资产应用条件的改善，延长了无形资产的使用寿命），应改变其摊销年限及摊销方法，并按照会计估计变更进行会计处理。例如，企业使用的某项非专利技术，原预计使用寿命为5年，使用至第2年末，该企业计划再使用2年即不再使用，为此，企业应当在第2年末变更该项无形资产的使用寿命，并作为会计估计变更进行处理。又如，某项无形资产计提了减值准备，这可能表明企业原估计的摊销期限需要作出变更。

企业应当在每个会计期间对使用寿命不确定的无形资产的使用寿命进行复核。如果有证据表明无形资产的使用寿命是有限的，应当估计其使用寿命，按照《企业会计准则第28号——会计政策、会计估计和差错更正》进行会计处理，并根据使用寿命有限的无形资产进行后续计量。

二、使用寿命有限的无形资产

使用寿命有限的无形资产，应在其预计的使用寿命内采用系统合理的方法对应摊销金额进行摊销。应摊销金额，是指无形资产的成本扣除残值后的金额。已计提减值准备的无形资产，还应扣除已计提的无形资产减值准备累计金额。

（一）摊销期和摊销方法

无形资产的摊销期自其可供使用（即其达到预定用途）时开始至终止确认时止。在无形资产的使用寿命内系统地分摊其应摊销金额，存在多种方法。这些方法包括直线法、产量法等。企业选择无形资产摊销方法时，应根据与无形资产有关的经济利益的预期消耗方式作出决定，并一致地运用于不同会计期间。例如，受技术陈旧因素影响较大的专利权和专有技术等无形资产，可采用类似固定资产加速折旧的方法进行摊销；有特定产量限制的特许经营权或专利权，应采用产量法进行摊销。无法可靠确定无形资产预期消耗方式的，应当采用直线法进行摊销。

无形资产的摊销一般应计入当期损益，但如果某项无形资产是专门用于生产某种产品或者其他资产，其所包含的经济利益是通过转入所生产的产品或其他资产中实现的，则无形资产的摊销费用应当计入相关资产的成本。例如，专门用于生产过程中生产某种产品的专利技术，其包含的经济利益是通过转入所生产的产品中体现的，该项专利技术的摊销费用应构成所生产产品成本的一部分，计入该产品的制造费用。

划分为持有待售的无形资产或处置组中的无形资产不进行摊销，按照《企业会计准则第42号——持有待售的非流动资产、处置组和终止经营》进行会计处理。

使用无形资产产生的收入可能受到投入、生产过程和销售等因素的影响，这些因素与无形资产有关经济利益的预期消耗方式无关，因此，企业通常不应以包括使用无形资产在内的经济活动所产生的收入为基础进行摊销。但是，下列极其有限的情况除外：

（1）企业根据合同约定确定无形资产固有的根本性限制条款（如无形资产的使用时间、使用无形资产生产产品的数量或因使用无形资产而应取得固定的收入总额）的，当该条款为因使用无形资产而应取得的固定的收入总额时，取得的收入可以成为摊销的合理基础，如企业获得勘探开采黄金的特许权，且合同明确规定该特许权在销售黄金的收入总额达到某固定的金额时失效。

（2）有确凿的证据表明收入的金额和无形资产经济利益的消耗是高度相关的。

企业采用车流量法对高速公路经营权进行摊销的，不属于以包括使用无形资产在内的经济活动产生的收入为基础的摊销方法。

（二）残值的确定

使用寿命有限的无形资产，其残值一般应当视为零，除非有第三方承诺在无形资产使用寿命结束时购买该项无形资产；或者存在活跃的市场，通过市场可以得到无形资产使用寿命结束时的残值信息，并且从目前情况看，在无形资产使用寿命结束时，该市场还可能存在的情况下，可以预计无形资产的残值。

无形资产的残值，意味着在其经济寿命结束之前企业预计将会处置该无形资产，并且从该处置中取得利益。估计无形资产的残值应以资产处置时的可收回金额为基础，此时的可收回金额是指在预计出售日，出售一项使用寿命已满且处于类似使用状况下，同类无形资产预计的处置价格（扣除相关税费）。残值确定以后，在持有无形资产期间，至少应于每年年末进行复核，预计其残值与原估计金额不同的，应按照会计估计变更进行会计处理。如果无形资产的残值重新估计以后高于其账面价值的，则无形资产不再摊销，直至残值降至低于账面价值时再恢复摊销。例如，企业从外单位购入一项实用专利技术的成本为100万元，根据目前企业管理层的持有计划，预计5年后转让给第三方。根据目前活跃市场上得到的信息，该实用专利技术预计残值为10万元。企业采取生产总量法对该项无形资产进行摊销。到第3年末，市场发生变化，经复核重新估计，该项实用专利技术预计残值为30万元，如果此时企业已摊销72万元，该项实用专利技术账面价值为28万元，低于重新估计的该项实用专利技术的残值，则不再对该项实用专利技术进行摊销，直至残值降至低于其账面价值时再恢复摊销。

（三）使用寿命有限的无形资产摊销的账务处理

使用寿命有限的无形资产应当在其使用寿命内，采用合理的摊销方法进行摊销。摊销时，应当考虑该项无形资产所服务的对象，并以此为基础将其摊销价值计入相关资产的成本或者当期损益。

▶【例4-6】2×22年1月1日，A公司从外单位购得一项非专利技术，支付价款5 000万元，款项已支付，估计该项非专利技术的使用寿命为10年，该项非专利技术用于产品生产；同时，购入一项商标权，支付价款3 000万元，款项已支付，估计该商标权的使用寿命为15年。假定这两项无形资产的净残值均为零，并按直线法摊销。

本例中，A公司外购的非专利技术的估计使用寿命为10年，表明该项无形资产是使用寿命有限的无形资产，且该项无形资产用于产品生产，因此，应当将其摊销金额计入相关产品的制造成本。A公司外购的商标权的估计使用寿命为15年，表明该项无形资产同样也是使用寿命有限的无形资产，而商标权的摊销金额通常直接计入当期管理费用。

A公司的账务处理如下：

(1) 取得无形资产时：

借：无形资产——非专利技术　　　　　　　　　　　　　　　50 000 000
　　　　　　——商标权　　　　　　　　　　　　　　　　　30 000 000
　　贷：银行存款　　　　　　　　　　　　　　　　　　　　80 000 000

(2) 按年摊销时：

借：制造费用——非专利技术　　　　　　　　　　　　　　　 5 000 000
　　管理费用——商标权　　　　　　　　　　　　　　　　　 2 000 000
　　贷：累计摊销　　　　　　　　　　　　　　　　　　　　 7 000 000

如果A公司2×23年12月31日根据科学技术发展的趋势判断，2×22年购入的该项非专利技术在4年后将被淘汰，不能再为企业带来经济利益，决定对其再使用4年后不再使用。为此，A公司应当在2×23年12月31日据此变更该项非专利技术的估计使用寿命，并按会计估计变更进行处理。

2×23年12月31日该项无形资产累计摊销金额为1 000万元（500×2），2×24年该项无形资产的摊销金额为1 000万元〔(5 000 – 1 000) ÷4〕。

A公司2×24年对该项非专利技术按年摊销的账务处理如下：

借：制造费用——非专利技术　　　　　　　　　　　　　　　10 000 000
　　贷：累计摊销　　　　　　　　　　　　　　　　　　　　10 000 000

三、使用寿命不确定的无形资产

对于使用寿命不确定的无形资产，在持有期间内不需要摊销，但至少应当于每年年度终了进行减值测试。

▶【例4-7】2×22年1月1日，A公司购入一项市场领先的畅销产品的商标成本为6 000万元，该商标按照法律规定还有5年的使用寿命，但是在保护期届满时，A公司可每10年以较低的手续费申请延期，同时，A公司有充分的证据表明其有能力申请延期。此外，有关的调查表明，根据产品生命周期、市场竞争等方面情况综合判断，该商标将在不确定的期间内为企业带来现金流量。

根据上述情况，该商标可视为使用寿命不确定的无形资产，在持有期间内不需要进行摊销。

2×23年末，A公司对该商标按照资产减值的原则进行减值测试，经测试表明该商标已发生减值。2×23年末，该商标的公允价值为4 000万元。

A公司的账务处理如下：

(1) 2×22年购入商标时：

借：无形资产——商标权　　　　　　　　　　　　　　　　　60 000 000
　　贷：银行存款　　　　　　　　　　　　　　　　　　　　60 000 000

(2) 2×23年发生减值时：

借：资产减值损失　　　　　　　　(60 000 000 – 40 000 000) 20 000 000

贷：无形资产减值准备——商标权　　　　　　　　　　20 000 000

四、无形资产的减值

企业应当在资产负债表日判断无形资产是否存在可能发生减值的迹象。使用寿命有限的无形资产，在出现减值迹象时进行减值测试；使用寿命不确定的无形资产，在持有期间内如果期末重新复核后仍为使用寿命不确定的，无论是否存在减值迹象，每年都应当进行减值测试。如经减值测试表明无形资产的可收回金额低于账面价值的，按其差额确认资产减值损失，其相关的账务处理为：借记"资产减值损失"科目，贷记"无形资产减值准备"科目。无形资产减值准备一经计提，不得转回。

资产减值损失确认后，使用寿命有限的无形资产，其摊销费用应当在未来期间作相应调整，以使该无形资产在剩余使用寿命内，系统合理地分摊调整后的账面价值。

第四节　无形资产的处置

无形资产的处置，主要是指无形资产出售、报废，此时无形资产无法为企业带来未来经济利益，应予转销并终止确认。

一、无形资产的出售

企业出售某项无形资产，表明企业放弃无形资产的所有权，如将该无形资产划归为持有待售类别的，按照《企业会计准则第42号——持有待售的非流动资产、处置组和终止经营》的相关规定进行会计处理；未划分为持有待售类别的，按照出售取得的价款扣除相关无形资产的账面价值、相关税费等后的差额确认为资产处置损益。

二、无形资产的报废

如果无形资产预期不能为企业带来未来经济利益，不再符合无形资产的定义，应将其转销。例如，该无形资产已被其他新技术所替代或超过法律保护期，不能再为企业带来经济利益的，则不再符合无形资产的定义，应将其报废并予以转销，其账面价值转作当期损益。转销时，应按已计提的累计摊销，借记"累计摊销"科目；按其账面余额，贷记"无形资产"科目；按其差额，借记"营业外支出"科目。已计提减值准备的，还应同时结转减值准备。

第五节　无形资产的列示与披露

一、列示

企业应当在资产负债表中单独列示无形资产。资产负债表中的"无形资产"项目，反映企业无形资产期末净额。该项目应根据"无形资产"科目的账面余额减去"累计摊销"科目的账面余额和"无形资产减值准备"科目的账面余额计算填列。企业应当根据重要性原则并结合本企业的实际情况,在"无形资产"项目下增设"其中:数据资源"项目,反映资产负债表日确认为无形资产的数据资源的期末账面价值。

企业应当在资产负债表中单独列示开发支出。资产负债表中的"开发支出"项目,反映企业开发无形资产过程中能够资本化形成无形资产成本的支出部分。该项目应根据"研发支出——资本化支出"科目的账面余额,减去相关减值准备期末余额后的金额分析填列。企业应当根据重要性原则并结合本企业的实际情况,在"开发支出"项目下增设"其中:数据资源"项目,反映资产负债表日正在进行数据资源研究开发项目满足资本化条件的支出金额。

企业应当在利润表中单独列示研发费用。利润表中的"研发费用"项目,反映企业进行研究与开发过程中发生的费用化支出,以及计入管理费用的自行开发无形资产的摊销。该项目应根据"管理费用"科目下的"研究费用"明细科目的发生额,以及"管理费用"科目下的"无形资产摊销"明细科目的相关发生额分析填列。

二、披露

(一)关于无形资产的一般披露要求

企业应当按照无形资产的类别在会计报表附注中披露与无形资产有关的下列信息:(1)无形资产的期初和期末账面余额、累计摊销额及减值准备累计金额;(2)使用寿命有限的无形资产,其使用寿命的估计情况;使用寿命不确定的无形资产,其使用寿命不确定的判断依据;(3)无形资产的摊销方法;(4)用于担保的无形资产账面价值、当期摊销额等情况;(5)计入当期损益和确认为无形资产的研究开发支出金额。

(二)关于知识产权的其他披露要求

除上述一般披露要求外,对知识产权还应当披露下列相关信息。

(1)对于确认为无形资产的知识产权,企业应当在会计报表附注中披露相关会计信息,包括:①按照无形资产类别披露的相关会计信息;②使用寿命有限的知识产权无形资产,其使用寿命的估计情况及摊销方法;使用寿命不确定的知识产权无形资产,其账面价值及使用寿命不确定的判断依据;③按照《企业会计准则第28号——会计政策、会计估计变更和差错更正》的规定,披露对知识产权无形资产的摊销期、摊销方法或残值的变更内容、原因以及对当期和未来期间的影响数;④单独披露对企业财务报表具有重要影响的单项知识产权无形资产的内容、账面价值和剩余摊销期限;⑤所有权或使用权受到限制的知识产权无形资产账面价值、当期摊销额等情况。

(2)对于确认为无形资产的知识产权和企业拥有或控制的、预期会给企业带来经济利益的、但由于不满足无形资产确认条件而未确认为无形资产的知识产权,企业可以根据实际情况,在会计报表附注中自愿披露相关信息,包括:①知识产权的应用情况,包括知识产权的产品应用、作价出资、转让许可等情况;②重大交易事项中涉及的知识产权对该交易事项的影响及风险分析,重大交易事项包括但不限于企业的经营活动、投融资活动、质押融资、关联方及关联交易、承诺事项、或有事项、债务重组、资产置换、专利交叉许可等;③处于申请状态的知识产权的开始资本化时间、申请状态等信息;

④知识产权权利失效的（包括失效后不继续确认的知识产权和继续确认的知识产权），披露其失效事由、账面原值及累计摊销、失效部分的会计处理，以及知识产权失效对企业的影响及风险分析；⑤企业认为有必要披露的其他知识产权相关信息。

（三）关于确认为无形资产的数据资源的披露要求

除上述一般披露要求外，对确认为无形资产的数据资源，以及企业合法拥有或控制的、预期会给企业带来经济利益的、但由于不满足无形资产确认条件而未确认为无形资产的数据资源，还应当披露下列相关信息。

（1）对于确认为无形资产的数据资源，企业应当在会计报表附注中披露相关会计信息，包括：①按照外购无形资产、自行开发无形资产等类别披露的相关会计信息；②使用寿命有限的数据资源无形资产，企业应当披露其使用寿命的估计情况及摊销方法；对于使用寿命不确定的数据资源无形资产，企业应当披露其账面价值及使用寿命不确定的判断依据；③按照《企业会计准则第28号——会计政策、会计估计变更和差错更正》的规定，披露对数据资源无形资产的摊销期、摊销方法或残值的变更内容、原因以及对当期和未来期间的影响数；④单独披露对企业财务报表具有重要影响的单项数据资源无形资产的内容、账面价值和剩余摊销期限；⑤所有权或使用权受到限制的数据资源无形资产，以及用于担保的数据资源无形资产的账面价值、当期摊销额等情况；⑥计入当期损益和确认为无形资产的数据资源研究开发支出金额；⑦按照《企业会计准则第8号——资产减值》的规定，披露与数据资源无形资产减值有关的信息；⑧按照《企业会计准则第42号——持有待售的非流动资产、处置组和终止经营》的规定，披露划分为持有待售类别的数据资源无形资产有关信息。

（2）对于确认为无形资产的数据资源，以及企业合法拥有或控制的、预期会给企业带来经济利益的、但由于不满足无形资产确认条件而未确认为无形资产的数据资源，企业可以根据实际情况，在会计报表附注中自愿披露相关信息，包括：①数据资源的应用场景或业务模式、对企业创造价值的影响方式，与数据资源应用场景相关的宏观经济和行业领域前景等；②用于形成相关数据资源的原始数据的类型、规模、来源、权属、质量等信息；③企业对数据资源的加工维护和安全保护情况，以及相关人才、关键技术等的持有和投入情况；④数据资源的应用情况，包括数据资源相关产品或服务等的运营应用、作价出资、流通交易、服务计费方式等情况；⑤重大交易事项中涉及的数据资源对该交易事项的影响及风险分析，重大交易事项包括但不限于企业的经营活动、投融资活动、质押融资、关联方及关联交易、承诺事项、或有事项、债务重组、资产置换等；⑥数据资源相关权利的失效情况及失效事由、对企业的影响及风险分析等，如数据资源已确认为无形资产的，还包括相关无形资产的账面原值及累计摊销、减值准备、失效部分的会计处理；⑦数据资源转让、许可或应用所涉及的地域限制、领域限制；⑧法律法规限制等权利限制；企业认为有必要披露的其他数据资源相关信息。

此外，如企业对数据资源进行评估且评估结果对企业财务报表具有重要影响的，应当披露评估依据的信息来源，评估结论成立的假设前提和限制条件，评估方法的选择，各重要参数的来源、分析、比较与测算过程等信息。

第五章 投资性房地产

第一节 投资性房地产的特征与范围

一、投资性房地产的定义

房地产是土地和房屋及其权属的总称。在我国，土地归国家或集体所有，企业只能取得土地使用权。因此，房地产中的土地是指土地使用权，房屋是指土地上的房屋等建筑物及构筑物。在市场经济条件下，房地产市场日益活跃，企业持有的房地产除了用作自身管理、生产经营活动场所和对外销售之外，出现了将房地产用于赚取租金或增值收益的活动，甚至是个别企业的主营业务。用于出租或增值的房地产就是投资性房地产。投资性房地产在用途、状态、目的等方面与企业自用的厂房、办公楼等作为生产经营场所的房地产和房地产开发企业用于销售的房地产是不同的。

投资性房地产是指为赚取租金或资本增值，或者两者兼有而持有的房地产。从定义可以看出，投资性房地产有别于企业自用的房地产和房地产开发企业作为存货的房地产。企业自用的房地产是企业自用的厂房、办公楼等生产经营场所，企业应当将其作为固定资产或无形资产处理。作为存货的房地产是房地产开发企业销售的或为销售而正在开发的商品房和土地，是房地产企业的开发产品，应当作为存货处理。投资性房地产应当能够单独计量和出售。

投资性房地产的主要形式是出租建筑物、出租土地使用权，这实质上属于一种让渡资产使用权行为。房地产租金就是让渡资产使用权取得的使用费收入，属于企业日常活动（日常活动是指企业为完成其经营目标所从事的经常性活动以及与之相关的活动）形成的经济利益总流入。投资性房地产的另一种形式是持有并准备增值后转让的土地使用权，尽管其增值收益通常与市场供求、经济发展等因素有关，但目的是增值后转让以赚取增值收益，也是企业日常活动形成的经济利益总流入。在我国实务中，持有并准备增值后转让的土地使用权这种情况较少。

与自用房地产和作为存货的房地产相比，投资性房地产要么是让渡房地产使用权以赚取使用费收入，要么是持有并准备增值赚取增值收益，这使投资性房地产在一定程度上具备了投资属性,也正因为如此,投资性房地产的后续计量模式有别于固定资产和存货的计量模式,企业可以选择成本模式或公允价值模式对投资性房地产进行后续计量。在后续计量时,通常应当采用成本模式,存在确凿证据表明投资性房地产的公允价值能够可靠取得的,可以采用公允价值计量模式。计量模式一经确定,不得随意变更。成本模式转为公允价值模式的,应当作为会计政策变更,按照《企业会计准则第28号——会计政策、会计估计变更和差错更正》进行会计处理。

二、投资性房地产的范围

(一) 投资性房地产适用范围

投资性房地产包括已出租的土地使用权、持有并准备增值后转让的土地使用权、已出租的建筑物。

1. 已出租的土地使用权

已出租的土地使用权,是指企业通过出让或转让方式取得的、以经营租赁方式出租的土地使用权。企业取得的土地使用权通常包括在一级市场上以交纳土地出让金的方式取得的土地使用权,也包括在二级市场上接受其他单位转让的土地使用权。例如,甲公司与乙公司签订了土地使用权租赁合同,甲公司以年租金800万元租赁使用乙公司50万平方米的土地使用权,租赁期限10年。自租赁合同约定的租赁期开始日起,该土地使用权属于乙公司的投资性房地产。

企业对于租入的土地使用权再转租给其他单位的,不能确认为投资性房地产。

2. 持有并准备增值后转让的土地使用权

持有并准备增值后转让的土地使用权,是指企业取得的、准备增值后转让的土地使用权。这类土地使用权可能给企业带来资本增值收益,符合投资性房地产的定义。按照国家有关规定认定的闲置土地,不属于持有并准备增值后转让的土地使用权,也就不属于投资性房地产。

3. 已出租的建筑物

已出租的建筑物是指企业拥有产权的、以经营租赁方式出租的建筑物,主要包括自行建造或开发活动完成后用于出租的建筑物,以及正在建造或开发过程中将来用于出租的建筑物。例如,甲公司与乙公司签订租赁合同,甲公司将其拥有产权的某栋厂房整体出租给乙公司,租赁期5年。自租赁期开始日起,该栋厂房属于甲公司的投资性房地产。企业在判断和确认已出租的建筑物时,应当把握下列要点:

(1) 用于出租的建筑物是企业拥有产权的建筑物。企业租入再转租的建筑物不属于投资性房地产。例如,甲公司与乙公司签订租赁合同,甲公司将其拥有的一座有产权的仓库出租给乙公司,租赁期8年,该租赁属于经营租赁。乙公司租入该仓库后用于存放其生产的产品。租入仓库第3年,乙公司加强了对存货的库存管理,租入的仓库不再需要存放其生产的产品,故第4年初,乙公司将该仓库出租给丙公司使用,乙公司与丙公司签订的租赁合同约定的租赁期为直至与甲公司的租赁合同到期时,以赚取租金差价。在这种情况下,乙公司将从甲公司租入的仓库转租给丙公司,对于乙公司而言,该仓库不属于其投资性房地产；而对于甲公司而言，其出租的仓库属于其投资性房地产。

（2）已出租的建筑物是企业已经与其他方签订了租赁协议，约定以经营租赁方式出租的建筑物。一般应自租赁合同规定的租赁期开始日起，经营租出的建筑物才属于已出租的建筑物。通常情况下，对企业持有以备经营出租的空置建筑物或在建建筑物，如董事会或类似机构作出书面决议，明确表明将其用于经营出租且持有意图短期内不再发生变化的，即使尚未签订租赁协议，也应视为投资性房地产。这里的"空置建筑物"是指企业新购入、自行建造或开发完工但尚未使用的建筑物，以及不再用于日常生产经营活动且经整理后达到可经营出租状态的建筑物。

（3）企业将建筑物出租，按租赁协议向承租人提供的相关辅助服务在整个协议中不重大的，应当将该建筑物确认为投资性房地产。例如，企业将其办公楼出租，同时向承租人提供维护、保安等日常辅助服务，企业应当将其确认为投资性房地产。又如，甲公司在北京CBD购买了一栋20层的楼，根据甲公司与相关公司签订的租赁合同约定，其中，1层出租给某大型超市，2～10层出租给某会计师事务所，11～15层出租给某软件公司，16～20层出租给某品牌酒店。租赁合同同时约定，为该栋楼提供保洁、维修、安保等日常辅助服务，该辅助服务不重大，甲公司应将该栋楼确认为投资性房地产。

（二）投资性房地产不适用范围

1. 自用房地产

自用房地产是指为生产商品、提供劳务或者经营管理而持有的房地产，如企业生产经营用的厂房和办公楼属于固定资产，企业生产经营用的土地使用权属于无形资产。自用房地产的特征，在于服务于企业自身的生产经营，其价值会随着房地产的使用而逐渐转移到企业的产品或服务中去，通过销售商品或提供服务为企业带来经济利益，在产生现金流量的过程中与企业持有的其他资产密切相关。例如，企业出租给本企业职工居住的宿舍，虽然也收取租金，但间接为企业自身的生产经营服务，因此具有自用房地产的性质。又如，企业拥有并自行经营的旅馆饭店，旅馆饭店的经营者在向顾客提供住宿服务的同时，还提供餐饮、娱乐等其他服务，其经营目的主要是通过向客户提供服务取得服务收入。因此，企业自行经营的旅馆饭店是企业的经营场所，应当属于自用房地产。

2. 作为存货的房地产

作为存货的房地产通常是指房地产开发企业在日常活动中销售的或为销售而正在开发的商品房。这部分房地产属于房地产开发企业的存货，其生产、销售构成企业的主营业务活动，产生的现金流量也与企业的其他资产密切相关。因此，具有存货性质的房地产不属于投资性房地产。

从事房地产经营开发的企业依法取得的、用于开发后出售的土地使用权，属于房地产开发企业的存货，即使房地产开发企业决定待增值后再转让该企业开发的土地，也不得将其确认为投资性房地产。

实务中，存在某项房地产部分自用或作为存货出售、部分用于赚取租金或资本增值的情形。如某项房地产不同用途的部分能够单独计量和出售的，应当分别确认为固定资产（或无形资产、存货）和投资性房地产。例如，甲房地产开发商建造了一栋商住两用楼盘，一层出租给一家大型超市，已签订经营租赁合同；其余楼层均为普通住宅，正在公开销售中。这种情况下，如果一层商铺能够单独计量和出售，应当确认为甲企业的投资性房地产，其余楼层为甲企业的存货，即开发产品。

另外，企业代建的房地产，按照《企业会计准则第 14 号——收入》的规定进行会计处理；投资性房地产租金收入和售后租回的确认、计量和披露，按照《企业会计准则第 21 号——租赁》的规定进行会计处理。

第二节 投资性房地产的确认和初始计量

一、投资性房地产的确认和初始计量

投资性房地产只有在符合定义的前提下，同时满足下列条件的，才能予以确认：
（1）与该投资性房地产有关的经济利益很可能流入企业；
（2）该投资性房地产的成本能够可靠地计量。

对已出租的土地使用权、已出租的建筑物，其作为投资性房地产的确认时点一般为租赁期开始日，即土地使用权、建筑物进入出租状态、开始赚取租金的日期。对持有并准备增值后转让的土地使用权，其作为投资性房地产的确认时点为企业将自用土地使用权停止自用、准备增值后转让的日期。

投资性房地产应当按照成本进行初始计量。

（一）外购投资性房地产的确认和初始计量

外购的土地使用权和建筑物，按照取得时的实际成本进行初始计量。取得时的实际成本包括购买价款、相关税费和可直接归属于该资产的其他支出。企业购入的房地产，部分用于出租（或资本增值）、部分自用，用于出租（或资本增值）的部分应当予以单独确认的，应按照不同部分的公允价值占公允价值总额的比例将成本在不同部分之间进行分配。

如采用公允价值模式计量，需要在"投资性房地产"科目下设置"成本"和"公允价值变动"两个明细科目，其中，"投资性房地产——成本"科目反映外购的土地使用权和建筑物发生的实际成本。

▶【例 5-1】2×24 年 5 月 25 日，甲公司通过银行转账支付购入一栋办公楼，实际发生成本 1 000 万元，甲公司董事会决议，购入的该栋办公楼的 50%（1~10 层）对外出租，另 50% 作为自用办公用房。2×24 年 5 月 30 日，甲公司与乙公司签订了租赁合同，约定自 2×24 年 6 月 1 日起将该栋办公楼的 1~10 层经营出租给乙公司，为期 8 年。假定该办公楼公允价值与其实际成本相同，不考虑增值税等相关税费及其他因素。甲公司的账务处理如下：

借：投资性房地产——办公楼   5 000 000
      固定资产   5 000 000

贷：银行存款　　　　　　　　　　　　　　　　　　　　　　　　　10 000 000

（二）自行建造投资性房地产的确认和初始计量

　　自行建造投资性房地产，其成本由建造该项资产达到预定可使用状态前发生的必要支出构成，包括土地开发费、建筑成本、安装成本、应予以资本化的借款费用、支付的其他费用和分摊的间接费用等。建造过程中发生的非正常性损失，直接计入当期损益，不计入建造成本。

（三）非投资性房地产转换为投资性房地产的确认和初始计量

　　非投资性房地产转换为投资性房地产，实质上是因房地产用途发生改变而对房地产进行的重新分类。如果投资性房地产采用成本模式计量，则按照该项房地产在转换日的账面价值入账；如果投资性房地产采用公允价值模式计量，则按该项房地产在转换日的公允价值入账。

二、与投资性房地产有关的后续支出

（一）资本化的后续支出

　　与投资性房地产有关的后续支出，满足投资性房地产确认条件的，应当计入投资性房地产成本。例如，企业为了提高投资性房地产的使用效能，往往需要对投资性房地产进行改建、扩建而使其更加坚固耐用，或者通过装修而改善其室内装潢，改扩建或装修支出满足确认条件的，应当将其资本化。企业对某项投资性房地产进行改扩建等再开发且将来仍作为投资性房地产的，在再开发期间应继续将其作为投资性房地产，再开发期间不计提折旧或摊销。

▶【例5-2】2×24年3月，甲企业与乙企业的一项厂房经营租赁合同即将到期。该厂房按照成本模式进行后续计量，原价为2 000万元，已计提折旧600万元。为了提高厂房的租金收入，甲企业决定在租赁期满后对厂房进行改扩建，并与丙企业签订了经营租赁合同，约定自改扩建完工时将厂房出租给丙企业。3月15日，与乙企业的租赁合同到期，厂房随即进入改扩建工程。12月10日，厂房改扩建工程完工，共发生支出150万元，即日按照租赁合同出租给丙企业。假设甲企业采用成本计量模式，不考虑相关税费。

　　本例中，改扩建支出属于资本化的后续支出，应当计入投资性房地产的成本。
　　甲企业的账务处理如下：
　　（1）2×24年3月15日，投资性房地产转入改扩建工程：
　　借：投资性房地产——厂房（在建）　　　　　　　　　　　　　　14 000 000
　　　　投资性房地产累计折旧　　　　　　　　　　　　　　　　　　 6 000 000
　　　　贷：投资性房地产——厂房　　　　　　　　　　　　　　　　20 000 000
　　（2）2×24年3月15日—12月10日：
　　借：投资性房地产——厂房（在建）　　　　　　　　　　　　　　 1 500 000
　　　　贷：银行存款等　　　　　　　　　　　　　　　　　　　　　 1 500 000
　　（3）2×24年12月10日，改扩建工程完工：
　　借：投资性房地产——厂房　　　　　　　　　　　　　　　　　　15 500 000
　　　　贷：投资性房地产——厂房（在建）　　　　　　　　　　　　15 500 000

（二）费用化的后续支出

与投资性房地产有关的后续支出，不满足投资性房地产确认条件的，应当在发生时计入当期损益。例如，企业对投资性房地产进行日常维护发生一些支出。企业在发生投资性房地产费用化的后续支出时，借记"其他业务成本"等科目，贷记"银行存款"等科目。

第三节 投资性房地产的后续计量

投资性房地产后续计量可以选择成本模式或公允价值模式，但同一企业只能采用一种模式对其所有投资性房地产进行后续计量，不得同时采用两种计量模式。

一、采用成本模式进行后续计量的投资性房地产

采用成本模式进行后续计量的投资性房地产，应当按照《企业会计准则第4号——固定资产》或《企业会计准则第6号——无形资产》的有关规定，按期（月）计提折旧或摊销，借记"其他业务成本"等科目，贷记"投资性房地产累计折旧（摊销）"科目。取得的租金收入，借记"银行存款"等科目，贷记"其他业务收入"等科目。

投资性房地产存在减值迹象的，还应当适用《企业会计准则第8号——资产减值》的有关规定。经减值测试后确定发生减值的，应当计提减值准备，借记"资产减值损失"科目，贷记"投资性房地产减值准备"科目。如果已经计提减值准备的投资性房地产的价值又得以恢复，不得转回。

二、采用公允价值模式进行后续计量的投资性房地产

企业存在确凿证据表明其投资性房地产的公允价值能够持续可靠取得的，可以对投资性房地产采用公允价值模式进行后续计量。公允价值模式的最大特点是在会计期末按照公允价值调整投资性房地产的账面价值，并将公允价值变动计入当期损益。从理论上说，采用公允价值模式进行后续计量更符合投资性房地产的特点，但实务中能否持续可靠地取得公允价值是较大的挑战。为此，会计准则提出了两种计量模式供企业选择，并对选择公允价值模式所应具备的条件进行了规定。企业选择采用公允价值模式进行后续计量的，应当对其所有投资性房地产采用公允价值模式进行后续计量，不得对一部分投资性房地产采用成本模式进行后续计量，对另一部分投资性房地产采用公允价值模式进行后续计量（对于浮动收费法下作为保险合同基础项目持有的投资性房地产除外）。

采用公允价值模式进行后续计量的投资性房地产，应当同时满足下列条件：（1）投资性房地产所在地有活跃的房地产交易市场。（2）企业能够从活跃的房地产交易市场上取得同类或类似房地产的市场价格及其他相关信息，从而对投资性房地产的公允价值作出科学合理的估计。

采用公允价值模式对投资性房地产进行后续计量的企业，对于在建投资性房地产（包括企业首次取得的在建投资性房地产），如果其公允价值无法可靠确定但预期该房地

产完工后的公允价值能够持续可靠取得的,应当以成本计量该在建投资性房地产,其公允价值能够可靠计量时或其完工后(两者孰早),再以公允价值计量。在极少的情况下,采用公允价值对投资性房地产进行后续计量的企业,有证据表明,当企业首次取得某项非在建投资性房地产时(或某项现有房地产在完成建造或开发活动或改变用途后首次成为投资性房地产时),该投资性房地产的公允价值不能持续可靠取得的,应当对该投资性房地产采用成本模式计量直至处置,并且假设无残值。但是,上述采用成本模式对投资性房地产进行后续计量的企业,即使有证据表明,企业首次取得某项投资性房地产时,该投资性房地产的公允价值能够持续可靠取得,该企业仍应对该项投资性房地产采用成本模式进行后续计量。

投资性房地产的公允价值,是指在有序交易中,市场参与者进行房地产交换的价格。确定投资性房地产的公允价值时,应当参照活跃市场上同类或类似房地产的现行市场价格(市场公开报价);无法取得同类或类似房地产现行市场价格的,可以参照活跃市场上同类或类似的最近交易价格,并考虑交易情况、交易日期、所在区域等因素,从而对投资性房地产的公允价值作出合理的估计;也可以基于预计未来获得的租金收益和有关现金流量的现值计量。上述所述"同类或类似"的房地产,对建筑物而言,是指所处地理位置和地理环境相同、性质相同、结构类型相同或相近、新旧程度相同或相近、可使用状况相同或相近的建筑物;对土地使用权而言,是指同一位置区域、所处地理环境相同或相近、可使用状况相同或相近的土地。

投资性房地产采用公允价值模式进行后续计量的,不计提折旧或摊销,应当以资产负债表日的公允价值计量。资产负债表日,投资性房地产的公允价值高于其账面余额的差额,借记"投资性房地产——公允价值变动"科目,贷记"公允价值变动损益"科目;公允价值低于其账面余额的差额作相反的会计分录。

三、投资性房地产后续计量模式的变更

为保证会计信息的可比性,企业对投资性房地产的计量模式一经确定,不得随意变更。只有在房地产市场比较成熟、能够满足采用公允价值模式条件的情况下,才允许企业对投资性房地产的后续计量从成本模式变更为公允价值模式。

投资性房地产的后续计量从成本模式转为公允价值模式的,应当作为会计政策变更处理,并按计量模式变更时公允价值与账面价值的差额调整期初留存收益。已采用公允价值模式计量的投资性房地产,不得从公允价值模式转为成本模式。

第四节 投资性房地产的转换和处置

一、投资性房地产的转换

(一)投资性房地产转换形式和转换日

房地产的转换,是因房地产用途发生改变而对房地产进行的重新分类。这里所说的房地

产转换是针对房地产用途发生改变而言，而不是后续计量模式的转变。企业必须有确凿证据表明房地产用途发生改变，才能将投资性房地产转换为非投资性房地产或者将非投资性房地产转换为投资性房地产，如自用的办公楼改为出租等。这里的确凿证据包括两个方面：一是企业董事会或类似机构应当就改变房地产用途形成正式的书面决议；二是房地产因用途改变而发生实际状态上的改变，如从自用状态改为出租状态。房地产转换形式主要包括：

1. 投资性房地产转换为非投资性房地产

（1）投资性房地产转换为自用房地产。企业将原本用于赚取租金或资本增值的房地产改用于生产商品、提供劳务或者经营管理，投资性房地产相应地转换为固定资产或无形资产。例如，企业将出租的厂房收回，并用于生产本企业的产品。在此种情况下，转换日为房地产达到自用状态，企业开始将房地产用于生产商品、提供劳务或者经营管理的日期。

（2）投资性房地产转换为存货。房地产企业将用于经营租出的房地产重新开发用于对外销售，从投资性房地产转换为存货。在这种情况下，转换日为租赁期届满、企业董事会或类似机构作出书面决议明确表明将其重新开发用于对外销售的日期。房地产开发企业将投资性房地产转换为存货的，应当结合业务实质，严格把握重新开发的判断，必须有确凿证据表明用于经营出租的房地产重新开发用于对外销售，通常该房地产应有诸如功能、性能变化等实质性的变化和重大的结构性调整。

2. 非投资性房地产转换为投资性房地产

（1）作为存货的房地产转换为投资性房地产。企业将作为存货的房地产转换为投资性房地产，通常指房地产开发企业将其持有的开发产品以经营租赁的方式出租，相应地存货转换为投资性房地产。这种情况下，转换日通常为租赁期开始日。租赁期开始日是指出租人提供租赁资产使其可供承租人使用的起始日期。一般而言，如果企业自行建造或开发完成但尚未使用的建筑物，且企业董事会或类似机构正式作出书面决议，明确表明其自行建造或开发产品用于经营出租、持有意图短期内不再发生变化的，应视为存货转换为投资性房地产，转换日为企业董事会或类似机构作出书面决议的日期。

（2）自用房地产转换为投资性房地产。企业将原本用于生产商品、提供劳务或者经营管理的房地产改为出租，通常应于租赁期开始日，将相应的固定资产或无形资产转换为投资性房地产。对不再用于日常活动且经整理后达到可经营出租状态的房地产，如果企业董事会或类似机构正式作出书面决议，明确表明其自用房地产用于经营出租且持有意图短期内不再发生变化的，应视为自用房地产转换为投资性房地产，转换日为企业董事会或类似机构作出书面决议的日期。例如，企业将自用房地产转换为投资性房地产的，应当结合业务实质严格判断，必须有确凿证据表明房地产从自用状态改为出租状态发生了实际状态上的改变，通常该房地产应有诸如功能、性能变化等实质性的变化和重大的结构性调整。又如，自用土地使用权停止自用，用于赚取租金或资本增值，相应地由无形资产转换为投资性房地产；企业将自用建筑物停止自用，改为出租，当有确凿证据表明其发生了实际状态上的改变，相应地由固定资产转换为投资性房地产。

（二）投资性房地产转换为非投资性房地产的会计处理

1. 采用成本模式进行后续计量的投资性房地产转换为非投资性房地产

（1）采用成本模式进行后续计量的投资性房地产转换为自用房地产。企业将采用成本模式进行后续计量的投资性房地产转换为自用房地产时，应当按该项投资性房地产在转换日的账面余额、累计折旧或摊销、减值准备等,分别转入"固定资产""累计折旧""固定资产减值准备"等科目;按投资性房地产的账面余额,借记"固定资产"或"无形资产"科目,贷记"投资性房地产"科目;按已计提的折旧或摊销,借记"投资性房地产累计折旧(摊销)"科目,贷记"累计折旧"或"累计摊销"科目;原已计提减值准备的,借记"投资性房地产减值准备"科目,贷记"固定资产减值准备"或"无形资产减值准备"科目。

▶【例5-3】2×24年8月1日,甲企业将出租在外的厂房收回,开始用于本企业生产商品。该项房地产账面价值为3 765万元,其中,原价5 000万元,累计已提折旧1 235万元。假设甲企业采用成本计量模式。

甲企业的账务处理如下:

借:固定资产	50 000 000
投资性房地产累计折旧	12 350 000
贷:投资性房地产	50 000 000
累计折旧	12 350 000

(2)采用成本模式进行后续计量的投资性房地产转换为存货。企业将采用成本模式进行后续计量的投资性房地产转换为存货时,应当按照该项房地产在转换日的账面价值,借记"开发产品"科目,按照已计提的折旧或摊销,借记"投资性房地产累计折旧(摊销)"科目,原已计提减值准备的,借记"投资性房地产减值准备"科目,按其账面余额,贷记"投资性房地产"科目。

2. 采用公允价值模式进行后续计量的投资性房地产转换为非投资性房地产

(1)采用公允价值模式进行后续计量的投资性房地产转为自用房地产。企业将采用公允价值模式计量的投资性房地产转换为自用房地产时,应当以其转换当日的公允价值作为自用房地产的账面价值,公允价值与原账面价值的差额计入当期损益。

转换日,按该项投资性房地产的公允价值,借记"固定资产"或"无形资产"科目,按该项投资性房地产的成本,贷记"投资性房地产——成本"科目,按该项投资性房地产的累计公允价值变动,贷记或借记"投资性房地产——公允价值变动"科目,按其差额,贷记或借记"公允价值变动损益"科目。

▶【例5-4】2×24年10月15日,甲企业因租赁期满,将出租的写字楼收回,准备开始作为办公楼用于本企业的行政管理。2×24年11月1日,该写字楼正式开始自用,相应地由投资性房地产改为自用房地产,当日的公允价值为4 800万元。该项房地产在转换前采用公允价值模式计量,原账面价值为4 750万元,其中,成本为4 500万元,公允价值变动增值250万元。不考虑其他因素,甲企业的账务处理如下:

借:固定资产	48 000 000
贷:投资性房地产——成本	45 000 000
——公允价值变动	2 500 000
公允价值变动损益	500 000

(2)采用公允价值模式进行后续计量的投资性房地产转换为存货。企业将采用公允

价值模式进行后续计量的投资性房地产转换为存货时,应当以其转换日的公允价值作为存货的账面价值,公允价值与原账面价值的差额计入当期损益。

转换日,按该项投资性房地产的公允价值,借记"开发产品"等科目,按该项投资性房地产的成本,贷记"投资性房地产——成本"科目;按该项投资性房地产的累计公允价值变动,贷记或借记"投资性房地产——公允价值变动"科目;按其差额,贷记或借记"公允价值变动损益"科目。

▶【例5–5】甲房地产开发企业将其开发的部分写字楼用于对外经营租赁。2×24年10月15日,因租赁期满,甲企业将出租的写字楼收回,并作出书面决议,将该写字楼重新开发用于对外销售,即由投资性房地产转换为存货,当日的公允价值为5 800万元。该项房地产在转换前采用公允价值模式计量,原账面价值为5 600万元,其中,成本为5 000万元,公允价值增值为600万元。

甲企业的账务处理如下:

借:开发产品　　　　　　　　　　　　　　　　　58 000 000
　　贷:投资性房地产——成本　　　　　　　　　　50 000 000
　　　　　　　　　　——公允价值变动　　　　　　6 000 000
　　　　公允价值变动损益　　　　　　　　　　　　2 000 000

(三)非投资性房地产转换为投资性房地产的会计处理

1. 非投资性房地产转换为采用成本模式进行后续计量的投资性房地产

(1)作为存货的房地产转换为投资性房地产。企业将作为存货的房地产转换为采用成本模式计量的投资性房地产,应当按该项存货在转换日的账面价值,借记"投资性房地产"科目,原已计提跌价准备的,借记"存货跌价准备"科目,按其账面余额,贷记"开发产品"等科目。

(2)自用房地产转换为投资性房地产。企业将自用土地使用权或建筑物转换为以成本模式计量的投资性房地产时,应当按该项建筑物或土地使用权在转换日的原价、累计折旧、减值准备等,分别转入"投资性房地产""投资性房地产累计折旧(摊销)""投资性房地产减值准备"科目,按其账面余额,借记"投资性房地产"科目,贷记"固定资产"或"无形资产"科目,按已计提的折旧或摊销,借记"累计摊销"或"累计折旧"科目,贷记"投资性房地产累计折旧(摊销)"科目,原已计提减值准备的,借记"固定资产减值准备"或"无形资产减值准备"科目,贷记"投资性房地产减值准备"科目。

2. 非投资性房地产转换为采用公允价值模式进行后续计量的投资性房地产

(1)作为存货的房地产转换为投资性房地产。企业将作为存货的房地产转换为采用公允价值模式计量的投资性房地产,应当按该项房地产在转换日的公允价值入账,借记"投资性房地产——成本"科目,原已计提跌价准备的,借记"存货跌价准备"科目;按其账面余额,贷记"开发产品"等科目。同时,转换日的公允价值小于账面价值的,按其差额,借记"公允价值变动损益"科目;转换日的公允价值大于账面价值的,按其差额,贷记"其他综合收益"科目。当该项投资性房地产处置时,因转换计入其他综合收益的部分应转入当期损益。

▶【例5-6】2×24年3月10日，甲房地产开发公司与乙企业签订了租赁协议，将其开发的一栋写字楼出租给乙企业。租赁期开始日为2×24年4月15日。2×24年4月15日，该写字楼的账面余额为45 000万元，公允价值为47 000万元。2×24年12月31日，该项投资性房地产的公允价值为48 000万元。

甲企业的账务处理如下：

①2×24年4月15日：

借：投资性房地产——成本　　　　　　　　　　　　　　　470 000 000
　　贷：开发产品　　　　　　　　　　　　　　　　　　　　450 000 000
　　　　其他综合收益　　　　　　　　　　　　　　　　　　 20 000 000

②2×24年12月31日：

借：投资性房地产——公允价值变动　　　　　　　　　　　 10 000 000
　　贷：公允价值变动损益　　　　　　　　　　　　　　　　 10 000 000

（2）自用房地产转换为投资性房地产。企业将自用房地产转换为采用公允价值模式计量的投资性房地产，应当按该项土地使用权或建筑物在转换日的公允价值，借记"投资性房地产——成本"科目，按已计提的累计摊销或累计折旧，借记"累计摊销"或"累计折旧"科目；原已计提减值准备的，借记"无形资产减值准备""固定资产减值准备"科目；按其账面余额，贷记"固定资产"或"无形资产"科目。同时，转换日的公允价值小于账面价值的，按其差额，借记"公允价值变动损益"科目；转换日的公允价值大于账面价值的，按其差额，贷记"其他综合收益"科目。当该项投资性房地产处置时，因转换计入其他综合收益的部分应转入当期损益。

▶【例5-7】2×24年6月，甲企业打算搬迁至新建办公楼，由于原办公楼处于商业繁华地段，甲企业准备将其出租，以赚取租金收入。2×24年10月30日，甲企业完成了搬迁工作，原办公楼停止自用，并与乙企业签订了租赁协议，将其原办公楼租赁给乙企业使用，租赁期开始日为2×24年10月30日，租赁期限为3年。2×24年10月30日，该办公楼原价为5亿元，已提折旧14 250万元，公允价值为35 000万元。假设甲企业对投资性房地产采用公允价值模式计量。

甲企业的账务处理如下：

借：投资性房地产——成本　　　　　　　　　　　　　　　350 000 000
　　公允价值变动损益　　　　　　　　　　　　　　　　　　 7 500 000
　　累计折旧　　　　　　　　　　　　　　　　　　　　　　142 500 000
　　贷：固定资产　　　　　　　　　　　　　　　　　　　　500 000 000

二、投资性房地产的处置

当投资性房地产被处置，或者永久退出使用且预计不能从其处置中取得经济利益时，应当终止确认该项投资性房地产。

企业可以通过对外出售或转让的方式处置投资性房地产取得收益。对于那些由于使用而不断磨损直到最终报废，或者由于遭受自然灾害等非正常原因发生毁损的投资性房地产应当及时进行清理。此外，企业因其他原因，如非货币性交易等而减少投资性房地产也属于投资性房地产的处置。企业出售、转让、报废投资性房地产或者发生投资性房地产毁损，应当将处置收入扣除其账面价值和相关税费后的金额计入当期损益。

（一）采用成本模式计量的投资性房地产的处置

处置采用成本模式计量的投资性房地产时，应当按实际收到的金额，借记"银行存款"等科目，贷记"其他业务收入""应交税费——应交增值税（销项税额）"科目；按该项投资性房地产的账面价值，借记"其他业务成本"科目，按其账面余额，贷记"投资性房地产"科目，按照已计提的折旧或摊销，借记"投资性房地产累计折旧（摊销）"科目，原已计提减值准备的，借记"投资性房地产减值准备"科目。

（二）采用公允价值模式计量的投资性房地产的处置

处置采用公允价值模式计量的投资性房地产时，应当按实际收到的金额，借记"银行存款"等科目，贷记"其他业务收入""应交税费——应交增值税（销项税额）"科目；按该项投资性房地产的账面余额，借记"其他业务成本"科目，按其成本，贷记"投资性房地产——成本"科目，按其累计公允价值变动，贷记或借记"投资性房地产——公允价值变动"科目。同时结转投资性房地产累计公允价值变动。若存在原转换日计入其他综合收益的金额，也一并结转。

▶【例5-8】甲企业为一家房地产开发企业，2×24年3月10日，甲企业与乙企业签订了租赁协议，将其开发的一栋写字楼出租给乙企业使用，租赁期开始日为2×24年4月15日。2×24年4月15日，该写字楼的账面余额为45 000万元，公允价值为47 000万元。2×24年12月31日，该项投资性房地产的公允价值为48 000万元。2×25年6月租赁期届满，企业收回该项投资性房地产，并以55 000万元出售，出售款项已收讫。甲企业采用公允价值模式计量，不考虑相关税费。

甲企业的账务处理如下：

（1）2×24年4月15日，存货转换为投资性房地产：

借：投资性房地产——成本	470 000 000
贷：开发产品	450 000 000
其他综合收益	20 000 000

（2）2×24年12月31日，公允价值变动：

借：投资性房地产——公允价值变动	10 000 000
贷：公允价值变动损益	10 000 000

（3）2×25年6月，出售投资性房地产：

借：银行存款	550 000 000
公允价值变动损益	10 000 000
其他综合收益	20 000 000
其他业务成本	450 000 000
贷：投资性房地产——成本	470 000 000
——公允价值变动	10 000 000
其他业务收入	550 000 000

第六章 长期股权投资与合营安排

第一节 基本概念

一、股权投资

股权投资，又称权益性投资，通常是指通过付出现金或非现金资产等取得被投资单位的股份或股权，享有一定比例的权益份额代表的资产。投资企业取得被投资单位的股权，相应地享有被投资单位净资产有关份额，通过被投资单位分得现金股利或利润以及待被投资单位增值后出售等获利。

股权投资基于投资合同、协议等约定，会形成投资方的金融资产。在大的范畴属于金融工具的情况下，根据投资方在投资后对被投资单位能够施加影响的程度，企业会计准则将股权投资区分为应当按照《企业会计准则第22号——金融工具确认和计量》进行核算和应当按照《企业会计准则第2号——长期股权投资》进行核算两种情况。其中，属于《企业会计准则第2号——长期股权投资》规范的股权投资，是根据投资方在获取投资以后，能够对被投资单位施加影响的程度来划分的，而不是根据持有投资的期限长短。会计意义上的长期股权投资包括投资方持有的对联营企业、合营企业以及子公司的投资。

二、联营企业投资

联营企业投资，是指投资方能够对被投资单位施加重大影响的股权投资。重大影响，是指投资方对被投资单位的财务和生产经营决策有参与决策的权力，但并不能控制或与其他方一起共同控制这些政策的制定。

这里所谓"重大影响"，其实对于投资方只要能够参与被投资单位的生产经营决策即可。实务中，通常体现为在被投资单位的董事会或类似权力机构中派有代表，通过在被投资单位财务和经营决策制定过程中的发言权实施重大影响。从股权比例来看，投资方直接或是通过子公司间接持有被投资单位20%以上但低于50%的表决权股份时，一般认为对被投资单位具有重大影响，除非有明确的证据表明该种情况下不能参与被投资单位的生产经营决策，不形成重大影响。相反，如果投资方直接或通过子公司间接持有被投资单位20%以下的表决权，一般认为对被投资单位不具有重大影响，除非能够明确证明存在这种影响。

在以持有股权来判断投资方对被投资单位的影响程度时，应综合考虑投资方自身持有的股权、通过子公司间接持有的股权以及投资方或其他方持有的可转换为对被投资单位股权的其他潜在因素影响，该类潜在因素通常包括被投资单位发行的当期可转换的认股权证、股份期权及可转换公司债券等的影响。上述因素中，以投资方自身直接或通过子公司间接持有的股权来分析和判断，且在判断中注重的是投资方现时施加重大影响的能力。理论上来讲，重大影响的判断应当基于现时实际持有股权及被投资单位发行的其他当期可转换为普通股的认股权证、股份期权等的影响，但实际执行中，投资方往往难以获得充分有效的信息用以评估有关潜在表决权因素对其自身及被投资单位其他投资者可能施加表决权的影响。

企业通常可以通过以下一种或几种情形来判断是否对被投资单位具有重大影响：

（1）在被投资单位的董事会或类似权力机构中派有代表。这种情况下，由于在被投资单位的董事会或类似权力机构中派有代表，并享有实质性的参与决策权，投资方可以通过该代表参与被投资单位经营决策的制定，从而可能对被投资单位施加重大影响。

（2）参与被投资单位财务和经营政策制定过程，包括股利分配政策等的制定。这种情况下，因可以参与被投资单位的政策制定过程，在政策制定过程中可以为其自身利益提出建议和意见，从而可能对被投资单位施加重大影响。

（3）与被投资单位之间发生重要交易。有关的交易因对被投资单位的日常经营具有重要性，在一定程度上可能影响被投资单位的生产经营决策。

（4）向被投资单位派出管理人员。这种情况下，投资方通过向被投资单位派出管理人员，管理人员有权力并负责被投资单位的财务和经营活动，从而可能对被投资单位施加重大影响。

（5）向被投资单位提供关键技术资料。因被投资单位的生产经营需要依赖投资方的技术或技术资料，表明投资方可能对被投资单位具有重大影响。

存在上述一种或多种情形并不意味着投资方一定对被投资单位具有重大影响，企业需要综合考虑所有事实和情况后作出恰当的判断。例如，企业不应仅仅以撤回或委派董事、委派监事、增加或减少持有被投资单位的股份等个别事实为依据作出判断。

重大影响的判断关键是分析投资方是否有实质性的参与权而不是决定权。另外，值得注意的是，重大影响为对被投资单位的财务和经营政策有"参与决策的权力"而非"正在行使的权力"（例如，投资方已派驻董事并积极参与被投资方的经营管理），其判断的核心应当是投资方是否具备参与并施加重大影响的权力，而投资方是否正在实际行使该权力并不是判断的关键所在。一般而言，在被投资单位的股权结构以及投资方的持股比例等未发生实质变化的情况下，投资方不应在不同的会计期间，就是否对被投资单位具有重大影响，作出不同的会计判断。

▶【例6-1】2×12年2月，甲公司取得乙公司15%的股权。按照投资协议约定，甲公司在成为乙公司股东后，向乙公司董事会派出1名成员。乙公司章程规定：（1）公司的财务和生产经营决策由董事会制定,董事会由7名成员组成,有关决策在提交董事会讨论后,以简单多数表决通过;(2)公司的合并、分立,股东增减资等事项需要经股东会表决通过方可实施。

甲公司自2×12年取得乙公司股权后,其认为对乙公司持股比例仅为15%,且乙公司7名董事会成员中,其仅能派出1名,在乙公司董事会中有发言权和1票表决权,能够施加的影响有限,因此将该投资作为以公允价值计量且其变动计入其他综合收益的金融资产核算。

从乙公司董事会实际运行情况来看,甲公司派出的董事会成员除有为数不多的几次提出供董事会讨论和决策的议案外,其他情况下较少提出供董事会决策的意见和建议,仅在其他方提出有关议案进行表决时代表甲公司提供表决意见。

分析:甲公司在取得对乙公司股权后,根据投资协议约定,能够向乙公司董事会派出1名成员,参与乙公司的财务和生产经营决策,其所派出成员虽然只有发言权和1票表决权,但按照准则规定应当认为甲公司对乙公司具有重大影响,该投资应作为长期股权投资核算。

三、合营企业投资

对合营企业投资,是指投资方与其他合营方一同对被投资单位实施共同控制且对被投资单位净资产享有权利的权益性投资。合营企业是共同控制一项安排的参与方仅对该安排的净资产享有权利的合营安排。投资方判断持有的对合营企业的投资,应当首先看是否构成合营安排,其次再看有关合营安排是否构成合营企业。认定一项安排是合营安排后,应当根据合营方获得回报的方式,来判断该合营安排应当被划分为共同经营还是合营企业。即,如果合营方通过对合营安排的资产享有权利,并对合营安排的义务承担责任来获得回报,则该合营安排应当被划分为共同经营;如果合营方仅对合营安排的净资产享有权利,则该合营安排应当被划分为合营企业。

四、对子公司的投资

对子公司投资,是指投资方持有的能够对被投资单位施加控制的股权投资。控制的界定及判断参见本书第二十七章合并财务报表的有关介绍。对子公司投资的取得一般是通过企业合并方式。

第二节 长期股权投资的初始计量

一、长期股权投资的确认

长期股权投资的确认,是指投资方能够在自身账簿和报表中确认对被投资单位股权投资的时点。企业会计准则体系中对于联营企业、合营企业投资的确认没有非常明确的规定，原则上其确认应当遵从《企业会计准则——基本准则》中关于资产的界定，即有关股权投资在属于投资方的资产时确认。企业会计准则体系中仅就对子公司投资的确认时点进行了明确规定，即购买方（或合并方）应于购买日（或合并日）确认对子公司的长期股权投资。原则上，对联营企业、合营企业等投资的初始确认时点比照对子公司长期股权投资的确认条件进行判断。

对子公司投资通常在企业合并的合并日（或购买日）确认。其中，合并日（或购买日）是指合并方（或购买方）实际取得对被合并方（或被购买方）控制权的日期，即投资方拥有对被投资方的权力，通过参与被投资方的相关活动而享有可变回报，且有能力运用对被投资方的权力影响其回报金额时。对于合并日（或购买日）的判断，同时满足以下有关条件的，通常可认为实现了控制权的转移：（1）企业合并合同或协议已获股东会等内部权力机构通过；（2）企业合并事项需要经过国家有关主管部门审批的，已获得批准；（3）参与合并各方已办理了必要的财产权转移手续；（4）合并方或购买方已支付了合并价款的大部分（一般应超过50%），并且有能力、有计划支付剩余款项；（5）合并方或购买方实际上已经控制了被合并方或被购买方的财务和经营政策，并享有相应的利益、承担相应的风险。实务操作中，应结合具体交易情况进行综合判断，关键在于确定控制权的转移时点。

▶【例6-2】甲上市公司（以下简称甲公司）2×14年7月20日对外公告，拟以定向发行本公司普通股的方式自独立的非关联方乙公司、丙公司收购其持有的A公司80%股权。双方签订的并购合同中约定对标的资产A公司的评估基准日为2×14年6月30日，以评估确定的该时点标的资产价值为基础，甲公司拟以6元/股（公告日前60天甲公司普通股的平均市场价格）的价格购买A公司原股东所持其全部股份。合同中同时约定，在评估基准日至甲公司取得A公司股权之日期间内A公司实现的净损益归甲公司所有。该并购重组事项的具体执行情况如下：

（1）2×14年7月16日，经甲公司、乙公司、丙公司各自决策机构批准。
（2）2×14年7月20日，对外公告。
（3）2×14年10月22日，向有关监管机构提交并购重组申请材料。
（4）2×14年12月20日，该重组事项获监管部门批准。
（5）2×14年12月31日，甲公司取得监管部门批文。当日，甲公司对A公司董事会进行改组，在A公司7名董事会成员中，派出5名。同时，买卖双方于当日办理了A公司有关财产的交接手续。

A公司章程规定：公司的生产经营活动由董事会决策，重大生产经营决策需经参加董事会成员半数以上通过后实施；涉及公司合并、分立、解散、清算等事项需经董事会全体成员一致通过。

（6）2×15年1月6日，注册会计师完成对A公司注册资本验资程序。A公司于当日向工商部门申请变更股东并获批准。
（7）2×15年1月28日，甲公司在有关股权登记部门完成股东登记手续。

问题：在甲公司购买A公司80%股权交易中，在哪一时点可以确认对A公司的长期股权投资？

分析：确定甲公司对A公司长期股权投资的确认时点，实际上需要根据交易过程中的相关情况，判断该项非同一控制下企业合并的购买日。

该项交易中，甲公司并购重组交易取得内、外部机构批准的时点为2×14年12月20日至12月31日，甲公司已经通过派出A公司董事会成员，对其生产经营决策进行控制。虽然2×14年12月31日，该项交易并未完全完成，但后续在2×15年1月完成的工商登记及甲公司股东登记程序原则上在前期条件均已具备的情况下，有关程序应为程序性的，对交易本身不构成实质性障碍，亦不会因2×15年有关程序未完成而发生交易逆转的情况，因此可以认为2×14年12月31日为该项交易的购买日。

本交易中，在确定购买日时，应关注以下两个问题：

一是在对标的资产的评估基准日至股权转移日之间标的资产的净损益归属问题是否影响购买日的确定。购买日的确定基础是对于标的股权控制权于何时转移，本交易中虽然购买方与出售方签订的协议中约定评估基准日至股权转移日之间被购买企业实现的净损益归属于购买方所有，但在评估基准日，该项交易尚未实质性进行，有关审批程序、资产转移、对被购买企业生产经营决策权的主导等均未实际发生，因此，未形成控制权的转移，不能将评估基准日确定为企业合并的购买日。双方对过渡期间损益归属的协议约定原则上是对购买方企业合并成本的调整，即被购买企业在此期间实现盈利且归属于购买方的，该盈利应被视为对购买方支付的企业合并成本的抵减；被购买企业在此期间发生亏损的，如该亏损应由购买方负担，则应认为是购买方实际付出企业合并成本的增加。

二是对A公司控制权的理解问题，即何种情况下甲公司能够控制A公司。本交易中A公司的章程规定：公司的生产经营活动由董事会决策，重大生产经营决策需经参加董事会成员半数以上通过后实施；涉及公司合并、分立、解散、清算等事项需经董事会全体成员一致通过。在甲公司向A公司派出5名董事会成员且享有A公司生产经营产生的损益后，是否即形成对A公司的控制，章程中规定需要由董事会全体成员一致通过的事项是否说明即使甲公司向A公司派出5名董事，也不能实际控制A公司呢？判断控制需要看对被投资方的回报产生重大影响的活动，如商品或劳务的销售及购买、资产的购买与处置、研究开发活动、投资与融资等日常经营活动的权力。企业在持续经营过程中，涉及合并、分立、解散、清算等相对较为特殊的事项，这些事项发生时，有关决策需董事会一致通过，并不影响投资方对被投资方日常经营相关活动的控制能力。

对于认缴制下尚未出资的股权投资，投资方在未实际出资前是否应确认与所认缴出资相关的股权投资和负债，应结合法律法规规定与具体合同协议确定。若符合负债定义，在出资时间确定，且公司章程等规定股东按照认缴比例行使表决权、参与利润分配和清算资产分配的情况下，则应在认缴时点全额确认负债及相应的资产；若公司章程等规定股东按照实缴比例行使表决权、参与利润分配和清算资产分配，则未实缴出资的股东不确认负债或者在出现不可避免支付义务时确认负债。

二、对联营企业、合营企业投资的初始计量

对联营企业、合营企业投资,取得时初始投资成本的确定应遵循以下规定:

(1) 以支付现金取得的长期股权投资,应当按照实际支付的购买价款作为长期股权投资的初始投资成本,包括与取得长期股权投资直接相关的费用、税金及其他必要支出,但所支付价款中包含的被投资单位已宣告但尚未发放的现金股利或利润应作为应收项目核算,不构成取得长期股权投资的成本。

(2) 以发行权益性证券方式取得的长期股权投资,其成本为所发行权益性证券的公允价值,但不包括被投资单位已宣告但尚未发放的现金股利或利润。

为发行权益性证券支付给有关证券承销机构等的手续费、佣金等与权益性证券发行直接相关的费用,不构成取得长期股权投资的成本。按照《企业会计准则第37号——金融工具列报》的规定,该部分费用应自权益性证券的溢价发行收入中扣除,权益性证券的溢价收入不足冲减的,应冲减盈余公积和未分配利润。

▶【例6-3】2×24年3月5日,A公司通过增发9 000万股本公司普通股(每股面值1元)取得B公司20%的股权,该9 000万股股份的公允价值为15 600万元。为增发该部分股份,A公司向证券承销机构等支付了600万元的佣金和手续费。假定A公司取得该部分股权后,能够对B公司的财务和生产经营决策施加重大影响。

A公司应当以所发行股份的公允价值作为取得长期股权投资的成本,账务处理为:

借:长期股权投资——投资成本　　　　　　　　　156 000 000
　　贷:股本　　　　　　　　　　　　　　　　　　 90 000 000
　　　　资本公积——股本溢价　　　　　　　　　　 66 000 000

发行权益性证券过程中支付的佣金和手续费,应冲减权益性证券的溢价发行收入,账务处理为:

借:资本公积——股本溢价　　　　　　　　　　　　6 000 000
　　贷:银行存款　　　　　　　　　　　　　　　　　6 000 000

(3) 以债务重组、非货币性资产交换等方式取得的长期股权投资,其初始投资成本应按照《企业会计准则第12号——债务重组》和《企业会计准则第7号——非货币性资产交换》的规定确定。

三、对子公司投资的初始计量

对于形成控股合并的长期股权投资,应分别形成同一控制下控股合并与非同一控制下控股合并两种情况确定长期股权投资的初始投资成本。

(一)同一控制下控股合并形成的对子公司长期股权投资

同一控制下企业合并中,考虑到构成同一控制下企业合并的有关条件,即交易发生前后合并方、被合并方均在相同的最终控制方控制之下。从能够对参与合并各方在合并前及合并后均实施最终控制的一方来看,最终控制方在企业合并前及合并后能够控制的资产并没有发生变化,只是由于合并方的加入,其所控制子公司相互的层级、直接或间接关系的变化。控制的理念在会计核算中非常重要,从能够实施控制一方的角度,不管

其在某些交易事项发生前后，对被投资方实施的是直接控制还是通过中间层次间接控制，只要能够实施控制，其所能够支配和运用的经济资源即是不变的，一般不能改记相关资产、负债的价值，这一理念原则上应体现在合并报表层面，即最终控制方的合并报表、合并方编制的以最终控制方作为最主要使用者的合并财务报表中均应体现从最终控制方角度自其实施控制开始，延续下来的至合并发生时有关资产、负债的应有价值。

同一控制下企业合并形成的合并方对被合并方的长期股权投资，是合并方在该项交易后在其个别财务报表中应当确认的资产，其成本代表的是在被合并方所有者权益中享有的份额。理论上来讲，该项资产是合并方通过支付相关的对价取得的，其初始入账价值应当按照合并方为获取该项资产所支付对价的公允价值计量，这是从单独的法律主体角度对合并方在交易中进行的真实价值交换的反映。但是，我国企业会计准则体系中未采用这一观点，而是从最终控制方的角度，将合并方取得被合并方股权的交易作为企业集团内资产和权益的重新整合处理，不管交易本身是否是按照公平的市场价格作价，也不管交易本身是否是在最终控制方的主导下进行，只要符合同一控制下企业合并的界定，合并方通过交易取得对被合并方的长期股权投资即应按照通过该项交易取得的被合并方账面净资产的份额确认。应予关注的是，该账面净资产并非是指被合并方个别财务报表中体现的有关资产、负债的价值，而是从最终控制方的角度，被合并方自其被最终控制方开始控制时开始，其所持有的资产、负债确定对于最终控制方的价值持续计算至合并日的账面价值。具体如下：

（1）合并方以支付现金、转让非现金资产或承担债务方式作为合并对价的，应当在合并日按照取得被合并方所有者权益在最终控制方合并财务报表中的账面价值的份额作为长期股权投资的初始投资成本，即从最终控制方的角度，被合并方自其被最终控制方控制时开始，其所持有的资产、负债（包括最终控制方收购被合并方所形成的商誉）对于最终控制方的价值持续计算至合并日的账面价值。长期股权投资的初始投资成本与支付的现金、转让的非现金资产及所承担债务账面价值之间的差额，应当调整资本公积（资本溢价或股本溢价）；资本公积（资本溢价或股本溢价）的余额不足冲减的，依次冲减盈余公积和未分配利润。

具体进行会计处理时，合并方在合并日按取得被合并方所有者权益在最终控制方合并财务报表中账面价值的份额，借记"长期股权投资"科目，按应享有被投资单位已宣告但尚未发放的现金股利或利润，借记"应收股利"科目，按支付的合并对价的账面价值，贷记有关资产或负债科目，如为贷方差额，贷记"资本公积——资本溢价或股本溢价"科目；如为借方差额，应借记"资本公积——资本溢价或股本溢价"科目，资本公积（资本溢价或股本溢价）不足冲减的，应依次借记"盈余公积""利润分配——未分配利润"科目。

（2）合并方以发行权益性证券作为合并对价的，应按合并日取得被合并方所有者权益在最终控制方合并财务报表中的账面价值的份额确认长期股权投资，按发行权益性证券的面值总额作为股本，长期股权投资初始投资成本与所发行权益性证券面值总额之间的差额，应当调整资本公积（资本溢价或股本溢价），资本公积（资本溢价或股本溢价）不足冲减的，依次冲减盈余公积和未分配利润。

具体进行会计处理时，在合并日应按取得被合并方所有者权益在最终控制方合并财务报表中的账面价值的份额，借记"长期股权投资"科目，按应享有被投资单位已宣告但尚未发放的现金股利或利润，借记"应收股利"科目，按发行权益性证券的面值，贷记"股本"科目，如为贷方差额，贷记"资本公积——资本溢价或股本溢价"科目；如为借方差额，应借记"资本公积——资本溢价或股本溢价"科目，资本公积（资本溢价或股本溢价）不足冲减的，借记"盈余公积""利润分配——未分配利润"科目。

应注意的是，在计算确定同一控制下企业合并形成对子公司长期股权投资成本时，应当合理确定被合并方所有者权益在最终控制方合并财务报表中的账面价值。例如，甲公司为某一集团母公司，分别控制乙公司和丙公司。2×14年1月1日，甲公司从本集团外部以现金对价4 000万元购入丁公司80%股权（属于非同一控制下企业合并）并能够控制丁公司。购买日，丁公司可辨认净资产的公允价值为5 000万元，账面价值为3 500万元。2×16年1月1日，乙公司购入甲公司所持丁公司的80%股权，形成同一控制下的企业合并。2×14年1月至2×15年12月31日，丁公司按照购买日净资产的公允价值计算实现的净利润为1 200万元；按照购买日净资产的账面价值计算实现的净利润为1 500万元，无其他所有者权益变动。2×16年1月1日，同一控制下企业合并的合并日，丁公司的所有者权益相对于甲公司而言的账面价值为：自2×14年1月1日丁公司净资产公允价值5 000万元持续计算至2×15年12月31日的账面价值6 200万元（5 000+1 200）。乙公司购入丁公司的初始投资成本为4 960万元［(5 000+1 200)×80%］。如果被合并方本身编制合并财务报表的，合并方确认的被合并方的账面所有者权益也应当以其在最终控制方合并财务报表中的账面价值为基础确定。

（3）通过多次交换交易，分步取得股权最终形成同一控制下控股合并的，在个别财务报表中，应当以持股比例计算的合并日应享有被合并方所有者权益在最终控制方合并财务报表中的账面价值份额，作为该项投资的初始投资成本。初始投资成本与其原长期股权投资账面价值加上合并日为取得新的股份所支付对价的现金、转让的非现金资产及所承担债务账面价值之和的差额，调整资本公积（资本溢价或股本溢价），资本公积不足冲减的，依次冲减盈余公积和未分配利润。

（4）在企业合并中，合并方发生的审计、法律服务、评估咨询等中介费用以及其他相关管理费用，应当于发生时计入当期损益（管理费用）。与发行权益性工具作为合并对价直接相关的交易费用，应当冲减资本公积（资本溢价或股本溢价），资本公积（资本溢价或股本溢价）不足冲减的，依次冲减盈余公积和未分配利润。与发行债务性工具作为合并对价直接相关的交易费用，应当计入债务性工具的初始确认金额。

▶【例6-4】甲公司于2×15年4月1日自其母公司（P公司）取得B公司100%股权并能够对B公司实施控制。该项交易中，以2×14年12月31日为评估基准日，B公司全部股权经评估确定的价值为15亿元，其个别财务报表中净资产账面价值为6.4亿元，以P公司最初从独立第三方取得B公司时点确定的B公司有关资产、负债价值为基础，考虑B公司后续有关交易事项的影响，2×15年4月1日，B公司净资产价值为9.2亿元。甲公司用以支付购买B公司股权的对价为其账面持有的一项土地使用权，成本为7亿元，已摊销1.5亿元，评估价值为10亿元，同时该项交易中甲公司另支付现金5亿元。当日，甲公司账面所有者权益各项目的余额构成为：股本6亿元，资本公积（资本溢价）3.6亿元，盈余公积

2.4亿元，未分配利润8亿元。

问题：甲公司应如何确认对B公司长期股权投资的成本及其会计处理？

本例中，甲公司对B公司的合并属于同一控制下企业合并。按照会计准则规定，该类合并中投资方应当按照合并取得应享有被合并方账面净资产的份额确认对被合并方的长期股权投资。该长期股权投资与所支付对价账面价值之间的差额应当调整资本公积，资本公积余额不足的，应当依次调整盈余公积和未分配利润。

对B公司长期股权投资为9.2亿元，甲公司应进行的会计处理为：

借：长期股权投资	920 000 000
累计摊销	150 000 000
资本公积	130 000 000
贷：无形资产	700 000 000
银行存款	500 000 000

本例中应当注意以下问题：

一是甲公司取得对B公司长期股权投资，应以所取得B公司账面净资产的份额确认。该账面净资产并非是B公司个别财务报表中体现的6.4亿元，而应以B公司有关资产、负债在最终控制方P公司的账面价值9.2亿元为基础确定。

二是在确认长期股权投资时，对于合并方为取得该项投资支付的对价原则上应以账面价值结转，无论其公允价值与账面价值是否相同，均不确认损益。取得长期股权投资的入账价值与所支付对价账面价值之间的差额应当全部调整所有者权益，本例中因甲公司资本公积的余额足够，相关差额均调整了资本公积。根据同一控制下企业合并作为企业集团内资产和权益整合的处理理念，该类交易确认时不应当产生损益。

三是如果本例中在确认甲公司对B公司长期股权投资时，因该长期股权投资按照会计准则规定确定的初始投资成本与支付对价账面价值之间的差额冲减资本公积（资本溢价）时，资本公积（资本溢价）余额不足的，应当依次冲减甲公司的盈余公积和未分配利润。

（二）非同一控制下控股合并形成的对子公司长期股权投资

非同一控制下企业合并本质上为市场化购买，其处理原则与一般的单项资产购买有相同之处，同时亦有区别。相同之处在于因为交易本身是按照市场化原则进行的，购买方在支付有关对价后，对于该项交易中自被购买方取得的各项资产、负债应当按照其在购买日的公允价值计量；与单项资产购买的不同之处在于，企业合并是构成业务的多项资产及负债的整体购买，由于在交易价格形成过程中购买方与出售方之间议价等因素的影响，交易的最终价格与通过交易取得被购买方持有的有关单项资产、负债的公允价值之和一般会存在差异。该差异主要是源于两种情况：一是购买方支付的成本大于通过该项交易自被购买方取得的各单项可辨认资产、负债的公允价值之和，差额部分是交易各方在作价时出于对被购买业务整合获利能力等因素的考虑，即被购买业务中有关资产、负债整合在一起预期会产生高于其中单项资产、负债的价值，即为商誉的价值；二是购买方支付的成本小于该项交易中自被购买方取得的各单项资产、负债的公允价值之和，差额部分是购买方在交易作价过程中通过自身的议价能力得到的折让。应予说明的是，按照我国企业会计准则规定，对子公司长期股权投资在取得以后，在母公司账簿及个别财务报表中均体现为单项资产——长期股权投资，且采用成本法计量，上述商誉因素包含在相关对子公司长期股权投资的初始投资成本中，仅在编制合并财务报表时才会体现；负商誉的因素不影响母公司账面及个别财务报表中持有的对子公司初始投资成本的确定，在编制合并财务报表时，体现为企业合并发生当期合并利润表的损益。具体如下：

（1）非同一控制下的控股合并中，购买方应当按照确定的企业合并成本作为长期股权投资的初始投资成本。企业合并成本包括购买方付出的资产、发生或承担的负债、发行的权益性证券的公允价值之和。

具体进行会计处理时，对于非同一控制下控股合并形成的长期股权投资，应在购买日按企业合并成本（不含应自被投资单位收取的现金股利或利润），借记"长期股权投资"科目，按享有被投资单位已宣告但尚未发放的现金股利或利润，借记"应收股利"科目，按支付合并对价的账面价值，贷记有关资产或负债科目，按其差额，贷记或借记"资产处置损益"或"投资收益"等科目。购买方以发行权益性证券作为合并对价的，应在购买日按照发行的权益性证券的公允价值，借记"长期股权投资"科目，按照发行的权益性证券的面值总额，贷记"股本"科目，按其差额，贷记"资本公积——资本溢价或股本溢价"科目。企业发生的直接相关费用，应借记"管理费用"科目，贷记"银行存款"等科目，与发行权益性工具作为合并对价直接相关的交易费用，应当冲减资本公积（资本溢价或股本溢价），资本公积（资本溢价或股本溢价）不足冲减的，依次冲减盈余公积和未分配利润。

非同一控制下控股合并涉及以库存商品等作为合并对价的，应按库存商品的公允价值，贷记"主营业务收入"或"其他业务收入"科目，并同时结转相关的成本。以公允价值计量且其变动计入其他综合收益的债权性金融资产作为合并对价的，原持有期间公允价值变动形成的其他综合收益应一并转入投资收益，借记或贷记"其他综合收益"科目，贷记或借记"投资收益"科目。

▶【例6-5】A公司于2×16年3月31日取得B公司70%的股权。为核实B公司的资产价值，A公司聘请专业资产评估机构对B公司的资产进行评估，支付评估费用300万元。合并中，A公司支付的有关资产在购买日的账面价值与公允价值如表6-1所示。

表6-1　　　　　　　　　　资产账面价值与公允价值

2×16年3月31日

单位：万元

项　目	账面价值	公允价值
土地使用权（自用）	6 000	9 600
专利技术	2 400	3 000
银行存款	2 400	2 400
合　计	10 800	15 000

假定合并前A公司与B公司不存在任何关联方关系，且B公司所持有资产、负债构

成业务，A公司用作合并对价的土地使用权和专利技术原价为9 600万元，至控股合并发生时已累计摊销1 200万元。

分析：本例中因A公司与B公司在合并前不存在任何关联方关系，应作为非同一控制下的控股合并处理。

A公司对于控股合并形成的对B公司的长期股权投资，应按确定的企业合并成本作为其初始投资成本。A公司应进行如下账务处理：

借：长期股权投资	150 000 000
累计摊销	12 000 000
贷：无形资产	96 000 000
银行存款	24 000 000
资产处置损益	42 000 000
借：管理费用	3 000 000
贷：银行存款	3 000 000

（2）通过多次交换交易，分步取得股权最终形成非同一控制下控股合并的，购买方在个别财务报表中，应当以购买日之前所持被购买方的股权投资的账面价值与购买日新增投资成本之和，作为该项投资的初始投资成本。其中，形成控股合并前对长期股权投资采用权益法核算的，购买日长期股权投资的初始投资成本，为原权益法下的账面价值加上购买日为取得新的股份所支付对价的公允价值之和，购买日之前因权益法形成的其他综合收益或其他资本公积暂时不作处理，待到处置该项投资时将与其相关的其他综合收益或其他资本公积采用与被购买方直接处置相关资产或负债相同的基础进行会计处理；形成控股合并前对股权投资采用《企业会计准则第22号——金融工具确认和计量》以公允价值计量的，原持有股权的公允价值与账面价值之间的差额以及原计入其他综合收益的累计公允价值变动应当在改按成本法核算时采用与处置原持有的股权投资相同的基础进行会计处理。原持有的股权投资指定为以公允价值计量且其变动计入其他综合收益的非交易性权益工具投资的，其公允价值与账面价值之间的差额以及原计入其他综合收益的累计公允价值变动应当直接转入留存收益。

▶【例6-6】A公司于2×23年3月以2 000万元取得B上市公司5%的股权，对B公司不具有重大影响，A公司将其指定为以公允价值计量且其变动计入其他综合收益的金融资产。2×24年4月1日，A公司又斥资25 000万元自C公司取得B公司另外50%股权。假定A公司在取得对B公司的长期股权投资后，B公司未宣告发放现金股利。A公司原持有B公司5%的股权于2×24年3月31日的公允价值为2 500万元（与2×24年4月1日的公允价值相等），累计计入其他综合收益的金额为500万元。A公司与C公司不存在任何关联方关系。

本例中，A公司是通过分步购买最终达到对B公司控制，因A公司与C公司不存在任何关联方关系，故形成非同一控制下控股合并。在购买日，A公司应进行如下账务处理：

借：长期股权投资——投资成本	275 000 000
贷：其他权益工具投资——成本	20 000 000

——公允价值变动	5 000 000
银行存款	250 000 000
借：其他综合收益	5 000 000
贷：利润分配——未分配利润	5 000 000

此处转出之前计入其他综合收益的公允价值变动均计入未分配利润。实务中，影响盈余公积计提的，企业还应对盈余公积作相应调整。在以下本章例题中如影响盈余公积计提的，也应按此原则处理。

假定A公司于2×23年3月以12 000万元取得B公司20%的股权，并能对B公司施加重大影响，采用权益法核算该项股权投资，当年度确认对B公司的投资收益450万元。2×24年1月，A公司又斥资15 000万元自C公司取得B公司另外30%的股权，自取得该股权起控制B公司。B公司除净利润外，无其他所有者权益变动。A公司对该项长期股权投资未计提任何减值准备。其他资料同上。购买日，A公司应进行如下账务处理：

借：长期股权投资	150 000 000
贷：银行存款	150 000 000

购买日对B公司长期股权投资的账面价值=(12 000+450)+15 000=27 450（万元）

（三）投资成本中包含的已宣告但尚未发放的现金股利或利润的处理

企业无论以何种方式取得长期股权投资，取得投资时，对于投资成本中包含的被投资单位已经宣告但尚未发放的现金股利或利润，应作为应收项目单独核算，不构成取得长期股权投资的初始投资成本。即企业在支付对价取得长期股权投资时，对于实际支付的价款中包含的对方已经宣告但尚未发放的现金股利或利润，应作为企业的一项债权，其与取得的对被投资单位的长期股权投资应作为两项金融资产。

（四）一项交易中同时涉及自最终控制方购买股权形成控制及自其他外部独立第三方购买股权的会计处理

某些股权交易中，合并方除自最终控制方取得集团内企业的股权外，还会涉及自外部独立第三方购买被合并方进一步的股权。该类交易中，一般认为自集团内取得的股权能够形成控制的，相关股权投资成本的确定按照同一控制下企业合并的有关规定处理，而自外部独立第三方取得的股权则视为在取得对被投资单位的控制权，形成同一控制下企业合并后少数股权的购买，该部分少数股权的购买不管与形成同一控制下企业合并的交易是否同时进行，有关股权投资成本即应按照实际支付的购买价款确定。该种情况下，在合并方最终持有对同一被投资单位的股权中，不同部分的计量基础会存在差异。

第三节　长期股权投资的后续计量

投资企业在持有长期股权投资期间，应当根据对被投资单位能够施加的影响程度进行划分，在个别财务报表中分别采用成本法及权益法进行核算。

长期股权投资本质上为一项金融资产，对其核算特别是在投资方个别财务报表中的核算，视看待问题的角度不同，国际上有三种方法可供选择：如果将其作为金融资产，则投资方可选择在个别财务报表中对持有的股权投资采用公允价值计量，公允价值变动计入损益；对于具有重大影响以上的股权投资，作为长期股权投资处理的情况下，则可以选择采用成本法或是权益法。成本法是按照股权投资的取得成本计量，持有过程中除发生减值等情况外，对其账面价值不予调整；权益法下，长期股权投资是随着取得投资后被投资单位净资产的变动而变动，其基本理念是投资方按照持股比例应当享有被投资单位因实现损益或其他原因导致的净资产变动的份额，投资方最终总会取得，因而应计入长期股权投资账面价值。一般认为长期股权投资的权益法是合并报表的另外一种表现形式，即将应享有被投资单位净资产的变动总括反映为长期股权投资账面价值的变动，而合并报表则是将该应享有被投资单位净资产的变动分解到被投资单位的每一项资产、负债账面价值的变动中。

在上述三种方法下，我国企业会计准则对应当作为长期股权投资核算的联营企业、合营企业和子公司投资的处理方法进行了选择并作出明确规定。其中，对子公司投资在投资方作为母公司的个别财务报表中采用成本法核算；对联营企业、合营企业的长期股权投资，在投资方的个别财务报表中应当采用权益法核算。

在个别财务报表中，投资性主体对子公司的会计处理应与合并财务报表原则一致，即只应将对那些为投资性主体的投资活动提供相关服务的子公司的投资作为长期股权投资并按照成本法核算，对其他子公司的投资应按公允价值计量且其变动计入当期损益。关于投资性主体的理解及具体判断，参见本书第二十七章合并账务报表的相关内容。

一、长期股权投资的成本法

成本法，是指投资按成本计价的方法。长期股权投资的成本法适用于企业持有的、能够对被投资单位实施控制的长期股权投资（有关控制的定义及判断标准，参见本书第二十七章）。

采用成本法核算的长期股权投资，核算方法如下：

（1）初始投资或追加投资时，按照初始投资或追加投资时的成本增加长期股权投资的账面价值。

（2）除取得投资时实际支付的价款或对价中包含的已宣告但尚未发放的现金股利或利润外，投资企业应当按照享有被投资单位宣告发放的现金股利或利润确认投资收益，不管有关利润分配是属于对取得投资前还是取得投资后被投资单位实现净利润的分配。

投资企业在确认自被投资单位应分得的现金股利或利润后，应当考虑有关长期股权投资是否发生减值。理论上来讲，如果投资方在取得投资以后，自被投资单位分得的现金股利或利润大于在其获取投资以后被投资单位实现的净利润，则超过部分是投资方取得投资前被投资单位实现利润的分配，该部分利润原则上应当已经包含在长期股权投资的原取得成本中，因而可能涉及相关长期股权投资减值的问题，但这只是判断有关长期股权投资可能存在减值的一个因素。在判断该类长期股权投资是否存在减值迹象时,一般应当关注长期股权投资的账面价值是否大于享有被投资单位净资产(包括相关商誉)账面价值的份额等情况。出现类似情况时,企业应当按照《企业会计准则第8号——资产减值》的规定对长期股权投资进行减值测试,可收回金额低于长期股权投资账面价值的,应当计提减值准备。

(3)子公司将未分配利润或盈余公积转增股本(实收资本),且未向投资方提供等值现金股利或利润的选择权时,投资方并没有获得收取现金或者利润的权力,该项交易通常属于子公司自身权益结构的重分类,会计准则规定投资方不应确认相关的投资收益。

该问题即为实务中讨论的成本法下的股票股利问题,对于会计准则规定的处理方法是否反映了交易的经济实质,存在不同的观点。一种观点认为因为投资方并未取得实际的现金流,该种被投资单位自身在净资产范围内所进行的权益调整,投资方按照持股比例计算享有的份额并未发生变化,被投资单位所有者权益内部资本性项目与留存收益的调整,可以认为是投资方单位投资成本的变化,因而无须进行会计处理。另一种观点则认为被投资单位发放股票股利与现金股利从经济实质上是相同的,或者可以将发放股票股利的事项分解为两个步骤:一是被投资单位向投资方发放现金股利或利润;二是投资方将取得的现金股利或利润进行再投资,该种情况下,则投资方对于取得的现金股利或利润应当确认投资收益,在将有关投资收益进行再投资时应当调整增加长期股权投资的账面价值。目前我国会计准则及实务处理采用了第一种观点。

▶【例6-7】2×24年6月20日,甲公司以1 500万元购入乙公司80%的股权。甲公司取得该部分股权后,能够有权力主导乙公司的相关活动并获得可变回报。2×24年9月30日,乙公司宣告分派现金股利,甲公司按照其持有比例确定可分回20万元。甲公司对乙公司长期股权投资应进行的账务处理如下:

借:长期股权投资	15 000 000
贷:银行存款	15 000 000
借:应收股利	200 000
贷:投资收益	200 000

二、长期股权投资的权益法

(一)权益法的定义及其适用范围

权益法是指投资以初始投资成本计量后,在持有期间内,根据被投资单位所有者权益的变动,投资企业按应享有(或应分担)被投资企业所有者权益的份额调整其投资账面价值的方法。

权益法的核算理念与合并财务报表的编制有类似之处,即将投资方在获取投资以后享有被投资单位净资产的变动反映在投资的账面上,原则上按照持股比例计算确定投资方享有或分担被投资单位净资产的变动,可以通过自被投资单位分回现金股利或利润的方式或者通过对外出售等方式予以实现。与合并财务报表的不同之处在于,合并财务报表的处理方式是母公司在取得投资以后，对子公司净资产的变动是全额合并，有关资产、负债、收入、费用等在抵销未实现内部交易损益的影响后，均全额反映在母公司的合并财务报表中，而权益法是按照投资方的持股比例将应享有被投资单位净资产变动的份额确认在长期股权投资账面价值中。

会计准则规定，投资企业持有的对合营企业投资及联营企业投资，应当采用权益法核算，划分为持有待售资产的部分除外。但是，风险投资机构、共同基金以及类似主体持有的、在初始确认时按照《企业会计准则第22号——金融工具确认和计量》的规定分类为以公允价值计量且其变动计入当期损益的金融资产，无论以上主体是否对这部分投资具有重大影响，应按照《企业会计准则第22号——金融工具确认和计量》的规定进行确认和计量。投资方对联营企业的权益性投资，其中一部分通过风险投资机构、共同基金、信托公司或包括投连险基金在内的类似主体间接持有的，无论以上主体是否对这部分投资具有重大影响，投资方都可以按照《企业会计准则第22号——金融工具确认和计量》的有关规定，对间接持有的该部分投资选择以公允价值计量且其变动计入当期损益，并对其余部分采用权益法核算。上述会计处理方法是与相关主体持有投资的目的及其价值实现方式相适应的。一般情况下，对于具有重大影响的长期股权投资，其是通过参与被投资单位的生产经营决策并相应获取被投资单位实现的利润以实现价值的增值；风险投资机构、共同基金以及类似主体持有的股权性投资，基于这类机构的运营模式、业绩考核和评价方式等，其主要还是看相关投资公允价值的变动以及相应变动所带来的即期获利能力，作为金融工具核算并以公允价值计量、公允价值变动计入损益的会计处理方式体现的信息相较于权益法信息对使用者的投资决策更相关。

值得注意的是，风险投资机构、共同基金以及类似主体可以将其持有的对联营企业或合营企业投资在初始确认时，确认为以公允价值计量且其变动计入当期损益的金融资产，这是《企业会计准则第2号——长期股权投资》对于这种特定机构持有的联营企业或合营企业投资的特殊规定，企业不能将其指定为以公允价值计量且其变动计入其他综合收益的金融资产。

（二）权益法的核算

1. 初始投资成本的调整

投资企业取得对联营企业或合营企业的投资以后，对于取得投资时投资成本与应享有被投资单位可辨认净资产公允价值份额之间的差额，应区别情况分别处理。

初始投资成本大于取得投资时应享有被投资单位可辨认净资产公允价值份额的，该部分差额从本质上是投资企业在取得投资过程中通过购买作价体现出的与所取得股权份额相对应的商誉及被投资单位不符合确认条件的资产价值。长期股权投资在投资方的个别财务报表中作为单项资产核算的情况下，商誉等不单独反映，初始投资成本大于投资时应享有被投资单位可辨认净资产公允价值的份额时，不要求对长期股权投资的成本进行调整。

初始投资成本小于取得投资时应享有被投资单位可辨认净资产公允价值份额的，两者之间的差额体现为双方在交易作价过程中转让方的让步，该部分经济利益流入应作为收益处理，计入取得投资当期的营业外收入，同时调整增加长期股权投资的账面价值。

▶【例6-8】A企业于2×24年1月取得B公司30%的股权，支付价款9 000万元。取得投资时被投资单位净资产账面价值为22 500万元（假定被投资单位各项可辨认资产、负债的公允价值与其账面价值相同）。

在B公司的生产经营决策过程中，所有股东均按持股比例行使表决权。A企业在取得B公司的股权后，派人参与了B公司的生产经营决策。因能够对B公司施加重大影响，A企业对该投资应当采用权益法核算。取得投资时，A企业应进行以下账务处理：

借：长期股权投资——投资成本　　　　　　　　　　90 000 000
　　贷：银行存款　　　　　　　　　　　　　　　　　　　　90 000 000

长期股权投资的初始投资成本9 000万元大于取得投资时应享有被投资单位可辨认净资产公允价值的份额6 750万元（22 500×30%），两者之间的差额不调整长期股权投资的账面价值。

如果本例中取得投资时被投资单位可辨认净资产的公允价值为36 000万元，A企业按持股比例30%计算确定应享有10 800万元，则初始投资成本与应享有被投资单位可辨认净资产公允价值份额之间的差额1 800万元应计入取得投资当期的营业外收入，账务处理如下：

借：长期股权投资——投资成本　　　　　　　　　　90 000 000
　　贷：银行存款　　　　　　　　　　　　　　　　　　　　90 000 000
借：长期股权投资——投资成本　　　　　　　　　　18 000 000
　　贷：营业外收入　　　　　　　　　　　　　　　　　　　18 000 000

2. 投资损益的确认

投资企业取得长期股权投资后，应当按照应享有或应分担被投资单位实现净利润或发生净亏损的份额，调整长期股权投资的账面价值，并确认为当期投资损益。被投资单位编制合并财务报表的，应当以合并财务报表中的净利润变动中归属于被投资单位的金额为基础进行会计处理。

在确认应享有或应分担被投资单位的净利润或净亏损时，在被投资单位账面净利润的基础上，应考虑以下因素的影响并进行适当调整：

一是被投资单位采用的会计政策及会计期间与投资企业不一致的，应按投资企业的会计政策及会计期间对被投资单位的财务报表进行调整。

二是以取得投资时被投资单位固定资产、无形资产的公允价值为基础计提的折旧额或摊销额，以及以投资企业取得投资时的公允价值为基础计算确定的资产减值准备金额等对被投资单位净利润的影响。

被投资单位个别利润表中的净利润是以其持有的资产、负债账面价值为基础持续计算的，而投资企业在取得投资时，是以被投资单位有关资产、负债的公允价值为基础确定投资成本，长期股权投资的投资收益所代表的是于投资日被投资单位资产、负债在公允价值计量的情况下在未来期间通过经营产生的损益中归属于投资企业的部分。取得投资时有关资产、负债的公允价值与其账面价值不同的，未来期间，在计算归属于投资企业应享有的净利润或应承担的净亏损时，应以投资时被投资单位有关资产对投资企业的成本即取得投资时的公允价值为基础计算确定，从而产生了需要对被投资单位账面净利润进行调整的情况。该调整从基本的会计理论来讲，是要落实资本保全原则。在有关股权性交易发生在股东之间，并未影响到被投资单位作为一个独立的会计主体日常核算的情况下，其自身原已持有的资产、负债在持续经营情况下应保持原有账面价值不变，而该账面价值如与新的投资方进入时所确定的相应资产、负债的公允价值不同，则对投资方来讲，其所获得的投资背后包含的被投资单位每一单项资产、负债的成本为投资取得时点的公允价值，如以被投资单位的资产、负债账面价值为基础计算确认投资损益，则可能产生投资方的有关成本未得到完全补偿的情况，进而违背资本保全原则。也正是基于此，会计准则要求投资方在采用权益法计算确认应享有被投资单位的净损益时，应当考虑投资时被投资单位有关资产、负债公允价值与其账面价值的差额对被投资单位实现净利润的影响，计算确定属于投资方的净利润，并考虑持股比例确认有关的投资收益。

在针对上述事项对被投资单位实现的净利润进行调整时，出于实务操作角度考虑，如果对所有投资时点公允价值与账面价值不同的资产、负债项目均进行调整，一方面调整的工作量较大且有些资产、负债项目的跟踪相对较为困难，同时相关所得税等因素的影响也较难计算确定，因此有关调整应立足重要性原则，不具重要性的项目可不予调整。符合下列条件之一的，投资企业可以以被投资单位的账面净利润为基础，计算确认投资损益，同时应在财务报表附注中说明不能按照准则规定进行核算的原因：（1）投资企业无法合理确定取得投资时被投资单位各项可辨认资产等的公允价值；（2）投资时被投资单位可辨认净资产的公允价值与其账面价值相比，两者之间的差额不具重要性的；（3）其他原因导致无法取得被投资单位的有关资料，不能按照准则中规定的原则对被投资单位的净损益进行调整的。

三是在评估投资方对被投资单位是否具有重大影响时，应当考虑潜在表决权的影响，但在确定应享有的被投资单位实现的净损益、其他综合收益和其他所有者权益变动的份额时，潜在表决权所对应的权益份额不应予以考虑。该处理方式是与控制等的判断相一致，即在确定投资方与被投资单位之间的关系时，所有实际持有股权与其他影响对被投资单位投资的因素均应予以考虑，但在具体确定对被投资单位净资产的享有及收益、损失归属份额时，仍然应当以现行实际法律关系为基础。

四是在确认应享有或应分担的被投资单位净利润（或亏损）额时，法规或章程规定不属于投资企业的净损益应当予以剔除后计算。例如，被投资单位发行了分类为权益的可累积优先股等类似的权益工具，无论被投资单位是否宣告分配优先股股利，投资方计算应享有被投资单位的净利润时，均应将归属于其他投资方的累积优先股股利予以扣除。

▶【例6-9】甲公司于2×24年1月10日购入乙公司30%的股份，购买价款为3 300万元，并自取得投资之日起派人参与乙公司的财务和生产经营决策。取得投资当日，乙公司可辨认净资产公允价值为9 000万元，除表6-2所列项目外，乙公司其他资产、负债的公允价值与账面价值相同。

假定乙公司于2×24年实现净利润900万元，其中，在甲公司取得投资时的账面存货有80%对外出售。甲公司与乙公司的会计年度及采用的会计政策相同。固定资产、无形资产均按年限平均法（直线法）提取折旧或摊销，预计净残值均为0。假定甲、乙公司间未发生任何内部交易。

表6-2

项目	账面原价（万元）	已提折旧或摊销（万元）	公允价值（万元）	乙公司预计使用年限（年）	甲公司取得投资后剩余使用年限（年）
存货	750		1 050		
固定资产	1 800	360	2 400	20	16
无形资产	1 050	210	1 200	10	8
合计	3 600	570	4 650		

甲公司在确定因持有乙公司投资应享有的投资收益时，应在乙公司实现净利润的基础上，根据取得投资时乙公司有关资产的账面价值与其公允价值差额的影响进行调整（假定不考虑所得税影响）：

存货账面价值与公允价值的差额应调减的利润 =（1 050 - 750）×80% = 240（万元）

固定资产公允价值与账面价值的差额应调整增加的折旧额 = 2 400÷16 - 1 800÷20 = 60（万元）

无形资产公允价值与账面价值的差额应调整增加的摊销额 = 1 200÷8 - 1 050÷10 = 45（万元）

调整后的净利润 = 900 - 240 - 60 - 45 = 555（万元）

甲公司应享有份额 = 555×30% = 166.50（万元）

确认投资收益的账务处理如下：

借：长期股权投资——损益调整　　　　　　　　　　1 665 000
　　贷：投资收益　　　　　　　　　　　　　　　　　　　1 665 000

五是在确认投资收益时，除考虑公允价值的调整外，对于投资企业与其联营企业及合营企业之间发生的未实现内部交易损益应予抵销（与合并财务报表中将母子公司未实现内部交易损益进行抵销的原则相同，母子公司未实现内部交易损益的抵销参见本书第二十七章）。即投资企业与联营企业及合营企业之间发生的未实现内部交易损益按照持股比例计算归属于投资企业的部分应当予以抵销，在此基础上确认投资损益。投资企业与被投资单位发生的内部交易损失，按照《企业会计准则第8号——资产减值》等规定属于资产减值损失的，应当全额确认。投资企业对于纳入其合并范围的子公司与其联营企业及合营企业之间发生的内部交易损益，也应当按照上述原则进行抵销，在此基础上确认投资损益。

上述抵销投资方与其联营企业、合营企业之间未实现内部交易损益影响的处理与合并财务报表的理念相一致，即在编制合并财务报表时，是将母公司及其能够控制的所有子公司作为一个整体考虑，在母子公司间发生有关资产购销等交易时，从合并报表作为一个完整会计主体的角度，交易中涉及的有关资产并未实现流出该会计主体，相关的价值不应予以实现，因此需要对纳入合并范围的企业间发生的未实现内部交易损益予以抵销。该类抵销的处理可以看作有关资产在纳入合并范围的企业间实物资产的转移，但只要不涉及与外部独立第三方之间的交易即有关资产等并未流出合并报表主体，相关的价值即未实现。长期股权投资的权益法，一定程度上可以理解为相对简化的合并报表处理，即将投资方在取得投资以后按照持股比例计算享有被投资单位净资产的变动不是分解为被投资单位实际每一项资产、负债的变动,而是将其统一体现在长期股权投资这一单项资产中,将投资方与其联营企业、合营企业作为一体来考虑,根据被投资单位净资产的变动份额对长期股权投资的账面价值进行调整。与合并财务报表不同的是,投资方持有联营企业或合营企业的投资,其能够视为一体的主体是投资方与联营或合营企业中自身持有的股权份额部分,该部分交易是内部交易,超越这个范围,即为投资方与联营企业、合营企业其他投资方的交易,相关方面不存在特殊关系的情况下,这类交易即为投资方与外部进行的交易,交易中进行的价值量转换是实现了的。因此,投资方在计算确认应享有联营、合营企业的投资损益时,应予抵销的仅为与自身持股比例相对应的部分。

应当注意的是,投资方与联营、合营企业之间发生投出或出售资产的交易(包括投资方以投出资产形式设立联营企业或合营企业),该资产构成业务的,应当按照《企业会计准则第20号——企业合并》《企业会计准则第33号——合并财务报表》的有关规定进行会计处理。该资产是否构成业务应当依据《企业会计准则解释第13号》"关于企业合并中取得的经营活动或资产的组合是否构成业务的判断"来判断。有关会计处理如下:

(1)联营、合营企业向投资方出售业务的,投资方应按《企业会计准则第20号——企业合并》的规定进行会计处理。投资方在采用权益法计算应享有联营、合营企业的投资收益时,对于联营、合营企业因出售该业务而确认的当期损益,不予抵销。

(2)投资方向联营、合营企业投出业务(包括投资方以投出业务形式设立联营企业或合营企业),投资方因此取得长期股权投资但未取得控制权的,应以投出业务的公允价值作为新增长期股权投资的初始投资成本,初始投资成本与投出业务的账面价值之差,全额计入当期损益。投资方向联营、合营企业出售业务,取得的对价与业务的账面价值之间的差额,全额计入当期损益。

应予说明的是,现行会计准则体系中对于购买或出售资产与购买或出售业务的会计处理理念很大程度上并不一致,这种不一致性一般不是体现为出售方的会计处理,而是体现为购买方会计处理的差异。即作为资产的购买方与作为业务的购买方,其在进行会计处理过程中应当分别遵循不同的原则,购买资产的情况下,应当将购买成本按照相对公允价值的比例分配给所购入资产,但如有关交易是发生在投资方与其联营或合营企业之间时,投资方相关损益的确认仅限于除自身以外与联营或合营其他投资者之间的部分;购买业务的情况下,因构成企业合并,其会计处理遵从企业合并的处理原则,此时无论交易是否发生在投资方与其联营或合营企业之间,有关损益均需全额确认,不再作为权益法下与长期股权投资相关投资损益的调整因素。

投资方与联营、合营企业之间发生投出或出售资产的交易,不构成业务的,应当分别顺流交易和逆流交易进行会计处理。顺流交易是指投资方向其联营企业或合营企业投出或出售资产(包括投资方以投出资产形式设立联营企业或合营企业)。逆流交易是指联营企业或合营企业向投资方出售资产。未实现内部交易损益体现在投资方或其联营企业、合营企业持有的资产账面价值中的,在计算确认投资损益时应予抵销。

(1)对于投资企业向联营企业或合营企业投出或出售资产的顺流交易,在该交易存在未实现内部交易损益的情况下(即有关资产未向外部独立第三方出售或未被消耗),投资企业在采用权益法计算确认应享有联营企业或合营企业的投资损益时,应抵销该未实现内部交易损益的影响,同时调整对联营企业或合营企业长期股权投资的账面价值。当投资企业向联营企业或合营企业投出或出售资产,同时有关资产由联营企业或合营企业持有时,投资方因出售资产应确认的损益仅限于与联营企业或合营企业其他投资者交易的部分。即在顺流交易中,投资方投出资产或出售资产给其联营企业或合营企业产生的损益中,按照持股比例计算确定归属于本企业的部分不予确认。

应予说明的是,对于投资方与其联营企业、合营企业之间的顺流交易,相关抵销处理在投资方的个别财务报表与合并财务报表中亦存在差异。在投资方的个别财务报表中,因出售资产等体现为其个别利润表中的收入、成本等项目,考虑到个别财务报表反映的是独立的法律主体的经济利益变动情况,在有关资产流出投资方且投资方收取价款或取得收取价款等权利,满足收入确认条件时,因该未实现内部交易损益相应进行的调整无法调减上述收入和成本,在个别财务报表中仅能通过长期股权投资的损益确认予以体现。在投资方编制合并财务报表时,因合并财务报表体现的是会计主体的理念,有关未实现的收入和成本可以在合并财务报表中予以抵销,相应地调整原权益法下确认的投资收益。

▶【例6-10】甲企业持有乙公司20%有表决权股份,能够对乙公司的财务和生产经营决策施加重大影响。2×24年,甲企业将其账面价值为600万元的商品以1 000万元的价格出售给乙公司。至2×24年资产负债表日,该批商品尚未对外部第三方出售。假定甲企业取得该项投资时,乙公司各项可辨认资产、负债的公允价值与其账面价值相同,两者在以前期间未发生过内部交易。乙公司2×24年净利润为2 000万元。假定不考虑所得税因素。

甲企业在该项交易中实现利润400万元,其中的80万元(400×20%)是针对本企业持有的对联营企业的权益份额,在采用权益法计算确认投资损益时应予抵销,即甲企业应当进行的账务处理为:

借:长期股权投资——损益调整　　　　　　　　　　　3 200 000
　　贷:投资收益　　　[(20 000 000 − 4 000 000)×20%] 3 200 000

甲企业如需编制合并财务报表,在合并财务报表中对该未实现内部交易损益应在个别报表已确认投资损益的基础上进行以下调整:

借:营业收入　　　　　　　　　　(10 000 000×20%) 2 000 000
　　贷:营业成本　　　　　　　　　(6 000 000×20%) 1 200 000
　　　　投资收益　　　　　　　　　　　　　　　　　　800 000

假设乙公司在2×25年将该批商品全部对外出售,甲企业在编制2×25年度合并财务报表时,应对前期顺流交易未实现损益确认有关收入并结转成本。

▶【例6-11】甲公司、乙公司和丙公司共同出资设立丁公司,注册资本为5 000万元,甲公司持有丁公司注册资本的38%,乙公司和丙公司各持有丁公司注册资本的31%,丁公司为甲、乙、丙公司的合营企业。甲公司以其固定资产(机器)出资,该机器的原价为1 600万元,累计折旧为400万元,公允价值为1 900万元,未计提减值;乙公司和丙公司以现金出资,各投资1 550万元。假定甲公司需要编制合并财务报表,投出资产交易具有商业实质且与投出资产所有权相关的重大风险和报酬发生了转移。不考虑所得税影响。甲公司的账务处理如下：

甲公司在个别财务报表中，对丁公司的长期股权投资成本为1 900万元，投出机器的账面价值与其公允价值之间的差额为700万元（1 900 - 1 200），确认损益（利得）。

借：长期股权投资——丁公司（投资成本）　　　　　19 000 000
　　贷：固定资产清理　　　　　　　　　　　　　　　　19 000 000
借：固定资产清理　　　　　　　　　　　　　　　　　12 000 000
　　累计折旧　　　　　　　　　　　　　　　　　　　　4 000 000
　　贷：固定资产　　　　　　　　　　　　　　　　　　16 000 000
借：固定资产清理　　　　　　　　　　　　　　　　　　7 000 000
　　贷：资产处置损益　　　　　　　　　　　　　　　　　7 000 000

甲公司在个别财务报表中，按权益法计算确认丁公司当期实现净利润应享有的投资收益时，应当扣除归属于甲公司的利得部分266万元（700×38%）。

甲公司在合并财务报表中，对于上述投资所产生的利得，仅能够确认归属于乙、丙公司的利得部分，需要调整归属于甲公司的利得部分266万元。在合并财务报表中作如下调整分录：

借：资产处置收益　　　　　　　　　　　　　　　　　　2 660 000
　　贷：投资收益　　　　　　　　　　　　　　　　　　　2 660 000

（2）对于联营企业或合营企业向投资企业出售资产的逆流交易，在该交易存在未实现内部交易损益的情况下（即有关资产未对外部独立第三方出售），投资企业在采用权益法计算确认应享有联营企业或合营企业的投资损益时，应抵销该未实现内部交易损益的影响。当投资企业自其联营企业或合营企业购买资产时，在将该资产出售给外部独立的第三方之前，不应确认联营企业或合营企业因该交易产生的损益中本企业应享有的部分。

因逆流交易产生的未实现内部交易损益，在未对外部独立第三方出售之前，体现在投资企业持有资产的账面价值当中。投资企业对外编制合并财务报表的，应在合并财务报表中对长期股权投资及包含未实现内部交易损益的资产账面价值进行调整，抵销有关资产账面价值中包含的未实现内部交易损益，并相应调整对联营企业或合营企业的长期股权投资。

上述对逆流交易的处理在投资方的个别财务报表及合并财务报表中的处理方式不同的原因在于，个别报表反映的是法律主体的资产、负债、收入、费用情况，投资方以支付既定的价款自其联营企业、合营企业取得有关资产后，在有关资产未对外部独立第三方出售的情况下，该资产的价值在其个别报表中应体现为按照实际支付的购买价款确定的成本，虽然有关未实现内部交易损益体现在该项资产的账面价值中，但从法律主体价值交换的角度，无法调整有关交易在个别报表中的价值。相比之下，合并财务报表更多体现的是会计主体的概念，对于从会计理念出发，投资方与其在联营企业、合营企业中持有的股权作为一个整体反映的情况下，有关资产账面价值中包含的未实现内部交易损益可以在合并报表中予以抵销，相应恢复长期股权投资的账面价值。

▶【例6-12】甲企业于2×24年1月取得乙公司20%有表决权股份，能够对乙公司施加重大影响。假定甲企业取得该项投资时，乙公司各项可辨认资产、负债的公允价值与其账面价值相同。2×24年8月，乙公司将其成本为600万元的某商品以1 000万元的价格出售给甲企业，甲企业将取得的商品作为存货。至2×24年资产负债表日，甲企业仍未对外出售该存货。乙公司2×24年实现净利润为3 200万元。假定不考虑所得税因素。

甲企业在按照权益法确认应享有乙公司2×24年净损益时，应进行如下账务处理：

乙公司经调整净利润 = 3 200 – (1 000 – 600) = 2 800（万元）

借：长期股权投资——损益调整　　　　　(28 000 000×20%) 5 600 000
　　贷：投资收益　　　　　　　　　　　　　　　　　　　　5 600 000

进行上述处理后，投资企业有子公司，需要编制合并财务报表的，在合并财务报表中，因该未实现内部交易损益体现在投资企业持有存货的账面价值当中，应在合并财务报表中进行如下调整：

借：长期股权投资——损益调整 [(10 000 000 – 6 000 000)×20%]　800 000
　　贷：存货　　　　　　　　　　　　　　　　　　　　　　　　800 000

假定在2×25年，甲企业将该商品以1 000万元的价格向外部独立第三方出售，因该部分内部交易损益已经实现，甲企业在确认应享有乙公司2×25年净损益时，应考虑将原未确认的该部分内部交易损益计入投资损益，即应在考虑其他因素计算确定的投资损益基础上调整增加80万元。

应当说明的是，投资企业与其联营企业及合营企业之间发生的无论是顺流交易还是逆流交易产生的未实现内部交易损失，属于所转让资产发生减值损失的，有关的未实现内部交易损失不应予以抵销。原因是该损失原则上不因是否发生资产的内部转移而发生变化，即使有关资产未发生实际交易，有证据表明其可收回金额低于账面价值的，无论资产持有方是哪个企业，均应按照会计准则规定计提相应的减值损失，即相关损失与转让交易无关。

3. 取得现金股利或利润的处理

按照权益法核算的长期股权投资，投资企业自被投资单位取得的现金股利或利润，应抵减长期股权投资的账面价值。在被投资单位宣告分派现金股利或利润时，借记"应收股利"科目，贷记"长期股权投资——损益调整"科目。

4. 其他综合收益的处理

在权益法核算下，被投资单位确认的其他综合收益及其变动，也会影响被投资单位所有者权益总额，进而影响投资企业应享有被投资单位所有者权益的份额。因此，当被投资单位其他综合收益发生变动时，投资企业应当按照归属于本企业的部分，相应调整长期股权投资的账面价值，同时增加或减少其他综合收益。

▶【例6-13】甲公司持有乙公司25%的股份，并能对乙公司施加重大影响。当期，乙公司将作为存货的房地产转换为以公允价值模式计量的投资性房地产，转换日公允价值大于账面价值1 500万元，计入了其他综合收益。不考虑其他因素，甲公司当期按照权益法核算应确认的其他综合收益的账务处理如下：

按权益法核算甲公司应确认的其他综合收益 = 1 500×25% = 375（万元）

借：长期股权投资——其他综合收益　　　　　　　　　　　3 750 000

贷：其他综合收益 3 750 000

5. 被投资单位所有者权益其他变动的处理

采用权益法核算时，投资企业对于被投资单位除净损益、其他综合收益以及利润分配以外所有者权益的其他变动，应按照持股比例与被投资单位所有者权益的其他变动计算的归属于本企业的部分，相应调整长期股权投资的账面价值，同时增加或减少资本公积（其他资本公积）。被投资单位除净损益、其他综合收益以及利润分配以外的所有者权益的其他变动，主要包括：被投资单位接受其他股东的资本性投入、被投资单位发行可分离交易的可转换公司债券中包含的权益成分、以权益结算的股份支付、其他股东对被投资单位增资导致投资方持股比例变动等。

▶【例6-14】A企业持有B企业30%的股份，能够对B企业施加重大影响。B企业为上市公司，当期B企业的母公司捐赠B企业1 000万元，该捐赠实质上属于资本性投入，B企业将其计入资本公积（股本溢价）。不考虑其他因素，A企业按权益法进行的账务处理如下：

A企业确认应享有被投资单位所有者权益的其他变动 = 1 000 × 30% = 300（万元）

借：长期股权投资——其他权益变动 3 000 000
　　贷：资本公积——其他资本公积 3 000 000

▶【例6-15】2×10年3月20日，A公司、B公司和C公司分别以现金200万元、400万元和400万元出资设立D公司，分别持有D公司20%、40%和40%的股权。A公司对D公司具有重大影响，采用权益法对有关长期股权投资进行核算。D公司自设立日起至2×12年1月1日实现净损益1 000万元，除此以外，无其他影响净资产的事项。

2×12年1月1日，经A公司、B公司和C公司协商，B公司对D公司增资800万元，增资后D公司净资产为2 800万元，A公司、B公司和C公司分别持有D公司15%、50%和35%的股权。相关手续于当日完成。假定A公司与D公司适用的会计政策、会计期间相同，双方在当期及以前期间未发生其他内部交易。不考虑相关税费等其他因素影响。

本例中，2×12年1月1日，B公司增资前，D公司的净资产账面价值为2 000万元，A公司应享有D公司权益的份额为400万元（2 000×20%）。B公司单方面增资后D公司的净资产增加800万元，A公司应享有D公司权益的份额为420万元（2 800×15%）。A公司享有的权益变动20万元（420-400），属于D公司除净损益、其他综合收益和利润分配以外所有者权益的其他变动。A公司对D公司长期股权投资的账面价值应调增20万元，并相应调整"资本公积——其他资本公积"。

借：长期股权投资——其他权益变动 200 000
　　贷：资本公积——其他资本公积 200 000

6. 超额亏损的确认

按照权益法核算的长期股权投资，投资企业确认应分担被投资单位的净损失或被投资单位其他综合收益的减少净额，原则上应以长期股权投资及其他实质上构成对被投资单位净投资的长期权益减记至零为限，投资企业负有承担额外损失义务的除外。这里所讲的"其他实质上构成对被投资单位净投资的长期权益"通常是指长期应收项目，比如，企业对被投资单位的长期债权，该债权没有明确的清收计划，且在可预见的未来期间不准备收回的，实质上构成对被投资单位的净投资，但不包括投资企业与被投资单位之间因销售商品、提供劳务等日常活动所产生的长期债权。

投资企业在确认应分担被投资单位的净亏损或被投资单位其他综合收益的减少净额时，具体应按照以下顺序处理：

第一步，减记长期股权投资的账面价值。

第二步，在长期股权投资的账面价值减记至零的情况下，对于未确认的投资净损失等，应考虑除长期股权投资以外，投资方的账面上是否有其他实质上构成对被投资单位净投资的长期权益项目，如果有，则应以其他长期权益的账面价值为限继续确认，冲减长期应收项目等的账面价值。

第三步，经过上述处理，按照投资合同或协议约定，投资企业仍需要承担额外的损失弥补等义务的，应按预计将承担的义务金额确认预计负债，计入当期投资损失。

企业在实务操作过程中，在发生投资损失时，应借记"投资收益"科目，贷记"长期股权投资——损益调整"科目。在长期股权投资的账面价值减记至零以后，考虑其他实质上构成对被投资单位净投资的长期权益，继续确认的投资损失，应借记"投资收益"科目，贷记"长期应收款"等科目；因投资合同或协议约定导致投资企业需要承担额外义务的，按照或有事项准则的规定，对于符合确认条件的义务，应确认为当期损失，同时确认预计负债，借记"投资收益"科目，贷记"预计负债"科目。除上述情况仍未确认的应分担被投资单位的损失，应在账外备查登记。

在确认了有关的投资损失以后，被投资单位在以后期间实现净利润或其他综合收益增加净额时，投资方应当按照以前确认或登记有关投资净损失时的相反顺序进行会计处理，即依次减记未确认投资净损失金额、恢复其他长期权益和恢复长期股权投资的账面价值，同时，投资方还应当重新复核预计负债的账面价值。有关会计处理如下：

（1）投资方当期对被投资单位净利润和其他综合收益增加净额的分享额小于或等于前期未确认投资净损失的，根据登记的未确认投资净损失的类型，弥补前期未确认的应分担的被投资单位净亏损或其他综合收益减少净额等投资净损失。

（2）投资方当期对被投资单位净利润和其他综合收益增加净额的分享额大于前期未确认投资净损失的，应先按照以上（1）的规定弥补前期未确认投资净损失；对于前者大于后者的差额部分，依次恢复其他长期权益的账面价值和恢复长期股权投资的账面价值，同时按权益法确认该差额。即按顺序分别借记"长期应收款""长期股权投资"等科目，贷记"投资收益"或"其他综合收益"科目。

投资方应当按照本书第十二章或有事项的有关内容，对预计负债的账面价值进行复核，并根据复核后的最佳估计数予以调整。

▶【例6-16】甲企业持有乙企业40%的股权，能够对乙企业施加重大影响。2×22年12月31日，该项长期股权投资的账面价值为6 000万元。乙企业2×23年由于一项主营业务市场条件发生变化，当年度亏损9 000万元。假定甲企业在取得该投资时，乙企业各项可辨认资产、负债的公允价值与其账面价值相等，双方所采用的会计政策及会计期间也相同。则甲企业当年度应确认的投资损失为3 600万元。确认上述投资损失后，长期股权投资的账面价值变为 2 400 万元。

如果乙企业当年度的亏损额为 18 000 万元，则甲企业按其持股比例确认应分担的损失为 7 200 万元，但长期股权投资的账面价值仅为 6 000 万元，如果没有其他实质上构成对被投资单位净投资的长期权益项目，则甲企业应确认的投资损失仅为 6 000 万元，超额损失在账外进行备查登记；在确认了 6 000 万元的投资损失，长期股权投资的账面价值减记至零以后，如果甲企业账上仍有应收乙企业的长期应收款 2 400 万元，该款项从目前情况看，没有明确的清偿计划（并非产生于商品购销等日常活动），则在长期应收款的账面价值大于 1 200 万元的情况下，应以长期应收款的账面价值为限进一步确认投资损失 1 200 万元。甲企业应进行的账务处理如下：

  借：投资收益   60 000 000
    贷：长期股权投资——损益调整   60 000 000
  借：投资收益   12 000 000
    贷：长期应收款   12 000 000

▶【例 6 - 17】甲公司持有乙公司 20% 的股权，能够对乙公司施加重大影响。2×21 年因乙公司持续亏损，甲公司对乙公司按权益法核算应承担的 10 万元超额亏损仅在账外备查登记（假设不存在额外义务）。2×22 年，乙公司实现其他综合收益 40 万元，除此之外，无其他净资产变动。不考虑其他因素，2×22 年度甲公司按照权益法进行的账务处理如下：

  借：长期股权投资——其他综合收益   80 000
    贷：其他综合收益   80 000
  借：投资收益   80 000
    贷：长期股权投资——损益调整   80 000

7. 股票股利的处理

被投资单位分派的股票股利，投资企业不作账务处理，但应于除权日注明所增加的股数，以反映股份的变化情况。权益法下对于被投资单位分派股票股利的处理，与成本法下的讨论相一致，实务中有不同的意见：有意见认为股票股利与现金股利应采用同样的处理方法，即投资方应在确认应收股利的同时，减少长期股权投资（损益调整），同时将应收股利相关价值量调整增加长期股权投资（投资成本）；另有意见认为股票股利不影响被投资单位所有者权益总额，投资方不应进行会计处理。目前我国会计准则及实务中均采用了第二种做法。

（三）风险投资机构对联营企业或合营企业投资的分类

风险投资机构、共同基金以及类似主体可以根据长期股权投资准则，将其持有的对联营企业或合营企业投资在初始确认时，确认为以公允价值计量且其变动计入当期损益的金融资产，以向财务报表使用者提供比权益法更有用的信息。风险投资机构、共同基金以及类似主体可将其持有的联营企业或合营企业投资在初始确认时，选择以公允价值计量且其变动计入当期损益的金融资产的处理，仅是长期股权投资准则对于这种特定机构持有的联营企业或合营企业投资的特殊规定，不能指定为以公允价值计量且其变动计入其他综合收益的金融资产。

(四) 因被动稀释导致持股比例下降时,"内含商誉"的结转

权益法下,因其他投资方对被投资单位增资而导致投资方的持股比例被稀释,且稀释后投资方仍对被投资单位采用权益法核算的情况下,投资方在调整相关长期股权投资的账面价值时,面临是否应当按比例结转初始投资时形成的"内含商誉"问题。其中,"内含商誉"是指长期股权投资的初始投资成本大于投资时享有的被投资单位可辨认净资产公允价值份额的差额。投资方因股权比例被动稀释而"间接"处置长期股权投资的情况下,相关"内含商誉"的结转应当比照投资方直接处置长期股权投资处理,即应当按比例结转初始投资时形成的"内含商誉",并将相关股权稀释影响计入资本公积(其他资本公积)。

采用权益法核算的长期股权投资,若因股权被动稀释而使得投资方产生损失,投资方首先应将产生股权稀释损失作为股权投资发生减值的迹象之一,对该笔股权投资进行减值测试。投资方对该笔股权投资进行减值测试后,若发生减值,应先对该笔股权投资确认减值损失并调减长期股权投资账面价值,再计算股权稀释产生的影响并进行相应会计处理。

投资方进行减值测试并确认减值损失(如有)后,应当将相关股权稀释损失计入资本公积(其他资本公积)借方,当资本公积贷方余额不够冲减时,仍应继续计入资本公积(其他资本公积)借方。

(五) 长期股权投资的减值

长期股权投资在按照规定进行核算确定其账面价值的基础上,如果存在减值迹象的,应当按照相关准则的规定计提减值准备。其中,对子公司、联营企业及合营企业的投资,应当按照《企业会计准则第8号——资产减值》的规定确定其可收回金额及应予计提的减值准备,长期股权投资的减值准备在提取以后,不允许转回。

▶【例6-18】上市公司乙公司是甲公司的联营企业,甲公司对乙公司的长期股权投资采用权益法核算。乙公司股价于2×22年出现明显下跌,2×22年12月31日,乙公司股票价值远低于乙公司净资产的账面价值。

本例中,资产的市价当期大幅度下跌,其跌幅明显高于因时间的推移或者正常使用而预计的下跌时,表明资产存在减值迹象。因此,甲公司对乙公司的该项长期股权投资存在减值迹象。此时,甲公司应当对该项长期股权投资估计可收回金额,可收回金额应当根据该项长期股权投资的公允价值减去处置费用后的净额与该项长期股权投资预计未来现金流量的现值两者之间较高者确定。如果估计的可收回金额低于长期股权投资账面价值,则甲公司应当对乙公司的该项长期股权投资计提减值准备。

第四节 长期股权投资核算方法的转换及处置

长期股权投资在持有期间,因各方面情况的变化,可能导致其核算需要由一种方法

转换为另外一种方法，或者某些情况下因出售股权等原因对被投资单位丧失了控制、共同控制或重大影响时，会由长期股权投资转为金融资产核算。现行会计准则理念下，认为一项权益性投资由对被投资单位不具有控制、共同控制或重大影响转为能够施加重大影响或共同控制时，是一种实质性的转变，相应地，转换时点应以公允价值重新计量，公允价值与账面价值间的变动计入损益。另外，当投资方因增资等原因导致原持有的对联营企业、合营企业投资转变为对子公司投资，需要编制合并财务报表时，该转变亦为实质性的，有关投资在合并报表层面需要重新计量，因重新计量产生的价值调整视为原股权的处置计入损益。另外一个方向的转换是由于实际出售等原因导致对被投资单位的持股比例降低、影响程度下降带来的，如由对子公司的投资转换为对联营或合营企业投资、对联营或合营企业投资转换为不具有共同控制或重大影响，从而需要作为金融资产核算，因影响程度下降导致的不同类别股权投资之间的转换、股权投资转为金融资产等，亦作为原持有投资的处置，有关价值量变动计入变动当期损益。

一、成本法转换为权益法

因处置投资导致对被投资单位的影响能力下降，由控制转为具有重大影响，或是与其他投资方一起实施共同控制的情况下，在投资企业的个别财务报表中，首先应按处置投资的比例结转应终止确认的长期股权投资成本，其与处置对价之间的差额计入当期损益。在此基础上，将剩余的长期股权投资转为采用权益法核算，即应当比较剩余的长期股权投资成本与按照剩余持股比例计算原投资时应享有被投资单位可辨认净资产公允价值的份额，属于投资作价中体现的商誉部分，不调整长期股权投资的账面价值；属于投资成本小于应享有被投资单位可辨认净资产公允价值份额的，在调整长期股权投资成本的同时，应调整期初留存收益。对于原取得投资后至转变为权益法核算之间被投资单位实现的净损益中应享有的份额，一方面应调整长期股权投资的账面价值，同时对于原取得投资时至处置投资当期期初被投资单位实现的净损益（扣除已发放及已宣告发放的现金股利及利润）中应享有的份额，调整期初留存收益；对于处置投资当期期初至处置投资之日被投资单位实现的净损益中享有的份额，调整当期损益；其他原因导致被投资单位所有者权益变动中应享有的份额，在调整长期股权投资账面价值的同时，应当计入"其他综合收益"或"资本公积——其他资本公积"。

在合并财务报表中，对于剩余股权，应当按照其在丧失控制权日的公允价值进行重新计量。处置股权取得的对价与剩余股权公允价值之和，减去按原持股比例计算应享有原有子公司自购买日开始持续计算的净资产的份额之间的差额，计入丧失控制权当期的投资收益。与原有子公司股权投资相关的其他综合收益，应当采用与被投资单位直接处置相关资产或负债相同的基础进行会计处理。企业应当在附注中披露处置后的剩余股权在丧失控制权日的公允价值、按照公允价值重新计量产生的相关利得或损失的金额。

上述转换时需要调整的留存收益在报表所有者权益变动表中列示于"上年年末余额"到"本年年初余额"之间的"其他"项目中，从而对本年年初的留存收益进行调整，无需追溯调整比较期间数据。

▶【例6-19】2×23年1月1日，甲公司支付600万元取得乙公司100%的股权，当日乙公司可辨认净资产的公允价值为500万元，商誉100万元。2×23年1月1日至2×24年12月31日，乙公司的净资产增加了75万元，其中，按购买日公允价值计算实现的净利润为50万元，持有的以公允价值计量且其变动计入其他综合收益的非交易性权益工具投资的公允价值升值25万元。

2×25年1月8日，甲公司转让乙公司60%的股权，收取现金480万元存入银行，转让后甲公司对乙公司的持股比例为40%，能对其施加重大影响。2×25年1月8日，即甲公司丧失对乙公司的控制权日，乙公司剩余40%股权的公允价值为320万元。假定乙公司未分配现金股利，并不考虑其他因素。甲公司在其个别财务报表和合并财务报表中的处理分别如下：

（1）甲公司个别财务报表的处理。

①确认部分股权处置收益：

借：银行存款　　　　　　　　　　　　　　　　　　　4 800 000
　　贷：长期股权投资　　　　　　　　　（6 000 000×60%）3 600 000
　　　　投资收益　　　　　　　　　　　　　　　　　　1 200 000

②对剩余股权改按权益法核算：

借：长期股权投资——损益调整　　　　　　　　　　　　200 000
　　　　　　　　——其他综合收益　　　　　　　　　　100 000
　　贷：利润分配——未分配利润　　　　　（500 000×40%）200 000
　　　　其他综合收益　　　　　　　　　　（250 000×40%）100 000

经上述调整后，在个别财务报表中，剩余股权的账面价值为270万元（600×40%+30）。

（2）甲公司合并财务报表的处理。合并财务报表中应确认的投资收益为125万元[（480+320）-675]。由于个别财务报表中已经确认了120万元的投资收益，在合并财务报表中作如下调整：

①对剩余股权按丧失控制权日的公允价值重新计量进行调整：

借：长期股权投资　　　　　　　　　　　　　　　　　　3 200 000
　　贷：长期股权投资　　　　　　　　　（6 750 000×40%）2 700 000
　　　　投资收益　　　　　　　　　　　　　　　　　　　500 000

②对个别财务报表中的部分处置收益的归属期间进行调整：

借：投资收益　　　　　　　　　　　　　（750 000×60%）450 000
　　贷：利润分配——未分配利润　　　　　（500 000×60%）300 000
　　　　其他综合收益　　　　　　　　　　（250 000×60%）150 000

③由于与子公司股权投资相关的其他综合收益为其持有的非交易性权益工具投资的累计公允价值变动，在子公司终止确认时该其他综合收益应转入留存收益：

借：其他综合收益　　　　　　　　　　　　　　　　　　250 000
　　贷：利润分配——未分配利润　　　　　　　　　　　　250 000

投资方因其他投资方对其子公司增资而导致本投资方持股比例下降，从而丧失控制权但能实施共同控制或施加重大影响的，在投资企业的个别财务报表中，首先，按照新的持股比例确认本投资方应享有的原子公司因增资扩股而增加净资产的份额，与应结转持股比例下降部分所对应的长期股权投资原账面价值之间的差额计入当期损益;然后,按照新的持股比例视同自取得投资时即采用权益法核算进行调整。

比较剩余长期股权投资的成本与按照剩余持股比例计算原投资时应享有被投资单位可辨认净资产公允价值的份额,前者大于后者的,属于投资作价中体现的商誉部分,不调整长期股权投资的账面价值;前者小于后者的,在调整长期股权投资成本的同时,调整期初留存收益。

上述转换时需要调整的留存收益在报表所有者权益变动表中列示于"上年年末余额"到"本年年初余额"之间的"其他"项目中,从而对本年年初的留存收益进行调整,无需追溯调整比较期间数据。

▶【例6-20】2×21年1月1日,A公司支付900万元取得B公司60%股权,将B公司作为子公司采用成本法核算,当日B公司可辨认净资产的公允价值为1 000万元。2×21年1月1日至2×22年12月31日,B公司的净资产增加了75万元,其中,按购买日公允价值计算实现的净利润为50万元,将作为存货的房地产转换为以公允价值模式计量的投资性房地产增加其他综合收益25万元。

2×23年1月1日,其他投资方向B公司增资800万元。增资后,A公司对B公司的持股比例下降至40%,丧失对B公司的控制权,但仍具有重大影响。

假定B公司未分配现金股利,且不考虑其他因素。A公司在其个别财务报表中的处理如下:

(1) 按照新的持股比例确认A公司应享有的B公司因增资扩股而增加净资产的份额 = 800 × 40% = 320(万元)。

(2) 应结转持股比例下降部分所对应的长期股权投资原账面价值 = 900/60% × 20% = 300(万元)。

(3) 确认被动稀释所产生的当期损益 = 320 - 300 = 20(万元)。

借:长期股权投资——投资成本　　　　　　　　　　　3 200 000
　　贷:长期股权投资——投资成本　　　　　　　　　　3 000 000
　　　　投资收益　　　　　　　　　　　　　　　　　　　200 000

(4) 对剩余股权改按权益法核算:

借:长期股权投资——损益调整　　　　　　　　　　　　200 000
　　　　　　　　　——其他综合收益　　　　　　　　　100 000
　　贷:利润分配——未分配利润　　　　　　(50×40%) 200 000
　　　　其他综合收益　　　　　　　　　　　(25×40%) 100 000

初始投资成本[900/60% × 40% = 600(万元)]大于B公司可辨认净资产公允价值(400万元),两者之间的差额不调整长期股权投资的账面价值。

二、公允价值计量或权益法转换为成本法

因追加投资原因导致原持有的分类为以公允价值计量且其变动计入当期损益的金融资产,或非交易性权益工具投资指定为公允价值计量且其变动计入其他综合收益的金融资产,以及对联营企业或合营企业的投资转变为对子公司投资的,长期股权投资账面价

值的调整应当按照本章关于对子公司投资初始计量的相关规定处理。

三、公允价值计量转为权益法核算

投资企业对原持有的被投资单位的股权不具有控制、共同控制或重大影响，按照金融工具确认和计量准则进行会计处理的，因追加投资等原因导致持股比例增加，使其能够对被投资单位实施共同控制或重大影响而转按权益法核算的，应在转换日，按照原股权的公允价值加上为取得新增投资而应支付对价的公允价值，作为改按权益法核算的初始投资成本；如原投资属于分类为公允价值计量且其变动计入其他综合收益的非交易性权益工具投资，与其相关的原计入其他综合收益的累计公允价值变动转入改按权益法核算当期的留存收益，不得计入当期损益。在此基础上，比较初始投资成本与获得被投资单位共同控制或重大影响时应享有被投资单位可辨认净资产公允价值份额之间的差额，前者大于后者的，不调整长期股权投资的账面价值；前者小于后者的，调整长期股权投资的账面价值，并计入当期营业外收入。

▶【例6-21】甲公司于2×23年2月取得乙公司10%股权，对乙公司不具有控制、共同控制和重大影响，甲公司将其分类为以公允价值计量且其变动计入其他综合收益的非交易性权益工具投资的金融资产，投资成本为900万元。

2×24年3月1日，甲公司又以1 800万元取得乙公司12%的股权，当日乙公司可辨认净资产公允价值总额为12 000万元。取得该部分股权后，按照乙公司章程规定，甲公司能够派人参与乙公司的财务和生产经营决策，对该项长期股权投资转为采用权益法核算。假定甲公司在取得对乙公司10%的股权后，双方未发生任何内部交易，未派发现金股利或利润。除所实现净利润外，未发生其他所有者权益变动事项。2×24年3月1日，甲公司对乙公司投资原10%股权的公允价值为1 300万元，原计入其他综合收益的累计公允价值变动收益为400万元。

本例中，2×24年3月1日，甲公司对乙公司投资原10%股权的公允价值为1 300万元，因追加投资改按权益法核算，原计入其他综合收益的累计公允价值变动收益400万元转入留存收益。

甲公司对乙公司股权增持后，持股比例改为22%，初始投资成本为3 100万元（1 300 + 1 800），应享有乙公司可辨认净资产公允价值份额为2 640万元（12 000×22%），前者大于后者460万元，不调整长期股权投资的账面价值。

甲公司对上述交易的账务处理如下：

借：长期股权投资——投资成本　　　　　　　　　　　　　　　31 000 000
　　贷：银行存款　　　　　　　　　　　　　　　　　　　　　　　18 000 000
　　　　其他权益工具投资——成本　　　　　　　　　　　　　　　 9 000 000
　　　　　　　　　　　　——公允价值变动　　　　　　　　　　　 4 000 000
借：其他综合收益　　　　　　　　　　　　　　　　　　　　　　 4 000 000
　　贷：利润分配——未分配利润　　　　　　　　　　　　　　　　 4 000 000

四、权益法转为公允价值计量的金融资产

投资企业原持有的被投资单位的股权对其具有共同控制或重大影响,因部分处置等原因导致持股比例下降,不能再对被投资单位实施共同控制或重大影响的,应于失去共同控制或重大影响时,改按金融工具确认和计量准则的规定对剩余股权进行会计处理。即,对剩余股权在改按公允价值计量时,公允价值与其原账面价值之间的差额计入当期损益。剩余股权投资如果满足指定为以公允价值计量且其变动计入其他综合收益的金融资产的条件,企业可以选择将其指定为以公允价值计量且其变动计入其他综合收益的金融资产。同时,原采用权益法核算的相关其他综合收益应当在终止采用权益法核算时,采用与被投资单位直接处置相关资产或负债相同的基础进行会计处理;因被投资单位除净损益、其他综合收益和利润分配以外的其他所有者权益变动而确认的所有者权益,应当在终止采用权益法时全部转入当期损益。

▶【例6-22】甲公司持有乙公司30%的有表决权股份,能够对乙公司施加重大影响,对该股权投资采用权益法核算。2×24年10月,甲公司将该项投资中的50%对外出售,取得价款1 800万元。相关股权划转手续于当日完成。甲公司持有乙公司剩余15%股权,无法再对乙公司施加重大影响,转为以公允价值计量且其变动计入其他综合收益。股权出售日,剩余股权的公允价值为1 800万元。

出售该股权时,长期股权投资的账面价值为3 200万元,其中,投资成本为2 600万元,损益调整为300万元,因被投资单位的非交易性权益工具投资以公允价值计量且其变动计入其他综合收益产生的累计公允价值变动享有部分为200万元,除净损益、其他综合收益和利润分配外的其他所有者权益变动为100万元。不考虑相关税费等其他因素影响。甲公司的账务处理如下:

(1)确认有关股权投资的处置损益:

借:银行存款	18 000 000
贷:长期股权投资——投资成本	13 000 000
——损益调整	1 500 000
——其他综合收益	1 000 000
——其他权益变动	500 000
投资收益	2 000 000

(2)因与对乙公司投资相关的其他综合收益为被投资公司持有的非交易性权益工具投资的公允价值变动,由于终止采用权益法核算,将原确认的相关其他综合收益全部转入留存收益。

借:其他综合收益	2 000 000
贷:利润分配——未分配利润	2 000 000

(3)由于终止采用权益法核算,将原计入资本公积的其他所有者权益变动全部转入当期损益:

借:资本公积——其他资本公积	1 000 000
贷:投资收益	1 000 000

(4) 剩余股权投资转为以公允价值计量且其变动计入其他综合收益的金融资产，当日公允价值为1 800万元，账面价值为1 600万元，两者差异计入当期投资收益：

借：其他权益工具投资——成本　　　　　　　　　　　　　　18 000 000
　　贷：长期股权投资——投资成本　　　　　　　　　　　　　13 000 000
　　　　　　　　　　——损益调整　　　　　　　　　　　　　 1 500 000
　　　　　　　　　　——其他综合收益　　　　　　　　　　　 1 000 000
　　　　　　　　　　——其他资本公积　　　　　　　　　　　　 500 000
　　　　　投资收益　　　　　　　　　　　　　　　　　　　　 2 000 000

五、成本法转为公允价值计量的金融资产

投资企业原持有被投资单位的股份使得其能够对被投资单位实施控制，其后因部分处置等原因导致持股比例下降，不能再对被投资单位实施控制，同时对被投资单位亦不具有共同控制能力或重大影响的，应将剩余股权改按金融工具确认和计量准则的要求进行会计处理，并于丧失控制权日将剩余股权按公允价值重新计量，公允价值与其账面价值的差额计入当期损益。

▶【例6-23】甲公司持有乙公司60%股权并能控制乙公司，投资成本为1 200万元，按成本法核算。2×24年5月12日，甲公司出售所持乙公司股权的90%给非关联方，所得价款为1 800万元，剩余6%股权于丧失控制权日的公允价值为200万元，甲公司将其分类为以公允价值计量且其变动计入当期损益的金融资产。假定不考虑其他因素，甲公司于丧失控制权日的账务处理如下：

(1) 出售股权：
借：银行存款　　　　　　　　　　　　　　　　　　　　　　18 000 000
　　贷：长期股权投资　　　　　　　　　　　　　　　　　　　10 800 000
　　　　投资收益　　　　　　　　　　　　　　　　　　　　　 7 200 000

(2) 剩余股权的处理：
借：交易性金融资产　　　　　　　　　　　　　　　　　　　　2 000 000
　　贷：长期股权投资　　　　　　　　　　　　　　　　　　　 1 200 000
　　　　投资收益　　　　　　　　　　　　　　　　　　　　　　 800 000

六、长期股权投资的处置

企业处置长期股权投资时，应相应结转与所售股权相对应的长期股权投资的账面价值，出售所得价款与处置长期股权投资账面价值之间的差额，应确认为处置损益。

采用权益法核算的长期股权投资，在处置该项投资时，采用与被投资单位直接处置相关资产或负债相同的基础，按相应比例对原计入其他综合收益的部分进行会计处理。原计入其他综合收益（不能结转损益的除外）或资本公积（其他资本公积）的金额，如处置后因具有重大影响或共同控制仍然采用权益法核算的，在处置时亦应进行结转，将与所出售股权相对应的部分在处置时自其他综合收益或资本公积转入当期损益。如处置

后对有关投资终止采用权益法的，则原计入其他综合收益（不能结转损益的除外）或资本公积（其他资本公积）的金额应全部结转。其中，权益法下不能结转损益的其他综合收益包括：（1）投资方按持股比例计算确认的因被投资单位重新计量设定受益计划净负债或净资产变动导致的权益变动份额；（2）投资方按持股比例计算确认的被投资方其他权益工具投资公允价值变动计入其他综合收益的部分。

▶【例6-24】A企业原持有B企业40%的股权，对B企业具有重大影响。2×24年12月20日，A企业决定出售10%的B企业股权，出售时A企业账面上对B企业长期股权投资的构成为：投资成本1 800万元，损益调整480万元，可转入损益的其他综合收益100万元，其他权益变动200万元。出售取得价款705万元。出售后，A企业持有B企业30%的股权，对B企业仍具有重大影响。

（1）A企业确认处置损益的账务处理为：

借：银行存款　　　　　　　　　　　　　　　　　　　　　　7 050 000
　　贷：长期股权投资　[（1 800＋480＋100＋200）÷40%×10%]　6 450 000
　　　　投资收益　　　　　　　　　　　　　　　　　　　　　　600 000

（2）除应将实际取得价款与出售长期股权投资的账面价值进行结转，确认出售损益以外，还应将原计入其他综合收益或资本公积的部分按比例转入当期损益。

借：资本公积——其他资本公积　　　　　　　　　　　　　　500 000
　　其他综合收益　　　　　　　　　　　　　　　　　　　　250 000
　　贷：投资收益　　　　　　　　　　　　　　　　　　　　750 000

处置长期股权投资时，如果满足划分为持有待售类别的非流动资产或资产组的条件，应当按照本书第十五章持有待售的非流动资产、处置组和终止经营中关于计量和列报的有关内容进行会计处理。

第五节　合营安排

一、概念及合营安排的认定

（一）合营安排

合营安排是指一项由两个或两个以上的参与方共同控制的安排。合营安排的主要特征包括：

一是各参与方均受到该安排的约束。合营安排通过相关约定对各参与方予以约束。相关约定是指据以判断是否存在共同控制的一系列具有执行力的合约，通常包括合营安排各参与方达成的合同安排，如合同、协议、会议纪要、契约等，也包括对该安排构成约束的法律形式本身。从内容来看，有关约定可能涵盖以下方面：对合营安排的目的、业务活动及期限的约定；对合营安排的治理机构（如董事会或类似机构）成员的任命方式的约定；对合营安排相关事项的决策方式的约定，包括哪些事项需要参与方决策、参与方的表决权情况、决策事项所需的表决权比例等内容，合营安排相关事项的决策方式是分析是否存在共同控制的重要因素；对参与方需要提供的资本或其他投入的约定；对合营安排的资产、负债、收入、费用、损益在参与方之间分配方式的约定。当合营安排通过单独主体达成时，该单独主体所制定的章程或其他法律文件有时会约定相关内容。

二是两个或两个以上的参与方对该安排实施共同控制。任何一个参与方都不能够单独控制该安排，对该安排具有共同控制的任何一个参与方均能够阻止其他参与方或参与方组合单独控制该安排。

（二）共同控制及其判断原则

合营安排的一个重要特征是共同控制。共同控制是指按照相关约定对某项安排所共有的控制，并且该安排的相关活动必须经过分享控制权的参与方一致同意后才能决策。共同控制不同于控制，共同控制是由两个或两个以上的参与方实施，而控制由单一参与方实施。共同控制也不同于重大影响，享有重大影响的参与方只拥有参与安排的财务和经营政策的决策权力，但并不能够控制或者与其他方一起共同控制这些政策的制定。

在判断是否具有共同控制时，首先判断是否所有参与方或参与方组合集体控制该安排，其次再判断该安排相关活动的决策是否必须经过这些参与方一致同意。相关活动是指对某项安排的回报产生重大影响的活动，具体应视安排的情况而定，通常包括商品或劳务的销售和购买、资产的购买和处置、研究与开发活动及融资活动等。

1. 集体控制

如果所有参与方或一组参与方必须一致行动才能决定某项安排的相关活动，则称所有参与方或一组参与方集体控制该安排。在判断集体控制时，需要注意以下几点：

（1）集体控制不是单独一方控制。为了确定相关约定是否赋予参与方对该安排的共同控制，主体首先识别该安排的相关活动，然后确定哪些权利能够赋予参与方主导相关活动的权力。

如果某一个参与方能够单独主导该安排中的相关活动，则为控制。如果一组参与方或所有参与方联合起来才能够主导该安排中的相关活动，则为集体控制。即在集体控制下，不存在任何一个参与方能够单独控制某安排，而是由一组参与方或所有参与方联合起来才能控制该安排。"一组参与方或所有参与方"即意味着要有两个或两个以上的参与方联合起来才能形成控制。

（2）尽管所有参与方联合起来一定能够控制该安排，但集体控制下，集体控制该安排的组合指的是那些既能联合起来控制该安排，又使得参与方数量最少的一个或几个参与方组合。能够集体控制一项安排的参与方组合很可能不止一个。

2. 相关活动的决策

主体应当在确定是由参与方组合集体控制该安排，而不是某一参与方单独控制该安排后，再判断这些集体控制该安排的参与方是否共同控制该安排。当且仅当相关活动的决策要求集体控制该安排的参与方一致同意时，才存在共同控制。

存在共同控制时，有关合营安排相关活动的所有重大决策必须经分享控制权的各方一致同意。一致同意的规定保证了对合营安排具有共同控制的任何一个参与方均可以阻止其他参与方在未经其同意的情况下就相关活动单方面作出决策。

"一致同意"中，并不要求其中一方必须具备主动提出议案的能力，只要具备对合营安排相关活动的所有重大决策予以否决的权力即可；也不需要该安排的每个参与方都一致同意，只要那些能够集体控制该安排的参与方意见一致，就可以达成一致同意。有时，相关约定中设定的决策方式也可能暗含需要达成一致同意。例如，假定两方建立一项安排，在该安排中双方各拥有 50% 的表决权。双方约定，对相关活动作出决策至少需要 51% 的表决权。在这种情况下，意味着双方同意共同控制该安排，因为如果没有双方的一致同意，就无法对相关活动作出决策。

当相关约定中设定了就相关活动作出决策所需的最低投票权比例时，若存在多种参与方的组合形式均能满足最低投票权比例要求的情形，则该安排就不是合营安排；除非相关约定明确指出，需要其中哪些参与方一致同意才能就相关活动作出决策。

如果存在两个或两个以上的参与方组合能够集体控制某项安排的，不构成共同控制。

▶【例6-25】假定一项安排涉及三方：A 公司、B 公司、C 公司，在该安排中拥有的表决权分别为 50%、30% 和 20%。A 公司、B 公司、C 公司之间的相关约定规定，75% 以上的表决权即可对安排的相关活动作出决策。

在本例中，A 公司和 B 公司是能够集体控制该安排的唯一组合，当且仅当 A 公司、B 公司一致同意时，该安排的相关活动决策方能表决通过。因此，A 公司、B 公司对安排具有共同控制权。

3. 争议解决机制

在分析合营安排的各方是否共同分享控制权时，要关注对于争议解决机制的安排。相关约定可能包括处理纠纷的条款，例如，关于仲裁的约定。这些条款可能允许具有共同控制的各参与方在没有达成一致意见的情况下进行决策。这些条款的存在不会妨碍该安排构成共同控制的判断，因此，也不会妨碍该安排成为合营安排。但是，如果在各方未就相关活动的重大决策达成一致意见的情况下，其中一方具备"一票通过权"或者潜在表决权等特殊权力，则需要仔细分析，很可能具有特殊权力的一方实质上具备控制权。

4. 仅享有保护性权利的参与方不享有共同控制

保护性权利，是指仅为了保护权利持有人利益却没有赋予持有人对相关活动进行决策的一项权利。保护性权利通常只能在合营安排发生根本性改变或某些例外情况发生时才能够行使，它既没有赋予其持有人对合营安排拥有权力，也不能阻止其他参与方对合营安排拥有权力。对于某些安排，相关活动仅在特定情况或特定事项发生时开展，例如，某些安排在设计时就确定了安排的活动及其回报，在特定情况或特定事项发生之前不需要进行重大决策。这种情况下，权利在特定情况或特定事项发生时方可行使并不意味该权利是保护性权利。

如果一致同意的要求仅仅与向某些参与方提供保护性权利的决策有关，而与该安排的相关活动的决策无关，那么拥有该保护性权利的参与方不会仅仅因为该保护性权利而成为该项安排的合营方。因此，在评估参与方能否共同控制合营安排时，必须具体区分参与方持有的权利是否为保护性权利，判断为保护性权利的，其行使与否不影响其他参与方控制或共同控制该安排。

5. 一项安排的不同活动可能分别由不同的参与方或参与方组合主导

在不同阶段，一项安排可能发生不同的活动，从而导致不同参与方可能主导不同的相关活动，或者共同主导所有相关活动。不同参与方分别主导不同相关活动时，相关的参与方需要分别评估自身是否拥有主导对回报产生最重大影响的活动的权利，从而确定是否能够控制该项安排，而不是与其他参与方共同控制该项安排。

6. 综合评估多项相关协议

有时，一项安排的各参与方之间可能存在多项相关协议。在单独考虑一份协议时，某参与方可能对合营安排具有共同控制，但在综合考虑该安排的目的和设计等所有情况时，该参与方实际上可能对该安排并不具有共同控制。因此，在判断是否存在共同控制时，需要综合考虑该多项相关协议。

（三）合营安排中的不同参与方

只要两个或两个以上的参与方对该安排实施共同控制，一项安排就可以被认定为合营安排，并不要求所有参与方都对该安排享有共同控制。即一项合营安排的所有投资者群体中，只要其中部分投资者能够对该合营安排实施共同控制即可，构成合营安排的前提条件不要求所有投资者均具有共同控制能力。对合营安排享有共同控制的参与方（分享控制权的参与方）被称为"合营方"；对合营安排不享有共同控制的参与方被称为"非合营方"。

（四）合营安排的分类

合营安排分为共同经营和合营企业。共同经营，是指合营方享有该安排相关资产且承担该安排相关负债的合营安排。合营企业，是指合营方仅对该安排的净资产享有权利的合营安排。合营方应当根据其在合营安排的正常经营中享有的权利和承担的义务，来确定合营安排的分类。对权利和义务进行评价时，应当考虑该合营安排的结构、法律形式以及合营安排中约定的条款、其他相关事实和情况等因素。

合营安排是为不同目的而设立的（例如，参与方为了共同承担成本和风险，或者参与方为了获得新技术或新市场），可以采用不同的结构和法律形式。一些安排不要求采用单独主体形式开展活动，另一些安排则涉及构造单独主体。在实务中，主体可以从合营安排是否通过单独主体达成为起点，判断一项合营安排是共同经营还是合营企业。

在因具有共同控制形成合营安排的情况下，进一步区分有关合营安排是共同经营还是合营企业，关键是看根据合营安排的合同、协议以及基于其法律形式确定的各投资方的权利、义务关系，投资方拥有的是对合营安排净资产的要求权还是对合营安排中持有有关资产份额的要求权，并基于其所承担负债的份额承担责任。

1. 单独主体

单独主体，是指具有单独可辨认的财务架构的主体，包括单独的法人主体和不具备法人主体资格但法律所认可的主体。单独主体并不一定要具备法人资格，但必须具有法律所认可的单独可辨认的财务架构，确认某主体是否属于单独主体必须考虑适用的法律法规。具有可单独辨认的资产、负债、收入、费用、财务安排和会计记录，并且具有一定法律形式的主体，构成法律认可的单独可辨认的财务架构。合营安排最常见的形式包括有限责任公司、合伙企业、合作企业等。某些情况下，信托、基金也可被视为单独主体。

2. 合营安排未通过单独主体达成

当合营安排未通过单独主体达成时，该合营安排为共同经营。在这种情况下，合营方通常通过相关约定享有与该安排相关资产的权利并承担与该安排相关负债的义务，同时，享有相应收入的权利，并承担相应费用的责任，因此该合营安排应当划分为共同经营。

3. 合营安排通过单独主体达成

如果合营安排通过单独主体达成，在判断该合营安排是共同经营还是合营企业时，通常首先分析单独主体的法律形式，法律形式不足以判断时，将法律形式与合同安排结合进行分析，法律形式和合同安排结合起来仍不足以判断时，进一步考虑其他事实和情况。

（1）单独主体的法律形式。各参与方应当根据该单独主体的法律形式，判断该安排是赋予参与方享有与安排相关资产的权利，并承担与安排相关负债的义务，还是赋予参与方享有该安排的净资产的权利。即，各参与方应当依据单独主体的法律形式判断是否能将参与方和单独主体分离。例如，各参与方可能通过单独主体执行合营安排，单独主体的法律形式决定在单独主体中的资产和负债是单独主体的资产和负债，而不是各参与方的资产和负债。在这种情况下，基于单独主体的法律形式赋予各参与方的权利和义务，可以初步判定该项安排是合营企业。

在各参与方通过单独主体达成合营安排的情形下，当且仅当单独主体的法律形式没有将参与方和单独主体分离（即单独主体持有的资产和负债是各参与方的资产和负债）时，基于单独主体的法律形式赋予参与方权利和义务的判断，足以说明该合营安排是共同经营。

通常，单独主体的资产和负债很可能与参与方在法律形式上明显分割开来。例如，根据《公司法》的有关规定，"公司是企业法人，有独立的法人财产，享有法人财产权。公司以其全部财产对公司的债务承担责任。有限责任公司的股东以其认缴的出资额为限对公司承担责任；股份有限公司的股东以其认购的股份为限对公司承担责任。"因此，当一项合营安排是按照《公司法》设立的有限责任公司或者股份有限公司时，其法律形式将合营安排对资产的权利和对负债的义务与该安排的参与方明显分割开来。

（2）合同安排。当单独主体的法律形式并不能将合营安排对资产的权利和对负债的义务授予该安排的参与方时，还需要进一步分析各参与方之间是否通过合同安排，赋予该安排的参与方对合营安排资产的权利和对合营安排负债的义务。合同安排中常见的某些特征或者条款可能表明该安排为共同经营或者合营企业。共同经营和合营企业的一些普遍特征的比较包括但不限于表6-3。

有时，法律形式和合同安排均表明一项合营安排中的合营方仅对该安排的净资产享有权利，此时，若不存在相反的其他事实和情况，该合营安排应当被划分为合营企业。有时，仅从法律形式判断，一项合营安排符合合营企业的特征，但是，综合考虑合同安排后，合营方享有该合营安排相关资产并且承担该安排相关负债，此时，该合营安排应当被划分为共同经营。

表6-3 共同经营和合营企业的对比

对比项目	共同经营	合营企业
合营安排的条款	参与方对合营安排的相关资产享有权利并对相关负债承担义务	参与方对与合营安排有关的净资产享有权利,即单独主体(而不是参与方)享有与安排相关资产的权利,并承担与安排相关负债的义务
对资产的权利	参与方按照约定的比例分享合营安排的相关资产的全部利益(例如,权利、权属或所有权等)	资产属于合营安排,参与方并不对资产享有权利
对负债的义务	参与方按照约定的比例分担合营安排的成本、费用、债务及义务。第三方对该安排提出的索赔要求,参与方作为义务人承担赔偿责任	合营安排对自身的债务或义务承担责任。参与方仅以其各自对该安排认缴的投资额为限对该安排承担相应的义务。合营安排的债权方无权就该安排的债务对参与方进行追索
收入、费用及损益	合营安排建立了各参与方按照约定的比例(例如,按照各自所耗用的产能比例)分配收入和费用的机制。某些情况下,参与方按约定的份额比例享有合营安排产生的净损益不会必然使其被分类为合营企业,仍应当分析参与方对该安排相关资产的权利以及对该安排相关负债的义务	各参与方按照约定的份额比例享有合营安排产生的净损益
担保	参与方为合营安排提供担保(或提供担保的承诺)的行为本身并不直接导致一项安排被分类为共同经营	

(3)其他事实和情况。如果一项安排的法律形式与合同安排均没有将该安排对资产的权利和对负债的义务授予该安排的参与方,则应考虑其他事实和情况,包括合营安排的目的和设计、其与参与方的关系及其现金流的来源等。某些情况下,合营安排设立的主要目的是为参与方提供产出,这表明参与方可能按照约定实质上享有合营安排所持资产几乎全部的经济利益。这种安排下,参与方根据相关合同或法律约定有购买产出的义务,并往往通过阻止合营安排将其产出出售给其他第三方的方式来确保参与方能获得产出。这样,该安排产生的负债实质上是由参与方通过购买产出支付的现金流量而得以清偿。因此,如果参与方实质上是该安排持续经营和清偿债务所需现金流的唯一来源,这表明参与方承担了与该安排相关的负债。综合考虑该合营安排的其他相关事实和情况,表明参与方实质上享有合营安排所持资产几乎全部的经济利益,对合营安排所产生的负债的清偿,合营安排实质上也持续依赖于向参与方收取的产出的销售现金流,该合营安排的实质为共同经营。在实务中,参与方在合营安排中的产出分配比例与表决权比例不

同，并不影响对该安排是共同经营还是合营企业的判断。

在区分合营安排的类型时，需要了解该安排的目的和设计。如果合营安排同时具有以下特征，则表明该安排是共同经营：①各参与方实质上有权享有，并有义务接受由该安排资产产生的几乎所有经济利益（从而承担了该经济利益的相关风险，如价格风险、存货风险、需求风险等），如该安排所从事的活动主要是向合营方提供产出等；②持续依赖于合营方清偿该安排活动产生的负债，并维持该安排的运营。

在考虑"其他事实和情况"时，只有当该安排产生的负债的清偿持续依赖于合营方的支持时，该安排才为共同经营，即强调参与方实质上是该安排持续经营所需现金流的唯一来源。

（4）重新评估。企业对合营安排是否拥有共同控制权，以及评估该合营安排是共同经营还是合营企业，需要在初始判断的基础上持续评估。进行判断时，企业需要对所有相关的事实和情况加以考虑。如果法律形式、合同条款等相关事实和情况发生变化，合营安排参与方应当对合营安排进行重新评估：一是评估原合营方是否仍对该安排拥有共同控制权；二是评估合营安排的类型是否发生变化。相关事实和情况的变化有时可能导致某一参与方控制该安排，从而使该安排不再是合营安排。由于相关事实和情况发生变化，合营安排的分类可能发生变化，可能由合营企业转变为共同经营，或者由共同经营转变为合营企业。例如，经重新协商，修订后的合营安排的合同条款约定参与方拥有对资产的权利，并承担对负债的义务，这种情况下，该安排的分类可能发生了变化，应重新评估该安排是否由合营企业转为共同经营。

二、共同经营中合营方的会计处理

（一）一般会计处理原则

除合营方对持有合营企业投资应当采用权益法核算以外，其他合营安排中的合营方应当确认自身所承担的以及按比例享有或承担的合营安排中按照合同、协议等的规定归属于本企业的资产、负债、收入及费用。该处理方法一定程度上类似于比例合并，但与比例合并又存在差异。具体如下：

合营方应当确认其与共同经营中利益份额相关的下列项目，并按照相关企业会计准则的规定进行会计处理：一是确认单独所持有的资产，以及按其份额确认共同持有的资产；二是确认单独所承担的负债，以及按其份额确认共同承担的负债；三是确认出售其享有的共同经营产出份额所产生的收入；四是按其份额确认共同经营因出售产出所产生的收入；五是确认单独所发生的费用，以及按其份额确认共同经营发生的费用。

合营方可能将其自有资产用于共同经营，如果合营方保留了对这些资产的全部所有权或控制权，则这些资产的会计处理与合营方自有资产的会计处理并无差别。

合营方也可能与其他合营方共同购买资产来投入共同经营，并共同承担共同经营的负债，此时，合营方应当按照企业会计准则相关规定确认在这些资产和负债中的利益份额。如按照《企业会计准则第4号——固定资产》来确认在相关固定资产中的利益份额，按照《企业会计准则第22号——金融工具确认和计量》来确认在相关金融资产和金融负债中的份额。共同经营通过单独主体达成时，合营方应确认按照上述原则单独所承担的负债，以及按本企业的份额确认共同承担的负债。但合营方对于因其他股东未按约定向合营安排提供资金，按照我国相关法律或相关合同约定等规定而承担连带责任的，从其规定，在会计处理上应遵循《企业会计准则第13号——或有事项》的要求。

有关合营合同的安排通常描述了该安排所从事活动的性质，以及各参与方打算共同开展这些活动的方式。例如，合营安排各参与方可能同意共同生产产品，每一参与方负责特定的任务，使用各自的资产，承担各自的负债。合同安排也可能规定了各参与方分享共同收入和分担共同费用的方式。在这种情况下，每一个合营方在其资产负债表上确认其用于完成特定任务的资产和负债，并根据相关约定确认相关的收入和费用份额。当合营安排各参与方可能同意共同拥有和经营一项资产时，相关约定规定了各参与方对共同经营资产的权利，以及来自该项资产的收入或产出和相应的经营成本在各参与方之间分配的方式。每一个合营方对其在共同资产中的份额、同意承担的负债份额进行会计处理，并按照相关约定确认其在产出、收入和费用中的份额。

▶【例6-26】2×13年1月1日，A公司和B公司共同出资购买一栋写字楼，各自拥有该写字楼50%的产权，用于出租收取租金。合同约定，该写字楼相关活动的决策需要A公司和B公司一致同意方可作出；A公司和B公司的出资比例、收入分享比例和费用分担比例均为各自50%。该写字楼购买价款为8 000万元，由A公司和B公司以银行存款支付，预计使用寿命20年，预计净残值为320万元，采用年限平均法按月计提折旧。该写字楼的租赁合同约定，租赁期限为10年，每年租金为480万元，按月支付。该写字楼每月支付维修费2万元。另外，A公司和B公司约定，该写字楼的后续维护和维修支出（包括再装修支出和任何其他的大修支出）以及与该写字楼相关的任何资金需求，均由A公司和B公司按比例承担。假设A公司和B公司均采用成本法对投资性房地产进行后续计量，不考虑税费等其他因素影响。

本例中，由于关于该写字楼相关活动的决策需要A公司和B公司一致同意方可作出，所以A公司和B公司共同控制该写字楼，购买并出租该写字楼为一项合营安排。由于该合营安排并未通过一个单独主体来架构，并明确约定了A公司和B公司享有该安排中资产的权利、获得该安排相应收入的权利、承担相应费用的责任等，因此该合营安排是共同经营。A公司的相关账务处理如下：

（1）出资购买写字楼时：

借：投资性房地产　　　　　　　　　　（80 000 000×50%）40 000 000
　　贷：银行存款　　　　　　　　　　　　　　　　　　　　40 000 000

（2）每月确认租金收入时：

借：银行存款　　　　　　　　　　　　（4 800 000×50%÷12）200 000
　　贷：其他业务收入　　　　　　　　　　　　　　　　　　　　200 000

（3）每月计提写字楼折旧时：

每月计提折旧额=(8 000-320)÷20÷12×50%=16(万元)

借：其他业务成本　　　　　　　　　　　　　　　　　　　160 000
　　贷：投资性房地产累计折旧　　　　　　　　　　　　　　　160 000

(4) 每月支付维修费时：

借：其他业务成本　　　　　　　　　　　　（20 000×50%）10 000
　　贷：银行存款　　　　　　　　　　　　　　　　　　　　　10 000

（二）合营方向共同经营投出或者出售不构成业务的资产的会计处理

合营方向共同经营投出或出售资产等（该资产构成业务的除外），在共同经营将相关资产出售给第三方或相关资产消耗之前（即，未实现内部利润仍包括在共同经营持有的资产账面价值中时），应当仅确认归属于共同经营其他参与方的利得或损失。如果投出或出售的资产发生符合《企业会计准则第8号——资产减值》等规定的资产减值损失的，合营方应当全额确认该损失。

（三）合营方自共同经营购买不构成业务的资产的会计处理

合营方自共同经营购买资产等（该资产构成业务的除外），在将该资产等出售给第三方之前（即，未实现内部利润仍包括在合营方持有的资产账面价值中时），不应当确认因该交易产生的损益中该合营方应享有的部分。

（四）合营方取得构成业务的共同经营的利益份额且形成控制情况的会计处理

合营方取得共同经营中的利益份额，且该共同经营构成业务时，应当按照《企业会计准则第20号——企业合并》等相关准则进行会计处理，但其他相关准则的规定不能与《企业会计准则第40号——合营安排》的规定相冲突。企业应当按照《企业会计准则第20号——企业合并》的相关规定判断该共同经营是否构成业务。该处理原则不仅适用于收购现有构成业务的共同经营中的利益份额，也适用于与其他参与方一起设立共同经营，且由于有其他参与方注入既存业务，使共同经营设立时即构成业务。

合营方增加其持有的一项构成业务的共同经营的利益份额时，如果合营方对该共同经营仍然是共同控制，则合营方之前持有的共同经营的利益份额不应按照新增投资日的公允价值重新计量。

三、对共同经营不享有共同控制的参与方的会计处理原则

对共同经营不享有共同控制的参与方（非合营方），如果享有该共同经营相关资产且承担该共同经营相关负债的，比照合营方进行会计处理。即，共同经营的参与方，不论其是否具有共同控制，只要能够享有共同经营相关资产的权利，并承担共同经营相关负债的义务，对在共同经营中的利益份额采用与合营方相同的会计处理；否则，应当按照相关企业会计准则的规定对其利益份额进行会计处理。例如，如果该参与方对于合营安排的净资产享有权利并且具有重大影响，则按照《企业会计准则第2号——长期股权投资》等相关规定进行会计处理；如果该参与方对于合营安排的净资产享有权利并且无重大影响，则按照《企业会计准则第22号——金融工具确认和计量》等相关规定进行会计处理；向共同经营投出构成业务的资产的，以及取得共同经营的利益份额的，则按照《企业会计准则第33号——合并财务报表》和《企业会计准则第20号——企业合并》等相关准则进行会计处理。

第七章 资产减值

第一节 资产减值概述

资产的主要特征之一是它必须能够为企业带来经济利益的流入，如果资产不能够为企业带来经济利益或者带来的经济利益低于其账面价值，那么，该资产就不能再予确认，或者不能再以原账面价值予以确认，否则不符合资产的定义，也无法反映资产的实际价值，其结果会导致企业资产虚增和利润虚增。因此，当企业资产的可收回金额低于其账面价值时，即表明资产发生了减值，企业应当确认资产减值损失，并把资产的账面价值减记至可收回金额。

一、资产减值的范围

企业所有的资产在发生减值时，原则上都应当对所发生的减值损失及时确认和计量，因此，资产减值包括所有资产的减值。但是，由于有关资产特性不同，其减值会计处理也有所差别，因而所适用的具体准则也不尽相同。例如，存货、消耗性生物资产的减值分别适用《企业会计准则第 1 号——存货》《企业会计准则第 5 号——生物资产》；递延所得税资产、融资租赁中出租人未担保余值等资产的减值，分别适用《企业会计准则第 18 号——所得税》《企业会计准则第 21 号——租赁》；采用公允价值后续计量的投资性房地产和由《企业会计准则第 22 号——金融工具确认和计量》所规范的金融资产的减值，分别适用《企业会计准则第 3 号——投资性房地产》《企业会计准则第 22 号——金融工具确认和计量》；划分为持有待售的非流动资产的减值，适用《企业会计准则第 42 号——持有待售的非流动资产、处置组和终止经营》，这些资产减值的会计处理由相关章节阐述，本章不涉及有关内容。

本章涉及的主要是除上述资产以外的资产，这些资产通常属于企业的非流动资产，具体包括：（1）对子公司、联营企业和合营企业的长期股权投资；（2）采用成本模式进行后续计量的投资性房地产；（3）固定资产；（4）生产性生物资产；（5）无形资产；（6）商誉；（7）使用权资产；（8）探明石油天然气矿区权益和井及相关设施等。

二、资产减值的迹象与测试

(一) 资产减值迹象的判断

企业在资产负债表日应当判断资产是否存在可能发生减值的迹象,主要可从外部信息来源和内部信息来源两方面加以判断:

从企业外部信息来源来看,如果出现了资产的市价在当期大幅度下跌,其跌幅明显高于因时间的推移或者正常使用而预计的下跌;企业经营所处的经济、技术或者法律等环境以及资产所处的市场在当期或者将在近期发生重大变化,从而对企业产生不利影响;市场利率或者其他市场投资报酬率在当期已经提高,从而影响企业计算资产预计未来现金流量现值的折现率,导致资产可收回金额大幅度降低;企业所有者权益(净资产)的账面价值远高于其市值等,均属于资产可能发生减值的迹象,企业需要据此估计资产的可收回金额,决定是否需要确认减值损失。

从企业内部信息来源来看,如果有证据表明资产已经陈旧过时或者其实体已经损坏;资产已经或者将被闲置、终止使用或者计划提前处置;企业内部报告的证据表明资产的经济绩效已经低于或者将低于预期,如资产所创造的净现金流量或者实现的营业利润远远低于原来的预算或者预计金额、资产发生的营业损失远远高于原来的预算或者预计金额、资产在建造或者收购时所需的现金支出远远高于最初的预算、资产在经营或者维护中所需的现金支出远远高于最初的预算等,均属于资产可能发生减值的迹象。

需要说明的是,上述列举的资产减值迹象并不能穷尽所有的减值迹象,企业应当根据实际情况来认定资产可能发生减值的迹象。

(二) 资产减值的测试

如果有确凿证据表明资产存在减值迹象的,应当进行减值测试,估计资产的可收回金额。资产存在减值迹象是资产是否需要进行减值测试的必要前提,但是以下资产除外,即因企业合并形成的商誉和使用寿命不确定的无形资产,对于这些资产,无论是否存在减值迹象,都应当至少于每年年度终了进行减值测试。其原因是,因企业合并所形成的商誉和使用寿命不确定的无形资产在后续计量中不再进行摊销,但是考虑到这些资产的价值和产生的未来经济利益有较大的不确定性,为了避免资产价值高估,及时确认商誉和使用寿命不确定的无形资产的减值损失,如实反映企业财务状况和经营成果,对于这些资产,企业至少应当于每年年度终了进行减值测试。另外,对于尚未达到可使用状态的无形资产,由于其价值通常具有较大的不确定性,也应当每年进行减值测试。

企业在判断资产减值迹象以决定是否需要估计资产可收回金额时,应当遵循重要性原则。根据这一原则,企业资产存在下列情况的,可以不估计其可收回金额:

(1) 以前报告期间的计算结果表明,资产可收回金额远高于其账面价值,之后又没有发生消除这一差异的交易或者事项的,企业在资产负债表日可以不需重新估计该资产的可收回金额。

(2) 以前报告期间的计算与分析表明,资产可收回金额对于资产减值准则中所列示的一种或者多种减值迹象反应不敏感,在本报告期间又发生了这些减值迹象的,在资产负债表日企业可以不需因为上述减值迹象的出现而重新估计该资产的可收回金额。比如,在当期市场利率或者其他市场投资报酬率提高的情况下，如果企业计算资产未来现金流量现值时所采用的折现率不大可能受到该市场利率或者其他市场投资报酬率提高的影响；或者即使会受到影响，但以前期间的可收回金额敏感性分析表明，该资产预计未来现金流量也很可能相应增加，因而不大可能导致资产的可收回金额大幅度下降的，企业可以不必对资产可收回金额进行重新估计。

第二节 资产可收回金额的计量

一、估计资产可收回金额的基本方法

企业资产存在减值迹象的，应当估计其可收回金额，然后将所估计的资产可收回金额与其账面价值相比较，以确定资产是否发生了减值，以及是否需要计提资产减值准备并确认相应的减值损失。在估计资产可收回金额时，原则上应当以单项资产为基础，如果企业难以对单项资产的可收回金额进行估计的，应当以该资产所属的资产组为基础确定资产组的可收回金额。本章中的资产除特别指明外，既包括单项资产，也包括资产组。有关资产组的认定将在本章第四节中阐述。

资产可收回金额的估计，应当根据其公允价值减去处置费用后的净额与资产预计未来现金流量的现值两者之间较高者确定。例如，对于采用权益法核算的长期股权投资，当被投资单位股价出现明显下跌且远低于被投资单位净资产的账面价值时，通常表明投资方持有的长期股权投资存在减值迹象，在对该项长期股权投资估计可收回金额时，应当根据该项长期股权投资的公允价值减去处置费用后的净额与该项长期股权投资预计未来现金流量的现值两者之间较高者确定。因此，要估计资产的可收回金额，通常需要同时估计该资产的公允价值减去处置费用后的净额和资产预计未来现金流量的现值。但是，在下列情况下，可以有例外或者作特殊考虑：

（1）资产的公允价值减去处置费用后的净额与资产预计未来现金流量的现值，只要有一项超过了资产的账面价值，就表明资产没有发生减值，不需再估计另一项金额。

（2）没有确凿证据或者理由表明，资产预计未来现金流量现值显著高于其公允价值减去处置费用后的净额的，可以将资产的公允价值减去处置费用后的净额视为资产的可收回金额。对于企业持有待售的资产往往属于这种情况，即该资产在持有期间（处置之前）所产生的现金流量可能很少，其最终取得的未来现金流量往往就是资产的处置净收入，因此，在这种情况下，以资产公允价值减去处置费用后的净额作为其可收回金额是适宜的，因为资产的未来现金流量现值不大会显著高于其公允价值减去处置费用后的净额。

（3）资产的公允价值减去处置费用后的净额如果无法可靠估计的，应当以该资产预计未来现金流量的现值作为其可收回金额。

二、资产的公允价值减去处置费用后的净额的估计

资产的公允价值减去处置费用后的净额，通常反映的是资产如果被出售或者处置时可以收回的净现金收入。其中，资产的公允价值是指市场参与者在计量日发生的有序交易中，出售一项资产所能收到的价格；处置费用是指可以直接归属于资产处置的增量成本，包括与资产处置有关的法律费用、相关税费、搬运费以及为使资产达到可销售状态所发生的直接费用等，但是，财务费用和所得税费用等不包括在内。

对于资产的公允价值，企业应当按照第二十九章公允价值计量进行估计，并在此基础上减去相关处置费用，以确定资产的公允价值减去处置费用后的净额。如果企业按照上述要求仍然无法可靠估计资产的公允价值减去处置费用后的净额的，应当以该资产预计未来现金流量的现值作为其可收回金额。

三、资产预计未来现金流量的现值的估计

资产预计未来现金流量的现值，应当按照资产在持续使用过程中和最终处置时所产生的预计未来现金流量，选择恰当的折现率对其进行折现后的金额加以确定。因此，预计资产未来现金流量的现值，主要涉及三个方面：（1）资产的预计未来现金流量；（2）资产的使用寿命；（3）折现率。

其中，资产使用寿命的预计与《企业会计准则第4号——固定资产》《企业会计准则第6号——无形资产》等规定的使用寿命预计方法相同。以下重点阐述资产未来现金流量和折现率的预计方法。

（一）资产未来现金流量的预计

1. 预计资产未来现金流量的基础

为了估计资产未来现金流量的现值，需要首先预计资产的未来现金流量，为此，企业管理层应当在合理和有依据的基础上对资产剩余使用寿命内整个经济状况进行最佳估计，并将资产未来现金流量的预计建立在经企业管理层批准的最近财务预算或者预测数据之上。但是，出于数据可靠性和便于操作等方面的考虑，建立在该预算或者预测基础上的预计现金流量最多涵盖5年，企业管理层如能证明更长的期间是合理的，可以涵盖更长的期间。其原因是，在通常情况下，要对期限超过5年的未来现金流量进行较为可靠的预测比较困难，即使企业管理层可以以超过5年的财务预算或者预测为基础对未来现金流量进行预计，企业管理层应当确保这些预计的可靠性，并提供相应的证明，比如根据过去的经验和实践，企业有能力而且能够对超过5年的期间作出较为准确的预测。

如果资产未来现金流量的预计还包括最近财务预算或者预测期之后的现金流量，企业应当以该预算或者预测期之后年份稳定的或者递减的增长率为基础进行估计。但是，企业管理层如能证明递增的增长率是合理的，可以以递增的增长率为基础进行估计。同时，所使用的增长率除了企业能够证明更高的增长率是合理的之外，不应当超过企业经营的产品、市场、所处的行业或者所在国家或者地区的长期平均增长率，或者该资产所

处市场的长期平均增长率。在恰当、合理的情况下，该增长率可以是零或者负数。

由于经济环境随时都在变化，资产的实际现金流量往往会与预计数有出入，而且预计资产未来现金流量时的假设也有可能发生变化。因此，企业管理层在每次预计资产未来现金流量时，应当首先分析以前期间现金流量预计数与现金流量实际数出现差异的情况，以评判当期现金流量预计所依据的假设的合理性。通常情况下，企业管理层应当确保当期现金流量预计所依据的假设与前期实际结果相一致。

2. 资产预计未来现金流量应当包括的内容

预计的资产未来现金流量应当包括下列各项：

（1）资产持续使用过程中预计产生的现金流入。

（2）为实现资产持续使用过程中产生的现金流入所必需的预计现金流出（包括为使资产达到预定可使用状态所发生的现金流出）。该现金流出应当是可直接归属于或者可通过合理和一致的基础分配到资产中的现金流出，后者通常是指那些与资产直接相关的间接费用。对于在建工程、开发过程中的无形资产等，企业在预计其未来现金流量时，就应当包括预期为使该类资产达到预定可使用（或者可销售）状态而发生的全部现金流出数。

（3）资产使用寿命结束时，处置资产所收到或者支付的净现金流量。该现金流量应当是在公平交易中，熟悉情况的交易双方自愿进行交易时，企业预期可从资产的处置中获取或者支付的减去预计处置费用后的金额。

3. 预计资产未来现金流量应当考虑的因素

企业为了预计资产未来现金流量，应当综合考虑下列因素：

（1）以资产的当前状况为基础预计资产未来现金流量。企业资产在使用过程中有时会因为修理、改良、重组等原因而发生变化，因此，在预计资产未来现金流量时，企业应当以资产的当前状况为基础，不应当包括与将来可能会发生的、尚未作出承诺的重组事项或者与资产改良有关的预计未来现金流量。具体包括以下几层意思：

①重组通常会对资产的未来现金流量产生影响，有时还会产生较大影响，因此，对于重组的界定就显得十分重要。这里所指的重组，专指企业制定和控制的，将显著改变企业组织方式、经营范围或者经营方式的计划实施行为。关于重组的具体界定和对已作出承诺的重组事项的判断标准，企业应当依据《企业会计准则第13号——或有事项》有关规定加以判断。

②企业已经承诺重组的，在确定资产的未来现金流量的现值时，预计的未来现金流入和流出数，应当反映重组所能节约的费用和由重组所带来的其他利益，以及因重组所导致的估计未来现金流出数。其中，重组所能节约的费用和由重组所带来的其他利益，通常应当根据企业管理层批准的最近财务预算或者预测数据进行估计；因重组所导致的估计未来现金流出数应当根据《企业会计准则第13号——或有事项》所确认的因重组所发生的预计负债金额进行估计。

③企业在发生与资产改良（包括提高资产的营运绩效）有关的现金流出之前，预计的资产未来现金流量仍然应当以资产的当前状况为基础，不应当包括因与该现金流出相关的未来经济利益增加而导致的预计未来现金流入金额。

④企业未来发生的现金流出如果是为了维持资产正常运转或者资产正常产出水平

而必要的支出或者属于资产维护支出，应当在预计资产未来现金流量时将其考虑在内。

（2）预计资产未来现金流量不应当包括筹资活动和所得税收付产生的现金流量。企业预计的资产未来现金流量，不应当包括筹资活动产生的现金流入或者流出以及与所得税收付有关的现金流量。其原因：一是所筹集资金的货币时间价值已经通过折现因素予以考虑；二是折现率要求是以税前基础计算确定的，因此，现金流量的预计也必须建立在税前基础之上，这样可以有效避免在资产未来现金流量现值的计算过程中可能出现的重复计算等问题，以保证现值计算的正确性。

（3）对通货膨胀因素的考虑应当和折现率相一致。企业在预计资产未来现金流量和折现率时，考虑因一般通货膨胀而导致物价上涨的因素，应当采用一致的基础。如果折现率考虑了因一般通货膨胀而导致的物价上涨影响因素，资产预计未来现金流量也应予以考虑；反之，如果折现率没有考虑因一般通货膨胀而导致的物价上涨影响因素，资产预计未来现金流量也应当剔除这一影响因素。总之，在考虑通货膨胀因素的问题上，资产未来现金流量的预计和折现率的预计，应当保持一致。

（4）内部转移价格应当予以调整。在一些企业集团里，出于集团整体战略发展的考虑，某些资产生产的产品或者其他产出可能是供其集团内部其他企业使用或者对外销售的，所确定的交易价格或者结算价格基于内部转移价格，而内部转移价格很可能与市场交易价格不同，在这种情况下，为了如实测算企业资产的价值，就不应当简单地以内部转移价格为基础预计资产未来现金流量，而应当采用在公平交易中企业管理层能够达成的最佳的未来价格估计数进行预计。

▶【例7-1】甲公司是一家传统高耗能企业，为了降低运营成本，实现绿色低碳、可持续发展的转型目标，甲公司拟对其现有业务进行重组。

2×11年底，甲公司对与该重组计划相关的资产组进行减值测试。不考虑相关的重组义务负债，该资产组的账面价值为6 500万元，预计剩余使用寿命为8年。假定该资产组的公允价值减去处置费用后的净额为6 200万元，低于其账面价值，因此，甲公司需要进一步通过计算其未来现金流量的现值确定该资产组的可收回金额。

管理层已在2×11年12月批准的预算中包含了预计于2×12年发生的重组支出，金额为350万元。该项重组安排预计将于2×13年起，每年节省成本开支100万元。考虑到相关市场已处于充分竞争状态，因此管理层假设的增长率为0，假定未来现金流量的折现率为4%，计算过程如表7-1所示。

表7-1　　　　　　　　　　　　　　　　　　　　　　　　　　　　　　　　　单位：万元

年 份	情形一：不考虑重组影响		情形二：考虑重组影响	
	未来现金流量	现值	未来现金流量	现值
2×12	870	836	520	500
2×13	900	832	1 000	925
2×14	950	845	1 050	933

续表

年 份	情形一：不考虑重组影响		情形二：考虑重组影响	
	未来现金流量	现值	未来现金流量	现值
2×15	950	812	1 050	898
2×16	950	781	1 050	863
2×17	950	751	1 050	830
2×18	950	722	1 050	798
2×19	950	694	1 050	767
合 计		6 273		6 514

情形一：2×11年底，甲公司虽然制订了详细、正式的重组计划，但由于尚未对外公告该计划，有关决定尚未传达到受影响的各方，也未采取任何措施实施该项决定，因此尚未确认相关预计负债。在该情形下，甲公司不应考虑重组计划的影响。如表7-1情形一所示，不考虑重组影响，该资产组未来现金流量现值为6 273万元，高于其公允价值减去处置费用后的净额6 200万元，但低于账面价值6 500万元，因此，应当确认的减值损失 = 6 500 - 6 273 = 227（万元）。

情形二：2×11年底，甲公司制订了详细、正式的重组计划，并且对外进行了公告，对满足确认条件的重组义务，确认了预计负债350万元。在该情形下，甲公司需考虑重组计划的影响。考虑重组义务预计负债后的资产组的账面价值 = 6 500 - 350 = 6 150（万元）。如表7-1情形二所示，考虑重组影响后，该资产组未来现金流量现值为6 514万元，高于其账面价值6 150万元，表明该资产组未发生减值。

4. 预计资产未来现金流量的方法

企业预计资产未来现金流量的现值，需要预计资产未来现金流量。预计资产未来现金流量，通常可以根据资产未来每期最有可能产生的现金流量进行预测。这种方法叫作传统法，它使用的是单一的未来每期预计现金流量和单一的折现率计算资产未来现金流量的现值。

▶【例7-2】企业某固定资产剩余使用年限为3年，企业预计未来3年里在正常的情况下，该资产每年可为企业产生的净现金流量分别为100万元、50万元、10万元。该现金流量通常即为最有可能产生的现金流量，企业应以该现金流量的预计数为基础计算资产的现值。

但在实务中，有时影响资产未来现金流量的因素较多，情况较为复杂，带有很大的不确定性，为此，使用单一的现金流量可能并不会如实反映资产创造现金流量的实际情况。这样，企业应当采用期望现金流量法预计资产未来现金流量。

▶【例7-3】承【例7-2】，假定利用固定资产生产的产品受市场行情波动影响大，企业预计未来3年每年的现金流量情况如表7-2所示。

表7-2　　　　　　　　　　各年现金流量概率分布及发生情况　　　　　　　　　　单位：万元

年　份	产品行情好（30%的可能性）	产品行情一般（60%的可能性）	产品行情差（10%的可能性）
第1年	150	100	50
第2年	80	50	20
第3年	20	10	0

在这种情况下，采用期望现金流量法比传统法更为合理。在期望现金流量法下，资产未来现金流量应当根据每期现金流量期望值进行预计，每期现金流量期望值按照各种可能情况下的现金流量与其发生概率加权计算。按照表7-2提供的情况，企业应当计算资产每年的预计未来现金流量如下：

第1年的预计现金流量（期望现金流量）=150×30%+100×60%+50×10%=110（万元）

第2年的预计现金流量（期望现金流量）=80×30%+50×60%+20×10%=56（万元）

第3年的预计现金流量（期望现金流量）=20×30%+10×60%+0×10%=12（万元）

应当注意的是，如果资产未来现金流量的发生时间是不确定的，企业应当根据资产在每一种可能情况下的现值及其发生概率直接加权计算资产未来现金流量的现值。

（二）折现率的预计

为了资产减值测试的目的，计算资产未来现金流量现值时所使用的折现率应当是反映当前市场货币时间价值和资产特定风险的税前利率。该折现率是企业在购置或者投资资产时所要求的必要报酬率。需要说明的是，如果在预计资产的未来现金流量时已经对资产特定风险的影响作了调整的，折现率的估计不需要考虑这些特定风险。如果用于估计折现率的基础是税后的，应当将其调整为税前的折现率，以便于与资产未来现金流量的估计基础相一致。

在实务中，折现率的确定，应当首先以该资产的市场利率为依据。如果该资产的利率无法从市场获得，可以使用替代利率估计。在估计替代利率时，企业应当充分考虑资产剩余寿命期间的货币时间价值和其他相关因素，比如资产未来现金流量金额及其时间的预计离异程度、资产内在不确定性的定价等，如果资产预计未来现金流量已经对这些因素作了有关调整的，应当予以剔除。

在估计替代利率时，可以根据企业加权平均资金成本、增量借款利率或者其他相关市场借款利率作适当调整后确定。调整时，应当考虑与资产预计现金流量有关的特定风险以及其他有关政治风险、货币风险和价格风险等。

估计资产未来现金流量现值，通常应当使用单一的折现率。但是，如果资产未来现金流量的现值对未来不同期间的风险差异或者利率的期间结构反应敏感的，企业应当在未来各不同期间采用不同的折现率。

（三）资产未来现金流量现值的预计

在预计了资产的未来现金流量和折现率后，资产未来现金流量的现值只需将该资产

的预计未来现金流量按照预计的折现率在预计的资产使用寿命里加以折现即可确定。其一般计算公式如下:

资产未来现金流量的现值 PV = $\sum$ [第 t 年预计资产未来现金流量 $NCF_t / (1 + 折现率 R)^t$]

▶【例7-4】 XYZ航运公司于2×10年末对一艘远洋运输船舶进行减值测试。该船舶账面价值为16 000万元,预计尚可使用年限为8年。

该船舶的公允价值减去处置费用后的净额难以确定,因此,企业需要通过计算其未来现金流量的现值确定资产的可收回金额。假定公司当初购置该船舶用的资金是银行长期借款资金,借款年利率为15%,公司认为15%是该资产的最低必要报酬率,已考虑了与该资产有关的货币时间价值和特定风险。因此,在计算其未来现金流量现值时,使用15%作为其折现率(税前)。

公司管理层批准的财务预算显示:公司将于2×15年更新船舶的发动机系统,预计为此发生资本性支出1 500万元,这一支出将降低船舶运输油耗、提高使用效率等,因此,将提高资产的运营绩效。

为了计算船舶在2×10年末未来现金流量的现值,公司首先必须预计其未来现金流量。假定公司管理层批准的2×10年末的该船舶预计未来现金流量如表7-3所示。

表7-3　　　　　　　　　未来现金流量预计表　　　　　　　　　单位:万元

年　份	预计未来现金流量 (不包括改良的影响金额)	预计未来现金流量 (包括改良的影响金额)
2×11	2 500	
2×12	2 460	
2×13	2 380	
2×14	2 360	
2×15	2 390	
2×16	2 470	3 290
2×17	2 500	3 280
2×18	2 510	3 300

根据资产减值准则的规定,在2×10年末预计资产未来现金流量时,应当以资产当时的状况为基础,不应考虑与该资产改良有关的预计未来现金流量。因此,尽管2×15年船舶的发动机系统将进行更新以改良资产绩效,提高资产未来现金流量,但是在2×10年末对其进行减值测试时,则不应将其包括在内。即在2×10年末计算该资产未来现金流量的现值时,应当以不包括资产改良影响金额的未来现金流量为基础加以计算,如表7-4所示。

由于在2×10年末,船舶的账面价值(尚未确认减值损失)为16 000万元,而其可收

表7-4　　　　　　　　　　　　　现值的计算　　　　　　　　　　　　　　单位：万元

年　份	预计未来现金流量 （不包括改良的影响金额）	以折现率为15%的折现系数	预计未来现金流量的现值
2×11	2 500	0.8696	2 174
2×12	2 460	0.7561	1 860
2×13	2 380	0.6575	1 565
2×14	2 360	0.5718	1 349
2×15	2 390	0.4972	1 188
2×16	2 470	0.4323	1 068
2×17	2 500	0.3759	940
2×18	2 510	0.3269	821
合　计			10 965

注：表中的各现值为相应年度的预计未来现金流量乘以折现系数，四舍五入后取整数。例如，第1年的预计未来现金流量现值的计算过程为：2 500×0.8696＝2 174（万元）。

回金额为10 965万元，账面价值高于其可收回金额，因此，应当确认减值损失，并计提相应的资产减值准备。应确认的减值损失为：16 000－10 965＝5 035（万元）。

假定2×11—2×14年该船舶没有发生进一步减值的迹象，因此，不必再进行减值测试，无须计算其可收回金额。2×15年发生了1 500万元的资本性支出，改良了资产绩效，导致其未来现金流量增加，但由于我国资产减值准则不允许将以前期间已经确认的资产减值损失予以转回，因此，在这种情况下，也不必计算其可收回金额。

（四）外币未来现金流量及其现值的预计

随着我国企业日益融入世界经济体系和国际贸易的大幅度增加，企业使用资产所收到的未来现金流量有可能为外币，在这种情况下，企业应当按照以下顺序确定资产未来现金流量的现值：

首先，应当以该资产所产生的未来现金流量的结算货币为基础预计其未来现金流量，并按照该货币适用的折现率计算资产的现值；其次，将该外币现值按照计算资产未来现金流量现值当日的即期汇率进行折算，从而折现成按照记账本位币表示的资产未来现金流量的现值；最后，在该现值基础上，比较资产公允价值减去处置费用后的净额以及资产的账面价值，以确定是否需要确认减值损失以及确认多少减值损失。

第三节　资产减值损失的确认与计量

一、资产减值损失确认与计量的一般原则

企业在对资产进行减值测试后，如果可收回金额的计量结果表明，资产的可收回金额低于其账面价值的，应当将资产的账面价值减记至可收回金额，减记的金额确认为资产减值损失，计入当期损益，同时，计提相应的资产减值准备。这样，企业当期确认的减值损失应当

反映在其利润表中,而计提的资产减值准备应当作为相关资产的备抵项目,反映于资产负债表中,从而夯实企业资产价值,避免利润虚增,如实反映企业的财务状况和经营成果。

资产减值损失确认后,减值资产的折旧或者摊销费用应当在未来期间作相应调整,以使该资产在剩余使用寿命内,系统地分摊调整后的资产账面价值(扣除预计净残值)。比如,固定资产计提了减值准备后,固定资产账面价值将根据计提的减值准备相应抵减,因此,固定资产在未来计提折旧时,应当以新的固定资产账面价值为基础计提未来每期折旧。

考虑到固定资产、无形资产、商誉等资产发生减值后,一方面价值回升的可能性比较小,通常属于永久性减值;另一方面从会计信息稳健性要求考虑,为了避免确认资产重估增值和操纵利润,资产减值损失一经确认,在以后会计期间不得转回。以前期间计提的资产减值准备,需要等到资产处置时才可转出。

二、资产减值损失的账务处理

为了正确核算企业确认的资产减值损失和计提的资产减值准备,企业应当设置"资产减值损失"科目,按照资产类别进行明细核算,反映各类资产在当期确认的资产减值损失金额;同时,应当根据不同的资产类别,分别设置"固定资产减值准备""在建工程减值准备""投资性房地产减值准备""无形资产减值准备""商誉减值准备""长期股权投资减值准备""使用权资产减值准备""生产性生物资产减值准备"等科目。

当企业确定资产发生了减值时,应当根据所确认的资产减值金额,借记"资产减值损失"科目,贷记"固定资产减值准备""在建工程减值准备""投资性房地产减值准备""无形资产减值准备""商誉减值准备""长期股权投资减值准备""使用权资产减值准备""生产性生物资产减值准备"等科目。在期末,企业应当将"资产减值损失"科目余额转入"本年利润"科目,结转后该科目应当没有余额。各资产减值准备科目累积每期计提的资产减值准备,直至相关资产被处置时才予以转出。

▶【例7-5】承【例7-4】,根据测试和计算结果,XYZ公司应确认的船舶减值损失为5 035万元,账务处理如下:

借:资产减值损失——固定资产减值损失　　　　　　　　50 350 000
　　贷:固定资产减值准备　　　　　　　　　　　　　　　　50 350 000

计提资产减值准备后,船舶的账面价值变为10 965万元,在该船舶剩余使用寿命内,公司应当以此为基础计提折旧。如果发生进一步减值的,再作进一步的减值测试。

需要说明的是,由于资产组、总部资产和商誉减值的确认、计量和账务处理有一定的特殊性,因此,有关特殊处理将在本章第四节中作具体说明。

第四节　资产组的认定及减值处理

一、资产组的认定

根据规定,如果有迹象表明一项资产可能发生减值的,企业应当以单项资产为基础估计其可收回金额。但是，在难以对单项资产的可收回金额进行估计的情况下，企业应当以该资产所属的资产组为基础确定资产组的可收回金额。因此，资产组的认定就显得十分重要。

（一）资产组的定义

资产组是企业可以认定的最小资产组合，其产生的现金流入应当基本上独立于其他资产或者资产组。资产组应当由创造现金流入相关的资产组成。

（二）认定资产组应当考虑的因素

（1）资产组的认定，应当以资产组产生的主要现金流入是否独立于其他资产或者资产组的现金流入为依据。因此，资产组能否独立产生现金流入是认定资产组的最关键因素。比如，企业的某一生产线、营业网点、业务部门等，如果能够独立于其他部门或者单位等创造收入、产生现金流，或者其创造的收入和现金流入绝大部分独立于其他部门或者单位的，并且属于可认定的最小的资产组合的，通常应将该生产线、营业网点、业务部门等认定为一个资产组。

▶【例7-6】某矿业公司拥有一个煤矿，与煤矿的生产和运输相配套，建有一条专用铁路。该铁路除非报废出售，其在持续使用中，难以脱离煤矿相关的其他资产而产生单独的现金流入，因此，企业难以对专用铁路的可收回金额进行单独估计，专用铁路和煤矿其他相关资产必须结合在一起，成为一个资产组，以估计该资产组的可收回金额。

在资产组的认定中，企业几项资产的组合生产的产品（或者其他产出）存在活跃市场的，无论这些产品或者其他产出是用于对外出售还是仅供企业内部使用，均表明这几项资产的组合能够独立创造现金流入，在符合其他相关条件的情况下，应当将这些资产的组合认定为资产组。

▶【例7-7】甲企业生产某单一产品，并且只拥有A、B、C三家工厂。三家工厂分别位于三个不同的国家，而三个国家又位于三个不同的洲。工厂A生产一种组件，由工厂B或者C进行组装，最终产品由B或者C销往世界各地，比如工厂B的产品可以在本地销售，也可以在C所在洲销售（如果将产品从B运到C所在洲更加方便的话）。

B和C的生产能力合在一起尚有剩余，并没有被完全利用。B和C生产能力的利用程度依赖于甲企业对于销售产品在两地之间的分配。以下分别认定与A、B、C有关的资产组。

假定A生产的产品（即组件）存在活跃市场，则A很可能可以认定为一个单独的资产组，原因是它生产的产品尽管主要用于B或者C，但是，由于该产品存在活跃市场，可以带来独立的现金流量，因此，通常应当认定为一个单独的资产组。在确定其未来现金流量的现值时，公司应当调整其财务预算或预测，将未来现金流量的预计建立在公平交易的前提下A所生产产品的未来价格最佳估计数，而不是其内部转移价格。

对于B和C而言，即使B和C组装的产品存在活跃市场，由于B和C的现金流入依赖于产品在两地之间的分配，B和C的未来现金流入不可能单独地确定。因此，B和C组合在一起是可以认定的、可产生基本上独立于其他资产或者资产组的现金流入的资产组合。B和C应当认定为一个资产组。在确定该资产组未来现金流量的现值时，公司也应当调整其财务预算或预测，将未来现金流量的预计建立在公平交易的前提下从A所购入产品的未来价格的最佳估计数，而不是其内部转移价格。

▶【例7-8】承【例7-7】，假定A生产的产品不存在活跃市场。

在这种情况下，由于A生产的产品不存在活跃市场，它的现金流入依赖于B或者C生产的最终产品的销售，因此，A很可能难以单独产生现金流入，其可收回金额很可能难以单独估计。

而对于B和C而言，其生产的产品虽然存在活跃市场，但是，B和C的现金流入依赖于产品在两个工厂之间的分配，B和C在产能和销售上的管理是统一的，因此，B和C也难以单独产生现金流量，因而也难以单独估计其可收回金额。

因此，只有A、B、C三个工厂组合在一起（即将甲企业作为一个整体）才很可能是一个可以认定的、能够基本上独立产生现金流入的最小的资产组合，从而将A、B、C的组合认定为一个资产组。

（2）资产组的认定，应当考虑企业管理层对生产经营活动的管理或者监控方式（如是按照生产线、业务种类还是按照地区或者区域等）和对资产的持续使用或者处置的决策方式等。比如，企业各生产线都是独立生产、管理和监控的，那么各生产线很可能应当认定为单独的资产组；如果某些机器设备是相互关联、互相依存的，其使用和处置是一体化决策的，那么，这些机器设备很可能应当认定为一个资产组。

▶【例7-9】ABC服装企业有童装、西装、衬衫三个工厂，每个工厂在生产、销售、核算、考核和管理等方面都相对独立，在这种情况下，每个工厂通常应当认定为一个资产组。

▶【例7-10】MM家具制造有限公司有A和B两个生产车间，A车间专门生产家具部件，生产完后由B车间负责组装并对外销售，该企业对A车间和B车间资产的使用和处置等决策是一体的，在这种情况下，A车间和B车间通常应当认定为一个资产组。

（三）资产组认定后不得随意变更

资产组一经确定后，在各个会计期间应当保持一致，不得随意变更。即资产组的各项资产构成通常不能随意变更。比如，甲设备在2×24年归属于A资产组，在无特殊情况下，该设备在2×25年仍然应当归属于A资产组，而不能随意将其变更至其他资产组。

但是，如果由于企业重组、变更资产用途等原因，导致资产组构成确需变更的，企业可以进行变更，但企业管理层应当证明该变更是合理的，并应当在附注中作相应说明。

二、资产组减值测试

资产组减值测试的原理与单项资产是一致的，即企业需要预计资产组的可收回金额和计算资产组的账面价值，并将两者进行比较，如果资产组的可收回金额低于其账面价值的，表明资产组发生了减值损失，应当予以确认。

（一）资产组账面价值和可收回金额的确定基础

资产组账面价值的确定基础应当与其可收回金额的确定方式相一致。因为这样的比较才有意义，否则，如果两者在不同的基础上进行估计和比较，就难以正确估算资产组的减值损失。

在确定资产组的可收回金额时，应当按照该资产组的公允价值减去处置费用后的净额与其预计未来现金流量的现值两者之间较高者确定。

资产组的账面价值则应当包括可直接归属于资产组与可以合理和一致地分摊至资产组的资产账面价值，通常不应当包括已确认负债的账面价值，但如不考虑该负债金额就无法确定资产组可收回金额的除外。这是因为在预计资产组的可收回金额时，既不包括与该资产组的资产无关的现金流量，也不包括与已在财务报表中确认的负债有关的现金流量。因此，为了与资产组可收回金额的确定基础相一致，资产组的账面价值也不应当包括这些项目。

资产组在处置时如要求购买者承担一项负债（如环境恢复负债等）、该负债金额已经确认并计入相关资产账面价值，而且企业只能取得包括上述资产和负债在内的单一公允价值减去处置费用后的净额的，为了比较资产组的账面价值和可收回金额，在确定资产组的账面价值及其预计未来现金流量的现值时，应当将已确认的负债金额从中扣除。

▶【例7-11】MN公司在某山区经营一座有色金属矿山，根据规定，公司在矿山完成开采后应当将该地区恢复原貌。恢复费用主要为山体表层复原费用（如恢复植被等），因为山体表层必须在矿山开发前挖走。因此，企业在山体表层挖走后，就应当确认一项预计负债，并计入矿山成本，假定其金额为500万元。

2×24年12月31日，随着开采进展，公司发现矿山中的有色金属储量远低于预期，因此，公司对该矿山进行了减值测试。考虑到矿山的现金流量状况，整座矿山被认定为一个资产组。该资产组在2×24年末的账面价值为1 000万元（包括确认的恢复山体原貌的预计负债）。

矿山（资产组）如于2×24年12月31日对外出售，买方愿意出价820万元（包括恢复山体原貌成本，即已经扣减这一成本因素），预计处置费用为20万元，因此，该矿山的公允价值减去处置费用后的净额为800万元。

矿山的预计未来现金流量的现值为1 200万元，不包括恢复费用。

根据上述资料，为了比较资产组的账面价值和可收回金额，在确定资产组的账面价值及其预计未来现金流量的现值时，应当将已确认的负债金额从中扣除。

在本例中，资产组的公允价值减去处置费用后的净额为800万元，该金额已经考虑了恢复费用。该资产组预计未来现金流量的现值在考虑了恢复费用后为700万元（1 200 - 500）。因此，该资产组的可收回金额为800万元。资产组的账面价值在扣除了已确认的恢复原貌预计负债后的金额为500万元（1 000 - 500）。这样，资产组的可收回金额大于其账面价值，所以，资产组没有发生减值，不必确认减值损失。

（二）资产组减值的会计处理

根据减值测试的结果，资产组（包括资产组组合，在后述有关总部资产或者商誉的减值测试时涉及）的可收回金额如低于其账面价值的，应当确认相应的减值损失。减值损失金额应当按照以下顺序进行分摊：（1）抵减分摊至资产组中商誉的账面价值；（2）根据资产组中除商誉之外的其他各项资产的账面价值所占比重，按比例抵减其他各项资产的账面价值。

以上资产账面价值的抵减，应当作为各单项资产（包括商誉）的减值损失处理，计入当期损益。抵减后的各资产的账面价值不得低于以下三者之中最高者：该资产的公允价值减去处置费用后的净额（如可确定的）、该资产预计未来现金流量的现值（如可确定的）和零。因此而导致的未能分摊的减值损失金额，应当按照相关资产组中其他各项资产的账面价值所占比重进行分摊。

▶【例 7-12】XYZ 公司有一条甲生产线，该生产线生产光学器材，由 A、B、C 三部机器构成，成本分别为 400 000 元、600 000 元、1 000 000 元，使用年限为 10 年，净残值为 0，以年限平均法计提折旧。各机器均无法单独产生现金流量，但整条生产线构成完整的产销单位，属于一个资产组。2×15 年甲生产线所生产的光学产品有替代产品上市，到年底，导致公司光学产品的销路锐减 40%，因此，对甲生产线进行减值测试。

2×15 年 12 月 31 日，A、B、C 三部机器的账面价值分别为 200 000 元、300 000 元、500 000 元。估计 A 机器的公允价值减去处置费用后的净额为 150 000 元，B、C 机器都无法合理估计其公允价值减去处置费用后的净额以及未来现金流量的现值。

整条生产线预计尚可使用 5 年。经估计其未来 5 年的现金流量及其恰当的折现率后，得到该生产线预计未来现金流量的现值 600 000 元。由于公司无法合理估计生产线的公允价值减去处置费用后的净额，公司以该生产线预计未来现金流量的现值为其可收回金额。

鉴于在 2×15 年 12 月 31 日该生产线的账面价值为 1 000 000 元，而其可收回金额为 600 000 元，生产线的账面价值高于其可收回金额，该生产线已经发生了减值，因此，公司应当确认减值损失 400 000 元，并将该减值损失分摊到构成生产线的三部机器中。由于 A 机器的公允价值减去处置费用后的净额为 150 000 元，因此，A 机器分摊了减值损失后的账面价值不应低于 150 000 元。具体分摊过程如表 7-5 所示。

表 7-5 资产组减值损失分摊表　　　　　　　　　　金额单位：元

项目	机器 A	机器 B	机器 C	整个生产线（资产组）
账面价值	200 000	300 000	500 000	1 000 000
可收回金额				600 000
减值损失				400 000
减值损失分摊比例	20%	30%	50%	
分摊减值损失	50 000*	120 000	200 000	370 000
分摊后账面价值	150 000	180 000	300 000	
尚未分摊的减值损失				30 000
二次分摊比例		37.50%	62.50%	
二次分摊减值损失		11 250	18 750	30 000
二次分摊后应确认减值损失总额		131 250	218 750	
二次分摊后账面价值	150 000	168 750	281 250	600 000

注：*按照分摊比例，机器 A 应当分摊减值损失 80 000 元（400 000×20%），但由于机器 A 的公允价值减去处置费用后的净额为 150 000 元，因此，机器 A 最多只能确认减值损失 50 000 元（200 000 - 150 000），未能分摊的减值损失 30 000 元（80 000 - 50 000），应当在机器 B 和机器 C 之间进行再分摊。

根据上述计算和分摊结果，构成甲生产线的机器 A、机器 B 和机器 C 应当分别确认减值损失 50 000 元、131 250 元和 218 750 元，账务处理如下：

借：资产减值损失——机器 A　　　　　　　　　　　　　50 000
　　　　　　　　——机器 B　　　　　　　　　　　　　131 250
　　　　　　　　——机器 C　　　　　　　　　　　　　218 750
　　贷：固定资产减值准备——机器 A　　　　　　　　　　50 000
　　　　　　　　　　　　——机器 B　　　　　　　　　　131 250
　　　　　　　　　　　　——机器 C　　　　　　　　　　218 750

三、总部资产的减值测试

企业总部资产包括企业集团或其事业部的办公楼、电子数据处理设备、研发中心等资产。总部资产的显著特征是难以脱离其他资产或者资产组产生独立的现金流入，而且其账面价值难以完全归属于某一资产组。因此，总部资产通常难以单独进行减值测试，需要结合其他相关资产组或者资产组组合进行。资产组组合，是指由若干个资产组组成的最小资产组组合，包括资产组或者资产组组合，以及按合理方法分摊的总部资产部分。

在资产负债表日，如果有迹象表明某项总部资产可能发生减值的，企业应当计算确定该总部资产所归属的资产组或者资产组组合的可收回金额，然后将其与相应的账面价值相比较，据以判断是否需要确认减值损失。

基于此，企业对某一资产组进行减值测试时，应当先认定所有与该资产组相关的总部资产，再根据相关总部资产能否按照合理和一致的基础分摊至该资产组分别下列情况处理：

（1）对于相关总部资产能够按照合理和一致的基础分摊至该资产组的部分，应当将该部分总部资产的账面价值分摊至该资产组，再据以比较该资产组的账面价值（包括已分摊的总部资产的账面价值部分）和可收回金额，并按照前述有关资产组减值测试的顺序和方法处理。

（2）对于相关总部资产中有部分资产难以按照合理和一致的基础分摊至该资产组的，应当按照下列步骤处理：

首先，在不考虑相关总部资产的情况下，估计和比较资产组的账面价值和可收回金额，并按照前述有关资产组减值测试的顺序和方法处理。

其次，认定由若干个资产组组成的最小的资产组组合，该资产组组合应当包括所测试的资产组与可以按照合理和一致的基础将该部分总部资产的账面价值分摊其上的部分。

最后，比较所认定的资产组组合的账面价值（包括已分摊的总部资产的账面价值部分）和可收回金额，并按照前述有关资产组减值测试的顺序和方法处理。

▶【例 7-13】ABC 高科技公司拥有 A、B 和 C 三个资产组，在 2×24 年末，这三个资产组的账面价值分别为 200 万元、300 万元和 400 万元，没有商誉。这三个资产组为三条生产线，预计剩余使用寿命分别为 10 年、20 年和 20 年，采用直线法计提折旧。由于 ABC 公司的竞争对手通过技术创新推出了更高技术含量的产品，并且受到市场欢迎，从而对 ABC 公司产品产生了重大不利影响，为此，ABC 公司于 2×24 年末对各资产组进行了减值测试。

在对资产组进行减值测试时，首先应当认定与其相关的总部资产。ABC 公司的经营管理活动由总部负责，总部资产包括一栋办公大楼和一个研发中心，其中，办公大楼的账面价值为300万元，研发中心的账面价值为100万元。办公大楼的账面价值可以在合理和一致的基础上分摊至各资产组，但是，研发中心的账面价值难以在合理和一致的基础上分摊至各相关资产组。对于办公大楼的账面价值，企业根据各资产组的账面价值和剩余使用寿命加权平均计算的账面价值分摊比例进行分摊，如表7-6所示。

表7-6　　　　　　　　　　各资产组账面价值

项　目	资产组A	资产组B	资产组C	合　计
各资产组账面价值（万元）	200	300	400	900
各资产组剩余使用寿命（年）	10	20	20	
按使用寿命计算的权重	1	2	2	
加权计算后的账面价值（万元）	200	600	800	1 600
办公大楼分摊比例（各资产组加权计算后的账面价值/各资产组加权平均计算后的账面价值合计）（%）	12.5	37.5	50	100
办公大楼账面价值分摊到各资产组的金额（万元）	37.5	112.5	150	300
包括分摊的办公大楼账面价值部分的各资产组账面价值（万元）	237.5	412.5	550	1 200

企业随后应当确定各资产组的可收回金额，并将其与账面价值（包括已分摊的办公大楼的账面价值部分）相比较，以确定相应的减值损失。考虑到研发中心的账面价值难以按照合理和一致的基础分摊至资产组，因此，确定由A、B、C三个资产组组成最小资产组组合（即为ABC整个公司），通过计算该资产组组合的可收回金额，并将其与账面价值（包括已分摊的办公大楼账面价值和研发中心的账面价值）相比较，以确定相应的减值损失。假定各资产组和资产组组合的公允价值减去处置费用后的净额难以确定，企业根据它们的预计未来现金流量的现值来计算其可收回金额，计算现值所用的折现率为15%，计算过程如表7-7所示。

表7-7　　　　　　各资产组预计未来现金流量计算表　　　　　　　　单位：万元

年　份	资产组A		资产组B		资产组C		包括研发中心在内的最小资产组组合（ABC公司）	
	未来现金流量	现值	未来现金流量	现值	未来现金流量	现值	未来现金流量	现值
1	36	32	18	16	20	18	78	68
2	62	46	32	24	40	30	144	108
3	74	48	48	32	68	44	210	138
4	84	48	58	34	88	50	256	146
5	94	48	64	32	102	50	286	142
6	104	44	66	28	112	48	310	134
7	110	42	68	26	120	46	324	122
8	110	36	70	22	126	42	332	108

续表

年份	资产组 A 未来现金流量	资产组 A 现值	资产组 B 未来现金流量	资产组 B 现值	资产组 C 未来现金流量	资产组 C 现值	包括研发中心在内的最小资产组组合（ABC 公司）未来现金流量	包括研发中心在内的最小资产组组合（ABC 公司）现值
9	106	30	70	20	130	36	334	96
10	96	24	70	18	132	32	338	84
11			72	16	132	28	264	56
12			70	14	132	24	262	50
13			70	12	132	22	262	42
14			66	10	130	18	256	36
15			60	8	124	16	244	30
16			52	6	120	12	230	24
17			44	4	114	10	216	20
18			36	2	102	8	194	16
19			28	2	86	6	170	12
20			20	2	70	4	142	8
现值合计		398		328		542		1 440

根据上述资料，资产组 A、B、C 的可收回金额分别为 398 万元、328 万元和 542 万元，相应的账面价值（包括分摊的办公大楼账面价值）分别为 237.5 万元、412.5 万元和 550 万元，资产组 B 和 C 的可收回金额均低于其账面价值，应当分别确认 84.5 万元和 8 万元减值损失，并将该减值损失在办公大楼和资产组之间进行分摊。根据分摊结果，因资产组 B 发生减值损失 84.5 万元而导致办公大楼减值 23.05 万元（84.5×112.5/412.5），导致资产组 B 中所包括资产发生减值 61.45 万元（84.5×300/412.5）；因资产组 C 发生减值损失 8 万元而导致办公大楼减值 2 万元（8×150/550），导致资产组 C 中所包括资产发生减值 6 万元（8×400/550）。

经过上述减值测试后，资产组 A、B、C 和办公大楼的账面价值分别为 200 万元、238.55 万元、394 万元和 274.95 万元，研发中心的账面价值仍为 100 万元，由此包括研发中心在内的最小资产组组合（即 ABC 公司）的账面价值总额为 1 207.50 万元（200+238.55+394+274.95+100），但其可收回金额为 1 440 万元，高于其账面价值，因此，企业不必再进一步确认减值损失（包括研发中心的减值损失）。

第五节 商誉减值测试与处理

一、商誉减值测试的基本要求

企业合并所形成的商誉，至少应当在每年年度终了进行减值测试。由于商誉难以独立产生现金流量,因此,商誉应当结合与其相关的资产组或者资产组组合进行减值测试。为了资产减值测试的目的,对于因企业合并形成的商誉的账面价值,应当自购买日起按照合理的方法分摊至相关的资产组;难以分摊至相关的资产组的,应当将其分摊至相关的资产组组合。

这些相关的资产组或者资产组组合应当是能够从企业合并的协同效应中受益的资产组或者资产组组合,应当代表企业基于内部管理目的对商誉进行监控的最低水平,但不应当大于按照《企业会计准则第35号——分部报告》和《企业会计准则解释第3号》所确定的经营分部。企业在分摊商誉的账面价值时,应当依据相关的资产组或者资产组组合能够从企业合并的协同效应中获得的相对受益情况进行分摊,在此基础上进行商誉减值测试。

二、商誉减值测试的方法与会计处理

企业在对包含商誉的相关资产组或者资产组组合进行减值测试时,如与商誉相关的资产组或者资产组组合存在减值迹象的,应当首先对不包含商誉的资产组或者资产组组合进行减值测试,计算可收回金额,并与相关账面价值相比较,确认相应的减值损失。其次,再对包含商誉的资产组或者资产组组合进行减值测试,比较这些相关资产组或者资产组组合的账面价值(包括所分摊的商誉的账面价值部分)与其可收回金额,如相关资产组或者资产组组合的可收回金额低于其账面价值的,应当就其差额确认减值损失,减值损失金额应当首先抵减分摊至资产组或者资产组组合中商誉的账面价值。最后,根据资产组或者资产组组合中除商誉之外的其他各项资产的账面价值所占比重,按比例抵减其他各项资产的账面价值。与资产减值测试的处理一样,以上资产账面价值的抵减,也都应当作为各单项资产(包括商誉)的减值损失处理,计入当期损益。抵减后的各资产的账面价值不得低于以下三者之中最高者:该资产的公允价值减去处置费用后的净额(如可确定的)、该资产预计未来现金流量的现值(如可确定的)和零。因此而导致的未能分摊的减值损失金额,应当按照相关资产组或者资产组组合中其他各项资产的账面价值所占比重进行分摊。

由于因企业合并所形成的商誉是母公司根据其在子公司所拥有的权益而确认的商誉,子公司中归属于少数股东的商誉并没有在合并财务报表中予以确认。因此,在对与商誉相关的资产组或者资产组组合进行减值测试时,由于其可收回金额的预计包括归属于少数股东的商誉价值部分,为了使减值测试建立在一致的基础上,企业应当调整资产组的账面价值,将归属于少数股东权益的商誉包括在内,然后,根据调整后的资产组账面价值与其可收回金额进行比较,以确定资产组(包括商誉)是否发生了减值。

上述资产组如发生减值的,应当首先抵减商誉的账面价值,但由于根据上述方法计算的商誉减值损失包括了应由少数股东权益承担的部分,而少数股东权益拥有的商誉价值及其减值损失都不在合并财务报表中反映,合并财务报表只反映归属于母公司的商誉减值损失,因此,应当将商誉减值损失在可归属于母公司和少数股东权益之间按比例进行分摊,以确认归属于母公司的商誉减值损失。

▶【例7-14】甲企业在2×24年1月1日以1 600万元的价格收购了乙企业80%股权。在收购日,乙企业可辨认资产的公允价值为1 500万元,没有负债和或有负债。因此,甲企业在其合并财务报表中确认商誉400万元(1 600 - 1 500×80%)、乙企业可辨认净资产 1 500 万元和少数股东权益 300 万元（1 500×20%）。

假定乙企业的所有资产被认定为一个资产组。由于该资产组包括商誉，因此，它至少应当于每年年度终了进行减值测试。2×24 年末，甲企业确定该资产组的可收回金额为 1 000 万元，可辨认净资产的账面价值为 1 350 万元。由于乙企业作为一个单独的资产组的可收回金额 1 000 万元中，包括归属于少数股东权益在商誉价值中享有的部分，因此，出于减值测试的目的，在与资产组的可收回金额进行比较之前，必须对资产组的账面价值进行调整，使其包括归属于少数股东权益的商誉价值 100 万元[（1 600÷80%－1 500）×20%]。然后，再据以比较该资产组的账面价值和可收回金额，确定是否发生了减值损失。其测试过程如表 7－8 所示。

表 7－8　　　　　　　　　　商誉减值测试过程表　　　　　　　　　　单位：万元

项 目	商誉	可辨认资产	合 计
账面价值	400	1 350	1 750
未确认归属于少数股东权益的商誉价值	100	—	100
调整后账面价值	500	1 350	1 850
可收回金额			1 000
减值损失			850

以上计算出的减值损失 850 万元应当首先冲减商誉的账面价值，然后，再将剩余部分分摊至资产组中的其他资产。在本例中，850 万元减值损失中有 500 万元应当属于商誉减值损失，其中，由于确认的商誉仅限于甲企业持有乙企业 80% 股权部分，因此，甲企业只需要在合并财务报表中确认归属于甲企业的商誉减值损失，即 500 万元商誉减值损失的 80%，即 400 万元。剩余的 350 万元（850－500）减值损失应当冲减乙企业可辨认资产的账面价值，作为乙企业可辨认资产的减值损失。减值损失的分摊过程如表 7－9 所示。

表 7－9　　　　　　　　　　商誉减值分摊表　　　　　　　　　　单位：万元

项 目	商誉	可辨认资产	合 计
账面价值	400	1 350	1 750
确认的减值损失	(400)	(350)	(750)
确认减值损失后的账面价值	—	1 000	1 000

如果商誉已经分摊到某一资产组而且企业处置该资产组中的一项经营，与该处置经营相关的商誉应当：（1）在确定处置损益时，将其包括在该经营的账面价值中；（2）按照该项处置经营和该资产组的剩余部分价值的比例为基础进行分摊，除非企业能够表明有其他更好的方法来反映与处置经营相关的商誉。

第八章 负　　债

第一节　流动负债

一、短期借款

短期借款是指企业向银行或其他金融机构等借入的期限在一年以下（含一年）的各种借款。企业借入的短期借款构成了一项负债。对于企业发生的短期借款，应设置"短期借款"科目核算。每个资产负债表日，企业应计算确定短期借款的应计利息，按照应计的金额，借记"财务费用""利息支出（金融企业）"等科目，贷记"银行存款""应付利息"等科目。

二、应付票据

应付票据是由出票人出票，付款人在指定日期无条件支付特定的金额给收款人或者持票人的票据。企业应设置"应付票据"科目进行核算。应付票据按是否带息分为带息应付票据和不带息应付票据两种。

（1）带息应付票据的处理。由于我国商业汇票期限较短，在期末，通常对尚未支付的应付票据计提利息，计入当期财务费用；票据到期支付票款时，尚未计提的利息部分直接计入当期财务费用。

（2）不带息应付票据的处理。不带息应付票据，其面值就是票据到期时的应付金额。

开出并承兑的商业承兑汇票如果不能如期支付的，应在票据到期时，将"应付票据"账面价值转入"应付账款"科目，待协商后再行处理。如果重新签发新的票据以清偿原应付票据的，再从"应付账款"科目转入"应付票据"科目。银行承兑汇票如果票据到期，企业无力支付到期票款时，承兑银行除凭票向持票人无条件付款外，对出票人尚未支付的汇票金额转作逾期贷款处理。企业无力支付到期银行承兑汇票，在接到银行转来的"××号汇票无款支付转入逾期贷款户"等有关凭证时，借记"应付票据"科目，贷记"短期借款"科目。对计收的利息，按短期借款利息的处理办法处理。

三、应付账款

应付账款指因购买材料、商品或接受服务供应等而发生的债务。这是买卖双方由于取得物资或服务与支付货款在时间上不一致而产生的负债。

应付账款入账时间的确定，一般应以与所购买物资所有权有关的风险和报酬已经转移或劳务已经接受为标志。但在实际工作中，一般是区别下列情况处理：（1）在物资和发票账单同时到达的情况下，应付账款一般待物资验收入库后，才按发票账单登记入账。这主要是为了确认所购入的物资是否在质量、数量和品种上都与合同上订明的条件相符，以免因先入账而在验收入库时发现购入物资错、漏、破损等问题再行调账，在会计期末仍未完成验收的，则应先按合理估计金额将物资和应付债务入账，事后发现问题再行更正。（2）在物资和发票账单未同时到达的情况下，由于应付账款需根据发票账单登记入账，有时货物已到，发票账单要间隔较长时间才能到达，这笔负债已经成立，应作为一项负债反映。为在资产负债表上客观反映企业所拥有的资产和承担的债务，在实际工作中采用在月份终了将所购物资和应付债务估计入账，待下月初再用红字予以冲回的办法。因购买商品等而产生的应付账款，应设置"应付账款"科目进行核算，用以反映这部分负债的价值。

四、应交税费

企业在一定时期内取得的营业收入和实现的利润或发生特定经营行为，要按照规定向国家交纳各种税金，这些应交的税金，应按照权责发生制的原则确认。这些应交的税金在尚未交纳之前，形成企业的一项负债。

（一）增值税

增值税是以商品（含货物、加工修理修配劳务、服务、无形资产或不动产，以下统称商品）在流转过程中产生的增值额作为计税依据而征收的一种流转税。按照增值税有关规定，企业购入商品支付的增值税（即进项税额），可以从销售商品按规定收取的增值税（即销项税额）中抵扣。假定本部分所举例子中确认的收入均符合收入确认条件。

1. 购销业务的会计处理

增值税一般纳税人发生的应税行为适用一般计税方法计税。在这种方法下，采购等业务进项税额允许抵扣销项税额。在购进阶段，会计处理时实行价与税的分离，属于价款部分，计入购入商品的成本；属于增值税税额部分，按规定计入进项税额。在销售阶段，销售价格中不再含税，如果定价时含税，应还原为不含税价格作为销售收入，向购买方收取的增值税作为销项税额。

一般纳税人应当在"应交税费"科目下设置"应交增值税""未交增值税""预交增值税""待抵扣进项税额"等明细科目进行核算。"应交税费——应交增值税"明细科目下设置"进项税额""销项税额抵减""已交税金""转出未交增值税""减免税款""销项税额""出口退税""进项税额转出""转出多交增值税"等专栏。其中，一般纳税人发生的应税行为适用简易计税方法的，销售商品时应交纳的增值税额在"简易计税"明细科目核算。

▶【例8-1】某工业生产企业为增值税一般纳税人,本期从房地产开发企业购入不动产作为行政办公场所,按固定资产核算。该企业为购置该项不动产共支付价款8 000万元,增值税税额为720万元①。根据现行增值税制度规定,工业企业对上述经济业务,应作如下账务处理:

借:固定资产　　　　　　　　　　　　　　　　　　　　　　80 000 000
　　应交税费——应交增值税（进项税额）　　　　　　　　　　7 200 000
　　贷:银行存款　　　　　　　　　　　　　　　　　　　　　　87 200 000

2. 小规模纳税人发生的应税行为适用简易计税方法计税

在购买商品时,小规模纳税人支付的增值税税额均不计入进项税额,不得由销项税额抵扣,应计入相关成本费用。销售商品时按照销售额和增值税征收率计算增值税税额,不得抵扣进项税额。简易计税方法的销售额不包括其应纳税额,纳税人采用销售额和应纳税额合并定价方法的,按照公式"销售额=含税销售额÷(1+征收率)"还原为不含税销售额计算。小规模纳税企业"应交税费——应交增值税"科目,应采用三栏式账户。

▶【例8-2】某工业生产企业核定为小规模纳税人,本期购入原材料,按照增值税专用发票上记载的原材料价款为100万元,支付的增值税税额为13万元,企业开出承兑的商业汇票,材料已到达并验收入库（材料按实际成本核算）。该企业本期销售产品,销售价格总额为90万元（含增值税）,假定符合收入确认条件,货款尚未收到。该企业适用的增值税征收率为3%。根据上述经济业务,企业应作如下账务处理:

购进货物时:

借:原材料　　　　　　　　　　　　　　　　　　　　　　　1 130 000
　　贷:应付票据　　　　　　　　　　　　　　　　　　　　　　1 130 000

销售货物时:

不含税价格=900 000÷(1+3%)=873 786（元）
应交增值税=873 786×3%=26 214（元）

借:应收账款　　　　　　　　　　　　　　　　　　　　　　　900 000
　　贷:主营业务收入　　　　　　　　　　　　　　　　　　　　873 786
　　　　应交税费——应交增值税　　　　　　　　　　　　　　　26 214

3. 视同销售的会计处理

按照增值税有关规定,对于企业将自产、委托加工或购买的货物分配给股东或投资者;将自产、委托加工的货物用于集体福利或个人消费等行为,视同销售货物,需计算交纳增值税。对于税法上某些视同销售的行为,如以自产产品对外投资,从会计角度看属于非货币性资产交换,因此,会计核算遵照非货币性资产交换准则进行会计处理。但是,无论会计上如何处理,只要税法规定需要交纳增值税的,应当计算交纳增值税销项税额,并记入"应交税费——应交增值税"科目中的"销项税额"专栏。

4. 进项税额不予抵扣的情况及抵扣情况发生变化的会计处理

按照增值税有关规定,一般纳税人购进货物、加工修理修配劳务、服务、无形资产

---

① 本书所述的增值税税率或增值税税额均为假设。

或不动产,用于简易计税方法计税项目、免征增值税项目、集体福利或个人消费等,其进项税额不得从销项税额中抵扣的,应当计入相关成本费用,不通过"应交税费——应交增值税(进项税额)"科目核算。

因发生非正常损失或改变用途等,导致原已计入进项税额但按现行增值税制度规定不得从销项税额中抵扣的,应当将进项税额转出,借记"待处理财产损溢""应付职工薪酬"等科目,贷记"应交税费——应交增值税(进项税额转出)"科目。原不得抵扣且未抵扣进项税额的固定资产、无形资产等,因改变用途等用于允许抵扣进项税额的应税项目的,应当在用途改变的次月调整相关资产账面价值,按允许抵扣的进项税额,借记"应交税费——应交增值税(进项税额)"科目,贷记"固定资产""无形资产"等科目,并按调整后的账面价值计提折旧或者摊销。

▶【例8-3】某工业企业为增值税一般纳税人,本期购入一批材料,增值税专用发票上注明的增值税税额为15.6万元,材料价款为120万元。材料已入库,货款已经支付(假如该企业材料采用实际成本进行核算)。材料入库后,该企业将该批材料全部用于发放职工福利。根据该项经济业务,企业可作如下账务处理:

材料入库时:
借:原材料　　　　　　　　　　　　　　　　　　　　　1 200 000
　　应交税费——应交增值税(进项税额)　　　　　　　　156 000
　　贷:银行存款　　　　　　　　　　　　　　　　　　　　　1 356 000

用于发放职工福利时:
借:应付职工薪酬　　　　　　　　　　　　　　　　　　1 356 000
　　贷:应交税费——应交增值税(进项税额转出)　　　　　　156 000
　　　　原材料　　　　　　　　　　　　　　　　　　　　　1 200 000

假设材料入库后,该企业将该批材料全部用于办公楼工程建设项目。根据该项经济业务,企业可作如下账务处理:

材料入库时:
借:原材料　　　　　　　　　　　　　　　　　　　　　1 200 000
　　应交税费——应交增值税(进项税额)　　　　　　　　156 000
　　贷:银行存款　　　　　　　　　　　　　　　　　　　　　1 356 000

工程领用材料时:
借:在建工程　　　　　　　　　　　　　　　　　　　　1 200 000
　　贷:原材料　　　　　　　　　　　　　　　　　　　　　　1 200 000

5. 差额征税的会计处理

一般纳税人提供应税服务,按照营业税改征增值税有关规定允许从销售额中扣除其支付给其他单位或个人价款的,在收入采用总额法确认的情况下,减少的销项税额应借记"应交税费——应交增值税(销项税额抵减)"科目,同理,小规模纳税人应借记"应交税费——应交增值税"科目;在收入采用净额法确认的情况下,按照增值税有关规定确定的销售额计算增值税销项税额并记入"应交税费——应交增值税(销项税额)"科目。

▶【例8-4】某客运场站为增值税一般纳税人，为客运公司提供客源组织、售票、检票、发车、运费结算等服务。该企业采用差额征税的方式，以其取得的全部价款和价外费用，扣除支付给承运方运费后的余额为销售额。本期该企业向旅客收取车票款项530 000元，应向客运公司支付477 000元，剩下的53 000元中，50 000元作为销售额，3 000元为增值税销项税额。根据该项经济业务，企业可作如下账务处理：

```
借：银行存款                                    530 000
    贷：主营业务收入                                  50 000
        应交税费——应交增值税（销项税额）             3 000
        应付账款                                     477 000
```

▶【例8-5】某旅游企业为增值税一般纳税人，选择差额征税的方式。该企业本期向旅游服务购买方收取的含税价款为530 000元（含增值税30 000元），应支付给其他接团旅游企业的旅游费用和其他单位的相关费用为424 000元，其中因允许扣减销售额而减少的销项税额24 000元。

假设该旅游企业采用总额法确认收入，根据该项经济业务，企业可作如下账务处理：

```
借：银行存款                                    530 000
    贷：主营业务收入                                 500 000
        应交税费——应交增值税（销项税额）            30 000
借：主营业务成本                                 400 000
    应交税费——应交增值税（销项税额抵减）           24 000
    贷：应付账款                                     424 000
```

6. 转出多交增值税和未交增值税的会计处理

为了分别反映增值税一般纳税人欠交增值税款和待抵扣增值税的情况，确保企业及时足额上交增值税，避免出现企业用以前月份欠交增值税抵扣以后月份未抵扣的增值税的情况，企业应在"应交税费"科目下设置"未交增值税"明细科目，核算企业月份终了从"应交税费——应交增值税"科目转入的当月未交或多交的增值税；同时，在"应交税费——应交增值税"科目下设置"转出未交增值税"和"转出多交增值税"专栏。月份终了，企业计算出当月应交未交的增值税，借记"应交税费——应交增值税（转出未交增值税）"科目，贷记"应交税费——未交增值税"科目；当月多交的增值税，借记"应交税费——未交增值税"科目，贷记"应交税费——应交增值税（转出多交增值税）"科目。

7. 交纳增值税的会计处理

企业当月交纳当月的增值税，通过"应交税费——应交增值税（已交税金）"科目核算，借记"应交税费——应交增值税（已交税金）"科目（小规模纳税人应借记"应交税费——应交增值税"科目），贷记"银行存款"科目；当月交纳以前各期未交的增值税，通过"应交税费——未交增值税"科目核算，借记"应交税费——未交增值税"科目，贷记"银行存款"科目。

企业预缴增值税，借记"应交税费——预交增值税"科目，贷记"银行存款"科目。月末，企业应将"预交增值税"明细科目余额转入"未交增值税"明细科目，借记"应交税费——未交增值税"科目，贷记"应交税费——预交增值税"科目。

▶【例8-6】某房地产开发企业为增值税一般纳税人。企业2×17年5月预售房地产项目收取的总价款为1 410万元（不含增值税），该项目预计2×18年9月交房，企业按照3%的预征率在不动产所在地预缴税款。当月，该企业向购房者交付其认购的另一房地产项目，交房项目的总价款为2 265万元（其中，销项税额为165万元，已预缴113.25万元），购房者已于2×16年7月预交了房款且该企业预缴了增值税。不考虑除增值税以外的相关税费。根据该项经济业务，企业可作如下账务处理：

企业预售第一个房地产项目时：

借：银行存款　　　　　　　　　　　　　　　　　　14 100 000
　　贷：合同负债　　　　　　　　　　　　　　　　　14 100 000
借：应交税费——预交增值税　　　　　　　　　　　　　423 000
　　贷：银行存款　　　　　　　　　　　　　　　　　　 423 000

企业预售另一房地产项目时：

借：银行存款　　　　　　　　　　　　　　　　　　22 650 000
　　贷：合同负债　　　　　　　　　　　　　　　　　21 000 000
　　　　应交税费——待转销项税额　　　　　　　　　 1 650 000
借：应交税费——预交增值税　　　　　　　　　　　 1 132 500
　　贷：银行存款　　　　　　　　　　　　　　　　　 1 132 500

企业交付另一房地产项目时：

借：合同负债　　　　　　　　　　　　　　　　　　21 000 000
　　应交税费——待转销项税额　　　　　　　　　　　 1 650 000
　　贷：主营业务收入　　　　　　　　　　　　　　　21 000 000
　　　　应交税费——应交增值税（销项税额）　　　　 1 650 000
借：应交税费——未交增值税　　　　　　　　　　　 1 132 500
　　贷：应交税费——预交增值税　　　　　　　　　　 1 132 500

8. 增值税税控系统专用设备和技术维护费用抵减增值税额的会计处理

按增值税有关规定，初次购买增值税税控系统专用设备支付的费用以及缴纳的技术维护费允许在增值税应纳税额中全额抵减。企业购入增值税税控系统专用设备，按实际支付或应付的金额，借记"固定资产"科目，贷记"银行存款""应付账款"等科目。按规定抵减的增值税应纳税额，借记"应交税费——应交增值税（减免税款）"科目（小规模纳税人借记"应交税费——应交增值税"科目），贷记"管理费用"科目。

企业发生技术维护费，按实际支付或应付的金额，借记"管理费用"等科目，贷记"银行存款"等科目。按规定抵减的增值税应纳税额，借记"应交税费——应交增值税（减免税款）"科目（小规模纳税人借记"应交税费——应交增值税"科目），贷记"管理费用"等科目。

9. 减免增值税的账务处理

对于当期直接减免的增值税，借记"应交税费——应交增值税（减免税款）"科目，贷记"其他收益"科目。当期按规定即征即退的增值税，也记入"其他收益"科目。

（二）消费税

为了正确引导消费方向，国家在普遍征收增值税的基础上，选择部分消费品，再征收一道消费税。消费税的征收方法采取从价定率和从量定额两种方法。实行从价定率办法计征的应纳税额的税基为销售额，如果企业应税消费品的销售额中未扣除增值税税款，或者因不能开具增值税专用发票而发生价款和增值税税款合并收取的，在计算消费税时，按公式"应税消费品的销售额 = 含增值税的销售额 ÷ (1 + 增值税税率或征收率)"换算为不含增值税税款的销售额。实行从量定额办法计征的应纳税额的销售数量是指应税消费品的数量；属于销售应税消费品的，为应税消费品的销售数量；属于自产自用应税消费品的，为应税消费品的移送使用数量；属于委托加工应税消费品的，为纳税人收回的应税消费品数量；进口的应税消费品，为海关核定的应税消费品进口征税数量。

企业按规定应交的消费税，在"应交税费"科目下设置"应交消费税"明细科目核算。"应交消费税"明细科目的借方发生额，反映实际交纳的消费税和待扣的消费税；贷方发生额，反映按规定应交纳的消费税；期末贷方余额，反映尚未交纳的消费税，期末借方余额，反映多交或待扣的消费税。

1. 产品销售的会计处理

企业销售产品时应交纳的消费税，应分别情况进行处理：

企业将生产的产品直接对外销售的，对外销售产品应交纳的消费税，通过"税金及附加"科目核算；企业按规定计算出应交的消费税，借记"税金及附加"科目，贷记"应交税费——应交消费税"科目。

企业将应税消费品用于在建工程、非生产机构等其他方面，按规定应交纳的消费税，应计入有关的成本。例如，企业以应税消费品用于在建工程项目，应交的消费税计入在建工程成本。

2. 委托加工应税消费品的会计处理

按照税法规定，企业委托加工的应税消费品，由受托方在向委托方交货时代扣代缴税款（除受托加工或翻新改制金银首饰按规定由受托方交纳消费税外）。委托加工的应税消费品，委托方用于连续生产应税消费品的，所纳税款准予按规定抵扣。这里的委托加工应税消费品，是指由委托方提供原料和主要材料，受托方只收取加工费和代垫部分辅助材料加工的应税消费品。对于由受托方提供原材料生产的应税消费品，或者受托方先将原材料卖给委托方，然后再接受加工的应税消费品，以及由受托方以委托方名义购进原材料生产的应税消费品，都不作为委托加工应税消费品，而应当按照销售自制应税消费品交纳消费税。委托加工的应税消费品直接出售的，不再征收消费税。

在会计处理时，需要交纳消费税的委托加工应税消费品，于委托方提货时，由受托方代收代缴税款。受托方按应扣税款金额，借记"应收账款""银行存款"等科目，贷记"应交税费——应交消费税"科目。委托加工应税消费品收回后，直接用于销售的，委托方应将代收代缴的消费税计入委托加工的应税消费品成本，借记"委托加工物资""生产成本"等科目，贷记"应付账款""银行存款"等科目，待委托加工应税消费品销售时，不需要再交纳消费税；委托加工的应税消费品收回后用于连续生产应税消费品，按规定准予抵扣的，委托方应按代收代缴的消费税款，借记"应交税费——应交消费税"科目，贷记"应付账款""银行存款"等科目，待用委托加工的应税消费品生产出应纳消费税的产品销售时，再交纳消费税。

▶【例8-7】某企业委托外单位加工材料（非金银首饰），原材料价款为20万元，加工费用为5万元，由受托方代收代缴的消费税为0.5万元（不考虑增值税），材料已经加工完毕验收入库，加工费用尚未支付。假定该企业材料采用实际成本核算。

根据该项经济业务，委托方应作如下账务处理：

如果委托方收回加工后的材料用于继续生产应税消费品，委托方的账务处理如下：

借：委托加工物资　　　　　　　　　　　　　　　200 000
　　贷：原材料　　　　　　　　　　　　　　　　　　200 000
借：委托加工物资　　　　　　　　　　　　　　　 50 000
　　应交税费——应交消费税　　　　　　　　　　　 5 000
　　贷：应付账款　　　　　　　　　　　　　　　　 55 000
借：原材料　　　　　　　　　　　　　　　　　　250 000
　　贷：委托加工物资　　　　　　　　　　　　　　250 000

如果委托方收回加工后的材料直接用于销售，委托方的账务处理如下：

借：委托加工物资　　　　　　　　　　　　　　　200 000
　　贷：原材料　　　　　　　　　　　　　　　　　　200 000
借：委托加工物资　　　　　　　　　　　　　　　 55 000
　　贷：应付账款　　　　　　　　　　　　　　　　 55 000
借：原材料　　　　　　　　　　　　　　　　　　255 000
　　贷：委托加工物资　　　　　　　　　　　　　　255 000

3. 进出口产品的会计处理

需要交纳消费税的进口消费品，其交纳的消费税应计入该进口消费品的成本，借记"固定资产""原材料"等科目，贷记"银行存款"等科目。

免征消费税的出口应税消费品分别不同情况进行账务处理：属于生产企业直接出口应税消费品或通过外贸企业出口应税消费品，按规定直接予以免税的，可以不计算应交消费税；属于委托外贸企业代理出口应税消费品的生产企业，应在计算消费税时，按应交消费税税额，借记"应收账款"科目，贷记"应交税费——应交消费税"科目。应税消费品出口收到外贸企业退回的税金时，借记"银行存款"科目，贷记"应收账款"科目。发生退关、退货而补交已退的消费税，作相反的会计分录。

（三）其他应交税费

1. 资源税

资源税是对在我国领域或管辖的其他海域开发应税资源的单位和个人征收的一种税。我国对绝大多数矿产品实施从价计征。企业按规定应交的资源税，在"应交税费"科目下设置"应交资源税"明细科目核算。企业按规定计算出销售应税产品应交纳的资源税，借记"税金及附加"科目，贷记"应交税费——应交资源税"科目。

2. 土地增值税

土地增值税是对有偿转让国有土地使用权及地上建筑物和其他附着物，取得增值收入的单位和个人征收的一种税。土地增值税按照转让房地产所取得的增值额和规定的税率计算征收。这里的增值额是指转让房地产所取得的收入减除规定扣除项目金额后的余额。企业转让房地产所取得的收入，包括货币收入、实物收入和其他收入。计算土地增值额的主要扣除项目有：（1）取得土地使用权所支付的金额；（2）开发土地的成本、费用；（3）新建房屋及配套设施的成本、费用，或者旧房及建筑物的评估价格；（4）与转让房地产有关的税金。

在会计处理时，企业缴纳的土地增值税通过"应交税费——应交土地增值税"科目核算。企业的日常活动是销售房地产（存货或投资性房地产），确认销售存货或投资性房地产的收入，则应由当期收入负担的土地增值税，借记"税金及附加"科目，贷记"应交税费——应交土地增值税"科目。企业转让自用房地产，原房屋建筑物在"固定资产"科目核算，原土地使用权在"无形资产"科目核算，应缴纳的土地增值税，借记"资产处置损益"科目，贷记"应交税费——应交土地增值税"科目。房地产企业按照税法规定预交的土地增值税，借记"应交税费——应交土地增值税"科目，贷记"银行存款"等科目；房地产销售收入实现时，再按上述销售业务的会计处理方法进行处理；进行土地增值税清算时，收到退回多交的土地增值税，借记"银行存款"等科目，贷记"应交税费——应交土地增值税"科目，补交的土地增值税作相反的会计分录。

3. 房产税、城镇土地使用税、车船税和印花税

房产税是国家对在城市、县城、建制镇和工矿区征收的由产权所有人交纳的一种税。房产税依照房产原值一次减除10%至30%后的余额计算交纳。没有房产原值作为依据的，由房产所在地税务机关参考同类房产核定；房产出租的，以房产租金收入为房产税的计税依据。城镇土地使用税是国家为了合理利用城镇土地，调节土地级差收入，提高土地使用效益，加强土地管理而开征的一种税，以纳税人实际占用的土地面积为计税依据，依照规定税额计算征收。车船税由拥有并且使用车船的单位和个人交纳。车船税按照适用税额计算交纳，企业按规定计算应交的房产税、城镇土地使用税、车船税时，借记"税金及附加"科目，贷记"应交税费——应交房产税（或土地使用税、车船税）"科目；上交时，借记"应交税费——应交房产税（或土地使用税、车船税）"科目，贷记"银行存款"科目。

印花税是对书立应税凭证、进行证券交易的单位和个人征收的税种。印花税的纳税义务发生时间为纳税人书立应税凭证或者完成证券交易的当日。印花税按季、按年或者按次计征；实行按季、按年计征的，纳税人应当自季度、年度终了之日起15日内申报缴纳税款；实行按次计征的，纳税人应当自纳税义务发生之日起15日内申报缴纳税款。印花税可以采用粘贴印花税票或者由税务机关依法开具其他完税凭证的方式缴纳，印花税票粘贴在应税凭证上的，由纳税人在每枚税票的骑缝处盖戳注销或者画销。发生印花税纳税义务时，借记"税金及附加"科目，贷记"应交税费"科目。申报缴纳税款时，借记"应交税费"科目，贷记"银行存款"科目；采用粘贴印花税票方式缴纳的，借记"税金及附加"科目，贷记"银行存款"科目。期末，如果购买的印花税票仍有余额，可以列报于资产负债表的"其他流动资产"等项目。

4. 城市维护建设税

为了加强城市的维护建设，扩大和稳定城市维护建设资金的来源，国家开征了城市维护建设税。在会计核算时，企业按规定计算出的城市维护建设税，借记"税金及附加"等科目，贷记"应交税费——应交城市维护建设税"科目；实际上交时，借记"应交税费——应交城市维护建设税"科目，贷记"银行存款"科目。

5. 所得税

企业的生产、经营所得和其他所得，依照有关所得税法及其细则的规定需要交纳所得税。企业应交纳的所得税，在"应交税费"科目下设置"应交所得税"明细科目核算；当期应计入损益的所得税，作为一项费用，在净收益前扣除。企业按照一定方法计算，计入损益的所得税，借记"所得税费用"等科目，贷记"应交税费——应交所得税"科目。有关所得税的会计处理，参见本书第十九章所得税。

6. 耕地占用税

耕地占用税是国家为了利用土地资源，加强土地管理，保护农用耕地而征收的一种税。耕地占用税以实际占用的耕地面积计税，按照规定税额一次征收。企业交纳的耕地占用税，不需要通过"应交税费"科目核算。企业按规定计算交纳耕地占用税时，借记"在建工程"科目，贷记"银行存款"科目。

五、应付股利

应付股利，是指企业经股东会或类似机构审议批准分配的现金股利或利润。企业股东会或类似机构审议批准的利润分配方案、宣告分派的现金股利或利润，在实际支付前，形成企业的负债。企业经股东会或类似机构审议批准利润分配方案，按应支付的现金股利或利润，借记"利润分配"科目，贷记"应付股利"科目；实际支付现金股利或利润时，借记"应付股利"科目，贷记"银行存款"等科目。

企业董事会或类似机构通过的利润分配方案中拟分配的现金股利或利润，不应确认负债，但应在附注中披露。

六、其他应付款

其他应付款，是指企业除应付票据、应付账款、预收账款、应付职工薪酬、应付利息、应付股利、应交税费、长期应付款等以外的其他各项应付、暂收的款项。

企业采用售后回购方式融入资金的，应按实际收到的金额，借记"银行存款"科目，贷记"其他应付款""应交税费"等科目。约定的回购价格与原销售价格之间的差额，应在售后回购期间内按期计提利息费用，借记"财务费用"科目，贷记"其他应付款"科目。按照合同约定购回该项商品时，应按实际支付的金额，借记"其他应付款""应交税费"科目，贷记"银行存款"科目。

企业发生的其他各种应付、暂收款项，借记"管理费用"等科目，贷记"其他应付款"科目；支付的其他各种应付、暂收款项，借记"其他应付款"科目，贷记"银行存款"等科目。

第二节 非流动负债

一、长期借款

长期借款，是指企业从银行或其他金融机构借入的期限在一年以上（不含一年）的借款。

企业借入各种长期借款时，按实际收到的款项，借记"银行存款"科目，贷记"长期借款——本金"科目；按借贷双方之间的差额，借记"长期借款——利息调整"科目。

在资产负债表日，企业应按长期借款的摊余成本和实际利率计算确定的长期借款的利息费用，借记"在建工程""财务费用""制造费用"等科目，按借款本金和合同利率计算确定的应付未付利息，贷记"长期借款——应计利息"科目，按其差额，贷记"长期借款——利息调整"科目。对于已过付息期但尚未支付的利息，应借记"长期借款——应计利息"科目，贷记"应付利息"科目。

长期借款到期，支付借款本息，借记"长期借款——本金""长期借款——应计利息""应付利息"等科目，贷记"银行存款"科目。存在利息调整余额的，借记或贷记"在建工程""制造费用""财务费用"等科目，贷记或借记"长期借款——利息调整"科目。

二、公司债券

（一）公司债券的发行

企业发行的超过一年期以上的债券（包括企业发行的归类为金融负债的优先股、永续债等），构成了企业的长期负债。公司债券的发行方式有三种，即面值发行、溢价发行和折价发行。假设其他条件不变，债券的票面利率高于同期银行存款利率时，可按超过债券票面价值的价格发行，称为溢价发行。溢价是企业以后各期多付利息而事先得到的补偿。如果债券的票面利率低于同期银行存款利率，可按低于债券面值的价格发行，称为折价发行。折价是企业以后各期少付利息而预先给投资者的补偿。如果债券的票面利率与同期银行存款利率相同，可按票面价格发行，称为面值发行。溢价或折价是发行债券企业在债券存续期内对利息费用的一种调整。

无论是按面值发行，还是溢价发行或折价发行，均按债券面值记入"应付债券"科目的"面值"明细科目，实际收到的款项与面值的差额，记入"利息调整"明细科目。企业发行债券时，按实际收到的款项，借记"银行存款"等科目，按债券票面价值，贷记"应付债券——面值"科目，按实际收到的款项与票面价值之间的差额，贷记或借记"应付债券——利息调整"科目。

（二）利息调整的摊销

利息调整应在债券存续期间内采用实际利率法进行摊销。实际利率法是指按照应付债券的实际利率计算其摊余成本及各期利息费用的方法；实际利率是指将应付债券在债券存续期间的未来现金流量，折现为该债券当前账面价值所使用的利率。

资产负债表日，企业应按应付债券的摊余成本和实际利率计算确定的债券利息费用，借记"在建工程""制造费用""财务费用"等科目，按票面利率计算确定的应付未付利息，贷记"应付债券——应计利息"科目，按其差额，借记或贷记"应付债券——利息调整"科目。对于已过付息期但尚未支付的利息，应借记"应付债券——应计利息"科目，贷记"应付利息"科目。

▶【例8-8】2×21年12月31日，甲公司经批准发行5年期一次还本、分期付息的公司债券10 000 000元，债券利息在每年12月31日支付，票面利率为年利率6%。假定债券发行时的市场利率为5%。

甲公司该批债券实际发行价格 = 10 000 000 × (P/F, 5%, 5) + 10 000 000 × 6% × (P/A, 5%, 5) = 10 432 700（元）

甲公司根据上述资料，采用实际利率法和摊余成本计算确定的利息费用，如表8-1所示。

表8-1　　　　　　　　　　　利息费用一览表　　　　　　　　　　　单位：元

付息日期	支付利息	利息费用	摊销的利息调整	应付债券摊余成本
2×21年12月31日				10 432 700
2×22年12月31日	600 000	521 635	78 365	10 354 335
2×23年12月31日	600 000	517 716.75	82 283.25	10 272 051.75
2×24年12月31日	600 000	513 602.59	86 397.41	10 185 654.34
2×25年12月31日	600 000	509 282.72	90 717.28	10 094 937.06
2×26年12月31日	600 000	505 062.94*	94 937.06	10 000 000

注：*尾数调整。

根据表8-1的资料，甲公司的账务处理如下：

(1) 2×21年12月31日，发行债券时：

借：银行存款　　　　　　　　　　　　　　　　　　　　10 432 700
　　贷：应付债券——面值　　　　　　　　　　　　　　　　10 000 000
　　　　　　　　——利息调整　　　　　　　　　　　　　　　　432 700

(2) 2×22年12月31日，计算利息费用时：

借：财务费用等　　　　　　　　　　　　　　　　　　　　521 635
　　应付债券——利息调整　　　　　　　　　　　　　　　　78 365
　　贷：应付债券——应计利息　　　　　　　　　　　　　　600 000

2×23年、2×24年、2×25年确认利息费用的会计处理同2×22年。

(3) 2×26年12月31日，归还债券本金及最后一期利息费用时：

借：财务费用等　　　　　　　　　　　　　　　　　　　　505 062.94
　　应付债券——面值　　　　　　　　　　　　　　　　　10 000 000
　　　　　　——利息调整　　　　　　　　　　　　　　　　94 937.06
　　贷：银行存款　　　　　　　　　　　　　　　　　　　10 600 000

(三) 债券的偿还

企业发行的长期债券到期，支付债券本息时，借记"应付债券——面值""应付债券——应计利息""应付利息"等科目，贷记"银行存款"等科目。同时，存在利息调整余额的，借记或贷记"应付债券——利息调整"，贷记或借记"在建工程""制造费用""财务费用"等科目。

三、长期应付款

长期应付款，是指企业除长期借款和应付债券以外的其他各种长期应付款项，如以分期付款方式购入固定资产发生的应付款项等。

企业购买资产有可能延期支付有关价款，这是具有融资性质的延期付款购买资产。如果延期支付的购买价款超过正常信用条件，实质上具有融资性质的，所购资产的成本应当以延期支付购买价款的现值为基础确定。实际支付的价款与购买价款的现值之间的差额，应当在信用期间内采用实际利率法进行摊销，计入相关资产成本或当期损益。具体来说，企业购入资产超过正常信用条件延期付款实质上具有融资性质时，应按购买价款的现值，借记"固定资产""在建工程"等科目，按应支付的价款总额，贷记"长期应付款"科目，按其差额，借记"未确认融资费用"科目。

第九章 职工薪酬

第一节 职工和职工薪酬的范围及分类

一、职工的概念

职工,是指与企业订立劳动合同的所有人员,含全职、兼职和临时职工,也包括虽未与企业订立劳动合同但由企业正式任命的人员。具体而言包括以下人员:

(1) 与企业订立劳动合同的所有人员,含全职、兼职和临时职工。按照《劳动法》和《劳动合同法》的规定,企业作为用人单位与劳动者应当订立劳动合同,职工首先包括这部分人员,即与企业订立了固定期限、无固定期限和以完成一定的工作作为期限的劳动合同的所有人员。

(2) 未与企业订立劳动合同但由企业正式任命的人员,如企业按照有关规定聘请的独立董事、外部监事等,虽然未与企业订立劳动合同,但属于由企业正式任命的人员,也属于职工的范畴。

(3) 在企业的计划和控制下,虽未与企业订立劳动合同或未由其正式任命,但向企业所提供服务与职工所提供服务类似的人员,也属于职工的范畴,如通过企业与劳务中介公司签订用工合同而向企业提供服务的人员。如果企业不使用这些劳务用工人员,也需要雇佣职工订立劳动合同提供类似服务,因而,这些劳务用工人员属于本章所称的职工。

二、职工薪酬的概念及分类

职工薪酬,是指企业为获得职工提供的服务或终止劳动合同关系而给予的各种形式的报酬。企业提供给职工配偶、子女、受赡养人、已故员工遗属及其他受益人等的福利,也属于职工薪酬。职工薪酬主要包括短期薪酬、离职后福利、辞退福利和其他长期职工福利。

(一) 短期薪酬

短期薪酬,是指企业在职工提供相关服务的年度报告期间结束后 12 个月内需要全部予以支付的职工薪酬，因解除与职工的劳动关系给予的补偿除外。因解除与职工的劳动关系给予的补偿属于辞退福利。短期薪酬主要包括：

（1）职工工资、奖金、津贴和补贴，是指企业支付给职工的计时工资、计件工资、奖金等劳动报酬，为了补偿职工特殊或额外的劳动消耗和因其他特殊原因支付给职工的津贴，以及为了保证职工工资水平不受物价影响支付给职工的物价补贴等。企业的短期奖金计划属于短期薪酬，长期奖金计划属于其他长期职工福利。

（2）职工福利费，是指企业向职工提供的生活困难补助、丧葬补助费、抚恤费、职工异地安家费、防暑降温费等福利支出。

（3）医疗保险费、工伤保险费和生育保险费等社会保险费，是指企业按照国家规定的基准和比例计算，向社会保险经办机构缴纳的医疗保险费、工伤保险费和生育保险费等。

（4）住房公积金，是指企业按照国家规定的基准和比例计算，向住房公积金管理机构缴存的住房公积金。

（5）工会经费和职工教育经费，是指企业为了改善职工文化生活、为职工学习先进技术和提高文化水平和业务素质，用于开展工会活动和职工教育及职业技能培训等相关支出。

（6）短期带薪缺勤，是指职工虽然缺勤但企业仍向其支付报酬的安排，包括年休假、病假、短期伤残、婚假、产假、丧假、探亲假等。

（7）短期利润分享计划，是指因职工提供服务而与职工达成的基于利润或其他经营成果提供薪酬的协议。长期利润分享计划属于其他长期职工福利。

（8）非货币性福利，是指企业将自产产品或外购商品发放给职工，或者将自有资产或租赁资产供职工无偿使用等形式的福利。

（9）其他短期薪酬，是指除上述薪酬以外的其他为获得职工提供的服务而给予的短期薪酬。

（二）离职后福利

离职后福利，是指企业为获得职工提供的服务而在职工退休或与企业解除劳动关系后，提供的各种形式的报酬和福利，属于短期薪酬和辞退福利的除外。

离职后福利计划，是指企业与职工就离职后福利达成的协议，或者企业为向职工提供离职后福利制定的规章或办法等。离职后福利计划按企业承担的风险和义务特征可以分为设定提存计划和设定受益计划。其中，设定提存计划，是指向独立的基金缴存固定费用后，企业不再承担进一步支付义务的离职后福利计划。设定受益计划，是指除设定提存计划以外的离职后福利计划。

（三）辞退福利

辞退福利，是指企业在职工劳动合同到期之前解除与职工的劳动合同关系，或者为鼓励职工自愿接受裁减而给予职工的补偿。辞退福利主要包括：

（1）在职工劳动合同尚未到期前，不论职工本人是否愿意，企业决定解除与职工的劳动关系而给予的补偿。

（2）在职工劳动合同尚未到期前，为鼓励职工自愿接受裁减而给予的补偿，职工有权利选择继续在职或接受补偿离职。

辞退福利通常是在解除劳动关系时一次性支付补偿，有时也包括提高退休后养老金或其他离职后福利的标准，或者在职工不再为企业带来经济利益后将职工工资支付到辞退后未来某一期间等方式。

（四）其他长期职工福利

其他长期职工福利，是指除短期薪酬、离职后福利、辞退福利之外所有的职工薪酬，包括长期带薪缺勤、长期残疾福利、长期利润分享计划等。

第二节 短期薪酬的确认与计量

企业应当在职工为其提供服务的会计期间，将实际发生的短期薪酬确认为负债，并计入当期损益，其他会计准则要求或允许计入资产成本的除外。

一、货币性短期薪酬

职工的工资、奖金、津贴和补贴，大部分的职工福利费、医疗保险费、工伤保险费和生育保险费等社会保险费，住房公积金、工会经费和职工教育经费一般属于货币性短期薪酬。

企业应当根据职工提供服务情况和工资标准计算确定计入职工薪酬的金额，按照受益对象计入当期损益或相关资产成本，借记"生产成本""制造费用""管理费用"等科目，贷记"应付职工薪酬"科目。发放时，借记"应付职工薪酬"科目，贷记"银行存款"等科目。企业发生的职工福利费，应当在实际发生时根据实际发生额计入当期损益或相关资产成本。

企业为职工缴纳的医疗保险费、工伤保险费、生育保险费等社会保险费和住房公积金，以及按规定提取的工会经费和职工教育经费，应当在职工为其提供服务的会计期间，根据规定的计提基础和计提比例计算确定相应的职工薪酬金额，并确认相关负债，按照受益对象计入当期损益或相关资产成本。其中：（1）医疗保险费、工伤保险费、生育保险费和住房公积金。企业应当按照国务院、所在地政府或企业年金计划规定的标准，计量应付职工薪酬义务和应相应计入成本费用的薪酬金额。（2）工会经费和职工教育经费。企业应当分别按照国家规定的计提标准，计量应付职工薪酬义务和应相应计入成本费用的薪酬金额。

▶【例9-1】2×22年7月，甲公司当月应发职工工资1 560万元，其中，生产部门直接生产人员工资1 000万元，生产部门管理人员工资200万元，管理部门人员工资360万元。根据甲公司所在地政府规定，甲公司每月分别按照应发职工工资总额的10%和8%计提并缴存医疗保险费和住房公积金。同时，甲公司每月分别按照职工工资总额的2%和1.5%计提工会经费和职工教育经费。假定不考虑所得税影响。

应计入生产成本的职工薪酬金额 = 1 000 + 1 000 × (10% + 8% + 2% + 1.5%) = 1 215（万元）

应计入制造费用的职工薪酬金额 = 200 + 200 × (10% + 8% + 2% + 1.5%) = 243（万元）

应计入管理费用的职工薪酬金额 = 360 + 360 × (10% + 8% + 2% + 1.5%) = 437.4（万元）

甲公司应根据上述业务，进行如下账务处理：

借：生产成本　　　　　　　　　　　　　　　　　　　12 150 000
　　制造费用　　　　　　　　　　　　　　　　　　　 2 430 000
　　管理费用　　　　　　　　　　　　　　　　　　　 4 374 000
　　贷：应付职工薪酬——工资　　　　　　　　　　　15 600 000
　　　　　　　　　　——医疗保险费　　　　　　　　 1 560 000
　　　　　　　　　　——住房公积金　　　　　　　　 1 248 000
　　　　　　　　　　——工会经费　　　　　　　　　 312 000
　　　　　　　　　　——职工教育经费　　　　　　　 234 000

二、带薪缺勤

带薪缺勤根据其性质及其职工享有的权利，分为累积带薪缺勤和非累积带薪缺勤。企业应当对累积带薪缺勤和非累积带薪缺勤分别进行会计处理。

（一）累积带薪缺勤

累积带薪缺勤，是指带薪权利可以结转下期的带薪缺勤，本期尚未用完的带薪缺勤权利可以在未来期间使用。企业应当在职工提供了服务从而增加了其未来享有的带薪缺勤权利时，确认与累积带薪缺勤相关的职工薪酬，并以累积未行使权利而增加的预期支付金额计量。

对于未行使的累积带薪缺勤权利，职工在离开企业时能够获得现金支付的，企业应当确认必须支付的、职工全部累积未使用权利的金额。企业应当根据资产负债表日因累积未使用权利而导致的预期支付的追加金额，作为累积带薪缺勤费用进行预计。

▶【例9-2】乙公司共有1 000名职工，从2×22年1月1日起，该公司实行累积带薪缺勤制度。该制度规定，每名职工每年可享受5个工作日带薪年休假，未使用的年休假只能向后结转一个日历年度，超过1年未使用的权利作废，不能在职工离开公司时获得现金支付；职工休年休假是以后进先出为基础，即首先从当年可享受的权利中扣除，再从上年结转的带薪年休假余额中扣除；职工离开公司时，公司对职工未使用的累积带薪年休假不支付现金。

2×22年12月31日，每名职工当年平均未使用带薪年休假为2天。根据过去的经验并预期该经验将继续适用，乙公司预计2×23年有950名职工将享受不超过5天的带薪年休假，剩余50名职工每人将平均享受6.5天年休假，假定这50名职工全部为总部各部门经理，该公司平均每名职工每个工作日工资为300元。

分析：乙公司职工2×22年已休带薪年休假的，由于在休假期间照发工资，因此相应的薪酬已经计入乙公司每月确认的薪酬金额中。同时，乙公司还需要预计职工2×22年享有但尚未使用的、预期将在下一年度使用的累积带薪缺勤，确认负债并计入当期损益或者相关资产成本。根据上述资料，乙公司在2×22年12月31日应预计的由于职工累积未使用的带薪年休假权利而导致预期将支付的工资负债为75天（50×1.5）的年休假工资金额22 500元（75×300）。相关账务处理如下：

  借：管理费用   22 500
    贷：应付职工薪酬——累积带薪缺勤   22 500

2×23年，如果50名职工均未享受累积未使用的带薪年休假，则冲回上年度确认的费用：

  借：应付职工薪酬——累积带薪缺勤   22 500
    贷：管理费用   22 500

2×23年，如果50名职工均享受了累积未使用的带薪年休假，则2×23年确认的工资费用应扣除上年度已确认的累积带薪费用。

（二）非累积带薪缺勤

非累积带薪缺勤，是指带薪权利不能结转下期的带薪缺勤，本期尚未用完的带薪缺勤权利将予以取消，并且职工离开企业时也无权获得现金支付。我国企业职工休婚假、产假、丧假、探亲假、病假期间的工资通常属于非累积带薪缺勤。由于职工提供服务本身不能增加其能够享受的福利金额，企业在职工未缺勤时不应当计提相关费用和负债；企业应当在职工实际发生缺勤的会计期间确认与非累积带薪缺勤相关的职工薪酬，即视同职工出勤确认相关资产成本或当期费用。通常情况下，与非累积带薪缺勤相关的职工薪酬已经包含在企业每期向职工发放的工资等薪酬中，不必作额外的账务处理。

三、短期利润分享计划

企业制订并实施利润分享计划的，如当职工完成特定业绩指标或者在企业工作特定期限后，能够享有按照企业净利润的一定比例计算的薪酬，那么职工在完成特定业绩指标或在企业工作到特定期末时，其提供的服务就会增加企业应付职工薪酬金额，或者尽管企业没有支付这类薪酬的法定义务，但是有支付此类薪酬的惯例，或者说企业除了支付此类薪酬外没有其他现实的选择，企业应当及时按照本章的规定，对其进行会计处理。

利润分享计划同时满足下列条件的，企业应当确认相关的应付职工薪酬，并计入当期损益或者相关资产成本：

（1）企业因过去事项导致现在具有支付职工薪酬的法定义务或推定义务。

（2）因利润分享计划所产生的应付职工薪酬义务能够可靠估计。属于下列三种情形之一的，视为应付职工薪酬义务金额能够可靠估计：①在财务报告批准报出之前企业已确定应支付的薪酬金额；②该利润分享计划的正式条款中包括确定薪酬金额的方式；③过去的惯例为企业确定推定义务金额提供了明显证据。

职工只有在企业工作一段特定期间才能分享利润的，企业在计量利润分享计划产生的应付职工薪酬时，应当反映职工因离职而没有得到利润分享计划支付的可能性。

如果企业在职工为其提供相关服务的年度报告期间结束后12个月内，不需要全部支付利润分享计划产生的应付职工薪酬，该利润分享计划应当适用本章其他长期职工福利的有关规定。

企业根据经济效益增长的实际情况提取的奖金，属于奖金计划，应当比照利润分享计划进行会计处理。

▶【例9-3】丙公司有一项利润分享计划，将其至2×22年12月31日止会计年度的税前利润的指定比例支付给在2×22年7月1日至2×23年6月30日为丙公司提供服务的职工。该奖金于2×23年6月30日支付。2×22年12月31日止会计年度的税前利润为1 000万元人民币。如果丙公司在2×22年7月1日至2×23年6月30日期间没有职工离职，则当年的利润分享支付总额为税前利润的3%。丙公司估计职工离职将使支付额降低至税前利润的2.5%（其中，直接参加生产的职工享有1%，总部管理人员享有1.5%），不考虑个人所得税影响。

分析：尽管支付额是按照截至2×22年12月31日会计年度的税前利润的3%计量，但是业绩却是基于职工在2×22年7月1日至2×23年6月30日期间提供的服务。因此，丙公司在2×22年12月31日应按照税前利润的50%的2.5%确认负债和成本及费用，金额为125 000元（10 000 000×50%×2.5%）。余下的利润分享金额，连同针对估计金额与实际支付金额之间的差额作出的调整额，在2×23年予以确认。

2×22年12月31日的账务处理如下：

借：生产成本　　　　　　　　　　　　　　　　　　　　　　50 000
　　管理费用　　　　　　　　　　　　　　　　　　　　　　75 000
　　　贷：应付职工薪酬——利润分享计划　　　　　　　　　　125 000

2×23年6月30日，丙公司的职工离职使其支付的利润分享金额为2×22年度税前利润的2.8%（直接参加生产的职工享有1.1%，总部管理人员享有1.7%），在2×23年确认余下的利润分享金额，连同针对估计金额与实际支付金额之间的差额作出的调整额合计为155 000元（10 000 000×2.8%－125 000）。其中，计入生产成本的利润分享计划金额为60 000元（10 000 000×1.1%－50 000），计入管理费用的利润分享计划金额为95 000元（10 000 000×1.7%－75 000）。

2×23年6月30日的账务处理如下：

借：生产成本　　　　　　　　　　　　　　　　　　　　　　60 000
　　管理费用　　　　　　　　　　　　　　　　　　　　　　95 000
　　　贷：应付职工薪酬——利润分享计划　　　　　　　　　　155 000

四、非货币性福利

企业向职工提供非货币性福利的，应当按照公允价值计量。公允价值不能可靠取得的，可以采用成本计量。

企业向职工提供的非货币性福利，应当分别情况处理：

（一）以自产产品或外购商品发放给职工作为福利

企业以其生产的产品作为非货币性福利提供给职工的，应当按照该产品的公允价值和相关税费，计量应计入成本费用的职工薪酬金额，相关收入的确认、销售成本的结转和相关税费的处理，与正常商品销售相同。以外购商品作为非货币性福利提供给职工的，应当按照该商品的公允价值和相关税费计入当期损益或相关资产成本。

需要注意的是，在以自产产品或外购商品发放给职工作为福利的情况下，企业在进行账务处理时，应当先通过"应付职工薪酬"科目归集当期应计入成本费用的非货币性薪酬金额。

▶【例9-4】甲公司为一家从事笔记本电脑生产及电子产品销售的企业，共有职工200名，2×22年2月，甲公司以其生产的成本为10 000元的高级笔记本电脑和外购的原用于销售的每部不含税价格为1 000元的手机作为春节福利发放给公司每名职工。该型号笔记本电脑的售价为每台14 000元，甲公司适用的增值税税率为13%，已开具了增值税专用发票；甲公司以银行存款支付了购买手机的价款和增值税进项税额，已取得增值税专用发票，适用的增值税税率为13%。假定200名职工中170名为直接参加生产的职工，30名为总部管理人员。

分析：企业以自己生产的产品作为福利发放给职工，应计入成本费用的职工薪酬金额以公允价值计量，计入主营业务收入，产品按照成本结转，但要根据相关税收规定，视同销售计算增值税销项税额。外购商品发放给职工作为福利，应当将交纳的增值税进项税额计入成本费用。

笔记本电脑的售价总额 = 14 000 × 170 + 14 000 × 30 = 2 380 000 + 420 000 = 2 800 000（元）

笔记本电脑的增值税销项税额 = 170 × 14 000 × 13% + 30 × 14 000 × 13% = 309 400 + 54 600 = 364 000（元）

甲公司决定发放非货币性福利时，应进行如下账务处理：

借：生产成本　　　　　　　　　　　　　　　　　　　2 689 400
　　管理费用　　　　　　　　　　　　　　　　　　　　474 600
　　贷：应付职工薪酬——非货币性福利　　　　　　　3 164 000

实际发放笔记本电脑时，应进行如下账务处理：

借：应付职工薪酬——非货币性福利　　　　　　　　　3 164 000
　　贷：主营业务收入　　　　　　　　　　　　　　　2 800 000
　　　　应交税费——应交增值税（销项税额）　　　　　364 000

借：主营业务成本　　　　　　　　　　　　　　　　　2 000 000
　　贷：库存商品　　　　　　　　　　　　　　　　　2 000 000

手机的售价总额 = 170 × 1 000 + 30 × 1 000 = 170 000 + 30 000 = 200 000（元）

手机的增值税进项税额 = 170 × 1 000 × 13% + 30 × 1 000 × 13% = 22 100 + 3 900 = 26 000（元）

甲公司决定发放非货币性福利时，应进行如下账务处理：

借：生产成本　　　　　　　　　　　　　　　　　　　　192 100
　　管理费用　　　　　　　　　　　　　　　　　　　　　33 900

贷：应付职工薪酬——非货币性福利　　　　　　　　　　　　226 000

购买手机时，甲公司应进行如下账务处理：

借：库存商品　　　　　　　　　　　　　　　　　　　　　200 000
　　应交税费——应交增值税（进项税额）　　　　　　　　 26 000
　　贷：银行存款　　　　　　　　　　　　　　　　　　　226 000
借：应付职工薪酬——非货币性福利　　　　　　　　　　　226 000
　　贷：库存商品　　　　　　　　　　　　　　　　　　　200 000
　　　　应交税费——应交增值税（进项税额转出）　　　　 26 000

（二）向职工提供企业支付了补贴的商品或服务

企业有时以低于企业取得资产或服务成本的价格向职工提供资产或服务，比如以低于成本的价格向职工出售住房、以低于企业支付的价格向职工提供医疗保健服务。以提供包含补贴的住房为例，企业在出售住房等资产时，应当将此类资产的公允价值与其内部售价之间的差额（即相当于企业补贴的金额）分别情况处理：

（1）如果出售住房的合同或协议中规定了职工在购得住房后至少应当提供服务的年限，且如果职工提前离开则应退回部分差价，企业应当将该项差额作为长期待摊费用处理，并在合同或协议规定的服务年限内平均摊销，根据受益对象分别计入相关资产成本或当期损益。

（2）如果出售住房的合同或协议中未规定职工在购得住房后必须服务的年限，企业应当将该项差额直接计入出售住房当期相关资产成本或当期损益。

▶【例9-5】2×22年5月，甲公司购买了100套全新的公寓拟以优惠价格向职工出售，该公司共有100名职工，其中，80名为直接生产人员，20名为公司总部管理人员。甲公司拟向直接生产人员出售的住房平均每套购买价为100万元，向职工出售的价格为每套80万元；拟向管理人员出售的住房平均每套购买价为180万元，向职工出售的价格为每套150万元。假定该100名职工均在2×22年度中陆续购买了公司出售的住房，售房协议规定，职工在取得住房后必须在公司服务15年。不考虑相关税费。

甲公司出售住房时应进行如下账务处理：

借：银行存款　　　　　　　　　　　　　　　　　　　94 000 000
　　长期待摊费用　　　　　　　　　　　　　　　　　22 000 000
　　贷：固定资产　　　　　　　　　　　　　　　　 116 000 000

出售住房后的每年，甲公司应当按照直线法在15年内摊销长期待摊费用，并进行如下账务处理：

借：生产成本　　　　　　　　　　　　　　　　　　　1 066 667
　　管理费用　　　　　　　　　　　　　　　　　　　　 400 000
　　贷：应付职工薪酬——非货币性福利　　　　　　　 1 466 667
借：应付职工薪酬——非货币性福利　　　　　　　　　 1 466 667
　　贷：长期待摊费用　　　　　　　　　　　　　　　 1 466 667

第三节 离职后福利的确认与计量

离职后福利,是指企业为获得职工提供的服务而在职工退休或与企业解除劳动关系后,提供的各种形式的报酬和福利,短期薪酬和辞退福利除外。离职后福利包括退休福利(如养老金和一次性的退休支付)及其他离职后福利(如离职后人寿保险和离职后医疗保障)。如果企业提供此类福利,无论其是否设立了一个单独的主体来接受提存金和支付福利,均应适用本章的相关要求。

职工的离职后福利,如在正常退休时获得的养老金,是其与企业签订的劳动合同到期时,或者职工达到了国家规定的退休年龄时获得的离职后生活补偿金额,此种情况下给予补偿的事项是职工在职时提供的服务,因此,企业应当在职工提供服务的会计期间进行确认和计量。

离职后福利计划,是指企业与职工就离职后福利达成的协议,或者企业为向职工提供离职后福利制定的规章或办法等。企业应当按照其承担的风险和义务情况,将离职后福利计划分类为设定提存计划和设定受益计划两种类型。

一、设定提存计划

设定提存计划,是指向独立的基金缴存固定费用后,企业不再承担进一步支付义务的离职后福利计划。

设定提存计划的会计处理比较简单,因为企业在每一期间的义务取决于该期间将要提存的金额。因此,在计量义务或费用时不需要精算假设,通常也不存在精算利得或损失。

企业应在资产负债表日确认为换取职工在会计期间内为企业提供的服务而应付给设定提存计划的提存金,确认职工薪酬负债,并作为一项费用计入当期损益或相关资产成本。根据设定提存计划,企业预期不会在职工提供相关服务的年度报告期结束后 12 个月内支付全部应缴存金额的,应当参照资产负债表日与设定提存计划义务期限和币种相匹配的国债或活跃市场上的高质量公司债券的市场收益率确定的折现率,将全部应缴存金额以折现后的金额计量应付职工薪酬。

▶【例9-6】甲企业为管理人员设立了一项企业年金。每月该企业按照每个管理人员工资的 5% 向独立于甲企业的年金基金缴存企业年金,年金基金将其计入该管理人员个人账户并负责资金的运作。该管理人员退休时可以一次性获得其个人账户的累积额,包括公司历年来的缴存额以及相应的投资收益。公司除了按照约定向年金基金缴存之外不再负有其他义务,既不享有缴存资金产生的收益,也不承担投资风险。因此,该福利计划为设定提存计划。2×22 年,按照计划安排,该企业向年金基金缴存的金额为 1 000 万元。甲企业账务处理如下:

借：管理费用 10 000 000
　　贷：应付职工薪酬 10 000 000
借：应付职工薪酬 10 000 000
　　贷：银行存款 10 000 000

二、设定受益计划

设定受益计划，是指除设定提存计划以外的离职后福利计划。两者的区分取决于计划的主要条款和条件所包含的经济实质。在设定提存计划下，企业的法定义务是以企业同意向基金的缴存额为限，职工所取得的离职后福利金额取决于向离职后福利计划或保险公司支付的提存金金额，以及提存金所产生的投资回报，从而精算风险（即福利将少于预期的风险）和投资风险（即投资的资产将不足以支付预期福利的风险）实质上要由职工来承担。在设定受益计划下，企业的义务是为现在及以前的职工提供约定的福利，计划相关的精算风险和投资风险实质上由企业来承担，因此，如果精算或者投资的实际结果比预期差，则企业的义务可能会增加。

当企业负有下列义务时，该计划属于一项设定受益计划：

（1）计划福利公式不仅与提存金金额相关，而且要求企业在资产不足以满足该公式的福利时提供进一步的提存金；

（2）通过计划间接地或直接地对提存金的特定回报作出担保。

设定受益计划可能是不注入资金的，也可能全部或部分由企业（有时由其职工）向法律上独立于报告主体的企业或者基金，以缴纳提存金形式注入资金，并由其向职工支付福利。到期时已注资福利的支付不仅取决于基金的财务状况和投资业绩，而且取决于企业补偿基金资产短缺的能力和意愿。企业实质上承担着与计划相关的精算风险和投资风险。因此，设定受益计划所确认的费用并不一定是本期应付的提存金金额。企业如果存在多项设定受益计划的，应当对每一项计划分别进行会计处理。

设定受益计划的核算涉及四个步骤：

步骤一：确定设定受益义务现值和当期服务成本。

企业应当通过下列两步确定设定受益义务现值和当期服务成本。

（1）根据预期累计福利单位法，采用无偏且相互一致的精算假设对有关人口统计变量（如职工离职率和死亡率）和财务变量（如未来薪金和医疗费用的增加）等作出估计，计量设定受益计划所产生的义务，并确定相关义务的归属期间。

（2）根据资产负债表日与设定受益计划义务期限和币种相匹配的国债或活跃市场上的高质量公司债券的市场收益率确定折现率，将设定受益计划所产生的义务予以折现，以确定设定受益计划义务的现值和当期服务成本。

步骤二：确定设定受益计划净负债或净资产。

设定受益计划存在资产的，企业应当将设定受益计划义务现值减去设定受益计划资产公允价值所形成的赤字或盈余确认为一项设定受益计划净负债或净资产。

设定受益计划存在盈余的，企业应当以设定受益计划的盈余和资产上限两项的孰低者计量设定受益计划净资产。其中，资产上限，是指企业可从设定受益计划退款或减少未来对设定受益计划缴存资金而获得的经济利益的现值。

步骤三：确定应当计入当期损益的金额。

报告期末，企业应当在损益中确认的设定受益计划产生的职工薪酬成本包括：服务成本和设定受益计划净负债或净资产的利息净额。

服务成本包括当期服务成本、过去服务成本和结算利得或损失。

步骤四：确定应当计入其他综合收益的金额。

设定受益计划净负债或净资产的重新计量应当计入其他综合收益，且在后续期间不应重分类计入损益。在原设定受益计划终止时，企业应当在权益范围内将原计入其他综合收益的部分全部结转至未分配利润。

第四节　辞退福利的确认与计量

辞退福利，是指企业在职工劳动合同到期之前解除与职工的劳动关系，或者为鼓励职工自愿接受裁减而给予职工的补偿。辞退福利被视为职工福利的单独类别，是因为导致义务产生的事项是终止雇佣而不是职工的服务。职工福利的形式并不决定其是为了换取服务还是换取终止职工的雇佣而提供。辞退福利通常一整笔支付，但有时也包括通过职工福利计划间接或直接提高离职后福利，或者在职工不再为企业带来经济利益后，将职工工资支付到辞退后未来某一期末等方式。

辞退福利包括两方面的内容：一是在职工劳动合同尚未到期前，不论职工本人是否愿意，企业决定解除与职工的劳动关系而给予的补偿；二是在职工劳动合同尚未到期前，为鼓励职工自愿接受裁减而给予的补偿，职工有权利选择继续在职或接受补偿离职。辞退福利还包括当公司控制权发生变动时，对辞退的管理层人员进行补偿的情况。

在确定企业提供的经济补偿是否为辞退福利时，应当注意以下问题：

（1）辞退福利与正常退休养老金应当区分开来。辞退福利是在职工与企业签订的劳动合同到期前，企业根据法律与职工本人或职工代表（工会）签订的协议或者基于商业惯例，对其提前终止对职工的雇佣关系时支付的补偿，引发补偿的事项是辞退。而职工正常退休获得的养老金，是其与企业签订的劳动合同到期时，或者职工达到了国家规定的退休年龄时获得的退休后生活补偿金额，引发补偿的事项是职工在职时提供的服务，而不是退休本身，因此，企业应当在职工提供服务的会计期间进行养老金的确认和计量。

（2）职工虽然没有与企业解除劳动合同，但未来不再为企业提供服务，不能为企业带来经济利益，企业承诺提供实质上具有辞退福利性质的经济补偿，应当比照辞退福利处理。例如，企业实施职工内部退休计划的，在其正式退休之前应当比照辞退福利处理，在其正式退休之后，应当按照离职后福利处理。

企业向职工提供辞退福利的,应当在以下两者孰早日确认辞退福利产生的职工薪酬负债,并计入当期损益:

(1)企业不能单方面撤回解除劳动关系计划或裁减建议所提供的辞退福利时。如果企业能够单方面撤回解除劳动关系计划或裁减建议,则表明未来经济利益不是很可能流出,因而不符合负债的确认条件。

(2)企业确认涉及支付辞退福利的重组相关的成本或费用时。同时存在下列情况时,表明企业承担了重组义务:①有详细、正式的重组计划,包括重组涉及的业务、主要地点、需要补偿的员工人数及其岗位性质、预计重组支出、计划实施时间等;②该重组计划已对外公告。

由于被辞退的职工不再为企业带来未来经济利益,因此,对于所有辞退福利,均应当于辞退计划满足负债确认条件的当期一次计入费用,不计入资产成本。

在确认辞退福利时,需要注意以下两个方面:

(1)对于分期或分阶段实施的解除劳动关系计划或自愿裁减建议,企业应当将整个计划看作是由各单项解除劳动关系计划或自愿裁减建议组成,在每期或每阶段计划符合预计负债确认条件时,将该期或该阶段计划中由提供辞退福利产生的预计负债予以确认,计入该部分计划满足预计负债确认条件的当期管理费用,不能等全部计划都符合确认条件时再予以确认。

(2)对于企业实施的职工内部退休计划,由于这部分职工不再为企业带来经济利益,企业应当比照辞退福利处理。具体来说,在内退计划符合本章规定的确认条件时,按照内退计划规定,将自职工停止提供服务日至正常退休日期间、企业拟支付的内退人员工资和缴纳的社会保险费等,确认为应付职工薪酬,一次计入当期管理费用,不能在职工内退后各期分期确认因支付内退职工工资和为其缴纳社会保险费而产生的义务。

辞退福利的计量因辞退计划中职工有无选择权而有所不同:

(1)对于职工没有选择权的辞退计划,应当根据计划条款规定拟解除劳动关系的职工数量、每一职位的辞退补偿等计提应付职工薪酬。

(2)对于自愿接受裁减的建议,因接受裁减的职工数量不确定,企业应当根据《企业会计准则第13号——或有事项》规定,预计将会接受裁减建议的职工数量,根据预计的职工数量和每一职位的辞退补偿等计提应付职工薪酬。

(3)企业应当按照辞退计划条款的规定,合理预计并确认辞退福利产生的应付职工薪酬。辞退福利预期在其确认的年度报告期间期末后12个月内完全支付的,应当适用短期薪酬的有关规定。

(4)对于预期在辞退福利预期确认的年度报告期间结束后12个月内不能完全支付的辞退福利,应当适用本章关于其他长期职工福利的有关规定。即实质性辞退工作在一年内实施完毕但补偿款项超过一年支付的辞退计划,企业应当选择恰当的折现率,以折现后的金额计量应计入当期损益的辞退福利金额。

▶【例9-7】甲公司为一家空调制造企业,2×22年9月,为了能够在下一年度顺利实施转产,甲公司管理层制订了一项辞退计划。计划规定:从2×23年1月1日起,企业将以职工自愿方式,辞退其柜式空调生产车间的职工。辞退计划的详细内容包括拟辞退的职工所在部门、数量、各级别职工能够获得的补偿以及计划大体实施的时间等，均已与职工沟通，并达成一致意见。辞退计划已于当年12月10日经董事会正式批准，并将于下一个年度内实施完毕。该项辞退计划的详细内容如表9-1所示。

表9-1

所属部门	职位	辞退数量（人）	工龄（年）	每人补偿（万元）
柜式空调生产车间	车间主任副主任	10	1~10	10
			10~20	20
			20~30	30
	高级技工	50	1~10	8
			10~20	18
			20~30	28
	一般技工	100	1~10	5
			10~20	15
			20~30	25
合计		160		

2×22年12月31日，甲公司预计各级别职工拟接受辞退职工数量的最佳估计数（最可能发生数）及其应支付的补偿如表9-2所示。

表9-2

所属部门	职位	辞退数量（人）	工龄（年）	接受数量（人）	每人补偿额（万元）	补偿金额（万元）
柜式空调生产车间	车间主任副主任	10	1~10	5	10	50
			10~20	2	20	40
			20~30	1	30	30
	高级技工	50	1~10	20	8	160
			10~20	10	18	180
			20~30	5	28	140
	一般技工	100	1~10	50	5	250
			10~20	20	15	300
			20~30	10	25	250
合计		160		123		1 400

按照《企业会计准则第13号——或有事项》有关计算最佳估计数的方法，预计接受辞退的职工数量可以根据最可能发生的数量确定。根据表9-2，愿意接受辞退职工的最可能数量为123名，预计补偿总额为1 400万元，则甲公司在2×22年（辞退计划是

2×22年12月10日由董事会批准）应进行如下账务处理：

借：管理费用　　　　　　　　　　　　　　　　　　14 000 000
　　贷：应付职工薪酬——辞退福利　　　　　　　　　　14 000 000

第五节　其他长期职工福利的确认与计量

其他长期职工福利，是指除短期薪酬、离职后福利和辞退福利以外的其他所有职工福利。其他长期职工福利包括下列各项（假设预计在职工提供相关服务的年度报告期末以后12个月内不会全部结算）：长期带薪缺勤，如其他长期服务福利、长期残疾福利、长期利润分享计划和长期奖金计划，以及递延酬劳等。

企业向职工提供的其他长期职工福利，符合设定提存计划条件的，应当按照设定提存计划的有关规定进行会计处理。符合设定受益计划条件的，企业应当按照设定受益计划的有关规定，确认和计量其他长期职工福利净负债或净资产。在报告期末，企业应当将其他长期职工福利产生的职工薪酬成本确认为下列组成部分：

（1）服务成本；
（2）其他长期职工福利净负债或净资产的利息净额；
（3）重新计量其他长期职工福利净负债或净资产所产生的变动。

为了简化相关会计处理，上述项目的总净额应计入当期损益或相关资产成本。

长期残疾福利水平取决于职工提供服务期间长短的，企业应在职工提供服务的期间确认应付长期残疾福利义务，计量时应当考虑长期残疾福利支付的可能性和预期支付的期限；与职工提供服务期间长短无关的，企业应当在导致职工长期残疾的事件发生的当期确认应付长期残疾福利义务。

递延酬劳包括按比例分期支付或者经常性定额支付的递延奖金等。这类福利应当按照奖金计划的福利公式来对费用进行确认，或者按照直线法在相应的服务期间分摊确认。如果一个企业内部为其长期奖金计划或者递延酬劳设立一个账户，则这样的其他长期职工福利不符合设定提存计划的条件。

第十章 股份支付

第一节 股份支付概述

股份支付，是"以股份为基础的支付"的简称，是指企业为获取职工和其他方提供服务而授予权益工具或者承担以权益工具为基础确定的负债的交易。

一、股份支付的特征

股份支付具有以下特征：一是股份支付是企业与职工或其他方之间发生的交易。以股份为基础的支付可能发生在企业与股东之间、合并交易中的合并方与被合并方之间或者企业与其职工之间，只有发生在企业与其职工或向企业提供服务的其他方之间的交易，才可能符合股份支付的定义。二是股份支付是以获取职工或其他方服务为目的的交易。企业在股份支付交易中旨在获取其职工或其他方提供的服务（费用）或取得这些服务的权利（资产）。企业获取这些服务或权利的目的是用于其正常生产经营，不是转手获利等。三是股份支付交易的对价或其定价与企业自身权益工具未来的价值密切相关。这是股份支付交易同企业与其职工间其他类型交易的重要差异。在股份支付中，企业要么向职工支付其自身权益工具，要么向职工支付一笔现金，而其金额高低取决于结算时企业自身权益工具的公允价值。企业自身权益工具包括会计主体本身、母公司和同一集团内的其他会计主体的权益工具。

企业合并中发行权益工具取得其他企业净资产的交易，适用第二十六章企业合并。以权益工具作为对价取得其他金融工具等交易，适用第十三章金融工具。

以薪酬性股票期权为例，典型的股份支付通常涉及四个主要环节：授予、可行权、行权和出售。四个环节如图10-1所示。

授予日是指股份支付协议获得批准的日期。其中，"获得批准"，是指企业与职工或其他方就股份支付的协议条款和条件已达成一致，该协议获得股东会或类似机构的批准。"达成一致"，是指在双方对该计划或协议内容充分形成一致理解的基础上，均接受其条款和条件。如果按照相关法规的规定，在提交股东会或类似机构之前存在必要程序或要求，则应履行该程序或满足该要求。实务中，常见上市公司股东会审议通过股权激励方

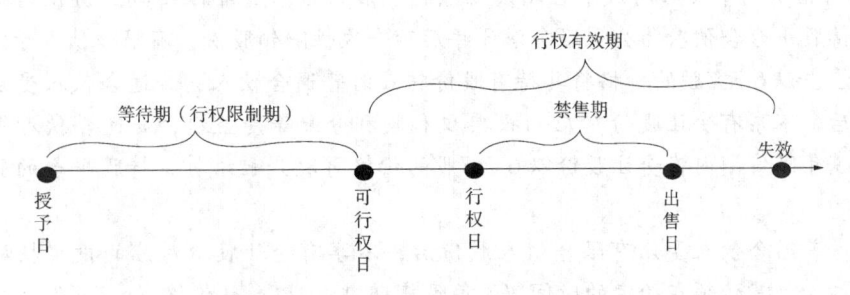

图 10-1 典型的股份支付交易环节示意

案,并确定了授予价格,但未确定拟授予股份的激励对象及股份数量,股东会授权董事会后续确定具体激励对象及股份数量。在此情况下,授予日为董事会后续确定具体激励对象及股份数量,并将经批准的股权激励方案的具体条款或条件与员工进行沟通并达成一致的日期。

可行权日是指可行权条件得到满足、职工或其他方具有从企业取得权益工具或现金权利的日期。有的股份支付协议是一次性可行权,有的则是分批可行权。只有已经可行权的股票期权,才是职工真正拥有的"财产",才能去择机行权。从授予日至可行权日的时段,是可行权条件得到满足的期间,因此称为"等待期",又称"行权限制期"。

行权日是指职工和其他方行使权利、获取现金或权益工具的日期。例如,持有股票期权的职工行使以特定价格购买一定数量本公司股票的权利的日期即为行权日。行权是按期权的约定价格实际购买股票,一般是在可行权日之后至期权到期日之前的可选择时段内行权。

出售日是指股票的持有人将行使期权所取得的期权股票出售的日期。按照我国法规规定,用于期权激励的股份支付协议应在行权日与出售日之间设立禁售期,其中,国有控股上市公司的禁售期不低于 2 年。

对于"一次授予、分期行权",即在授予日一次授予员工若干权益工具,之后每年分批达到可行权条件。每个批次是否可行权的结果通常是相对独立的,即每一期是否达到可行权条件并不会直接影响其他几期是否能够达到可行权条件。在会计处理时应将其作为同时授予的几个独立的股份支付计划。例如,在一次授予、分三年行权的股份支付计划中,应当将其视同为三个独立的股份支付计划,分别确定每个计划的等待期。企业应根据每个计划在授予日的公允价值估计股份支付费用,在其相应的等待期内,按照各计划在某会计期间内等待期长度占整个等待期长度的比例进行分摊。

二、股份支付的判断

企业应当按照本章有关股份支付的定义和特征等规定,判断企业实施的股权激励计划是否属于本章规范的股份支付。

▶【例 10-1】上市公司甲公司设立员工持股平台(有限合伙企业)用于实施股权激励计划,甲公司实际控制人为持股平台的普通合伙人,该实际控制人同时为甲公司核心高管,除实际控制人以外的其他激励对象为有限合伙人。2×24 年 4 月,持股平台合伙人以

5元/股的价格认购甲公司向该平台增发的股份，股份设有3年限售期。协议约定，自授予日起，持股平台合伙人为公司服务满3年后可一次性解锁股份；有限合伙人于限售期内离职的，应当以6元/股的价格将其持有股份转让给普通合伙人，普通合伙人受让有限合伙人股份后，不享有受让股份对应的投票权和股利分配等受益权，普通合伙人须在股权激励计划3年限售期内将受让股份以6元/股的价格再次分配给员工持股平台的其他有限合伙人。

分析：普通合伙人受让有限合伙人股份后，不享有受让股份对应的投票权和股利分配等受益权，且其必须在约定的时间（3年限售期内）、以受让价格（6元/股）将受让股份再次分配给员工持股平台的合伙人，上述事实表明普通合伙人未从受让股份中获得收益，仅以代持身份暂时持有受让股份，该交易不符合股份支付的定义，不构成新的股份支付。

实务中，判断普通合伙人受让股份属于代持行为通常需要考虑下列证据：(1) 受让前应当明确约定受让股份将再次授予其他激励对象；(2) 对再次授予其他激励对象有明确合理的时间安排；(3) 在再次授予其他激励对象之前的持有期间，受让股份所形成合伙份额相关的利益安排（如股利等）与代持未形成明显的冲突。

▶【例10-2】甲公司实施一项股权激励计划。甲公司按照公允价值从二级市场回购甲公司股票并授予自愿参与该计划的员工，授予价格为授予日股票的公允价值，激励对象在甲公司服务满3年后可以一次性解锁所授予的股份。该股权激励计划同时约定，甲公司控股股东对员工因解锁日前股票价格变动产生的损失进行兜底，即甲公司股票价格上涨的收益归员工所有，甲公司股票价格下跌的损失由甲公司控股股东承担且以现金支付损失。

分析：甲公司控股股东承担了甲公司员工因股票价格下跌而产生的损失，属于企业集团与职工之间发生的交易；该交易安排要求员工为获得收益（享有股票增值收益且不承担贬值损失）连续3年为公司提供服务，因此该交易以获取员工服务为目的；该交易的对价与公司股票未来价值密切相关。综上，该交易符合股份支付的定义，适用本章。

控股股东交付现金的金额与甲公司股票价格下行风险相关，该股份支付属于为获取服务承担以股份为基础计算确定的交付现金的交易，在控股股东合并报表中，应当将该交易作为以现金结算的股份支付处理。甲公司作为接受服务企业，没有结算义务，应当将该交易作为以权益结算的股份支付处理。

三、股份支付工具的主要类型

按照股份支付的方式和工具类型，股份支付工具主要可划分为两大类、四小类。

（一）以权益结算的股份支付

以权益结算的股份支付，是指企业为获取服务而以股份或其他权益工具作为对价进行结算的交易。以权益结算的股份支付最常用的工具有两类：限制性股票和股票期权。

限制性股票是指职工或其他方按照股份支付协议规定的条款和条件，从企业获得一定数量的本企业股票。企业授予职工一定数量的股票，在一个确定的等待期内或在满足特定业绩指标之前，职工出售股票要受到持续服务期限条款或业绩条件的限制。

股票期权是指企业授予职工或其他方在未来一定期限内以预先确定的价格和条件购买本企业一定数量股票的权利。实务中，存在名为"第二类限制性股票"的股权激励。激励对象在授予日无须出资购买限制性股票；待满足可行权条件后，激励对象可以选择按原授予价格购买股票，也可以选择不缴纳认股款，放弃取得相应股票。此类安排的实质是公司赋予员工在满足可行权条件后以约定价格（授予价格）购买公司股票的权利，员工可获取行权日股票价格高于授予价格的上行收益，但不承担股价下行风险，为一项股票期权，属于以权益结算的股份支付交易。

（二）以现金结算的股份支付

以现金结算的股份支付，是指企业为获取服务而承担的以股份或其他权益工具为基础计算的交付现金或其他资产的义务的交易。以现金结算的股份支付最常用的工具有两类：模拟股票和现金股票增值权。

模拟股票和现金股票增值权，是用现金支付模拟的股权激励机制，即与股票价值挂钩，但用现金支付。除不需实际认购和持有股票之外，现金股票增值权的运作原理与股票期权是一样的，都是一种增值权形式的与股票价值挂钩的薪酬工具。除不需实际授予股票和持有股票之外，模拟股票的运作原理与限制性股票是一样的。

第二节 股份支付的确认和计量

一、股份支付的确认和计量原则

（一）权益结算的股份支付的确认和计量原则

1. 换取职工服务的股份支付的确认和计量原则

对于换取职工服务的股份支付，企业应当以股份支付所授予的权益工具的公允价值计量。企业应在等待期内的每个资产负债表日，以对可行权权益工具数量的最佳估计为基础，按照权益工具在授予日的公允价值，将当期取得的服务计入相关资产成本或当期费用，同时计入资本公积（其他资本公积）。

对于授予后立即可行权的换取职工提供服务的权益结算的股份支付（例如授予限制性股票的股份支付），应在授予日按照权益工具的公允价值，将取得的服务计入相关资产成本或当期费用，同时计入资本公积（其他资本公积）。

2. 换取其他方服务的股份支付的确认和计量原则

对于换取其他方服务的股份支付，企业应当以股份支付所换取的服务的公允价值计量。企业应当按照其他方服务在取得日的公允价值，将取得的服务计入相关资产成本或费用。

如果其他方服务的公允价值不能可靠计量，但权益工具的公允价值能够可靠计量时，企业应当按照权益工具在服务取得日的公允价值，将取得的服务计入相关资产成本或费用。

3. 权益工具公允价值无法可靠确定时的处理

在极少数情况下，授予权益工具的公允价值无法可靠计量，企业应在获取服务的时点、后续的每个资产负债表日和结算日，以内在价值计量该权益工具，内在价值的变动应计入当期损益。同时，企业应以最终可行权或实际行权的权益工具数量为基础，确认取得服务的金额。内在价值是指交易对方有权认购或取得的股份的公允价值，与其按照股份支付协议应当支付的价格间的差额。

企业对上述以内在价值计量的已授予权益工具进行结算，应当遵循以下要求：

（1）结算发生在等待期内的，企业应当将结算作为加速可行权处理，即立即确认本应于剩余等待期内确认的服务金额。

（2）结算时支付的款项应当作为回购该权益工具处理，即减少所有者权益。结算支付的款项高于该权益工具在回购日内在价值的部分，计入当期损益。

（二）现金结算的股份支付的确认和计量原则

企业应当在等待期内的每个资产负债表日，以对可行权情况的最佳估计为基础，按照企业承担负债的公允价值，将当期取得的服务计入相关资产成本或当期费用，同时计入负债，并在结算前的每个资产负债表日和结算日对负债的公允价值重新计量，将其变动计入损益。

对于授予后立即可行权的现金结算的股份支付（例如授予虚拟股票或业绩股票的股份支付），企业应当在授予日按照企业承担负债的公允价值计入相关资产成本或费用，同时计入负债，并在结算前的每个资产负债表日和结算日对负债的公允价值重新计量，将其变动计入损益。

二、可行权条件的种类、处理和修改

股份支付中通常涉及可行权条件。可行权条件是指能够确定企业是否得到职工或其他方提供的服务，且该服务使职工或其他方具有获取股份支付协议规定的权益工具或现金等权利的条件。反之，为非可行权条件。可行权条件包括服务期限条件和业绩条件。服务期限条件，是指职工或其他方完成规定服务期限才可行权的条件。

（一）市场条件和非市场条件及其处理

业绩条件是指职工或其他方完成规定服务期限且企业已达到特定业绩目标才可行权的条件，具体包括市场条件和非市场条件。市场条件是指行权价格、可行权条件以及行权可能性与权益工具的市场价格相关的业绩条件，如股份支付协议中关于股价上升至何种水平职工或其他方可相应取得多少股份的规定。企业在确定权益工具在授予日的公允价值时，应考虑股份支付协议中规定的市场条件和非可行权条件的影响；市场条件和非可行权条件是否得到满足，不影响企业对预计可行权情况的估计。非市场条件是指除市场条件之外的其他业绩条件，如股份支付协议中关于达到最低盈利目标或销售目标才可行权的规定。企业在确定权益工具在授予日的公允价值时，不考虑非市场条件的影响。但非市场条件是否得到满足，影响企业对预计可行权情况的估计。

对于可行权条件为业绩条件的股份支付，只要职工满足了其他所有非市场条件（如利润增长率、服务期限等），企业就应当确认已取得的服务。股份支付存在非可行权条件的，只要职工或其他方满足了所有可行权条件中的非市场条件（如服务期限等），企业应当确认已得到服务相对应的成本费用。职工或其他方能够选择满足非可行权条件但在等待期未满足非可行权条件的，企业应当将其作为授予权益工具的取消处理。

▶【例10-3】2×24年1月，为奖励并激励高管，上市公司A公司与其管理层成员签署股份支付协议，规定如果管理层成员在其后3年中都在公司中任职服务，并且公司股价每年均提高10%以上，管理层成员即可以低于市价的价格购买一定数量的本公司股票。

同时作为协议的补充，公司把全体管理层成员的年薪提高了50 000元，但公司将这部分年薪按月存入公司专门建立的内部基金，3年后，管理层成员可用属于其个人的部分抵减未来行权时支付的购买股票款项。如果管理层成员决定退出这项基金，可随时全额提取。A公司以期权定价模型估计授予的此项期权在授予日的公允价值为6 000 000元。

在授予日，A公司估计3年内管理层离职的比例为每年10%；第二年年末，A公司调整其估计离职率为5%；到第三年年末，公司实际离职率为6%。

在第一年中，公司股价提高了10.5%，第二年提高了11%，第三年提高了6%。公司在第一年年末、第二年年末均预计下年能实现当年股价增长10%以上的目标。

A公司应如何处理？

分析：如果不同时满足服务3年和公司股价年增长10%以上的要求，管理层成员就无权行使其股票期权，因此两者都属于可行权条件。其中，服务满3年是一项服务期限条件，10%的股价增长要求是一项市场条件。虽然公司要求管理层成员将部分薪金存入统一账户保管，但不影响其可行权，因此统一账户条款是非可行权条件。

按照股份支付准则的规定：

第一年年末确认的服务费用 = 6 000 000 × 1/3 × 90% = 1 800 000（元）

第二年年末累计确认的服务费用 = 6 000 000 × 2/3 × 95% = 3 800 000（元）

第三年年末累计确认的服务费用 = 6 000 000 × 94% = 5 640 000（元）

由此，第二年应确认的费用 = 3 800 000 - 1 800 000 = 2 000 000（元）

第三年应确认的费用 = 5 640 000 - 3 800 000 = 1 840 000（元）

最后，94%的管理层成员满足了市场条件之外的全部可行权条件。尽管股价年增长10%以上的市场条件未得到满足，A公司在3年的年末也均确认了收到的管理层提供的服务，并相应确认了费用。

实务中，部分股权激励计划约定员工须服务至企业成功完成首次公开募股，否则其持有的股份将以原认购价回售给企业或其实际控制人。该约定表明员工须完成规定的服务期限方可从股权激励计划中获益，属于可行权条件中的服务期限条件，而企业成功完成首次公开募股属于可行权条件中业绩条件的非市场条件。企业应当合理估计未来成功完成首次公开募股的可能性及完成时点，将授予日至该时点的期间作为等待期，并在等待期内每个资产负债表日对预计可行权数量作出估计，确认相应的股权激励费用。等待期内企业估计其成功完成首次公开募股的时点发生变化的，应当根据重估时点确定等待期，截至当期累计应确认的股权激励费用扣减前期累计已确认金额，作为当期应确认的股权激励费用。

（二）股份支付条件和条款的修改

通常情况下，股份支付协议生效后，不应对其条款和条件随意修改。但在某些情况下，可能需要修改授予权益工具的股份支付协议中的条款和条件。例如，股票除权、除息或其他原因需要调整行权价格或股票期权数量。此外，为取得更佳的激励效果，有关法规也允许企业依据股份支付协议的规定，调整行权价格或股票期权数量，但应当由董事会作出决议并经股东会审议批准，或者由股东会授权董事会决定。如果有关法规对股份支付修改的方式和批准原则进行严格限定，则企业需要遵循相关要求。

在会计核算上，无论已授予的权益工具的条款和条件如何修改，甚至取消权益工具的授予或结算该权益工具，企业都应至少确认按照所授予的权益工具在授予日的公允价值来计量获取的相应服务，除非因不能满足权益工具的可行权条件（除市场条件外）而无法行权。

1. 条款和条件的有利修改

企业应当分别以下情况，确认导致股份支付公允价值总额升高以及其他对职工有利的修改的影响：

（1）如果修改增加了所授予的权益工具的公允价值，企业应按照权益工具公允价值的增加相应地确认取得服务的增加。权益工具公允价值的增加，是指修改前后的权益工具在修改日的公允价值之间的差额。

如果修改发生在等待期内，在确认修改日至修改后的可行权日之间取得服务的公允价值时，应当既包括在剩余原等待期内以原权益工具授予日公允价值为基础确定的服务金额，也包括权益工具公允价值的增加。如果修改发生在可行权日之后，企业应当立即确认权益工具公允价值的增加。如果股份支付协议要求职工只有先完成更长期间的服务才能取得修改后的权益工具，则企业应在整个等待期内确认权益工具公允价值的增加。

（2）如果修改增加了所授予的权益工具的数量，企业应将增加的权益工具的公允价值相应地确认为取得服务的增加。

（3）如果企业按照有利于职工的方式修改可行权条件，如缩短等待期、变更或取消业绩条件（非市场条件），企业在处理可行权条件时，应当考虑修改后的可行权条件。

2. 条款和条件的不利修改

如果企业以减少股份支付公允价值总额的方式或其他不利于职工的方式修改条款和条件，企业仍应继续对取得的服务进行会计处理，如同该变更从未发生，除非企业取消了部分或全部已授予的权益工具。具体包括以下几种情况：

（1）如果修改减少了授予的权益工具的公允价值，企业应当继续以权益工具在授予日的公允价值为基础，确认取得服务的金额，而不应考虑权益工具公允价值的减少。

（2）如果修改减少了授予的权益工具的数量，企业应当将减少部分作为已授予的权益工具的取消进行处理。

（3）如果企业以不利于职工的方式修改了可行权条件，如延长等待期、增加或变更业绩条件（非市场条件），企业在处理可行权条件时，不应考虑修改后的可行权条件。

3. 取消或结算

如果企业在等待期内取消了所授予的权益工具或结算了所授予的权益工具（因未满

足可行权条件而被取消的除外），企业应当：

（1）将取消或结算作为加速可行权处理，将原本应在剩余等待期内确认的金额立即计入当期损益，同时确认资本公积（其他资本公积）。职工或其他方能够选择满足非可行权条件但在等待期内未满足的，例如职工在等待期内认为激励计划约定的行权价较高而自愿退出股权激励计划，不属于未满足可行权条件的情况，而属于股权激励计划的取消，因此，企业应当作为加速行权处理。

（2）在取消或结算时支付给职工的所有款项均应作为权益的回购处理，回购支付的金额高于该权益工具在回购日公允价值的部分，计入当期费用。

（3）如果向职工授予新的权益工具，并在新权益工具授予日认定所授予的新权益工具是用于替代被取消的权益工具的，企业应以与处理原权益工具条款和条件修改相同的方式，对所授予的替代权益工具进行处理。权益工具公允价值的增加，是指在替代权益工具的授予日，替代权益工具公允价值与被取消的权益工具净公允价值之间的差额。被取消的权益工具的净公允价值，是指其在取消前立即计量的公允价值减去因取消原权益工具而作为权益回购支付给职工的款项。如果企业未将新授予的权益工具认定为替代权益工具，则应将其作为一项新授予的股份支付进行处理。

企业如果回购其职工已可行权的权益工具，应当减少所有者权益，回购支付的金额高于该权益工具在回购日公允价值的部分，计入当期费用。

4. 企业将以现金结算的股份支付修改为以权益结算的股份支付的会计处理

企业修改以现金结算的股份支付协议中的条款和条件，使其成为以权益结算的股份支付的，在修改日，企业应当按照所授予权益工具当日的公允价值计量以权益结算的股份支付，将已取得的服务计入资本公积，同时终止确认以现金结算的股份支付在修改日已确认的负债，两者之间的差额计入当期损益。上述规定同样适用于修改发生在等待期结束后的情形。如果由于修改延长或缩短了等待期，企业应当按照修改后的等待期进行上述会计处理（无须考虑不利修改的有关会计处理规定）。如果企业取消一项以现金结算的股份支付，授予一项以权益结算的股份支付，并在授予权益工具日认定其是用来替代已取消的以现金结算的股份支付（因未满足可行权条件而被取消的除外）的，按上述原则处理。

三、权益工具公允价值的确定

股份支付中权益工具的公允价值的确定，应当以市场价格为基础。一些股份和股票期权并没有一个活跃的交易市场，在这种情况下，应当考虑估值技术。通常情况下，企业应当按照《企业会计准则第22号——金融工具确认和计量》的有关规定确定权益工具的公允价值，并根据股份支付协议的条款和条件进行调整。

（一）股份

对于授予职工的股份，企业应按照其股份的市场价格计量。如果其股份未公开交易，则应考虑其条款和条件估计其市场价格。

有些授予条款和条件规定职工无权在等待期内取得股份的，则在估计所授予股份的公允价值时就应予以考虑。有些授予条款和条件规定股份的转让在可行权日后受到限制，则在估计所授予股份的公允价值时，也应考虑此因素，但不应超出相互独立、熟悉情况、有能力并自愿进行交易的市场参与者愿意为该股份支付的价格受到可行权限制的影响程度。在估计所授予股份在授予日的公允价值时，不应考虑在等待期内转让的限制和其他限制，因为这些限制是可行权条件中的非市场条件规定的。

（二）股票期权

对于授予的存在相同或类似可观察市场报价的股票期权等权益工具，应当按照市场报价确定其公允价值。对于授予的不存在相同或类似可观察市场报价的股票期权等权益工具，应当采用期权定价模型等确定其公允价值。

对于授予职工的股票期权，因其通常受到一些不同于交易期权的条款和条件的限制，因而在许多情况下难以获得其市场价格，因而需通过期权定价模型来估计其公允价值。

在选择适用的期权定价模型时，企业应考虑相互独立、熟悉情况、有能力并自愿进行交易的市场参与者将会考虑的因素。用于估计授予职工期权的定价模型至少应考虑以下因素：（1）期权的行权价格；（2）期权期限；（3）基础股份的现行价格；（4）股价的预计波动率；（5）股份的预计股利；（6）期权期限内的无风险利率。

此外，企业选择的期权定价模型还应考虑相互独立、熟悉情况、有能力并自愿进行交易的市场参与者在确定期权价格时会考虑的其他因素（如提前行权的可能性等），但不包括那些在确定期权公允价值时不考虑的可行权条件和再授予特征因素。例如，因期权不能自由转让或因职工必须在终止劳动合同关系前行使所有可行权期权的，在确定授予职工的股票期权的公允价值应当考虑预计提前行权的影响。再授予特征，是指只要期权持有人用企业的股份而不是现金来支付行权价格以行使原先授予的期权，就自动授予额外股票期权。对于具有再授予特征的股票期权，在确定其公允价值时不考虑再授予特征，而应在发生后续授予时，将其作为一项新授予的股票期权进行处理。

下面进一步具体说明估计授予职工的期权价格所应考虑的因素：

1. 期权定价模型的输入变量的估计

在估计基础股份的预计波动率和股利时，目标是尽可能接近当前市场或协议交换价格所反映的价格预期。在通常情况下，对于未来波动率、股利和行权行为的预期存在一个合理的区间。这时应将区间内的每项可能数额乘以其发生概率，加权计算上述输入变量的期望值。

2. 预计提早行权

出于各种原因，职工经常在期权失效日之前提早行使股票期权。考虑预计提早行权对期权公允价值的影响的具体方法，取决于所采用的期权定价模型的类型。但无论采用何种方法，估计提早行权时都要考虑以下因素：（1）等待期的长度；（2）以往发行在外的类似期权的平均存续时间；（3）基础股份的价格（有时根据历史经验，职工在股价超过行权价格达到特定水平时倾向于行使期权）；（4）职工在企业中所处的层级（有时根据历史经验，高层职工倾向于较晚行权）；（5）基础股份的预计波动率（一般而言，职工倾向于更早地行使高波动率的股份的期权）。

3. 预计波动率

预计波动率是对预期股份价格在一个期间内可能发生的波动金额的度量。期权定价模型中所用的波动率的量度，是一段时间内股份的连续复利回报率的年度标准差。波动率通常以年度表示，而不管计算时使用的是何种时间跨度基础上的价格，如每日、每周或每月的价格。一个期间股份的回报率（可能是正值也可能是负值）衡量了股东从股份的股利和价格涨跌中受益的多少。股份的预计年波动率是指一个范围（置信区间），连续复利年回报率预期处在这个范围内的概率大约为2/3（置信水平）。估计预计波动率要考虑以下因素：

（1）如果企业有股票期权或其他包含期权特征的交易工具（如可转换公司债券）的买卖，则应考虑这些交易工具所内含的企业股价波动率。

（2）在与期权的预计期限（考虑期权剩余期限和预计提早行权的影响）大体相当的最近一个期间内企业股价的历史波动率。

（3）企业股份公开交易的时间。与上市时间更久的类似企业相比，新上市企业的历史波动率可能更大。

（4）波动率向其均值（即其长期平均水平）回归的趋势，以及表明预计未来波动率可能不同于以往波动率的其他因素。有时，企业股价在某一特定期间因为特定原因剧烈波动，如收购要约或重大重组失败，则在计算历史平均年度波动率时，可剔除这个特殊期间。

（5）获取价格要有恰当且规则的间隔。价格的获取在各期应保持一贯性。例如，企业可用每周收盘价或每周最高价，但不应在某些周用收盘价、某些周用最高价。再如，获取价格时应使用与行权价格相同的货币来表示。

除了上述考虑因素，如果企业因新近上市而没有关于历史波动率的充分信息，应按可获得交易活动数据的最长期间计算其历史波动率，也可考虑类似企业在类似阶段可比期间的历史波动率。如果企业是非上市企业，在估计预计波动率时没有历史信息可循的，可考虑以下替代因素：

（1）在某些情况下，定期向其职工（或其他方）发行期权或股份的非上市企业，可能已为其股份设立了一个内部"市场"。估计预计波动率时可以考虑这些"股价"的波动率。

（2）如果上述方法不适用，而企业以类似上市企业股价为基础估计其自身股份的价值，企业可考虑类似上市企业股价的历史或内含波动率。

（3）如果企业未以类似上市企业股价为基础估计其自身股份价值，而是采用了其他估价方法对自身股份进行估价，则企业可推导出一个与该估价方法基础一致的预计波动率估计数。

4. 预计股利

计量所授予的股份或期权的公允价值时是否应当考虑预计股利，取决于被授予方是否有权取得股利或股利等价物。

如果职工被授予期权，并有权在授予日和行权日之间取得基础股份的股利或股利等价物（可现金支付，也可抵减行权价格），所授予的期权应当像不支付基础股份的股利那样进行估价，即预计股利的输入变量应为零。相反，如果职工对等待期内或行权前的股利或股利等价物没有要求权，对股份或期权在授予日公允价值的估计就应考虑预计股利因素。一般来说，预计股利应以公开可获得的信息为基础。不支付股利且没有支付股利计划的企业应假设预计股利收益率为零。如果无股利支付历史的新企业被预期在其职工股票期权期限内开始支付股利，可使用其历史股利收益率（零）与大致可比的同类企业的股利收益率均值的平均数。

5. 无风险利率

无风险利率一般是指期权行权价格以该货币表示的、剩余期限等于被估价期权的预计期限（基于期权的剩余合同期限，并考虑预计提早行权的影响）的零息国债当前可获得的内含收益率。如果没有此类国债，或环境表明零息国债的内含收益率不能代表无风险利率，应使用适当的替代利率。

6. 资本结构的影响

通常情况下，期权是由第三方而不是企业签出的。当这些股票期权行权时，签出人将股份交付给期权持有者。这些股份是从现有股东手中取得的。因此，交易期权的行权不会有稀释效应。

如果股票期权是从企业签发的，在行权时需要增加已发行在外的股份数量（通过正式增发或者使用先前回购的库存股）。假定股份将按行权价格而不是行权日的市场价格发行，这种现实或潜在的稀释效应可能会降低股价，因此期权持有者行权时，无法获得像行使其他方面类似但不稀释股价的交易期权一样多的利益。这一问题能否对企业授予股票期权的价值产生显著影响，取决于各种因素，包括行权时增加的股份数量（相对于已发行在外股份数量）。如果市场已预期企业将会授予期权，则可能已将潜在稀释效应体现在了授予日的股价中。企业应考虑所授予的股票期权未来行权的潜在稀释效应，是否可能对股票期权在授予日的公允价值构成影响。企业可修改期权定价模型，以将潜在稀释效应纳入考虑范围。

四、股份支付的处理

股份支付的会计处理必须以完整、有效的股份支付协议为基础。

（一）授予日

除立即可行权的股份支付外，无论权益结算的股份支付还是现金结算的股份支付，企业在授予日均不做会计处理。

对于授予后立即可行权的换取职工服务的以权益结算的股份支付，企业应在授予日按照权益工具的公允价值，将取得的服务计入相关成本费用，相应增加资本公积。以权益结算的股份支付换取其他方服务的，如果其他方服务的公允价值能够可靠计量，企业应当按照其他方服务在取得日的公允价值，计入相关成本费用，相应增加资本公积；如果其他方服务的公允价值不能可靠计量但权益工具公允价值能够可靠计量，企业应当按照权益工具在服务取得日的公允价值，计入相关成本费用，相应增加资本公积。

对于授予后立即可行权的以现金结算的股份支付，企业应当在授予日按照企业承担负债的公允价值确认相关成本费用，相应增加应付职工薪酬。

（二）等待期内每个资产负债表日

企业应当在等待期内的每个资产负债表日，将取得职工或其他方提供的服务计入成本费用，同时确认所有者权益或负债。对于附有市场条件的股份支付，只要职工满足了其他所有非市场条件，企业就应当确认已取得的服务。

在等待期内，业绩条件为非市场条件的，如果后续信息表明需要调整对可行权情况的估计的，应对前期估计进行修改。

对于完成等待期内的服务或达到规定业绩条件以后才可行权的换取职工服务的以权益结算的股份支付，在等待期内每个资产负债表日，企业应当以对可行权权益工具数量的最佳估计为基础，按照授予日权益工具的公允价值，将当期取得的服务计入相关成本费用和资本公积（其他资本公积），不确认其后续公允价值变动。以权益结算的股份支付换取其他方服务的，应当按照其他方服务在取得日的公允价值（如其他方服务的公允价值能够可靠计量）或权益工具在服务取得日的公允价值（如其他方服务的公允价值不能可靠计量但权益工具公允价值能够可靠计量）计入相关成本费用和资本公积。

对于完成等待期内的服务或达到规定业绩条件以后才可行权的以现金结算的股份支付，企业应当以对可行权情况的最佳估计为基础，按照企业承担负债的公允价值金额确定相关成本费用和应付职工薪酬。

在等待期内每个资产负债表日，企业应当根据最新取得的可行权职工人数变动等后续信息作出最佳估计，修正预计可行权的权益工具数量。在可行权日，最终预计可行权权益工具的数量应当与实际可行权工具的数量一致。

根据上述权益工具的公允价值和预计可行权的权益工具数量，计算截至当期累计应确认的成本费用金额，再减去前期累计已确认金额，作为当期应确认的成本费用金额。

（三）可行权日之后

（1）对于权益结算的股份支付，在可行权日之后不再对已确认的成本费用和所有者权益总额进行调整。企业应在行权日根据行权情况，确认股本和股本溢价，同时结转等待期内确认的资本公积（其他资本公积）。

（2）对于现金结算的股份支付，企业在可行权日之后不再确认成本费用，负债（应付职工薪酬）公允价值的变动应当计入当期损益（公允价值变动损益）。

（四）回购股份进行职工期权激励

企业以回购股份形式奖励本企业职工的，属于权益结算的股份支付。企业回购股份时，应按回购股份的全部支出作为库存股处理，同时进行备查登记。按照权益结算股份支付的规定，企业应当在等待期内每个资产负债表日按照权益工具在授予日的公允价值，将取得的职工服务计入成本费用，同时增加资本公积（其他资本公积）。在职工行权购买本企业股份时，企业应转销交付职工的库存股成本和等待期内资本公积（其他资本公积）累计金额，同时，按照其差额调整资本公积（股本溢价）。

（五）企业集团内涉及不同企业的股份支付交易

企业集团（由母公司和其全部子公司构成）内发生的股份支付交易，应当按照以下规定进行会计处理：

（1）结算企业以其本身权益工具结算的，应当将该股份支付交易作为权益结算的股份支付处理；除此之外，应当作为现金结算的股份支付处理。

结算企业是接受服务企业的投资者的，应当按照授予日权益工具的公允价值或应承担负债的公允价值确认为对接受服务企业的长期股权投资,同时确认资本公积(其他资本公积)或负债。

(2)接受服务企业没有结算义务或授予本企业职工的是其本身权益工具的,应当将该股份支付交易作为权益结算的股份支付处理;接受服务企业具有结算义务且授予本企业职工的是企业集团内其他企业权益工具的,应当将该股份支付交易作为现金结算的股份支付处理。

(六)授予限制性股票进行股权激励

上市公司实施限制性股票的股权激励安排中,常见做法是上市公司以非公开发行的方式向激励对象授予一定数量的公司股票,并规定锁定期和解锁期,在锁定期和解锁期内,不得上市流通及转让。达到解锁条件,可以解锁;如果全部或部分股票未被解锁而失效或作废,通常由上市公司按照事先约定的价格立即进行回购。

对于此类授予限制性股票的股权激励计划,向职工发行的限制性股票按有关规定履行了注册登记等增资手续的,上市公司应当根据收到职工缴纳的认股款确认股本和资本公积(股本溢价),按照职工缴纳的认股款,借记"银行存款"等科目,按照股本金额,贷记"股本"科目,按照其差额,贷记"资本公积——股本溢价"科目;同时,就回购义务确认负债(作收购库存股处理),按照发行限制性股票的数量以及相应的回购价格计算确定的金额,借记"库存股"科目,贷记"其他应付款——限制性股票回购义务"(包括未满足条件而须立即回购的部分)等科目。

上市公司应当综合考虑限制性股票锁定期和解锁期等相关条款,按照《企业会计准则第 11 号——股份支付》相关规定判断等待期,进行与股份支付相关的会计处理。对于因回购产生的义务确认的负债,应当按照《企业会计准则第 22 号——金融工具确认和计量》相关规定进行会计处理。上市公司未达到限制性股票解锁条件而需回购的股票,按照应支付的金额,借记"其他应付款——限制性股票回购义务"等科目,贷记"银行存款"等科目;同时,按照注销的限制性股票数量相对应的股本金额,借记"股本"科目,按照注销的限制性股票数量相对应的库存股的账面价值,贷记"库存股"科目,按其差额,借记"资本公积——股本溢价"科目。上市公司达到限制性股票解锁条件而无须回购的股票,按照解锁股票相对应的负债的账面价值,借记"其他应付款——限制性股票回购义务"等科目,按照解锁股票相对应的库存股的账面价值,贷记"库存股"科目,如有差额,则借记或贷记"资本公积——股本溢价"科目。

上市公司在等待期内发放现金股利的会计处理,应视其发放的现金股利是否可撤销采取不同的方法:

(1)现金股利可撤销,即一旦未达到解锁条件,被回购限制性股票的持有者将无法获得(或需要退回)其在等待期内应收(或已收)的现金股利。

等待期内,上市公司在核算应分配给限制性股票持有者的现金股利时,应合理估计未来解锁条件的满足情况,该估计与进行股份支付会计处理时在等待期内每个资产负债表日对可行权权益工具数量进行的估计应当保持一致。对于预计未来可解锁限制性股票持有者,上市公司应分配给限制性股票持有者的现金股利应当作为利润分配进行会计处理,借记"利润分配——应付现金股利或利润"科目,贷记"应付股利——

限制性股票股利"科目;同时,按分配的现金股利金额,借记"其他应付款——限制性股票回购义务"等科目,贷记"库存股"科目;实际支付时,借记"应付股利——限制性股票股利"科目,贷记"银行存款"等科目。对于预计未来不可解锁限制性股票持有者,上市公司应分配给限制性股票持有者的现金股利应当冲减相关的负债,借记"其他应付款——限制性股票回购义务"等科目,贷记"应付股利——限制性股票股利"科目;实际支付时,借记"应付股利——限制性股票股利"科目,贷记"银行存款"等科目。后续信息表明不可解锁限制性股票的数量与以前估计不同的,应当作为会计估计变更处理,直到解锁日预计不可解锁限制性股票的数量与实际未解锁限制性股票的数量一致。

(2) 现金股利不可撤销,即不论是否达到解锁条件,限制性股票持有者仍有权获得(或不得被要求退回)其在等待期内应收(或已收)的现金股利。

等待期内,上市公司在核算应分配给限制性股票持有者的现金股利时,应合理估计未来解锁条件的满足情况,该估计与进行股份支付会计处理时在等待期内每个资产负债表日对可行权权益工具数量进行的估计应当保持一致。对于预计未来可解锁限制性股票持有者,上市公司应分配给限制性股票持有者的现金股利应当作为利润分配进行会计处理,借记"利润分配——应付现金股利或利润"科目,贷记"应付股利——限制性股票股利"科目;实际支付时,借记"应付股利——限制性股票股利"科目,贷记"银行存款"等科目。对于预计未来不可解锁限制性股票持有者,上市公司应分配给限制性股票持有者的现金股利应当计入当期成本费用,借记"管理费用"等科目,贷记"应付股利——限制性股票股利"科目;实际支付时,借记"应付股利——限制性股票股利"科目,贷记"银行存款"等科目。后续信息表明不可解锁限制性股票的数量与以前估计不同的,应当作为会计估计变更处理,直到解锁日预计不可解锁限制性股票的数量与实际未解锁限制性股票的数量一致。

第三节 股份支付的应用举例

一、附服务年限条件的权益结算股份支付

▶【例10-4】A公司为一上市公司。2×17年1月1日,公司向其200名管理人员每人授予100份股票期权,这些职员从2×17年1月1日起在该公司连续服务三年,即可以5元每股购买100股A公司股票,从而获益。公司估计该期权在授予日的公允价值为18元。

第一年有20名职员离开A公司,A公司估计三年中离开的职员的比例将达到20%;第二年又有10名职员离开公司,公司将估计的职员离开比例修正为15%;第三年又有15名职员离开。

(1) 费用和资本公积计算过程如表10-1所示。

表10-1   单位：元

年 份	计 算	当期费用	累计费用
2×17	200×100×（1－20%）×18×1/3	96 000	96 000
2×18	200×100×（1－15%）×18×2/3－96 000	108 000	204 000
2×19	155×100×18－204 000	75 000	279 000

(2) 账务处理如下：

① 2×17年1月1日：

授予日不作账务处理。

② 2×17年12月31日：

借：管理费用　　　　　　　　　　　　　　　　　　　96 000

　　贷：资本公积——其他资本公积　　　　　　　　　　　　96 000

③ 2×18年12月31日：

借：管理费用　　　　　　　　　　　　　　　　　　　108 000

　　贷：资本公积——其他资本公积　　　　　　　　　　　　108 000

④ 2×19年12月31日：

借：管理费用　　　　　　　　　　　　　　　　　　　75 000

　　贷：资本公积——其他资本公积　　　　　　　　　　　　75 000

⑤ 假设全部155名职员都在2×20年12月31日行权，A公司股份面值为1元：

借：银行存款　　　　　　　　　　　　　　　　　　　77 500

　　资本公积——其他资本公积　　　　　　　　　　　　279 000

　　贷：股本　　　　　　　　　　　　　　　　　　　　　15 500

　　　　资本公积——股本溢价　　　　　　　　　　　　　341 000

二、附非市场业绩条件的权益结算股份支付

▶【例10-5】2×17年1月1日，A公司为其100名管理人员每人授予100份股票期权；第一年年末的可行权条件为公司净利润增长率达到20%；第二年年末的可行权条件为公司净利润两年平均增长15%；第三年年末的可行权条件为公司净利润三年平均增长10%。每份期权在2×17年1月1日的公允价值为24元。

2×17年12月31日，A公司净利润增长了18%，同时有8名管理人员离开，公司预计2×18年将以同样速度增长，因此预计将于2×18年12月31日可行权。另外，公司预计2×18年12月31日又将有8名管理人员离开。

2×18年12月31日，A公司净利润仅增长了10%，因此无法达到可行权状态。另外，实际有10名管理人员离开，预计第三年将有12名管理人员离开。

2×19年12月31日，A公司净利润增长了8%，三年平均增长率为12%，因此达到可行权状态。当年有8名管理人员离开。

分析：按照《企业会计准则第11号——股份支付》规定，本例中的可行权条件是一项非市场业绩条件。

第一年年末，虽然没能实现净利润增长20%的要求，但公司预计下年将以同样速度增长，因此能实现两年平均年增长15%的要求。所以公司将其预计等待期调整为2年。由于有8名管理人员离开，公司同时调整了期满（两年）后预计可行权期权的数量（100-8-8）。

第二年年末，虽然两年实现增长15%的目标再次落空，但公司仍然估计能够在第三年取得较理想的业绩，从而实现3年平均增长10%的目标。所以公司将其预计等待期调整为3年。由于第二年有10名管理人员离开，高于预计数字，因此公司相应调增了第三年预计离开的人数12人。

第三年年末，目标实现，实际离开人数为8人。公司根据实际情况确定累计费用，并据此确认了第三年费用。

费用和资本公积计算过程如表10-2所示。

表10-2   单位：元

年 份	计 算	当期费用	累计费用
2×17	(100-8-8)×100×24×1/2	100 800	100 800
2×18	(100-8-10-12)×100×24×2/3-100 800	11 200	112 000
2×19	(100-8-10-8)×100×24-112 000	65 600	177 600

账务处理同【例10-4】，略。

三、现金结算的股份支付

▶【例10-6】2×20年初，A公司为其200名中层以上职员每人授予100份现金股票增值权，这些职员从2×20年1月1日起在该公司连续服务3年，即可按照当时股价的增长幅度获得现金，该增值权应在2×24年12月31日之前行使。A公司估计，该增值权在负债结算之前的每一资产负债表日以及结算日的公允价值和可行权后的每份增值权现金支出额如表10-3所示。

表10-3   单位：元

年 份	公允价值	支付现金
2×20	14	
2×21	15	
2×22	18	16
2×23	21	20
2×24		25

第一年有20名职员离开A公司，A公司估计三年中还将有15名职员离开；第二年又有10名职员离开公司，公司估计还将有10名职员离开；第三年又有15名职员离开。第

三年年末，有70人行使股份增值权取得了现金。第四年年末，有50人行使了股份增值权。第五年年末，剩余35人也行使了股份增值权。

(1) 费用和负债计算过程如表10-4所示。

表10-4　　　　　　　　　　　　　　　　　　　　　　　　　　　　　　　　单位：元

年　份	负债计算 (1)	支付现金计算 (2)	负债 (3)	支付现金 (4)	当期费用 (5)
2×20	(200−35)×100×14×1/3		77 000		77 000
2×21	(200−40)×100×15×2/3		160 000		83 000
2×22	(200−45−70)×100×18	70×100×16	153 000	112 000	105 000
2×23	(200−45−70−50)×100×21	50×100×20	73 500	100 000	20 500
2×24	0	35×100×25	0	87 500	14 000
总额				299 500	299 500

注：(1) 计算得(3)，(2) 计算得(4)；当期(3) −前一期(3) +当期(4) =当期(5)。

(2) 账务处理如下：

① 2×20年12月31日：

借：管理费用　　　　　　　　　　　　　　　　　　　　　　　77 000
　　贷：应付职工薪酬——股份支付　　　　　　　　　　　　　　　　77 000

② 2×21年12月31日：

借：管理费用　　　　　　　　　　　　　　　　　　　　　　　83 000
　　贷：应付职工薪酬——股份支付　　　　　　　　　　　　　　　　83 000

③ 2×22年12月31日：

借：管理费用　　　　　　　　　　　　　　　　　　　　　　　105 000
　　贷：应付职工薪酬——股份支付　　　　　　　　　　　　　　　　105 000

借：应付职工薪酬——股份支付　　　　　　　　　　　　　　　112 000
　　贷：银行存款　　　　　　　　　　　　　　　　　　　　　　　112 000

④ 2×23年12月31日：

借：公允价值变动损益　　　　　　　　　　　　　　　　　　　20 500
　　贷：应付职工薪酬——股份支付　　　　　　　　　　　　　　　　20 500

借：应付职工薪酬——股份支付　　　　　　　　　　　　　　　100 000
　　贷：银行存款　　　　　　　　　　　　　　　　　　　　　　　100 000

⑤ 2×24年12月31日：

借：公允价值变动损益　　　　　　　　　　　　　　　　　　　14 000
　　贷：应付职工薪酬——股份支付　　　　　　　　　　　　　　　　14 000

借：应付职工薪酬——股份支付　　　　　　　　　　　　　　　87 500
　　贷：银行存款　　　　　　　　　　　　　　　　　　　　　　　87 500

四、集团股份支付

▶【例10-7】2×22年1月20日,甲公司股东会批准了一项股权激励方案,向集团内的60名管理人员每人授予10万份股票期权,这些人员2×22年1月1日起为集团连续服务3年,每人即可以每股2元的价格购买甲公司普通股10万股。甲公司估计该期权在授予日的公允价值为每份6元。

2×22年,授予期权的60名员工,有40名在甲公司任职,20名在甲公司的子公司乙公司任职。假定3年内授予期权的员工没有离职。

该股份支付为甲公司以自身权益工具结算的集团内股份支付,甲公司个别财务报表应当作为权益结算的股份支付进行会计处理,乙公司作为接受服务企业没有结算义务,应当作为权益结算的股份支付进行会计处理。甲公司和乙公司应根据受益情况,按照享有受益员工所提供的服务分别确认费用;结算企业(甲公司)作为接受服务企业(乙公司)的母公司,应按照授予乙公司员工的股票期权在授予日的公允价值确认对乙公司的长期股权投资,同时确认资本公积。

甲公司2×22年个别财务报表应确认的股份支付费用=40×10×6/3=800(万元)
乙公司2×22年个别财务报表应确认的股份支付费用=20×10×6/3=400(万元)
甲公司2×22年个别财务报表的相关账务处理如下:

借:管理费用　　　　　　　　　　　　　　　　　　　8 000 000
　　长期股权投资——乙公司　　　　　　　　　　　　4 000 000
　　贷:资本公积——其他资本公积　　　　　　　　　　　　　12 000 000

乙公司2×22年个别财务报表的相关账务处理如下:

借:管理费用　　　　　　　　　　　　　　　　　　　4 000 000
　　贷:资本公积——其他资本公积　　　　　　　　　　　　　4 000 000

甲公司在编制2×22年合并财务报表时,从合并财务报表的角度出发,由于甲公司的权益工具也属于自身权益工具,即授予集团内员工自身权益工具以换取员工服务,应当作为权益结算的股份支付进行会计处理,其抵销分录如下:

借:资本公积——其他资本公积　　　　　　　　　　　4 000 000
　　贷:长期股权投资——乙公司　　　　　　　　　　　　　　4 000 000

五、企业将以现金结算的股份支付修改为以权益结算的股份支付

▶【例10-8】2×21年初,A公司向500名中层以上职工每人授予100份现金股票增值权,这些职工从2×21年1月1日起在该公司连续服务4年即可按照股价的增长幅度获得现金。A公司估计,该增值权在2×21年末和2×22年末的公允价值分别为10元和12元。2×22年12月31日,A公司将向职工授予100份现金股票增值权修改为授予100股股票期权,这些职工从2×23年1月1日起在该公司连续服务3年,即可以每股5元购买100股A公司股票。每份期权在2×22年12月31日的公允价值为16元。A公司预计所有的职工都将在服务期限内提供服务。假设A公司500名职工都在2×25年12月31日行权,股份面值为1元。假定不考虑其他因素。

分析：本例中，企业将以现金结算的股份支付修改为以权益结算的股份支付，修改日为 2×22 年 12 月 31 日。

2×21 年 12 月 31 日，A 公司按照承担负债的公允价值，将当期取得的服务计入相关费用和相应的负债，金额为 100×500×10×1/4 = 125 000（元）。

  借：管理费用   125 000
    贷：应付职工薪酬——股份支付   125 000

2×22 年 12 月 31 日，A 公司将以现金结算的股份支付修改为以权益结算的股份支付，等待期由 4 年延长至 5 年。A 公司应当按照权益工具在修改日的公允价值，将当期取得的服务计入资本公积，金额为 100×500×16×2/5 = 320 000（元），同时终止确认已确认的负债，两者的差额计入当期损益，金额为 320 000 - 125 000 = 195 000（元）。

  借：管理费用   195 000
    应付职工薪酬——股份支付   125 000
    贷：资本公积——其他资本公积   320 000

2×23 年 12 月 31 日，按照权益工具在修改日的公允价值将当期取得的服务计入相关费用和资本公积，金额为 100×500×16×3/5 - 320 000 = 160 000（元）。

  借：管理费用   160 000
    贷：资本公积——其他资本公积   160 000

2×24 年 12 月 31 日，按照权益工具在修改日的公允价值将当期取得的服务计入相关费用和资本公积，金额为 100×500×16×4/5 - 320 000 - 160 000 = 160 000（元）。

  借：管理费用   160 000
    贷：资本公积——其他资本公积   160 000

2×25 年 12 月 31 日，按照权益工具在修改日的公允价值将当期取得的服务计入相关费用和资本公积，金额为 100×500×16 - 320 000 - 160 000 - 160 000 = 160 000（元）。

  借：管理费用   160 000
    贷：资本公积——其他资本公积   160 000

当日，职工行权。

  借：银行存款   250 000
    资本公积——其他资本公积   800 000
    贷：股本   50 000
      资本公积——股本溢价   1 000 000

第十一章 借款费用

第一节 借款费用概述

一、借款费用的适用范围

借款费用是企业因借入资金所付出的代价,它包括借款利息费用(即按照第十三章金融工具中的实际利率法计算确定的利息费用,包括借款折价或者溢价的摊销和相关辅助费用)以及因外币借款而发生的汇兑差额等。对于企业发生的权益性融资费用,不应包括在借款费用中。承租人根据《企业会计准则第 21 号——租赁》确认的融资费用属于借款费用。

(一)因借款而发生的利息

因借款而发生的利息,包括企业向银行或者其他金融机构等借入资金发生的利息、发行公司债券发生的利息,以及为购建或者生产符合资本化条件的资产而发生的带息债务所承担的利息等。

(二)因借款而发生的折价或溢价的摊销

因借款而发生的折价或者溢价主要是指发行债券等所发生的折价或者溢价。发行债券中的折价或者溢价,其实质是对债券票面利息的调整(即将债券票面利率调整为实际利率),属于借款费用的范畴。例如,XYZ 公司发行公司债券,每张公司债券票面价值为 1 000 元,票面年利率为 6%,期限为 4 年,而同期市场利率为年利率 8%,由于公司债券的票面利率低于市场利率,为成功发行公司债券,XYZ 公司采取了折价发行的方式,折价金额实质上是用于补偿投资者在购入债券后所收到的名义利息上的损失,应当作为以后各期利息费用的调整额。

(三)因外币借款而发生的汇兑差额

因外币借款而发生的汇兑差额,是指由于汇率变动导致市场汇率与账面汇率出现差异,从而对外币借款本金及其利息的记账本位币金额所产生的影响金额。由于汇率的变化往往和利率的变化相联动,它是企业外币借款所需承担的风险,因此,因外币借款相关汇率变化所导致的汇兑差额属于借款费用的组成部分。

（四）因借款而发生的辅助费用

因借款而发生的辅助费用，是指企业在借款过程中发生的诸如手续费、佣金、印刷费等费用，由于这些费用是因安排借款而发生的，也属于借入资金所付出的代价，是借款费用的构成部分。

二、借款的范围

借款包括专门借款和一般借款。专门借款是指为购建或者生产符合资本化条件的资产而专门借入的款项。专门借款通常应当有明确的用途，即为购建或者生产某项符合资本化条件的资产而专门借入的，并通常应当具有标明该用途的借款合同。例如，某制造企业为了建造厂房向某银行专门贷款1亿元、某房地产开发企业为了开发某住宅小区向某银行专门贷款2亿元、某施工企业为了完成承接的某运动场馆建造合同向银行专门贷款5 000万元等，均属于专门借款，其使用目的明确，而且其使用受到与银行签订的相关合同限制。

一般借款是指除专门借款之外的借款。相对于专门借款而言，一般借款在借入时，其用途通常没有特指用于符合资本化条件的资产的购建或者生产。

三、符合资本化条件的资产

符合资本化条件的资产是指需要经过相当长时间的购建或者生产活动才能达到预定可使用或者可销售状态的固定资产、投资性房地产和存货等资产。确认为无形资产的开发支出等在符合条件的情况下，也可以认定为符合资本化条件的资产。

符合资本化条件的存货，主要包括房地产开发企业开发的用于对外出售的房地产开发产品、企业制造的用于对外出售的大型机械设备等，这类存货通常需要经过相当长时间的建造或者生产过程，才能达到预定可销售状态。其中，"相当长时间"是指为资产的购建或者生产所必需的时间，通常为一年以上（含一年）。

在开发建造房屋建筑物过程中，关于企业取得的土地使用权是否符合"符合资本化条件的资产"的定义，应当区别下列情况处理：（1）自行开发建造厂房等建筑物，土地使用权与建筑物应当分别进行会计处理，土地使用权的账面价值不与地上建筑物合并计算其成本，而仍作为无形资产进行会计处理。在该情形下，土地使用权在取得时通常已达到预定可使用状态，土地使用权不满足本章中"符合资本化条件的资产"定义。因此，企业应当以建造支出（包括土地使用权在房屋建造期间计入在建工程的摊销金额）为基础，而不是以土地使用权支出为基础，确定应予资本化的借款费用金额。（2）房地产开发企业，取得的土地使用权用于建造对外出售的房屋建筑物，相关的土地使用权应当计入所建造的房屋建筑物成本。在该情形下，建造的房屋建筑物满足本章中"符合资本化条件的资产"定义。因此，企业应当以包括土地使用权支出的建造成本为基础，确定应予资本化的借款费用金额。

在实务中，如果由于人为或者故意等非正常因素导致资产的购建或者生产时间相当长的，该资产不属于符合资本化条件的资产。购入即可使用的资产，或者购入后需要安装但所需安装时间较短的资产，或者需要建造或者生产但所需建造或者生产时间较短的资产，均不属于符合资本化条件的资产。

第二节　借款费用的确认

借款费用的确认主要解决的是将每期发生的借款费用资本化、计入相关资产的成本，还是将有关借款费用费用化、计入当期损益的问题。根据借款费用准则的规定，借款费用确认的基本原则是：企业发生的借款费用，可直接归属于符合资本化条件的资产的购建或者生产的，应当予以资本化，计入相关资产成本；其他借款费用，应当在发生时根据其发生额确认为费用，计入当期损益。

企业只有发生在资本化期间内的有关借款费用，才允许资本化，资本化期间的确定是借款费用确认和计量的重要前提。借款费用资本化期间，是指从借款费用开始资本化时点到停止资本化时点的期间，但不包括借款费用暂停资本化的期间。

一、借款费用开始资本化的时点

借款费用允许开始资本化必须同时满足三个条件，即资产支出已经发生、借款费用已经发生、为使资产达到预定可使用或者可销售状态所必要的购建或者生产活动已经开始。

（一）"资产支出已经发生"的界定

资产支出已经发生，是指企业已经发生了支付现金、转移非现金资产或者承担带息债务形式所发生的支出。其中：

（1）支付现金，是指用货币资金支付符合资本化条件的资产的购建或者生产支出。

（2）转移非现金资产，是指企业将自己的非现金资产直接用于符合资本化条件的资产的购建或者生产。

（3）承担带息债务，是指企业为了购建或者生产符合资本化条件的资产所需用物资等而承担的带息应付款项（如带息应付票据）。企业以赊购方式购买这些物资所产生的债务可能带息，也可能不带息。如果企业赊购这些物资承担的是不带息债务，就不应当将购买价款计入资产支出，因为该债务在偿付前不需要承担利息，也没有占用借款资金。企业只有等到实际偿付债务，发生了资源流出时，才能将其作为资产支出。如果企业赊购物资承担的是带息债务，则企业要为这笔债务付出代价，支付利息，与企业向银行借入款项用以支付资产支出在性质上是一致的。所以，企业为购建或者生产符合资本化条件的资产而承担的带息债务应当作为资产支出，当该带息债务发生时，视同资产支出已经发生。

（二）"借款费用已经发生"的界定

借款费用已经发生，是指企业已经发生了因购建或者生产符合资本化条件的资产而专门借入款项的借款费用或者所占用的一般借款的借款费用。

（三）"为使资产达到预定可使用或者可销售状态所必要的购建或者生产活动已经开始"的界定

为使资产达到预定可使用或者可销售状态所必要的购建或者生产活动已经开始，是指符合资本化条件的资产的实体建造或者生产工作已经开始，例如主体设备的安装、厂房的实际开工建造等。它不包括仅仅持有资产但没有发生为改变资产形态而进行的实质上的建造或者生产活动。

企业只有在上述三个条件同时满足的情况下，有关借款费用才可开始资本化，只要其中有一个条件没有满足，借款费用就不能开始资本化。

二、借款费用暂停资本化的时间

符合资本化条件的资产在购建或者生产过程中发生非正常中断，且中断时间连续超过3个月的，应当暂停借款费用的资本化。中断的原因必须是非正常中断，属于正常中断的，相关借款费用仍可资本化。在实务中，企业应当遵循"实质重于形式"等原则来判断借款费用暂停资本化的时间，如果相关资产购建或者生产的中断时间较长而且满足其他规定条件的，相关借款费用应当暂停资本化。

非正常中断，通常是由于企业管理决策上的原因或者其他不可预见的原因等所导致的中断。比如，企业因与施工方发生了质量纠纷，或者工程、生产用料没有及时供应，或者资金周转发生了困难，或者施工、生产发生了安全事故，或者发生了与资产购建、生产有关的劳动纠纷等原因，导致资产购建或者生产活动发生中断，均属于非正常中断。

非正常中断与正常中断显著不同。正常中断通常仅限于因购建或者生产符合资本化条件的资产达到预定可使用或者可销售状态所必要的程序，或者事先可预见的不可抗力因素导致的中断。比如，某些工程建造到一定阶段必须暂停下来进行质量或者安全检查，检查通过后才可继续下一阶段的建造工作，这类中断是在施工前可以预见的，而且是工程建造必须经过的程序，属于正常中断。某些地区的工程在建造过程中，由于可预见的不可抗力因素（如雨季或冰冻季节等原因）导致施工出现停顿，也属于正常中断。

▶【例11-1】某企业在北方某地建造某工程期间，遇上冰冻季节（通常为6个月），工程施工因此中断，待冰冻季节过后方能继续施工。

由于该地区在施工期间出现较长时间的冰冻为正常情况，由此导致的施工中断是可预见的不可抗力因素导致的中断，属于正常中断。在正常中断期间所发生的借款费用可以继续资本化，计入相关资产的成本。

三、借款费用停止资本化的时点

购建或者生产符合资本化条件的资产达到预定可使用或者可销售状态时，借款费用应当停止资本化。在符合资本化条件的资产达到预定可使用或者可销售状态之后所发生的借款费用，应当在发生时根据其发生额确认为费用，计入当期损益。购建或者生产符合资本化条件的资产达到预定可使用或者可销售状态，可从下列几个方面进行判断：

（1）符合资本化条件的资产的实体建造（包括安装）或者生产工作已经全部完成或

者实质上已经完成。

（2）所购建或者生产的符合资本化条件的资产与设计要求、合同规定或者生产要求相符或者基本相符，即使有极个别与设计、合同或者生产要求不相符的地方，也不影响其正常使用或者销售。

（3）继续发生在所购建或生产的符合资本化条件的资产上的支出金额很少或者几乎不再发生。

所购建或者生产的资产如果分别建造、分别完工的，企业应当区别情况界定借款费用停止资本化的时点。

所购建或者生产的符合资本化条件的资产的各部分分别完工，且每部分在其他部分继续建造或者生产过程中可供使用或者可对外销售，且为使该部分资产达到预定可使用或可销售状态所必要的购建或者生产活动实质上已经完成的，应当停止与该部分资产相关的借款费用的资本化，因为该部分资产已经达到了预定可使用或者可销售状态。

如果企业购建或者生产的资产的各部分分别完工，但必须等到整体完工后才可使用或者对外销售的，应当在该资产整体完工时停止借款费用的资本化。在这种情况下，即使各部分资产已经完工，也不能认为该部分资产已经达到了预定可使用或者可销售状态；企业只能在所购建固定资产整体完工时，才能认为资产已经达到了预定可使用或者可销售状态，借款费用方可停止资本化。

第三节 借款费用的计量

一、借款利息资本化金额的确定

在借款费用资本化期间内，每一会计期间的利息资本化金额，应当按照下列规定确定：

（1）为购建或者生产符合资本化条件的资产而借入专门借款的，应当以专门借款当期实际发生的利息费用，减去将尚未动用的借款资金存入银行取得的利息收入或进行暂时性投资取得的投资收益后的金额确定。

（2）为购建或者生产符合资本化条件的资产而占用了一般借款的，企业应当根据累计资产支出超过专门借款部分的资产支出加权平均数乘以所占用一般借款的资本化率，计算确定一般借款应予资本化的利息金额。资本化率应当根据一般借款加权平均利率计算确定。

（3）每一会计期间的利息资本化金额，不应当超过当期相关借款实际发生的利息金额。

企业在确定每期利息资本化金额时，应当首先判断符合资本化条件的资产在购建或者生产过程所占用的资金来源，如果所占用的资金是专门借款资金，则应当在资本化期间内，根据每期实际发生的专门借款利息费用，确定应予资本化的金额。在企业将闲置的专门借款资金存入银行取得利息收入或者进行暂时性投资获取投资收益的情况下，企业还应当将这些相关的利息收入或者投资收益从资本化金额中扣除,以如实反映符合资本化条件的资产的实际成本。

▶【例 11-2】ABC 公司于 2×24 年 1 月 1 日正式动工兴建一幢办公楼,工期预计为 1 年 6 个月,工程采用出包方式,分别于 2×24 年 1 月 1 日、2×24 年 7 月 1 日和 2×25 年 1 月 1 日支付工程进度款。

公司为建造办公楼于 2×24 年 1 月 1 日专门借款 2 000 万元,借款期限为 3 年,年利率为 6%。另外在 2×24 年 7 月 1 日又专门借款 4 000 万元,借款期限为 5 年,年利率为 7%。借款利息按年支付(如无特别说明,本章例题中名义利率与实际利率均相同)。

闲置借款资金均用于固定收益债券短期投资,该短期投资月收益率为 0.5%。

办公楼于 2×25 年 6 月 30 日完工,达到预定可使用状态。

公司为建造该办公楼的支出金额如表 11-1 所示。

表 11-1   单位:万元

日期	每期资产支出金额	累计资产支出金额	闲置借款资金用于短期投资金额
2×24 年 1 月 1 日	1 500	1 500	500
2×24 年 7 月 1 日	2 500	4 000	2 000
2×25 年 1 月 1 日	1 500	5 500	500
总计	5 500	—	3 000

由于 ABC 公司使用了专门借款建造办公楼,而且办公楼建造支出没有超过专门借款金额,因此公司 2×24 年、2×25 年为建造办公楼应予资本化的利息金额计算如下:

(1) 确定借款费用资本化期间为 2×24 年 1 月 1 日至 2×25 年 6 月 30 日。

(2) 计算在资本化期间内专门借款实际发生的利息金额:

2×24 年专门借款发生的利息金额 = 2 000×6% + 4 000×7%×6/12 = 260(万元)

2×25 年 1 月 1 日至 6 月 30 日专门借款发生的利息金额 = 2 000×6%×6/12 + 4 000×7%×6/12 = 200(万元)

(3) 计算在资本化期间内利用闲置的专门借款资金进行短期投资的收益:

2×24 年短期投资收益 = 500×0.5%×6 + 2 000×0.5%×6 = 75(万元)

2×25 年 1 月 1 日至 6 月 30 日短期投资收益 = 500×0.5%×6 = 15(万元)

(4) 由于在资本化期间内,专门借款利息费用的资本化金额应当以其实际发生的利息费用减去将闲置的借款资金进行短期投资取得的投资收益后的金额确定,因此:

公司 2×24 年的利息资本化金额 = 260 - 75 = 185(万元)

公司 2×25 年的利息资本化金额 = 200 - 15 = 185(万元)

有关账务处理如下:

2×24 年 12 月 31 日:

借:在建工程   1 850 000
　　银行存款   750 000
　　贷:长期借款——应计利息   2 600 000

2×25 年 6 月 30 日:

借：在建工程 1 850 000
　　或银行存款 150 000
　　贷：长期借款——应计利息 2 000 000

企业在购建或者生产符合资本化条件的资产时，如果专门借款资金不足，占用了一般借款资金的，或者企业为购建或者生产符合资本化条件的资产并没有借入专门借款，而占用的都是一般借款资金，则企业应当根据为购建或者生产符合资本化条件的资产而发生的累计资产支出超过专门借款部分的资产支出加权平均数乘以所占用一般借款的资本化率，计算确定一般借款应予资本化的利息金额。资本化率应当根据一般借款加权平均利率计算确定。如果符合资本化条件的资产的购建或者生产没有借入专门借款，则应以累计资产支出加权平均数为基础计算所占用的一般借款利息资本化金额。即企业占用一般借款资金购建或者生产符合资本化条件的资产时，一般借款的借款费用的资本化金额的确定应当与资产支出相挂钩。

▶【例11-3】承【例11-2】，假定ABC公司建造办公楼没有专门借款，占用的都是一般借款。ABC公司为建造办公楼占用的一般借款有两笔，具体如下：

（1）向A银行长期贷款2 000万元，期限为2×23年12月1日至2×26年12月1日，年利率为6%，按年支付利息。

（2）发行公司债券1亿元，于2×23年1月1日发行，期限为5年，年利率为8%，按年支付利息。

假定这两笔一般借款除了用于办公楼建设外，没有用于其他符合资本化条件的资产的购建或者生产活动。假定全年按360天计算，其他资料沿用【例11-2】。

鉴于ABC公司建造办公楼没有占用专门借款，而占用了一般借款，因此，公司应当首先计算所占用一般借款的加权平均利率作为资本化率，然后计算建造办公楼的累计资产支出加权平均数，将其与资本化率相乘，计算求得当期应予资本化的借款利息金额。具体如下：

（1）计算所占用一般借款资本化率：

一般借款资本化率（年）=（2 000×6% + 10 000×8%）/（2 000 + 10 000）= 7.67%

（2）计算累计资产支出加权平均数：

2×24年累计资产支出加权平均数 = 1 500×360/360 + 2 500×180/360 = 2 750（万元）

2×25年累计资产支出加权平均数 =（4 000 + 1 500）×180/360 = 2 750（万元）

（3）计算每期利息资本化金额：

2×24年为建造办公楼的利息资本化金额 = 2 750×7.67% = 210.93（万元）

2×24年实际发生的一般借款利息费用 = 2 000×6% + 10 000×8% = 920（万元），其中，长期借款的实际利息为120万元，债券的实际利息为800万元。

2×25年为建造办公楼的利息资本化金额 = 2 750×7.67% = 210.93（万元）

2×25年1月1日至6月30日实际发生的一般借款利息费用 = 2 000×6%×180/360 + 10 000×8%×180/360 = 460（万元），其中，长期借款的实际利息为60万元，债券的实际利息为400万元。

上述计算的利息资本化金额不超过两笔一般借款实际发生的利息费用，可资本化。

(4) 根据上述计算结果，作账务处理如下：

2×24年12月31日：

借：在建工程　　　　　　　　　　　　　　　　　　2 109 300
　　财务费用　　　　　　　　　　　　　　　　　　7 090 700
　　贷：长期借款——应计利息　　　　　　　　　　1 200 000
　　　　应付债券——应计利息　　　　　　　　　　8 000 000

2×25年6月30日：

借：在建工程　　　　　　　　　　　　　　　　　　2 109 300
　　财务费用　　　　　　　　　　　　　　　　　　2 490 700
　　贷：长期借款——应计利息　　　　　　　　　　　600 000
　　　　应付债券——应计利息　　　　　　　　　　4 000 000

▶【例11-4】承【例11-2】、【例11-3】，假定ABC公司为建造办公楼于2×24年1月1日专门借款2 000万元，借款期限为3年，年利率为6%。除此之外，没有其他专门借款。在办公楼建造过程中所占用的一般借款仍为两笔，一般借款有关资料沿用【例11-3】。其他相关资料均同【例11-2】和【例11-3】。

在这种情况下，公司应当首先计算专门借款利息的资本化金额，然后计算所占用一般借款利息的资本化金额。具体如下：

(1) 计算专门借款利息资本化金额：

2×24年专门借款利息资本化金额 = 2 000×6% - 500×0.5%×6 = 105（万元）

2×25年专门借款利息资本化金额 = 2 000×6%×180/360 = 60（万元）

(2) 计算一般借款资本化金额：

在建造办公楼过程中，自2×24年7月1日起已经有2 000万元占用了一般借款，另外，2×25年1月1日支出的1 500万元也占用了一般借款。计算这两笔资产支出的加权平均数如下：

2×24年占用了一般借款的资产支出加权平均数 = 2 000×180/360 = 1 000（万元）

由于一般借款利息资本化率与【例11-3】相同，即为7.67%。所以：

2×24年应予资本化的一般借款利息金额 = 1 000×7.67% = 76.70（万元）

2×25年占用了一般借款的资产支出加权平均数 = (2 000+1 500)×180/360 = 1 750（万元）

2×25年应予资本化的一般借款利息金额 = 1 750×7.67% = 134.23（万元）

(3) 根据上述计算结果，公司建造办公楼应予资本化的利息金额如下：

2×24年利息资本化金额 = 105+76.70 = 181.70（万元）

2×25年利息资本化金额 = 60+134.23 = 194.23（万元）

(4) 有关账务处理如下：

2×24年12月31日：

借：在建工程　　　　　　　　　　　　　　　　　　1 817 000
　　财务费用　　　　　　　　　　　　　　　　　　8 433 000
　　银行存款　　　　　　　　　　　　　　　　　　　150 000

贷：长期借款——应计利息　　　　　　　　　　　　2 400 000
　　　　应付债券——应计利息　　　　　　　　　　　　8 000 000
　　注：2×24年实际借款利息＝2 000×6%＋2 000×6%＋10 000×8%＝1 040（万元），其中，长期借款的实际利息为240万元，债券的实际利息为800万元。
　　2×25年6月30日：
　　借：在建工程　　　　　　　　　　　　　　　　　　1 942 300
　　　　财务费用　　　　　　　　　　　　　　　　　　3 257 700
　　贷：长期借款——应计利息　　　　　　　　　　　　1 200 000
　　　　应付债券——应计利息　　　　　　　　　　　　4 000 000
　　注：2×25年1月1日至6月30日的实际借款利息＝1 040/2＝520（万元），其中，长期借款的实际利息为120万元，债券的实际利息为400万元。

二、外币专门借款汇兑差额资本化金额的确定

　　当企业为购建或者生产符合资本化条件的资产所借入的专门借款为外币借款时，由于企业取得外币借款日、使用外币借款日和会计结算日往往并不一致，而外汇汇率又在随时发生变化，因此，外币借款会产生汇兑差额。相应地，在借款费用资本化期间内，为购建符合资本化条件的资产而专门借入的外币借款所产生的汇兑差额，是购建该资产的一项代价，应当予以资本化，计入所购建资产的成本。出于简化核算的考虑，在资本化期间内，外币专门借款本金及其利息的汇兑差额，应当予以资本化，计入符合资本化条件的资产的成本。而除外币专门借款之外的其他外币借款本金及其利息所产生的汇兑差额应当作为财务费用，计入当期损益。

　　▶【例11－5】甲公司于2×24年1月1日，为建造某工程项目专门以面值发行美元公司债券1 000万元，年利率为8%，期限为3年，假定不考虑与发行债券有关的辅助费用、未支出专门借款的利息收入或投资收益。合同约定，每年1月1日支付上年利息，到期还本。
　　工程于2×24年1月1日开始实体建造，2×25年6月30日完工，达到预定可使用状态，期间发生的资产支出如下：2×24年1月1日，支出200万美元；2×24年7月1日，支出500万美元；2×25年1月1日，支出300万美元。
　　公司的记账本位币为人民币，外币业务采用外币业务发生时当日的市场汇率折算。相关汇率如下：2×24年1月1日，市场汇率为1美元＝7.70元人民币；2×24年12月31日，市场汇率为1美元＝7.75元人民币；2×25年1月1日，市场汇率为1美元＝7.77元人民币；2×25年6月30日，市场汇率为1美元＝7.80元人民币。
　　本例中，公司计算外币借款汇兑差额资本化金额如下：
　　（1）计算2×24年汇兑差额资本化金额：
　　①债券应付利息＝1 000×8%×7.75＝80×7.75＝620（万元）。账务处理为：
　　借：在建工程　　　　　　　　　　　　　　　　　　6 200 000
　　贷：应付债券——应计利息　　　　　　　　　　　　6 200 000
　　②外币债券本金及利息汇兑差额＝1 000×(7.75－7.70)＋80×(7.75－7.75)＝50

（万元）。账务处理为：

借：在建工程　　　　　　　　　　　　　　　　　　　500 000
　　贷：应付债券　　　　　　　　　　　　　　　　　　　500 000

（2）2×25年1月1日实际支付利息时，应当支付80万美元，折算成人民币为621.60万元。该金额与原账面金额之间的差额1.60万元应当继续予以资本化，计入在建工程成本。账务处理为：

借：应付债券——应计利息　　　　　　　　　　　　6 200 000
　　在建工程　　　　　　　　　　　　　　　　　　　　16 000
　　贷：银行存款　　　　　　　　　　　　　　　　　6 216 000

（3）计算2×25年6月30日时的汇兑差额资本化金额：

①债券应付利息＝1 000×8%×1/2×7.80＝40×7.80＝312（万元）。账务处理为：

借：在建工程　　　　　　　　　　　　　　　　　　3 120 000
　　贷：应付债券——应计利息　　　　　　　　　　　3 120 000

②外币债券本金及利息汇兑差额＝1 000×(7.80－7.75)＋40×(7.80－7.80)＝50（万元）。账务处理为：

借：在建工程　　　　　　　　　　　　　　　　　　　500 000
　　贷：应付债券　　　　　　　　　　　　　　　　　　500 000

第十二章 或有事项

第一节 或有事项概述

一、或有事项的概念和特征

企业在经营活动中有时会面临一些具有较大不确定性的经济事项，这些不确定事项对企业的财务状况和经营成果可能会产生较大的影响，其最终结果须由某些未来事项的发生或不发生加以决定。比如，企业售出一批商品并对商品提供质量保证，承诺在商品发生质量问题时由企业无偿提供修理服务，若这种质量保证是为了向客户保证所销售的商品符合既定标准（保证类质量保证），表明销售商品并提供售后担保是企业过去发生的交易，由此形成的未来修理服务构成一项不确定事项，修理服务的费用是否会发生以及发生金额是多少将取决于未来是否发生修理请求以及修理工作量、费用等的大小。按照权责发生制原则，企业不能等到客户提出修理请求时，才确认因提供担保而发生的义务，而应当在资产负债表日对这一不确定事项作出判断，以决定是否在当期确认承担的修理义务。这种不确定事项在会计上被称为或有事项。

或有事项，是指过去的交易或者事项形成的，其结果须由某些未来事项的发生或不发生才能决定的不确定事项。常见的或有事项主要包括：未决诉讼或未决仲裁、保证类质量保证（含产品安全保证）、亏损合同、重组义务、弃置义务、环境污染整治、承诺等。

本章适用于所有或有事项，但由职工薪酬、租赁、收入、所得税以及企业合并等章节规范的或有事项，分别适用相应的章。社会资本方与政府方依法依规就PPP项目合作订立合同（以下简称PPP项目合同），为使PPP项目资产保持一定的服务能力或在移交给政府方之前保持一定的使用状态，社会资本方根据PPP项目合同而提供的服务不构成单项履约义务的，应当将预计发生的支出，按照本章的规定进行会计处理。待执行合同、适用《企业会计准则第22号——金融工具确认和计量》的财务担保合同不适用本章，但待执行合同变成亏损合同的，应当适用本章有关亏损合同的规定。

或有事项具有以下特征：

第一，或有事项是因过去的交易或者事项形成的。或有事项作为一种不确定事项，是因企业过去的交易或者事项形成的。因过去的交易或者事项形成，是指或有事项的现存状况是过去交易或者事项引起的客观存在。例如，未决诉讼是企业因过去的经济行为导致起诉其他单位或被其他单位起诉，是现存的一种状况，而不是未来将要发生的事项。又如，保证类质量保证是企业对已售出商品或已提供劳务的质量符合既定标准提供的保证，不是为尚未出售商品或尚未提供劳务的质量提供的保证。基于这一特征，未来可能发生的自然灾害、交通事故、经营亏损等事项，都不属于或有事项。

第二，或有事项的结果具有不确定性。首先，或有事项的结果是否发生具有不确定性。例如，在有些未决诉讼中，被告是否会败诉，在案件审理过程中有时是难以确定的，需要根据法院判决情况加以确定。其次，或有事项的结果预计将会发生，但发生的具体时间或金额具有不确定性。例如，某企业因生产排污治理不力并对周围环境造成污染而被起诉，如无特殊情况，该企业很可能败诉。但是，在诉讼成立时，该企业因败诉将支出多少金额，或者何时将发生这些支出，可能是难以确定的。

第三，或有事项的结果须由未来事项决定。或有事项的结果只能由未来不确定事项的发生或不发生才能决定。或有事项对企业会产生有利影响还是不利影响，或虽已知是有利影响或不利影响，但影响有多大，在或有事项发生时是难以确定的。这种不确定性的消失，只能由未来不确定事项的发生或不发生才能证实。

在会计处理过程中存在不确定性的事项并不都是或有事项，企业应当按照或有事项的定义和特征进行判断。例如，对固定资产计提折旧虽然也涉及对固定资产预计净残值和使用寿命进行分析和判断，具有一定的不确定性，但是，固定资产折旧是已经发生的损耗，固定资产的原值是确定的，其价值最终会转移到成本或费用中也是确定的，该事项的结果是确定的，因此，对固定资产计提折旧不属于或有事项。

二、或有负债和或有资产

或有负债，是指过去的交易或事项形成的潜在义务，其存在须通过未来不确定事项的发生或不发生予以证实；或过去的交易或事项形成的现时义务，履行该义务不是很可能导致经济利益流出企业或该义务的金额不能可靠计量。

或有负债涉及两类义务：一类是潜在义务；另一类是现时义务。其中，潜在义务是指结果取决于不确定未来事项的可能义务。也就是说，潜在义务最终是否转变为现时义务，由某些未来不确定事项的发生或不发生才能决定。现时义务是指企业在现行条件下已承担的义务，该现时义务的履行不是很可能导致经济利益流出企业，或者该现时义务的金额不能可靠地计量。例如，甲公司涉及一桩诉讼案，根据以往的审判案例推断，甲公司很可能要败诉。但法院尚未判决，甲公司无法根据经验判断未来将要承担多少赔偿金额，因此该现时义务的金额不能可靠地计量，该诉讼案件即形成一项甲公司的或有负债。

履行或有事项相关义务导致经济利益流出的可能性，通常按照一定的概率区间加以判断。一般情况下，发生的概率分为以下几个层次：基本确定、很可能、可能、极小可能。其中，"基本确定"，是指发生的可能性大于95%但小于100%；"很可能"，是指发生的可能性大于50%但小于或等于95%；"可能"，是指发生的可能性大于5%但小于或等于50%；"极小可能"，是指发生的可能性大于0但小于或等于5%。

或有资产，是指过去的交易或者事项形成的潜在资产，其存在须通过未来不确定事项的发生或不发生予以证实。或有资产作为一种潜在资产，其结果具有较大的不确定性，只有随着经济情况的变化，通过某些未来不确定事项的发生或不发生才能证实其是否会形成企业真正的资产。例如，甲企业向法院起诉乙企业侵犯了其专利权。法院尚未对该案件进行公开审理，甲企业是否胜诉尚难判断。对于甲企业而言，将来可能胜诉而获得的赔偿属于一项或有资产，但这项或有资产是否会转化为真正的资产，要由法院的判决结果确定。如果终审判决结果是甲企业胜诉，那么这项或有资产就转化为甲企业的一项资产。如果终审判决结果是甲企业败诉，那么或有资产就消失了，更不可能形成甲企业的资产。

虽然或有负债和或有资产不符合负债或资产的定义和确认条件，企业不应当将其确认为负债和资产，而应当进行相应的披露。但影响或有负债和或有资产的多种因素处于不断变化之中，企业应当持续地对这些因素予以关注。随着时间的推移和事态的进展，或有负债对应的潜在义务可能转化为现时义务，原本不是很可能导致经济利益流出的现时义务也可能被证实将很可能导致经济利益流出企业，并且现时义务的金额也能够可靠计量。这时或有负债就转化为企业的负债，应当予以确认。或有资产也是一样，其对应的潜在资产最终是否能够流入企业会逐渐变得明确，如果某一时点企业基本确定能够收到这项潜在资产并且其金额能够可靠计量，则应当将其确认为企业的资产。

例如，未决诉讼对于预期会胜诉的一方而言，因未决诉讼形成了一项或有资产，该或有资产最终是否转化为企业的资产，要根据诉讼的最终判决而定。最终判决其胜诉的，该或有资产就转化为企业的资产。对于预期会败诉的一方而言，因未决诉讼形成了一项或有负债或预计负债。如为或有负债，该或有负债最终是否会转化为企业的预计负债，需根据诉讼的进展而定。企业根据法律规定、律师建议等因素判断自身很可能败诉且赔偿金额能够合理估计的，该或有负债就转化为了企业的预计负债。

第二节 或有事项的确认和计量

一、或有事项的确认

或有事项形成的或有资产只有在企业基本确定能够收到的情况下，才转化为真正的资产，从而予以确认。与或有事项有关的义务应当在同时符合以下三个条件时确认为负债，作为预计负债进行确认和计量：(1) 该义务是企业承担的现时义务；(2) 履行该义务很可能导致经济利益流出企业；(3) 该义务的金额能够可靠地计量。

第一，该义务是企业承担的现时义务。即与或有事项相关的义务是在企业当前条件下已承担的义务，企业没有其他现实的选择，只能履行该现时义务。通常情况下，过去的交易或事项是否导致现时义务是比较明确的，但也存在极少情况，如法律诉讼，特定事项是否已发生或这些事项是否已产生了一项现时义务可能难以确定，企业应当考虑包括资产负债表日后所有可获得的证据、专家意见等，以此确定资产负债表日是否存在现时义务。如果据此判断，资产负债表日很可能存在现时义务，且符合预计负债确认条件的，应当确认一项负债；如果资产负债表日现时义务很可能不存在，企业应披露一项或有负债，除非含有经济利益的资源流出企业的可能性极小。

此处的义务包括法定义务和推定义务。法定义务，是指因合同、法规或其他司法解释等产生的义务，通常是企业在经济管理和经济协调中，依照经济法律、法规的规定必须履行的责任。比如，企业与其他企业签订购货合同产生的义务就属于法定义务。推定义务是因企业以往的习惯做法、已公开的承诺或声明、已公开宣布的政策等而承担的义务。并且，由于以往的习惯做法，或通过这些承诺或公开的声明，企业向外界表明了它将承担特定的责任，从而使受影响的各方形成了其将履行那些责任的合理预期。例如，甲公司是一家化工企业，因扩大经营规模，到 A 国创办了一家分公司。假定 A 国尚未针对甲公司这类企业的生产经营可能产生的环境污染制定相关法律，因而甲公司的分公司对在 A 国生产经营可能产生的环境污染不承担法定义务。但是，甲公司为在 A 国树立良好的形象，自行向社会公告，宣称将对生产经营可能产生的环境污染进行治理。甲公司的分公司为此承担的义务就属于推定义务。

义务通常涉及指向的另一方，该另一方可能是具体身份并不明确的公众。通常情况下，义务总是涉及对另一方的承诺，但是管理层或董事会的决定在资产负债表日并不一定形成推定义务，除非该决定在资产负债表日之前已经以一种相当具体的方式传达给受影响的各方，使各方形成了企业将履行其责任的合理预期。

第二，履行该义务很可能导致经济利益流出企业。即履行与或有事项相关的现时义务时，导致经济利益流出企业的可能性超过 50%，但尚未达到基本确定的程度。

企业存在很多类似义务，如保证类产品质量保证或类似合同，履行时要求经济利益流出的可能性应通过总体考虑才能确定。对于某个项目而言，虽然经济利益流出的可能性较小，但包括该项目的该类义务很可能导致经济利益流出的，应当视同该项义务很可能导致经济利益流出企业。

第三，该义务的金额能够可靠地计量。即与或有事项相关的现时义务的金额能够合理地估计。由于或有事项具有不确定性，因或有事项产生的现时义务的金额也具有不确定性，需要估计。要对或有事项确认一项负债，相关现时义务的金额应当能够可靠估计。只有在其金额能够可靠地估计，并同时满足其他两个条件时，企业才能加以确认。例如，乙股份有限公司涉及一起诉讼案。根据以往的审判结果判断，公司很可能败诉，相关的赔偿金额也可以估算出一个区间。此时，就可以认为该公司因未决诉讼承担的现时义务的金额能够可靠地计量，如果同时满足其他两个条件，就可以将所形成的义务确认为一项负债。又如，乙企业因合同纠纷被起诉，法院一审已判决其败诉并确定其赔偿金额，这表明该义务已经满足预计负债的确认条件，乙企业应确认相应的预计负债，不能仅因不服一审判决将上诉或二审仍在进行等原因而不确认预计负债。

二、预计负债的计量

当与或有事项有关的义务符合确认为负债的条件时应当将其确认为预计负债，预计负债应当按照履行相关现时义务所需支出的最佳估计数进行初始计量。此外，企业清偿预计负债所需支出还可能从第三方或其他方获得补偿。因此，或有事项的计量主要涉及两个问题：一是最佳估计数的确定；二是预期可获得补偿的处理。

（一）最佳估计数的确定

预计负债应当按照履行相关现时义务所需支出的最佳估计数进行初始计量。最佳估计数的确定应当分别两种情况处理：

第一，所需支出存在一个连续范围（或区间，下同），且该范围内各种结果发生的可能性相同，则最佳估计数应当按照该范围内的中间值，即上下限金额的平均数确定。

第二，所需支出不存在一个连续范围，或者虽然存在一个连续范围，但该范围内各种结果发生的可能性不相同，那么，如果或有事项涉及单个项目，最佳估计数按照最可能发生金额确定；如果或有事项涉及多个项目，最佳估计数按照各种可能结果及相关概率计算确定。"涉及单个项目"指或有事项涉及的项目只有一个，如一项未决诉讼、一项未决仲裁等。"涉及多个项目"指或有事项涉及的项目不止一个，如在保证类产品质量保证中，提出产品保修要求的可能有许多客户，相应地，企业对这些客户负有保修义务。

▶【例12-1】2×24年10月2日，乙股份有限公司涉及一起诉讼案。2×24年12月31日，乙股份有限公司尚未接到法院的判决。在咨询了公司的法律顾问后，公司认为：胜诉的可能性为40%，败诉的可能性为60%。如果败诉，需要赔偿2 000 000元。此时，乙股份有限公司在资产负债表中确认的负债金额应为最可能发生的金额，即2 000 000元。

需要注意的是，企业在估计诉讼相关的预计负债时，如判断原告起诉的赔偿金额将通过企业聘请律师为其辩护后有所下降，则预计负债不仅要考虑律师辩护后预期赔偿给原告的较低金额，还需考虑预计支付给律师的费用。

▶【例12-2】甲股份有限公司（以下简称甲公司）是生产并销售A产品的企业，2×24年第一季度，共销售A产品60 000件，销售收入为360 000 000元。按照当地法律规定，甲公司对其销售的机床作出不属于单项履约义务的产品质量保证承诺（即保证类质量保证），具体承诺内容如下：该产品售出后一年内，如出现非意外事件造成的故障和质量问题，公司将负责免费维修（含零部件更换）。根据以前年度的维修记录，如果发生较小的质量问题，发生的维修费用为销售收入的1%；如果发生较大的质量问题，发生的维修费用为销售收入的2%。根据公司技术部门的预测，本季度销售的产品中，80%不会发生质量问题；15%可能发生较小质量问题；5%可能发生较大质量问题。据此，2×24年第一季度末，甲公司应在资产负债表中确认的负债金额 = 360 000 000 × （0 × 80% + 1% × 15% + 2% × 5%） = 900 000（元）。

（二）预期可获得补偿的处理

如果企业清偿因或有事项而确认的负债所需支出全部或部分预期由第三方或其他方补偿，则此补偿金额只有在基本确定能收到时，才能作为资产单独确认，确认的补偿金额不能超过所确认负债的账面价值。预期可能获得补偿的情况通常有：发生交通事故等情况时，企业通常可从保险公司获得合理的赔偿；在某些索赔诉讼中，企业可对索赔人或第三方另行提出赔偿要求。

企业预期从第三方获得的补偿，是一种潜在资产，其最终是否会转化为企业真正的资产（即企业是否能够收到这项补偿）具有较大的不确定性，企业只能在基本确定能够收到补偿时才能对其进行确认。根据资产和负债不能随意抵销的原则，预期可获得的补偿在基本确定能够收到时应当确认为一项资产，而不能作为预计负债金额的扣减。

▶【例12-3】2×24年12月31日，乙股份有限公司因或有事项而确认了一笔金额为1 000 000元的负债；同时，公司因该或有事项，基本确定可从甲股份有限公司获得400 000元的赔偿。

本例中，乙股份有限公司应分别确认一项金额为1 000 000元的负债和一项金额为400 000元的资产，而不能只确认一项金额为600 000元（1 000 000-400 000）的负债。同时，公司所确认的补偿金额400 000元不能超过所确认的负债的账面价值1 000 000元。

（三）预计负债的计量需要考虑的其他因素

企业在确定最佳估计数时，应当综合考虑与或有事项有关的风险和不确定性、货币时间价值和未来事项等因素。

1. 风险和不确定性

风险是对交易或事项结果的变化可能性的一种描述。企业在不确定的情况下进行判断需要谨慎，使得收益或资产不会被高估，费用或负债不会被低估。企业应当充分考虑与或有事项有关的风险和不确定性，既不能忽略风险和不确定性对或有事项计量的影响，也需要避免对风险和不确定性进行重复调整，从而在低估和高估预计负债金额之间寻找平衡点。

2. 货币时间价值

预计负债的金额通常应当等于未来应支付的金额。但是，因货币时间价值的影响，资产负债表日后不久发生的现金流出，要比一段时间之后发生的同样金额的现金流出负有更大的义务。所以，如果预计负债的确认时点距离实际清偿有较长的时间跨度，货币时间价值的影响重大，那么在确定预计负债的确认金额时，应考虑采用现值计量，即通过对相关未来现金流出进行折现后确定最佳估计数。

将未来现金流出折算为现值时，需要注意以下三点：

（1）用来计算现值的折现率，应当是反映货币时间价值的当前市场估计和相关负债特有风险的税前利率。

（2）风险和不确定性既可以在计量未来现金流出时作为调整因素，也可以在确定折现率时予以考虑，但不能重复反映。

（3）随着时间的推移，即使在未来现金流出和折现率均不改变的情况下，预计负债的现值将逐渐增长。企业应当在资产负债表日，对预计负债的现值进行重新计量。

3. 未来事项

企业应当考虑可能影响履行现时义务所需金额的相关未来事项。也就是说，对于这些未来事项，如果有足够的客观证据表明它们将发生，如未来技术进步、相关法规出台等，则应当在预计负债计量中考虑相关未来事项的影响，但不应考虑预期处置相关资产形成的利得。

预期的未来事项可能对预计负债的计量较为重要。例如，某核电企业预计，在生产结束时清理核废料的费用将因未来技术的变化而显著降低。那么，该企业因此确认的预计负债金额应当反映有关专家对技术发展以及清理费用减少作出的合理预测。但是，这种预计需要取得客观证据予以支持。

三、对预计负债账面价值的复核

企业应当在资产负债表日对预计负债的账面价值进行复核。有确凿证据表明该账面价值不能真实反映当前最佳估计数的，应当按照当前最佳估计数对该账面价值进行调整。

例如，某化工企业对环境造成了污染，按照当时的法律规定，只需要对污染进行清理。随着国家对环境保护越来越重视，按照现在的法律规定，该企业不但需要对污染进行清理，还很可能要对居民进行赔偿。这种法律要求的变化，会对企业预计负债的计量产生影响。企业应当在资产负债表日对为此确认的预计负债金额进行复核，相关因素发生变化表明预计负债金额不再能反映真实情况时，需要按照当前情况下企业清理和赔偿支出的最佳估计数对预计负债的账面价值进行相应的调整。

弃置费用形成的预计负债在确认后，按照实际利率法计算的利息费用应当确认为财务费用。由于技术进步、法律要求或市场环境变化等原因，特定固定资产的弃置义务可能发生支出金额、预计弃置时点、折现率等变动而引起的预计负债变动，应按照下列原则调整该固定资产的成本：（1）对于预计负债的减少，以该固定资产账面价值为限扣减固定资产成本。如果预计负债的减少额超过该固定资产账面价值，超出部分确认为当期损益。（2）对于预计负债的增加，增加该固定资产的成本。

按照上述原则调整的固定资产，在资产剩余使用年限内计提折旧。一旦该固定资产的使用寿命结束，预计负债的所有后续变动应在发生时确认为损益。

第三节 或有事项会计处理的具体应用

一、未决诉讼或未决仲裁

诉讼，是指当事人不能通过协商解决争议，因而在人民法院起诉、应诉，请求人民法院通过审判程序解决纠纷的活动。诉讼尚未裁决之前，对于被告来说，可能形成一项或有负债或者预计负债；对于原告来说，则可能形成一项或有资产。

仲裁，是指经济法的各方当事人依照事先约定或事后达成的书面仲裁协议，共同选定仲裁机构并由其对争议依法作出具有约束力裁决的一种活动。作为当事人一方，仲裁的结果在仲裁决定公布以前是不确定的，会构成一项潜在义务或现时义务，或者潜在资产。

▶【例12-4】2×24年11月1日，乙股份有限公司因合同违约而被丁公司起诉。2×24年12月31日，公司尚未接到法院的判决。丁公司预计，如无特殊情况很可能在诉讼中获胜，假定丁公司估计将来很可能获得赔偿金额1 900 000元。在咨询了公司的法律顾问后，乙公司认为最终的法律判决很可能对公司不利。假定乙公司预计将要支付的赔偿金额、诉讼费等费用为1 600 000元至2 000 000元之间的某一金额，而且这个区间内每个金额的可能性都大致相同，其中诉讼费为30 000元。

此例中，丁公司不应当确认或有资产，而应当在2×24年12月31日的报表附注中披露或有资产1 900 000元。

乙股份有限公司应在资产负债表中确认一项预计负债，其金额=(1 600 000＋2 000 000)÷2＝1 800 000（元），同时在2×24年12月31日的附注中进行披露。

乙公司的有关账务处理如下：

借：管理费用——诉讼费　　　　　　　　　　　　　　　　　30 000
　　营业外支出　　　　　　　　　　　　　　　　　　　　1 770 000
　　　贷：预计负债——未决诉讼　　　　　　　　　　　　1 800 000

应当注意的是，对于未决诉讼，企业当期实际发生的诉讼损失金额与已计提的相关预计负债之间的差额，应分别情况处理：

第一，企业在前期资产负债表日，依据当时实际情况和所掌握的证据合理预计了预计负债，应当将当期实际发生的诉讼损失金额与已计提的相关预计负债之间的差额，直接计入或冲减当期营业外支出。

第二，企业在前期资产负债表日，依据当时实际情况和所掌握的证据，原本应当能够合理估计诉讼损失，但企业所作的估计却与当时的事实严重不符（如未合理预计损失或不恰当地多计或少计损失），应当按照重大会计差错更正的方法进行处理。

第三，企业在前期资产负债表日，依据当时实际情况和所掌握的证据，确实无法合理预计诉讼损失，因而未确认预计负债，则在该项损失实际发生的当期，直接计入当期营业外支出。

第四，资产负债表日后至财务报告批准报出日之间发生的需要调整或说明的未决诉讼，按照《企业会计准则第29号——资产负债表日后事项》的有关规定进行会计处理。

二、保证类质量保证

保证类质量保证，通常指销售商或制造商在销售产品或提供劳务后，对客户提供商品或服务的质量符合既定标准的一种承诺。在约定期内（或终身保修），若产品或劳务在正常使用过程中出现质量或与之相关的其他属于正常范围的问题，企业负有更换产品、免费或只收成本价进行修理等责任（不构成单项履约义务）。为此，企业应当在符合确认条件的情况下，于销售成立时确认预计负债。

▶【例12-5】承【例12-2】，甲公司2×24年第一季度实际发生的维修费为850 000元，"预计负债——产品质量保证"科目2×23年末余额为30 000元。

本例中，2×24 年第一季度，甲公司的账务处理如下：

（1）确认与产品质量保证有关的预计负债：

借：主营业务成本——产品质量保证　　　　　　　　　900 000
　　　贷：预计负债——产品质量保证　　　　　　　　　　900 000

（2）发生产品质量保证费用（维修费）：

借：预计负债——产品质量保证　　　　　　　　　　　850 000
　　　贷：银行存款或原材料等　　　　　　　　　　　　　850 000

"预计负债——产品质量保证"科目 2×24 年第一季度末的余额 = 900 000 - 850 000 + 30 000 = 80 000（元）。

在对产品质量保证确认预计负债时，需要注意的是：

第一，如果发现产品质量保证费用的实际发生额与预计数相差较大，应及时对预计比例进行调整。

第二，如果企业针对特定批次产品确认预计负债，则在保修期结束时，应将"预计负债——产品质量保证"科目余额冲销，不留余额，同时冲减"主营业务成本"等科目。

第三，已对其确认预计负债的产品，如企业不再生产了，那么应在相应的产品质量保证期满后，将"预计负债——产品质量保证"科目余额冲销，不留余额。

三、亏损合同

（一）待执行合同与亏损合同

待执行合同，是指合同各方未履行任何合同义务，或部分履行了同等义务的合同。企业与其他方签订的尚未履行或部分履行了同等义务的合同，如商品买卖合同、劳务合同、租赁合同等，均属于待执行合同。待执行合同不属于或有事项，但待执行合同变为亏损合同的，应当作为或有事项。

亏损合同，是指履行合同义务不可避免会发生的成本超过预期经济利益的合同。其中，"履行合同义务不可避免会发生的成本"应当反映退出该合同的最低净成本，即履行该合同的成本与未能履行该合同而发生的补偿或处罚两者之间的较低者。履行该合同的成本包括履行合同的增量成本和与履行合同直接相关的其他成本的分摊金额。其中，履行合同的增量成本包括直接人工、直接材料等；与履行合同直接相关的其他成本的分摊金额包括用于履行合同的固定资产的折旧费用分摊金额等。

（二）亏损合同的会计处理

待执行合同变为亏损合同，同时该亏损合同产生的义务满足预计负债的确认条件的，应当确认为预计负债。预计负债的计量应当反映退出该合同的最低净成本。

企业对亏损合同进行会计处理，需要遵循以下两点原则：

第一，如果与亏损合同相关的义务不需支付任何补偿即可撤销，企业通常就不存在现时义务，不应确认预计负债；如果与亏损合同相关的义务不可撤销，企业就存在了现时义务，同时满足该义务很可能导致经济利益流出企业且金额能够可靠地计量的，应当确认预计负债。

第二，待执行合同变为亏损合同时，合同存在用于履行合同的资产的，应当对用于履行合同的资产进行减值测试并按规定确认减值损失,在这种情况下,企业通常不需确认预计负债,如果预计亏损超过该减值损失,应将超过部分确认为预计负债;合同不存在用于履行合同的资产的,亏损合同相关义务满足预计负债确认条件时,应当确认预计负债。确认日常经营活动相关的亏损合同涉及的预计负债,在确认并记入"预计负债"科目贷方的同时,确认并记入"主营业务成本"科目的借方。

▶【例12-6】2×22年1月1日,甲公司租入一条生产线生产A产品,租赁期4年。甲公司计划利用该生产线生产A产品,预计每年可获利20万元。2×23年12月31日,甲公司因市政规划调整必须迁址,且因宏观政策调整决定停产A产品,但前述租赁合同不可撤销,该生产线无法转租给其他单位。

本例中,甲公司与其他公司签订了不可撤销的租赁合同,负有履行合同(交纳租金)的法定义务,因迁址和停产A产品,甲公司履行该租赁合同不可避免会发生的费用将超过预期获得的经济利益,该租赁合同成为一项亏损合同,在租赁期开始日之前应按照本章亏损合同内容进行处理,自租赁期开始日期起,按照《企业会计准则第21号——租赁》进行处理。

▶【例12-7】甲公司是一家发电企业,2×22年8月,甲公司与某煤炭供应商签订了一项《煤炭采购合同》,约定甲公司以每吨1 500元的价格向煤炭供应商采购2万吨煤炭,若甲公司撤销合同,需按合同总价款的10%向煤炭供应商赔偿违约金。2×22年12月,甲公司的发电厂所在地颁布了新的环保法规,根据该法规,此批煤炭的质量标准不再符合当地发电企业的能源清洁度要求。

本例中,因煤炭供应商提供的此批煤炭的质量标准不再符合当地发电企业的能源清洁度要求,甲公司无法在其电厂所在地使用该批煤炭生产电力。假定无须发生其他销售费用的情况下,甲公司若将该批煤炭出售给其他可以使用的第三方,单价为每吨1 400元,即每吨亏100元,甲公司预计损失200万元;若撤销合同,则甲公司需要支付300万元的违约金。因此,这项采购合同成为一项亏损合同,应按照履行该合同所需成本(200万元)与未能履行该合同而发生的违约金(300万元)中的较低者(200万元)确认一项预计负债。

四、重组义务

(一)重组义务的确认

重组是指企业制定和控制的,将显著改变企业组织形式、经营范围或经营方式的计划实施行为。属于重组的事项主要包括:

(1)出售或终止企业的部分业务。

(2)对企业的组织结构进行较大调整。

(3)关闭企业的部分营业场所,或将营业活动由一个国家或地区迁移到其他国家或地区。

企业应当区分重组与企业合并、债务重组。重组通常是企业内部资源的调整和组合,谋求现有资产效能的最大化;企业合并是将两个或者两个以上单独的企业合并形成一个报告主体的交易或事项;而债务重组是指在不改变交易对手方的情况下,经债权人和债务人协定或法院裁定,就清偿债务的时间、金额或方式等重新达成协议的交易。

企业因重组而承担了重组义务,并且同时满足预计负债的三项确认条件时,才能确认预计负债。

首先,同时存在下列情况的,表明企业承担了重组义务:

(1)有详细、正式的重组计划,包括重组涉及的业务、主要地点、需要补偿的职工人数、预计重组支出、计划实施时间等;

(2)该重组计划已对外公告。

其次,需要判断重组义务是否同时满足预计负债的三个确认条件,即判断其承担的重组义务是否是现时义务;履行重组义务是否很可能导致经济利益流出企业;重组义务的金额是否能够可靠计量。只有同时满足这三个确认条件,才能将重组义务确认为预计负债。

例如,某公司董事会决定关闭一个事业部。如果有关决定尚未传达到受影响的各方,也未采取任何措施实施该项决定,该公司就没有开始承担重组义务,不应确认预计负债;如果有关决定已经传达到受影响的各方,并使各方对企业将关闭事业部形成合理预期,通常表明企业开始承担重组义务,同时满足该义务很可能导致经济利益流出企业和金额能够可靠地计量的,应当确认预计负债。

(二)重组义务的计量

企业应当按照与重组有关的直接支出确定预计负债金额,计入当期损益。其中,直接支出是企业重组必须承担的、与主体继续进行的活动无关的支出(如自愿遣散、强制遣散、不再使用厂房的租赁撤销费等),不包括留用职工岗前培训、市场推广、新系统和营销网络投入等支出,因为这些支出与未来经营活动有关,在资产负债表日不是重组义务。

企业在计量预计负债时不应当考虑预期处置相关资产的利得或损失。即,在计量与重组义务相关的预计负债时,即使资产的出售构成重组的一部分,企业也不考虑处置相关资产(如厂房、店面、事业部等)可能形成的利得或损失。处置重组涉及资产的利得或损失应当在企业丧失相关资产的控制权时单独确认。例如,企业转让某球场(包括球场土地使用权和球场上相关设施),转让价格5亿元,球场处置前账面价值1亿元,由于关闭该球场,企业预计支付给球会会员的赔偿金约2亿元。本例中,企业应当在相关赔偿金满足预计负债确认条件时确认预计负债2亿元,在球场控制权转移时确认4亿元的资产处置损益。

企业可以参照表12-1判断某项支出是否属于与重组有关的直接支出。

表12-1　　　　　　　　　　　　　与重组有关支出的判断

支出项目	包括	不包括	不包括的原因
自愿遣散	√		
强制遣散(如果自愿遣散目标未满足)	√		
将不再使用的厂房的租赁撤销费	√		
将职工和设备从拟关闭的工厂转移到继续使用的工厂		√	支出与继续进行的活动相关

续表

支出项目	包括	不包括	不包括的原因
剩余职工的再培训		√	支出与继续进行的活动相关
新经理的招募成本		√	支出与继续进行的活动相关
推广公司新形象的营销成本		√	支出与继续进行的活动相关
对新分销网络的投资		√	支出与继续进行的活动相关
重组的未来可辨认经营损失（最新预计值）		√	支出与继续进行的活动相关
特定不动产、厂场和设备的减值损失		√	减值准备应当按照《企业会计准则第8号——资产减值》进行评估，并作为资产的抵减项

第四节 或有事项的列报

一、预计负债的列报

在资产负债表中，因或有事项而确认的负债（预计负债）应与其他负债项目区别开来，单独反映。企业应当在资产负债表中单独列示预计负债。企业应当按照预计负债的种类、形成原因以及经济利益预期流出时间的长短，根据总账余额和明细账余额分析填列资产负债表。具体而言，对于期限在一年或一个营业周期以内的预计负债，在"其他流动负债"项目列报，其他预计负债在非流动负债中的"预计负债"项目列报；将于一年内到期的"预计负债"应当重分类至"一年内到期的非流动负债"。在将或有事项确认为负债的同时，应确认一项支出或费用。这项费用或支出在利润表中不应单列项目反映，而应与其他费用或支出项目（如"管理费用""营业外支出"等）合并反映。比如，企业因保证类质量保证确认负债时所确认的费用，在利润表中应作为"营业成本"的组成部分予以反映；又如，企业因对外提供担保、未决诉讼、重组义务确认负债时所确认的费用，在利润表中应作为"营业外支出""管理费用"等的组成部分予以反映。

同时，为了使会计报表使用者获得充分、详细的有关或有事项的信息，企业应在会计报表附注中披露以下内容：

第一，预计负债的种类、形成原因以及经济利益流出不确定性的说明。

第二，各类预计负债的期初、期末余额和本期变动情况。

第三，与预计负债有关的预期补偿金额和本期已确认的预期补偿金额。

二、或有负债的披露

或有负债无论作为潜在义务还是现时义务，均不符合负债的确认条件，因而不予确认。但是，除非或有负债极小可能导致经济利益流出企业，否则企业应当在附注中披露有关信息，具体包括：

第一,或有负债的种类及其形成原因,包括已贴现商业承兑汇票、未决诉讼、未决仲裁、对外提供担保等形成的或有负债。

第二,经济利益流出不确定性的说明。

第三,或有负债预计产生的财务影响,以及获得补偿的可能性;无法预计的,应当说明原因。

需要注意的是,在涉及未决诉讼、未决仲裁的情况下,按照上述要求披露全部或部分信息预期对企业会造成重大不利影响的,企业无须披露这些信息,但应当披露该未决诉讼、未决仲裁的性质,以及未披露这些信息的事实和原因。

三、或有资产的披露

或有资产作为一种潜在资产,不符合资产确认的条件,因而不予确认。企业通常不应当披露或有资产,但或有资产很可能会给企业带来经济利益的,应当披露其形成的原因、预计产生的财务影响等。

第十三章 金融工具

第一节 金融工具概述

金融工具是指形成一方的金融资产并形成其他方的金融负债或权益工具的合同。金融工具包括金融资产、金融负债和权益工具。

合同包括书面形式和非书面形式。实务中,金融工具合同通常采用书面形式。非合同的资产和负债不属于金融工具。例如,应交所得税是企业按照税收法规规定承担的义务,而不是以合同为基础的义务,因此不符合金融工具的定义。

一、金融资产

金融资产,是指企业持有的现金、其他方的权益工具以及符合下列条件之一的资产:

(1)从其他方收取现金或其他金融资产的合同权利。例如,企业的银行存款、应收账款、应收票据和贷款等均属于金融资产。再如,预付账款不是金融资产,因为其产生的未来经济利益是商品或服务,不是收取现金或其他金融资产的权利。

(2)在潜在有利条件下,与其他方交换金融资产或金融负债的合同权利。例如,企业持有的看涨期权或看跌期权等。

(3)将来须用或可用企业自身权益工具进行结算的非衍生工具合同,且企业根据该合同将收到可变数量的自身权益工具。

(4)将来须用或可用企业自身权益工具进行结算的衍生工具合同,但以固定数量的自身权益工具交换固定金额的现金或其他金融资产的衍生工具合同除外。其中,企业自身权益工具不包括应当按照《企业会计准则第37号——金融工具列报》分类为权益工具的可回售工具或发行方仅在清算时才有义务向另一方按比例交付其净资产的金融工具,也不包括本身就要求在未来收取或交付企业自身权益工具的合同。

本章不涉及下列金融资产的会计处理:(1)长期股权投资(即企业对外能够形成控制、共同控制和重大影响的股权投资);(2)货币资金(即库存现金、银行存款、其他货币资金)。

二、衍生工具

金融工具还可以分为基础金融工具和衍生工具。衍生工具，是指属于《企业会计准则第 22 号——金融工具确认和计量》范围并同时具备下列特征的金融工具或其他合同。

（1）其价值随特定利率、金融工具价格、商品价格、汇率、价格指数、费率指数、信用等级、信用指数或其他变量的变动而变动，变量为非金融变量（比如特定区域的地震损失指数、特定城市的气温指数等）的，该变量不应与合同的任何一方存在特定关系。

衍生工具的价值变动取决于标的变量的变化。例如，甲国内金融企业与乙境外金融企业签订了一份 1 年期利率互换合约，每半年末甲企业向乙企业支付美元固定利息、从乙企业收取以 6 个月担保隔夜融资利率（SOFR）计算确定的浮动利息，合约名义金额为 1 亿美元。合约签订时，其公允价值为零。假定合约签订半年后，浮动利率（6 个月美元 SOFR）与合约签订时不同，甲企业将根据未来可收取的浮动利息现值扣除将支付的固定利息现值确定该合约的公允价值，合约的公允价值因浮动利率的变化而改变。

（2）不要求初始净投资，或者与对市场因素变化预期有类似反应的其他合同相比，要求较少的初始净投资。企业从事衍生工具交易不要求初始净投资，通常指签订某项衍生工具合同时不需要支付现金。例如，某企业与其他企业签订一项将来买入债券的远期合同，就不需要在签订合同时支付将来购买债券所需的现金。但是，不要求初始净投资，并不排除企业按照约定的交易惯例或规则相应缴纳一笔保证金，比如企业进行期货交易时要求缴纳一定的保证金。缴纳保证金不构成一项企业解除负债现时义务的支付，因为保证金仅具有"保证"性质。

在某些情况下，企业在从事衍生工具交易时也会遇到要求进行现金支付的情况，但该现金支付只是相对很少的初始净投资。例如，从市场上购入备兑认股权证，就需要先支付一笔款项。但相对于行权时购入相应股份所需支付的款项，此项支付往往是金额很小的。又如，企业进行货币互换时，通常需要在合同签订时支付以某种货币计价的一笔款项，但同时也会收到以另一种货币计价的一笔"等值"款项，无论是从该企业的角度，还是从其对手（合同的另一方）看，初始净投资均为零。

（3）在未来某一日期结算。衍生工具在未来某一日期结算，表明衍生工具结算需要经历一段特定期间。衍生工具通常在未来某一特定日期结算，也可能在未来多个日期结算。例如，利率互换可能涉及合同到期前多个结算日期。另外，有些期权可能由于是价外期权而到期不行权，这也是在未来日期结算的一种方式。

金融负债和权益工具的定义见本章第三节。

第二节　金融资产和金融负债的分类和重分类

金融资产和金融负债的分类是确认和计量的基础。企业应当根据其管理金融资产的业务模式和金融资产的合同现金流量特征，将金融资产划分为下列三类：

（1）以摊余成本计量的金融资产；

（2）以公允价值计量且其变动计入其他综合收益的金融资产；

（3）以公允价值计量且其变动计入当期损益的金融资产。

同时，企业应当结合自身业务特点和风险管理要求，对金融负债进行合理的分类。对金融资产和金融负债的分类一经确定，不得随意变更。

一、金融资产的分类

（一）关于企业管理金融资产的业务模式

1. 业务模式评估

企业管理金融资产的业务模式，是指企业如何管理其金融资产以产生现金流量。业务模式决定企业所管理金融资产现金流量的来源是收取合同现金流量、出售金融资产，还是两者兼有。

企业确定其管理金融资产的业务模式时，应当注意下列方面：

（1）企业应当在金融资产组合的层次上确定管理金融资产的业务模式，而不必按照单个金融资产逐项确定业务模式。金融资产组合的层次应当反映企业管理该金融资产的层次。有些情况下，企业可能将金融资产组合分拆为更小的组合，以合理反映企业管理该金融资产的层次。例如，企业购买一个抵押贷款组合，该组合中的一部分贷款以收取合同现金流量为目标管理，其他贷款以出售为目标管理，在该情况下，企业可将该抵押贷款组合分拆为两个更小的组合以确定其管理相关金融资产的业务模式。

（2）一个企业可能会采用多个业务模式管理其金融资产。例如，企业持有一组以收取合同现金流量为目标的投资组合，同时还持有另一组既以收取合同现金流量为目标又以出售该金融资产为目标的投资组合，企业对这两个投资组合的管理采用了不同的业务模式。

（3）企业应当以企业关键管理人员决定的对金融资产进行管理的特定业务目标为基础，确定管理金融资产的业务模式。其中，"关键管理人员"是指《企业会计准则第36号——关联方披露》中定义的关键管理人员。

（4）企业的业务模式并非企业自愿指定，而是一种客观事实，通常可以从企业为实现其目标而开展的特定活动中得以反映。企业应当考虑在业务模式评估日可获得的所有相关证据，包括企业评价和向关键管理人员报告金融资产业绩的方式、影响金融资产业绩的风险及其管理方式以及相关业务管理人员获得报酬的方式（如报酬是基于所管理资产的公允价值还是所收取的合同现金流量）等。

（5）企业不得以按照合理预期不会发生的情形为基础确定管理金融资产的业务模式。例如，对于某金融资产组合，如果企业预期仅会在压力情形下将其出售，且企业合理预期该压力情形不会发生，则该压力情形不得影响企业对该类金融资产的业务模式的评估。

（6）企业集团及各子公司应当根据各自的实际情况确定其管理金融资产的业务模式。对于同一金融资产组合，集团和子公司对其管理该组合的业务模式的判断通常应当一致。

此外，如果金融资产实际现金流量的实现方式不同于评估业务模式时的预期，只要企业在评估业务模式时已经考虑了当时所有可获得的相关信息，这一差异不构成企业财务报表的前期差错，也不改变企业在该业务模式下持有的剩余金融资产的分类。但是，企业在评估新的金融资产的业务模式时，应当考虑这些信息。

2. 以收取合同现金流量为目标的业务模式

在以收取合同现金流量为目标的业务模式下，企业管理金融资产旨在通过在金融资产存续期内收取合同付款来实现现金流量，而不是通过持有并出售金融资产产生整体回报。

需要说明的是，以收取合同现金流量为目标的业务模式并不要求企业必须将所有此类金融资产持有至到期。换言之，即使企业出售金融资产或者预计未来会出售金融资产，此类金融资产的业务模式仍然可能是以收取合同现金流量为目标。企业在评估其业务模式时，应当考虑此前出售此类资产的原因、时间、频率和出售的价值以及对未来出售的预期。此前出售资产的事实只是为企业提供相关依据，而不能决定业务模式。如果企业能够解释出售的原因，并且证明出售并不反映业务模式的改变，出售频率或者出售价值在特定时期内的增加不一定与以收取合同现金流量为目标的业务模式相矛盾，在这种情况下，不能仅因存在出售情况或者出售超过一定比例而认为其管理相关金融资产的业务模式不是以收取合同现金流量为目标。

在以收取合同现金流量为目标的业务模式下，金融资产的信用质量影响着企业收取合同现金流量的能力。因此，企业在金融资产的信用风险增加时，为减少因信用恶化所导致的潜在信用损失而将其出售，其管理该金融资产的业务模式仍然可能是以收取合同现金流量为目标。如果企业在金融资产到期日前出售金融资产，即使与信用风险管理活动无关，在出售只是偶然发生（即使价值重大），或者单独及汇总而言出售的价值非常小（即使频繁发生）的情况下，企业管理相关金融资产的业务模式仍然可能是以收取合同现金流量为目标。此外，如果出售发生在金融资产临近到期时，且出售所得接近待收取的剩余合同现金流量，企业管理相关金融资产的业务模式仍然可能是以收取合同现金流量为目标。

▶【例 13-1】甲企业购买了一个贷款组合，该组合包含已发生信用减值的贷款。如果贷款不能按时偿付，甲企业将通过各种方式尽可能实现合同现金流量，如通过邮件、电话或其他方法与借款人联系催收。同时，甲企业签订了一项利率互换合同，将贷款组合的利率由浮动利率转换为固定利率。

本例中，甲企业管理该贷款组合的业务模式是以收取合同现金流量为目标。即使甲企业预期无法收取全部合同现金流量（部分贷款已发生信用减值），但并不影响其业务模式。此外，该公司签订利率互换合同也不影响贷款组合的业务模式。

3. 以收取合同现金流量和出售金融资产为目标的业务模式

在同时以收取合同现金流量和出售金融资产为目标的业务模式下，企业的关键管理人员认为收取合同现金流量和出售金融资产对于实现其管理目标而言都是不可或缺的。例如，企业的目标是管理日常流动性需求同时维持特定的收益率，或将金融资产的存续期与相关负债的存续期进行匹配。

与以收取合同现金流量为目标的业务模式相比，此业务模式涉及的出售通常频率更高、价值更大。因为出售金融资产是此业务模式的目标之一，在该业务模式下不存在出售金融资产的频率或者价值的明确界限。

▶【例13-2】甲银行持有某金融资产组合以满足其流动性需求。为了降低其管理流动性需求的成本，甲银行高度关注该金融资产组合的回报，包括收取的合同现金流量和出售金融资产的利得或损失。

本例中，甲银行管理该金融资产组合的业务模式以收取合同现金流量和出售金融资产为目标。

▶【例13-3】甲公司因日常资金管理的需要，在持有承兑汇票的同时，会将部分承兑汇票进行背书转让或贴现。其中，甲公司将在背书转让或贴现时不满足金融资产终止确认条件的承兑汇票作为一个金融资产组合进行管理，甲公司在背书转让或贴现后，在账面仍继续确认该组合中的承兑汇票，并确认相应金融负债；甲公司将在背书转让或贴现时满足金融资产终止确认条件的承兑汇票作为另外一个金融资产组合进行管理。

本例中，对于在背书转让或贴现时不满足终止确认条件的承兑汇票组合，甲公司在会计上并未实现出售，仍将通过收取该金融资产组合存续期间内合同现金流量的方式实现经济利益，不符合通过持有并出售金融资产产生整体回报的情形，不属于以收取合同现金流量和出售金融资产为目标的业务模式。对于在背书转让或贴现时满足终止确认条件的承兑汇票组合，甲公司在会计上已经实现出售，该类金融资产组合产生现金流量的来源同时包括收取合同现金流量和出售金融资产，因此，甲公司管理该类承兑汇票组合的业务模式属于以收取合同现金流量和出售金融资产为目标。

4. 其他业务模式

如果企业管理金融资产的业务模式，不是以收取合同现金流量为目标，也不是以收取合同现金流量和出售金融资产为目标，则该企业管理金融资产的业务模式是其他业务模式。例如，企业持有金融资产的目的是交易性的或者基于金融资产的公允价值作出决策并对其进行管理。在该情况下，企业管理金融资产的目标是通过出售金融资产以实现现金流量。即使企业在持有金融资产的过程中会收取合同现金流量，企业管理金融资产的业务模式也不是以收取合同现金流量和出售金融资产为目标，因为收取合同现金流量对实现该业务模式目标来说只是附带性质的活动。

（二）关于金融资产的合同现金流量特征

金融资产的合同现金流量特征，是指金融工具合同约定的、反映相关金融资产经济特征的现金流量属性。企业分类为以摊余成本计量的金融资产和以公允价值计量且其变动计入其他综合收益的金融资产，其合同现金流量特征应当与基本借贷安排相一致，即相关金融资产在特定日期产生的合同现金流量仅为对本金和以未偿付本金金额为基础的利息的支付（以下简称本金加利息的合同现金流量特征）。无论金融资产的法律形式是否为一项贷款，都可能是一项基本借贷安排。

本金是指金融资产在初始确认时的公允价值，本金金额可能因提前还款等原因在金融资产的存续期内发生变动；利息包括对货币时间价值、与特定时期未偿付本金金额相关的信用风险，以及其他基本借贷风险（如流动性风险）、成本（如管理费用）和利润的对价。其中，货币时间价值是利息要素中仅因为时间流逝而提供对价的部分，不包括为所持有金融资产的其他风险或成本提供的对价，但货币时间价值要素有时可能存在修正。

在货币时间价值要素存在修正的情况下，企业应当对相关修正进行评估，以确定其是否满足上述合同现金流量特征的要求。此外，金融资产包含可能导致其合同现金流量的时间分布或金额发生变更的合同条款（如包含提前还款或可展期特征）的，企业应当对相关条款进行评估（如评估提前还款特征的公允价值是否非常小），以确定其是否满足上述合同现金流量特征的要求。

需要说明的是，企业应当使用金融资产的计价货币来评估金融资产的合同现金流量特征。此外，如果一项金融资产具有完全追索权并有抵押品作为担保，该事实并不影响企业对其合同现金流量特征的评估。

实务中，企业根据中国人民银行改革完善贷款市场报价利率（LPR）形成机制的决定，将确定一项金融资产利息的基础调整为"贷款市场报价利率"的，除非存在其他导致不符合本金加利息的合同现金流量特征的因素，从"贷款基准利率"调整为"贷款市场报价利率"本身不会导致相关金融资产不符合本金加利息的合同现金流量特征。例如，利率为"贷款市场报价利率+200基点"的贷款符合本金加利息的合同现金流量特征。但是，如果利率为"贷款市场报价利率向上浮动20%"的贷款，由于包含杠杆因素，则不符合本金加利息的合同现金流量特征。

（三）金融资产的具体分类

1. 以摊余成本计量的金融资产

金融资产同时符合下列条件的，应当分类为以摊余成本计量的金融资产：（1）企业管理该金融资产的业务模式是以收取合同现金流量为目标；（2）该金融资产的合同条款规定，在特定日期产生的现金流量，仅为对本金和以未偿付本金金额为基础的利息的支付。

例如，银行向企业客户发放的固定利率贷款，在没有其他特殊安排的情况下，贷款通常符合本金加利息的合同现金流量特征。如果银行管理该贷款的业务模式是以收取合同现金流量为目标，则该贷款可以分类为以摊余成本计量的金融资产。再如，普通债券的合同现金流量是到期收回本金及按约定利率在合同期间按时收取固定或浮动利息的权利。在没有其他特殊安排的情况下，普通债券通常符合本金加利息的合同现金流量特征。如果企业管理该债券的业务模式是以收取合同现金流量为目标，则该债券可以分类为以摊余成本计量的金融资产。又如，企业正常商业往来形成的具有一定信用期限的应收账款，如果企业拟根据应收账款的合同现金流量收取现金，且不打算提前处置应收账款，则该应收账款可以分类为以摊余成本计量的金融资产。

企业一般设置"贷款""应收账款""债权投资"等科目核算分类为以摊余成本计量的金融资产。

2. 以公允价值计量且其变动计入其他综合收益的金融资产

金融资产同时符合下列条件的，应当分类为以公允价值计量且其变动计入其他综合收益的金融资产：（1）企业管理该金融资产的业务模式既以收取合同现金流量为目标又以出售该金融资产为目标；（2）该金融资产的合同条款规定，在特定日期产生的现金流量，仅为对本金和以未偿付本金金额为基础的利息的支付。

例如，企业持有的普通债券的合同现金流量是到期收回本金及按约定利率在合同期间按时收取固定或浮动利息的权利。在没有其他特殊安排的情况下，普通债券的合同现金流量一般情况下可能符合仅为对本金和以未偿付本金金额为基础的利息支付的要求。如果企业管理该债券的业务模式以收取合同现金流量和出售该债券为目标，则该债券应当分类为以公允价值计量且其变动计入其他综合收益的金融资产。

企业应当设置"其他债权投资"科目核算分类为以公允价值计量且其变动计入其他综合收益的债权投资。

3. 以公允价值计量且其变动计入当期损益的金融资产

对于分类为以摊余成本计量的金融资产和以公允价值计量且其变动计入其他综合收益的金融资产之外的金融资产，企业应当将其分类为以公允价值计量且其变动计入当期损益的金融资产。例如，企业常见的下列投资产品通常分类为以公允价值计量且其变动计入当期损益的金融资产：

（1）股票。股票的合同现金流量源自收取被投资企业未来股利分配以及其清算时获得剩余权益的权利。由于股利及获得剩余权益的权利均不符合本章关于本金和利息的定义，因此股票不符合本金加利息的合同现金流量特征。在不考虑非交易性权益工具特殊指定的情况下，企业持有的股票应当分类为以公允价值计量且其变动计入当期损益的金融资产。

（2）基金。常见的开放式股票型基金、债券型基金、货币基金或混合基金，通常投资于动态管理的资产组合，投资者从该类投资中所取得的现金流量既包括投资期间基础资产产生的合同现金流量，也包括处置基础资产的现金流量，因此通常情况下不符合本金加利息的合同现金流量特征，一般应当分类为以公允价值计量且其变动计入当期损益的金融资产。

（3）可转换债券。可转换债券投资除按一般债权类投资的特性到期收回本金、获取约定利息或收益外，还嵌入了一项转股权。通过嵌入衍生工具，企业获得的收益在基本借贷安排的基础上，会产生基于其他因素变动的不确定性。企业持有的可转换债券投资不单独分拆转股权，而是应当将其作为一个整体进行评估。由于可转换债券不符合本金加利息的合同现金流量特征，企业持有的可转换债券投资应当分类为以公允价值计量且其变动计入当期损益的金融资产。

（4）结构性存款。对于商业银行吸收的符合《中国银保监会办公厅关于进一步规范商业银行结构性存款业务的通知》（银保监办发〔2019〕204号）定义的结构性存款，即嵌入金融衍生产品的存款，通过与利率、汇率、指数等的波动挂钩或者与某实体的信用情况挂钩，使存款人在承担一定风险的基础上获得相应的收益，其通常不符合本金加利息的合同现金流量特征，一般应分类为以公允价值计量且其变动计入当期损益的金融资产。

此外，在初始确认时，如果能够消除或显著减少会计错配，企业可以将金融资产指定为以公允价值计量且其变动计入当期损益的金融资产。该指定一经作出，不得撤销。

企业应当设置"交易性金融资产"科目核算分类为以公允价值计量且其变动计入当期损益的金融资产。企业持有的指定为以公允价值计量且其变动计入当期损益的金融资产可在本科目下单设"指定类"明细科目核算。

（四）金融资产分类的特殊规定

1. 非交易性权益工具投资

权益工具投资一般不符合本金加利息的合同现金流量特征，因此，应当分类为以公允价值计量且其变动计入当期损益的金融资产。然而，在初始确认时，企业可以将非交易性权益工具投资指定为以公允价值计量且其变动计入其他综合收益的金融资产,并按规定确认股利收入。该指定一经作出,不得撤销。企业投资其他上市公司股票或者非上市公司股权的,都可能属于这种情形。

(1) 关于"非交易性"和"权益工具投资"的界定。

金融资产或金融负债满足下列条件之一的,表明企业持有该金融资产或承担该金融负债的目的是交易性的:

①取得相关金融资产或承担相关金融负债的目的,主要是为了近期出售或回购。例如,企业以赚取差价为目的从二级市场购入的股票、债券和基金等,或者发行人根据债务工具的公允价值变动计划在近期回购的、有公开市场报价的债务工具。

②相关金融资产或金融负债在初始确认时属于集中管理的可辨认金融工具组合的一部分,且有客观证据表明近期实际存在短期获利模式。在这种情况下,即使组合中有某个组成项目持有的期限稍长也不受影响。其中,"金融工具组合"指金融资产组合或金融负债组合。

③相关金融资产或金融负债属于衍生工具(符合财务担保合同定义的衍生工具以及被指定为有效套期工具的衍生工具除外)。例如,未作为套期工具的利率互换或外汇期权。

只有不符合上述条件的非交易性权益工具投资才可以被指定为以公允价值计量且其变动计入其他综合收益的金融资产。

此处权益工具投资中的"权益工具",是指对于工具发行方来说,满足本章中权益工具定义的工具。例如,对于发行方而言,普通股满足权益工具的定义,对于投资方而言,其持有的普通股投资属于权益工具投资。

(2) 对于符合金融负债定义但被分类为权益工具的可回售工具(如可随时赎回的开放式基金份额)和发行方仅在清算时才有义务向另一方按比例交付其净资产的金融工具(如属于有限寿命工具的封闭式基金、理财产品的份额或信托计划等寿命固定的结构化主体的份额)等特殊金融工具,因其从发行方的角度而言并不符合本章第三节权益工具的定义,只是在特定会计主体中列报为权益工具,因此从投资方的角度而言,其持有的此类特殊金融工具投资不符合指定为以公允价值计量且其变动计入其他综合收益的金融资产的条件。

(3) 企业在非同一控制下的企业合并中确认的或有对价构成金融资产的,该金融资产应当分类为以公允价值计量且其变动计入当期损益的金融资产。企业不得将该或有对价指定为以公允价值计量且其变动计入其他综合收益的金融资产。此外,企业通过不同部门或在不同时点取得并持有的对同一被投资单位的权益工具投资整体不构成控制、共同控制或重大影响并适用本章的,企业可以基于"单项"权益工具投资进行金融资产分类,即可以分别作为以公允价值计量且其变动计入当期损益的金融资产或指定为以公允价值计量且其变动计入其他综合收益的金融资产进行会计处理。

2. 基本会计处理原则

初始确认时,企业可基于单项非交易性权益工具投资,将其指定为以公允价值计量且其变动计入其他综合收益的金融资产,其公允价值的后续变动计入其他综合收益,不需计提减值准备。除了获得的股利收入（明确作为投资成本部分收回的股利收入除外）计入当期损益外，其他相关的利得和损失（包括汇兑损益）均应当计入其他综合收益，且后续不得转入损益。当金融资产终止确认时，之前计入其他综合收益的累计利得或损失应当从其他综合收益中转出，计入留存收益。

二、金融负债的分类

（一）除下列各项外，企业应当将金融负债分类为以摊余成本计量的金融负债

（1）以公允价值计量且其变动计入当期损益的金融负债，包括交易性金融负债（含属于金融负债的衍生工具）和指定为以公允价值计量且其变动计入当期损益的金融负债。

（2）不符合终止确认条件的金融资产转移或继续涉入被转移金融资产所形成的金融负债。对此类金融负债，企业应当按照本章第五节相关规定进行计量。

（3）不属于上述情形（1）和（2）的财务担保合同，以及不属于上述情形（1）的以低于市场利率贷款的贷款承诺。

在非同一控制下的企业合并中，企业作为购买方确认的或有对价形成金融负债的，该金融负债应当按照以公允价值计量且其变动计入当期损益进行会计处理。

（二）公允价值选择权

在初始确认时，为了提供更相关的会计信息，企业可以将一项金融资产、一项金融负债或者一组金融工具（金融资产、金融负债或者金融资产及负债）指定为以公允价值计量且其变动计入当期损益，但该指定应当满足下列条件之一：

（1）该指定能够消除或显著减少会计错配。例如，有些金融资产被分类为以公允价值计量且其变动计入当期损益的金融资产，但与之直接相关的金融负债却分类为以摊余成本计量的金融负债，从而导致会计错配。如果将该金融负债直接指定为以公允价值计量且其变动计入当期损益的金融负债，那么这种会计错配就能够消除，此种情况下，企业可以将该金融负债指定为以公允价值计量且其变动计入当期损益的金融负债。

再如，企业拥有某些金融资产且承担某些金融负债，该金融资产和金融负债承担某种相同的风险（如利率风险），且各自的公允价值变动方向相反、趋于相互抵销。但是，其中只有部分金融资产或金融负债（如交易性）按照以公允价值计量且其变动计入当期损益的方式计量，此时会出现会计错配。套期会计有效性难以达到要求时，也会出现类似问题。在这些情况下，如果将所有这些金融资产和金融负债均进行公允价值指定，也可以消除或显著减少会计错配现象，此种情况下，企业可以将所有这些金融资产和金融负债指定为以公允价值计量且其变动计入当期损益的金融资产和金融负债。

又如，企业拥有某金融资产且承担某金融负债，该金融资产和金融负债承担某种相同的风险，且各自的公允价值变动方向相反，趋于相互抵销。但是，因为这些金融资产或金融负债中没有一项是以公允价值计量且其变动计入当期损益的，不满足被指定为套期工具的条件，从而导致企业不具备运用套期会计方法的条件，出现相关利得或损失在确认方面的重大不一致。例如，某银行通过发行上市债券为一组特定贷款提供融资，且

债券与贷款的公允价值变动可相互抵销。如果银行定期发行和回购该债券但是很少买卖该贷款,则同时采用以公允价值计量且其变动计入当期损益的方式计量该贷款和债券,将消除两者均以摊余成本计量且每次回购债券时确认一项利得或损失所导致的利得和损失确认时间不一致的问题,此种情况下,企业可以将该贷款和债券分别指定为以公允价值计量且其变动计入当期损益的金融资产和金融负债。

需要指出的是,对于上述情况,实务中企业可能难以做到将所涉及的金融资产和金融负债在同一时间进行指定。如果企业能够将每项相关交易在初始确认时予以指定,且预期剩下的交易将会发生,那么对所涉及的金融资产和金融负债的指定可以有合理的延迟。此外,公允价值选择权只能应用于一项金融工具整体,而不能应用于金融工具的某一组成部分。

(2)根据正式书面文件载明的企业风险管理或投资策略,企业以公允价值为基础对金融负债组合或金融资产和金融负债组合进行管理和业绩评价,并在内部以此为基础向关键管理人员报告。以公允价值为基础进行管理的金融资产组合,由于其按照规定已经被分类为以公允价值计量且其变动计入损益的金融资产,因此,不再将公允价值选择权应用于此类金融资产。此项条件强调的是企业日常管理和评价业绩的方式,而不是关注金融工具组合中各组成部分的性质。

企业将一项金融负债或者一组金融工具(金融负债或者金融资产及负债)指定为以公允价值计量且其变动计入当期损益的,一经作出不得撤销。即使造成会计错配的金融工具被终止确认,也不得撤销这一指定。

三、嵌入式衍生工具

(一)嵌入式衍生工具的概念

衍生工具通常是独立存在的,但也可能嵌入非衍生金融工具或其他合同(主合同)中,这种衍生工具称为嵌入衍生工具。嵌入衍生工具与主合同构成混合合同(如企业持有的可转换公司债券)。嵌入衍生工具对混合合同的现金流量产生影响的方式,应当与单独存在的衍生工具类似,且该混合合同的全部或部分现金流量随特定利率、汇率、金融工具价格、商品价格、价格指数、费率指数、信用等级、信用指数或其他变量的变动而变动,变量为非金融变量的,该变量不应与合同的任何一方存在特定关系。

(1)主合同通常包括租赁合同、保险合同、服务合同、特许权合同、债务工具合同、合营合同等。

(2)在混合合同中,嵌入衍生工具通常以具体合同条款体现。例如,甲公司签订了按一般物价指数调整租金的3年期租赁合同。根据该合同,第1年的租金先约定,从第2年开始,租金按前1年的一般物价指数调整。此例中,主合同是租赁合同,嵌入衍生工具体现为一般物价指数调整条款。以下为常见的、可体现嵌入衍生工具的合同条款:可转换公司债券中嵌入的股份转换选择权条款、与权益工具挂钩的本金或利息支付条款、与商品或其他非金融项目挂钩的本金或利息支付条款、看涨期权条款、看跌期权条款、提前还款权条款、信用违约支付条款等。

(3)衍生工具如果附属于一项金融工具但根据合同规定可以独立于该金融工具进行

转让，或者具有与该金融工具不同的交易对手方，则该衍生工具不是嵌入衍生工具，应当作为一项单独存在的衍生工具处理。例如，某贷款合同可能附有一项相关的利率互换，如该互换能够单独转让，那么该互换是一项独立存在的衍生工具，而不是嵌入衍生工具，即使该互换与主合同（贷款合同）的交易对手（借款人）是同一方。同样，如果某工具是衍生工具与其他非衍生工具"合成"或"拼成"的，那么其中的衍生工具也不能视为嵌入衍生工具，而应作为单独存在的衍生工具处理。例如，某公司有一项5年期浮动利率债务工具投资和一项5年期支付浮动利率、收取固定利率的利率互换合同，两者放在一起创造一项"合成"的5年期固定利率债务工具投资。在该情况下，"合成"工具中的利率互换不应作为嵌入衍生工具处理。

（二）嵌入式衍生工具与主合同的关系

嵌入衍生工具的核算有两种模式，从混合合同中分拆或不分拆。混合合同包含的主合同属于《企业会计准则第22号——金融工具确认和计量》规范的资产的，企业不应从该混合合同中分拆嵌入衍生工具，而应当将该混合合同作为一个整体适用关于金融资产分类的相关规定。如果主合同并非《企业会计准则第22号——金融工具确认和计量》所规范的资产，企业对嵌入衍生工具进行会计处理时，应当合理地判断其与主合同的关系，根据其经济特征和风险是否与主合同的经济特征和风险紧密相关，并结合其他条件，决定是否分拆。

企业判断嵌入衍生工具的经济特征和风险是否与主合同的经济特征和风险紧密相关时，应当重点关注嵌入衍生工具与主合同的风险敞口是否相似，以及嵌入衍生工具是否可能会对混合合同的现金流量产生重大改变。除特殊规定外，一般情况下，如果嵌入衍生工具与主合同的风险敞口不同或者嵌入衍生工具可能对混合合同的现金流量产生重大改变，则嵌入衍生工具的经济特征和风险与主合同的经济特征和风险很可能不紧密相关。例如，主债务工具中嵌入看跌期权，使得持有人有权要求发行人以一定金额的现金或其他资产回购这项工具，其中现金或其他资产的金额随着某一权益工具或商品价格或指数的变动而变动，该看跌期权不与主债务工具紧密相关。

通常情况下，企业应当首先明确主合同的经济特征和风险。如果主合同没有明确的或事先确定的到期日，且代表了在某一企业净资产中的剩余利益，那么该主合同的经济特征和风险即为权益工具的经济特征和风险，而且嵌入衍生工具需要拥有和同一企业相关的权益特征才能视为与主合同紧密相关；如果主合同不是一项权益工具但符合金融工具的定义，那么该主合同的经济特征和风险即为债务工具的经济特征和风险。

其次，嵌入的非期权衍生工具（如嵌入的远期合同或互换合同），应基于标明或暗含的实质性条款将其从主合同中分拆，其在初始确认时的公允价值为零。以期权为基础的嵌入衍生工具（如嵌入的看跌期权、看涨期权、利率上限、利率下限或互换期权），应基于标明的期权特征的条款将其从主合同中分拆，主合同的初始账面金额即为分拆出嵌入衍生工具后的剩余金额。

最后，一项混合合同中的多项嵌入衍生工具通常应视同为一项工具处理。但是，归类为权益的嵌入衍生工具应与归类为资产或负债的嵌入衍生工具分开核算。此外，如果某混合合同嵌入了多项衍生工具而这些衍生工具又与不同的风险敞口相关，且这些嵌入衍生工具易于分离并相互独立，则这些嵌入衍生工具应分别进行核算。

（三）嵌入式衍生工具的会计处理

1. 嵌入衍生工具的分拆

混合合同包含的主合同不属于《企业会计准则第 22 号——金融工具确认和计量》规范的资产，且同时符合下列条件的，企业应当从混合合同中分拆嵌入衍生工具，将其作为单独存在的衍生工具处理：

（1）嵌入衍生工具的经济特征和风险与主合同的经济特征和风险不紧密相关。

（2）与嵌入衍生工具具有相同条款的单独工具符合衍生工具的定义。

（3）该混合合同不是以公允价值计量且其变动计入当期损益进行会计处理。

嵌入衍生工具从混合合同中分拆的，企业应当按照适用的会计准则规定，对混合合同的主合同进行会计处理。对于单独存在的衍生工具，通常应采用公允价值进行初始计量和后续计量。

2. 将混合合同指定为以公允价值计量且其变动计入当期损益的金融工具

当企业成为混合合同的一方，而主合同不属于《企业会计准则第 22 号——金融工具确认和计量》规范的资产且包含一项或多项嵌入衍生工具时，则企业应识别所有此类嵌入衍生工具，评估其是否需要与主合同分拆，并且对于需与主合同分拆的嵌入衍生工具，应以公允价值进行初始确认和后续计量。与整项金融工具均以公允价值计量且其变动计入当期损益相比，上述要求可能更为复杂或导致可靠性更差。为此，企业可以将整项混合合同指定为以公允价值计量且其变动计入当期损益的金融工具。但下列情况除外：

（1）嵌入衍生工具不会对混合合同的现金流量产生重大改变。

（2）在初次确定类似的混合合同是否需要分拆时，几乎不需分析就能明确其包含的嵌入衍生工具不应分拆。如嵌入贷款的提前还款权，允许持有人以接近摊余成本的金额提前偿还贷款，该提前还款权不需要分拆。

此外，企业无法根据嵌入衍生工具的条款和条件对嵌入衍生工具的公允价值进行可靠计量的，该嵌入衍生工具的公允价值应当根据混合合同公允价值和主合同公允价值之间的差额确定。使用了上述方法后，该嵌入衍生工具在取得日或后续资产负债表日的公允价值仍然无法单独计量的，企业应当将该混合合同整体指定为以公允价值计量且其变动计入当期损益的金融工具。

四、金融工具的重分类

（一）金融工具重分类的原则

企业改变其管理金融资产的业务模式时，应当按照规定对所有受影响的相关金融资产进行重分类。企业对所有金融负债均不得进行重分类。

企业对金融资产进行重分类，应当自重分类日起采用未来适用法进行相关会计处理，不得对以前已经确认的利得、损失（包括减值损失或利得）或利息进行追溯调整。重分类日，是指导致企业对金融资产进行重分类的业务模式发生变更后的首个报告期间的第一天。例如，甲上市公司决定于 2×22 年 3 月 22 日改变其管理某金融资产的业务模式，按照我国上市公司的相关规定其按季度披露财务报告，则重分类日为 2×22 年 4 月 1 日（即下一个季度会计期间的期初）。

企业管理金融资产业务模式的变更是一种极其少见的情形。该变更源自外部或内部的变化，对企业的经营非常重要，须由企业的高级管理层进行决策，并能够向外部各方证实。因此，只有当企业开始或终止某项对其经营有重大影响的活动时（如当企业收购、处置或终止某一业务线时），其管理金融资产的业务模式才会发生变更。例如，某银行决定终止其零售抵押贷款业务，该业务线不再接受新业务，并且该银行正在积极寻求出售其抵押贷款组合，则该银行管理其零售抵押贷款的业务模式发生了变更。

下列情形不属于业务模式变更：

（1）企业持有特定金融资产的意图改变。企业即使在市场状况发生重大变化的情况下改变对特定资产的持有意图，也不属于业务模式变更。

（2）金融资产特定市场暂时性消失从而暂时影响金融资产出售。

（3）金融资产在企业具有不同业务模式的各部门之间转移。

另需注意的是，企业业务模式的变更必须在重分类日之前生效。例如，银行决定于2×22年10月15日终止其零售抵押贷款业务，并在2×23年1月1日对所有受影响的金融资产进行重分类。在2×22年10月15日之后，其不应开展新的零售抵押贷款业务，或从事与之前零售抵押贷款业务模式相同的活动。

▶【例13-4】甲公司持有拟在短期内出售的某商业贷款组合。甲公司近期收购了乙资产管理公司（以下简称乙公司），乙公司持有贷款的业务模式是以收取合同现金流量为目标。甲公司决定，对其原持有的商业贷款组合不再以出售为目标，而是将该组合与乙公司持有的其他贷款一起管理，以收取合同现金流量为目标，则甲公司管理该商业贷款组合的业务模式发生了变更。

如果企业管理金融资产的业务模式没有发生变更，而金融资产的条款发生变更但未导致终止确认的，不应对相关金融资产进行重分类。如果金融资产的条款发生变更导致终止确认的，企业应当终止确认原金融资产，同时按照变更后的条款确认一项新的金融资产，不涉及对原金融资产重分类的问题。

（二）金融资产重分类的计量

1. 以摊余成本计量的金融资产的重分类

（1）企业将一项以摊余成本计量的金融资产重分类为以公允价值计量且其变动计入当期损益的金融资产的，应当按照该资产在重分类日的公允价值进行计量。原账面价值与公允价值之间的差额计入当期损益。

（2）企业将一项以摊余成本计量的金融资产重分类为以公允价值计量且其变动计入其他综合收益的金融资产的，应当按照该金融资产在重分类日的公允价值进行计量。原账面价值与公允价值之间的差额计入其他综合收益。该金融资产重分类不影响其实际利率和预期信用损失的计量。

▶【例13-5】2×21年10月15日，甲银行以公允价值500 000元购入一项债券投资，并按规定将其分类为以摊余成本计量的金融资产，该债券的账面余额为500 000元。2×22年12月15日，甲银行变更了其管理债券投资组合的业务模式，其变更符合重分类的要求，因此，甲银行于2×23年1月1日将该债券从以摊余成本计量重分类为以公允价值计量且其变动计入当期损益。2×23年1月1日，该债券的公允价值为490 000元，已确认的减值准备为6 000元。假设不考虑该债券的利息收入。

2×23年1月1日，甲银行对该债券投资进行重分类的账务处理如下：

借：交易性金融资产　　　　　　　　　　　　　　490 000
　　债权投资减值准备　　　　　　　　　　　　　　6 000
　　公允价值变动损益　　　　　　　　　　　　　　4 000
　　贷：债权投资　　　　　　　　　　　　　　　　　　　　500 000

2. 以公允价值计量且其变动计入其他综合收益的金融资产的重分类

（1）企业将一项以公允价值计量且其变动计入其他综合收益的金融资产重分类为以摊余成本计量的金融资产的，应当将之前计入其他综合收益的累计利得或损失转出，调整该金融资产在重分类日的公允价值，并以调整后的金额作为新的账面价值，即视同该金融资产一直以摊余成本计量。该金融资产重分类不影响其实际利率和预期信用损失的计量。

（2）企业将一项以公允价值计量且其变动计入其他综合收益的金融资产重分类为以公允价值计量且其变动计入当期损益的金融资产的，应当继续以公允价值计量该金融资产。同时，企业应当将之前计入其他综合收益的累计利得或损失从其他综合收益转入当期损益。

▶【例13-6】2×21年9月15日，甲银行以公允价值500 000元购入一项债券投资，并按规定将其分类为以公允价值计量且其变动计入其他综合收益的金融资产，该债券的账面余额为500 000元。2×22年10月15日，甲银行变更了其管理债券投资组合的业务模式，其变更符合重分类的要求，因此，甲银行于2×23年1月1日将该债券从以公允价值计量且其变动计入其他综合收益的金融资产重分类为以摊余成本计量的金融资产。2×23年1月1日，该债券的公允价值为490 000元，已确认的减值准备为6 000元。假设不考虑利息收入。

2×23年1月1日，甲银行对该债券投资进行重分类的账务处理如下：

借：债权投资　　　　　　　　　　　　　　　　　500 000
　　其他债权投资——公允价值变动　　　　　　　　10 000
　　其他综合收益——信用减值准备　　　　　　　　6 000
　　贷：其他债权投资——成本　　　　　　　　　　　　　500 000
　　　　其他综合收益——其他债权投资公允价值变动　　10 000
　　　　债权投资减值准备　　　　　　　　　　　　　　　6 000

3. 以公允价值计量且其变动计入当期损益的金融资产的重分类

（1）企业将一项以公允价值计量且其变动计入当期损益的金融资产重分类为以摊余成本计量的金融资产的，应当以其在重分类日的公允价值作为新的账面余额。

（2）企业将一项以公允价值计量且其变动计入当期损益的金融资产重分类为以公允价值计量且其变动计入其他综合收益的金融资产的，应当继续以公允价值计量该金融资产。

对以公允价值计量且其变动计入当期损益的金融资产进行重分类的，企业应当根据该金融资产在重分类日的公允价值确定其实际利率。同时，企业应当自重分类日起对该金融资产适用金融资产减值的相关规定，并将重分类日视为初始确认日。

第三节 金融负债和权益工具的区分

一、金融负债和权益工具的区分

（一）金融负债和权益工具区分的总体要求

企业发行金融工具，应当按照该金融工具的合同条款及其所反映的经济实质而非法律形式，以及金融资产、金融负债和权益工具的定义，在初始确认时将该金融工具或其组成部分分类为金融资产、金融负债或权益工具。

1. 金融负债和权益工具的定义

金融负债，是指企业符合下列条件之一的负债：

（1）向其他方交付现金或其他金融资产的合同义务，例如发行的承诺支付固定利息的公司债券。

（2）在潜在不利条件下，与其他方交换金融资产或金融负债的合同义务，例如签出的外汇期权。

（3）将来须用或可用企业自身权益工具进行结算的非衍生工具合同，且企业根据该合同将交付可变数量的自身权益工具。例如，企业取得一项金融资产，并承诺两个月后向卖方交付本企业发行的普通股，交付的普通股数量根据交付时的股价确定，则该项承诺是一项金融负债。

（4）将来须用或可用企业自身权益工具进行结算的衍生工具合同（以固定数量的自身权益工具交换固定金额的现金或其他金融资产的衍生工具合同除外），例如以普通股净额结算的股票期权。企业对全部现有同类别非衍生自身权益工具的持有方（例如普通股股东）同比例发行配股权、期权或认股权证，使之有权按比例以固定金额的任何货币换取固定数量的该企业自身权益工具的，该类配股权、期权或认股权证应当分类为权益工具。其中，企业自身权益工具不包括应按照本章第三节分类为权益工具的金融工具，也不包括本身就要求在未来收取或交付企业自身权益工具的合同。

权益工具，是指能证明拥有某个企业在扣除所有负债后的资产中的剩余权益的合同。在同时满足下列条件的情况下，企业应当将发行的金融工具分类为权益工具：

（1）该金融工具应当不包括交付现金或其他金融资产给其他方，或在潜在不利条件下与其他方交换金融资产或金融负债的合同义务。

（2）将来须用或可用企业自身权益工具结算该金融工具。如为非衍生工具，该金融工具应当不包括交付可变数量的自身权益工具进行结算的合同义务；如为衍生工具，企业只能通过以固定数量的自身权益工具交换固定金额的现金或其他金融资产结算该金融工具。其中，企业自身权益工具不包括按照本章分类为权益工具的特殊金融工具（如可回售工具和仅在清算时才有义务向另一方按比例交付其净资产的金融工具），也不包括本身就要求在未来收取或交付企业自身权益工具的合同。

2. 区分金融负债和权益工具需考虑的因素

（1）合同所反映的经济实质。在判断一项金融工具是否应划分为金融负债或权益工具时，应当以相关合同条款及其所反映的经济实质而非仅以法律形式为依据，运用金融负债和权益工具区分的原则，正确地确定该金融工具或其组成部分的会计分类。对金融工具合同所反映经济实质的评估应基于合同的具体条款。企业不应仅依据监管规定或工具名称进行划分。

（2）工具的特征。有些金融工具（如企业发行的某些优先股）可能既有权益工具的特征，又有金融负债的特征。因此，企业应当全面细致地分析此类金融工具各组成部分的合同条款，以确定其显示的是金融负债还是权益工具的特征，并进行整体评估，以判定整个工具应划分为金融负债或权益工具，还是既包括金融负债成分又包括权益工具成分的复合金融工具。

（二）金融负债和权益工具区分的基本原则

1. 是否存在无条件地避免交付现金或其他金融资产的合同义务

（1）如果企业不能无条件地避免以交付现金或其他金融资产来履行一项合同义务，则该合同义务符合金融负债的定义。实务中，常见的该类合同义务情形包括：

①不能无条件避免的赎回，即金融工具发行方不能无条件地避免赎回此金融工具。如果一项合同（分类为权益工具的特殊金融工具除外）使发行方承担了以现金或其他金融资产回购自身权益工具的义务，即使发行方的回购义务取决于合同对手方是否行使回售权，发行方应当在初始确认时将该义务确认为一项金融负债，其金额等于回购所需支付金额的现值（如远期回购价格的现值、期权行权价格的现值或其他回售金额的现值）。如果发行方最终无须以现金或其他金融资产回购自身权益工具，应当在合同对手方回售权到期时将该项金融负债按照账面价值重分类为权益工具。

▶【例13-7】甲公司发行无固定到期日的中期票据，募集说明书中约定，在中期票据存续期内单独或同时发生下列应急事件时，应即刻启动投资者保护应急预案，召开持有人大会商议债权保护有关事宜：（1）本公司发生未能清偿到期债务的违约情况；（2）本公司发生超过净资产10%以上的重大损失，且足以影响到中期票据的按时、足额兑付；（3）本公司作出减资、合并、分立、解散或申请破产的决定；（4）其他可能引发投资者重大损失的事件。

发生以上情形的，持有人大会有权要求发行人回购或提供担保，发行人、发行人母公司、发行人下属子公司、债务融资工具清偿义务承继方等重要关联方没有表决权。持有人大会召集人应在会议表决截止日后第一个工作日将会议决议提交至发行人，并代表持有人及时就有关决议内容与发行人及其他有关机构进行沟通。持有人大会会议决议要求发行人回购或提供担保的，发行人应无条件接受。除上述外，不考虑其他情况。

本例中，如果甲公司（发行人）未能清偿到期债务、发生超过净资产10%以上重大损失且影响中期票据按时足额兑付、作出减资、合并、分立、解散或申请破产的决定以及发生其他可能引发投资者重大损失的事件等，将即刻启动投资者保护应急预案，召开持有人大会。由于未能清偿到期债务等应急事件的发生不由发行方控制，而上述应急事件一旦发生，按照募集说明书的约定，持有人大会有权要求发行人回购或提供担保，且发行人应无条件接受持有人大会的上述决议。因此，本例中，甲公司作为该中期票据的发行人，不能无条件地避免交付现金或其他金融资产的合同义务，应当将其确认为一项金融负债。

②强制付息，即金融工具发行方被要求强制支付利息。例如，一项以面值人民币1亿元发行的优先股要求每年按6%的股息率支付优先股股息，则发行方承担了未来每年支付6%股息的合同义务，应当就该强制付息的合同义务确认金融负债。又如，企业发行的一项永续债，无固定还款期限且不可赎回，每年按8%的利率强制付息。尽管该项工具的期限永续且不可赎回，但由于企业承担了以利息形式永续支付现金的合同义务，因此符合金融负债的定义。

需要说明的是，对企业履行交付现金或其他金融资产的合同义务能力的限制（如无法获得外币、需要得到有关监管部门的批准才能支付或其他法律法规的限制等），并不能解除企业就该金融工具所承担的合同义务，也不能表明该企业无须承担该金融工具的合同义务。

（2）如果企业能够无条件地避免交付现金或其他金融资产，例如能够根据相应的议事机制自主决定是否支付股息（即无支付股息的义务），同时所发行的金融工具没有到期日且合同对手方没有回售权，或虽有固定期限但发行方有权无限期递延（即无支付本金的义务），则此类交付现金或其他金融资产的结算条款不构成金融负债。如果发放股利由发行方根据相应的议事机制自主决定，则股利是累积股利还是非累积股利本身均不会影响该金融工具被分类为权益工具。

实务中，优先股等金融工具发行时还可能会附有与普通股股利支付相联结的合同条款。这类工具常见的联结条款包括"股利制动机制""股利推动机制"等。"股利制动机制"的合同条款要求企业如果不宣派或支付（视具体合同条款而定，下同）优先股等金融工具的股利，则其也不能宣派或支付普通股股利。"股利推动机制"的合同条款要求企业如果宣派或支付普通股股利，则其也须宣派或支付优先股等金融工具的股利。如果优先股等金融工具所联结的是诸如普通股的股利，发行方根据相应的议事机制能够自主决定普通股股利的支付，则"股利制动机制"及"股利推动机制"本身均不会导致相关金融工具被分类为金融负债。

▶【例13-8】甲公司发行了一项年利率为8%、无固定还款期限、可自主决定是否支付利息的不可累积永续债，其他合同条款如下：（1）该永续债嵌入了一项看涨期权，允许甲公司在发行第5年及之后以面值回购该永续债。（2）如果甲公司在第5年末没有回购该永续债，则之后的票息率增加至11%（通常称为"票息递增"特征）。假设11%未超过同期同行业同类型工具平均利率水平。（3）该永续债票息在甲公司向其普通股股东支付股利时必须支付（即"股利推动机制"）。甲公司根据相应的议事机制能够自主决定普通股股利的支付；该公司发行该永续债之前多年来均支付普通股股利。

本例中，尽管甲公司多年来均支付普通股股利，但由于甲公司能够根据相应的议事机制自主决定普通股股利的支付，并进而影响永续债利息的支付，对甲公司而言，该永续债利息并未形成支付现金或其他金融资产的合同义务；尽管甲公司有可能在第5年末行使其回购权，但是甲公司并没有回购的合同义务。同时，虽然合同中存在利率跳升安排，但跳升次数有限，封顶利率11%未超过同期同行业同类型工具平均的利率水平，因此该安排也不构成企业无法避免的合同义务。如果没有其他情形导致该工具被分类为金融负债，则该永续债应整体被分类为权益工具。

（3）判断一项金融工具是划分为权益工具还是金融负债，不受下列因素的影响：①以前实施分配的情况；②未来实施分配的意向；③相关金融工具如果没有发放股利对发行方普通股的价格可能产生的负面影响；④发行方的未分配利润等可供分配权益的金额；⑤发行方对一段期间内损益的预期；⑥发行方是否有能力影响其当期损益。

（4）有些金融工具虽然没有明确地包含交付现金或其他金融资产义务的条款和条件，但有可能通过其他条款和条件间接地形成合同义务。例如，企业可能在显著不利的条件下选择交付现金或其他金融资产，而不是选择履行非金融合同义务，或选择交付自身权益工具。在实务中，相关合同可能包含利率跳升等特征，往往可能构成发行方交付现金或其他金融资产的间接义务。企业须借助合同条款和相关信息全面分析判断。例如，对于【例13-8】中存在的"票息递增"条款，考虑到其只有一次利率跳升机会，且跳升幅度为3%（300基点），尚不构成间接义务。

2. 是否通过交付固定数量的自身权益工具结算

权益工具是证明拥有企业的资产扣除负债后的剩余权益的合同。因此，对于将来须交付企业自身权益工具的金融工具，如果未来结算时交付的权益工具数量是可变的，或者收到对价的金额是可变的，则该金融工具的结算将对其他权益工具所代表的剩余权益带来不确定性（通过影响剩余权益总额或者稀释其他权益工具），也就不符合权益工具的定义。

实务中，一项须用或可用企业自身权益工具结算的金融工具是否对其他权益工具的价值带来不确定性，通常与该工具的交易目的相关。如果该自身权益工具是作为现金或其他金融资产的替代品（例如作为商品交易中的支付手段），则该自身权益工具的接收方一般而言需要该工具在交收时具有确定的公允价值，以便得到与接受现金或其他金融资产的同等收益，因此企业所交付的自身权益工具数量是根据交付时的公允价值计算的，是可变的。反之，如果该自身权益工具是为了使持有方作为出资人享有企业（发行人）资产扣除负债的剩余权益，那么需要交付的自身权益工具数量通常在一开始就已商定，而不是在交付时计算确定。

对于将来须用或可用企业自身权益工具结算的金融工具应当区分衍生工具还是非衍生工具。例如，甲公司发行了一项无固定期限、能够自主决定支付本息的可转换优先股。按合同规定，甲公司将在第5年末将发行的该工具强制转换为可变数量的普通股，则该可转换优先股是一项非衍生工具。又如，甲公司发行一项5年期分期付息到期还本，同时到期可转换为固定数量普通股的可转换债券，则该可转换债券中嵌入的转换权是一项衍生工具。

（1）基于自身权益工具的非衍生工具。对于非衍生工具，如果发行方未来有义务交付可变数量的自身权益工具进行结算，则该非衍生工具是金融负债；否则，该非衍生工具是权益工具。

某项合同并不仅仅因为其可能导致企业交付自身权益工具而成为一项权益工具。企业可能承担交付一定数量的自身权益工具的合同义务，如果将交付的企业自身权益工具数量是变化的，使得将交付的企业自身权益工具的数量乘以其结算时的公允价值恰好等于合同义务的金额，则无论该合同义务的金额是固定的，还是完全或部分地基于除企业自身权益工具的市场价格以外变量（例如利率、某种商品的价格或某项金融工具的价格）的变动而变化，该合同应当分类为金融负债。

▶【例13-9】甲公司与乙公司签订的合同约定，乙公司预先向甲公司支付100万元，甲公司在未来约定时间向乙公司交付100万元等值的自身权益工具。

本例中，甲公司的合同义务金额100万元是固定的，但甲公司需交付的自身权益工具的数量随着其权益工具市场价格的变动而变动。在这种情况下，甲公司发行的该金融工具应当划分为金融负债。

▶【例13-10】甲公司与乙公司签订的合同约定，乙公司预先向甲公司支付120万元，甲公司在未来约定时间向乙公司交付与100盎司黄金等值的自身权益工具。

本例中，甲公司的合同义务金额随自身权益工具以外变量（黄金价格）的变动而变动；同时，甲公司需交付的自身权益工具的数量随着其权益工具市场价格的变动而变动。在这种情况下，甲公司发行的该金融工具应当划分为金融负债。

▶【例13-11】甲公司发行了名义金额人民币100元的优先股，合同条款规定甲公司在3年后将优先股强制转换为普通股，转股价格为转股日前一工作日的该普通股市价。

本例中，转股价格是变动的，未来需交付的普通股数量是可变的，实质可视作甲公司将在3年后使用自身普通股并按其市价履行支付优先股每股人民币100元的义务。在这种情况下，该强制可转换优先股整体是一项金融负债。

在上述三个例子中，虽然企业通过交付自身权益工具来结算合同义务，该合同仍属于一项金融负债，而并非企业的权益工具。因为企业以可变数量的自身权益工具作为合同结算方式，该合同不能证明持有方享有发行方在扣除所有负债后的资产中的剩余权益。

（2）基于自身权益工具的衍生工具。对于衍生工具，如果发行方只能通过以固定数量的自身权益工具交换固定金额的现金或其他金融资产进行结算（即"固定换固定"），则该衍生工具是权益工具；如果发行方以固定数量自身权益工具交换可变金额现金或其他金融资产，或以可变数量自身权益工具交换固定金额现金或其他金融资产，或以可变数量自身权益工具交换可变金额现金或其他金融资产，则该衍生工具应当确认为衍生金融负债或衍生金融资产。因此，除非满足"固定换固定"条件，否则将来须用或可用企业自身权益工具结算的衍生工具应分类为衍生金融负债或衍生金融资产。例如，发行在外的股票期权赋予了工具持有方以固定价格购买固定数量的企业股票的权利。该合同的公允价值可能会随着股票价格以及市场利率的波动而变动。但是，只要该合同的公允价值变动不影响结算时发行方可收取的现金或其他金融资产的金额，也不影响需交付的权益工具的数量，则发行方应将该股票期权作为一项权益工具处理。

运用上述"固定换固定"原则来判断会计分类的金融工具常见于可转换债券，具备转股条款的永续债、优先股等。如果发行的金融工具合同条款中包含在一定条件下转换成发行方普通股的约定且存在交付现金或其他金融资产的义务（例如每年支付固定股息的可转换优先股中的转换条款），该转股权将涉及发行方是否需要交付可变数量自身权益工具或者是否"固定换固定"的判断。在实务中，转股条款呈现的形式纷繁复杂，发行方应审慎确定其合同条款及所反映的经济实质是否能够满足"固定换固定"原则。

需要说明的是，在实务中，对于附有可转换为普通股条款的可转换债券等金融工具，在其转换权存续期内，发行方可能发生新的融资或者与资本结构调整有关的经济活动，例如股份拆分或合并、配股、转增股本、增发新股、发放现金股利等。通常情况下，即使转股价初始固定，但为了确保此类金融工具持有方在发行方权益中的潜在利益不会被稀释，合同条款会规定在此类事项发生时，转股价将相应进行调整。此类对转股价格以及相应转股数量的调整通常称为"反稀释"调整。原则上，如果按照转股价格调整公式进行调整，可使得稀释事件发生之前和之后，每一份此类金融工具所代表的发行方剩余利益与每一份现有普通股所代表的剩余利益的比例保持不变，即此类金融工具持有方相对于现有普通股股东所享有的在发行方权益中的潜在相对利益保持不变，则可认为这一调整并不违背"固定换固定"原则。

实务中也存在某些实质上并不是"反稀释"调整的情况。例如，发行方在发行可转换债券之后，如果再以低于该可转换债券的转股价格增发新股时（即新股发行价格低于转股价格），转股价格要根据新股发行价格调整，以达到增加可转股数量的目的。此类对转股价格的调整条款是在单方面补偿工具持有方的利益，也就打破了这些工具持有方与普通股股东之间的相对经济利益的平衡。因此，这样的调整条款违背了"固定换固定"原则。

▶【例13-12】甲公司于2×21年2月1日向乙公司发行以自身普通股为标的的看涨期权。根据该期权合同，如果乙公司行权，乙公司有权以每股102元的价格从甲公司购入普通股1 000股。其他有关资料如下：

（1）合同签订日：2×21年2月1日；

（2）行权日（欧式期权）：2×22年1月31日；

（3）2×22年1月31日应支付的固定行权价格102元；

（4）期权合同中的普通股数量1 000股；

（5）2×21年2月1日每股市价100元；

（6）2×21年12月31日每股市价104元；

（7）2×22年1月31日每股市价104元；

（8）2×21年2月1日期权的公允价值5 000元；

（9）2×21年12月31日期权的公允价值3 000元；

（10）2×22年1月31日期权的公允价值2 000元。

情形1：期权以现金净额结算。

在现金净额结算约定下，甲公司不能完全避免向另一方支付现金的义务，因此应当将该期权划分为金融负债。

甲公司的账务处理如下：

①2×21年2月1日，确认发行的看涨期权：

借：银行存款　　　　　　　　　　　　　　　　　　　　5 000

　　贷：衍生工具——看涨期权　　　　　　　　　　　　　　5 000

②2×21年12月31日，确认期权公允价值减少：

借：衍生工具——看涨期权　　　　　　　　　　　　　　2 000
　　贷：公允价值变动损益　　　　　　　　　　　　　　　　2 000

③2×22年1月31日，确认期权公允价值减少：

借：衍生工具——看涨期权　　　　　　　　　　　　　　1 000
　　贷：公允价值变动损益　　　　　　　　　　　　　　　　1 000

同日，乙公司行使了该看涨期权，合同以现金净额方式进行结算。甲公司有义务向乙公司交付104 000元（104×1 000），并从乙公司收取102 000元（102×1 000），甲公司实际支付净额为2 000元。看涨期权结算的账务处理如下：

借：衍生工具——看涨期权　　　　　　　　　　　　　　2 000
　　贷：银行存款　　　　　　　　　　　　　　　　　　　　2 000

情形2：期权以普通股净额结算。

普通股净额结算是指甲公司以普通股代替现金进行净额结算，支付的普通股公允价值等于应当支付的现金金额。在普通股净额结算约定下，由于甲公司须交付的普通股数量[(行权日每股价格−102)×1 000÷行权日每股价格]不确定，因此应当将该期权划分为金融负债。

除期权以普通股净额结算外，其他资料与情形1相同。甲公司实际向乙公司交付普通股数量约为19.23股（2 000/104），因交付的普通股数量须为整数，实际交付19股，余下的金额24元（0.23×104）将以现金方式支付。除下列账务处理外，其他账务处理与情形1相同：

2×22年1月31日：

借：衍生工具——看涨期权　　　　　　　　　　　　　　2 000
　　贷：股本　　　　　　　　　　　　　　　　　　　　　　　19
　　　　资本公积——股本溢价　　　　　　　　　　　　　1 957
　　　　银行存款　　　　　　　　　　　　　　　　　　　　　24

情形3：期权以普通股总额结算。

在普通股总额结算约定下，甲公司需交付的普通股数量固定，将收到的金额也是固定的，因此应当将该期权划分为权益。

除甲公司以约定的固定数量的自身普通股交换固定金额现金外，其他资料与情形1相同。因此，乙公司有权于2×22年1月31日以102 000元（102×1 000）购买甲公司1 000股普通股。

甲公司的账务处理如下：

①2×21年2月1日，确认发行的看涨期权：

借：银行存款　　　　　　　　　　　　　　　　　　　　5 000
　　贷：其他权益工具　　　　　　　　　　　　　　　　　　5 000

由于甲公司将以固定数量的自身股票换取固定金额现金，应将该衍生工具确认为权益工具。

②2×21年12月31日，由于该期权合同确认为权益工具，甲公司无需就该期权的公

允价值变动作出会计处理,因此无需在2×21年12月31日编制会计分录。

由于该看涨期权是价内期权(行权价格每股102元小于市场价格每股104元),乙公司在行权日行使了该期权,向甲公司支付了102 000元以获取1 000股甲公司股票。

③2×22年1月31日,乙公司行权:

借:银行存款　　　　　　　　　　　　　　　　　102 000
　　其他权益工具　　　　　　　　　　　　　　　　5 000
　　贷:股本　　　　　　　　　　　　　　　　　　　　1 000
　　　　资本公积——股本溢价　　　　　　　　　　　106 000

(三) 以外币计价的配股权、期权或认股权证

一般来说,如果企业的某项合同是通过固定金额的外币(即企业记账本位币以外的其他货币)交换固定数量的自身权益工具进行结算,由于固定金额的外币代表的是以企业记账本位币计价的可变金额,因此不符合"固定换固定"原则。但是,对以外币计价的配股权、期权或认股权证规定了一类例外情况:企业对全部现有同类别非衍生自身权益工具的持有方同比例发行配股权、期权或认股权证,使之有权按比例以固定金额的任何货币交换固定数量的该企业自身权益工具的,该类配股权、期权或认股权证应当分类为权益工具。这是一个范围很窄的例外情况,不能以类推方式适用于其他工具(如以外币计价的可转换债券)。

▶【例13-13】一家在多地上市的企业,向其所有的现有普通股股东提供每持有2股普通股可购买其1股普通股的权利(配股比例为2股配1股),配股价格为配股公告当日股价的70%。由于该企业在多地上市,受到各国家和地区当地的法规限制,配股权行权价的币种须与当地货币一致。

本例中,由于企业是按比例向其所有同类普通股股东提供配股权,且以固定金额的任何货币交换固定数量的该企业普通股,因此该配股权应当分类为权益工具。

(四) 或有结算条款

附有或有结算条款的金融工具,指是否通过交付现金或其他金融资产进行结算,或者是否以其他导致该金融工具成为金融负债的方式进行结算,需要由发行方和持有方均不能控制的未来不确定事项(如股价指数、消费价格指数变动,利率或税法变动,发行方未来收入、净收益或债务权益比率等)的发生或不发生(或发行方和持有方均不能控制的未来不确定事项的结果)来确定的金融工具。对于附有或有结算条款的金融工具,发行方不能无条件地避免交付现金、其他金融资产或以其他导致该工具成为金融负债的方式进行结算的,应当分类为金融负债。但是,满足下列条件之一的,发行方应当将其分类为权益工具:(1)要求以现金、其他金融资产或以其他导致该工具成为金融负债的方式进行结算的或有结算条款几乎不具有可能性,即相关情形极端罕见、显著异常或几乎不可能发生。(2)只有在发行方清算时,才需以现金、其他金融资产或以其他导致该工具成为金融负债的方式进行结算。(3)特殊金融工具中分类为权益工具的可回售工具。

实务中,出于对自身商业利益的保障和公平原则考虑,合同双方会对一些不能由各自控制的情况下是否要求支付现金(包括股票)作出约定,这些"或有结算条款"可以包括与外部市场有关的或者与发行方自身情况有关的事项。出于防止低估负债和防止通过或有条款

的设置来避免对复合工具中负债成分进行确认的目的,发行方需要对这些条款确认金融负债,除非能够证明或有事件是极端罕见、显著异常且几乎不可能发生的情况或者仅限于清算事件。例如,甲公司发行了一项永续债,可能约定一旦发行人发生下列事项中的一项或几项,那么该永续债一次到期应付,除非持有人大会通过豁免的决议,这些事项包括:甲公司无力偿债,拖欠到期应付款项,停止或暂停支付所有或大部分债务,持续经营能力发生重大不利变化,发生超过净资产10%以上重大损失,收入、利润、资产负债率等财务指标承诺未达标,会计、税收或其他法规政策变动等导致财务状况发生重大变化,受到超过一定金额的处罚或受到政府机构、监管部门的调查,高管人员出现重大个人诚信问题,创始股东或实际控制人严重违约,控制权变更或信用评级被降级,首次公开发行(IPO)失败,股票停牌超过一定期限,发生投资者认定足以影响债权实现的其他事项。考虑到这些事项并非属于极端罕见、显著异常且几乎不可能发生的情形,甲公司无法无条件地避免以交付现金偿还永续债的合同义务,因此,甲公司应当将包含这些条款的永续债分类为一项金融负债。再如,甲公司发行了一项永续债,每年按照合同条款支付利息,但同时约定其利息只在发行方有可供分配利润时才需支付,如果发行方可供分配利润不足则可能无法履行该项支付义务。虽然利息的支付取决于是否有可供分配利润,使利息支付义务成为或有情况下的义务,但是甲公司并不能无条件地避免支付现金的合同义务,因此该公司应当将该永续债划分为一项金融负债。

如果合同的或有结算条款要求只有在发生了极端罕见、显著异常且几乎不可能发生的事件时才能以现金、其他金融资产或以其他导致该工具成为金融负债的方式进行结算,那么可将该或有结算条款视为一项不具有可能性的条款。如果一项合同只有在上述不具有可能性的事件发生时才须以现金、其他金融资产或以其他导致该工具成为金融负债的方式进行结算,在对该金融工具进行分类时,不需要考虑这些或有结算条款,应将该合同确认为一项权益工具。

▶【例13-14】甲公司拟发行优先股。按合同条款约定,甲公司可根据相应的议事机制自行决定是否派发股利,如果甲公司的控股股东发生变更(假设该事项不受甲公司控制),甲公司必须按面值赎回该优先股。

本例中,该或有事项(控股股东变更)不受甲公司控制,属于或有结算事项。同时,该事项的发生并非"极端罕见、显著异常且几乎不可能发生"。由于甲公司不能无条件地避免赎回股份的义务,因此,该工具应当划分为一项金融负债。

▶【例13-15】甲公司为中国境内注册的股份制企业(拟在境内上市),其控股股东为乙公司。2×21年1月1日,丙公司作为战略投资人向甲公司增资3亿元人民币,甲公司按照相关规定完成了注册资本变更等手续。增资后,丙公司持有甲公司20%的股权,乙公司仍然控制甲公司。除普通股外,甲公司无其他权益工具。甲、丙公司签署的增资协议约定,如果甲公司未能在2×24年12月31日前完成首次公开募股(IPO),丙公司有权要求甲公司以现金回购其持有的甲公司股权,回购价格为丙公司增资3亿元和按8%年化收益率及实际投资期限计算的收益之和。增资协议赋予丙公司的前述回售权属于持有人特征,即仅由丙公司享有,不能随股权转让。按照相关法律规定,甲公司回购股份需要履行必要的减资程序。除上述外,不考虑其他情况。

为推进甲公司的上市进程，甲、乙、丙公司根据相关法律和监管规定，在 IPO 申报前清理所有特殊权益，三方于 2×21 年 6 月 30 日签署补充协议，约定自补充协议签署之日起终止丙公司的上述回售权；如果甲公司在 2×24 年 12 月 31 日前未能完成 IPO，丙公司自 2×25 年 1 月 1 日起有权要求乙公司以现金购买其持有的甲公司股权，但无权向甲公司提出回购要求。除上述外，不考虑其他情况。

本例中，2×21 年 1 月 1 日，甲、丙公司签署的增资协议约定了丙公司有权要求甲公司以现金回购其持有的甲公司股权（即丙公司具有回售权），该回售权取决于发行人（甲公司）和持有人（丙公司）均不能控制的未来不确定事项（即甲公司在 2×24 年 12 月 31 日前完成 IPO）的发生或不发生，属于或有结算条款，且不属于"几乎不具有可能性"的情形，甲公司不能无条件地避免以现金回购自身权益工具的合同义务。

虽然按照相关法律规定，甲公司回购股份需要履行必要的减资程序，但这只是甲公司履行合同义务的必要法律程序。"存在回购义务"与"履行回购义务"是两个不同的概念，对甲公司履行合同义务能力的限制，并不能解除甲公司就该金融工具所承担的合同义务，也不表明甲公司无须承担该金融工具的合同义务。因此，甲公司应当根据收到的增资款确认股本和资本公积（股本溢价）；同时，按照回购所需支付金额的现值，将回购丙公司所持本公司股权的义务从权益重分类为一项金融负债。

2×21 年 6 月 30 日，甲、乙、丙公司签署补充协议，甲公司的回购义务终止，即甲公司可以无条件地避免以现金回购自身权益工具的合同义务，因此，甲公司应当终止确认就该回购义务确认的金融负债，同时确认一项新的权益工具，并按照该权益工具在当日的公允价值计量，但不可追溯调整以前年度对丙公司增资的分类。由于签署补充协议的目的是使甲公司符合法律和监管规定，丙公司之所以愿意接受补充协议的条款，是因为其股东身份以及在促成甲公司完成 IPO 后能够以股东身份享有相关成果，因此，该交易应当按照权益性交易处理，即新确认权益工具公允价值与终止确认金融负债账面价值的差额计入权益。

▶【例 13-16】承【例 13-15】，假设为推进甲公司的上市进程，甲、丙公司于 2×21 年 6 月 30 日签署补充协议，约定自补充协议签署之日起中止丙公司的上述回售权；如果甲公司在 2×24 年 12 月 31 日前未能完成 IPO，则于 2×25 年 1 月 1 日恢复该回售权。除上述外，不考虑其他情况。

本例中，虽然丙公司的回售权自补充协议签署之日起中止，但补充协议同时约定了恢复该项权利的条件，即甲公司未能按期完成 IPO，这与增资协议中"如果甲公司未能在 2×24 年 12 月 31 日前完成 IPO，丙公司有权要求甲公司以现金回购其持有的甲公司股权"的约定没有实质差别。按照上述约定，丙公司是否行使回售权以使甲公司承担以现金回购自身权益工具的义务，取决于发行人（甲公司）和持有人（丙公司）均不能控制的未来不确定事项（即甲公司在 2×24 年 12 月 31 日前完成 IPO）的发生或不发生，属于或有结算条款，且不属于"几乎不具有可能性"的情形，甲公司仍然不能无条件地避免以现金回购自身权益工具的合同义务。

因此，在 2×21 年 6 月 30 日，甲公司应当继续按【例 13-15】中 2×21 年 1 月 1 日的分类进行会计处理。如果甲公司在 2×24 年 12 月 31 日前完成首次公开募股，丙公司丧失回售权，甲公司应当在上市日将丙公司的增资重分类为权益工具，初始确认金额按照当日金融负债的账面价值计量。

（五）结算选择权

对于存在结算选择权的衍生工具（例如，合同规定发行方或持有方能选择以现金净额或以发行股份交换现金等方式进行结算的衍生工具），发行方应当将其确认为金融负债或金融资产；如果可供选择的结算方式均表明该衍生工具应当确认为权益工具，则应当确认为权益工具。

例如，为防止附有转股权的金融工具的持有方行使转股权而导致发行方的普通股股东的股权被稀释，发行方会在衍生工具合同中加入一项现金结算选择权：发行方有权以等值于所应交付的股票数量乘以股票市价的现金金额支付给工具持有方，而不再发行新股。发行方应当将这样的转股权确认为衍生金融负债或衍生金融资产。

（六）合并财务报表中金融负债和权益工具的区分

在合并财务报表中对金融工具（或其组成部分）进行分类时，企业应考虑集团成员和金融工具的持有方之间达成的所有条款和条件，以确定集团作为一个整体是否由于该工具而承担了交付现金或其他金融资产的义务，或者承担了以其他导致该工具分类为金融负债的方式进行结算的义务。例如，某集团一子公司发行一项权益工具，同时其母公司或集团其他成员与该工具的持有方达成了其他附加协议，母公司或集团其他成员可能对相关的支付金额（如股利）作出担保；或者集团另一成员可能承诺在该子公司不能支付预期款项时购买这些股份。在这种情形下，尽管集团子公司（发行方）在没有考虑这些附加协议的情况下，在其个别财务报表中将这项工具分类为权益工具，但是在合并财务报表中，集团与该工具的持有方之间的附加协议的影响意味着集团作为一个整体无法避免经济利益的转移，导致其分类为金融负债。因此，合并财务报表应当考虑这些附加协议或条款，以确保从集团整体的角度反映所签订的所有合同和相关交易。

▶【例13-17】甲公司为乙公司的母公司，其向乙公司的少数股东签出一份在未来6个月后以乙公司普通股为基础的看跌期权。如果6个月后乙公司股票价格下跌，乙公司少数股东有权要求甲公司无条件地以固定价格购入乙公司少数股东所持有的乙公司股份。

在本例甲公司的个别财务报表中，由于该看跌期权的价值随着乙公司股票价格的变动而变动，并将于未来约定日期进行结算，因此该看跌期权符合衍生工具的定义而确认为一项衍生金融负债。在乙公司财务报表中，少数股东所持有的乙公司股份则是其自身权益工具。而在集团合并报表层面，由于看跌期权使集团整体承担了不能无条件避免支付现金的合同义务，因此该少数股东权益不再符合权益工具定义，而应确认为一项金融负债，其金额等于回购所需支付金额的现值。

（七）特殊金融工具的区分

1. 可回售工具

可回售工具，是指根据合同约定，持有方有权将该工具回售给发行方以获取现金或其他金融资产的权利，或者在未来某一不确定事项发生或者持有方死亡或退休时，自动回售给发行方的金融工具。例如，某些合作制法人的可随时回售的"权益"或者某些开放式基金的可随时赎回的基金份额。

符合金融负债定义，但同时具有下列特征的可回售工具，应当分类为权益工具：

(1) 赋予持有方在企业清算时按比例份额获得该企业净资产的权利。企业净资产，是指扣除所有优先于该工具对企业资产要求权之后的剩余资产。按比例份额是指清算时将企业的净资产分拆为金额相等的单位，并且将单位金额乘以持有方所持有的单位数量。

(2) 该工具所属的类别次于其他所有工具类别，即该工具在归属于该类别前无须转换为另一种工具，且在清算时对企业资产没有优先于其他工具的要求权。

(3) 该类别的所有工具具有相同的特征（例如它们必须都具有可回售特征，并且用于计算回购或赎回价格的公式或其他方法都相同）。

(4) 除了发行方应当以现金或其他金融资产回购或赎回该工具的合同义务外，该工具不满足金融负债定义中的任何其他特征。

(5) 该工具在存续期内的预计现金流量总额，应当实质上基于该工具存续期内企业的损益、已确认净资产的变动、已确认和未确认净资产的公允价值变动（不包括该工具的任何影响）。

企业在认定可回售工具是否应分类为权益工具时，应当注意下列三点：

(1) 在企业清算时具有优先要求权的工具不是有权按比例份额获得企业净资产的工具。例如，如果一项工具使持有方有权在企业清算时享有除企业净资产份额之外的固定股利，而类别次于该工具的其他工具在企业清算时仅仅享有企业净资产份额，则该工具所属类别中所有工具均不属于在企业清算时有权按比例份额获得企业净资产的工具。

(2) 在确定一项工具是否属于最次级类别时，应当评估若企业在评估日发生清算时该工具对企业净资产的要求权。同时，应当在相关情况发生变化时重新评估对该工具的分类。例如，如果企业发行或赎回了另一项金融工具，可能会影响对该工具是否属于最次级类别的评估结果。如果企业只发行一类金融工具，则可视为该工具属于最次级类别。

▶【例13-18】甲公司设立时发行了100单位A类股份，而后发行了10 000单位B类股份给其他投资人，B类股份为可回售股份。假定甲公司只发行了A、B两种金融工具，A类股份为甲公司最次级权益工具。

本例中，在甲公司的整个资本结构中，A类股份并不重大，且甲公司的主要资本来自B类股份，但由于B类股份并非甲公司发行的最次级的工具，因此不应当将B类股份归类为权益工具。

(3) 除了发行方应当以现金或金融资产回购或赎回该工具的合同义务外，该工具应当不包括其他符合金融负债定义的合同义务。本节对于符合条件的可回售工具的特殊规定，是仅针对回购权规定的一项债务与权益区分的例外。如果可回售工具中包含了回售权以外的其他构成发行方交付现金或其他金融资产的合同义务，则该回售工具不能适用这一例外。

例如，企业发行的工具是可回售的，除了这一回售特征外，还在合同中约定每年必须向工具持有方按照净利润的一定比例进行分配，这一约定构成了一项交付现金的义务，因此企业发行的这项可回售工具不应分类为权益工具。

▶【例13-19】甲企业为合伙企业。相关合伙协议约定：新合伙人加入时按确定的金额和财产份额入伙，合伙人退休或退伙时以其财产份额的公允价值予以退还；合伙企业营运资金均来自合伙人，合伙人入伙期间可按财产份额分得合伙企业的利润（但利润分配由合伙企业自主决定）；当合伙企业清算时，合伙人可按财产份额获得合伙企业的净资产。

本例中，由于合伙企业在合伙人退休或退伙时有向合伙人交付金融资产的义务，因而该可回售工具（合伙协议）满足金融负债的定义。同时，其作为可回售工具具备了下列特征：(1) 合伙企业清算时，合伙人可按财产份额获得合伙企业的净资产；(2) 该协议属于合伙企业中最次级类别的工具；(3) 所有合伙人权益具有相同的特征；(4) 合伙企业仅有以现金或其他金融资产回购该工具的合同义务；(5) 合伙人入伙期间可获得的现金流量总额，实质上基于该工具存续期内企业的损益、已确认净资产的变动、已确认和未确认净资产的公允价值变动。因而，该金融工具应当确认为权益工具。

2. 发行方仅在清算时才有义务向另一方按比例交付其净资产的金融工具

符合金融负债定义，但同时具有下列特征的发行方仅在清算时才有义务向另一方按比例交付其净资产的金融工具（例如封闭式基金、理财产品的份额、信托计划等寿命固定的结构化主体的份额，实务中也称有限寿命工具），应当分类为权益工具：(1) 赋予持有方在企业清算时按比例份额获得该企业净资产的权利；(2) 该工具所属的类别次于其他所有工具类别；(3) 在次于其他所有类别的工具类别中，发行方对该类别中所有工具都应当在清算时承担按比例份额交付其净资产的同等合同义务。产生上述合同义务的清算确定将会发生并且不受发行方的控制（如发行方本身是有限寿命主体），或者发生与否取决于该工具的持有方。

针对仅在清算时才有义务向另一方按比例交付其净资产的金融工具的特征要求，与针对可回售工具的其中几条特征要求是类似的，但特征要求相对较少。原因在于清算是触发该合同支付义务的唯一条件，可以不必考虑其他特征，包括：不要求考虑除清算以外的其他的合同支付义务（如股利分配）；不要求考虑存续期间预期现金流量的确定方法（如根据净利润或净资产）；不要求该类别工具的所有特征均相同，仅要求清算时按比例支付净资产份额的特征相同。

3. 特殊金融工具分类为权益工具的其他条件

分类为权益工具的可回售工具，或发行方仅在清算时才有义务向另一方按比例交付其净资产的金融工具，除应当具有上述 1 和 2 所述特征外，其发行方应当没有同时具备下列特征的其他金融工具或合同：(1) 现金流量总额实质上基于企业的损益、已确认净资产的变动、已确认和未确认净资产的公允价值变动（不包括该工具或合同的任何影响）。(2) 实质上限制或固定了该工具持有方所获得的剩余回报。

在实务中的一些安排下，股东将实质上的企业控制权和利润转让给非股东方享有。例如，甲企业可能与乙企业签订包括资产运营控制协议（乙企业承包甲企业的运营管理）、知识产权的独家服务协议（甲企业经营所需知识产权由乙企业独家提供）、借款合同（甲企业向乙企业借款满足营运需要）等系列协议，将经营权和收益转移到乙企业；同时，甲企业股东还可能与乙企业签订股权质押协议和投票权委托协议等，将甲企业股东权利转移给乙企业。在这种情况下，甲企业形式上的股份已经不具有权益工具的实质。因此，本章规定的特殊权益工具，应当排除存在上述安排的情形。

当然，实务中的情况比较复杂。例如，合伙企业的合伙人除了作为企业所有者外，通常也作为企业雇员参与经营，并获取劳动报酬。这类劳动合同也可能形成对企业剩余回报的限制。为避免企业误判，在运用上述条件时，对于发行方与工具持有方签订的非金融合同，如果其条款和条件与发行方和其他方之间可能订立的同等合同类似，不应考虑该非金融合同的影响。但如果不能作出此判断，则不得将该工具分类为权益工具。

下列按照涉及非关联方的正常商业条款订立的工具，不大可能会导致满足上述特征要求的可回售工具或发行方仅在清算时才有义务向另一方按比例交付其净资产的金融工具无法被分类为权益工具：

（1）现金流量总额实质上基于企业的特定资产；
（2）现金流量总额基于企业收入的一定比例；
（3）就职工为企业提供的服务给予报酬的合同；
（4）要求企业为其所提供的产品或服务支付一定报酬（占利润的比例非常小）的合同。

4. 特殊金融工具在母公司合并财务报表中的处理

由于将某些可回售工具以及仅在清算时才有义务向另一方按比例交付其净资产的金融工具列报为权益工具而不是金融负债是《企业会计准则第37号——金融工具列报》规定原则的一个例外，即不允许将该例外扩大到发行方母公司合并财务报表中少数股东权益的分类。因此，子公司在个别财务报表中作为权益工具列报的特殊金融工具，在其母公司合并财务报表中对应的少数股东权益部分，应当分类为金融负债。

▶【例13-20】甲公司控制乙公司，因此甲公司的合并财务报表包括乙公司。乙公司资本结构的一部分由可回售工具（其中一部分由甲公司持有，其余部分由其他外部投资者持有）组成，这些可回售工具在乙公司个别财务报表中符合权益工具分类的要求。甲公司在可回售工具中的权益在合并时抵销。对于其他外部投资者持有的乙公司发行的可回售工具，其在甲公司合并财务报表中不应作为少数股东权益列示，而应作为金融负债列示。

5. 特殊金融工具持有方的会计处理

特殊金融工具对于发行方而言不满足权益工具的定义，对于投资方而言也不属于权益工具投资，投资方不能将其指定为以公允价值计量且其变动计入其他综合收益的金融资产。

（八）金融负债和权益工具之间的重分类

由于发行的金融工具原合同条款约定的条件或事项随着时间的推移或经济环境的改变而发生变化，可能会导致已发行金融工具（含特殊金融工具）的重分类。例如，企业拥有可回售工具和其他工具，本来可回售工具并非最次级类别，并不符合分类为权益工具的条件。如果企业赎回其已发行的全部其他工具后，发行在外的可回售工具符合了分类为权益工具的全部特征和全部条件，那么企业应从其赎回全部其他工具之日起将可回售工具重分类为权益工具。反之，如果原来被分类为权益工具的可回售工具因为更次级的新工具的发行，而不再满足分类为权益工具的条件，则企业应在新权益工具的发行日将可回售工具重分类为金融负债。

发行方原分类为权益工具的金融工具，自不再被分类为权益工具之日起，发行方应当将其重分类为金融负债，以重分类日该工具的公允价值计量，重分类日权益工具的账面价值和金融负债的公允价值之间的差额确认为权益。

发行方原分类为金融负债的金融工具，自不再被分类为金融负债之日起，发行方应当将其重分类为权益工具，以重分类日金融负债的账面价值计量。

（九）收益和库存股

1. 发行方对利息、股利、利得或损失的处理

将金融工具或其组成部分划分为金融负债还是权益工具，决定了发行方对相关利息、股利、利得或损失的会计处理方法。金融工具或其组成部分属于金融负债的，相关利息、股利、利得或损失，以及赎回或再融资产生的利得或损失等，应当计入当期损益。金融工具或其组成部分属于权益工具的，其发行（含再融资）、回购、出售或注销时，发行方应当作为权益的变动处理；发行方不应当确认权益工具的公允价值变动；发行方对权益工具持有方的分配应作利润分配处理，发放的股票股利不影响所有者权益总额。例如，发行方发行分类为权益工具的永续债，利息支出应当作为发行方的利润分配，计入应付股利。

与权益性交易相关的交易费用应当从权益（资本公积）中扣减，如资本公积不够冲减的，依次冲减盈余公积和未分配利润。交易费用是指可直接归属于购买、发行或处置金融工具的增量费用。只有那些可直接归属于发行新的权益工具或者购买此前已经发行在外的权益工具的增量费用才是与权益交易相关的费用。例如，在企业首次公开募股的过程中，除了会新发行一部分可流通的股份之外，也往往会将已发行的股份进行上市流通，在这种情况下，企业需运用专业判断以确定哪些交易费用与权益交易（发行新股）相关，应计入权益核算；哪些交易费用与其他活动（将已发行的股份上市流通）相关，尽管也是在发行权益工具的同时发生的，但是应当计入当期损益。与多项交易相关的共同交易费用，应当在合理的基础上，采用与其他类似交易一致的方法，在各项交易间进行分摊。

利息、股利、利得或损失的会计处理原则同样也适用于复合金融工具，任何与负债成分相关的利息、股利、利得或损失应计入当期损益，任何与权益成分相关的利息、股利、利得或损失应计入权益。发行复合金融工具发生的交易费用，也应当在负债成分和权益成分之间按照各自占总发行价款的比例进行分摊。例如，企业发行一项5年后以现金强制赎回的非累积优先股。在优先股存续期间内，企业可以自行决定是否支付股利。这一非累积可赎回优先股是一项复合金融工具，其中的负债成分为赎回金额的折现值。负债成分采用实际利率法确认的利息支出应计入当期损益，而与权益成分相关的股利支付应确认为利润分配。如果该优先股的赎回不是强制性的而是取决于持有方是否要求企业进行赎回，或者该优先股需转换为可变数量的普通股，则仍然适用前述会计处理。但是，如果该优先股赎回时所支付的金额还包括未支付的股利，则整个工具是一项金融负债。在这种情况下，支付的所有股利都应计入当期损益。

发行方为分类为金融负债的金融工具支付的股利，在利润表中应当确认为费用，与其他负债的利息费用合并列示，并在财务报表附注中单独披露。作为权益扣减项的交易费用，应当在财务报表附注中单独披露。

2. 库存股

回购自身权益工具（库存股）支付的对价和交易费用，应当减少所有者权益，不得

确认金融资产。库存股可由企业自身购回和持有，也可由集团合并范围内的其他成员购回和持有。其他成员包括子公司，但是不包括集团的联营和合营企业。此外，如果企业是替他人持有自身权益工具，例如金融机构作为代理人代其客户持有该金融机构自身的股票，那么所持有的这些股票不是金融机构自身的资产，也不属于库存股。

如果企业持有库存股之后又将其重新出售，反映的是不同所有者之间的转让，而非企业本身的利得或损失。因此，无论这些库存股的公允价值如何波动，企业应直接将支付或收取的任何对价在权益中确认，而不产生任何损益。

3. 对每股收益计算的影响

企业应当按照第二十八章每股收益的规定计算每股收益。企业存在发行在外的除普通股以外的金融工具的，在计算每股收益时，应当按照下列原则处理：

（1）基本每股收益的计算。在计算基本每股收益时，基本每股收益中的分子，即归属于普通股股东的净利润，不应包含其他权益工具的股利或利息。其中，对于发行的不可累积优先股等其他权益工具应扣除当期宣告发放的股利，对于发行的累积优先股等其他权益工具，无论当期是否宣告发放股利，均应予以扣除。

基本每股收益计算中的分母，为发行在外普通股的加权平均股数。

对于同普通股股东一起参加剩余利润分配的其他权益工具，在计算普通股每股收益时，归属于普通股股东的净利润不应包含根据可参加机制计算的应归属于其他权益工具持有者的净利润。

（2）稀释每股收益的计算。企业发行的金融工具中包含转股条款的，即存在潜在稀释性的，在计算稀释每股收益时考虑的因素与企业发行可转换公司债券、认股权证相同。

二、复合金融工具

企业应对发行的非衍生工具进行评估，以确定所发行的工具是否为复合金融工具。企业所发行的非衍生工具可能同时包含金融负债成分和权益工具成分。对于复合金融工具，发行方应于初始确认时将各组成部分分别分类为金融负债、金融资产或权益工具。企业发行的一项非衍生工具同时包含金融负债成分和权益工具成分的，应于初始计量时先确定金融负债成分的公允价值（包括其中可能包含的非权益性嵌入衍生工具的公允价值），再从复合金融工具公允价值中扣除负债成分的公允价值，作为权益工具成分的价值。

可转换债券等可转换工具可能被分类为复合金融工具。发行方对该类可转换工具进行会计处理时，应当注意下列方面：

（1）在可转换工具转换时，应终止确认负债成分，并将其确认为权益。原来的权益成分仍旧保留为权益（从权益的一个项目结转到另一个项目，如从"其他权益工具"转入"资本公积——资本溢价或股本溢价"）。可转换工具转换时不产生损益。

（2）企业通过在到期日前赎回或回购而终止一项仍具有转换权的可转换工具时，应在交易日将赎回或回购所支付的价款以及发生的交易费用分配至该工具的权益成分和负债成分。分配价款和交易费用的方法应与该工具发行时采用的分配方法一致。价款和交易费用分配后，所产生的利得或损失应分别根据权益成分和负债成分所适用的会计原则进行处理，分配至权益成分的款项计入权益，与债务成分相关的利得或损失计入当期损益。

▶【例13-21】甲公司2×21年1月1日按每份面值1 000元发行了2 000份可转换债券，取得总收入2 000 000元。该债券期限为3年，票面年利息为6%，利息按年支付；每份债券均可在债券发行1年后的任何时间转换为250股普通股。甲公司发行该债券时，二级市场上与之类似但没有转股权的债券的市场利率为9%。假定不考虑其他相关因素。甲公司以摊余成本计量分类为金融负债的应付债券。

本例中，转股权的结算是以固定数量的债券换取固定数量的普通股，因此该转股权应归类为权益工具。具体计算和账务处理如下：

(1) 先对负债成分进行计量，债券发行收入与负债成分的公允价值之间的差额则分配到权益成分。负债成分的现值按9%的折现率计算，如表13-1所示。

表13-1　　　　　　　　　　　　　　　　　　　　　　　　　　　　　　单位：元

内容	金额
本金的现值： 第3年年末应付本金2 000 000元（复利现值系数为0.7721835）	1 544 367
利息的现值： 3年期内每年应付利息120 000元（年金现值系数为2.5312917）	303 755
负债成分总额	1 848 122
权益成分金额	151 878
债券发行总收入	2 000 000

(2) 甲公司的账务处理如下：

①2×21年1月1日，发行可转换债券：

借：银行存款　　　　　　　　　　　　　　　　　　　　　　2 000 000
　　应付债券——利息调整　　　　　　　　　　　　　　　　　151 878
　　贷：应付债券——面值　　　　　　　　　　　　　　　　　2 000 000
　　　　其他权益工具　　　　　　　　　　　　　　　　　　　151 878

②2×21年12月31日，计提和实际支付利息：

计提债券利息时：

借：财务费用　　　　　　　　　　　　　　　　　　　　　　166 331
　　贷：应付债券——应计利息　　　　　　　　　　　　　　　120 000
　　　　　　　　——利息调整　　　　　　　　　　　　　　　 46 331

实际支付利息时：

借：应付债券——应计利息　　　　　　　　　　　　　　　　120 000
　　贷：银行存款　　　　　　　　　　　　　　　　　　　　　120 000

③2×22年12月31日，债券转换前，计提和实际支付利息：

计提债券利息时：

借：财务费用		170 501
贷：应付债券——应计利息		120 000
——利息调整		50 501

实际支付利息时：

借：应付债券——应计利息		120 000
贷：银行存款		120 000

至此，转换前应付债券的摊余成本为 1 944 954 元（1 848 122 + 46 331 + 50 501）。

假定至 2×22 年 12 月 31 日，甲公司股票上涨幅度较大，可转换债券持有方均将于当日将持有的可转换债券转为甲公司股份。由于甲公司对应付债券采用摊余成本进行后续计量，因此，在转换日，转换前应付债券的摊余成本应为 1 944 954 元，而权益成分的账面价值仍为 151 878 元。在转换日，甲公司发行股票数量为 500 000 股。对此，甲公司的账务处理如下：

借：应付债券——面值		2 000 000
贷：应付债券——利息调整		55 046
股本		500 000
资本公积——股本溢价		1 444 954
借：其他权益工具		151 878
贷：资本公积——股本溢价		151 878

（3）企业可能修订可转换工具的条款以促成持有方提前转换。例如，提供更有利的转换比率或在特定日期前转换则支付额外的对价。在条款修订日，对于持有方根据修订后的条款进行转换所能获得的对价的公允价值与根据原有条款进行转换所能获得的对价的公允价值之间的差额，企业（发行方）应将其确认为一项损失。

（4）企业发行认股权和债权分离交易的可转换公司债券，所发行的认股权符合有关权益工具定义的，应当确认为一项权益工具（其他权益工具），并以发行价格减去不附认股权且其他条件相同的公司债券公允价值后的净额进行计量。认股权持有方到期没有行权的，应当在到期时将原计入其他权益工具的部分转入资本公积（股本溢价）。

三、永续债等类似金融工具的会计处理

（一）永续债等类似金融工具发行方会计分类应当考虑的因素

永续债等类似金融工具（以下简称永续债）发行方在确定永续债的会计分类是权益工具还是金融负债（以下简称会计分类）时，应当根据本节的规定并同时考虑下列因素：

1. 关于到期日

永续债发行方在确定永续债会计分类时，应当以合同到期日等条款内含的经济实质为基础，谨慎判断是否能无条件地避免交付现金或其他金融资产的合同义务。当永续债合同其他条款未导致发行方承担交付现金或其他金融资产的合同义务时，发行方应当区分下列情况处理：

（1）永续债合同明确规定无固定到期日且持有方在任何情况下均无权要求发行方赎回该永续债或清算的，通常表明发行方没有交付现金或其他金融资产的合同义务。

（2）永续债合同未规定固定到期日且同时规定了未来赎回时间（即"初始期

限")的:

①当该初始期限仅约定为发行方清算日时,通常表明发行方没有交付现金或其他金融资产的合同义务。但清算确定将会发生且不受发行方控制,或者清算发生与否取决于该永续债持有方的,发行方仍具有交付现金或其他金融资产的合同义务。

②当该初始期限不是发行方清算日且发行方能自主决定是否赎回永续债时,发行方应当谨慎分析自身是否能无条件地自主决定不行使赎回权。如不能,通常表明发行方有交付现金或其他金融资产的合同义务。

2. 关于清偿顺序

永续债发行方在确定永续债会计分类时,应当考虑合同中关于清偿顺序的条款。当永续债合同其他条款未导致发行方承担交付现金或其他金融资产的合同义务时,发行方应当区分下列情况处理:

(1) 合同规定发行方清算时永续债劣后于发行方发行的普通债券和其他债务的,通常表明发行方没有交付现金或其他金融资产的合同义务。

(2) 合同规定发行方清算时永续债与发行方发行的普通债券和其他债务处于相同清偿顺序的,应当审慎考虑此清偿顺序是否会导致持有方对发行方承担交付现金或其他金融资产合同义务的预期,并据此确定其会计分类。

3. 关于利率跳升和间接义务

永续债发行方在确定永续债会计分类时,应当考虑"间接义务"。永续债合同规定没有固定到期日、同时规定了未来赎回时间、发行方有权自主决定未来是否赎回且如果发行方决定不赎回则永续债票息率上浮(即"利率跳升"或"票息递增")的,发行方应当结合所处实际环境考虑该利率跳升条款是否构成交付现金或其他金融资产的合同义务。如果跳升次数有限、有最高票息限制(即"封顶")且封顶利率未超过同期同行业同类型工具平均的利率水平,或者跳升总幅度较小且封顶利率未超过同期同行业同类型工具平均的利率水平,可能不构成间接义务;如果永续债合同条款虽然规定了票息封顶,但该封顶票息水平超过同期同行业同类型工具平均的利率水平,通常构成间接义务。

(二) 永续债持有方会计分类的要求

除符合第六章长期股权投资规定适用范围外,永续债持有方应当按下列规定对永续债进行会计处理。

持有方在判断持有的永续债是否属于权益工具投资时,应当遵循本章第二节和第三节的相关规定。对于属于权益工具投资的永续债,持有方应当将其分类为以公允价值计量且其变动计入当期损益的金融资产,或在符合条件时对非交易性权益工具投资初始指定为以公允价值计量且其变动计入其他综合收益的金融资产。对于不属于权益工具投资的永续债,持有方应当将其分类为以摊余成本计量的金融资产,以公允价值计量且其变动计入其他综合收益的金融资产,或以公允价值计量且其变动计入当期损益的金融资产。在判断永续债的合同现金流量特征时,持有方应当谨慎考虑永续债中包含的选择权。

第四节 金融工具的计量

一、金融资产和金融负债的初始计量

企业初始确认金融资产或金融负债，应当按照公允价值计量。对于以公允价值计量且其变动计入当期损益的金融资产和金融负债，相关交易费用应当直接计入当期损益；对于其他类别的金融资产或金融负债，相关交易费用应当计入初始确认金额。但是，企业初始确认的应收账款未包含第十七章第一节收入所定义的重大融资成分或根据第十七章第一节收入规定不考虑不超过一年的合同中的融资成分的，应当按照其定义的交易价格进行初始计量。

交易费用，是指可直接归属于购买、发行或处置金融工具的增量费用。增量费用是指企业没有发生购买、发行或处置相关金融工具的情形就不会发生的费用，包括支付给代理机构、咨询公司、券商、证券交易所、政府有关部门等的手续费、佣金、相关税费以及其他必要支出，不包括债券溢价、折价、融资费用、内部管理成本和持有成本等与交易不直接相关的费用。

企业应当根据公允价值计量的规定，确定金融资产和金融负债在初始确认时的公允价值。公允价值通常为相关金融资产或金融负债的交易价格（即所收到或支付对价的公允价值），但是，如果收到或支付的对价的一部分并非针对该金融工具，该金融工具的公允价值应根据估值技术进行估计。例如，一项不带息的长期贷款或应收款项公允价值的估计数是以信用等级相当的类似金融工具（计价的币种、条款、利率类型和其他因素相类似）的当前市场利率，对所有未来现金收款额折现所得出的现值。金融资产或金融负债公允价值与交易价格存在差异的，企业应当区别下列情况进行处理：

（1）在初始确认时，金融资产或金融负债的公允价值依据相同资产或负债在活跃市场上的报价或者以仅使用可观察市场数据的估值技术确定的，企业应当将该公允价值与交易价格之间的差额确认为一项利得或损失。

（2）在初始确认时，金融资产或金融负债的公允价值以其他方式确定的，企业应当将该公允价值与交易价格之间的差额递延。初始确认后，企业应当根据某一因素在相应会计期间的变动程度将该递延差额确认为相应会计期间的利得或损失。该因素应当仅限于市场参与者对该金融工具定价时将予考虑的因素，包括时间等。

企业取得金融资产所支付的价款中包含的已宣告但尚未发放的现金股利或已过付息期但尚未收到的利息，应当单独确认为应收项目进行处理。

二、金融资产的后续计量

（一）金融资产后续计量原则

金融资产的后续计量与金融资产的分类密切相关。企业应当对不同类别的金融资产，分别以摊余成本、以公允价值计量且其变动计入其他综合收益或以公允价值计量且其变动计入当期损益进行后续计量。

如果一项金融工具以前被确认为一项金融资产并以公允价值计量，而其现在的公允价值低于零，则企业应将该金融工具确认为一项负债。但对于主合同为金融资产的混合合同，即使整体公允价值可能低于零，企业仍应始终将混合合同整体作为一项金融资产进行分类和计量。

（二）以摊余成本计量的金融资产的会计处理

1. 实际利率

实际利率法，是指计算金融资产或金融负债的摊余成本以及将利息收入或利息费用分摊计入各会计期间的方法。

实际利率，是指将金融资产或金融负债在预计存续期的估计未来现金流量折现为该金融资产账面余额（不考虑减值）或该金融负债摊余成本所使用的利率。在确定实际利率时，应当在考虑金融资产或金融负债所有合同条款（如提前还款、展期、看涨期权或其他类似期权等）的基础上估计预期现金流量，但不应当考虑预期信用损失。

经信用调整的实际利率，是指将购入或源生的已发生信用减值的金融资产在预计存续期的估计未来现金流量，折现为该金融资产当前摊余成本的利率。在确定经信用调整的实际利率时，应当在考虑金融资产的所有合同条款（如提前还款、展期、看涨期权或其他类似期权等）以及初始已发生预期信用损失的基础上估计预期现金流量。

企业通常能够可靠估计金融工具（或一组类似金融工具）的现金流量和预计存续期。在极少数情况下，金融工具（或一组金融工具）的估计未来现金流量或预计存续期无法可靠估计的，企业在计算确定其实际利率（或经信用调整的实际利率）时，应当基于该金融工具在整个合同期内的合同现金流量。

合同各方之间支付或收取的、属于实际利率或经信用调整的实际利率组成部分的各项费用、交易费用及溢价或折价等，应当在确定实际利率或经信用调整的实际利率时予以考虑。

2. 摊余成本

金融资产或金融负债的摊余成本，应当以该金融资产或金融负债的初始确认金额经下列调整确定：

（1）扣除已偿还的本金。

（2）加上或减去采用实际利率法将该初始确认金额与到期日金额之间的差额进行摊销形成的累计摊销额。

（3）扣除计提的累计信用减值准备（仅适用于金融资产）。

对于浮动利率金融资产或浮动利率金融负债，以反映市场利率波动而对现金流量的定期重估将改变实际利率。如果浮动利率金融资产或浮动利率金融负债的初始确认金额等于到期日应收或应付本金的金额，则未来利息付款额的重估通常不会对该资产或负债的账面价值产生重大影响。

企业与交易对手方修改或重新议定合同，未导致金融资产终止确认，但导致合同现金流量发生变化的,或者企业修正了对合同现金流量的估计的,应当重新计算该金融资产的账面余额,并将相关利得或损失计入当期损益。重新计算的该金融资产的账面余额,应当根据将重新议定或修改的合同现金流量按金融资产的原实际利率(或者购买或源生的已发生信用减值的金融资产应按经信用调整的实际利率)折现的现值确定。对于修改或重新议定合同所产生的所有成本或费用,企业应当调整修改后的金融资产账面价值,并在修改后金融资产的剩余期限内摊销。

以摊余成本计量且不属于任何套期关系的金融资产所产生的利得或损失,应当在终止确认、重分类、按照实际利率法摊销或确认减值时,计入当期损益。

▶【例13-22】2×18年1月1日,甲公司(非金融企业)支付价款1 000万元(含交易费用)从公开市场购入乙公司同日发行的5年期公司债券12 500份,债券票面总额为1 250万元,票面年利率为4.72%,于年末支付本年度债券利息(即每年利息为59万元),本金在债券到期时一次性偿还。合同约定,该债券的发行方在遇到特定情况时可以将债券提前赎回,且无需为提前赎回支付额外款项。甲公司在购买该债券时,预计发行方不会提前赎回。甲公司根据其管理该债券的业务模式和该债券的合同现金流量特征,将该债券分类为以摊余成本计量的金融资产。假定不考虑所得税、减值损失等因素。

本例中,甲公司将该债券分类为以摊余成本计量的金融资产,该债券的实际利率 r 计算如下:

$$59 \times (1+r)^{-1} + 59 \times (1+r)^{-2} + 59 \times (1+r)^{-3} + 59 \times (1+r)^{-4} + (59 + 1\ 250) \times (1+r)^{-5} = 1\ 000$$

采用插值法,计算得出 r=10%。

情形1:假定甲公司在整个持有期间预计发行方不会提前赎回该债券。

根据表13-2中的数据,甲公司的有关账务处理如下:

表13-2

单位:万元

年 度	期初摊余成本 ①	实际利息收入 ② = ① × 10%	现金流入 ③	期末摊余成本 ④ = ① + ② - ③
2×18	1 000	100	59	1 041
2×19	1 041	104	59	1 086
2×20	1 086	109	59	1 136
2×21	1 136	114	59	1 191
2×22	1 191	118*	1 309	0

注:*尾数调整1 250+59-1 191=118(万元)。

(1)2×18年1月1日,购入乙公司债券。

借:债权投资——成本　　　　　　　　　　　　　　　12 500 000
　　贷:银行存款　　　　　　　　　　　　　　　　　　10 000 000
　　　　债权投资——利息调整　　　　　　　　　　　　2 500 000

(2) 2×18年12月31日，确认乙公司债券实际利息收入、收到债券利息。

借：债权投资——应计利息　　　　　　　　　　　　　　590 000
　　　　　　——利息调整　　　　　　　　　　　　　　410 000
　　贷：投资收益　　　　　　　　　　　　　　　　　　　　　　1 000 000
借：银行存款　　　　　　　　　　　　　　　　　　　　590 000
　　贷：债权投资——应计利息　　　　　　　　　　　　　　　　590 000

(3) 2×19年12月31日，确认乙公司债券实际利息收入、收到债券利息。

借：债权投资——应计利息　　　　　　　　　　　　　　590 000
　　　　　　——利息调整　　　　　　　　　　　　　　450 000
　　贷：投资收益　　　　　　　　　　　　　　　　　　　　　　1 040 000
借：银行存款　　　　　　　　　　　　　　　　　　　　590 000
　　贷：债权投资——应计利息　　　　　　　　　　　　　　　　590 000

(4) 2×20年12月31日，确认乙公司债券实际利息收入、收到债券利息。

借：债权投资——应计利息　　　　　　　　　　　　　　590 000
　　　　　　——利息调整　　　　　　　　　　　　　　500 000
　　贷：投资收益　　　　　　　　　　　　　　　　　　　　　　1 090 000
借：银行存款　　　　　　　　　　　　　　　　　　　　590 000
　　贷：债权投资——应计利息　　　　　　　　　　　　　　　　590 000

(5) 2×21年12月31日，确认乙公司债券实际利息收入、收到债券利息。

借：债权投资——应计利息　　　　　　　　　　　　　　590 000
　　　　　　——利息调整　　　　　　　　　　　　　　550 000
　　贷：投资收益　　　　　　　　　　　　　　　　　　　　　　1 140 000
借：银行存款　　　　　　　　　　　　　　　　　　　　590 000
　　贷：债权投资——应计利息　　　　　　　　　　　　　　　　590 000

(6) 2×22年12月31日，确认乙公司债券实际利息收入、收到债券利息和本金。

借：债权投资——应计利息　　　　　　　　　　　　　　590 000
　　　　　　——利息调整　　　　　　　　　　　　　　590 000
　　贷：投资收益　　　　　　　　　　　　　　　　　　　　　　1 180 000
借：银行存款　　　　　　　　　　　　　　　　　　　　590 000
　　贷：债权投资——应计利息　　　　　　　　　　　　　　　　590 000
借：银行存款　　　　　　　　　　　　　　　　　　　12 500 000
　　贷：债权投资——成本　　　　　　　　　　　　　　　　　　12 500 000

情形2：假定在2×20年1月1日，甲公司预计将于2×20年12月31日收回本金的50%（即625万元），剩余50%将于2×22年12月31日付清。

该情形下，甲公司应当根据修正的合同现金流量和原实际利率重新计算并调整该债券投资2×20年1月1日的账面余额，与原账面余额的差额计入当期损益。据此，调整表13-2中相关数据后如表13-3所示。

表 13-3
单位：万元

年 度	期初摊余成本 ①	实际利息收入 ②=①×10%	现金流入 ③	期末摊余成本 ④=①+②-③
2×18	1 000	100	59	1 041
2×19	1 041	104	59	1 086
2×20	1 139*	114	684	569
2×21	569	57	30**	596
2×22	596	59***	655	0

注：*（625+59）×（1+10%）$^{-1}$+30×（1+10%）$^{-2}$+（625+30）×（1+10%）$^{-3}$=1 139（万元）（四舍五入）；
与原账面余额的差额=1 139－1 086=53（万元）。
**625×4.72%=30（万元）（四舍五入）。
***625+30－596=59（万元）（尾数调整）。

根据上述调整，甲公司的账务处理如下：

（1）2×20年1月1日，调整乙公司债券账面余额：

借：债权投资——利息调整　　　　　　　　　　　　　　　530 000
　　贷：投资收益　　　　　　　　　　　　　　　　　　　　　　530 000

（2）2×20年12月31日，确认乙公司债券实际利息收入、收回本金等：

借：债权投资——应计利息　　　　　　　　　　　　　　　590 000
　　　　　　——利息调整　　　　　　　　　　　　　　　550 000
　　贷：投资收益　　　　　　　　　　　　　　　　　　　1 140 000
借：银行存款　　　　　　　　　　　　　　　　　　　　　590 000
　　贷：债权投资——应计利息　　　　　　　　　　　　　　　590 000
借：银行存款　　　　　　　　　　　　　　　　　　　　6 250 000
　　贷：债权投资——成本　　　　　　　　　　　　　　　6 250 000

（3）2×21年12月31日，确认乙公司债券实际利息收入等：

借：债权投资——应计利息　　　　　　　　　　　　　　　300 000
　　　　　　——利息调整　　　　　　　　　　　　　　　270 000
　　贷：投资收益　　　　　　　　　　　　　　　　　　　　570 000
借：银行存款　　　　　　　　　　　　　　　　　　　　　300 000
　　贷：债权投资——应计利息　　　　　　　　　　　　　　　300 000

（4）2×22年12月31日，确认乙公司债券实际利息收入、收回本金等：

借：债权投资——应计利息　　　　　　　　　　　　　　　300 000
　　　　　　——利息调整　　　　　　　　　　　　　　　290 000
　　贷：投资收益　　　　　　　　　　　　　　　　　　　　590 000
借：银行存款　　　　　　　　　　　　　　　　　　　　　300 000
　　贷：债权投资——应计利息　　　　　　　　　　　　　　　300 000
借：银行存款　　　　　　　　　　　　　　　　　　　　6 250 000
　　贷：债权投资——成本　　　　　　　　　　　　　　　6 250 000

情形3：假定甲公司购买的乙公司债券不是分次付息，而是到期一次还本付息，且利息不以复利计算。

该情形下，甲公司所购买乙公司债券的实际利率 r 计算如下：

$(59+59+59+59+59+1\,250)\times(1+r)^{-5}=1\,000$

由此计算得出 r≈9.05%。

据此，重新计算该债券投资的摊余成本及相关利息收入分摊如表13-4所示。

表13-4 单位：万元

年 度	期初摊余成本 ①	实际利息收入 ②=①×9.05%	现金流入 ③	期末摊余成本 ④=①+②-③
2×18年	1 000	90.5	0	1 090.5
2×19年	1 090.5	98.69	0	1 189.19
2×20年	1 189.19	107.62	0	1 296.81
2×21年	1 296.81	117.36	0	1 414.17
2×22年	1 414.17	130.83*	1 545	0

注：*尾数调整 1 250+295-1 414.17=130.83（万元）。

根据表13-4中的数据，甲公司的有关账务处理如下：

(1) 2×18年1月1日，购入乙公司债券：

借：债权投资——成本 12 500 000
　　贷：银行存款 10 000 000
　　　　债权投资——利息调整 2 500 000

(2) 2×18年12月31日，确认乙公司债券实际利息收入：

借：债权投资——应计利息 590 000
　　　　　　——利息调整 315 000
　　贷：投资收益 905 000

(3) 2×19年12月31日，确认乙公司债券实际利息收入：

借：债权投资——应计利息 590 000
　　　　　　——利息调整 396 900
　　贷：投资收益 986 900

(4) 2×20年12月31日，确认乙公司债券实际利息收入：

借：债权投资——应计利息 590 000
　　　　　　——利息调整 486 200
　　贷：投资收益 1 076 200

(5) 2×21年12月31日，确认乙公司债券实际利息收入：

借：债权投资——应计利息 590 000
　　　　　　——利息调整 583 600
　　贷：投资收益 1 173 600

(6) 2×22年12月31日，确认乙公司债券实际利息收入、收回债券本金和票面利息：

借：债权投资——应计利息 590 000
　　　　　　——利息调整 718 300
　　贷：投资收益 1 308 300

借：银行存款	15 450 000	
贷：债权投资——成本		12 500 000
——应计利息		2 950 000

(三) 以公允价值进行后续计量的金融资产的会计处理

(1) 对于以公允价值进行后续计量的金融资产，其公允价值变动形成的利得或损失，除与套期会计有关外，应当按照下列规定处理：

①以公允价值计量且其变动计入当期损益的金融资产的利得或损失，应当计入当期损益。以公允价值计量且其变动计入当期损益的金融资产的利息，可以单独确认并计入投资收益，也可以汇总反映在该金融资产的公允价值变动中。

②分类为以公允价值计量且其变动计入其他综合收益的金融资产所产生的利得或损失，除减值损失或利得和汇兑损益之外，均应当计入其他综合收益，直至该金融资产终止确认或被重分类。但是，按照实际利率法计算的该金融资产的利息应当计入当期损益。该类金融资产计入各期损益的金额应当与视同其一直按摊余成本计量而计入各期损益的金额相等。

该类金融资产终止确认时，之前计入其他综合收益的累计利得或损失应当从其他综合收益中转出，计入当期损益。

③指定为以公允价值计量且其变动计入其他综合收益的非交易性权益工具投资，除了获得的股利（属于投资成本收回部分的除外）计入当期损益外，其他相关的利得和损失（包括汇兑损益）均应计入其他综合收益，且后续不得转入当期损益。当其终止确认时，之前计入其他综合收益的累计利得或损失应当从其他综合收益中转出，计入留存收益。

(2) 企业只有在同时符合下列条件时，才能确认股利收入并计入当期损益：

①企业收取股利的权利已经确立；

②与股利相关的经济利益很可能流入企业；

③股利的金额能够可靠计量。

需要注意的是，企业对权益工具投资和与此类投资相联系的合同以公允价值计量的，当成本不能代表相关金融资产的公允价值时，企业应当基于初始确认日后可获得的关于被投资方业绩和经营的所有信息，对其公允价值进行估值。仅在有限情况下，如果用以确定公允价值的近期信息不足，或者公允价值的可能估计金额分布范围很广，而成本代表了该范围内对公允价值的最佳估计的，该成本可代表其在该分布范围内对公允价值的恰当估计。当成本不能代表公允价值的最佳估计时，企业应当对权益工具的投资和与此投资相联系的合同以恰当的方法进行公允价值计量。

▶【例13-23】2×18年1月1日，甲公司（非金融企业）支付价款1 000万元（含交易费用）从公开市场购入乙公司同日发行的5年期公司债券12 500份，债券票面总额为1 250万元，票面年利率为4.72%，于年末支付本年度债券利息（即每年利息为59万元），本金在债券到期时一次性偿还。合同约定，该债券的发行方在遇到特定情况时可以将债券提前赎回，且无需为提前赎回支付额外款项。甲公司在购买该债券时，预计发行方不会提前赎回。甲公司根据其管理该债券的业务模式和该债券的合同现金流量特征，将该债券投资分类为以公允价值计量且其变动计入其他综合收益的金融资产。假定不考虑所得税、减值损失等因素。该债券后续期间的公允价值及处置情况如下：

(1) 2×18年12月31日，乙公司债券的公允价值为1 200万元（不含利息）。
(2) 2×19年12月31日，乙公司债券的公允价值为1 300万元（不含利息）。
(3) 2×20年12月31日，乙公司债券的公允价值为1 250万元（不含利息）。
(4) 2×21年12月31日，乙公司债券的公允价值为1 200万元（不含利息）。
(5) 2×22年1月20日，甲公司通过公开市场出售了乙公司债券12 500份，取得价款1 260万元。

本例中，甲公司将该债券投资分类为以公允价值计量且其变动计入其他综合收益的金融资产，该债券的实际利率r计算如下：

$59 \times (1+r)^{-1} + 59 \times (1+r)^{-2} + 59 \times (1+r)^{-3} + 59 \times (1+r)^{-4} + (59 + 1250) \times (1+r)^{-5} = 1000$

采用插值法，计算得出r=10%。

甲公司的有关账务处理如下（具体计算见表13-5）：

表13-5　　　　　　　　　　　　　　　　　　　　　　　　　　　　　　　　　　　　　单位：万元

日期	现金流入 ①	实际利息收入 ②=期初④×10%	已收回的本金 ③=①-②	摊余成本余额 ④=期初④-③	公允价值 ⑤	公允价值变动额 ⑥=⑤-④-期初⑦	公允价值变动累计金额 ⑦=期初⑦+⑥
2×18年1月1日				1 000	1 000	0	0
2×18年12月31日	59	100	-41	1 041	1 200	159	159
2×19年12月31日	59	104	-45	1 086	1 300	55	214
2×20年12月31日	59	109	-50	1 136	1 250	-100	114
2×21年12月31日	59	113	-54	1 190	1 200	-104	10

(1) 2×18年1月1日，购入乙公司债券：

借：其他债权投资——成本　　　　　　　　　　　　　　　　　　　12 500 000
　　贷：银行存款　　　　　　　　　　　　　　　　　　　　　　　10 000 000
　　　　其他债权投资——利息调整　　　　　　　　　　　　　　　　2 500 000

(2) 2×18年12月31日，确认乙公司债券实际利息收入、公允价值变动，收到债券利息：

借：其他债权投资——应计利息　　　　　　　　　　　　　　　　　　590 000
　　　　　　　　　——利息调整　　　　　　　　　　　　　　　　　410 000
　　贷：投资收益　　　　　　　　　　　　　　　　　　　　　　　1 000 000
借：银行存款　　　　　　　　　　　　　　　　　　　　　　　　　　590 000
　　贷：其他债权投资——应计利息　　　　　　　　　　　　　　　　 590 000
借：其他债权投资——公允价值变动　　　　　　　　　　　　　　　1 590 000
　　贷：其他综合收益——其他债权投资公允价值变动　　　　　　　 1 590 000

(3) 2×19年12月31日，确认乙公司债券实际利息收入、公允价值变动，收到债券利息：

借：其他债权投资——应计利息　　　　　　　　　　　　　　　　　　590 000

——利息调整		450 000
贷：投资收益		1 040 000
借：银行存款		590 000
贷：其他债权投资——应计利息		590 000
借：其他债权投资——公允价值变动		550 000
贷：其他综合收益——其他债权投资公允价值变动		550 000

(4) 2×20年12月31日，确认乙公司债券实际利息收入、公允价值变动，收到债券利息：

借：其他债权投资——应计利息		590 000
——利息调整		500 000
贷：投资收益		1 090 000
借：银行存款		590 000
贷：其他债权投资——应计利息		590 000
借：其他综合收益——其他债权投资公允价值变动		1 000 000
贷：其他债权投资——公允价值变动		1 000 000

(5) 2×21年12月31日，确认乙公司债券实际利息收入、公允价值变动，收到债券利息：

借：其他债权投资——应计利息		590 000
——利息调整		540 000
贷：投资收益		1 130 000
借：银行存款		590 000
贷：其他债权投资——应计利息		590 000
借：其他综合收益——其他债权投资公允价值变动		1 040 000
贷：其他债权投资——公允价值变动		1 040 000

(6) 2×22年1月20日，确认出售乙公司债券实现的损益。

借：银行存款		12 600 000
其他综合收益——其他债权投资公允价值变动		100 000
其他债权投资——利息调整		600 000
贷：其他债权投资——成本		12 500 000
——公允价值变动		100 000
投资收益		700 000

▶【例13-24】2×21年1月2日，甲公司（非金融企业）从二级市场购入丙公司债券，支付价款合计1 020 000元（含已过付息期但尚未领取的利息20 000元），另发生交易费用20 000元。该债券面值1 000 000元，剩余期限为2年，票面年利率为4%，每半年末付息一次。其合同现金流量特征满足仅为对本金和以未偿付本金金额为基础的利息的支付。甲公司根据其管理该债券的业务模式和该债券的合同现金流量特征，将该债券分类为以公允价值计量且其变动计入当期损益的金融资产。其他资料如下：

(1) 2×21年1月5日，收到丙公司债券2×20年下半年利息20 000元。

(2) 2×21年6月30日，丙公司债券的公允价值为1 150 000元（不含利息）。

(3) 2×21年7月5日，收到丙公司债券2×21年上半年利息。

(4) 2×21年12月31日，丙公司债券的公允价值为1 100 000元（不含利息）。

(5) 2×22年1月5日，收到丙公司债券2×21年下半年利息。

(6) 2×22年6月20日，通过二级市场出售丙公司债券，取得价款1 180 000元（含1季度利息10 000元）。

假定不考虑其他因素，甲公司的账务处理如下：

(1) 2×21年1月2日，从二级市场购入丙公司债券：

借：交易性金融资产——成本　　　　　　　　　　1 000 000
　　应收利息　　　　　　　　　　　　　　　　　　 20 000
　　投资收益　　　　　　　　　　　　　　　　　　 20 000
　　贷：银行存款　　　　　　　　　　　　　　　　　　　　1 040 000

(2) 2×21年1月5日，收到该债券2×20年下半年利息20 000元：

借：银行存款　　　　　　　　　　　　　　　　　　 20 000
　　贷：应收利息　　　　　　　　　　　　　　　　　　　　　20 000

(3) 2×21年6月30日，确认丙公司债券公允价值变动和投资收益：

借：交易性金融资产——公允价值变动　　　　　　　150 000
　　贷：公允价值变动损益　　　　　　　　　　　　　　　　 150 000

借：交易性金融资产——应计利息　　　　　　　　　 20 000
　　贷：投资收益　　　　　　　　　　　　　　　　　　　　 20 000

甲公司也可以通过"交易性金融资产——公允价值变动"科目汇总反映包含利息的丙公司债券的公允价值变动（下同）。

(4) 2×21年7月5日，收到丙公司债券2×21年上半年利息：

借：银行存款　　　　　　　　　　　　　　　　　　 20 000
　　贷：交易性金融资产——应计利息　　　　　　　　　　　 20 000

(5) 2×21年12月31日，确认丙公司债券公允价值变动和投资收益：

借：公允价值变动损益　　　　　　　　　　　　　　 50 000
　　贷：交易性金融资产——公允价值变动　　　　　　　　　 50 000

借：交易性金融资产——应计利息　　　　　　　　　 20 000
　　贷：投资收益　　　　　　　　　　　　　　　　　　　　 20 000

(6) 2×22年1月5日，收到丙公司债券2×21年下半年利息：

借：银行存款　　　　　　　　　　　　　　　　　　 20 000
　　贷：交易性金融资产——应计利息　　　　　　　　　　　 20 000

(7) 2×22年6月20日，通过二级市场出售丙公司债券：

借：银行存款　　　　　　　　　　　　　　　　　　1 180 000
　　贷：交易性金融资产——成本　　　　　　　　　　　　　1 000 000

| ——公允价值变动 | 100 000 |
| 投资收益 | 80 000 |

▶【例13-25】2×21年5月6日，甲公司（非金融企业）支付价款1 016万元（含交易费用1万元和已宣告发放现金股利15万元），购入乙公司发行的股票200万股，占乙公司有表决权股份的0.5%。其他资料如下：

2×21年5月10日，甲公司收到乙公司发放的现金股利15万元。

2×21年6月30日，该股票市价为每股5.2元。

2×21年12月31日，甲公司仍持有该股票；当日，该股票市价为每股5元。

2×22年5月9日，乙公司宣告发放股利4 000万元。

2×22年5月13日，甲公司收到乙公司发放的现金股利。

2×22年5月20日，甲公司由于某种特殊原因，以每股4.9元的价格将股票全部转让。

假定甲公司按实现净利润的10%计提法定盈余公积，不考虑其他因素。

情形1：甲公司将其指定为以公允价值计量且其变动计入其他综合收益的非交易性权益工具投资。

该情形下，甲公司的账务处理如下：

(1) 2×21年5月6日，购入乙公司股票：

借：应收股利	150 000	
其他权益工具投资——成本	10 010 000	
贷：银行存款		10 160 000

(2) 2×21年5月10日，收到现金股利：

| 借：银行存款 | 150 000 | |
| 贷：应收股利 | | 150 000 |

(3) 2×21年6月30日，确认乙公司股票公允价值变动：

| 借：其他权益工具投资——公允价值变动 | 390 000 | |
| 贷：其他综合收益——其他权益工具投资公允价值变动 | | 390 000 |

(4) 2×21年12月31日，确认乙公司股票公允价值变动：

| 借：其他综合收益——其他权益工具投资公允价值变动 | 400 000 | |
| 贷：其他权益工具投资——公允价值变动 | | 400 000 |

(5) 2×22年5月9日，确认应收现金股利：

| 借：应收股利 | 200 000 | |
| 贷：投资收益 | | 200 000 |

(6) 2×22年5月13日，收到现金股利：

| 借：银行存款 | 200 000 | |
| 贷：应收股利 | | 200 000 |

(7) 2×22年5月20日，出售乙公司股票：

| 借：利润分配——未分配利润 | 10 000 | |
| 贷：其他综合收益——其他权益工具投资公允价值变动 | | 10 000 |

借：银行存款 9 800 000
　　其他权益工具投资——公允价值变动 10 000
　　利润分配——未分配利润 200 000
　　贷：其他权益工具投资——成本 10 010 000

值得注意的是，企业出售股票产生的利得或损失以及之前计入其他综合收益的累计利得或损失转出时，均先计入利润分配（未分配利润）。实务中，影响盈余公积计提的，企业还应对盈余公积作相应的调整。此例中，甲公司出售股票产生的损失以及之前计入其他综合收益的累计损失因影响法定盈余公积的计提，故将累计计入其他综合收益的损失转出时，甲公司应将按10%计提法定盈余公积的部分由利润分配（未分配利润）调整至盈余公积（法定盈余公积）。账务处理如下：

借：盈余公积——法定盈余公积 21 000
　　贷：利润分配——未分配利润 21 000

情形2：甲公司根据其管理乙公司股票的业务模式和乙公司股票的合同现金流量特征，将乙公司股票分类为以公允价值计量且其变动计入当期损益的金融资产，并假定2×21年12月31日乙公司股票市价为每股4.8元，其他资料不变。

该情形下，甲公司的账务处理如下：

(1) 2×21年5月6日，购入乙公司股票：

借：应收股利 150 000
　　交易性金融资产——成本 10 000 000
　　投资收益 10 000
　　贷：银行存款 10 160 000

(2) 2×21年5月10日，收到现金股利：

借：银行存款 150 000
　　贷：应收股利 150 000

(3) 2×21年6月30日，确认乙公司股票公允价值变动：

借：交易性金融资产——公允价值变动 400 000
　　贷：公允价值变动损益 400 000

(4) 2×21年12月31日，确认乙公司股票公允价值变动：

借：公允价值变动损益 800 000
　　贷：交易性金融资产——公允价值变动 800 000

注：公允价值变动=200×(4.8-5.2)=-80（万元）

(5) 2×22年5月9日，确认应收现金股利：

借：应收股利 200 000
　　贷：投资收益 200 000

(6) 2×22年5月13日，收到现金股利：

借：银行存款　　　　　　　　　　　　　　　　200 000
　　贷：应收股利　　　　　　　　　　　　　　　　　200 000

(7) 2×22年5月20日，出售乙公司股票：

借：银行存款　　　　　　　　　　　　　　　　9 800 000
　　交易性金融资产——公允价值变动　　　　　　400 000
　　贷：交易性金融资产——成本　　　　　　　　　10 000 000
　　　　投资收益　　　　　　　　　　　　　　　　　200 000

三、金融负债的后续计量

（一）金融负债后续计量原则

企业应当按照下列原则对金融负债进行后续计量：

（1）以公允价值计量且其变动计入当期损益的金融负债，应当按照公允价值进行后续计量。

（2）金融资产转移不符合终止确认条件或继续涉入被转移金融资产所形成的金融负债。对此类金融负债，企业应当按照《企业会计准则第23号——金融资产转移》相关规定进行计量。

（3）不属于指定为以公允价值计量且其变动计入当期损益的金融负债的财务担保合同或没有指定为以公允价值计量且其变动计入当期损益并将以低于市场利率贷款的贷款承诺，企业作为此类金融负债发行方的，应当在初始确认后按照损失准备金额以及初始确认金额扣除累计摊销额后的余额孰高进行计量。

（4）上述金融负债以外的金融负债，应当按摊余成本进行后续计量。

（二）金融负债后续计量的会计处理

（1）对于以公允价值进行后续计量的金融负债，其公允价值变动形成利得或损失，除与套期会计有关外，应当计入当期损益。

▶【例13-26】2×21年7月1日，甲公司（非金融企业）经批准在全国银行间债券市场公开发行10亿元短期融资券，期限为1年，票面年利率5.58%，每张面值为100元，到期一次还本付息。所募集资金主要用于公司购买生产经营所需的原材料及配套件等。公司将该短期融资券指定为以公允价值计量且其变动计入当期损益的金融负债。假定不考虑发行短期融资券相关的交易费用以及企业自身信用风险变动。2×21年12月31日，该短期融资券市场价格每张120元（不含利息）；2×22年6月30日，该短期融资券到期兑付完成。

本例中，甲公司相关账务处理如下：

（1）2×21年7月1日，发行短期融资券：

借：银行存款　　　　　　　　　　　　　　　1 000 000 000
　　贷：交易性金融负债——本金　　　　　　　　1 000 000 000

(2) 2×21年12月31日，年末确认短期融资券的公允价值变动和利息费用：

借：公允价值变动损益　　　　　　　　　　　　　　　　200 000 000
　　贷：交易性金融负债——公允价值变动　　　　　　　　　　200 000 000
借：财务费用　　　　　　　　　　　　　　　　　　　　　27 900 000
　　贷：交易性金融负债——应计利息　　　　　　　　　　　　27 900 000

甲公司也可以通过"交易性金融负债——公允价值变动"科目汇总反映包含利息的短期融资券的公允价值变动（下同）。

(3) 2×22年6月30日，短期融资券到期：

借：财务费用　　　　　　　　　　　　　　　　　　　　　27 900 000
　　贷：交易性金融负债——应计利息　　　　　　　　　　　　27 900 000
借：交易性金融负债——本金　　　　　　　　　　　　　1 000 000 000
　　　　　　　　　　——应计利息　　　　　　　　　　　　　55 800 000
　　　　　　　　　　——公允价值变动　　　　　　　　　　　200 000 000
　　贷：银行存款　　　　　　　　　　　　　　　　　　　1 055 800 000
　　　　投资收益　　　　　　　　　　　　　　　　　　　　200 000 000

(2) 以摊余成本计量且不属于任何套期关系的一部分的金融负债所产生的利得或损失，应当在终止确认时计入当期损益或在按照实际利率法摊销时计入相关期间损益。

企业与交易对手方修改或重新议定合同，未导致金融负债终止确认，但导致合同现金流量发生变化的，应当重新计算该金融负债的账面价值，并将相关利得或损失计入当期损益。重新计算的该金融负债的账面价值，应当根据将重新议定或修改的合同现金流量按金融负债的原实际利率或按套期会计相关规定重新计算的实际利率（如适用）折现的现值确定。对于修改或重新议定合同所产生的所有成本或费用，企业应当调整修改后的金融负债账面价值，并在修改后金融负债的剩余期限内进行摊销。

▶【例13-27】甲公司（非金融企业）发行公司债券为建造专用生产线筹集资金。有关资料如下：

(1) 2×18年12月31日，委托证券公司以7 755万元的价格发行3年期分期付息公司债券。该债券面值为8 000万元，票面年利率4.5%，实际年利率5.64%，每年付息一次，到期后按面值偿还。假定不考虑与发行公司债券相关的交易费用。

(2) 生产线建造工程采用出包方式，于2×19年1月1日开始动工，发行债券所得款项当日全部支付给建造承包商，2×20年12月31日所建造生产线达到预定可使用状态。

(3) 假定各年度利息的实际支付日期均为下年度的1月10日；2×22年1月10日支付2×21年度利息，一并偿付面值。

(4) 所有款项均以银行存款支付。

本例中，甲公司计算该债券在各年末的摊余成本、应付利息金额、当年应予资本化或费用化的利息金额、利息调整的本年摊销和年末余额如表13-6所示。

表13-6
单位：万元

项 目		2×18年12月31日	2×19年12月31日	2×20年12月31日	2×21年12月31日
年末摊余成本	面值	8 000	8 000	8 000	8 000
	利息调整	-245	-167.62	-85.87	0
	合计	7 755	7 832.38	7 914.13	8 000
当年应予资本化或费用化的利息金额			437.38	441.75	445.87
年末应付利息金额			360	360	360
"利息调整"本年摊销额			77.38	81.75	85.87

甲公司的相关账务处理如下：

(1) 2×18年12月31日，发行债券：

借：银行存款　　　　　　　　　　　　　　　　　　77 550 000
　　应付债券——利息调整　　　　　　　　　　　　 2 450 000
　　　贷：应付债券——面值　　　　　　　　　　　 80 000 000

(2) 2×19年12月31日，确认和结转利息：

借：在建工程　　　　　　　　　　　　　　　　　　 4 373 800
　　　贷：应付债券——应计利息　　　　　　　　　 3 600 000
　　　　　　　　——利息调整　　　　　　　　　　　 773 800

(3) 2×20年1月10日，支付利息：

借：应付债券——应计利息　　　　　　　　　　　　 3 600 000
　　　贷：银行存款　　　　　　　　　　　　　　　　3 600 000

(4) 2×20年12月31日，确认和结转利息：

借：在建工程　　　　　　　　　　　　　　　　　　 4 417 500
　　　贷：应付债券——应计利息　　　　　　　　　 3 600 000
　　　　　　　　——利息调整　　　　　　　　　　　 817 500

(5) 2×21年1月10日，支付利息：

借：应付债券——应计利息　　　　　　　　　　　　 3 600 000
　　　贷：银行存款　　　　　　　　　　　　　　　　3 600 000

(6) 2×21年12月31日，确认和结转利息：

借：财务费用　　　　　　　　　　　　　　　　　　 4 458 700
　　　贷：应付债券——应计利息　　　　　　　　　 3 600 000
　　　　　　　　——利息调整　　　　　　　　　　　 858 700

(7) 2×22年1月10日，债券到期兑付：

借：应付债券——应计利息　　　　　　　　　　　　 3 600 000
　　　　　　——面值　　　　　　　　　　　　　　 80 000 000
　　　贷：银行存款　　　　　　　　　　　　　　　 83 600 000

四、金融工具的减值

(一) 金融工具减值概述

本章对金融工具减值的规定称为预期信用损失法。该方法与过去规定的、根据实际已发生减值损失确认损失准备的方法有着根本性不同。在预期信用损失法下，减值准备的计提不以减值的实际发生为前提，而是以未来可能的违约事件造成的损失的期望值来计量当前（资产负债表日）应当确认的损失准备。

企业应当以预期信用损失为基础，对下列项目进行减值会计处理并确认损失准备：

(1) 分类为以摊余成本计量的金融资产和以公允价值计量且其变动计入其他综合收益的金融资产。

(2) 租赁应收款。

(3) 合同资产。合同资产是指第十七章第一节定义的合同资产。

(4) 部分贷款承诺和财务担保合同。

损失准备，是指针对按照以摊余成本计量的金融资产、租赁应收款和合同资产的预期信用损失计提的准备，按照以公允价值计量且其变动计入其他综合收益的金融资产的累计减值金额以及针对贷款承诺和财务担保合同的预期信用损失计提的准备。

预期信用损失，是指以发生违约的风险为权重的金融工具信用损失的加权平均值。

信用损失，是指企业按照原实际利率折现的、根据合同应收的所有合同现金流量与预期收取的所有现金流量之间的差额，即全部现金短缺的现值。其中，对于企业购买或源生的已发生信用减值的金融资产，应按照该金融资产经信用调整的实际利率折现。由于预期信用损失考虑付款的金额和时间分布，因此即使企业预计可以全额收款但收款时间晚于合同规定的到期期限，也会产生信用损失。

在估计现金流量时，企业应当考虑金融工具在整个预计存续期的所有合同条款（如提前还款、展期、看涨期权或其他类似期权等）。企业所考虑的现金流量应当包括出售所持担保品获得的现金流量，以及属于合同条款组成部分的其他信用增级所产生的现金流量。其中，属于合同条款组成部分的其他信用增级包括未与金融工具载明于同一合同，但实质上与金融工具的合同构成一个整体的其他信用增级条款。例如，企业应当考虑属于合同条款组成部分的财务担保合同等信用增级所产生的现金流量，但该信用增级相关现金流量已单独确认的，在计量预期信用损失时估计的现金流量中则不可重复考虑。

企业通常能够可靠估计金融工具的预计存续期。在极少数情况下，金融工具预计存续期无法可靠估计的，企业在计算确定预期信用损失时，应当基于该金融工具的剩余合同期间。

(二) 金融工具减值的三阶段

除购买或源生时已发生信用减值的金融资产以及应收款项、合同资产和租赁应收款外，企业应当在每个资产负债表日评估相关金融工具的信用风险自初始确认后是否显著增加，并按照信用风险自初始确认后已显著增加或未显著增加的情形分别计量其损失准备、确认预期信用损失及其变动。

具体而言，对于购买或源生时未发生信用减值的金融工具（始终按照整个存续期内预期信用损失的变动确认损失准备的除外），企业可以将其发生信用减值的过程分为三个阶段，对于不同阶段的金融工具的减值有不同的会计处理方法：

第一阶段：信用风险自初始确认后未显著增加。

对于处于该阶段的金融工具，企业应当按照未来 12 个月的预期信用损失计量损失准备，并按其账面余额（即未扣除减值准备）和实际利率计算利息收入（若该工具为金融资产，下同）。

第二阶段：信用风险自初始确认后已显著增加但尚未发生信用减值。

对于处于该阶段的金融工具，企业应当按照该工具整个存续期的预期信用损失计量损失准备，并按其账面余额和实际利率计算利息收入。

第三阶段：初始确认后发生信用减值。

对于处于该阶段的金融工具，企业应当按照该工具整个存续期的预期信用损失计量损失准备，但对利息收入的计算不同于处于前两阶段的金融资产。对于已发生信用减值的金融资产，企业应当按其摊余成本（账面余额减已计提减值准备，也即账面价值）和实际利率计算利息收入。

对于购买或源生时已发生信用减值的金融资产，企业应当仅将初始确认后整个存续期内预期信用损失的变动确认为损失准备，并按其摊余成本和经信用调整的实际利率计算利息收入。

（三）特殊情形

出于简化会计处理、兼顾现行实务的考虑，对于下列两类情形，企业无须就金融工具初始确认时的信用风险与资产负债表日的信用风险进行比较分析。

1. 较低信用风险的金融工具

如果企业确定金融工具的违约风险较低，借款人在短期内履行其支付合同现金流量义务的能力很强，并且即使较长时期内经济形势和经营环境存在不利变化，也不一定会降低借款人履行其支付合同现金流量义务的能力，那么该金融工具可被视为具有较低的信用风险。对于在资产负债表日具有较低信用风险的金融工具，企业可以不用与其初始确认时的信用风险进行比较，而直接作出该工具的信用风险自初始确认后未显著增加的假定（企业对这种简化处理有选择权）。

2. 应收款项、租赁应收款和合同资产

企业对于本书第十七章所规定的、不含重大融资成分（包括根据该章不考虑不超过一年的合同中融资成分的情况）的应收款项和合同资产，应当始终按照整个存续期内预期信用损失的金额计量其损失准备（企业对这种简化处理没有选择权）。

除此之外，相关企业会计准则还允许企业作出会计政策选择，对包含重大融资成分的应收款项、合同资产和租赁应收款（可分别对应收款项、合同资产、应收租赁款作出不同的会计政策选择），始终按照相当于整个存续期内预期信用损失的金额计量其损失准备。

除了上述与收入和租赁相关的应收款项和合同资产外，其他金融资产不应当采用简化处理方法。因此，企业以预期信用损失为基础，对其他应收款、向其他企业提供的委托贷款、财务担保或向集团内关联企业提供的资金借贷等进行减值会计处理时，应当将其发生信用减值的过程分为三个阶段，对不同阶段的预期信用损失采用相应的会计处理方法，不得采用按照整个存续期内预期信用损失的金额计量损失准备的简化处理方法。

（四）预期信用损失的计量

企业计量金融工具预期信用损失的方法应当反映下列各项要素：

（1）通过评价一系列可能的结果而确定的无偏概率加权平均金额。

（2）货币时间价值。

（3）在资产负债表日无须付出不必要的额外成本或努力即可获得的有关过去事项、当前状况以及未来经济状况预测的合理且有依据的信息。

在不违反金融工具预期信用损失计量方法应反映的上述各项要素的前提下，企业可在计量预期信用损失时运用简便方法。例如，对于应收账款的预期信用损失，企业可参照历史信用损失经验，编制应收账款逾期天数与固定准备率对照表，以此为基础计算预期信用损失。如果企业的历史经验表明不同细分客户群体发生损失的情况存在显著差异，那么企业应当对客户群体进行恰当的分组，在分组基础上运用上述简便方法。企业可用于对资产进行分组的标准可能包括：地理区域、产品类型、客户评级、担保物以及客户类型（如批发和零售客户）。

企业应当按照下列方法确定有关金融工具的信用损失：

（1）对于金融资产，信用损失应为企业应收取的合同现金流量与预期收取的现金流量之间差额的现值。

（2）对于租赁应收款项，信用损失应为企业应收取的合同现金流量与预期收取的现金流量之间差额的现值。其中，用于确定预期信用损失的现金流量，应与按照《企业会计准则第21号——租赁》用于计量租赁应收款项的现金流量口径保持一致。

（3）对于未提用的贷款承诺，信用损失应为在贷款承诺持有人提用相应贷款的情况下，企业应收取的合同现金流量与预期收取的现金流量之间差额的现值。企业对贷款承诺预期信用损失的估计，应当与其对该贷款承诺提用情况的预期保持一致。

（4）对于财务担保合同，信用损失应为企业就该合同持有人发生的信用损失向其作出赔付的预计付款额，减去企业预期向该合同持有人、债务人或任何其他方收取的金额之间差额的现值。

（5）对于资产负债表日已发生信用减值但并非购买或源生已发生信用减值的金融资产，信用损失应为该金融资产账面余额与按原实际利率折现的估计未来现金流量的现值之间的差额。

企业应当以概率加权平均为基础对预期信用损失进行计量，并始终反映发生信用损失的可能性和不发生信用损失的可能性，但不必识别所有可能的情形。在计量预期信用损失时，企业需考虑的最长期限为企业面临信用风险的最长合同期限（包括考虑续约选择权），而不是更长期间，即使该期间与业务实践相一致。

（五）金融工具减值的账务处理

1. 减值准备的计提和转回

企业应当在资产负债表日计算金融工具（或金融工具组合）预期信用损失。如果该预期信用损失大于该金融工具（或金融工具组合）当前减值准备的账面金额，企业应当将其差额确认为减值损失,借记"信用减值损失"或"资产减值损失"(合同资产计提的减值损失)科目,根据金融工具的种类,贷记"贷款损失准备""债权投资减值准备""坏账准备""合同资产减值准备""租赁应收款减值准备""预计负债"(用于贷款承诺及财务担保合同)或"其他综合收益——信用减值准备"(用于以公允价值计量且其变动计入其他综合收益的债权类资产)等科目(以下统称"贷款损失准备"等科目);如果资产负债表日计算的预期信用损失小于该金融工具(或金融工具组合)当前减值准备的账面金额(例如,从按照整个存续期预期信用损失计量损失准备转为按照未来12个月预期信用损失计量损失准备时,可能出现这一情况),则应当将差额确认为减值利得,作相反的会计分录。

2. 已发生信用损失金融资产的核销和收回

企业实际发生信用损失,认定相关金融资产无法收回,经批准予以核销的,应当根据批准的核销金额,借记"贷款损失准备""坏账准备"等科目,贷记相应的资产科目,如"贷款""应收账款""合同资产""应收租赁款"等科目。若核销金额大于已计提的损失准备,还应按其差额借记"信用减值损失"科目。

企业已核销的金融资产以后又收回的,应按实际收到的金额,借记"贷款""应收账款"等科目,贷记"贷款损失准备""坏账准备"等科目;借记"银行存款"等科目,贷记"贷款""应收账款"等科目;借记"贷款损失准备""坏账准备"等科目,贷记"信用减值损失"科目。在实务中也可采用简化处理,即借记相应的资产科目,贷记"信用减值损失"科目。

第五节 金融资产转移

一、金融资产终止确认的一般原则

金融资产终止确认,是指企业将之前确认的金融资产从其资产负债表中予以转出。金融资产满足下列条件之一的,应当终止确认:(1)收取该金融资产现金流量的合同权利终止。(2)该金融资产已转移,且该转移满足本节关于终止确认的规定。

在第一个条件下,企业收取金融资产现金流量的合同权利终止,如因合同到期而使合同权利终止,金融资产不能再为企业带来经济利益,应当终止确认该金融资产。在第二个条件下,企业收取一项金融资产现金流量的合同权利并未终止,但若企业转移了该项金融资产,同时该转移满足本节关于终止确认的规定,在这种安排下,企业也应当终止确认被转移的金融资产。

下列情形也会导致金融资产的终止确认:

(1)合同的实质性修改。企业与交易对手方修改或者重新议定合同并且构成实质性修改的,将导致企业终止确认原金融资产,同时按照修改后的条款确认一项新金融资产。

(2)核销金融资产。当企业合理预期不再能够全部或部分收回金融资产合同现金流量时，应当直接减记该金融资产的账面余额。这种减记构成相关金融资产的终止确认。

二、金融资产终止确认的判断流程

本节关于终止确认的相关规定，适用于所有金融资产的终止确认。企业在判断金融资产是否应当终止确认以及在多大程度上终止确认时，应当遵循下列步骤：

（一）确定适用金融资产终止确认规定的报告主体层面

企业（转出方）对金融资产转入方具有控制权的，除在该企业个别财务报表基础上应用本节规定外，在编制合并财务报表时，还应当按照第二十七章合并财务报表的规定合并所有纳入合并范围的子公司（含结构化主体），并在合并财务报表层面应用本节规定。

在资产证券化实务中，企业通常设立"信托计划""专项支持计划"等结构化主体作为结构化融资的载体，由结构化主体向第三方发行证券并向企业自身购买金融资产。在这种情况下，从法律角度看企业可能已将金融资产转移到结构化主体，两者之间实现了风险隔离。但在进行金融资产终止确认判断时，企业应首先确定报告主体，即是编制合并财务报表还是个别财务报表。如果是合并财务报表，企业应当首先按照有关规定合并所有子公司（含结构化主体），然后将本节的规定应用于合并财务报表，即在合并财务报表层面进行金融资产转移及终止确认分析。

（二）确定金融资产是部分还是整体适用终止确认原则

本节中的金融资产既可能指一项金融资产或其部分，也可能指一组类似金融资产或其部分。一组类似金融资产通常指金融资产的合同现金流量在金额和时间分布上相似并且具有相似的风险特征，如合同条款类似、到期期限接近的一组住房抵押贷款等。

当且仅当金融资产（或一组金融资产，下同）的一部分满足下列三个条件之一时，终止确认的相关规定适用于该金融资产部分，否则，适用于该金融资产整体：

（1）该金融资产部分仅包括金融资产所产生的特定可辨认现金流量。如企业就某债务工具与转入方签订一项利息剥离合同，合同规定转入方拥有获得该债务工具利息现金流量的权利，但无权获得该债务工具本金现金流量，则终止确认的规定适用于该债务工具的利息现金流量。

（2）该金融资产部分仅包括与该金融资产所产生的全部现金流量完全成比例的现金流量部分。如企业就某债务工具与转入方签订转让合同，合同规定转入方拥有获得该债务工具全部现金流量90%份额的权利，则终止确认的规定适用于这些现金流量的90%。如果转入方不止一个，只要转出方所转移的份额与金融资产的现金流量完全成比例即可，不要求每一转入方均持有成比例的现金流量份额。

（3）该金融资产部分仅包括与该金融资产所产生的特定可辨认现金流量完全成比例的现金流量部分。如企业就某债务工具与转入方签订转让合同，合同规定转入方拥有获得该债务工具利息现金流量90%份额的权利，则终止确认的规定适用于该债务工具利息现金流量90%部分。如果转入方不止一个，只要转出方所转移的份额与金融资产的特定可辨认现金流量完全成比例即可，不要求每一转入方均持有成比例的现金流量份额。

除上述情况外，有关金融资产终止确认的相关规定适用于金融资产的整体。例如，企业转移了公允价值为 100 万元人民币的一组类似的固定期限贷款组合，约定向转入方支付贷款组合预期所产生的现金流量的前 90 万元人民币，企业保留了取得剩余现金流量的次级权益。因为最初 90 万元人民币的现金流量既可能来自贷款本金也可能来自利息，且无法辨认来自贷款组合中的哪些贷款，所以不是特定可辨认的现金流量，也不是该金融资产所产生的全部或部分现金流量的完全成比例的份额。在这种情况下，企业不能将终止确认的相关规定适用于该金融资产 90 万元人民币的部分，而应当适用于该金融资产的整体。

又如，企业转移了一组应收款项产生的现金流量 90% 的权利，同时提供了一项担保以补偿转入方可能遭受的信用损失，最高担保额为应收款项本金金额的 8%。在这种情况下，由于存在担保，在发生信用损失的情况下，企业可能需要向转入方支付部分已经收到的企业自留的 10% 的现金流量，以补偿对方就 90% 现金流所遭受的损失，导致该组应收款项下实际合同现金流量的分类并非完全按 90% 及 10% 完全成比例分配，因此终止确认的相关规定适用于该组金融资产的整体。

（三）确定收取金融资产现金流量的合同权利是否终止

企业在确定适用金融资产终止确认规定的报告主体层面（合并财务报表层面或个别财务报表层面）以及对象（金融资产整体或部分）后，即可开始判断是否对金融资产进行终止确认。收取金融资产现金流量的合同权利已经终止的，企业应当终止确认该金融资产。如一项应收账款的债务人在约定期限内支付了全部款项，或者在期权合同到期时期权持有人未行使期权权利，导致收取金融资产现金流量的合同权利终止，企业应终止确认金融资产。

若收取金融资产的现金流量的合同权利没有终止，企业应当判断是否转移了金融资产，并根据下列有关金融资产转移的相关判断标准确定是否应当终止确认被转移金融资产。

（四）判断企业是否已转移金融资产

企业在判断是否已转移金融资产时，应分下列两种情形作进一步的判断：

1. 企业将收取金融资产现金流量的合同权利转移给其他方

企业将收取金融资产现金流量的合同权利转移给其他方，表明该项金融资产发生了转移，通常表现为金融资产的合法出售或者金融资产现金流量权利的合法转移。例如，实务中常见的票据背书转让、商业票据贴现等，均属于这一种金融资产转移的情形。在这种情形下，转入方拥有了获取被转移金融资产所有未来现金流量的权利，转出方应进一步判断金融资产风险和报酬转移情况来确定是否应当终止确认被转移金融资产。

2. 企业保留了收取金融资产现金流量的合同权利，但承担了将收取的该现金流量支付给一个或多个最终收款方的合同义务

这种金融资产转移的情形通常被称为"过手安排"，在某些金融资产转移交易中，转出方在出售金融资产后，会继续作为收款服务方或收款代理人等收取金融资产的现金流量，再转交给转入方或最终收款方。这种金融资产转移情形常见于资产证券化业务。例如，在某些情况下，银行可能负责收取所转移贷款的本金和利息并最终支付给收益权持有者，同时收取相应服务费。当企业保留了收取金融资产现金流量的合同权利，但承担

了将收取的该现金流量支付给一个或多个最终收款方的合同义务时,当且仅当同时符合下列三个条件时,转出方才能按照金融资产转移的情形进行后续分析及处理,否则,被转移金融资产应予以继续确认:

(1) 企业(转出方)只有从该金融资产收到对等的现金流量时,才有义务将其支付给最终收款方。在有的资产证券化等业务中,如发生由于被转移金融资产的实际收款日期与向最终收款方付款的日期不同而导致款项缺口的情况,转出方需要提供短期垫付款项。在这种情况下,当且仅当转出方有权全额收回该短期垫付款并按照市场利率就该垫付款计收利息时,方能视同满足这一条件。在有转出方短期垫付安排的资产证券化业务中,如果转出方收回该垫付款的权利仅优先于次级资产支持证券持有人,但劣后于优先级资产支持证券持有人,或者转出方不计收利息的,均不能满足这一条件。

例如,在一项资产证券化交易中,按照交易协议规定,转出方在设立结构化主体时需要向结构化主体提供现金或其他资产以建立流动性储备,确保在收取基础资产款项发生延误时能够向资产证券化产品的持有者按协议规定付款,被动用的流动性储备只能通过提留基础资产后续产生的现金流的方式收回。假设转出方合并该结构化主体,在该种情况下,由于转出方出资设立了流动性储备(即提供了垫付款项),在发生收款延误时,转出方有义务向最终收款方支付尚未从基础资产收取的款项,且如果出现基础资产后续产生的现金流量不足的情况下,转出方没有收回权,导致该交易不满足上述"转出方只有从该金融资产收到对等的现金流量时,才有义务将其支付给最终收款方"的条件。类似地,如果资产证券化协议规定转出方承担或转出方实际承担了在需要时向结构化主体提供现金借款的确定承诺,且该借款只能通过提留基础资产后续产生的现金流的方式收回,则该资产证券化交易也不满足本条件。

如果结构化主体的流动性储备不是由转出方预提或承诺提供的,而是来自基础资产产生的现金流量或者由资产支持证券的第三方次级权益持有者提供,且转出方不控制(即不需合并)该结构化主体,由于企业没有向结构化主体(即转入方)支付从被转移金融资产中取得的现金流量以外的其他现金流量,这种流动性储备安排满足本条件的情形。

(2) 转让合同规定禁止企业(转出方)出售或抵押该金融资产,但企业可以将其作为向最终收款方支付现金流量义务的保证。企业不能出售该项金融资产,也不能以该项金融资产作为质押品对外进行担保,意味着转出方不再拥有出售或处置被转移金融资产的权利。但是,由于企业负有向最终收款方支付该项金融资产所产生的现金流量的义务,该项金融资产可以作为企业如期向最终收款方支付现金流量的保证。

(3) 企业(转出方)有义务将代表最终收款方收取的所有现金流量及时划转给最终收款方,且无重大延误。企业无权将该现金流量进行再投资。但是,如果企业在收款日和最终收款方要求的划转日之间的短暂结算期内将代为收取的现金流量进行现金或现金等价物投资,并且按照合同约定将此类投资的收益支付给最终收款方,则视同满足本条件。

这一条件不仅对转出方在收款日至向最终收款方支付日的短暂结算期间内将收取的现金流量再投资作出了限制,而且将转出方为了最终收款人利益而进行的投资严格地限定为现金或现金等价物投资。在这种情况下，现金和现金等价物应当符合第二十三章财务报告中的定义，而且不允许转出方在这些现金或现金等价物投资中保留任何投资收益，所有的投资收益必须支付给最终收款方。例如，如果按照某过手安排，合同条款允许企业将代最终收款方收取的现金流量投资于不满足现金和现金等价物定义的某些理财产品或货币市场基金等产品，则该过手安排不满足本条件，进而不能按照金融资产转移进行后续判断和会计处理。此外，在通常情况下，如果根据合同条款，企业自代为收取现金流量之日起至最终划转给最终收款方的期间超过三个月，则视为有重大延误，进而该过手安排不满足本条件，因此不构成金融资产转移。

（五）分析所转移金融资产的风险和报酬转移情况

企业转让收取现金流量的合同权利或者通过符合条件的过手安排方式转移金融资产的，应根据规定进一步对被转移金融资产进行风险和报酬转移分析，以判断是否应终止确认被转移金融资产。

企业在判断金融资产转移是否导致金融资产终止确认时，应当评估其在多大程度上保留了金融资产所有权上的风险和报酬，即比较其在转移前后所承担的、该金融资产未来净现金流量金额及其时间分布变动的风险，并分别对下列情形进行处理：

1. 企业转移了金融资产所有权上几乎所有风险和报酬的，应当终止确认该金融资产，并将转移中产生或保留的权利和义务单独确认为资产或负债

金融资产转移后，企业承担的金融资产未来净现金流量现值变动的风险与转移前金融资产的未来净现金流量现值变动的风险相比不再显著的，表明该企业已经转移了金融资产所有权上几乎所有风险和报酬。

需要注意的是，金融资产转移后企业承担的未来净现金流量现值变动的风险占转移前变动风险的比例，并不等同于企业保留的现金流量金额占全部现金流量的比例。例如，在一项资产证券化交易中，次级资产支持证券的份额占全部资产支持证券的5%，转出方持有全部次级资产支持证券，这并不意味着转出方仅保留金融资产5%的风险和报酬。实际上，次级资产支持证券向优先级资产支持证券提供了信用增级，而使得基础资产未来现金流量在优先级和次级之间不再是完全成比例分配，因此，转移后企业承担的次级资产支持证券对应的未来净现金流量现值变动的风险则可能远大于转移前全部变动风险的5%。

关于这里所指的"几乎所有风险和报酬"，企业应当根据金融资产的具体特征作出判断。需要考虑的风险类型通常包括利率风险、信用风险、外汇风险、逾期未付风险、提前偿付风险（或报酬）、权益价格风险等。

在通常情况下，通过分析金融资产转移协议中的条款，企业就可以比较容易地确定是否转移或保留了金融资产所有权上几乎所有的风险和报酬，而不需要通过计算确定。下列情形表明企业已将金融资产所有权上几乎所有的风险和报酬转移给了转入方：

（1）企业无条件出售金融资产。企业出售金融资产时，如果根据与购买方之间的协议约定，在任何时候（包括所出售金融资产的现金流量逾期未收回时）购买方均不能够向企业进行追偿，企业也不承担任何未来损失，此时，企业可以认定几乎所有的风险和

报酬已经转移,应当终止确认该金融资产。

例如,某银行向某资产管理公司出售了一组贷款,双方约定,在出售后银行不再承担该组贷款的任何风险,该组贷款发生的所有损失均由资产管理公司承担,资产管理公司不能因该组已出售贷款的包括逾期未付在内的任何未来损失向银行要求补偿。在这种情况下,银行已经将该组贷款上几乎所有的风险和报酬转移,可以终止确认该组贷款。

(2)企业出售金融资产,同时约定按回购日该金融资产的公允价值回购。企业通过与购买方签订协议,按一定价格向购买方出售了一项金融资产,同时约定到期日企业再将该金融资产购回,回购价为到期日该金融资产的公允价值。此时,该项金融资产如果发生公允价值变动,其公允价值变动由购买方承担,因此,可以认定企业已经转移了该项金融资产所有权上几乎所有的风险和报酬,应当终止确认该金融资产。同样,企业在金融资产转移以后只保留了优先按照回购日公允价值回购该金融资产的权利的,也应当终止确认所转移的金融资产。

(3)企业出售金融资产,同时与转入方签订看跌或看涨期权合约,且该看跌或看涨期权为深度价外期权(即到期日之前不大可能变为价内期权),此时可以认定企业已经转移了该项金融资产所有权上几乎所有的风险和报酬,应当终止确认该金融资产。

企业需要通过计算判断是否转移或保留了金融资产所有权上几乎所有风险和报酬的,在计算金融资产未来现金流量净现值时,应考虑所有合理、可能的现金流量变动,采用适当的市场利率作为折现率,并采用概率加权平均方法。

2. 企业保留了金融资产所有权上几乎所有风险和报酬的,应当继续确认该金融资产

企业在判断是否保留了金融资产所有权上几乎所有的风险和报酬时,应当比较其在转移前后面临的该金融资产未来净现金流量金额及其时间分布变动的风险。企业承担的风险没有因金融资产转移发生显著改变的,表明企业仍保留了金融资产所有权上几乎所有的风险和报酬。

下列情形通常表明企业保留了金融资产所有权上几乎所有的风险和报酬:

(1)企业出售金融资产并与转入方签订回购协议,协议规定企业将按照固定回购价格或是按照原售价加上合理的资金成本向转入方回购原被转移金融资产,或者与售出的金融资产相同或实质上相同的金融资产。例如,采用买断式回购、质押式回购交易卖出债券等。

(2)企业融出证券或进行证券出借。例如,证券公司将自身持有的证券借给客户,合同约定借出期限和出借费率,到期客户需归还相同数量的同种证券,并向证券公司支付出借费用。证券公司保留了融出证券所有权上几乎所有的风险和报酬。因此,证券公司应当继续确认融出的证券。

(3)企业出售金融资产并附有将市场风险敞口转回给企业的总回报互换。在附总回报互换的金融资产出售中,企业出售了一项金融资产,并与转入方达成一项总回报互换协议,如转入方将该资产实际产生的现金流量支付给企业以换取固定付款额或浮动利率付款额,该项资产公允价值的所有增减变动由企业(转出方)承担,从而使企业保留了该金融资产所有权上几乎所有的风险和报酬。在这种情况下,企业应当继续确认所出售的金融资产。

（4）企业出售短期应收款项或信贷资产，并且全额补偿转入方可能因被转移金融资产发生的信用损失。企业将短期应收款项或信贷资产整体出售，符合金融资产转移的条件。但由于企业出售金融资产时作出承诺，当已转移的金融资产将来发生信用损失时，由企业（出售方）进行全额补偿。在这种情况下，企业保留了该金融资产所有权上几乎所有的风险和报酬，因此，不应当终止确认所出售的金融资产。这种情形经常出现在资产证券化实务中，例如，企业通过持有次级权益或承诺对特定现金流量进行担保，实现了对证券化资产的信用增级。如果通过这种信用增级，企业保留了被转移资产所有权上几乎所有的风险和报酬，那么企业就不应当终止确认该金融资产。

（5）企业出售金融资产，同时向转入方签订看跌或看涨期权合约，且该看跌期权或看涨期权为一项价内期权。例如，企业出售某金融资产但同时持有深度价内的看涨期权（即到期日之前不大可能变为价外期权），或者企业出售金融资产而转入方有权通过同时签订的深度价内看跌期权在以后将该金融资产回售给企业。在这两种情况下，由于企业都保留了该项金融资产所有权上几乎所有的风险和报酬，因此不应当终止确认该金融资产。

（6）采用附追索权方式出售金融资产。企业出售金融资产时，如果根据与购买方之间的协议约定，在所出售金融资产的现金流量无法收回时，购买方能够向企业进行追偿，企业也应承担任何未来损失。此时，可以认定企业保留了该金融资产所有权上几乎所有的风险和报酬，不应当终止确认该金融资产。

3. 企业既没有转移也没有保留金融资产所有权上几乎所有的风险和报酬的，应当判断其是否保留了对金融资产的控制，根据是否保留了控制分别进行处理

实务中，可通过分析金融资产转移协议中的条款和现金流量分布实际情况（例如，将超额服务费等纳入考虑），计算确定金融资产转移前后所承担的未来现金流量现值变动情况，且实践中存在多种可行的计算方法，企业可以根据具体情况选用合适的计算方法并在附注中进行说明，计算方法一经确定，不得随意变更。

（六）分析企业是否保留了控制

若企业既没有转移也没有保留金融资产所有权上几乎所有的风险和报酬，应当判断企业是否保留了对该金融资产的控制。如果没有保留对该金融资产的控制的，应当终止确认该金融资产。

此处所述的"控制"概念，与第二十七章合并财务报表中的"控制"概念，在适用场景和判断条件上都有所不同。企业在判断是否保留了对被转移金融资产的控制时，应当重点关注转入方出售被转移金融资产的实际能力。如果转入方有实际能力单方面决定将转入的金融资产整体出售给与其不相关的第三方，且没有额外条件对此项出售加以限制，则表明企业作为转出方未保留对被转移金融资产的控制；在除此之外的其他情况下，则应视为企业保留了对金融资产的控制。

企业既没有转移也没有保留金融资产所有权上几乎所有的风险和报酬，且未放弃对该金融资产控制的，应当按照其继续涉入被转移金融资产的程度确认有关金融资产，并相应确认有关负债。在这种情况下确认的有关金融资产和有关负债反映了企业所承担的被转移金融资产价值变动风险或报酬的程度。导致转出方对被转移金融资产形成继续涉入的常见方式有：具有部分追索权，享有继续服务权，签订回购协议，签发或持有期权

或提供担保等。

如果企业对金融资产的继续涉入仅限于金融资产的一部分，例如，企业持有回购一部分被转移金融资产的看涨期权，或者企业保留了某项剩余权益但并未导致企业保留了所有权上几乎所有的风险和报酬，且企业保留了控制权，则企业应当按照转移日因继续涉入而继续确认部分和不再确认部分的相对公允价值，在两者之间分配金融资产的原账面价值，并按其继续涉入被转移金融资产的部分确认有关金融资产，并相应确认有关负债。

三、金融资产转移的会计处理

（一）满足终止确认条件的金融资产转移的会计处理

对于满足终止确认条件的金融资产转移，企业应当按照被转移的金融资产是金融资产的整体还是金融资产的一部分，分别按照下列方式进行会计处理：

1. 金融资产整体转移的会计处理

金融资产整体转移满足终止确认条件的，应当将下列两项金额的差额计入当期损益：

（1）被转移金融资产在终止确认日的账面价值。

（2）因转移金融资产而收到的对价，与原直接计入其他综合收益的公允价值变动累计额（涉及转移的金融资产为分类为以公允价值计量且其变动计入其他综合收益的金融资产的情形）之和。

金融资产整体转移形成的损益的具体计算公式如下：

金融资产整体转移形成的损益 = 因转移收到的对价 - 所转移金融资产账面价值 ± 原直接计入其他综合收益的公允价值变动累计利得（或损失）

因转移收到的对价 = 因转移交易实际收到的价款 + 新获得金融资产的公允价值 + 因转移获得的服务资产的价值 - 新承担金融负债的公允价值 - 因转移承担的服务负债的公允价值

▶【例13-28】2×22年1月1日，甲公司将持有的乙公司发行的10年期公司债券出售给丙公司，经协商出售价格为311万元，2×21年12月31日该债券公允价值为310万元。该债券于2×21年1月1日发行，甲公司持有该债券时将其分类为以公允价值计量且其变动计入其他综合收益的金融资产，面值（取得成本）为300万元。

假设甲公司和丙公司在出售协议中约定，出售后该公司债券发生的所有损失均由丙公司自行承担，甲公司已将债券所有权上的几乎所有风险和报酬转移给丙公司，因此，应当终止确认该金融资产。

本例中，首先应根据上述资料确定出售日该债券的账面价值。由于资产负债表日（即2×21年12月31日）该债券的公允价值为310万元，而且该债券属于以公允价值计量且其变动计入其他综合收益的金融资产，因此出售日该债券账面价值为310万元。

其次，应确定已计入其他综合收益的公允价值累计变动额。2×21年12月31日甲公司计入其他综合收益的利得为10万元（310-300）。

最后，确定甲公司出售该债券形成的损益。按照金融资产整体转移形成的损益的计算公式计算，出售该债券形成的收益为11万元（311-310+10）（包含因终止确认而从其他综合收益中转出至当期损益的10万元）。

甲公司出售该债券的账务处理如下：

借：银行存款	3 110 000	
贷：其他债权投资		3 100 000
投资收益		10 000

同时，将原计入其他综合收益的公允价值变动转出：

借：其他综合收益——公允价值变动	100 000	
贷：投资收益		100 000

2. 金融资产部分转移的会计处理

企业转移了金融资产的一部分，且该被转移部分满足终止确认条件的，应当将转移前金融资产整体的账面价值，在终止确认部分和继续确认部分（在此种情形下，所保留的服务资产应视同继续确认金融资产的一部分）之间，按照转移日各自的相对公允价值进行分摊，并将下列两项金额的差额计入当期损益：

（1）终止确认部分在终止确认日的账面价值。

（2）终止确认部分收到的对价（包括获得的所有新资产减去承担的所有新负债），与原计入其他综合收益的公允价值变动累计额中对应终止确认部分的金额（涉及部分转移的金融资产为分类为以公允价值计量且其变动计入其他综合收益的金融资产的情形）之和。

企业在确定继续确认部分的公允价值时，应当遵循下列规定：①企业出售过与继续确认部分类似的金融资产，或继续确认部分存在其他市场交易的，近期实际交易价格可作为其公允价值的最佳估计。②继续确认部分没有报价或近期没有市场交易的，其公允价值的最佳估计为转移前金融资产整体的公允价值扣除终止确认部分的对价后的差额。在计量终止确认部分和继续确认部分的公允价值时，除适用上述规定外，企业还应适用《企业会计准则第39号——公允价值计量》相关规定。

（二）继续确认被转移金融资产的会计处理

企业保留了被转移金融资产所有权上几乎所有的风险和报酬的，表明企业所转移的金融资产不满足终止确认的条件，不应当将其从企业的资产负债表中转出。此时，企业应当继续确认所转移的金融资产整体，因资产转移而收到的对价，应当在收到时确认为一项金融负债。需要注意的是，该金融负债与被转移金融资产应当分别确认和计量，不得相互抵销。在后续会计期间，企业应当继续确认该金融资产产生的收入或利得以及该金融负债产生的费用或损失。

▶【例13-29】2×23年4月1日，甲公司（金融企业）将其持有的一笔国债出售给丙公司，售价为20万元。同时，甲公司与丙公司签订了一项回购协议，3个月后由甲公司将该笔国债购回，回购价为20.175万元。2×23年7月1日，甲公司将该笔国债购回。不考虑其他因素，甲公司应作如下账务处理：

（1）判断应否终止确认。

由于此项出售属于附回购协议的金融资产出售，到期后甲公司应按固定价格将该笔国债购回，因此可以判断，甲公司保留了该笔国债几乎所有的风险和报酬，不应终止确认，该笔国债应按转移前的计量方法继续进行后续计量。

(2) 2×23年4月1日，甲公司出售该笔国债时：

借：银行存款　　　　　　　　　　　　　　　　200 000
　　贷：卖出回购金融资产款　　　　　　　　　　　　　200 000

(3) 2×23年6月30日，甲公司应按根据未来回购价格计算的该卖出回购金融资产款的实际利率计算并确认有关利息费用，计算得出该卖出回购金融资产的实际利率为3.5%。

卖出回购国债的利息费用 = 200 000 × 3.5% × 3/12 = 1 750（元）

借：利息支出　　　　　　　　　　　　　　　　1 750
　　贷：卖出回购金融资产款　　　　　　　　　　　　　1 750

(4) 2×23年7月1日，甲公司回购该笔国债时：

借：卖出回购金融资产款　　　　　　　　　　　201 750
　　贷：银行存款　　　　　　　　　　　　　　　　　　201 750

需要注意的是，该笔国债与该笔卖出回购金融资产款在资产负债表上不应抵销；该笔国债确认的收益，与该笔卖出回购金融资产款产生的利息支出在利润表中也不应抵销。

（三）继续涉入被转移金融资产的会计处理

企业既没有转移也没有保留金融资产所有权上几乎所有的风险和报酬，且保留了对该金融资产控制的，应当按照其继续涉入被转移金融资产的程度继续确认该被转移金融资产，并相应确认相关负债。企业所确认的被转移的金融资产和相关负债，应当反映企业所保留的权利和承担的义务。

企业应当对因继续涉入被转移金融资产形成的有关资产确认相关收益，对继续涉入形成的相关负债确认相关费用。按继续涉入程度继续确认的被转移金融资产应根据所转移金融资产的原性质及其分类，继续列报于资产负债表中的贷款、应收款项等项目。相关负债应当根据被转移的资产是按公允价值还是按摊余成本计量来确定对其如何计量。被转移的金融资产以摊余成本计量的，被转移资产和相关负债的账面价值等于企业保留的权利和义务的摊余成本；被转移的金融资产以公允价值计量的，被转移资产和相关负债的账面价值等于企业保留的权利和义务按独立基础计量的公允价值。如果所转移的金融资产以摊余成本计量，相关负债不得指定为以公允价值计量且其变动计入当期损益的金融负债。

企业通过对被转移金融资产提供担保方式继续涉入的，应当在转移日按照金融资产的账面价值和担保金额两者之中的较低者，按继续涉入的程度继续确认被转移资产，同时按照担保金额和担保合同的公允价值之和确认相关负债。这里的担保金额，是指企业所收到的对价中，将可能被要求偿还的最高金额。担保合同的公允价值，通常是指提供担保而收取的费用。

▶【例13-30】甲银行与乙银行签订一笔贷款转让协议，由甲银行将其本金为1 000万元、年利率为10%、贷款期限为9年的组合贷款出售给乙银行，售价为990万元。双方约定，由甲银行为该笔贷款提供担保，担保金额为300万元，实际贷款损失超过担保金额的部分由乙银行承担。转移日，该笔贷款（包括担保）的公允价值为1 000万元，其中，担保的公允价值为100万元。甲银行没有保留对该笔贷款的管理服务权。假定该贷款没有市场，乙银行不具备出售该笔贷款的实际能力。

本例中，由于甲银行既没有转移也没有保留该笔组合贷款所有权上几乎所有的风险和报酬，而且该贷款没有市场，乙银行不具备出售该笔贷款的实际能力，导致甲银行保留了对该笔贷款的控制，所以，应当按照甲银行继续涉入被转移金融资产的程度继续确认该被转移金融资产，并相应确认相关负债。

由于转移日该笔贷款的账面价值为 1 000 万元，提供的担保金额为 300 万元，甲银行应当按照 300 万元继续确认该笔贷款。由于担保合同的公允价值为 100 万元，所以甲银行确认相关负债金额为 400 万元（300 + 100）。因此，转移日甲银行应作如下账务处理：

借：存放中央银行款项　　　　　　　　　　　　　　9 900 000
　　继续涉入资产　　　　　　　　　　　　　　　　3 000 000
　　投资收益　　　　　　　　　　　　　　　　　　1 100 000
　贷：贷款　　　　　　　　　　　　　　　　　　　10 000 000
　　　继续涉入负债　　　　　　　　　　　　　　　4 000 000

对金融资产的继续涉入仅限于金融资产一部分的，企业应当按照转移日因继续涉入而继续确认部分和不再确认部分的相对公允价值，在两者之间分配金融资产的账面价值，并将下列两项金额的差额计入当期损益：

（1）分配至不再确认部分的账面金额（以转移日为准）；

（2）不再确认部分所收到的对价。

如果涉及转移的金融资产为根据《企业会计准则第 22 号——金融工具确认和计量》分类为以公允价值计量且其变动计入其他综合收益的金融资产的，不再确认部分的金额对应的原计入其他综合收益的公允价值变动累计额应当计入当期损益。

第六节　套期会计

一、套期会计概述

（一）套期概述

企业在经营活动中会面临各类风险，其中涉及外汇风险、利率风险、价格风险、信用风险等。对于此类风险敞口，企业可能会选择通过利用金融工具产生反向的风险敞口（即开展套期业务）来进行风险管理活动。套期会计的目标是在财务报告中反映企业采用金融工具管理因特定风险引起的风险敞口的风险管理活动的影响。

本节所称套期，是指企业为管理外汇风险、利率风险、价格风险、信用风险等特定风险引起的风险敞口，指定金融工具为套期工具，以使套期工具的公允价值或现金流量变动，预期抵销被套期项目全部或部分公允价值或现金流量变动的风险管理活动。例如，企业运用商品期货进行套期时，其套期策略通常是，买入（卖出）与现货市场数量相当，但交易方向相反的期货合同，以期在未来某一时间通过期货合同的公允价值变动来补偿现货市场价格变动所带来的价格风险。又如，某企业为规避外汇风险，与某金融机构签订外币期权合同对现存数额较大的美元敞口进行外汇风险套期。

（二）套期的分类

在套期会计中，套期分为公允价值套期、现金流量套期和境外经营净投资套期。

1. 公允价值套期

公允价值套期，是指对已确认资产或负债、尚未确认的确定承诺，或上述项目组成部分的公允价值变动风险敞口进行的套期。该公允价值变动源于特定风险，且将影响企业的损益或其他综合收益。其中，确定承诺，是指在未来某特定日期或期间，以约定价格交换特定数量资源、具有法律约束力的协议；尚未确认，是指尚未在资产负债表中确认；影响其他综合收益的情形，仅限于企业对指定为以公允价值计量且其变动计入其他综合收益的非交易性权益工具投资的公允价值变动风险敞口进行的套期。

公允价值套期的示例如下：

（1）某企业签订一项以固定利率换浮动利率的利率互换合约，对其承担的固定利率负债的利率风险引起的公允价值变动风险敞口进行套期。

（2）某石油公司签订一项6个月后以固定价格购买原油的合同（尚未确认的确定承诺），为规避原油价格风险，该公司签订一项未来卖出原油的期货合约，对该确定承诺的价格风险引起的公允价值变动风险敞口进行套期。

（3）某企业购买一项看跌期权合同，对持有的指定为以公允价值计量且其变动计入其他综合收益的非交易性权益工具投资的证券价格风险引起的公允价值变动风险敞口进行套期。

2. 现金流量套期

现金流量套期，是指对现金流量变动风险敞口进行的套期。该现金流量变动源于与已确认资产或负债、极可能发生的预期交易，或与上述项目组成部分有关的特定风险，且将影响企业的损益。

现金流量套期的示例如下：

（1）某企业签订一项以浮动利率换固定利率的利率互换合约，对其承担的浮动利率债务的利率风险引起的现金流量变动风险敞口进行套期。

（2）某橡胶制品公司签订一项未来买入橡胶的远期合同，对3个月后预期极可能发生的与购买橡胶相关的价格风险引起的现金流量变动风险敞口进行套期。

（3）某企业签订一项购入外币的外汇远期合同，对以固定外币价格买入原材料的极可能发生的预期交易的外汇风险引起的现金流量变动风险敞口进行套期。

3. 境外经营净投资套期

境外经营净投资套期，是指对境外经营净投资外汇风险敞口进行的套期。境外经营净投资套期中的被套期风险是指境外经营的记账本位币与母公司的记账本位币之间的折算差额。

此外，企业对确定承诺的外汇风险进行套期的，可以将其作为现金流量套期或公允价值套期处理。例如，某航空公司签订一项3个月后以固定外币金额购买飞机的合同（尚未确认的确定承诺），为规避外汇风险，签订一项外汇远期合同，对该确定承诺的外汇风险引起的公允价值变动或者现金流量变动风险敞口进行套期。

（三）套期会计方法

对于满足一定条件的套期，企业可运用套期会计方法进行处理。套期会计方法，是指企业将套期工具和被套期项目产生的利得或损失在相同会计期间计入当期损益（或其他综合收益）以反映风险管理活动影响的方法。

企业开展套期业务以进行风险管理，但是如果按照常规的会计处理方法，可能会导致损益更大的波动，这是因为企业被套期的风险敞口和对风险敞口进行套期的金融工具的确认和计量基础不一定相同。例如，企业使用衍生工具对某项极可能发生的预期交易的价格风险进行套期，按照常规会计处理方法，该衍生工具应当以公允价值计量且其变动计入当期损益，而预期交易则需到交易发生时才能予以确认，这样，企业利润表反映的损益就会产生较大的波动。再如，企业使用衍生工具对其持有的存货的价格风险进行套期，按照常规会计处理方法，该衍生工具应当以公允价值计量且其变动计入当期损益，而存货则以成本与可变现净值孰低计量，这同样会导致企业利润表反映的损益产生较大的波动。企业使用金融工具进行风险管理的目的是对冲风险，减少企业损益的波动，而由于常规会计处理方法中有关会计确认和计量基础不一致，在一定会计期间不仅可能无法如实反映企业的风险管理活动，反而可能会在财务报表上"扩大风险"。因此，尽管从长期来看，被套期项目和套期工具实现了风险的对冲，但是在套期存续期所涵盖的各个会计报告期间内，在常规会计处理方法下有可能会产生会计错配和损益波动。套期会计方法基于企业风险管理活动，将套期工具和被套期项目产生的利得或损失在相同会计期间计入当期损益（或其他综合收益），有助于处理被套期项目和套期工具在确认和计量方面存在的上述差异，并在企业财务报告中如实反映企业进行风险管理活动的影响。

二、套期工具和被套期项目

（一）套期工具

1. 符合条件的套期工具

套期工具，是指企业为进行套期而指定的、其公允价值或现金流量变动预期可抵销被套期项目的公允价值或现金流量变动的金融工具。企业可以作为套期工具的金融工具包括：

（1）以公允价值计量且其变动计入当期损益的衍生工具，但签出期权除外。企业只有在对购入期权（包括嵌入在混合合同中的购入期权）进行套期时，签出期权才可以作为套期工具。嵌入在混合合同中但未分拆的衍生工具不能作为单独的套期工具。

衍生工具通常可以作为套期工具。衍生工具包括远期合同、期货合同、互换和期权，以及具有远期合同、期货合同、互换和期权中一种或一种以上特征的工具等。例如，某企业为规避库存铜价格下跌的风险，可以卖出一定数量的铜期货合同。其中，铜期货合同即是套期工具。

衍生工具无法有效地对冲被套期项目风险的，不能作为套期工具。企业的签出期权（除非该签出期权指定用于抵销购入期权）不能作为套期工具，因为该期权的潜在损失可能大大超过被套期项目的潜在利得，从而不能有效地对冲被套期项目的风险。而购入期权的一方可能承担的损失最多就是期权费，可能拥有的利得通常等于或大大超过被套期项目的潜在损失，可被用来有效对冲被套期项目的风险，因此购入期权的一方可以将购入的期权作为套期工具。

（2）以公允价值计量且其变动计入当期损益的非衍生金融资产或非衍生金融负债，但指定为以公允价值计量且其变动计入当期损益，且其自身信用风险变动引起的公允价值变动计入其他综合收益的金融负债除外。

对于指定为以公允价值计量且其变动计入当期损益，且其自身信用风险变动引起的公允价值变动计入其他综合收益的金融负债，由于没有将整体公允价值变动计入损益，不能被指定为套期工具。

（3）对于外汇风险套期，企业可以将非衍生金融资产（指定为以公允价值计量且其变动计入其他综合收益的非交易性权益工具投资除外）或非衍生金融负债的外汇风险成分指定为套期工具。

2. 对套期工具的指定

（1）企业在确立套期关系时，应当将前述符合条件的金融工具整体（或外汇风险套期中的非衍生金融资产或非衍生金融负债的外汇风险成分）指定为套期工具。因为企业对套期工具进行计量时，通常以该金融工具整体为对象，采用公允价值对其进行计量。但是，由于期权的时间价值、远期合同的远期要素和金融工具的外汇基差通常具备套期成本的特征且可以单独计量，为便于提高某些套期关系的有效性，允许企业在对套期工具进行指定时，作出下列例外处理：

①对于期权，企业可以将期权的内在价值和时间价值分开，只将期权的内在价值变动指定为套期工具。期权的价值包括内在价值（立即执行期权时现货价格与行权价格之差所带来的收益）和时间价值（期权的价格与内在价值之差）。随着期权临近到期，期权的时间价值不断减少直至为零。当企业仅指定期权的内在价值变动为套期工具时，与期权的时间价值相关的公允价值变动被排除在套期有效性评估之外，从而能够提高套期的有效性。

②对于远期合同，企业可以将远期合同的远期要素和即期要素分开，只将即期要素的价值变动指定为套期工具。远期合同的即期要素反映了基础项目远期价格和现货价格的差异，而远期要素的特征取决于不同的基础项目。当企业仅指定远期合同的即期要素的价值变动为套期工具时，能够提高套期的有效性。

③对于金融工具，企业可以将金融工具的外汇基差单独分拆，只将排除外汇基差后的金融工具指定为套期工具。外汇基差反映了货币主权信用差异、市场供求等因素所带来的成本。将外汇基差分拆，只将排除外汇基差后的金融工具指定为套期工具，能够提高套期的有效性。

（2）企业可以将套期工具的一定比例指定为套期工具，但不可以将套期工具剩余期限内某一时段的公允价值变动部分指定为套期工具。例如，甲公司有一项支付固定利息、收取浮动利息的互换合同，拟将其用于对该公司所发行的浮动利率债券进行套期。该互换合同的剩余期限为10年，而债券的剩余期限为5年。在这种情况下，甲公司不能将该互换合同剩余期限中前5年的互换合同公允价值变动指定为套期工具。

(3) 企业可以将两项或两项以上金融工具（或其一定比例）的组合指定为套期工具（包括组合内的金融工具形成风险头寸相互抵销的情形）。

对于一项由签出期权和购入期权组成的期权（如利率上下限期权），或对于两项或两项以上金融工具（或其一定比例）的组合，其在指定日实质上相当于一项净签出期权的，不能将其指定为套期工具。只有在对购入期权（包括嵌入在混合合同中的购入期权）进行套期时，净签出期权才可以作为套期工具。

对于一项由签出期权和购入期权组成的期权，当同时满足下列条件时，实质上不是一项净签出期权，可以将其指定为套期工具：

①企业在期权组合开始时以及整个期间未收取净期权费；

②除了行权价格，签出期权组成部分和购入期权组成部分的关键条款是相同的（包括基础变量、计价货币及到期日）；

③签出期权的名义金额不大于购入期权的名义金额。

3. 使用单一套期工具对多种风险进行套期

企业通常将单项套期工具指定为对一种风险进行套期。但是，如果对套期工具与被套期项目的不同风险敞口之间有具体指定关系，则一项套期工具可以被指定为对一种以上的风险进行套期。例如，甲公司的记账本位币是人民币，其承担了一项5年期浮动利率的美元债务。为规避该金融负债的外汇风险和利率风险，甲公司与某金融机构签订一项交叉货币利率互换合同（互换合同的条款与该金融负债的条款相匹配），并将该互换合同指定为套期工具。根据该互换合同，甲公司将定期收取以美元浮动利率计算确定的利息，同时支付以人民币固定利率计算确定的利息。本例中，一项互换合同被指定为同时对金融负债的外汇风险和利率风险进行套期的套期工具。

（二）被套期项目

1. 符合条件的被套期项目

被套期项目，是指使企业面临公允价值或现金流量变动风险，且被指定为被套期对象的、能够可靠计量的项目。企业可以将下列单个项目、项目组合或其组成部分指定为被套期项目：

(1) 已确认资产或负债。

(2) 尚未确认的确定承诺。

▶【例13-31】甲公司为我国境内机器生产企业，采用人民币作为记账本位币。甲公司与境外乙公司签订了一项设备购买合同，约定6个月后按固定的外币价格购入设备，即甲公司与乙公司达成了一项确定承诺。同时，甲公司签订了一份外币远期合同，以对该项确定承诺产生的外汇风险进行套期。

本例中，该确定承诺可以被指定为被套期项目，外币远期合同可以被指定为公允价值套期或现金流量套期中的套期工具。

(3) 极可能发生的预期交易。预期交易，是指尚未承诺但预期会发生的交易。企业应当明确区分预期交易与确定承诺。

▶【例13-32】预期交易：2×23年5月1日，甲公司预期2个月后将购买200吨铜，用于2×23年7月的生产。

确定承诺：2×23年5月1日，甲公司签订了一份法律上具有约束力的采购协议，约定于2×23年6月30日向乙公司以每吨4万元的价格购买200吨铜。

本例中，签订了法律上具有约束力的采购协议为确定承诺，而尚未承诺但预期会发生的交易为预期交易。

(4) 境外经营净投资。境外经营净投资可以被指定为被套期项目。境外经营净投资，是指企业在境外经营净资产中的权益份额。企业既无计划也无可能在可预见的未来会计期间结算的长期外币货币性应收项目（含贷款），应当视同实质构成境外经营净投资的组成部分。因销售商品或提供劳务等形成的期限较短的应收账款不构成境外经营净投资。

境外经营可以是企业在境外的子公司、合营安排、联营企业或分支机构。在境内的子公司、合营安排、联营企业或分支机构，采用不同于企业记账本位币的，也视同境外经营。

2. 项目组成部分作为被套期项目的规定和要求

企业可以将上述已确认资产或负债、尚未确认的确定承诺、极可能发生的预期交易以及境外经营净投资等单个项目整体或者项目组合指定为被套期项目，企业也可以将上述单个项目或者项目组合的一部分（项目组成部分）指定为被套期项目。

项目组成部分是指小于项目整体公允价值或现金流量变动的部分，它仅反映其所属项目整体面临的某些风险，或仅反映一定程度的风险（如对某项目的一定比例进行指定时）。企业只能将下列项目组成部分或其组合指定为被套期项目：

(1) 项目整体公允价值或现金流量变动中仅由某一个或多个特定风险引起的公允价值或现金流量变动部分（风险成分）。在风险管理实务中，企业经常不是为了对被套期项目整体公允价值或现金流量变动进行套期，而仅为了对特定风险成分进行套期。允许对风险成分进行指定使企业能够更灵活地识别被套期风险。在将风险成分指定为被套期项目时，该风险成分应当能够单独识别并可靠计量。

在识别可被指定为被套期项目的风险成分时，企业应当基于该等风险及相关套期活动所发生的特定市场环境进行评估，并考虑因风险和市场而异的相关事实和情况（例如相关风险成分是否都有市场报价从而能够可靠计量）。同时，企业应当考虑该风险成分是合同明确的风险成分，还是非合同明确的风险成分。非合同明确的风险成分存在于两种情况：①不构成合同的项目（例如极可能发生的预期交易）；②未明确该风险成分的合同（例如确定承诺中仅包含一项单一价格，并未列明基于不同基础变量的定价公式）。

▶【例13-33】甲公司与乙公司订立了一项以合同指定公式进行定价的长期天然气供应合同，该公式主要参考商品价格（例如柴油）和其他因素（例如运输费）对长期天然气进行定价。为了管理长期天然气供应合同涉及的长期天然气价格风险，甲公司利用柴油远期合同对该供应合同定价中的柴油价格风险进行套期。由于该供应合同的条款和条件对柴油组成部分作出了明确规定，因而柴油价格风险引起的公允价值变动部分属于合同明确的风险成分。

根据长期天然气供应合同定价公式，该风险成分能够单独识别；同时，市场上存在可交易的柴油远期合同，该风险成分能够可靠计量。因此，甲公司的长期天然气供应合同定价中的柴油价格风险引起的公允价值变动部分可以作为符合条件的风险成分，被指定为被套期项目。

（2）一项或多项选定的合同现金流量。在企业风险管理活动中，企业有时会对一项或多项选定的合同现金流量进行套期，例如，企业有一笔期限为10年、年利率8%、按年付息的长期银行借款，企业出于风险管理需要，对该笔借款所产生的前5年应支付利息进行套期。一项或多项选定的合同现金流量可以指定为被套期项目。

（3）项目名义金额的组成部分。项目名义金额的组成部分，是指项目整体金额或数量的特定部分，其可以是项目整体的一定比例部分，也可以是项目整体的某一层级部分。不同的组成部分类型产生不同的会计处理结果。因此，企业在指定名义金额组成部分时应当与其风险管理目标保持一致。

项目名义金额的组成部分包括项目整体的一定比例部分（如一项贷款的合同现金流量的50%部分）和项目整体的某一层级部分，其中，项目某一层级部分可以从已设定但开放式的总体中指定一个层级，也可以从已设定的名义金额中指定一个层级，例如，下列各项均属于项目某一层级部分：

①货币性交易量的一部分。例如，甲公司2×22年1月实现首笔20万美元的出口销售之后，下一笔金额为20万美元的出口销售所产生的现金流量，可以作为指定的被套期项目。

②实物数量的一部分。例如，甲企业储藏在某地的500万立方米的底层天然气，可以作为指定的被套期项目。

③实物数量或其他交易量的一部分。例如，甲炼化企业2×22年6月购入的前1 000桶石油，乙发电企业2×22年6月售出的前100兆瓦小时的电力等，均可以作为指定的被套期项目。

④被套期项目的名义金额的某一层。例如，金额为1亿元的确定承诺的最后8 000万元部分；金额为1亿元的固定利率债券的底层2 000万元部分；可按公允价值提前偿付的总金额为1亿元（设定的名义金额为1亿元）的固定利率债务的顶层3 000万元部分。

3. 汇总风险敞口作为被套期项目的规定和要求

企业可以将符合被套期项目条件的风险敞口与衍生工具组合形成的汇总风险敞口指定为被套期项目。在指定此类被套期项目时，企业应当评估该汇总风险敞口是否是由风险敞口与衍生工具相结合，从而产生了不同于该风险敞口的另一个风险敞口，并将其作为针对某项（或几项）特定风险的一个风险敞口进行管理。在这种情况下，企业可基于该汇总风险敞口指定被套期项目。

▶【例13-34】甲企业的记账本位币为人民币，利用合同期限为15个月的咖啡期货合同对在未来15个月后极可能发生的确定数量的咖啡采购进行套期，以管理其价格风险（基于美元的）。该极可能发生的咖啡采购和咖啡期货合同的组合可被视为一项15个月后固定金额的美元外汇风险敞口（汇总风险敞口）。

4. 被套期项目的组合

当企业出于风险管理目的对一组项目进行组合管理，且组合中的每一个项目（包括其组成部分）单独都属于符合条件的被套期项目时，可以将该项目组合指定为被套期项目。一组风险相互抵销的项目形成风险净敞口，一组风险不存在相互抵销的项目形成风险总敞口。只有当企业出于风险管理目的以净额为基础进行套期时，风险净敞口才符合运用套期会计的条件。判断企业是否以净额为基础进行套期应当基于事实，而不仅仅是声明或文件记录。因此，如果仅仅为了达到特定的会计结果却无法反映企业的风险管理策略和风险管理目标，企业不得运用以净额为基础的套期会计。净敞口套期必须是既定风险管理策略的组成部分，通常应当获得企业关键管理人员的批准。

风险净敞口并非在任何情况下都符合运用套期会计的条件。在现金流量套期中，企业仅可以将外汇风险净敞口指定为被套期项目，并且应当在套期指定中明确预期交易预计影响损益的报告期间，以及预期交易的性质和数量。

企业根据其风险管理目标，还可以将一组项目的一定比例或某一层级指定为被套期项目。

在运用套期会计时，在合并财务报表层面，只有与企业集团之外的对手方之间交易形成的资产、负债、尚未确认的确定承诺或极可能发生的预期交易才能被指定为被套期项目；在合并财务报表层面，只有与企业集团之外的对手方签订的合同才能被指定为套期工具。对于同一企业集团内的主体之间的交易，在企业个别财务报表层面可以运用套期会计，在企业集团合并财务报表层面不得运用套期会计，但下列情形除外：

（1）在合并财务报表层面，符合本书第二十七章合并财务报表规定的投资性主体与其以公允价值计量且其变动计入当期损益的子公司之间的交易，可以运用套期会计。

（2）企业集团内部交易形成的货币性项目的汇兑收益或损失，不能在合并财务报表中全额抵销的，企业可以在合并财务报表层面将该货币性项目的外汇风险指定为被套期项目。

（3）企业集团内部极可能发生的预期交易，按照进行此项交易的主体的记账本位币以外的货币标价，且相关的外汇风险将影响合并损益的，企业可以在合并财务报表层面将该外汇风险指定为被套期项目。

三、套期关系评估

（一）运用套期会计的条件

公允价值套期、现金流量套期或境外经营净投资套期同时满足下列条件的，才能运用套期会计方法进行处理：

（1）套期关系仅由符合条件的套期工具和被套期项目组成。

（2）在套期开始时，企业正式指定了套期工具和被套期项目，并准备了关于套期关系和企业从事套期的风险管理策略与风险管理目标的书面文件。该文件至少载明了套期工具、被套期项目、被套期风险的性质以及套期有效性评估方法（包括套期无效部分产生的原因分析以及套期比率确定方法）等内容。

（3）套期关系符合套期有效性要求。套期有效性，是指套期工具的公允价值或现金流量变动能够抵销被套期风险引起的被套期项目公允价值或现金流量变动的程度。套期工具的公允价值或现金流量变动大于或小于被套期项目的公允价值或现金流量变动的部分为套期无效部分。套期同时满足下列条件的，企业应当认定套期关系符合套期有效性要求：

①被套期项目和套期工具之间存在经济关系。该经济关系使得套期工具和被套期项目的价值因面临相同的被套期风险而发生方向相反的变动。

②被套期项目和套期工具经济关系产生的价值变动中,信用风险的影响不占主导地位。

③套期关系的套期比率,应当等于企业实际套期的被套期项目数量与对其进行套期的套期工具实际数量之比。套期比率不应当反映被套期项目和套期工具相对权重的失衡,这种失衡会导致套期无效,并可能产生与套期会计目标不一致的会计结果。例如,企业不得为避免确认现金流量套期的无效部分而改变现金流量套期比率,也不得为创造更多的被套期项目公允价值调整而改变公允价值套期比率。这种会计结果不符合套期会计的目标。

企业应当在套期开始日及以后期间持续地对套期关系是否符合套期有效性要求进行评估,尤其应当分析在套期剩余期限内预期将影响套期关系的套期无效部分产生的原因。企业至少应当在资产负债表日及相关情形发生重大变化将影响套期有效性要求时对套期关系进行评估。

(二) 套期关系再平衡

套期关系由于套期比率的原因而不再符合套期有效性要求,但指定该套期关系的风险管理目标没有改变的,企业应当进行套期关系再平衡。套期关系再平衡,是指对已经存在的套期关系中被套期项目或套期工具的数量进行调整,以使套期比率重新符合套期有效性要求。基于其他目的对被套期项目或套期工具所指定的数量进行变动,例如仅对特定风险敞口更多或更少的数量进行套期以符合企业的风险管理策略,不构成套期关系再平衡。

企业在套期关系再平衡时,应当首先确认套期关系调整前的套期无效部分,并更新在套期剩余期限内预期将影响套期关系的套期无效部分产生原因的分析,同时相应更新套期关系的书面文件。

(三) 套期关系的终止

企业不得撤销指定并终止一项继续满足套期风险管理目标并在再平衡之后继续符合套期会计条件的套期关系。但是,如果套期关系不再满足套期风险管理目标或在再平衡之后不符合套期会计条件等情形的,则企业必须终止套期关系。当只有部分套期关系不再满足运用套期会计的标准时,套期关系将部分终止,其余部分将继续适用套期会计。

企业发生下列情形之一的,应当终止运用套期会计(包括部分终止运用套期会计和整体终止运用套期会计):

(1) 因风险管理目标发生变化,导致套期关系不再满足风险管理目标。

(2) 套期工具已到期、被出售、合同终止或已行使。

(3) 被套期项目与套期工具之间不再存在经济关系,或者被套期项目和套期工具经济关系产生的价值变动中,信用风险的影响开始占主导地位。

(4) 套期关系不再满足运用套期会计方法的其他条件。例如,套期工具和被套期项目不再符合条件。在适用套期关系再平衡的情况下,企业应当首先考虑套期关系再平衡,然后评估套期关系是否满足运用套期会计方法的条件。

四、确认和计量

(一) 公允价值套期

公允价值套期满足运用套期会计方法条件的,应当按照下列规定处理:

(1) 套期工具产生的利得或损失应当计入当期损益。如果套期工具是对指定为以公允价值计量且其变动计入其他综合收益的非交易性权益工具投资(或其组成部分)进行套期的,套期工具产生的利得或损失应当计入其他综合收益。

(2) 被套期项目因被套期风险敞口形成的利得或损失应当计入当期损益,同时调整未以公允价值计量的已确认被套期项目的账面价值。被套期项目为分类为以公允价值计量且其变动计入其他综合收益的金融资产(或其组成部分)的,其因被套期风险敞口形成的利得或损失应当计入当期损益,其账面价值已经按公允价值计量,不需要调整;被套期项目为企业指定为以公允价值计量且其变动计入其他综合收益的非交易性权益工具投资(或其组成部分)的,其因被套期风险敞口形成的利得或损失应当计入其他综合收益,其账面价值已经按公允价值计量,不需要调整。

被套期项目为尚未确认的确定承诺(或其组成部分)的,其在套期关系指定后因被套期风险引起的公允价值累计变动额应当确认为一项资产或负债,相关的利得或损失应当计入各相关期间损益。当履行确定承诺而取得资产或承担负债时,应当调整该资产或负债的初始确认金额,以包括已确认的被套期项目的公允价值累计变动额。

▶【例13-35】2×22年1月1日,甲公司为规避所持有铜存货公允价值变动风险,与某金融机构签订了一项铜期货合同,并将其指定为对2×22年前两个月铜存货的商品价格变化引起的公允价值变动风险的套期工具。铜期货合同的标的资产与被套期项目铜存货在数量、质次、产地方面相同。假设不考虑期货市场中每日无负债结算制度的影响。

2×22年1月1日,铜期货合同的公允价值为0,被套期项目(铜存货)的账面价值和成本均为1 000 000元,公允价值为1 100 000元。2×22年1月31日,铜期货合同公允价值上涨了25 000元,铜存货的公允价值下降了25 000元。2×22年2月28日,铜期货合同公允价值下降了15 000元,铜存货的公允价值上升了15 000元。当日,甲公司将铜存货以1 090 000元的价格出售,并将取得的价款存入银行,将铜期货合同结算。

甲公司通过分析发现,铜存货与铜期货合同存在经济关系,且经济关系产生的价值变动中信用风险不占主导地位,套期比率也反映了套期的实际数量,符合套期有效性要求。

假定不考虑商品销售相关的增值税及其他因素,甲公司的账务处理如下:

(1) 2×22年1月1日,指定铜存货为被套期项目:

借:被套期项目——库存商品铜　　　　　　　　　　　　　　1 000 000
　　贷:库存商品——铜　　　　　　　　　　　　　　　　　　　　1 000 000

2×22年1月1日,被指定为套期工具的铜期货合同的公允价值为0,不作账务处理。

(2) 2×22年1月31日,确认套期工具和被套期项目公允价值变动:

借:套期工具——铜期货合同　　　　　　　　　　　　　　　　　25 000
　　贷:套期损益　　　　　　　　　　　　　　　　　　　　　　　　25 000

借：套期损益 25 000
　　贷：被套期项目——库存商品铜 25 000

(3) 2×22年2月28日，确认套期工具和被套期项目公允价值变动：

借：套期损益 15 000
　　贷：套期工具——铜期货合同 15 000

借：被套期项目——库存商品铜 15 000
　　贷：套期损益 15 000

确认铜存货销售收入：

借：银行存款 1 090 000
　　贷：主营业务收入 1 090 000

结转铜存货销售成本：

借：主营业务成本 990 000
　　贷：被套期项目——库存商品铜 990 000

销售成本 = 1 000 000 - 25 000 + 15 000 = 990 000（元）

结算铜期货合同：

借：银行存款 10 000
　　贷：套期工具——铜期货合同 10 000

注：由于甲公司采用套期进行风险管理，规避了铜存货公允价值变动风险，因此其铜存货公允价值下降没有对预期毛利100 000元（1 100 000 - 1 000 000）产生不利影响。同时，甲公司运用公允价值套期将套期工具与被套期项目的公允价值变动损益计入相同会计期间，消除了因企业风险管理活动可能导致的损益波动。

(二) 现金流量套期

现金流量套期的目的是将套期工具产生的利得或损失递延至被套期的预期未来现金流量影响损益的同一期间或多个期间。

(1) 现金流量套期满足运用套期会计方法条件的，应当按照下列规定处理：

①套期工具产生的利得或损失中属于套期有效的部分，作为现金流量套期储备，应当计入其他综合收益。现金流量套期储备的金额，应当按照下列两项的绝对额中较低者确定：a. 套期工具自套期开始的累计利得或损失；b. 被套期项目自套期开始的预计未来现金流量现值的累计变动额。

每期计入其他综合收益的现金流量套期储备的金额应当为当期现金流量套期储备的变动额。

②套期工具产生的利得或损失中属于套期无效的部分（即扣除计入其他综合收益后的其他利得或损失），应当计入当期损益。

(2) 现金流量套期储备的金额，应当按照下列规定处理：

①被套期项目为预期交易，且该预期交易使企业随后确认一项非金融资产或非金融负债的，或者非金融资产或非金融负债的预期交易形成一项适用于公允价值套期会计的确定承诺时，企业应当将原在其他综合收益中确认的现金流量套期储备金额转出，计入该资产或负债的初始确认金额。

②其他现金流量套期,企业应当在被套期的预期现金流量影响损益的相同期间,将原在其他综合收益中确认的现金流量套期储备金额转出,计入当期损益。

③如果在其他综合收益中确认的现金流量套期储备金额是一项损失,且该损失全部或部分预计在未来会计期间不能弥补的,企业应当在预计不能弥补时,将预计不能弥补的部分从其他综合收益中转出,计入当期损益。

(3) 当企业对现金流量套期终止运用套期会计时,在其他综合收益中确认的累计现金流量套期储备金额,应当按照下列规定进行处理:

①被套期的未来现金流量预期仍然会发生的,累计现金流量套期储备的金额应当予以保留,并按照前述现金流量套期储备的后续处理规定进行会计处理。

②被套期的未来现金流量预期不再发生的,累计现金流量套期储备的金额应当从其他综合收益中转出,计入当期损益。被套期的未来现金流量预期不再极可能发生但可能预期仍然会发生,在预期仍然会发生的情况下,累计现金流量套期储备的金额应当予以保留,并按照前述现金流量套期储备的后续处理规定进行会计处理。

▶【例13-36】2×22年1月1日,甲公司预期在2×22年2月28日销售一批商品,数量为100吨,预期售价为1 100 000元。为规避该预期销售中与商品价格有关的现金流量变动风险,甲公司于2×22年1月1日与某金融机构签订了一项商品期货合同,且将其指定为对该预期商品销售的套期工具。商品期货合同的标的资产与被套期预期销售商品在数量、质次、价格变动和产地等方面相同,并且商品期货合同的结算日和预期商品销售日均为2×22年2月28日。

2×22年1月1日,商品期货合同的公允价值为0。2×22年1月31日,商品期货合同的公允价值上涨了25 000元,预期销售价格下降了25 000元。2×22年2月28日,商品期货合同的公允价值上涨了10 000元,商品销售价格下降了10 000元。当日,甲公司将商品出售,并将取得的价款存入银行,结算了商品期货合同。

甲公司分析认为该套期符合套期有效性的条件。假定不考虑商品销售相关的增值税及其他因素,且不考虑期货市场每日无负债结算制度的影响。

甲公司的账务处理如下:

(1) 2×22年1月1日,甲公司不作账务处理,但需编制指定文档。

(2) 2×22年1月31日,确认现金流量套期储备:

借:套期工具——商品期货合同　　　　　　　　　　　　　　　25 000
　　贷:其他综合收益——套期储备　　　　　　　　　　　　　　　　25 000

(3) 2×22年2月28日,确认现金流量套期储备:

借:套期工具——商品期货合同　　　　　　　　　　　　　　　10 000
　　贷:其他综合收益——套期储备　　　　　　　　　　　　　　　　10 000

套期工具自套期开始的累计利得或损失与被套期项目自套期开始的预计未来现金流量现值的累计变动额一致,因此将套期工具公允价值变动全部作为现金流量套期储备计入其他综合收益。

确认商品的销售收入:

借:银行存款　　　　　　　　　　　　　　　　　　　　　　1 065 000
　　贷:主营业务收入　　　　　　　　　　　　　　　　　　　　　1 065 000

结算商品期货合同：
借：银行存款 35 000
　　贷：套期工具——商品期货合同 35 000
将现金流量套期储备金额转出，调整主营业务收入：
借：其他综合收益——套期储备 35 000
　　贷：主营业务收入 35 000

（三）境外经营净投资套期

对境外经营净投资的套期，包括对作为净投资的一部分进行会计处理的货币性项目的套期，应当按照类似于现金流量套期会计的规定处理：

（1）套期工具形成的利得或损失中属于套期有效的部分，应当计入其他综合收益。

全部或部分处置境外经营时，上述计入其他综合收益的套期工具利得或损失应当相应转出，计入当期损益。

（2）套期工具形成的利得或损失中属于无效套期的部分，应当计入当期损益。

五、信用风险敞口的公允价值选择权

许多金融机构通过信用衍生工具管理借贷活动产生的信用风险敞口。例如，金融机构运用信用衍生工具对信用风险敞口进行套期以将其贷款或贷款承诺的信用损失风险转移至第三方。但是根据规定，企业的信用衍生工具应当以公允价值计量且其变动计入当期损益，而贷款等并不一定以公允价值计量且其变动计入当期损益（如按摊余成本计量或尚未确认）。因此，在被套期风险敞口未按与信用衍生工具相同的基础进行计量的情况下，将会产生会计错配。

由于金融项目的信用风险通常无法单独识别，不属于符合条件的被套期项目，因此使用信用衍生工具对信用风险敞口进行套期的企业将无法运用套期会计。为解决这一问题，并允许企业在一定程度上反映其信用风险管理活动，企业可以选择以公允价值计量且其变动计入当期损益的方式计量被套期风险敞口的方法替代套期会计。

（一）指定条件

企业使用以公允价值计量且其变动计入当期损益的信用衍生工具管理金融工具（或其组成部分）的信用风险敞口时，可以在该金融工具（或其组成部分）初始确认时、后续计量中或尚未确认时，将其指定为以公允价值计量且其变动计入当期损益的金融工具，并同时作出书面记录，但应当同时满足下列条件：

（1）金融工具信用风险敞口的主体（如借款人或贷款承诺持有人）与信用衍生工具涉及的主体相一致；

（2）金融工具的偿付级次与根据信用衍生工具条款须交付的工具的偿付级次相一致。

（二）相关会计处理

金融工具（或其组成部分）被指定为以公允价值计量且其变动计入当期损益的金融工具的，企业应当在指定时将其账面价值（如有）与其公允价值之间的差额计入当期损益。如该金融工具是分类为以公允价值计量且其变动计入其他综合收益的金融资产的，企业应当将之前计入其他综合收益的累计利得或损失转出，计入当期损益。

在选择运用针对信用风险敞口（全部或部分）的公允价值选择权之后，同时满足下列条件的，企业应当对金融工具（或其一定比例）终止以公允价值计量且其变动计入当期损益：

（1）规定的条件不再适用，例如信用衍生工具或金融工具（或其一定比例）已到期、被出售、合同终止或已行使，或企业的风险管理目标发生变化，不再通过信用衍生工具进行风险管理。

（2）金融工具（或其一定比例）按照本章第二节的规定，仍然不满足以公允价值计量且其变动计入当期损益的金融工具的条件。

当企业对金融工具（或其一定比例）终止以公允价值计量且其变动计入当期损益时，该金融工具（或其一定比例）在终止时的公允价值应当作为其新的账面价值。同时，企业应当采用与该金融工具被指定为以公允价值计量且其变动计入当期损益之前相同的方法进行计量。

第七节 金融工具的披露

一、金融工具一般信息披露要求

企业应当披露编制财务报表时对金融工具所采用的重要会计政策、计量基础和与理解财务报表相关的其他会计政策等信息，主要包括：

（一）对于指定为以公允价值计量且其变动计入当期损益的金融资产，企业应当披露的信息

（1）指定的金融资产的性质。

（2）企业如何满足运用指定的标准。企业应当披露该指定所针对的确认或计量不一致的描述性说明。

（二）对于指定为以公允价值计量且其变动计入当期损益的金融负债，企业应当披露的信息

（1）指定的金融负债的性质。

（2）初始确认时对上述金融负债作出指定的标准。

（3）企业如何满足运用指定的标准。对于以消除或显著减少会计错配为目的的指定，企业应当披露该指定所针对的确认或计量不一致的描述性说明。对于以更好地反映组合的管理实质为目的的指定，企业应当披露该指定符合企业正式书面文件载明的风险管理或投资策略的描述性说明。对于整体指定为以公允价值计量且其变动计入当期损益的混合工具，企业应当披露运用指定标准的描述性说明。

（三）如何确定每类金融工具的利得或损失

需要指出的是：(1) 风险投资机构、共同基金以及类似主体持有的、在初始确认时按照《企业会计准则第22号——金融工具确认和计量》的规定以公允价值计量且其变动计入当期损益的金融资产，应当按照金融工具列报准则进行列报，相关的披露要求同时适用金融工具列报准则和在其他主体中权益的披露准则。(2) 企业如发行了一项既含负债成分又含权益成分的工具，且该工具嵌入了多重衍生特征（相关价值是联动的），比如，可赎回的可转换债务工具，则应披露体现在其中的这些特征。

二、资产负债表相关信息的披露

（1）企业应当在资产负债表或相关附注中列报下列金融资产或金融负债的账面价值：①以摊余成本计量的金融资产。②以摊余成本计量的金融负债。③以公允价值计量且其变动计入其他综合收益的金融资产，并分别反映：a. 分类为以公允价值计量且其变动计入其他综合收益的金融资产；b. 指定为以公允价值计量且其变动计入其他综合收益的非交易性权益工具投资。④以公允价值计量且其变动计入当期损益的金融资产，并分别反映：a. 分类为以公允价值计量且其变动计入当期损益的金融资产；b. 指定为以公允价值计量且其变动计入当期损益的金融资产；c. 根据《企业会计准则第24号——套期会计》使用信用风险敞口的公允价值选择权在初始确认或后续计量时指定为以公允价值计量且其变动计入当期损益的金融资产。⑤以公允价值计量且其变动计入当期损益的金融负债，并分别反映：a. 分类为以公允价值计量且其变动计入当期损益的金融负债；b. 在初始确认时指定为以公允价值计量且其变动计入当期损益的金融负债；c. 根据《企业会计准则第24号——套期会计》使用信用风险敞口的公允价值选择权在初始确认和后续计量时指定为以公允价值计量且其变动计入当期损益的金融负债。

（2）企业将本应按摊余成本或以公允价值计量且其变动计入其他综合收益计量的一项或一组金融资产指定为以公允价值计量且其变动计入当期损益的金融资产的，应当披露下列信息：①该金融资产在资产负债表日使企业面临的最大信用风险敞口；②企业通过任何相关信用衍生工具或类似工具使得该最大信用风险敞口降低的金额；③该金融资产因信用风险变动引起的公允价值本期变动额和累计变动额；④相关信用衍生工具或类似工具自该金融资产被指定以来的公允价值本期变动额和累计变动额。信用风险，是指金融工具的一方不履行义务，造成另一方发生财务损失的风险。金融资产在资产负债表日的最大信用风险敞口，通常是金融工具账面余额减去减值损失准备后的金额（已减去根据规定已抵销的金额）。

（3）企业将一项金融负债指定为以公允价值计量且其变动计入当期损益的金融负债，且企业自身信用风险变动引起的该金融负债公允价值的变动金额计入其他综合收益的，应当披露下列信息：①该金融负债因自身信用风险变动引起的公允价值本期变动额和累计变动额；②该金融负债的账面价值与按合同约定到期应支付债权人金额之间的差额；③该金融负债的累计利得或损失本期从其他综合收益转入留存收益的金额和原因。

（4）企业将一项金融负债指定为以公允价值计量且其变动计入当期损益的金融负债，且该金融负债（包括企业自身信用风险变动的影响）的全部利得或损失计入当期损益的，应当披露下列信息：①该金融负债因自身信用风险变动引起的公允价值本期变动额和累计变动额；②该金融负债的账面价值与按合同约定到期应支付债权人金额之间的差额。

（5）企业将非交易性权益工具投资指定为以公允价值计量且其变动计入其他综合收益的，应当披露下列信息：①企业每一项指定为以公允价值计量且其变动计入其他综合收益的权益工具投资；②企业作出该指定的原因；③企业每一项指定为以公允价值计量且其变动计入其他综合收益的权益工具投资的期末公允价值；④本期确认的股利收入，其中对本期终止确认的权益工具投资相关的股利收入和资产负债表日仍持有的权益工具投资相关的股利收入应当分别单独披露；⑤该权益工具投资的累计利得和损失本期从其他综合收益转入留存收益的金额及其原因。

（6）企业本期终止确认了指定为以公允价值计量且其变动计入其他综合收益的非交易性权益工具投资的，应当披露下列信息：①企业处置该权益工具投资的原因；②该权益工具投资在终止确认时的公允价值；③该权益工具投资在终止确认时的累计利得或损失。

（7）企业在当期或以前报告期间将金融资产进行重分类的，对于每一项重分类，应当披露重分类日、对业务模式变更的具体说明及其对财务报表影响的定性描述，以及该金融资产重分类前后的金额。

企业自上一年度报告日起将以公允价值计量且其变动计入其他综合收益的金融资产重分类为以摊余成本计量的金融资产的，或者将以公允价值计量且其变动计入当期损益的金融资产重分类为其他类别的，应当披露下列信息：①该金融资产在资产负债表日的公允价值；②如果未被重分类，该金融资产原来应在当期损益或其他综合收益中确认的公允价值利得或损失。

企业将以公允价值计量且其变动计入当期损益的金融资产重分类为其他类别的，自重分类日起到终止确认的每一个报告期间内，都应当披露该金融资产在重分类日确定的实际利率和当期已确认的利息收入。

（8）对于所有可执行的总互抵协议或类似协议下的已确认金融工具，以及符合抵销条件的已确认金融工具，企业应当在报告期末以表格形式（除非企业有更恰当的披露形式）分别按金融资产和金融负债披露下列定量信息：①已确认金融资产和金融负债的总额。②按规定抵销的金额。③在资产负债表中列示的净额。④可执行的总互抵协议或类似协议确定的，未包含在本段②中的金额，包括：a. 不满足抵销条件的已确认金融工具的金额；b. 与财务担保物（包括现金担保）相关的金额，以在资产负债表中列示的净额扣除本段④第 a 项后的余额为限。⑤资产负债表中列示的净额扣除本段④后的余额。

企业应当披露上述④所述协议中抵销权的条款及其性质等信息，以及不同计量基础的金融工具适用上述内容时产生的计量差异。

（9）分类为权益工具的可回售工具，企业应当披露下列信息：①可回售工具的汇总定量信息；②对于按持有方要求承担的回购或赎回义务，企业的管理目标、政策和程序及其变化；③回购或赎回可回售工具的预期现金流出金额以及确定方法。

可回售工具或发行方仅在清算时才有义务向另一方按比例交付其净资产的金融工具，在金融负债和权益工具之间重分类的，应当分别披露重分类前后的公允价值或账面价值，以及重分类的时间和原因。

（10）企业应当披露作为负债或或有负债担保物的金融资产的账面价值，以及与该项担保有关的条款和条件。其中，对于企业（转出方）向金融资产转入方提供了非现金担保物（如债务工具或权益工具投资等），转入方按照合同或惯例有权出售该担保物或将其再作为担保物的，企业应当将该非现金担保物在财务报表中单独列报。

企业取得担保物（担保物为金融资产或非金融资产），在担保物所有人未违约时可将该担保物出售或再抵押的，应当披露该担保物的公允价值、企业已出售或再抵押担保物的公允价值，以及承担的返还义务和使用担保物的条款和条件。

（11）对于企业发行的包含金融负债成分和权益工具成分的复合金融工具，嵌入了价值相互关联的多项衍生工具（如可赎回的可转换债务工具）的，应当披露相关特征。

（12）对于除基于正常信用条款的短期贸易应付款项之外的金融负债，企业应当披露下列信息：①本期发生违约的金融负债的本金、利息、偿债基金、赎回条款的详细情况；②发生违约的金融负债的期末账面价值；③在财务报告批准对外报出前，就违约事项已采取的补救措施、对债务条款的重新议定等情况。

企业本期发生其他违反合同的情况，且债权人有权在发生违约或其他违反合同情况时要求企业提前偿还的，企业应当按上述要求披露。如果在期末前违约或其他违反合同情况已得到补救或已重新议定债务条款，则无须披露。

三、利润表相关信息的披露

企业应当披露与金融工具有关的下列收入、费用、利得或损失：（1）以公允价值计量且其变动计入当期损益的金融资产和金融负债所产生的利得或损失。其中，指定为以公允价值计量且其变动计入当期损益的金融资产和金融负债，以及分类为以公允价值计量且其变动计入当期损益的金融资产和分类为以公允价值计量且其变动计入当期损益的金融负债的净利得或净损失，应当分别披露。（2）对于指定为以公允价值计量且其变动计入当期损益的金融负债，企业应当分别披露本期在其他综合收益中确认的和在当期损益中确认的利得或损失。（3）分类为以公允价值计量且其变动计入其他综合收益的金融资产，企业应当分别披露当期在其他综合收益中确认的以及当期终止确认时从其他综合收益转入当期损益的利得或损失。（4）指定为以公允价值计量且其变动计入其他综合收益的非交易性权益工具投资，企业应当分别披露在其他综合收益中确认的利得和损失以及在当期损益中确认的股利收入。（5）除以公允价值计量且其变动计入当期损益的金融资产或金融负债外，按实际利率法计算的金融资产或金融负债产生的利息收入或利息费用总额，以及在确定实际利率时未予包括并直接计入当期损益的手续费收入或支出。（6）企业通过信托和其他托管活动代他人持有资产或进行投资而形成的，直接计入当期损益的手续费收入或支出。

四、公允价值相关信息的披露

（1）除特别说明外，企业应当披露每一类金融资产和金融负债的公允价值，并与账面价值进行比较。对于在资产负债表中相互抵销的金融资产和金融负债，其公允价值应当以抵销后的金额披露。

（2）金融资产或金融负债初始确认的公允价值与交易价格存在差异时，如果其公允价值并非基于相同资产或负债在活跃市场中的报价确定的，也非基于仅使用可观察市场数据的估值技术确定的，企业在初始确认金融资产或金融负债时不应确认利得或损失。在此情况下，企业应当按金融资产或金融负债的类型披露下列信息：①企业在损益中确认交易价格与初始确认的公允价值之间差额时所采用的会计政策，以反映市场参与者对资产或负债进行定价时所考虑的因素（包括时间因素）的变动；②该项差异期初和期末尚未在损益中确认的总额和本期变动额的调节表；③企业如何认定交易价格并非公允价值的最佳证据，以及确定公允价值的证据。

（3）企业可以不披露下列金融资产或金融负债的公允价值信息：①账面价值与公允价值差异很小的金融资产或金融负债（如短期应收账款或应付账款）；②包含相机分红特征且其公允价值无法可靠计量的合同；③租赁负债。

对于上述②，企业应当披露下列信息：a. 对金融工具的描述及其账面价值，以及因公允价值无法可靠计量而未披露其公允价值的事实和说明；b. 金融工具的相关市场信息；c. 企业是否有意图处置以及如何处置这些金融工具；d. 之前公允价值无法可靠计量的金融工具终止确认的，应当披露终止确认的事实，终止确认时该金融工具的账面价值和所确认的利得或损失金额。

五、金融工具风险信息披露

（一）定性和定量信息

（1）企业应当披露与各类金融工具风险相关的定性和定量信息，以便财务报表使用者评估报告期末金融工具产生的风险的性质和程度，更好地评价企业所面临的风险敞口。相关风险包括信用风险、流动性风险、市场风险等。

（2）对金融工具产生的各类风险，企业应当披露下列定性信息：①风险敞口及其形成原因，以及在本期发生的变化；②风险管理目标、政策和程序以及计量风险的方法及其在本期发生的变化。

（3）对金融工具产生的各类风险，企业应当按类别披露下列定量信息：①期末风险敞口的汇总数据。该数据应当以向内部关键管理人员提供的相关信息为基础。企业运用多种方法管理风险的，披露的信息应当以最相关和可靠的方法为基础。②信用风险披露的信息。③期末风险集中度信息，包括管理层确定风险集中度的说明和参考因素（包括交易对手方、地理区域、货币种类、市场类型等），以及各风险集中度相关的风险敞口金额。上述期末定量信息不能代表企业本期风险敞口情况的，应当进一步提供相关信息。

（二）信用风险披露

（1）为使财务报表使用者了解信用风险对未来现金流量的金额、时间和不确定性的影响，企业应当披露与信用风险有关的下列信息：①企业信用风险管理实务的相关信息及其与预期信用损失的确认和计量的关系，包括计量金融工具预期信用损失的方法、假设和信息；②有助于财务报表使用者评价在财务报表中确认的预期信用损失金额的定量和定性信息，包括预期信用损失金额的变动及其原因；③企业的信用风险敞口，包括重大信用风险集中度；④其他有助于财务报表使用者了解信用风险对未来现金流量金额、时间和不确定性的影响的信息。

（2）企业应当披露与信用风险管理实务有关的下列信息：①企业评估信用风险自初始确认后是否已显著增加的方法，并披露下列信息：a.在资产负债表日只具有较低的信用风险的金融工具及其确定依据（包括适用该情况的金融工具类别）；b.逾期超过30日，而信用风险自初始确认后未被认定为显著增加的金融资产及其确定依据。②企业对违约的界定及其原因。③以组合为基础评估预期信用风险的金融工具的组合方法。④确定金融资产已发生信用减值的依据。⑤企业直接减记金融工具的政策，包括没有合理预期金融资产可以收回的迹象和已经直接减记但仍受执行活动影响的金融资产相关政策的信息。⑥评估合同现金流量修改后金融资产的信用风险的，企业应当披露其信用风险的评估方法以及下列信息：a.对于损失准备相当于整个存续期预期信用损失的金融资产，在发生合同现金流修改时，评估信用风险是否已下降，从而企业可以按照相当于该金融资产未来12个月内预期信用损失的金额确认计量其损失准备；b.对于符合本段⑥a中所述的金融资产，企业应当披露其如何监控后续该金融资产的信用风险是否显著增加，从而按照相当于整个存续期预期信用损失的金额重新计量损失准备。

（3）企业应当披露金融工具减值所采用的输入值、假设和估值技术等相关信息，具体包括：①用于确定下列各事项或数据的输入值、假设和估计技术：a.未来12个月内预期信用损失和整个存续期的预期信用损失的计量；b.金融工具的信用风险自初始确认后是否已显著增加；c.金融资产是否已发生信用减值。②确定预期信用损失时如何考虑前瞻性信息，包括宏观经济信息的使用。③报告期估计技术或重大假设的变更及其原因。

（4）企业应当以表格形式按金融工具的类别编制损失准备期初余额与期末余额的调节表，分别说明下列项目的变动情况：①按相当于未来12个月预期信用损失的金额计量的损失准备。②按相当于整个存续期预期信用损失的金额计量的下列各项的损失准备：a.自初始确认后信用风险已显著增加但并未发生信用减值的金融工具；b.对于资产负债表日已发生信用减值但并非购买或源生的已发生信用减值的金融资产；c.应收账款、合同资产和租赁应收款的减值损失准备。③购买或源生的已发生信用减值的金融资产的变动。除调节表外，企业还应当披露本期初始确认的该类金融资产在初始确认时未折现的预期信用损失总额。

（5）为有助于财务报表使用者了解未导致终止确认的金融资产合同现金流量修改的性质和影响，及其对预期信用损失计量的影响，企业应当披露下列信息：①企业在本期修改了金融资产合同现金流量，且修改前损失准备是按相当于整个存续期预期信用损失金额计量的，应当披露修改或重新议定合同前的摊余成本及修改合同现金流量的净利得或净损失；②对于之前按照相当于整个存续期内预期信用损失的金额计量了损失准备的金融资产，而当期按照相当于未来12个月内预期信用损失的金额计量该金融资产的损失准备的，应当披露该金融资产在资产负债表日的账面余额。

（6）为有助于财务报表使用者了解担保物或其他信用增级对源自预期信用损失的金额的影响，企业应当按照金融工具的类别披露下列信息：①在不考虑可利用的担保物或其他信用增级的情况下，企业在资产负债表日的最大信用风险敞口。②作为抵押持有的担保物和其他信用增级的描述，包括：a.所持有担保物的性质和质量的描述；b.本期由于信用恶化或企业担保政策变更，导致担保物或信用增级的质量发生显著变化的说明；c. 由于存在担保物而未确认损失准备的金融工具的信息。③企业在资产负债表日持有的担保物和其他信用增级为已发生信用减值的金融资产作抵押的定量信息（例如对担保物和其他信用增级降低信用风险程度的量化信息）。

（7）为有助于财务报表使用者评估企业的信用风险敞口并了解其重大信用风险集中度，企业应当按照信用风险等级披露相关金融资产的账面余额以及贷款承诺和财务担保合同的信用风险敞口。这些信息应当按照下列各类金融工具分别披露：①按相当于未来12个月预期信用损失的金额计量损失准备的金融工具。②按相当于整个存续期预期信用损失的金额计量损失准备的下列金融工具：a. 自初始确认后信用风险已显著增加的金融工具（但并非已发生信用减值的金融资产）；b. 在资产负债表日已发生信用减值但并非所购买或源生的已发生信用减值的金融资产；c. 应收账款、合同资产或者租赁应收款。③购买或源生的已发生信用减值的金融资产。信用风险等级是指基于金融工具发生违约的风险对信用风险划分的等级。

（8）企业本期通过取得担保物或其他信用增级所确认的金融资产或非金融资产，应当披露下列信息：①所确认资产的性质和账面价值；②对于不易变现的资产，应当披露处置或拟将其用于日常经营的政策等。

（三）流动性风险披露

流动性风险，是指企业在履行以交付现金或其他金融资产的方式结算的义务时发生资金短缺的风险。流动性风险应披露的信息包括：

（1）企业应当披露金融负债按剩余到期期限进行的到期期限分析，以及管理这些金融负债流动性风险的方法：①对于非衍生金融负债（包括财务担保合同），到期期限分析应当基于合同剩余到期期限。对于包含嵌入衍生工具的混合金融工具，应当将其整体视为非衍生金融负债进行披露。②对于衍生金融负债，如果合同到期期限是理解现金流量时间分布的关键因素，到期期限分析应当基于合同剩余到期期限。

当企业将所持有的金融资产作为流动性风险管理的一部分，且披露金融资产的到期期限分析使财务报表使用者能够恰当地评估企业流动性风险的性质和范围时，企业应当披露金融资产的到期期限分析。

（2）企业在披露到期期限分析时，应当运用职业判断确定适当的时间段。列入各时间段内披露的金额，应当是未经折现的合同现金流量。

企业可以但不限于按下列时间段进行到期期限分析：①1个月以内（含本数，下同）；②1个月至3个月以内；③3个月至1年以内；④1年至5年以内；⑤5年以上。

（3）债权人可以选择收回债权时间的，债务人应当将相应的金融负债列入债权人可以要求收回债权的最早时间段内。

债务人应付债务金额不固定的，应当根据资产负债表日的情况确定到期期限分析所披露的金额。如分期付款的，债务人应当把每期将支付的款项列入相应的最早时间段内。

财务担保合同形成的金融负债，担保人应当将最大担保金额列入相关方可以要求支付的最早时间段内。

（4）企业应当披露流动性风险敞口汇总定量信息的确定方法。此类汇总定量信息中的现金（或另一项金融资产）流出符合下列条件之一的，应当说明相关事实，并提供有助于评价该风险程度的额外定量信息：①该现金的流出可能显著早于汇总定量信息中所列示的时间。②该现金的流出可能与汇总定量信息中所列示的金额存在重大差异。

（四）市场风险披露

金融工具的市场风险，是指金融工具的公允价值或未来现金流量因市场价格变动而发生波动的风险，包括汇率风险、利率风险和其他价格风险。汇率风险，是指金融工具的公允价值或未来现金流量因外汇汇率变动而发生波动的风险。汇率风险可源于以记账本位币之外的外币进行计价的金融工具。利率风险，是指金融工具的公允价值或未来现金流量因市场利率变动而发生波动的风险。利率风险可源于已确认的计息金融工具和未确认的金融工具（如某些贷款承诺）。其他价格风险，是指汇率风险和利率风险以外的市场价格变动而发生波动的风险，无论这些变动是由于与单项金融工具或其发行方有关的因素而引起的，还是由于与市场内交易的所有类似金融工具有关的因素而引起的。其他价格风险可源于商品价格或权益工具价格等的变化。对于市场风险，主要披露如下信息：

（1）在对市场风险进行敏感性分析时，应当以整个企业为基础，披露下列信息：①资产负债表日所面临的各类市场风险的敏感性分析。该项披露应当反映资产负债表日相关风险变量发生合理、可能的变动时，将对企业损益和所有者权益产生的影响。对具有重大汇率风险敞口的每一种货币，应当分币种进行敏感性分析。企业还需要考虑气候变化对市场风险的敏感性分析的影响。如企业对受气候风险影响较大的行业进行权益投资时，当该类投资的市场价格与碳排放指标价格相关，企业可能需要加强对相关特定风险的敏感性分析，按类型分别予以披露，以便报表使用者充分了解相关风险的影响。②本期敏感性分析所使用的方法和假设，以及本期发生的变化和原因。

（2）企业采用风险价值法或类似方法进行敏感性分析能够反映金融风险变量之间（如利率和汇率之间等）的关联性，且企业已采用该种方法管理金融风险的，可不进行披露，但应当披露下列信息：①用于该种敏感性分析的方法、选用的主要参数和假设。②所用方法的目的，以及该方法提供的信息在反映相关资产和负债公允价值方面的局限性。

第十四章 租 赁

第一节 租赁概述

租赁,是指在一定期间内,出租人将资产的使用权让与承租人以获取对价的合同。承租人不区分经营租赁和融资租赁,应对所有租赁(按规定选择采用简化处理的短期租赁和低价值资产租赁除外)确认使用权资产和租赁负债,参照《企业会计准则第4号——固定资产》对使用权资产计提折旧,采用固定的周期性利率确认每期利息费用。出租人租赁分为融资租赁和经营租赁两大类,并分别采用不同的会计处理方法。

一、租赁的识别

(一)租赁的定义

如果合同一方让渡了在一定期间内控制一项或多项已识别资产使用的权利以换取对价,则该合同为租赁或者包含租赁。

一项租赁,应当包含下列三项要素:一是存在一定期间;二是存在已识别资产;三是资产供应方向客户转移对已识别资产使用权的控制。在合同中,"一定期间"也可以表述为已识别资产的使用量,如某项设备的产出量。如果客户有权在部分合同期内控制已识别资产的使用,则合同包含一项在该部分合同期间的租赁。

企业应当在合同开始日评估合同是否为租赁或者包含租赁。除非合同条款或条件发生变化,否则,企业无需在合同开始日后重新评估合同是否为租赁或者是否包含租赁。

同时符合下列条件的,使用已识别资产的权利构成一项单独租赁:(1)承租人可从单独使用该资产或将其与易于获得的其他资源一起使用中获利;(2)该资产与合同中的其他资产不存在高度依赖或高度关联关系。另外,接受商品或服务的合同可能由合营安排或合营安排的代表签订。在这种情况下,企业评估合同是否包含租赁时,应将整个合营安排视为该合同中的客户,评估该合营安排是否在使用期间有权控制已识别资产的使用。

(二)已识别资产

1. 对资产的指定

已识别资产通常由合同明确指定,也可以在资产可供客户使用时隐性指定。

▶【例14-1】甲公司（客户）与乙公司（供应方）就一节火车车厢的使用签订了5年期合同。该车厢是为专用于运输甲公司生产过程中使用的特殊材料而设计，未经重大改造不适合其他客户使用。合同中没有通过序列号等明确指定车厢，但是乙公司仅拥有一节适合甲公司使用的火车车厢。如果车厢不能正常工作，合同要求乙公司修理或更换车厢。

本例中，虽然甲公司具体使用哪节火车车厢未在合同中明确指定，但因为乙公司仅拥有一节适合甲公司使用的火车车厢，必须使用其来履行合同，乙公司无法自由替换该车厢。因此，该火车车厢是一项被隐性指定的已识别资产。

2. 物理可区分

如果资产的部分产能在物理上可区分（如建筑物的一层），则该部分产能属于已识别资产。如果资产的某部分产能与其他部分在物理上不可区分（如光缆的部分容量），则该部分不属于已识别资产，除非其实质上代表该资产的全部产能，从而使客户获得因使用该资产所产生的几乎全部经济利益的权利。

3. 实质性替换权

如果资产供应方在整个使用期间拥有对该资产的实质性替换权，即使合同已对资产进行指定，则该资产也不属于已识别资产。因为如果资产供应方在整个使用期间均能自由替换合同指定的资产，那么实际上，合同仅规定了满足客户需求的一类资产，而不是被唯一识别出的一项或几项资产。在这种情况下，合同规定的资产并未和资产供应方的同类其他资产明确区分开来，也即未被识别出来。

同时符合下列条件时，表明资产供应方拥有资产的实质性替换权：（1）资产供应方拥有在整个使用期间替换资产的实际能力。例如，客户无法阻止供应方替换资产，且资产供应方易于获得或者可以在合理期间内取得用于替换的资产。（2）资产供应方通过行使替换资产的权利将获得经济利益。即，替换资产的预期经济利益将超过替换资产所需成本。

企业应当在各潜在单独租赁部分（如可单独使用的资产）的层面评估资产供应方的替换权是否为实质性权利，并注意下列事项：

（1）应基于合同开始日的事实和情况，而不应考虑在合同开始日企业认为不可能发生的未来事件。例如，①未来某个客户为使用该资产同意支付高于市价的价格；②引入了在合同开始日尚未实质开发的新技术；③客户对资产的实际使用或资产实际性能与在合同开始日认为可能的使用或性能存在重大差异；④使用期间资产市价与合同开始日认为可能的市价存在重大差异。

（2）应考虑资产供应方是否在整个使用期间都具有替换资产的实际能力，并能通过行使替换资产的权利获得经济利益。如果合同仅赋予资产供应方在特定日期或者特定事件发生日或之后拥有替换资产的权利或义务，考虑到资产供应方没有在整个使用期间替换资产的实际能力，资产供应方的替换权不具有实质性。例如，资产供应方在资产运行结果不佳或者进行技术升级的情况下，因修理和维护而替换资产的权利或义务不属于实质性替换权。

企业难以确定资产供应方是否拥有实质性替换权的，应视为资产供应方没有对该资产的实质性替换权。

（三）客户是否控制已识别资产使用权的判断

为确定合同是否让渡了在一定期间内控制已识别资产使用的权利，企业应当评估合同中的客户是否有权获得在使用期间因使用已识别资产所产生的几乎全部经济利益，并有权在该使用期间主导已识别资产的使用。

1. 客户是否有权获得因使用资产所产生的几乎全部经济利益

在评估客户是否有权获得因使用已识别资产所产生的几乎全部经济利益时，企业应当在约定的客户权利范围内考虑其所产生的经济利益。例如：（1）如果合同规定汽车在使用期间仅限在某一特定区域使用，则企业应当仅考虑在该区域内使用汽车所产生的经济利益，而不包括在该区域外使用汽车所产生的经济利益；（2）如果合同规定客户在使用期间仅能在特定里程范围内驾驶汽车，则企业应当仅考虑在允许的里程范围内使用汽车所产生的经济利益，而不包括超出该里程范围使用汽车所产生的经济利益。

为控制已识别资产的使用，客户应当有权获得整个使用期间使用该资产所产生的几乎全部经济利益。客户可以通过多种方式直接或间接获得使用资产所产生的经济利益，如通过使用、持有或转租资产。使用资产所产生的经济利益包括资产的主要产出和副产品（包括来源于这些项目的潜在现金流量）以及通过与第三方之间的商业交易实现的其他经济利益。

如果合同规定客户应向资产供应方或另一方支付因使用资产所产生的部分现金流量作为对价，该现金流量仍应视为客户因使用资产而获得的经济利益的一部分。例如，如果客户因使用零售区域需向供应方支付零售收入的一定比例作为对价，该条款本身并不妨碍客户拥有获得使用零售区域所产生的几乎全部经济利益的权利。因为零售收入所产生的现金流量是客户使用零售区域而获得的经济利益，而客户支付给零售区域供应方的部分现金流量是使用零售区域的权利的对价。

2. 客户是否有权主导资产的使用

存在下列情形之一的，可视为客户有权主导对已识别资产在整个使用期间的使用：

（1）客户有权在整个使用期间主导已识别资产的使用目的和使用方式；

（2）已识别资产的使用目的和使用方式在使用期间前已预先确定，并且客户有权在整个使用期间自行或主导他人按照其确定的方式运营该资产，或者客户设计了已识别资产（或资产的特定方面）并在设计时已预先确定了该资产在整个使用期间的使用目的和使用方式。

对于上述第（1）种情况，如果客户有权在整个使用期间在合同界定的使用权范围内改变资产的使用目的和使用方式，则视为客户有权在该使用期间主导资产的使用目的和使用方式。在判断客户是否有权在整个使用期间主导已识别资产的使用目的和使用方式时，企业应当考虑在该使用期间与改变资产的使用目的和使用方式最为相关的决策权。相关决策权是指对使用资产所产生的经济利益产生影响的决策权。最为相关的决策权可能因资产性质、合同条款和条件的不同而不同。此类例子包括：①变更资产的产出类型的权利。例如，决定将集装箱用于运输商品还是储存商品，或者决定在零售区域销售的产品组合。②变更资产的产出时间的权利。例如，决定机器或发电厂的运行时间。③变更资产的产出地点的权利。例如，决定卡车或船舶的目的地，或者决定设备的使用地点。④变更资产是否产出以及产出数量的权利。例如，决定是否使用发电厂发电以及发电量的多少。

某些决策权并未授予客户改变资产的使用目的和使用方式的权利。例如，在资产的使用目的和使用方式未预先确定的情况下，客户仅拥有运行或维护资产的权利。这些权利对于资产的高效使用通常是必要的，但它们并非主导资产的使用目的和使用方式的权利，而且往往依赖于有关资产使用目的和使用方式的权利。

对于上述第（2）种情况，与资产使用目的和使用方式相关的决策可以通过很多方式预先确定，例如，通过设计资产或在合同中对资产的使用作出限制来预先确定相关决策。对于在合同中预先确定关于资产使用目的和使用方式相关决策的，企业应当考虑该做法是对客户使用资产的范围作出限定，还是对客户在整个使用期间与改变资产的使用目的和使用方式相关的决策权作出限定，如果仅是对客户使用资产的范围作出限定的，该限定不妨碍客户获得主导资产使用的权利。例如，合同可能包含一些旨在保护资产供应方在已识别资产中的权益、保护资产供应方的工作人员或者确保资产供应方不因客户使用租赁资产而违反法律法规的条款和条件（如在合同中规定资产使用的最大工作量、限制客户使用资产的地点或时间、要求客户遵守特定的操作惯例或者要求客户在变更资产使用方式时通知资产供应方等）。这些权利虽然对客户使用资产权利的范围作出了限定，但是其本身不足以否定客户拥有主导资产使用的权利。

需要强调的是，在评估客户是否有权主导资产的使用时，除非资产（或资产的特定方面）由客户设计，否则，企业应当仅考虑在使用期间对资产使用作出决策的权利。例如，如果客户仅能在使用期间之前指定资产的产出而没有与资产使用相关的任何其他决策权，则该客户享有的权利与任何购买该项商品或服务的其他客户享有的权利并无不同。

二、租赁的分拆与合并

（一）租赁的分拆

合同中同时包含多项单独租赁的，承租人和出租人应当将合同予以分拆，并分别各项单独租赁进行会计处理。

同时符合下列条件的，使用已识别资产的权利构成合同中的一项单独租赁：

（1）承租人可从单独使用该资产或将其与易于获得的其他资源一起使用中获利。易于获得的资源是指出租人或其他供应方单独销售或出租的商品或服务，或者承租人已从出租人或其他交易中获得的资源。

（2）该资产与合同中的其他资产不存在高度依赖或高度关联关系。例如，若承租人租入资产的决定不会对承租人使用合同中的其他资产的权利产生重大影响，则表明该项资产与合同中的其他资产不存在高度依赖或高度关联关系。

合同中同时包含租赁和非租赁部分的，承租人和出租人应当将租赁和非租赁部分进行分拆，除非企业适用《企业会计准则第21号——租赁》的简化处理。分拆后，各租赁部分应当分别按照《企业会计准则第21号——租赁》进行会计处理，非租赁部分应当按照其他适用的企业会计准则进行会计处理。

另需注意的是，出租人可能要求承租人承担某些款项，却并未向承租人转移商品或服务。例如，出租人可能将管理费或与租赁相关的其他成本计入应付金额，但并未向承租人转移商品或服务。此类应付金额不构成合同中单独的组成部分,而应视为总对价的一部分分摊至单独识别的合同组成部分。

1. 承租人的处理

在分拆合同包含的租赁和非租赁部分时,承租人应当按照各项租赁部分单独价格及非租赁部分的单独价格之和的相对比例分摊合同对价。租赁和非租赁部分的相对单独价格,应当根据出租人或类似资产供应方就该部分或类似部分对外单独收取的价格确定。如果可观察的单独价格不易于获得,承租人应当最大限度地利用可观察的信息估计单独价格。

为简化处理,承租人可以按照租赁资产的类别选择是否分拆合同包含的租赁和非租赁部分。承租人选择不分拆的,应当将各租赁部分及与其相关的非租赁部分分别合并为租赁,按照《企业会计准则第21号——租赁》进行会计处理。但是,对于按照《企业会计准则第22号——金融工具确认和计量》应分拆的嵌入衍生工具,承租人不应将其与租赁部分合并进行会计处理。

▶【例14-2】甲公司从乙公司租赁一台推土机、一辆卡车和一台长臂挖掘机用于采矿业务,租赁期为4年。乙公司同意在整个租赁期内维护各项设备。合同固定对价为3 000 000元,按年分期支付,每年支付750 000元。合同对价包含了各项设备的维护费用。

本例中,甲公司未采用简化处理,而是将非租赁部分(维护服务)与租入的各项设备分别进行会计处理。甲公司认为租入的推土机、卡车和长臂挖掘机分别属于单独租赁,原因如下:(1)甲公司可分别单独使用这三项设备,或将其与易于获得的其他资源一起使用并从中获利(如甲公司易于租入或购买其他卡车或挖掘机用于其采矿业务);(2)尽管甲公司租入这三项设备只有一个目的(即从事采矿业务),但这些设备不存在高度依赖或高度关联关系。因此,甲公司得出结论,合同中存在三个租赁部分和对应的三个非租赁部分(维护服务)。甲公司将合同对价分摊至三个租赁部分和对应的三个非租赁部分。

市场上有多家供应方提供类似推土机和卡车的维护服务,因此这两项租入设备的维护服务存在可观察的单独价格。假设其他供应方的支付条款与甲、乙公司签订的合同条款相似,甲公司能够确定推土机和卡车维护服务的可观察单独价格分别为160 000元和80 000元。长臂挖掘机是高度专业化机械,其他供应方不出租类似挖掘机或为其提供维护服务。乙公司对从本公司购买相似长臂挖掘机的客户提供4年的维护服务,可观察对价为固定金额280 000元,分4年支付。因此,甲公司估计长臂挖掘机维护服务的单独价格为280 000元。甲公司观察到乙公司在市场上单独出租租赁期为4年的推土机、卡车和长臂挖掘机的价格分别为900 000元、580 000元和1 200 000元。

甲公司将合同固定对价3 000 000元分摊至租赁和非租赁部分的情况如表14-1所示。

表14-1　　　　　　　　　　　　　　　　　　　　　　　　　　　金额单位:元

项目		推土机	卡车	长臂挖掘机	合计
可观察的单独价格	租赁	900 000	580 000	1 200 000	2 680 000
	非租赁				520 000①
	合计				3 200 000

续表

项　目	推土机	卡车	长臂挖掘机	合计
固定对价总额				3 000 000
分摊率②				93.75%

注：①160 000 + 80 000 + 280 000 = 520 000（元）；

②按照规定，承租人按照推土机、卡车、长臂挖掘机这三个租赁部分单独价格 900 000 元、580 000 元、1 200 000 元和非租赁部分的单独价格之和 520 000 元的相对比例，来分摊合同对价。分拆后，推土机、卡车和长臂挖掘机的租赁付款额（折现前）分别为 843 750 元、543 750 元和 1 125 000 元。

2. 出租人的处理

在分拆合同包含的租赁部分和非租赁部分时，出租人应当根据《企业会计准则第14号——收入》关于交易价格分摊的规定分摊合同对价。

（二）租赁的合并

企业与同一交易方或其关联方在同一时间或相近时间订立的两份或多份包含租赁的合同，在满足下列条件之一时，应当合并为一份合同进行会计处理：

（1）该两份或多份合同基于总体商业目的而订立并构成"一揽子交易"，若不作为整体考虑则无法理解其总体商业目的。

（2）该两份或多份合同中的某份合同的对价金额取决于其他合同的定价或履行情况。

（3）该两份或多份合同让渡的资产使用权合起来构成一项单独租赁。

两份或多份合同合并为一份合同进行会计处理的，仍然需要区分该一份合同中的租赁部分和非租赁部分。

三、租赁期

租赁期是指承租人有权使用租赁资产且不可撤销的期间。承租人有续租选择权，即有权选择续租该资产，且合理确定将行使该选择权的，租赁期还应当包含续租选择权涵盖的期间；承租人有终止租赁选择权，即有权选择终止租赁该资产，但合理确定将不会行使该选择权的，租赁期应当包含终止租赁选择权涵盖的期间。

（一）租赁期开始日

租赁期自租赁期开始日起计算。租赁期开始日，是指出租人提供租赁资产使其可供承租人使用的起始日期。如果承租人在租赁协议约定的起租日或租金起付日之前，已获得对租赁资产使用权的控制，则表明租赁期已经开始。租赁协议中对起租日或租金支付时间的约定，并不影响租赁期开始日的判断。

▶【例 14-3】在某商铺的租赁合同中，出租人于 2×22 年 1 月 1 日将房屋钥匙交付承租人，承租人在收到钥匙后，就可以自主安排对商铺的装修布置，并安排搬迁。合同约定有 3 个月的免租期，起租日为 2×22 年 4 月 1 日，承租人自起租日开始支付租金。

本例中，由于承租人自 2×22 年 1 月 1 日起就已拥有对商铺使用权的控制，因此租赁期开始日为 2×22 年 1 月 1 日，即租赁期包含出租人给予承租人的免租期。

（二）不可撤销期间

在确定一项租赁的租赁期和评估其不可撤销期间时，企业应根据租赁条款的约定确定可强制执行合同的期间。

当承租人和出租人双方均有权在未经另一方许可的情况下终止租赁，且所受惩罚不重大时，该租赁不再可强制执行。如果只有承租人有权终止租赁，则在确定租赁期时，企业应将该项权利视为承租人可行使的终止租赁选择权予以考虑。如果只有出租人有权终止租赁，则该租赁的不可撤销期间包括终止租赁选择权所涵盖的期间。

需要注意的是，在作出"所受惩罚不重大"的判断时，企业除考虑终止合同的罚款外，还应当考虑与合同相关的其他经济因素，如弃置或拆卸租赁资产改良的成本等。例如，在合同无明确终止期限、企业可连续续租直至合同一方通知终止租赁的情况下，如果企业预期在合同可终止日之后继续使用不可拆除的重大租赁资产改良，则其终止租赁可能面临的惩罚并非不重大，此时企业应考虑合同是否至少在租赁资产改良的预计使用期间是可强制执行的。

▶ 【例14-4】某租赁合同约定，初始租赁期为1年，如有一方撤销租赁将支付重大罚金，1年期满后，如经双方同意租赁期可再延长2年，如有一方不同意将不再续期，没有罚金且预计对交易双方带来的经济损失不重大。按照上述租赁合同约定，租赁期开始日的第1年有强制的权利和义务，是不可撤销期间。对于此后2年的延长期，因为承租人和出租人均可单方面选择不续约而无需支付任何罚金且预计对交易双方带来的经济损失不重大，该租赁不再可强制执行，即后续2年延长期非不可撤销期间。因此，该租赁合同在初始确认时应将租赁期确定为1年。

（三）续租选择权和终止租赁选择权

在租赁期开始日，企业应当评估承租人是否合理确定将行使续租或购买租赁资产的选择权，或者将不行使终止租赁选择权。在评估时，企业应当考虑对承租人行使续租选择权或不行使终止租赁选择权带来经济利益的所有相关事实和情况，包括自租赁期开始日至选择权行使日之间的事实和情况的预期变化。

需考虑的因素包括但不限于以下方面：

（1）与市价相比，选择权期间的合同条款和条件。例如，选择权期间内为使用租赁资产而需支付的租金；可变租赁付款额或其他或有款项，如因终止租赁罚款和余值担保导致的应付款项；初始选择权期间后可行使的其他选择权的条款和条件，如续租期结束时可按低于市价的价格行使购买选择权。

（2）在合同期内，承租人进行或预期进行重大租赁资产改良的，在可行使续租选择权、终止租赁选择权或者购买租赁资产选择权时，预期能为承租人带来的重大经济利益。

（3）与终止租赁相关的成本。例如，谈判成本、搬迁成本、寻找与选择可满足承租人需求的替代资产所发生的成本、将新资产融入运营所发生的整合成本、终止租赁的罚款、将租赁资产恢复至租赁条款约定状态的成本、将租赁资产归还至租赁条款约定地点的成本等。

（4）租赁资产对承租人运营的重要程度。例如，租赁资产是否为一项专门资产，租赁资产位于何地以及是否可获得合适的替换资产等。

（5）与行使选择权相关的条件及满足相关条件的可能性。例如，租赁条款约定仅在满足一项或多项条件时方可行使选择权的，还应考虑相关条件及满足相关条件的可能性。

租赁的不可撤销期间的长短会影响对承租人是否合理确定将行使或不行使选择权的

评估。通常，不可撤销期间越短，获取替代资产的相对成本就越高，承租人行使续租选择权或不行使终止租赁选择权的可能性就越大。此外，在评估承租人是否合理确定将行使或不行使选择权时，如果承租人曾经使用过特定类型的租赁资产或自有资产，则可以参考承租人使用该类资产的通常期限及原因。例如，承租人通常在特定时期内使用某类资产，或承租人通常对某类租赁资产行使选择权，则承租人应考虑以往这些做法的原因，以评估是否合理确定将对此类租赁资产行使选择权。

续租选择权或终止租赁选择权可能与租赁的其他条款相结合。例如，无论承租人是否行使选择权，均保证向出租人支付基本相等的最低或固定现金，在此情形下，应假定承租人合理确定将行使续租选择权或不行使终止租赁选择权。又如，同时存在原租赁和转租赁时，转租赁期限超过原租赁期限，如原租赁包含 5 年的不可撤销期间和 2 年的续租选择权，而转租赁的不可撤销期限为 7 年，此时应考虑转租赁期限及相关租赁条款对续租选择权评估的可能影响。

购买选择权的评估方式应与续租选择权或终止租赁选择权的评估方式相同，购买选择权在经济上与将租赁期延长至租赁资产全部剩余经济寿命的续租选择权类似。

▶【例 14-5】承租人签订了一份建筑租赁合同，合同包含 4 年不可撤销期间和 2 年按照市价行使的续租选择权。在搬入该建筑之前，承租人花费了大量资金对租赁建筑进行了改良，预计在第 4 年结束时租赁资产改良仍将具有重大价值，且该价值仅可通过继续使用租赁资产实现。

本例中，如果承租人在第 4 年结束时放弃该租赁资产改良，将蒙受重大经济损失。因此，承租人合理确定将行使续租选择权，在租赁开始时，确定租赁期为 6 年。

（四）对租赁期和购买选择权的重新评估

发生承租人可控范围内的重大事件或变化，且影响承租人是否合理确定将行使相应选择权的，承租人应当对其是否合理确定将行使续租选择权、购买选择权或不行使终止租赁选择权进行重新评估，并根据重新评估结果修改租赁期。承租人可控范围内的重大事件或变化包括但不限于下列情形：（1）在租赁期开始日未预计到的重大租赁资产改良，在可行使续租选择权、终止租赁选择权或购买选择权时，预期将为承租人带来重大经济利益；（2）在租赁期开始日未预计到的租赁资产的重大改动或定制化调整；（3）承租人作出的与行使或不行使选择权直接相关的经营决策。例如，决定续租互补性资产、处置可替代的资产或处置包含相关使用权资产的业务。

如果不可撤销的租赁期间发生变化，企业应当修改租赁期。例如，在下述情况下，不可撤销的租赁期将发生变化：（1）承租人实际行使了选择权，但该选择权在之前企业确定租赁期时未涵盖；（2）承租人未实际行使选择权，但该选择权在之前企业确定租赁期时已涵盖；（3）某些事件的发生，导致根据合同规定承租人有义务行使选择权，但该选择权在之前企业确定租赁期时未涵盖；（4）某些事件的发生，导致根据合同规定禁止承租人行使选择权，但该选择权在之前企业确定租赁期时已涵盖。

在租赁期开始日，企业应当基于既有相关事实和情况判断可强制执行合同的期间以及是否存在实质续租、终止等选择权以合理确定租赁期，其他相关会计估计应与此一致。例如，与该租赁相关的租赁资产改良支出、初始直接费用等的摊销期限应当与租赁期保持一致。

第二节 承租人会计处理

在租赁期开始日,承租人应当对租赁确认使用权资产和租赁负债,但应用短期租赁和低价值资产租赁简化处理的除外。

一、初始计量

(一) 租赁负债的初始计量

租赁负债应当按照租赁期开始日尚未支付的租赁付款额的现值进行初始计量。识别应纳入租赁负债的相关付款项目是计量租赁负债的关键。

1. 租赁付款额

租赁付款额,是指承租人向出租人支付的与在租赁期内使用租赁资产的权利相关的款项。

租赁付款额包括下列五项内容:

(1) 固定付款额及实质固定付款额,存在租赁激励的,扣除租赁激励相关金额。实质固定付款额是指在形式上可能包含变量但实质上无法避免的付款额。常见情形包括:

①付款额设定为可变租赁付款额,但该可变条款几乎不可能发生,没有真正的经济实质。例如,付款额仅需在租赁资产经证实能够在租赁期间正常运行时支付,或者仅需在不可能不发生的事件发生时支付。又如,付款额初始设定为与租赁资产使用情况相关的可变付款额,但其潜在可变性将于租赁期开始日之后的某个时点消除,在可变性消除时,该类付款额成为实质固定付款额。

②承租人有多套付款额方案,但其中仅有一套是可行的。在此情况下,承租人应采用该可行的付款额方案作为租赁付款额。

③承租人有多套可行的付款额方案,但必须选择其中一套。在此情况下,承租人应采用总折现金额最低的一套作为租赁付款额。

▶【例14-6】甲公司是一家知名零售商,从乙公司租入已成熟开发的零售场所开设一家商店。根据租赁合同,甲公司在正常工作时间内必须经营该商店,且甲公司不得将商店闲置或进行分租。合同中关于租赁付款额的条款为:如果甲公司开设的这家商店没有发生销售,则甲公司应付的年租金为100元;如果这家商店发生销售,则甲公司应付的年租金为1 000 000元。

本例中,该租赁包含每年1 000 000元的实质固定付款额。该金额不是取决于销售额的可变付款额。因为甲公司是一家知名零售商,根据租赁合同,甲公司应在正常工作时间内经营该商店,所以甲公司开设的这家商店不可能不发生销售。

租赁激励,是指出租人为达成租赁向承租人提供的优惠,包括出租人向承租人支付的与租赁有关的款项、出租人为承租人偿付或承担的成本等。存在租赁激励的,承租人在确定租赁付款额时,应扣除租赁激励相关金额。

(2) 取决于指数或比率的可变租赁付款额。可变租赁付款额,是指承租人为取得在租赁期内使用租赁资产的权利,而向出租人支付的因租赁期开始日后的事实或情况发生变化（而非时间推移）而变动的款项。可变租赁付款额可能与下列各项指标或情况挂钩：

①市场比率或指数。例如，随基准利率或消费者价格指数变动调整租赁付款额。

②承租人源自租赁资产的绩效。例如，零售业不动产租赁可能会要求基于使用该不动产取得的销售收入的一定比例确定租赁付款额；某设备租赁可能基于该设备运营收入的一定比例确定租赁付款额。

③租赁资产的使用。例如，车辆租赁可能要求承租人在超过特定里程数时支付额外的租赁付款额。

需要注意的是，纳入租赁负债初始计量的可变租赁付款额仅限取决于指数或比率的可变租赁付款额，包括与消费者价格指数挂钩的款项、与基准利率挂钩的款项和为反映市场租金费率变化而变动的款项等。此类可变租赁付款额应当根据租赁期开始日的指数或比率确定。除取决于指数或比率的可变租赁付款额之外，其他可变租赁付款额均不纳入租赁负债的初始计量中，而应当在实际发生时计入当期损益（按照其他准则规定应计入相关资产成本的除外）。

（3）购买选择权的行权价格，前提是承租人合理确定将行使该选择权。在租赁期开始日，承租人应评估是否合理确定将行使购买租赁资产的选择权。在评估时，承租人应考虑对其行使或不行使购买选择权产生经济激励的所有相关事实和情况。如果承租人合理确定将行使购买租赁资产的选择权，则租赁付款额中应包含购买选择权的行权价格。

（4）行使终止租赁选择权需支付的款项，前提是租赁期反映出承租人将行使终止租赁选择权。在租赁期开始日，承租人应评估是否合理确定将行使终止租赁的选择权。在评估时，承租人应考虑对其行使或不行使终止租赁选择权产生经济激励的所有相关事实和情况。如果承租人合理确定将行使终止租赁选择权，则租赁付款额中应包含行使终止租赁选择权需支付的款项，并且租赁期不应包含终止租赁选择权涵盖的期间。

▶【例14-7】承租人甲公司租入某办公楼的一层楼，为期10年。甲公司有权选择在第5年后提前终止租赁，并以相当于6个月的租金作为罚金。每年的租赁付款额为固定金额200 000元。该办公楼是全新的，并且在周边商业园区的办公楼中处于技术领先水平。上述租赁付款额与市场租金水平相符。

本例中，在租赁期开始日，甲公司评估后认为，6个月的租金对于甲公司而言金额重大，同等条件下，也难以按更优惠的价格租入其他办公楼，可以合理确定不会选择提前终止租赁，因此其租赁负债不应包括提前终止租赁时需支付的罚金，租赁期确定为10年。

（5）根据承租人提供的担保余值预计应支付的款项。担保余值，是指与出租人无关的一方向出租人提供担保，保证在租赁结束时租赁资产的价值至少为某指定的金额。如果承租人提供了对余值的担保，则租赁付款额应包含该担保下预计应支付的款项，它反映了承租人预计将支付的金额，而不是承租人担保余值下的最大敞口。

需要说明的是，承租人向出租人支付的款项中包含增值税的，该增值税不属于租赁付款额的范畴，不应纳入租赁负债和使用权资产的计量。出租人为确保承租人履行合同相关义务收取租赁保证金的，该租赁保证金不属于承租人的租赁付款额，承租人应将其作为单独的资产进行会计处理。

2. 折现率

租赁负债应当按照租赁期开始日尚未支付的租赁付款额的现值进行初始计量。在计算租赁付款额的现值时，承租人应当采用租赁内含利率作为折现率；无法确定租赁内含利率的，应当采用承租人增量借款利率作为折现率。

租赁内含利率，是指使出租人的租赁收款额的现值与未担保余值的现值之和等于租赁资产公允价值与出租人的初始直接费用之和的利率。其中，未担保余值，是指租赁资产余值中，出租人无法保证能够实现或仅由与出租人有关的一方予以担保的部分。初始直接费用，是指为达成租赁所发生的增量成本。增量成本是指若企业不取得该租赁，则不会发生的成本，如佣金、印花税等。无论是否实际取得租赁都会发生的支出，不属于初始直接费用，如为评估是否签订租赁合同而发生的差旅费、法律费用等，此类费用应当在发生时计入当期损益。

▶【例14-8】承租人甲公司与出租人乙公司签订了一份车辆租赁合同，租赁期为5年。在租赁期开始日，该车辆的公允价值为100 000元，乙公司预计在租赁结束时其公允价值（即未担保余值）将为10 000元。租赁付款额为每年23 000元，于年末支付。乙公司发生的初始直接费用为5 000元。乙公司计算租赁内含利率r的方法如下：

23 000 × (P/A, r, 5) + 10 000 × (P/F, r, 5) = 100 000 + 5 000

本例中，计算得出的租赁内含利率r为5.79%。

承租人增量借款利率，是指承租人在类似经济环境下为获得与使用权资产价值接近的资产，在类似期间以类似抵押条件借入资金须支付的利率。该利率与下列事项相关：（1）承租人自身情况，即承租人的偿债能力和信用状况；（2）"借款"的期限，即租赁期；（3）"借入"资金的金额，即租赁负债的金额；（4）"抵押条件"，即租赁资产的性质和质量；（5）经济环境，包括承租人所处的司法管辖区、计价货币、合同签订时间等。

在具体操作时，承租人可以先根据所处经济环境，以可观察的利率作为确定增量借款利率的参考基础，然后根据承租人自身情况、租赁资产情况、租赁期和租赁负债金额等租赁业务的具体情况对参考基础进行调整，得出适用的承租人增量借款利率。企业应当对确定承租人增量借款利率的依据和过程做好记录。

（二）使用权资产的初始计量

使用权资产，是指承租人可在租赁期内使用租赁资产的权利。在租赁期开始日，承租人应当按照成本对使用权资产进行初始计量。该成本包括下列四项：

（1）租赁负债的初始计量金额。

（2）在租赁期开始日或之前支付的租赁付款额；存在租赁激励的，应扣除已享受的租赁激励相关金额。

（3）承租人发生的初始直接费用。

（4）承租人为拆卸及移除租赁资产、复原租赁资产所在场地或将租赁资产恢复至租赁条款约定状态预计将发生的成本。前述成本属于为生产存货而发生的，应按照《企业会计准则第1号——存货》的相关规定进行会计处理。

关于上述第（4）项成本，承租人有可能在租赁期开始日就承担了上述成本的支付义务，也可能在特定期间内因使用租赁资产而承担了相关义务。承租人应在其有义务承担上述成本时,将这些成本确认为使用权资产成本的一部分。但是,承租人由于在特定期间内将使用权资产用于生产存货而发生的上述成本,应按照《企业会计准则第1号——存货》的相关规定进行会计处理。承租人应当按照《企业会计准则第13号——或有事项》对上述成本的支付义务进行确认和计量。承租人发生的租赁资产改良支出不属于使用权资产,应当记入"长期待摊费用"科目。

在某些情况下,承租人可能在租赁期开始前就发生了与租赁资产相关的经济业务或事项。例如,租赁合同双方经协商约定,租赁资产需经建造或重新设计后方可供承租人使用;根据合同条款与条件,承租人需支付与资产建造或设计相关的成本。承租人如发生与租赁资产建造或设计相关的成本,应适用其他相关准则(如《企业会计准则第4号——固定资产》)进行会计处理。需要注意的是,与租赁资产建造或设计相关的成本不包括承租人为获取租赁资产使用权而支付的款项,此类款项无论在何时支付,均属于租赁付款额。

▶【例14-9】承租人甲公司就某写字楼的某一层楼与出租人乙公司签订了为期10年的租赁协议,并拥有5年的续租选择权。有关资料如下:(1)初始租赁期内的不含税租金为每年50 000元,续租期间为每年55 000元,所有款项应于每年年初支付;(2)为获得该项租赁,甲公司发生初始直接费用20 000元,其中,15 000元为向该楼层前任租户支付的款项,5 000元为向房地产中介支付的佣金;(3)作为对甲公司的激励,乙公司同意补偿甲公司5 000元的佣金;(4)在租赁期开始日,甲公司评估后认为,不能合理确定将行使续租选择权,因此,将租赁期确定为10年;(5)甲公司无法确定租赁内含利率,其增量借款利率为每年5%,该利率反映的是甲公司以类似抵押条件借入期限为10年、与使用权资产等值的相同币种的借款而必须支付的利率。假设不考虑相关税费影响。

本例中,承租人甲公司的会计处理如下:

第一步,计算租赁期开始日租赁付款额的现值,并确认租赁负债和使用权资产。

在租赁期开始日,甲公司支付第1年的租金50 000元,并以剩余9年租金(每年50 000元)按5%的年利率折现后的现值计量租赁负债。租赁付款额及其现值的计算过程如下:

剩余9期租赁付款额 = 50 000 × 9 = 450 000(元)

租赁负债 = 剩余9期租赁付款额的现值 = 50 000 × (P/A, 5%, 9) = 355 391(元)

未确认融资费用 = 剩余9期租赁付款额 – 剩余9期租赁付款额的现值 = 450 000 – 355 391 = 94 609(元)

借:使用权资产　　　　　　　　　　　　　　　　　　405 391
　　租赁负债——未确认融资费用　　　　　　　　　　 94 609
　　贷:租赁负债——租赁付款额　　　　　　　　　　　450 000
　　　　银行存款(第1年的租赁付款额)　　　　　　　 50 000

第二步,将初始直接费用计入使用权资产的初始成本。

借:使用权资产　　　　　　　　　　　　　　　　　　 20 000
　　贷:银行存款　　　　　　　　　　　　　　　　　　20 000

第三步,将已收的租赁激励相关金额从使用权资产入账价值中扣除。

借:银行存款　　　　　　　　　　　　　　　　　　　 5 000

贷：使用权资产 5 000

综上，甲公司使用权资产的初始成本＝405 391＋20 000－5 000＝420 391（元）。

二、后续计量

（一）租赁负债的后续计量

1. 计量基础

在租赁期开始日后，承租人应当按下列原则对租赁负债进行后续计量：

（1）确认租赁负债的利息时，增加租赁负债的账面金额；

（2）支付租赁付款额时，减少租赁负债的账面金额；

（3）因重估或租赁变更等原因导致租赁付款额发生变动时，重新计量租赁负债的账面价值。

承租人应当按照固定的周期性利率计算租赁负债在租赁期内各期间的利息费用，并计入当期损益，但按照《企业会计准则第17号——借款费用》等其他准则规定应当计入相关资产成本的，从其规定。此处的周期性利率，是指承租人对租赁负债进行初始计量时所采用的折现率，或者因租赁付款额发生变动或因租赁变更而需按照修订后的折现率对租赁负债进行重新计量时，承租人所采用的修订后的折现率。

▶【例14－10】承租人甲公司与出租人乙公司签订了为期7年的商铺租赁合同，商铺作为甲公司的专设售后服务网点。每年的租赁付款额为450 000元，于每年年末支付。甲公司无法确定租赁内含利率，其增量借款利率为5.04%。

本例中，在租赁期开始日，甲公司按租赁付款额的现值所确认的租赁负债为2 600 000元。在第1年年末，甲公司向乙公司支付第1年的租赁付款额450 000元，其中，131 040元（2 600 000×5.04%）是当年的利息，318 960元（450 000－131 040）是本金，即租赁负债的账面价值减少318 960元。甲公司的账务处理如下：

借：租赁负债——租赁付款额 450 000
　　贷：银行存款 450 000
借：财务费用——利息费用 131 040
　　贷：租赁负债——未确认融资费用 131 040

未纳入租赁负债计量的可变租赁付款额（即并非取决于指数或比率的可变租赁付款额），应当在实际发生时计入当期损益，但按照《企业会计准则第1号——存货》等其他准则规定应当计入相关资产成本的，从其规定。

2. 租赁负债的重新计量

在租赁期开始日后，当发生下列四种情形时，承租人应当按照变动后的租赁付款额的现值重新计量租赁负债，并相应调整使用权资产的账面价值。使用权资产的账面价值已调减至零，但租赁负债仍需进一步调减的，承租人应当将剩余金额计入当期损益。

（1）实质固定付款额发生变动。

如果租赁付款额最初是可变的，但在租赁期开始日后的某一时点转为固定，那么，在潜在可变性消除时，该付款额成为实质固定付款额，应纳入租赁负债的计量中。承租人应当按照变动后租赁付款额的现值重新计量租赁负债。在该情形下，承租人采用的折现率不变，即，采用租赁期开始日确定的折现率。

▶【例14-11】承租人甲公司签订了一份为期10年的机器租赁合同。租金于每年年末支付，并按以下方式确定：第1年，租金是可变的，根据该机器在第1年下半年的实际产能确定；第2年至第10年，每年的租金根据该机器在第1年下半年的实际产能确定，即，租金将在第1年末转变为固定付款额。在租赁期开始日，甲公司无法确定租赁内含利率，其增量借款利率为5%。假设在第1年末，根据该机器在第1年下半年的实际产能所确定的租赁付款额为每年20 000元。

本例中，在租赁期开始时，由于未来的租金尚不确定，因此甲公司的租赁负债为0。在第1年末，租金的潜在可变性消除，成为实质固定付款额（即每年20 000元），因此甲公司应基于变动后的租赁付款额重新计量租赁负债，并采用不变的折现率（即5%）进行折现。在支付第1年的租金之后，甲公司后续年度需支付的租赁付款额为180 000元（20 000×9），租赁付款额在第1年末的现值为142 156元［20 000×（P/A，5%，9）］，未确认融资费用为37 844元（180 000-142 156）。甲公司在第1年末的相关账务处理如下：

①支付第1年的可变租金并计入当期损益：

借：制造费用等　　　　　　　　　　　　　　　　　　　　20 000
　　贷：银行存款　　　　　　　　　　　　　　　　　　　　　　　20 000

②确认使用权资产和租赁负债：

借：使用权资产　　　　　　　　　　　　　　　　　　　　142 156
　　租赁负债——未确认融资费用　　　　　　　　　　　　　37 844
　　贷：租赁负债——租赁付款额　　　　　　　　　　　　　　　180 000

（2）担保余值预计的应付金额发生变动。

在租赁期开始日后，承租人应对其在担保余值下预计支付的金额进行估计。该金额发生变动的，承租人应当按照变动后租赁付款额的现值重新计量租赁负债。在该情形下，承租人采用的折现率不变。

（3）用于确定租赁付款额的指数或比率发生变动。

在租赁期开始日后，因浮动利率的变动而导致未来租赁付款额发生变动的，承租人应当按照变动后租赁付款额的现值重新计量租赁负债。在该情形下，承租人应采用反映利率变动的修订后的折现率进行折现。

在租赁期开始日后，因用于确定租赁付款额的指数或比率（浮动利率除外）的变动而导致未来租赁付款额发生变动的，承租人应当按照变动后租赁付款额的现值重新计量租赁负债。在该情形下，承租人采用的折现率不变。

需要注意的是，仅当现金流量发生变动时，即租赁付款额的变动生效时，承租人才应重新计量租赁负债，以反映变动后的租赁付款额。承租人应基于变动后的合同付款额，确定剩余租赁期内的租赁付款额。

（4）购买选择权、续租选择权或终止租赁选择权的评估结果或实际行使情况发生变化。

租赁期开始日后，发生下列情形的，承租人应采用修订后的折现率对变动后的租赁付款额进行折现，以重新计量租赁负债：

①发生承租人可控范围内的重大事件或变化，且影响承租人是否合理确定将行使续租选择权或终止租赁选择权的，承租人应当对其是否合理确定将行使相应选择权进行重新评估。上述选择权的评估结果发生变化的，承租人应当根据新的评估结果重新确定租赁期和租赁付款额。前述选择权的实际行使情况与原评估结果不一致等导致租赁期变化的，也应当根据新的租赁期重新确定租赁付款额。

②发生承租人可控范围内的重大事件或变化，且影响承租人是否合理确定将行使购买选择权的，承租人应当对其是否合理确定将行使购买选择权进行重新评估。评估结果发生变化的，承租人应根据新的评估结果重新确定租赁付款额。

上述两种情形下，承租人在计算变动后租赁付款额的现值时，应当采用剩余租赁期间的租赁内含利率作为折现率；无法确定剩余租赁期间的租赁内含利率的，应当采用重估日的承租人增量借款利率作为折现率。

▶【例14－12】承租人甲公司与出租人乙公司签订了一份办公楼租赁合同，每年的租赁付款额为50 000元，于每年年末支付。甲公司无法确定租赁内含利率，其增量借款利率为5%。

合同约定的不可撤销租赁期间为5年，第5年末甲公司有权选择以每年50 000元续租5年，或者以1 000 000元购买该房产。甲公司在租赁期开始时评估认为，可以合理确定将行使续租选择权，而不会行使购买选择权，因此将租赁期确定为10年。

本例中，在租赁期开始日，甲公司确认的租赁负债和使用权资产为386 000元[50 000×(P/A，5%，10)]。租赁负债将按表14－2所述方法进行后续计量。

表14－2   单位：元

年度	租赁负债 年初金额 ①	利息 ②＝①×5%	租赁付款额 ③	租赁负债 年末金额 ④＝①＋②－③
1	386 000*	19 300	50 000	355 300
2	355 300	17 765	50 000	323 065
3	323 065	16 153	50 000	289 218
4	289 218	14 461	50 000	253 679
5	253 679	12 684	50 000	216 363
6	216 363	10 818	50 000	177 181
7	177 181	8 859	50 000	136 040
8	136 040	6 802	50 000	92 842
9	92 842	4 642	50 000	47 484
10	47 484	2 516	50 000	—

注：*为便于计算，本题中，年金现值系数取两位小数。

在租赁期开始日，甲公司的账务处理如下：

借：使用权资产 386 000
    租赁负债——未认融资费用 (500 000－386 000) 114 000
  贷：租赁负债——租赁付款额 500 000

第4年，该房产所在地房价显著上涨，甲公司预计租赁期结束时该房产的市价为

2 000 000元，甲公司第4年末重新评估后认为，能够合理确定将行使上述购买选择权，而不会行使上述续租选择权。该房产所在地区的房价上涨属于市场情况发生的变化，不在甲公司的可控范围内。因此，虽然该事项导致购买选择权及续租选择权的评估结果发生变化，但甲公司不需重新计量租赁负债。

第5年末，甲公司实际行使了购买选择权。截至该时点，使用权资产的原值为386 000元，累计折旧为193 000元（386 000×5/10）；支付第5年租赁付款额之后，租赁负债的账面价值为216 363元，其中，租赁付款额为250 000元，未确认融资费用为33 637元（250 000－216 363）。甲公司行使购买选择权的账务处理如下：

借：固定资产——办公楼　　　　　　　　　　　　976 637
　　使用权资产累计折旧　　　　　　　　　　　　193 000
　　租赁负债——租赁付款额　　　　　　　　　　250 000
　　贷：使用权资产　　　　　　　　　　　　　　　　386 000
　　　　租赁负债——未确认融资费用　　　　　　　　33 637
　　　　银行存款　　　　　　　　　　　　　　　1 000 000

如果某项租赁合同约定，承租人租赁设备用于生产A产品，租赁期为5年，每年的租赁付款额按照设备当年运营收入的80%计算，于每年末支付给出租人，假定不考虑其他因素。在这种情况下，租赁付款额按照设备年运营收入的一定比例计算，属于可变租赁付款额，但该可变租赁付款额取决于设备的未来绩效而不是指数或比率，因而不纳入租赁负债的初始计量。在不存在其他租赁付款额的情况下，该租赁合同的租赁负债初始计量金额为0。后续计量时，承租人应将按照设备运营收入80%计算的可变租赁付款额计入A产品成本。

（二）使用权资产的后续计量

1. 计量基础

在租赁期开始日后，承租人应当采用成本模式对使用权资产进行后续计量，即，以成本减累计折旧及累计减值损失计量使用权资产。

承租人按照《企业会计准则第21号——租赁》有关规定重新计量租赁负债的，应当相应调整使用权资产的账面价值。

2. 使用权资产的折旧

承租人应当参照《企业会计准则第4号——固定资产》有关折旧规定，自租赁期开始日起对使用权资产计提折旧。使用权资产通常应自租赁期开始的当月计提折旧，当月计提确有困难的，为便于实务操作，企业也可以选择自租赁期开始的下月计提折旧，但应对同类使用权资产采取相同的折旧政策。计提的折旧金额应根据使用权资产的用途，计入相关资产的成本或者当期损益。

承租人在确定使用权资产的折旧方法时，应当根据与使用权资产有关的经济利益的预期消耗方式作出决定。通常，承租人按直线法对使用权资产计提折旧。如果其他折旧方法更能反映使用权资产有关经济利益预期消耗方式的，应采用其他折旧方法。

承租人在确定使用权资产的折旧年限时，应遵循下列原则：承租人能够合理确定租赁期届满时取得租赁资产所有权的，应当在租赁资产剩余使用寿命内计提折旧；承租人无法合理确定租赁期届满时能够取得租赁资产所有权的，应当在租赁期与租赁资产剩余使用寿命两者孰短的期间内计提折旧。如果使用权资产的剩余使用寿命短于前两者，则应在使用权资产的剩余使用寿命内计提折旧。

3. 使用权资产的减值

在租赁期开始日后，承租人应当按照《企业会计准则第8号——资产减值》的规定，确定使用权资产是否发生减值，并对已识别的减值损失进行会计处理。使用权资产发生减值的，按应减记的金额，借记"资产减值损失"科目，贷记"使用权资产减值准备"科目。使用权资产减值准备一旦计提，不得转回。承租人应当按照扣除减值损失之后的使用权资产的账面价值，计提后续折旧。

（三）租赁变更的会计处理

租赁变更，是指原合同条款之外的租赁范围、租赁对价、租赁期限的变更，包括增加或终止一项或多项租赁资产的使用权，延长或缩短合同规定的租赁期等。租赁变更生效日，是指双方就租赁变更达成一致的日期。

1. 租赁变更作为一项单独租赁处理

租赁发生变更且同时符合下列条件的，承租人应当将该租赁变更作为一项单独租赁进行会计处理：

（1）该租赁变更通过增加一项或多项租赁资产的使用权而扩大了租赁范围；

（2）增加的对价与租赁范围扩大部分的单独价格按该合同情况调整后的金额相当。

2. 租赁变更未作为一项单独租赁处理

租赁变更未作为一项单独租赁进行会计处理的，在租赁变更生效日，承租人应当按照《企业会计准则第21号——租赁》有关租赁拆分的规定对变更后合同的对价进行分摊；按照《企业会计准则第21号——租赁》有关租赁期的规定确定变更后的租赁期；并采用变更后的折现率对变更后的租赁付款额进行折现，以重新计量租赁负债。在计算变更后租赁付款额的现值时，承租人应当采用剩余租赁期间的租赁内含利率作为折现率；无法确定剩余租赁期间的租赁内含利率的，应当采用租赁变更生效日的承租人增量借款利率作为折现率。

就上述租赁负债调整的影响，承租人应区分下列情形进行会计处理：

（1）租赁变更导致租赁范围缩小或租赁期缩短的，承租人应当调减使用权资产的账面价值，以反映租赁的部分终止或完全终止。承租人应将部分终止或完全终止租赁的相关利得或损失计入当期损益。

（2）其他租赁变更，承租人应当相应调整使用权资产的账面价值。

需要注意的是，租赁变更导致租赁期缩短至1年以内的，承租人应当调减使用权资产的账面价值，部分终止租赁的相关利得或损失记入"资产处置损益"科目。企业不得改按短期租赁进行简化处理或追溯调整。

三、短期租赁和低价值资产租赁

对于短期租赁和低价值资产租赁，承租人可以选择不确认使用权资产和租赁负债。作出该选择的，承租人应当将短期租赁和低价值资产租赁的租赁付款额，在租赁期内各个期间按照直线法计入相关资产成本或当期损益,其他系统合理的方法能够更好地反映承租人的受益模式的,承租人应当采用该方法。

(一) 短期租赁

短期租赁,是指在租赁期开始日,租赁期不超过 12 个月(1 年)的租赁。包含购买选择权的租赁,即使租赁期不超过 12 个月,也不属于短期租赁。

对于短期租赁,承租人可以按照租赁资产的类别作出采用简化会计处理的选择。如果承租人对某类租赁资产作出了简化会计处理的选择,则该类资产下所有的短期租赁都应采用简化会计处理。某类租赁资产是指企业运营中具有类似性质和用途的一组租赁资产。

实务中,当承租人与出租人签订租赁期为 1 年的租赁合同时,不能简单认为该租赁的租赁期为 1 年,而应当基于所有相关事实和情况判断可强制执行合同的期间以及是否存在实质续租、终止等选择权以合理确定租赁期。如果历史上承租人与出租人之间存在逐年续签的惯例,或者承租人与出租人互为关联方,尤其应当谨慎确定租赁期。企业在考虑所有相关事实和情况后确定租赁期为 1 年的,其他会计估计应与此一致。例如,与该租赁相关的租赁资产改良支出、初始直接费用等应当在 1 年内以直线法或其他系统合理的方法进行摊销。

按照简化会计处理的短期租赁发生租赁变更或者因其他原因导致租赁期发生变化的,承租人应当将其视为一项新租赁,重新按照上述原则判断该项新租赁是否可以选择简化会计处理。

▶【例 14-13】承租人与出租人签订了一份租赁合同,约定不可撤销期间为 9 个月,且承租人拥有 5 个月的续租选择权。在租赁期开始日,承租人判断可以合理确定将行使续租选择权,因为续租期的月租赁付款额明显低于市场价格。在此情况下,承租人确定租赁期为 14 个月,不属于短期租赁,承租人不能选择采用简化会计处理。

(二) 低价值资产租赁

低价值资产租赁,是指单项租赁资产为全新资产时价值较低的租赁。承租人在判断是否是低价值资产租赁时,应基于租赁资产全新状态下的绝对价值进行评估,不受承租人规模、性质等影响,也不应考虑资产已被使用的年限以及该资产对于承租人或相关租赁交易的重要性。同时,低价值资产租赁还应当符合下列规定:承租人可从单独使用该资产或将其与易于获得的其他资源一起使用中获利,且该资产与合同中的其他资产不存在高度依赖或高度关联关系。

常见的低价值资产包括平板电脑、普通办公家具、电话等小型资产。

对于低价值资产租赁,承租人可根据每项租赁的具体情况作出简化会计处理选择。但是,如果承租人已经或者预期要转租该租赁资产的,则不能将原租赁按照低价值资产租赁进行简化会计处理。

值得注意的是,符合低价值资产租赁的,并不代表承租人若采取购入方式取得该资产时其不符合固定资产的确认条件。

第三节 出租人会计处理

一、出租人的租赁分类

（一）融资租赁和经营租赁

出租人应当在租赁开始日将租赁分为融资租赁和经营租赁。

租赁开始日，是指租赁合同签署日与租赁各方就主要租赁条款作出承诺日中的较早者。租赁开始日可能早于租赁期开始日，也可能与租赁期开始日重合。

一项租赁属于融资租赁还是经营租赁取决于交易的实质，而不是合同的形式。如果一项租赁实质上转移了与租赁资产所有权有关的几乎全部风险和报酬，出租人应当将该项租赁分类为融资租赁。出租人应当将除融资租赁以外的其他租赁分类为经营租赁。

出租人的租赁分类应当以租赁转移与租赁资产所有权相关的风险和报酬的程度为依据。其中，风险包括由于生产能力的闲置或技术陈旧可能造成的损失，以及由于经济状况的改变可能造成的回报变动。报酬可以表现为在租赁资产的预期经济寿命期间经营的盈利以及因增值或残值变现可能产生的利得。

除非发生租赁变更，否则，出租人无需租赁开始日后对租赁的分类进行重新评估。租赁开始日后，租赁资产预计使用寿命、预计余值等会计估计变更，或者发生承租人违约、承租人按照原合同条款行使续租选择权或终止租赁选择权导致租赁期变化等情况的，不属于租赁变更，出租人无需对相关租赁的分类进行重新评估。

租赁合同可能包括因租赁开始日与租赁期开始日之间发生的特定变化而需对租赁付款额进行调整的条款与条件（例如，出租人租赁资产的成本发生变动，或出租人对该租赁的融资成本发生变动）。在此情况下，出于租赁分类目的，此类变动的影响均视为在租赁开始日已发生。

（二）融资租赁的分类标准

一项租赁存在下列一种或多种情形的，通常分类为融资租赁：

（1）在租赁期届满时，租赁资产的所有权转移给承租人。即，如果在租赁合同中已经约定或者根据其他条件，在租赁开始日就可以合理地判断，租赁期届满时出租人会将资产的所有权转移给承租人，那么该项租赁通常分类为融资租赁。

（2）承租人有购买租赁资产的选择权，所订立的购买价款预计将远低于行使选择权时租赁资产的公允价值，因而在租赁开始日就可以合理确定承租人将行使该选择权。

（3）资产的所有权虽然不转移，但租赁期占租赁资产使用寿命的大部分。实务中，此处的"大部分"一般指租赁期占租赁开始日租赁资产使用寿命的75%以上（含75%，下同）。需要说明的是，此条标准是租赁期占租赁资产剩余使用寿命的比例，而非租赁期占该项资产全部可使用年限的比例。如果租赁资产是旧资产，在租赁前已使用年限超过资产全新时可使用年限的75%以上时，则不能采用这条标准确定租赁的分类。

（4）在租赁开始日，租赁收款额的现值几乎相当于租赁资产的公允价值。实务中，此处的"几乎相当于"，通常指90%以上。

（5）租赁资产性质特殊，如果不作较大改造，只有承租人才能使用。例如，租赁资产是由出租人根据承租人对资产型号、规格等方面的特殊要求专门购买或建造的，具有专购、专用性质，不作较大改造，其他企业通常难以使用。

一项租赁存在下列一项或多项迹象的，也可能分类为融资租赁：（1）若承租人撤销租赁，撤销租赁对出租人造成的损失由承租人承担。（2）租赁资产余值的公允价值波动所产生的利得或损失归属于承租人。例如，租赁结束时，出租人以相当于资产销售收益的绝大部分金额作为对租金的退还，说明承租人承担了租赁资产余值的几乎所有风险和报酬。（3）承租人有能力以远低于市场水平的租金继续租赁至下一期间。此经济激励政策与购买选择权类似，如果续租选择权行权价格远低于市场水平，可以合理确定承租人将继续租赁至下一期间。

需要说明的是，出租人判断租赁类型时，上述情形和迹象并非总是决定性的，相关量化标准只是指导性标准，企业在具体运用时，应综合考虑经济激励的有利方面和不利方面，以与租赁资产所有权相关的风险和报酬的转移程度为依据进行综合判断。若有其他特征充分表明，租赁实质上没有转移与租赁资产所有权相关的几乎全部风险和报酬，则该租赁应分类为经营租赁。例如，若租赁资产的所有权在租赁期结束时是以相当于届时其公允价值的可变付款额转让至承租人，或者因存在可变租赁付款额导致出租人实质上没有转移几乎全部风险和报酬，就可能出现这种情况。

二、出租人对融资租赁的会计处理

（一）初始计量

在租赁期开始日，出租人应当对融资租赁确认应收融资租赁款，并终止确认融资租赁资产。出租人对应收融资租赁款进行初始计量时，应当以租赁投资净额作为应收融资租赁款的入账价值。

租赁投资净额为未担保余值和租赁期开始日尚未收到的租赁收款额按照租赁内含利率折现的现值之和。租赁内含利率，是指使出租人的租赁收款额的现值与未担保余值的现值之和（即租赁投资净额）等于租赁资产公允价值与出租人的初始直接费用之和的利率。因此，出租人发生的初始直接费用包括在租赁投资净额中，也即包括在应收融资租赁款的初始入账价值中。

租赁收款额，是指出租人因让渡在租赁期内使用租赁资产的权利而应向承租人收取的款项。租赁收款额包括下列五项内容：

（1）承租人需支付的固定付款额及实质固定付款额。存在租赁激励的，应当扣除租赁激励相关金额。

（2）取决于指数或比率的可变租赁付款额。该款项在初始计量时根据租赁期开始日的指数或比率确定。

（3）购买选择权的行权价格，前提是合理确定承租人将行使该选择权。

（4）承租人行使终止租赁选择权需支付的款项，前提是租赁期反映出承租人将行使终止租赁选择权。

（5）由承租人、与承租人有关的一方以及有经济能力履行担保义务的独立第三方向出租人提供的担保余值。

出租人向承租人收取的款项中包含增值税的，该增值税不属于租赁收款额的范畴，不应纳入应收融资租赁款的计量。出租人为确保承租人履行合同相关义务收取租赁保证金的，该租赁保证金不属于出租人的租赁收款额，出租人应当将其作为单独的负债进行会计处理，不应冲减应收融资租赁款。

▶【例14-14】2×20年12月1日，甲公司与乙公司签订了一份租赁合同，从乙公司租入塑钢机一台。租赁合同主要条款如下：

（1）租赁资产：全新塑钢机。

（2）租赁期开始日：2×21年1月1日。

（3）租赁期：2×21年1月1日至2×26年12月31日，共72个月。

（4）固定租金支付：自2×21年1月1日，每年年末支付租金160 000元。如果甲公司能够在每年年末的最后一天及时付款，则给予减少租金10 000元的奖励。

（5）取决于指数或比率的可变租赁付款额：租赁期限内，如遇中国人民银行贷款基准利率调整时，出租人将对租赁利率作出同方向、同幅度的调整。基准利率调整日之前各期和调整日当期租金不变，从下一期开始按调整后的租金金额收取。

（6）租赁开始日租赁资产的公允价值：2×20年12月31日该机器的公允价值为700 000元，账面价值为600 000元。

（7）初始直接费用：签订租赁合同过程中乙公司发生可归属于租赁项目的手续费、佣金10 000元。

（8）承租人的购买选择权：租赁期届满时，甲公司享有优惠购买该机器的选择权，购买价为20 000元，估计该日租赁资产的公允价值为80 000元。

（9）取决于租赁资产绩效的可变租赁付款额：2×22年和2×23年两年，甲公司每年按该机器所生产的塑钢窗户的年销售收入的5%向乙公司支付。

（10）承租人的终止租赁选择权：甲公司享有终止租赁选择权。在租赁期间，如果甲公司终止租赁，需支付的款项为剩余租赁期间的固定付款额。

（11）担保余值和未担保余值均为0。

（12）全新塑钢机的使用寿命为7年。

出租人乙公司的会计处理如下：

第一步，判断租赁类型。

本例存在优惠购买选择权，优惠购买价20 000元远低于行使选择权日租赁资产的公允价值80 000元，因此在2×20年12月31日就可合理确定甲公司将会行使这种选择权。另外，在本例中，租赁期6年，占租赁开始日租赁资产使用寿命的86%（占租赁资产使用寿命的大部分）。同时，乙公司综合考虑其他情形和迹象，认为该租赁实质上转移了与该项设备所有权有关的几乎全部风险和报酬，因此将这项租赁分类为融资租赁。

第二步，确定租赁收款额。

（1）承租人的固定付款额为考虑扣除租赁激励后的金额。承租人的固定付款额=

(160 000 - 10 000) × 6 = 900 000（元）。

（2）取决于指数或比率的可变租赁付款额。该款项在初始计量时根据租赁期开始日的指数或比率确定，因此本例中在租赁期开始日不作考虑。

（3）承租人购买选择权的行权价格。租赁期届满时，甲公司享有优惠购买该机器的选择权，购买价为 20 000 元，估计该日租赁资产的公允价值为 80 000 元。优惠购买价 20 000 元远低于行使选择权日租赁资产的公允价值，乙公司在 2×20 年 12 月 31 日就可合理确定甲公司将会行使这种选择权。因此，租赁付款额中应包括承租人购买选择权的行权价格 20 000 元。

（4）终止租赁的罚款。虽然甲公司享有终止租赁选择权，但若终止租赁，甲公司需支付的款项为剩余租赁期间的固定付款额。因此，可以合理确定甲公司不会行使终止租赁选择权，终止租赁的罚款不应纳入租赁收款额。

（5）承租人提供的担保余值：甲公司向乙公司提供的担保余值为 0 元。

综上所述，租赁收款额 = 900 000 + 20 000 = 920 000（元）。

第三步，确定租赁投资总额。

租赁投资总额 = 租赁收款额 + 未担保余值 = 920 000 + 0 = 920 000（元）。

第四步，确定租赁投资净额和未实现融资收益。

租赁投资净额 = 租赁期开始日租赁资产的公允价值 + 出租人发生的租赁初始直接费用 = 700 000 + 10 000 = 710 000（元）。

未实现融资收益 = 租赁投资总额 - 租赁投资净额 = 920 000 - 710 000 = 210 000（元）。

第五步，计算租赁内含利率。

租赁内含利率是使租赁投资总额的现值（即租赁投资净额）等于租赁资产在租赁开始日的公允价值与出租人的初始直接费用之和的利率。

由 (160 000 - 10 000) × (P/A, r, 6) + 20 000 × (P/F, r, 6) = 710 000，计算得到租赁内含利率为 7.82%。

第六步，账务处理。

2×21 年 1 月 1 日：

借：应收融资租赁款——租赁收款额	920 000
贷：银行存款	10 000
融资租赁资产	600 000
资产处置损益	100 000
应收融资租赁款——未实现融资收益	210 000

对于以收到租赁保证金为生效条件的融资租赁合同，出租人在收到承租人交来的租赁保证金时，借记"银行存款"等科目，贷记"其他应付款——租赁保证金"科目。承租人到期不交租金，以保证金抵作租金时，借记"其他应付款——租赁保证金"科目，贷记"应收融资租赁款"科目。因承租人违约，出租人按租赁合同约定没收保证金时，借记"其他应付款——租赁保证金"科目，贷记"营业外收入"等科目。承租人未发生违约，出租人到期归还保证金时，借记"其他应付款——租赁保证金"科目，贷记"银行存款"

等科目。

(二) 融资租赁的后续计量

出租人应当按照固定的周期性利率计算并确认租赁期内各个期间的利息收入。

▶【例14-15】承【例14-14】，以下说明出租人如何确认计量租赁期内各个期间的利息收入：

第一步，计算租赁期内各期的利息收入，如表14-3所示。

表14-3   单位：元

日期	收取租赁款项 ①	确认的利息收入 ②=期初③×7.82%	租赁投资净额余额 期末③=期初③-①+②
2×21年1月1日			710 000
2×21年12月31日	150 000	55 522	615 522
2×22年12月31日	150 000	48 134	513 656
2×23年12月31日	150 000	40 168	403 824
2×24年12月31日	150 000	31 579	285 403
2×25年12月31日	150 000	22 319	157 722
2×26年12月31日	150 000	12 278*	20 000
2×26年12月31日	20 000		
合计	920 000	210 000	

注：(1) 为便于计算，本表中利息收入的计算四舍五入取整数。
(2) 作尾数调整：12 278* =150 000+20 000-157 722。

第二步，账务处理。

2×21年12月31日收到第一期租金并确认租赁收入：

借：银行存款   150 000
    贷：应收融资租赁款——租赁收款额   150 000
借：应收融资租赁款——未实现融资收益   55 522
    贷：租赁收入   55 522

2×22年12月31日收到第二期租金并确认租赁收入：

借：银行存款   150 000
    贷：应收融资租赁款——租赁收款额   150 000
借：应收融资租赁款——未实现融资收益   48 134
    贷：租赁收入   48 134

纳入出租人租赁投资净额的可变租赁付款额仅限取决于指数或比率的可变租赁付款额。在初始计量时，应当采用租赁期开始日的指数或比率进行初始计量。出租人应定期复核计算租赁投资总额时所使用的未担保余值。若预计未担保余值降低，出租人应修改租赁期内的收益分配，并立即确认预计的减少额。

出租人取得的未纳入租赁投资净额计量的可变租赁付款额，如与资产的未来绩效或使用情况挂钩的可变租赁付款额，应当在实际发生时计入当期损益。

(三) 融资租赁变更的会计处理

融资租赁发生变更且同时符合下列条件的,出租人应当将该变更作为一项单独租赁进行会计处理:(1)该变更通过增加一项或多项租赁资产的使用权而扩大了租赁范围;(2)增加的对价与租赁范围扩大部分的单独价格按该合同情况调整后的金额相当。

如果融资租赁的变更未作为一项单独租赁进行会计处理,且满足假如变更在租赁开始日生效,该租赁会被分类为经营租赁条件的,出租人应当自租赁变更生效日开始将其作为一项新租赁进行会计处理,并以租赁变更生效日前的租赁投资净额作为租赁资产的账面价值。

▶【例14-16】承租人就某套机器设备与出租人签订了一项为期5年的租赁,构成融资租赁。合同规定,每年末承租人向出租人支付租金10 000元,租赁期开始日,出租资产公允价值为37 908元。按照公式10 000×(P/A,r,5)=37 908,计算得出租赁内含利率10%,租赁收款额为50 000元,未实现融资收益为12 092元。在第2年年初,承租人和出租人同意对原租赁进行修改,缩短租赁期限到第3年末,每年支付租金时点不变,租金总额从50 000元变更到33 000元。假设本例中不涉及未担保余值、担保余值、终止租赁罚款等。

本例中,如果原租赁期限设定为3年,在租赁开始日该租赁会被出租人分类为经营租赁,那么,在租赁变更生效日,即第2年年初,出租人将租赁投资净额余额31 699元(37 908+37 908×10%-10 000)作为该套机器设备的入账价值,并从第2年年初开始,作为一项新的经营租赁(2年租赁期,每年末收取租金11 500元)进行会计处理。

第2年年初账务处理如下:

借:固定资产　　　　　　　　　　　　　　　　　　　　　31 699
　　应收融资租赁款——未实现融资收益　(12 092-37 908×10%)　8 301
　　贷:应收融资租赁款——租赁收款额　　　　(50 000-10 000)　40 000

如果融资租赁的变更未作为一项单独租赁进行会计处理,且满足假如变更在租赁开始日生效,该租赁会被分类为融资租赁条件的,出租人应当按照《企业会计准则第22号——金融工具确认和计量》第四十二条关于修改或重新议定合同的规定进行会计处理。即,修改或重新议定租赁合同,未导致应收融资租赁款终止确认,但导致未来现金流量发生变化的,应当重新计算该应收融资租赁款的账面余额,并将相关利得或损失计入当期损益。重新计算应收融资租赁款账面余额时,应当根据重新议定或修改的租赁合同现金流量按照应收融资租赁款的原折现率或按照《企业会计准则第24号——套期会计》的规定重新计算的折现率(如适用)折现的现值确定。对于修改或重新议定租赁合同所产生的所有成本和费用,企业应当调整修改后的应收融资租赁款的账面价值,并在修改后的应收融资租赁款的剩余期限内进行摊销。

在融资租赁期间,如果承租人欠付租金,但租赁合同未发生变更的,出租人应继续按照原租赁合同进行相关会计处理,并按照《企业会计准则第22号——金融工具确认和计量》有关减值的规定对应收融资租赁款计提减值准备。

三、出租人对经营租赁的会计处理

（一）租金的处理

在租赁期内各个期间，出租人应采用直线法将经营租赁的租赁收款额确认为租金收入。如果其他系统合理的方法能够更好地反映因使用租赁资产所产生经济利益的消耗模式的，则出租人应采用该方法。

（二）出租人对经营租赁提供激励措施

出租人提供免租期的，出租人应将租金总额在不扣除免租期的整个租赁期内，按直线法或其他合理的方法进行分配，免租期内应当确认租金收入。出租人承担了承租人某些费用的，出租人应将该费用自租金收入总额中扣除，按扣除后的租金收入余额在租赁期内进行分配。

（三）初始直接费用

出租人发生的与经营租赁有关的初始直接费用应当资本化至租赁资产的成本，在租赁期内按照与租金收入相同的确认基础分期计入当期损益。

（四）折旧和减值

对于经营租赁资产中的固定资产，出租人应当采用类似资产的折旧政策计提折旧，折旧费计入其他业务成本等；对于其他经营租赁资产，出租人应当根据该资产适用的企业会计准则，采用系统合理的方法进行摊销。

出租人应当按照《企业会计准则第 8 号——资产减值》的规定，确定经营租赁资产是否发生减值，并对已识别的减值损失进行会计处理。

（五）可变租赁付款额

出租人取得的与经营租赁有关的可变租赁付款额，如果是与指数或比率挂钩的，应在租赁期开始日计入租赁收款额；除此之外的其他可变租赁付款额，应当在实际发生时计入当期损益。

（六）经营租赁的变更

经营租赁发生变更的，出租人应自变更生效日开始，将其作为一项新的租赁进行会计处理，与变更前租赁有关的预收或应收租赁收款额视为新租赁的收款额。

第四节　特殊租赁业务的会计处理

一、转租赁

转租情况下，原租赁合同和转租赁合同通常都是单独协商的，交易对手也是不同的企业，转租出租人对原租赁合同和转租赁合同应当分别根据承租人和出租人的会计处理要求进行会计处理。

在对转租赁进行分类时，转租出租人应基于原租赁中产生的使用权资产，而不是租赁资产（如作为租赁对象的不动产或设备）进行分类。原租赁资产不归转租出租人所有，原租赁资产也未计入其资产负债表。因此，转租出租人应基于其控制的资产（即使用权资产）进行会计处理。

原租赁为短期租赁，且转租出租人作为承租人已采用简化会计处理的，应将转租赁分类为经营租赁。

▶【例14-17】甲企业（原租赁承租人）与乙企业（原租赁出租人）就8 000平方米办公场所签订了一项为期5年的租赁（原租赁）。在第3年年初，甲企业将该8 000平方米办公场所转租给丙企业（转租赁），期限为原租赁的剩余3年时间。假设不考虑初始直接费用。

本例中，甲企业应基于原租赁形成的使用权资产对转租赁进行分类。转租赁的期限覆盖了原租赁的所有剩余期限，综合考虑其他因素，甲企业判断其实质上转移了与该项使用权资产有关的几乎全部风险和报酬，甲企业将该项转租赁分类为融资租赁。

甲企业的会计处理为：(1) 终止确认与原租赁相关且转给丙企业（转租承租人）的使用权资产，并确认转租赁投资净额；(2) 将使用权资产与转租赁投资净额之间的差额确认为损益；(3) 在资产负债表中保留原租赁的租赁负债，该负债代表应付原租赁出租人的租赁付款额的现值。在转租期间，转租出租人既要确认转租赁的融资收益，也要确认原租赁的利息费用。

二、生产商或经销商出租人的融资租赁会计处理

生产商或经销商通常为客户提供购买或租赁其产品或商品的选择。如果生产商或经销商出租其产品或商品构成融资租赁，则该交易产生的损益应相当于按照考虑适用的交易量或商业折扣后的正常售价直接销售租赁资产所产生的损益。在租赁期开始日，生产商或经销商出租人应当按照租赁资产公允价值与租赁收款额按市场利率折现的现值两者孰低确认收入，并按照租赁资产账面价值扣除未担保余值的现值后的余额结转销售成本，收入和销售成本的差额作为销售损益。

由于取得融资租赁所发生的成本主要与生产商或经销商赚取的销售利得相关，生产商或经销商出租人应当在租赁期开始日将其计入损益。即，与其他融资租赁出租人不同，生产商或经销商出租人取得融资租赁所发生的成本不属于初始直接费用，不计入租赁投资净额。

▶【例14-18】甲公司是一家设备生产商，与乙公司（生产型企业）签订了一份租赁合同，向乙公司出租所生产的设备，合同主要条款如下：(1) 租赁资产：设备A；(2) 租赁期：2×21年1月1日至2×23年12月31日，共3年；(3) 租金支付：自2×21年起每年年末支付年租金1 000 000元；(4) 租赁合同规定的利率：5%（年利率），与市场利率相同；(5) 该设备于2×21年1月1日的公允价值为2 700 000元，账面价值为2 000 000元；(6) 甲公司取得该租赁发生的相关成本为5 000元；(7) 该设备于2×21年1月1日交付乙公司，预计使用寿命为8年，无残值；租赁期届满时，乙公司可以100元购买该设备，预计租赁到期日该设备的公允价值不低于1 500 000元，乙公司对此金额提供担保；租赁期内该设备的保险、维修等费用均由乙公司自行承担。假设不考虑其他因素和各项税费影响。

本例中，甲公司的会计处理如下：

第一步，判断租赁类型。由于租赁期满乙公司可以远低于租赁到期日租赁资产公允价值的金额购买租赁资产，甲公司认为其可以合理确定乙公司将行使购买选择权，综合考虑其他因素，与该项资产所有权有关的几乎所有风险和报酬已实质转移给乙公司，因此甲公司将该租赁分类为融资租赁。

第二步，计算租赁期开始日租赁收款额按市场利率折现的现值，确定销售收入。

租赁收款额 = 租金 × 期数 + 购买价格 = 1 000 000 × 3 + 100 = 3 000 100（元）

租赁收款额按市场利率折现的现值 = 1 000 000 × (P/A, 5%, 3) + 100 × (P/F, 5%, 3) = 2 723 286（元）

按照租赁资产公允价值与租赁收款额按市场利率折现的现值两者孰低的原则，确定销售收入为 2 700 000 元。

第三步，计算租赁资产账面价值扣除未担保余值的现值后的余额，确定销售成本。

销售成本 = 账面价值 − 未担保余值的现值 = 2 000 000 − 0 = 2 000 000（元）

第四步，账务处理。

2×21 年 1 月 1 日（租赁期开始日）：

借：应收融资租赁款——租赁收款额	3 000 100	
贷：主营业务收入		2 700 000
应收融资租赁款——未实现融资收益		300 100
借：主营业务成本	2 000 000	
贷：库存商品		2 000 000
借：销售费用	5 000	
贷：银行存款		5 000

由于甲公司在确定销售收入和租赁投资净额（即应收融资租赁款）时，是基于租赁资产的公允价值，因此，甲公司需要根据租赁收款额、未担保余值和租赁资产公允价值重新计算租赁内含利率。

由 1 000 000 × (P/A, r, 3) + 100 × (P/F, r, 3) = 2 700 000 计算得到租赁内含利率 r = 5.4606% ≈ 5.46%，计算租赁期内各期分摊的融资收益如表 14 - 4 所示。

表 14 - 4　　　　　　　　　　　　　　　　　　　　　　　　　　　　　　　　　单位：元

日 期	收取租赁款项 ①	分摊的融资收益 ② = 期初④ × 5.4606%	应收租赁款减少额 ③ = ① − ②	应收租赁款净额 期末④ = 期初④ − ③
2×21 年 1 月 1 日				2 700 000
2×21 年 12 月 31 日	1 000 000	147 436	852 564	1 847 436
2×22 年 12 月 31 日	1 000 000	100 881	899 119	948 317
2×23 年 12 月 31 日	1 000 000	51 783*	948 217**	100
2×23 年 12 月 31 日	100		100	
合计	3 000 100	300 100	2 700 000	

注：(1) 为便于计算，本表中分摊的融资收益的计算四舍五入取整数。
(2) *作尾数调整：51 783 = 1 000 000 − 948 217。
(3) **作尾数调整：948 217 = 948 317 − 100。

2×21年12月31日：

借：应收融资租赁款——未实现融资收益　　　　　　147 436
　　贷：财务费用——利息收入　　　　　　　　　　　　　147 436
借：银行存款　　　　　　　　　　　　　　　　　1 000 000
　　贷：应收融资租赁款——租赁收款额　　　　　　　　1 000 000

2×22年12月31日和2×23年12月31日账务处理略。

为吸引客户，生产商或经销商出租人有时以较低利率报价。使用该利率会导致出租人在租赁期开始日确认的收入偏高。在这种情况下，生产商或经销商出租人应当将销售利得限制为采用市场利率所能取得的销售利得。

三、售后租回交易的会计处理

若企业（卖方兼承租人）将资产转让给其他企业（买方兼出租人），并从买方兼出租人租回该项资产，则卖方兼承租人和买方兼出租人均应按照售后租回交易的规定进行会计处理。企业应当按照《企业会计准则第14号——收入》的规定，评估确定售后租回交易中的资产转让是否属于销售，并进行相应会计处理。

在资产的法定所有权转移给出租人并将资产租赁给承租人之前，承租人可能会先获得该资产的法定所有权。但是，是否具有资产的法定所有权本身并非会计处理的决定性因素。如果承租人在资产转移给出租人之前已经取得对该资产的控制，则该交易属于售后租回交易。然而，如果承租人在资产转移给出租人之前未能取得对该资产的控制，那么即便承租人在资产转移给出租人之前先获得该资产的法定所有权，该交易也不属于售后租回交易。

（一）售后租回交易中的资产转让属于销售

卖方兼承租人应当按原资产账面价值中与租回获得的使用权有关的部分，计量售后租回所形成的使用权资产，并仅就转让至买方兼出租人的权利确认相关利得或损失。买方兼出租人根据其他适用的企业会计准则对资产购买进行会计处理，并根据租赁准则对资产出租进行会计处理。

如果销售对价的公允价值与资产的公允价值不同，或者出租人未按市场价格收取租金，企业应当将销售对价低于市场价格的款项作为预付租金进行会计处理；将销售对价高于市场价格的款项作为买方兼出租人向卖方兼承租人提供的额外融资进行会计处理。同时，承租人按照公允价值调整相关销售利得或损失，出租人按市场价格调整租金收入。

企业在按照上述要求确定销售对价与市场价格的差额以及调整销售利得或损失（承租人）或租金收入（出租人）时，应当按以下二者中较易确定者进行：（1）销售对价的公允价值与资产的公允价值的差异；（2）合同付款额的现值与按市场租金计算的付款额的现值的差异。

卖方兼承租人在对售后租回所形成的租赁负债按照《企业会计准则第21号——租赁》的规定进行后续计量时，确定租赁付款额或变更后租赁付款额的方式不得导致其确认与租回所获得的使用权有关的利得或损失，即使该租赁付款额或变更后租赁付款额包含不取决于指数或比率的可变租赁付款额。但租赁变更导致租赁范围缩小或租赁期缩短的,承租人仍应按规定将部分终止或完全终止租赁的相关利得或损失计入当期损益,不受前述规定的限制。

(二)售后租回交易中的资产转让不属于销售

卖方兼承租人不终止确认所转让的资产,而应当将收到的现金作为金融负债,并按照《企业会计准则第22号——金融工具确认和计量》进行会计处理。买方兼出租人不确认被转让资产,而应当将支付的现金作为金融资产,并按照《企业会计准则第22号——金融工具确认和计量》进行会计处理。

(三)售后租回交易示例

1. 售后租回交易中的资产转让不属于销售

▶【例14-19】甲公司(卖方兼承租人)以24 000 000元的价格向乙公司(买方兼出租人)出售一栋建筑物,款项已收存银行。交易前该建筑物的账面原值为24 000 000元,累计折旧为4 000 000元。与此同时,甲公司与乙公司签订了合同,取得了该建筑物18年的使用权(全部剩余使用年限为40年),年租金为2 000 000元,于每年年末支付,租赁期满时,甲公司将以100元购买该建筑物。根据交易的条款和条件,甲公司转让建筑物不满足《企业会计准则第14号——收入》中关于销售成立的条件。假设不考虑初始直接费用和各项税费的影响。该建筑物在销售当日的公允价值为36 000 000元。

本例中,甲公司与乙公司在转让该建筑物的同时,就该建筑物签订了租赁合同,并约定在租赁期届满时以100元(远低于该建筑物当日公允价值)回购该建筑物,表明乙公司在转让时点并未取得建筑物的控制权,因而不符合《企业会计准则第14号——收入》关于销售成立的条件。因此,卖方兼承租人不应终止确认所转让的建筑物,收到的转让价款应作为长期应付款处理;买方兼出租人不确认被转让的建筑物,支付的转让价款应作为长期应收款处理。

在租赁期开始日,甲公司有关账务处理如下:

借:银行存款　　　　　　　　　　　　　　　　　　　　24 000 000
　　贷:长期应付款　　　　　　　　　　　　　　　　　　24 000 000

在租赁期开始日,乙公司有关账务处理如下:

借:长期应收款　　　　　　　　　　　　　　　　　　　24 000 000
　　贷:银行存款　　　　　　　　　　　　　　　　　　　24 000 000

2. 售后租回交易中的资产转让属于销售

▶【例14-20】甲公司(卖方兼承租人,非金融企业)以40 000 000元的价格向乙公司(买方兼出租人,非金融企业)转让一栋建筑物,乙公司以银行存款支付转让款项。转让前该建筑物的账面原值为24 000 000元,累计折旧为4 000 000元。与此同时,甲公司与乙公司签订合同,取得了该建筑物18年的使用权(全部剩余使用年限为40年),年租金为2 400 000元,于每年年末支付。根据交易的条款和条件,甲公司转让建筑物符合《企业会计准则第14号——收入》中关于销售成立的条件。该建筑物在销售当日的公允价值为36 000 000元。假设不考虑初始直接费用和各项税费的影响。

本例中,由于该建筑物的销售对价高于该建筑物在销售当日的公允价值,超额售价4 000 000元(40 000 000 - 36 000 000)作为乙公司向甲公司提供的额外融资进行会计处理。甲公司和乙公司按照公允价值分别确定销售利得、租赁收入等。

甲、乙公司均确定租赁内含年利率为4.5%。18年付款额现值为29 183 980元（年付款额2 400 000元，共18期，按每年4.5%进行折现），其中：4 000 000元与额外融资相关（对应的未折现年付款额为328 948元），25 183 980元（29 183 980 - 4 000 000）与租赁相关（对应的未折现年付款额为2 071 052元），具体计算过程如下：

18年付款额现值 = 2 400 000 × (P/A, 4.5%, 18) = 29 183 980（元）

额外融资年付款额 = 4 000 000 ÷ 29 183 980 × 2 400 000 = 328 948（元）

租赁相关年付款额 = 2 400 000 - 328 948 = 2 071 052（元）

(1) 在租赁期开始日，甲公司账务处理如下：

第一步，按该建筑物原账面价值中与租回获得的使用权有关的部分计量售后租回所形成的使用权资产。

使用权资产 = 该建筑物原账面价值 × (租赁相关付款额的现值 ÷ 该建筑物的公允价值) = (24 000 000 - 4 000 000) × (25 183 980 ÷ 36 000 000) = 13 991 100（元）

第二步，计算与转让至乙公司的权利相关的利得。

出售该建筑物的全部利得 = 36 000 000 - 20 000 000 = 16 000 000（元）

其中：

与使用权相关的利得 = 16 000 000 × (25 183 980 ÷ 36 000 000) = 11 192 880（元）

与转让至乙公司的权利相关的利得 = 16 000 000 - 11 192 880 = 4 807 120（元）

第三步，账务处理。

①额外融资的账务处理。

借：银行存款	4 000 000
贷：长期应付款	4 000 000

②租赁相关的账务处理。

借：固定资产清理	20 000 000
累计折旧	4 000 000
贷：固定资产	24 000 000
借：银行存款	36 000 000
使用权资产	13 991 100
租赁负债——未确认融资费用	12 094 956
贷：固定资产清理	20 000 000
租赁负债——租赁付款额	37 278 936
资产处置损益	4 807 120

其中：

租赁付款额 = 租赁相关年付款额 × 18 = 2 071 052 × 18 = 37 278 936（元）

未确认融资费用 = 37 278 936 - 25 183 980 = 12 094 956（元）

租赁期开始日后，甲公司支付的年付款额2 400 000元中，2 071 052元作为支付租赁付款额处理，其余328 948元作为偿还额外融资的本金及支付相关利息进行会计处理。以

第1年年末为例,甲公司的账务处理如下:

借:租赁负债——租赁付款额　　　　　　　　　　　　　　2 071 052
　　长期应付款　　　　　　　　　　　　　　　　　　　　148 948
　　财务费用——利息费用　　　　　　　　　　　　　　　1 313 279
　　贷:租赁负债——未确认融资费用　　　　　　　　　　　　1 133 279
　　　　银行存款　　　　　　　　　　　　　　　　　　　　2 400 000

其中:

长期应付款相关利息费用 = 4 000 000 × 4.5% = 180 000(元)

租赁负债相关利息费用 = 25 183 980 × 4.5% = 1 133 279(元)

长期应付款减少额 = 328 948 - 180 000 = 148 948(元)

(2)综合考虑租期占该建筑物剩余使用年限的比例等因素,乙公司将该建筑物的租赁分类为经营租赁。

在租赁期开始日,乙公司账务处理如下:

借:投资性房地产　　　　　　　　　　　　　　　　　　36 000 000
　　长期应收款　　　　　　　　　　　　　　　　　　　　4 000 000
　　贷:银行存款　　　　　　　　　　　　　　　　　　　　40 000 000

租赁期开始日之后,乙公司将从甲公司处年收款额2 400 000元中的2 071 052元作为租赁收款额进行会计处理。从甲公司处年收款额中的其余328 948元作为收回额外融资的本金及取得相关利息进行会计处理。以第1年年末为例,乙公司的账务处理如下:

借:银行存款　　　　　　　　　　　　　　　　　　　　2 400 000
　　贷:租赁收入　　　　　　　　　　　　　　　　　　　　2 071 052
　　　　利息收入　　　　　　　　　　　　　　　　　　　　180 000
　　　　长期应收款　　　　　　　　　　　　　　　　　　　148 948

第十五章 持有待售的非流动资产、处置组和终止经营

第一节 持有待售的非流动资产和处置组

一、持有待售类别的分类

（一）持有待售类别分类的基本要求

1. 分类原则

企业主要通过出售而非持续使用一项非流动资产或处置组收回其账面价值的，应当将其划分为持有待售类别。处置组，是指在一项交易中作为整体通过出售或其他方式一并处置的一组资产，以及在该交易中转让的与这些资产直接相关的负债。处置组中可能包含企业的任何资产和负债，如流动资产、流动负债、非流动资产和非流动负债。按照《企业会计准则第8号——资产减值》的规定，企业合并中取得的商誉应当按照合理的方法分摊至相关的资产组或资产组组合，如果处置组即为该资产组或者包括在该资产组或资产组组合中，处置组也应当包含分摊的商誉。

对于符合持有待售类别划分条件但仍在使用的非流动资产或处置组，由于通过该资产或处置组的使用收回的价值相对于通过出售收回的价值是微不足道的，资产的账面价值仍然主要通过出售收回，因此企业不应当因持有待售的非流动资产或处置组仍在产生零星收入而不将其划分为持有待售类别。

非流动资产或处置组划分为持有待售类别，应当同时满足两个条件：

（1）可立即出售。根据类似交易中出售此类资产或处置组的惯例，在当前状况下即可立即出售。为满足该条件，企业应当具有在当前状态下出售该非流动资产或处置组的意图和能力。为了符合类似交易中出售此类资产或处置组的惯例，企业应当在出售前做好相关准备，例如，按照惯例允许买方在报价和签署合同前对资产进行尽职调查等。上文所述"出售"包括具有商业实质的非货币性资产交换。如果企业以非货币性资产交换形式换出非流动资产或处置组，且该交易具有商业实质，那么企业应当考虑相关非流动

资产或处置组是否符合划分为持有待售类别的条件。同样地，如果企业以非流动资产或处置组作为换出资产进行债务重组，也可能符合划分为持有待售类别的条件。

▶【例15-1】企业G在X市区繁华地段拥有一栋办公大楼，企业的主要业务部门均在该大楼内办公。由于发展战略发生改变，企业G计划整体搬迁至Y市。企业G与企业H签订了办公大楼转让合同，附带约定条款。

情形一：企业G将在腾空办公大楼后将其交付给企业H，且腾空办公大楼所需时间是正常且符合交易惯例的。

情形二：企业G将在Y市兴建的新办公大楼竣工前继续使用现有办公大楼，竣工后将X市大楼交付企业H。

分析：情形一，在出售建筑物前将其腾空属于出售此类资产的惯例，且腾空只占用常规所需时间，因此，即使企业G的办公大楼当前尚未腾空，也并不影响其满足在当前状况下即可立即出售的条件。

情形二，"在Y市兴建的新办公大楼竣工前继续使用现有办公大楼"的条件不属于类似交易中出售此类资产的惯例，使得办公大楼在当前状况下不能立即出售，在新大楼竣工前企业G虽然已取得确定的购买承诺，办公大楼仍然不符合持有待售类别的划分条件。

▶【例15-2】由于企业F经营范围发生改变，企业计划将生产D产品的全套生产线出售，企业F尚有一批积压的未完成客户订单。

情形一：企业F决定在出售生产线的同时，将尚未完成的客户订单一并移交给买方。

情形二：企业F决定在完成所积压的客户订单后再将生产线转让给买方。

分析：情形一，由于在出售日移交未完成客户订单不会影响对该生产线的转让时间，可以认为该生产线符合了在当前状况下即可立即出售的条件。

情形二，由于生产线在完成积压订单后方可出售，在完成所有积压的客户订单前，该生产线在当前状态下不能立即出售，不符合划分为持有待售类别的条件。

(2) 出售极可能发生。出售极可能发生，即企业已经就一项出售计划作出决议且获得确定的购买承诺，预计出售将在一年内完成。有关规定要求企业相关权力机构或者监管部门批准后方可出售的，应当已经获得批准。具体来说，"出售极可能发生"应当包含以下几层含义：一是企业出售非流动资产或处置组的决议一般需要由企业相应级别的管理层作出，如果有关规定要求企业相关权力机构或者监管部门批准后方可出售，应当已经获得批准。二是企业已经获得确定的购买承诺，确定的购买承诺是企业与其他方签订的具有法律约束力的购买协议，该协议包含交易价格、时间和足够严厉的违约惩罚等重要条款，使协议出现重大调整或者撤销的可能性极小。三是预计自划分为持有待售类别起一年内，出售交易能够完成。

非流动资产或处置组划分为持有待分配给所有者类别，应当同时满足下列条件：①在当前状况下即可立即分配；②分配很可能发生，即企业已经开展与分配相关的工作，分配出现重大调整或撤销的可能性极小，预计分配将在一年内完成。有关规定要求企业相关权力机构或者监管部门批准后方可分配的，应当已经获得批准。

2. 延长一年期限的例外条款

有些情况下，由于发生一些企业无法控制的原因，可能导致出售未能在一年内完成。

如果涉及的出售是关联方交易，不允许放松一年期限条件。如果涉及的出售不是关联方交易，且有充分证据表明企业仍然承诺出售非流动资产或处置组，允许放松一年期限条件，企业可以继续将非流动资产或处置组划分为持有待售类别。企业无法控制的原因包括：

（1）意外设定条件。买方或其他方意外设定导致出售延期的条件，企业针对这些条件已经及时采取行动，且预计能够自设定导致出售延期的条件起一年内顺利化解延期因素。即企业在初始对非流动资产或处置组进行分类时，能够满足划分为持有待售类别的所有条件，但此后买方或是其他方提出一些意料之外的条件，且企业已经采取措施应对这些条件，预计能够自设定这些条件起一年内满足条件并完成出售，那么即使出售无法在最初一年内完成，企业仍然可以维持原持有待售类别的分类。

▶【例15-3】企业E计划将整套钢铁生产厂房和设备出售给企业F，E和F不存在关联关系，双方已于2×17年9月16日签订了转让合同。因该厂区的污水排放系统存在缺陷，对周边环境造成污染。

情形一：企业E不知晓土地污染情况，2×17年11月6日，企业F在对生产厂房和设备进行检查过程中发现污染，并要求企业E进行补救。企业E立即着手采取措施，预计至2×18年10月底环境污染问题能够得到成功整治。

情形二：企业E知晓土地污染情况，在转让合同中附带条款，承诺将自2×17年10月1日起开展污染清除工作，清除工作预计将持续8个月。

情形三：企业E知晓土地污染情况，在协议中标明企业E不承担清除污染义务，并在确定转让价格时考虑了该污染因素，预计转让将于9个月内完成。

分析：情形一，在签订转让合同前，买卖双方并不知晓影响交易进度的环境污染问题，属于符合延长一年期限的例外事项，在2×17年11月6日发现延期事项后，企业E预计将在一年内消除延期因素，因此仍然可以将处置组划分为持有待售类别。

情形二，虽然买卖双方已经签订协议，但在污染得到整治前，该处置组在当前状态下不可立即出售，不符合划分为持有待售类别的条件。

情形三，由于卖方不承担清除污染义务，转让价格已将污染因素考虑在内，该处置组于协议签署日即符合划分为持有待售类别的条件。

（2）发生罕见情况。因发生罕见情况，导致持有待售的非流动资产或处置组未能在一年内完成出售，企业在最初一年内已经针对这些新情况采取必要措施且重新满足了持有待售类别的划分条件。即非流动资产或处置组在初始分类时满足了持有待售类别的所有条件，但在最初一年内，出现罕见情况导致出售将被延迟至一年之后。如果企业针对这些新情况在最初一年内已经采取必要措施，而且该非流动资产或处置组重新满足了持有待售类别的划分条件，也就是在当前状况下可立即出售且出售极可能发生，那么即使原定的出售计划无法在最初一年内完成，企业仍然可以维持原持有待售类别的分类。这里的"罕见情况"主要指因不可抗力引发的情况、宏观经济形势发生急剧变化等不可控情况。

▶【例15-4】企业A拟将一栋原自用的写字楼转让，于2×24年12月6日与企业B签订了房产转让协议，预计将于10个月内完成转让，假定该写字楼于签订协议当日符合划分为持有待售类别的条件。2×25年发生全球金融危机，市场状况迅速恶化，房地产价格大跌，企业B认为原协议价格过高，决定放弃购买，并于2×25年9月21日按照协议约定缴纳了违约金。企业A决定在考虑市场状况变化的基础上降低写字楼售价，并积极开展市场营销，于2×25年12月1日与企业C重新签订了房产转让协议，预计将于9个月内完成转让，A和B不存在关联关系。

分析：企业A与企业B之间的房产转让交易未能在一年内完成，原因是发生市场恶化、买方违约的罕见事件。在将写字楼划分为持有待售类别的最初一年内，企业A已经重新签署转让协议，并预计将在2×25年12月1日开始的一年内完成，使写字楼重新符合了持有待售类别的划分条件。因此，企业A仍然可以将该资产继续划分为持有待售类别。

3. 不再继续符合划分条件的处理

持有待售的非流动资产或处置组不再继续满足持有待售类别划分条件的，企业不应当继续将其划分为持有待售类别。部分资产或负债从持有待售的处置组中移除后，如果处置组中剩余资产或负债新组成的处置组仍然满足持有待售类别划分条件，企业应当将新组成的处置组划分为持有待售类别，否则应当将满足持有待售类别划分条件的非流动资产单独划分为持有待售类别。

▶【例15-5】假设在【例15-4】中，企业A尽管降低了写字楼售价并积极开展市场营销，但始终没有找到合适买家。

分析：写字楼不再符合持有待售类别的划分条件，企业A应当根据实际情况，重新将该写字楼作为固定资产或者投资性房地产处理。

（二）某些特定持有待售类别分类的具体应用

1. 专为转售而取得的非流动资产或处置组

对于企业专为转售而新取得的非流动资产或处置组，如果在取得日满足"预计出售将在一年内完成"的规定条件，且短期（通常为3个月）内很可能满足划分为持有待售类别的其他条件，企业应当在取得日将其划分为持有待售类别。这些"其他条件"包括：根据类似交易中出售此类资产或处置组的惯例，在当前状况下即可立即出售；企业已经就一项出售计划作出决议且获得确定的购买承诺。有关规定要求企业相关权力机构或者监管部门批准后方可出售的，应当已经获得批准。

2. 持有待售的长期股权投资

有些情况下，企业出售对子公司投资但并不丧失对其控制权，企业不应当将拟出售的部分对子公司投资或对子公司投资整体划分为持有待售类别。

有些情况下，企业因出售对子公司的投资等原因导致其丧失对子公司的控制权，出售后企业可能保留对原子公司的部分权益性投资，也可能丧失全部权益。无论企业是否保留剩余的非控制的权益性投资，都应当在拟出售的对子公司投资满足持有待售类别划分条件时，在母公司个别财务报表中将对子公司投资整体划分为持有待售类别，而不是仅将拟处置的投资划分为持有待售类别；在合并财务报表中将子公司所有资产和负债划分为持有待售类别，而不是仅将拟处置的投资对应的资产和负债划分为持有待售类别。但是，无论对子公司的投资是否划分为持有待售类别，企业始终应当按照《企业会计准则第33号——合并财务报表》的规定确定合并范围,编制合并财务报表。

企业出售对子公司投资后保留的部分权益性投资,应当区分以下情况处理:(1)如果企业对被投资企业施加共同控制或重大影响,在编制母公司个别财务报表时,应当按照《企业会计准则第2号——长期股权投资》有关成本法转权益法的规定进行会计处理,在编制合并财务报表时,应当按照《企业会计准则第33号——合并财务报表》的有关规定进行会计处理;(2)如果企业对被投资企业不具有控制、共同控制或重大影响,应当按照《企业会计准则第22号——金融工具确认和计量》进行会计处理。

按照《企业会计准则第2号——长期股权投资》规定,对联营企业或合营企业的权益性投资全部或部分分类为持有待售资产的应当停止权益法核算,对于未划分为持有待售资产的剩余权益性投资,应当在划分为持有待售的那部分权益性投资出售前继续采用权益法进行会计处理。原权益法核算的相关其他综合收益等应当在持有待售资产终止确认时,按照有关处置长期股权投资的规定进行会计处理。

▶【例15-6】企业集团G拟出售持有的部分长期股权投资,假设拟出售的股权符合持有待售类别的划分条件。

情形一:企业集团G拥有子公司100%的股权,拟出售全部股权。

情形二:企业集团G拥有子公司100%的股权,拟出售55%的股权,出售后将丧失对子公司的控制权,但对其具有重大影响。

情形三:企业集团G拥有子公司100%的股权,拟出售25%的股权,仍然拥有对子公司的控制权。

情形四:企业集团G拥有子公司55%的股权,拟出售6%的股权,出售后将丧失对子公司的控制权,但对其具有重大影响。

情形五:企业集团G拥有联营企业35%的股权,拟出售30%的股权,G持有剩余的5%股权,且对被投资方不具有重大影响。

情形六:企业集团G拥有合营企业50%的股权,拟出售35%的股权,G持有剩余的15%股权,且对被投资方不具有共同控制或重大影响。

分析:情形一,企业集团G应当在母公司个别财务报表中将拥有的子公司全部股权划分为持有待售类别,在合并财务报表中将子公司所有资产和负债划分为持有待售类别。

情形二,企业集团G应当在母公司个别财务报表中将拥有的子公司全部股权划分为持有待售类别,在合并财务报表中将子公司所有资产和负债划分为持有待售类别。

情形三,由于企业集团G仍然拥有对子公司的控制权,该长期股权投资并不是"主要通过出售而非持续使用收回其账面价值"的,因此不应当将拟处置的部分股权划分为持有待售类别。

情形四与情形二类似,企业集团G应当在母公司个别财务报表中将拥有的子公司55%的股权划分为持有待售类别,在合并财务报表中将子公司所有资产和负债划分为持有待售类别。

情形五,企业集团G应当将拟出售的30%股权划分为持有待售类别,不再按权益法核算,剩余5%的股权在前述30%的股权处置前,应当采用权益法进行会计处理,在前述30%的股权处置后,应当按照《企业会计准则第22号——金融工具确认和计量》有关规定进行会计处理。

情形六与情形五类似，企业集团 G 应当将拟出售的 35% 股权划分为持有待售类别，不再按权益法核算，剩余 15% 的股权在前述 35% 的股权处置前，应当采用权益法进行会计处理，在前述 35% 的股权处置后，应当按照《企业会计准则第 22 号——金融工具确认和计量》有关规定进行会计处理。

3. 拟结束使用而非出售的非流动资产或处置组

非流动资产或处置组可能因为种种原因而结束使用，且企业并不会将其出售，或仅获取其残值，例如，因已经使用至经济寿命期结束而将某机器设备报废，因技术进步而将某子公司关停或转产。由于对该非流动资产或处置组的使用几乎贯穿其整个经济使用寿命期，其账面价值并非主要通过出售收回，无论在停止使用之前或之后，企业均不应当将其划分为持有待售类别。对于暂时停止使用的非流动资产，不应当认为其拟结束使用，也不应当将其划分为持有待售类别。

对于拟结束使用而非出售的处置组，在停止使用前，不应当划分为持有待售类别，也不应当作为终止经营列报；在停止使用后，不应当划分为持有待售类别，如果该处置组满足终止经营中有关单独区分的组成部分的条件，应当作为终止经营列报。对于拟结束使用而非出售的非流动资产，无论在停止使用之前或之后，均不应当划分为持有待售类别，也不应当作为终止经营列报。

▶【例 15 – 7】某纺织企业 H 拥有一条生产某类布料的生产线，由于市场需求变化，该类布料的销量锐减，企业 H 决定暂停该生产线的生产，但仍然对其进行定期维护，待市场转好时重启生产。

分析：由于生产线属于暂停使用，企业 H 不应当将其划分为持有待售类别。

二、持有待售类别的计量

对于持有待售的非流动资产（包括处置组中的非流动资产）的计量，应当区分不同情况：(1) 采用公允价值模式进行后续计量的投资性房地产，适用《企业会计准则第 3 号——投资性房地产》；(2) 采用公允价值减去出售费用后的净额计量的生物资产，适用《企业会计准则第 5 号——生物资产》；(3) 职工薪酬形成的资产，适用《企业会计准则第 9 号——职工薪酬》；(4) 递延所得税资产，适用《企业会计准则第 18 号——所得税》；(5) 由金融工具相关会计准则规范的金融资产，适用金融工具相关会计准则；(6) 由保险合同相关会计准则规范的保险合同所产生的权利，适用保险合同相关会计准则；(7) 除上述各项外的其他持有待售的非流动资产，按照下文所述的方法计量。

对于持有待售的处置组的计量，只要处置组中包含了上述第 (7) 项所述的非流动资产（以下简称适用本章计量规定的非流动资产），就应当采用下文所述的方法计量整个处置组。处置组中的流动资产、上述第 (1) 至 (6) 项所述的非流动资产（以下简称适用其他准则计量规定的非流动资产）和所有负债的计量适用相关会计准则。

（一）划分为持有待售类别前的计量

企业将非流动资产或处置组首次划分为持有待售类别前，应当按照相关会计准则规定计量非流动资产或处置组中各项资产和负债的账面价值。例如，按照《企业会计准则第 4 号——固定资产》的规定，对固定资产计提折旧；按照《企业会计准则第 6 号——无形资产》的规定，对无形资产进行摊销。按照《企业会计准则第 8 号——资产减值》的规定，企业应当在资产负债表日判断资产是否存在可能发生减值的迹象，如果资产已经或者将被闲置、终止使用或者计划提前处置，表明资产可能发生了减值。对于拟出售的非流动资产或处置组，企业应当在划分为持有待售类别前考虑进行减值测试。

▶【例 15-8】企业 A 拥有一座仓库，原价为 120 万元，年折旧额为 12 万元，至 2×16 年 12 月 31 日已计提折旧 60 万元。2×17 年 1 月 31 日，企业 A 与企业 B 签署不动产转让协议，拟在 6 个月内将该仓库转让，假定该不动产满足划分为持有待售类别的其他条件，且不动产价值未发生减值。

分析：2×17 年 1 月 31 日，企业 A 应当将仓库资产划分为持有待售类别，并按照《企业会计准则第 4 号——固定资产》对该固定资产计提 1 月份折旧 1 万元。2×17 年 1 月 31 日，该仓库在划分为持有待售类别前的账面价值为 59 万元，此后不再计提折旧。

（二）划分为持有待售类别时的计量

对于持有待售的非流动资产或处置组，企业在初始计量时，应当按照相关会计准则规定计量流动资产、适用其他准则计量规定的非流动资产和负债。

如果持有待售的非流动资产或处置组整体的账面价值低于其公允价值减去出售费用后的净额，企业不需要对账面价值进行调整；如果账面价值高于其公允价值减去出售费用后的净额，企业应当将账面价值减记至公允价值减去出售费用后的净额，减记的金额确认为资产减值损失，计入当期损益，同时计提持有待售资产减值准备，但不应当重复确认不适用本章计量规定的资产和负债按照相关准则规定已经确认的损失。

企业应当按照《企业会计准则第 39 号——公允价值计量》的有关规定确定非流动资产或处置组的公允价值。具体来说，企业应当参考所获得的确定的购买承诺中的交易价格，确定持有待售的非流动资产或处置组的公允价值，交易价格应当考虑可变对价、合同中存在的重大融资成分、非现金对价、应付客户对价等因素的影响。如果企业尚未获得确定的购买承诺，例如对于专为转售而取得的非流动资产或处置组，企业应当对其公允价值作出估计，优先使用市场报价等可观察输入值。

出售费用是企业发生的可以直接归属于出售资产或处置组的增量费用，出售费用直接由出售引起，并且是企业进行出售所必需的，如果企业不出售资产或处置组，该费用将不会产生。出售费用包括为出售发生的特定法律服务、评估咨询等中介费用，也包括相关的消费税、城市维护建设税、土地增值税和印花税等，但不包括财务费用和所得税费用。有些情况下，公允价值减去出售费用后的净额可能为负值，持有待售的非流动资产或处置组中资产的账面价值应当以减记至零为限。是否需要确认相关预计负债，应当按照《企业会计准则第 13 号——或有事项》的规定进行会计处理。

▶【例 15-9】企业 P 拟将下属子公司 Q 出售给企业 R，双方已签订了转让协议，预计将在 5 个月内完成转让，子公司 Q 满足划分为持有待售类别的条件。Q 与银行 T 之间存在未决诉讼，Q 可能败诉。由于不符合预计负债的确认条件，企业 P 仅在报表附注中披露了或有负债。

分析：在确定子公司 Q 的公允价值减去出售费用后的净额时，需要考虑尚未确认的或有负债的公允价值，Q 的账面价值未确认该项或有负债，因此子公司 Q 的公允价值减去出售费用后的净额低于其账面价值，应当确认持有待售资产减值损失，计入当期损益。

对于取得日划分为持有待售类别的非流动资产或处置组，企业应当在初始计量时比较假定其不划分为持有待售类别情况下的初始计量金额和公允价值减去出售费用后的净额，以两者孰低计量。非同一控制下的企业合并中新取得的非流动资产或处置组划分为持有待售类别的，应当按照公允价值减去出售费用后的净额进行初始计量；同一控制下的企业合并中非流动资产或处置组划分为持有待售类别的，应当按照合并日在被合并方的账面价值与公允价值减去出售费用后的净额孰低进行初始计量。除企业合并中取得的非流动资产或处置组外，由以公允价值减去出售费用后的净额作为非流动资产或处置组初始计量金额而产生的差额，应当计入当期损益。

▶【例 15 –10】2×17 年 3 月 1 日，公司 L 购入公司 M 全部股权，支付价款 1 600 万元。购入该股权之前，公司 L 的管理层已经作出决议，一旦购入公司 M，将在一年内将其出售给公司 N，公司 M 当前状况下即可立即出售。预计公司 L 还将为出售该子公司支付 12 万元的出售费用。公司 L 与公司 N 计划于 2×17 年 3 月 31 日签署股权转让合同。情形一：公司 L 与公司 N 初步议定股权转让价格为 1 620 万元。情形二：公司 L 尚未与公司 N 议定转让价格，购买日股权公允价值与支付价款一致。

情形一：公司 M 是专为转售而取得的子公司，其不划分为持有待售类别情况下的初始计量金额应当为 1 600 万元，当日公允价值减去出售费用后的净额为 1 608 万元，按照两者孰低计量。公司 L 2×17 年 3 月 1 日的账务处理如下：

借：持有待售资产——长期股权投资　　　　　　　　16 000 000
　　贷：银行存款　　　　　　　　　　　　　　　　　16 000 000

情形二：公司 M 是专为转售而取得的子公司，其不划分为持有待售类别情况下的初始计量金额为 1 600 万元，当日公允价值减去出售费用后的净额为 1 588 万元，按照两者孰低计量。公司 L 2×17 年 3 月 1 日的账务处理如下：

借：持有待售资产——长期股权投资　　　　　　　　15 880 000
　　资产减值损失　　　　　　　　　　　　　　　　　　120 000
　　贷：银行存款　　　　　　　　　　　　　　　　　16 000 000

（三）划分为持有待售类别后的计量

1. 持有待售的非流动资产的后续计量

企业在资产负债表日重新计量持有待售的非流动资产时，如果其账面价值高于公允价值减去出售费用后的净额，应当将账面价值减记至公允价值减去出售费用后的净额，减记的金额确认为资产减值损失，计入当期损益，同时计提持有待售资产减值准备。

如果后续资产负债表日持有待售的非流动资产公允价值减去出售费用后的净额增加，以前减记的金额应当予以恢复，并在划分为持有待售类别后非流动资产确认的资产减值损失金额内转回，转回金额计入当期损益，划分为持有待售类别前确认的资产减值损失不得转回。

持有待售的非流动资产不应计提折旧或摊销。

▶【例 15 –11】承【例 15 –10】，2×17 年 3 月 31 日，公司 L 与公司 N 签订合同，

转让所持有公司 M 的全部股权,转让价格为 1 607 万元,公司 L 预计还将支付 8 万元的出售费用。

情形一:2×17 年 3 月 31 日,公司 L 持有的公司 M 的股权公允价值减去出售费用后的净额为 1 599 万元,账面价值为 1 600 万元,以二者孰低计量,公司 L 2×17 年 3 月 31 日的账务处理如下:

借:资产减值损失　　　　　　　　　　　　　　　　　　　10 000
　　贷:持有待售资产减值准备——长期股权投资　　　　　　　　10 000

情形二:2×17 年 3 月 31 日,公司 L 持有的公司 M 的股权公允价值减去出售费用后的净额为 1 599 万元,账面价值为 1 588 万元,以二者孰低计量,公司 L 不需要进行账务处理。

2. 持有待售的处置组的后续计量

企业在资产负债表日重新计量持有待售的处置组时,应当首先按照相关会计准则规定计量处置组中的流动资产、适用其他准则计量规定的非流动资产和负债的账面价值。这些资产和负债可能包括采用公允价值模式进行后续计量的投资性房地产、采用公允价值减去出售费用后的净额计量的生物资产、金融工具等不适用本章计量规定的非流动资产,也可能包括流动资产、流动负债和非流动负债。例如,处置组中的金融工具,应当按照《企业会计准则第 22 号——金融工具确认和计量》的规定计量。

在进行上述计量后,企业应当比较持有待售的处置组整体账面价值与公允价值减去出售费用后的净额,如果账面价值高于其公允价值减去出售费用后的净额,应当将账面价值减记至公允价值减去出售费用后的净额,减记的金额确认为资产减值损失,计入当期损益,同时计提持有待售资产减值准备,但不应当重复确认不适用本章计量规定的资产和负债按照相关准则规定已经确认的损失。

对于持有待售的处置组确认的资产减值损失金额,如果该处置组包含商誉,应当先抵减商誉的账面价值,再根据处置组中适用本章计量规定的各项非流动资产账面价值所占比重,按比例抵减其账面价值。确认的资产减值损失金额应当以处置组中包含的适用本章计量规定的各项资产的账面价值为限,不应分摊至处置组中包含的流动资产或适用其他准则计量规定的非流动资产。

如果后续资产负债表日持有待售的处置组公允价值减去出售费用后的净额增加,以前减记的金额应当予以恢复,并在划分为持有待售类别后适用本章计量规定的非流动资产确认的资产减值损失金额内转回,转回金额计入当期损益,且不应当重复确认适用其他准则计量规定的非流动资产和负债按照相关准则规定已经确认的利得。已抵减的商誉账面价值,以及适用本章计量规定的非流动资产在划分为持有待售类别前确认的资产减值损失不得转回。对于持有待售的处置组确认的资产减值损失后续转回金额,应当根据处置组中除商誉外适用本章计量规定的各项非流动资产账面价值所占比重,按比例增加其账面价值。

▶【例 15-12】企业 A 拥有一个销售门店,2×17 年 6 月 15 日,企业 A 与企业 B 签订转让协议,将该门店整体转让,但保留员工,假设该处置组不构成一项业务,转让初定价格为 1 900 000 元。转让协议同时约定,对于门店 2×17 年 6 月 10 日购买的一项作为其他债权投资核算的金融资产,其转让价格以转让完成当日市场报价为准。假设该门店满足划分为持有待售类别的条件,但不符合终止经营的定义。2×17年6月15日门店部分科目余额表见表15-1。

表15-1　　　　　　　2×17年6月15日门店部分科目余额表
（考虑持有待售会计处理前）　　　　　　　　　单位:元

科目名称	借方余额	贷方余额
库存现金	310 000	
应收账款	270 000	
坏账准备		10 000
库存商品	300 000	
存货跌价准备		100 000
其他债权投资	380 000	
固定资产	1 100 000	
累计折旧		30 000
固定资产减值准备		15 000
无形资产	950 000	
累计摊销		14 000
无形资产减值准备		5 000
商誉	200 000	
应付账款		310 000
应付职工薪酬		560 000
预计负债		250 000

至2×17年6月15日,固定资产还应当计提折旧5 000元,无形资产还应当计提摊销1 000元,固定资产和无形资产均用于管理用途。2×17年6月15日,其他债权投资公允价值降至360 000元,固定资产可收回金额降至1 020 000元。2×17年6月15日,该门店的公允价值为1 900 000元,企业A预计为转让门店还需支付律师和注册会计师专业咨询费共计70 000元。假设企业A不存在其他持有待售的非流动资产或处置组,不考虑税收影响。

2×17年6月30日,该门店尚未完成转让,企业A作为其他债权投资核算的债券投资市场报价上升至370 000元,假设其他资产、负债价值没有变化。企业B在对门店进行检查时发现一些资产轻微破损,企业A同意修理,预计修理费用为5 000元,企业A还将律师和注册会计师咨询费预计金额调整至40 000元。当日,门店处置组整体的公允价值为1 910 000元。

分析:(1) 2×17年6月15日,企业A首次将该处置组划分为持有待售类别前,应当按照适用的会计准则计量各项资产和负债的账面价值。其账务处理如下:

借:管理费用　　　　　　　　　　　　　　　　　　　6 000
　　贷:累计折旧　　　　　　　　　　　　　　　　　　　　5 000

    累计摊销   1 000
  借：其他综合收益   20 000
    贷：其他债权投资   20 000
  借：资产减值损失   30 000
    贷：固定资产减值准备   30 000

经上述调整后，2×17年6月15日该门店各资产和负债的账面价值见表15-2。

表15-2   2×17年6月15日门店资产和负债账面价值   单位：元

项 目	账面价值
持有待售资产：	
库存现金	310 000
应收账款	260 000
库存商品	200 000
其他债权投资	360 000
固定资产	1 020 000
无形资产	930 000
商誉	200 000
持有待售资产小计	3 280 000
持有待售负债：	
应付账款	(310 000)
应付职工薪酬	(560 000)
预计负债	(250 000)
持有待售负债小计	(1 120 000)
合 计	2 160 000

  （2）2×17年6月15日，企业A将该门店处置组划分为持有待售类别时，其账务处理如下：

  借：持有待售资产——库存现金   310 000
        ——应收账款   270 000
        ——库存商品   300 000
        ——其他债权投资   360 000
        ——固定资产   1 020 000
        ——无形资产   930 000
        ——商誉   200 000
    坏账准备   10 000
    存货跌价准备   100 000
    固定资产减值准备   45 000

累计折旧		35 000
累计摊销		15 000
无形资产减值准备		5 000
贷：持有待售资产减值准备——存货跌价准备		100 000
——坏账准备		10 000
库存现金		310 000
应收账款		270 000
库存商品		300 000
其他债权投资		360 000
固定资产		1 100 000
无形资产		950 000
商誉		200 000
借：应付账款		310 000
应付职工薪酬		560 000
预计负债		250 000
贷：持有待售负债——应付账款		310 000
——应付职工薪酬		560 000
——预计负债		250 000

(3) 2×17年6月15日，由于该处置组的账面价值2 160 000元高于公允价值减去出售费用后的净额1 830 000元（1 900 000－70 000），企业A应当以1 830 000元计量处置组，并计提持有待售资产减值准备330 000元（2 160 000－1 830 000），计入当期损益。

持有待售资产的减值损失应当分配至适用本章计量规定的非流动资产的账面价值，即应当先抵减处置组中商誉的账面价值200 000元，剩余金额130 000元再根据固定资产、无形资产账面价值所占比重，按比例抵减其账面价值。2×17年6月15日，各项资产和负债分摊持有待售资产减值损失及抵减减值损失后的账面价值见表15－3。

表15－3　　　2×17年6月15日门店资产和负债抵减减值损失后的账面价值　　　　　单位：元

项目	2×17年6月15日抵减减值损失前账面价值	减值损失分摊	2×17年6月15日抵减减值损失后账面价值
库存现金	310 000	—	310 000
应收账款	260 000	—	260 000
库存商品	200 000	—	200 000
其他债权投资	360 000	—	360 000
固定资产	1 020 000	－68 000*	952 000
无形资产	930 000	－62 000**	868 000
商誉	200 000	－200 000	0

续表

项目	2×17年6月15日抵减减值损失前账面价值	减值损失分摊	2×17年6月15日抵减减值损失后账面价值
应付账款	-310 000	—	-310 000
应付职工薪酬	-560 000	—	-560 000
预计负债	-250 000	—	-250 000
合计	2 160 000	-330 000	1 830 000

注：* 130 000÷(1 020 000+930 000)×1 020 000
　　** 130 000÷(1 020 000+930 000)×930 000

企业A的账务处理如下：
借：资产减值损失　　　　　　　　　　　　　　　330 000
　　贷：持有待售资产减值准备——固定资产　　　　　68 000
　　　　　　　　　　　　　　——无形资产　　　　　62 000
　　　　　　　　　　　　　　——商誉　　　　　　200 000

(4) 2×17年6月30日，企业A按照适用的会计准则计量其他债权投资，账务处理如下：
借：持有待售资产——其他债权投资　　　　　　　　10 000
　　贷：其他综合收益　　　　　　　　　　　　　　　10 000

当日，该处置组的账面价值为1 840 000元（包含其他债权投资已经确认的利得10 000元），预计出售费用为45 000元（5 000+40 000），公允价值减去出售费用后的净额为1 865 000元（1 910 000-45 000），高于账面价值。

处置组的公允价值减去出售费用后的净额后续增加的，应当在原已确认的持有待售资产减值损失范围内转回，但已抵减的商誉账面价值200 000元和划分为持有待售类别前适用本章计量规定的非流动资产已计提的资产减值准备不得转回，因此，转回金额应当以130 000元（68 000+62 000）为限。根据上述分析，企业A可转回已经确认的持有待售资产减值损失25 000元（1 865 000-1 840 000），根据固定资产、无形资产账面价值所占比重，按比例转回其账面价值。资产减值损失转回金额的分摊见表15-4。

表15-4　　2×17年6月30日门店资产和负债减值损失转回后的账面价值　　单位：元

报表项目	2×17年6月15日抵减减值后账面价值	2×17年6月30日按照其他适用准则重新计量	2×17年6月30日重新计量后的账面价值	减值损失转回的分摊	2×17年6月30日减值损失转回后账面价值
持有待售资产：					
库存现金	310 000		310 000		310 000
应收账款	260 000		260 000		260 000
库存商品	200 000		200 000		200 000
其他债权投资	360 000	10 000	370 000		370 000

续表

报表项目	2×17年6月15日抵减减值后账面价值	2×17年6月30日按照其他适用准则重新计量	2×17年6月30日重新计量后的账面价值	减值损失转回的分摊	2×17年6月30日减值损失转回后账面价值
固定资产	952 000		952 000	13 077 *	965 077
无形资产	868 000		868 000	11 923 **	879 923
商誉	0		0		0
持有待售资产小计	2 950 000				2 985 000
持有待售负债:					
应付账款	-310 000		-310 000		-310 000
应付职工薪酬	-560 000		-560 000		-560 000
预计负债	-250 000		-250 000		-250 000
持有待售负债小计	-1 120 000				-1 120 000
合计	1 830 000	10 000	1 840 000	25 000	1 865 000

注：* 25 000÷（952 000+868 000）×952 000

** 25 000÷（952 000+868 000）×868 000

借：持有待售资产减值准备——固定资产　　　　　　　　13 077
　　　　　　　　　　　　——无形资产　　　　　　　　11 923
　　贷：资产减值损失　　　　　　　　　　　　　　　　25 000

企业A在2×17年6月30日的资产负债表中应当分别以"持有待售资产"和"持有待售负债"列示2 985 000元和1 120 000元。由于处置组不符合终止经营定义，持有待售资产确认的资产减值损失应当在利润表中以持续经营损益列示。企业同时应当在附注中进一步披露该持有待售处置组的相关信息。

持有待售的处置组中的非流动资产不应计提折旧或摊销，持有待售的处置组中的负债和不适用本章计量规定的金融资产、以公允价值计量的投资性房地产等的利息或租金收入、支出以及其他费用应当继续予以确认。

▶【例15-13】企业F拟将拥有的核电站转让给企业H，双方已签订了转让协议。由于核电站主体设备核反应堆将对当地生态环境产生一定影响，在核电站最初建造完成并交付使用时，企业F考虑到设备使用期满后将其拆除并整治污染的弃置费用，确认了38.55万元的预计负债，并按照每年10%的实际利率对该弃置费用逐期确认利息费用。

分析：企业F将核电站划分为持有待售类别后，该预计负债应当作为持有待售负债，且该资产弃置义务产生的利息费用应当继续确认。

（四）不再继续划分为持有待售类别的计量

非流动资产或处置组因不再满足持有待售类别划分条件而不再继续划分为持有待售类别或非流动资产从持有待售的处置组中移除时，应当按照以下两者孰低计量：（1）划分为持有待售类别前的账面价值，按照假定不划分为持有待售类别情况下本应确认的折旧、摊销或减值等进行调整后的金额；（2）可收回金额。这样处理的结果是，原来划分为持有待售的非流动资产或处置组在重新分类后的账面价值，与其从未划分为持有待售类别情况下的账面价值相一致。由此产生的差额计入当期损益,可以通过"资产减值损失"科目进行会计处理。

企业将非流动资产或处置组由持有待售类别重分类为持有待分配给所有者类别,或者由持有待分配给所有者类别重分类为持有待售类别,原处置计划没有发生本质改变,不应当按照上述不再继续划分为持有待售类别的计量要求处理,而应当按照重分类后所属类别的计量要求处理。分类为持有待售类别或持有待分配给所有者类别的日期不因重分类而发生改变,在适用延长一年期的例外条款时,应当以该最初分类日期为准。

(五) 终止确认

持有待售的非流动资产或处置组在终止确认时,企业应当将尚未确认的利得或损失计入当期损益。

▶ 【例 15-14】承【例 15-10】和【例 15-11】,2×17 年 6 月 25 日,公司 L 为转让公司 M 的股权支付律师费 5 万元。6 月 29 日,公司 L 完成对公司 M 的股权转让,收到价款 1 607 万元。

情形一:公司 L 2×17 年 6 月 25 日支付出售费用的账务处理如下:

借:投资收益 50 000
  贷:银行存款 50 000

公司 L 2×17 年 6 月 29 日的账务处理如下:

借:持有待售资产减值准备——长期股权投资 10 000
  银行存款 16 070 000
  贷:持有待售资产——长期股权投资 16 000 000
    投资收益 80 000

情形二:公司 L 2×17 年 6 月 25 日支付出售费用的账务处理如下:

借:投资收益 50 000
  贷:银行存款 50 000

公司 L 2×17 年 6 月 29 日的账务处理如下:

借:银行存款 16 070 000
  贷:持有待售资产——长期股权投资 15 880 000
    投资收益 190 000

▶ 【例 15-15】承【例 15-12】,2×17 年 9 月 19 日,该门店完成转让,企业 A 以银行存款分别支付维修费用 5 000 元和律师、注册会计师专业咨询费 37 000 元。当日企业 A 作为其他债权投资核算的债券投资市场报价为 374 000 元,企业 B 以银行存款支付所有转让价款 1 914 000 元。

分析:企业 A 账务处理如下:

借:资产处置损益 5 000
  贷:银行存款 5 000
借:资产处置损益 37 000
  贷:银行存款 37 000
借:银行存款 1 914 000
  持有待售资产减值准备——存货跌价准备 100 000
         ——固定资产 54 923

——无形资产		50 077
——商誉		200 000
——坏账准备		10 000
持有待售负债——应付账款		310 000
——应付职工薪酬		560 000
——预计负债		250 000
贷：持有待售资产——库存现金		310 000
——应收账款		270 000
——库存商品		300 000
——其他债权投资		370 000
——固定资产		1 020 000
——无形资产		930 000
——商誉		200 000
资产处置损益		49 000
借：资产处置损益	10 000	
贷：其他综合收益		10 000

三、持有待售类别的列报

持有待售资产和负债不应当相互抵销。"持有待售资产"和"持有待售负债"应当分别作为流动资产和流动负债列示。对于当期首次满足持有待售类别划分条件的非流动资产或划分为持有待售类别的处置组中的资产和负债，不应当调整可比会计期间资产负债表，即不对其符合持有待售类别划分条件前各个会计期间的资产负债表进行项目的分类调整或重新列报。企业还应当在附注中披露有关持有待售的非流动资产或处置组的相关信息。

非流动资产或处置组在资产负债表日至财务报告批准报出日之间满足持有待售类别划分条件的，应当作为资产负债表日后非调整事项进行会计处理，并在附注中披露相关信息。

第二节 终 止 经 营

一、终止经营的定义

终止经营，是指企业满足下列条件之一的、能够单独区分的组成部分，且该组成部分已经处置或划分为持有待售类别：（1）该组成部分代表一项独立的主要业务或一个单独的主要经营地区；（2）该组成部分是拟对一项独立的主要业务或一个单独的主要经营地区进行处置的一项相关联计划的一部分；（3）该组成部分是专为转售而取得的子公司。

终止经营的定义包含以下三方面含义：

1. 终止经营应当是企业能够单独区分的组成部分

该组成部分的经营和现金流量在企业经营和编制财务报表时是能够与企业的其他部

分清楚区分的。企业组成部分可能是一个资产组，也可能是一组资产组组合，通常是企业的一个子公司、一个事业部或事业群。

2. 终止经营应当具有一定的规模

终止经营应当代表一项独立的主要业务或一个单独的主要经营地区，或者是拟对一项独立的主要业务或一个单独的主要经营地区进行处置的一项相关联计划的一部分。专为转售而取得的子公司也是企业的组成部分，但不要求具有一定规模，只要是单独区分的组成部分且满足时点要求，即构成终止经营。

并非所有处置组都符合终止经营的定义，企业需要运用职业判断确定终止经营。如果企业主要经营一项业务或主要在一个地理区域内开展经营，企业的一个主要产品或服务线也可能满足终止经营定义中的规模条件。有些专为转售而取得的重要的合营企业或联营企业，也可能因为符合有关组成部分的第（1）和第（2）项条件而符合终止经营的定义。

▶【例15-16】某快餐企业A在全国拥有500家零售门店，A决定将其位于Z市的8家零售门店中的一家门店C出售，并于2×17年8月13日与企业B正式签订了转让协议，假设该门店C符合持有待售类别的划分条件。判断C是否构成A的终止经营。

分析：尽管门店C是一个处置组，也符合持有待售类别的划分条件，但由于它只是一个零售点，不能代表一项独立的主要业务或一个单独的主要经营地区，也不构成拟对一项独立的主要业务或一个单独的主要经营地区进行处置的一项相关联计划的一部分，因此该处置组并不构成企业的终止经营。

3. 终止经营应当满足一定的时点要求

符合终止经营定义的组成部分应当属于以下两种情况之一：

（1）组成部分在资产负债表日之前已经处置，包括已经出售、结束使用（如关停或报废等）。多数情况下，如果组成部分的所有资产和负债均已处置，产生收入和发生成本的来源消失，这时确定组成部分"处置"的时点是较为容易的。但在有些情况下，组成部分的资产仍处于出售或报废过程中，仍可能发生清理费用，企业需要根据实际情况判断组成部分是否已经处置，从而符合终止经营的定义。

▶【例15-17】企业集团C拥有一家经营药品批发业务的子公司H，药品批发构成C的一项独立的主要业务，且H在全国多个城市设立了营业网点。由于经营不善，C决定停止H的所有业务。至2×17年10月13日，已处置了该子公司所有存货并辞退了所有员工，但仍有一些债权等待收回，部分营业网点门店的租约尚未到期，仍需支付租金费用。判断H是否构成C的终止经营。

分析：由于子公司H原药品批发业务已经停止，收回债权、处置租约等尚未结算的未来交易并不构成上述业务的延续，因此该子公司的经营已经终止，应当认为2×17年10月13日后该子公司符合终止经营的定义。

（2）组成部分在资产负债表日之前已经划分为持有待售类别。有些情况下，企业对一项独立的主要业务或一个单独的主要经营地区进行处置的一项相关联计划持续数年，并非组成部分中所有的资产组或资产组组合能够同时满足持有待售类别的划分条件。随着处置计划的进行，组成部分中的一些资产组或资产组组合可能先满足持有待售类别划分条件且构成企业的终止经营，其他资产组或资产组组合可能在未来满足持有待售类别的划分条件，应当适时将其作为终止经营处理。

▶【例15-18】企业集团F决定出售其专门从事酒店管理的下属子公司R,酒店管理构成F的一项主要业务。子公司R管理一个酒店集团和一个连锁健身中心。为获取最大收益,F决定允许将酒店集团和连锁健身中心出售给不同买家,但酒店和健身中心的转让是相互关联的,即两者或者均出售,或者均不出售。F于2×17年12月6日与企业S就转让连锁健身中心正式签订了协议,假设此时连锁健身中心符合了持有待售类别的划分条件,但酒店集团尚不符合持有待售类别的划分条件。判断酒店集团和连锁健身中心是否构成F的终止经营。

分析:处置酒店集团和连锁健身中心构成一项相关联的计划,虽然酒店集团和连锁健身中心可能出售给不同买家,但分别属于对一项独立的主要业务进行处置的一项相关联计划的一部分,因此连锁健身中心符合终止经营的定义,酒店集团在未来符合持有待售类别划分条件时也符合终止经营的定义。

二、终止经营的列报

企业应当在利润表中分别列示持续经营损益和终止经营损益。下列不符合终止经营定义的持有待售的非流动资产或处置组所产生的相关损益,应当在利润表中作为持续经营损益列报:(1)企业初始计量或在资产负债表日重新计量持有待售的非流动资产或处置组时,因账面价值高于其公允价值减去出售费用后的净额而确认的资产减值损失。(2)后续资产负债表日持有待售的非流动资产或处置组公允价值减去出售费用后的净额增加,因恢复以前减记的金额而转回的资产减值损失。(3)持有待售的非流动资产或处置组的处置损益。

终止经营的相关损益应当作为终止经营损益列报,列报的终止经营损益应当包含整个报告期间,而不仅包含认定为终止经营后的报告期间。相关损益具体包括:(1)终止经营的经营活动损益,如销售商品、提供服务的收入、相关成本和费用等。(2)企业初始计量或在资产负债表日重新计量符合终止经营定义的持有待售的处置组时,因账面价值高于其公允价值减去出售费用后的净额而确认的资产减值损失。(3)后续资产负债表日符合终止经营定义的持有待售处置组的公允价值减去出售费用后的净额增加,因恢复以前减记的金额而转回的资产减值损失。(4)终止经营的处置损益。(5)终止经营处置损益的调整金额,可能引起调整的情形包括:最终确定处置条款,如与买方商定交易价格调整额和补偿金;消除与处置相关的不确定因素,如确定卖方保留的环保义务或产品质量保证义务;履行与处置相关的职工薪酬支付义务等。

企业在处置终止经营的过程中可能附带产生一些增量费用,如果不进行该项处置就不会产生这些费用,企业应当将这些增量费用作为终止经营损益列报。

▶【例15-19】企业集团A拥有子公司B,并为其专门租入一栋写字楼作为办公场所,现A决定将子公司B转让给企业F,转让完成后,B将整体搬迁至F的自有写字楼。由于B目前办公所在地的租期未满,A必须承担将办公楼低于原租金转租或者提前终止租赁合同的损失。假设子公司B符合持有待售类别的划分条件和终止经营的定义。

分析:尽管如果不出售子公司B,与租赁办公楼相关的损失就不会发生,但对于出售子公司B本身而言,该损失并不是必不可少的,不是与出售子公司B直接相关的增量成本。因此,在对子公司B以账面价值和公允价值减去出售费用后的净额孰低计量时,不应当将办公楼低于原租金转租或者提前终止租赁合同的损失作为出售费用处理,但应当在利润表中将其列示在"终止经营净利润"中,并在附注中作为终止经营费用的一部分披露。

拟结束使用而非出售的处置组满足终止经营定义中有关组成部分的条件的,应当自停止使用日起作为终止经营列报。列报的终止经营损益应当包含整个报告期间,而不仅包含认定为终止经营后的报告期间。如果因出售对子公司的投资等原因导致企业丧失对子公司的控制权,且该子公司符合终止经营定义的,应当在合并利润表中列报相关终止经营损益。

从财务报表可比性出发,对于当期列报的终止经营,企业应当在当期财务报表中,将原来作为持续经营损益列报的信息重新作为可比会计期间的终止经营损益列报。这意味着对于可比会计期间的利润表,作为终止经营列报的不仅包括在可比会计期间即符合终止经营定义的处置组,还包括在当期首次符合终止经营定义的处置组。由于后者的存在,处置组在可比会计期间销售商品、提供劳务的收入和相关成本、费用,以及相关资产按照《企业会计准则第8号——资产减值》的规定确认的资产减值损失等也应当作为终止经营损益列报。

企业还应当在附注中披露有关终止经营的相关信息。

终止经营不再满足持有待售类别划分条件的,企业应当在当期财务报表中,将原来作为终止经营损益列报的信息重新作为可比会计期间的持续经营损益列报,并在附注中说明这一事实。

三、特殊事项的列报

(一)企业专为转售而取得的持有待售子公司的列报

如果企业专为转售而取得的子公司符合持有待售类别的划分条件,应当按照持有待售的处置组和终止经营的有关规定进行列报,相对于不符合持有待售类别划分条件的子公司,其资产负债表列示和附注披露都得到适当简化。但是,除非企业是投资性主体并将该子公司按照公允价值计量且其变动计入当期损益,否则应当按照《企业会计准则第33号——合并财务报表》的规定,将该子公司纳入合并范围。

在合并资产负债表中,企业专为转售而取得的持有待售子公司的全部资产和负债应当分别作为持有待售资产和持有待售负债项目列示。

在合并利润表中,企业专为转售而取得的持有待售子公司的列示要求与其他终止经营一致,即将该子公司净利润与其他终止经营净利润合并列示在"终止经营净利润"项目中。企业在附注中披露的信息也可以更为简化。

(二)不再继续划分为持有待售类别的列报

对于非流动资产或处置组,如果其不再继续划分为持有待售类别或非流动资产从持有待售的处置组中移除,在资产负债表中,企业应当将原来分类为持有待售类别的非流动资产或处置组重新作为固定资产、无形资产等列报,并调整其账面价值。在当期利润表中,企业应当将账面价值调整金额作为持续经营损益列报。企业还应在附注中披露相关信息。

对于企业的子公司、共同经营、合营企业、联营企业以及部分对合营企业或联营企业的投资,按照《企业会计准则第2号——长期股权投资》的规定,持有待售的对联营企业或合营企业的权益性投资不再符合持有待售类别划分条件的,应当自划分为持有待售类别日起采用权益法进行追溯调整。持有待售的对子公司、共同经营的权益性投资不再符合持有待售类别划分条件的,同样应当自划分为持有待售类别日起追溯调整。上述情况下,划分为持有待售类别期间的财务报表应当作相应调整。

第十六章 所有者权益

所有者权益根据其核算的内容和要求，可分为实收资本（股本）、其他权益工具、资本公积、其他综合收益、盈余公积和未分配利润等部分。其中，盈余公积和未分配利润统称为留存收益。

第一节 实收资本

一、实收资本概述

按照我国有关法律规定，投资者设立企业首先必须投入资本。实收资本是投资者投入资本形成法定资本的价值，所有者向企业投入的资本，在一般情况下无须偿还，可以长期周转使用。实收资本的构成比例，即投资者的出资比例或股东的股份比例，通常是确定所有者在企业所有者权益中所占的份额和参与企业财务经营决策的基础，也是企业进行利润分配或股利分配的依据，同时还是企业清算时确定所有者对净资产的要求权的依据。

实收资本确认和计量要求企业应当设置"实收资本"科目，核算企业接受投资者投入的实收资本，股份有限公司应将该科目改为"股本"。投资者可以用现金投资，也可以用现金以外的其他有形资产投资，符合国家规定比例的，还可以用无形资产投资。企业收到投资时，一般应作如下会计处理：收到投资人投入的现金，应在实际收到或者存入企业开户银行时，按实际收到的金额，借记"银行存款"科目，以实物资产投资的，应在办理实物产权转移手续时，借记有关资产科目，以无形资产投资的，应按照合同、协议或公司章程规定移交有关凭证时，借记"无形资产"科目，按投入资本在注册资本或股本中所占份额，贷记"实收资本"或"股本"科目，按其差额，贷记"资本公积——资本溢价"或"资本公积——股本溢价"等科目。

初建有限责任公司时，各投资者按照合同、协议或公司章程投入企业的资本，应全部记入"实收资本"科目，注册资本为在公司登记机关登记的全体股东认缴的出资额。全体股东认缴的出资额由股东按照公司章程的规定自公司成立之日起5年内缴足，法律法规另有规定的，从其规定。在企业增资时，如有新投资者介入，新介入的投资者缴纳的出资额大于其按约定比例计算的其在注册资本中所占的份额部分，不记入"实收资本"科目，而作为资本公积，记入"资本公积"科目。

股份有限公司是指全部资本由等额股份构成并通过发行股票筹集资本、股东以其认购的股份为限对公司承担责任、公司以其全部财产对公司债务承担责任的企业法人。股份有限公司设立有两种方式，即发起式和募集式。发起式设立的特点是公司的股份全部由发起人认购，不向发起人之外的任何人募集股份；募集式设立的特点是公司股份除发起人认购外，还可以采用向其他法人或自然人发行股票的方式进行募集。公司设立方式不同，筹集资本的风险也不同。发起式设立公司，其所需资本由发起人在公司成立前按照其认购的股份全额缴纳股款。社会募集股份，其筹资对象广泛，在资本市场不景气或股票的发行价格不恰当的情况下，有发行失败（即股票未被全部认购）的可能，因此，其筹资风险大。按照有关规定，发行失败损失由发起人负担，包括承担筹建费用、公司筹建过程中的债务和对认股人已缴纳的股款支付银行同期存款利息等责任。

股份有限公司与其他企业相比较，最显著的特点就是将企业的全部资本划分为等额股份，并通过发行股票的方式来筹集资本。股东以其所认购股份对公司承担有限责任。股票的面值与股份总数的乘积为股本，股本应等于企业的注册资本，股本是很重要的指标。为了直观地反映这一指标，在会计处理上，股份有限公司应设置"股本"科目。

"股本"科目核算股东投入股份有限公司的股本，企业应将核定的股本总额、股份总数、每股面值在股本账户中作备查记录。为提供企业股份的构成情况，企业可在"股本"科目下按股东单位或姓名设置明细账。企业的股本应在核定的股本总额范围内，发行股票取得。但值得注意的是，企业发行股票取得的收入与股本总额往往不一致，公司发行股票取得的收入大于股本总额的，称为溢价发行；小于股本总额的，称为折价发行；等于股本总额的，为面值发行。我国不允许企业折价发行股票。在采用溢价发行股票的情况下，企业应将相当于股票面值的部分记入"股本"科目，其余部分在扣除发行手续费、佣金等发行费用后记入"资本公积——股本溢价"科目。

二、实收资本增减变动的会计处理

《国务院关于实施〈中华人民共和国公司法〉注册资本登记管理制度的规定》规定，2024年6月30日前登记设立的公司，有限责任公司剩余认缴出资期限自2027年7月1日起超过5年的，应当在2027年6月30日前将其剩余认缴出资期限调整至5年内并记载于公司章程，股东应当在调整后的认缴出资期限内足额缴纳认缴的出资额；股份有限公司的发起人应当在2027年6月30日前按照其认购的股份全额缴纳股款。公司法定公积金转增为注册资本的，留存的该项公积金不少于转增前公司注册资本的25%。公司减少注册资本的，应当自公告之日起45日后申请变更登记，并应当提交公司在报纸上登载公司减少注册资本公告的有关证明和公司债务清偿或者债务担保情况的说明。公司减资后的注册资本不得低于法定的最低限额。

（一）实收资本增加的会计处理

1. 企业增加资本的一般途径

企业增加资本的途径一般有三条：一是将资本公积转为实收资本或者股本。会计上应借记"资本公积——资本溢价"或"资本公积——股本溢价"科目，贷记"实收资本"或"股本"科目。二是将盈余公积转为实收资本。会计上应借记"盈余公积"科目，贷记"实收资本"或"股本"科目。这里要注意的是，资本公积和盈余公积均属所有者权益，转为实收资本或者股本时，企业如为独资企业的，核算比较简单，直接结转即可；如为股份有限公司或有限责任公司的，应按原投资者所持股份同比例增加各股东的股权。三是所有者（包括原企业所有者和新投资者）投入。企业接受投资者投入的资本，借记"银行存款""固定资产""无形资产""长期股权投资"等科目，贷记"实收资本"或"股本"等科目。

2. 股份有限公司发放股票股利

股份有限公司采用发放股票股利实现增资的，在发放股票股利时，按照股东原来持有的股数分配，如股东所持股份按比例分配的股利不足一股时，应采用恰当的方法处理。例如，股东会决议按股票面额的10%发放股票股利时（假定新股发行价格及面额与原股相同），对于所持股票不足10股的股东，将会发生不能领取一股的情况。在这种情况下，有两种方法可供选择：一是将不足一股的股票股利改为现金股利，用现金支付；二是由股东相互转让，凑为整股。股东会批准的利润分配方案中分配的股票股利，应在办理增资手续后，借记"利润分配"科目，贷记"股本"科目。

3. 可转换公司债券持有人行使转换权利

可转换公司债券持有人行使转换权利，将其持有的债券转换为股票，按可转换公司债券的余额，借记"应付债券——可转换公司债券（面值、利息调整）"科目，按其权益成分的金额，借记"其他权益工具"科目，按股票面值和转换的股数计算的股票面值总额，贷记"股本"科目，按其差额，贷记"资本公积——股本溢价"科目。

4. 企业将重组债务转为资本

企业将重组债务转为资本的，应按重组债务的账面余额，借记"应付账款"等科目，按债权人因放弃债权而享有本企业股份的面值总额，贷记"实收资本"或"股本"科目，按股份的公允价值总额与相应的实收资本或股本之间的差额，贷记或借记"资本公积——资本溢价"或"资本公积——股本溢价"科目，按其差额，贷记"投资收益"科目。

5. 以权益结算的股份支付的行权

以权益结算的股份支付换取职工或其他方提供服务的，应在行权日，按根据实际行权情况确定的金额，借记"资本公积——其他资本公积"科目，按应计入实收资本或股本的金额，贷记"实收资本"或"股本"科目，按其差额，贷记"资本公积——资本（或股本）溢价"科目。

（二）实收资本减少的会计处理

企业实收资本减少的原因大体有两种：一是资本过剩；二是企业发生重大亏损而需要减少实收资本。企业因资本过剩而减资，一般要发还股款。有限责任公司和一般企业发还投资的会计处理比较简单，按法定程序报经批准减少注册资本的，借记"实收资本"科目，贷记"库存现金""银行存款"等科目。

股份有限公司由于采用的是发行股票的方式筹集股本，发还股款时，则要回购发行的股票，发行股票的价格与股票面值可能不同，回购股票的价格也可能与发行价格不同，会计处理较为复杂。股份有限公司因减少注册资本而回购本公司股份的，应按实际支付的金额，借记"库存股"科目，贷记"银行存款"等科目。注销库存股时，应按股票面值和注销股数计算的股票面值总额，借记"股本"科目，按注销库存股的账面余额，贷记"库存股"科目，按其差额，冲减股票发行时原计入资本公积的溢价部分，借记"资本公积——股本溢价"科目，回购价格超过上述冲减"股本"及"资本公积——股本溢价"科目的部分，应依次借记"盈余公积""利润分配——未分配利润"等科目；如回购价格低于回购股份所对应的股本，所注销库存股的账面余额与所冲减股本的差额作为增加股本溢价处理，按回购股份所对应的股本面值，借记"股本"科目，按注销库存股的账面余额，贷记"库存股"科目，按其差额，贷记"资本公积——股本溢价"科目。

▶【例16-1】B股份有限公司截至2×24年12月31日共发行股票30 000 000股，股票面值为1元，资本公积（股本溢价）6 000 000元，盈余公积4 000 000元。经股东会批准，B公司以现金回购本公司股票3 000 000股并注销。假定B公司按照每股4元回购股票，不考虑其他因素，B公司的账务处理如下：

库存股的成本 = 3 000 000 × 4 = 12 000 000（元）

借：库存股	12 000 000
贷：银行存款	12 000 000
借：股本	3 000 000
资本公积——股本溢价	6 000 000
盈余公积	3 000 000
贷：库存股	12 000 000

第二节 其他权益工具

企业发行的除普通股（作为实收资本或股本）以外，按照金融负债和权益工具区分原则分类为权益工具的其他权益工具，按照以下原则进行会计处理：

一、其他权益工具会计处理的基本原则

企业发行的金融工具应当按照《企业会计准则第22号——金融工具确认和计量》进行初始确认和计量；其后，于每个资产负债表日计提利息或分派股利，按照相关具体企业会计准则进行处理。即企业应当以所发行金融工具的分类为基础，确定该工具利息支出或股利分配等的会计处理。对于归类为权益工具的金融工具，无论其名称中是否包含"债"，其利息支出或股利分配都应当作为发行企业的利润分配，其回购、注销等作为权益的变动处理；对于归类为金融负债的金融工具，无论其名称中是否包含"股"，其利息支出或股利分配原则上按照借款费用进行处理，其回购或赎回产生的利得或损失等计入当期损益。

企业（发行方）发行金融工具，其发生的手续费、佣金等交易费用，如分类为债务工具且以摊余成本计量的，应当计入所发行工具的初始计量金额；如分类为权益工具的，

应当从权益（其他权益工具）中扣除。

二、科目设置

金融工具发行方应当设置下列会计科目，对发行的金融工具进行会计核算：

（1）发行方对于归类为金融负债的金融工具在"应付债券"科目核算。"应付债券"科目应当按照发行的金融工具种类进行明细核算，并在各类工具中按"面值""利息调整""应计利息"设置明细账，进行明细核算（发行方发行的符合流动负债特征并归类为流动负债的金融工具，以相关流动性质的负债类科目进行核算，本书在账务处理部分均以"应付债券"科目为例）。

对于需要拆分且形成衍生金融负债或衍生金融资产的，应将拆分的衍生金融负债或衍生金融资产按照其公允价值在"衍生工具"科目核算。对于发行的且嵌入了非紧密相关的衍生金融资产或衍生金融负债的金融工具，如果发行方选择将其整体指定为以公允价值计量且其变动计入当期损益的，则应将发行的金融工具的整体在以公允价值计量且其变动计入当期损益的金融负债等科目中核算。

（2）在所有者权益类科目中设置"其他权益工具"科目，核算企业发行的除普通股以外的归类为权益工具的各种金融工具。"其他权益工具"科目应按发行金融工具的种类等进行明细核算。

三、主要账务处理

（一）发行方的账务处理

（1）发行方发行的金融工具归类为债务工具并以摊余成本计量的，应按实际收到的金额，借记"银行存款"等科目，按债务工具的面值，贷记"应付债券——优先股、永续债等（面值）"科目，按其差额，贷记或借记"应付债券——优先股、永续债等（利息调整）"科目。

在该工具存续期间，计提利息并对账面的利息调整进行调整等的会计处理，按照金融工具确认和计量准则中有关金融负债按摊余成本后续计量的规定进行会计处理。

（2）发行方发行的金融工具分类为其他权益工具的，应按实际发行价格，借记"银行存款""存放中央银行款项"等科目，贷记"其他权益工具——优先股、永续债利息等"科目。发行其他权益工具发生的承销费、发行登记费等交易费用，应借记"资本公积"科目，贷记"银行存款"、"存放中央银行款项"等科目。

分类为权益工具的金融工具，在存续期间分派股利（含分类为权益工具的工具所产生的利息，下同）的，作为利润分配处理。发行方应根据经批准的股利分配方案，按应分配给金融工具持有者的股利金额，借记"利润分配——应付优先股股利、应付永续债利息等"科目，贷记"应付股利——优先股股利、永续债利息等"科目。

（3）发行方发行的金融工具为复合金融工具的，应按实际收到的金额，借记"银行存款"等科目，按金融工具的面值，贷记"应付债券——优先股、永续债（面值）等"科目，按负债成分的公允价值与金融工具面值之间的差额，借记或贷记"应付债券——优先股、永续债等（利息调整）"科目，按实际收到的金额扣除负债成分的公允价值后的金额，贷记"其他权益工具——优先股、永续债等"科目。

发行复合金融工具发生的交易费用，应当在负债成分和权益成分之间按照各自占总发行价款的比例进行分摊。与多项交易相关的共同交易费用，应当在合理的基础上，采用与其他类似交易一致的方法，在各项交易之间进行分摊。

（4）发行的金融工具本身是衍生金融负债或衍生金融资产或者内嵌了衍生金融负债或衍生金融资产的，按照金融工具确认和计量准则中有关衍生工具的规定进行处理。

（5）由于发行的金融工具原合同条款约定的条件或事项随着时间的推移或经济环境的改变而发生变化，导致原归类为权益工具的金融工具重分类为金融负债的，应当于重分类日，按该工具的账面价值，借记"其他权益工具——优先股、永续债等"科目，按该工具的面值，贷记"应付债券——优先股、永续债等（面值）"科目，按该工具的公允价值与面值之间的差额，借记或贷记"应付债券——优先股、永续债等（利息调整）"科目，按该工具的公允价值与账面价值的差额，贷记或借记"资本公积——资本溢价（或股本溢价）"科目，如资本公积不够冲减的，依次冲减盈余公积和未分配利润。发行方以重分类日计算的实际利率作为应付债券后续计量利息调整等的基础。

因发行的金融工具原合同条款约定的条件或事项随着时间的推移或经济环境的改变而发生变化，导致原归类为金融负债的金融工具重分类为权益工具的，应于重分类日，按金融负债的面值，借记"应付债券——优先股、永续债等（面值）"科目，按利息调整余额，借记或贷记"应付债券——优先股、永续债等（利息调整）"科目，按金融负债的账面价值，贷记"其他权益工具——优先股、永续债等"科目。

（6）发行方按合同条款约定赎回所发行的除普通股以外的分类为权益工具的金融工具，按赎回价格，借记"库存股——其他权益工具"科目，贷记"银行存款"等科目；注销所购回的金融工具，按该工具对应的其他权益工具的账面价值，借记"其他权益工具"科目，按该工具的赎回价格，贷记"库存股——其他权益工具"科目，按其差额，借记或贷记"资本公积——资本溢价（或股本溢价）"科目，如资本公积不够冲减的，依次冲减盈余公积和未分配利润。

发行方按合同条款约定赎回所发行的分类为金融负债的金融工具，按该工具赎回日的账面价值，借记"应付债券"等科目，按赎回价格，贷记"银行存款"等科目，按其差额，借记或贷记"财务费用"科目。

（7）发行方按合同条款约定将发行的除普通股以外的金融工具转换为普通股的，按该工具对应的金融负债或其他权益工具的账面价值，借记"应付债券""其他权益工具"等科目，按普通股的面值，贷记"实收资本（或股本）"科目，按其差额，贷记"资本公积——资本溢价（或股本溢价）"科目（如转换时金融工具的账面价值不足转换为1股普通股而以现金或其他金融资产支付的，还需按支付的现金或其他金融资产的金额，贷记"银行存款"等科目）。

（二）投资方的账务处理

金融工具投资方（持有人）考虑持有的金融工具或其组成部分是权益工具还是债务工具投资时，应当遵循《企业会计准则第22号——金融工具确认和计量》的相关要求，通常应当与发行方对金融工具的权益或负债属性的分类保持一致。例如，对于发行方归类为权益工具的非衍生金融工具,投资方通常应当将其归类为权益工具投资。

如果投资方因持有发行方发行的金融工具而对发行方拥有控制、共同控制或重大影响,按照《企业会计准则第2号——长期股权投资》和《企业会计准则第20号——企业合并》进行确认和计量;投资方需编制合并财务报表的,按照《企业会计准则第33号——合并财务报表》的规定编制合并财务报表。

第三节 资本公积、其他综合收益及留存收益

一、资本公积确认与计量

资本公积是企业收到投资者的超出其在企业注册资本(或股本)中所占份额的投资,以及某些特定情况下直接计入所有者权益的项目。资本公积包括资本溢价(或股本溢价)和其他资本公积。

资本溢价(或股本溢价)是企业收到投资者的超出其在企业注册资本(或股本)中所占份额的投资。形成资本溢价(或股本溢价)的原因有溢价发行股票、投资者超额缴入资本等。

资本公积一般应当设置"资本(或股本)溢价""其他资本公积"明细科目核算。

(一)资本溢价或股本溢价的会计处理

1. 资本溢价

投资者经营的企业(不含股份有限公司),投资者依其出资份额对企业经营决策享有表决权,依其所认缴的出资额对企业承担有限责任。明确记录投资者认缴的出资额,真实地反映各投资者对企业享有的权利与承担的义务,是会计处理应注意的问题。为此,会计上应设置"实收资本"科目,核算企业投资者按照公司章程所规定的出资比例实际缴付的出资额。在企业创立时,出资者认缴的出资额全部记入"实收资本"科目。

在企业重组并有新的投资者加入时,为了维护原有投资者的权益,新加入的投资者的出资额,并不一定全部作为实收资本处理。这是因为,在企业正常经营过程中投入的资金虽然与企业创立时投入的资金在数量上一致,但其获利能力却不一致。企业创立时,要经过筹建、试生产经营、为产品寻找市场、开辟市场等过程,从投入资金到取得投资回报,中间需要许多时间,并且这种投资具有风险性,在这个过程中资本利润率很低。而企业进行正常生产经营后,在正常情况下,资本利润率要高于企业初创阶段。而这高于初创阶段的资本利润率是初创时必要的垫支资本带来的,企业创办者为此付出了代价。因此,相同数量的投资,由于出资时间不同,其对企业的影响程度不同,由此而带给投资者的权利也不同,往往早期出资带给投资者的权利要大于后期出资带给投资者的权利。所以,新加入的投资者要付出大于原有投资者的出资额,才能取得与投资者相同的投资比例。另外,不仅原投资者原有投资从质量上发生了变化,就是从数量上也可能发生变化,这是因为企业经营过程中实现利润的

一部分留在企业，形成留存收益，而留存收益也属于投资者权益，但其未转入实收资本。新加入的投资者如与原投资者共享这部分留存收益，也要求其付出大于原有投资者的出资额，才能取得与原有投资者相同的投资比例。投资者投入的资本中按其投资比例计算的出资额部分，应记入"实收资本"科目，大于部分应记入"资本公积"科目。

2. 股本溢价

股份有限公司是以发行股票的方式筹集股本的，股票是企业签发的证明股东按其所持股份享有权利和承担义务的书面证明。由于股东按其所持企业股份享有权利和承担义务，为了反映和便于计算各股东所持股份占企业全部股本的比例，企业的股本总额应按股票的面值与股份总数的乘积计算。国家规定，实收股本总额应与注册资本相等。因此，为提供企业股本总额及其构成和注册资本等信息，在采用与股票面值相同的价格发行股票的情况下，企业发行股票取得的收入，应全部记入"股本"科目；在采用溢价发行股票的情况下，企业发行股票取得的收入，相当于股票面值的部分记入"股本"科目，超出股票面值的溢价收入记入"资本公积"科目。委托证券商代理发行股票而支付的手续费、佣金等，应从溢价发行收入中扣除，企业应按扣除手续费、佣金后的数额记入"资本公积"科目。

（二）其他资本公积的会计处理

其他资本公积，是指除资本溢价（或股本溢价）项目以外所形成的资本公积。

1. 以权益结算的股份支付

以权益结算的股份支付换取职工或其他方提供服务的，应按照确定的金额，记入"管理费用"等科目，同时增加资本公积（其他资本公积）。在行权日，应按实际行权的权益工具数量计算确定的金额，借记"资本公积——其他资本公积"科目，按计入实收资本或股本的金额，贷记"实收资本"或"股本"科目，并将其差额记入"资本公积——资本溢价"或"资本公积——股本溢价"科目。

2. 采用权益法核算的长期股权投资

长期股权投资采用权益法核算的，被投资单位除净损益、其他综合收益和利润分配以外的所有者权益的其他变动，投资企业按持股比例计算应享有的份额，应当增加或减少长期股权投资的账面价值，同时增加或减少资本公积（其他资本公积）。当处置采用权益法核算的长期股权投资时，因被投资单位除净损益、其他综合收益和利润分配以外的其他所有者权益变动而确认的所有者权益，应当在终止采用权益法核算时全部转入当期损益。

（三）资本公积（资本溢价或股本溢价）转增资本的会计处理

企业经股东会或类似机构决议，用资本公积（资本溢价或股本溢价）转增资本时，应冲减资本公积（资本溢价或股本溢价），同时按照转增前的实收资本（或股本）的结构或比例，将转增的金额记入"实收资本"（或"股本"）科目下各所有者的明细分类账。

二、其他综合收益的确认与计量及会计处理

其他综合收益，是指企业根据其他会计准则规定未在当期损益中确认的各项利得和损失。包括以后会计期间不能重分类进损益的其他综合收益和以后会计期间满足规定条件时将重分类进损益的其他综合收益两类。

（一）以后会计期间不能重分类进损益的其他综合收益项目

以后会计期间不能重分类进损益的其他综合收益项目，主要包括：重新计量设定受益计划净负债或净资产导致的变动；企业指定为以公允价值计量且其变动计入当期损益的金融负债，由企业自身信用风险变动引起的公允价值变动而计入其他综合收益的金额；在初始确认时，企业可以将非交易性权益工具指定为以公允价值计量且其变动计入其他综合收益的金融资产，该指定一经作出，不得撤销，即当该类非交易性权益工具终止确认时原计入其他综合收益的公允价值变动损益不得重分类进损益；企业按照权益法核算的在被投资单位以后会计期间不能重分类进损益的其他综合收益中所享有的份额。

（二）以后会计期间满足规定条件时将重分类进损益的其他综合收益项目

以后会计期间满足规定条件时将重分类进损益的其他综合收益项目，主要包括：

（1）符合金融工具准则规定，同时符合两个条件的金融资产应当分类为以公允价值计量且其变动计入其他综合收益：①企业管理该金融资产的业务模式既以收取合同现金流量为目标又以出售该金融资产为目标；②该金融资产的合同条款规定，在特定日期产生的现金流量，仅为对本金和以未偿付本金金额为基础的利息的支付。当该类金融资产终止确认时，之前计入其他综合收益的累计利得或损失应当从其他综合收益中转出，计入当期损益。

（2）按照金融工具准则规定，将以公允价值计量且其变动计入其他综合收益的债务工具投资重分类为以摊余成本计量的金融资产的，或重分类为以公允价值计量且其变动计入当期损益的金融资产的，按规定可以将原计入其他综合收益的利得或损失转入当期损益的部分。

（3）采用权益法核算的长期股权投资。采用权益法核算的长期股权投资，按照被投资单位实现其他综合收益以及持股比例计算应享有或分担的金额，调整长期股权投资的账面价值，同时增加或减少其他综合收益，其会计处理为：借记（或贷记）"长期股权投资——其他综合收益"科目，贷记（或借记）"其他综合收益"科目，待该项股权投资处置时，将原计入其他综合收益的金额（以后会计期间不能重分类进损益的其他综合收益项目除外）转入当期损益。

（4）存货或自用房地产转换为投资性房地产。企业将作为存货的房地产转换为采用公允价值模式计量的投资性房地产时，应当按该项房地产在转换日的公允价值，借记"投资性房地产——成本"科目，原已计提跌价准备的，借记"存货跌价准备"科目，按其账面余额，贷记"开发产品"等科目；同时，转换日的公允价值小于账面价值的，按其差额，借记"公允价值变动损益"科目，转换日的公允价值大于账面价值的，按其差额，贷记"其他综合收益"科目。

企业将自用的建筑物等转换为采用公允价值模式计量的投资性房地产时，应当按该项房地产在转换日的公允价值，借记"投资性房地产——成本"科目，原已计提减值准备的，借记"固定资产减值准备"科目，按已计提的累计折旧等，借记"累计折旧"等科目，按其账面余额，贷记"固定资产"等科目；同时，转换日的公允价值小于账面价值的，按其差额，借记"公允价值变动损益"科目，转换日的公允价值大于账面价值的，按其差额，贷记"其他综合收益"科目。

待该项投资性房地产处置时，因转换计入其他综合收益的部分应转入当期损益。

（5）现金流量套期工具产生的利得或损失中属于有效套期的部分。

（6）外币财务报表折算差额。按照外币折算的要求，企业在处置境外经营的当期，将已列入合并财务报表所有者权益的外币报表折算差额中与该境外经营相关部分，自其他综合收益项目转入处置当期损益。如果是部分处置境外经营，应当按处置的比例计算处置部分的外币报表折算差额，转入处置当期损益。

三、留存收益

（一）盈余公积

1. 相关规定

根据《公司法》等有关法规的规定，企业当年实现的净利润，一般应当按照如下顺序进行分配：

（1）提取法定公积金。公司制企业的法定公积金按照税后利润的10%的比例提取（非公司制企业也可按照超过10%的比例提取），在计算提取法定盈余公积的基数时，不应包括企业年初未分配利润。公司法定公积金累计额为公司注册资本的50%以上时，可以不再提取法定公积金。

公司的法定公积金不足以弥补以前年度亏损的，在提取法定公积金之前，应当先用当年利润弥补亏损。

（2）提取任意公积金。公司从税后利润中提取法定公积金后，经股东会决议，还可以从税后利润中提取任意公积金。非公司制企业经类似权力机构批准，也可提取任意盈余公积。

（3）向投资者分配利润或股利。公司弥补亏损和提取公积金后所余税后利润，有限责任公司股东按照实缴的出资比例分取红利，但是，全体股东约定不按照出资比例分取红利的除外；股份有限公司按照股东持有的股份比例分配，但股份有限公司章程规定不按持股比例分配的除外。

股东会或者董事会违反规定，在公司弥补亏损和提取法定公积金之前向股东分配利润的，股东必须将违反规定分配的利润退还公司。公司持有的本公司股份不得分配利润。

盈余公积是指企业按照规定从净利润中提取的各种积累资金。公司制企业的盈余公积分为法定盈余公积和任意盈余公积。两者的区别就在于其各自计提的依据不同。前者以国家的法律或行政规章为依据提取；后者则由企业自行决定提取。

企业提取盈余公积主要可以用于以下几个方面：

（1）弥补亏损。企业发生亏损时，应由企业自行弥补。弥补亏损的渠道主要有四条：一是用以后年度税前利润弥补。按照现行制度规定，企业发生亏损时，可以用以后5年内实现的税前利润弥补，即税前利润弥补亏损的期间为5年。二是用以后年度税后利润弥补。企业发生的亏损经过5年期间未弥补足额的，尚未弥补的亏损应用所得税后的利润弥补。三是以盈余公积弥补亏损。企业以提取的盈余公积弥补亏损时，应当由公司董事会提议，并经股东会批准。四是公积金弥补亏损。公积金弥补公司亏损，应当先使用任意公积金和法定公积金；仍不能弥补的，可以按照规定使用资本公积金。

（2）转增资本。按照《公司法》的规定，法定公积金（指法定盈余公积）转为注册资本时，所留存的该项公积金不得少于转增前公司注册资本的25%。企业将盈余公积（包括法定盈余公积和任意盈余公积）转增资本时，必须经股东会决议批准。在实际将盈余公积转增资本时，要按股东原有持股比例结转。企业提取的盈余公积，无论是用于弥补亏损，还是用于转增资本，只不过是在企业所有者权益内部作结构上的调整，比如企业以盈余公积弥补亏损时，实际是减少盈余公积留存的数额，以此抵补未弥补亏损的数额，并不引起企业所有者权益总额的变动；企业以盈余公积转增资本时，也只是减少盈余公积结存的数额，但同时增加企业实收资本或股本的数额，也并不引起所有者权益总额的变动。

（3）扩大企业生产经营。盈余公积的用途，并不是指其实际占用形态，提取盈余公积也并不是单独将这部分资金从企业资金周转过程中抽出。企业盈余公积的结存数，实际只表现为企业所有者权益的组成部分，表明企业生产经营资金的一个来源而已。其形成的资金可能表现为一定的货币资金，也可能表现为一定的实物资产，如存货和固定资产等，随同企业的其他来源所形成的资金进行循环周转，用于企业的生产经营。

2. 盈余公积的确认和计量

为了反映盈余公积的形成及使用情况，企业应设置"盈余公积"科目。企业应当分别"法定盈余公积""任意盈余公积"进行明细核算。外商投资企业还应分别"储备基金""企业发展基金"进行明细核算。

企业提取盈余公积时，借记"利润分配——提取法定盈余公积""利润分配——提取任意盈余公积"科目，贷记"盈余公积——法定盈余公积""盈余公积——任意盈余公积"科目。

企业用盈余公积弥补亏损或转增资本时，借记"盈余公积"科目，贷记"利润分配——盈余公积补亏""实收资本"或"股本"科目。经股东会决议，用盈余公积派送新股，按派送新股计算的金额，借记"盈余公积"科目，按股票面值和派送新股总数计算的股票面值总额，贷记"股本"科目。

（二）未分配利润

未分配利润是企业留待以后年度进行分配的结存利润，也是企业所有者权益的组成部分。相对于所有者权益的其他部分来讲，企业对于未分配利润的使用分配有较大的自主权。从数量上来讲，未分配利润是期初未分配利润，加上本期实现的净利润，减去提取的各种盈余公积和分出利润后的余额。

在会计处理上，未分配利润是通过"利润分配"科目进行核算的，"利润分配"科目应当分别"提取法定盈余公积""提取任意盈余公积""应付现金股利或利润""转作股本的股利""盈余公积补亏""未分配利润"等进行明细核算。

（1）分配股利或利润的会计处理。经股东会或类似机构决议，分配给股东或投资者的现金股利或利润，借记"利润分配——应付现金股利或利润"科目，贷记"应付股利"科目。经股东会或类似机构决议，分配给股东的股票股利，应在办理增资手续后，借记"利润分配——转作股本的股利"科目，贷记"股本"科目。

（2）期末结转的会计处理。企业期末结转利润时，应将各损益类科目的余额转入"本年利润"科目，结平各损益类科目。结转后"本年利润"的贷方余额为当期实现的净利润，借方余额为当期发生的净亏损。年度终了，应将本年收入和支出相抵后结出的本年实现的净利润或净亏损，转入"利润分配——未分配利润"科目。同时，将"利润分配"科目所属的其他明细科目的余额，转入"未分配利润"明细科目。结转后，"未分配利润"明细科目的贷方余额,就是未分配利润的金额;如出现借方余额,则表示未弥补亏损的金额。"利润分配"科目所属的其他明细科目应无余额。

(3) 弥补亏损的会计处理。企业在生产经营过程中既有可能发生盈利,也有可能出现亏损。企业在当年发生亏损的情况下,与实现利润的情况相同,应当将本年发生的亏损自"本年利润"科目转入"利润分配——未分配利润"科目,借记"利润分配——未分配利润"科目,贷记"本年利润"科目,结转后"利润分配"科目的借方余额,即为未弥补亏损的数额。然后通过"利润分配"科目核算有关亏损的弥补情况。

由于未弥补亏损形成的时间长短不同等原因,以前年度未弥补亏损有的可以以当年实现的税前利润弥补,有的则须用税后利润弥补。以当年实现的利润弥补以前年度结转的未弥补亏损,不需要进行专门的账务处理。企业应将当年实现的利润自"本年利润"科目转入"利润分配——未分配利润"科目的贷方,其贷方发生额与"利润分配——未分配利润"的借方余额自然抵补。无论是以税前利润还是以税后利润弥补亏损,其会计处理方法均相同。但是,两者在计算交纳所得税时的处理是不同的。在以税前利润弥补亏损的情况下,其弥补的数额可以抵减当期企业应纳税所得额,而以税后利润弥补的数额,则不能作为纳税所得扣除处理。

▶【例16-2】A 股份有限公司的股本为 100 000 000 元,每股面值 1 元。2×24 年初未分配利润为贷方 80 000 000 元,2×24 年实现净利润 50 000 000 元。

假定公司按照 2×24 年实现净利润的 10% 提取法定盈余公积,5% 提取任意盈余公积,同时向股东按每股 0.2 元派发现金股利,按每 10 股送 3 股的比例派发股票股利。2×25 年 3 月 15 日,公司以银行存款支付了全部现金股利,新增股本也已经办理完股权登记和相关增资手续。A 公司的账务处理如下:

(1) 2×24 年度终了时,企业结转本年实现的净利润:

借:本年利润　　　　　　　　　　　　　　　　　　　　50 000 000
　　贷:利润分配——未分配利润　　　　　　　　　　　　　50 000 000

(2) 提取法定盈余公积和任意盈余公积:

借:利润分配——提取法定盈余公积　　　　　　　　　　　5 000 000
　　　　　　——提取任意盈余公积　　　　　　　　　　　2 500 000
　　贷:盈余公积——法定盈余公积　　　　　　　　　　　　5 000 000
　　　　　　　——任意盈余公积　　　　　　　　　　　　2 500 000

(3) 结转"利润分配"的明细科目:

借:利润分配——未分配利润　　　　　　　　　　　　　　7 500 000
　　贷:利润分配——提取法定盈余公积　　　　　　　　　　5 000 000
　　　　　　　——提取任意盈余公积　　　　　　　　　　2 500 000

A 公司 2×24 年末"利润分配——未分配利润"科目的余额 = 80 000 000 + 50 000 000 - 7 500 000 = 122 500 000（元）

即贷方余额为 122 500 000 元,反映企业的累计未分配利润为 122 500 000 元。

(4) 批准发放现金股利：

借：利润分配——应付现金股利　　　　　　　　　　　　　　20 000 000
　　贷：应付股利　　　　　　　　　　　　（100 000 000×0.2）20 000 000

2×25 年 3 月 15 日，实际发放现金股利：

借：应付股利　　　　　　　　　　　　　　　　　　　　　　20 000 000
　　贷：银行存款　　　　　　　　　　　　　　　　　　　　　20 000 000

(5) 2×25 年 3 月 15 日，发放股票股利：

借：利润分配——转作股本的股利　　　　　　　　　　　　　30 000 000
　　贷：股本　　　　　　　　　　　　（100 000 000×1×30%）30 000 000

第十七章 收入、费用和利润

第一节 收 入

一、收入的定义及其分类

收入是指企业在日常活动中形成的、会导致所有者权益增加的、与所有者投入资本无关的经济利益的总流入。其中，日常活动是指企业为完成其经营目标所从事的经常性活动以及与之相关的其他活动。工业企业制造并销售产品、商品流通企业销售商品、咨询公司提供咨询服务、软件公司为客户开发软件、安装公司提供安装服务、建筑企业提供建造服务等，均属于企业的日常活动。企业按照本节确认收入的方式应当反映其向客户转让商品（或提供服务，以下简称转让商品）的模式，收入的金额应当反映企业因转让这些商品（或服务，以下简称商品）而预期有权收取的对价金额。

本节不涉及企业对外出租资产收取的租金、进行债权投资收取的利息、进行股权投资取得的现金股利、保险合同取得的保费收入等。企业以存货换取客户的存货、固定资产、无形资产以及长期股权投资等，按照本节进行会计处理；其他非货币性资产交换，按照《企业会计准则第 7 号——非货币性资产交换》的规定进行会计处理。企业处置固定资产、无形资产等，在确定处置时点以及计量处置损益时，按照本节的有关规定进行处理。企业以存货清偿债务的，按照本书第二十一章债务重组进行会计处理。

二、收入的确认和计量

企业应当在履行了合同中的履约义务，即在客户取得相关商品控制权时确认收入。取得相关商品控制权，是指能够主导该商品的使用并从中获得几乎全部的经济利益，也包括有能力阻止其他方主导该商品的使用并从中获得经济利益。取得商品控制权包括以下三个要素：

一是能力，即客户必须拥有现时权利，能够主导该商品的使用并从中获得几乎全部经济利益。如果客户只能在未来的某一期间主导该商品的使用并从中获益，则表明其尚未取得该商品的控制权。

二是主导该商品的使用。客户有能力主导该商品的使用，是指客户有权使用该商品，或者能够允许或阻止其他方使用该商品。

三是能够获得几乎全部的经济利益。商品的经济利益，是指该商品的潜在现金流量，既包括现金流入的增加，也包括现金流出的减少。客户可以通过很多方式直接或间接地获得商品的经济利益，例如使用、消耗、出售、处置、交换、抵押或持有等多种方式直接或间接地获得商品的经济利益。

收入确认和计量大致分为五步：第一步，识别与客户订立的合同；第二步，识别合同中的单项履约义务；第三步，确定交易价格；第四步，将交易价格分摊至各单项履约义务；第五步，履行各单项履约义务时确认收入。其中，第一步、第二步和第五步主要与收入的确认有关，第三步和第四步主要与收入的计量有关。

本节有关企业与客户之间合同的会计处理是以单个合同为基础，为了便于实务操作，企业可以将本节要求应用于具有类似特征的合同组合，前提是企业能够合理预计在该组合层面或者在该组合中的每一个合同层面按照本节要求进行会计处理，将不会对企业的财务报表产生显著不同的影响。对于具有类似特征的合同组合，企业也可以在确定退货率、坏账率、合同存续期间等方面运用组合法进行估计。

（一）识别与客户订立的合同

本节所称合同，是指双方或多方之间订立有法律约束力的权利义务的协议，包括书面形式、口头形式以及其他可验证的形式（如隐含于商业惯例或企业以往的习惯做法中等）。

1. 合同成立的条件

企业与客户之间的合同同时满足下列条件的，企业应当在客户取得相关商品控制权时确认收入：（1）合同各方已批准该合同并承诺将履行各自义务；（2）该合同明确了合同各方与所转让的商品相关的权利和义务；（3）该合同有明确的与所转让的商品相关的支付条款；（4）该合同具有商业实质，即履行该合同将改变企业未来现金流量的风险、时间分布或金额；（5）企业因向客户转让商品而有权取得的对价很可能收回。在进行上述判断时，需要注意以下三点：

一是合同约定的权利和义务是否具有法律约束力，需要根据企业所处的法律环境和实务操作进行判断，包括合同订立的方式和流程、具有法律约束力的权利和义务的设立时间等。对于合同各方均有权单方面终止完全未执行的合同，且无须对合同其他方作出补偿的，企业应当视为该合同不存在。其中，完全未执行的合同，是指企业尚未向客户转让任何合同中承诺的商品，也尚未收取且尚未有权收取已承诺商品的任何对价的合同。

二是合同具有商业实质，是指履行该合同将改变企业未来现金流量的风险、时间分布或金额。关于商业实质，应按照《企业会计准则第7号——非货币性资产交换》中的有关商业实质说明进行判断。

三是企业在评估其因向客户转让商品而有权取得的对价是否很可能收回时，仅应考虑客户到期时支付对价的能力和意图（即客户的信用风险）。企业在进行判断时，应当考虑是否存在价格折让。存在价格折让的，应当在估计交易价格时进行考虑。企业预期很可能无法收回全部合同对价时，应当判断其原因是客户的信用风险还是企业向客户提供了价格折让所致。

实务中，企业可能存在一组类似的合同，企业在对该组合同中的每一份合同进行评估时，均认为其合同对价很可能收回，但是根据历史经验，企业预计可能无法收回该组合同的全部对价。在这种情况下，企业应当认为这些合同满足"因向客户转让商品而有权取得的对价很可能收回"这一条件，并以此为基础估计交易价格。与此同时，企业应当考虑这些合同下确认的合同资产或应收款项是否存在减值。

▶【例17-1】甲房地产开发公司与乙公司签订合同，向其销售一栋建筑物，合同价款为100万元。该建筑物的成本为60万元，乙公司在合同开始日即取得了该建筑物的控制权。根据合同约定，乙公司在合同开始日支付了5%的保证金5万元，并就剩余95%的价款与甲公司签订了不附追索权的长期融资协议，如果乙公司违约，甲公司可重新拥有该建筑物，即使收回的建筑物不能涵盖所欠款项的总额，甲公司也不能向乙公司索取进一步的赔偿。乙公司计划在该建筑物内开设一家餐馆，并以该餐馆产生的收益偿还甲公司的欠款。在该建筑物所在的地区，餐饮行业面临激烈的竞争，但乙公司缺乏餐饮行业的经营经验。

本例中，乙公司计划以该餐馆产生的收益偿还甲公司的欠款，除此之外并无其他的经济来源，乙公司也未对该笔欠款设定任何担保。如果乙公司违约，甲公司虽然可重新拥有该建筑物，但即使收回的建筑物不能涵盖所欠款项的总额，甲公司也不能向乙公司索取进一步的赔偿。因此，甲公司对乙公司还款的能力和意图存在疑虑，认为该合同不满足合同价款很可能收回的条件。甲公司应当将收到的5万元确认为一项负债。

对于不能同时满足上述收入确认的五个条件的合同，企业只有在不再负有向客户转让商品的剩余义务（例如，合同已完成或取消），且已向客户收取的对价（包括全部或部分对价）无须退回时，才能将已收取的对价确认为收入；否则，应当将已收取的对价作为负债进行会计处理。其中，企业向客户收取无须退回的对价的，应当在已经将该部分对价所对应的商品的控制权转移给客户，并且已不再向客户转让额外的商品且不再负有此类义务时，将该部分对价确认为收入；或者，在相关合同已经终止、不再负有向客户转让商品的剩余义务时，将该部分对价确认为收入。

需要说明的是，没有商业实质的非货币性资产交换，无论何时，均不应确认收入。从事相同业务经营的企业之间，为便于向客户或潜在客户销售而进行的非货币性资产交换（例如，两家石油公司之间相互交换石油，以便及时满足各自不同地点客户的需求），不应确认收入。

2. 合同的持续评估

对于在合同开始日即满足上述收入确认条件的合同，企业在后续期间无须对其进行重新评估，除非有迹象表明相关事实和情况发生重大变化。对于不满足上述收入确认条件的合同，企业应当在后续期间对其进行持续评估，以判断其能否满足这些条件。企业如果在合同满足相关条件之前已经向客户转移了部分商品，当该合同在后续期间满足相关条件时，企业应当将在此之前已经转移的商品所分摊的交易价格确认为收入。通常情况下，合同开始日，是指合同开始赋予合同各方具有法律约束力的权利和义务的日期，即合同生效日。

▶【例17-2】甲公司与乙公司签订合同，将一项专利技术授权给乙公司使用，并按其使用情况收取特许权使用费。甲公司评估认为，该合同在合同开始日满足本节合同确认收入的五个条件。该专利技术在合同开始日即授权给乙公司使用。在合同开始日后的第一年内，乙公司每季度向甲公司提供该专利技术的使用情况报告，并在约定的期间内支付特许权使用费。在合同开始日后的第二年内，乙公司继续使用该专利技术，但是乙公司的财务状况下滑，融资能力下降，可用现金不足，因此，乙公司仅按合同支付了当年第一季度的特许权使用费，而后三个季度仅按名义金额付款。在合同开始日后的第三年内，乙公司继续使用甲公司的专利技术，但是，甲公司得知，乙公司已经完全丧失了融资能力，且流失了大部分客户，因此，乙公司的付款能力进一步恶化，信用风险显著升高。

本例中，该合同在合同开始日满足收入确认的前提条件，因此，甲公司在乙公司使用该专利技术的行为发生时，按照约定的特许权使用费确认收入。合同开始日后的第二年，由于乙公司的信用风险升高，甲公司在确认收入的同时，按照金融资产减值的要求对乙公司的应收款项进行减值测试。合同开始日后的第三年，由于乙公司的财务状况恶化，信用风险显著升高，甲公司对该合同进行了重新评估，认为"企业因向客户转让商品而有权取得的对价很可能收回"这一条件不再满足，因此，甲公司不再确认特许权使用费收入，同时对现有应收款项是否发生减值继续进行评估。

3. 合同存续期间的确定

合同存续期间是合同各方拥有现时可执行的具有法律约束力的权利和义务的期间。实务中，有些合同可能有固定的期间，有些合同则可能没有（如无固定期间且合同各方可随时要求终止或变更的合同、定期自动续约的合同等）。企业应当确定合同存续期间，并在该期间内按照本节规定对合同进行会计处理。

在确定合同存续期间时，企业应考虑合同终止条款的有关约定，当合同约定任何一方均可以随时无代价地终止合同时，合同双方并不具有有法律约束力的权利和义务，无论该合同是否有明确约定的合同期间，该合同的存续期间都不会超过已经提供的商品所涵盖的期间；当合同约定任何一方在某一特定期间之后才可以随时无代价地终止合同时，该合同的存续期间不会超过该特定期间；当合同约定任何一方均可以提前终止合同，但要求终止合同的一方需要向另一方支付重大的违约金时，合同存续期间很可能与合同约定的期间一致，这是因为该重大的违约金实质上使得合同双方在合同约定的整个期间内均具有有法律约束力的权利和义务；当只有客户拥有无条件终止合同的权利时，客户的该项权利才会被视为客户拥有的一项续约选择权，重大的续约选择权应当作为单项履约义务进行会计处理。

4. 合同合并

企业与同一客户（或该客户的关联方）同时订立或在相近时间内先后订立的两份或多份合同，在满足下列条件之一时，应当合并为一份合同进行会计处理：（1）该两份或多份合同基于同一商业目的而订立并构成一揽子交易，如一份合同在不考虑另一份合同的对价的情况下将会发生亏损；（2）该两份或多份合同中的一份合同的对价金额取决于其他合同的定价或履行情况，如一份合同发生违约，将会影响另一份合同的对价金额；（3）该两份或多份合同中所承诺的商品（或每份合同中所承诺的部分商品）构成本节后文所述的单项履约义务。两份或多份合同合并为一份合同进行会计处理的，仍然需要区分该一份合同中包含的各单项履约义务。

5. 合同变更

本节所称合同变更，是指经合同各方同意对原合同范围或价格（或两者）作出的变更。企业应当区分下列三种情形对合同变更分别进行会计处理：

（1）合同变更部分作为单独合同进行会计处理的情形。合同变更增加了可明确区分的商品及合同价款，且新增合同价款反映了新增商品单独售价的，应当将该合同变更作为一份单独的合同进行会计处理。判断新增合同价款是否反映了新增商品的单独售价时，应当考虑反映该特定合同的具体情况而对新增商品价格所作的适当调整。例如，在合同变更时，企业由于无须发生为发展新客户等所须发生的相关销售费用，可能会向客户提供一定的折扣，从而在新增商品单独售价的基础上予以适当调整。

（2）合同变更作为原合同终止及新合同订立进行会计处理的情形。合同变更不属于上述第（1）种情形，且在合同变更日已转让商品与未转让商品之间可明确区分的，应当视为原合同终止，同时，将原合同未履约部分与合同变更部分合并为新合同进行会计处理。新合同的交易价格应当为下列两项金额之和：一是原合同交易价格中尚未确认为收入的部分（包括已从客户收取的金额）；二是合同变更中客户已承诺的对价金额。

▶【例17-3】A公司与客户签订合同，每周为客户的办公楼提供保洁服务，合同期限为三年，客户每年向A公司支付服务费10万元（假定该价格反映了合同开始日该项服务的单独售价）。在第二年末，合同双方对合同进行了变更，将第三年的服务费调整为8万元（假定该价格反映了合同变更日该项服务的单独售价），同时以20万元的价格将合同期限延长三年（假定该价格不反映合同变更日该三年服务的单独售价），即每年的服务费为6.67万元，于每年年初支付。上述价格均不包含增值税。

本例中，在合同开始日，A公司认为其每周为客户提供的保洁服务是可明确区分的，但由于A公司向客户转让的是一系列实质相同且转让模式相同的、可明确区分的服务，因此将其作为单项履约义务（见后文所述）。在合同开始的前两年，即合同变更之前，A公司每年确认收入10万元。在合同变更日，由于新增的三年保洁服务的价格不能反映该项服务在合同变更时的单独售价，因此，该合同变更不能作为单独的合同进行会计处理。由于在剩余合同期间需提供的服务与已提供的服务是可明确区分的，A公司应当将该合同变更作为原合同终止，同时，将原合同中未履约的部分与合同变更合并为一份新合同进行会计处理。该新合同的合同期限为四年，对价为28万元，即原合同下尚未确认收入的对价8万元与新增的三年服务相应的对价20万元之和，新合同中A公司每年确认的收入为7万元（28÷4）。

（3）合同变更部分作为原合同的组成部分进行会计处理的情形。合同变更不属于上述第（1）种情形，且在合同变更日已转让商品与未转让商品之间不可明确区分的，应当将该合同变更部分作为原合同的组成部分，在合同变更日重新计算履约进度，并调整当期收入和相应成本等。

▶【例17-4】2×24年1月15日，乙建筑公司和客户签订了一项总金额为1 000万元的固定造价合同，在客户自有土地上建造一幢办公楼，预计合同总成本为700万元。假定该建造服务属于在某一时段内履行的履约义务，并根据累计发生的合同成本占合同预计总成本的比例确定履约进度。

截至2×24年末，乙公司累计已发生成本420万元，履约进度为60%（420÷700）。因此，乙公司在2×24年确认收入600万元（1 000×60%）。

2×25年初，合同双方同意更改该办公楼屋顶的设计，合同价格和预计总成本因此而分别增加200万元和120万元。

在本例中，由于合同变更后拟提供的剩余服务与在合同变更日或之前已提供的服务不可明确区分（即该合同仍为单项履约义务），因此，乙公司应当将合同变更作为原合同的组成部分进行会计处理。合同变更后的交易价格为1 200万元（1 000+200），乙公司重新估计的履约进度为51.2%[420÷（700+120）]，乙公司在合同变更日应额外确认收入14.4万元（51.2%×1 200-600）。

如果在合同变更日未转让商品为上述第（2）和第（3）种情形的组合，企业应当分别相应按照上述第（2）或第（3）种情形的方式对合同变更后尚未转让（或部分未转让）商品进行会计处理。

除发生合同变更之外，交易价格的变动也可能是由于合同本身包含了本节二、（三）、1中所述的可变对价。企业在实务中应当正确区分合同变更和可变对价分别进行会计处理。合同变更，是指经合同各方批准对原合同范围或价格作出的变更，是对原合同的后续变更。可变对价，是指合同中约定的对价金额是可变的，不涉及对原合同的后续变更。可变对价导致交易价格发生后续变动，应根据本节二、（四）、3的内容处理。

▶【例17-5】甲公司与客户乙公司签订合同，在一年内以固定单价100元向乙公司交付120件标准配件，无折扣、折让等金额可变条款，且根据甲公司已公开宣布的政策、特定声明或者以往的习惯做法等相关事实和情况表明，甲公司不会提供价格折让等可能导致对价金额可变的安排。甲公司向乙公司交付60件配件后，市场新出现一款竞争产品，单价为每件65元。为了维系客户关系，甲公司与乙公司达成协议，将剩余60件配件的价格降为每件60元，已转让的60件配件与未转让的60件配件可明确区分。假定不考虑亏损合同等其他因素。

本例中，由于合同无折扣、折让等金额可变条款，且根据甲公司已公开宣布的政策、特定声明或者以往的习惯做法等相关事实和情况表明，甲公司不会提供价格折让等可能导致对价金额可变的安排，该价格折让是市场条件的变化引发，这种变化是甲公司在合同开始日根据其所获得的相关信息无法合理预期的，由此导致的合同各方达成协议批准对原合同价格作出的变更，不属于可变对价，应作为合同变更进行会计处理。该合同变更未增加可明确区分的商品，甲公司已转让的商品（已转让的60件配件）与未转让的商品（未转让的60件配件）之间可明确区分，因此，该合同变更应作为原合同终止及新合同订立进行会计处理，甲公司向乙公司交付剩余60件配件时，确认收入3 600元（60×60）。本案例不涉及亏损合同的相关会计处理分析。

▶【例17-6】2×20年1月1日，甲公司与客户乙公司签订合同，在一年内以固定单价100元向乙公司交付120件标准配件。甲公司以往的习惯做法表明，在该商品出现瑕疵时，将根据商品的具体瑕疵情况给予客户价格折让，企业综合考虑相关因素后认为会向客户提供一定的价格折让。合同开始日，甲公司估计将提供300元价格折让。2×20年1月30日，甲公司向乙公司交付60件配件，假定乙公司已取得60件配件的控制权，甲公司确认收入5 850元（100×60－300×60/120）。2×20年1月31日，乙公司发现配件存在质量瑕疵，需要返工，甲公司返工处理后，乙公司对返工后的配件表示满意。甲公司对存在质量瑕疵配件提供的返工服务是为了保证销售的配件符合既定标准，属于保证类质量保证，不构成单项履约义务，甲公司已根据《企业会计准则第13号——或有事项》的规定对相关的质保义务进行了会计处理。2×20年1月31日，为了维系客户关系，甲公司按以往的习惯做法主动提出对合同中120件配件给予每件3元的价格折让，共计360元，该折让符合甲公司以往的习惯做法。甲公司与乙公司达成协议，通过调整剩余60件配件价格的形式提供价格折让，即将待交付的60件配件的单价调整为94元。

本例中，对于配件存在的质量瑕疵，甲公司已进行返工处理，且乙公司对返工后的配件表示满意，甲公司的质保义务已经履行。为维系客户关系，甲公司提供了质保之外的价格折让，并且在合同开始日，根据甲公司以往的习惯，可以预期如果商品不符合合同约定的质量标准，甲公司将给予乙公司一定的价格折让，而后续实际给予的折扣与初始预计的折扣差异属于相关不确定性消除而发生的可变对价的变化，而非合同变更导致的，应作为合同可变对价的后续变动进行会计处理。由于并无证据表明甲公司给予的价格折让与某部分履约义务相关，因此甲公司给予的价格折让与整个合同相关，应当分摊至合同中的各项履约义务，其中，已交付的60件配件的履约义务已经完成，其控制权已经转移，因此，甲公司在交易价格发生变动的当期，将价格折让增加额60元（360－300）分摊至已交付的60件配件，冲减当期收入30元（60×60/120）。甲公司在乙公司取得剩余60件配件控制权时，相应确认收入。

▶【例17－7】甲公司与客户乙公司签订合同，为其提供广告投放服务，广告投放时间为2×20年1月1日至6月30日，投放渠道为一个灯箱，合同金额为60万元。合同中无折扣、折让等金额可变条款，也未约定投放效果标准，且根据甲公司已公开宣布的政策、特定声明或者以往的习惯做法等相关事实和情况表明，甲公司不会提供价格折让等安排。双方约定，2×20年1月至6月乙公司于每月月底支付10万元。广告投放内容由乙公司决定，对于甲公司而言，该广告投放为一系列实质相同且转让模式相同的、可明确区分的商品。广告投放以后，由于出现外部突发原因，周边人流量骤减，乙公司对广告投放效果不满意。2×20年3月31日，甲公司与乙公司达成了广告投放服务补充协议，且双方已批准执行，假定分以下三种情形：

情形一：对后续广告服务打五折处理，即2×20年4月至6月客户于每月月底支付5万元。

情形二：增加广告投放时间，即合同期限延长至2×20年8月31日，但合同总价60万元不变，客户于4月至8月每月月底支付6万元。

情形三：增加广告投放媒体，即从2×20年4月1日起到2×20年6月30日，甲公司为乙公司提供两个灯箱来投放广告，在新增的灯箱上提供的广告服务本身是可明确区分的，合同总价60万元和付款情况不变。

假设甲公司为提供广告服务而占用的灯箱不构成租赁，不考虑其他因素和相关税费。本案例不涉及亏损合同的相关会计处理分析。

本例中，由于甲公司与乙公司签订合同时并没有约定可变对价，且甲公司已公开宣布的政策、特定声明或者以往的习惯做法等相关事实和情况表明，甲公司不会提供折扣或折让等安排，甲乙公司的合同中不存在可变对价，对于2×20年3月31日的补充协议，三种情形均应当作为合同变更进行会计处理。

对于情形一，甲乙双方批准对合同价格作出变更，合同变更并没有增加可明确区分的商品及合同价款，且合同变更日已提供的广告服务与未提供的广告服务之间可明确区分，所以甲公司应当将合同变更作为原合同终止及新合同订立进行会计处理。新合同的服务时间为2×20年4月1日至2×20年6月30日，交易价格为15万元（原合同交易价格中未确认为收入的部分30万元与合同变更中客户已承诺的对价金额-15万元之和）。

对于情形二，甲乙双方批准对合同范围作出变更，合同变更增加的广告投放时间本身可明确区分，甲公司承诺的增加的服务时间与原服务时间并未形成组合产出、不存在重大修改和定制、高度关联等情况，因此，合同变更增加了可明确区分的广告投放服务时间，没有新增合同价款，所以甲公司应当将合同变更作为原合同终止及新合同订立进行会计处理。新合同的服务时间为2×20年4月1日至2×20年8月31日，交易价格为30万元（原合同交易价格中未确认为收入的部分30万元与合同变更中客户已承诺的对价金额0元之和）。

对于情形三，甲乙双方批准对合同范围作出变更，合同变更增加了广告投放服务的范围，在新增的灯箱上提供的广告服务本身是可明确区分的，因此合同变更增加了可明确区分的广告投放服务，但是没有新增合同价款，甲公司应当将合同变更作为原合同终止及新合同订立进行会计处理。新合同（两个灯箱）的服务时间为2×20年4月1日至2×20年6月30日，交易价格为30万元（原合同交易价格中未确认为收入的部分30万元与合同变更中客户已承诺的对价金额0元之和）。

（二）识别合同中的单项履约义务

合同开始日，企业应当对合同进行评估，识别该合同所包含的各单项履约义务，并确定各单项履约义务是在某一时段内履行，还是在某一时点履行，然后，在履行了各单项履约义务时分别确认收入。履约义务，是指合同中企业向客户转让可明确区分商品的承诺。企业应当将下列向客户转让商品的承诺作为单项履约义务：

1. 企业向客户转让可明确区分商品（或者商品或服务的组合）的承诺

企业向客户承诺的商品同时满足下列条件的，应当作为可明确区分商品：一是客户能够从该商品本身或者从该商品与其他易于获得的资源一起使用中受益，即该商品能够明确区分；二是企业向客户转让该商品的承诺与合同中其他承诺可单独区分，即转让该商品的承诺在合同中是可明确区分的。表明客户能够从某项商品本身或者将其与其他易于获得的资源一起使用获益的因素有很多，例如企业通常会单独销售该商品等。需要特别指出的是，在评估某项商品是否能够明确区分时，应当基于该商品自身的特征，而与客户可能使用该商品的方式无关。因此，企业无须考虑合同中可能存在的阻止客户从其他来源取得相关资源的限制性条款。

企业确定了商品本身能够明确区分后，还应当在合同层面继续评估转让该商品的承诺是否与合同中其他承诺彼此之间可明确区分。下列情形通常表明企业向客户转让该商品的承诺与合同中的其他承诺不可明确区分：

一是企业需提供重大的服务以将该商品与合同中承诺的其他商品进行整合，形成合同约定的某个或某些组合产出转让给客户。例如，企业为客户建造写字楼的合同中，企业向客户提供的砖头、水泥、人工等都能够使客户获益，但是，在该合同下，企业对客户承诺的是为其建造一栋写字楼，而并非提供这些砖头、水泥和人工等，企业需提供重大的服务将这些商品或服务进行整合，以形成合同约定的一项组合产出（即写字楼）转让给客户。因此，在该合同中，砖头、水泥和人工等商品或服务彼此之间不能单独区分。

二是该商品将对合同中承诺的其他商品予以重大修改或定制。例如，企业承诺向客户提供其开发的一款现有软件，并提供安装服务，虽然该软件无须更新或没有技术支持也可直接使用，但是企业在安装过程中需要在该软件现有基础上对其进行定制化的重大修改，以使其能够与客户现有的信息系统相兼容。此时，转让软件的承诺与提供定制化重大修改的承诺在合同层面是不可明确区分的。

三是该商品与合同中承诺的其他商品具有高度关联性。也就是说，合同中承诺的每一单项商品均受到合同中其他商品的重大影响。例如，企业承诺为客户设计一种新产品并负责生产10个样品，企业在生产和测试样品的过程中需要对产品的设计进行不断的修正，导致已生产的样品均可能需要进行不同程度的返工。此时，企业提供的设计服务和生产样品的服务是不断交替反复进行的，两者高度关联，因此，在合同层面是不可明确区分的。

企业向客户销售商品时，往往约定企业需要将商品运送至客户指定的地点。商品控制权转移给客户之后发生的运输活动可能表明企业向客户提供了一项运输服务，企业应当考虑该项服务是否构成单项履约义务。

▶【例17-8】甲公司与乙公司签订合同，向其销售一批产品，并负责将该批产品运送至乙公司指定的地点，甲公司承担相关的运输费用。假定销售该产品属于在某一时点履行的履约义务，且控制权在出库时转移给乙公司。

本例中，甲公司向乙公司销售产品，并负责运输。该批产品在出库时，控制权转移给乙公司。在此之后，甲公司为将产品运送至乙公司指定的地点而发生的运输活动，属于为乙公司提供了一项运输服务。如果该运输服务构成单项履约义务，且甲公司是运输服务的主要责任人，甲公司应当按照分摊至该运输服务的交易价格确认收入。

▶【例17-9】甲公司与乙公司签订合同，向其销售一批产品，并负责将该批产品运送至乙公司指定的地点，甲公司承担相关的运输费用。假定销售该产品属于在某一时点履行的履约义务，且控制权在送达乙公司指定地点时转移给乙公司。

本例中，甲公司向乙公司销售产品，并负责运输。该批产品在送达乙公司指定地点时，控制权转移给乙公司。由于甲公司的运输活动是在产品的控制权转移给客户之前发生的，因此不构成单项履约义务，而是甲公司为履行合同发生的必要活动。

2. 企业向客户转让一系列实质相同且转让模式相同的、可明确区分商品的承诺

企业应当将实质相同且转让模式相同的一系列商品作为单项履约义务，即使这些商品可明确区分。其中，转让模式相同，是指每一项可明确区分商品均满足本节在某一时段内履行履约义务的条件，且采用相同方法确定其履约进度。如每天为客户提供保洁服务的长期劳务合同等。企业在判断所转让的一系列商品是否实质相同时，应当考虑合同

中承诺的性质，如果企业承诺的是提供确定数量的商品，那么需要考虑这些商品本身是否实质相同；如果企业承诺的是在某一期间内随时向客户提供某项服务，则需要考虑企业在该期间内的各个时间段（如每天或每小时）的承诺是否相同，而并非具体的服务行为本身。例如，企业向客户提供2年的酒店管理服务，具体包括保洁、维修、安保等，但没有具体的服务次数或时间的要求，尽管企业每天提供的具体服务不一定相同，但是企业每天对于客户的承诺都是相同的，因此，该服务符合"实质相同"的条件。

（三）确定交易价格

交易价格，是指企业因向客户转让商品而预期有权收取的对价金额。企业代第三方收取的款项（例如增值税）以及企业预期将退还给客户的款项，应当作为负债进行会计处理，不计入交易价格。合同标价并不一定代表交易价格，企业应当根据合同条款，并结合以往的习惯做法等确定交易价格。企业在确定交易价格时，应当假定将按照现有合同的约定向客户转让商品，且该合同不会被取消、续约或变更。

1. 可变对价

企业与客户的合同中约定的对价金额可能会因折扣、价格折让、返利、退款、奖励积分、激励措施、业绩奖金、索赔等因素而变化。此外，根据一项或多项或有事项的发生而收取不同对价金额的合同，也属于可变对价的情形。企业在判断合同中是否存在可变对价时，不仅应当考虑合同条款的约定，还应当考虑下列情况：一是根据企业已公开宣布的政策、特定声明或者以往的习惯做法等，客户能够合理预期企业将会接受低于合同约定的对价金额，即企业会以折扣、返利等形式提供价格折让；二是其他相关事实和情况表明企业在与客户签订合同时即意图向客户提供价格折让。合同中存在可变对价的，企业应当对计入交易价格的可变对价进行估计。

（1）可变对价最佳估计数的确定。企业应当按照期望值或最可能发生金额确定可变对价的最佳估计数。企业所选择的方法应当能够更好地预测其有权收取的对价金额，并且对于类似的合同，应当采用相同的方法进行估计。对于某一事项的不确定性对可变对价金额的影响，企业应当在整个合同期间一致地采用同一种方法进行估计。但是，当存在多个不确定性事项均会影响可变对价金额时，企业可以采用不同的方法对其进行估计。期望值是按照各种可能发生的对价金额及相关概率计算确定的金额。如果企业拥有大量具有类似特征的合同，并估计可能产生多个结果时，通常按照期望值估计可变对价金额。最可能发生金额是一系列可能发生的对价金额中最可能发生的单一金额，即合同最可能产生的单一结果。当合同仅有两个可能结果时，通常按照最可能发生金额估计可变对价金额。

（2）计入交易价格的可变对价金额的限制。企业按照期望值或最可能发生金额确定可变对价金额之后，计入交易价格的可变对价金额还应该满足限制条件，即包含可变对价的交易价格，应当不超过在相关不确定性消除时，累计已确认的收入极可能不会发生重大转回的金额。企业在评估是否极可能不会发生重大转回时，应当同时考虑收入转回的可能性及其比重。其中，"极可能"发生的概率应远高于"很可能"（即，可能性超过50%），但不要求达到"基本确定"（即，可能性超过95%），其目的是为了避免因为一些不确定性因素的发生导致之前已经确认的收入发生转回；在评估收入转回金额的比重时，应同时考虑合同中包含的固定对价和可变对价，即可能发生的收入转回金额相对于合同总对价（包括固定对价和可变对价）的比重。企业应当将满足上述限制条件的可变对价的金额，计入交易价格。需要说明的是，将可变对价计入交易价格的限制条件不适用于企业向客户授予知识产权许可并约定按客户实际销售或使用情况收取特许权使用费的情况。

每一资产负债表日，企业应当重新估计应计入交易价格的可变对价金额，包括重新评估将估计的可变对价计入交易价格是否受到限制，以如实反映报告期末存在的情况以及报告期内发生的情况变化。

▶【例17-10】2×24年10月1日，甲公司签订合同，为一只股票型基金提供资产管理服务，合同期限为3年。甲公司所能获得的报酬包括两部分：一是每季度按照季度末该基金净值的1%收取管理费，该管理费不会因基金净值的后续变化而调整或被要求退回；二是该基金在三年内的累计回报如果超过10%，则甲公司可以获得超额回报部分的20%作为业绩奖励。在2×24年12月31日，该基金的净值为5亿元。假定不考虑相关税费影响。

本例中，甲公司在该项合同中收取的管理费和业绩奖励均为可变对价，其金额极易受到股票价格波动的影响，这是在甲公司影响范围之外的，虽然甲公司过往有类似合同的经验，但是该经验在确定未来市场表现方面并不具有预测价值。因此，在合同开始日，甲公司无法对其能够收取的管理费和业绩奖励进行估计，不满足累计已确认的收入金额极可能不会发生重大转回的条件。

2×24年12月31日，甲公司重新估计该合同的交易价格时，影响该季度管理费收入金额的不确定性已经消除，甲公司确认管理费收入500万元（5亿元×1%）。甲公司未确认业绩奖励收入，这是因为，该业绩奖励仍然会受到基金未来累计回报的影响，有关将可变对价计入交易价格的限制条件仍然没有得到满足。甲公司应当在后续的每一资产负债表日，估计业绩奖励是否满足上述条件，以确定其收入金额。

▶【例17-11】甲公司与乙公司签订合同，为其提供电力能源节约设备。甲公司向乙公司仅提供设备购置安装，不参与乙公司电力能源供应的运营和管理，不提供其他服务，但是需要根据法定要求提供质量保证，该合同仅包含一项履约义务。在设备安装完成投入运营后，乙公司向甲公司支付固定价款，总金额为5 000万元（等于甲公司对于设备生产安装的实际成本），5 000万元固定价款付清后，设备所有权移交给乙公司。在设备投入运营后的4年内，乙公司于每年结束后，按电力能源实际节约费用的20%支付给甲公司。假定不考虑其他因素。

本例中，该合同的对价金额由两部分组成，即5 000万元的固定价格以及在4年内按乙公司电力能源实际节约费用的20%计算的可变对价。对于固定价格，甲公司应当将5 000万元直接计入交易价格。对于可变对价，甲公司应当按照期望值或最可能发生金额确定该可变对价的最佳估计数，计入交易价格的可变对价金额还应该满足准则规定的限制条件（即包含可变对价的交易价格，应当不超过在相关不确定性消除时，累计已确认的收入极可能不会发生重大转回的金额）。为此，甲公司需要根据电力能源节约设备相关合同约定、项目可行性报告、乙公司的供电运营与管理历史情况、建设项目的最佳供电能力等因素，综合分析评估项目在合同约定的未来4年内预计电力能源节约成本，据此确定可变对价的最佳估计数，同时，计入交易价格的可变对价金额还应该满足准则规定的限制条件，并在不确定性消除之前的每一资产负债表日重新评估该可变对价的金额。

2. 合同中存在的重大融资成分

当合同各方以在合同中（或者以隐含的方式）约定的付款时间为客户或企业就该交易提供了重大融资利益时，合同中即包含了重大融资成分。例如，企业以赊销的方式销售商品等。合同中存在重大融资成分的，企业应当按照假定客户在取得商品控制权时即以现金支付的应付金额（即，现销价格）确定交易价格。在评估合同中是否存在融资成分以及该融资成分对于该合同而言是否重大时，企业应当考虑所有相关的事实和情况，包括：（1）已承诺的对价金额与已承诺商品的现销价格之间的差额；（2）下列两项的共同影响：一是企业将承诺的商品转让给客户与客户支付相关款项之间的预计时间间隔；二是相关市场的现行利率。

表明企业与客户之间的合同未包含重大融资成分的情形有：一是客户就商品支付了预付款，且可以自行决定这些商品的转让时间（例如，企业向客户出售其发行的储值卡，客户可随时到该企业持卡购物；企业向客户授予奖励积分，客户可随时到该企业兑换这些积分等）；二是客户承诺支付的对价中有相当大的部分是可变的，该对价金额或付款时间取决于某一未来事项是否发生，且该事项实质上不受客户或企业控制（例如，按照实际销量收取的特许权使用费）；三是合同承诺的对价金额与现销价格之间的差额是由于向客户或企业提供融资利益以外的其他原因所导致的，且这一差额与产生该差额的原因是相称的（例如，合同约定的支付条款目的是向企业或客户提供保护，以防止另一方未能依照合同充分履行其部分或全部义务）。

此外，在某些交易中企业向客户转让商品或服务的时间与收款的时间间隔可能较长，而导致该时间间隔的主要原因是国家有关部门需要履行相关的审批程序，且该时间间隔是履行上述程序所需经历的必要时间，其性质并非是提供融资利益。例如，企业从事新能源汽车的生产与销售，作为新能源汽车销售对价组成部分的新能源汽车补贴款的收取时间与该部分补贴能够计入交易价格并确认收入的时间间隔可能超过一年等。这种情况下，可以认为企业取得的新能源汽车补贴款不存在重大融资成分。

需要说明的是，企业应当在单个合同层面考虑融资成分是否重大，而不应在合同组合层面考虑。合同中存在重大融资成分的，企业在确定该重大融资成分的金额时，应使用将合同对价的名义金额折现为商品的现销价格的折现率。该折现率一经确定，不得因后续市场利率或客户信用风险等情况的变化而变更。企业确定的交易价格与合同承诺的对价金额之间的差额，应当在合同期间内采用实际利率法摊销。

为简化实务操作，如果在合同开始日，企业预计客户取得商品控制权与客户支付价款间隔不超过一年的，可以不考虑合同中存在的重大融资成分。企业应当对类似情形下的类似合同一致地应用这一简化处理方法。

3. 非现金对价

非现金对价包括实物资产、无形资产、股权、客户提供的广告服务等。客户支付非现金对价的，通常情况下，企业应当按照非现金对价在合同开始日的公允价值确定交易价格。非现金对价公允价值不能合理估计的，企业应当参照其承诺向客户转让商品的单独售价间接确定交易价格。

非现金对价的公允价值可能会因对价的形式而发生变动（例如，企业有权向客户收取的对价是股票，股票本身的价格会发生变动），也可能会因为其形式以外的原因而发生变动。合同开始日后，非现金对价的公允价值因对价形式以外的原因而发生变动的，应当作为可变对价，按照与计入交易价格的可变对价金额的限制条件相关的规定进行处理；合同开始日后，非现金对价的公允价值因对价形式而发生变动的，该变动金额不应计入交易价格。

4. 应付客户对价

企业存在应付客户对价的，应当将该应付对价冲减交易价格，但应付客户对价是为了自客户取得其他可明确区分商品的除外。企业应付客户对价是为了向客户取得其他可明确区分商品的，应当采用与企业其他采购相一致的方式确认所购买的商品。企业应付客户对价超过向客户取得可明确区分商品公允价值的，超过金额应当冲减交易价格。向客户取得的可明确区分商品公允价值不能合理估计的，企业应当将应付客户对价全额冲减交易价格。在将应付客户对价冲减交易价格处理时，企业应当在确认相关收入与支付（或承诺支付）客户对价二者孰晚的时点冲减当期收入。

（四）将交易价格分摊至各单项履约义务

当合同中包含两项或多项履约义务时，为了使企业分摊至每一单项履约义务的交易价格能够反映其因向客户转让已承诺的相关商品（或提供已承诺的相关服务）而预期有权收取的对价金额，企业应当在合同开始日，按照各单项履约义务所承诺商品的单独售价的相对比例，将交易价格分摊至各单项履约义务。

单独售价，是指企业向客户单独销售商品的价格。企业在类似环境下向类似客户单独销售某商品的价格，应作为确定该商品单独售价的最佳证据。单独售价无法直接观察的，企业应当综合考虑其能够合理取得的全部相关信息，采用市场调整法、成本加成法、余值法等方法合理估计单独售价。市场调整法，是指企业根据某商品或类似商品的市场售价，考虑本企业的成本和毛利等进行适当调整后，确定其单独售价的方法。成本加成法，是指企业根据某商品的预计成本加上其合理毛利后的价格，确定其单独售价的方法。余值法，是指企业根据合同交易价格减去合同中其他商品可观察的单独售价后的余值，确定某商品单独售价的方法。企业应当最大限度地采用可观察的输入值，并对类似的情况采用一致的估计方法。

企业在商品近期售价波动幅度巨大，或者因未定价且未曾单独销售而使售价无法可靠确定时，可采用余值法估计其单独售价。

▶【例17-12】2×24年3月1日，甲公司与客户签订合同，向其销售A、B两项商品，A商品的单独售价为6 000元，B商品的单独售价为24 000元，合同价款为25 000元。合同约定，A商品于合同开始日交付，B商品在一个月之后交付，只有当两项商品全部交付之后，甲公司才有权收取25 000元的合同对价。假定A商品和B商品分别构成单项履约义务，其控制权在交付时转移给客户。上述价格均不包含增值税，且假定不考虑相关税费影响。

本例中，分摊至 A 商品的合同价款为 5 000 元 [6 000÷(6 000+24 000)×25 000]，分摊至 B 商品的合同价款为 20 000 元 [24 000÷(6 000+24 000)×25 000]。甲公司的账务处理如下：

(1) 交付 A 商品时：

借：合同资产　　　　　　　　　　　　　　　　　　　　5 000
　　贷：主营业务收入　　　　　　　　　　　　　　　　　　　5 000

(2) 交付 B 商品时：

借：应收账款　　　　　　　　　　　　　　　　　　　　25 000
　　贷：合同资产　　　　　　　　　　　　　　　　　　　　　5 000
　　　　主营业务收入　　　　　　　　　　　　　　　　　　　20 000

1. 分摊合同折扣

合同折扣，是指合同中各单项履约义务所承诺商品的单独售价之和高于合同交易价格的金额。对于合同折扣，企业应当在各单项履约义务之间按比例分摊。有确凿证据表明合同折扣仅与合同中一项或多项（而非全部）履约义务相关的，企业应当将该合同折扣分摊至相关一项或多项履约义务。

同时满足下列条件时，企业应当将合同折扣全部分摊至合同中的一项或多项（而非全部）履约义务：(1) 企业经常将该合同中的各项可明确区分的商品单独销售或者以组合的方式单独销售；(2) 企业也经常将其中部分可明确区分的商品以组合的方式按折扣价格单独销售；(3) 上述第 (2) 项中的折扣与该合同中的折扣基本相同，且针对每一组合中的商品的分析为将该合同的全部折扣归属于某一项或多项履约义务提供了可观察的证据。有确凿证据表明合同折扣仅与合同中的一项或多项（而非全部）履约义务相关，且企业采用余值法估计单独售价的，企业应当首先在该一项或多项（而非全部）履约义务之间分摊合同折扣，然后再采用余值法估计单独售价。

▶【例 17-13】甲公司与客户签订合同，向其销售 A、B、C 三种产品，合同总价款为 120 万元，这三种产品构成 3 个单项履约义务。企业经常单独出售 A 产品，其可直接观察的单独售价为 50 万元；B 产品和 C 产品的单独售价不可直接观察，企业采用市场调整法估计 B 产品的单独售价为 25 万元，采用成本加成法估计 C 产品的单独售价为 75 万元。甲公司经常以 50 万元的价格单独销售 A 产品，并且经常将 B 产品和 C 产品组合在一起以 70 万元的价格销售。假定上述价格均不包含增值税。

本例中，这三种产品的单独售价合计为 150 万元，而该合同的价格为 120 万元，因此该合同的折扣为 30 万元。由于甲公司经常将 B 产品和 C 产品组合在一起以 70 万元的价格销售，该价格与其单独售价的差额为 30 万元，与该合同的折扣一致，而 A 产品单独销售的价格与其单独售价一致，证明该合同的折扣仅应归属于 B 产品和 C 产品。因此，在该合同下，分摊至 A 产品的交易价格为 50 万元，分摊至 B 产品和 C 产品的交易价格合计为 70 万元，甲公司应当进一步按照 B 产品和 C 产品的单独售价的相对比例将该价格在二者之间进行分摊。因此，各产品分摊的交易价格分别为：A 产品为 50 万元，B 产品为 17.5 万元 (25÷100×70)，C 产品为 52.5 万元 (75÷100×70)。

2. 分摊可变对价

合同中包含可变对价的，该可变对价可能与整个合同相关，也可能仅与合同中的某一特定组成部分有关，后者包括两种情形：一是可变对价可能与合同中的一项或多项（而非全部）履约义务有关；二是可变对价可能与企业向客户转让的构成单项履约义务的一系列可明确区分商品中的一项或多项（而非全部）商品有关。

同时满足下列条件的，企业应当将可变对价及可变对价的后续变动额全部分摊至与之相关的某项履约义务，或者构成单项履约义务的一系列可明确区分商品中的某项商品：(1) 可变对价的条款专门针对企业为履行该项履约义务或转让该项可明确区分商品所作的努力（或者是履行该项履约义务或转让该项可明确区分商品所导致的特定结果）；(2) 企业在考虑了合同中的全部履约义务及支付条款后，将合同对价中的可变金额全部分摊至该项履约义务或该项可明确区分商品符合分摊交易价格的目标。对于不满足上述条件的可变对价及可变对价的后续变动额，以及可变对价及其后续变动额中未满足上述条件的剩余部分，企业应当按照分摊交易价格的一般原则，将其分摊至合同中的各单项履约义务。对于已履行的履约义务，其分摊的可变对价后续变动额应当调整变动当期的收入。

▶【例17-14】甲公司与乙公司签订合同，将其拥有的两项专利技术 X 和 Y 授权给乙公司使用。假定两项授权均构成单项履约义务，且都属于在某一时点履行的履约义务。合同约定，授权使用 X 的价格为 80 万元，授权使用 Y 的价格为乙公司使用该专利技术所生产的产品销售额的 3%。X 和 Y 的单独售价分别为 80 万元和 100 万元。甲公司估计其就授权使用 Y 而有权收取的特许权使用费为 100 万元。假定上述价格均不包含增值税。

本例中，该合同中包含固定对价和可变对价，其中，授权使用 X 的价格为固定对价，且与其单独售价一致，授权使用 Y 的价格为乙公司使用该专利技术所生产的产品销售额的 3%，属于可变对价，该可变对价全部与授权使用 Y 能够收取的对价有关，且甲公司估计基于实际销售情况收取的特许权使用费的金额接近 Y 的单独售价。因此，甲公司将可变对价部分的特许权使用费金额全部由 Y 承担符合交易价格的分摊目标。

3. 交易价格的后续变动

交易价格发生后续变动的，企业应当按照在合同开始日所采用的基础将该后续变动金额分摊至合同中的履约义务。企业不得因合同开始日之后单独售价的变动而重新分摊交易价格。对于合同变更导致的交易价格后续变动，应当按照本节有关合同变更的要求进行会计处理。合同变更之后发生可变对价后续变动的，企业应当区分下列三种情形分别进行会计处理：

(1) 合同变更属于本节合同变更第（1）种规定情形的，企业应当判断可变对价后续变动与哪一项合同相关，并按照分摊可变对价的相关规定进行会计处理。

(2) 合同变更属于本节合同变更第（2）种规定情形，且可变对价后续变动与合同变更前已承诺可变对价相关的，企业应当首先将该可变对价后续变动额以原合同开始日确定的单独售价为基础进行分摊，然后再将分摊至合同变更日尚未履行履约义务的该可变对价后续变动额以新合同开始日确定的基础进行二次分摊。

(3) 合同变更之后发生除上述第（1）和（2）种情形以外的可变对价后续变动的，

企业应当将该可变对价后续变动额分摊至合同变更日尚未履行（或部分未履行）的履约义务。

▶【例17-15】2×24年9月1日，甲公司与乙公司签订合同，向其销售A产品和B产品。A产品和B产品均为可明确区分商品，其单独售价相同，且均属于在某一时点履行的履约义务。合同约定，A产品和B产品分别于2×24年11月1日和2×25年3月31日交付给乙公司。合同约定的对价包括1 000元的固定对价和估计金额为200元的可变对价。假定甲公司将200元的可变对价计入交易价格，满足本节有关将可变对价金额计入交易价格的限制条件。因此，该合同的交易价格为1 200元。假定上述价格均不包含增值税。

2×24年12月1日，双方对合同范围进行了变更，乙公司向甲公司额外采购C产品，合同价格增加300元，C产品与A、B两种产品可明确区分，但该增加的价格不反映C产品的单独售价。C产品的单独售价与A产品和B产品相同。C产品将于2×25年6月30日交付给乙公司。

2×24年12月31日，企业预计有权收取的可变对价的估计金额由200元变更为240元，该金额符合计入交易价格的条件。因此，合同的交易价格增加了40元，且甲公司认为该增加额与合同变更前已承诺的可变对价相关。

假定上述三种产品的控制权均随产品交付而转移给乙公司。

本例中，在合同开始日，该合同包含两个单项履约义务，甲公司应当将估计的交易价格分摊至这两项履约义务。由于两种产品的单独售价相同，且可变对价不符合分摊至其中一项履约义务的条件，因此，甲公司将交易价格1 200元平均分摊至A产品和B产品，即A产品和B产品各自分摊的交易价格均为600元。

2×24年11月1日，当A产品交付给客户时，甲公司相应确认收入600元。

2×24年12月1日，双方进行了合同变更。该合同变更属于本节合同变更的第（2）种情形，因此该合同变更应当作为原合同终止，并将原合同的未履约部分与合同变更部分合并为新合同进行会计处理。在该新合同下，合同的交易价格为900元（600+300），由于B产品和C产品的单独售价相同，分摊至B产品和C产品的交易价格的金额均为450元。

2×24年12月31日，甲公司重新估计可变对价，增加了交易价格40元。由于该增加额与合同变更前已承诺的可变对价相关，因此应首先将该增加额分摊给A产品和B产品，之后再将分摊给B产品的部分在B产品和C产品形成的新合同中进行二次分摊。在本例中，由于A、B和C产品的单独售价相同，在将40元的可变对价后续变动分摊至A产品和B产品时，各自分摊的金额为20元。由于甲公司已经转让了A产品，在交易价格发生变动的当期即应将分摊至A产品的20元确认为收入。之后，甲公司将分摊至B产品的20元平均分摊至B产品和C产品，即各自分摊的金额为10元，经过上述分摊后，B产品和C产品的交易价格金额均为460元（450+10）。因此，甲公司分别在B产品和C产品控制权转移时确认收入460元。

（五）履行每一单项履约义务时确认收入

企业应当在履行了合同中的履约义务，即客户取得相关商品控制权时确认收入。企业应当根据实际情况，首先判断履约义务是否满足在某一时段内履行的条件，如不满足，则该履约义务属于在某一时点履行的履约义务。对于在某一时段内履行的履约义务，企业应当选取恰当的方法来确定履约进度；对于在某一时点履行的履约义务，企业应当综合分析控制权转移的迹象，判断其转移时点。

1. 在某一时段内履行的履约义务的收入确认条件

满足下列条件之一的，属于在某一时段内履行的履约义务，相关收入应当在该履约义务履行的期间内确认：

（1）客户在企业履约的同时即取得并消耗企业履约所带来的经济利益。企业在履约过程中是持续地向客户转移企业履约所带来的经济利益的，该履约义务属于在某一时段内履行的履约义务，企业应当在履行履约义务的期间内确认收入。企业在进行判断时，可以假定在企业履约的过程中更换为其他企业继续履行剩余履约义务，如果该继续履行合同的企业实质上无须重新执行企业累计至今已经完成的工作，则表明客户在企业履约的同时即取得并消耗了企业履约所带来的经济利益。例如，企业承诺将客户的一批货物从 A 市运送到 B 市，假定该批货物在途经 C 市时，由另外一家运输公司接替企业继续提供该运输服务，由于 A 市到 C 市之间的运输服务是无须重新执行的，因此，表明客户在企业履约的同时即取得并消耗了企业履约所带来的经济利益，所以，企业提供的运输服务属于在某一时段内履行的履约义务。企业在判断其他企业是否实质上无须重新执行企业累计至今已经完成的工作时，应当基于以下两个前提：一是不考虑可能会使企业无法将剩余履约义务转移给其他企业的潜在限制，包括合同限制或实际可行性限制；二是假设继续履行剩余履约义务的其他企业将不会享有企业目前已控制的任何资产的利益，也不会享有剩余履约义务转移后企业仍然控制的任何资产的利益。

（2）客户能够控制企业履约过程中在建的商品。企业在履约过程中创建的商品包括在产品、在建工程、尚未完成的研发项目、正在进行的服务等，如果客户在企业创建该商品的过程中就能够控制这些商品，应当认为企业提供该商品的履约义务属于在某一时段内履行的履约义务。

▶【例 17-16】企业与客户签订合同，在客户拥有的土地上按照客户的设计要求为其建造厂房。在建造过程中客户有权修改厂房设计，并与企业重新协商设计变更后的合同价款。客户每月末按当月工程进度向企业支付工程款。如果客户终止合同，已完成建造部分的厂房归客户所有。

本例中，企业为客户建造厂房，该厂房位于客户的土地上，客户终止合同时，已建造的厂房归客户所有。这些均表明客户在该厂房建造的过程中就能够控制该在建的厂房。因此，企业提供的该建造服务属于在某一时段内履行的履约义务，企业应当在提供该服务的期间内确认收入。

（3）企业履约过程中所产出的商品具有不可替代用途，且该企业在整个合同期间内有权就累计至今已完成的履约部分收取款项。

①商品具有不可替代用途。在判断商品是否具有不可替代用途时，企业既应当考虑合同限制，也应当考虑实际可行性限制，但无须考虑合同被终止的可能性。企业在判断商品是否具有不可替代用途时，需要注意以下四点：

一是企业应当在合同开始日判断所承诺的商品是否具有不可替代用途。在此之后，除非发生合同变更，且该变更显著改变了原合同约定的履约义务，否则，企业无须重新进行评估。

二是合同中是否存在实质性限制条款，导致企业不能将合同约定的商品用于其他用途。保护性条款在判断商品是否具有可替代用途时不应考虑。

三是是否存在实际可行性限制，例如，虽然合同中没有限制，但是如果企业将合同中约定的商品用作其他用途，将遭受重大的经济损失或发生重大的返工成本，则表明企业将该商品用作其他用途的能力实际上受到了限制。

四是企业应当根据最终转移给客户的商品的特征判断其是否具有不可替代用途。例如，某商品在生产的前期可以满足多种用途需要的，从某一时点或某一流程开始，才进入定制化阶段，此时，企业应当根据该商品在最终转移给客户时的特征来判断其是否满足"具有不可替代用途"的条件。

②企业在整个合同期间内有权就累计至今已完成的履约部分收取款项。有权就累计至今已完成的履约部分收取款项，是指在由于客户或其他方原因终止合同的情况下，企业有权就累计至今已完成的履约部分收取能够补偿其已发生成本和合理利润的款项，并且该权利具有法律约束力。需要强调的是，合同终止必须是由于客户或其他方而非企业自身的原因（即由于企业未按照合同承诺履约之外的其他原因）所致，在整个合同期间内的任一时点，企业均应当拥有此项权利。企业在进行判断时，需要注意以下五点：

一是企业有权就累计至今已完成的履约部分收取的款项应当大致相当于累计至今已经转移给客户的商品的售价，即该金额应当能够补偿企业已经发生的成本和合理利润。其中，合理的利润补偿并非一定是该合同的整体毛利水平，以下两种情形都属于合理的利润补偿：a. 根据合同终止前的履约进度对该合同的毛利水平进行调整后确定的金额作为利润补偿金额；b. 如果该合同的毛利水平高于企业同类合同的毛利水平，以企业从同类合同中能够获取的合理资本回报或者经营毛利作为利润补偿金额。

二是企业有权就累计至今已完成的履约部分收取款项，并不意味着企业拥有现时可行使的无条件收款权。在合同约定客户在约定的某一时点、重要事项完成的时点或者整个合同完成之后才支付合同价款的情况下，在判断其是否满足本要求时，应当考虑在整个合同期间内的任一时点，假设由于客户或其他方原因导致合同在该重要时点、重要事项完成前或合同完成之前终止时，企业是否有权主张该收款权利，即有权要求客户补偿其截至目前已完成的履约部分应收取的款项。

三是当客户只有在某些特定时点才能要求终止合同，或者根本无权终止合同时终止了合同（包括客户没有按照合同约定履行其义务）时，如果合同条款或法律法规赋予了企业继续执行合同的权利（即企业继续向客户转移合同中承诺的商品并有权要求客户支付对价），则表明企业有权就累计至今已完成的履约部分收取款项。

四是企业在进行相关判断时，不仅要考虑合同条款的约定，还应当充分考虑所处的法律环境（包括适用的法律法规、以往的司法实践以及类似案例的结果等）是否对合同条款形成了补充，或者会凌驾于合同条款之上。例如，在合同没有明确约定的情况下，相关的法律法规等是否支持企业主张相关的收款权利；以往的司法实践是否表明合同中的某些条款没有法律约束力；在以往的类似合同中，企业虽然拥有此类权利，却在考虑了各种因素之后没有行使该权利，这是否会导致企业主张该权利的要求在当前的法律环境下不被支持等。

五是企业和客户在合同中约定的具体付款时间表并不一定意味着，企业有权就累计至今已完成的履约部分收取款项。企业需要进一步评估，合同中约定的付款时间表，是否使企业在整个合同期间内的任一时点，在由于除企业自身未按照合同承诺履约之外的其他原因导致合同终止的情况下，均有权就累计至今已完成的履约部分收取能够补偿其成本和合理利润的款项。

▶【例17-17】甲公司是一家造船企业，与乙公司签订了一份船舶建造合同，按照乙公司的具体要求设计和建造船舶。甲公司在自己的厂区内完成该船舶的建造，乙公司无法控制在建过程中的船舶。甲公司如果想把该船舶出售给其他客户，需要发生重大的改造成本。双方约定，如果乙公司单方面解约，乙公司需向甲公司支付相当于合同总价30%的违约金，且建造中的船舶归甲公司所有。假定该合同仅包含一项履约义务，即设计和建造船舶。

本例中，船舶是按照乙公司的具体要求进行设计和建造的，甲公司需要发生重大的改造成本将该船舶改造之后才能将其出售给其他客户，因此，该船舶具有不可替代用途。然而，如果乙公司单方面解约，仅需向甲公司支付相当于合同总价30%的违约金，表明甲公司无法在整个合同期间内都有权就累计至今已完成的履约部分收取能够补偿其已发生成本和合理利润的款项。因此，甲公司为乙公司设计和建造船舶不属于在某一时段内履行的履约义务。

▶【例17-18】甲公司与乙公司签订合同，为其开发一套定制化软件系统。合同约定，为确保信息安全以及软件开发完成后能够迅速与乙公司系统对接，甲公司需在乙公司办公现场通过乙公司的内部模拟系统进行软件开发，开发过程中所形成的全部电脑程序、代码等应存储于乙公司的内部模拟系统中，开发人员不得将程序代码等转存至其他电脑中，开发过程中形成的程序、文档等所有权和知识产权归乙公司所有。如果甲公司被中途更换，其他供应商无法利用甲公司已完成的工作，而需要重新执行软件定制工作。乙公司对甲公司开发过程中形成的代码和程序没有合理用途，乙公司并不能够利用开发过程中形成的程序、文档，并从中获取经济利益。乙公司将组织里程碑验收和终验，并按照合同约定分阶段付款，其中，预付款比例为合同价款的5%，里程碑验收时付款比例为合同价款的65%，终验阶段付款比例为合同价款的30%。如果乙公司违约，需支付合同价款10%的违约金。

本例中，（1）如果甲公司被中途更换，新供应商需要重新执行软件定制工作，所以乙公司在甲公司履约的同时并未取得并消耗甲公司软件开发过程中所带来的经济利益；（2）甲公司虽然在乙公司的办公场地的模拟系统中开发软件产品，乙公司也拥有软件开发过程中形成的所有程序、文档等所有权和知识产权，可以主导其使用，但上述安排主要是基于信息安全的考虑，乙公司并不能够合理利用开发过程中形成的程序、文档，并从中获得几乎全部的经济利益，所以乙公司不能够控制甲公司履约过程中在建的商品；（3）甲公司履约过程中产出的商品为定制软件，具有不可替代用途，但是，乙公司按照合同约定分阶段付款，预付款仅5%，后续进度款仅在相关里程碑达到及终验时才支付，且如果乙公司违约，仅需支付合同价款10%的违约金，表明甲公司并不能在整个合同期内任一时点就累计至今已完成的履约部分收取能够补偿其已发生成本和合理利润的款项。因此，该定制软件开发业务不满足属于在某一时段内履行履约义务的条件，其属于在某一时点履行的履约义务。

▶【例17-19】甲公司与乙公司签订合同，为其进行某新药的药理药效实验。合同约定，甲公司按照乙公司预先确定的实验测试的材料、方式和次数进行实验并记录实验结果，且需向乙公司实时汇报和提交实验过程中所获取的数据资料，实验完成后应向乙公司提交一份药理药效实验报告，用于乙公司后续的临床医药实验。假定该合同仅包含一项履约义务。该项实验工作的流程和所使用的技术相对标准化，如果甲公司中途被更换，乙公司聘请另一家实验类企业（以下简称新聘企业）可以在甲公司已完成的工作基础上继续进行药理药效实验并提交实验报告，新聘企业在继续履行剩余履约义务时将不会享有甲公司目前已控制的，且在将剩余履约义务转移给该企业后仍然控制的任何资产的利益。

本例中，甲公司在判断其他企业是否实质上无须重新执行甲公司累计至今已经完成的工作时，应当基于下列两个前提：一是不考虑可能会使甲公司无法将剩余履约义务转移给其他企业的合同限制或实际可行性限制；二是假设新聘企业将不享有甲公司目前已控制的，且在将剩余履约义务转移给该新聘企业后仍然控制的任何资产的利益。由于甲公司实验过程中的资料和数据已实时提交给乙公司，且如果在甲公司履约的过程中更换其他企业继续进行药理药效实验，其他企业可以在甲公司已完成的工作基础上继续进行药理药效实验并提交实验报告，实质上无须重复执行甲公司累计已经完成的工作，因此，乙公司在甲公司履约的同时即取得并消耗了甲公司履约所带来的经济利益，甲公司提供的实验服务属于在某一时段内履行的履约义务。

▶【例17-20】甲公司与乙公司签订合同，在乙公司申请首次公开发行股票时，提供包括依法对乙公司申请文件、证券发行募集文件进行核查，出具保荐意见等保荐服务。乙公司在签订合同后支付10%保荐费，在首次公开发行股票申请被受理后再支付50%保荐费，其余40%保荐费在首次公开发行股票完成后支付，已支付的费用无须返还。如果因乙公司或其他原因终止合同时（如乙公司首次公开发行股票申请未被受理），甲公司无权收取剩余款项，但可就其发生的差旅费等直接费用获取补偿。根据相关监管要求，保荐人应当结合尽职调查过程中获得的信息对发行人进行审慎核查，对其提供的资料和披露的内容进行独立判断，保荐人的工作底稿应当独立保存至少10年，如果乙公司更换保荐机构，新的保荐机构需要重新执行原保荐机构已完成的保荐工作，并且乙公司需要重新履行申报程序。假定该合同不涵盖承销服务及上市后的持续督导等其他服务。

本例中，除非甲公司完成乙公司上市前的全部保荐服务，乙公司不能从甲公司提供的各项服务本身获益，或将其与其他易于获得的资源一起使用并受益，即该保荐服务中的各项服务本身是不能够明确区分的。同时，该合同所约定的各项服务具有高度关联性，即合同中承诺的各项服务在合同层面是不可单独区分的。因此，甲公司提供的保荐服务属于单项履约义务。

本例中，(1) 如果乙公司在首次发行股票申请过程中更换保荐机构，新的保荐公司需要重新执行原保荐机构已完成的保荐工作，乙公司在甲公司履约的同时并未取得并消耗甲公司提供服务所带来的经济利益；(2) 甲公司按照相关监管要求独立进行核查并出具保荐意见，工作底稿归甲公司所有且应当独立保存至少 10 年，乙公司不能控制甲公司正在履行的保荐服务；(3) 虽然甲公司是针对乙公司的具体情况提供保荐服务，该服务具有不可替代用途，但是，该合同约定首付款仅 10%，后续进度款直到首发申请被受理及首发完成才支付，并且由于乙公司或其他方原因终止合同时，甲公司无权收取剩余款项，仅可就发生的差旅费等直接费用获取补偿。因此，上述情况表明甲公司并不能在整个合同期间内任一时点就累计至今已完成的履约部分收取能够补偿其已发生成本和合理利润的款项。综合上述情况，甲公司提供的保荐服务不满足在某一时段内履行履约义务的条件，其属于在某一时点履行的履约义务。

▶【例 17-21】甲公司是一家中国境内的房地产开发企业，在中国境内从事房地产住宅项目的开发与销售。甲公司于 2×20 年 1 月通过招拍挂取得一块土地使用权，并在该块土地上开发 A 小区商品房，于同年 10 月取得预售许可证之后开始预售 A 小区商品房，预计将于 2×22 年 6 月竣工后交付给客户。2×21 年 3 月 1 日，甲公司和某客户签订商品房买卖合同，将 A 小区的一套商品房预售给购房人该客户（买受人，下同），付款方式为客户于合同签订日一次性全额支付合同价款。合同的主要条款约定如下：(1) 甲公司向该客户预售的商品房为：A 小区 1 号楼 1 单元 3 层 303 室；(2) 甲公司不能将该商品房出售给合同约定的购房人之外的其他方；(3) 该商品房应于 2×22 年 7 月 31 日前交付给购房人，该商品房在建期间购房人不拥有该商品房的法定所有权，不能将在建商品房用于出售或抵押；(4) 在下列情形下购房人有权解除合同：①购房人所购商品房套内建筑面积误差比绝对值超过 3%；②甲公司逾期交房超过 30 天；③房屋交付后，主体结构质量不合格。除上述情形外，如果购房人单方要求解除合同，应当向甲公司支付合同价款的 20% 作为违约金。

本例中，甲公司的履约义务为向指定购房人销售建造的商品房，针对该项履约义务：(1) 甲公司负责建造商品房，商品房在建期间购房人尚未取得相关商品房的法定所有权，购房人并不能够在甲公司建造商品房的同时即取得并消耗甲公司建造商品房所带来的经济利益。(2) 甲公司在其自己拥有土地使用权的土地上建造商品房，商品房建造期间购房人尚未取得相关商品房的法定所有权，无法将该在建商品房用于出售或抵押，也无权主导房屋的建设、改变房屋设计或用途，表明购房人不能主导该商品房的使用并从中获得几乎全部的经济利益。因此，购房人不能够控制甲公司履约过程中在建的相关商品房。(3) 合同约定购房人与甲公司销售的商品房为指定楼栋门牌号的唯一房屋单位，甲公司不能替换向购房人预售的房屋单位，也不能再与购房人之外的其他方签订该指定商品房的买卖合同，甲公司将按照合同约定建造房屋并按期交付给购房人。因此，该指定商品房具有不可替代用途。但是，如果购房人单方要求解除合同，仅需向甲公司支付合同价款的 20% 作为违约金，表明甲公司并不能够在整个合同期间内任一时点就累计至今已完成的履约部分收取能够补偿其已发生成本和合理利润的款项。综合上述情况，甲公司该商品房预售业务不满足在某一时段内履行履约义务的条件，属于在某一时点履行的履约义务，甲公司应当在购房人取得该指定商品房控制权时（通常为交付商品房时）确认收入。

需要注意的是，如果因为购房人单方要求或者第三方原因导致解除商品房买卖合同，除非房地产开发企业有权保留预售房款全额并无需返还，且有相关法律法规支持的，才表明房地产开发企业能够满足"在整个合同期间内有权就累计至今已完成的履约部分收取款项"的条件；在我国相关法律法规下，即使在商品房买卖合同中没有约定解约条款，按照《最高人民法院关于审理商品房买卖合同纠纷案件适用法律若干问题的解释》，如果因为购房人单方要求或者第三方原因导致解除商品房买卖合同，购房人支付的违约金金额通常并不能补偿在整个合同期间内任一时点房地产开发企业就累计至今已完成的履约部分已发生的成本和合理利润。

2. 在某一时段内履行的履约义务的收入确认方法

对于在某一时段内履行的履约义务，企业应当在该段时间内按照履约进度确认收入，履约进度不能合理确定的除外。企业应当采用恰当的方法确定履约进度，以使其如实反映企业向客户转让商品的履约情况。企业应当考虑商品的性质，采用产出法或投入法确定恰当的履约进度，并且在确定履约进度时，应当扣除那些控制权尚未转移给客户的商品和服务。

（1）产出法。产出法主要是根据已转移给客户的商品对于客户的价值确定履约进度，主要包括按照实际测量的完工进度、评估已实现的结果、已达到的里程碑、时间进度、已完工或交付的产品等确定履约进度的方法。企业在评估是否采用产出法确定履约进度时，应当考虑所选择的产出指标是否能够如实地反映向客户转移商品的进度。

▶【例17-22】甲公司与客户签订合同，为该客户拥有的一条铁路更换100根铁轨，合同价格为10万元（不含税价）。截至2×24年12月31日，甲公司共更换铁轨60根，剩余部分预计在2×25年3月31日之前完成。该合同仅包含一项履约义务，且该履约义务满足在某一时段内履行的条件。假定不考虑其他情况。

本例中，甲公司提供的更换铁轨的服务属于在某一时段内履行的履约义务，甲公司按照已完成的工作量确定履约进度。因此，截至2×24年12月31日，该合同的履约进度为60%（60÷100），甲公司应确认的收入为6万元（10×60%）。

产出法是按照已完成的产出直接计算履约进度，通常能够客观地反映履约进度。当产出法所需要的信息可能无法直接通过观察获得，企业为获得这些信息需要花费很高的成本时，可能需要采用投入法。

（2）投入法。投入法主要是根据企业履行履约义务的投入确定履约进度，通常可采用投入的材料数量、花费的人工工时或机器工时、发生的成本和时间进度等投入指标确定履约进度。当企业从事的工作或发生的投入是在整个履约期间内平均发生时，按照直线法确认收入是合适的。由于企业的投入与向客户转移商品的控制权之间未必存在直接的对应关系，因此，企业在采用投入法时，应当扣除那些虽然已经发生但是未反映企业向客户转移商品履约情况的投入。实务中，企业通常按照累计实际发生的成本占预计总成本的比例（即成本法）确定履约进度，累计实际发生的成本包括企业向客户转移商品过程中所发生的直接成本和间接成本，如直接人工、直接材料、分包成本以及其他与合同相关的成本。企业在采用成本法确定履约进度时，可能需要对已发生的成本进行适当调整。

①已发生的成本并未反映企业履行其履约义务的进度，如因企业生产效率低下等原因而导致的非正常消耗，包括非正常消耗的直接材料、直接人工及制造费用等，除非企业和客户在订立合同时已经预见会发生这些成本并将其包括在合同价款中。

②已发生的成本与企业履行其履约义务的进度不成比例。如果企业已发生的成本与履约进度不成比例，企业在采用成本法时需要进行适当调整。为了确保成本法能够适当反映企业履行其履约义务的进度，对于施工中尚未安装、使用或耗用的商品（本段的商品不包含服务）或材料成本等，当企业在合同开始日就能够预期将满足下列所有条件时，企业在采用成本法确定履约进度时不应包括该商品的成本，而是应按照其成本金额确认收入以客观反映企业的实际履约情况：一是该商品不构成单项履约义务；二是客户先取得该商品的控制权，之后才接受与之相关的服务；三是该商品的成本占预计总成本的比重较大；四是企业自第三方采购该商品，且未深入参与其设计和制造，对于包含该商品的履约义务而言，企业是主要责任人。

▶【例17–23】2×24年10月，甲公司与客户签订合同，为客户装修一栋办公楼并安装一部电梯，合同总金额为100万元。甲公司预计的合同总成本为80万元，其中包括电梯的采购成本30万元。

2×24年12月，甲公司将电梯运达施工现场并经过客户验收，客户已取得对电梯的控制权，但是根据装修进度，预计到2×25年2月才会安装该电梯。截至2×24年12月，甲公司累计发生成本40万元，其中包括支付给电梯供应商的采购成本30万元，电梯采购成本相对于预计总成本而言是重大的。

假定该装修服务（包括安装电梯）构成单项履约义务，并属于在某一时段内履行的履约义务，甲公司是主要责任人，但不参与电梯的设计和制造；甲公司采用成本法确定履约进度。上述金额均不含增值税。

本例中，截至2×24年12月，甲公司发生成本40万元（包括电梯采购成本30万元），甲公司认为按照发生的总成本计算履约进度会高估其实际履约的程度，因此，在确定履约进度时，将电梯的采购成本排除在已发生成本和预计总成本之外，同时按照该电梯采购成本的金额确认相应收入。

因此，截至2×24年12月，该合同的履约进度为20%[(40−30)÷(80−30)]，应确认的收入和成本金额分别为44万元[(100−30)×20%+30]和40万元。

对于每一项履约义务，企业只能采用一种方法来确定其履约进度，并加以一贯运用。对于类似情况下的类似履约义务，企业应当采用相同的方法确定履约进度。

资产负债表日，企业应当在按照合同的交易价格总额乘以履约进度扣除以前会计期间累计已确认的收入后的金额，确认为当期收入。当履约进度不能合理确定时，企业已经发生的成本预计能够得到补偿的，应当按照已经发生的成本金额确认收入，直到履约进度能够合理确定为止。每一资产负债表日，企业应当对履约进度进行重新估计。当客观环境发生变化时，企业也需要重新评估履约进度是否发生变化，以确保履约进度能够反映履约情况的变化，该变化应当作为会计估计变更进行会计处理。对于每一项履约义务，企业只能采用一种方法来确定其履约进度，并加以一贯运用。

3. 在某一时点履行的履约义务

若一项履约义务不属于在某一时段内履行的履约义务，则应当属于在某一时点履行的履约义务。对于在某一时点履行的履约义务，企业应当在客户取得相关商品控制权时点确认收入。在判断客户是否已取得商品控制权时，企业应当考虑下列迹象：

（1）企业就该商品享有现时收款权利，即客户就该商品负有现时付款义务。如果企业就该商品享有现时的收款权利，则可能表明客户已经有能力主导该商品的使用并从中获得几乎全部的经济利益。

（2）企业已将该商品的法定所有权转移给客户，即客户已拥有该商品的法定所有权。客户如果取得了商品的法定所有权，则可能表明其经有能力主导该商品的使用并从中获得几乎全部的经济利益，或者能够阻止其他企业获得这些经济利益。如果企业仅仅是为了确保到期收回货款而保留商品的法定所有权，那么企业所保留的这项权利通常不会对客户取得对该商品的控制权构成障碍。

（3）企业已将该商品实物转移给客户，即客户已实物占有该商品。客户如果已经实物占有商品，则可能表明其有能力主导该商品的使用并从中获得其几乎全部的经济利益，或者使其他企业无法获得这些利益。需要说明的是，客户占有了某项商品的实物并不意味着其就一定取得了该商品的控制权，反之亦然。例如，采用支付手续费方式的委托代销安排下，虽然企业作为委托方已将商品发送给受托方，但是受托方并未取得该商品的控制权，因此，企业不应在向受托方发货时确认销售商品的收入，而仍然应当根据控制权是否转移来判断何时确认收入，通常应当在受托方售出商品时确认销售商品收入；受托方应当在商品销售后，按合同或协议约定的方法计算确定的手续费确认收入。表明一项安排是委托代销安排的迹象包括但不限于：①在特定事件发生之前（例如，向最终客户出售产品或指定期间到期之前），企业拥有对商品的控制权；②企业能够要求将委托代销的商品退回或者将其销售给其他方（如其他经销商）；③尽管经销商可能被要求向企业支付一定金额的押金，但是其并没有承担对这些商品无条件付款的义务。

实务中，企业有时根据合同已经就销售的商品向客户收款或取得了收款权利，但是，由于客户缺乏足够的仓储空间或生产进度延迟等原因，直到在未来某一时点将该商品交付给客户之前，企业仍然继续持有该商品实物，这种情况通常称为"售后代管商品"安排。此时，企业除了考虑客户是否取得商品控制权的迹象之外，还应当同时满足下列条件，才表明客户取得了该商品的控制权：①该安排必须具有商业实质，例如该安排是应客户的要求而订立的；②属于客户的商品必须能够单独识别，例如将属于客户的商品单独存放在指定地点；③该商品可以随时交付给客户；④企业不能自行使用该商品或将该商品提供给其他客户。企业根据上述条件对尚未发货的商品确认收入的，还应当考虑是否还承担了其他履约义务，例如向客户提供保管服务等，从而应当将部分交易价格分摊至该其他履约义务。越是通用的、可以和其他商品互相替换的商品，可能越难满足上述条件。

▶【例17-24】2×23年1月1日，甲公司与乙公司签订合同，向其销售一台设备和专用零部件。该设备和零部件的制造期为2年。甲公司在完成设备和零部件的生产之后,能够证明其符合合同约定的规格。假定企业向客户转让设备和零部件为两个单项履约义务,且都属于在某一时点履行的履约义务。

2×24年12月31日,乙公司支付了该设备和零部件的合同价款,并对其进行了验收。乙公司运走了设备,但是考虑到其自身的仓储能力有限,且其工厂紧邻甲公司的仓库,因此要求将零部件存放于甲公司的仓库中,并且要求甲公司按照其指令随时安排发货。乙公司已拥有零部件的法定所有权,且这些零部件可明确识别为属于乙公司的物品。甲公司在其仓库内的单独区域内存放这些零部件,并且应乙公司的要求可随时发货,甲公司不能使用这些零部件,也不能将其提供给其他客户使用。

本例中,2×24年12月31日,该设备的控制权转移给乙公司;对于零部件而言,甲公司已经收取合同价款,但是应乙公司的要求尚未发货,乙公司已拥有零部件的法定所有权并且对其进行了验收,虽然这些零部件实物尚由甲公司持有,但是其满足在"售后代管商品"的安排下客户取得商品控制权的条件,这些零部件的控制权也已经转移给了乙公司。因此,甲公司应当确认销售设备和零部件的相关收入。除销售设备和零部件之外,甲公司还为乙公司提供了仓储保管服务,该服务与设备和零部件可明确区分,构成单项履约义务,甲公司需要将部分交易价格分摊至该项服务,并在提供该项服务的期间确认收入。

▶【例17-25】A公司生产并销售笔记本电脑。2×24年,A公司与零售商B公司签订销售合同,向其销售1万台电脑。由于B公司的仓储能力有限,无法在2×24年底之前接收该批电脑,双方约定A公司在2×25年按照B公司的指令按时发货,并将电脑运送至B公司指定的地点。2×24年12月31日,A公司共有上述电脑库存1.2万台,其中包括1万台将要销售给B公司的电脑。然而,这1万台电脑和其余2 000台电脑一起存放并统一管理,并且彼此之间可以互相替换。

本例中,尽管是由于B公司没有足够的仓储空间才要求A公司暂不发货,并按照其指定的时间发货,但是由于这1万台电脑与A公司的其他产品可以互相替换,且未单独存放保管,A公司在向B公司交付这些电脑之前,能够将其提供给其他客户或者自行使用。因此,这1万台电脑在2×24年12月31日不满足"售后代管商品"安排下确认收入的条件。

(4)企业已将该商品所有权上的主要风险和报酬转移给客户,即客户已取得该商品所有权上的主要风险和报酬。企业在判断时,不应当考虑保留了除转让商品之外产生其他履约义务的风险的情形。例如,企业将产品销售给客户,并承诺提供后续维护服务,销售产品和维护服务均构成单项履约义务,企业保留的因维护服务而产生的风险并不影响企业有关主要风险和报酬转移的判断。

(5)客户已接受该商品。企业在判断是否已经将商品的控制权转移给客户时,应当考虑客户是否已接受该商品。如果企业能够客观地确定其已经按照合同约定的标准和条件将商品的控制权转移给客户,那么客户验收可能只是一项例行程序,并不会影响企业判断客户取得该商品控制权的时点。实务中,企业应当考虑,在过去执行类似合同的过程中已经积累的经验以及客户验收的结果,以证明其所提供的商品是否能够满足合同约定的具体条件。如果在取得客户验收之前已经确认了收入，企业应当考虑是否还存在剩余的履约义务，例如设备安装、运输等，并且评估是否应当对其单独进行会计处理。相反地，如果企业无法客观地确定其向客户转让商品是否符合合同规定的条件，那么在客户验收之前，企业不能认为已经将该商品的控制权转移给了客户。例如，客户主要基于主观判断进行验收时，在验收完成之前，企业无法确定其商品是否能够满足客户的主观标准，因此，企业应当在客户完成验收接受该商品时才能确认收入。实务中，定制化程度越高的商品，可能越难证明客户验收仅仅是一项例行程序。此外，如果企业将商品发送给客户供其试用或者测评，且客户并未承诺在试用期结束前支付任何对价，则在客户接受该商品或者在试用期结束之前，该商品的控制权并未转移给客户。

(6) 其他表明客户已取得商品控制权的迹象。

需要强调的是，在上述迹象中，并没有哪一个或哪几个迹象是决定性的，企业应当根据合同条款和交易实质进行分析，综合判断其是否以及何时将商品的控制权转移给客户，从而确定收入确认的时点。此外，企业应当从客户的角度进行评估，而不应当仅考虑企业自身的看法。

三、关于合同资产和合同负债

企业在向客户转让商品之前，如果客户已经支付了合同对价或企业已经取得了无条件收取合同对价的权利，则企业应当在客户实际支付款项与到期应支付款项孰早时点，将该已收或应收的款项列示为合同负债。合同负债，是指企业已收或应收客户对价而应向客户转让商品的义务。例如，企业与客户签订不可撤销的合同，向客户销售其生产的产品，合同开始日，企业收到客户支付的合同价款1 000元（不含增值税），相关产品将在2个月之后交付给客户，这种情况下，企业应当将该1 000元作为合同负债进行处理。需要说明的是，尚未向客户履行转让商品的义务而已收或应收客户对价中的增值税部分，因不符合合同负债的定义，不应确认为合同负债。

相反，在客户实际支付合同对价或在该对价到期应付之前，企业如果已经向客户转让了商品，则应当将因已转让商品而有权收取对价的权利列示为合同资产，但不包括应收款项。合同资产，是指企业已向客户转让商品而有权收取对价的权利，且该权利取决于时间流逝之外的其他因素。应收款项是企业无条件收取合同对价的权利，该权利应当作为应收款项单独列示。二者的区别在于，应收款项代表的是无条件收取合同对价的权利，即企业仅仅随着时间的流逝即可收款，而合同资产并不是一项无条件收款权，该权利除了时间流逝之外，还取决于其他条件（例如，履行合同中的其他履约义务）才能收取相应的合同对价。因此，与合同资产和应收款项相关的风险是不同的，应收款项仅承担信用风险，而合同资产除信用风险之外，还可能承担其他风险，如履约风险等。合同资产的减值的计量、列报和披露应当按照相关金融工具准则的要求进行会计处理。合同资产发生减值的，应当记入"资产减值损失"科目。

合同资产和合同负债应当在资产负债表中单独列示，并按流动性分别列示为"合同资产"或"其他非流动资产"以及"合同负债"或"其他非流动负债"。同一合同下的合同资产和合同负债应当以净额列示，不同合同下的合同资产和合同负债不能相互抵销。

四、关于合同成本

(一) 合同履约成本

企业为履行合同可能会发生各种成本，企业在确认收入的同时应当对这些成本进行分析，属于存货、固定资产、无形资产等规范范围的，应当按照相关准则进行会计处理；不属于其他准则规范范围且同时满足下列条件的，应当作为合同履约成本确认为一项资产。企业向客户提供劳务服务的，劳务服务相关成本的确认和计量等应按照本节进行处理。

一是该成本与一份当前或预期取得的合同直接相关。预期取得的合同应当是企业能够明确识别的合同，例如，现有合同续约后的合同、尚未获得批准的特定合同等。与合同直接相关的成本包括直接人工（例如，支付给直接为客户提供所承诺服务的人员的工资、奖金等）、直接材料（例如，为履行合同耗用的原材料、辅助材料、构配件、零件、半成品的成本和周转材料的摊销及租赁费用等）、制造费用或类似费用（例如，与组织和管理生产、施工、服务等活动发生的费用，包括管理人员的职工薪酬、劳动保护费、固定资产折旧费及修理费、物料消耗、取暖费、水电费、办公费、差旅费、财产保险费、工程保修费、排污费、临时设施摊销费等）、明确由客户承担的成本以及仅因该合同而发生的其他成本（例如，支付给分包商的成本、机械使用费、设计和技术援助费用、施工现场二次搬运费、生产工具和用具使用费、检验试验费、工程定位复测费、工程点交费用、场地清理费等）。

二是该成本增加了企业未来用于履行（或持续履行）履约义务的资源。

三是该成本预期能够收回。

企业应当在下列支出发生时，将其计入当期损益：(1) 管理费用，除非这些费用明确由客户承担。(2) 非正常消耗的直接材料、直接人工和制造费用（或类似费用），这些支出为履行合同发生，但未反映在合同价格中。(3) 与履约义务中已履行（包括已全部履行或部分履行）部分相关的支出，即该支出与企业过去的履约活动相关。对于企业在一段时间内履行的履约义务，在采用产出法计量履约进度时，如果企业为履行该履约义务实际发生的成本超过了按照产出法确定的成本，这些成本是与过去已履行的履约情况相关的支出，因此，不会增加企业未来用于履行（包括持续履行）履约义务的资源，不应当作为资产确认。(4) 无法在尚未履行的与已履行（或已部分履行）的履约义务之间区分的相关支出。

▶【例 17-26】甲公司与乙公司签订合同，为其信息中心提供管理服务，合同期限为5年。在向乙公司提供服务之前，甲公司设计并搭建了一个信息技术平台供其内部使用，该信息技术平台由相关的硬件和软件组成。甲公司需要提供设计方案，将该信息技术平台与乙公司现有的信息系统对接，并进行相关测试。该平台并不会转让给乙公司，但是将用于向乙公司提供服务。甲公司为该平台的设计、购买硬件和软件以及信息中心的测试发生了成本。除此之外，甲公司专门指派两名员工，负责向乙公司提供服务。

本例中，甲公司为履行合同发生的上述成本中，购买硬件和软件的成本应当分别按照固定资产和无形资产进行会计处理；设计服务成本和信息中心的测试成本不属于其他章节的规范范围，但是这些成本与履行该合同直接相关，并且增加了甲公司未来用于履行履约义务（即提供管理服务）的资源，如果甲公司预期该成本可通过未来提供服务收取的对价收回，则甲公司应当将这些成本确认为一项资产。甲公司向两名负责该项目的员工支付的工资费用，虽然与向乙公司提供服务有关，但是由于其并未增加企业未来用于履行履约义务的资源，因此，应当于发生时计入当期损益。

▶【例17-27】甲公司经营一家酒店，该酒店是甲公司的自有资产。甲公司在进行会计核算时，除发生的餐饮、商品材料等成本外，还需要计提与酒店经营相关的固定资产折旧（如酒店、客房以及客房内的设备家具等）、无形资产摊销（如酒店土地使用权等）费用等，应如何对这些折旧、摊销进行会计处理？

本例中，甲公司经营一家酒店，主要通过提供客房服务赚取收入，而客房服务的提供直接依赖于酒店物业（包含土地）以及家具等相关资产，即与客房服务相关的资产折旧和摊销属于甲公司为履行与客户的合同而发生的服务成本。该成本需先考虑是否满足资本化条件，如果满足，应作为合同履约成本进行会计处理，并在收入确认时对合同履约成本进行摊销，计入营业成本。此外，这些酒店物业等资产中与客房服务不直接相关的，例如财务部门相关的资产折旧等费用或者销售部门相关的资产折旧等费用，则需要按功能将相关费用计入管理费用或销售费用等科目。

对于与履行客户合同无关的运输费用，若运输费用属于使存货达到目前场所和状态的必要支出，形成了预期会给企业带来经济利益的资源时，运输费用应当计入存货成本，否则应计入期间费用。对于为履行客户合同而发生的运输费用，若运输活动发生在商品的控制权转移之前，其通常不构成单项履约义务，企业应将相关支出作为与商品销售相关的成本计入合同履约成本，在确认商品或服务收入时按照与收入确认相同的基础摊销记入"主营业务成本"或"其他业务成本"科目，并在利润表"营业成本"项目中列示。若运输活动发生在商品控制权转移之后，可能构成单项履约义务，企业应在确认运输服务收入的同时，将相关支出计入运输服务成本。

（二）合同取得成本

企业为取得合同发生的增量成本预期能够收回的，应当作为合同取得成本确认为一项资产。增量成本，是指企业不取得合同就不会发生的成本，例如销售佣金等。为简化实务操作，该资产摊销期限不超过一年的，可以在发生时计入当期损益。企业采用该简化处理方法的，应当对所有类似合同一致采用。企业为取得合同发生的、除预期能够收回的增量成本之外的其他支出，例如，无论是否取得合同均会发生的差旅费、投标费、为准备投标资料发生的相关费用等，应当在发生时计入当期损益，除非这些支出明确由客户承担。

▶【例17-28】甲公司是一家咨询公司，其通过竞标赢得一个新客户，为取得和该客户的合同，甲公司发生下列支出：（1）聘请外部律师进行尽职调查的支出为15 000元；（2）因投标发生的差旅费为10 000元；（3）销售人员佣金为5 000元，甲公司预期这些支出未来能够收回。此外，甲公司根据其年度销售目标、整体盈利情况及个人业绩等，向销售部门经理支付年度奖金10 000元。

本例中，甲公司向销售人员支付的佣金属于为取得合同发生的增量成本，应当将其作为合同取得成本确认为一项资产。甲公司聘请外部律师进行尽职调查发生的支出、为投标发生的差旅费，无论是否取得合同都会发生，不属于增量成本，因此，应当于发生时直接计入当期损益。甲公司向销售部门经理支付的年度奖金也不是为取得合同发生的增量成本，这是因为该奖金发放与否以及发放金额还取决于其他因素（包括公司的盈利情况和个人业绩），其并不能直接归属于可识别的合同。

实务中，涉及合同取得成本的安排可能会比较复杂，例如，合同续约或合同变更时需要支付额外的佣金、企业支付的佣金金额取决于客户未来的履约情况或者取决于累计取得的合同数量或金额等，企业需要运用判断，对发生的合同取得成本进行恰当的会计处理。企业因现有合同续约或发生合同变更需要支付的额外佣金，也属于为取得合同发生的增量成本。

▶【例17-29】甲公司相关政策规定，销售部门的员工每取得一份新的合同，可以获得提成100元，现有合同每续约一次，员工可以获得提成60元。甲公司预期上述提成均能够收回。

本例中，甲公司为取得新合同支付给员工的提成100元，属于为取得合同发生的增量成本，且预期能够收回，因此，应当确认为一项资产。同样地，甲公司为现有合同续约支付给员工的提成60元，也属于为取得合同发生的增量成本，这是因为如果不发生合同续约，就不会支付相应的提成，由于该提成预期能够收回，甲公司应当在每次续约时将应支付的相关提成确认为一项资产。

除上述规定外，甲公司相关政策规定，当合同变更时，如果客户在原合同的基础上，向甲公司支付额外的对价以购买额外的商品，甲公司需根据该新增的合同金额向销售人员支付一定的提成，此时，无论相关合同变更属于本节合同变更的哪一种情形，甲公司均应当将应支付的提成视同为取得合同（变更后的合同）发生的增量成本进行会计处理。

（三）与合同履约成本和合同取得成本有关的资产的摊销和减值

1. 摊销

对于确认为资产的合同履约成本和合同取得成本，企业应当采用与该资产相关的商品收入确认相同的基础（即，在履约义务履行的时点或按照履约义务的履约进度）进行摊销，计入当期损益。

在确定与合同履约成本和合同取得成本有关的资产的摊销期限和方式时，如果该资产与一份预期将要取得的合同（如续约后的合同）相关，则在确定相关摊销期限和方式时，应当考虑该预期将要取得的合同的影响。但是，对于合同取得成本而言，如果合同续约时，企业仍需要支付与取得原合同相当的佣金，这表明取得原合同时支付的佣金与预期将要取得的合同无关，该佣金只能在原合同的期限内进行摊销。企业为合同续约仍需支付的佣金是否与原合同相当，需要根据具体情况进行判断。例如，如果两份合同的佣金按照各自合同金额的相同比例计算，通常表明这两份合同的佣金水平是相当的。

企业应当根据预期向客户转让与上述资产相关的商品的时间，对资产的摊销情况进行复核并更新，以反映该预期时间的重大变化。此类变化应当作为会计估计变更进行会计处理。

2. 减值

合同履约成本和合同取得成本的账面价值高于下列两项的差额的，超出部分应当计提减值准备，并确认为资产减值损失：(1) 企业因转让与该资产相关的商品预期能够取得的剩余对价；(2) 为转让该相关商品估计将要发生的成本。估计将要发生的成本主要包括直接人工、直接材料、制造费用（或类似费用）、明确由客户承担的成本以及仅因该合同而发生的其他成本（例如，支付给分包商的成本）等。以前期间减值的因素之后发生变化，使得前款 (1) 减 (2) 的差额高于该资产账面价值的，应当转回原已计提的资产减值准备，并计入当期损益，但转回后的资产账面价值不应超过假定不计提减值准备情况下该资产在转回日的账面价值。

在确定合同履约成本和合同取得成本的减值损失时，企业应当首先确定其他资产减值损失；然后，按照本节的要求确定合同履约成本和合同取得成本的减值损失。企业按照《企业会计准则第8号——资产减值》测试相关资产组的减值情况时，应当将按照上述规定确定上述资产减值后的新账面价值计入相关资产组的账面价值。

▶【例17-30】甲建筑公司与其客户签订一项总金额为580万元的固定造价合同，该合同不可撤销。甲公司负责工程的施工及全面管理，客户按照第三方工程监理公司确认的工程完工量，每年与甲公司结算一次；该工程已于2×18年2月开工，预计2×21年6月完工；预计可能发生的工程总成本为550万元。到2×19年底，由于材料价格上涨等因素，甲公司将预计工程总成本调整为600万元。2×20年末根据工程最新情况将预计工程总成本调整为610万元。假定该建造工程整体构成单项履约义务，并属于在某一时段内履行的履约义务，该公司采用成本法确定履约进度，不考虑其他相关因素。该合同的其他有关资料如表17-1所示。

表17-1　　　　　　　　　合同相关资料　　　　　　　　　　单位：万元

项　目	2×18年	2×19年	2×20年	2×21年	2×22年
年末累计实际发生成本	154	300	488	610	—
年末预计完成合同尚需发生成本	396	300	122	—	—
本期结算合同价款	174	196	180	30*	—
本期实际收到价款	170	190	190	—	30

注：*工程质保金30万元。

按照合同约定，工程质保金30万元需等到客户于2×22年底保证期结束且未发生重大质量问题方能收款。上述价款均为不含税价款，不考虑相关税费的影响。

甲公司的账务处理如下：

(1) 2×18年账务处理：

①实际发生合同成本。

借：合同履约成本　　　　　　　　　　　　　　　　　　　　　1 540 000
　　贷：原材料、应付职工薪酬等　　　　　　　　　　　　　　　　1 540 000

②确认计量当年的收入并结转成本。

履约进度 = 1 540 000 ÷ (1 540 000 + 3 960 000) × 100% = 28%

合同收入 = 5 800 000 × 28% = 1 624 000（元）

借：合同结算——收入结转　　　　　　　　　　　　　　　　1 624 000
　　贷：主营业务收入　　　　　　　　　　　　　　　　　　　　　　1 624 000
借：主营业务成本　　　　　　　　　　　　　　　　　　　　1 540 000
　　贷：合同履约成本　　　　　　　　　　　　　　　　　　　　　　1 540 000

③结算合同价款。

借：应收账款　　　　　　　　　　　　　　　　　　　　　　1 740 000
　　贷：合同结算——价款结算　　　　　　　　　　　　　　　　　　1 740 000

④实际收到合同价款。

借：银行存款　　　　　　　　　　　　　　　　　　　　　　1 700 000
　　贷：应收账款　　　　　　　　　　　　　　　　　　　　　　　　1 700 000

2×18年12月31日，"合同结算"科目的余额为贷方11.6万元（174 - 162.4），表明甲公司已经与客户结算但尚未履行履约义务的金额为11.6万元，由于甲公司预计该部分履约义务将在2×19年内完成，因此，应在资产负债表中作为合同负债列示。

(2) 2×19年的账务处理：

①实际发生合同成本。

借：合同履约成本　　　　　　　　　　　　　　　　　　　　1 460 000
　　贷：原材料、应付职工薪酬等　　　　　　　　　　　　　　　　　1 460 000

②确认计量当年的收入并结转成本，同时，确认合同预计损失。

履约进度 = 3 000 000 ÷ (3 000 000 + 3 000 000) × 100% = 50%

合同收入 = 5 800 000 × 50% - 1 624 000 = 1 276 000（元）

合同预计损失 = (3 000 000 + 3 000 000 - 5 800 000) × (1 - 50%) = 100 000（元）

借：合同结算——收入结转　　　　　　　　　　　　　　　　1 276 000
　　贷：主营业务收入　　　　　　　　　　　　　　　　　　　　　　1 276 000
借：主营业务成本　　　　　　　　　　　　　　　　　　　　1 460 000
　　贷：合同履约成本　　　　　　　　　　　　　　　　　　　　　　1 460 000
借：主营业务成本　　　　　　　　　　　　　　　　　　　　　100 000
　　贷：预计负债　　　　　　　　　　　　　　　　　　　　　　　　　100 000

在2×19年底，由于该合同预计总成本（600万元）大于合同总收入（580万元），预计发生损失总额为20万元，由于其中10万元（20×50%）已经反映在损益中，因此应将剩余的、为完成工程将发生的预计损失10万元确认为当期损失。根据《企业会计准则第13号——或有事项》的相关规定，待执行合同变成亏损合同的，该亏损合同产生的义务满足相关条件的，则应当对亏损合同确认预计负债。因此，为完成工程将发生的预计损失10万元应当确认为预计负债。

③结算合同价款。

借：应收账款　　　　　　　　　　　　　　　　　　　　　　1 960 000

贷：合同结算——价款结算　　　　　　　　　　　　　　　　　　　　1 960 000
④实际收到合同价款。
借：银行存款　　　　　　　　　　　　　　　　　　　　　　　　　　1 900 000
　　　贷：应收账款　　　　　　　　　　　　　　　　　　　　　　　　　1 900 000

2×19年12月31日，"合同结算"科目的余额为贷方80万元（11.6+196-127.6），表明甲公司已经与客户结算但尚未履行履约义务的金额为80万元，由于甲公司预计该部分履约义务将在2×20年内完成，因此，应在资产负债表中作为合同负债列示。

(3) 2×20年的账务处理：

①实际发生的合同成本。

借：合同履约成本　　　　　　　　　　　　　　　　　　　　　　　　1 880 000
　　　贷：原材料、应付职工薪酬等　　　　　　　　　　　　　　　　　　1 880 000

②确认计量当年的合同收入并结转成本，同时调整合同预计损失。

履约进度 = 4 880 000÷(4 880 000 + 1 220 000)×100% = 80%

合同收入 = 5 800 000×80% - 1 624 000 - 1 276 000 = 1 740 000（元）

合同预计损失 = (4 880 000 + 1 220 000 - 5 800 000)×(1 - 80%) - 100 000 = -40 000（元）

借：合同结算——收入结转　　　　　　　　　　　　　　　　　　　　　1 740 000
　　　贷：主营业务收入　　　　　　　　　　　　　　　　　　　　　　　1 740 000
借：主营业务成本　　　　　　　　　　　　　　　　　　　　　　　　　1 880 000
　　　贷：合同履约成本　　　　　　　　　　　　　　　　　　　　　　　1 880 000
借：预计负债　　　　　　　　　　　　　　　　　　　　　　　　　　　　40 000
　　　贷：主营业务成本　　　　　　　　　　　　　　　　　　　　　　　　40 000

在2×20年底，由于该合同预计总成本（610万元）大于合同总收入（580万元），预计发生损失总额为30万元，由于其中24万元（30×80%）已经反映在损益中，因此预计负债的余额为6万元（30-24），反映剩余的、为完成工程将发生的预计损失，因此，本期应转回合同预计损失4万元。

③结算合同价款。

借：应收账款　　　　　　　　　　　　　　　　　　　　　　　　　　　1 800 000
　　　贷：合同结算——价款结算　　　　　　　　　　　　　　　　　　　1 800 000

④实际收到合同价款。

借：银行存款　　　　　　　　　　　　　　　　　　　　　　　　　　　1 900 000
　　　贷：应收账款　　　　　　　　　　　　　　　　　　　　　　　　　1 900 000

2×20年12月31日，"合同结算"科目的余额为贷方86万元（80+180-174），表明甲公司已经与客户结算但尚未履行履约义务的金额为86万元，由于该部分履约义务将在2×21年6月底前完成，因此，应在资产负债表中作为合同负债列示。

(4) 2×21年1—6月的账务处理：

①实际发生合同成本。

借：合同履约成本　　　　　　　　　　　　　　　　　　　　　　　　　1 220 000
　　　贷：原材料、应付职工薪酬等　　　　　　　　　　　　　　　　　　1 220 000

②确认计量当期的合同收入并结转成本及已计提的合同损失。

2×21年1—6月确认的合同收入=合同总金额-截至目前累计已确认的收入=5 800 000-1 624 000-1 276 000-1 740 000=1 160 000（元）

借：合同结算——收入结转　　　　　　　　　　　　　　1 160 000
　　贷：主营业务收入　　　　　　　　　　　　　　　　　　　　1 160 000
借：主营业务成本　　　　　　　　　　　　　　　　　　1 220 000
　　贷：合同履约成本　　　　　　　　　　　　　　　　　　　　1 220 000
借：预计负债　　　　　　　　　　　　　　　　　　　　　60 000
　　贷：主营业务成本　　　　　　　　　　　　　　　　　　　　　60 000

2×21年6月30日，"合同结算"科目的余额为借方30万元（86-116），是工程质保金，需等到客户于2×22年底保质期结束且未发生重大质量问题后方能收款，应在资产负债表中作为合同资产列示。

（5）2×22年的账务处理：

①保质期结束且未发生重大质量问题。

借：应收账款　　　　　　　　　　　　　　　　　　　　300 000
　　贷：合同结算　　　　　　　　　　　　　　　　　　　　　　　300 000

②实际收到合同价款。

借：银行存款　　　　　　　　　　　　　　　　　　　　300 000
　　贷：应收账款　　　　　　　　　　　　　　　　　　　　　　　300 000

五、关于特定交易的会计处理

（一）附有销售退回条款的销售

对于附有销售退回条款的销售，企业应当在客户取得相关商品控制权时，按照因向客户转让商品而预期有权收取的对价金额（即，不包含预期因销售退回将退还的金额）确认收入，按照预期因销售退回将退还的金额确认负债；同时，按照预期将退回商品转让时的账面价值，扣除收回该商品预计发生的成本（包括退回商品的价值减损）后的余额，确认为一项资产，按照所转让商品转让时的账面价值，扣除上述资产成本的净额结转成本。

每一资产负债表日，企业应当重新估计未来销售退回情况，如有变化，应当作为会计估计变更进行会计处理。

▶【例17-31】甲公司是一家健身器材销售公司。2×24年11月1日，甲公司向乙公司销售5 000件健身器材，单位销售价格为500元，单位成本为400元，开出的增值税专用发票上注明的销售价格为250万元，增值税税额为32.5万元。健身器材已经发出，但款项尚未收到。根据协议约定，乙公司应于2×24年12月31日之前支付货款，在2×25年3月31日之前有权退还健身器材。甲公司根据过去的经验，估计该批健身器材的退货率约为20%。2×24年12月31日，甲公司对退货率进行了重新评估，认为只有10%的健身器材会被退回。甲公司为增值税一般纳税人，健身器材发出时纳税义务已经发生，实际发生退回时取得税务机关开具的红字增值税专用发票。假定健身器材发出时控制权转移给乙公司。甲公司的账务处理如下：

(1) 2×24年11月1日发出健身器材时：

借：应收账款　　　　　　　　　　　　　　　　　　　　　2 825 000
　　贷：主营业务收入　　　　　　　　　　　　　　　　　　2 000 000
　　　　预计负债——应付退货款　　　　　　　　　　　　　　500 000
　　　　应交税费——应交增值税（销项税额）　　　　　　　　325 000
借：主营业务成本　　　　　　　　　　　　　　　　　　　1 600 000
　　应收退货成本　　　　　　　　　　　　　　　　　　　　400 000
　　贷：库存商品　　　　　　　　　　　　　　　　　　　2 000 000

(2) 2×24年12月31日前收到货款时：

借：银行存款　　　　　　　　　　　　　　　　　　　　　2 825 000
　　贷：应收账款　　　　　　　　　　　　　　　　　　　2 825 000

(3) 2×24年12月31日，甲公司对退货率进行重新评估：

借：预计负债——应付退货款　　　　　　　　　　　　　　　250 000
　　贷：主营业务收入　　　　　　　　　　　　　　　　　　250 000
借：主营业务成本　　　　　　　　　　　　　　　　　　　　200 000
　　贷：应收退货成本　　　　　　　　　　　　　　　　　　200 000

(4) 2×25年3月31日发生销售退回，实际退货量为400件，退货款项已经支付：

借：库存商品　　　　　　　　　　　　　　　　　　　　　　160 000
　　应交税费——应交增值税（销项税额）　　　　　　　　　　26 000
　　预计负债——应付退货款　　　　　　　　　　　　　　　250 000
　　贷：应收退货成本　　　　　　　　　　　　　　　　　　160 000
　　　　主营业务收入　　　　　　　　　　　　　　　　　　　50 000
　　　　银行存款　　　　　　　　　　　　　　　　　　　　226 000
借：主营业务成本　　　　　　　　　　　　　　　　　　　　 40 000
　　贷：应收退货成本　　　　　　　　　　　　　　　　　　 40 000

需要说明的是，客户以一项商品换取类型、质量、状况及价格均相同的另一项商品，不应被视为退货。此外，如果合同约定客户可以将质量有瑕疵的商品退回以换取正常的商品，企业应当按照附有质量保证条款的销售进行会计处理。

（二）附有质量保证条款的销售

对于附有质量保证条款的销售，企业应当评估该质量保证是否在向客户保证所销售商品符合既定标准之外提供了一项单独的服务。企业提供额外服务的（服务类质量保证），应当作为单项履约义务，按照本节要求进行会计处理；否则，质量保证责任（保证类质量保证）应当按照《企业会计准则第13号——或有事项》的要求进行会计处理。在评估质量保证是否在向客户保证所销售商品符合既定标准之外提供了一项单独的服务时，企业应当考虑该质量保证是否为法定要求、质量保证期限以及企业承诺履行任务的性质等因素。客户能够选择单独购买质量保证的，该质量保证构成单项履约义务。法定要求通常是为了保护客户避免其购买瑕疵或缺陷商品的风险，而并非为客户提供一项单独的质量保证服务。质量保证期限越长，越有可能是单项履约义务。如果企业必须履行某些特定的任务以保证所转让的商品符合既定标准（例如企业负责运输被客户退回的瑕疵商品），则这些特定的任务可能不构成单项履约义务。企业提供的质量保证同时包含上述两类的，应当分别对其进行会计处理，无法合理区分的，应当将这两类质量保证一起作为单项履约义务进行会计处理。

▶【例17-32】甲公司与客户签订合同，销售一部手机。该手机自售出起一年内如果发生质量问题，甲公司负责提供质量保证服务。此外，在此期间内，由于客户使用不当（例如手机进水）等原因造成的产品故障，甲公司也免费提供维修服务。该维修服务不能单独购买。

本例中，甲公司的承诺包括：销售手机、提供质量保证服务以及维修服务。甲公司针对产品的质量问题提供的质量保证服务是为了向客户保证所销售商品符合既定标准，因此不构成单项履约义务；甲公司对由于客户使用不当而导致的产品故障提供的免费维修服务，属于在向客户保证所销售商品符合既定标准之外提供的单独服务，尽管其没有单独销售，该服务与手机可明确区分，应该作为单项履约义务。因此，在该合同下，甲公司的履约义务有两项：销售手机和提供维修服务，甲公司应当按照其各自单独售价的相对比例，将交易价格分摊至这两项履约义务，并在各项履约义务履行时分别确认收入。甲公司提供的质量保证服务，应当按照本书第十二章或有事项的要求进行会计处理。

（三）主要责任人和代理人

企业应当根据其在向客户转让商品前是否拥有对该商品的控制权，来判断其从事交易时的身份是主要责任人还是代理人。企业在向客户转让商品前能够控制该商品的，该企业为主要责任人，应当按照已收或应收对价总额确认收入；否则，该企业为代理人，应当按照预期有权收取的佣金或手续费的金额确认收入，该金额应当按照已收或应收对价总额扣除应支付给其他相关方的价款后的净额，或者按照既定的佣金金额或比例等确定。企业与客户订立的包含多项可明确区分商品的合同中，企业需要分别判断其在不同履约义务中的身份是主要责任人还是代理人。

当存在第三方参与企业向客户提供商品时，企业向客户转让特定商品之前能够控制该商品，从而应当作为主要责任人的情形包括：一是企业自该第三方取得商品或其他资产控制权后，再转让给客户，此时，企业应当考虑该权利是仅在转让给客户时才产生，还是在转让给客户之前就已经存在，且企业一直能够主导其使用，如果该权利在转让给客户之前并不存在，表明企业实质上并不能在该权利转让给客户之前控制该权利。二是企业能够主导该第三方代表本企业向客户提供服务，说明企业在相关服务提供给客户之前能够控制该相关服务。三是企业自该第三方取得商品控制权后，通过提供重大的服务将该商品与其他商品整合成合同约定的某组合产出转让给客户，此时，企业承诺提供的特定商品就是合同约定的组合产出，企业应首先获得为生产该组合产出所需要的投入的控制权，然后才能够将这些投入加工整合为合同约定的组合产出。

如果企业仅仅是在特定商品的法定所有权转移给客户之前，暂时性地获得该特定商品的法定所有权，这并不意味着企业一定控制了该商品。实务中，企业在判断其在向客户转让特定商品之前是否已经拥有对该商品的控制权时，不应仅局限于合同的法律形式，而应当综合考虑所有相关事实和情况进行判断。这些事实和情况包括：

(1) 企业承担向客户转让商品的主要责任。企业在判断其是否承担向客户转让商品的主要责任时，应当从客户的角度进行评估，即客户认为哪一方承担了主要责任，例如客户认为谁对商品的质量或性能负责、谁负责提供售后服务、谁负责解决客户投诉等。

(2) 企业在转让商品之前或之后承担了该商品的存货风险。其中，存货风险主要是指存货可能发生减值、毁损或灭失等形成的损失。例如，如果企业在与客户订立合同之前已经购买或者承诺将自行购买特定商品，这可能表明企业在将该特定商品转让给客户之前，承担了该特定商品的存货风险，企业有能力主导特定商品的使用并从中获得几乎全部的经济利益；又如，在附有销售退回条款的销售中，企业将商品销售给客户之后，客户有权要求向该企业退货，这可能表明企业在转让商品之后仍然承担了该商品的存货风险。

(3) 企业有权自主决定所交易商品的价格。企业有权决定客户为取得特定商品所需支付的价格，可能表明企业有能力主导有关商品的使用并从中获得几乎全部的经济利益。然而，在某些情况下，代理人可能在一定程度上也拥有定价权（例如，在主要责任人规定的某一价格范围内决定价格），以便其在代表主要责任人向客户提供商品时，能够吸引更多的客户，从而赚取更多的收入。此时，即使代理人有一定的定价能力，也并不表明在与最终客户的交易中其身份是主要责任人，代理人只是放弃了一部分自己应当赚取的佣金或手续费而已。

(4) 其他相关事实和情况。

需要强调的是，企业在判断其是主要责任人还是代理人时，应当以该企业在特定商品转让给客户之前是否能够控制这些商品为原则。上述相关事实和情况不能凌驾于控制权的判断之上，也不构成一项单独或额外的评估，而只是帮助企业在难以评估特定商品转让给客户之前是否能够控制这些商品的情况下进行相关判断。此外，这些事实和情况并无权重之分，也不能被孤立地用于支持某一结论。企业应当根据相关商品的性质、合同条款的约定以及其他具体情况，综合进行判断。

▶【例17-33】甲公司是一家经营高端品牌的百货公司，采用与品牌服装供应商合作的经营模式。某高端品牌供应商乙公司在甲公司指定区域设立专柜（或专卖店）提供约定品牌商品，并委派营业员销售商品，假定本案例不包含租赁。乙公司负责专柜内的商品保管、出售、调配或下架，承担丢失和毁损风险，拥有未售商品的所有权。乙公司负责实际定价销售，甲公司负责对百货公司内销售的商品统一收款，开具发票。甲公司将收到客户款项扣除10%后支付给乙公司。

甲公司通过各种促销活动以提高百货公司的总体业绩。促销活动分为甲公司主导的促销活动和乙公司自行打折活动。甲公司主导的相关促销活动费用，有些由甲公司自行承担，有些由甲公司与乙公司共同承担。乙公司自行开展的打折活动需要获得甲公司同意，甲公司会要求其打折的幅度和范围符合甲公司的定位，例如打折幅度不能过大，保证不打折的新品的比例不能过低等。如果需办理退换货的，甲公司可自行决定为客户办理退换货、赔偿等事项，之后可向乙公司追偿。假定客户丙购买商品，向甲公司支付价款1 000元，甲公司扣除100元后支付给乙公司900元。假定不考虑其他因素。

本例中，企业应当根据其在向客户转让商品前是否拥有对该商品的控制权，来判断其从事交易时的身份是主要责任人还是代理人。在客户付款购买商品之前，乙公司能够主导商品的使用,例如出售、调配或下架,并从中获得其几乎全部的经济利益,因此拥有对该商品的控制权,是主要责任人,在客户丙取得商品控制权时确认收入1 000元。甲公司在商品转移给客户之前,不能自行或者要求乙公司把这些商品用于其他用途,也不能禁止乙公司把商品用于其他用途,因此,甲公司没有获得对该商品的控制权,只是负责协助乙公司进行商品销售,是代理人,在客户丙取得商品控制权时确认收入100元。

另外需要说明的是,本例中对于与控制权相关的三个迹象:一是从客户的角度,甲公司承担退换货和赔偿的主要责任;二是乙公司承担了该商品的存货风险;三是销售商品价格主要是由供应商乙公司确定,但甲公司对于商品的定价权有一定的影响力。与控制权相关的三个迹象的分析,并不能明确区分主要责任人和代理人,这些相关事实和情况的迹象仅为支持对控制权的评估,不能取代控制权的评估,也不能凌驾于控制权评估之上,更不是单独或额外的评估。

综上,企业应当根据其在向客户转让商品前是否拥有对该商品的控制权,来判断其从事交易时的身份是主要责任人还是代理人。在客户付款购买商品之前,乙公司拥有对该商品的控制权,是主要责任人,甲公司没有获得对该商品的控制权,是代理人。

▶【例17-34】甲公司是一家知名服装品牌生产零售商,拥有数百家直营连锁店。小型服装生产商乙公司向甲公司供应服装,乙公司将按照甲公司选定《供货清单》的要求将商品发送到甲公司指定的直营门店。商品收到后,甲公司组织验货,按照《供货清单》核对商品,确保没有短溢、货不对板等情形。甲公司将从乙公司采购的服装与其自产的服装一起管理并负责实际销售,其商标为甲公司商标,对外宣传为联名款。甲乙双方协商确定吊牌价,甲公司在吊牌价7折以上可自行对外销售并制定相应的促销策略,7折以下需得到乙公司的许可。甲乙双方根据销售收入每月五五分成。

如果商品自上架陈列30日仍未售出,甲公司有权将未出售的商品全部退回给乙公司,但在甲公司决定将商品退回前,乙公司不得取回、调换或移送商品。如果需办理退换货的,甲公司可自行决定为客户办理退换货、赔偿等事项,之后可向乙公司追偿。假定不考虑其他因素。

本例中,企业应当根据其在向客户转让商品前是否拥有对该商品的控制权,来判断其从事交易时的身份是主要责任人还是代理人。在客户付款购买商品之前,甲公司能够主导商品的使用,例如出售、调配或下架,并从中获得其几乎全部的经济利益,因此拥有对该商品的控制权,是主要责任人。

另外需要说明的是,本例中对于与控制权相关的三个迹象:一是从客户的角度,甲公司承担销售、退换货和赔偿的主要责任;二是在转让商品之前,甲乙公司均承担了该商品的存货风险,转让商品之后,乙公司承担了该商品的存货风险;三是双方协商确定吊牌价,甲乙双方均无权自主决定所交易商品的价格。与控制权相关的三个迹象的分析,并不能明确区分主要责任人和代理人,这些相关事实和情况的迹象仅为支持对控制权的评估,不能取代控制权的评估,也不能凌驾于控制权评估之上,更不是单独或额外的评估。

综上,企业应当根据其在向客户转让商品前是否拥有对该商品的控制权,来判断其从事交易时的身份是主要责任人还是代理人。商品的控制权在转移给客户之前,甲公拥有对该商品的控制权,是主要责任人。

另外,乙公司将商品发送到甲公司指定的直营门店并经甲公司验收后(假定该时点为商品控制权转移的时点)应该确认销售收入。由于30日未售出的商品或消费者退回的商品,甲公司有权退回给乙公司或向乙公司追偿,乙公司应当按照附有销售退回条款的销售进行会计处理。

▶【例17-35】2×24年1月,甲旅行社从A航空公司购买了一定数量的折扣机票,并对外销售。甲旅行社向旅客销售机票时,可自行决定机票的价格等,未售出的机票不能退还给A航空公司。

本例中,甲旅行社向客户提供的特定商品为机票,并在确定特定客户之前已经预先从航空公司购买了机票,因此,该权利在转让给客户之前已经存在。甲旅行社从A航空公司购入机票后,可以自行决定该机票的价格、向哪些客户销售等,甲旅行社有能力主导该机票的使用并且能够获得其几乎全部的经济利益。因此,甲旅行社在将机票销售给客户之前,能够控制该机票,甲旅行社的身份是主要责任人。

▶【例17-36】甲公司经营购物网站,在该网站购物的消费者可以明确获知在该网站上销售的商品均为其他零售商直接销售的商品,这些零售商负责发货以及售后服务等。甲公司与零售商签订的合同约定,该网站所售商品的采购、定价、发货以及售后服务等均由零售商自行负责,甲公司仅负责协助零售商和消费者结算货款,并按照每笔交易的实际销售额收取5%的佣金。

本例中,甲公司经营的购物网站是一个购物平台,零售商在该平台发布所销售商品信息,消费者可以从该平台购买零售商销售的商品。消费者在该网站购物时,向其提供的特定商品为零售商在网站上销售的商品,除此之外,甲公司并未提供任何其他的商品或服务。这些特定商品在转移给消费者之前,甲公司从未有能力主导这些商品的使用,例如,甲公司不能将这些商品提供给购买该商品的消费者之外的其他方,也不能阻止零售商向该消费者转移这些商品,甲公司不能控制零售商用于完成该网站订单的相关存货。因此,消费者在该网站购物时,在相关商品转移给消费者之前,甲公司并未控制这些商品,甲公司的履约义务是安排零售商向消费者提供相关商品,而并未自行提供这些商品,甲公司在该交易中的身份是代理人。

▶【例17-37】(以购销合同方式进行的委托加工收入确认)公司(委托方)与无关联第三方公司(加工方)通过签订销售合同的形式将原材料"销售"给加工方并委托其进行加工,同时,与加工方签订商品采购合同将加工后的商品购回。在这种情况下,公司应根据合同条款和业务实质判断加工方是否已经取得待加工原材料的控制权,即加工方是否有权主导该原材料的使用并获得几乎全部经济利益,例如原材料的性质是否为委托方的产品所特有、加工方是否有权按照自身意愿使用或处置该原材料、是否承担除因其保管不善之外的原因导致的该原材料毁损灭失的风险、是否承担该原材料价格变动的风险、是否能够取得与该原材料所有权有关的报酬等。如果加工方并未取得待加工原材料的控制权,该原材料仍然属于委托方的存货,委托方不应确认销售原材料的收入,而应将整个业务作为购买委托加工服务进行处理;相应地,加工方实质是为委托方提供受托加工服务,应当按照净额确认受托加工服务费收入。

(四) 附有客户额外购买选择权的销售

对于附有客户额外购买选择权的销售，企业应当评估该选择权是否向客户提供了一项重大权利。企业提供重大权利的，应当作为单项履约义务，按照本节有关交易价格分摊的要求将交易价格分摊至该履约义务，在客户未来行使购买选择权取得相关商品控制权时，或者该选择权失效时，确认相应的收入。客户额外购买选择权的单独售价无法直接观察的，企业应当综合考虑客户行使和不行使该选择权所能获得的折扣的差异、客户行使该选择权的可能性等全部相关信息后，予以合理估计。

额外购买选择权的情况包括销售激励、客户奖励积分、未来购买商品的折扣券以及合同续约选择权等。对于附有客户额外购买选择权的销售，企业应当评估该选择权是否向客户提供了一项重大权利。如果客户只有在订立了一项合同的前提下才取得了额外购买选择权，并且客户行使该选择权购买额外商品时，能够享受到超过该地区或该市场中其他同类客户所能够享有的折扣，则通常认为该选择权向客户提供了一项重大权利。该选择权向客户提供了重大权利的，应当作为单项履约义务。在考虑授予客户的该项权利是否重大时，应根据其金额和性质综合进行判断。

客户虽然有额外购买商品选择权，但客户行使该选择权购买商品时的价格反映了这些商品单独售价的，不应被视为企业向该客户提供了一项重大权利。为简化实务操作，当客户行使该权利购买的额外商品与原合同下购买的商品类似，且企业将按照原合同条款提供该额外的商品时，例如，企业向客户提供续约选择权，企业可以无须估计该选择权的单独售价，而是直接把其预计将提供的额外商品的数量以及预计将收取的相应对价金额纳入原合同，并进行相应的会计处理。

企业授予客户的奖励积分向其提供了一项额外购买选择权，且构成重大权利时，应当作为一项单独的履约义务。企业需要将销售商品收取的价款在销售商品和奖励积分之间按照单独售价的相对比例进行分摊。

▶【例17-38】2×24年1月1日，甲公司开始推行一项奖励积分计划。根据该计划，客户在甲公司每消费10元可获得1个积分，每个积分从次月开始在购物时可以抵减1元。截至2×24年1月31日，客户共消费100 000元，可获得10 000个积分，根据历史经验，甲公司估计该积分的兑换率为95%。假定上述金额均不包含增值税等的影响。

本例中，甲公司认为其授予客户的积分为客户提供了一项重大权利，应当作为一项单独的履约义务。客户购买商品的单独售价合计为100 000元，考虑积分的兑换率，甲公司估计积分的单独售价为9 500元（1元×10 000个积分×95%）。甲公司按照商品和积分单独售价的相对比例对交易价格进行分摊，具体如下：

分摊至商品的交易价格 = [100 000÷(100 000+9 500)]×100 000 = 91 324（元）

分摊至积分的交易价格 = [9 500÷(100 000+9 500)]×100 000 = 8 676（元）

因此，甲公司应当在商品的控制权转移时确认收入91 324元，同时确认合同负债8 676元。

借：银行存款　　　　　　　　　　　　　　　　　　　　　　　100 000
　　贷：主营业务收入　　　　　　　　　　　　　　　　　　　　　91 324
　　　　合同负债　　　　　　　　　　　　　　　　　　　　　　　 8 676

截至2×24年12月31日，客户共兑换了4 500个积分，甲公司对该积分的兑换率进行了重新估计，仍然预计客户总共将会兑换9 500个积分。因此，甲公司以客户兑换的积分数占预期将兑换的积分总数的比例为基础确认收入。

积分应当确认的收入 = 4 500 ÷ 9 500 × 8 676 = 4 110（元）；剩余未兑换的积分 = 8 676 - 4 110 = 4 566（元），仍然作为合同负债。

借：合同负债　　　　　　　　　　　　　　　　　　　　　　　　4 110
　　贷：主营业务收入　　　　　　　　　　　　　　　　　　　　　4 110

截至2×25年12月31日，客户累计兑换了8 500个积分。甲公司对该积分的兑换率进行了重新估计，预计客户总共将会兑换9 700个积分。

积分应当确认的收入 = 8 500 ÷ 9 700 × 8 676 - 4 110 = 3 493（元）；剩余未兑换的积分 = 8 676 - 4 110 - 3 493 = 1 073（元），仍然作为合同负债。

（五）授予知识产权许可

企业向客户授予的知识产权，常见的包括软件和技术、影视和音乐等的版权、特许经营权以及专利权、商标权和其他版权等。企业向客户授予知识产权许可的，应当按照本节要求评估该知识产权许可是否构成单项履约义务。对于不构成单项履约义务的，企业应当将该知识产权许可和其他商品一起作为一项履约义务进行会计处理。授予知识产权许可不构成单项履约义务的情形包括：一是该知识产权许可构成有形商品的组成部分并且对于该商品的正常使用不可或缺，例如，企业向客户销售设备和相关软件，该软件内嵌于设备之中，该设备必须安装了该软件之后才能正常使用；二是客户只有将该知识产权许可和相关服务一起使用才能够从中获益，例如，客户取得授权许可，但是只有通过企业提供的在线服务才能访问相关内容。对于构成单项履约义务的，应当进一步确定其是在某一时段内履行还是在某一时点履行，同时满足下列条件时，应当作为在某一时段内履行的履约义务确认相关收入；否则，应当作为在某一时点履行的履约义务确认相关收入：

（1）合同要求或客户能够合理预期企业将从事对该项知识产权有重大影响的活动。企业从事的下列活动均会对该项知识产权有重大影响：一是这些活动预期将显著改变该项知识产权的形式或者功能（例如，知识产权的设计、内容、功能性等）；二是客户从该项知识产权中获益的能力在很大程度上来源于或者取决于这些活动，即这些活动会改变该项知识产权的价值，例如，企业向客户授权使用其品牌，客户从该品牌获益的能力取决于该品牌价值，而企业所从事的活动为维护或提升其品牌价值提供了支持。如果该项知识产权具有重大的独立功能，且该项知识产权绝大部分的经济利益来源于该项功能，客户从该项知识产权中获益的能力则可能不会受到企业从事的相关活动的重大影响，除非这些活动显著改变了该项知识产权的形式或者功能。具有重大独立功能的知识产权主要包括软件、生物合成物或药物配方以及已完成的媒体内容（例如，电影、电视节目以及音乐录音）版权等。

（2）该活动对客户将产生有利或不利影响。当企业从事的后续活动并不影响授予客户的知识产权许可时，企业的后续活动只是在改变其自己拥有的资产。

（3）该活动不会导致向客户转让商品。当企业从事的后续活动本身构成单项履约义务时，企业在评估授予知识产权许可是否属于在某一时段履行的履约义务时应当不予考虑。

企业向客户授予知识产权许可不能同时满足上述条件的，则属于在某一时点履行的履约义务，并在该时点确认收入。在客户能够使用某项知识产权许可并开始从中获益之前，企业不能对此类知识产权许可确认收入。例如，企业授权客户在一定期间内使用软件，但是在企业向客户提供该软件的密钥之前，客户都无法使用该软件，不应确认收入。值得注意的是，在判断某项知识产权许可是属于在某一时段内履行的履约义务还是在某一时点履行的履约义务时，企业不应考虑下列因素：一是该许可在时间、地域或使用方面的限制；二是企业就其拥有的知识产权的有效性以及防止未经授权使用该知识产权许可所提供的保证。

▶【例17-39】甲公司是一家设计制作连环漫画的公司。甲公司授权乙公司可在4年内使用其3部连环漫画中的角色形象和名称。甲公司的每部连环漫画都有相应的主要角色。但是，甲公司会定期创造新的角色，且角色的形象也会随时演变。乙公司是一家大型游轮的运营商，乙公司可以以不同的方式（例如，展览或演出）使用这些漫画中的角色。合同要求乙公司必须使用最新的角色形象。在授权期内，甲公司每年向乙公司收取1 000万元。

本例中，甲公司除了授予知识产权许可外不存在其他履约义务。也就是说，与知识产权许可相关的额外活动并未向客户提供其他商品或服务，因为这些活动是企业授予知识产权许可承诺的一部分，且实际上改变了客户享有知识产权许可的内容。

甲公司需要评估该知识产权许可相关的收入应当在某一时段内确认还是在某一时点确认。甲公司考虑了下列因素：一是乙公司合理预期（根据甲公司以往的习惯做法），甲公司将实施对该知识产权许可产生重大影响的活动，包括创作角色及出版包含这些角色的连环漫画等；二是这些活动直接对乙公司产生了有利或不利影响，这是因为合同要求乙公司必须使用甲公司创作的最新角色，这些角色塑造得成功与否，会直接对乙公司产生影响；三是尽管乙公司可以通过该知识产权许可从这些活动中获益，但在这些活动发生时并没有导致向乙公司转让任何商品或服务。因此，甲公司授予该知识产权许可的相关收入应当在某一时段内确认。

由于合同规定乙公司在一段固定期间内可无限制地使用其取得授权许可的角色，因此，甲公司按照时间进度确定履约进度可能是最恰当的方法。

企业向客户授予知识产权许可，并约定按客户实际销售或使用情况收取特许权使用费的，应当在下列两项孰晚的时点确认收入：一是客户后续销售或使用行为实际发生；二是企业履行相关履约义务。这是估计可变对价的例外规定，该例外规定只有在下列两种情形下才能使用：一是特许权使用费仅与知识产权许可相关；二是特许权使用费可能与合同中的知识产权许可和其他商品都相关，但是与知识产权许可相关的部分占有主导地位。企业使用该例外规定时，应当对特许权使用费整体采用该规定，而不应当将特许权使用费进行分拆。如果与授予知识产权许可相关的对价同时包含固定金额和按客户实际销售或使用情况收取的变动金额两部分，则只有后者能采用该例外规定，而前者应当在相关履约义务履行的时点或期间内确认收入。对于不适用该例外规定的特许权使用费，应当按照估计可变对价的一般原则进行处理。

▶【例17-40】甲公司是一家著名的足球俱乐部。甲公司授权乙公司在其设计生产的服装、帽子、水杯以及毛巾等产品上使用甲公司球队的名称和图标，授权期间为2年。合同约定，甲公司收取的合同对价由两部分组成：一是200万元固定金额的使用费；二是按照乙公司销售上述商品所取得销售额的5%计算的提成。乙公司预期甲公司会继续参加当地顶级联赛，并取得优异的成绩。

本例中，该合同仅包括一项履约义务，即授予使用权许可，甲公司继续参加比赛并取得优异成绩等活动是该许可的组成部分，而并未向客户转让任何可明确区分的商品或服务。由于乙公司能够合理预期甲公司将继续参加比赛，甲公司的成绩将会对其品牌（包括名称和图标等）的价值产生重大影响，而该品牌价值可能会进一步影响乙公司产品的销量，甲公司从事的上述活动并未向乙公司转让任何可明确区分的商品，因此，甲公司授予的该使用权许可，属于在某一时段内履行的履约义务。甲公司收取的200万元固定金额的使用费应当在2年内平均确认收入，按照乙公司销售相关商品所取得销售额的5%计算的提成应当在乙公司的销售实际完成时确认收入。

▶【例17-41】A公司是一家软件开发公司，与B公司签订软件授权许可合同，将其自行研发的成熟的标准化软件产品授权给B公司永久使用，并提供为期一年的保证类质量保证，质保期自软件激活之日起算。2×22年1月1日，A公司按合同约定的价格向B公司交付软件产品，包括：(1) 软件授权书；(2) 软件及安装调试介质（光盘）。当日，B公司清点交付的软件产品，签署了验收签收单。根据合同约定，B公司应于一个月的正常信用期内支付货款，除非软件产品本身存在质量问题，否则B公司无权要求退货。A公司判断B公司具有可靠的偿付能力。B公司取得软件产品后可随时自行安装软件，安装完成后，在系统中输入软件授权书中的授权许可信息即可在线获取A公司系统中自动生成的激活码，录入激活码激活软件之后B公司可永久使用该软件。2×22年1月15日，B公司支付软件采购价款。B公司自2×22年1月1日获取该软件后，由于相关配套硬件设施及其他系统尚未安装完成，因此B公司并未激活该软件，直至2×22年3月1日，相关配套硬件设施及其他系统已安装完成，B公司激活并正式开始使用该软件。假设该合同中仅包含软件授权许可一项履约义务，并属于在某一时点履行的履约义务，不考虑其他因素。

本例中，2×22年1月1日，软件授权许可的相关文档已移交给B公司，B公司有权随时自行安装，可凭软件授权书中的授权许可信息获取A公司系统中自动生成的激活码以激活软件并开始使用，因此激活码的生成及软件的激活并无实质性障碍，B公司已经可以主导该软件产品的使用并从中获得几乎全部的经济利益，同时也负有向A公司支付货款的义务。因此，2×22年1月1日，B公司已经取得了该软件产品的控制权，B公司此时尚未生成激活码不影响B公司取得该软件产品的控制权。A公司应当于2×22年1月1日确认软件授权许可收入。

▶【例17-42】A公司是一家软件开发公司，与B公司签订软件授权许可合同，将其自行研发的成熟的标准化软件产品授权给B公司永久使用，并提供为期一年的保证类质量保证，质保期自软件激活之日起算。2×22年1月1日，A公司按合同约定的价格向B公司交付软件产品，包括：(1) 软件授权书；(2) 软件及安装调试介质（光盘）。当日，B公司清点交付的软件产品，签署了验收签收单。根据合同约定，除非软件产品本身存在质量问题，否则 B 公司无权要求退货。B 公司考虑到软件产品可能大约三个月后才会投入使用，经与 A 公司协商，双方在合同中约定 B 公司可以于三个月内支付货款，并在支付完软件采购价款后 B 公司才能在线提出申请激活码。A 公司判断 B 公司具有可靠的偿付能力，但三个月时间超出其正常的信用期（一个月），因此 A 公司在其系统中对出售给 B 公司的软件授权书进行了备注，B 公司需在支付完软件采购价款后，在线提出申请激活码，经 A 公司相关部门审核批准才能生成并获取激活码。2×22 年 3 月 25 日，B 公司完成软件采购价款的支付，并向 A 公司申请激活码，A 公司审核批准后，当日生成激活码并提供给 B 公司，B 公司录入激活码激活并正式开始使用该软件。假设该合同中仅包含软件授权许可一项履约义务，并属于在某一时点履行的履约义务，不考虑其他因素。

本例中，2×22 年 1 月 1 日，A 公司将软件产品交付给 B 公司时，A 公司并未在系统中对 B 公司开放自动获取激活码的权限，B 公司想要使用软件产品仍需支付完软件采购价款并经过 A 公司的审核批准，因此 B 公司并不能主导软件产品的使用并从中获得几乎全部经济利益，此时 B 公司未取得软件产品的控制权。2×22 年 3 月 25 日，B 公司支付完软件采购价款并经 A 公司审核批准后获取了激活码，自此才获得了软件产品的控制权。A 公司应当于 2×22 年 3 月 25 日确认软件授权许可收入。

（六）售后回购

售后回购，是指企业销售商品的同时承诺或有权选择日后再将该商品（包括相同或几乎相同的商品，或以该商品作为组成部分的商品）购回的销售方式。对于不同类型的售后回购交易，企业应当区分下列两种情形分别进行会计处理：

（1）企业因存在与客户的远期安排而负有回购义务或企业享有回购权利的，表明客户在销售时点并未取得相关商品控制权，企业应当作为租赁交易或融资交易进行相应的会计处理。其中，回购价格低于原售价的，应当视为租赁交易，按照第十四章进行会计处理；回购价格不低于原售价的，应当视为融资交易，在收到客户款项时确认金融负债，并将该款项和回购价格的差额在回购期间内确认为利息费用等。企业到期未行使回购权利的，应当在该回购权利到期时终止确认金融负债，同时确认收入。

▶**【例 17-43】** 甲公司向乙公司销售一台设备，销售价格为 200 万元，同时双方约定两年之后，甲公司将以 120 万元的价格回购该设备。假定不考虑货币时间价值等其他因素影响。

本例中，根据合同有关甲公司在两年后回购该设备的确定，乙公司并未取得该设备的控制权。不考虑货币时间价值等影响，该交易的实质是乙公司支付了 80 万元（200－120）的对价取得了该设备 2 年的使用权。因此，甲公司应当将该交易作为租赁交易进行会计处理。

（2）企业负有应客户要求回购商品义务的，应当在合同开始日评估客户是否具有行使该要求权的重大经济动因。客户具有行使该要求权重大经济动因的，企业应当将售后回购作为租赁交易或融资交易，按照上述第（1）种情形进行会计处理；否则，企业应当将其作为附有销售退回条款的销售交易进行会计处理。在判断客户是否具有行权的重大经济动因时，企业应当综合考虑各种相关因素，包括回购价格与预计回购时市场价格之间的比较，以及权利的到期日等。例如，如果回购价格明显高于该资产回购时的市场价值,则表明客户有行权的重大经济动因。

▶【例17-44】甲公司向乙公司销售其生产的一台设备,销售价格为2 000万元,双方约定,乙公司在5年后有权要求甲公司以1 500万元的价格回购该设备。甲公司预计该设备在回购时的市场价值将远低于1 500万元。

本例中,假定不考虑货币时间价值的影响,甲公司的回购价格低于原售价,但远高于该设备在回购时的市场价值,甲公司判断乙公司有重大的经济动因行使其权利要求甲公司回购该设备。因此,甲公司应当将该交易作为租赁交易进行会计处理。

(七) 客户未行使的权利

企业向客户预收销售商品款项,使企业承担了向客户转让商品的义务,因此应当将预收的款项确认为合同负债,待履行了相关履约义务时再转为收入。当企业预收款项无须退回,且客户可能会放弃其全部或部分合同权利时,例如,放弃储值卡的使用等,企业预期将有权获得与客户所放弃的合同权利相关的金额的,应当按照客户行使合同权利的模式按比例将上述金额确认为收入;否则,企业只有在客户要求其履行剩余履约义务的可能性极低时,才能将上述负债的相关余额转为收入。企业在确定其是否预期将有权获得与客户所放弃的合同权利相关的金额时,应当考虑将估计的可变对价计入交易价格的限制要求。

如果有相关法律规定,企业所收取的与客户未行使权利相关的款项须转交给其他方的(例如,法律规定无人认领的财产需上交政府),企业不应将其确认为收入。

此外,企业预收的款项中代其他方收取的部分不属于客户未行使的权利。

▶【例17-45】甲公司经营一家电商平台,平台商家自行负责商品的采购、定价、发货以及售后服务,甲公司仅提供平台供商家与消费者进行交易并负责协助商家和消费者结算货款,甲公司按照货款的5%向商家收取佣金,并判断自己在商品买卖交易中是代理人。2×18年,甲公司向平台的消费者销售了1 000张不可退的电子购物卡,每张卡的面值为200元,总额200 000元。假设不考虑相关税费的影响。

本例中,考虑到甲公司在商品买卖交易中为代理人,仅为商家和消费者提供平台及结算服务,并收取佣金,因此,甲公司销售电子购物卡收取的款项200 000元中,仅佣金部分10 000元(200 000×5%,不考虑相关税费)代表甲公司已收客户(商家)对价而应在未来消费者消费时作为代理人向商家提供代理服务的义务,应当确认合同负债。其余部分(即190 000元),为甲公司代商家收取的款项,作为其他应付款,待未来消费者消费时支付给相应的商家。

(八) 无须退回的初始费

企业在合同开始(或接近合同开始)日向客户收取的无须退回的初始费(如俱乐部的入会费等)应当计入交易价格。企业应当评估该初始费是否与向客户转让已承诺的商品相关。该初始费与向客户转让已承诺的商品相关,并且该商品构成单项履约义务的,企业应当在转让该商品时,按照分摊至该商品的交易价格确认收入;该初始费与向客户转让已承诺的商品相关,但该商品不构成单项履约义务的,企业应当在包含该商品的单项履约义务履行时,按照分摊至该单项履约义务的交易价格确认收入;该初始费与向客户转让已承诺的商品不相关的,该初始费应当作为未来将转让商品的预收款,在未来转让该商品时确认为收入。

企业收取了无须退回的初始费且为履行合同应开展初始活动，但这些活动本身并没有向客户转让已承诺的商品的，例如，企业为履行会员健身合同开展了一些行政管理性质的准备工作，该初始费与未来将转让的已承诺商品相关，应当在未来转让该商品时确认为收入，企业在确定履约进度时不应考虑这些初始活动；企业为该初始活动发生的支出应当按照本节合同成本部分的要求确认为一项资产或计入当期损益。

▶【例17-46】甲公司经营一家会员制健身俱乐部。甲公司与客户签订了为期2年的合同，客户入会之后可以随时在该俱乐部健身。除俱乐部的年费2 000元之外，甲公司还向客户收取了50元的入会费，用于补偿俱乐部为客户进行注册登记、准备会籍资料以及制作会员卡等初始活动所花费的成本。甲公司收取的入会费和年费均无须返还。

本例中，甲公司承诺的服务是向客户提供健身服务，而甲公司为会员入会所进行的初始活动并未向客户提供其所承诺的服务，而只是一些内部行政管理性质的工作。因此，甲公司虽然为补偿这些初始活动向客户收取了50元入会费，但是该入会费实质上是客户为健身服务所支付的对价的一部分，故应当作为健身服务的预收款，与收取的年费一起在2年内分摊确认为收入。

六、社会资本方对政府和社会资本合作（PPP）项目合同的会计处理

（一）PPP项目合同的特征和条件

PPP项目合同是指社会资本方与政府方依法依规就PPP项目合作所订立的合同。本部分规定的PPP项目合同应当同时具有以下两个特征：（1）社会资本方在合同约定的运营期间内代表政府方使用PPP项目资产提供公共产品和服务；（2）社会资本方在合同约定的期间内就其提供的公共产品和服务获得补偿（以下简称"双特征"）。其中，社会资本方是指与政府方签订PPP项目合同的社会资本或项目公司；政府方是指政府授权或指定的PPP项目实施机构；PPP项目资产是指PPP项目合同中确定的用来提供公共产品和服务的资产，如自来水管道及配套设施、天然气管道及配套设施或高速公路。

本部分规定的PPP项目还应当同时符合以下两个条件：（1）政府方控制或管制社会资本方使用PPP项目资产必须提供的公共产品和服务的类型、对象和价格；（2）PPP项目合同终止时，政府方通过所有权、收益权或其他形式控制PPP项目资产的重大剩余权益（以下简称"双控制"）。对于运营期占项目资产全部使用寿命的PPP项目合同，即使项目合同结束时项目资产不存在重大剩余权益，如果该项目合同符合前述"双控制"条件中的第（1）项，则仍然适用本部分规定。除上述情况外，不同时符合"双特征"和"双控制"的PPP项目合同，社会资本方应当根据其业务性质按照其他有关规定进行会计处理。

值得说明的是，本部分所规定的PPP项目合同，与前述一般收入的合同有所差异。首先，社会资本方（一般为企业）是与政府方签订PPP项目合同，在合同约定的运营期间，由社会资本方代表政府方使用PPP项目资产向公众提供公共产品和服务，并获得补偿，这使得社会资本方的客户可能既有政府，也有公共产品和服务的使用者；其次，在上述"双控制"的条件下，PPP项目资产实质上由政府方控制，而非社会资本方，社会资本方仅是在合同运营期间使用PPP项目资产提供公共产品和服务，不像一般企业通过

使用自己控制的资产生产销售产品或提供服务；最后，社会资本方获得的补偿存在不同模式，如特许经营权或可确定的现金金额。这些差异使得社会资本方在确认和计量收入与相关资产时存在特殊的考虑，并涉及多项会计准则的相关规定。

（二）相关会计处理

如果社会资本方根据 PPP 项目合同约定，提供多项服务（如既提供 PPP 项目资产建造服务，又提供建成后的运营服务、维护服务）的，应当识别合同中的单项履约义务，将交易价格按照各项履约义务单独售价的相对比例分摊至各项履约义务。社会资本方提供建造服务（含建设和改扩建）或发包给其他方等，应当确定其身份是主要责任人还是代理人，并进行会计处理，确认合同资产。

在 PPP 项目资产的建造过程中发生的借款费用，社会资本方应当按照借款费用的规定进行会计处理。对于下述确认为无形资产的部分，社会资本方在相关借款费用满足资本化条件时，应当将其予以资本化，记入"PPP 借款支出"科目，并在 PPP 项目资产达到预定可使用状态时，结转至无形资产。除上述情形以外的其他借款费用，社会资本方均应予以费用化，计入财务费用。

社会资本方根据 PPP 项目合同约定，在项目运营期间，有权向获取公共产品和服务的对象收取费用，但收费金额不确定的，该权利不构成一项无条件收取现金的权利，应当在 PPP 项目资产达到预定可使用状态时，将相关 PPP 项目资产的对价金额或确认的建造收入金额确认为无形资产，并按照无形资产的有关规定进行处理（"无形资产模式"）。同时，社会资本方不应当将 PPP 项目资产确认为固定资产。PPP 项目资产达到预定可使用状态后，社会资本方应当按照收入的规定确认与运营服务相关的收入。

▶【例 17-47】甲公司在境内从事各类公路的投资建设和运营业务。2×21 年 1 月，甲公司与当地政府签订 PPP 项目合同，甲公司作为社会资本方负责当地高速公路的建设、运营和维护。根据 PPP 项目合同约定，PPP 项目合同期间为 10 年，其中项目建设期为 2 年、运营期为 8 年。甲公司有权在运营期内向通行车辆收取高速公路通行费，政府不对未来能够收取的车辆通行费或者通过的车流量提供保证。运营期满后，甲公司将 PPP 项目资产无偿移交给政府方。假设甲公司的建造服务和运营服务均构成单项履约义务，均满足在某一时段确认收入的条件，且甲公司从事 PPP 项目的身份为主要责任人。假设该合同满足上述"双特征"和"双控制"条件。甲公司预计其提供建造和运营服务的成本如表 17-2 所示。

表 17-2   单位：万元

项目	年份	成本
建造服务（每年）	2×21—2×22 年	4 000
运营服务（每年）	2×23—2×30 年	80

甲公司从事该 PPP 项目的资金全部来源于银行借款，借款年利率为 6.7%。假设市场类似建造服务的合理成本加成率为 5%；甲公司 2×23 年和 2×24 年根据实际车流量收取的通行费用均为 1 600 万元（以后年度略）；合同期间各年的现金流均在年末发生。假定

不考虑其他因素和相关税费。

本例中，甲公司向政府方提供建造高速公路的服务，并获得在合同约定的运营期内运营该高速公路的权利。虽然甲公司在运营期间有权向通行车辆收取高速公路通行费，但是其金额不确定，取决于通行车辆的类型、数量以及通行距离等，因此该权利不构成一项无条件收取现金的权利，应当按照上述无形资产模式进行会计处理。

甲公司通过向政府方提供建造服务取得高速公路运营权，属于非现金对价安排，甲公司应当按照收入的相关规定，通常按照非现金对价在合同开始日的公允价值确定交易价格，确认建造服务的收入。由于该无形资产的公允价值不能合理估计，甲公司采用成本加成法确定建造服务的单独售价，从而确定交易价格。考虑市场情况、行业平均毛利水平等因素之后，估计建造服务的合理成本加成率为5%。甲公司预计其提供建造服务的成本和收入如表17-3所示。

表17-3
单位：万元

项目	年份	成本	收入
建造服务（每年）	2×21—2×22年	4 000	4 200*

注：*4 000×(1+5%)=4 200（万元）。

甲公司在建造期间每年确认建造服务收入4 200万元，同时确认合同资产，在项目资产达到预定可使用状态时，将合同资产结转为无形资产，并按照无形资产的规定进行会计处理。在运营期间，甲公司将收到的通行费确认为运营服务收入。

甲公司在合同期间各年的账务处理如下：

1. 2×21年的账务处理

确认建造服务收入和成本：

借：合同资产　　　　　　　　　　　　　　　　　　　　　42 000 000
　　贷：主营业务收入　　　　　　　　　　　　　　　　　　42 000 000
借：合同履约成本　　　　　　　　　　　　　　　　　　　40 000 000
　　贷：原材料、应付职工薪酬等　　　　　　　　　　　　40 000 000
借：主营业务成本　　　　　　　　　　　　　　　　　　　40 000 000
　　贷：合同履约成本　　　　　　　　　　　　　　　　　40 000 000

注：由于现金流在年末发生，因此第一年没有借款费用资本化的影响。

2. 2×22年的账务处理

(1) 确认建造服务收入和成本（与2×21年相同）。

(2) 确认资本化的借款费用：

借：PPP借款支出　　　　　　　　(40 000 000×6.7%) 2 680 000
　　贷：长期借款——应计利息（或应付利息）　　　　　　2 680 000

(3) 在PPP项目资产达到预定可使用状态时，将合同资产及PPP借款支出结转为无形资产。

借：无形资产　　　　　　　　(84 000 000+2 680 000) 86 680 000
　　贷：合同资产　　　　　　　　　　　　　　　　　　　84 000 000

| | PPP借款支出 | 2 680 000 |

3. 2×23年的账务处理

（1）确认运营服务收入和成本：

借：银行存款　　　　　　　　　　　　　　　　　　　　16 000 000
　　贷：主营业务收入　　　　　　　　　　　　　　　　　16 000 000
借：合同履约成本　　　　　　　　　　　　　　　　　　　　800 000
　　贷：原材料、应付职工薪酬等　　　　　　　　　　　　　800 000
借：主营业务成本　　　　　　　　　　　　　　　　　　　　800 000
　　贷：合同履约成本　　　　　　　　　　　　　　　　　　800 000

（2）对无形资产进行摊销：

借：主营业务成本　　　　　　　　（86 680 000÷8）10 835 000
　　贷：累计摊销　　　　　　　　　　　　　　　　　　10 835 000

4. 2×24年及以后账务处理比照2×23年进行账务处理

社会资本方根据PPP项目合同约定，在项目运营期间，满足有权收取可确定金额的现金（或其他金融资产）条件的，应当在社会资本方拥有收取该对价的权利（该权利仅取决于时间流逝的因素）时确认为应收款项，并按照金融工具的规定进行会计处理（"金融资产模式"）。社会资本方应当在PPP项目资产达到预定可使用状态时，将相关PPP项目资产的对价金额或确认的建造收入金额，超过有权收取可确定金额的现金（或其他金融资产）的差额，确认为无形资产（"混合模式"）。

▶【例17-48】甲公司在境外某地从事各类公路的投资建设和运营业务。2×21年1月，甲公司与当地政府签订PPP项目合同，甲公司作为社会资本方负责当地高速公路的建设、运营和维护。根据PPP项目合同约定，PPP项目合同期间为10年，其中项目建设期为2年、运营期为8年。根据PPP项目合同约定，合同期间的第8年末（即2×28年末），甲公司需要对路面进行翻修，以使该道路保持一定的使用状态。运营期满后，甲公司将PPP项目资产无偿移交给政府方。甲公司的履约义务包括提供道路建造、运营和路面翻修的服务，假设上述服务均构成单项履约义务，均满足在某一时段确认收入的条件，且甲公司从事PPP项目的身份是主要责任人。假设该合同满足上述"双特征"和"双控制"条件。

按照PPP项目合同约定，政府方需要对甲公司提供的PPP项目资产进行验收，包括满足道路如期完工通车、符合当地环保要求，并在运营期间持续保持道路的使用状态和正常通行等要求。如果未满足验收条件，政府方则有权要求甲公司进行整改，直至验收合格。政府方验收合格后，在运营期间每年末向甲公司支付1 600万元。甲公司合理估计其能够达到验收条件。

甲公司采用成本加成法确定各单项履约义务的单独售价，考虑市场情况、行业平均毛利水平等因素之后，估计建造、运营以及路面翻修服务的合理成本加成率分别为5%、20%和10%。甲公司预计其提供建造、运营和路面翻修服务的成本和收入如表17-4所示。

表 17 – 4   单位：万元

项目	年份	成本	收入
建造服务（每年）	2×21—2×22 年	4 000	4 200 *
运营服务（每年）	2×23—2×30 年	80	96 **
路面翻修服务	2×28 年	800	880 ***

注：* 4 000×(1+5%)=4 200（万元）。

　　** 80×(1+20%)=96（万元）。

　　*** 800×(1+10%)=880（万元）。

假设合同期间各年的现金流均在年末发生，通过插值法（使在合同开始日各项履约义务确认的收入现值等于各期现金流量现值的折现率）计算出该 PPP 项目的实际利率为 6.18%（假设该实际利率体现了合同开始时甲公司与政府方进行单独融资交易所反映的利率）。假定不考虑其他因素和相关税费。

本例中，根据 PPP 项目合同约定，在项目运营期间，甲公司每年自政府方取得 1 600 万元的对价，即甲公司在项目运营期间有权收取可确定金额的现金，应当按照上述金融资产模式进行会计处理。甲公司在建造期间每年确认建造服务收入 4 200 万元，同时确认合同资产，并在以后年度甲公司拥有收取对价的权利（该权利仅取决于时间流逝的因素）时，将合同资产转为应收款项。甲公司在运营期间每年确认的运营服务收入为 96 万元，在 2×28 年确认的路面翻修服务收入为 880 万元。

甲公司在合同期间各年的账务处理如下：

1. 2×21 年的账务处理

确认建造服务收入和成本：

借：合同资产　　　　　　　　　　　　　　　　　　　　　　42 000 000

　　贷：主营业务收入　　　　　　　　　　　　　　　　　　　　　　42 000 000

借：合同履约成本　　　　　　　　　　　　　　　　　　　　40 000 000

　　贷：原材料、应付职工薪酬等　　　　　　　　　　　　　　　　　40 000 000

借：主营业务成本　　　　　　　　　　　　　　　　　　　　40 000 000

　　贷：合同履约成本　　　　　　　　　　　　　　　　　　　　　　40 000 000

注：由于现金流在年末发生，因此第一年没有融资成分的影响。

2. 2×22 年的账务处理

(1) 确认建造服务收入和成本（与 2×21 年相同）。

(2) 确认融资成分的影响：

借：合同资产　　　　　　　　　　　　(42 000 000×6.18%) 2 595 600

　　贷：财务费用、利息收入等　　　　　　　　　　　　　　　　　　2 595 600

3. 2×23 年的账务处理

(1) 确认运营服务收入和成本：

借：合同资产　　　　　　　　　　　　　　　　　　　　　　　960 000

　　贷：主营业务收入　　　　　　　　　　　　　　　　　　　　　　960 000

借：合同履约成本	800 000	
贷：应付职工薪酬等		800 000
借：主营业务成本	800 000	
贷：合同履约成本		800 000

(2) 确认融资成分的影响：

借：合同资产	5 351 608	
贷：财务费用、利息收入等		5 351 608

注：5 351 608 = [42 000 000 × (1 + 6.18%) + 42 000 000] × 6.18%

(3) 甲公司在拥有收取对价的权利（该权利仅取决于时间流逝的因素）时，本例为政府方承担向甲公司支付款项的义务时，将合同资产转为应收款项。

借：应收账款	16 000 000	
贷：合同资产		16 000 000

(4) 从政府方收到款项：

借：银行存款	16 000 000	
贷：应收账款		16 000 000

4. 2×24 年至 2×27 年比照 2×23 年进行账务处理。

5. 2×28 年的账务处理

(1) 确认路面翻修服务收入和成本。

借：合同资产	8 800 000	
贷：主营业务收入		8 800 000
借：合同履约成本	8 000 000	
贷：原材料、应付职工薪酬等		8 000 000
借：主营业务成本	8 000 000	
贷：合同履约成本		8 000 000

(2) 其余账务处理比照 2×23 年的会计分录进行。

6. 2×29 年及以后比照 2×23 年进行账务处理。

▶【例 17-49】承【例 17-47】，假设按照 PPP 项目合同约定，运营期间甲公司有权向通行车辆收取通行费，但由于该条高速公路尚未全线贯通，对车流量可能有一定的不利影响，为保证甲公司的投资回报，政府方向甲公司保证甲公司在运营期间收到的金额不少于 5 600 万元，以及按 6% 年利率确定的利息金额以补偿甲公司取得收益的货币时间价值。甲公司预计运营期间每年收取的通行费用是 1 600 万元。

本例中，甲公司为政府方提供建造高速公路的服务，其有权收取的对价包括两部分：一是自政府方收取 5 600 万元现金的收款权利；二是在运营期间向通行车辆收取通行费的权利。由于确认的建造收入金额超过有权收取可确定金额的现金，因此应当按照上述混合模式进行会计处理。

甲公司建造期间每年确认收入金额为 4 200 万元 [4 000 × (1 + 5%)]，两年合计金额为 8 400 万元，甲公司在确认建造收入的同时确认合同资产，其中未来将分别确认为应收款项和无形资产的部分分摊如表 17-5 所示。

表17-5　　　　　　　　　　　　　　　　　　　　　　　　　　　　　　　　　单位：万元

年份	履约义务	收入	合同资产分摊	
			应收款项	无形资产
2×21	建造服务	4 200	2 800	1 400
2×22	建造服务	4 200	2 800	1 400
合计		8 400	5 600	2 800
分摊比例			67%	33%

甲公司提供建造服务取得对价中对应应收款项的部分包含重大融资成分，应当考虑货币时间价值的影响，由于本例中假定现金流均在年末发生，在建造期间应确认的利息收入为168万元（2 800×6%）。因此，在建造期结束时，甲公司未来应确认为应收款项的合同资产金额为5 768万元（5 600+168）。

运营期间甲公司收到的通行费需要在应收款项和无形资产之间进行分摊，其中，分摊至应收款项的部分，视为应收款项的收回；分摊至无形资产的部分，确认为运营服务收入。分摊计算如表17-6所示。

表17-6

项目	数值
运营期初合同资产余额	5 768万元
实际利率	6%
运营期年数	8年
每年分摊至应收款项的部分	929万元*
每年分摊至无形资产的部分	671万元**

注：*通过年金方法计算每年分摊至应收款项的部分，为便于计算，本题年金现值系数取整数，即929=5 768/(P/A, 6%, 8)。

**1 600-929=671（万元）。

甲公司在合同期间各年的账务处理如下：

1. 2×21年的账务处理

确认建造服务收入和成本：

借：合同资产　　　　　　　　　　　　　　　　　　　　　　　　　42 000 000
　　贷：主营业务收入　　　　　　　　　　　　　　　　　　　　　　　　42 000 000
借：合同履约成本　　　　　　　　　　　　　　　　　　　　　　　　40 000 000
　　贷：原材料、应付职工薪酬等　　　　　　　　　　　　　　　　　　　40 000 000
借：主营业务成本　　　　　　　　　　　　　　　　　　　　　　　　40 000 000
　　贷：合同履约成本　　　　　　　　　　　　　　　　　　　　　　　　40 000 000

2. 2×22年的账务处理

(1) 确认建造服务收入和成本（与2×21年相同）。

(2) 确认融资成分的影响：

借：合同资产　　　　　　　　　　　　　　　　(28 000 000×6%) 1 680 000

　　　　贷：财务费用、利息收入等　　　　　　　　　　　　　　　　 1 680 000
　　（3）确认资本化的借款费用：
　　借：PPP 借款支出　　　　　　（40 000 000×6.7%×33%）884 400
　　　　贷：长期借款——应计利息（或应付利息）　　　　　　　　 884 400
　　注：2×22 年的其余借款费用 1 795 600 万元（40 000 000×6.7%×67%）按照借款费用的相关规定计入财务费用。
　　（4）在 PPP 项目资产达到预定可使用状态时，将合同资产及 PPP 借款支出结转为无形资产。
　　借：无形资产　　　　　　　　　　　　　　　　　　　　　 28 884 400
　　　　贷：合同资产　　　　　　　　　　　　　　　　　　　　 28 000 000
　　　　　　PPP 借款支出　　　　　　　　　　　　　　　　　　　 884 400
　　建造期结束后，"合同资产"科目的余额为 5 768 万元（4 200×2+168-2 800），该部分合同资产属于在未来收取可确定金额的部分（即 5 600 万元），并按照实际利率法确认融资成分的影响，在甲公司拥有收取对价的权利（该权利仅取决于时间流逝的因素）时确认为应收款项；"无形资产"科目余额为 2 888.44 万元，该部分无形资产在运营期间按照直线法进行摊销。
　　3. 2×23 年的账务处理
　　（1）当甲公司拥有收取对价的权利（该权利仅取决于时间流逝的因素）时，将取得无条件收款权的对价转为应收款项。当甲公司收到款项时，确认应收款项的收回。
　　借：应收账款　　　　　　　　　　　　　　　　　　　　　　 9 290 000
　　　　贷：合同资产　　　　　　　　　　　　　　　　　　　　　 9 290 000
　　借：银行存款　　　　　　　　　　　　　　　　　　　　　　 9 290 000
　　　　贷：应收账款　　　　　　　　　　　　　　　　　　　　　 9 290 000
　　（2）确认融资成分的影响：
　　借：合同资产　　　　　　　　　　　（57 680 000×6%）3 460 800
　　　　贷：财务费用、利息收入等　　　　　　　　　　　　　　　 3 460 800
　　（3）确认运营服务收入和成本：
　　借：银行存款　　　　　　　　　　　　　　　　　　　　　　 6 710 000
　　　　贷：主营业务收入　　　　　　　　　　　　　　　　　　　 6 710 000
　　借：合同履约成本　　　　　　　　　　　　　　　　　　　　　 800 000
　　　　贷：原材料、应付职工薪酬等　　　　　　　　　　　　　　　 800 000
　　借：主营业务成本　　　　　　　　　　　　　　　　　　　　　 800 000
　　　　贷：合同履约成本　　　　　　　　　　　　　　　　　　　　 800 000
　　（4）对无形资产进行摊销：
　　借：主营业务成本　　　　　　　　　　　（28 884 400÷8）3 610 550
　　　　贷：无形资产——累计摊销　　　　　　　　　　　　　　　 3 610 550
　　4. 2×24 年及以后比照 2×23 年进行账务处理
　　社会资本方根据 PPP 项目合同，自政府方取得其他资产，该资产构成政府方应付合同对价的一部分的，社会资本方应当按照收入的规定进行会计处理，不作为政府补助。为使 PPP 项目资产保持一定的服务能力或在移交给政府方之前保持一定的使用状态，社会资本方根据PPP项目合同而提供的服务不构成单项履约义务的,应当将预计发生的支出,按照或有事项的规定进行会计处理。

▶【例17-50】承【例17-47】,运营期间,该高速公路需要保持一定的使用状态,假定运营期间对道路的磨损是平均发生的,当路面磨损程度低于特定标准时,甲公司需要对路面进行翻修。甲公司预计其将在2×28年末进行路面翻修的支出为1 000万元。

本例中,甲公司承担的路面翻修义务,是由于在运营期对高速公路的使用和磨损导致的,不构成单项履约义务,应当按照或有事项的相关规定,按照履行相关现时义务所需支出的最佳估计数确认一项预计负债,并考虑货币时间价值(本例假定折现率为6%)。因为甲公司预计在运营期间对道路的磨损是平均发生的,则在进行道路翻修前的6年运营期间内平均每年的金额约为167万元(即1 000/6,考虑折现影响前),路面翻修义务预计负债按表17-7计算确定。

表17-7   单位:万元

年份	当期确认的预计负债 ①	当期确认的利息费用 ② = 期初③×6%	预计负债余额 ③
2×23	125	—	125*
2×24	132	8	265
2×25	140	16	421
2×26	149	25	595
2×27	158	36	789
2×28	167	44**	1 000
合计	871	129	

注:* $125 = 167/(1+6\%)^5$,以此类推,为便于计算,本题计算结果取整数。
** 作尾数调整:$44 = 1\,000 - 789 - 167$。

1. 2×23年确认路面翻修义务预计负债

借:主营业务成本　　　　　　　　　　　　　　　　　　　1 250 000
　　贷:预计负债　　　　　　　　　　　　　　　　　　　　1 250 000

2. 2×24年确认路面翻修义务预计负债及财务费用

借:主营业务成本　　　　　　　　　　　　　　　　　　　1 320 000
　　财务费用　　　　　　　　　　　　　　　　　　　　　　　80 000
　　贷:预计负债　　　　　　　　　　　　　　　　　　　　1 400 000

3. 2×25年及以后比照2×24年进行账务处理

第二节　费　　用

一、费用的确认

费用是指企业在日常活动中发生的、会导致所有者权益减少的、与向所有者分配利润无关的经济利益的总流出。

费用有狭义和广义之分。广义的费用泛指企业各种日常活动发生的所有耗费，狭义的费用仅指与本期营业收入相配比的那部分耗费。费用应按照权责发生制确认，凡应属于本期发生的费用，不论其款项是否支付，均确认为本期费用；反之，不属于本期发生的费用，即使其款项已在本期支付，也不确认为本期费用。

在确认费用时，首先应当划分生产费用与非生产费用的界限。生产费用是指与企业日常生产经营活动有关的费用，如生产产品所发生的原材料费用、人工费用等；非生产费用是指不属于生产费用的费用，如支付给管理人员的薪酬等。其次，应当分清生产费用与期间费用的界限。正常消耗的生产费用应当计入产品成本，而期间费用直接计入当期损益。

在确认费用时，对于期间费用，必须进一步划分为管理费用、销售费用和财务费用。对于生产费用，必须根据该费用发生的实际情况分别不同的费用性质将其确认为不同产品所负担的费用；对于几种产品共同发生的费用，必须按受益原则，采用一定方法和程序将其分配计入相关产品的生产成本。本节主要讲述期间费用。

二、期间费用

期间费用是企业当期发生的费用中的重要组成部分，是指本期发生的、不能直接或间接归入某种产品成本的、直接计入损益的各项费用，包括管理费用、销售费用和财务费用。

（一）管理费用

管理费用是指企业为组织和管理企业生产经营所发生的管理费用，包括企业在筹建期间内发生的开办费、董事会和行政管理部门在企业的经营管理中发生的或者应由企业统一负担的公司经费（包括行政管理部门职工工资及福利费、物料消耗、低值易耗品摊销、办公费和差旅费等）、工会经费、董事会费（包括董事会成员津贴、会议费和差旅费等）、聘请中介机构费、咨询费（含顾问费）、诉讼费、业务招待费、技术转让费、行政管理部门等发生的固定资产日常修理费用以及应缴纳的残疾人就业保障金等。

企业发生的管理费用，在"管理费用"科目核算，并在"管理费用"科目中按费用项目设置明细账，进行明细核算。期末，"管理费用"科目的余额结转"本年利润"科目后无余额。

（二）销售费用

销售费用是指企业在销售商品和材料、提供劳务的过程中发生的各种费用，包括企业在销售商品过程中发生的保险费、包装费、展览费和广告费、商品维修费、装卸费等，以及为销售本企业商品而专设的销售机构（含销售网点、售后服务网点等）的职工薪酬、业务费、折旧费、固定资产修理费用等费用。

企业发生的销售费用，在"销售费用"科目核算，并在"销售费用"科目中按费用项目设置明细账，进行明细核算。期末，"销售费用"科目的余额结转"本年利润"科目后无余额。

企业（金融）应将"销售费用"科目改为"业务及管理费"科目，核算企业（金融）在业务经营和管理过程中所发生的各项费用，包括折旧费、业务宣传费、业务招待费、电子设备运转费、钞币运送费、安全防范费、邮电费、劳动保护费、外事费、印刷费、低值易耗品摊销、职工工资及福利费、差旅费、水电费、职工教育经费、工会经费、会议费、诉讼费、公证费、咨询费、无形资产摊销、长期待摊费用摊销、取暖降温费、聘请中介机构费、技术转让费、绿化费、董事会费、财产保险费、劳动保险费、待业保险费、住房公积金、物业管理费、研究费用、提取保险保障基金等。

（三）研发费用

研发费用是指企业进行研究与开发过程中发生的费用化支出，以及计入管理费用的自行开发无形资产的摊销金额。其包括"管理费用"科目下"研究费用"明细科目的当期发生额，以及"管理费用"科目下"无形资产摊销"明细科目中属于开发费用资本化金额在当期的摊销额。

（四）财务费用

财务费用是指企业为筹集生产经营所需资金等而发生的应予费用化的筹资费用，包括利息支出（减利息收入）、汇兑损益等。

企业发生的财务费用，在"财务费用"科目核算，并在"财务费用"科目中按费用项目设置明细账，进行明细核算。期末，"财务费用"科目的余额结转"本年利润"科目后无余额。

第三节 利 润

一、利润的构成

企业作为独立的经济实体，应当以自己的经营收入抵补其成本费用，并且实现盈利。企业盈利的大小在很大程度上反映企业生产经营的经济效益，表明企业在每一会计期间的最终经营成果。

利润是指企业在一定会计期间的经营成果。利润包括收入减去费用后的净额、直接计入当期利润的利得和损失等。

直接计入当期利润的利得和损失，是指应当计入当期损益、会导致所有者权益发生增减变动的、与所有者投入资本或者向所有者分配利润无关的利得或者损失。

（一）营业利润

营业利润＝营业收入－营业成本－税金及附加－销售费用－管理费用（不含研发费用）－研发费用－财务费用＋其他收益＋投资收益（－投资损失）＋净敞口套期收益（－净敞口套期损失）＋公允价值变动收益（－公允价值变动损失）－信用减值损失－资产减值损失＋资产处置收益（－资产处置损失）

其中，营业收入是指企业经营业务所实现的收入总额，包括主营业务收入和其他业务收入。营业成本是指企业经营业务所发生的实际成本总额，包括主营业务成本和其他业务成本。资产减值损失是指企业计提各项资产减值（不含信用减值）准备所形成的损失。信用减值损失反映企业计提的各项金融工具信用减值准备所确认的信用损失。公允价值变动收益（或损失）是指企业交易性金融资产等公允价值变动形成的应计入当期损益的利得（或损失）。投资收益（或损失）是指企业以各种方式对外投资所取得的收益（或发生的损失）。

（二）利润总额

利润总额 = 营业利润 + 营业外收入 - 营业外支出

其中，营业外收入（或支出）是指企业发生的与日常活动无直接关系的各项利得（或损失）。

（三）净利润

净利润 = 利润总额 - 所得税费用

其中，所得税费用是指企业确认的应从当期利润总额中扣除的所得税费用。

二、营业外收支的会计处理

营业外收支是指企业发生的与日常活动无直接关系的各项收支。营业外收支虽然与企业生产经营活动没有多大的关系，但从企业主体来考虑，同样带来收益或形成企业的损失，也是增加或减少利润的因素，对企业的利润总额及净利润产生较大的影响。

（一）营业外收入

营业外收入是指企业发生的营业利润以外的收益。在会计处理上，应当严格区分营业外收入与营业收入的界限。营业外收入主要包括：非流动资产毁损报废利得、与企业日常活动无关的政府补助、盘盈利得、捐赠利得等。

非流动资产毁损报废利得，指因自然灾害等发生毁损、已丧失使用功能而报废非流动资产所产生的清理收益。

与企业日常活动无关的政府补助，指与企业日常活动无关的、从政府无偿取得货币性资产或非货币性资产形成的利得。

盘盈利得，指企业对于现金等资产清查盘点中盘盈的资产，报经批准后计入营业外收入的金额。

捐赠利得，指企业接受捐赠产生的利得。企业接受的捐赠，按照会计准则规定符合确认条件的，通常应当确认为当期收益。但是，企业接受控股股东（或控制股东的子公司）或非控股股东（或非控股股东的子公司）直接或间接捐赠，经济实质表明属于控股股东或非控股股东对企业的资本性投入，应当将相关利得计入所有者权益（资本公积）。

企业应当通过"营业外收入"科目，核算营业外收入的取得和结转情况。该科目可按营业外收入项目进行明细核算。期末，应将该科目余额转入"本年利润"科目，结转后该科目无余额。

（二）营业外支出

营业外支出是指企业发生的营业利润以外的支出，主要包括：非流动资产毁损报废损失、公益性捐赠支出、非常损失、盘亏损失、企业未按规定缴纳残疾人就业保障金缴纳的滞纳金等。

非流动资产毁损报废损失，指因自然灾害等发生毁损、已丧失使用功能而报废非流动资产所产生的清理损失。

公益性捐赠支出，指企业对外进行公益性捐赠发生的支出。

非常损失，指企业对于因客观因素（如自然灾害等）造成的损失，在扣除保险公司赔偿后计入营业外支出的净损失。

企业应通过"营业外支出"科目，核算营业外支出的发生及结转情况。该科目可按营业外支出项目进行明细核算。期末，应将该科目余额转入"本年利润"科目，结转后该科目无余额。

需要注意的是，营业外收入和营业外支出应当分别核算。在具体核算时，不得以营业外支出直接冲减营业外收入，也不得以营业外收入冲减营业外支出，即企业在会计核算时，应当区别营业外收入和营业外支出进行核算。

三、本年利润的会计处理

企业应设置"本年利润"科目，核算企业当期实现的净利润（或发生的净亏损）。

企业期（月）末结转利润时，应将各损益类科目的金额转入本科目，结平各损益类科目。结转后本科目的贷方余额为当期实现的净利润；借方余额为当期发生的净亏损。

年度终了，应将本年收入、利得和费用、损失相抵后结出的本年实现的净利润，转入"利润分配"科目，借记本科目，贷记"利润分配——未分配利润"科目；如为净亏损作相反的会计分录。结转后本科目应无余额。

四、综合收益总额

净利润加上其他综合收益的税后净额为综合收益总额。

第十八章 政府补助

一个国家的政府向企业提供经济支持，以鼓励或扶持特定行业、地区或领域的发展，是政府进行宏观调控的重要手段，也是国际上通行的做法。在学习和理解本部分内容时，应当特别关注政府补助的定义及其特征，因为并不是所有来源于政府的经济资源都属于《企业会计准则第 16 号——政府补助》规范的政府补助，除政府补助外，还可能是政府对企业的资本性投入或者政府购买服务所支付的对价。所以，要根据交易或者事项的实质对来源于政府的经济资源所归属的类型作出判断，再进行相应的会计处理。

第一节 政府补助概述

一、政府补助的定义

根据政府补助准则的规定，政府补助是指企业从政府无偿取得货币性资产或非货币性资产。其主要形式包括政府对企业的无偿拨款、税收返还、财政贴息，以及无偿给予非货币性资产等。通常情况下，直接减征、免征、增加计税抵扣额、抵免部分税额等不涉及资产直接转移的经济资源，不适用政府补助准则。但是，部分减免税款需要按照政府补助准则进行会计处理。例如，属于一般纳税人的加工型企业根据税法规定招用自主就业退役士兵，并按定额扣减增值税的，应当将减征的税额计入当期损益，借记"应交税费——应交增值税（减免税款）"科目，贷记"其他收益"科目；又如，即征即退的增值税，先按规定缴纳增值税，然后根据退回的增值税税额，借记"银行存款"等科目，贷记"其他收益"科目。另外，按规定直接减免应交的增值税税额的，也计入其他收益。还需要说明的是，增值税出口退税不属于政府补助。根据税法规定，在对出口货物取得的收入免征增值税的同时，退付出口货物前道环节发生的进项税额，增值税出口退税实际上是政府退回企业事先垫付的进项税，所以不属于政府补助。企业超比例安排残疾人就业或者为安排残疾人就业作出显著成绩，按规定收到的奖励，记入"其他收益"科目。

二、政府补助的特征

政府补助具有如下特征：

(一) 政府补助是来源于政府的经济资源

政府主要是指行政事业单位及类似机构。对企业收到的来源于其他方的补助,如有确凿证据表明政府是补助的实际拨付者,其他方只是起到代收代付的作用,则该项补助也属于来源于政府的经济资源。例如,某集团公司母公司收到一笔政府补助款,有确凿证据表明该补助款实际的补助对象为该母公司下属子公司,母公司只是起到代收代付作用,在这种情况下,该补助款属于对子公司的政府补助。

(二) 政府补助是无偿的,即企业取得来源于政府的经济资源,不需要向政府交付商品或服务等对价

无偿性是政府补助的基本特征。这一特征将政府补助与政府作为企业所有者投入的资本、政府购买服务等互惠性交易区别开来。需要说明的是,政府补助通常附有一定条件,这与政府补助的无偿性并无矛盾,只是政府为了推行其宏观经济政策,对企业使用政府补助的时间、范围和方向进行了限制。

政府如以企业所有者身份向企业投入资本,享有相应的所有者权益,政府与企业之间是投资者与被投资者的关系,属于互惠交易。

企业从政府取得的经济资源,如果与企业销售商品或提供劳务等活动密切相关,且来源于政府的经济资源是企业商品或服务的对价或者是对价的组成部分,应当按照《企业会计准则第 14 号——收入》的规定进行会计处理,不适用《企业会计准则第 16 号——政府补助》。例如,新能源汽车厂商通常以低于成本的价格销售新能源汽车,是考虑了其能够从政府取得的补贴。中央和地方财政补贴实质上是为消费者购买新能源汽车承担和支付了部分销售价款,该补贴与其销售新能源汽车密切相关,且是新能源汽车销售对价的组成部分,应属于新能源汽车厂商销售新能源汽车的收入。因此,新能源汽车厂商应当按照《企业会计准则第 14 号——收入》的规定对该补贴进行会计处理,根据中央和地方的相关补贴政策合理估计未来补贴款的金额,在满足收入确认条件时应将其确认为收入。

▶【例 18 - 1】甲企业是一家生产和销售高效照明产品的企业。国家为了支持高效照明产品的推广使用,通过统一招标的形式确定中标企业、高效照明产品及其中标协议供货价格。甲企业作为中标企业,需以中标协议供货价格减去财政补贴资金后的价格将高效照明产品销售给终端用户,并按照高效照明产品实际安装数量、中标供货协议价格、补贴标准,申请财政补贴资金。2×15 年度,甲企业因销售高效照明产品获得财政资金 5 000 万元。

本例中,甲企业虽然取得财政补贴资金,但最终受益人是从甲企业购买高效照明产品的大宗用户和城乡居民,相当于政府以中标协议供货价格从甲企业购买了高效照明产品,再以中标协议供货价格减去财政补贴资金后的价格将产品销售给终端用户。实际操作时,政府并没有直接从事高效照明产品的购销,但以补贴资金的形式通过甲企业的销售行为实现了政府推广使用高效照明产品的目标。对甲企业而言,销售高效照明产品是其日常经营活动,甲企业仍按照中标协议供货价格销售了产品,其销售收入由两部分构成:一是终端用户支付的购买价款;二是财政补贴资金,财政补贴资金是甲企业产品对价的组成部分。可见,甲企业收到的补贴资金 5 000 万元应当按照收入准则的规定进行会计处理。

▶【例 18 - 2】2×15 年 2 月,乙企业与所在城市的开发区人民政府签订了项目合作投资协议,实施"退城进园"技改搬迁。根据协议,乙企业在开发区内投资约 4 亿元建设

电子信息设备生产基地。生产基地占地面积400亩,该宗项目用地按开发区工业用地基准地价挂牌出让,乙企业摘牌并按挂牌出让价格缴纳土地款及相关税费4 800万元。乙企业自开工之日起须在18个月内完成搬迁工作,从原址搬迁至开发区,同时将乙企业位于城区繁华地段的原址用地(200亩,按照所在地段工业用地基准地价评估为1亿元)移交给开发区政府收储,开发区政府将向乙企业支付补偿资金1亿元。

本例中,为实施"退城进园"技改搬迁,乙企业将其位于城区繁华地段的原址用地移交给开发区政府收储,开发区政府为此向乙企业支付补偿资金1亿元。由于开发区政府对乙企业的搬迁补偿是基于乙企业原址用地的公允价值确定的,实质是政府按照相应资产的市场价格向企业购买资产,企业从政府取得的经济资源是企业让渡其资产的对价,双方的交易是互惠性交易,不符合政府补助无偿性的特点,所以乙企业收到的1亿元搬迁补偿资金不作为政府补助处理,而应作为处置非流动资产的收入。

▶【例18-3】丙企业是一家生产和销售重型机械的企业。为推动科技创新,丙企业所在地政府于2×15年8月向丙企业拨付了3 000万元资金,要求丙企业将这笔资金用于技术改造项目研究,研究成果归丙企业享有。

本例中,丙企业的日常经营活动是生产和销售重型机械,其从政府取得了3 000万元资金用于研发支出,且研究成果归丙企业享有。所以这项财政拨款具有无偿性,丙企业收到的3 000万元资金应当按照政府补助准则的规定进行会计处理。

三、政府补助的分类

确定了来源于政府的经济利益属于政府补助后,还应当对其进行恰当的分类。根据政府补助准则规定,政府补助应当划分为与资产相关的政府补助和与收益相关的政府补助,这是因为两类政府补助给企业带来经济利益或者弥补相关成本或费用的形式不同,从而在具体账务处理上存在差别。

(一)与资产相关的政府补助

与资产相关的政府补助,是指企业取得的、用于购建或以其他方式形成长期资产的政府补助。通常情况下,相关补助文件会要求企业将补助资金用于取得长期资产。长期资产将在较长的期间内给企业带来经济利益,因此相应的政府补助的受益期也较长。

(二)与收益相关的政府补助

与收益相关的政府补助,是指除与资产相关的政府补助之外的政府补助。此类补助主要是用于补偿企业已发生或即将发生的费用或损失。受益期相对较短,所以通常在满足补助所附条件时计入当期损益或冲减相关成本。

▶【例18-4】甲公司租赁某物业,租赁期为5年,每3个月支付一次租金。为支持甲公司经营发展,当地政府为其提供租金扶持补贴,甲公司在每3个月支付租金后向政府提交租金支付凭证等申请文件,政府审核通过后发放相应3个月的租金扶持补贴。

通常情况下,与资产相关的政府补助,文件会要求企业将补助资金用于取得固定资产或无形资产等长期资产。本例中,甲公司收到的政府补助在性质上为政府对企业所付物业租金的补贴,弥补的是企业相关期间的租赁成本费用,不符合与资产相关的政府补助的定义,因此属于与收益相关的政府补助。

第二节 政府补助的会计处理

一、会计处理方法

根据政府补助准则的规定,政府补助同时满足下列条件的,才能予以确认:一是企业能够满足政府补助所附条件;二是企业能够收到政府补助。判断企业能够收到政府补助,应着眼于分析和落实企业能够符合财政扶持政策规定的相关条件且预计能够收到财政扶持资金的"确凿证据",例如,关注政府补助的发放主体是否具备相应的权力和资质,补助文件中索引的政策依据是否适用,申请政府补助的流程是否合法合规,是否已经履行完毕补助文件中的要求,实际收取资金前是否需要政府部门的实质性审核,同类型政府补助过往实际发放情况,补助文件是否有明确的支付时间,政府是否具备履行支付义务的能力等因素。在计量方面,政府补助为货币性资产的,应当按照收到或应收的金额计量。如果企业已经实际收到补助资金,应当按照实际收到的金额计量;如果资产负债表日企业尚未收到补助资金,但企业在符合了相关政策规定后获得了收款权,且与之相关的经济利益很可能流入企业,企业应当在这项补助成为应收款时按照应收的金额计量。政府补助为非货币性资产的,应当按照公允价值计量;公允价值不能可靠取得的,按照名义金额计量。

政府补助有两种会计处理方法:一是总额法,在确认政府补助时将政府补助全额确认为收益,而不是作为相关资产账面价值或者费用的扣减;二是净额法,将政府补助作为相关资产账面价值或所补偿费用的扣减。根据《企业会计准则——基本准则》的要求,同一企业不同时期发生的相同或者相似的交易或者事项,应当采用一致的会计政策,不得随意变更。确需变更的,应当在附注中说明。企业应当根据经济业务的实质,判断某一类政府补助业务应当采用总额法还是净额法,通常情况下,对同类或类似政府补助业务只能选用一种方法,同时,企业对该业务应当一贯地运用该方法,不得随意变更。

与企业日常活动相关的政府补助,应当按照经济业务实质,计入其他收益或冲减相关成本费用。与企业日常活动无关的政府补助,计入营业外收支。通常情况下,若政府补助补偿的成本费用是营业利润之中的项目,或该补助与日常销售等经营行为密切相关如增值税即征即退等,则认为该政府补助与日常活动相关。企业选择总额法对与日常活动相关的政府补助进行会计处理的,应在"其他收益"科目进行核算。"其他收益"科目核算总额法下与日常活动相关的政府补助,以及其他与日常活动相关且应直接记入本科目的项目。

二、与资产相关的政府补助

实务中,企业通常先收到补助资金,再按照政府要求将补助资金用于购建固定资产或无形资产等长期资产。企业在收到补助资金时，有两种会计处理方法可供选择：一是总额法，即按照补助资金的金额借记"银行存款"等科目，贷记"递延收益"科目；然后在相关资产使用寿命内按合理、系统的方法分期计入损益。如果企业先收到补助资金，再购建长期资产，则应当在开始对相关资产计提折旧或摊销时开始将递延收益分期计入损益；如果企业先开始购建长期资产，再收到补助资金，则应当在相关资产的剩余使用寿命内按照合理、系统的方法将递延收益分期计入损益。如果对应的长期资产在持有期间发生减值损失，递延收益的摊销仍保持不变，不受减值因素的影响。企业对与资产相关的政府补助选择总额法后，为避免出现前后方法不一致的情况，结转递延收益时不得冲减相关成本费用，而是将递延收益分期转入其他收益或营业外收入，借记"递延收益"科目，贷记"其他收益"（与企业日常活动相关的政府补助）或"营业外收入"（与企业日常活动无关的政府补助）科目。相关资产在使用寿命结束时或结束前被处置（出售、转让、报废等），尚未分摊的递延收益余额应当一次性转入资产处置当期的损益，不再予以递延。二是净额法，按照补助资金的金额冲减相关资产账面价值。如果企业先取得与资产相关的政府补助，再确认所购建的长期资产的，净额法下应当将取得的政府补助先确认为递延收益，在相关资产达到预定可使用状态或预定用途时将递延收益冲减相关资产的账面价值，并按照扣减了政府补助后的账面价值和相关资产的剩余使用寿命计提折旧或进行摊销。

实务中存在政府无偿给予企业长期非货币性资产的情况，如无偿给予的土地使用权和天然起源的天然林等。企业取得的政府补助为非货币性资产的，应当按照公允价值计量；公允价值不能可靠取得的，按照名义金额（1元）计量。企业在收到非货币性资产的政府补助时，应当按照公允价值借记有关资产科目，贷记"递延收益"科目，在相关资产使用寿命内按合理、系统的方法分期计入损益，借记"递延收益"科目，贷记"其他收益"或"营业外收入"科目。但是对以名义金额（1元）计量的政府补助，在取得时计入当期损益。

▶【例18-5】按照国家有关政策，企业购置环保设备可以申请补贴以补偿其环保支出。丁企业于2×18年1月向政府有关部门提交了210万元的补助申请，作为对其购置环保设备的补贴。2×18年3月15日，丁企业收到了政府补贴款210万元。2×18年4月20日，丁企业购入不需安装环保设备，实际成本为480万元，使用寿命10年，采用直线法计提折旧（不考虑净残值）。2×26年4月，丁企业的这台设备发生毁损。本例中不考虑相关税费。

丁企业的账务处理如下：

方法一：丁企业选择总额法进行会计处理。

(1) 2×18年3月15日实际收到财政拨款，确认递延收益：

借：银行存款　　　　　　　　　　　　　　　　　　2 100 000
　　贷：递延收益　　　　　　　　　　　　　　　　　　　　2 100 000

(2) 2×18年4月20日购入设备：

借：固定资产　　　　　　　　　　　　　　　　　　4 800 000
　　贷：银行存款　　　　　　　　　　　　　　　　　　　　4 800 000

(3) 自2×18年5月起每月月末计提折旧，同时分摊递延收益：

①计提折旧（假设该设备用于污染物排放测试，折旧费用计入制造费用）：

借：制造费用	40 000	
贷：累计折旧		40 000

②分摊递延收益（月末）：

借：递延收益	17 500	
贷：其他收益		17 500

(4) 2×26年4月设备毁损，同时转销递延收益余额：

①设备毁损：

借：固定资产清理	960 000	
累计折旧	3 840 000	
贷：固定资产		4 800 000
借：营业外支出	960 000	
贷：固定资产清理		960 000

②转销递延收益余额：

借：递延收益	420 000	
贷：固定资产清理		420 000
借：固定资产清理	420 000	
贷：营业外收入		420 000

方法二：丁企业选择净额法进行会计处理。

(1) 2×18年3月15日实际收到财政拨款：

借：银行存款	2 100 000	
贷：递延收益		2 100 000

(2) 2×18年4月20日购入设备：

借：固定资产	4 800 000	
贷：银行存款		4 800 000
借：递延收益	2 100 000	
贷：固定资产		2 100 000

(3) 自2×18年5月起每月月末计提折旧：

借：制造费用	22 500	
贷：累计折旧		22 500

(4) 2×26年4月设备毁损：

借：固定资产清理	540 000	
累计折旧	2 160 000	
贷：固定资产		2 700 000
借：营业外支出	540 000	
贷：固定资产清理		540 000

三、与收益相关的政府补助

对于与收益相关的政府补助，企业应当选择采用总额法或净额法进行会计处理。选择总额法的，应当计入其他收益或营业外收入。选择净额法的，应当冲减相关成本费用或营业外支出。

（一）用于补偿企业以后期间的相关成本费用或损失的政府补助会计处理

用于补偿企业以后期间的相关成本费用或损失的，在收到时应当先判断企业能否满足政府补助所附条件。根据《企业会计准则第16号——政府补助》的规定，只有满足政府补助确认条件的才能予以确认。客观情况通常表明企业能够满足政府补助所附条件，企业应当将补助确认为递延收益，并在确认相关费用或损失的期间，计入当期损益或冲减相关成本。

▶【例18-6】甲企业于2×14年3月15日与企业所在地地方政府签订合作协议，根据协议约定，当地政府将向甲企业提供1 000万元奖励资金，用于企业的人才激励和人才引进奖励，甲企业必须按年向当地政府报送详细的资金使用计划并按规定用途使用资金。协议同时还约定，甲企业自获得奖励起10年内注册地址不迁离本区，否则政府有权追回奖励资金。甲企业于2×14年4月10日收到1 000万元补助资金，分别在2×14年12月、2×15年12月、2×16年12月使用了400万元、300万元和300万元，用于发放给总裁级别类高管年度奖金。

本例中，甲企业在实际收到补助资金时应当先判断是否满足递延收益确认条件。如果客观情况表明甲企业在未来10年内离开该地区的可能性很小，比如通过成本效益分析认为甲企业迁离该地区的成本大大高于收益，则甲企业在收到补助资金时应当记入"递延收益"科目，实际按规定用途使用补助资金时，再计入当期损益。

甲企业选择净额法对此类补助进行会计处理，其账务处理如下：

（1）2×14年4月10日甲企业实际收到补贴资金：

借：银行存款　　　　　　　　　　　　　　　　　　10 000 000
　　贷：递延收益　　　　　　　　　　　　　　　　　10 000 000

（2）2×14年12月、2×15年12月、2×16年12月甲企业将补贴资金发放高管奖金，相应结转递延收益：

①2×14年12月：

借：递延收益　　　　　　　　　　　　　　　　　　4 000 000
　　贷：管理费用　　　　　　　　　　　　　　　　　4 000 000

②2×15年12月：

借：递延收益　　　　　　　　　　　　　　　　　　3 000 000
　　贷：管理费用　　　　　　　　　　　　　　　　　3 000 000

③2×16年12月：

借：递延收益　　　　　　　　　　　　　　　　　　3 000 000
　　贷：管理费用　　　　　　　　　　　　　　　　　3 000 000

如果甲企业在收到补助资金时暂时无法确定能否满足政府补助所附条件（即在未来

10 年内不得离开该地区），则应当将收到的补助资金先记入"其他应付款"科目，待客观情况表明企业能够满足政府补助所附条件后再转入"递延收益"科目。

（二）用于补偿企业已发生的相关成本费用或损失的政府补助会计处理

用于补偿企业已发生的相关成本费用或损失的，直接计入当期损益或冲减相关成本。这类补助通常与企业已经发生的行为有关，是对企业已发生的成本费用或损失的补偿，或是对企业过去行为的奖励。

▶【例 18-7】乙企业销售其自主开发生产的动漫软件，按照国家有关规定，该企业的这种产品适用增值税即征即退政策，按 13% 的税率征收增值税后，对其增值税实际税负超过 3% 的部分，实行即征即退。乙企业 2×17 年 8 月在进行纳税申报时，对归属于 7 月的增值税即征即退提交退税申请，经主管税务机关审核后的退税额为 10 万元。软件企业即征即退增值税属于与企业的日常销售密切相关，属于与企业日常活动相关的政府补助。乙企业 2×17 年 8 月申请退税并确定了增值税退税额，账务处理如下：

借：其他应收款　　　　　　　　　　　　　　　　　　100 000
　　贷：其他收益　　　　　　　　　　　　　　　　　　　　100 000

▶【例 18-8】丙企业 2×15 年 11 月遭受重大自然灾害，并于 2×15 年 12 月 20 日收到了政府补助资金 200 万元。

2×15 年 12 月 20 日，丙企业实际收到补助资金并选择按总额法进行会计处理，其账务处理如下：

借：银行存款　　　　　　　　　　　　　　　　　　2 000 000
　　贷：营业外收入　　　　　　　　　　　　　　　　　　2 000 000

▶【例 18-9】丁企业是集芳烃技术研发、生产于一体的高新技术企业。芳烃的原料是石脑油。石脑油按成品油项目在生产环节征消费税。根据国家有关规定，对使用燃料油、石脑油生产乙烯芳烃的企业购进并用于生产乙烯、芳烃类化工产品的石脑油、燃料油，按实际耗用数量退还所含消费税。假设丁企业石脑油单价为 5 333 元/吨（其中，消费税 2 105 元/吨）。本期将 115 吨石脑油投入生产，石脑油转换率 1.15∶1（即 1.15 吨石脑油可生产 1 吨乙烯芳烃），共生产乙烯芳烃 100 吨。丁企业根据当期产量及所购原料供应商的消费税证明，申请退还相应的消费税。当期应退消费税为 100×1.15×2 105＝242 075（元），丁企业在期末结转存货成本和主营业务成本之前，账务处理如下：

借：其他应收款　　　　　　　　　　　　　　　　　　242 075
　　贷：生产成本　　　　　　　　　　　　　　　　　　　242 075

四、政府补助的退回

已计入损益的政府补助需要退回的，应当在需要退回的当期分情况按照以下规定进行会计处理：(1) 初始确认时冲减相关资产账面价值的，调整资产账面价值；(2) 存在相关递延收益的，冲减相关递延收益账面余额，超出部分计入当期损益；(3) 属于其他情况的，直接计入当期损益。此外，对于属于前期差错的政府补助退回，应当按照前期差错更正进行追溯调整。

▶【例 18-10】承【例 18-5】，假设 2×19 年 5 月，有关部门在对丁企业的检查中发现，丁企业不符合申请补助的条件，要求丁企业退回补助款。丁企业于当月退回了补助款 210 万元。

丁企业的账务处理如下：

方法一：丁企业选择总额法进行会计处理，应当结转递延收益，并将超出部分计入当期损益。因为以前期间计入其他收益，所以本例中这部分退回的补助冲减应退回当期的其他收益。

2×19 年 5 月丁企业退回补助款时：

借：递延收益　　　　　　　　　　　　　　　　　　1 890 000
　　其他收益　　　　　　　　　　　　　　　　　　　　210 000
　　贷：银行存款　　　　　　　　　　　　　　　　　　　　2 100 000

方法二：丁企业选择净额法进行会计处理，应当视同一开始就没有收到政府补助，调整固定资产的账面价值，将实际退回金额与账面价值调整数之间的差额计入当期其他收益。

2×19 年 5 月丁企业退回补助款时：

借：固定资产　　　　　　　　　　　　　　　　　　2 100 000
　　其他收益　　　　　　　　　　　　　　　　　　　　210 000
　　贷：银行存款　　　　　　　　　　　　　　　　　　　　2 100 000
　　　　累计折旧　　　　　　　　　　　　　　　　　　　　210 000

▶【例 18-11】甲企业于 2×14 年 11 月与某开发区政府签订合作协议，在开发区内投资设立生产基地。协议约定，开发区政府自协议签订之日起 6 个月内向甲企业提供 300 万元产业补贴资金用于奖励该企业在开发区内投资，甲企业自获得补贴起 5 年内注册地址不迁离本区。如果甲企业在此期限内提前搬离开发区，开发区政府允许甲企业按照实际留在本区的时间保留部分补贴，并按剩余时间追回补贴资金。甲企业于 2×15 年 1 月 3 日收到补贴资金。

假设甲企业在实际收到补助资金时，客观情况表明甲企业在未来 5 年内搬离开发区的可能性很小，甲企业应当在收到补助资金时记入"递延收益"科目。由于协议约定如果甲企业提前搬离开发区，开发区政府有权追回部分补助，说明企业每留在开发区内一年，就有权取得与这一年相关的补助，与这一年补助有关的不确定性基本消除，补贴收益得以实现，所以甲企业应当将该补助在 5 年内平均摊销结转计入损益。

甲企业的账务处理如下：

(1) 2×15 年 1 月 3 日甲企业实际收到补贴资金：

借：银行存款　　　　　　　　　　　　　　　　　　3 000 000
　　贷：递延收益　　　　　　　　　　　　　　　　　　　　3 000 000

(2) 2×15 年 12 月 31 日及以后年度，甲企业分期将递延收益结转入当期损益：

借：递延收益　　　　　　　　　　　　　　　　　　　600 000
　　贷：其他收益　　　　　　　　　　　　　　　　　　　　600 000

假设 2×17 年 1 月，因甲企业重大战略调整，搬离开发区，开发区政府根据协议要求甲企业退回补贴 180 万元：

借：递延收益　　　　　　　　　　　　　　　　　　1 800 000
　　贷：其他应付款　　　　　　　　　　　　　　　　　　1 800 000

五、特定业务的会计处理

(一) 综合性项目政府补助

综合性项目政府补助同时包含与资产相关的政府补助和与收益相关的政府补助，企业应当采用合理的方法将其进行分解并分别进行会计处理；确实难以区分的，企业应当将其整体归类为与收益相关的政府补助进行处理。

▶【例18-12】2×13年6月15日，某市科技创新委员会与乙企业签订了科技计划项目合同书，拟对乙企业的新药临床研究项目提供研究补助资金。该项目总预算为600万元，其中，市科技创新委员会资助200万元，乙企业自筹400万元。政府资助的200万元用于补助设备费60万元，材料费15万元，测试化验加工费95万元，差旅费10万元，会议费5万元，专家咨询费8万元，管理费用7万元，本例中除设备费外的其他各项费用都计入研究支出。市科技创新委员会应当在合同签订之日起30日内将资金拨付给乙企业。根据双方约定，乙企业应当按合同规定的开支范围，对市科技创新委员会资助的经费实行专款专用。项目实施期限为自合同签订之日起30个月，期满后乙企业如未通过验收，在该项目实施期满后3年内不得再向市政府申请科技补贴资金。乙企业于2×13年7月10日收到补助资金，在项目期内按照合同约定的用途使用了补助资金，其中，乙企业于2×13年7月25日按项目合同书的约定购置了相关设备，设备成本150万元，其中使用补助资金60万元，该设备使用年限为10年，采用直线法计提折旧（不考虑净残值）。假设本例中不考虑相关税费。

本例中，乙企业收到的政府补助是综合性项目政府补助，需要区分与资产相关的政府补助和与收益相关的政府补助并分别进行处理，假设乙企业对收到的与资产相关的政府补助选择净额法进行会计处理。乙企业的账务处理如下：

(1) 2×13年7月10日乙企业实际收到补贴资金时：
借：银行存款   2 000 000
  贷：递延收益   2 000 000

(2) 2×13年7月25日购入设备：
借：固定资产   1 500 000
  贷：银行存款   1 500 000
借：递延收益   600 000
  贷：固定资产   600 000

(3) 自2×13年8月起每月月末计提折旧，折旧费用计入研发支出：
借：研发支出   7 500
  贷：累计折旧   7 500

(4) 对其他与收益相关的政府补助，乙企业应当按照相关经济业务的实质确定是计入其他收益还是冲减相关成本费用，在企业按规定用途实际使用补助资金时计入损益，或者在实际使用的当期期末根据当期累计使用的金额计入损益，借记"递延收益"科目，贷记有关损益科目。

(二) 政策性优惠贷款贴息

政策性优惠贷款贴息是政府为支持特定领域或区域发展，根据国家宏观经济形势和政策目标，对承贷企业的银行借款利息给予的补贴。企业取得政策性优惠贷款贴息的，应当区分财政将贴息资金拨付给贷款银行和财政将贴息资金直接拨付给受益企业两种情况,分别进行会计处理。

1. 财政将贴息资金拨付给贷款银行

在财政将贴息资金拨付给贷款银行的情况下,由贷款银行以政策性优惠利率向企业提供贷款。这种方式下,受益企业按照优惠利率向贷款银行支付利息,没有直接从政府取得利息补助,企业可以选择下列方法之一进行会计处理:第一种方法是以实际收到的金额作为借款的入账价值,按照借款本金和该政策性优惠利率计算借款费用。通常情况下,实际收到的金额即为借款本金。第二种方法是以借款的公允价值作为借款的入账价值并按照实际利率法计算借款费用,实际收到的金额与借款公允价值之间的差额确认为递延收益,递延收益在借款存续期内采用实际利率法摊销,冲减相关借款费用。企业选择了上述两种方法之一后,应当一致地运用,不得随意变更。

在这种情况下,向企业发放贷款的银行并不是受益主体,其仍然按照市场利率收取利息,只是一部分利息来自企业,另一部分利息来自财政贴息。所以金融企业发挥的是中介作用,并不需要确认与贷款相关的递延收益。

▶【例18-13】2×15年1月1日,丙企业向银行贷款1 000 000元,期限2年,按月计息,按季度付息,到期一次还本。由于这笔贷款资金将被用于国家扶持产业,符合财政贴息的条件,所以贷款利率显著低于丙企业取得同类贷款的市场利率。假设丙企业取得同类贷款的年市场利率为9%,丙企业与银行签订的贷款合同约定的年利率为3%,丙企业按季度向银行支付贷款利息,财政按年向银行拨付贴息资金。贴息后实际支付的年利息率为3%,贷款期间的利息费用满足资本化条件,计入相关在建工程的成本。相关计算见表18-1。

表18-1 相关借款费用的测算和递延收益的摊销 单位:元

月度	实际支付银行的利息①	财政贴息②	实际现金流③	实际现金流折现④	长期借款各期实际利息⑤	摊销金额⑥	长期借款的期末账面价值⑦
0							890 554
1	7 500	5 000	2 500	2 481	6 679	4 179	894 733
2	7 500	5 000	2 500	2 463	6 711	4 211	898 944
3	7 500	5 000	2 500	2 445	6 742	4 242	903 186
4	7 500	5 000	2 500	2 426	6 774	4 274	907 460
5	7 500	5 000	2 500	2 408	6 806	4 306	911 766
6	7 500	5 000	2 500	2 390	6 838	4 338	916 104
7	7 500	5 000	2 500	2 373	6 871	4 371	920 475
8	7 500	5 000	2 500	2 355	6 904	4 404	924 878
9	7 500	5 000	2 500	2 337	6 937	4 437	929 315
10	7 500	5 000	2 500	2 320	6 970	4 470	933 785
11	7 500	5 000	2 500	2 303	7 003	4 503	938 288
12	7 500	5 000	2 500	2 286	7 037	4 537	942 825
13	7 500	5 000	2 500	2 269	7 071	4 571	947 397
14	7 500	5 000	2 500	2 252	7 105	4 605	952 002
15	7 500	5 000	2 500	2 235	7 140	4 640	956 642
16	7 500	5 000	2 500	2 218	7 175	4 675	961 317
17	7 500	5 000	2 500	2 202	7 210	4 710	966 027

续表

月度	实际支付银行的利息①	财政贴息②	实际现金流③	实际现金流折现④	长期借款各期实际利息⑤	摊销金额⑥	长期借款的期末账面价值⑦
18	7 500	5 000	2 500	2 185	7 245	4 745	970 772
19	7 500	5 000	2 500	2 169	7 281	4 781	975 553
20	7 500	5 000	2 500	2 153	7 317	4 817	980 369
21	7 500	5 000	2 500	2 137	7 353	4 853	985 222
22	7 500	5 000	2 500	2 121	7 389	4 889	990 111
23	7 500	5 000	2 500	2 105	7 426	4 926	995 037
24	7 500	5 000	1 002 500	837 921	7 463	4 963	1 000 000
合计				890 554		109 446	

注：（1）实际现金流折现④为各月实际现金流③2 500元按照月市场利率0.75%（9%÷12）折现的金额。例如，第一个月实际现金流折现 = 2 500÷(1 + 0.75%) = 2 481（元），第二个月实际现金流折现 = 2 500÷(1 + 0.75%)^2 = 2 463（元）。

（2）长期借款各期实际利息⑤为各月长期借款账面价值⑦与月市场利率0.75%的乘积。例如，第一个月长期借款实际利息 = 本月初期长期借款账面价值×0.75% = 890 554×0.75% = 6 679（元），第二个月长期借款实际利息 = 本月初长期借款账面价值×0.75% = 894 733×0.75% = 6 711（元）。

（3）摊销金额⑥是长期借款各期实际利息⑤扣减每月实际利息支出③2 500元后的金额。例如，第一个月摊销金额 = 当月长期借款实际利息 - 当月实际支付的利息 = 6 679 - 2 500 = 4 179（元），第二个月摊销金额 = 当月长期借款实际利息 - 当月实际支付的利息 = 6 711 - 2 500 = 4 211（元）。

按方法一进行账务处理：

（1）2×15年1月1日，丙企业取得银行贷款1 000 000元：

借：银行存款　　　　　　　　　　　　　　　　　　　　　　　1 000 000
　　贷：长期借款——本金　　　　　　　　　　　　　　　　　　1 000 000

（2）2×15年1月31日起每月月末，丙企业按月计提利息，企业实际承担的利息支出为1 000 000×3%÷12 = 2 500（元）：

借：在建工程　　　　　　　　　　　　　　　　　　　　　　　　2 500
　　贷：应付利息　　　　　　　　　　　　　　　　　　　　　　　2 500

按方法二进行账务处理：

（1）2×15年1月1日，丙企业取得银行贷款1 000 000元：

借：银行存款　　　　　　　　　　　　　　　　　　　　　　　1 000 000
　　长期借款——利息调整　　　　　　　　　　　　　　　　　　109 446
　　贷：长期借款——本金　　　　　　　　　　　　　　　　　　1 000 000
　　　　递延收益　　　　　　　　　　　　　　　　　　　　　　　109 446

（2）2×15年1月31日，丙企业按月计提利息：

借：在建工程　　　　　　　　　　　　　　　　　　　　　　　　6 679
　　贷：应付利息　　　　　　　　　　　　　　　　　　　　　　　2 500
　　　　长期借款——利息调整　　　　　　　　　　　　　　　　　4 179

同时，摊销递延收益：

借：递延收益　　　　　　　　　　　　　　　　　　　　　　　　4 179
　　贷：在建工程　　　　　　　　　　　　　　　　　　　　　　　4 179

在这两种方法下，计入在建工程的利息支出是一致的，均为2 500元。所不同的是第一种方法，银行贷款在资产负债表中反映账面价值为1 000 000元；第二种方法，银行贷款的入账价值为890 554元，递延收益为109 446元，各月需要按照实际利率法进行摊销。

2. 财政将贴息资金直接拨付给受益企业

财政将贴息资金直接拨付给受益企业，企业先按照同类贷款市场利率向银行支付利息，财政部门定期与企业结算贴息。在这种方式下，由于企业先按照同类贷款市场利率向银行支付利息，所以实际收到的借款金额通常就是借款的公允价值，企业应当将对应的贴息冲减相关借款费用。

▶【例18-14】承【例18-13】，丙企业与银行签订的贷款合同约定的年利率为9%，丙企业按月计提利息，按季度向银行支付贷款利息，以付息凭证向财政申请贴息资金，财政按年与丙企业结算贴息资金。丙企业的账务处理如下：

（1）2×15年1月1日，丙企业取得银行贷款1 000 000元。

借：银行存款　　　　　　　　　　　　　　　　　　　　　1 000 000
　　贷：长期借款——本金　　　　　　　　　　　　　　　　　　1 000 000

（2）2×15年1月31日起每月月末，丙企业按月计提利息，应向银行支付的利息金额=1 000 000×9%÷12=7 500（元），企业实际承担的利息支出=1 000 000×3%÷12=2 500（元），应收政府贴息为5 000元。

借：在建工程　　　　　　　　　　　　　　　　　　　　　　7 500
　　贷：应付利息　　　　　　　　　　　　　　　　　　　　　　7 500
借：其他应收款　　　　　　　　　　　　　　　　　　　　　5 000
　　贷：在建工程　　　　　　　　　　　　　　　　　　　　　　5 000

第三节　政府补助的列报

一、政府补助在财务报表上的列示

计入递延收益的政府补助在资产负债表作为非流动负债，在"递延收益"项目中单独列示。

企业应当在利润表中的"营业利润"项目之上单独列报"其他收益"项目，计入其他收益的政府补助在该项目中反映。冲减相关成本费用的政府补助，在相关成本费用项目中反映。与企业日常经营活动无关的政府补助，在利润表的营业外收支项目中列报。

二、政府补助的附注披露

因政府补助涉及递延收益、其他收益、营业外收入以及成本费用等多个报表项目，为了全面反映政府补助情况，企业应当在附注中单独披露与政府补助有关的下列信息：政府补助的种类、金额和列报项目；计入当期损益的政府补助金额；本期退回的政府补助金额及原因。

第十九章 所 得 税

第一节 所得税会计的基本原理

我国所得税会计采用了资产负债表债务法，要求企业从资产负债表出发，通过比较资产负债表上列示的资产、负债按照会计准则规定确定的账面价值与按照税法规定确定的计税基础，对于两者之间的差异分别应纳税暂时性差异与可抵扣暂时性差异，确认相关的递延所得税负债与递延所得税资产，在综合考虑当期应交所得税的基础上，确定每一会计期间利润表中的所得税费用。

一、资产负债表债务法

资产负债表债务法在所得税的会计核算方面遵循了资产、负债的界定。从资产负债角度考虑，资产的账面价值代表的是某项资产在持续持有及最终处置的一定期间内为企业带来未来经济利益的总额，而其计税基础代表的是该期间内按照税法规定就该项资产可以税前扣除的总额。资产的账面价值小于其计税基础的，表明该项资产于未来期间产生的经济利益流入低于按照税法规定允许税前扣除的金额，产生可抵减未来期间应纳税所得额的因素，减少未来期间以所得税税款的方式流出企业的经济利益，应确认为递延所得税资产。反之，一项资产的账面价值大于其计税基础的，两者之间的差额会增加企业于未来期间的应纳税所得额及应交所得税，对企业形成经济利益流出的义务，应确认为递延所得税负债。

资产负债表债务法是基于资产负债表中所列示的资产、负债账面价值和计税基础经济含义的基础上，分析按照会计原则列报的账面价值与税法规定的差异，并就有关差异确定相关所得税影响的会计方法。相较于仅将当期实际应交所得税作为利润表中所得税费用的核算方法，资产负债表债务法除了能够反映企业已经持有的资产、负债及其变动对当期利润的影响外，还能够反映有关资产、负债对未来期间的所得税影响，在所得税核算领域贯彻了资产负债观。

二、适用范围

本章所称所得税，包括企业以应纳税所得额为基础的各种境内和境外税额。本章不涉及政府补助的确认和计量，但因政府补助产生的暂时性差异的所得税影响，应当按照本章进行确认和计量。

三、所得税会计的一般程序

在采用资产负债表债务法核算所得税的情况下，企业一般应于每一资产负债表日进行所得税的核算。企业合并等特殊交易或事项发生时，在确认因交易或事项取得的资产、负债时即应同时确认相关的所得税影响。企业进行所得税核算一般应遵循以下程序：

（1）按照相关会计准则规定确定资产负债表中除递延所得税资产和递延所得税负债以外的其他资产和负债项目的账面价值。资产、负债的账面价值，是指企业按照相关会计准则的规定进行核算后在资产负债表中列示的金额。对于计提了减值准备的各项资产，是指其账面余额减去已计提的减值准备后的金额。例如，企业持有的应收账款账面余额为1 000万元，企业对该应收账款计提了50万元的坏账准备，其账面价值为950万元。

（2）按照资产和负债计税基础的确定方法，以适用的税收法规为基础，确定资产负债表中有关资产、负债项目的计税基础。

（3）比较资产、负债的账面价值与其计税基础，对于两者之间存在差异的，分析其性质，除准则中规定的特殊情况外，分别应纳税暂时性差异与可抵扣暂时性差异，确定资产负债表日递延所得税负债和递延所得税资产的应有金额，并与期初递延所得税资产和递延所得税负债的余额相比，确定当期应予进一步确认的递延所得税资产和递延所得税负债金额或应予转销的金额，作为递延所得税。

（4）就企业当期发生的交易或事项，按照适用的税法规定计算确定当期应纳税所得额，将应纳税所得额与适用的所得税税率计算的结果确认为当期应交所得税，作为当期所得税。

（5）确定利润表中的所得税费用。利润表中的所得税费用包括当期所得税（当期应交所得税）和递延所得税两个组成部分，企业在计算确定了当期所得税和递延所得税后，两者之和（或之差），是利润表中的所得税费用。

第二节 资产、负债的计税基础

所得税会计的关键在于确定资产、负债的计税基础。在确定资产、负债的计税基础时，应严格遵循税收法规中对于资产的税务处理以及可税前扣除的费用等的规定进行。

一、资产的计税基础

资产的计税基础，是指企业收回资产账面价值过程中，计算应纳税所得额时按照税法规定可以自应税经济利益中抵扣的金额，即某一项资产在未来期间收回该资产的账面价值时，计税时按照税法规定可以税前扣除的总金额。如果这些经济利益不需纳税，该资产的计税基础即为其账面价值。

资产在初始确认时，其计税基础一般为取得成本，即企业为取得某项资产支付的成本在未来期间准予税前扣除。在资产持有过程中，其计税基础是指资产的取得成本减去以前期间按照税法规定已经税前扣除的金额后的余额。如固定资产、无形资产等长期资产在某一资产负债表日的计税基础是指其成本扣除按照税法规定已在以前期间税前扣除的累计折旧额或累计摊销额后的金额。

现举例说明部分资产项目计税基础的确定：

（一）固定资产

以各种方式取得的固定资产，初始确认时按照会计准则规定确定的入账价值基本上是被税法认可的，即取得时其账面价值一般等于计税基础。

固定资产在持有期间进行后续计量时，由于会计与税法规定就折旧方法、折旧年限以及固定资产减值准备的提取等处理的不同，造成固定资产的账面价值与计税基础的差异。

1. 折旧方法、折旧年限的差异

会计准则规定，企业应当根据与固定资产有关的经济利益的预期实现方式合理选择折旧方法，如可以按年限平均法计提折旧，也可以按照双倍余额递减法、年数总和法等计提折旧，前提是企业选用的有关折旧方法反映相关固定资产包含经济利益的消耗方式。税法中除某些按照规定可以加速折旧的情况外，基本上可以税前扣除的是按照年限平均法计提的折旧；另外，税法还就每一类固定资产的最低折旧年限作出了规定，而会计准则规定折旧年限是由企业根据固定资产的性质和使用情况合理确定的。如企业进行会计处理时确定的折旧年限与税法规定不同，也会因每一期间折旧额的差异产生固定资产在资产负债表日账面价值与计税基础的差异。

2. 因计提固定资产减值准备产生的差异

持有固定资产的期间内，在对固定资产计提了减值准备以后，因税法规定企业计提的资产减值准备在发生实质性损失前不允许税前扣除，在有关减值准备转变为实质性损失前，也会造成固定资产的账面价值与计税基础的差异。

▶【例19-1】A企业于2×22年12月20日取得的某项固定资产，原价为750万元，使用年限为10年，会计上采用年限平均法计提折旧，净残值为0。税法规定该类（由于技术进步、产品更新换代较快的）固定资产采用加速折旧法计提的折旧可予税前扣除，该企业在计税时采用双倍余额递减法计提折旧，使用年限及净残值与会计相同。2×24年12月31日，企业估计该项固定资产的可收回金额为550万元，该固定资产以前期间未计提减值准备。

分析：2×24年12月31日，该项固定资产的账面价值=750-75×2=600（万元），该账面价值大于其可收回金额550万元，两者之间的差额应计提50万元的固定资产减值准备。

2×24年12月31日，该项固定资产的账面价值=750-75×2-50=550（万元）；其计税基础=750-750×20%-600×20%=480（万元）。

该项固定资产的账面价值550万元与其计税基础480万元之间存在的70万元差额，

将于未来期间计入企业的应纳税所得额。

▶【例19-2】B企业于2×22年末以750万元购入一项生产用固定资产,按照该项固定资产的预计使用情况,B企业在会计核算时估计其使用寿命为5年。计税时,按照适用税法规定,其最低折旧年限为10年,该企业计税时按照10年计算确定可税前扣除的折旧额。假定会计与税法规定均按年限平均法计列折旧,净残值均为0。2×23年该项固定资产按照12个月计提折旧。假定固定资产未发生减值。

分析:该项固定资产在2×23年12月31日的账面价值=750-750÷5=600(万元);其在2×23年12月31日的计税基础=750-750÷10=675(万元)。

该项固定资产的账面价值600万元与其计税基础675万元之间产生的75万元差额,在未来期间会减少企业的应纳税所得额。

(二)无形资产

除内部研究开发形成的无形资产以外,其他方式取得的无形资产,初始确认时按照会计准则规定确定的入账价值与按照税法规定确定的计税基础之间一般不存在差异。无形资产的差异主要产生于内部研究开发形成的无形资产以及使用寿命不确定的无形资产。

(1)内部研究开发形成的无形资产,其成本为开发阶段符合资本化条件以后至达到预定用途前发生的支出,除此之外,研究开发过程中发生的其他支出应予费用化计入损益;税法规定,自行开发的无形资产,以开发过程中该资产符合资本化条件后至达到预定用途前发生的支出为计税基础。另外,对于研究开发费用的加计扣除,假定税法中规定企业为开发新技术、新产品、新工艺发生的研究开发费用,未形成无形资产计入当期损益的,在按照规定据实扣除的基础上,按照研究开发费用的100%加计扣除;形成无形资产的,按照无形资产成本的200%摊销。

另外,会计准则中规定有例外条款,即如该无形资产的确认不是产生于企业合并交易,同时在确认时既不影响会计利润也不影响应纳税所得额,则不确认该暂时性差异的所得税影响。该种情况下,无形资产在初始确认时,对于会计与税收规定之间存在的暂时性差异不予确认,持有过程中,在初始未予确认暂时性差异的所得税影响范围内的摊销额等的差异亦不予确认。

▶【例19-3】A企业当期为开发新技术发生研究开发支出共计2 000万元,其中,研究阶段支出400万元,开发阶段符合资本化条件前发生的支出为400万元,符合资本化条件后至达到预定用途前发生的支出为1 200万元。假定税法规定,企业为开发新技术、新产品、新工艺发生的研究开发费用,未形成无形资产计入当期损益的,按照研究开发费用的100%加计扣除;形成无形资产的,按照无形资产成本的200%摊销。假定开发形成的无形资产在当期期末已达到预定用途(尚未开始摊销)。

分析:A企业当期发生的研究开发支出中,按照会计准则规定应予费用化的金额为800万元,形成无形资产的成本为1 200万元,即期末所形成无形资产的账面价值为1 200万元。

A企业当期发生的2 000万元研究开发支出,按照税法规定可在当期税前扣除的金额为1 600万元。所形成无形资产在未来期间可予税前扣除的金额为2 400万元,其计税基础为2 400万元,形成暂时性差异1 200万元。

应予说明的是,上述1 200万元暂时性差异因产生于无形资产的初始确认,该无形资产并非产生于企业合并,且该无形资产在初始确认时既未影响会计利润,也未影响应纳税所得额,因此,该1 200万元暂时性差异的所得税影响不予确认。

(2)无形资产在后续计量时,会计与税法的差异主要产生于是否需要摊销、摊销方法和年限的差异及无形资产减值准备的提取。

会计准则规定,企业应根据无形资产的使用寿命情况,区分为使用寿命有限的无形资产与使用寿命不确定的无形资产。对于使用寿命不确定的无形资产,不要求摊销,但持有期间每年应进行减值测试。税法规定,企业取得的无形资产成本(外购商誉除外),应在一定期限内摊销。对于使用寿命不确定的无形资产,会计处理时不予摊销,但计税时按照税法规定确定的摊销额允许税前扣除,造成该类无形资产账面价值与计税基础的差异。

在对无形资产计提减值准备的情况下,因税法规定计提的无形资产减值准备在转变为实质性损失前不允许税前扣除,即在提取无形资产减值准备的期间,无形资产的计税基础不会随减值准备的提取发生变化,从而造成无形资产的账面价值与计税基础的差异。

▶【例19-4】乙企业于2×24年1月1日取得某项无形资产,取得成本为1 500万元。取得该项无形资产后,根据各方面情况判断,乙企业无法合理预计其使用期限,将其作为使用寿命不确定的无形资产。2×24年12月31日,对该项无形资产进行减值测试表明其未发生减值。企业在计税时,对该项无形资产按照10年的期限采用直线法摊销,摊销金额允许税前扣除。

分析:会计上将该项无形资产作为使用寿命不确定的无形资产,因未发生减值,其在2×24年12月31日的账面价值为取得成本1 500万元。

该项无形资产在2×24年12月31日的计税基础为1 350万元(成本1 500-按照税法规定可予税前扣除的摊销额150)。

该项无形资产的账面价值1 500万元与其计税基础1 350万元之间的差额150万元,将计入未来期间企业的应纳税所得额,或者可以理解为因为该150万元已经在当期计算应纳税所得额时税前扣除,从而减少了当期应交所得税,未来期间不会再予扣除,当企业于未来期间产生相关的经济利益流入时即应交所得税。

(三)以公允价值计量且其变动计入当期损益的金融资产

按照《企业会计准则第22号——金融工具确认和计量》的规定,以公允价值计量且其变动计入当期损益的金融资产于某一会计期末的账面价值为其公允价值。税法规定,企业以公允价值计量的金融资产、金融负债以及投资性房地产等,持有期间公允价值的变动不计入应纳税所得额,在实际处置或结算时,处置取得的价款扣除其历史成本后的差额应计入处置或结算期间的应纳税所得额。按照该规定,以公允价值计量的金融资产在持有期间市价的波动在计税时不予考虑,有关金融资产在某一会计期末的计税基础为其取得成本,从而造成在公允价值变动的情况下,对以公允价值计量的金融资产账面价值与计税基础之间的差异。

企业持有的以公允价值计量且其变动计入其他综合收益的金融资产,其计税基础的确定,与以公允价值计量且其变动计入当期损益的金融资产类似,可比照处理。

▶【例19-5】2×24年10月20日,甲公司自公开市场取得一项权益性投资,支付价款

2 000万元，作为交易性金融资产核算。2×24年12月31日，该投资的市价为2 200万元。

分析：该项交易性金融资产的期末市价为2 200万元，其按照会计准则规定进行核算的、在2×24年资产负债表日的账面价值为2 200万元。

因税法规定以公允价值计量的金融资产在持有期间公允价值的变动不计入应纳税所得额，其在2×24年资产负债表日的计税基础应维持原取得成本不变，为2 000万元。

该交易性金融资产的账面价值2 200万元与其计税基础2 000万元之间产生了200万元的暂时性差异，该暂时性差异在未来期间转回时会增加未来期间的应纳税所得额。

▶【例19-6】2×24年11月8日，甲公司自公开的市场上取得一项债权性投资，作为以公允价值计量且其变动计入其他综合收益的金融资产核算。该投资的成本为1 500万元。2×24年12月31日，其市价为1 575万元。

分析：按照会计准则规定，该项金融资产在会计期末应以公允价值计量，其账面价值应为期末公允价值1 575万元。

因税法规定资产在持有期间公允价值变动不计入应纳税所得额，则该项金融资产的期末计税基础应维持其原取得成本不变，为1 500万元。

该金融资产在2×24年资产负债表日的账面价值1 575万元与其计税基础1 500万元之间产生的75万元暂时性差异，在企业预期以1 575万元的价格出售该金融资产时，出售价格与取得成本之间的差额75万元将会增加未来期间的应纳税所得额。

（四）其他资产

因会计准则规定与税法规定不同，企业持有的其他资产，可能造成其账面价值与计税基础之间存在差异的，例如：

1. 投资性房地产

企业持有的投资性房地产进行后续计量时，会计准则规定可以采用两种模式：一种是成本模式，采用该种模式计量的投资性房地产，其账面价值与计税基础的确定与固定资产、无形资产相同；另一种是在符合规定条件的情况下，可以采用公允价值模式对投资性房地产进行后续计量。对于采用公允价值模式进行后续计量的投资性房地产，其账面价值的确定类似于以公允价值计量的金融资产，因税法中没有投资性房地产的概念及专门的税收处理规定，其计税基础的确定类似于固定资产或无形资产的计税基础。

▶【例19-7】A公司于2×24年1月1日将其某自用房屋用于对外出租，该房屋的成本为750万元，预计使用年限为20年。转为投资性房地产之前，已使用4年，企业按照年限平均法计提折旧，预计净残值为0。转为投资性房地产核算后，预计能够持续可靠取得该投资性房地产的公允价值，A公司采用公允价值模式对该投资性房地产进行后续计量。假定税法规定的折旧方法、折旧年限及净残值与会计规定相同。同时，税法规定资产在持有期间公允价值的变动不计入应纳税所得额，待处置时一并计算确定应计入应纳税所得额的金额。该项投资性房地产在2×24年12月31日的公允价值为900万元。

分析：该投资性房地产在2×24年12月31日的账面价值为其公允价值900万元，其计税基础为取得成本扣除按照税法规定允许税前扣除的折旧额后的金额，即其计税基础=750－750÷20×5=562.5（万元）。

该项投资性房地产的账面价值900万元与其计税基础562.5万元之间产生了337.5万

元的暂时性差异，在其未来期间预期能够产生900万元的经济利益流入，而按照税法规定仅能够扣除562.5万元的情况下，该差异会增加企业在未来期间的应纳税所得额。

2. 其他计提了资产减值准备的各项资产

有关资产计提了减值准备后，其账面价值会随之下降，而税法规定资产在发生实质性损失之前，预计的减值损失不允许税前扣除，即其计税基础不会因减值准备的提取而变化，造成在计提资产减值准备以后，资产的账面价值与计税基础之间的差异。

▶【例19-8】A公司2×24年购入原材料成本为5 000万元，因部分生产线停工，当年未领用任何原材料，2×24年资产负债表日估计该原材料的可变现净值为4 000万元。假定该原材料在2×24年的期初余额为0。

分析：该项原材料因期末可变现净值低于成本，应计提的存货跌价准备 = 5 000 - 4 000 = 1 000（万元）。计提该存货跌价准备后，该项原材料的账面价值为4 000万元。

该项原材料的计税基础不会因存货跌价准备的提取而发生变化，其计税基础为5 000万元不变。

该存货的账面价值4 000万元与其计税基础5 000万元之间产生了1 000万元的暂时性差异，该差异会减少企业在未来期间的应纳税所得额。

▶【例19-9】A公司2×24年12月31日应收账款余额为6 000万元，该公司期末对应收账款计提了600万元的坏账准备。税法规定，不符合国务院财政、税务主管部门规定的各项资产减值准备不允许税前扣除。假定该公司应收账款及坏账准备的期初余额均为0。

分析：该项应收账款在2×24年资产负债表日的账面价值为5 400万元（6 000 - 600），因有关的坏账准备不允许税前扣除，其计税基础为6 000万元，该计税基础与其账面价值之间产生600万元暂时性差异，在应收账款发生实质性损失时，会减少未来期间的应纳税所得额。

二、负债的计税基础

负债的计税基础，是指负债的账面价值减去未来期间计算应纳税所得额时按照税法规定可予抵扣的金额。对于预收收入，所产生负债的计税基础是其账面价值减去未来期间非应税收入的金额。用公式表示为：

负债的计税基础 = 账面价值 - 未来期间按照税法规定可予税前扣除的金额（或未来期间非应税收入的金额）

负债的确认与偿还一般不会影响企业的损益，也不会影响其应纳税所得额，未来期间计算应纳税所得额时按照税法规定可予抵扣的金额为0，计税基础即为账面价值。但是，某些情况下，负债的确认可能会影响企业的损益，进而影响不同期间的应纳税所得额，使得其计税基础与账面价值之间产生差额，如按照会计规定确认的某些预计负债。

（一）企业因销售商品提供售后服务等原因确认的预计负债

按照《企业会计准则第13号——或有事项》的规定，企业对于预计提供保证类的售后服务将发生的支出在满足有关确认条件时，销售当期即应确认为相关成本，同时确认预计负债。如果税法规定，与销售产品相关的支出应于实际发生时税前扣除。因该类事项产生的预计负债在期末的计税基础为其账面价值与未来期间可税前扣除的金额之间的差额，即为0。

其他交易或事项中确认的预计负债,应按照税法规定的计税原则确定其计税基础。某些情况下,因有些事项确认的预计负债,税法规定其支出无论是否实际发生均不允许税前扣除,即未来期间按照税法规定可予抵扣的金额为0,账面价值等于计税基础。

▶【例19-10】甲企业2×24年因销售产品承诺提供3年的保修服务,在当年度利润表中确认了500万元的营业成本,同时确认为预计负债,当年度未发生任何保修支出。假定按照税法规定,与产品售后服务相关的支出在实际发生时允许税前扣除。

分析:该项预计负债在甲企业2×24年12月31日资产负债表中的账面价值为500万元。

该项预计负债的计税基础=账面价值500万元-未来期间计算应纳税所得额时按照税法规定可予抵扣的金额500万元=0。

该项负债的账面价值500万元与其计税基础0之间的暂时性差异可以理解为:未来期间企业实际发生500万元的经济利益流出用以履行产品保修义务时,税法规定允许税前扣除,即减少未来实际发生期间的应纳税所得额。

(二)合同负债

企业在收到客户预付的销售商品款项时,因不符合收入确认条件,会计上将其确认为一项负债(合同负债),待履行了相关履约义务时再转为收入。税法中对于收入的确认原则一般与会计规定相同,即会计上未确认收入时,计税时一般亦不计入应纳税所得额,该部分经济利益在未来期间计税时可予税前扣除的金额为0,计税基础等于账面价值。

某些情况下,因不符合会计准则规定的收入确认条件,未确认为收入而确认为合同负债的,按照税法规定应计入当期应纳税所得额时,该合同负债的计税基础为0,即因其产生时已经计算交纳所得税,未来期间可全额税前扣除。

▶【例19-11】A公司于2×24年12月20日自客户收到一笔合同预付款,金额为2 500万元,作为合同负债核算。按照适用税法规定,该款项应计入取得当期应纳税所得额计算交纳所得税。

分析:该合同负债在A公司2×24年12月31日资产负债表中的账面价值为2 500万元。

该合同负债的计税基础=账面价值2 500万元-未来期间计算应纳税所得额时按照税法规定可予抵扣的金额2 500万元=0。

该项负债的账面价值2 500万元与其计税基础0之间产生的2 500万元暂时性差异,该项暂时性差异的含义为在未来期间企业按照会计规定确认收入,产生经济利益流入时,因其在产生期间已经计算交纳了所得税,未来期间则不再计入应纳税所得额,从而会减少企业于未来期间的所得税税款流出。

(三)应付职工薪酬

会计准则规定,企业为获得职工提供的服务给予的各种形式的报酬以及其他相关支出均应作为企业的成本费用,在未支付之前确认为负债。税法中对于合理的职工薪酬基本允许税前扣除,但税法中如果规定了税前扣除标准的,按照会计准则规定计入成本费用支出的金额超过规定标准部分,应进行纳税调整。因超过部分在发生当期不允许税前扣除,在以后期间也不允许税前扣除,即该部分差额对未来期间计税不产生影响,所产生应付职工薪酬负债的账面价值等于计税基础。

▶【例19-12】甲企业2×24年12月计入成本费用的职工工资总额为4 000万元,至2×24年12月31日尚未支付。按照适用税法规定,当期计入成本费用的4 000万元工资支出中,可予税前扣除的合理部分为3 000万元。

分析:该项应付职工薪酬负债于2×24年12月31日的账面价值为4 000万元。

该项应付职工薪酬负债于2×24年12月31日的计税基础=账面价值4 000万元-未来期间计算应纳税所得额时按照税法规定可予抵扣的金额0=4 000万元。

该项负债的账面价值4 000万元与其计税基础4 000万元相同,不形成暂时性差异。该事项的会计处理与税收处理存在差异,但之所以不形成暂时性差异的原因是两者之间的1 000万元差异在产生当期不能税前扣除,在未来期间亦不能税前扣除,从而构成一项永久性差异,其不会对企业未来期间的计税产生影响。

(四)其他负债

其他负债,如企业应交的罚款和滞纳金等,在尚未支付之前按照会计准则规定确认为损失,同时作为负债反映。税法规定,罚款和滞纳金不能税前扣除,即该部分费用无论是在发生当期还是在以后期间均不允许税前扣除,其计税基础为账面价值减去未来期间计税时可予税前扣除的金额0之间的差额,即计税基础等于账面价值。

其他交易或事项产生的负债,其计税基础的确定应当遵从适用税法的相关规定。

▶【例19-13】A公司2×24年12月因违反当地有关环保法规的规定,接到环保部门的处罚通知,要求其支付罚款500万元。税法规定,企业因违反国家有关法律法规支付的罚款和滞纳金,计算应纳税所得额时不允许税前扣除。至2×24年12月31日,该项罚款尚未支付。

分析:应支付罚款产生的负债账面价值为500万元。

该项负债的计税基础=账面价值500万元-未来期间计算应纳税所得额时按照税法规定可予抵扣的金额0=500万元。

该项负债的账面价值500万元与其计税基础500万元相同,不形成暂时性差异,不会对未来期间的计税产生影响。

三、特殊交易或事项中产生资产、负债计税基础的确定

除企业在正常生产经营活动过程中取得的资产和负债以外,对于某些特殊交易中产生的资产、负债,其计税基础的确定应遵从税法规定,如企业合并过程中取得资产、负债计税基础的确定。

《企业会计准则第20号——企业合并》中,视参与合并各方在合并前后是否为同一方或相同的多方最终控制,分为同一控制下的企业合并与非同一控制下的企业合并两种类型。同一控制下的企业合并,合并中取得的有关资产、负债基本上维持其原账面价值不变,合并中不产生新的资产和负债;对于非同一控制下的企业合并,合并中取得的有关资产、负债应按其在购买日的公允价值计量,企业合并成本大于合并中取得可辨认净资产公允价值的份额部分确认为商誉,企业合并成本小于合并中取得可辨认净资产公允价值的份额部分计入合并当期损益。

对于企业合并的税收处理，通常情况下被合并企业应视为按公允价值转让、处置全部资产，计算资产的转让所得，依法缴纳所得税。合并企业接受被合并企业的有关资产，计税时可以按经评估确认的价值确定计税基础。另外，在考虑有关企业合并是应税合并还是免税合并时，某些情况下还需要考虑在合并中涉及的获取资产或股权的比例、非股权支付额的比例，具体划分标准和条件应遵从税法规定。

由于会计准则与税收法规对企业合并的划分标准不同，处理原则不同，某些情况下，会造成企业合并中取得的有关资产、负债的入账价值与其计税基础的差异。

例如，某项企业合并按照会计准则规定因合并方与被合并方在合并前后均处于同一集团内母公司的最终控制之下，会计处理时将其作为同一控制下企业合并处理，合并方对于合并中取得的被合并方的有关资产、负债均按照其原账面价值确认。该项合并中，假如从合并方取得的股权比例、合并中支付的非股权支付额的角度考虑，不考虑税法中规定的免税合并的条件，则合并方自被合并方取得的有关资产、负债的计税基础应当重新认定。假如按照税法规定确定的被合并方有关资产、负债的计税基础为合并日的市场价格，则相关资产、负债的账面价值与其计税基础会存在差异，从而产生需要确认的递延所得税资产或负债。因有关暂时性差异产生于企业合并交易，且该企业合并为同一控制下企业合并，在确认合并中产生的递延所得税资产或负债时，相关影响应当计入所有者权益。

再如，某项企业合并交易为市场独立主体之间发生，按照会计准则规定属于非同一控制下企业合并，购买方对于合并中取得的被购买方各项可辨认资产、负债应当按照公允价值确认。该项合并中，如果购买方取得被购买方的股权比例、合并中股权支付额的比例等达到税法中规定的免税合并的条件，则计税时可以作为免税合并处理，即购买方对于交易中取得被购买方各项可辨认资产、负债的计税基础应承继其原有计税基础。比较该项企业合并中取得有关可辨认资产、负债的账面价值与其计税基础会产生暂时性差异。因有关暂时性差异产生于企业合并，且该企业合并为非同一控制下企业合并，与暂时性差异相关的所得税影响确认的同时，将影响合并中确认的商誉。

上述与企业合并相关，因合并中取得可辨认资产、负债的账面价值与计税基础不同产生的暂时性差异的所得税影响，在控股合并的情况下，应于合并财务报表中确认。购买方或合并方的个别财务报表中产生的会计与税收的差异可能源于相关长期股权投资的入账价值与计税基础之间，一般在长期股权投资初始确认时，应当确认相关的递延所得税影响。

第三节 暂时性差异

暂时性差异是指资产、负债的账面价值与其计税基础不同产生的差额。因资产、负债的账面价值与其计税基础不同，产生了在未来收回资产或清偿负债的期间内，应纳税所得额增加或减少并导致未来期间应交所得税增加或减少的情况，形成企业的资产或负债,在有关暂时性差异发生当期,符合确认条件的情况下,应当确认相关的递延所得税负债或递延所得税资产。

根据暂时性差异对未来期间应纳税所得额的影响,分为应纳税暂时性差异和可抵扣暂时性差异。

除因资产、负债的账面价值与其计税基础不同产生的暂时性差异以外,按照税法规定可以结转以后年度的未弥补亏损和税款抵减,也视同可抵扣暂时性差异处理。

一、应纳税暂时性差异

应纳税暂时性差异,是指在确定未来收回资产或清偿负债期间的应纳税所得额时,将导致产生应税金额的暂时性差异,即在未来期间不考虑该事项影响的应纳税所得额的基础上,由于该暂时性差异的转回,会进一步增加转回期间的应纳税所得额和应交所得税金额,在其产生当期应当确认相关的递延所得税负债。

应纳税暂时性差异通常产生于以下情况:

(一) 资产的账面价值大于其计税基础

资产的账面价值代表的是企业在持续使用及最终出售该项资产时将取得的经济利益的总额,而计税基础代表的是资产在未来期间可予税前扣除的总金额。资产的账面价值大于其计税基础,该项资产未来期间产生的经济利益不能全部税前抵扣,两者之间的差额需要交税,产生应纳税暂时性差异。例如,一项资产的账面价值为 500 万元,计税基础如为 375 万元,两者之间的差额会造成未来期间应纳税所得额和应交所得税的增加,在其产生当期,应确认相关的递延所得税负债。

(二) 负债的账面价值小于其计税基础

负债的账面价值为企业预计在未来期间清偿该项负债时的经济利益流出,而其计税基础代表的是账面价值在扣除税法规定未来期间允许税前扣除的金额之后的差额。负债的账面价值与其计税基础不同产生的暂时性差异,实质上是税法规定就该项负债在未来期间可以税前扣除的金额(即与该项负债相关的费用支出在未来期间可予税前扣除的金额)。负债的账面价值小于其计税基础,则意味着就该项负债在未来期间可以税前抵扣的金额为负数,即应在未来期间应纳税所得额的基础上调增,增加未来期间的应纳税所得额和应交所得税金额,产生应纳税暂时性差异,应确认相关的递延所得税负债。

二、可抵扣暂时性差异

可抵扣暂时性差异是指在确定未来收回资产或清偿负债期间的应纳税所得额时,将导致产生可抵扣金额的暂时性差异。该差异在未来期间转回时会减少转回期间的应纳税所得额,减少未来期间的应交所得税。在可抵扣暂时性差异产生当期,符合确认条件时,应当确认相关的递延所得税资产。

可抵扣暂时性差异一般产生于以下情况:

(1) 资产的账面价值小于其计税基础,意味着资产在未来期间产生的经济利益少,按照税法规定允许税前扣除的金额多,两者之间的差额可以减少企业在未来期间的应纳税所得额并减少应交所得税，符合有关条件时，应当确认相关的递延所得税资产。例如，一项资产的账面价值为500万元，计税基础为650万元，则企业在未来期间就该项资产可以在其自身取得经济利益的基础上多扣除150万元，未来期间应纳税所得额会减少，应交所得税也会减少，形成可抵扣暂时性差异。

（2）负债的账面价值大于其计税基础，负债产生的暂时性差异实质上是税法规定就该项负债可以在未来期间税前扣除的金额。即：

负债产生的暂时性差异 = 账面价值 − 计税基础
= 账面价值 − （账面价值 − 未来期间计税时按照税法规定可予税前扣除的金额）
= 未来期间计税时按照税法规定可予税前扣除的金额

负债的账面价值大于其计税基础，意味着未来期间按照税法规定与负债相关的全部或部分支出可以自未来应税经济利益中扣除，减少未来期间的应纳税所得额和应交所得税。符合有关确认条件时，应确认相关的递延所得税资产。

三、特殊项目产生的暂时性差异

（一）未作为资产、负债确认的项目产生的暂时性差异

某些交易或事项发生以后，因为不符合资产、负债确认条件而未体现为资产负债表中的资产或负债，但按照税法规定能够确定其计税基础的，其账面价值零与计税基础之间的差异也构成暂时性差异。如企业发生的符合条件的广告费和业务宣传费支出，除另有规定外，不超过当年销售收入15%的部分准予扣除；超过部分准予在以后纳税年度结转扣除。该类费用在发生时按照会计准则规定即计入当期损益，不形成资产负债表中的资产，但按照税法规定可以确定其计税基础的，两者之间的差异也形成暂时性差异。

▶【例19−14】A公司2×24年发生了2 000万元广告费支出，发生时已作为销售费用计入当期损益。税法规定，该类支出不超过当年销售收入15%的部分允许当期税前扣除，超过部分允许向以后年度结转税前扣除。A公司2×24年实现销售收入10 000万元。

分析：该广告费支出因按照会计准则规定在发生时已计入当期损益，不体现为期末资产负债表中的资产，如果将其视为资产，其账面价值为0。

因按照税法规定，该类支出税前列支有一定的标准限制，根据当期A公司销售收入15%计算，当期可予税前扣除1 500万元（10 000×15%），当期未予税前扣除的500万元可以向以后年度结转，其计税基础为500万元。

该项资产的账面价值0与其计税基础500万元之间产生了500万元的暂时性差异，该暂时性差异在未来期间可减少企业的应纳税所得额，为可抵扣暂时性差异，符合确认条件时，应确认相关的递延所得税资产。

（二）可抵扣亏损及税款抵减产生的暂时性差异

按照税法规定可以结转以后年度的未弥补亏损及税款抵减，虽不是因资产、负债的账面价值与计税基础不同产生的，但与可抵扣暂时性差异具有同样的作用，均能够减少未来期间的应纳税所得额，进而减少未来期间的应交所得税，会计处理上视同可抵扣暂

时性差异,符合条件的情况下,应确认与其相关的递延所得税资产。

▶【例19-15】甲公司于2×24年因政策性原因发生经营亏损2 000万元,按照税法规定,该亏损可用于抵减以后5个年度的应纳税所得额。该公司预计其于未来5年期间能够产生足够的应纳税所得额弥补该亏损。

分析:该经营亏损不是资产、负债的账面价值与其计税基础不同产生的,但从性质上可以减少未来期间企业的应纳税所得额和应交所得税,属于可抵扣暂时性差异。企业预计未来期间能够产生足够的应纳税所得额利用该可抵扣亏损时,应确认相关的递延所得税资产。

第四节 递延所得税资产及负债的确认和计量

企业在计算确定了应纳税暂时性差异与可抵扣暂时性差异后,应当按照《企业会计准则第18号——所得税》规定的原则确认相关的递延所得税负债以及递延所得税资产。

一、递延所得税负债的确认和计量

(一)递延所得税负债的确认

企业在确认因应纳税暂时性差异产生的递延所得税负债时,应遵循以下原则:

1. 除《企业会计准则第18号——所得税》中明确规定可不确认递延所得税负债的情况以外,企业对于所有的应纳税暂时性差异均应确认相关的递延所得税负债。

除与直接计入所有者权益的交易或事项以及企业合并中取得资产、负债相关的以外,在确认递延所得税负债的同时,应增加利润表中的所得税费用。与应纳税暂时性差异相关的递延所得税负债的确认,体现了会计上的谨慎性原则,即企业进行会计核算时不应高估资产、不应低估负债。

▶【例19-16】A企业于2×23年12月6日购入某项设备,取得成本为500万元,会计上采用年限平均法计提折旧,使用年限为10年,净残值为0,因该资产常年处于强震动状态,计税时按双倍余额递减法计列折旧,使用年限及净残值与会计相同。A企业适用的所得税税率为25%。假定该企业不存在其他会计与税收处理的差异。

分析:2×24年资产负债表日,该项固定资产按照会计准则规定计提的折旧额为50万元,计税时允许扣除的折旧额为100万元,则该固定资产的账面价值450万元与其计税基础400万元的差额构成应纳税暂时性差异,企业应确认相关的递延所得税负债。

▶【例19-17】甲公司于2×21年12月底购入一台机器设备,成本为525 000元,预计使用年限为6年,预计净残值为0。会计上按直线法计提折旧,因该设备符合税法规定的税收优惠条件,计税时可采用年数总和法计提折旧,假定税法规定的使用年限及净残值均与会计相同。本例中假定该公司各会计期间均未对固定资产计提减值准备,除该项固定资产产生的会计与税法之间的差异外,不存在其他会计与税收的差异。甲公司适用的企业所得税税率为25%。

该公司每年因固定资产账面价值与计税基础不同应予确认的递延所得税情况如表19-1所示。

表 19-1

项 目	2×22年	2×23年	2×24年	2×25年	2×26年	2×27年
实际成本（元）	525 000	525 000	525 000	525 000	525 000	525 000
累计会计折旧（元）	87 500	175 000	262 500	350 000	437 500	525 000
账面价值（元）	437 500	350 000	262 500	175 000	87 500	0
累计计税折旧（元）	150 000	275 000	375 000	450 000	500 000	525 000
计税基础（元）	375 000	250 000	150 000	75 000	25 000	0
暂时性差异（元）	62 500	100 000	112 500	100 000	62 500	0
适用税率（%）	25	25	25	25	25	25
递延所得税负债余额（元）	15 625	25 000	28 125	25 000	15 625	0

分析：

该项固定资产各年度账面价值与计税基础确定如下：

（1）2×22年资产负债表日：

账面价值 = 实际成本 - 会计折旧 = 525 000 - 87 500 = 437 500（元）

计税基础 = 实际成本 - 税前扣除的折旧额 = 525 000 - 150 000 = 375 000（元）

因资产的账面价值437 500元大于其计税基础375 000元，两者之间产生的62 500元差异会增加未来期间的应纳税所得额和应交所得税，属于应纳税暂时性差异，应确认与其相关的递延所得税负债15 625元（62 500×25%），账务处理如下：

借：所得税费用　　　　　　　　　　　　　　　　　　　　　　15 625
　　贷：递延所得税负债　　　　　　　　　　　　　　　　　　　　　15 625

（2）2×23年资产负债表日：

账面价值 = 525 000 - 87 500 - 87 500 = 350 000（元）

计税基础 = 实际成本 - 累计已税前扣除的折旧额 = 525 000 - 275 000 = 250 000（元）

因资产的账面价值350 000元大于其计税基础250 000元，两者之间产生的100 000元差异为应纳税暂时性差异，应确认与其相关的递延所得税负债25 000元，但递延所得税负债的期初余额为15 625元，当期应进一步确认递延所得税负债9 375元，账务处理如下：

借：所得税费用　　　　　　　　　　　　　　　　　　　　　　9 375
　　贷：递延所得税负债　　　　　　　　　　　　　　　　　　　　　9 375

（3）2×24年资产负债表日：

账面价值 = 525 000 - 262 500 = 262 500（元）

计税基础 = 525 000 - 375 000 = 150 000（元）

因资产的账面价值262 500元大于其计税基础150 000元，两者之间产生的112 500元差异为应纳税暂时性差异，应确认与其相关的递延所得税负债28 125元，但递延所得税负债的期初余额为25 000元，当期应进一步确认递延所得税负债3 125元，账务处理如下：

借：所得税费用 3 125
　　贷：递延所得税负债 3 125

(4) 2×25年资产负债表日：

账面价值=525 000-350 000=175 000（元）

计税基础=525 000-450 000=75 000（元）

因资产的账面价值175 000元大于其计税基础75 000元，两者之间产生的100 000元差异为应纳税暂时性差异，应确认与其相关的递延所得税负债25 000元，但递延所得税负债的期初余额为28 125元，当期应转回原已确认的递延所得税负债3 125元，账务处理如下：

借：递延所得税负债 3 125
　　贷：所得税费用 3 125

(5) 2×26年资产负债表日：

账面价值=525 000-437 500=87 500（元）

计税基础=525 000-500 000=25 000（元）

因资产的账面价值87 500元大于其计税基础25 000元，两者之间产生的62 500元差异为应纳税暂时性差异，应确认与其相关的递延所得税负债15 625元，但递延所得税负债的期初余额为25 000元，当期应转回递延所得税负债9 375元，账务处理如下：

借：递延所得税负债 9 375
　　贷：所得税费用 9 375

(6) 2×27年资产负债表日：

该项固定资产的账面价值及计税基础均为0，两者之间不存在暂时性差异，前期已确认的与该项资产相关的递延所得税负债应予全额转回，账务处理如下：

借：递延所得税负债 15 625
　　贷：所得税费用 15 625

2. 不确认递延所得税负债的特殊情况

有些情况下，虽然资产、负债的账面价值与其计税基础不同，产生了应纳税暂时性差异，但出于各方面考虑，《企业会计准则第18号——所得税》中规定不确认相应的递延所得税负债，主要包括：

(1) 商誉的初始确认。非同一控制下的企业合并中，企业合并成本大于合并中取得的被购买方可辨认净资产公允价值份额的差额，按照会计准则规定应确认为商誉。因会计与税收的划分标准不同，会计上作为非同一控制下的企业合并，但如果按照税法规定计税时作为免税合并的情况下，商誉的计税基础为0，其账面价值与计税基础形成应纳税暂时性差异，准则中规定不确认与其相关的递延所得税负债。

▶【例19-18】A企业以增发市场价值为15 000万元的自身普通股为对价购入B企业100%的净资产，对B企业进行吸收合并，合并前A企业与B企业不存在任何关联方关系。假定该项合并符合税法规定的免税合并条件，交易各方选择进行免税处理，购买日B企业各项可辨认资产、负债的公允价值及其计税基础如表19-2所示。

表 19-2　　　　　　　　　　　　　　　　　　　　　　　　　　　　　　　　　单位：万元

项　目	公允价值	计税基础	暂时性差异
固定资产	6 750	3 875	2 875
应收账款	5 250	5 250	—
存货	4 350	3 100	1 250
其他应付款	(750)	0	(750)
应付账款	(3 000)	(3 000)	0
不包括递延所得税的可辨认资产、负债的公允价值	12 600	9 225	3 375

分析：B企业适用的所得税税率为25%，预期在未来期间不会发生变化，该项交易中应确认递延所得税负债及商誉的金额计算如下：

可辨认净资产公允价值	12 600
递延所得税资产　　　　（750×25%）	187.5
递延所得税负债　　　（4 125×25%）	1 031.25
考虑递延所得税后	
可辨认资产、负债的公允价值	11 756.25
企业合并成本	15 000
商誉	3 243.75

因该项合并符合税法规定的免税合并条件，当事各方选择进行免税处理的情况下，购买方在免税合并中取得的被购买方有关资产、负债应维持其原计税基础不变。被购买方原账面上未确认商誉，即商誉的计税基础为0。

该项合并中所确认的商誉金额3 243.75万元与其计税基础0之间产生的应纳税暂时性差异，按照会计准则规定，不再进一步确认相关的所得税影响。

应予说明的是，按照会计准则规定在非同一控制下企业合并中确认了商誉，并且按照所得税法规的规定商誉在初始确认时计税基础等于账面价值的，该商誉在后续计量过程中因会计准则与税法规定不同产生暂时性差异的，应当确认相关的所得税影响。

（2）除企业合并以外的其他交易或事项中，如果该项交易或事项发生时既不影响会计利润，也不影响应纳税所得额，则所产生的资产、负债的初始确认金额与其计税基础不同，形成应纳税暂时性差异的，交易或事项发生时不确认相应的递延所得税负债。该规定主要是考虑到由于交易发生时既不影响会计利润，也不影响应纳税所得额，确认递延所得税负债的直接结果是增加有关资产的账面价值或是降低所确认负债的账面价值，使得资产、负债在初始确认时，违背历史成本原则，影响会计信息的可靠性。

（3）与子公司、联营企业、合营企业投资等相关的应纳税暂时性差异，一般应确认相应的递延所得税负债，但同时满足以下两个条件的除外：一是投资企业能够控制暂时性差异转回的时间；二是该暂时性差异在可预见的未来很可能不会转回。满足上述条件时，投资企业可以运用自身的影响力决定暂时性差异的转回，如果不希望其转回，则在可预见的未来期间，该项暂时性差异不会转回，对未来期间计税不产生影响，从而无须确认相应的递延所得税负债。

对于采用权益法核算的长期股权投资，其账面价值与计税基础产生的有关暂时性差异是否应确认相关的所得税影响，应当考虑该项投资的持有意图：

如果企业拟长期持有，则因初始投资成本的调整产生的暂时性差异预计未来期间不会转回，对未来期间没有所得税影响；因确认投资损益产生的暂时性差异，如果在未来期间逐期分回现金股利或利润时免税（我国税法规定，居民企业间的股息、红利免税），也不存在对未来期间的所得税影响；因确认应享有被投资单位其他权益变动而产生的暂时性差异，在长期持有的情况下预计未来期间也不会转回。因此，在准备长期持有的情况下，对于采用权益法核算的长期股权投资账面价值与计税基础之间的差异，投资企业一般不确认相关的所得税影响。

如果投资企业改变持有意图拟对外出售的情况下，按照税法规定，企业在转让或者处置投资资产时，投资资产的成本准予扣除。在持有意图由长期持有转变为拟近期出售的情况下，因长期股权投资的账面价值与计税基础不同产生的有关暂时性差异，均应确认相关的所得税影响。

（二）递延所得税负债的计量

《企业会计准则第18号——所得税》规定，资产负债表日，对于递延所得税负债，应当根据适用税法规定，按照预期收回该资产或清偿该负债期间的适用税率计量。即递延所得税负债应以相关应纳税暂时性差异转回期间按照税法规定适用的所得税税率计量。无论应纳税暂时性差异何时转回，相关的递延所得税负债不要求折现。

二、递延所得税资产的确认和计量

（一）递延所得税资产的确认

1. 确认的一般原则

递延所得税资产产生于可抵扣暂时性差异。确认因可抵扣暂时性差异产生的递延所得税资产应以未来期间可能取得的应纳税所得额为限。在可抵扣暂时性差异预期转回的未来期间内，企业无法产生足够的应纳税所得额用以利用可抵扣暂时性差异的影响，使得与可抵扣暂时性差异相关的经济利益无法实现的，不应确认递延所得税资产；企业有明确的证据表明其于可抵扣暂时性差异转回的未来期间能够产生足够的应纳税所得额，进而利用可抵扣暂时性差异的，则应以可能取得的应纳税所得额为限，确认相关的递延所得税资产。

在判断企业于可抵扣暂时性差异转回的未来期间是否能够产生足够的应纳税所得额时，应考虑企业在未来期间通过正常的生产经营活动能够实现的应纳税所得额以及以前期间产生的应纳税暂时性差异在未来期间转回时将增加的应纳税所得额。

（1）对与子公司、联营企业、合营企业的投资相关的可抵扣暂时性差异，同时满足下列条件的，应当确认相关的递延所得税资产：一是暂时性差异在可预见的未来很可能转回；二是未来很可能获得用来抵扣可抵扣暂时性差异的应纳税所得额。

对联营企业和合营企业等的投资产生的可抵扣暂时性差异，主要产生于权益法下被投资单位发生亏损时，投资企业按照持股比例确认应予承担的部分相应减少长期股权投资的账面价值，但税法规定长期股权投资的成本在持有期间不发生变化，造成长期股权投资的账面价值小于其计税基础，产生可抵扣暂时性差异。

投资企业对有关投资计提减值准备的情况下,也会产生可抵扣暂时性差异。

(2) 对于按照税法规定可以结转以后年度的未弥补亏损和税款抵减,应视同可抵扣暂时性差异处理。在有关的亏损或税款抵减金额得到税务部门的认可或预计能够得到税务部门的认可且预计可利用未弥补亏损或税款抵减的未来期间内能够取得足够的应纳税所得额时,除准则中规定不予确认的情况外,应当以很可能取得的应纳税所得额为限,确认相应的递延所得税资产,同时减少确认当期的所得税费用。

2. 不确认递延所得税资产的情况

某些情况下,企业发生的某项交易或事项不属于企业合并,并且交易发生时既不影响会计利润也不影响应纳税所得额,且该项交易中产生的资产、负债的初始确认金额与其计税基础不同,产生可抵扣暂时性差异的,《企业会计准则第18号——所得税》中规定在交易或事项发生时不确认相应的递延所得税资产。

▶【例19-19】A企业进行内部研究开发所形成的无形资产成本为1 200万元,假定按照税法规定可于未来期间税前扣除的金额为2 400万元,其计税基础为2 400万元。

分析:该项无形资产并非产生于企业合并,同时在初始确认时既不影响会计利润也不影响应纳税所得额,确认其账面价值与计税基础之间产生暂时性差异的所得税影响需要调整该项资产的历史成本,准则规定该种情况下不确认相关的递延所得税资产。

(二) 递延所得税资产的计量

同递延所得税负债的计量原则相一致,确认递延所得税资产时,应当以预期收回该资产期间的适用所得税税率为基础计算确定。无论相关的可抵扣暂时性差异何时转回,递延所得税资产均不要求折现。

企业在确认了递延所得税资产以后,资产负债表日,应当对递延所得税资产的账面价值进行复核。如果未来期间很可能无法取得足够的应纳税所得额用以利用可抵扣暂时性差异带来的利益,应当减记递延所得税资产的账面价值。减记的递延所得税资产,除原确认时计入所有者权益(如资本公积、留存收益、其他综合收益等)的,其减记金额亦应计入所有者权益外,其他的情况均应增加当期的所得税费用。

因无法取得足够的应纳税所得额利用可抵扣暂时性差异减记递延所得税资产账面价值的,以后期间根据新的环境和情况判断能够产生足够的应纳税所得额利用可抵扣暂时性差异,使得递延所得税资产包含的经济利益能够实现的,应相应恢复递延所得税资产的账面价值。

另外,无论是递延所得税资产还是递延所得税负债的计量,均应考虑资产负债表日企业预期收回资产或清偿负债方式的所得税影响,在计量递延所得税资产和递延所得税负债时,应当采用与收回资产或清偿债务的预期方式相一致的税率和计税基础。例如,企业持有的某项固定资产,一般情况下是为企业的正常生产经营活动提供必要的生产条件,但在某一时点上,企业决定将该固定资产对外出售,实现其为企业带来的未来经济利益,且假定税法规定长期资产处置时适用的所得税税率与一般情况不同的,则企业在计量因该资产产生的应纳税暂时性差异或可抵扣暂时性差异的所得税影响时,应考虑该资产带来的经济利益预期消耗方式的影响。

三、特殊交易或事项中涉及递延所得税的确认和计量

（一）与直接计入所有者权益的交易或事项相关的所得税

与当期及以前期间直接计入所有者权益的交易或事项相关的当期所得税及递延所得税应当计入所有者权益。直接计入所有者权益的交易或事项主要有：会计政策变更采用追溯调整法或对前期差错更正采用追溯重述法调整期初留存收益、以公允价值计量且其变动计入其他综合收益的金融资产公允价值的变动金额、同时包含负债及权益成分的金融工具在初始确认时计入所有者权益、自用房地产转为采用公允价值模式计量的投资性房地产时公允价值大于原账面价值的差额计入其他综合收益等。

（二）与企业合并相关的递延所得税

在企业合并中，购买方取得的可抵扣暂时性差异，比如，购买日取得的被购买方在以前期间发生的未弥补亏损等可抵扣暂时性差异，按照税法规定可以用于抵减以后年度应纳税所得额，但在购买日不符合递延所得税资产确认条件而不予以确认。购买日后12个月内，如取得新的或进一步的信息表明购买日的相关情况已经存在，预期被购买方在购买日可抵扣暂时性差异带来的经济利益能够实现的，应当确认相关的递延所得税资产，同时减少商誉，商誉不足冲减的，差额部分确认为当期损益；除上述情况以外，确认与企业合并相关的递延所得税资产，应当计入当期损益。

▶【例19-20】甲公司于2×24年1月1日购买乙公司80%股权，形成非同一控制下企业合并。因会计准则规定与适用税法规定的处理方法不同，在购买日产生可抵扣暂时性差异300万元。假定购买日及未来期间企业适用的所得税税率为25%。

购买日，因预计未来期间无法取得足够的应纳税所得额，未确认与可抵扣暂时性差异相关的递延所得税资产75万元。购买日确认的商誉为50万元。

在购买日后6个月，甲公司预计能够产生足够的应纳税所得额用以抵扣企业合并时产生的可抵扣暂时性差异300万元，且该事实于购买日已经存在，则甲公司的账务处理如下：

借：递延所得税资产　　　　　　　　　　　　　　　　750 000
　　贷：商誉　　　　　　　　　　　　　　　　　　　　　500 000
　　　　所得税费用　　　　　　　　　　　　　　　　　　250 000

假定在购买日后6个月，甲公司根据新的事实预计能够产生足够的应纳税所得额用以抵扣企业合并时产生的可抵扣暂时性差异300万元，且该新的事实于购买日并不存在，则甲公司的账务处理如下：

借：递延所得税资产　　　　　　　　　　　　　　　　750 000
　　贷：所得税费用　　　　　　　　　　　　　　　　　　750 000

（三）与股份支付相关的当期及递延所得税

与股份支付相关的支出在按照会计准则规定确认为成本费用时，其相关的所得税影响应区别于税法的规定进行处理：如果税法规定与股份支付相关的支出不允许税前扣除，则不形成暂时性差异；如果税法规定与股份支付相关的支出允许税前扣除，在按照会计准则规定确认成本费用的期间内，企业应当根据会计期末取得的信息估计可税前扣除的金额计算确定其计税基础及由此产生的暂时性差异，符合确认条件的情况下，应当确认

相关的递延所得税。

根据相关税法规定,对于附有业绩条件或服务条件的股权激励计划,企业按照会计准则的相关规定确认的成本费用在等待期内不得税前抵扣,待股权激励计划可行权时方可抵扣,可抵扣的金额为实际行权时的股票公允价值与激励对象支付的行权金额之间的差额。因此,企业未来可以在税前抵扣的金额与等待期内确认的成本费用金额很可能存在差异。企业应根据期末的股票价格估计未来可以税前抵扣的金额,以未来期间很可能取得的应纳税所得额为限确认递延所得税资产。此外,如果预计未来期间可抵扣的金额超过等待期内确认的成本费用,超出部分形成的递延所得税资产应直接计入所有者权益(资本公积——其他资本公积),而不是计入当期损益。

▶【例19-21】甲公司于2×24年1月1日授予1名管理人员1 000份限制性股票激励计划,服务期限条件为2年,甲公司预计1 000份限制性股票在2年后均可行权。限制性股票的授予价格为10元/股,甲公司股票在授予日的市场价格为18元/股。经测算,限制性股票在授予日的公允价值为9元/股。假定甲公司满足确认递延所得税资产的条件,适用的所得税税率为25%。

分析:根据相关税法规定,对于该限制性股票激励计划,甲公司按照会计准则的相关规定确认的成本费用在等待期内不得税前抵扣,待该限制性股票激励计划可行权时方可抵扣,可抵扣的金额为可行权时甲公司股票的公允价值与激励对象支付的限制性股票授予价格之间的差额。

2×24年12月31日,甲公司确认股份支付费用的账务处理如下:

借:管理费用 (1 000×9×1/2) 4 500
 贷:资本公积——其他资本公积 4 500

假设甲公司股票在2×24年12月31日的市场价格为17元/股,甲公司估计未来可税前抵扣的金额为7元/股(17-10),未来可税前抵扣的总额为7 000元(1 000×7)。2×24年12月31日,甲公司确认递延所得税的账务处理如下:

借:递延所得税资产 (7 000×1/2×25%) 875
 贷:所得税费用 875

2×25年12月31日,甲公司确认股份支付费用的账务处理如下:

借:管理费用 (1 000×9-4 500) 4 500
 贷:资本公积——其他资本公积 4 500

假设甲公司股票在2×25年12月31日的市场价格为22元/股,甲公司估计未来可税前抵扣的金额为12元/股(22-10),未来可税前抵扣的总额为12 000元(1 000×12)。甲公司估计未来可税前抵扣的金额(12 000元)超过等待期内确认的股份支付费用(累计为9 000元),超出部分3 000元形成的递延所得税资产应直接计入所有者权益。2×25年12月31日,甲公司确认递延所得税的账务处理如下:

借:递延所得税资产 (12 000×25%-875) 2 125
 贷:所得税费用 (9 000×25%-875) 1 375
  资本公积——其他资本公积 (3 000×25%) 750

(四) 与单项交易相关的递延所得税

对于不是企业合并、交易发生时既不影响会计利润也不影响应纳税所得额（或可抵扣亏损），且初始确认的资产和负债导致产生等额应纳税暂时性差异和可抵扣暂时性差异的单项交易（包括承租人在租赁期开始日初始确认租赁负债并计入使用权资产的租赁交易，以及因固定资产等存在弃置义务而确认预计负债并计入相关资产成本的交易等，以下简称单项交易），不适用上述关于豁免初始确认递延所得税负债和递延所得税资产的规定。企业对该单项交易因资产和负债的初始确认所产生的应纳税暂时性差异和可抵扣暂时性差异，应当在交易发生时分别确认相应的递延所得税负债和递延所得税资产。

▶【例19-22】2×23年1月1日（租赁期开始日），承租人甲公司与出租人乙公司签订了为期7年的商铺租赁合同。每年的租赁付款额为450 000元（不含税），于每年年末支付。甲公司无法确定租赁内含利率，其增量借款利率为每年5.04%。在租赁期开始日，甲公司按租赁付款额的现值所确认的租赁负债为2 600 000元，甲公司已支付与该租赁相关的初始直接费用50 000元。甲公司在租赁期内按照直线法对使用权资产计提折旧。假定按照适用税法规定，该交易属于税法上的经营租赁，甲公司支付的初始直接费用于实际发生时一次性税前扣除，每期支付的租金允许在支付当期进行税前抵扣，甲公司适用的所得税税率为25%。假设甲公司未来期间能够取得足够的应纳税所得额用以抵扣可抵扣暂时性差异，不考虑其他因素。

分析：在租赁期开始日，甲公司租赁负债的账面价值为2 600 000元，计税基础（即账面价值减去未来期间计算应纳税所得额时按照税法规定可予抵扣的金额）为0，产生可抵扣暂时性差异2 600 000元；甲公司使用权资产的账面价值为2 650 000元（2 600 000 + 50 000），其中按照与租赁负债等额确认的使用权资产部分（2 600 000元）的计税基础（即收回资产账面价值过程中计算应纳税所得额时按照税法规定可以自应税经济利益中抵扣的金额）为0，产生应纳税暂时性差异2 600 000元。企业对该单项交易因资产和负债的初始确认所产生的应纳税暂时性差异和可抵扣暂时性差异，不适用上述关于豁免初始确认递延所得税负债和递延所得税资产的规定，应当在交易发生时分别确认相应的递延所得税负债和递延所得税资产。

计入甲公司使用权资产的租赁初始直接费用的账面价值为50 000元，计税基础为0（根据税法规定初始直接费用已从支付当年应纳税所得额中全额扣除，因此未来收回资产账面价值过程中计算应纳税所得额时按照税法规定可以自应税经济利益中进一步抵扣的金额为0），产生应纳税暂时性差异50 000元；同时，由于该初始直接费用影响交易发生时的应纳税所得额，不适用上述关于豁免初始确认递延所得税负债和递延所得税资产的规定，甲公司应当就该初始直接费用相关的暂时性差异确认相应的递延所得税负债。

租赁期开始日，甲公司确认递延所得税的账务处理如下：

借：递延所得税资产　　　　　　　　　　　　　（2 600 000×25%）650 000
　　所得税费用　　　　　　　　　　　　　　　　　　　　　　　　　12 500
　　贷：递延所得税负债　　　　　　　　　　　（2 650 000×25%）662 500

租赁期第1年，甲公司计提租赁负债利息131 040元（2 600 000×5.04%），甲公司向乙公司支付第1年的租赁付款额450 000元，甲公司租赁期第1年年末租赁负债账面价值为 2 281 040 元（2 600 000 + 131 040 – 450 000），与年初相比，租赁负债账面价值减少 318 960 元，相关的可抵扣暂时性差异也减少 318 960 元。甲公司相应调整递延所得税资产的账面价值，账务处理如下：

借：所得税费用　　　　　　　　　　　　　　　　　　（318 960×25%）79 740
　　贷：递延所得税资产　　　　　　　　　　　　　　　　　　　　　　79 740

同时，甲公司使用权资产在初始确认时的账面价值（未计提折旧前）为 2 650 000 元，按直线法在 7 年内计提折旧，年折旧费为 378 571 元（2 650 000÷7）。租赁期第 1 年年末，使用权资产的账面价值减少 378 571 元，相关的应纳税暂时性差异也减少 378 571 元。甲公司相应调整递延所得税负债的账面价值，账务处理如下：

借：递延所得税负债　　　　　　　　　　　　　　　　（378 571×25%）94 643
　　贷：所得税费用　　　　　　　　　　　　　　　　　　　　　　　　94 643

（五）发行方分类为权益工具的金融工具相关股利的所得税影响

对于企业（指发行方）按照《企业会计准则第 37 号——金融工具列报》等规定分类为权益工具的金融工具（如分类为权益工具的永续债等），相关股利支出按照税收政策相关规定在企业所得税税前扣除的，企业应当在确认应付股利时，确认与股利相关的所得税影响。该股利的所得税影响通常与过去产生可供分配利润的交易或事项更为直接相关，企业应当按照与过去产生可供分配利润的交易或事项时所采用的会计处理相一致的方式，将股利的所得税影响计入当期损益或所有者权益项目（含其他综合收益项目）。对于所分配的利润来源于以前产生损益的交易或事项，该股利的所得税影响应当计入当期损益；对于所分配的利润来源于以前确认在所有者权益中的交易或事项，该股利的所得税影响应当计入所有者权益项目（如其他综合收益等）。

四、适用税率变化对已确认递延所得税资产和递延所得税负债的影响

因税收法规的变化，导致企业在某一会计期间适用的所得税税率发生变化的，企业应对已确认的递延所得税资产和递延所得税负债按照新的税率进行重新计量。递延所得税资产和递延所得税负债的金额代表的是有关可抵扣暂时性差异或应纳税暂时性差异于未来期间转回时，导致企业应交所得税金额的减少或增加的情况。适用税率变动的情况下，应对原已确认的递延所得税资产及递延所得税负债的金额进行调整，反映税率变化带来的影响。

除直接计入所有者权益的交易或事项产生的递延所得税资产及递延所得税负债，相关的调整金额应计入所有者权益以外，其他情况下因税率变化产生的调整金额应确认为税率变化当期的所得税费用（或收益）。

第五节　所得税费用的确认和计量

所得税会计的主要目的之一是为了确定当期应交所得税以及利润表中的所得税费用。

在按照资产负债表债务法核算所得税的情况下，利润表中的所得税费用包括当期所得税和递延所得税两个部分。

一、当期所得税

当期所得税是指企业按照税法规定计算确定的针对当期发生的交易和事项，应交纳给税务部门的所得税金额，即当期应交所得税。

企业在确定当期应交所得税时，对于当期发生的交易或事项，会计处理与税法处理不同的，应在会计利润的基础上，按照适用税收法规的规定进行调整，计算出当期应纳税所得额，按照应纳税所得额与适用所得税税率计算确定当期应交所得税。一般情况下，应纳税所得额可在会计利润的基础上，考虑会计与税收法规之间的差异，公式为：

应纳税所得额＝会计利润＋按照会计准则规定计入利润表但计税时不允许税前扣除的费用±计入利润表的费用与按照税法规定可予税前抵扣的金额之间的差额±计入利润表的收入与按照税法规定应计入应纳税所得额的收入之间的差额－税法规定的不征税收入±其他需要调整的因素

二、递延所得税

递延所得税是指按照《企业会计准则第18号——所得税》规定当期应予确认的递延所得税资产和递延所得税负债金额，即递延所得税资产及递延所得税负债当期发生额的综合结果，但不包括计入所有者权益的交易或事项的所得税影响。用公式表示即为：

递延所得税＝（递延所得税负债的期末余额－递延所得税负债的期初余额）－（递延所得税资产的期末余额－递延所得税资产的期初余额）

应予说明的是，企业因确认递延所得税资产和递延所得税负债产生的递延所得税，一般应当计入所得税费用，但以下两种情况除外：

一是某项交易或事项按照会计准则规定应计入所有者权益的，由该交易或事项产生的递延所得税资产或递延所得税负债及其变化亦应计入所有者权益，不构成利润表中的递延所得税费用（或收益）。

▶【例19-23】甲企业持有的某项以公允价值计量且其变动计入其他综合收益的其他债权投资，成本为500万元，会计期末，其公允价值为600万元，该企业适用的所得税税率为25%。除该事项外，该企业不存在其他会计与税收法规之间的差异，且递延所得税资产和递延所得税负债不存在期初余额。

会计期末在确认100万元的公允价值变动时，账务处理如下：

借：其他债权投资　　　　　　　　　　　　　　　　　1 000 000
　　贷：其他综合收益　　　　　　　　　　　　　　　　　　1 000 000

确认应纳税暂时性差异的所得税影响时，账务处理如下：

借：其他综合收益　　　　　　　　　　　　　　　　　　250 000
　　贷：递延所得税负债　　　　　　　　　　　　　　　　　　250 000

二是企业合并中取得的资产、负债,其账面价值与计税基础不同,应确认相关递延所得税的,该递延所得税的确认影响合并中产生的商誉或是计入当期损益的金额,不影响所得税费用,有关举例见【例19-18】。

三、所得税费用

计算确定了当期所得税及递延所得税以后,利润表中应予确认的所得税费用为两者之和,即:

所得税费用=当期所得税+递延所得税

▶【例19-24】A公司2×24年度利润表中利润总额为3 000万元,该公司适用的所得税税率为25%。递延所得税资产及递延所得税负债不存在期初余额。与所得税核算有关的情况如下:

2×24年发生的有关交易和事项中,会计处理与税收处理存在差别的有:

(1) 2×24年1月开始计提折旧的一项固定资产,成本为1 500万元,使用年限为10年,净残值为0,会计处理按双倍余额递减法计提折旧,税收处理按直线法计提折旧。假定税法规定的使用年限及净残值与会计规定相同。

(2) 向关联企业捐赠现金500万元。假定按照税法规定,企业向关联方的捐赠不允许税前扣除。

(3) 当期取得作为交易性金融资产核算的股票投资成本为800万元,2×24年12月31日的公允价值为1 200万元。税法规定,以公允价值计量的金融资产持有期间市价变动不计入应纳税所得额。

(4) 违反环保法规定应支付罚款250万元。

(5) 期末对持有的存货计提了75万元的存货跌价准备。

分析:

(1) 2×24年度当期应交所得税:

应纳税所得额=3 000+150+500-400+250+75=3 575(万元)

应交所得税=3 575×25%=893.75(万元)

(2) 2×24年度递延所得税:

递延所得税资产=225×25%=56.25(万元)

递延所得税负债=400×25%=100(万元)

递延所得税=100-56.25=43.75(万元)

(3) 利润表中应确认的所得税费用:

所得税费用=893.75+43.75=937.50(万元),确认所得税费用的账务处理如下:

借:所得税费用	9 375 000	
递延所得税资产	562 500	
贷:应交税费——应交所得税		8 937 500
递延所得税负债		1 000 000

该公司2×24年资产负债表相关项目金额及其计税基础如表19-3所示。

表19-3 单位：万元

项目	账面价值	计税基础	应纳税暂时性差异	可抵扣暂时性差异
存货	2 000	2 075		75
固定资产：				
固定资产原价	1 500	1 500		
减：累计折旧	300	150		
减：固定资产减值准备	0	0		
固定资产账面价值	1 200	1 350		150
交易性金融资产	1 200	800	400	
其他应付款	250	250		
总　计			400	225

▶【例19-25】承【例19-24】，假定A公司2×25年当期应交所得税为1 155万元。资产负债表中有关资产、负债的账面价值与其计税基础相关资料如表19-4所示，除所列项目外，其他资产、负债项目不存在会计和税收的差异。

表19-4 单位：万元

项目	账面价值	计税基础	应纳税暂时性差异	可抵扣暂时性差异
存货	4 000	4 200		200
固定资产：				
固定资产原价	1 500	1 500		
减：累计折旧	540	300		
减：固定资产减值准备	50	0		
固定资产账面价值	910	1 200		290
交易性金融资产	1 675	1 000	675	
预计负债	250	0		250
总　计			675	740

分析：

(1) 当期所得税＝当期应交所得税＝1 155万元。

(2) 递延所得税：

①期末递延所得税负债　　　　　　　　　　（675×25%）168.75

期初递延所得税负债　　　　　　　　　　　　　　　　　100

递延所得税负债增加　　　　　　　　　　　　　　　　68.75

②期末递延所得税资产　　　　　　　　　　（740×25%）185

期初递延所得税资产　　　　　　　　　　　　　　　56.25

递延所得税资产增加　　　　　　　　　　　　　　　　　128.75

递延所得税 = 68.75 − 128.75 = −60（万元）（收益）

(3) 确认所得税费用：

所得税费用 = 1 155 − 60 = 1 095（万元），确认所得税费用的账务处理如下：

借：所得税费用　　　　　　　　　　　　　　　　　10 950 000
　　递延所得税资产　　　　　　　　　　　　　　　　1 287 500
　　贷：递延所得税负债　　　　　　　　　　　　　　　　687 500
　　　　应交税费——应交所得税　　　　　　　　　　11 550 000

第六节　所得税的列报

一、列报的基本原则

企业对所得税的核算结果，除利润表中列示的所得税费用以外，在资产负债表中形成的应交税费（应交所得税）以及递延所得税资产和递延所得税负债应当遵循准则规定列报。其中，递延所得税资产和递延所得税负债一般应当分别作为非流动资产和非流动负债在资产负债表中列示，所得税费用应当在利润表中单独列示，同时还应在附注中披露与所得税有关的信息。

一般情况下，在个别财务报表中，当期所得税资产与当期所得税负债、递延所得税资产及递延所得税负债可以以抵销后的净额列示。在合并财务报表中，纳入合并范围的企业中，一方的当期所得税资产或递延所得税资产与另一方的当期所得税负债或递延所得税负债一般不能予以抵销，除非所涉及的企业具有以净额结算的法定权利并且意图以净额结算。

二、所得税费用（收益）与会计利润关系的说明

会计准则要求企业在会计报表附注中就所得税费用（或收益）与会计利润的关系进行说明，该说明意在于在利润表中已列示所得税费用的基础上，对当期以会计利润为起点，考虑会计与税收规定之间的差异，计算得到所得税费用的调节过程。自会计利润到所得税费用之间的调整包括两个方面：一是未包括在利润总额的计算中，但包含在当期或递延所得税计算中的项目；二是未包括在当期或递延所得税计算中，但包含在利润总额中的项目。具体调整项目一般包括：(1) 与税率相关的调整；(2) 税法规定的非应税收入、不得税前扣除的成本费用和损失，或者可加计扣除的费用（如直接计入当期损益的研发费用按税法规定可加计扣除的金额）等永久性差异；(3) 本期未确认递延所得税资产的可抵扣暂时性差异或可抵扣亏损的影响、使用前期未确认递延所得税资产的可抵扣亏损影响；(4) 对以前期间所得税进行汇算清缴的结果与以前期间确认金额不同调整

报告期间所得税费用等。其格式及内容见表19–5。

表 19–5

项　　目	2×19 年度	2×18 年度
利润总额		
按法定/适用税率计算的所得税费用		
子公司适用不同税率的影响		
调整以前期间所得税的影响		
非应税收入的影响		
不可抵扣的成本、费用和损失的影响		
使用前期未确认递延所得税资产的可抵扣亏损的影响		
本期未确认递延所得税资产的可抵扣暂时性差异或可抵扣亏损的影响		
研发费用加计扣除		
……		
所得税费用		

第二十章 非货币性资产交换

第一节 非货币性资产交换的概念

一、非货币性资产交换的相关概念

(一) 非货币性资产的概念

资产按未来经济利益流入（表现形式是货币金额）是否固定或可确定，分为货币性资产和非货币性资产。非货币性资产是相对于货币性资产而言的。货币性资产，是指企业持有的货币资金和收取固定或可确定金额的货币资金的权利，包括现金、银行存款、应收账款和应收票据等。非货币性资产，是指货币性资产以外的资产，如存货（原材料、包装物、低值易耗品、库存商品等）、固定资产、在建工程、生产性生物资产、无形资产、投资性房地产、长期股权投资等。非货币性资产有别于货币性资产的最基本特征是其在将来为企业带来的经济利益（即货币金额）是不固定的或不可确定的。如果资产在将来为企业带来的经济利益（即货币金额）是固定的或可确定的，则该资产是货币性资产；反之，如果资产在将来为企业带来的经济利益（即货币金额）是不固定的或不确定的，则该资产是非货币性资产。例如，企业持有固定资产的主要目的是用于生产经营，通过折旧方式将其磨损价值转移到产品成本或服务中，然后通过产品销售或提供服务获利，固定资产在将来为企业带来的经济利益（即货币金额）是不固定的或不可确定的，因此，固定资产属于非货币性资产。

(二) 非货币性资产交换的概念

非货币性资产交换，是指企业主要以固定资产、无形资产、投资性房地产和长期股权投资等非货币性资产进行的交换。该交换不涉及或只涉及少量的货币性资产（即补价）。从非货币性资产交换的定义可以看出，非货币性资产交换具有如下特征：

第一，非货币性资产交换的交易对象主要是非货币性资产。企业用货币性资产（如现金、银行存款）来交换非货币性资产（如存货、固定资产等）的交易最为普遍；但是在有些情况下，企业为了满足各自生产经营的需要，同时减少货币性资产的流入和流出，而进行非货币性资产交换交易。比如，甲企业需要乙企业闲置的生产设备，乙企业需要甲企业闲置的办公楼，双方在货币性资产短缺的情况下，可能会出现非货币性资产交换的交易行为。

第二，非货币性资产交换是以非货币性资产进行交换的行为。交换，通常是指一个企业和另一个企业之间的互惠转让，通过转让，企业以让渡其他资产或劳务或者承担其他义务而取得资产或劳务（或偿还负债）。非互惠的非货币性资产转让不属于本章所述的非货币性资产交换，如企业捐赠非货币性资产等。

第三，非货币性资产交换一般不涉及货币性资产，但有时也可能涉及少量的货币性资产。

通常情况下，交易双方对于某项交易是否为非货币性资产交换的判断是一致的。需要注意的是，对非货币性资产交换进行判断，企业应从自身的角度，根据交易的实质判断相关交易是否属于本章定义的非货币性资产交换，不应基于交易双方的情况进行判断。例如，投资方以一项固定资产出资取得对被投资方的权益性投资，对投资方来说，换出资产为固定资产，换入资产为长期股权投资，属于非货币性资产交换；对于被投资方来说，虽取得了实物资产，但属于接受权益性投资，不属于非货币性资产交换。

（三）非货币性资产交换的认定

非货币性资产交换一般不涉及货币性资产，或只涉及少量货币性资产即补价。《企业会计准则第 7 号——非货币性资产交换》规定，认定涉及少量货币性资产的交换为非货币性资产交换，通常以补价占整个资产交换金额的比例是否低于 25% 作为参考比例。具体来说，从收到补价的企业来看，收到的补价的公允价值占换出资产公允价值（或占换入资产公允价值和收到的货币性资产之和）的比例低于 25% 的，视为非货币性资产交换；从支付补价的企业来看，支付的货币性资产占换出资产公允价值与支付的补价的公允价值之和（或占换入资产公允价值）的比例低于 25% 的，视为非货币性资产交换；如果上述比例高于 25%（含 25%）的，则不视为非货币性资产交换，适用《企业会计准则第 14 号——收入》等相关准则的规定。

二、非货币性资产交换不涉及的交易和事项

本章所指非货币性资产交换不涉及以下交易和事项：

（一）换出资产为存货的非货币性资产交换

企业以存货换取客户的非货币性资产（如固定资产、无形资产等）的，换出存货的企业相关的会计处理适用《企业会计准则第 14 号——收入》。

（二）非货币性资产交换中涉及的企业合并

非货币性资产交换中涉及企业合并的，适用《企业会计准则第 20 号——企业合并》《企业会计准则第 2 号——长期股权投资》和《企业会计准则第 33 号——合并财务报表》。

（三）非货币性资产中涉及的金融资产

非货币性资产交换中涉及由《企业会计准则第 22 号——金融工具确认和计量》规范

的金融资产的,金融资产的确认、终止确认和计量适用《企业会计准则第 22 号——金融工具确认和计量》和《企业会计准则第 23 号——金融资产转移》。

(四) 非货币性资产交换中涉及使用权资产或应收融资租赁款

非货币性资产交换中涉及由《企业会计准则第 21 号——租赁》规范的使用权资产或应收融资租赁款等的,相关资产的确认、终止确认和计量适用《企业会计准则第 21 号——租赁》。

(五) 非货币性资产交换构成权益性交易

非货币性资产交换的一方直接或间接对另一方持股且以股东身份进行交易,或者非货币性资产交换的双方均受同一方或相同的多方最终控制,且该非货币性资产交换的交易实质是交换的一方向另一方进行了权益性分配或交换的一方接受了另一方权益性投入,应当适用权益性交易的有关会计处理规定,不确认构成权益交易部分的相关损益。例如,集团重组中发生的非货币性资产划拨、划转行为,在股东或最终控制方的安排下,企业无代价或以明显不公平的代价将非货币性资产转让给其他企业或接受其他企业的非货币性资产,该类转让的实质是企业进行了权益性分配或接受了权益性投入,不适用本章所述的非货币性资产交换会计处理,应当适用权益性交易的有关会计处理规定。企业应当遵循实质重于形式的原则判断非货币性资产交换是否构成权益性交易。

(六) 其他不适用非货币性资产交换准则的交易和事项

(1) 企业从政府无偿取得非货币性资产(比如,政府无偿提供非货币性资产给企业建造固定资产等)的,适用《企业会计准则第 16 号——政府补助》。

(2) 企业将非流动资产或处置组分配给所有者的,适用《企业会计准则第 42 号——持有待售的非流动资产、处置组和终止经营》。

(3) 企业以非货币性资产向职工发放非货币性福利的,适用《企业会计准则第 9 号——职工薪酬》。

(4) 企业以发行股票形式取得的非货币性资产,相当于以权益工具换入非货币性资产,其成本确定适用相关资产准则。例如,甲企业通过发行普通股股票取得乙企业固定资产,甲企业应按照《企业会计准则第 4 号——固定资产》等进行会计处理。

(5) 企业用于非货币性资产交换的非货币性资产应当符合资产的定义并满足资产的确认条件,且作为资产列报于企业的资产负债表上。因此,企业用于交换的资产目前尚未列报于资产负债表上,或不存在或尚不属于本企业的,适用其他相关会计准则。

第二节 非货币性资产交换的确认和计量

一、非货币性资产交换的确认原则

企业在非货币性资产交换中,对于换入资产,应当在其符合资产定义并满足资产确认条件时予以确认；对于换出资产，应当在其满足资产终止确认条件时终止确认。例如，某企业在非货币性资产交换中的换入资产或换出资产均为固定资产，按照《企业会计准则第 4 号——固定资产》和《企业会计准则第 14 号——收入》的规定，换入的固定资产应当在与该固定资产有关的经济利益很可能流入企业，且成本能够可靠地计量时确认；换出的固定资产应当以换入企业取得该固定资产控制权时点作为处置时点终止确认。

非货币性资产交换中的资产应当符合资产的定义并满足资产的确认条件，且作为资产列示在企业的资产负债表上。因此，通常情况下，换入资产的确认时点与换出资产的终止确认时点应当相同或相近。实务中，由于资产控制权转移所必需的运输或转移程序等方面的原因（如资产运输至对方地点所需的合理运输时间、办理股权或房产过户手续等），可能导致换入资产满足确认条件的时点与换出资产满足终止确认条件的时点存在短暂不一致，企业可以按照重要性原则，在换入资产满足确认条件和换出资产满足终止确认条件孰晚的时点进行会计处理。在换入资产的确认时点与换出资产的终止确认时点存在不一致的情形下，在资产负债表日，企业应当按照下列原则进行会计处理：换入资产满足资产确认条件，换出资产尚未满足终止确认条件的，在确认换入资产的同时将交付换出资产的义务确认为一项负债，如其他应付款等；换入资产尚未满足资产确认条件，换出资产满足终止确认条件的，在终止确认换出资产的同时将取得换入资产的权利确认为一项资产，如其他应收款等。

二、非货币性资产交换的计量原则

在非货币性资产交换的情况下，不论是一项资产换入一项资产、一项资产换入多项资产、多项资产换入一项资产，还是多项资产换入多项资产，《企业会计准则第 7 号——非货币性资产交换》规定了换入资产成本的计量基础和交换所产生损益的确认原则。

（一）以公允价值为基础计量

非货币性资产交换同时满足下列两个条件的，应当以公允价值和应支付的相关税费作为换入资产的成本，公允价值与换出资产账面价值的差额计入当期损益：

（1）该项交换具有商业实质；
（2）换入资产或换出资产的公允价值能够可靠地计量。

换入资产和换出资产公允价值均能够可靠计量的，应当以换出资产公允价值作为确定换入资产成本的基础。一般来说，取得资产的成本应当按照所放弃资产的对价来确定，在非货币性资产交换中，换出资产就是放弃的对价，如果其公允价值能够可靠确定，应当优先考虑按照换出资产的公允价值作为确定换入资产成本的基础；如果有确凿证据表明换入资产的公允价值更加可靠的，应当以换入资产公允价值为基础确定换入资产的成本。

对于非货币性资产交换中换入资产和换出资产的公允价值均能够可靠计量的情形，企业在判断是否有确凿证据表明换入资产的公允价值更加可靠时，应当考虑确定公允价值所使用的输入值层次，企业可以参考下列情况：第一层次输入值为公允价值提供了最可靠的证据，第二层次直接或间接可观察的输入值比第三层次不可观察输入值为公允价值提供了更确凿的证据。实务中,在考虑了补价因素的调整后,正常交易中换入资产的公允价值和换出资产的公允价值通常是一致的。

(二) 以账面价值为基础计量

不具有商业实质或交换涉及资产的公允价值均不能可靠计量的非货币性资产交换,应当按照换出资产的账面价值和应支付的相关税费,作为换入资产的成本,无论是否支付补价,均不确认损益;收到或支付的补价作为确定换入资产成本的调整因素。

三、商业实质的判断

非货币性资产交换具有商业实质,是能够以公允价值为基础计量的重要条件之一。在确定资产交换是否具有商业实质时,企业应当重点考虑由于发生了该项资产交换预期使企业未来现金流量发生变动的程度,通过比较换出资产和换入资产预计产生的未来现金流量或其现值,确定非货币性资产交换是否具有商业实质。只有当换出资产和换入资产预计未来现金流量或其现值两者之间的差额较大时,才能表明交易的发生使企业经济状况发生了明显改变,非货币性资产交换因而具有商业实质。企业应当遵循实质重于形式的原则,判断非货币性资产交换是否具有商业实质。

(一) 判断条件

企业发生的非货币性资产交换,满足下列条件之一的,视为具有商业实质。

1. 换入资产的未来现金流量在风险、时间分布或金额方面与换出资产显著不同

企业应当对比考虑换入资产与换出资产的未来现金流量在风险、时间分布或金额三个方面,对非货币性资产交换是否具有商业实质进行综合判断。通常情况下,只要换入资产和换出资产的未来现金流量在其中某个方面存在显著不同,即表明满足商业实质的判断条件。

例如,某企业以对联营企业的投资换入一项设备,对联营企业的投资与设备两者产生现金流量的时间相差较大,则可以判断上述对联营企业投资与固定资产的未来现金流量显著不同,因而该两项资产的交换具有商业实质。又如,甲企业以其用于经营出租的一幢公寓楼,与乙企业同样用于经营出租的一幢公寓楼进行交换,两幢公寓楼的租期、每期租金总额均相同,但是甲企业是租给一家财务及信用状况良好的企业(该企业租用该公寓是给其单身职工居住),乙企业的客户则都是单个租户,相比较而言,甲企业取得租金的风险较小,乙企业由于租给散户,租金的取得依赖于各单个租户的财务和信用状况。因此,两者现金流量流入的风险或不确定性程度存在明显差异,则两幢公寓楼的未来现金流量显著不同,进而可判断该两项资产的交换具有商业实质。

2. 使用换入资产所产生的预计未来现金流量现值与继续使用换出资产所产生的预计未来现金流量现值不同,且其差额与换入资产和换出资产的公允价值相比是重大的

企业如按照上述第一项条件难以判断某项非货币性资产交换是否具有商业实质,即可根据第二项条件,通过计算换入资产和换出资产的预计未来现金流量现值,进行比较后判断。资产预计未来现金流量现值,应当按照资产在持续使用过程和最终处置时预计产生的税后未来现金流量(使用企业自身的所得税税率),根据企业自身而不是市场参与

者对资产特定风险的评价，选择恰当的折现率对预计未来现金流量折现后的金额加以确定，以体现资产对企业自身的特定价值。

从市场参与者的角度分析，换入资产和换出资产预计未来现金流量在风险、时间分布或金额方面可能相同或相似，但是，鉴于换入资产的性质和换入企业经营活动的特征等因素，换入资产与换入企业其他现有资产相结合，能够比换出资产产生更大的作用，使换入企业受该换入资产影响的经营活动部分产生的现金流量，与换出资产明显不同，即换入资产对换入企业的使用价值与换出资产对该企业的使用价值明显不同，使换入资产预计未来现金流量现值与换出资产发生明显差异，则表明交换具有商业实质。

例如，甲企业以一项专利权换入乙企业拥有的长期股权投资，假定从市场参与者来看，通过第一项判断条件难以得出该交易是否具有商业实质的结论。根据第二项判断条件，对甲企业来讲，换入长期股权投资使甲企业未来能够收取被投资企业派发的股利，其产生的预计未来现金流量现值与换出的专利权有较大差异；乙企业换入的专利权能够解决生产中的技术难题，从而对乙企业产生的预计未来现金流量现值与换出的长期股权投资有明显差异，因而该交换具有商业实质。

（二）交换涉及的资产类别与商业实质的关系

企业在判断非货币性资产交换是否具有商业实质时，还可以从资产是否属于同一类别进行分析，因为不同类非货币性资产因其产生经济利益的方式不同，一般来说其产生的未来现金流量风险、时间分布或金额也不相同，因而不同类非货币性资产之间的交换是否具有商业实质，通常较易判断。不同类非货币性资产是指在资产负债表中列示为不同报表项目的资产，比如固定资产、投资性房地产、生物资产、长期股权投资、无形资产等都是不同类别的资产。例如，企业以一项用于出租的投资性房地产换一项固定资产自用，属于不同类非货币性资产交换。在这种情况下，企业将未来现金流量由每期产生的租金流，转化为该项资产独立产生，或包括该项资产的资产组协同产生的现金流。通常情况下，由定期租金带来的现金流量与用于生产经营的固定资产产生的现金流量在风险、时间分布或金额方面有所差异，因此，该两项资产的交换具有商业实质。

同类非货币性资产交换是否具有商业实质，通常较难判断，需要根据上述两项判断条件综合判断。企业应当重点关注的是换入资产和换出资产为同类资产的情况，同类资产产生的未来现金流量既可能相同，也可能显著不同，其之间的交换因而可能具有商业实质，也可能不具有商业实质。比如，甲企业将自己拥有的一幢建筑物，与乙企业拥有的在同一地点的另一幢建筑物相交换，两幢建筑物的建造时间、建造成本等均相同，属于同类别的非货币性资产之间的交换。在该交换交易下，两幢建筑物未来现金流量的风险、时间分布和金额可能相同，也可能不同。如果其中一幢建筑物可以立即出售，企业管理层也打算将其立即出售，而另一幢建筑物难以出售或只能在一段较长的时间内出售，则可以表明两项资产未来现金流量的风险、时间分布或金额显著不同，因而这两项资产的交换具有商业实质。

第三节　非货币性资产交换的会计处理

一、以公允价值为基础计量的会计处理

非货币性资产交换具有商业实质且公允价值能够可靠计量的,应当以换出资产的公允价值和应支付的相关税费作为换入资产的成本,除非有确凿证据表明换入资产的公允价值比换出资产公允价值更加可靠。其中,计入换入资产的应支付的相关税费应当符合相关会计准则对资产初始计量成本的规定。例如,换入资产为存货的,包括相关税费、使该资产达到目前场所和状态所发生的运输费、装卸费、保险费以及可归属于该资产的其他成本;换入资产为固定资产的,包括相关税费、使该资产达到预定可使用状态前所发生的可归属于该资产的运输费、装卸费、安装费和专业人员服务费等。实务中,企业在进行非货币性资产交换时,相关换入资产或换出资产的公允价值通常会在合同中约定;对于合同中没有约定的,应当按照合同开始日(合同生效日)的公允价值确定。

在以公允价值为基础计量的情况下,不论是否涉及补价,只要换出资产的公允价值与其账面价值不相同,就一定会涉及损益的确认,因为换出资产公允价值与换出资产账面价值的差额,通常是通过非货币性资产交换予以实现。

企业应当在换出资产终止确认时,将换出资产的公允价值与其账面价值之间的差额计入当期损益。换出资产的公允价值不能够可靠计量,或换入资产和换出资产的公允价值均能够可靠计量但有确凿证据表明换入资产的公允价值更加可靠的,应当在终止确认时,将换入资产的公允价值与换出资产账面价值之间的差额计入当期损益。

非货币性资产交换的会计处理,视换出资产的类别不同而有所区别:

(1) 换出资产为固定资产、在建工程、生产性生物资产、无形资产的,换出资产公允价值和换出资产账面价值的差额,计入资产处置损益。

(2) 换出资产为长期股权投资的,换出资产公允价值和换出资产账面价值的差额,计入投资收益。

(3) 换出资产为投资性房地产的,按换出资产公允价值或换入资产公允价值确认其他业务收入,按换出资产账面价值结转其他业务成本,两者之间的差额计入当期损益。

换入资产与换出资产涉及相关税费的,按照相关税收规定计算确定。

(一) 不涉及补价的情况

▶【例20-1】2×22年9月,甲公司以生产经营过程中使用的一台设备交换乙打印机公司生产的一批打印机,换入的打印机作为固定资产管理。甲、乙公司均为增值税一般纳税人,假设适用的增值税税率均为13%。设备的账面原值为150万元,在交换日的累计折旧为45万元,公允价值为90万元。打印机的账面价值为110万元,在交换日的市场价格为90万元,计税价格等于市场价格。乙公司换入甲公司的设备是生产打印机过程中

需要使用的设备。

假设甲公司此前没有为该项设备计提资产减值准备，整个交易过程中，除支付该项设备的运杂费15 000元外，没有发生其他相关税费。假设乙公司此前也没有为库存打印机计提存货跌价准备，其在整个交易过程中没有发生除增值税以外的其他税费。

本例中，整个资产交换过程没有涉及收付货币性资产，因此，该项交换属于非货币性资产交换。对甲公司来讲，换入的打印机是经营过程中必需的资产，对乙公司来讲，换入的设备是生产打印机过程中必须使用的机器，两项资产交换后对换入企业的特定价值显著不同，两项资产的交换具有商业实质；同时，两项资产的公允价值都能够可靠地计量，符合以公允价值计量的两个条件，因此，甲公司应当以换出资产的公允价值为基础，确定换入资产的成本，并确认产生的损益；乙公司应当适用《企业会计准则第14号——收入》进行会计处理。

甲公司的账务处理如下：

甲公司换入资产的增值税进项税额 = 900 000 × 13% = 117 000（元）

换出设备的增值税销项税额 = 900 000 × 13% = 117 000（元）

借：固定资产清理	1 050 000
累计折旧	450 000
贷：固定资产——设备	1 500 000
借：固定资产清理	15 000
贷：银行存款	15 000
借：固定资产——打印机	900 000
应交税费——应交增值税（进项税额）	117 000
资产处置损益	165 000
贷：固定资产清理	1 065 000
应交税费——应交增值税（销项税额）	117 000

乙公司的账务处理如下：

根据增值税的有关规定，企业以库存商品换入其他资产，视同销售行为发生，应计算增值税销项税额，缴纳增值税。

换出打印机的增值税销项税额 = 900 000 × 13% = 117 000（元）

换入设备的增值税进项税额 = 900 000 × 13% = 117 000（元）

借：固定资产——设备	900 000
应交税费——应交增值税（进项税额）	117 000
贷：主营业务收入	900 000
应交税费——应交增值税（销项税额）	117 000
借：主营业务成本	1 100 000
贷：库存商品——打印机	1 100 000

（二）涉及补价的情况

在以公允价值为基础确定换入资产成本的情况下，涉及补价的，支付补价方和收到补价方应当分别情况处理：

1. 支付补价方

（1）以换出资产的公允价值为基础计量的，应当以换出资产的公允价值，加上支付补价的公允价值和应支付的相关税费，作为换入资产的成本，换出资产的公允价值与其账面价值之间的差额计入当期损益。（2）有确凿证据表明换入资产的公允价值更加可靠的，即以换入资产的公允价值为基础计量的，应当以换入资产的公允价值和应支付的相关税费作为换入资产的初始计量金额，换入资产的公允价值减去支付补价的公允价值，与换出资产账面价值之间的差额计入当期损益。

2. 收到补价方

（1）以换出资产的公允价值为基础计量的，应当以换出资产的公允价值，减去收到补价的公允价值，加上应支付的相关税费，作为换入资产的成本，换出资产的公允价值与其账面价值之间的差额计入当期损益。（2）有确凿证据表明换入资产的公允价值更加可靠的，即以换入资产的公允价值为基础计量的，应当以换入资产的公允价值和应支付的相关税费作为换入资产的初始计量金额，换入资产的公允价值加上收到补价的公允价值，与换出资产账面价值之间的差额计入当期损益。

在涉及补价的情况下，对于支付补价方而言，作为补价的货币性资产构成换入资产所放弃对价的一部分；对于收到补价方而言，作为补价的货币性资产构成换入资产的一部分。

二、以账面价值为基础计量的会计处理

非货币性资产交换不具有商业实质，或者虽然具有商业实质但换入资产和换出资产的公允价值均不能可靠计量的，应当以换出资产账面价值为基础确定换入资产成本，无论是否支付补价，均不确认损益。

（一）不涉及补价的情况

在以账面价值为基础计量的情况下，对于换入资产，应当以换出资产的账面价值和应支付的相关税费作为换入资产的初始计量金额；对于换出资产，终止确认时不确认损益。

（二）涉及补价的情况

对于以账面价值为基础计量的非货币性资产交换，涉及补价的，应当将补价作为确定换入资产初始计量金额的调整因素，分别下列情况进行处理：

（1）支付补价方：应当以换出资产的账面价值，加上支付补价的账面价值和应支付的相关税费，作为换入资产的初始计量金额，不确认损益。

（2）收到补价方：应当以换出资产的账面价值，减去收到补价的公允价值，加上应支付的相关税费，作为换入资产的初始计量金额，不确认损益。

▶【例20-2】甲公司拥有一台专有设备，该设备账面原值450万元，已计提折旧330万元，乙公司拥有一项长期股权投资，账面价值90万元，两项资产均未计提减值准备。甲公司决定以其专有设备交换乙公司的长期股权投资，该专有设备是生产某种产品必需的设备。由于专有设备系当时专门制造、性质特殊，其公允价值不能可靠计量；乙公司

拥有的长期股权投资的公允价值也不能可靠计量。经双方商定，乙公司支付了20万元补价。假定交易不考虑相关税费。

本例中，该项资产交换涉及收付货币性资产，即补价20万元。对甲公司而言，收到的补价20万元÷换出资产账面价值120万元＝16.7%＜25%。因此，该项交换属于非货币性资产交换，乙公司的情况也类似。由于两项资产的公允价值不能可靠计量，因此，甲、乙公司换入资产的成本均应当按照换出资产的账面价值确定。

甲公司的账务处理如下：

借：固定资产清理	1 200 000
累计折旧	3 300 000
贷：固定资产——专有设备	4 500 000
借：长期股权投资	1 000 000
银行存款	200 000
贷：固定资产清理	1 200 000

乙公司的账务处理如下：

借：固定资产——专有设备	1 100 000
贷：长期股权投资	900 000
银行存款	200 000

从本例可以看出，尽管乙公司支付了20万元补价，但由于整个非货币性资产交换是以账面价值为基础计量的，支付补价方和收到补价方均不确认损益。对甲公司而言，换入资产是长期股权投资和银行存款20万元，换出资产专有设备的账面价值为120万元（450－330），因此，长期股权投资的成本就是换出设备的账面价值减去货币性资产补价的差额，即100万元（120－20）；对乙公司而言，换出资产是长期股权投资和银行存款20万元，换入资产专有设备的成本等于换出资产的账面价值，即110万元（90＋20）。由此可见，在以账面价值计量的情况下，发生的补价是用来调整换入资产的成本，不涉及确认损益问题。

三、涉及多项非货币性资产交换的会计处理

企业以一项非货币性资产同时换入另一企业的多项非货币性资产，或同时以多项非货币性资产换入另一企业的一项非货币性资产，或以多项非货币性资产同时换入多项非货币性资产，也可能涉及补价。涉及多项资产的非货币性资产交换，企业无法将换出的某一资产与换入的某一特定资产相对应。与单项非货币性资产之间的交换一样，涉及多项资产的非货币性资产交换的计量，企业也应当首先判断是否符合以公允价值计量的两个条件，再分别情况确定各项换入资产的成本。

（一）以公允价值为基础计量的情况

1. 以换出资产的公允价值为基础计量的

（1）对于同时换入的多项资产，由于通常无法将换出资产与换入的某项特定资产相对应，应当按照各项换入资产的公允价值的相对比例（换入资产的公允价值不能够可靠

计量的，可以按照换入的金融资产以外的各项资产的原账面价值的相对比例或其他合理的比例），将换出资产公允价值总额（涉及补价的，加上支付补价的公允价值或减去收到补价的公允价值）分摊至各项换入资产，以分摊额和应支付的相关税费作为各项换入资产的成本进行初始计量。需要说明的是，如果同时换入的多项非货币性资产中包含由《企业会计准则第22号——金融工具确认和计量》规范的金融资产，应当按照《企业会计准则第22号——金融工具确认和计量》的规定进行会计处理。在确定换入的其他多项资产的初始计量金额时，应当将金融资产公允价值从换出资产公允价值总额中扣除。

（2）对于同时换出的多项资产，应当将各项换出资产的公允价值与其账面价值之间的差额，在各项换出资产终止确认时计入当期损益。

2. 以换入资产的公允价值为基础计量的

（1）对于同时换入的多项资产，应当以各项换入资产的公允价值和应支付的相关税费作为各项换入资产的初始计量金额。

（2）对于同时换出的多项资产，由于通常无法将换出资产与换入的某项特定资产相对应，应当按照各项换出资产的公允价值的相对比例（换出资产的公允价值不能够可靠计量的，可以按照各项换出资产的账面价值的相对比例），将换入资产的公允价值总额（涉及补价的，减去支付补价的公允价值或加上收到补价的公允价值）分摊至各项换出资产，分摊额与各项换出资产账面价值之间的差额，在各项换出资产终止确认时计入当期损益。需要说明的是，如果同时换出的多项非货币性资产中包含由《企业会计准则第22号——金融工具确认和计量》规范的金融资产，应当按照《企业会计准则第22号——金融工具确认和计量》和《企业会计准则第23号——金融资产转移》的规定判断换出的该金融资产是否满足终止确认条件并进行终止确认的会计处理。在确定其他各项换出资产终止确认的相关损益时，终止确认的金融资产公允价值应当从换入资产公允价值总额中扣除。

▶【例20-3】甲公司和乙公司均为增值税一般纳税人，假定适用的增值税税率均为13%。2×22年8月，为适应业务发展的需要，经协商，甲公司决定以生产经营过程中使用的机器设备和专用货车换入乙公司生产经营过程中使用的小汽车和客运汽车。甲公司设备的账面原值为1 800万元，在交换日的累计折旧为300万元，公允价值为1 350万元；货车的账面原值为600万元，在交换日的累计折旧为480万元，公允价值为100万元。乙公司小汽车的账面原值为1 300万元，在交换日的累计折旧为690万元，公允价值为709.5万元；客运汽车的账面原值为1 300万元，在交换日的累计折旧为680万元，公允价值为700万元。乙公司另外向甲公司支付银行存款45.765万元，其中包括由于换出和换入资产公允价值不同而支付的补价40.5万元，以及换出资产销项税额与换入资产进项税额的差额5.265万元。

假定甲公司和乙公司都没有为换出资产计提减值准备；甲公司换入乙公司的小汽车、客运汽车作为固定资产使用和管理；乙公司换入甲公司的设备、货车作为固定资产使用和管理。假定甲公司和乙公司上述交易涉及的增值税进项税额按照税法规定可抵扣且已得到认证；不考虑其他相关税费。

本例中，涉及收付货币性资产作为补价，应当计算甲公司收到的货币性资产占甲公司换出资产公允价值总额的比例（等于乙公司支付的货币性资产占乙公司换入资产公允价值的比例），即：40.5÷（1 350+100）=2.79%。由于该比例小于25%，可以认定这一涉及多项资产的交换行为属于非货币性资产交换。

对于甲公司而言，为了拓展运输业务，需要小汽车、客运汽车等，乙公司为了扩大产品生产，需要设备和货车，换入资产对换入企业均能发挥更大的作用。因此，该项涉及多项资产的非货币性资产交换具有商业实质；同时，各单项换入资产和换出资产的公允价值均能可靠计量，因此，甲、乙公司均应当以公允价值为基础确定换入资产的总成本，确认产生的相关损益。同时，按照各单项换入资产的公允价值占换入资产公允价值总额的比例，确定各单项换入资产的成本。

甲公司的账务处理如下：

（1）根据税法的有关规定：

换出设备的增值税销项税额=1 350×13%=175.5（万元）

换出货车的增值税销项税额=100×13%=13（万元）

换入小汽车、客运汽车的增值税进项税额=（709.5+700）×13%=183.235（万元）

（2）计算换入资产、换出资产公允价值总额：

换出资产公允价值总额=1 350+100=1 450（万元）

换入资产公允价值总额=709.5+700=1 409.5（万元）

（3）计算换入资产总成本：

换入资产总成本=换出资产公允价值-补价+应支付的相关税费=1 450-40.5+0=1 409.5（万元）

（4）计算确定换入各项资产的公允价值占换入资产公允价值总额的比例：

小汽车公允价值占换入资产公允价值总额的比例=709.5÷1 409.5=50.34%

客运汽车公允价值占换入资产公允价值总额的比例=700÷1 409.5=49.66%

（5）计算确定换入各项资产的成本：

小汽车的成本=1 409.5×50.34%=709.5（万元）

客运汽车的成本=1 409.5×49.66%=700（万元）

（6）会计分录：

借：固定资产清理	16 200 000
累计折旧	7 800 000
贷：固定资产——设备	18 000 000
——货车	6 000 000
借：固定资产——小汽车	7 095 000
——客运汽车	7 000 000
应交税费——应交增值税（进项税额）	1 832 350
银行存款	457 650
资产处置损益	1 700 000
贷：固定资产清理	16 200 000
应交税费——应交增值税（销项税额）	1 885 000

乙公司的账务处理如下：
(1) 根据税法的有关规定：
换入货车的增值税进项税额 = 100 × 13% = 13（万元）
换入设备的增值税进项税额 = 1 350 × 13% = 175.5（万元）
换出小汽车、客运汽车的增值税销项税额 = (709.5 + 700) × 13% = 183.235（万元）
(2) 计算换入资产、换出资产公允价值总额：
换入资产公允价值总额 = 1 350 + 100 = 1 450（万元）
换出资产公允价值总额 = 709.5 + 700 = 1 409.5（万元）
(3) 确定换入资产总成本：
换入资产总成本 = 换出资产公允价值 + 支付的补价 = 1 409.5 + 40.5 = 1 450（万元）
(4) 计算确定换入各项资产的公允价值占换入资产公允价值总额的比例：
设备公允价值占换入资产公允价值总额的比例 = 1 350 ÷ 1 450 × 100% = 93.10%
货车公允价值占换入资产公允价值总额的比例 = 100 ÷ 1 450 × 100% = 6.90%
(5) 计算确定换入各项资产的成本：
设备的成本 = 1 450 × 93.10% = 1 350（万元）
货车的成本 = 1 450 × 6.90% = 100（万元）
(6) 会计分录：
借：固定资产清理　　　　　　　　　　　　　　　　　12 300 000
　　累计折旧　　　　　　　　　　　　　　　　　　　13 700 000
　　　贷：固定资产——小汽车　　　　　　　　　　　13 000 000
　　　　　　　　——客运汽车　　　　　　　　　　　13 000 000
借：固定资产——设备　　　　　　　　　　　　　　　13 500 000
　　　　　　——货车　　　　　　　　　　　　　　　 1 000 000
　　应交税费——应交增值税（进项税额）　　　　　　 1 885 000
　　　贷：固定资产清理　　　　　　　　　　　　　　12 300 000
　　　　　应交税费——应交增值税（销项税额）　　　 1 832 350
　　　　　银行存款　　　　　　　　　　　　　　　　　 457 650
　　　　　资产处置损益　　　　　　　　　　　　　　 1 795 000

（二）以账面价值为基础计量的情况

对于以账面价值为基础计量的非货币性资产交换，如涉及换入多项资产或换出多项资产，或者同时换入和换出多项资产的，应当分别对换入的多项资产、换出的多项资产进行会计处理。

(1) 对于换入的多项资产，由于通常无法将换出资产与换入的某项特定资产相对应，应当按照各项换入资产的公允价值的相对比例（换入资产的公允价值不能够可靠计量的，也可以按照各项换入资产的原账面价值的相对比例或其他合理的比例），将换出资产的账面价值总额（涉及补价的，加上支付补价的账面价值或减去收到补价的公允价值）分摊至各项换入资产，加上应支付的相关税费，作为各项换入资产的初始计量金额。

(2) 对于同时换出的多项资产，各项换出资产终止确认时均不确认损益。

▶【例20-4】2×22年5月，甲公司因经营战略发生较大转变，产品结构发生较大调整，原生产产品的专有设备、生产产品的专利技术等已不符合生产新产品的需要，经与乙公司协商，将其专用设备连同专利技术与乙公司正在建造过程中的一幢建筑物，以及对丙公司的长期股权投资进行交换。甲公司换出专有设备的账面原值为 1 200 万元，已提折旧 750 万元；专利技术账面原值为 450 万元，已摊销金额为 270 万元。乙公司在建工程截止到交换日的成本为 525 万元，对丙公司的长期股权投资账面余额为 150 万元。由于甲公司持有的专有设备和专利技术市场上已不多见，因此公允价值不能可靠计量。乙公司的在建工程因完工程度难以合理确定，其公允价值不能可靠计量，乙公司对丙公司长期股权投资的公允价值也不能可靠计量。假定甲、乙公司均未对上述资产计提减值准备，假定不考虑相关税费等因素。

本例中，不涉及收付货币性资产，属于非货币性资产交换。由于换入资产、换出资产的公允价值均不能可靠计量，甲、乙公司均应当以换出资产账面价值总额作为换入资产的成本，各项换入资产的成本，应当按各项换入资产的账面价值占换入资产账面价值总额的比例分配后确定。

甲公司的账务处理如下：
(1) 计算换入资产、换出资产账面价值总额：
换入资产账面价值总额 = 525 + 150 = 675（万元）
换出资产账面价值总额 = (1 200 − 750) + (450 − 270) = 630（万元）
(2) 确定换入资产总成本：
换入资产总成本 = 630 万元
(3) 计算各项换入资产账面价值占换入资产账面价值总额的比例：
在建工程占换入资产账面价值总额的比例 = 525 ÷ 675 × 100% = 77.8%
长期股权投资占换入资产账面价值总额的比例 = 150 ÷ 675 × 100% = 22.2%
(4) 确定各项换入资产成本：
在建工程成本 = 630 × 77.8% = 490.14（万元）
长期股权投资成本 = 630 × 22.2% = 139.86（万元）
(5) 会计分录：

借：固定资产清理	4 500 000	
累计折旧	7 500 000	
贷：固定资产——专有设备		12 000 000
借：在建工程	4 901 400	
长期股权投资	1 398 600	
累计摊销	2 700 000	
贷：固定资产清理		4 500 000
无形资产——专利技术		4 500 000

乙公司的账务处理如下：
(1) 计算换入资产、换出资产账面价值总额：
换入资产账面价值总额 = (1 200 − 750) + (450 − 270) = 630（万元）

换出资产账面价值总额 = 525 + 150 = 675（万元）
（2）确定换入资产总成本：
换入资产总成本 = 675 万元
（3）计算各项换入资产账面价值占换入资产账面价值总额的比例：
专有设备占换入资产账面价值总额的比例 = 450÷630×100% = 71.4%
专利技术占换入资产账面价值总额的比例 = 180÷630×100% = 28.6%
（4）确定各项换入资产成本：
专有设备成本 = 675×71.4% = 481.95（万元）
专利技术成本 = 675×28.6% = 193.05（万元）
（5）会计分录：

借：固定资产——专有设备　　　　　　　　　　4 819 500
　　无形资产——专利技术　　　　　　　　　　1 930 500
　　贷：在建工程　　　　　　　　　　　　　　5 250 000
　　　　长期股权投资　　　　　　　　　　　　1 500 000

第二十一章 债务重组

第一节 债务重组的定义和方式

一、债务重组的定义

债务重组涉及债权人和债务人,对债权人而言为"债权重组",对债务人而言为"债务重组",为便于表述统称为"债务重组"。债务重组,是指在不改变交易对手方的情况下,经债权人和债务人协定或法院裁定,就清偿债务的时间、金额或方式等重新达成协议的交易。

(一)关于交易对手方

债务重组是在不改变交易对手方的情况下进行的交易。实务中经常出现第三方参与相关交易的情形,例如,某公司以不同于原合同条款的方式代债务人向债权人偿债;又如,新组建的公司承接原债务人的债务,与债权人进行债务重组;再如,资产管理公司从债权人处购得债权,再与债务人进行债务重组。在上述第三方参与相关交易的情形下,企业应当首先考虑债权和债务是否发生终止确认,适用《企业会计准则第22号——金融工具确认和计量》和《企业会计准则第23号——金融资产转移》等准则,再就债务重组交易适用《企业会计准则第12号——债务重组》。

债务重组不强调在债务人发生财务困难的背景下进行,也不论债权人是否作出让步。也就是说,无论何种原因导致债务人未按原定条件偿还债务,也无论双方是否同意债务人以低于债务的金额偿还债务,只要债权人和债务人就债务条款重新达成了协议,就符合债务重组的定义。例如,债权人在减免债务人部分债务本金的同时提高剩余债务的利息,或者债权人同意债务人用等值库存商品抵偿到期债务等,均属于债务重组。

(二)关于债权和债务的范围

债务重组涉及的债权和债务,是指《企业会计准则第22号——金融工具确认和计量》规范的债权和债务,不包括合同资产、合同负债、预计负债,但包括租赁应收款和租赁应付款。债务重组中涉及的债权、重组债权、债务、重组债务和其他金融工具的确认、计量和列报,适用《企业会计准则第22号——金融工具确认和计量》和《企业会计准则第 37 号——金融工具列报》等金融工具相关准则。

（三）关于债务重组的范围

经法院裁定进行债务重整并按持续经营进行会计核算的，适用本章。债务人在破产清算期间进行的债务重组不属于本章规范的范围，应当按照企业破产清算有关会计处理规定处理。

通过债务重组形成企业合并的，适用《企业会计准则第 20 号——企业合并》。债务人以股权投资清偿债务或者将债务转为权益工具，可能对应导致债权人取得被投资单位或债务人控制权，在债权人的个别财务报表层面和合并财务报表层面，债权人取得长期股权投资或者资产和负债的确认与计量适用《企业会计准则第 20 号——企业合并》的有关规定。

债务重组构成权益性交易的，应当适用权益性交易的有关会计处理规定，债权人和债务人不确认构成权益性交易的债务重组相关损益。债务重组构成权益性交易的情形包括：（1）债权人直接或间接对债务人持股，或者债务人直接或间接对债权人持股，且持股方以股东身份进行债务重组；（2）债权人与债务人在债务重组前后均受同一方或相同的多方最终控制，且该债务重组的交易实质是债权人或债务人进行了权益性分配或接受了权益性投入。

例如，甲公司是乙公司股东，为了弥补乙公司临时性经营现金流短缺，甲公司向乙公司提供 1 000 万元无息借款，并约定于 6 个月后收回。借款期满时，尽管乙公司具有充足的现金流，甲公司仍然决定免除乙公司 800 万元本金还款义务，仅收回 200 万元借款。在此项交易中，如果甲公司不以股东身份而是以市场交易者身份参与交易，在乙公司具有足够偿债能力的情况下不可能会免除其部分本金。因此，甲公司和乙公司应当将该交易作为权益性交易，不确认债务重组相关损益。

债务重组中不属于权益性交易的部分仍然应当确认债务重组相关损益。例如，假设前例中债务人乙公司确实出现财务困难，其他债权人（不含甲公司）对其债务普遍进行了减半的豁免，那么甲公司作为股东比其他债权人多豁免 300 万元债务的交易应当作为权益性交易，与其他债权人同等减半豁免 500 万元债务的交易应当确认债务重组相关损益。

企业在判断债务重组是否构成权益性交易时，应当遵循实质重于形式原则。例如，假设债权人对债务人的权益性投资通过其他人代持，债权人虽不具有股东身份，但实质上拥有股东权利，是以股东身份进行债务重组，债权人和债务人应当认为该债务重组构成权益性交易。

二、债务重组的方式

债务重组的方式主要包括：债务人以资产清偿债务、将债务转为权益工具、修改其他条款，以及前述一种以上方式的组合。这些债务重组方式都是通过债权人和债务人重新协定或者法院裁定达成的，与原来约定的偿债方式不同。

（一）债务人以资产清偿债务

债务人以资产清偿债务，是债务人转让其资产给债权人以清偿债务的债务重组方式。债务人用于偿债的资产通常是已经在资产负债表中确认的资产，例如，现金、应收账款、长期股权投资、投资性房地产、固定资产、在建工程、生物资产、无形资产等。债务人以日常活动产出的商品或服务清偿债务的，用于偿债的资产可能体现为存货等资产。

在受让上述资产后，按照相关会计准则要求及本企业会计核算要求，债权人核算相关受让资产的类别可能与债务人不同。例如，债务人以作为固定资产核算的房产清偿债务，债权人可能将受让的房产作为投资性房地产核算；债务人以部分长期股权投资清偿债务，债权人可能将受让的投资作为金融资产核算；债务人以存货清偿债务，债权人可能将受让的资产作为固定资产核算等。

除上述已经在资产负债表中确认的资产外，债务人也可能以不符合确认条件而未予确认的资产清偿债务。例如，债务人以未确认的内部产生品牌清偿债务，债权人在获得的商标权符合无形资产确认条件的前提下作为无形资产核算。在少数情况下，债务人还可能以处置组（即一组资产和与这些资产直接相关的负债）清偿债务。

（二）债务人将债务转为权益工具

债务人将债务转为权益工具，这里的权益工具，是指根据《企业会计准则第37号——金融工具列报》分类为"权益工具"的金融工具，体现为股本、实收资本、资本公积等。

实务中，有些债务重组名义上采用"债转股"的方式，但同时附加相关条款，如约定债务人在未来某个时点有义务以某一金额回购股权，或债权人持有的股份享有强制分红权等。对于债务人，这些"股权"可能并不是根据《企业会计准则第37号——金融工具列报》分类为权益工具的金融工具，从而不属于债务人将债务转为权益工具的债务重组方式。债权人和债务人还可能协议以一项同时包含金融负债成分和权益工具成分的复合金融工具替换原债权债务，这类交易也不属于债务人将债务转为权益工具的债务重组方式。

（三）修改其他条款

修改债权和债务的其他条款，是债务人不以资产清偿债务，也不将债务转为权益工具，而是改变债权和债务的其他条款的债务重组方式，如调整债务本金、改变债务利息、变更还款期限等。经修改其他条款的债权和债务分别形成重组债权和重组债务。

（四）组合方式

组合方式，是采用债务人以资产清偿债务、债务人将债务转为权益工具、修改其他条款三种方式中一种以上方式的组合清偿债务的债务重组方式。例如，债权人和债务人约定，由债务人以机器设备清偿部分债务，将另一部分债务转为权益工具，调减剩余债务的本金，但利率和还款期限不变；再如，债务人以现金清偿部分债务，同时将剩余债务展期等。

第二节 债务重组的会计处理

一、债权和债务的终止确认

债务重组中涉及的债权和债务的终止确认，应当遵循《企业会计准则第22号——金融工具确认和计量》和《企业会计准则第23号——金融资产转移》有关金融资产和金融负债终止确认的规定。债权人在收取债权现金流量的合同权利终止时终止确认债权，债务人在债务的现时义务解除时终止确认债务。

由于债权人与债务人之间进行的债务重组涉及债权和债务的认定，以及清偿方式和期限等的协商，通常需要经历较长时间，例如破产重整中进行的债务重组。因此，债务人只有在符合上述终止确认条件时才能终止确认相关债务，并确认债务重组相关损益。在签署债务重组合同的时点，如果债务的现时义务尚未解除，债务人不能确认债务重组相关损益。

对于在报告期间已经开始协商，但在报告期资产负债表日后完成的债务重组，不属于资产负债表日后调整事项。

对于终止确认的债权，债权人应当结转已计提的减值准备中对应该债权终止确认部分的金额。对于终止确认的分类为以公允价值计量且其变动计入其他综合收益的债权，之前计入其他综合收益的累计利得或损失应当从其他综合收益中转出，记入"投资收益"科目。

（一）以资产清偿债务或将债务转为权益工具

对于以资产清偿债务或者将债务转为权益工具方式进行的债务重组，由于债权人在拥有或控制相关资产时，通常其收取债权现金流量的合同权利也同时终止，债权人一般可以终止确认该债权。同样地，由于债务人通过交付资产或权益工具解除了其清偿债务的现时义务，债务人一般可以终止确认该债务。

（二）修改其他条款

对于债权人，债务重组通过调整债务本金、改变债务利息、变更还款期限等修改合同条款方式进行的，合同修改前后的交易对手方没有发生改变，合同涉及的本金、利息等现金流量很难在本息之间及债务重组前后作出明确分割，即很难单独识别合同的特定可辨认现金流量。因此，通常情况下，应当整体考虑是否对全部债权的合同条款作出了实质性修改。如果作出实质性修改，或者债权人与债务人之间签订协议，以获取实质上不同的新金融资产方式替换债权，应当终止确认原债权，并按照修改后的条款或新协议确认新金融资产。

对于债务人，如果对债务或部分债务的合同条款作出"实质性修改"形成重组债务，或者债权人与债务人之间签订协议，以承担"实质上不同"的重组债务方式替换原债务，债务人应当终止确认原债务，同时按照修改后的条款确认一项新金融负债。其中，如果重组债务未来现金流量（包括支付和收取的某些费用）现值与原债务的剩余期间现金流量现值之间的差异超过10%，则意味着新的合同条款进行了"实质性修改"或者重组债务是"实质上不同"的，有关现值的计算均采用原债务的实际利率。

（三）组合方式

对于债权人，与上述"修改其他条款"部分的分析类似，通常情况下应当整体考虑是否终止确认全部债权。由于组合方式涉及多种债务重组方式，一般可以认为对全部债权的合同条款作出了实质性修改，从而终止确认全部债权，并按照修改后的条款确认新金融资产。

对于债务人，组合中以资产清偿债务或者将债务转为权益工具方式进行的债务重组，如果债务人清偿该部分债务的现时义务已经解除，应当终止确认该部分债务。组合中以修改其他条款方式进行的债务重组，需要根据具体情况，判断对应的部分债务是否满足终止确认条件。

二、债权人的会计处理

（一）以资产清偿债务或将债务转为权益工具

债务重组采用以资产清偿债务或者将债务转为权益工具方式进行的，债权人应当将受让的相关资产在符合其定义和确认条件时予以确认。

1. 债权人受让金融资产

债权人受让包括现金在内的单项或多项金融资产的，应当按照《企业会计准则第22号——金融工具确认和计量》的规定进行确认和计量。金融资产初始确认时应当以其公允价值计量，金融资产确认金额与债权终止确认日账面价值之间的差额，记入"投资收益"科目。但是，收取的金融资产的公允价值与交易价格（即放弃债权的公允价值）存在差异的，应当按照《企业会计准则第22号——金融工具确认和计量》第三十四条的规定处理。

2. 债权人受让非金融资产

债权人初始确认受让的金融资产以外的资产时，应当按照下列原则以成本计量：（1）存货的成本，包括放弃债权的公允价值，以及使该资产达到当前位置和状态所发生的可直接归属于该资产的税金、运输费、装卸费、保险费等其他成本。（2）对联营企业或合营企业投资的成本，包括放弃债权的公允价值，以及可直接归属于该资产的税金等其他成本。（3）投资性房地产的成本，包括放弃债权的公允价值，以及可直接归属于该资产的税金等其他成本。（4）固定资产的成本，包括放弃债权的公允价值，以及使该资产达到预定可使用状态前所发生的可直接归属于该资产的税金、运输费、装卸费、安装费、专业人员服务费等其他成本。确定固定资产成本时，应当考虑预计弃置费用因素。（5）生物资产的成本，包括放弃债权的公允价值，以及可直接归属于该资产的税金、运输费、保险费等其他成本。（6）无形资产的成本，包括放弃债权的公允价值，以及可直接归属于使该资产达到预定用途所发生的税金等其他成本。放弃债权的公允价值与账面价值之间的差额，记入"投资收益"科目。

债权人和债务人以资产清偿债务方式进行债务重组的，或者采用将债务转为权益工具方式且导致债权人转为对联营企业或合营企业的权益性投资的，债权人初始确认受让的非金融资产应当以成本计量。如果债权人与债务人间的债务重组是在公平交易的市场环境中达成的交易，放弃债权的公允价值通常与受让资产的公允价值相等，且通常不高于放弃债权的账面余额。

3. 债权人受让多项资产

债权人受让多项非金融资产，或者包括金融资产、非金融资产在内的多项资产的，应当按照《企业会计准则第22号——金融工具确认和计量》的规定确认和计量受让的金融资产；按照受让的金融资产以外的各项资产在债务重组合同生效日的公允价值比例，对放弃债权在合同生效日的公允价值扣除受让金融资产当日公允价值后的净额进行分配，并以此为基础分别确定各项资产的成本。放弃债权的公允价值与账面价值之间的差额，记入"投资收益"科目。

4. 债权人受让处置组

债务人以处置组清偿债务的,债权人应当分别按照《企业会计准则第22号——金融工具确认和计量》和其他相关准则的规定,对处置组中的金融资产和负债进行初始计量,然后按照金融资产以外的各项资产在债务重组合同生效日的公允价值比例,对放弃债权在合同生效日的公允价值以及承担的处置组中负债的确认金额之和,扣除受让金融资产当日公允价值后的净额进行分配,并以此为基础分别确定各项资产的成本。放弃债权的公允价值与账面价值之间的差额,记入"投资收益"科目。

5. 债权人将受让的资产或处置组划分为持有待售类别

债务人以资产或处置组清偿债务,且债权人在取得日未将受让的相关资产或处置组作为非流动资产和非流动负债核算,而是将其划分为持有待售类别的,债权人应当在初始计量时,比较假定其不划分为持有待售类别情况下的初始计量金额和公允价值减去出售费用后的净额,以两者孰低计量,公允价值减去出售费用后的净额低于不划分为持有待售类别情况下的初始计量金额的差额记入"资产减值损失"科目。

(二) 修改其他条款

债务重组采用以修改其他条款方式进行的,如果修改其他条款导致全部债权终止确认,债权人应当按照修改后的条款以公允价值初始计量新的金融资产,新金融资产的确认金额与债权终止确认日账面价值之间的差额,记入"投资收益"科目。

如果修改其他条款未导致债权终止确认,债权人应当根据其分类,继续以摊余成本、以公允价值计量且其变动计入其他综合收益,或者以公允价值计量且其变动计入当期损益进行后续计量。对于以摊余成本计量的债权,债权人应当根据重新议定合同的现金流量变化情况,重新计算该重组债权的账面余额,并将相关利得或损失记入"投资收益"科目。重新计算的该重组债权的账面余额,应当根据将重新议定或修改的合同现金流量按债权原实际利率折现的现值确定,购买或源生的已发生信用减值的重组债权,应按经信用调整的实际利率折现。对于修改或重新议定合同所产生的成本或费用,债权人应当调整修改后的重组债权的账面价值,并在修改后重组债权的剩余期限内摊销。

(三) 组合方式

债务重组采用组合方式进行的,一般可以认为对全部债权的合同条款作出了实质性修改,债权人应当按照修改后的条款,以公允价值初始计量新的金融资产和受让的新金融资产,按照受让的金融资产以外的各项资产在债务重组合同生效日的公允价值比例,对放弃债权在合同生效日的公允价值扣除受让金融资产和重组债权当日公允价值后的净额进行分配,并以此为基础分别确定各项资产的成本。放弃债权的公允价值与账面价值之间的差额,记入"投资收益"科目。

三、债务人的会计处理

(一) 债务人以资产清偿债务

债务重组采用以资产清偿债务方式进行的,债务人应当将所清偿债务账面价值与转让资产账面价值之间的差额计入当期损益。

1. 债务人以金融资产清偿债务

债务人以单项或多项金融资产清偿债务的,债务的账面价值与偿债金融资产账面价值的差额，记入"投资收益"科目。偿债金融资产已计提减值准备的，应结转已计提的减值准备。对于分类为以公允价值计量且其变动计入其他综合收益的债务工具投资清偿债务的，之前计入其他综合收益的累计利得或损失应当从其他综合收益中转出，记入"投资收益"科目。对于以指定为以公允价值计量且其变动计入其他综合收益的非交易性权益工具投资清偿债务的，之前计入其他综合收益的累计利得或损失应当从其他综合收益中转出，记入"盈余公积"等留存收益科目。

2. 债务人以非金融资产清偿债务

债务人以单项或多项长期股权投资清偿债务的，债务的账面价值与偿债长期股权投资账面价值的差额，记入"投资收益"科目。

债务人以单项或多项其他非金融资产（如固定资产、投资性房地产、生物资产、无形资产、日常活动产出的商品或服务等）清偿债务，或者以包括金融资产和其他非金融资产在内的多项资产清偿债务的，不需要区分资产处置损益和债务重组损益，也不需要区分不同资产的处置损益，而应将所清偿债务账面价值与转让资产账面价值之间的差额，记入"其他收益——债务重组收益"科目。偿债资产已计提减值准备的，应结转已计提的减值准备。

债务人以包含非金融资产的处置组（处置组中的资产均为长期股权投资的除外）清偿债务的，应当将所清偿债务和处置组中负债的账面价值之和，与处置组中资产的账面价值之间的差额，记入"其他收益——债务重组收益"科目。处置组所属的资产组或资产组组合按照《企业会计准则第 8 号——资产减值》分摊了企业合并中取得的商誉的，该处置组应当包含分摊至处置组的商誉。处置组中的资产已计提减值准备的，应结转已计提的减值准备。

通常情况下，债务重组不属于企业的日常活动，因此债务重组中如债务人以日常活动产出的商品或服务清偿债务的，不应按收入准则确认为商品或服务的销售处理。债务人以日常活动产出的商品或服务清偿债务的（以企业的存货或提供服务清偿债务），应当将所清偿债务账面价值与存货等相关资产账面价值之间的差额，记入"其他收益——债务重组收益"科目。

（二）债务人将债务转为权益工具

债务重组采用将债务转为权益工具方式进行的，债务人初始确认权益工具时，应当按照权益工具的公允价值计量；权益工具的公允价值不能可靠计量的，应当按照所清偿债务的公允价值计量。所清偿债务账面价值与权益工具确认金额之间的差额，记入"投资收益"科目。债务人因发行权益工具而支出的相关税费等，应当依次冲减资本公积（资本溢价或股本溢价）、盈余公积、未分配利润等。

（三）修改其他条款

债务重组采用修改其他条款方式进行的，如果修改其他条款导致债务终止确认，债务人应当按照公允价值计量重组债务，终止确认的债务账面价值与重组债务确认金额之间的差额，记入"投资收益"科目。

如果修改其他条款未导致债务终止确认，或者仅导致部分债务终止确认，对于未终止确认的部分债务，债务人应当继续按原分类进行后续计量。对于以摊余成本计量的债务，债务人应当根据重新议定合同的现金流量变化情况，重新计算该重组债务的账面价值，并将相关利得或损失记入"投资收益"科目。重新计算的该重组债务的账面价值，应当根据将重新议定或修改的合同现金流量按债务的原实际利率或按《企业会计准则第24号——套期会计》第二十三条规定重新计算的实际利率（如适用）折现的现值确定。对于修改或重新议定合同所产生的成本或费用，债务人应当调整修改后的重组债务的账面价值，并在修改后重组债务的剩余期限内摊销。

（四）组合方式

债务重组采用以资产清偿债务、将债务转为权益工具、修改其他条款等组合方式进行的，对于权益工具，债务人应当在初始确认时按照权益工具的公允价值计量；权益工具的公允价值不能可靠计量的，应当按照所清偿债务的公允价值计量。对于修改其他条款形成的重组债务，债务人应当参照上文"三（三）修改其他条款"部分的内容，确认和计量重组债务。所清偿债务的账面价值与转让资产的账面价值以及权益工具和重组债务的确认金额之和的差额，记入"其他收益——债务重组收益"或"投资收益"（仅涉及金融工具、长期股权投资时）科目。

值得注意的是，对于企业因破产重整而进行的债务重组交易，由于涉及破产重整的债务重组协议执行过程及结果存在重大不确定性，因此，企业通常应在破产重整协议履行完毕后确认债务重组收益，除非有确凿证据表明上述重大不确定性已经消除。

▶【例21-1】2×22年6月18日，甲公司向乙公司销售商品一批，应收乙公司款项的入账金额为95万元。甲公司将该应收款项分类为以摊余成本计量的金融资产。乙公司将该应付账款分类为以摊余成本计量的金融负债。2×22年10月18日，双方签订债务重组合同，乙公司以一项作为无形资产核算的非专利技术偿还该欠款。该无形资产的账面余额为100万元，累计摊销额为10万元，已计提减值准备2万元。2×22年10月22日，双方办理完成该无形资产转让手续，甲公司支付评估费用4万元。当日，甲公司应收款项的公允价值为87万元，已计提坏账准备7万元，乙公司应付款项的账面价值仍为95万元。假设不考虑相关税费。

（1）债权人的会计处理。

2×22年10月22日，债权人甲公司取得该无形资产的成本为债权公允价值87万元与评估费用4万元的合计91万元。甲公司的账务处理如下：

借：无形资产	910 000
坏账准备	70 000
投资收益	10 000
贷：应收账款	950 000
银行存款	40 000

（2）债务人的会计处理。

乙公司2×22年10月22日的账务处理如下：

借：应付账款	950 000
累计摊销	100 000
无形资产减值准备	20 000
贷：无形资产	1 000 000
其他收益——债务重组收益	70 000

假设甲公司管理层决议,受让该非专利技术后将在半年内将其出售,当日无形资产的公允价值为 87 万元,预计未来出售该非专利技术时将发生 1 万元的出售费用,该非专利技术满足持有待售资产确认条件。

本例中,2×22 年 10 月 22 日,甲公司对该非专利技术进行初始确认时,按照无形资产入账价值 91 万元与公允价值减出售费用 = 87 - 1 = 86(万元)孰低计量。债权人甲公司的账务处理如下:

借:持有待售资产——无形资产　　　　　　　　　　860 000
　　坏账准备　　　　　　　　　　　　　　　　　　 70 000
　　投资收益　　　　　　　　　　　　　　　　　　 10 000
　　资产减值损失　　　　　　　　　　　　　　　　 50 000
　　贷:应收账款　　　　　　　　　　　　　　　　950 000
　　　　银行存款　　　　　　　　　　　　　　　　 40 000

▶【例 21-2】2×22 年 2 月 10 日,甲公司从乙公司购买一批材料,约定 6 个月后甲公司应结清款项 100 万元(假定无重大融资成分)。乙公司将该应收款项分类为以公允价值计量且其变动计入当期损益的金融资产;甲公司将该应付款项分类为以摊余成本计量的金融负债。2×22 年 8 月 12 日,甲公司因无法支付货款与乙公司协商进行债务重组,双方商定乙公司将该债权转为对甲公司的股权投资。2×22 年 10 月 20 日,甲公司应付款项的账面价值仍为 100 万元;乙公司办结了对甲公司的增资手续,甲公司和乙公司分别支付手续费等相关费用 1.5 万元和 1.2 万元。债转股后甲公司总股本为 100 万元,乙公司持有的抵债股权占甲公司总股本的 25%,对甲公司具有重大影响,甲公司股权公允价值不能可靠计量。

2×22 年 6 月 30 日,应收款项和应付款项的公允价值均为 85 万元。
2×22 年 8 月 12 日,应收款项和应付款项的公允价值均为 76 万元。
2×22 年 10 月 20 日,应收款项和应付款项的公允价值仍为 76 万元。
假定不考虑其他相关税费。

(1)债权人的会计处理。
乙公司的账务处理如下:
① 2×22 年 6 月 30 日:
借:公允价值变动损益　　　　　　　　　　　　　150 000
　　贷:交易性金融资产——公允价值变动　　　　150 000
② 2×22 年 8 月 12 日:
借:公允价值变动损益　　　　　　　　　　　　　 90 000
　　贷:交易性金融资产——公允价值变动　　　　 90 000
③ 2×22 年 10 月 20 日,乙公司对甲公司长期股权投资的成本为应收款项公允价值 76 万元与相关税费 1.2 万元的合计 77.2 万元。
借:长期股权投资——甲公司　　　　　　　　　　772 000
　　交易性金融资产——公允价值变动　　　　　　240 000
　　贷:交易性金融资产——成本　　　　　　　1 000 000
　　　　银行存款　　　　　　　　　　　　　　　 12 000

(2) 债务人的会计处理。

2×22年10月20日，由于甲公司股权的公允价值不能可靠计量，初始确认权益工具公允价值时应当按照所清偿债务的公允价值76万元计量，并扣除因发行权益工具支出的相关税费1.5万元。甲公司的账务处理如下：

借：应付账款　　　　　　　　　　　　　　　　　　　1 000 000
　　贷：实收资本　　　　　　　　　　　　　　　　　　250 000
　　　　资本公积——资本溢价　　　　　　　　　　　495 000
　　　　银行存款　　　　　　　　　　　　　　　　　　15 000
　　　　投资收益　　　　　　　　　　　　　　　　　　240 000

▶【例21-3】2×21年11月5日，甲公司向乙公司赊购一批材料，含税价为234万元。甲公司将该应付款项分类为以摊余成本计量的金融负债，乙公司将该应收款项分类为以摊余成本计量的金融资产。2×22年9月10日，甲公司因发生财务困难，无法按合同约定偿还债务，双方协商进行债务重组，乙公司同意甲公司用其生产的商品、作为固定资产管理的机器设备和一项债券投资抵偿欠款。当日，该债权的公允价值为210万元，甲公司用于抵债的商品市价（不含增值税）为90万元，用于抵债设备的公允价值为75万元，用于抵债的债券投资市价为23.55万元。

2×22年9月20日，抵债资产转让完毕，甲公司发生设备运输费用0.65万元，乙公司发生设备安装费用1.5万元。

2×22年9月20日，乙公司对该应收款项已计提坏账准备19万元。乙公司将受让的商品、设备和债券投资分别作为低值易耗品、固定资产和以公允价值计量且其变动计入当期损益的金融资产核算。当日，乙公司受让债券投资的市价为21万元。

2×22年9月20日，甲公司该应付款项的账面价值仍为234万元；当日，甲公司用于抵债的商品成本为70万元；抵债设备的账面原值为150万元，累计折旧为40万元，已计提减值准备18万元；甲公司以摊余成本计量用于抵债的债券投资，债券票面价值总额为15万元，票面利率与实际利率一致，按年付息，假定甲公司尚未对债券确认利息收入。

甲、乙公司均为增值税一般纳税人，适用增值税税率为13%，经税务机关核定，该项交易中商品和设备的计税价格分别为90万元和75万元。不考虑其他相关税费。

(1) 债权人的会计处理。

低值易耗品可抵扣增值税 = 90×13% = 11.7（万元）

设备可抵扣增值税 = 75×13% = 9.75（万元）

低值易耗品和固定资产的成本应当以其公允价值比例（90∶75）对放弃债权公允价值扣除受让金融资产公允价值后的净额进行分配后的金额为基础确定。

低值易耗品的成本 = 90/(90+75)×(210-23.55-11.7-9.75) = 90（万元）

固定资产的成本 = 75/(90+75)×(210-23.55-11.7-9.75) = 75（万元）

2×22年9月20日，乙公司的账务处理如下：

①结转债务重组相关损益：

借：周转材料——低值易耗品　　　　　　　　　　　　900 000
　　在建工程——在安装设备　　　　　　　　　　　　750 000

应交税费——应交增值税（进项税额）		214 500
交易性金融资产		210 000
坏账准备		190 000
投资收益		75 500
贷：应收账款——甲公司		2 340 000

②支付安装成本：

借：在建工程——在安装设备		15 000
贷：银行存款		15 000

③安装完毕达到可使用状态：

借：固定资产——××设备		765 000
贷：在建工程——在安装设备		765 000

（2）债务人的会计处理。

甲公司2×22年9月20日的账务处理如下：

借：固定资产清理		920 000
累计折旧		400 000
固定资产减值准备		180 000
贷：固定资产		1 500 000
借：固定资产清理		6 500
贷：银行存款		6 500
借：应付账款		2 340 000
贷：固定资产清理		926 500
库存商品		700 000
应交税费——应交增值税（销项税额）		214 500
债权投资——成本		150 000
其他收益——债务重组收益		349 000

▶【例21-4】甲公司为上市公司，2×19年1月1日，甲公司取得乙银行贷款5 000万元，约定贷款期限为4年（即2×22年12月31日到期），年利率6%，按年付息，甲公司以摊余成本计量该贷款。4年期间，甲公司按时支付所有利息。2×22年12月31日，甲公司出现严重资金周转问题，多项债务违约，信用风险增加，无法偿还贷款本金。2×23年1月10日，甲公司该贷款的账面价值为5 000万元；当日，乙银行同意与甲公司就该项贷款重新达成协议，新协议约定：(1)甲公司将一项作为固定资产核算的房产转让给乙银行，用于抵偿债务本金1 000万元，该房产账面原值1 200万元，累计折旧400万元，未计提减值准备；(2)甲公司向乙银行增发股票500万股，面值为1元/股，占甲公司股份总额的1%，用于抵偿债务本金2 000万元，甲公司股票于2×23年1月10日的收盘价为4元/股；(3)在甲公司履行上述偿债义务后，乙银行免除A公司500万元债务本金，并将尚未偿还的债务本金1 500万元展期至2×23年12月31日，年利率8%；如果甲公司未能履行(1)、(2)所述偿债义务，乙银行有权终止债务重组协议，尚未履行的债权调整承诺随之失效。

乙银行以摊余成本计量该贷款,已计提贷款损失准备300万元。该贷款于2×23年1月10日的公允价值为4 600万元,予以展期的1 500万元贷款的公允价值为1 500万元。2×23年3月2日,双方办理完成房产转让手续,乙银行将该房产作为投资性房地产核算。2×23年3月31日,乙银行为全部贷款补提了100万元的损失准备。2×23年5月9日,双方办理完成股权转让手续,乙银行将该股权投资分类为以公允价值计量且其变动计入当期损益的金融资产,甲公司股票当日收盘价为4.02元/股。不考虑相关税费。

(1) 债权人的会计处理。

甲公司与乙银行以组合方式进行债务重组,同时涉及以资产清偿债务、将债务转为权益工具、包括债务豁免的修改其他条款等方式,可以认为对全部债权的合同条款作出了实质性修改,债权人在收取债权现金流量的合同权利终止时应当终止确认全部债权,即在2×23年5月9日该债务重组协议的执行过程和结果不确定性消除时,可以确认债务重组相关损益,并按照修改后的条款确认新金融资产。

债权人乙银行的账务处理如下:

① 2×23年3月2日:

投资性房地产成本=放弃债权公允价值-受让股权公允价值-重组债权公允价值=4 600-2 000-1 500=1 100(万元)

借:投资性房地产　　　　　　　　　　　　　　　　11 000 000
　　贷:贷款——本金　　　　　　　　　　　　　　　　11 000 000

② 2×23年3月31日:

借:信用减值损失　　　　　　　　　　　　　　　　1 000 000
　　贷:贷款损失准备　　　　　　　　　　　　　　　　1 000 000

③ 2×23年5月9日:

受让股权的公允价值=4.02×500=2 010(万元)

借:交易性金融资产　　　　　　　　　　　　　　　20 100 000
　　贷款——本金　　　　　　　　　　　　　　　　15 000 000
　　贷款损失准备　　　　　　　　　　　　　　　　 4 000 000
　　贷:贷款——本金　　　　　　　　　　　　　　　39 000 000
　　　　投资收益　　　　　　　　　　　　　　　　　　100 000

(2) 债务人的会计处理。

该债务重组协议的执行过程和结果不确定性于2×23年5月9日消除时,债务人清偿该部分债务的现时义务已经解除,可以确认债务重组相关损益,并按照修改后的条款确认新金融负债。

债务人甲公司的账务处理如下:

① 2×23年3月2日:

借:固定资产清理　　　　　　　　　　　　　　　　 8 000 000
　　累计折旧　　　　　　　　　　　　　　　　　　 4 000 000
　　贷:固定资产　　　　　　　　　　　　　　　　　12 000 000

借:长期借款——本金　　　　　　　　　　　　　　 8 000 000

　　　　贷：固定资产清理　　　　　　　　　　　　　　　　　　　　8 000 000
② 2×23 年 5 月 9 日：
　　借款的新现金流量 = 1 500×(1+8%)/(1+6%) = 1 528.3（万元）
　　现金流变化 = (1 528.3 − 1 500)/1 500 = 1.89% < 10%
　　因此针对 1 500 万元本金部分的合同条款的修改不构成实质性修改，不终止确认该部分负债。
　　借：长期借款——本金　　　　　　　　　　　　　　　　　42 000 000
　　　　贷：股本　　　　　　　　　　　　　　　　　　　　　 5 000 000
　　　　　　资本公积　　　　　　　　　　　　　　　　　　　15 100 000
　　　　　　长期借款——本金　　　　　　　　　　　　　　　15 283 000
　　　　　　其他收益——债务重组收益　　　　　　　　　　　 6 617 000

　　本例中，即使没有"甲公司未能履行（1）、（2）所述偿债义务，乙银行有权终止债务重组协议，其他债权调整承诺随之失效"的条款，债务人仍然应当谨慎处理，考虑在债务的现时义务解除时终止确认原债务。

第三节　债务重组的相关披露

　　债务重组中涉及的债权、重组债权、债务、重组债务和其他金融工具的披露，应当按照《企业会计准则第 37 号——金融工具列报》的规定处理。此外，债权人和债务人还应当在附注中披露与债务重组有关的额外信息。

　　债权人应当在附注中披露与债务重组有关的下列信息：（1）根据债务重组方式，分组披露债权账面价值和债务重组相关损益。分组时，债权人可以按照以资产清偿债务方式、将债务转为权益工具方式、修改其他条款方式、组合方式为标准分组，也可以根据重要性原则以更细化的标准分组。（2）债务重组导致的对联营企业或合营企业的权益性投资增加额，以及该投资占联营企业或合营企业股份总额的比例。

　　债务人应当在附注中披露与债务重组有关的下列信息：（1）根据债务重组方式，分组披露债务账面价值和债务重组相关损益。分组的标准与对债权人的要求类似。（2）债务重组导致的股本等所有者权益的增加额。

　　报表使用者可能关心与债务重组相关的其他信息，例如，债权人和债务人是否具有关联方关系；再如，如何确定债务转为权益工具方式中的权益工具，以及修改其他条款方式中的新重组债权或重组债务等的公允价值；又如，是否存在与债务重组相关的或有事项等，企业应当根据《企业会计准则第 13 号——或有事项》《企业会计准则第 22 号——金融工具确认和计量》《企业会计准则第 36 号——关联方披露》《企业会计准则第 37 号——金融工具列报》《企业会计准则第 39 号——公允价值计量》等准则规定，披露相关信息。

第二十二章 外币折算

第一节 记账本位币的确定

一、记账本位币的确定

记账本位币是指企业经营所处的主要经济环境中的货币。主要经济环境，通常是指企业主要产生和支出现金的环境，使用该环境中的货币最能反映企业主要交易的经济结果。例如，我国大多数企业主要产生和支出现金的环境在国内，因此，企业通常应以人民币作为记账本位币。

《中华人民共和国会计法》规定，业务收支以人民币以外的货币为主的单位，可以选定其中一种货币作为记账本位币，但是编报的财务会计报告应当折算为人民币。企业记账本位币的选定，应当考虑下列因素：

一是从日常活动收入的角度看，所选择的货币能够对企业商品和劳务销售价格起主要作用，通常以该货币进行商品和劳务销售价格的计价和结算。

二是从日常活动支出的角度看，所选择的货币能够对商品和劳务所需人工、材料和其他费用产生主要影响，通常以该货币进行这些费用的计价和结算。

三是融资活动获得的资金以及保存从经营活动中收取款项时所使用的货币。在有些情况下，企业根据收支情况难以确定记账本位币，需要在收支基础上结合融资活动获得的资金或保存从经营活动中收取款项时所使用的货币进行综合分析后作出判断。

▶【例22-1】国内A外商投资企业，该企业超过80%的营业收入来自向各国的出口，其商品销售价格一般以美元结算，主要受美元的影响，因此，从影响商品和劳务销售价格的角度看，A企业应选择美元作为记账本位币。

如果A企业除厂房设施、25%的人工成本在国内以人民币采购，生产所需原材料、机器设备及75%以上的人工成本都来自美国投资者以美元在国际市场的采购，则可进一步确定A企业的记账本位币是美元。

如果A企业的人工成本、原材料及相应的厂房设施、机器设备等95%以上在国内采购并以人民币计价，与日常活动收入的主要币种不一致，则难以确定A企业的记账本位币，需要考虑第三项因素。如果 A 企业出口销售取得的美元价款汇入国内账户可随时换成人民币存款，且 A 企业对所有以美元结算的资金往来的外币风险都进行了套期保值，则 A 企业应当选定人民币为其记账本位币。

在确定企业的记账本位币时，上述因素的重要程度因企业具体情况不同而不同，需要企业管理当局根据实际情况进行判断。一般情况下，综合考虑前两项即可确定企业的记账本位币，第三项为参考因素，视其对企业收支现金的影响程度而定。在综合考虑前两项因素仍不能确定企业记账本位币的情况下，第三项因素对企业记账本位币的确定起重要作用。

需要强调的是，企业管理当局根据实际情况确定的记账本位币只有一种，该货币一经确定，不得随意变更，除非与确定记账本位币相关的企业经营所处的主要经济环境发生重大变化。

二、境外经营记账本位币的确定

（一）境外经营的含义

境外经营通常是指企业在境外的子公司、合营企业、联营企业、分支机构。当企业在境内的子公司、联营企业、合营企业或者分支机构选定的记账本位币不同于企业的记账本位币时，也应当视同境外经营。

区分某实体是否为该企业的境外经营的关键有两项：一是该实体与企业的关系，是否为企业的子公司、合营企业、联营企业、分支机构；二是该实体的记账本位币是否与企业记账本位币相同，而不是以该实体是否在企业所在地的境外作为标准。

（二）境外经营记账本位币的确定

境外经营也是一个企业，在确定其记账本位币时也应当考虑企业选择确定记账本位币需要考虑的上述因素。同时，由于境外经营是企业的子公司、联营企业、合营企业或者分支机构，因此，境外经营记账本位币的选择还应当考虑该境外经营与企业的关系：

（1）境外经营对其所从事的活动是否拥有很强的自主性。如果境外经营所从事的活动是视同企业经营活动的延伸，该境外经营应当选择与企业记账本位币相同的货币作为记账本位币；如果境外经营所从事的活动拥有极大的自主性，应根据所处的主要经济环境选择记账本位币。

（2）境外经营活动中与企业的交易是否在境外经营活动中占有较大比重。如果境外经营与企业的交易在境外经营活动中所占的比例较高，境外经营应当选择与企业记账本位币相同的货币作为记账本位币；反之，应根据所处的主要经济环境选择记账本位币。

（3）境外经营活动产生的现金流量是否直接影响企业的现金流量、是否可以随时汇回。如果境外经营活动产生的现金流量直接影响企业的现金流量，并可随时汇回，境外经营应当选择与企业记账本位币相同的货币作为记账本位币；反之，应根据所处的主要经济环境选择记账本位币。

（4）境外经营活动产生的现金流量是否足以偿还其现有债务和可预期的债务。如果境外经营活动产生的现金流量在企业不提供资金的情况下，难以偿还其现有债务和正常情况下可预期的债务，境外经营应当选择与企业记账本位币相同的货币作为记账本位币；

反之，应根据所处的主要经济环境选择记账本位币。

三、记账本位币变更的会计处理

企业因经营所处的主要经济环境发生重大变化，确需变更记账本位币的，应当采用变更当日的即期汇率将所有项目折算为变更后的记账本位币，折算后的金额作为新的记账本位币的历史成本。由于采用同一即期汇率进行折算，不会产生汇兑差额。当然，企业需要提供确凿的证据证明企业经营所处的主要经济环境确实发生了重大变化，并应当在附注中披露变更的理由。

第二节 外币交易的会计处理

一、汇率

汇率是指两种货币相兑换的比率，是一种货币单位用另一种货币单位所表示的价格。我们通常在银行见到的汇率有三种表示方式：买入价、卖出价和中间价。买入价指银行买入其他货币的价格，卖出价指银行出售其他货币的价格，中间价是银行买入价与卖出价的平均价，银行的卖出价一般高于买入价，以获取其中的差价。

（一）即期汇率的选择

即期汇率是相对于远期汇率而言的。远期汇率是在未来某一日交付时的结算价格。无论买入价，还是卖出价均是立即交付的结算价格，都是即期汇率。为方便核算，准则中企业用于记账的即期汇率一般指当日中国人民银行公布的人民币汇率的中间价。但是，在企业发生单纯的货币兑换交易或涉及货币兑换的交易时，仅用中间价不能反映货币买卖的损益，需要使用买入价或卖出价折算。

企业发生的外币交易只涉及人民币与中国人民银行公布的货币，如美元、欧元、日元、港元等之间折算的，可直接采用中国人民银行每日公布的人民币汇率的中间价作为即期汇率进行折算；企业发生的外币交易涉及人民币与其他货币之间折算的，应按照国家外汇管理局公布的各种货币对美元折算率采用套算的方法进行折算，发生的外币交易涉及人民币以外的货币之间折算的，可直接采用国家外汇管理局公布的各种货币对美元折算率进行折算。

（二）即期汇率的近似汇率

当汇率变动不大时，为简化核算，企业在外币交易日或对外币报表的某些项目进行折算时，也可以选择即期汇率的近似汇率折算。即期汇率的近似汇率是"按照系统合理的方法确定的、与交易发生日即期汇率近似的汇率"，通常是指当期平均汇率或加权平均汇率等。加权平均汇率需要采用外币交易的外币金额作为权重进行计算。

确定即期汇率的近似汇率的方法应在前后各期保持一致。如果汇率波动使得采用即期汇率的近似汇率折算不适当时，应当采用交易发生日的即期汇率折算。至于何时不适当,需要企业根据汇率变动情况及计算近似汇率的方法等进行判断。

二、外币交易的记账方法

外币交易的记账方法有外币统账制和外币分账制两种。外币统账制是指企业在发生外币交易时,即折算为记账本位币入账。外币分账制是指企业在日常核算时分别币种记账,资产负债表日,分别货币性项目和非货币性项目进行调整:货币性项目按资产负债表日即期汇率折算,非货币性项目按交易日即期汇率折算;产生的汇兑差额计入当期损益。从我国目前的情况看,绝大多数企业采用外币统账制,只有银行等少数金融企业由于外币交易频繁,涉及外币币种较多,可以采用分账制记账方法进行日常核算。无论是采用分账制记账方法,还是采用统账制记账方法,只是账务处理的程序不同,但产生的结果应当相同,即计算出的汇兑差额相同;相应的会计处理也相同,即均计入当期损益。

三、外币交易的会计处理

外币是企业记账本位币以外的货币。外币交易是指企业发生以外币计价或者结算的交易。包括:(1)买入或者卖出以外币计价的商品或者劳务,例如,以人民币为记账本位币的国内 A 公司向国外 B 公司销售商品,货款以美元结算;A 公司购买 S 公司发行的 H 股股票,A 公司从境外以美元购买固定资产或生产用原材料等。(2)借入或者借出外币资金,例如,以人民币为记账本位币的甲公司从中国银行借入欧元、经批准向海外发行美元债券等。(3)其他以外币计价或者结算的交易。指除上述(1)、(2)外,以记账本位币以外的货币计价或结算的其他交易。例如,接受外币现金捐赠等。

(一)初始确认

企业发生外币交易的,应在初始确认时采用交易日的即期汇率或即期汇率的近似汇率将外币金额折算为记账本位币金额。这里的即期汇率可以是外汇牌价的买入价或卖出价,也可以是中间价,在与银行不进行货币兑换的情况下,一般以中间价作为即期汇率。

▶【例22-2】乙股份有限公司的记账本位币为人民币,对外币交易采用交易日的即期汇率折算。2×15年3月3日,从境外丙公司购入不需要安装的设备一台,设备价款为250 000美元,购入该设备当日的即期汇率为1美元=6.5元人民币,适用的增值税税率为13%,款项尚未支付,增值税以银行存款支付。有关会计分录如下:

借:固定资产——机器设备　　　　　　　(250 000×6.5) 1 625 000
　　应交税费——应交增值税(进项税额)　　　　　　　　211 250
　贷:应付账款——丙公司(美元)　　　　　　　　　　1 625 000
　　　银行存款　　　　　　　　　　　　　　　　　　　　211 250

企业收到投资者以外币投入的资本,无论是否有合同约定汇率,均不采用合同约定汇率和即期汇率的近似汇率折算,而是采用交易日即期汇率折算,这样,外币投入资本与相应的货币性项目的记账本位币金额相等,不产生外币资本折算差额。

▶【例22-3】乙有限责任公司以人民币为记账本位币,2×15年6月1日,乙公司与美国甲公司签订投资合同,甲公司将向乙公司出资2 000 000美元,占乙公司注册资本的23%;甲公司的出资款将在合同签订后一年内分两次汇到乙公司账上;合同约定汇率为

1美元=6.5元人民币。当日的即期汇率为1美元=6.45元人民币。

2×15年9月10日，乙公司收到甲公司汇来的第一期出资款，当日的即期汇率为1美元=6.35元人民币。有关会计分录如下：

借：银行存款——美元　　　　　　　　(1 000 000×6.35) 6 350 000
　　贷：实收资本　　　　　　　　　　　　　　　　　　　6 350 000

2×16年5月25日，乙公司收到甲公司汇来的第二期出资款，当日的即期汇率为1美元=6.4元人民币。有关会计分录如下：

借：银行存款——美元　　　　　　　　(1 000 000×6.4) 6 400 000
　　贷：实收资本　　　　　　　　　　　　　　　　　　　6 400 000

▶【例22-4】乙股份有限公司以人民币为记账本位币，对外币交易采用交易日的即期汇率折算。2×15年6月1日，将50 000美元到银行兑换为人民币，银行当日的美元买入价为1美元=6.55元人民币，中间价为1美元=6.60元人民币。

本例中，企业与银行发生货币兑换，兑换所用汇率为银行的买入价，而通常记账所用的即期汇率为中间价，由于汇率变动而产生的汇兑差额计入当期财务费用。有关会计分录如下：

借：银行存款——人民币　　　　　　　(50 000×6.55) 327 500
　　财务费用——汇兑差额　　　　　　　　　　　　　　　2 500
　　贷：银行存款——美元　　　　　　　(50 000×6.6) 330 000

（二）期末调整或结算

期末，企业应当分别外币货币性项目和外币非货币性项目进行处理。

1. 货币性项目

货币性项目是企业持有的货币和将以固定或可确定金额的货币收取的资产或者偿付的负债。货币性项目分为货币性资产和货币性负债，货币性资产包括现金、银行存款、应收账款、其他应收款、长期应收款、债权投资、其他债权投资等，货币性负债包括应付账款、其他应付款、短期借款、应付债券、长期借款、长期应付款等。期末或结算货币性项目时，应以当日即期汇率折算外币货币性项目，该项目因当日即期汇率不同于该项目初始入账时或前一期末即期汇率而产生的汇兑差额计入当期损益。

企业为购建或生产符合资本化条件的资产而借入的专门借款为外币借款时，在借款费用资本化期间内，由于外币借款在取得日、使用日及结算日的汇率不同而产生的汇兑差额，应当予以资本化，计入相关资产成本。

▶【例22-5】国内甲公司的记账本位币为人民币。2×15年1月1日，为建造某固定资产专门借入长期借款20 000美元，期限为2年，年利率为5%，每年年初支付利息，到期还本。2×15年1月1日的即期汇率为1美元=6.45元人民币，2×15年12月31日的即期汇率为1美元=6.2元人民币。假定不考虑相关税费的影响。

2×15年12月31日，该公司计提当年利息应作以下会计分录：

借：在建工程　　　　　　　　　　　　(20 000×5%×6.2) 6 200
　　贷：应付利息——美元　　　　　　　　　　　　　　　6 200

2×15年12月31日，该公司美元借款本金由于汇率变动产生的汇兑差额，应作以下会计分录：

借：长期借款——美元　　　　　　[20 000×(6.45-6.2)] 5 000
　　贷：在建工程　　　　　　　　　　　　　　　　　　　5 000

2×16年1月1日，该公司支付2×15年利息，该利息由于汇率变动产生的汇兑差额应当予以资本化，计入在建工程成本。2×16年1月1日的即期汇率为1美元=6.22元人民币，相应的会计分录为：

借：应付利息——美元　　　　　　　　　　　　　　　　6 200
　　在建工程　　　　　　　　　　[20 000×5%×(6.22-6.2)] 20
　　贷：银行存款　　　　　　　　　　　　　　　　　　　6 220

2. 非货币性项目

非货币性项目是货币性项目以外的项目，如预付账款、预收账款、合同负债、存货、长期股权投资、交易性金融资产（股票、基金）、固定资产、无形资产等。

（1）对于以历史成本计量的外币非货币性项目，已在交易发生日按当日即期汇率折算，资产负债表日不应改变其原记账本位币金额，不产生汇兑差额。

（2）对于以成本与可变现净值孰低计量的存货，如果其可变现净值以外币确定，则在确定存货的期末价值时，应先将可变现净值折算为记账本位币，再与以记账本位币反映的存货成本进行比较。

▶【例22-6】P上市公司以人民币为记账本位币。2×15年11月2日，从英国W公司采购国内市场尚无的A商品10 000件，每件价格为1 000英镑，当日即期汇率为1英镑=10元人民币。2×15年12月31日，尚有1 000件A商品未销售出去，国内市场仍无A商品供应，A商品在国际市场的价格降至900英镑。12月31日的即期汇率是1英镑=9.7元人民币。假定不考虑相关税费。

本例中，由于存货在资产负债表日采用成本与可变现净值孰低计量，因此，在以外币购入存货并且该存货在资产负债表日确定的可变现净值以外币反映时，计提存货跌价准备应当考虑汇率变动的影响。因此，该公司应作会计分录如下：

11月2日，购入A商品：

借：库存商品——A　　　　　　(10 000×1 000×10) 100 000 000
　　贷：银行存款——英镑　　　　　　　　　　　　　100 000 000

12月31日，计提存货跌价准备：

借：资产减值损失　　　　　　　　　　　　　　　　1 270 000
　　贷：存货跌价准备　　　　　　　　　　　　　　　1 270 000

1 000×1 000×10 - 1 000×900×9.7 = 1 270 000（元人民币）

（3）对于以公允价值计量的股票、基金等非货币性项目，如果期末的公允价值以外币反映，则应当先将该外币按照公允价值确定当日的即期汇率折算为记账本位币金额，再与原记账本位币金额进行比较，对于以公允价值计量且其变动计入当期损益的金融资产，折算后的记账本位币金额与原记账本位币金额之间的差额应计入当期损益。对于指定为以公允价值计量且其变动计入其他综合收益的非交易性权益工具投资，其折算后的记账本位币金额与原记账本位币金额之间的差额应计入其他综合收益（处置时直接转入留存收益）。

▶【例22-7】国内甲公司的记账本位币为人民币。2×15年9月10日以每股1.5美元的价格购入乙公司B股10 000股作为交易性金融资产,当日汇率为1美元=6.3元人民币,款项已付。2×15年12月31日,由于市价变动,购入的乙公司B股的市价变为每股1美元,当日汇率为1美元=6.2元人民币。假定不考虑相关税费的影响。

2×15年9月10日,该公司对上述交易应作会计分录如下:

借:交易性金融资产　　　　　　　　　　(1.5×10 000×6.3) 94 500
　　贷:银行存款——美元　　　　　　　　　　　　　　　　94 500

根据《企业会计准则第22号——金融工具确认和计量》,交易性金融资产以公允价值计量。由于该项交易性金融资产是以外币计价,在资产负债表日,不仅应考虑股票市价的变动,还应一并考虑美元与人民币之间汇率变动的影响,上述交易性金融资产在资产负债表日的人民币金额为62 000元(1×10 000×6.2),与原账面价值94 500元的差额为-32 500元人民币,计入公允价值变动损益。相应的会计分录为:

借:公允价值变动损益　　　　　　　　　　　　　　　　　32 500
　　贷:交易性金融资产　　　　　　　　　　　　　　　　　32 500

32 500元人民币既包含甲公司所购乙公司B股股票公允价值变动的影响,又包含人民币与美元之间汇率变动的影响。

2×16年1月10日,甲公司将所购乙公司B股股票按当日市价每股1.2美元全部售出,所得价款为12 000美元,按当日汇率1美元=6.25元人民币折算为人民币金额为75 000元,与其原账面价值人民币金额62 000元的差额为13 000元人民币,对于汇率的变动和股票市价的变动不进行区分,均作为投资收益进行处理。因此,售出当日,甲公司应作会计分录如下:

借:银行存款——美元　　　　　　　　　(1.2×10 000×6.25) 75 000
　　贷:交易性金融资产　　　　　　　　　　(94 500-32 500) 62 000
　　　　投资收益　　　　　　　　　　　　　　　　　　　　13 000

▶【例22-8】国内甲公司的记账本位币为人民币。2×15年2月10日以每股15港元的价格购入乙公司H股10 000股,指定为以公允价值计量且其变动计入其他综合收益的金融资产,当日汇率为1港元=0.9元人民币,款项已付。2×15年12月31日,由于市价变动,购入的乙公司H股的市价变为每股18港元,当日汇率为1港元=0.85元人民币。假定不考虑相关税费的影响。

2×15年2月10日,该公司对上述交易应作以下处理:

借:其他权益工具投资　　　　　　　　　　(15×10 000×0.9) 135 000
　　贷:银行存款——港元　　　　　　　　　　　　　　　　135 000

根据《企业会计准则第22号——金融工具确认和计量》,指定为以公允价值计量且其变动计入其他综合收益的非交易性权益工具投资,除了获得的股利收入(作为投资成本部分收回的股利收入除外)计入当期损益,其他相关的利得和损失(包括汇兑损益)均计入其他综合收益,且后续不得转入损益。由于该项金融资产是以外币计价,在资产负债表日,不仅应考虑股票市价的变动,还应一并考虑港元与人民币之间汇率变动的影响,上述金融资产在资产负债表日的人民币金额为153 000元(18×10 000×0.85),与原账面价值

135 000元的差额为18 000元人民币，计入其他综合收益。相应的会计分录为：

  借：其他权益工具投资   18 000
    贷：其他综合收益   18 000

18 000元人民币既包含甲公司所购乙公司H股股票公允价值变动的影响，又包含人民币与港元之间汇率变动的影响。

第三节　外币财务报表折算

在将企业的境外经营通过合并、权益法核算等纳入企业的财务报表中时，需要将企业境外经营的财务报表折算为以企业记账本位币反映的财务报表，这一过程就是外币财务报表的折算。可见，境外经营及其记账本位币的确定是进行财务报表折算的关键。有关境外经营记账本位币的确定见本章第一节。

一、境外经营财务报表的折算

（一）对外币报表的折算

对外币报表的折算，常见的方法一般有四种：流动和非流动法、货币性和非货币性法、时态法与现时汇率法。

为与我国《企业会计准则第33号——合并财务报表》所采用的实体理论保持一致，我国《企业会计准则第19号——外币折算》基本采用现时汇率法。

在对企业境外经营财务报表进行折算前，应当调整境外经营的会计期间和会计政策，使之与企业会计期间和会计政策相一致，根据调整后会计政策及会计期间编制相应货币（记账本位币以外的货币）的财务报表，再按照以下方法对境外经营财务报表进行折算：

（1）资产负债表中的资产和负债项目，采用资产负债表日的即期汇率折算，所有者权益项目除"未分配利润"项目外，其他项目采用发生时的即期汇率折算。

（2）利润表中的收入和费用项目，采用交易发生日的即期汇率或即期汇率的近似汇率折算。

（3）产生的外币财务报表折算差额，在资产负债表中"所有者权益"项目下的"其他综合收益"项目列示。

比较财务报表的折算比照上述规定处理。

▶【例22-9】国内甲公司的记账本位币为人民币，该公司在境外有一家子公司——乙公司，乙公司的记账本位币为美元。根据合同约定，甲公司拥有乙公司70%的股权，并能够控制乙公司。甲公司采用当期平均汇率折算乙公司利润表项目。乙公司的有关资料如下：

2×15年12月31日的汇率为1美元=6.2元人民币，2×15年的平均汇率为1美元=6.4元人民币，实收资本、资本公积发生日的即期汇率为1美元=7元人民币，2×15年12月31日的股本为500万美元，折算为人民币为3 500万元；累计盈余公积为50万美元，折算为人民币为345万元，累计未分配利润为120万美元，折算为人民币为835万元,甲、乙公司均在年末提取盈余公积,乙公司当年提取的盈余公积为70万美元。

报表折算见表22-1、表22-2和表22-3。

表22-1　　　　　　　　　　　　　利润表(简表)
2×15年度　　　　　　　　　　　　　　　　单位:万元

项　目	期末数(美元)	折算汇率	折算为人民币金额
一、营业收入	2 000	6.4	12 800
减:营业成本	1 500	6.4	9 600
税金及附加	40	6.4	256
管理费用	100	6.4	640
财务费用	10	6.4	64
加:投资收益	30	6.4	192
二、营业利润	380	—	2 432
加:营业外收入	40	6.4	256
减:营业外支出	20	6.4	128
三、利润总额	400	—	2 560
减:所得税费用	120	6.4	768
四、净利润	280	—	1 792
五、每股收益			
六、其他综合收益			
七、综合收益总额			

表22-2　　　　　　　　　　　　所有者权益变动表(简表)
2×15年度　　　　　　　　　　　　　　　　单位:万元

项　目	实收资本			盈余公积			未分配利润		其他综合收益	股东权益合计
	美元	折算汇率	人民币	美元	折算汇率	人民币	美元	人民币		人民币
一、本年年初余额	500	7	3 500	50		345	120	835		4 680
二、本年增减变动金额										
(一)净利润							280	1 792		1 792
(二)其他综合收益										-582
其中:外币报表折算差额									-582	-582
(三)利润分配										
提取盈余公积				70	6.4	448	-70	-448		0
三、本年年末余额	500	7	3 500	120		793	330	2 179	-582	5 890

当期计提的盈余公积采用当期平均汇率折算，期初盈余公积为以前年度计提的盈余公积按相应年度平均汇率折算后金额的累计，期初未分配利润记账本位币金额为以前年度未分配利润记账本位币金额的累计。

表 22-3　　　　　　　　　　　　　资产负债表（简表）

2×15年12月31日　　　　　　　　　　　　　　　　　　　　单位：万元

资产	期末数（美元）	折算汇率	折算为人民币金额	负债和所有者权益（或股东权益）	期末数（美元）	折算汇率	折算为人民币金额
流动资产：				流动负债：			
货币资金	190	6.2	1 178	短期借款	45	6.2	279
应收账款	190	6.2	1 178	应付账款	285	6.2	1 767
存货	240	6.2	1 488	其他流动负债	110	6.2	682
其他流动资产	200	6.2	1 240	流动负债合计	440	—	2 728
流动资产合计	820	—	5 084	非流动负债：			
非流动资产：				长期借款	140	6.2	868
长期应收款	120	6.2	744	应付债券	80	6.2	496
固定资产	550	6.2	3 410	其他非流动负债	90	6.2	558
在建工程	80	6.2	496	非流动负债合计	310	—	1 922
无形资产	100	6.2	620	负债合计	750		4 650
其他非流动资产	30	6.2	186	股东权益：			
非流动资产合计	880	—	5 456	股本	500	7	3 500
				盈余公积	120		793
				未分配利润	330		2 179
				其他综合收益（外币报表折算差额）			-582
				股东权益合计	950		5 890
资产总计	1 700		10 540	负债和所有者权益（或股东权益）总计	1 700		10 540

外币报表折算差额为以记账本位币反映的净资产减去以记账本位币反映的实收资本、资本公积、累计盈余公积及累计未分配利润后的余额。

（二）包含境外经营的合并财务报表编制的特殊处理

1. 少数股东应分担的外币报表折算差额

在企业境外经营为其子公司的情况下，企业在编制合并财务报表时，对于境外经营财务报表折算差额，需要在母公司与子公司少数股东之间按照各自在境外经营所有者权益中所享有的份额进行分摊，其中：属于母公司应分担的部分在合并资产负债表和合并所有者权益变动表中所有者权益项目下"其他综合收益"项目列示，属于子公司少数股东应分担的部分应并入"少数股东权益"项目列示。

2. 实质上构成对境外经营净投资的外币货币性项目产生的汇兑差额在编制合并财务报表时的处理

母公司含有实质上构成对子公司（境外经营）净投资的外币货币性项目的情况下，在编制合并财务报表时，应分别以下两种情况编制抵销分录：

（1）实质上构成对子公司净投资的外币货币性项目以母公司或子公司的记账本位币反映的，应在抵销长期应收应付项目的同时，将其产生的汇兑差额转入"其他综合收益"项目。即借记或贷记"财务费用——汇兑差额"项目，贷记或借记"其他综合收益"项目。

（2）实质上构成对子公司净投资的外币货币性项目以母、子公司的记账本位币以外的货币反映的，应将母、子公司此项外币货币性项目产生的汇兑差额相互抵销，差额转入"其他综合收益"项目。

如果合并财务报表中各子公司之间也存在实质上构成对另一子公司（境外经营）净投资的外币货币性项目，在编制合并财务报表时应比照上述方法编制相应的抵销分录。

二、境外经营的处置

企业可能通过出售、清算、返还股本或放弃全部或部分权益等方式处置其在境外经营中的利益。企业在处置境外经营时，应当将资产负债表所有者权益项目中与该境外经营相关的外币财务报表折算差额，转入处置当期损益；如果是部分处置境外经营，应当按处置的比例计算处置部分的外币报表折算差额，转入处置当期损益。

第二十三章 财务报告

第一节 财务报表概述

财务报告,是指企业对外提供的反映企业某一特定日期的财务状况和某一会计期间的经营成果、现金流量等会计信息的文件。财务报告包括财务报表和其他应当在财务报告中披露的相关信息和资料。

一、财务报表的定义和构成

财务报表是对企业财务状况、经营成果和现金流量的结构性表述。财务报表至少应当包括下列组成部分:(1)资产负债表;(2)利润表;(3)现金流量表;(4)所有者权益(或股东权益,下同)变动表;(5)附注。财务报表的这些组成部分具有同等的重要程度。

财务报表可以按照不同的标准进行分类:(1)按财务报表编报期间的不同,可以分为中期财务报表和年度财务报表。中期财务报表是以短于一个完整会计年度的报告期间为基础编制的财务报表,包括月报、季报和半年报等。(2)按财务报表编报主体的不同,可以分为个别财务报表和合并财务报表。个别财务报表是由企业在自身会计核算基础上对账簿记录进行加工而编制的财务报表,它主要用以反映企业自身的财务状况、经营成果和现金流量情况。合并财务报表是以母公司和子公司组成的企业集团为会计主体,根据母公司和所属子公司的财务报表,由母公司编制的综合反映企业集团财务状况、经营成果及现金流量的财务报表(见第二十七章合并财务报表)。

二、财务报表列报的基本要求

(一)依据各项会计准则确认和计量的结果编制财务报表

企业应当根据实际发生的交易和事项,遵循《企业会计准则——基本准则》、各项具体会计准则的规定进行确认和计量,并在此基础上编制财务报表。企业应当在附注中对这一情况作出声明,只有遵循了企业会计准则的所有规定时,财务报表才应当被称为"遵循了企业会计准则"。同时,企业不应以在附注中披露代替对交易和事项的确认和计量,不恰当的确认和计量也不能通过充分披露相关会计政策而纠正。

此外，如果按照各项会计准则规定披露的信息不足以让报表使用者了解特定交易或事项对企业财务状况、经营成果和现金流量的影响时，企业还应当披露其他必要信息。

（二）列报基础

持续经营是会计的基本前提，也是会计确认、计量及编制财务报表的基础。在编制财务报表的过程中，企业管理层应当利用其所有可获得信息来评价企业自资产负债表日起至少12个月的持续经营能力。评价时需要考虑的因素包括宏观政策风险、市场经营风险、企业目前或长期的盈利能力、偿债能力、财务弹性以及企业管理层改变经营政策的意向等。评价结果表明对持续经营能力产生重大怀疑的，企业应当在附注中披露导致对持续经营能力产生重大怀疑的影响因素以及企业拟采取的改善措施。

企业在评估持续经营能力时应当结合企业的具体情况。通常情况下，企业过去每年都有可观的净利润，并且易于获取所需的财务资源，则往往表明以持续经营为基础编制财务报表是合理的，而无须进行详细的分析即可得出企业持续经营的结论。反之，如果企业过去多年有亏损的记录等情况，则需要通过考虑更加广泛的相关因素来作出评价，比如目前和预期未来的获利能力、债务清偿计划、替代融资的潜在来源等。

非持续经营是企业在极端情况下呈现的一种状态。企业存在以下情况之一的，通常表明企业处于非持续经营状态：(1)企业已在当期进行清算或停止营业；(2)企业已经正式决定在下一个会计期间进行清算或停止营业；(3)企业已确定在当期或下一个会计期间没有其他可供选择的方案而将被迫进行清算或停止营业。企业处于非持续经营状态时，应当采用其他基础编制财务报表。比如，企业处于破产状态时，其资产应当采用清算净值计量、负债应当按照清偿价值计量等。在非持续经营情况下，企业应当在附注中声明财务报表未以持续经营为基础列报，披露未以持续经营为基础的原因以及财务报表的编制基础。

（三）权责发生制

除现金流量表按照收付实现制编制外，企业应当按照权责发生制编制其他财务报表。

（四）列报的一致性

可比性是会计信息质量的一项重要质量要求，目的是使同一企业不同期间和同一期间不同企业的财务报表相互可比。为此，财务报表项目的列报应当在各个会计期间保持一致，不得随意变更。这一要求不仅针对财务报表中的项目名称，还包括财务报表项目的分类、排列顺序等方面。

在以下规定的特殊情况下，财务报表项目的列报是可以改变的：(1)会计准则要求改变；(2)企业经营业务的性质发生重大变化或对企业经营影响较大的交易或事项发生后，变更财务报表项目的列报能够提供更可靠、更相关的会计信息。

（五）依据重要性原则单独或汇总列报项目

关于项目在财务报表中是单独列报还是汇总列报，应当依据重要性原则来判断。总的原则是，如果某项目单个看不具有重要性，则可将其与其他项目汇总列报；如具有重要性，则应当单独列报。企业在进行重要性判断时，应当根据企业所处的具体环境，从项目的性质和金额两方面予以判断：一方面，应当考虑该项目的性质是否属于企业日常活动，是否显著影响企业的财务状况、经营成果和现金流量等因素；另一方面，判断项目金额大小的重要性,应当通过单项金额占资产总额、负债总额、所有者权益总额、营业收入总额、营业成本总额、净利润、综合收益总额等直接相关项目金额的比重或所属报表单列项目金额的比重加以确定。同时,企业对于各项目重要性的判断标准一经确定,不得随意变更。具体而言:

(1)性质或功能不同的项目,一般应当在财务报表中单独列报,比如存货和固定资产在性质上和功能上都有本质差别,应分别在资产负债表上单独列报。但是不具有重要性的项目可以汇总列报。

(2)性质或功能类似的项目,一般可以汇总列报,但是对其具有重要性的类别应该单独列报。比如原材料、低值易耗品等项目在性质上类似,均通过生产过程形成企业的产品存货,因此可以汇总列报,汇总之后的类别统称为"存货"在资产负债表上列报。

(3)项目单独列报的原则不仅适用于报表,还适用于附注。某些项目的重要性程度不足以在资产负债表、利润表、现金流量表或所有者权益变动表中单独列报,但是可能对附注而言却具有重要性,在这种情况下应当在附注中单独披露。

(4)无论是财务报表列报准则规定单独列报的项目,还是其他具体会计准则规定单独列报的项目,企业都应当予以单独列报。

(六)财务报表项目金额间的相互抵销

财务报表项目应当以总额列报,资产和负债、收入和费用、直接计入当期利润的利得和损失项目的金额不能相互抵销,即不得以净额列报,但企业会计准则另有规定的除外。比如,企业欠客户的应付款不得与其他客户欠本企业的应收款相抵销,如果相互抵销就掩盖了交易的实质。

下列三种情况不属于抵销,可以以净额列示:(1)一组类似交易形成的利得和损失以净额列示的,不属于抵销。比如,汇兑损益应当以净额列报,为交易目的而持有的金融工具形成的利得和损失应当以净额列报等。但是,如果相关利得和损失具有重要性,则应当单独列报。(2)资产或负债项目按扣除备抵项目后的净额列示,不属于抵销。比如,对资产计提减值准备,表明资产的价值确实已经发生减损,按扣除减值准备后的净额列示,才反映了资产当时的真实价值。(3)非日常活动产生的利得和损失,以同一交易形成的收益扣减相关费用后的净额列示更能反映交易实质的,不属于抵销。非日常活动并非企业主要的业务,非日常活动产生的损益以收入扣减费用后的净额列示,更能有利于报表使用者的理解。比如,非流动资产处置形成的利得或损失,应当按处置收入扣除该资产的账面金额和相关销售费用后的净额列报。

(七)比较信息的列报

企业在列报当期财务报表时,至少应当提供所有列报项目上一个可比会计期间的比较数据,以及与理解当期财务报表相关的说明,目的是向报表使用者提供对比数据,提高信息在会计期间的可比性,以反映企业财务状况、经营成果和现金流量的发展趋势,提高报表使用者的判断与决策能力。列报比较信息的这一要求适用于财务报表的所有组成部分,即既适用于四张报表,也适用于附注。

通常情况下,企业列报所有项目上一个可比会计期间的比较数据,至少包括两期各报表及相关附注。当企业追溯应用会计政策或追溯重述,或者重新分类财务报表项目时,按照《企业会计准则第28号——会计政策、会计估计变更和差错更正》等的规定，企业应当在一套完整的财务报表中列报最早可比期间期初的财务报表，即应当至少列报三期资产负债表、两期其他各报表（利润表、现金流量表和所有者权益变动表）及相关附注。其中，列报的三期资产负债表分别指当期期末的资产负债表、上期期末（即当期期初）的资产负债表，以及上期期初的资产负债表。

在财务报表项目的列报确需发生变更的情况下，应当至少对可比期间的数据按照当期的列报要求进行调整，并在附注中披露调整的原因和性质，以及调整的各项目金额。但是，在某些情况下，对可比期间比较数据进行调整不切实可行，比如，企业在以前期间可能没有按照可以进行重新分类的方式收集数据，并且重新生成这些信息是不切实可行的，则企业应当在附注中披露不能调整的原因，以及假设金额重新分类可能进行的调整的性质。关于企业变更会计政策或更正差错时要求的对比较信息的调整，由《企业会计准则第28号——会计政策、会计估计变更和差错更正》规范。

（八）财务报表表首的列报要求

财务报表通常与其他信息（如企业年度报告等）一起公布，企业应当将按照企业会计准则编制的财务报告与一起公布的同一文件中的其他信息相区分。

财务报表一般分为表首、正表两部分，其中，企业在财务报表的显著位置（通常是表首）应当至少披露下列基本信息：（1）编报企业的名称，如企业名称在所属当期发生了变更的，还应明确标明；（2）对资产负债表而言，应当披露资产负债表日，对利润表、现金流量表、所有者权益变动表而言，应当披露报表涵盖的会计期间；（3）货币名称和单位，按照我国企业会计准则的规定，企业应当以人民币列报财务报表，并标明金额单位，如人民币元、人民币万元等；（4）财务报表是合并财务报表的，应当予以标明。

（九）报告期间

企业至少应当按年编制财务报表。根据《中华人民共和国会计法》的规定，会计年度自公历1月1日起至12月31日止。在编制年度财务报表时，可能存在年度财务报表涵盖的期间短于一年的情况，比如企业在年度中间（如3月1日）开始设立等。在这种情况下，企业应当披露年度财务报表的实际涵盖期间及其短于一年的原因，并说明由此引起财务报表项目与比较数据不具可比性这一事实。

第二节 资产负债表

一、资产负债表的内容及结构

（一）资产负债表的内容

资产负债表是指反映企业在某一特定日期财务状况的会计报表。它反映企业在某一特定日期所拥有或控制的经济资源、所承担的现时义务和所有者对净资产的要求权。通过资产负债表,可以提供某一日期资产的总额及其结构,表明企业拥有或控制的资源及其分布情况,使用者可以一目了然地从资产负债表上了解企业在某一特定日期所拥有的资产总量及其结构;可以提供某一日期的负债总额及其结构,表明企业未来需要用多少资产或劳务清偿债务以及清偿时间;可以反映所有者所拥有的权益,据以判断资本保值、增值的情况以及对负债的保障程度。此外,资产负债表还可以提供进行财务分析的基本资料,如将流动资产与流动负债进行比较,计算出流动比率;将速动资产与流动负债进行比较,计算出速动比率等,可以表明企业的变现能力、偿债能力和资金周转能力,从而有助于报表使用者作出经济决策。

(二) 资产负债表的结构

在我国,资产负债表采用账户式结构,报表分为左右两方,左方列示资产各项目,反映全部资产的分布及存在形态;右方列示负债和所有者权益各项目,反映全部负债和所有者权益的内容及构成情况。资产负债表左右双方平衡,资产总计等于负债和所有者权益总计,即"资产 = 负债 + 所有者权益"。此外,为了使使用者通过比较不同时点资产负债表的数据,掌握企业财务状况的变动情况及发展趋势,企业需要提供比较资产负债表,资产负债表还就各项目再分为"期末余额"和"上年年末余额"两栏分别填列。资产负债表的具体格式如表23-1所示。

表 23-1　　　　　　　　　　　　资产负债表　　　　　　　　　　　　会企 01 表

编制单位:　　　　　　　　　　　　　年　月　日　　　　　　　　　　　　单位:元

资　产	期末余额	上年年末余额	负债和所有者权益(或股东权益)	期末余额	上年年末余额
流动资产:			流动负债:		
货币资金			短期借款		
交易性金融资产			交易性金融负债		
衍生金融资产			衍生金融负债		
应收票据			应付票据		
应收账款			应付账款		
应收款项融资			预收款项		
预付款项			合同负债		
其他应收款			应付职工薪酬		
存货			应交税费		
合同资产			其他应付款		
持有待售资产			持有待售负债		
一年内到期的非流动资产			一年内到期的非流动负债		
其他流动资产			其他流动负债		
流动资产合计			流动负债合计		
非流动资产:			非流动负债:		
债权投资			长期借款		
其他债权投资			应付债券		
长期应收款			其中:优先股		
长期股权投资			永续债		

续表

资　产	期末余额	上年年末余额	负债和所有者权益（或股东权益）	期末余额	上年年末余额
其他权益工具投资			租赁负债		
其他非流动金融资产			长期应付款		
投资性房地产			预计负债		
固定资产			递延收益		
在建工程			递延所得税负债		
生产性生物资产			其他非流动负债		
油气资产			非流动负债合计		
使用权资产			负债合计		
无形资产			所有者权益（或股东权益）：		
开发支出			实收资本（或股本）		
商誉			其他权益工具		
长期待摊费用			其中：优先股		
递延所得税资产			永续债		
其他非流动资产			资本公积		
非流动资产合计			减：库存股		
			其他综合收益		
			专项储备		
			盈余公积		
			未分配利润		
			所有者权益（或股东权益）合计		
资产总计			负债和所有者权益（或股东权益）总计		

二、资产和负债按流动性列报

根据财务报表列报准则的规定，资产负债表上资产和负债应当按照流动性分别分为流动资产和非流动资产、流动负债和非流动负债列示。流动性，通常按资产的变现或耗用时间长短、负债的偿还时间长短来确定。

对于一般企业（比如工商企业）而言，通常在明显可识别的营业周期内销售产品或提供服务，应当将资产和负债分别分为流动资产和非流动资产、流动负债和非流动负债列示，有助于反映本营业周期内预期能实现的资产和应偿还的负债。但是，对于银行、证券、保险等金融企业而言，有些资产或负债无法严格区分为流动资产和非流动资产、流动负债和非流动负债，而大体按照流动性顺序列示往往能够提供可靠且更相关的信息。

（一）资产的流动性划分

资产满足下列条件之一的，应当归类为流动资产：（1）预计在一个正常营业周期中变现、出售或耗用。这主要包括存货、应收票据、应收账款等资产。需要指出的是，变现一般针对应收票据、应收账款等而言，指将资产变为现金；出售一般针对产品等存货而言；耗用一般指将存货（如原材料）转变成另一种形态（如产成品）。（2）主要为交易目的而持有。比如一些满足《企业会计准则第22号——金融工具确认和计量》规定的持有目的是交易性的金融资产。但是,并非所有交易性金融资产均为流动资产,比如自资产负债表日起超过12个月到期且预期持有超过12个月的衍生工具应当划分为非流动资产或非流动负债。(3)预计在资产负债表日起一年内(含一年,下同)变现。(4)自资产负债表日起一年内,交换其他资产或清偿负债的能力不受限制的现金或现金等价物。同时,流动资产以外的资产应当归类为非流动资产。

所谓"正常营业周期",是指企业从购买用于加工的资产起至实现现金或现金等价物的期间。正常营业周期通常短于一年,在一年内有几个营业周期。但是,因生产周期较长等导致正常营业周期长于一年的,尽管相关资产往往超过一年才变现、出售或耗用,仍应当划分为流动资产。当正常营业周期不能确定时,企业应当以一年(12个月)作为正常营业周期。

(二)负债的流动性划分

流动负债的判断标准与流动资产的判断标准相类似。负债满足下列条件之一的,应当归类为流动负债:(1)预计在一个正常营业周期中清偿。(2)主要为交易目的而持有。(3)自资产负债表日起一年内到期应予以清偿。(4)企业在资产负债表日没有将负债清偿推迟至资产负债表日后一年以上的实质性权利。企业是否行使上述实质性权利的主观可能性,并不影响负债的流动性划分。对于符合非流动负债划分条件的负债,即使企业有意图或者计划在资产负债表日后一年内提前清偿该负债,或者在资产负债表日至财务报告批准报出日之间已提前清偿该负债,该负债仍应归类为非流动负债。

上述规定(1)、(3)和(4)中所指的负债清偿,是指企业向交易对手方以转移现金、其他经济资源(如商品或服务)或企业自身权益工具的方式解除负债。

关于可转换工具负债成分的分类,还需要注意的是,负债的条款导致企业在交易对手方选择的情况下通过交付自身权益工具进行清偿的,如果该企业按照《企业会计准则第37号——金融工具列报》的规定将上述选择权分类为权益工具并将其作为复合金融工具的权益组成部分单独确认,则该条款不影响该项负债的流动性划分。

▶【例23-1】2×22年12月1日,甲公司发行总面值为5 000 000元的可转换债券,每张面值1 000元,期限5年,到期前债券持有人有权随时按每张面值1 000元的债券转换50股的转股价格,将持有的债券转换为甲公司的普通股。甲公司按照金融工具列报的规定将该选择权分类为权益工具并将其作为复合金融工具的权益组成部分单独确认。根据这一转换条款,甲公司有可能在该批债券到期前(包括资产负债表日起12个月内)予以清偿,但甲公司在2×22年12月31日资产负债表日判断该可转换债券的负债成分为流动负债还是非流动负债时,不应考虑转股导致的清偿情况,因此,该可转换债券的负债成分在2×22年12月31日甲公司的资产负债表上仍应当分类为非流动负债(假定不考虑其他因素和情况)。

企业在应用流动负债的判断标准时,应当注意以下两点:(1)企业对资产和负债进行流动性分类时,应当采用相同的正常营业周期。(2)企业正常营业周期中的经营性负债项目即使在资产负债表日后超过一年才予以清偿的,仍应划分为流动负债。经营性负债项目包括应付账款、应付职工薪酬等,这些项目属于企业正常营业周期中使用的营运资金的一部分。

此外，企业在判断负债的流动性划分时，对于资产负债表日后事项的有关影响需要特别加以考虑。总的判断原则是，企业在资产负债表上对债务流动和非流动的划分，应当反映在资产负债表日有效的合同安排上，考虑在资产负债表日起一年内企业是否必须无条件清偿，而资产负债表日之后（即使是财务报告批准报出日前）的再融资、展期或提供宽限期等行为，与资产负债表日判断负债的流动性状况无关。具体而言：(1) 对于在资产负债表日起一年内到期的负债，企业有意图且有能力自主地将清偿义务展期至资产负债表日后一年以上的，应当归类为非流动负债；不能自主地将清偿义务展期的，即使在资产负债表日后、财务报告批准报出日前签订了重新安排清偿计划协议，该项负债在资产负债表日仍应当归类为流动负债。(2) 企业在资产负债表日或之前违反了长期借款协议，导致贷款人可随时要求清偿的负债，应当归类为流动负债。但是，如果贷款人在资产负债表日或之前同意提供在资产负债表日后一年以上的宽限期，在此期限内企业能够改正违约行为，且贷款人不能要求随时清偿的，在资产负债表日的此项负债并不符合流动负债的判断标准，应当归类为非流动负债。企业的其他长期负债存在类似情况的，应当比照上述规定进行处理。

对于企业贷款安排产生的负债，企业将负债清偿推迟至资产负债表日后一年以上的权利可能取决于企业是否遵循了贷款安排中规定的条件（以下简称契约条件）。企业对该负债的流动性进行划分时，应当区别下列情况考虑在资产负债表日是否具有推迟清偿负债的权利：(1) 企业在资产负债表日或者之前应遵循的契约条件，即使在资产负债表日之后才对该契约条件的遵循情况进行评估（如有的契约条件规定在资产负债表日之后基于资产负债表日财务状况进行评估），影响该权利在资产负债表日是否存在的判断，进而影响该负债在资产负债表日的流动性划分。(2) 企业在资产负债表日之后应遵循的契约条件（如有的契约条件规定基于资产负债表日之后 6 个月的财务状况进行评估），不影响该权利在资产负债表日是否存在的判断，与该负债在资产负债表日的流动性划分无关。

三、资产负债表的填列方法

（一）资产负债表"期末余额"栏的填列方法

资产负债表"期末余额"栏一般应根据资产、负债和所有者权益类科目的期末余额填列。

1. 根据总账科目的余额填列

"衍生金融资产""其他权益工具投资""长期待摊费用""递延所得税资产""短期借款""衍生金融负债""应付票据""预收款项""应交税费""持有待售负债""递延收益""递延所得税负债""实收资本（或股本）""资本公积""库存股""其他综合收益""专项储备""盈余公积"等项目，应根据有关总账科目的余额填列。"长期待摊费用"项目中摊销年限（或期限）只剩一年或不足一年的，或者预计在一年内（含一年）进行摊销的部分，仍在"长期待摊费用"项目中列示，不转入"一年内到期的非流动资产"项目；"递延收益"项目中摊销期限只剩一年或不足一年的，或预计在一年内（含一年）进行摊销的部分，不得归类为流动负债，仍在该项目中填列，不转入"一年内到期的非流动负债"项目。

有些项目则应根据几个总账科目的余额计算填列，如"货币资金"项目，需根据

"库存现金""银行存款""其他货币资金""数字货币——人民币"等总账科目余额的合计数填列;"其他应付款"项目,需根据"其他应付款""应付利息""应付股利"三个总账科目余额的合计数填列,其中的"应付利息"仅反映相关金融工具已到期应支付但于资产负债表日尚未支付的利息;"其他流动资产""其他流动负债"项目,应根据有关科目的期末余额分析填列。

2. 根据明细账科目的余额分析计算填列

"交易性金融资产"项目,应根据"交易性金融资产"科目的明细科目期末余额分析填列,自资产负债表日起超过一年到期且预期持有超过一年的以公允价值计量且其变动计入当期损益的非流动金融资产,在"其他非流动金融资产"项目中填列;"应收款项融资"项目,应根据"应收票据""应收账款"科目的明细科目期末余额分析填列;"其他债权投资"项目,应根据"其他债权投资"科目的明细科目余额分析填列,自资产负债表日起一年内到期的长期债权投资,在"一年内到期的非流动资产"项目中填列,购入的以公允价值计量且其变动计入其他综合收益的一年内到期的债权投资,在"其他流动资产"项目中填列;"交易性金融负债"项目,应根据"交易性金融负债"科目的相关明细科目的期末余额填列;"应付账款"项目,应根据"应付账款"和"预付账款"科目所属的相关明细科目的期末贷方余额合计数填列;"合同负债"项目,应根据"合同资产""合同负债""合同结算"科目的相关明细科目的期末余额分析填列;"一年内到期的非流动资产""一年内到期的非流动负债"项目,应根据有关非流动资产或非流动负债项目的明细科目余额分析填列,已计提减值准备的,还应扣减相应的减值准备;"应付职工薪酬"项目,应根据"应付职工薪酬"科目的明细科目期末余额分析填列;"预计负债"项目,应根据"预计负债"科目的明细科目期末余额分析填列;"应付债券""其他权益工具"项目,应分别根据"应付债券""其他权益工具"科目的明细科目期末余额分析填列,对于资产负债表日企业发行在外的金融工具,分类为金融负债的应在"应付债券"项目填列(其中,优先股和永续债还应在"应付债券"项目下的"优先股"项目和"永续债"项目分别填列),分类为权益工具的应在"其他权益工具"项目填列(其中,优先股和永续债还应在"其他权益工具"项目下的"优先股"项目和"永续债"项目分别填列);"未分配利润"项目,应根据"利润分配"科目中所属的"未分配利润"明细科目期末余额填列。

3. 根据总账科目和明细账科目的余额分析计算填列

"长期借款"项目,应根据"长期借款"总账科目余额扣除"长期借款"科目所属的明细科目中将在资产负债表日起一年内到期,且企业在资产负债表日没有将负债清偿推迟至资产负债表日后一年以上的实质性权利部分后的金额计算填列;"其他非流动资产"项目,应根据有关科目的期末余额减去将于一年内(含一年)收回数后的金额填列;"租赁负债"项目,应根据"租赁负债"科目的期末余额扣除资产负债表日后12个月内租赁负债预期减少的金额计算填列;"其他非流动负债"项目,应根据有关科目的期末余额减去将于一年内(含一年)到期偿还数后的金额填列。

4. 根据有关科目余额减去其备抵科目余额后的净额填列

"债权投资""长期股权投资""商誉""持有待售资产"项目,应根据相关科目的期末余额填列，已计提减值准备的，还应扣减相应的减值准备；"投资性房地产""生产性生物资产""使用权资产""无形资产""油气资产"项目，应根据相关科目的期末余额扣减相关的累计折旧（或摊销、折耗）填列，已计提减值准备的，还应扣减相应的减值准备，折旧（或摊销、折耗）年限（或期限）只剩一年或不足一年的，或者预计在一年内（含一年）进行折旧（或摊销、折耗）的部分，仍在上述项目中列示，不转入"一年内到期的非流动资产"项目，采用公允价值计量的上述资产，应根据相关科目的期末余额填列；"长期应收款"项目，应根据"长期应收款"科目和"应收融资租赁款"科目的期末余额，减去相应的"未实现融资收益""坏账准备""应收融资租赁款减值准备"科目所属相关明细科目期末余额后的金额填列。

5. 综合运用上述填列方法分析填列

主要包括："应收票据"项目，应根据"应收票据"科目的期末余额，减去"坏账准备"科目中相关坏账准备期末余额后的金额分析填列；"应收账款"项目，应根据"应收账款"科目的期末余额，减去"坏账准备"科目中相关坏账准备期末余额后的金额分析填列；"预付款项"项目，应根据"预付账款"和"应付账款"科目所属各明细科目的期末借方余额合计数，减去"坏账准备"科目中有关预付款项计提的坏账准备期末余额后的金额填列；"其他应收款"项目，应根据"其他应收款""应收利息""应收股利"科目的期末余额合计数，减去"坏账准备"科目中相关坏账准备期末余额后的金额填列，其中的"应收利息"仅反映相关金融工具已到期可收取但于资产负债表日尚未收到的利息；"存货"项目，应根据"材料采购""在途物资""原材料""发出商品""库存商品""周转材料""委托加工物资""生产成本""受托代销商品""消耗性生物资产"等科目的期末余额及"合同履约成本"科目的明细科目中初始确认时摊销期限不超过一年或一个正常营业周期的期末余额合计，减去"受托代销商品款""存货跌价准备""消耗性生物资产跌价准备"等科目期末余额及"合同履约成本减值准备"科目中相应的期末余额后的金额填列，材料采用计划成本核算，以及库存商品采用计划成本核算或售价核算的企业，还应按加或减材料成本差异、商品进销差价后的金额填列；"合同资产"项目，应根据"合同资产""合同负债""合同结算"科目的相关明细科目的期末余额，减去"合同资产减值准备"科目中相关坏账准备期末余额后的金额分析填列；"固定资产"项目，应根据"固定资产"和"固定资产清理"科目的期末余额，减去"累计折旧"和"固定资产减值准备"科目的期末余额后的金额填列；"在建工程"项目，应根据"在建工程"和"工程物资"科目的期末余额，减去"在建工程减值准备"和"工程物资减值准备"科目的期末余额后的金额填列；"开发支出"项目，应根据"研发支出"科目中所属的"资本化支出"明细科目期末余额，减去相关减值准备期末余额后的金额分析填列；"长期应付款"项目，应根据"长期应付款"科目的期末余额，减去相应的"未确认融资费用"科目期末余额后的金额，以及"专项应付款"科目的期末余额填列。

相关资产和负债应当以抵销后的净额列示的，相关报表项目应当按有关规定分析填列，例如，满足所得税准则规定的有关条件的当期所得税资产及当期所得税负债、递延所得税资产及递延所得税负债，满足收入准则规定的有关条件的合同资产及合同负债，等等。

（二）资产负债表"上年年末余额"栏的填列方法

资产负债表中的"上年年末余额"栏通常根据上年年末有关项目的期末余额填列，且与上年年末资产负债表"期末余额"栏相一致。如果企业发生了会计政策变更（企业会计准则另有规定的除外）、前期差错更正，应当对"上年年末余额"栏中的有关项目进行相应调整。如果企业上年度资产负债表规定的项目名称和内容与本年度不一致，应当对上年年末资产负债表相关项目的名称和金额按照本年度的规定进行调整，填入"上年年末余额"栏。

第三节 利 润 表

一、利润表的内容及结构

（一）利润表的内容

利润表是反映企业在一定会计期间的经营成果的会计报表。利润表的列报应当充分反映企业经营业绩的主要来源和构成，有助于使用者判断净利润的质量及其风险，有助于使用者预测净利润的持续性，从而作出正确的决策。通过利润表，可以反映企业一定会计期间的收入实现情况，如实现的营业收入、实现的投资收益、实现的营业外收入各有多少；可以反映一定会计期间的费用耗费情况，如耗费的营业成本、税金及附加、销售费用、管理费用、研发费用、财务费用、营业外支出各有多少；可以反映企业生产经营活动的成果，即净利润的实现情况，据以判断资本保值、增值情况，等等。将利润表中的信息与资产负债表中的信息相结合，可以提供进行财务分析的基本资料，如将销货成本与存货平均余额进行比较，计算出存货周转率；将净利润与资产总额进行比较，计算出资产收益率等；可以表现企业资金周转情况以及企业的盈利能力和水平，便于报表使用者判断企业未来的发展趋势，作出经济决策。

（二）利润表的结构

常见的利润表结构主要有单步式和多步式两种。在我国，企业利润表采用的基本上是多步式结构，即通过对当期的收入、费用项目按性质加以归类，按利润形成的主要环节列示一些中间性利润指标，分步计算当期净损益，便于使用者理解企业经营成果的不同来源。企业利润表对于费用列报通常应当按照功能进行分类，即分为从事经营业务发生的成本、管理费用、销售费用、研发费用和财务费用等，有助于使用者了解费用发生的活动领域；与此同时，为了有助于报表使用者预测企业的未来现金流量，对于费用的列报还应当在附注中披露按照性质分类的补充资料，比如分为耗用的原材料、职工薪酬费用、折旧费用、摊销费用等。

利润表主要反映以下几方面的内容：（1）营业收入，由主营业务收入和其他业务收入组成。（2）营业利润，营业收入减去营业成本（主营业务成本、其他业务成本）、税金及附加、销售费用、管理费用、研发费用、财务费用、信用减值损失、资产减值损失，加上其他收益、投资收益、净敞口套期收益、公允价值变动收益、资产处置收益，即为营业利润。(3) 利润总额，营业利润加上营业外收入，减去营业外支出，即为利润总额。(4) 净利润，利润总额减去所得税费用，即为净利润，按照经营可持续性具体分为"持续经营净利润"和"终止经营净利润"两项。(5) 其他综合收益，具体分为"不能重分类进损益的其他综合收益"和"将重分类进损益的其他综合收益"两类，并以扣除相关所得税影响后的净额列报。(6) 综合收益总额，净利润加上其他综合收益税后净额，即为综合收益总额。(7) 每股收益，包括基本每股收益和稀释每股收益两项指标。

其中，其他综合收益，是指企业根据其他会计准则规定未在当期损益中确认的各项利得和损失。其他综合收益项目分为下列两类：(1) 不能重分类进损益的其他综合收益，主要包括：重新计量设定受益计划变动额、权益法不能转损益的其他综合收益、其他权益工具投资公允价值变动、企业自身信用风险公允价值变动等。(2) 将重分类进损益的其他综合收益，主要包括：权益法下可转损益的其他综合收益、其他债权投资公允价值变动、金融资产重分类计入其他综合收益的金额、其他债权投资信用减值准备、现金流量套期储备、外币财务报表折算差额、自用房地产或作为存货的房地产转换为以公允价值模式计量的投资性房地产在转换日公允价值大于账面价值部分等。

此外，为了使报表使用者通过比较不同期间利润的实现情况，判断企业经营成果的未来发展趋势，企业需要提供比较利润表，利润表还就各项目再分为"本期金额"和"上期金额"两栏分别填列。利润表具体格式如表23-2所示。

表23-2　　　　　　　　　　　　利　润　表　　　　　　　　　　　会企02表

编制单位：　　　　　　　　　　　　年　月　　　　　　　　　　　　　单位：元

项　目	本期金额	上期金额
一、营业收入		
减：营业成本		
税金及附加		
销售费用		
管理费用		
研发费用		
财务费用		
其中：利息费用		
利息收入		
加：其他收益		
投资收益（损失以"-"号填列）		
其中：对联营企业和合营企业的投资收益		
以摊余成本计量的金融资产终止确认收益（损失以"-"号填列）		
净敞口套期收益（损失以"-"号填列）		
公允价值变动收益（损失以"-"号填列）		
信用减值损失（损失以"-"号填列）		
资产减值损失（损失以"-"号填列）		
资产处置收益（损失以"-"号填列）		

续表

项 目	本期金额	上期金额
二、营业利润（亏损以"－"号填列）		
加：营业外收入		
减：营业外支出		
三、利润总额（亏损总额以"－"号填列）		
减：所得税费用		
四、净利润（净亏损以"－"号填列）		
（一）持续经营净利润（净亏损以"－"号填列）		
（二）终止经营净利润（净亏损以"－"号填列）		
五、其他综合收益的税后净额		
（一）不能重分类进损益的其他综合收益		
1. 重新计量设定受益计划变动额		
2. 权益法下不能转损益的其他综合收益		
3. 其他权益工具投资公允价值变动		
4. 企业自身信用风险公允价值变动		
……		
（二）将重分类进损益的其他综合收益		
1. 权益法下可转损益的其他综合收益		
2. 其他债权投资公允价值变动		
3. 金融资产重分类计入其他综合收益的金额		
4. 其他债权投资信用减值准备		
5. 现金流量套期储备		
6. 外币财务报表折算差额		
……		
六、综合收益总额		
七、每股收益		
（一）基本每股收益		
（二）稀释每股收益		

二、利润表的填列方法

（一）利润表"本期金额"栏的填列方法

利润表"本期金额"栏一般应根据损益类科目和所有者权益类有关科目的发生额填列。

（1）"营业收入""营业成本""税金及附加""销售费用""财务费用""其他收益""投资收益""净敞口套期收益""公允价值变动收益""信用减值损失""资产减值损失""资产处置收益""营业外收入""营业外支出""所得税费用"等项目，应根据有关损益类科目的发生额分析填列。

（2）"管理费用"项目，应根据"管理费用"科目所属的相关明细科目的发生额分析填列；"研发费用"项目，应根据"管理费用"科目下的"研发费用"明细科目的发生额，以及"管理费用"科目下的"无形资产摊销"明细科目的发生额分析填列。

（3）"其中：利息费用"和"利息收入"项目，应根据"财务费用"科目所属的相关明细科目的发生额分析填列，且这两个项目作为"财务费用"项目的其中项以正数填列。

（4）"其中：对联营企业和合营企业的投资收益"和"以摊余成本计量的金融资产终止确认收益"项目，应根据"投资收益"科目所属的相关明细科目的发生额分析填列。

（5）"其他综合收益的税后净额"项目及其各组成部分，应根据"其他综合收益"科目及其所属明细科目的本期发生额分析填列。

（6）"营业利润""利润总额""净利润""综合收益总额"项目，应根据本表中相关项目计算填列。

（7）"（一）持续经营净利润"和"（二）终止经营净利润"项目，应根据《企业会计准则第42号——持有待售的非流动资产、处置组和终止经营》的相关规定分别填列。

（二）利润表"上期金额"栏的填列方法

利润表中的"上期金额"栏应根据上年同期利润表"本期金额"栏内所列数字填列。如果上年同期利润表规定的项目名称和内容与本期不一致，应对上年同期利润表各项目的名称和金额按照本期的规定进行调整，填入"上期金额"栏。

第四节 现金流量表

一、现金流量表的内容及结构

（一）现金流量表的内容

现金流量表，是指反映企业在一定会计期间现金和现金等价物流入和流出的报表。从编制原则上看，现金流量表按照收付实现制原则编制，将权责发生制下的盈利信息调整为收付实现制下的现金流量信息，便于信息使用者了解企业净利润的质量。从内容上看，现金流量表被划分为经营活动、投资活动和筹资活动三个部分，每类活动又分为各具体项目，这些项目从不同角度反映企业业务活动的现金流入与流出，弥补了资产负债表和利润表提供信息的不足。通过现金流量表，报表使用者能够了解现金流量的影响因素，评价企业的支付能力、偿债能力和周转能力，预测企业未来现金流量，为其决策提供有力依据。

（二）现金流量表的结构

在现金流量表中，现金及现金等价物被视为一个整体，企业现金形式的转换不会产生现金的流入和流出。例如，企业从银行提取现金，是企业现金存放形式的转换，并未流出企业，不构成现金流量。同样，现金与现金等价物之间的转换也不属于现金流量，例如，企业用现金购买三个月到期的国库券。根据企业业务活动的性质和现金流量的来源，现金流量表在结构上将企业一定期间产生的现金流量分为三类：经营活动产生的现金流量、投资活动产生的现金流量和筹资活动产生的现金流量。现金流量表的具体格式如表23-3所示。

表23-3　　　　　　　　　　　现金流量表　　　　　　　　　　　会企03表

编制单位：　　　　　　　　　　　　年　月　　　　　　　　　　　　　　单位：元

项　目	本期金额	上期金额
一、经营活动产生的现金流量：		
销售商品、提供劳务收到的现金		
收到的税费返还		
收到其他与经营活动有关的现金		
经营活动现金流入小计		
购买商品、接受劳务支付的现金		
支付给职工以及为职工支付的现金		
支付的各项税费		
支付其他与经营活动有关的现金		
经营活动现金流出小计		
经营活动产生的现金流量净额		
二、投资活动产生的现金流量：		
收回投资收到的现金		
取得投资收益收到的现金		
处置固定资产、无形资产和其他长期资产收回的现金净额		
处置子公司及其他营业单位收到的现金净额		
收到其他与投资活动有关的现金		
投资活动现金流入小计		
购建固定资产、无形资产和其他长期资产支付的现金		
投资支付的现金		
取得子公司及其他营业单位支付的现金净额		
支付其他与投资活动有关的现金		
投资活动现金流出小计		
投资活动产生的现金流量净额		
三、筹资活动产生的现金流量：		
吸收投资收到的现金		
取得借款收到的现金		
收到其他与筹资活动有关的现金		
筹资活动现金流入小计		
偿还债务支付的现金		
分配股利、利润或偿付利息支付的现金		
支付其他与筹资活动有关的现金		
筹资活动现金流出小计		
筹资活动产生的现金流量净额		
四、汇率变动对现金及现金等价物的影响		

续表

项目	本期金额	上期金额
五、现金及现金等价物净增加额		
加：期初现金及现金等价物余额		
六、期末现金及现金等价物余额		

二、现金流量表的编制方法

编制现金流量表时，列报经营活动现金流量的方法有两种：一是直接法；二是间接法。在直接法下，一般是以利润表中的营业收入为起算点，调节与经营活动有关的项目的增减变动，然后计算出经营活动产生的现金流量。在间接法下，将净利润调节为经营活动现金流量，实际上就是将按权责发生制原则确定的净利润调整为现金净流入，并剔除投资活动和筹资活动对现金流量的影响。

我国企业会计准则规定企业应当采用直接法编报现金流量表，同时要求在附注中提供以净利润为基础调节到经营活动现金流量的信息。

三、现金流量的分类及列示

（一）现金流量的分类

1. 经营活动产生的现金流量

经营活动是指企业投资活动和筹资活动以外的所有交易和事项。各类企业由于行业特点不同，对经营活动的认定存在一定差异。对于工商企业而言，经营活动主要包括销售商品、提供劳务、购买商品、接受劳务、支付税费等。对于商业银行而言，经营活动主要包括吸收存款、发放贷款、同业存放、同业拆借等。对于保险公司而言，经营活动主要包括原保险业务和再保险业务等。对于证券公司而言，经营活动主要包括自营证券、代理承销证券、代理兑付证券、代理买卖证券等。

2. 投资活动产生的现金流量

投资活动是指企业长期资产的购建和不包括在现金等价物范围内的投资及其处置活动。长期资产是指固定资产、无形资产、在建工程、其他资产等持有期限在一年或一个营业周期以上的资产。这里所讲的投资活动，既包括实物资产投资，也包括非实物资产投资。这里之所以将"包括在现金等价物范围内的投资"排除在外，是因为已经将包括在现金等价物范围内的投资视同现金。不同企业由于行业特点不同，对投资活动的认定也存在差异。例如，交易性金融资产所产生的现金流量，对于工商企业而言，属于投资活动现金流量，而对于证券公司而言，属于经营活动现金流量。

3. 筹资活动产生的现金流量

筹资活动是指导致企业资本及债务规模和构成发生变化的活动。这里所说的资本，既包括实收资本（股本），也包括资本溢价（股本溢价）；这里所说的债务，指对外举债，包括向银行借款、发行债券以及偿还债务等。通常情况下，应付票据、应付账款等属于经营活动，不属于筹资活动。

对于企业日常活动之外的、不经常发生的特殊项目，如自然灾害损失、保险赔款、捐赠等，应当归并到相关类别中，并单独反映。比如，对于自然灾害损失和保险赔款，如果能够确指属于流动资产损失，应当列入经营活动产生的现金流量；属于固定资产损失，应当列入投资活动产生的现金流量。如果不能确指，则可以列入经营活动产生的现金流量。捐赠收入和支出，可以列入经营活动。

企业应当结合行业特点判断相关业务活动产生的现金流量的分类。不同形式现金之间的转换以及现金与现金等价物之间的转换均不产生现金流量。例如，因银行承兑汇票贴现而取得的现金，若银行承兑汇票贴现不符合金融资产终止确认条件，因票据贴现取得的现金在资产负债表中应确认为一项借款，该现金流入在现金流量表中相应分类为筹资活动现金流量；若银行承兑汇票贴现符合金融资产终止确认的条件，相关现金流入则分类为经营活动现金流量；若银行承兑汇票贴现不符合金融资产终止确认条件，后续票据到期偿付等导致应收票据和借款终止确认时，因不涉及现金收付，在编制现金流量表时，不得虚拟现金流量。公司发生以银行承兑汇票背书购买原材料等业务时，比照该原则处理。再如，定期存单的质押与解除质押业务，企业首先应当结合定期存单是否存在限制、是否能够随时支取等因素，判断其是否属于现金及现金等价物。如果定期存单本身不属于现金及现金等价物，其质押或解除质押不会产生现金流量；如果定期存单本身属于现金及现金等价物，被用于质押不再满足现金及现金等价物的定义，以及质押解除后重新符合现金及现金等价物的定义，均会产生现金流量。在后者情况下，对相关现金流量进行分类时，应当根据企业所属行业特点进行判断。如果企业属于金融行业，通过定期存款质押获取短期借款的活动可能属于经营活动，相关现金流量分类为经营活动现金流量；如果企业为一般非金融企业，通过定期存款质押获取短期借款的活动属于筹资活动，相关现金流量应被分类为筹资活动现金流量。

（二）现金流量的列示

通常情况下，现金流量应当分别按照现金流入和现金流出总额列报，从而全面揭示企业现金流量的方向、规模和结构。但是，下列各项可以按照净额列报：

（1）代客户收取或支付的现金以及周转快、金额大、期限短项目的现金流入和现金流出。例如，证券公司代收的客户证券买卖交割费、印花税等，旅游公司代游客支付的房费、餐费、交通费、文娱费、行李托运费、门票费、票务费、签证费等费用。

（2）金融企业的有关项目，主要指期限较短、流动性强的项目。对于商业银行而言，主要包括短期贷款发放与收回的贷款本金、活期存款的吸收与支付、同业存款和存放同业款项的存取、向其他金融企业拆入和拆出资金等净额；对于保险公司而言，主要包括分入再保险合同的现金净额、分出再保险合同的现金净额；对于证券公司而言，主要包括自营证券和代理业务收到或支付的现金净额等。

上述这些项目由于周转快，在企业停留的时间短，企业加以利用的余地比较小，净额更能说明其对企业支付能力、偿债能力的影响；反之，如果以总额反映，反而会放大现金流量，对评价企业的支付能力和偿债能力、分析企业的未来现金流量产生误导。

四、现金流量表编制

如表23-3所示，现金流量表的项目主要有：经营活动产生的现金流量、投资活动产生的现金流量、筹资活动产生的现金流量、汇率变动对现金及现金等价物的影响、现金及现金等价物净增加额、期末现金及现金等价物余额等项目。

（一）经营活动产生的现金流量有关项目的编制

1. 销售商品、提供劳务收到的现金

本项目反映企业销售商品、提供劳务实际收到的现金，包括销售收入和应向购买者收取的增值税销项税额，具体包括：本期销售商品、提供劳务收到的现金，以及前期销售商品、提供劳务本期收到的现金和本期预收的款项，减去本期销售本期退回的商品和前期销售本期退回的商品支付的现金。企业销售材料和代购代销业务收到的现金，也在本项目反映。本项目可以根据"库存现金""银行存款""应收票据""应收账款""合同资产""合同负债""主营业务收入""其他业务收入"等科目的记录分析填列。

2. 收到的税费返还

本项目反映企业收到返还的各种税费，如收到的增值税、所得税、消费税、关税和教育费附加返还款等。企业收到或缴回增值税期末留抵退税款项产生的现金流量，属于经营活动产生的现金流量，应当将收到的增值税期末留抵退税款项有关现金流量在本项目中反映；缴回并继续按规定抵扣进项税额的增值税期末留抵退税款项有关现金流量不在本项目中反映，应当在"支付的各项税费"项目中反映。本项目可以根据有关科目的记录分析填列。

3. 收到其他与经营活动有关的现金

本项目反映企业除上述各项目外，收到的其他与经营活动有关的现金，如出租人经营租赁固定资产收到的现金、投资性房地产收到的租金收入、流动资产损失中由个人赔偿的现金收入、除税费返还外的其他政府补助、罚款收入等。其他与经营活动有关的现金，如果金额较大的，应当单列项目反映。本项目可以根据"库存现金""银行存款""管理费用""销售费用"等科目的记录分析填列。

4. 购买商品、接受劳务支付的现金

本项目反映企业购买材料、商品、接受劳务实际支付的现金，包括支付的货款以及与货款一并支付的增值税进项税额，具体包括：本期购买商品、接受劳务支付的现金，以及本期支付前期购买商品、接受劳务的未付款项和本期预付款项，减去本期发生的购货退回收到的现金。为购置存货而发生的借款利息资本化部分，应在"分配股利、利润或偿付利息支付的现金"项目中反映。本项目可以根据"库存现金""银行存款""应付票据""应付账款""预付账款""主营业务成本""其他业务成本"等科目的记录分析填列。

5. 支付给职工以及为职工支付的现金

本项目反映企业实际支付给职工的现金以及为职工支付的现金，包括企业为获得职工提供的服务，本期实际给予各种形式的报酬以及其他相关支出，如支付给职工的工资、奖金、各种津贴和补贴等，以及为职工支付的其他费用，不包括支付给在建工程人员的工资。支付的在建工程人员的工资，在"购建固定资产、无形资产和其他长期资产支付的现金"项目中反映。

企业为职工支付的医疗、养老、失业、工伤、生育等社会保险基金、补充养老保险、住房公积金、工会经费，企业为职工交纳的商业保险金，因解除与职工劳动关系给予的补偿，现金结算的股份支付，代扣代缴的个人所得税款，以及企业支付给职工或为职工支付的其他福利费用等，应当根据职工的工作性质和服务对象，分别在"购建固定资产、无形资产和其他长期资产支付的现金"和"支付给职工以及为职工支付的现金"项目中反映。

本项目可以根据"库存现金""银行存款""应付职工薪酬"等科目的记录分析填列。

6. 支付的各项税费

本项目反映企业按规定支付的各项税费，包括本期发生并支付的税费，以及本期支付以前各期发生的税费和预交的税金，如支付的增值税、消费税、所得税、教育费附加、印花税、房产税、土地增值税、车船税等。不包括本期退回的增值税、所得税等。本期退回的增值税、所得税等，在"收到的税费返还"项目中反映。本项目可以根据"应交税费""库存现金""银行存款"等科目分析填列。

7. 支付的其他与经营活动有关的现金

本项目反映企业除上述各项目外，支付的其他与经营活动有关的现金，如支付的差旅费，业务招待费，保险费，按《企业会计准则第21号——租赁》的有关内容简化处理的短期租赁和低价值资产的租赁付款额、相关的预付租金和租赁保证金，未纳入租赁负债计量的可变租赁付款额，罚款支出等。其他与经营活动有关的现金，如果金额较大的，应当单列项目反映。本项目可以根据有关科目的记录分析填列。

（二）投资活动产生的现金流量有关项目的编制

1. 收回投资收到的现金

本项目反映企业出售、转让或到期收回除现金等价物以外的分类为以公允价值计量且其变动计入当期损益的金融资产（以下简称交易性金融资产）、分类为以摊余成本计量的金融资产（以下简称债权投资）、分类为以公允价值计量且其变动计入其他综合收益的金融资产（以下简称其他债权投资）、指定为以公允价值计量且其变动计入其他综合收益的金融资产（以下简称其他权益工具投资）、长期股权投资等而收到的现金，但不包括债权性投资收回的利息、收回的非现金资产，以及处置子公司及其他营业单位收到的现金净额。债权性投资收回的本金，在本项目反映，债权性投资收回的利息，不在本项目中反映，而在"取得投资收益收到的现金"项目中反映。处置子公司及其他营业单位收到的现金净额单设项目反映。本项目可以根据"交易性金融资产""债权投资""其他债权投资""其他权益工具投资""长期股权投资""库存现金""银行存款"等科目的记录分析填列。

2. 取得投资收益收到的现金

本项目反映企业因股权性投资而分得的现金股利、因债权性投资而取得的现金利息收入。股票股利由于不产生现金流量，不在本项目中反映。包括在现金等价物范围内的债权性投资，其利息收入在本项目中反映。本项目可以根据"应收股利""应收利息""投资收益""库存现金""银行存款"等科目的记录分析填列。

3. 处置固定资产、无形资产和其他长期资产收回的现金净额

本项目反映企业出售固定资产、无形资产和其他长期资产（如投资性房地产）所取得的现金，减去为处置这些资产而支付的有关费用后的净额。处置固定资产、无形资产

和其他长期资产所收到的现金，与处置活动支付的现金，两者在时间上比较接近，以净额反映更能准确反映处置活动对现金流量的影响。由于自然灾害等原因所造成的固定资产等长期资产报废、毁损而收到的保险赔偿收入，在本项目中反映。如处置固定资产、无形资产和其他长期资产所收回的现金净额为负数，则应当作为投资活动产生的现金流量，在"支付的其他与投资活动有关的现金"项目中反映。本项目可以根据"固定资产清理""库存现金""银行存款"等科目的记录分析填列。

4. 处置子公司及其他营业单位收到的现金净额

本项目反映企业处置子公司及其他营业单位所取得的现金减去子公司或其他营业单位持有的现金和现金等价物以及相关处置费用后的净额。本项目可以根据有关科目的记录分析填列。

由于企业处置子公司或其他营业单位是整体交易，子公司和其他营业单位可能持有现金和现金等价物。这样，整体处置子公司或其他营业单位的现金流量，就应当以处置价款中收到现金的部分，减去子公司或其他营业单位持有的现金和现金等价物以及相关处置费用后的净额反映。

处置子公司及其他营业单位收到的现金净额如为负数，则将该金额填列至"支付其他与投资活动有关的现金"项目中。

5. 收到其他与投资活动有关的现金

本项目反映企业除上述各项目外，收到的其他与投资活动有关的现金。其他与投资活动有关的现金，如果金额较大的，应当单列项目反映。本项目可以根据有关科目的记录分析填列。

6. 购建固定资产、无形资产和其他长期资产支付的现金

本项目反映企业购买、建造固定资产，取得无形资产和其他长期资产（如投资性房地产）支付的现金，包括购买机器设备所支付的现金、建造工程支付的现金、支付在建工程人员的工资等现金支出，不包括为购建固定资产、无形资产和其他长期资产而发生的借款利息资本化部分，以及偿还租赁负债本金和利息所支付的现金。为购建固定资产、无形资产和其他长期资产而发生的借款利息资本化部分，在"分配股利、利润或偿付利息支付的现金"项目中反映；偿还租赁负债本金和利息所支付的现金，在"支付的其他与筹资活动有关的现金"项目中反映。本项目可以根据"固定资产""在建工程""工程物资""无形资产""使用权资产""库存现金""银行存款"等科目的记录分析填列。

7. 投资支付的现金

本项目反映企业进行权益性投资和债权性投资所支付的现金，包括企业取得的除现金等价物以外的交易性金融资产、债权投资、其他债权投资、其他权益工具投资、长期股权投资而支付的现金，以及支付的佣金、手续费等交易费用，但不包括为取得子公司及其他营业单位支付的现金净额。

企业购买股票和债券时，实际支付的价款中包含的已宣告但尚未领取的现金股利或已到付息期但尚未领取的债券利息，应当在"支付的其他与投资活动有关的现金"项目中反映；收回购买股票和债券时支付的已宣告但尚未领取的现金股利或已到付息期但尚

未领取的债券利息，应当在"收到的其他与投资活动有关的现金"项目中反映。

本项目可以根据"交易性金融资产""债权投资""其他债权投资""其他权益工具投资""长期股权投资""库存现金""银行存款"等科目的记录分析填列。

8. 取得子公司及其他营业单位支付的现金净额

本项目反映企业为取得子公司及其他营业单位而支付的对价中以现金支付的部分，减去子公司或其他营业单位持有的现金和现金等价物后的净额。本项目可以根据有关科目的记录分析填列。

整体购买一个单位，其结算方式是多种多样的，如购买方全部以现金支付或一部分以现金支付而另一部分以实物清偿。同时，企业购买子公司及其他营业单位是整体交易，子公司和其他营业单位除有固定资产和存货等外，还可能持有现金和现金等价物。这样，整体购买子公司或其他营业单位的现金流量，就应当以支付对价中以现金支付的部分减去子公司或其他营业单位持有的现金和现金等价物后的净额反映，如为负数应当在"收到其他与投资活动有关的现金"项目中反映。

9. 支付其他与投资活动有关的现金

本项目反映企业除上述各项目外，支付的其他与投资活动有关的现金。其他与投资活动有关的现金，如果金额较大的，应当单列项目反映。本项目可以根据有关科目的记录分析填列。

（三）筹资活动产生的现金流量有关项目的编制

1. 吸收投资收到的现金

本项目反映企业以发行股票等方式筹集资金实际收到的款项净额（发行收入减去支付的佣金等发行费用后的净额）。以发行股票等方式筹集资金而由企业直接支付的审计、咨询等费用，在"支付其他与筹资活动有关的现金"项目中反映。本项目可以根据"实收资本（或股本）""资本公积""其他权益工具""库存现金""银行存款"等科目的记录分析填列。

2. 取得借款收到的现金

本项目反映企业举借各种短期、长期借款而收到的现金，以及发行债券实际收到的款项净额（发行收入减去直接支付的佣金等发行费用后的净额）。本项目可以根据"短期借款""长期借款""交易性金融负债""应付债券""库存现金""银行存款"等科目的记录分析填列。

3. 收到其他与筹资活动有关的现金

本项目反映企业除上述各项目外，收到的其他与筹资活动有关的现金。其他与筹资活动有关的现金，如果金额较大的，应当单列项目反映。本项目可根据有关科目的记录分析填列。

4. 偿还债务支付的现金

本项目反映企业以现金偿还债务的本金，包括：归还金融企业的借款本金、偿付企业到期的债券本金等。企业偿还的借款利息、债券利息，在"分配股利、利润或偿付利息支付的现金"项目中反映。本项目可以根据"短期借款""长期借款""交易性金融负债""应付债券""库存现金""银行存款"等科目的记录分析填列。

5. 分配股利、利润或偿付利息支付的现金

本项目反映企业实际支付的现金股利、支付给其他投资单位的利润或用现金支付的借款利息、债券利息。不同用途的借款，其利息的开支渠道不一样，如在建工程、财务费用等，均在本项目中反映。本项目可以根据"应付股利""应付利息""利润分配""财务费用""在建工程""制造费用""研发支出""库存现金""银行存款"等科目的记录分析填列。

6. 支付其他与筹资活动有关的现金

本项目反映企业除上述各项目外，支付的其他与筹资活动有关的现金，如以发行股票、债券等方式筹集资金而由企业直接支付的审计、咨询等费用，偿还租赁负债本金和利息所支付的现金，支付的预付租金和租赁保证金，以及以分期付款方式构建固定资产、无形资产等各期支付的现金。其他与筹资活动有关的现金，如果金额较大的，应当单列项目反映。本项目可以根据有关科目的记录分析填列。

（四）汇率变动对现金的影响

编制现金流量表时，应当将企业外币现金流量以及境外子公司的现金流量折算成记账本位币。外币现金流量以及境外子公司的现金流量，应当采用现金流量发生日的即期汇率或按照系统合理的方法确定的、与现金流量发生日即期汇率近似的汇率折算。汇率变动对现金的影响应当作为调节项目，在现金流量表中单独列报。

汇率变动对现金的影响，指企业外币现金流量及境外子公司的现金流量折算成记账本位币时，所采用的是现金流量发生日的即期汇率或按照系统合理的方法确定的、与现金流量发生日即期汇率近似的汇率，而现金流量表"现金及现金等价物净增加额"项目中外币现金净增加额是按资产负债表日的即期汇率折算的。这两者的差额即为汇率变动对现金的影响。

在编制现金流量表时，对当期发生的外币业务，也可不必逐笔计算汇率变动对现金的影响，可以通过现金流量表补充资料中"现金及现金等价物净增加额"与现金流量表中"经营活动产生的现金流量净额""投资活动产生的现金流量净额""筹资活动产生的现金流量净额"三项之和比较，其差额即为"汇率变动对现金的影响"。

（五）现金流量表补充资料

除现金流量表反映的信息外，企业还应在附注中披露将净利润调节为经营活动现金流量、不涉及现金收支的重大投资和筹资活动、现金及现金等价物净变动情况等信息。具体格式如表23-4所示。

表23-4　　　　　　　　　　　现金流量表补充资料

补充资料	本期金额	上期金额
1. 将净利润调节为经营活动现金流量：		
净利润		
加：资产减值准备		
信用减值准备		
固定资产折旧、投资性房地产折旧、油气资产折耗、生产性生物资产折旧		

续表

补充资料	本期金额	上期金额
使用权资产折旧		
无形资产摊销		
长期待摊费用摊销		
处置固定资产、无形资产和其他长期资产的损失（收益以"-"号填列）		
固定资产报废损失（收益以"-"号填列）		
公允价值变动损失（收益以"-"号填列）		
财务费用（收益以"-"号填列）		
投资损失（收益以"-"号填列）		
递延所得税资产减少（增加以"-"号填列）		
递延所得税负债增加（减少以"-"号填列）		
存货的减少（增加以"-"号填列）		
经营性应收项目的减少（增加以"-"号填列）		
经营性应付项目的增加（减少以"-"号填列）		
其他		
经营活动产生的现金流量净额		
2. 不涉及现金收支的重大投资和筹资活动：		
债务转为资本		
一年内到期的可转换公司债券		
新增使用权资产		
3. 现金及现金等价物净变动情况：		
现金的期末余额		
减：现金的期初余额		
加：现金等价物的期末余额		
减：现金等价物的期初余额		
现金及现金等价物净增加额		

1. 将净利润调节为经营活动现金流量

在我国，现金流量表补充资料应采用间接法反映经营活动产生的现金流量情况，以对现金流量表中采用直接法反映的经营活动现金流量进行核对和补充说明。

采用间接法列报经营活动产生的现金流量时，需要对四大类项目进行调整：（1）实际没有支付现金的费用；（2）实际没有收到现金的收益；（3）不属于经营活动的损益；（4）经营性应收应付项目的增减变动。

2. 不涉及现金收支的重大投资和筹资活动

不涉及现金收支的重大投资和筹资活动，反映企业一定期间内影响资产或负债但不形成该期现金收支的所有投资和筹资活动的信息。这些投资和筹资活动虽然不涉及现金收支，但对以后各期的现金流量有重大影响，例如，企业租入设备（短期租赁或低价值资产租赁除外),将形成的负债记入"租赁负债"科目,当期并不支付租金,但以后各期必须为此支付现金,从而在一定期间内形成了一项固定的现金支出。

企业应当在附注中披露不涉及当期现金收支,但影响企业财务状况或在未来可能影响企业现金流量的重大投资和筹资活动,主要包括:(1)债务转为资本,反映企业本期转为资本的债务金额;(2)一年内到期的可转换公司债券,反映企业一年内到期的可转换公司债券的本息;(3)新增使用权资产,反映企业本期因租赁而新增的使用权资产。

3. 现金及现金等价物净变动情况

企业应当在附注中披露与现金及现金等价物有关的下列信息:(1)现金及现金等价物的构成及其在资产负债表中的相应金额。(2)企业持有但不能由母公司或集团内其他子公司使用的大额现金及现金等价物金额。企业持有现金及现金等价物余额但不能被集团使用的情形多种多样,例如,国外经营的子公司,由于受当地外汇管制或其他立法的限制,其持有的现金及现金等价物,不能由母公司或其他子公司正常使用。

第五节 所有者权益变动表

一、所有者权益变动表的内容及结构

(一)所有者权益变动表的内容

所有者权益变动表是指反映构成所有者权益各组成部分当期增减变动情况的报表。所有者权益变动表应当全面反映一定时期所有者权益变动的情况,不仅包括所有者权益总量的增减变动,还包括所有者权益增减变动的重要结构性信息,让报表使用者准确理解所有者权益增减变动的根源。

在所有者权益变动表中,综合收益和与所有者(或股东)的资本交易导致的所有者权益的变动,应当分别列示。企业至少应当单独列示反映下列信息的项目:(1)综合收益总额;(2)会计政策变更和前期差错更正的累积影响金额;(3)所有者投入资本和向所有者分配利润等;(4)提取的盈余公积;(5)所有者权益各组成部分的期初和期末余额及其调节情况。

(二)所有者权益变动表的结构

为了清楚地表明构成所有者权益的各组成部分当期的增减变动情况,所有者权益变动表应当以矩阵的形式列示:一方面,列示导致所有者权益变动的交易或事项,改变了以往仅仅按照所有者权益的各组成部分反映所有者权益变动情况,而是从所有者权益变动的来源对一定时期所有者权益变动情况进行全面反映;另一方面,按照所有者权益各组成部分[包括实收资本(或股本)、其他权益工具、资本公积、其他综合收益、专项储备、盈余公积、未分配利润和库存股等]及其总额列示交易或事项对所有者权益的影响。此外,企业还需要提供比较所有者权益变动表,所有者权益变动表还就各项目再分为"本年金额"和"上年金额"两栏分别填列。所有者权益变动表的具体格式如表23-5所示。

所有者权益变动表

表 23-5
编制单位：　　　　　　　　　　　　　　　年度　　　　　　　　　　　　　　会企 04 表
单位：万元

项　目	本年金额											上年金额										
	实收资本（或股本）	其他权益工具		资本公积	减： 库存股	其他综合收益	专项储备	盈余公积	未分配利润	所有者权益合计	实收资本（或股本）	其他权益工具		资本公积	减： 库存股	其他综合收益	专项储备	盈余公积	未分配利润	所有者权益合计		
		优先股	永续债	其他									优先股	永续债	其他							
一、上年末余额																						
加：会计政策变更																						
前期差错更正																						
其他																						
二、本年初余额																						
三、本年增减变动金额（减少以"-"号填列）																						
（一）综合收益总额																						
（二）所有者投入和减少资本																						
1. 所有者投入的普通股																						
2. 其他权益工具持有者投入资本																						
3. 股份支付计入所有者权益的金额																						
4. 其他																						
（三）利润分配																						
1. 提取盈余公积																						
2. 对所有者（或股东）的分配																						
3. 其他																						
（四）所有者权益内部结转																						
1. 资本公积转增资本（或股本）																						
2. 盈余公积转增资本（或股本）																						
3. 盈余公积弥补亏损																						
4. 设定受益计划变动额结转留存收益																						
5. 其他综合收益结转留存收益																						
6. 其他																						
（五）专项储备																						
1. 本期提取																						
2. 本期使用																						
四、本年末余额																						

二、所有者权益变动表的填列方法

（一）上年金额栏的填列方法

所有者权益变动表"上年金额"栏内各项数字，应根据上年度所有者权益变动表"本年金额"栏内所列数字填列。如果上年度所有者权益变动表规定的项目的名称和内容与本年度不一致，应对上年度所有者权益变动表各项目的名称和金额按照本年度的规定进行调整，填入所有者权益变动表"上年金额"栏内。

（二）本年金额栏的填列方法

所有者权益变动表"本年金额"栏内各项数字一般应根据"实收资本（或股本）""其他权益工具""资本公积""盈余公积""专项储备""其他综合收益""利润分配""库存股""以前年度损益调整"等科目及其明细科目的发生额分析填列。

第六节 财务报表附注披露

一、附注披露的总体要求

（一）附注概述

附注是对在资产负债表、利润表、现金流量表和所有者权益变动表等报表中列示项目的文字描述或明细资料，以及对未能在这些报表中列示项目的说明等。《企业会计准则第30号——财务报表列报》对附注的披露要求是对企业附注披露的最低要求，应当适用于所有类型的企业，企业还应当按照各项具体会计准则的规定在附注中披露相关信息。

（二）附注披露的总体要求

附注相关信息应当与资产负债表、利润表、现金流量表和所有者权益变动表等报表中列示的项目相互参照，以有助于使用者联系相关联的信息，并由此从整体上更好地理解财务报表。

企业在披露附注信息时，应当以定量、定性信息相结合，按照一定的结构对附注信息进行系统合理的排列和分类，以便于使用者理解和掌握。

二、附注的主要内容

附注应当按照如下顺序至少披露下列内容：

（一）企业的基本情况

（1）企业注册地、组织形式和总部地址。
（2）企业的业务性质和主要经营活动。
（3）母公司以及集团最终母公司的名称。
（4）财务报告的批准报出者和财务报告批准报出日，或者以签字人及其签字日期为准。

（5）营业期限有限的企业，还应当披露有关其营业期限的信息。
（二）财务报表的编制基础
（三）遵循企业会计准则的声明
企业应当声明编制的财务报表符合企业会计准则的要求，真实、完整地反映了企业的财务状况、经营成果和现金流量等有关信息，以此明确企业编制财务报表所依据的制度基础。

如果企业编制的财务报表只是部分地遵循了企业会计准则，附注中不得作出这种表述。

（四）重要会计政策和会计估计
1. 重要会计政策的说明

企业应当披露采用的重要会计政策，并结合企业的具体实际披露其重要会计政策的确定依据和财务报表项目的计量基础。其中，会计政策的确定依据主要是指企业在运用会计政策过程中所作的重要判断，这些判断对在报表中确认的项目金额具有重要影响。比如，企业如何判断持有的金融资产是以摊余成本计量的金融资产而不是以公允价值计量且其变动计入其他综合收益的金融资产，出租人如何判断与租赁资产相关的所有风险和报酬已转移给承租人从而符合融资租赁的标准，投资性房地产的判断标准是什么等。财务报表项目的计量基础包括历史成本、重置成本、可变现净值、现值和公允价值等会计计量属性等。

2. 重要会计估计的说明

企业应当披露重要会计估计，并结合企业的具体实际披露其会计估计所采用的关键假设和不确定因素。重要会计估计的说明，包括可能导致下一个会计期间内资产、负债账面价值重大调整的会计估计的确定依据等。例如，固定资产可收回金额的计算需要根据其公允价值减去处置费用后的净额与预计未来现金流量的现值两者之间的较高者确定，在计算资产预计未来现金流量的现值时需要对未来现金流量进行预测，并选择适当的折现率，企业应当在附注中披露未来现金流量预测所采用的假设及其依据、所选择的折现率为什么是合理的等。又如，对于正在进行中的诉讼提取准备，企业应当披露最佳估计数的确定依据等。

（五）会计政策和会计估计变更以及差错更正的说明

企业应当按照《企业会计准则第28号——会计政策、会计估计变更和差错更正》及其应用指南的规定，披露会计政策和会计估计变更以及差错更正的有关情况。

（六）报表重要项目的说明

企业应当以文字和数字描述相结合，尽可能以列表形式披露重要报表项目的构成或当期增减变动情况，并且报表重要项目的明细金额合计，应当与报表项目金额相衔接。在披露顺序上，一般应当按照资产负债表、利润表、现金流量表、所有者权益变动表的顺序及其报表项目列示的顺序。

（七）其他需要说明的重要事项

这主要包括或有和承诺事项、资产负债表日后非调整事项、关联方关系及其交易等。

（八）有助于财务报表使用者评价企业管理资本的目标、政策及程序的信息

三、分部报告

（一）经营分部的认定

经营分部，是指企业内同时满足下列条件的组成部分：（1）该组成部分能够在日常活动中产生收入、发生费用；（2）企业管理层能够定期评价该组成部分的经营成果，以决定向其配置资源、评价其业绩；（3）企业能够取得该组成部分的财务状况、经营成果和现金流量等有关会计信息。

企业应当以内部组织结构、管理要求、内部报告制度为依据确定经营分部。

经济特征不相似的经营分部，应当分别确定为不同的经营分部。企业存在相似经济特征的两个或两个以上经营分部，例如，具有相似的长期财务业绩，包括具有相似的长期平均毛利率、资金回报率、未来现金流量等，将其合并披露可能更为恰当。具有相似经济特征的两个或两个以上经营分部，在同时满足下列条件时，可以合并为一个经营分部。

（1）各项产品或劳务的性质相同或相似，包括产品或劳务的规格、型号、最终用途等。通常情况下，产品和劳务的性质相同或相似的，其风险、报酬率及其成长率可能较为接近，一般可以将其划分到同一经营分部中。对于性质完全不同的产品或劳务，不应当将其划分到同一经营分部中。

（2）生产过程的性质相同或相似，包括采用劳动密集或资本密集方式组织生产、使用相同或相似设备和原材料、采用委托生产或加工方式等。对于其生产过程的性质相同或相似的，可以将其划分为一个经营分部，如按资本密集型和劳动密集型划分经营部门。对于资本密集型的部门而言，其占用的设备较为先进，占用的固定资产较多，相应所负担的折旧费也较多，其经营成本受资产折旧费用影响较大，受技术进步因素的影响也较大；而对于劳动密集型部门而言，其使用的劳动力较多，相对而言，劳动力的成本即人工费用的影响较大，其经营成果受人工成本的高低影响较大。

（3）产品或劳务的客户类型相同或相似，包括大宗客户、零散客户等。对于购买产品或接受劳务的同一类型的客户，如果其销售条件基本相同，例如相同或相似的销售价格、销售折扣，相同或相似的售后服务，因而具有相同或相似的风险和报酬，而不同的客户，其销售条件不尽相同，由此可能导致其具有不同的风险和报酬。

（4）销售产品或提供劳务的方式相同或相似，包括批发、零售、自产自销、委托销售、承包等。企业销售产品或提供劳务的方式不同，其承受的风险和报酬也不相同。比如，在赊销方式下，可以扩大销售规模，但发生的收账费用较大，并且发生应收账款坏账的风险也很大；而在现销方式下，则不存在应收账款的坏账问题，不会发生收账费用，但销售规模的扩大有限。

（5）生产产品或提供劳务受法律、行政法规的影响相同或相似，包括经营范围或交易定价机制等。企业生产产品或提供劳务总是处于一定的经济法律环境之下，其所处的环境必然对其经营活动产生影响。对在不同法律环境下生产的产品或提供的劳务进行分类，进而向会计信息使用者提供不同法律环境下产品生产或劳务提供的信息，有利于会

计信息使用者对企业未来的发展走向作出判断和预测；对相同或相似法律环境下的产品生产或劳务提供进行归类，以提供其经营活动所生成的信息，同样有利于明晰地反映该类产品生产和劳务提供的会计信息。比如，商业银行、保险公司等金融企业易受特别的、严格的政策监管，在考虑该类企业确定某组成部分的产品和劳务是否相关时，应当考虑所受监管政策的影响。

（二）报告分部的确定

1. 重要性标准的判断

企业应当以经营分部为基础确定报告分部。经营分部满足下列条件之一的，应当确定为报告分部：

（1）该分部的分部收入占所有分部收入合计的10%或者以上。分部收入，是指可归属于分部的对外交易收入和对其他分部交易收入。分部收入主要由可归属于分部的对外交易收入构成，通常为营业收入。可以归属分部的收入来源于两个渠道：一是可以直接归属于分部的收入，即直接由分部的业务交易而产生；二是可以间接归属于分部的收入，即将企业交易产生的收入在相关分部之间进行分配，按属于某分部的收入金额确认为分部收入。

分部收入通常不包括下列项目：①利息收入（包括因预付或借给其他分部款项而确认的利息收入）和股利收入（采用成本法核算的长期股权投资取得的股利收入），但分部的日常活动是金融性质的除外。②营业外收入，如固定资产盘盈、与日常活动无关的政府补助、捐赠利得、罚没收益等。③处置投资产生的净收益，但分部的日常活动是金融性质的除外。④采用权益法核算的长期股权投资确认的投资收益，但分部的日常活动是金融性质的除外。

（2）该分部的分部利润（亏损）的绝对额，占所有盈利分部利润合计额或者所有亏损分部亏损合计额的绝对额两者中较大者的10%或者以上。分部利润（亏损），是指分部收入减去分部费用后的余额。不属于分部收入和分部费用的项目，在计算分部利润（亏损）时不得作为考虑的因素。

分部费用，是指可归属于分部的对外交易费用和对其他分部交易费用。分部费用主要由可归属于分部的对外交易费用构成，通常包括营业成本、税金及附加、销售费用等。与分部收入的确认相同，归属于分部的费用也来源于两个渠道：一是可以直接归属于分部的费用，即直接由分部的业务交易而发生；二是可以间接归属于分部的费用，即将企业交易发生的费用在相关分部之间进行分配，按属于某分部的费用金额确认为分部费用。

分部费用通常不包括下列项目：①利息费用（包括因预收或向其他分部借款而确认的利息费用），如发行债券等，但分部的日常活动是金融性质的除外。②营业外支出，如发生固定资产等毁损报废损失、公益性捐赠支出、非常损失、盘亏损失等。③处置投资发生的净损失，但分部的日常活动是金融性质的除外。④采用权益法核算的长期股权投资确认的投资损失，但分部的日常活动是金融性质的除外。⑤与企业整体相关的管理费用和其他费用。

（3）该分部的分部资产占所有分部资产合计额的10%或者以上。分部资产，是指分部日常活动中使用的可归属于该分部的资产，不包括递延所得税资产。如果与两个或两个以上经营分部共用资产相关的收入和费用也分配给这些经营分部，该共用资产应分配给这些经营分部。共用资产的折旧费或摊销在计量分部经营成果时被扣减的，该资产应包括在分部资产中。企业在计量分部资产时，应当按照分部资产的账面价值进行计量，即按照扣除相关累计折旧或摊销额以及累计减值准备后的金额计量。

通常情况下，分部资产与分部利润（亏损）、分部费用等之间存在一定的对应关系，即：①如果分部利润（亏损）包括利息或股利收入，分部资产中就应当包括相应的应收账款、贷款、投资或其他金融资产。②如果分部费用包括某项固定资产的折旧费用，分部资产中就应当包括该项固定资产。③如果分部费用包括某项无形资产或商誉的摊销额或减值额，分部资产中就应当包括该项无形资产或商誉。

2. 低于10%重要性标准的选择

经营分部未满足上述10%重要性标准的，可以按照下列规定确定报告分部：

（1）企业管理层认为披露该经营分部信息对会计信息使用者有用的，可以将其确定为报告分部。在这种情况下，无论该经营分部是否满足10%的重要性标准，企业都可以直接将其指定为报告分部。

（2）将该经营分部与一个或一个以上的具有相似经济特征、满足经营分部合并条件的其他经营分部合并，作为一个报告分部。对经营分部10%的重要性测试可能会导致企业存在大量未满足10%数量临界线的经营分部，在这种情况下，如果企业没有直接将这些经营分部指定为报告分部，可以将一个或一个以上具有相似经济特征、满足经营分部合并条件的一个以上的经营分部合并成一个报告分部。

（3）不将该经营分部直接指定为报告分部，也不将该经营分部与其他未作为报告分部的经营分部合并为一个报告分部的，企业在披露分部信息时，应当将该经营分部的信息与其他组成部分的信息合并，作为其他项目单独披露。

3. 报告分部75%的标准

企业的经营分部达到规定的10%重要性标准认定为报告分部后，确定为报告分部的经营分部的对外交易收入合计额占合并总收入或企业总收入的比重应当达到75%的比例。如果未达到75%的标准，企业应增加报告分部的数量，将其他未作为报告分部的经营分部纳入报告分部的范围，直到该比重达到75%。此时，其他未作为报告分部的经营分部很可能未满足前述规定的10%重要性标准，但为了使报告分部的对外交易收入合计额占合并总收入或企业总收入的总体比重能够达到75%的比例要求，也应当将其确定为报告分部。

4. 报告分部的数量

根据前述的确定报告分部的原则，企业确定的报告分部数量可能超过10个，此时，企业提供的分部信息可能变得非常繁琐，不利于会计信息使用者理解和使用。因此，报告分部的数量通常不应当超过10个。如果报告分部的数量超过10个，企业应当考虑将具有相似经济特征、满足经营分部合并条件的报告分部进行合并，以使合并后的报告分部数量不超过10个。

5. 为提供可比信息确定报告分部

企业在确定报告分部时，除应当遵循相应的确定标准以外，还应当考虑不同会计期间分部信息的可比性和一致性。对于某一经营分部，在上期可能满足报告分部的确定条件从而确定为报告分部，但本期可能并不满足报告分部的确定条件。此时，如果企业认为该经营分部仍然重要，单独披露该经营分部的信息能够更有助于会计信息使用者了解企业的整体情况，则不需考虑该经营分部确定为报告分部的条件，仍应当将该经营分部确定为本期的报告分部。

对于某一经营分部，在本期可能满足报告分部的确定条件从而确定为报告分部，但上期可能并不满足报告分部的确定条件从而未确定为报告分部。此时，出于比较目的提供的以前会计期间的分部信息应当予以重述，以将该经营分部反映为一个报告分部，即使其不满足确定为报告分部的条件也是如此。如果重述所需要的信息无法获得，或者不符合成本效益原则，则不需要重述以前会计期间的分部信息。不论是否对以前期间相应的报告分部信息进行重述，企业均应当在报表附注中披露这一事实。

（三）分部信息的披露

企业披露的分部信息，应当有助于会计信息使用者评价企业所从事经营活动的性质和财务影响以及经营所处的经济环境。企业应当以对外提供的财务报表为基础披露分部信息；对外提供合并财务报表的企业，应当以合并财务报表为基础披露分部信息。企业应当在附注中披露报告分部的下列信息：

1. 描述性信息

（1）确定报告分部考虑的因素，通常包括企业管理层是否按照产品和劳务、地理区域、监管环境差异或综合各种因素进行组织管理。

（2）报告分部的产品和劳务的类型。

2. 每一报告分部的利润（亏损）总额相关信息

该信息包括利润（亏损）总额组成项目及计量的相关会计政策信息。企业管理层在计量报告分部利润（亏损）时运用了下列数据，或者未运用下列数据但定期提供给企业管理层的，应当在附注中披露每一报告分部的下列信息：（1）对外交易收入和分部间交易收入。（2）利息收入和利息费用。但是，报告分部的日常活动是金融性质的除外。报告分部的日常活动是金融性质的，可以仅披露利息收入减去利息费用后的净额，同时披露这一处理方法。（3）折旧费用和摊销费用，以及其他重大的非现金项目。（4）采用权益法核算的长期股权投资确认的投资收益。（5）所得税费用或所得税收益。（6）其他重大的收益或费用项目。

企业应当在附注中披露计量每一报告分部利润（亏损）的下列会计政策：（1）分部间转移价格的确定基础；（2）相关收入和费用分配给报告分部的基础；（3）确定报告分部利润（亏损）使用的计量方法发生变化的性质，以及这些变化产生的影响。

3. 每一报告分部的资产总额、负债总额相关信息

该信息包括资产总额组成项目的信息，以及有关资产、负债计量相关的会计政策。企业管理层在计量报告分部资产时运用了下列数据，或者未运用下列数据但定期提供给企业管理层的，应当在附注中披露每一报告分部的下列信息：（1）采用权益法核算的长期股权投资金额；（2）非流动资产（不包括金融资产、独立账户资产、递延所得税资产）金额。报告分部的负债金额定期提供给企业管理层的，企业应当在附注中披露每一报告分部的负债金额。

分部负债，是指分部经营活动形成的可归属于该分部的负债，不包括递延所得税负

债。如果与两个或两个以上经营分部共同承担的负债相关的费用分配给这些经营分部，该共同承担的负债也应当分配给这些经营分部。

企业应当在附注中披露将相关资产或负债分配给报告分部的基础。

4. 除上述已经作为报告分部信息组成部分的披露内容外，企业还应当披露的信息

（1）每一产品和劳务或每一类似产品和劳务的对外交易收入。但是，披露相关信息不切实可行的除外。企业披露相关信息不切实可行的，应当披露这一事实。

（2）企业取得的来自于本国的对外交易收入总额，以及企业从其他国家或地区取得的对外交易收入总额。但是，披露相关信息不切实可行的除外。企业披露相关信息不切实可行的，应当披露这一事实。

（3）企业取得的位于本国的非流动资产（不包括金融资产、独立账户资产、递延所得税资产）总额，以及企业位于其他国家或地区的非流动资产（不包括金融资产、独立账户资产、递延所得税资产）总额。但是，披露相关信息不切实可行的除外。企业披露相关信息不切实可行的，应当披露这一事实。

（4）企业对主要客户的依赖程度。企业与某一外部客户交易收入占合并总收入或企业总收入的10%或以上，应当披露这一事实，以及来自该外部客户的总收入和相关报告分部的特征。

5. 报告分部信息总额与企业信息总额的衔接

报告分部收入总额应当与企业收入总额相衔接；报告分部利润（亏损）总额应当与企业利润（亏损）总额相衔接；报告分部资产总额应当与企业资产总额相衔接；报告分部负债总额应当与企业负债总额相衔接。

6. 比较信息

企业在披露分部信息时，为可比起见，应当提供前期的比较数据。对于某一经营分部，如果本期满足报告分部的确定条件确定为报告分部，即使前期没有满足报告分部的确定条件未确定为报告分部，也应当提供前期的比较数据。但是，重述信息不切实可行的除外。

企业内部组织结构改变导致报告分部组成发生变化的，应当提供前期比较数据。但是，提供比较数据不切实可行的除外。企业未提供前期比较数据的，应当在报告分部组成发生变化的当年，同时披露以新的报告分部和旧的报告分部为基础编制的分部信息。

不论企业是否提供前期比较数据，均应披露这一事实。

四、关联方披露

（一）关联方关系的认定

关联方关系的存在往往是以控制、共同控制或重大影响为前提条件的。在判断是否存在关联方关系时，应当遵循实质重于形式的原则。关联方关系存在于：

（1）企业与该企业的母公司。该企业的母公司不仅包括直接或间接地控制该企业的其他企业，也包括能够对该企业实施直接或间接控制的单位等。

①某一个企业直接控制一个或多个企业。例如，母公司控制一个或若干个子公司，则母公司与子公司之间存在关联方关系。

②某一个企业通过一个或若干个中间企业间接控制一个或多个企业。例如，母公司

通过其子公司，间接控制子公司的子公司，表明母公司与其子公司的子公司存在关联方关系。

③一个企业直接地和通过一个或若干个中间企业间接地控制一个或多个企业。例如，母公司对某一企业的投资虽然没有达到控股的程度，但由于其子公司也拥有该企业的股份或权益，如果母公司与其子公司对该企业的投资之和能够使得母公司拥有对该企业控制权的，表明母公司与该企业之间存在关联方关系。

（2）企业与该企业的子公司。该企业的子公司包括直接或间接地被该企业控制的其他企业，也包括直接或间接地被该企业控制的企业、单位、基金等特殊目的实体。

（3）企业与该企业受同一母公司控制的其他企业。例如，A公司和B公司同受C公司控制，从而A公司和B公司之间构成关联方关系。

（4）企业与对该企业实施共同控制的投资方。这里的共同控制包括直接的共同控制和间接的共同控制。对企业实施直接或间接共同控制的投资方与该企业之间是关联方关系，但这些投资方之间并不能仅仅因为共同控制了同一家企业而视为存在关联方关系。例如，A、B、C三个企业共同控制D企业，从而A和D企业、B和D企业，以及C和D企业成为关联方关系。如果不存在其他关联方关系，A和B企业、A和C企业以及B和C企业之间不构成关联方关系。

（5）企业与对该企业施加重大影响的投资方。这里的重大影响包括直接的重大影响和间接的重大影响。对企业实施重大影响的投资方与该企业之间是关联方关系，但这些投资方之间并不能仅仅因为对同一家企业具有重大影响而视为存在关联方关系。

（6）企业与该企业的合营企业。合营企业包括合营企业的子公司。合营企业是以共同控制为前提的，两方或多方共同控制某一企业时，该企业则为投资者的合营企业。例如，A、B、C、D企业各占E企业有表决权资本的25%，按照合同规定，投资各方按照出资比例共同控制E企业，在这种情况下，A和E企业、B和E企业、C和E企业以及D和E企业之间构成关联方关系。

（7）企业与该企业的联营企业。联营企业包括联营企业的子公司。联营企业和重大影响是相联系的，如果投资者能对被投资企业施加重大影响，则该被投资企业应被视为投资者的联营企业。

（8）企业与该企业所属企业集团的其他成员单位（包括母公司和子公司）的合营企业或联营企业。例如，A企业的母公司为P企业，B企业为P企业的合营企业，C企业为P企业的联营企业，在这种情况下，A和B企业、A和C企业之间构成关联方关系。

（9）企业的合营企业与企业的其他合营企业或联营企业。例如，A、B、C三个企业共同控制D企业，A、E、F三个企业共同控制G企业，A企业对H企业具有重大影响，从而D和G企业、D和H企业、G和H企业之间构成关联方关系。

（10）企业与该企业的主要投资者个人及与其关系密切的家庭成员。主要投资者个人，是指能够控制、共同控制一个企业或者对一个企业施加重大影响的个人投资者。

①某一企业与其主要投资者个人之间的关系。例如，张三是A企业的主要投资者，则A企业与张三构成关联方关系。

②某一企业与其主要投资者个人关系密切的家庭成员之间的关系。例如，A企业的主

要投资者张三的儿子与A企业构成关联方关系。

（11）企业与该企业或其母公司的关键管理人员及与其关系密切的家庭成员。关键管理人员，是指有权力并负责计划、指挥和控制企业活动的人员。通常情况下，企业关键管理人员负责制订经营计划、战略目标、指挥调度生产经营活动等，主要包括董事长、董事、董事会秘书、总经理、总会计师、财务总监、主管各项事务的副总经理以及行使类似职能的人员等。

①某一企业与其关键管理人员之间的关系。例如，A企业的总经理与A企业构成关联方关系。

②某一企业与其关键管理人员关系密切的家庭成员之间的关系。例如，A企业的总经理的儿子与A企业构成关联方关系。

（12）企业与该企业主要投资者个人、关键管理人员或与其关系密切的家庭成员控制、共同控制或施加重大影响的其他企业。与主要投资者个人、关键管理人员关系密切的家庭成员，是指在处理与企业的交易时可能影响该个人或受该个人影响的家庭成员，例如，父母、配偶、兄弟姐妹和子女等。对于这类关联方，应当根据主要投资者个人、关键管理人员或与其关系密切的家庭成员对两家企业的实际影响力具体分析判断。但是，两方或两方以上同受一方重大影响的，不构成关联方，详见"（二）不构成关联方关系的情况"。

①某一企业与受该企业主要投资者个人控制、共同控制或施加重大影响的其他企业之间的关系。例如，A企业的主要投资者H拥有B企业60%的表决权资本并控制B企业，则A企业和B企业存在关联方关系。

②某一企业与受该企业主要投资者个人关系密切的家庭成员控制、共同控制或施加重大影响的其他企业之间的关系。例如，A企业的主要投资者Y的妻子拥有B企业60%的表决权资本并控制B企业，则A企业和B企业存在关联方关系。

③某一企业与受该企业关键管理人员控制、共同控制的其他企业之间的关系。例如，A企业的关键管理人员H控制了B企业，则A企业和B企业存在关联方关系。

④某一企业与受该企业关键管理人员关系密切的家庭成员控制、共同控制的其他企业之间的关系。例如，A企业的财务总监Y的妻子控制了B企业，则A企业和B企业存在关联方关系。

（13）企业与该企业设立的企业年金基金，也构成关联方关系。

（14）企业与为该企业提供关键管理人员服务的提供方。提供关键管理人员服务的主体（以下简称服务提供方）向接受该服务的主体（以下简称服务接受方）提供关键管理人员服务的，服务提供方和服务接受方之间是否构成关联方关系应当具体分析判断。

①服务接受方在编制财务报表时，应当将服务提供方作为关联方进行相关披露。

②服务提供方在编制财务报表时，不应仅仅因为向服务接受方提供了关键管理人员服务就将其认定为关联方，而应当按照《企业会计准则第36号——关联方披露》判断双方是否构成关联方并进行相应的会计处理。

（二）不构成关联方关系的情况

（1）与该企业发生日常往来的资金提供者、公用事业部门、政府部门和机构，以及因与该企业发生大量交易而存在经济依存关系的单个客户、供应商、特许商、经销商和代理商之间，不构成关联方关系。

（2）与该企业共同控制合营企业的合营者之间，通常不构成关联方关系。

（3）仅仅同受国家控制而不存在控制、共同控制或重大影响关系的企业，不构成关联方关系。

（4）两方或两方以上受同一方重大影响的企业之间不构成关联方。

（三）关联方交易的类型

存在关联方关系的情况下，关联方之间发生的交易为关联方交易，关联方的交易类型主要有：

（1）购买或销售商品。购买或销售商品是关联方交易较常见的交易事项，例如，企业集团成员企业之间互相购买或销售商品，形成关联方交易。

（2）购买或销售除商品以外的其他资产。例如，母公司出售设备或建筑物给其子公司等。

（3）提供或接受劳务。例如，A企业是B企业的联营企业，A企业专门从事设备维修服务，B企业的所有设备均由A企业负责维修，B企业每年支付设备维修费用300万元，该维修服务构成A企业与B企业的关联方交易。

（4）担保。担保包括在借贷、买卖、货物运输、加工承揽等经济活动中，为了保障其债权实现而实行的担保等。当存在关联方关系时，一方往往为另一方提供为取得借款、买卖等经济活动中所需要的担保。

（5）提供资金（贷款或股权投资）。例如，企业从其关联方取得资金，或权益性资金在关联方之间的增减变动等。

（6）租赁。关联方之间的租赁合同也是主要的交易事项。

（7）代理。代理主要是依据合同条款，一方可为另一方代理某些事务，如代理销售货物或代理签订合同等。

（8）研究与开发项目的转移。在存在关联方关系时，有时某一企业所研究与开发的项目会由于一方的要求而放弃或转移给其他企业。例如，B公司是A公司的子公司，A公司要求B公司停止对某一新产品的研究和试制，并将B公司研究的现有成果转给A公司最近购买的、研究与开发能力超过B公司的C公司继续研制，从而形成关联方交易。

（9）许可协议。当存在关联方关系时，关联方之间可能达成某项协议，允许一方使用另一方商标等，从而形成了关联方之间的交易。

（10）代表企业或由企业代表另一方进行债务结算。

（11）关键管理人员薪酬。企业支付给关键管理人员的报酬，也是一项主要的关联方交易。

关联方交易还包括就某特定事项在未来发生或不发生时所作出的采取相应行动的任何承诺，例如（已确认及未确认的）待执行合同。

（四）关联方的披露

（1）企业无论是否发生关联方交易，均应当在附注中披露与该企业之间存在控制关系的母公司和所有子公司有关的信息。母公司不是该企业最终控制方的，还应当披露企业集团内对该企业享有最终控制权的企业（或主体）的名称。母公司和最终控制方均不对外提供财务报表的，还应当披露母公司之上与其最相近的对外提供财务报表的母公司名称。

（2）企业与关联方发生关联方交易的，应当在附注中披露该关联方关系的性质、交易类型及交易要素。关联方关系的性质，是指关联方与该企业的关系，即关联方是该企业的子公司、合营企业、联营企业等。交易类型通常包括购买或销售商品、购买或销售商品以外的其他资产、提供或接受劳务、担保、提供资金（贷款或股权投资）、租赁、代理、研究与开发项目的转移、许可协议、代表企业或由企业代表另一方进行债务结算、就某特定事项在未来发生或不发生时所作出的采取相应行动的任何承诺，包括（已确认及未确认的）待执行合同等。交易要素至少应当包括：交易的金额；未结算项目的金额、条款和条件（包括承诺），以及有关提供或取得担保的信息；未结算应收项目坏账准备金额；定价政策。服务接受方可以不披露服务提供方所支付或应支付给服务提供方有关员工的报酬，但应当披露其接受服务而应支付的金额。关联方交易的金额应当披露相关比较数据。

（3）对外提供合并财务报表的，对于已经包括在合并范围内各企业之间的交易不予披露。合并财务报表是将集团作为一个整体来反映与其有关的财务信息，在合并财务报表中，企业集团作为一个整体看待，企业集团内的交易已经在编制合并财务报表时予以抵销。因此，关联方披露准则规定，对外提供合并财务报表的，除了应按上述（1）、（2）的要求进行披露外，对于已经包括在合并范围内并已抵销的各企业之间的交易不予披露。

第七节　中期财务报告

一、中期财务报告的定义及其构成

（一）中期财务报告的定义

中期财务报告，是指以中期为基础编制的财务报告。"中期"，是指短于一个完整的会计年度（自公历1月1日起至12月31日止）的报告期间，它可以是一个月、一个季度或者半年，也可以是其他短于一个会计年度的期间，如1月1日至9月30日的期间等。因此，中期财务报告包括月度财务报告、季度财务报告、半年度财务报告，也包括年初至本中期末的财务报告。

（二）中期财务报告的构成

中期财务报告至少应当包括以下部分：①资产负债表；②利润表；③现金流量表；④附注。

（1）资产负债表、利润表、现金流量表和附注是中期财务报告至少应当编制的法定内容，对其他财务报表或者相关信息，如所有者权益（或股东权益）变动表等，企业可以根据需要自行决定。

（2）中期资产负债表、利润表和现金流量表的格式和内容，应当与上年度财务报表相一致。但如果当年新施行的会计准则对财务报表格式和内容作了修改的，中期财务报表应当按照修改后的报表格式和内容编制，与此同时，在中期财务报告中提供的上年度比较财务报表的格式和内容也应当作相应的调整。

（3）中期财务报告中的附注相对于年度财务报告中的附注而言，是适当简化的。中期财务报表附注的编制应当遵循重要性原则。如果某项信息没有在中期财务报告附注中披露，会影响到投资者等信息使用者对企业财务状况、经营成果和现金流量判断的正确性，那么就认为这一信息是重要的。但企业至少应当在中期财务报告附注中披露《企业会计准则第32号——中期财务报告》规定的信息。

二、中期财务报告的编制要求

（一）中期财务报告编制应遵循的原则

1. 与年度财务报告相一致的会计政策

企业在编制中期财务报告时，应当将中期视同为一个独立的会计期间，所采用的会计政策应当与年度财务报表所采用的会计政策相一致，包括会计要素确认和计量原则相一致。企业在编制中期财务报告时不得随意变更会计政策。

2. 重要性原则

重要性原则是企业编制中期财务报告的一项十分重要的原则，具体应注意以下几点：

（1）重要性程度的判断应当以中期财务数据为基础，而不得以预计的年度财务数据为基础。这里所指的"中期财务数据"，既包括本中期的财务数据，也包括年初至本中期末的财务数据。

（2）重要性原则的运用应当保证中期财务报告包括了与理解企业中期末财务状况和中期经营成果及其现金流量相关的信息。企业在运用重要性原则时，应当避免在中期财务报告中由于不确认、不披露或者忽略某些信息而对信息使用者的决策产生误导。

（3）重要性程度的判断需要根据具体情况作具体分析和职业判断。通常，在判断某一项目的重要性程度时，应当根据所处环境，从项目的性质和金额大小两方面予以判断：一方面，应当考虑该项目的性质是否属于企业日常活动、是否显著影响企业的财务状况、经营成果和现金流量等因素；另一方面，判断项目金额大小的重要性，应当通过单项金额占资产总额、负债总额、所有者权益总额、营业收入总额、营业成本总额、净利润、综合收益总额等直接相关或所属报表单列项目金额的比重加以确定。企业对于各个项目的重要性判断标准一经确定，不得随意变更。在一些特殊情况下，单独依据项目的金额或者性质就可以判断其重要性。例如，企业发生会计政策变更，该变更事项对当期期末财务状况或者当期损益的影响可能比较小，但对以后期间财务状况或者损益的影响却比较大，因此会计政策变更从性质上属于重要事项，应当在财务报告中予以披露。

3. 及时性原则

为了体现企业编制中期财务报告的及时性原则，中期财务报告计量相对于年度财务数据的计量而言，在很大程度上依赖于估计。例如，企业通常在会计年度末对存货进行全面、详细的实地盘点，因此，对年末存货可以达到较为精确的计价。但是在中期末，由于时间上的限制和成本方面的考虑,有时不大可能对存货进行全面、详细的实地盘点,在这种情况下,对于中期末存货的计价就可在更大程度上依赖于会计估计。但是,企业应当确保所提供的中期财务报告包括了相关的重要信息。

(二) 中期合并财务报表和母公司财务报表编报要求

企业上年度编制合并财务报表的,中期期末应当编制合并财务报表。上年度财务报告除了合并财务报表外,还包括母公司财务报表的,中期财务报告也应当包括母公司财务报表。具体而言:

(1) 上年度编报合并财务报表的企业,其中期财务报告也应当编制合并财务报表,而且合并财务报表的合并范围、合并原则、编制方法和合并财务报表的格式与内容等也应当与上年度合并财务报表相一致。但当年企业会计准则有新规定的除外。

(2) 上年度财务报告包括了合并财务报表,但报告中期内处置了所有应纳入合并范围的子公司的,中期财务报告应包括当年子公司处置前的相关财务信息。

(3) 企业在报告中期内新增子公司的,在中期末就应当将该子公司财务报表纳入合并财务报表的合并范围。

(4) 应当编制合并财务报表的企业,如果在上年度财务报告中除了提供合并财务报表之外,还提供了母公司财务报表,那么在其中期财务报告中除了应当提供合并财务报表之外,也应当提供母公司财务报表。

(三) 比较财务报表编制要求

为了提高财务报表信息的可比性、相关性和有用性,企业在中期末除了编制中期末资产负债表、中期利润表和现金流量表之外,还应当提供前期比较财务报表。中期财务报告应当按照下列规定提供比较财务报表:

(1) 本中期末的资产负债表和上年度末的资产负债表。

(2) 本中期的利润表、年初至本中期末的利润表以及上年度可比期间的利润表。其中,上年度可比期间的利润表包括:上年度可比中期的利润表和上年度年初至上年可比中期末的利润表。

(3) 年初至本中期末的现金流量表和上年度年初至上年可比中期末的现金流量表。

需要说明的是,企业在中期财务报告中提供比较财务报表时,应当注意以下几个方面:

(1) 企业在中期内按新准则规定,对财务报表项目进行了调整,则上年度比较财务报表项目及其金额应当按照本年度中期财务报表的要求进行重新分类,以确保其与本年度中期财务报表的相应信息相互可比。同时,企业还应当在附注中说明财务报表项目重新分类的原因及内容。如果企业因原始数据收集、整理或者记录等方面的原因,无法对比较财务报表中的有关项目进行重新分类,应当在附注中说明不能进行重新分类的原因。

(2) 企业在中期内发生了会计政策变更的,其累积影响数能够合理确定,且涉及本会计年度以前中期财务报表净损益和其他相关项目数字的,应当予以追溯调整,视同该会计政策在整个会计年度一贯采用;对于比较财务报表可比期间以前的会计政策变更的累积影响数,应当根据规定调整比较财务报表最早期间的期初留存收益,财务报表其他相关项目的数字也应当一并调整。同时,在附注中说明会计政策变更的性质、内容、原因及其影响数；无法追溯调整的，应当说明原因。

（3）对于在本年度中期内发生的调整以前年度损益事项，企业应当调整本年度财务报表相关项目的上年年末数，同时，中期财务报告中相应的比较财务报表也应当为已经调整以前年度损益后的报表。

（四）中期财务报告的确认与计量

1. 中期财务报告的确认与计量的基本原则

（1）中期财务报告中各会计要素的确认和计量原则应当与年度财务报告所采用的原则相一致。即企业在中期根据所发生交易或者事项，对资产、负债、所有者权益（股东权益）、收入、费用和利润等各会计要素进行确认和计量时，应当符合相应会计要素定义和确认、计量标准，不能因为财务报告期间的缩短（相对于会计年度而言）而改变。

（2）在编制中期财务报告时，中期会计计量应当以年初至本中期末为基础，财务报告的频率不应当影响年度结果的计量。也就是说，无论企业中期财务报告的频率是月度、季度还是半年度，企业中期会计计量的结果最终应当与年度财务报告中的会计计量结果相一致。为此，企业中期财务报告的计量应当以年初至本中期末为基础，即企业在中期应当以年初至本中期末作为中期会计计量的期间基础，而不应当以本中期作为会计计量的期间基础。

（3）企业在中期不得随意变更会计政策，应当采用与年度财务报告相一致的会计政策。如果上年度资产负债表日之后按规定变更了会计政策，且该变更后的会计政策将在本年度财务报告中采用，中期财务报告应当采用该变更后的会计政策。

对于会计估计变更，在同一会计年度内，以前中期财务报表项目在以后中期发生了会计估计变更的，以后中期财务报表应当反映该会计估计变更后的金额，但对以前中期财务报表项目金额不作调整。

2. 季节性、周期性或者偶然性取得的收入的确认和计量

企业取得季节性、周期性或者偶然性收入，应当在发生时予以确认和计量，不应当在中期财务报表中预计或者递延，但会计年度末允许预计或者递延的除外。

3. 会计年度中不均匀发生的费用的确认与计量

企业在会计年度中不均匀发生的费用，应当在发生时予以确认和计量，不应在中期财务报表中预提或者待摊，但会计年度末允许预提或者待摊的除外。通常情况下，与企业生产经营和管理活动有关的费用往往是在一个会计年度的各个中期内均匀发生的，各中期之间发生的费用不会有较大差异。但是，对于一些费用，如员工培训费等，往往集中在会计年度的个别中期内。对于这些会计年度中不均匀发生的费用，企业应当在发生时予以确认和计量，不应当在中期财务报表中予以预提或者待摊。也就是说，企业不应当为了使各中期之间收益的平滑而将这些费用在会计年度的各个中期之间进行分摊。如果会计年度内不均匀发生的费用在会计年度末允许预提或者待摊，则在中期末也允许预提或者待摊。

（五）中期会计政策变更的处理

企业在中期发生了会计政策变更的，应当按照《企业会计准则第28号——会计政策、会计估计变更和差错更正》规定处理，并在财务报告附注中作相应披露。会计政策变更的累积影响数能够合理确定，且涉及本会计年度以前中期财务报表相关项目数字的，

应当予以追溯调整，视同该会计政策在整个会计年度一贯采用；同时，上年度可比财务报表也应当作相应调整。除非国家规定了相关的会计处理方法，一般情况下，中期会计政策变更时，企业应当根据《企业会计准则第32号——中期财务报告》的要求，对以前年度比较中期财务报表最早期间的期初留存收益和这些财务报表其他相关项目的数字进行追溯调整；同时，涉及本会计年度内会计政策变更以前各中期财务报表相关项目数字的，也应当予以追溯调整，视同该会计政策在整个会计年度和可比中期财务报表期间一贯采用。反之，会计政策变更的累积影响数不能合理确定，以及不涉及本会计年度以前中期财务报表相关项目数字的，应当采用未来适用法。同时，在财务报表附注中说明会计政策变更的性质、内容、原因及其影响数，如果累积影响数不能合理确定的，也应当说明理由。

1. 会计政策变更发生在会计年度内第一季度的处理

企业的会计政策变更发生在会计年度的第一季度，则企业除了计算会计政策变更的累积影响数并作相应的账务处理之外，在财务报表的列报方面，只需要根据变更后的会计政策编制第一季度和当年度以后季度财务报表，并对根据《企业会计准则第32号——中期财务报告》要求提供的以前年度比较财务报表最早期间的期初留存收益和这些财务报表的其他相关项目数字作相应调整。

在财务报告附注的披露方面，应当披露会计政策变更对以前年度的累积影响数（包括对比较财务报表最早期间期初留存收益的影响数和以前年度可比中期损益的影响数）和对第一季度损益的影响数，在当年度第一季度之后的其他季度财务报表附注中，则应当披露第一季度发生的会计政策变更对当季度损益的影响数和年初至本季度末损益的影响数。

2. 会计政策变更发生在会计年度内第一季度之外的其他季度的处理

企业的会计政策变更发生在会计年度内第一季度之外的其他季度，如第二季度、第三季度等，其会计处理相对于会计政策变更发生在第一季度而言要复杂一些。企业除了应当计算会计政策变更的累积影响数并作相应的账务处理之外，在财务报表的列报方面，还需要调整以前年度比较财务报表最早期间的期初留存收益和比较财务报表其他相关项目的数字，以及在会计政策变更季度财务报告中或者变更以后季度财务报告中所涉及的本会计年度内发生会计政策变更之前季度财务报表相关项目的数字。

在附注披露方面，企业需要披露会计政策变更对以前年度的累积影响数，主要有：（1）对比较财务报表最早期间期初留存收益的影响数；（2）以前年度可比中期损益的影响数，包括可比季度损益的影响数和可比年初至季度末损益的影响数；（3）对当年度变更季度、年初至变更季度末损益的影响数；（4）当年度会计政策变更前各季度损益的影响数。此外，在发生会计政策变更以后季度财务报表附注中也需要作相应披露。

三、中期财务报告附注的编制要求

（一）中期财务报告附注编制的基本要求

（1）中期财务报告附注应当以年初至本中期末为基础披露。编制中期财务报告的目的是为了向报告使用者提供自上年度资产负债表日之后所发生的重要交易或者事项，因此，中期财务报告附注应当以"年初至本中期末"为基础进行编制，而不应当仅仅披露本中期所发生的重要交易或者事项。

（2）中期财务报告附注应当对自上年度资产负债表日之后发生的重要的交易或者事项进行披露。中期财务报告中的附注应当以年初至本中期末为基础编制，披露自上年度资产负债表日之后发生的，有助于理解企业财务状况、经营成果和现金流量变化情况的重要交易或者事项，此外，对于理解本中期财务状况、经营成果和现金流量有关的重要交易或者事项，也应当在附注中作相应披露。

（二）中期财务报告附注至少应当包括的内容

（1）中期财务报告所采用的会计政策与上年度财务报表相一致的声明。企业在中期会计政策发生变更的，应当说明会计政策变更的性质、内容、原因及其影响数；无法进行追溯调整的，应当说明原因。

（2）会计估计变更的内容、原因及其影响数；影响数不能确定的，应当说明原因。

（3）前期差错的性质及其更正金额；无法进行追溯重述的，应当说明原因。

（4）企业经营的季节性或者周期性特征。

（5）存在控制关系的关联方发生变化的情况；关联方之间发生交易的，应当披露关联方关系的性质、交易类型和交易要素。

（6）合并财务报表的合并范围发生变化的情况。

（7）对性质特别或者金额异常的财务报表项目的说明。

（8）证券发行、回购和偿还情况。

（9）向所有者分配利润的情况，包括在中期内实施的利润分配和已提出或者已批准但尚未实施的利润分配情况。

（10）根据《企业会计准则第35号——分部报告》《企业会计准则解释第3号》规定披露分部报告信息的，应当披露报告分部的分部收入与分部利润（亏损）等有关情况。

（11）中期资产负债表日至中期财务报告批准报出日之间发生的非调整事项。

（12）上年度资产负债表日以后所发生的或有负债和或有资产的变化情况。

（13）企业结构变化情况，包括如企业合并，对被投资单位具有重大影响、共同控制或者控制的长期股权投资的购买或者处置，终止经营等。

（14）其他重大交易或者事项，包括重大的长期资产转让及其出售情况、重大的固定资产和无形资产取得情况、重大的研究和开发支出、重大的资产减值损失等。

企业在提供上述（5）和（10）有关关联方交易、分部收入与分部利润（亏损）信息时，应当同时提供本中期（或者本中期末）和本年度年初至本中期末的数据，以及上年度可比中期（或者可比期末）和上年度年初至上年可比中期末的比较数据。

第二十四章 会计政策、会计估计及其变更和差错更正

第一节 会计政策及其变更概述

一、会计政策的定义

会计政策,是指企业在会计确认、计量和报告中所采用的原则、基础和会计处理方法。其中,原则,是指按照企业会计准则规定的、适合企业会计要素确认过程中所采用的具体会计原则。例如,企业日常活动中销售的商品,应当按照《企业会计准则第14号——收入》的规定,在履行了合同中的履约义务时确认收入,即在客户取得商品控制权时确认收入的规定,属于收入确认的具体会计原则;基础,是指为了将会计原则应用于交易或者事项而采用的基础,主要是计量基础(即计量属性),包括历史成本、重置成本、可变现净值、现值和公允价值等;会计处理方法,是指企业按照法律、行政法规或者国家统一的会计制度等规定采用或者选择的、适合本企业的具体会计处理方法。会计政策具有以下特点:

第一,会计政策的选择性。会计政策是在允许的会计原则、基础和会计处理方法中作出指定或具体选择。由于企业经济业务的复杂性和多样化,某些经济业务在符合会计原则和计量基础的要求下,可以有多种会计处理方法,即存在不止一种可供选择的会计政策。例如,确定发出存货的实际成本时可以在先进先出法、加权平均法或者个别计价法中进行选择。如果企业发生的某种交易或事项没有具体会计准则规定其相应的会计政策时,企业应当运用《企业会计准则——基本准则》的原则判断并在考虑与财务报告使用者的经济决策需求是否相关,以及所提供的财务信息是否可靠的前提下,自行确定一项恰当的会计政策并应用于该交易或事项。

第二,会计政策应当在会计准则规定的范围内选择。在我国,会计准则和会计制度属于行政规章,会计政策所包括的具体会计原则、计量基础和具体会计处理方法由会计准则或会计制度规定,具有一定的强制性。企业必须在法规所允许的范围内选择适合本企业实际情况的会计政策,即企业在发生某项经济业务时,必须从允许的会计原则、计

量基础和会计处理方法中选择出适合本企业特点的会计政策。

第三，会计政策的层次性。会计政策包括原则、基础和会计处理方法三个层次。例如，《企业会计准则第13号——或有事项》规定的以该义务是企业承担的现时义务、履行该义务很可能导致经济利益流出企业、该义务的金额能够可靠地计量作为预计负债的确认条件，也就是确认预计负债时要遵循的会计原则；基础是为将会计原则体现在会计核算中而采用的计量基础，例如，《企业会计准则第8号——资产减值》中涉及的公允价值就是基础（计量基础）；《企业会计准则第14号——收入》规定的满足一定条件的情况下，按某一时段内履行的履约义务确认收入就是会计处理方法。会计政策包括的原则、基础和会计处理方法三者是一个具有逻辑性的、密不可分的整体，通过这个整体，会计政策才能得以应用和落实。

二、会计政策的判断

原则、基础和会计处理方法构成了会计政策相互关联的有机整体，对会计政策的判断通常应当考虑从会计要素的确认出发，根据各项资产、负债、所有者权益、收入、费用等会计要素的确认条件、计量属性以及两者相关的处理方法、列报要求等确定相应的会计政策。

下列各项为会计政策的举例：

（一）资产要素的会计政策

包括但不限于：

（1）存货的取得、发出和期末计量的处理方法。例如，企业发出存货成本的计量是采用先进先出法，还是采用其他计量方法。

（2）长期股权投资的取得及后续计量采用的方法。例如，企业能够对被投资单位实施控制的长期股权投资采用成本法核算，对联营企业和合营企业的长期股权投资采用权益法核算。

（3）投资性房地产的确认及后续计量模式。例如，企业对投资性房地产的后续计量是采用成本模式，还是采用公允价值模式。

（4）固定资产的取得确认和计量，以及后续计量。例如，企业取得的固定资产初始成本是以购买价款加上相关税费和可直接归属于该固定资产达到预定可使用状态前所发生的所有必要的支出，在实质具有融资性质时，应以购买价款的现值为基础进行计量。

（5）无形资产的确认、初始计量和后续计量。例如，企业内部研究开发项目开发阶段的支出，在满足资本化确认条件时确认为无形资产，否则计入当期损益。

（6）金融资产的分类、初始计量和后续计量。例如，企业按照管理金融资产的业务模式，将购入的某公司股票分类为以公允价值计量且其变动计入当期损益的金融资产。

（7）非货币性资产交换的计量。例如，非货币性资产交换，在满足一定条件时，以公允价值为基础计量，否则，以账面价值为基础计量。

（8）递延所得税资产的确认和计量。例如，在满足一定条件的情况下，才能确认可抵扣暂时性差异所产生的所得税影响（递延所得税资产）。

（二）负债要素的会计政策

包括：债务重组的确认和计量、预计负债的确认条件、应付职工薪酬和股份支付的确认和计量、金融负债的分类、借款费用的资本化、递延收益和递延所得税负债的确认和计量等。

（三）所有者权益要素的会计政策

包括：权益工具的确认和计量、复合金融工具的分拆等。

（四）收入要素的会计政策

包括：商品销售合同、租赁合同、保险合同、贷款合同等合同收入的确认与计量方法。

（五）费用要素的会计政策

包括：营业成本的确认、期间费用的划分、所得税费用的确认和计量等。

除会计要素相关会计政策外，财务报表列报方面所涉及的编制现金流量表的直接法和间接法、合并财务报表合并范围的判断、分部报告中报告分部的确定等，也属于会计政策。

企业应当在会计报表附注中披露采用的重要会计政策，不具有重要性的会计政策可以不予披露。判断会计政策是否重要，应当考虑与会计政策相关的项目的性质和金额。

三、会计政策变更的概念

会计政策变更，是指企业对相同的交易或者事项由原来采用的会计政策改用另一会计政策的行为。为保证会计信息的可比性，使财务报表使用者在比较企业一个以上期间的财务报表时，能够正确判断企业的财务状况、经营成果和现金流量的趋势。一般情况下，企业采用的会计政策，在每一会计期间和前后各期应当保持一致，不得随意变更。否则，势必会削弱会计信息的可比性。但是，满足下述条件之一的，企业可以变更会计政策：

（1）法律、行政法规或者国家统一的会计制度等要求变更。这种情况是指，按照法律、行政法规以及国家统一的会计制度的规定，要求企业采用新的会计政策，则企业应当按照法律、行政法规以及国家统一的会计制度的规定改变原会计政策，按照新的会计政策执行。例如，《企业会计准则第1号——存货》对发出存货实际成本的计价取消了后进先出法，这就要求执行企业会计准则体系的企业按照新规定，将原来以后进先出法核算发出存货的成本，改为准则规定可以采用的发出存货成本计价方法，从而变更原有的会计政策。又如，《企业会计准则第8号——资产减值》规定，已计提固定资产、无形资产减值准备的，不允许转回，这就要求企业按照准则规定改变原允许固定资产、无形资产减值准备转回的做法，变更原有会计政策。再如，2017年修订的《企业会计准则第14号——收入》规定，企业应在履行了合同履约义务，即在客户取得相关商品控制权时确认收入，这就要求企业按照新准则规定改变原划分销售商品收入、提供劳务收入、让渡资产使用权收入、建造合同收入分别确认收入的做法，变更原有会计政策。

(2) 会计政策变更能够提供更可靠、更相关的会计信息。由于经济环境、客观情况的改变，使企业原采用的会计政策所提供的会计信息，不能恰当地反映企业的财务状况、经营成果和现金流量等情况。在这种情况下，应改变原有会计政策，按变更后新的会计政策进行会计处理，以便对外提供更可靠、更相关的会计信息。例如，企业一直采用成本模式对投资性房地产进行后续计量，如果企业能够从房地产交易市场上持续地取得同类或类似房地产的市场价格及其他相关信息，从而能够对投资性房地产的公允价值作出合理的估计，此时，采用公允价值模式对投资性房地产进行后续计量可以更好地反映其价值。这种情况下，企业可以将投资性房地产的后续计量方法由成本模式变更为公允价值模式。

除法律、行政法规以及国家统一的会计制度要求变更会计政策的，应当按照国家的相关规定执行外，企业因满足上述条件（2）变更会计政策时，必须有充分、合理的证据表明其变更的合理性，并说明变更会计政策后，能够提供关于企业财务状况、经营成果和现金流量等更可靠、更相关的会计信息的理由。对会计政策的变更，企业仍应经股东会或董事会、经理（厂长）会议或类似机构批准，并按照法律、行政法规的规定报送有关各方备案或对外公开披露。如无充分、合理的证据表明会计政策变更的合理性，或者未重新经股东会或董事会、经理（厂长）会议或类似机构批准擅自变更会计政策的，或者连续、反复地自行变更会计政策的，视为滥用会计政策，按照前期差错更正的方法进行会计处理。

四、不属于会计政策变更的情况

对会计政策变更的认定，直接影响会计处理方法的选择。因此，在会计实务中，企业应当正确认定属于会计政策变更的情形。下列两种情况不属于会计政策变更：

（1）本期发生的交易或者事项与以前相比具有本质差别而采用新的会计政策。这是因为，会计政策是针对特定类型的交易或事项，如果发生的交易或事项与其他交易或事项有本质区别，那么，企业实际上是为新的交易或事项选择适当的会计政策，并没有改变原有的会计政策。例如，企业将自用的办公楼改为出租，不属于会计政策变更，而是采用新的会计政策。又如，甲公司以往出租的设备均为承租人临时需要而租赁，因此，按经营租赁会计处理方法核算。但自本年度起甲公司对出租的设备均采用融资租赁方式，并自本年度起对新出租的设备采用融资租赁会计处理方法进行核算。由于甲公司自本年度起出租的设备均改为融资租赁，从业务本质看，经营租赁和融资租赁有着实质差别，因而改变会计政策不属于会计政策变更。

（2）对初次发生的或不重要的交易或者事项采用新的会计政策。对初次发生的某类交易或事项采用适当的会计政策，并未改变原有的会计政策。例如，甲公司为新设的建筑公司，首次与乙公司签订一项建造合同，为乙公司建造一栋商务楼。假定该建造合同整体构成单项履约义务，并属于在一段时间内履行的履约义务，甲公司在为乙公司提供建造服务的期间内确认收入。由于甲公司初次发生该项交易，在为乙公司提供建造服务的期间内确认该项建造服务合同的收入，不属于会计政策变更。又如，丙公司为房地产开发企业，原开发的商务楼全部对外出售，只有一栋商务楼的地下一层少量面积出租给一家美容院以获得租金收入，假定该出租部分能够单独计量和出售，丙公司原将该栋商务楼出租部分按照成本进行后续计量。考虑到市场上商务楼和出租商务楼的公允价值能够持续可靠地获得，经董事会批准，丙公司将该商务楼出租部分的后续计量改为公允价值模式。由于丙公司商务楼出租部分并不重大，属于不重要的交易或事项，在这种情况下，丙公司改变出租商务楼的会计政策，不属于会计政策变更。

第二节　会计估计及其变更概述

一、会计估计的概念

会计估计，是指企业对结果不确定性的交易或者事项以最近可利用的信息为基础所作的判断。由于商业活动中内在的不确定性因素影响，许多财务报表中的项目不能精确地计量，而只能加以估计。会计估计不能直接观察取得，进行会计估计时，涉及以最近可利用的、可靠的信息为基础所作的判断。会计估计具有如下特点：

（1）会计估计的存在是由于经济活动中内在的不确定性因素的影响。在会计核算中，企业总是力求保持会计核算的准确性，但有些经济业务本身具有不确定性。例如，应收账款坏账、金融资产预计信用损失、固定资产折旧年限、固定资产残余价值、无形资产摊销年限、在某一时段内履行的履约义务的履约进度等，因而需要根据经验及相关信息作出估计。可以说，在进行会计核算和相关信息披露的过程中，会计估计是不可避免的，企业以最近可利用的、可靠的信息为基础所作的估计，并不会削弱会计信息的可靠性。

（2）进行会计估计时，往往以最近可利用的信息或资料为基础。企业在会计核算中，由于经营活动中内在的不确定性，不得不经常进行估计。一些估计的主要目的是为了确定资产或负债的账面价值，例如，坏账准备、担保责任引起的负债；另一些估计的主要目的是确定将在某一期间记录的收益或费用的金额，例如，某一期间的折旧、摊销的金额。企业在进行会计估计时，通常是根据当时的情况和经验，以一定的信息或资料为基础进行。但是，随着时间的推移、环境的变化，进行会计估计的基础可能会发生变化，因此，进行会计估计所依据的信息或者资料不得不经常发生变化。由于最新的信息是最接近目标的信息，以其为基础所作的估计最接近实际，所以进行会计估计时，应以最近可利用的信息或资料为基础。

（3）进行会计估计并不会削弱会计确认和计量的可靠性。企业为了定期、及时地提供有用的会计信息，将延续不断的经营活动人为地划分为一定的期间，并在权责发生制的基础上对企业的财务状况和经营成果进行定期确认和计量。例如，在会计分期的情况下，许多企业的交易跨越若干会计年度，以至于需要在一定程度上作出决定：某一年度发生的开支，哪些可以合理地预期能够产生其他年度以收益形式表示的利益，从而全部或部分向后递延；哪些可以合理地预期在当期能够得到补偿，从而确认为费用。也就是说，需要决定在资产负债表日，哪些开支可以在资产负债表中处理，哪些开支可以在利润表中作为当年费用处理。因会计分期和货币计量的基本假设，在对会计要素确认和计量过程中，不得不对许多尚在延续中、其结果尚未确定的交易或事项予以估计，并按会计估计的结果进行相应的会计处理。

二、会计估计的判断

会计估计的判断，应当考虑与会计估计相关项目的性质和金额。下列各项，通常属于会计估计：

(1) 存货可变现净值的确定。

(2) 采用公允价值模式下的投资性房地产公允价值的确定。

(3) 固定资产的预计使用寿命与净残值；固定资产的折旧方法、弃置费用的确定。

(4) 消耗性生物资产的可变现净值的确定、生产性生物资产的使用寿命、预计净残值和折旧方法。

(5) 使用寿命有限的无形资产的预计使用寿命、残值、摊销方法。

(6) 非货币性资产公允价值的确定。

(7) 固定资产、无形资产、长期股权投资等非流动资产可收回金额的确定。

(8) 职工薪酬的确定。

(9) 与股份支付相关的公允价值的确定。

(10) 与债务重组相关的公允价值的确定。

(11) 预计负债金额的确定。

(12) 收入金额中交易价格的确定、履约进度的确定等。

(13) 与政府补助相关的公允价值的确定。

(14) 一般借款资本化金额的确定。

(15) 应纳税暂时性差异和可抵扣暂时性差异的确定。

(16) 与非同一控制下企业合并相关的公允价值的确定。

(17) 租赁资产公允价值的确定、租赁付款额现值的确定、承租人折现率的确定、承租人对未确认融资费用的分摊、出租人对未实现融资收益的分配、未担保余值的确定。

(18) 与金融工具相关的公允价值的确定、摊余成本的确定、信用减值损失的确定。

(19) 继续涉入所转移金融资产程度的确定、金融资产所有权上风险和报酬转移程度的确定。

(20) 套期工具和被套期项目公允价值的确定。

(21) 探明矿区权益、井及相关设施的折耗计提方法。与油气开采活动相关的辅助设备及设施的折旧方法，弃置费用的确定。

(22) 其他按照会计估计规定属于会计估计的情况。

企业应当在会计报表附注中披露重要的会计估计，不具有重要性的会计估计可以不披露。

三、会计估计变更的概念

会计估计变更，是指由于资产和负债的当前状况及预期经济利益和义务发生了变化，从而对资产或负债的账面价值或者资产的定期消耗金额进行调整。

由于企业经营活动中内在的不确定因素，许多财务报表项目不能准确地计量，只能加以估计，估计过程涉及以最近可以得到的信息为基础所作的判断。但是，估计毕竟是就现有资料对未来所作的判断，随着时间的推移，如果赖以进行估计的基础发生变化，或者由于取得了新的信息、积累了更多的经验或后来的发展可能不得不对估计进行修正，但会计估计变更的依据应当真实、可靠。会计估计变更的情形包括：

（1）赖以进行估计的基础发生了变化。企业进行会计估计，总是依赖于一定的基础。如果其所依赖的基础发生了变化，则会计估计也应相应发生变化。例如，甲企业的某项无形资产原根据法律规定的年限按10年摊销，该项无形资产使用3后，根据市场情况表明，甲企业估计该无形资产预期给企业带来的经济利益尚存4年，因而甲企业将摊销年限由原10年变更为7年，并自第4年起按照剩余4年的期限进行摊销。

（2）取得了新的信息、积累了更多的经验。企业进行会计估计是就现有资料对未来所作的判断，随着时间的推移，企业有可能取得新的信息、积累更多的经验，在这种情况下，企业可能不得不对会计估计进行修正，即发生会计估计变更。例如，企业根据当时能够获得的最佳信息确定的某项固定资产折旧年限为20年，在该项固定资产使用5年后，企业根据现在掌握的最新信息判断该项固定资产尚可使用10年，则将该项固定资产的预计使用年限修改为10年。又如，企业根据当时能够得到的信息，以预期信用损失为基础对某应收账款计提了一定金额的坏账准备，现在掌握了新的信息，判定该应收账款基本上不能收回，企业应当全额计提坏账准备。

会计估计变更，并不意味着以前期间会计估计是错误的，只是由于情况发生变化，或者掌握了新的信息，积累了更多的经验，使得变更会计估计能够更好地反映企业的财务状况和经营成果。如果以前期间的会计估计是错误的，则属于前期差错，按前期差错更正的会计处理方法进行会计处理。

第三节 会计政策与会计估计变更的划分

企业应当在符合我国现行会计准则、制度和其他相关法律法规要求的前提下，正确选择和确定本企业采用的会计政策与会计估计，并一贯地应用。企业应当正确划分会计政策变更与会计估计变更，按照不同的方法进行相关会计处理。

一、会计政策变更与会计估计变更的划分基础

企业应当以变更事项的会计确认、计量基础和列报项目是否发生变更，作为判断该变更是会计政策变更，还是会计估计变更的划分基础。

(1) 以会计确认是否发生变更作为判断基础。《企业会计准则——基本准则》规定了资产、负债、所有者权益、收入、费用和利润（包括利得和损失）会计要素的确认标准，是会计处理的首要环节。一般地，对会计确认的指定或选择是会计政策，其相应的变更是会计政策变更。会计确认、计量的变更一般会引起列报项目的变更。例如，甲公司研发某项技术，在研究阶段将其发生的费用根据《企业会计准则第6号——无形资产》的规定，直接计入当期损益，当该研发项目进入开发阶段并且符合资本化条件时，当期发生的开发费用确认为一项资产。该事项中会计确认发生了变化，该变更属于会计政策变更。

(2) 以计量基础是否发生变更作为判断基础。《企业会计准则——基本准则》规定了历史成本、重置成本、可变现净值、现值和公允价值五项会计计量属性，是会计处理的计量基础。一般地，对计量基础的指定或选择是会计政策，其相应的变更是会计政策变更。甲公司在前期对购入的固定资产的价款超过正常信用条件延期支付的情况下，其初始计量按照当期和未来应支付的全部价款确定（历史成本），不考虑货币时间价值，而当期根据《企业会计准则第4号——固定资产》的规定，该类固定资产的初始成本应以购买价款的现值为基础确定。该固定资产初始计量的变化（计量基础变化），属于会计政策变更。

(3) 以列报项目是否发生变更作为判断基础。《企业会计准则第30号——财务报表列报》规定了财务报表项目应采用的列报原则。一般地，对列报项目的指定或选择是会计政策，其相应的变更是会计政策变更。在实务中，有时列报项目的变更往往伴随着会计确认的变更或者相反。例如，某商业企业在前期将商品采购过程中发生的运输费、装卸费、保险费以及其他可归属于存货采购成本的费用等进货费用直接计入当期损益，当期根据《企业会计准则第1号——存货》的规定，将采购费用计入存货的采购成本。该变化导致财务报表中列报项目发生变化，属于会计政策变更。当然，这里也涉及会计确认、计量的变更。

(4) 根据会计确认、计量基础和列报项目所选择的、为取得与资产负债表项目有关的金额或数值（如预计使用寿命、净残值等）所采用的处理方法，不是会计政策，而是会计估计，其相应的变更是会计估计变更。例如，企业需要对某项资产采用公允价值进行计量，而公允价值的确定需要根据市场情况选择不同的处理方法。在能够取得相同资产在活跃市场上报价的情况下，应将该报价不加调整地应用于该资产的公允价值计量；在仅能取得活跃市场中类似资产的报价、非活跃市场中相同或类似资产的报价等可观察的输入值的情况下，应当根据该资产的特征，对输入值进行调整；在相关资产不存在市场活动或者市场活动很少导致相关可观察输入值无法取得或取得不切实可行的情况下，才能使用不可观察输入值确定其公允价值。因为企业所确定的公允价值是与该项资产有关的金额，所以为确定公允价值所采用的处理方法是会计估计，不是会计政策。相应地，当企业面对的市场情况发生变化时，其采用的确定公允价值的方法变更是会计估计变更，不是会计政策变更。

总之，在单个会计期间，会计政策决定了财务报表所列报的会计信息和列报方式；会计估计是用来确定与财务报表所列报的会计信息有关的金额和数值。

二、划分会计政策变更和会计估计变更的方法

企业可以采用以下具体方法划分会计政策变更与会计估计变更：分析并判断该事项是否涉及会计确认、计量基础选择或列报项目的变更，当至少涉及上述一项划分基础变更时，该事项是会计政策变更；不涉及上述划分基础变更时，该事项可以判断为会计估计变更。例如，甲企业在前期将自行购建的固定资产相关的一般借款费用计入当期损益，当期根据《企业会计准则第17号——借款费用》的规定，将符合条件的有关借款费用予以资本化，企业因此将对该事项进行变更。该事项的计量基础未发生变更，即都是以历史成本作为计量基础；该事项的会计确认发生变更，即前期将借款费用确认为一项费用直接计入当期费用，而当期将其确认为一项资产；同时，会计确认的变更导致该事项在资产负债表和利润表相关项目的列报也发生变更。该事项涉及会计确认和列报的变更，所以属于会计政策变更。又如，乙企业原采用双倍余额递减法计提固定资产折旧，根据固定资产使用的实际情况，企业决定改用直线法计提固定资产折旧。该事项前后采用的两种计提折旧方法都是以历史成本作为计量基础，对该事项的会计确认和列报项目也未发生变更，只是固定资产折旧、固定资产净值等相关金额发生了变化。因此，该事项属于会计估计变更。

第四节 会计政策和会计估计变更的会计处理

一、会计政策变更的会计处理

（一）会计政策变更的会计处理原则

发生会计政策变更时，有两种会计处理方法，即追溯调整法和未来适用法，两种方法适用于不同情形。会计政策变更根据具体情况，分别按照下列规定处理：

（1）法律、行政法规或者国家统一的会计制度等要求变更会计政策的情况下，企业应当分别按下列情况进行处理：①国家发布相关的会计处理办法，则按照国家发布的相关会计处理规定进行处理。例如，2007年1月1日我国上市公司等企业执行新企业会计准则，会计政策发生了较大的变动，财政部制定了《企业会计准则第38号——首次执行企业会计准则》规定了企业执行新会计准则时应遵循的处理办法；再如，2018年1月1日修订后印发的《企业会计准则第14号——收入》，在我国执行企业会计准则的企业中分步实施，相关收入确认、计量的会计政策发生了较大的变动，修订后发布的《企业会计准则第14号——收入》中的衔接规定明确了企业执行新收入准则时应遵循的处理办法。②国家没有发布相关的会计处理办法，则采用追溯调整法进行会计处理。

（2）会计政策变更能够提供更可靠、更相关的会计信息的情况下，企业应当采用追溯调整法进行会计处理，将会计政策变更累积影响数调整列报前期最早期初留存收益，其他相关项目的期初余额和列报前期披露的其他比较数据也应当一并调整。

(3) 确定会计政策变更对列报前期影响数不切实可行的，应当从可追溯调整的最早期间期初开始应用变更后的会计政策。

(4) 在当期期初确定会计政策变更对以前各期累积影响数不切实可行的，应当采用未来适用法处理。例如，企业因账簿、凭证超过法定保存期限而销毁、或因不可抗力而毁坏、遗失，如火灾、水灾等，或因人为因素，如盗窃、故意毁坏等，可能使当期期初确定会计政策变更对以前各期累积影响数无法计算，即不切实可行。在这种情况下，会计政策变更应当采用未来适用法进行处理。

(二) 追溯调整法

1. 追溯调整法概念及步骤

追溯调整法，是指对某项交易或事项变更会计政策，视同该项交易或事项初次发生时即采用变更后的会计政策，并以此对财务报表相关项目进行调整的方法。采用追溯调整法时，对于比较财务报表期间的会计政策变更，应调整各期间净损益各项目和财务报表其他相关项目，视同该政策在比较财务报表期间一直采用。对于比较财务报表可比期间以前的会计政策变更的累积影响数，应调整比较财务报表最早期间的期初留存收益，财务报表其他相关项目的数字也应一并调整。因此，追溯调整法，是将会计政策变更的累积影响数调整列报前期最早期初留存收益，而不是计入当期损益。但是，确定会计政策变更对列报前期影响数不切实可行的，应当从可追溯调整的最早期间期初开始应用变更后的会计政策。

追溯调整法通常由以下步骤构成：

第一步，计算会计政策变更的累积影响数；

第二步，编制相关项目的调整分录；

第三步，调整列报前期最早期初财务报表相关项目及其金额；

第四步，附注说明。

2. 会计政策变更累积影响数的概念及计算步骤

会计政策变更累积影响数，是指按照变更后的会计政策对以前各期追溯计算的列报前期最早期初留存收益应有金额与现有金额之间的差额。根据上述定义的表述，会计政策变更的累积影响数可以分解为以下两个金额之间的差额：

(1) 在变更会计政策当期，按变更后的会计政策对以前各期追溯计算，所得到的列报前期最早期初留存收益金额。

(2) 在变更会计政策当期，列报前期最早期初留存收益金额。上述留存收益金额，包括法定盈余公积、任意盈余公积和未分配利润各项目，不考虑由于损益的变化而应当补分的利润或股利。例如，由于会计政策变化，增加了以前期间可供分配的利润，该企业通常按净利润的20%分派股利。但在计算调整会计政策变更当期期初的留存收益时，不应当考虑由于以前期间净利润的变化而需要分派的股利。

在财务报表只提供列报项目上一个可比会计期间比较数据的情况下，上述第(2)项，在变更会计政策当期，列报前期最早期初留存收益金额，即为上期资产负债表所反映的期初留存收益，可以从上年资产负债表项目中获得；需要计算确定的是第(1)项，即按变更后的会计政策对以前各期追溯计算，所得到的上期期初留存收益金额。

累积影响数通常可以通过以下步骤计算获得：

第一步，根据新会计政策重新计算受影响的前期交易或事项；

第二步，计算两种会计政策下的差异；

第三步，计算差异的所得税影响金额；

第四步，确定前期中的每一期的税后差异；

第五步，计算会计政策变更的累积影响数。

需要注意的是，对以前年度损益进行追溯调整或财务报表追溯重述的，应当重新计算各列报期间的每股收益。

3. 不切实可行的判断

不切实可行，是指企业在作出所有合理努力后仍然无法采用某项会计准则规定。

对于下列特定前期，对某项会计政策变更应用追溯调整法是不切实可行的：

(1) 应用追溯调整法的累积影响数不能确定。

(2) 应用追溯调整法要求对管理层在该期当时的意图作出假定。

(3) 应用追溯调整法要求对有关金额进行重大估计，并且不可能将提供有关交易发生时存在状况的证据（例如，有关金额确认、计量或披露日期存在事实的证据，以及在受变更影响的当期和未来期间确认会计估计变更的影响的证据），以及该期间财务报表批准报出时能够取得的信息这两类信息与其他信息客观地加以区分。

在某些情况下，调整一个或者多个前期比较信息以获得与当期会计信息的可比性是不切实可行的。例如，某个或者多个前期财务报表有关项目的数据难以收集，而要再造会计信息则可能是不切实可行的。

对根据某项交易或者事项确认、披露的财务报表项目应用会计政策时常常需要进行估计。本质上，估计是根据现有状况所作出的最佳判断，而且可能在资产负债表日后才作出。当追溯调整会计政策变更或者追溯重述前期差错更正时，要作出切实可行的估计更加困难，因为有关交易或者事项已经发生较长一段时间，要获得作出切实可行的估计所需要的相关信息往往比较困难。

当在前期采用一项新会计政策时，不论是对管理层在某个前期的意图作出假定，还是估计在前期确认、计量或者披露的金额，都不应当使用"后见之明"。例如，按照《企业会计准则第22号——金融工具确认和计量》的规定，企业原先划归为按摊余成本计量的金融资产，因管理该金融资产的业务模式发生变化改按公允价值计量，即便管理层随后决定不将这些投资划归为按摊余成本计量，也不能改变它们在前期的计量基础。

▶【例24-1】甲股份有限公司（以下简称甲公司）是一家海洋石油开采公司，于2×15年开始建造一座海上石油开采平台，根据法律法规规定，该开采平台在使用期满后要将其拆除，需要对其造成的环境污染进行整治。2×16年12月15日，该开采平台建造完成并交付使用，建造成本共120 000 000元，预计使用寿命10年，采用年限平均法计提折旧。2×22年1月1日甲公司开始执行企业会计准则，企业会计准则对于具有弃置义务的固定资产,要求将相关弃置费用计入固定资产成本,对之前尚未计入资产成本的弃置费用,应当进行追溯调整。已知甲公司保存的会计资料比较齐备,可以通过会计资料追溯计算。甲公司预计该开采平台的弃置费用10 000 000元。假定甲公司只有该开采平台一项固定资产,折现率(即为实际利率)为10%。不考虑相关税费及其他因素影响。

根据上述资料,甲公司的会计处理如下:

(1) 计算确认弃置义务后的累积影响数(见表24-1)。

2×17年1月1日,该开采平台计入资产成本弃置费用的现值 = 10 000 000 × (P/F,10%,10) = 10 000 000 × 0.3855 = 3 855 000(元);每年应计提折旧 = 3 855 000 ÷ 10 = 385 500(元)。

表24-1   单位:元

年份	计息金额	实际利率	利息费用①	折旧②	差异 -(①+②)
2×17	3 855 000	10%	385 500	385 500	-771 000
2×18	4 240 500	10%	424 050	385 500	-809 550
2×19	4 664 550	10%	466 455	385 500	-851 955
2×20	5 131 005	10%	513 100.50	385 500	-898 600.50
小计	—		1 789 105.50	1 542 000	-3 331 105.50
2×21	5 644 105.50	10%	564 410.55	385 500	-949 910.55
合计	—		2 353 516.05	1 927 500	-4 281 016.05

甲公司确认该开采平台弃置费用后的净影响额为-4 281 016.05元,即为该公司确认资产弃置费用后的累积影响数。

(2) 2×22年1月1日,编制有关项目的调整分录。

①调整确认的弃置费用。

借:固定资产——开采平台——弃置义务　　　　　　　　　　3 855 000
　　贷:预计负债——开采平台弃置义务　　　　　　　　　　　3 855 000

②调整会计政策变更累积影响数。

借:利润分配——未分配利润　　　　　　　　　　　　　　　4 281 016.05
　　贷:累计折旧　　　　　　　　　　　　　　　　　　　　 1 927 500
　　　　预计负债——开采平台弃置义务　　　　　　　　　　2 353 516.05

此处对留存收益的调整均计入未分配利润。实务中,影响盈余公积计提的,企业还应对盈余公积作相应调整。

(3) 财务报表调整和重述。

甲公司在编制2×22年度的财务报表时,应调整资产负债表的年初数(见表24-2),利润表、股东权益变动表的上年数(见表24-3、表24-4)也应作相应调整。2×22年12月31日资产负债表的期末数栏、股东权益变动表的未分配利润项目上年数栏应以调整后的数字为基础编制。

表 24-2　　　　　　　　　　　资产负债表（简表）

会企 01 表

编制单位：甲股份有限公司　　　　2×22 年 12 月 31 日　　　　　　　　　　单位：元

资产	年初余额		负债和股东权益	年初余额	
	调整前	调整后		调整前	调整后
……			……		
固定资产	60 000 000	61 927 500	预计负债	0	6 208 516.05
			……		
			未分配利润	5 000 000	718 983.95
……			……		

在利润表中，根据账簿的记录，甲公司重新确认了 2×21 年度营业成本和财务费用，分别调增 385 500 元和 564 410.55 元，其结果为净利润调减 949 910.55 元（385 500 + 564 410.55）。

表 24-3　　　　　　　　　　　利润表（简表）

会企 02 表

编制单位：甲股份有限公司　　　　2×22 年度　　　　　　　　　　　　　　单位：元

项目	上期金额	
	调整前	调整后
一、营业收入	18 000 000	18 000 000
减：营业成本	13 000 000	13 385 500
……		
财务费用	260 000	824 410.55
……		
二、营业利润	3 900 000	2 950 089.45
……		
四、净利润	4 060 000	3 110 089.45
……		

表 24-4　　　　　　　　　　所有者权益变动表（简表）

会企 04 表

编制单位：甲股份有限公司　　　　2×22 年度　　　　　　　　　　　　　　单位：元

项目	本年金额		
……	……	未分配利润	……
一、上年年末余额		5 000 000	
加：会计政策变更		-4 281 016.05	
前期差错更正			
二、本年年初余额		718 983.95	
……			

(4) 附注说明。

2×22年1月1日，甲公司按照企业会计准则规定，对2×16年12月15日建造完成并交付使用的开采平台的弃置义务进行确认。此项会计政策变更采用追溯调整法，2×21年的比较报表已经调整。2×22年期初运用新的方法追溯计算的会计政策变更累积影响数为-4 281 016.05元。会计政策变更对2×21年度财务报表的损益的影响为调减净利润949 910.55元，调减2×21年的期末未分配利润4 281 016.05元。

（三）未来适用法

未来适用法，是指将变更后的会计政策应用于变更日及以后发生的交易或者事项，或者在会计估计变更当期和未来期间确认会计估计变更影响数的方法。

在未来适用法下，不需要计算会计政策变更产生的累积影响数，也无须重编以前年度的财务报表。企业会计账簿记录及财务报表上反映的金额，变更之日仍保留原有的金额，不因会计政策变更而改变以前年度的既定结果，而是在现有金额的基础上再按新的会计政策进行核算。

▶【例24-2】乙公司原对发出存货采用后进先出法，由于采用新准则，按其规定，公司从2×17年1月1日起改用先进先出法。2×17年1月1日存货的价值为2 500 000元，公司当年购入存货的实际成本为18 000 000元，2×17年12月31日按先进先出法计算确定的存货价值为4 500 000元，当年销售额为25 000 000元，假设该年度其他费用为1 200 000元，所得税税率为25%。2×17年12月31日按后进先出法计算的存货价值为2 200 000元。

乙公司由于法律环境变化而改变会计政策，假定对其采用未来适用法进行处理，即对存货采用先进先出法从2×17年及以后才适用，不需要计算2×17年1月1日以前按先进先出法计算存货应有的余额以及对留存收益的影响金额。

计算确定会计政策变更对当期净利润的影响数如表24-5所示。

表24-5 当期净利润的影响数计算表 单位：元

项目	先进先出法	后进先出法
营业收入	25 000 000	25 000 000
减：营业成本	16 000 000	18 300 000
其他费用	1 200 000	1 200 000
利润总额	7 800 000	5 500 000
减：所得税	1 950 000	1 375 000
净利润	5 850 000	4 125 000
差额	1 725 000	

乙公司由于会计政策变更使当期净利润增加了1 725 000元。其中，采用先进先出法的销售成本为：期初存货+购入存货实际成本-期末存货=2 500 000+18 000 000-4 500 000=16 000 000（元）；采用后进先出法的销售成本为：期初存货+购入存货实际成本-期末存货=2 500 000+18 000 000-2 200 000=18 300 000（元）。

（四）会计政策变更的披露

企业应当在附注中披露与会计政策变更有关的下列信息：

(1) 会计政策变更的性质、内容和原因。包括：对会计政策变更的简要阐述、变更的日期、变更前采用的会计政策和变更后所采用的新会计政策及会计政策变更的原因。例如，依据法律或会计准则等行政法规、规章的要求变更会计政策时，在财务报表附注中应当披露所依据的文件。对于由于执行企业会计准则而发生的变更，应在财务报表附注中说明：依据《企业会计准则第×号——××》的要求变更会计政策……

(2) 当期和各个列报前期财务报表中受影响的项目名称和调整金额。包括：采用追溯调整法时，计算出的会计政策变更的累积影响数；当期和各个列报前期财务报表中需要调整的净损益及其影响金额，以及其他需要调整的项目名称和调整金额。

(3) 无法进行追溯调整的，说明该事实和原因以及开始应用变更后会计政策的时点、具体应用情况。包括：无法进行追溯调整的事实；确定会计政策变更对列报前期累积影响数不切实可行的原因；在当期期初确定会计政策变更对以前各期累积影响数不切实可行的原因；开始应用新会计政策的时点和具体应用情况。

需要注意的是，在以后期间的财务报表中，不需要重复披露在以前期间的附注中已披露的会计政策变更的信息。

二、会计估计变更的会计处理

（一）会计估计变更的会计处理原则

企业对会计估计变更应当采用未来适用法处理。即在会计估计变更当期及以后期间，采用新的会计估计，不改变以前期间的会计估计，也不调整以前期间的报告结果。未来适用法处理方法为：

(1) 会计估计变更仅影响变更当期的，其影响数应当在变更当期予以确认。

(2) 既影响变更当期又影响未来期间的，其影响数应当在变更当期和未来期间予以确认。例如，企业的某项可计提折旧的固定资产，其有效使用年限或预计净残值的估计发生的变更，会影响变更当期及以后使用年限内各个期间的折旧费用，这项会计估计的变更，应于变更当期及以后各期确认。

会计估计变更的影响数应计入变更当期与前期相同的项目中。为了保证不同期间的财务报表具有可比性，如果以前期间的会计估计变更的影响数计入企业日常经营活动损益，则以后期间也应计入日常经营活动损益；如果以前期间的会计估计变更的影响数计入特殊项目，则以后期间也应计入特殊项目。

(3) 企业应当正确划分会计政策变更和会计估计变更，并按不同的方法进行相关会计处理。企业通过判断会计政策变更和会计估计变更划分基础，仍然难以对某项变更进行区分的，应当将其作为会计估计变更处理。

（二）会计估计变更的披露

企业应当在附注中披露与会计估计变更有关的下列信息：

(1) 会计估计变更的内容和原因。包括变更的内容、变更日期以及为什么要对会计估计进行变更。

(2) 会计估计变更对当期和未来期间的影响数。包括会计估计变更对当期和未来期间损益的影响金额，以及对其他各项目的影响金额。

(3) 会计估计变更的影响数不能确定的，披露这一事实和原因。

▶【例24-3】甲公司有一台管理用设备，原价为84万元，预计使用寿命为8年，预计净残值为4万元，自2×18年1月1日起按年限平均法计提折旧。2×22年1月1日，由于新技术的发展等原因，需要对原预计使用寿命和净残值作出修正，修改后的预计使用寿命为6年，预计净残值为2万元，折旧方法不变。甲公司适用的企业所得税税率为25%，假定税法允许按变更后的折旧额在税前扣除，不考虑减值等其他因素。甲公司对的会计处理如下：

(1) 不调整以前各期折旧，也不计算累积影响数。

(2) 变更日以后发生的经济业务改按新估计使用寿命提取折旧。按原估计，每年折旧额为10万元，已提折旧4年，共计40万元，固定资产净值为44万元，则第5年相关科目的年初余额44万元（84-40）。改变估计使用寿命和净残值后，2×22年1月1日起，每年计提的折旧费用为21万元［(44-2)÷(6-4)］。2×22年不必对以前年度已提折旧进行调整，只需按重新预计的尚可使用寿命和净残值计算确定的年折旧费用。

(3) 编制如下会计分录：

借：管理费用　　　　　　　　　　　　　　　　　　　　　210 000
　　贷：累计折旧　　　　　　　　　　　　　　　　　　　　　210 000

(4) 会计报表附注说明。本公司一台管理用设备，原值为84万元，原预计使用寿命为8年，预计净残值为4万元，按年限平均法计提折旧。由于新技术的发展，该设备已不能按原预计使用寿命计提折旧，本公司于2×22年初变更该设备的使用寿命为6年，预计净残值为2万元，以反映该设备的真实耐用寿命和净残值。此估计变更影响本年度净利润减少数为8.25万元［(21-10)×(1-25%)］。

第五节　前期差错及其更正

一、前期差错的概念

前期差错，是指由于没有运用或错误运用下列两种信息，而对前期财务报表造成省略或错报：一是编报前期财务报表时预期能够取得并加以考虑的可靠信息。二是前期财务报告批准报出时能够取得的可靠信息。前期差错通常包括计算错误、应用会计政策错误、疏忽或曲解事实以及舞弊产生的影响等。没有运用或错误运用上述两种信息而形成前期差错的情形主要有：

(1) 计算以及账户分类错误。例如，企业购入的五年期国债，意图长期持有，但在记账时记入了交易性金融资产，导致账户分类上的错误，并导致在资产负债表上流动资产和非流动资产的分类也有误。

(2) 采用法律、行政法规或者国家统一的会计制度等不允许的会计政策。例如，按照《企业会计准则第 17 号——借款费用》的规定，为购建固定资产的专门借款而发生的借款费用，满足一定条件的，在固定资产达到预定可使用状态前发生的，应予资本化，计入所购建固定资产的成本；在固定资产达到预定可使用状态后发生的，计入当期损益。如果企业固定资产已达到预定可使用状态后发生的借款费用，也计入该项固定资产的价值，予以资本化，则属于采用法律或会计准则等行政法规、规章所不允许的会计政策。

（3）对事实的疏忽或曲解事实，以及舞弊所产生的影响。例如，企业销售一批商品，商品的控制权已经发生转移，商品销售收入确认条件均已满足，但该企业在期末未确认收入。

二、前期差错重要性的判断

前期差错包括重要的前期差错和不重要的前期差错。重要的前期差错，是指足以影响财务报表使用者对企业财务状况、经营成果和现金流量作出正确判断的前期差错。不重要的前期差错，是指不足以影响财务报表使用者对企业财务状况、经营成果和现金流量作出正确判断的前期差错。

前期差错的重要性取决于在相关环境下对遗漏或错误表述的规模和性质的判断。前期差错所影响的财务报表项目的金额或性质，是判断该前期差错是否具有重要性的决定性因素。一般来说，前期差错所影响的财务报表项目的金额越大、性质越严重，其重要性水平越高。

企业应当严格区分会计估计变更和前期差错更正。实务中，会计估计变更与前期差错更正有时难以区分，尤其是难以区分会计估计变更和由于会计估计错误导致的前期差错更正。企业不应简单将会计估计与实际结果对比认定存在差错。如果企业前期作出会计估计时，未能合理使用报表编报时已经存在且能够取得的可靠信息，导致前期会计估计结果未恰当反映当时情况，则应属于前期差错，应当适用前期差错更正的会计处理方法；反之，如果企业前期的会计估计是以当时的信息、假设等并进行合理估计为基础作出的，随后因资产和负债的当前状况及预期经济利益和义务发生了变化而变更会计估计的，则属于会计估计变更，应当适用会计估计变更的会计处理方法。

三、前期差错更正的会计处理

会计差错产生于财务报表项目的确认、计量、列报的会计处理过程中，如果财务报表中包含重要差错，或者差错不重要但是故意造成的（以便形成对企业财务状况、经营成果和现金流量等会计信息某种特定形式的列报），即应认为该财务报表未遵循企业会计准则的规定进行编报。在当期发现的当期差错应当在财务报表发布之前予以更正。当重要差错直到下一期间才被发现，就形成了前期差错。

（一）不重要的前期差错的会计处理

对于不重要的前期差错，企业不需调整财务报表相关项目的期初数，但应调整发现当期与前期相同的相关项目。属于影响损益的，应直接计入本期与上期相同的净损益项目；属于不影响损益的，应调整本期与前期相同的相关项目。

(二) 重要的前期差错的会计处理

企业应当采用追溯重述法更正重要的前期差错，但确定前期差错累积影响数不切实可行的除外。追溯重述法，是指在发现前期差错时，视同该项前期差错从未发生过，从而对财务报表相关项目进行更正的方法。

对于重要的前期差错，企业应当在其发现当期的财务报表中，调整前期比较数据。具体地说，企业应当在重要的前期差错发现当期的财务报表中，通过下述处理对其进行追溯更正：

（1）追溯重述差错发生期间列报的前期比较金额。

（2）如果前期差错发生在列报的最早前期之前，则追溯重述列报的最早前期的资产、负债和所有者权益相关项目的期初余额。

对于发生的重要的前期差错，如影响损益，应将其对损益的影响数调整发现当期的期初留存收益，财务报表其他相关项目的期初数也应一并调整；如不影响损益，应调整财务报表相关项目的期初数。

在编制比较财务报表时，对于比较财务报表期间的重要的前期差错，应调整各该期间的净损益和其他相关项目，视同该差错在产生的当期已经更正；对于比较财务报表期间以前的重要的前期差错，应调整比较财务报表最早期间的期初留存收益，财务报表其他相关项目的数字也应一并调整。

确定前期差错影响数不切实可行的，可以从可追溯重述的最早期间开始调整留存收益的期初余额，财务报表其他相关项目的期初余额也应当一并调整，也可以采用未来适用法。当企业确定前期差错对列报的一个或者多个前期比较信息的特定期间的累积影响数不切实可行时，应当追溯重述切实可行的最早期间的资产、负债和所有者权益相关项目的期初余额（可能是当期）；当企业在当期期初确定前期差错对所有前期的累积影响数不切实可行时，应当从确定前期差错影响数切实可行的最早日期开始采用未来适用法追溯重述比较信息。

需要注意的是，为了保证经营活动的正常进行，企业应当建立健全内部稽核制度，保证会计资料的真实、完整。对于年度资产负债表日至财务报告批准报出日之间发现的报告年度的会计差错及报告年度前不重要的前期差错，应按照《企业会计准则第29号——资产负债表日后事项》的规定进行处理。此外，会计准则允许对会计差错进行更正，是为了保证会计信息的真实、完整，并非成为企业为其实施财务造假及舞弊的辩解理由。会计差错与会计造假及舞弊有着本质区别，会计造假及舞弊是导致会计差错的原因之一，也是前期差错更正的内容之一，会计差错仅仅是表现形式。对于前期差错更正的会计处理的要求，不影响对财务造假及舞弊行为的认定。

▶【例24-4】B公司在2×16年发现，2×15年公司漏记一项管理用固定资产的折旧费用150 000元，所得税申报表中未扣除该项费用。假设2×15年适用所得税税率为25%，无其他纳税调整事项。该公司按净利润的10%、5%提取法定盈余公积和任意盈余公积。公司发行股票份额为1 800 000股。假定税法允许调整应交所得税。

1. 分析前期差错的影响数

2×15年少计折旧费用150 000元；多计所得税费用37 500元（150 000×25%）；多

计净利润112 500元；多计应交税费37 500元（150 000×25%）；多提法定盈余公积和任意盈余公积分别为11 250元（112 500×10%）、5 625元（112 500×5%）。

2. 编制有关项目的调整分录

（1）补提折旧：

借：以前年度损益调整　　　　　　　　　　　　150 000
　　贷：累计折旧　　　　　　　　　　　　　　　　　　　150 000

（2）调整应交所得税：

借：应交税费——应交所得税　　　　　　　　　　37 500
　　贷：以前年度损益调整　　　　　　　　　　　　　　　37 500

（3）将"以前年度损益调整"科目余额转入利润分配：

借：利润分配——未分配利润　　　　　　　　　　112 500
　　贷：以前年度损益调整　　　　　　　　　　　　　　　112 500

（4）调整利润分配有关金额：

借：盈余公积　　　　　　　　　　　　　　　　　16 875
　　贷：利润分配——未分配利润　　　　　　　　　　　　16 875

上述会计处理也可以不通过"以前年度损益调整"科目。

3. 财务报表调整和重述（财务报表略）

B公司在列报2×16年财务报表时，应调整2×16年资产负债表有关项目的年初余额，利润表有关项目及所有者权益变动表的上年金额也应进行调整。

（1）资产负债表项目的调整：

调减固定资产150 000元；调减应交税费37 500元；调减盈余公积16 875元；调减未分配利润95 625元。

（2）利润表项目的调整：

调增营业成本上年金额150 000元；调减所得税费用上年金额37 500元；调减净利润上年金额112 500元；调减基本每股收益上年金额0.062 5元。

（3）所有者权益变动表项目的调整：

调减前期差错更正项目中盈余公积上年金额16 875元，未分配利润上年金额95 625元，所有者权益合计上年金额112 500元。

四、前期差错更正的披露

企业应当在附注中披露与前期差错更正有关的下列信息：

（1）前期差错的性质。

（2）各个列报前期财务报表中受影响的项目名称和更正金额。

（3）无法进行追溯重述的，说明该事实和原因以及对前期差错开始进行更正的时点、具体更正情况。

在以后期间的财务报表中，不需要重复披露在以前期间的附注中已披露的前期差错更正的信息。

第二十五章 资产负债表日后事项

第一节 资产负债表日后事项概述

财务会计报告是反映企业某一特定日期（资产负债表日）财务状况和某一会计期间经营成果、现金流量等会计信息的文件。在实际工作中，某些交易或事项是在资产负债表日后、财务报告批准报出日之前发生的，这些交易或事项可能会对企业的财务状况、经营成果和现金流量产生重要影响。为使企业提供的会计信息更加准确、全面，便于报告使用者作出经济决策，需要对这些事项或交易进行认真分析，以确定是否需要调整报告期财务报表，或仅在附注中说明。

一、资产负债表日后事项的定义

资产负债表日后事项，是指资产负债表日至财务报告批准报出日之间发生的有利或不利事项。资产负债表日后事项不是在这个特定期间内发生的全部事项，而是与资产负债表日存在状况有关的事项，或虽然与资产负债表日存在状况无关，但对企业财务状况具有重大影响的事项。理解这一定义，需要注意以下方面。

（一）资产负债表日

资产负债表日是指会计年度末和会计中期期末。中期是指短于一个完整的会计年度的报告期间，包括半年度、季度和月度。按照《中华人民共和国会计法》规定，会计年度自公历1月1日起至12月31日。因此，年度资产负债表日是指每年的12月31日，中期资产负债表日是指各会计中期期末。例如，提供第一季度财务报告时，资产负债表日是该年度的3月31日；提供半年度财务报告时，资产负债表日是该年度的6月30日。

如果母公司或者子公司在国外，无论该母公司或子公司如何确定会计年度和会计中期，其向国内提供的财务报告都应根据《中华人民共和国会计法》和企业会计准则的要求确定资产负债表日。

（二）财务报告批准报出日

财务报告批准报出日是指董事会或类似机构批准财务报告报出的日期，通常是指对财务报告的内容负有法律责任的单位或个人批准财务报告对外公布的日期。

财务报告的批准者包括所有者、所有者中的多数、董事会或类似的管理单位、部门和个人。实务中，公司制企业的财务报告通常由董事会批准报出，非公司制企业的财务报告通常由经理（厂长）会议或类似机构批准报出。根据《中华人民共和国会计法》的规定，财务会计报告应当由单位负责人和主管会计工作的负责人、会计机构负责人（会计主管人员）签名并盖章；设置总会计师的单位，还须由总会计师签名并盖章。因此，对于设置董事会的公司制企业，财务报告批准报出日是指董事会批准财务报告报出的日期。对于其他企业，财务报告批准报出日一般是指经理（厂长）会议或类似机构批准财务报告报出的日期。

（三）有利事项和不利事项

资产负债表日后事项包括有利事项和不利事项。有利或不利事项，是指资产负债表日后对企业财务状况、经营成果等具有一定影响（既包括有利影响也包括不利影响）的事项。如果某些事项的发生对企业并无任何影响，那么，这些事项既不是有利事项，也不是不利事项，也就不属于这里所说的资产负债表日后事项。

二、资产负债表日后事项涵盖的期间

资产负债表日后事项涵盖的期间是自资产负债表日次日起至财务报告批准报出日止的一段时间。对上市公司而言，这一期间内涉及几个日期，包括完成财务报告编制日、注册会计师出具审计报告日、董事会批准财务报告可以对外公布日、实际对外公布日等。具体而言，资产负债表日后事项涵盖的期间应当包括：

（1）报告期间下一期间的第一天至董事会或类似机构批准财务报告对外公布的日期。

（2）财务报告批准报出以后、实际报出之前又发生与资产负债表日或其后事项有关的事项，并由此影响财务报告对外公布日期的，应以董事会或类似机构再次批准财务报告对外公布的日期为截止日期。

▶【例25-1】某上市公司2×15年的年度财务报告于2×16年2月20日编制完成，注册会计师完成年度财务报表审计工作并签署审计报告的日期为2×16年4月17日，董事会批准财务报告对外公布的日期为2×16年4月17日，财务报告实际对外报出的日期为2×16年4月23日，股东会召开日期为2×16年5月10日。

根据资产负债表日后事项涵盖期间的规定，本例中，该公司2×15年年报资产负债表日后事项涵盖的期间为2×16年1月1日至2×16年4月17日。

如果在4月17日至23日之间发生了重大事项，需要调整财务报表相关项目的数字或需要在财务报表附注中披露，经调整或说明后的财务报告再经董事会批准报出的日期为2×16年4月25日，实际报出的日期为2×16年4月30日，则资产负债表日后事项涵盖的期间为2×16年1月1日至2×16年4月25日。

三、资产负债表日后事项的内容

资产负债表日后事项包括资产负债表日后调整事项（以下简称调整事项）和资产负债表日后非调整事项（以下简称非调整事项）。

（一）调整事项

资产负债表日后调整事项，是指对资产负债表日已经存在的情况提供了新的或进一步证据的事项。

如果资产负债表日及所属会计期间已经存在某种情况，但当时并不知道其存在或者不能知道确切结果，资产负债表日后发生的事项能够证实该情况的存在或者确切结果，则该事项属于资产负债表日后事项中的调整事项。如果资产负债表日后事项对资产负债表日的情况提供了进一步的证据，证据表明的情况与原来的估计和判断不完全一致，则需要对原来的会计处理进行调整。

企业发生的调整事项，通常包括下列各项：（1）资产负债表日后诉讼案件结案，法院判决证实了企业在资产负债表日已经存在现时义务，需要调整原先确认的与该诉讼案件相关的预计负债，或确认一项新负债。（2）资产负债表日后取得确凿证据，表明某项资产在资产负债表日发生了减值或者需要调整该项资产原先确认的减值金额。（3）资产负债表日后进一步确定了资产负债表日前购入资产的成本或售出资产的收入。（4）资产负债表日后发现了财务报表舞弊或差错。

▶【例25-2】甲公司因专利侵权被起诉。2×16年12月31日法院尚未判决，参考公司律师对此案件诉讼结果可能性的评估和判断，甲公司确认了500万元的预计负债。2×17年2月20日，在甲公司2×16年度财务报告批准报出之前，法院作出判决，要求甲公司支付赔偿款700万元。

本例中，甲公司在2×16年12月31日结账时已经知道对方胜诉的可能性较大，但不能知道法院判决的确切结果，因此，根据最佳估计确认了500万元的预计负债。法院2×17年2月20日的判决结果为甲公司预计负债的存在提供了进一步的证据，且与原来的估计不完全一致，应据此对财务报表相关项目的数字进行调整。

（二）非调整事项

非调整事项，是指表明资产负债表日后发生的情况的事项。非调整事项的发生不影响资产负债表日企业的财务报表数字，只说明资产负债表日后发生了某些情况。对于财务报告使用者而言，非调整事项说明的情况有的重要，有的不重要。其中重要的非调整事项虽然不影响资产负债表日的财务报表数字，但可能影响资产负债表日以后的财务状况和经营成果，不加以说明将会影响财务报告使用者作出正确估计和决策。因此，需要适当披露。企业发生的非调整事项，通常包括资产负债表日后发生重大诉讼、仲裁、承诺、资产负债表日后资产价格、税收政策、外汇汇率发生重大变化，资产负债表日后因自然灾害导致资产发生重大损失等。

（三）调整事项与非调整事项的区别

资产负债表日后发生的某一事项究竟是调整事项还是非调整事项，取决于该事项表明的情况在资产负债表日或资产负债表日以前是否已经存在。若该情况在资产负债表日或之前已经存在，则属于调整事项；反之，则属于非调整事项。这是因为，在会计期间假设下，调整事项虽然发生在资产负债表日的下一会计期间，但其指向的情况在资产负债表日已经存在，资产负债表日后所获得的证据只为资产负债表日已存在状况提供了进一步的证据，为便于真实、公允反映企业财务状况和经营成果，需要对资产负债表日的财务报表进行调整。

在区分调整事项与非调整事项时，还需注意以下两个方面：

第一，调整事项和非调整事项是一个广泛的概念，就事项本身而言，可能有各种各样的性质，在确定某一事项是调整事项还是非调整事项时，只要符合企业会计准则中对这两类事项的判断原则即可。另外，同一性质的事项对于不同的财务报表而言，可能是调整事项，也可能是非调整事项，这取决于该事项所表明的情况是在资产负债表日或资产负债表日以前已经存在或发生，还是在资产负债表日后才发生的。

第二，企业会计准则中分别列举了部分资产负债表日后调整事项和非调整事项，但并非全部。实务中，企业应按照资产负债表日后事项的判断原则，确定资产负债表日后发生的事项中哪些属于调整事项，哪些属于非调整事项。

▶【例25-3】甲公司2×16年10月向乙公司出售一批原材料，价款为2 000万元，根据销售合同，乙公司应在收到原材料后3个月内付款。至2×16年12月31日，乙公司尚未付款。假定甲公司在编制2×16年度财务报告时有两种情况：(1) 2×16年12月31日甲公司根据掌握的资料判断，乙公司有可能破产清算，估计该应收账款将有20%无法收回，故按20%的比例计提坏账准备；2×17年1月20日，甲公司收到通知，乙公司已被宣告破产清算，甲公司估计有70%的债权无法收回。(2) 2×16年12月31日乙公司的财务状况良好，甲公司预计应收账款可按时收回；2×17年1月20日，乙公司发生重大火灾，导致甲公司50%的应收账款无法收回。

2×17年3月15日，甲公司的财务报告经批准对外公布。

本例中，(1) 导致甲公司应收账款无法收回的事实是乙公司财务状况恶化，该事实在资产负债表日已经存在，乙公司被宣告破产只是证实了资产负债表日乙公司财务状况恶化的情况。因此，乙公司破产导致甲公司应收款项无法收回的事项属于调整事项。(2) 导致甲公司应收账款损失的因素是火灾，火灾是不可预计的，应收账款发生损失这一事实在资产负债表日以后才发生。因此，乙公司发生火灾导致甲公司应收款项发生坏账的事项属于非调整事项。

第二节 调整事项的会计处理

一、调整事项的处理原则

企业发生的调整事项，应当调整资产负债表日的财务报表。对于年度财务报告而言，由于资产负债表日后事项发生在报告年度的次年，报告年度的有关账目已经结转，特别是损益类科目在结账后已无余额。因此，年度资产负债表日后发生的调整事项，应具体分别以下情况进行处理：

(1) 涉及损益的事项，通过"以前年度损益调整"科目核算。调整增加以前年度利润或调整减少以前年度亏损的事项，记入"以前年度损益调整"科目的贷方；调整减少以前年度利润或调整增加以前年度亏损的事项，记入"以前年度损益调整"科目的借方。

涉及损益的调整事项，在企业所得税方面应按税收有关法律法规要求进行处理，可能会调整报告年度应纳税所得额、应纳所得税税额;也可能会调整本年度(即报告年度的次年)应纳税所得额、应纳所得税税额。

由于以前年度损益调整增加的所得税费用,记入"以前年度损益调整"科目的借方,同时贷记"应交税费——应交所得税"等科目;由于以前年度损益调整减少的所得税费用,记入"以前年度损益调整"科目的贷方,同时借记"应交税费——应交所得税"等科目。

调整完成后,将"以前年度损益调整"科目的贷方或借方余额,转入"利润分配——未分配利润"科目。

(2)涉及利润分配调整的事项,直接在"利润分配——未分配利润"科目核算。

(3)不涉及损益及利润分配的事项,调整相关科目。

(4)通过上述账务处理后,还应同时调整财务报表相关项目的数字,包括:①资产负债表日编制的财务报表相关项目的期末数或本年发生数。②当期编制的财务报表相关项目的期初数或上年数。③经过上述调整后,如果涉及报表附注内容的,还应当作出相应调整。

二、资产负债表日后调整事项的具体会计处理方法

为简化处理,如无特殊说明,本章所有的例子均假定如下:财务报告批准报出日是次年4月30日,所得税税率为25%,按净利润的10%提取法定盈余公积,提取法定盈余公积后不再作其他分配;调整事项按税法规定均可调整应交纳的所得税;涉及递延所得税资产的,均假定未来期间很可能取得用来抵扣暂时性差异的应纳税所得额;不考虑报表附注中有关现金流量表项目的数字。

(一)资产负债表日后诉讼案件结案,法院判决证实了企业在资产负债表日已经存在现时义务,需要调整原先确认的与该诉讼案件相关的预计负债,或确认一项新负债

这一事项是指导致诉讼的事项在资产负债表日已经发生,但尚不具备确认负债的条件而未确认,资产负债表日后至财务报告批准报出日之间获得了新的或进一步的证据(法院判决结果),表明符合负债的确认条件。因此,应在财务报告中确认为一项新负债;或者在资产负债表日虽已确认,但需要根据判决结果调整已确认负债的金额。

▶【例25-4】甲公司与乙公司签订一项销售合同,合同中订明甲公司应在2×16年8月销售给乙公司一批物资。由于甲公司未能按照合同发货,致使乙公司发生重大经济损失。2×16年12月,乙公司将甲公司告上法庭,要求甲公司赔偿450万元。2×16年12月31日法院尚未判决,甲公司按《企业会计准则第13号——或有事项》规定对该诉讼事项确认预计负债300万元。2×17年2月10日,经法院判决甲公司应赔偿乙公司400万元,甲、乙双方均服从判决。判决当日,甲公司向乙公司支付赔偿款400万元。甲、乙两公司2×16年所得税汇算清缴均在2×17年3月20日完成(假定该项预计负债产生的损失不允许在预计时税前抵扣,只有在损失实际发生时,才允许税前抵扣)。

本例中,2×17年2月10日的判决证实了甲、乙两公司在资产负债表日(即2×16年12月31日)分别存在现时赔偿义务和获赔权利。因此,两公司都应将"法院判决"这一事项作为调整事项进行处理。甲公司和乙公司2×16年所得税汇算清缴均在2×17年

3月20日完成。因此,应根据法院判决结果调整报告年度应纳税所得额和应纳所得税税额。

1. 甲公司的账务处理

(1) 2×17年2月10日,调整已确认的预计负债金额,并调整递延所得税资产:

借:以前年度损益调整 1 000 000
　　贷:其他应付款 1 000 000
借:应交税费——应交所得税 250 000
　　贷:以前年度损益调整 (1 000 000×25%) 250 000
借:应交税费——应交所得税 750 000
　　贷:以前年度损益调整 750 000
借:以前年度损益调整 750 000
　　贷:递延所得税资产 750 000
借:预计负债 3 000 000
　　贷:其他应付款 3 000 000
借:其他应付款 4 000 000
　　贷:银行存款 4 000 000

注:2×16年年末因确认预计负债300万元时已确认相应的递延所得税资产,资产负债表日后事项发生后递延所得税资产不复存在,故应冲销相应记录。

(2) 将"以前年度损益调整"科目余额转入未分配利润:

借:利润分配——未分配利润 750 000
　　贷:以前年度损益调整 750 000

(3) 因净利润变动,调整盈余公积:

借:盈余公积 75 000
　　贷:利润分配——未分配利润 (750 000×10%) 75 000

(4) 调整报告年度财务报表:

①资产负债表项目的年末数调整:

调减递延所得税资产75万元;调增其他应付款400万元,调减应交税费100万元,调减预计负债300万元;调减盈余公积7.5万元,调减未分配利润67.5万元,见表25-1。

表25-1　　　　　　　　　　资产负债表(简表)

编制单位:甲公司　　　　　2×16年12月31日　　　　　　　　　　　单位:元

资　产	调整前	调整后	负债和所有者权益（或股东权益）	调整前	调整后
流动资产:			流动负债:		
货币资金	50 000 000	50 000 000	短期借款	25 000 000	25 000 000
交易性金融资产	10 000 000	10 000 000	交易性金融负债	3 000 000	3 000 000
应收票据	5 000 000	5 000 000	应付票据	5 000 000	5 000 000
应收账款	76 000 000	76 000 000	应付账款	5 000 000	5 000 000

续表

资 产	调整前	调整后	负债和所有者权益（或股东权益）	调整前	调整后
预付款项	1 000 000	1 000 000	预收款项	10 000 000	10 000 000
			应付职工薪酬	6 000 000	6 000 000
其他应收款	3 000 000	3 000 000	应交税费	25 000 000	24 000 000
存货	29 000 000	29 000 000	其他应付款	4 000 000	8 000 000
一年内到期的非流动资产	6 000 000	6 000 000			
流动资产合计	180 000 000	180 000 000	流动负债合计	83 000 000	86 000 000
非流动资产：			非流动负债：		
			长期借款	30 000 000	30 000 000
			应付债券	20 000 000	20 000 000
长期应收款	15 000 000	15 000 000	长期应付款	10 000 000	10 000 000
长期股权投资	85 000 000	85 000 000	预计负债	12 000 000	9 000 000
固定资产	60 000 000	60 000 000	非流动负债合计	72 000 000	69 000 000
在建工程	20 000 000	20 000 000	负债合计	155 000 000	155 000 000
无形资产	80 000 000	80 000 000	股东权益：		
开发支出	10 000 000	10 000 000	股本	200 000 000	200 000 000
递延所得税资产	5 000 000	4 250 000	资本公积	50 000 000	50 000 000
			盈余公积	30 000 000	29 925 000
			未分配利润	20 000 000	19 325 000
非流动资产合计	275 000 000	274 250 000	股东权益合计	300 000 000	299 250 000
资产总计	455 000 000	454 250 000	负债和股东权益总计	455 000 000	454 250 000

②利润表项目的调整：

调增营业外支出 100 万元，调减所得税费用 25 万元，调减净利润 75 万元。

利润表略。

③所有者权益变动表项目的调整：

调减净利润 75 万元，提取盈余公积项目中盈余公积一栏调减 7.5 万元，未分配利润一栏调减 67.5 万元。

所有者权益变动表略。

2. 乙公司的账务处理

(1) 2×17 年 2 月 10 日，记录收到的赔款，并调整应交所得税：

借：其他应收款　　　　　　　　　　　　　　　　　　　　4 000 000
　　贷：以前年度损益调整　　　　　　　　　　　　　　　　　　4 000 000
借：以前年度损益调整　　　　　　　　　　　　　　　　　1 000 000
　　贷：应交税费——应交所得税　　　　　　　　　　　　　　1 000 000
借：银行存款　　　　　　　　　　　　　　　　　　　　　4 000 000
　　贷：其他应收款　　　　　　　　　　　　　　　　　　　　4 000 000

(2) 将"以前年度损益调整"科目余额转入未分配利润：

借：以前年度损益调整　　　　　　　　　　　　　3 000 000
　　贷：利润分配——未分配利润　　　　　　　　　　　3 000 000

(3) 因净利润增加，补提盈余公积：

借：利润分配——未分配利润　　　　　　　　　　　300 000
　　贷：盈余公积　　　　　　　　　　　　　　　　　　300 000

(4) 调整报告年度财务报表相关项目的数字（财务报表略）：

①资产负债表项目的年末数调整：

调增其他应收款400万元，调增应交税费100万元，调增盈余公积30万元，调增未分配利润270万元。

②利润表项目的调整：

调增营业外收入400万元，调增所得税费用100万元，调增净利润300万元。

③所有者权益变动表项目的调整：

调增净利润300万元，提取盈余公积项目中盈余公积一栏调增30万元，未分配利润一栏调增270万元。

（二）资产负债表日后取得确凿证据，表明某项资产在资产负债表日发生了减值或者需要调整该项资产原先确认的减值金额

这一事项是指在资产负债表日，根据当时的资料判断某项资产可能发生了损失或减值，但没有最后确定是否会发生，因而按照当时的最佳估计金额反映在财务报表中。但在资产负债表日至财务报告批准报出日之间，所取得的确凿证据能证明该事实成立，即某项资产已经发生了损失或减值，则应对资产负债表日所作的估计予以修正。

（三）资产负债表日后进一步确定了资产负债表日前购入资产的成本或售出资产的收入

这类调整事项包括两方面的内容：(1) 若资产负债表日前购入的资产已经按暂估金额等入账，资产负债表日后获得证据，可以进一步确定该资产的成本，则应对已入账的资产成本进行调整。(2) 企业在资产负债表日已根据收入确认条件确认资产销售收入，但资产负债表日后获得关于资产销售收入的进一步证据，如可变对价相关的后续变化等，此时也应调整财务报表相关项目的金额。

企业销售商品附有销售退回条件的，在确认商品销售收入时应根据《企业会计准则第14号——收入》的相关规定对预计退回的部分作出合理估计。资产负债表日后至财务报告批准报出日之间发生的销售退回如果与之前预计的情况不一致，如属于估计偏差，即企业在资产负债表日应该能够合理预见相关情况的，实际退回的金额为资产负债表日已存在的退回条款的影响提供了进一步证据，应予以调整；但如果属于资产负债表日后退回条件有所改变，或市场突发难以预期的重大变化导致的，则不应调整。例如，由于资产负债表日后外汇汇率突然发生此前不可预期的重大变化导致出口产品的退回比例大幅高于在资产负债表日合理估计的退回比例，可能属于资产负债表日后非调整事项。

企业销售商品未附有退回条件，也未有允许退回的惯例和预期，但资产负债表日后实际发生了退回的，应分析具体原因，如属于商品质量问题，应作为调整事项处理，如属于合同变更，则作为非调整事项处理。

发生于资产负债表日后至财务报告批准报出日之间的销售退回事项，如属于资产负债表日后调整事项,则应调整报告年度会计报表的收入、成本等,但该销售退回事项所涉及的应缴所得税,应按照税收有关法律法规要求进行调整。

▶【例25-5】甲公司2×16年11月8日销售一批商品给乙公司,取得收入120万元(不含税,增值税税率13%)。甲公司发出商品后,按照正常情况已确认收入,并结转成本100万元(假定该公司销售商品不附退回条款)。2×16年12月31日,该笔货款尚未收到,甲公司未对应收账款计提坏账准备。2×17年1月12日,由于产品质量问题,本批货物被退回。假定按照有关税收法律法规要求,该销售退回事项应调整2×16年度的应纳税所得额、应纳所得税税额。

本例中,销售退回业务发生在资产负债表日后事项涵盖期间内,且是由于资产负债表日已经存在但在资产负债表日后才被发现的产品质量问题而发生的销售退回,是对资产负债表日已经存在的情况提供了进一步证据的事项,因此属于资产负债表日后调整事项。由于销售退回发生在甲公司报告年度所得税汇算清缴之前,因此,在所得税汇算清缴时,应扣除该部分销售退回所实现的应纳税所得额。

甲公司的账务处理如下:

①2×17年1月12日,调整销售收入:

借:以前年度损益调整　　　　　　　　　　　　　　　1 200 000
　　应交税费——应交增值税(销项税额)　　　　　　　156 000
　　贷:应收账款　　　　　　　　　　　　　　　　　　　　　1 356 000

②调整销售成本:

借:库存商品　　　　　　　　　　　　　　　　　　　1 000 000
　　贷:以前年度损益调整　　　　　　　　　　　　　　　　　1 000 000

③调整应缴纳的所得税:

借:应交税费——应交所得税　　　　　　　　　　　　50 000
　　贷:以前年度损益调整　　　　　　　　　　　　　　　　　50 000

④将"以前年度损益调整"科目的余额转入利润分配:

借:利润分配——未分配利润　　　　　　　　　　　　150 000
　　贷:以前年度损益调整　　　　　　　　　　　　　　　　　150 000

⑤调整盈余公积:

借:盈余公积　　　　　　　　　　　　　　　　　　　15 000
　　贷:利润分配——未分配利润　　　　　　　　　　　　　　15 000

⑥调整相关财务报表(略)。

第三节　非调整事项的会计处理

一、非调整事项的处理原则

资产负债表日后发生的非调整事项,是表明资产负债表日后发生的情况的事项,与资产负债表日存在状况无关,不应当调整资产负债表日的财务报表。但有的非调整事项对财务报告使用者具有重大影响,如不加以说明,将不利于财务报告使用者作出正确估计和决策。因此,应在附注中进行披露。

二、非调整事项的具体会计处理办法

资产负债表日后发生的非调整事项,应当在报表附注中披露每项重要的资产负债表日后非调整事项的性质、内容及其对财务状况和经营成果的影响。无法作出估计的,应当说明原因。

资产负债表日后非调整事项的主要例子有:

(1) 资产负债表日后发生重大诉讼、仲裁和承诺。资产负债表日后发生的重大诉讼等事项,如与企业资产负债表日已存在的现实义务无关,但对企业影响较大,为防止误导投资者及其他财务报告使用者,应当在报表附注中披露。

(2) 资产负债表日后资产价格、税收政策、外汇汇率发生重大变化。资产负债表日后发生的资产价格、税收政策和外汇汇率的重大变化,虽然不会影响资产负债表日财务报表相关项目的数据,但对企业资产负债表日后期间的财务状况和经营成果有重大影响,应当在报表附注中予以披露。如发电企业资产负债表日后发生的上网电价的调整。

(3) 资产负债表日后因自然灾害导致资产发生重大损失。

(4) 资产负债表日后发行股票和债券以及其他巨额举债。企业发行股票、债券以及向银行或非银行金融机构举借巨额债务都是比较重大的事项,虽然这一事项与企业资产负债表日的存在状况无关,但这一事项的披露能使财务报告使用者了解与此有关的情况及可能带来的影响。因此,应当在报表附注中披露。

▶【例25-6】甲公司2×16年度财务报告附注中对资产负债表日后发行债券的说明:2×16年10月17日,经中国证券监督管理委员会核准,甲公司获准向合格投资者公开发行面值不超过20亿元(含20亿元)的公司债券;本次公司债券采用分期发行方式,首期发行债券的面值不少于总发行面值的50%,自核准发行之日起6个月内完成;其余各期债券发行,自核准发行之日起24个月内完成。2×17年1月26日,甲公司公开发行公司债券(第一期)面值10亿元,期限为5年,票面年利率为6.60%。甲公司于2×17年1月27日实际收到公司债券募集资金99 430万元(已扣除承销费570万元)。

(5) 资产负债表日后资本公积转增资本。企业以资本公积转增资本将会改变企业的资本(或股本)结构,影响较大,应当在报表附注中进行披露。

(6) 资产负债表日后发生巨额亏损。企业资产负债表日后发生巨额亏损将会对企业报告期以后的财务状况和经营成果产生重大影响,应当在报表附注中及时披露该事项,以便为投资者或其他财务报告使用者作出正确决策提供信息。

(7) 资产负债表日后发生企业合并或处置子公司。企业合并或者处置子公司的行为可以影响股权结构、经营范围等方面,对企业未来的生产经营活动将产生重大影响,应当在报表附注中进行披露。

(8) 资产负债表日后,企业利润分配方案中拟分配的以及经审议批准宣告发放的现金股利或利润。资产负债表日后,企业制订利润分配方案,拟分配或经审议批准宣告发放现金股利或利润的行为,并不会导致企业在资产负债表日形成现时义务,虽然该事项的发生可导致企业负有支付股利或利润的义务,但支付义务在资产负债表日尚不存在,不应该调整资产负债表日的财务报告。因此,该事项为非调整事项。但为便于财务报告使用者更充分地了解相关信息,企业需要在财务报告中适当披露该信息。

▶【例25-7】甲公司2×16年度财务报告附注中对资产负债表日后利润分配情况的说明:根据2×17年3月16日董事会决议,本公司拟以2×16年12月31日的股份为基准向全体股东每10股分配股利0.5元(含税),共计分配股利12亿元。该股利分配预案尚待本公司股东会批准。

此外,下列事项通常也属于资产负债表日后非调整事项:

(1)对于在报告期资产负债表日已经存在的债务,在其资产负债表日后期间与债权人达成的债务重组交易不属于资产负债表日后调整事项,不能据以调整报告期资产、负债项目的确认和计量。在报告期资产负债表中,债务重组中涉及的相关负债仍应按照达成债务重组协议前具有法律效力的有关协议等约定进行确认和计量。

(2)如果企业于资产负债表日对金融资产计提损失准备,资产负债表日至财务报告批准报出日之间,该笔金融资产到期并全额收回。如果企业在资产负债表日考虑所有合理且有依据的信息,已采用预期信用损失法基于有关过去事项、当前状况以及未来经济状况预测计提了信用减值准备,不能仅因资产负债表日后交易情况认为已计提的减值准备不合理,并进而调整资产负债表日的财务报表。对于这种情形,企业在资产负债表日后终止确认金融资产,属于表明资产负债表日后发生的情况的事项,即非调整事项。

第二十六章 企业合并

第一节 企业合并概述

一、企业合并的界定

企业合并是将两个或两个以上单独的企业(主体)合并形成一个报告主体的交易或事项。从会计角度,交易是否构成企业合并,进而是否能够按照《企业会计准则第20号——企业合并》进行会计处理,主要应关注以下两个方面:

(一)被购买方是否构成业务

企业合并本质上是一种购买行为,但其不同于单项资产的购买,而是一组有内在联系、为了某一既定的生产经营目的存在的多项资产组合或是多项资产、负债构成的净资产的购买。企业合并的结果通常是一个企业取得了对一个或一个以上企业(或业务)的控制权。即要形成会计意义上的"企业合并",前提是被购买的资产或资产负债组合要形成"业务"。如果一个企业取得了对另一个或一个以上企业的控制权,而被购买方(或被合并方)并不构成业务,则该交易或事项不形成企业合并。

业务是指企业内部某些生产经营活动或资产负债的组合,该组合具有投入、加工处理过程和产出能力,能够独立计算其成本费用或所产生的收入。要构成业务不需要有关资产、负债的组合一定构成一个企业,或是具有某一具体法律形式。实务中,虽然也有企业只经营单一业务,但一般情况下企业的分公司、独立的生产车间、不具有独立法人资格的分部等也会构成业务。值得注意的是,有关的资产组合或资产、负债组合是否构成业务,不是看其在出售方手中如何经营,也不是看购买方在购入该部分资产或资产、负债组合后准备如何使用。为保持业务判断的客观性,对一组资产或资产、负债的组合是否构成业务,要看在正常的市场条件下,从一定的商业常识和行业惯例等出发,有关的资产或资产、负债的组合能否被作为具有内在关联度的生产经营目的整合起来使用。

区分业务的购买——即构成企业合并的交易与不构成企业合并的资产或资产负债组合的购买,意义在于其会计处理存在实质上的差异:

(1)企业取得了不形成业务的一组资产或资产、负债的组合时,应识别并确认所取得的单独可辨认资产（包括符合《企业会计准则第 6 号——无形资产》中无形资产定义和确认标准的资产）及承担的负债，并将购买成本基于购买日所取得各项可辨认资产、负债的相对公允价值，在各单独可辨认资产和负债间进行分配，不按照《企业会计准则第 20 号——企业合并》进行处理。分配的结果是取得的有关资产、负债的初始入账价值有可能不同于购买时点的公允价值（但若资产的初始确认金额高于其公允价值，需考虑是否存在资产减值），资产或资产、负债打包购买中多付或少付的部分均需要分解到取得的资产、负债项目中，从而不会产生商誉或购买利得。在被购买资产构成业务，需要作为企业合并处理时，购买日（合并日）的确定，合并中取得资产、负债的计量，合并差额的处理等均需要按照《企业会计准则第 20 号——企业合并》的有关规定进行处理。如在构成非同一控制下企业合并的情况下，合并中自被购买方取得的各项可辨认资产、负债应当按照其在购买日的公允价值计量，合并成本与取得的可辨认净资产公允价值份额的差额应当确认为单独的一项资产——商誉，或是在合并成本小于合并中取得可辨认净资产公允价值份额的情况下（廉价购买），将该差额确认计入当期损益。

（2）交易费用在购买资产交易中通常作为转让对价的一部分，并根据适用的准则资本化为所购买的资产成本的一部分；而在企业合并中，交易费用应被费用化。

（3）企业会计准则禁止对以下交易所记录的资产和负债初始确认时产生的暂时性差异确认递延所得税：非业务合并，且既不影响会计利润也不影响应纳税所得额或可抵扣亏损。相应地，资产购买中因账面价值与计税基础不同形成的暂时性差异不应确认递延所得税资产或负债；而业务合并中购买的资产和承担的债务因账面价值与计税基础不同形成的暂时性差异应确认递延所得税影响。

（二）交易发生前后是否涉及对标的业务控制权的转移

从企业合并的定义看，是否形成企业合并，除要看取得的资产或资产、负债组合是否构成业务之外，还要看有关交易或事项发生前后，是否引起报告主体的变化。报告主体的变化产生于控制权的变化。在交易事项发生以后，投资方拥有对被投资方的权力，通过参与被投资方的相关活动享有可变回报，且有能力运用对被投资方的权力影响其回报金额的，投资方对被投资方具有控制，形成母子公司关系，则涉及控制权的转移，该交易或事项发生以后，子公司需要纳入母公司合并财务报表的范围中，从合并财务报告角度形成报告主体的变化；交易事项发生以后，一方能够控制另一方的全部净资产，被合并的企业在合并后失去其法人资格，也涉及控制权及报告主体的变化，形成企业合并。

假定在企业合并前 A、B 两个企业为各自独立的法律主体，且均构成业务，企业合并准则中所界定的企业合并，包括但不限于以下情形：

（1）企业 A 通过增发自身的普通股自企业 B 原股东处取得企业 B 的全部股权，该交易事项发生后，企业 B 仍持续经营。

（2）企业 A 支付对价取得企业 B 的全部净资产，该交易事项发生后，撤销企业 B 的法人资格。

（3）企业 A 以自身持有的资产作为出资投入企业 B，取得对企业 B 的控制权，该交易事项发生后，企业 B 仍维持其独立法人资格继续经营。

二、企业合并的方式

企业合并按合并方式划分，包括控股合并、吸收合并和新设合并。

（一）控股合并

合并方（或购买方，下同）通过企业合并交易或事项取得对被合并方（或被购买方，下同）的控制权，企业合并后能够通过所取得的股权等主导被合并方的生产经营决策并自被合并方的生产经营活动中获益，被合并方在企业合并后仍维持其独立法人资格继续经营的，为控股合并。

该类企业合并中，因合并方通过企业合并交易或事项取得了对被合并方的控制权，被合并方成为其子公司。在企业合并发生后，被合并方应当纳入合并方合并财务报表的编制范围，从合并财务报表角度，形成报告主体的变化。

（二）吸收合并

合并方在企业合并中取得被合并方的全部净资产，并将有关资产、负债并入合并方自身生产经营活动中。企业合并完成后，注销被合并方的法人资格，由合并方持有合并中取得的被合并方的资产、负债，在新的基础上继续经营，该类合并为吸收合并。

吸收合并中，因被合并方（或被购买方）在合并发生以后被注销，从合并方（或购买方）的角度需要解决的问题是，其在合并日（或购买日）取得的被合并方有关资产、负债入账价值的确定，以及为了进行企业合并支付的对价与所取得被合并方资产、负债的入账价值之间差额的处理。

企业合并继后期间，合并方应将合并中取得的资产、负债作为本企业的资产、负债核算。

（三）新设合并

参与合并的各方在企业合并后法人资格均被注销，重新注册成立一家新的企业，由新注册成立的企业持有参与合并各企业的资产、负债在新的基础上经营，为新设合并。新设合并中，各参与合并企业投入到新设企业的资产、负债价值以及相关构成新设企业的资本等，一般应按照有关法律法规及各参与合并方的合同、协议执行。

三、企业合并类型的划分

我国的《企业会计准则第20号——企业合并》中将企业合并按照一定的标准划分为两大基本类型——同一控制下的企业合并与非同一控制下的企业合并。企业合并的类型划分不同，所遵循的会计处理原则也不同。

（一）同一控制下企业合并的处理

同一控制下的企业合并，是指参与合并的企业在合并前后均受同一方或相同的多方最终控制且该控制并非暂时性的。同一控制下企业合并的定义包含两个核心要素：一是合并方与被合并方在合并前后受同一方或相同的多方最终控制；二是该最终控制并非暂时性的（通常指1年以上）。

（1）能够对参与合并各方在合并前后均实施最终控制的一方通常指企业集团的母公司。同一控制下的企业合并一般发生于企业集团内部，如集团内子公司向母公司购买其他子公司或业务、子公司向集团内其他子公司购买其下属子公司或业务等。因为该类合并从本质上是集团内部企业之间的资产或权益的转移，能够对参与合并企业在合并前后均实施最终控制的一方为集团的母公司。

（2）能够对参与合并的企业在合并前后均实施最终控制的相同多方，是指根据合同或协议的约定，拥有最终决定参与合并企业的财务和经营政策，并从中获取利益的投资者群体。

（3）实施控制的时间性要求，是指参与合并各方在合并前后较长时间内为最终控制方所控制。具体是指在企业合并之前（即合并日之前），参与合并各方在最终控制方的控制时间一般在1年以上（含1年），企业合并后所形成的报告主体在最终控制方的控制时间也应达到1年以上（含1年）。

（4）企业之间的合并是否属于同一控制下的企业合并，应综合构成企业合并交易的各方面情况，按照实质重于形式的原则进行判断。通常情况下，同一控制下的企业合并是指发生在同一企业集团内部企业之间的合并。同受国家控制的企业之间发生的合并，不应仅仅因为参与合并各方在合并前后均受国家控制而将其作为同一控制下的企业合并。

▶【例26-1】A公司为某省国资委控制的国有企业，2×13年10月，因该省国资系统出于整合同类业务的需要，由A公司通过定向发行其普通股的方式给B公司部分股东，取得对B公司控制权。该项交易前，B公司的股权由该省国资委下属C投资公司持有并控制。双方签订的协议约定：

（1）以2×13年9月30日为评估基准日，根据独立的评估机构评估确定的B公司全部股权的公允价值4.02亿元为基础确定A公司应支付的对价。

（2）A公司普通股作价5元/股，该项交易中A公司向C投资公司发行3 700万公司普通股取得B公司46%股权。

（3）A公司在本次交易中定向发行的3 700万股向C投资公司发行后，即有权力调整和更换B公司董事会成员，该事项不受本次交易中股东名册变更及B公司有关工商注册变更的影响。

2×13年12月10日，A公司向C投资公司定向发行了3 700万股并于当日对B公司董事会进行改选。

问题：A公司对B公司的合并应当属于哪一种类型？

本例中，合并方A公司与被合并方B公司在合并前均为独立的市场主体，其特殊性在于A公司在合并前直接被当地国资委控制，B公司是当地国资委通过下属投资公司间接控制。判断本项交易的合并类型关键在于找到是否存在于合并交易发生前后对参与合并各方均能够实施控制的一个最终控制方，本例中，即当地国资委。虽然该项交易是国资委出于整合同类业务的需要，安排A公司、B公司的原控股股东C投资公司进行的，但交易中作价是完全按照市场价格确定的，同时《企业会计准则第20号——企业合并》中明确，同受国家控制的两个企业进行合并，不能仅因为其为国有企业即作为同一控制下企业合并。

该项合并应当作为非同一控制下企业合并处理。

（二）非同一控制下的企业合并

非同一控制下的企业合并，是指参与合并各方在合并前后不受同一方或相同的多方最终控制的合并交易,即除判断属于同一控制下企业合并的情况以外其他的企业合并。

▶【例26-2】甲公司2×14年2月通过公开市场购入乙公司600万股股票,占乙公司公开发行在外股份的2%,该部分股份取得以后,甲公司将其作为以公允价值计量且其变动计入当期损益的金融资产核算。2×15年,甲公司与乙公司签订以下协议:

(1) 甲公司向乙公司捐赠其100%持股的三家公司股权,按照双方确定的评估基准日2×15年6月30日,三家公司股权的评估价值合计为65 000万元;

(2) 双方应于2×15年7月31日前办妥上述三家公司股权过户手续;

(3) 乙公司应于2×15年8月31日前通过股东会决议,以公积金转增股本的方式向甲公司发行股份16 250万股(4元/股)。

2×15年8月10日,乙公司股东会通过以公积金转增股本的方式向甲公司发行16 250万股本公司股票。

该股份发行后,甲公司向乙公司董事会派出4名成员(乙公司董事会由7人组成),日常财务和生产经营决策由董事会决定,所有董事会表决事项均需半数以上董事同意方可表决通过;甲公司持有乙公司发行在外股份为36.43%,除甲公司所持股份外,乙公司其他股东持有其股份的情况如表26-1所示。

表26-1

股东	持有乙公司股权比例(%)
A	10
B	8
C	7
D	6
其他社会公众股	32.57(持股较为分散,最高持有不到1%)

问题:甲公司合并乙公司属于哪一种类型?

分析:2×14年甲公司自公开市场取得乙公司2%的股份,因未以任何方式参与乙公司生产经营决策,不能施加重大影响,该项股权投资作为交易性金融资产核算。

2×15年,甲公司通过先向乙公司捐赠、乙公司再以等量资本公积金转增股本的方式向甲公司定向发行本公司股份,该次发行完成后,甲公司持有乙公司36.43%的股份,通过分析乙公司股权结构、甲公司对乙公司董事会的影响可知,该项股份发行后,甲公司能够控制乙公司,从而构成企业合并。

在本次交易发生前,甲公司虽然持有乙公司2%的股份,但不构成控制,交易完成后,甲公司控制乙公司,乙公司持有甲公司原三家子公司100%股权,并能够对这三家公司实施控制。该项交易前后,找不到一个最终控制方能够控制所有参与合并的企业(乙公司、甲公司及其原持有的三家全资子公司),不属于同一控制下企业合并,应当按照非同一控制下企业合并处理。

四、业务的判断

业务是指企业内部某些生产经营活动或资产负债的组合,该组合具有投入、加工处理过程和产出能力，能够独立计算其成本费用或所产生的收入等，目的在于为投资者提供股利、降低成本或带来其他经济利益。有关资产或资产、负债的组合具备了投入和加工处理过程两个要素即可认为构成一项业务。对于取得的资产、负债组合是否构成业务，应当由企业结合实际情况进行判断。

（一）构成业务的要素

根据企业合并准则的规定，涉及构成业务的合并应当比照《企业会计准则第20号——企业合并》规定处理。合并方在合并中取得的生产经营活动或资产的组合（以下简称组合）构成业务，通常应具有下列三个要素：

（1）投入，指原材料、人工、必要的生产技术等无形资产以及构成产出能力的机器设备等其他长期资产的投入。

（2）加工处理过程，指具有一定的管理能力、运营过程，能够组织投入形成产出能力的系统、标准、协议、惯例或规则。

（3）产出，包括为客户提供的产品或服务、为投资者或债权人提供的股利或利息等投资收益，以及企业日常活动产生的其他的收益。

（二）构成业务的判断条件

合并方在合并中取得的组合应当至少同时具有一项投入和一项实质性加工处理过程，且二者相结合对产出能力有显著贡献，该组合才构成业务。合并方在合并中取得的组合是否有实际产出并不是判断其构成业务的必要条件。企业应当考虑产出的下列情况分别判断加工处理过程是否是实质性的：

该组合在合并日无产出的，同时满足下列条件的加工处理过程应判断为是实质性的：第一，该加工处理过程对投入转化为产出至关重要；第二，具备执行该过程所需技能、知识或经验的有组织的员工，且具备必要的材料、权利、其他经济资源等投入，例如技术、研究和开发项目、房地产或矿区权益等。

该组合在合并日有产出的，满足下列条件之一的加工处理过程应判断为是实质性的：第一，该加工处理过程对持续产出至关重要，且具备执行该过程所需技能、知识或经验的有组织的员工；第二，该加工处理过程对产出能力有显著贡献，且该过程是独有、稀缺或难以取代的。

企业在判断组合是否构成业务时，应当从市场参与者角度考虑可以将其作为业务进行管理和经营，而不是根据合并方的管理意图或被合并方的经营历史来判断。

（三）判断非同一控制下企业合并中取得的组合是否构成业务，也可选择采用集中度测试

集中度测试是非同一控制下企业合并的购买方在判断取得的组合是否构成一项业务时，可以选择采用的一种简化判断方式。在进行集中度测试时，如果购买方取得的总资产的公允价值几乎相当于其中某一单独可辨认资产或一组类似可辨认资产的公允价值的，则该组合通过集中度测试，应判断为不构成业务，且购买方无须按照上述构成业务的判断条件进行判断；如果该组合未通过集中度测试，购买方仍应按照上述构成业务的判断条件的规定进行判断。购买方应当按照下列规定进行集中度测试：

（1）计算确定取得的总资产的公允价值。取得的总资产不包括现金及现金等价物、递延所得税资产以及由递延所得税负债影响形成的商誉。购买方通常可以通过下列公式

之一计算确定取得的总资产的公允价值：

公式一：总资产的公允价值＝合并中取得的非现金资产的公允价值＋（购买方支付的对价＋购买日被购买方少数股东权益的公允价值＋购买日前持有被购买方权益的公允价值－合并中所取得的被购买方可辨认净资产的公允价值）－递延所得税资产－由递延所得税负债影响形成的商誉

公式二：总资产的公允价值＝购买方支付的对价＋购买日被购买方少数股东权益的公允价值＋购买日前持有被购买方权益的公允价值＋取得负债的公允价值（不包括递延所得税负债）－取得的现金及现金等价物－递延所得税资产－由递延所得税负债影响形成的商誉

（2）关于单独可辨认资产。单独可辨认资产是企业合并中作为一项单独可辨认资产予以确认和计量的一项资产或资产组。如果资产（包括租赁资产）及其附着物分拆成本重大，应当将其一并作为一项单独可辨认资产，例如土地和建筑物。

（3）关于一组类似资产。企业在评估一组类似资产时，应当考虑其中每项单独可辨认资产的性质及其与管理产出相关的风险等。下列情形通常不能作为一组类似资产：一是有形资产和无形资产；二是不同类别的有形资产，例如存货和机器设备；三是不同类别的可辨认无形资产，例如商标权和特许权；四是金融资产和非金融资产；五是不同类别的金融资产，例如应收款项和权益工具投资；六是同一类别但风险特征存在重大差别的可辨认资产等。

例如，甲企业购买从事仓储物流服务的乙企业100%股权，甲、乙企业在股权交易前不存在关联方关系，甲企业选择采用集中度测试判断取得的组合是否构成业务。乙企业除持有少量现金资产外，其核心资产为若干个化工产品仓储相关的储罐，由于相关储罐资产处于同一物流基地，所提供的仓储服务对象、经营风险等非常类似，考虑其中每项单独可辨认资产的性质及其与管理产出相关的风险后可以识别为一组类似资产。经测算，由于甲企业取得的总资产的公允价值几乎相当于其中储罐资产的公允价值，该组合通过了集中度测试，不构成业务。

第二节　企业合并的会计处理

一、同一控制下企业合并的处理

（一）同一控制下企业合并的处理原则

对于同一控制下的企业合并，其会计处理方法类似于权益结合法。该方法下，将企业合并看作两个或两个以上参与合并企业权益的重新整合，由于最终控制方的存在，从最终控制方的角度，该类企业合并一定程度上并不会造成企业集团整体的经济利益流入和流出,最终控制方在合并前后实际控制的经济资源并没有发生变化,有关交易事项不应视为出售或购买。

(1) 合并方在合并中确认取得的被合并方的资产、负债仅限于被合并方账面上原已确认的资产和负债,合并中不产生新的资产和负债。同一控制下的企业合并,从最终控制方的角度,其在企业合并发生前后能够控制的净资产价值量并没有发生变化,因此,即便是在合并过程中,取得的净资产入账价值与支付的合并对价账面价值之间存在差额,同一控制下的企业合并中一般也不产生新的商誉因素,即不确认新的资产,但被合并方在企业合并前账面上原已确认的商誉应作为合并中取得的资产确认。

(2) 合并方在合并中取得的被合并方各项资产、负债应维持其在被合并方的原账面价值不变。被合并方在企业合并前采用的会计政策和会计期间与合并方不一致的,应基于重要性原则,首先统一会计政策和会计期间,即合并方应当按照本企业会计政策和会计期间对被合并方资产、负债的账面价值进行调整,并以调整后的账面价值作为有关资产、负债的入账价值。在被合并方是最终控制方以前年度从第三方收购来的情况下,应视同合并后形成的报告主体自最终控制方开始实施控制时起,一直是一体化存续下来的,应以被合并方的资产、负债(包括最终控制方收购被合并方而形成的商誉)在最终控制方财务报表中的账面价值为基础,进行相关会计处理。进行上述调整的一个基本原因是将该项合并中涉及的合并方及被合并方作为一个整体对待,对于一个完整的会计主体,其对相关交易、事项应当采用相对统一的会计政策和会计期间,在此基础上反映其财务状况和经营成果。在同一控制下的企业合并中,被合并方同时进行公司制改制并对资产负债进行评估调账的,应以评估调账后的账面价值并入合并方。

(3) 合并方在合并中取得的净资产的入账价值与为进行企业合并支付的对价账面价值之间的差额,应当调整所有者权益相关项目,不计入企业合并当期损益。合并方在同一控制下的企业合并,本质上不作为购买,而是两个或两个以上会计主体权益的整合。合并方在企业合并中取得的价值量相对于所放弃价值量之间存在差额的,应当调整所有者权益。在根据合并差额调整合并方的所有者权益时,应首先调整资本公积(资本溢价或股本溢价),资本公积(资本溢价或股本溢价)的余额不足冲减的,依次冲减盈余公积和未分配利润。

(4) 对于同一控制下的控股合并,应视同合并后形成的报告主体自最终控制方开始实施控制时一直是一体化存续下来的,体现在其合并财务报表上,即由合并后形成的母子公司构成的报告主体,无论是其资产规模还是其经营成果都应持续计算。编制合并财务报表时,无论该项合并发生在报告期的任一时点,合并利润表、合并现金流量表均反映的是由母子公司构成的报告主体自合并当期期初至合并日实现的损益及现金流量情况,相应地,合并资产负债表的"盈余公积"和"未分配利润"项目,应当反映母子公司如果一直作为一个整体运行至合并日应实现的盈余公积和未分配利润的情况。

对于同一控制下的控股合并,在编制合并日的合并财务报表时,应当对合并资产负债表的期初数进行调整,同时应当对比较报表的相关项目进行调整,视同合并后的报告主体在以前期间一直存在。实务中有些情况下，合并方的设立日可能晚于被合并方，例如，某集团公司新设一家子公司，将现有其他子公司或业务注入该新设公司，该交易构成同一控制下企业合并，如果该新设公司的成立日晚于被注入的其他子公司或业务的成立日，该新设公司应当追溯至自比较期最早期初开始编制合并财务报表，即使比较期最早期初早于该新设公司的成立日，但应不早于被注入的其他子公司或业务处于最终控制方控制的时点。

（二）同一控制下企业合并的会计处理

同一控制下的企业合并，视合并方式不同，应当分别下列情况进行会计处理。

1. 同一控制下的控股合并

同一控制下的控股合并中，合并方在合并日涉及两个方面的问题：一是对于因该项企业合并形成的对被合并方的长期股权投资的确认和计量；二是合并日合并财务报表的编制。

（1）长期股权投资的确认和计量。按照本书第六章长期股权投资与合营安排的规定，同一控制下企业合并形成的长期股权投资，合并方应当在合并日按照被合并方所有者权益在最终控制方合并财务报表中的账面价值的份额作为长期股权投资的初始投资成本，其相关会计处理见本书第六章长期股权投资与合营安排的相关内容。

（2）合并日合并财务报表的编制。同一控制下的企业合并形成母子公司关系的，合并方一般应在合并日编制合并财务报表。编制合并日的合并财务报表时，一般包括合并资产负债表、合并利润表及合并现金流量表等。

①合并资产负债表。

被合并方的有关资产、负债应以其在最终控制方合并财务报表中的账面价值并入合并财务报表。合并方与被合并方在合并日及以前期间发生的交易，应作为内部交易，按照本书第二十七章合并财务报表有关原则进行抵销。

在合并资产负债表中，对于被合并方在企业合并前实现的留存收益（盈余公积和未分配利润之和）中归属于合并方的部分，应按下列原则，自合并方的资本公积转入盈余公积和未分配利润：一是确认企业合并形成的长期股权投资后，合并方账面资本公积（资本溢价或股本溢价）贷方余额大于被合并方在合并前实现的留存收益中归属于合并方的部分，在合并资产负债表中，应将被合并方在合并前实现的留存收益中归属于合并方的部分自"资本公积"转入"盈余公积"和"未分配利润"。在合并工作底稿中，借记"资本公积"项目，贷记"盈余公积"和"未分配利润"项目。二是确认企业合并形成的长期股权投资后，合并方账面资本公积（资本溢价或股本溢价）贷方余额小于被合并方在合并前实现的留存收益中归属于合并方的部分的，在合并资产负债表中，应以合并方资本公积（资本溢价或股本溢价）的贷方余额为限，将被合并方在企业合并前实现的留存收益中归属于合并方的部分自"资本公积"转入"盈余公积"和"未分配利润"。在合并工作底稿中，借记"资本公积"项目，贷记"盈余公积"和"未分配利润"项目。

因合并方的资本公积（资本溢价或股本溢价）余额不足，被合并方在合并前实现的留存收益中归属于合并方的部分在合并资产负债表中未予全额恢复的，合并方应当在报表附注中对这一情况进行说明。

▶【例26-3】A、B公司分别为C公司控制下的两家子公司。A公司于2×20年3月10日自母公司C处取得B公司100%的股权，合并后B公司仍维持其独立法人资格继续经营。为进行该项企业合并，A公司发行了600万股本公司普通股（每股面值1元）作为对价。假定A、B公司采用的会计政策和会计期间相同，B公司资产、负债和所有者权益的账面价值与其在最终控制方C公司合并财务报表中的账面价值一致，不考虑所得税影响。合并日，A公司及B公司的所有者权益构成如表26-2所示。

表26-2 单位：元

A公司		B公司	
项目	金额	项目	金额
股本	36 000 000	股本	6 000 000
资本公积	10 000 000	资本公积	2 000 000
盈余公积	8 000 000	盈余公积	4 000 000
未分配利润	20 000 000	未分配利润	8 000 000
合计	74 000 000	合计	20 000 000

A公司在合并日应进行的账务处理为：

借：长期股权投资——投资成本——B公司　　　　　　　20 000 000
　　贷：股本　　　　　　　　　　　　　　　　　　　　　　6 000 000
　　　　资本公积——股本溢价　　　　　　　　　　　　　　14 000 000

进行上述处理后，A公司在合并日编制合并资产负债表时，对于企业合并前B公司实现的留存收益中归属于合并方的部分1 200万元（400+800）应自资本公积（资本溢价或股本溢价）转入盈余公积和未分配利润。本例中，A公司在确认对B公司的长期股权投资以后，其资本公积的账面余额为2 400万元（1 000+1 400），假定其中资本溢价或股本溢价的金额为1 800万元。在合并工作底稿中，应编制以下调整分录：

借：资本公积　　　　　　　　　　　　　　　　　　　　12 000 000
　　贷：盈余公积　　　　　　　　　　　　　　　　　　　　4 000 000
　　　　未分配利润　　　　　　　　　　　　　　　　　　　8 000 000

▶【例26-4】A公司以一项账面价值为280万元的固定资产（原价400万元，累计折旧120万元）和一项账面价值为320万元的无形资产（原价500万元，累计摊销180万元）为对价取得同一集团内另一家全资企业B公司100%的股权。假定A、B公司采用的会计政策和会计期间相同，B公司资产、负债和所有者权益的账面价值与其在最终控制方合并财务报表中的账面价值一致，不考虑所得税影响。合并日，A公司和B公司所有者权益构成如表26-3所示。

表26-3　　　　　　　　　　　　　　　　　　　　　　　　　　　　　　　　　　　　单位：元

A公司		B公司	
项目	金额	项目	金额
股本	36 000 000	股本	2 000 000
资本公积	1 000 000	资本公积	2 000 000
盈余公积	8 000 000	盈余公积	3 000 000
未分配利润	20 000 000	未分配利润	3 000 000
合　计	65 000 000	合　计	10 000 000

A公司在合并日应确认对B公司的长期股权投资，进行以下账务处理：

借：固定资产清理　　　　　　　　　　　　　　　　　　　　　　　2 800 000
　　累计折旧　　　　　　　　　　　　　　　　　　　　　　　　　1 200 000
　　贷：固定资产　　　　　　　　　　　　　　　　　　　　　　　　　4 000 000
借：长期股权投资——投资成本——B公司　　　　　　　　　　　10 000 000
　　累计摊销　　　　　　　　　　　　　　　　　　　　　　　　　1 800 000
　　贷：固定资产清理　　　　　　　　　　　　　　　　　　　　　　2 800 000
　　　　无形资产　　　　　　　　　　　　　　　　　　　　　　　　5 000 000
　　　　资本公积——股本溢价　　　　　　　　　　　　　　　　　　4 000 000

进行上述处理后，A公司资本公积账面余额为500万元（100+400），假定全部属于资本溢价或股本溢价，小于B公司在合并前实现的留存收益中归属于A公司的部分600万元（300+300），A公司编制合并财务报表时，应以账面资本公积（资本溢价或股本溢价）的余额为限，将B公司在合并前实现的留存收益中归属于A公司的部分相应转入盈余公积和未分配利润。合并工作底稿中的调整分录为：

借：资本公积　　　　　　　　　　　　　　　　　　　　　　　　5 000 000
　　贷：盈余公积　　　　　　　　　　　　　　　　　　　　　　　　2 500 000
　　　　未分配利润　　　　　　　　　　　　　　　　　　　　　　　2 500 000

②合并利润表。

合并方在编制合并日的合并利润表时，应包含合并方及被合并方自合并当期期初至合并日实现的净利润。例如，同一控制下的企业合并发生于2×21年3月31日，合并方当日编制合并利润表时，应包括合并方及被合并方自2×21年1月1日至2×21年3月31日实现的净利润。双方在当期发生的交易，应当按照本书第二十七章合并财务报表的有关规定进行抵销。

为了帮助企业的会计信息使用者了解合并利润表中净利润的构成，发生同一控制下企业合并的当期，合并方在合并利润表中的"净利润"项下应单列"其中：被合并方在合并前实现的净利润"项目，反映合并当期期初至合并日自被合并方带入的损益。

③合并现金流量表。

合并方在编制合并日的合并现金流量表时，应包含合并方及被合并方自合并当期期初至合并日产生的现金流量。涉及双方当期发生内部交易产生的现金流量，应按照本书第二十七章合并财务报表的有关规定进行抵销。

【**例26-5**】2×21年6月30日,A公司向B公司的股东定向增发1 000万股普通股(每股面值为1元)对B公司进行合并,并于当日取得对B公司100%的股权。本例中,假定A公司和B公司为同一集团内两个全资子公司,合并前其共同的母公司为C公司,该项合并中参与合并的企业在合并前及合并后均为C公司最终控制,为同一控制下的企业合并,假定A、B公司采用的会计政策和会计期间相同,B公司资产、负债和所有者权益的账面价值与其在最终控制方C公司合并财务报表中的账面价值一致,不考虑所得税影响。自2×21年6月30日开始,A公司能够对B公司的净资产实施控制,该日即为合并日。参与合并企业在2×21年6月30日企业合并前,有关资产、负债情况如表26-4所示。

表26-4 资产负债表(简表)

2×21年6月30日 单位:元

项目	A公司 账面价值	B公司 账面价值	B公司 公允价值
资产:			
货币资金	17 250 000	1 800 000	1 800 000
应收账款	12 000 000	8 000 000	8 000 000
存货	20 800 000	900 000	1 680 000
合同资产	4 000 000	120 000	120 000
长期股权投资	20 000 000	8 600 000	15 200 000
固定资产	20 000 000	10 000 000	20 000 000
使用权资产	8 000 000	2 000 000	2 000 000
无形资产	18 000 000	2 000 000	6 000 000
商誉	0	0	0
资产总计	120 050 000	33 420 000	54 800 000
负债和所有者权益:			
短期借款	10 000 000	6 000 000	6 000 000
应付账款	5 000 000	1 200 000	1 200 000
合同负债	2 000 000	1 000 000	1 000 000
租赁负债	8 000 000	2 000 000	2 000 000
其他负债	1 500 000	1 200 000	1 200 000
负债合计	26 500 000	11 400 000	11 400 000
实收资本(股本)	30 000 000	10 000 000	
资本公积	20 000 000	6 000 000	
盈余公积	20 000 000	2 000 000	
未分配利润	23 550 000	4 020 000	
所有者权益合计	93 550 000	22 020 000	43 400 000
负债和所有者权益总计	120 050 000	33 420 000	

A公司及B公司2×21年1月1日至6月30日的利润表如表26-5所示。

表26-5　　　　　　　　　　　　利润表（简表）

2×21年1月1日至6月30日　　　　　　　　　　　　　　　　单位：元

项目	A公司	B公司
一、营业收入	42 500 000	12 000 000
减：营业成本	33 800 000	9 550 000
税金及附加	200 000	50 000
销售费用	600 000	200 000
管理费用	1 500 000	500 000
财务费用	400 000	350 000
加：其他收益	100 000	100 000
投资收益	300 000	100 000
信用减值损失	-100 000	-100 000
二、营业利润	6 300 000	1 450 000
加：营业外收入	500 000	450 000
减：营业外支出	450 000	550 300
三、利润总额	6 350 000	1 350 000
减：所得税费用	2 100 000	400 000
四、净利润	4 250 000	950 000

(1) A公司对该项合并进行账务处理时：

借：长期股权投资　　　　　　　　　　　　　　　　　　22 020 000

　　贷：股本　　　　　　　　　　　　　　　　　　　　　　　10 000 000

　　　　资本公积——股本溢价　　　　　　　　　　　　　　　12 020 000

(2) 假定A公司与B公司在合并前未发生任何交易，则A公司在编制合并日的合并财务报表时编制抵销分录：

借：实收资本　　　　　　　　　　　　　　　　　　　　10 000 000

　　资本公积　　　　　　　　　　　　　　　　　　　　 6 000 000

　　盈余公积　　　　　　　　　　　　　　　　　　　　 2 000 000

　　未分配利润　　　　　　　　　　　　　　　　　　　 4 020 000

　　贷：长期股权投资　　　　　　　　　　　　　　　　　　22 020 000

将被合并方在企业合并前实现的留存收益中归属于合并方的部分，自资本公积（假定资本公积中"资本溢价或股本溢价"的金额为3 000万元）转入留存收益，合并调整分录为：

借：资本公积　　　　　　　　　　　　　　　　　　　　 6 020 000

　　贷：盈余公积　　　　　　　　　　　　　　　　　　　　 2 000 000

　　　　未分配利润　　　　　　　　　　　　　　　　　　　 4 020 000

A公司编制的合并资产负债表与合并利润表如表26-6、表26-7所示，合并现金流量表略。

表 26-6　　　　　　　　　　　合并资产负债表（简表）
2×21 年 6 月 30 日　　　　　　　　　　　　　　　　　单位：元

项目	A 公司	B 公司	抵销分录 借方	抵销分录 贷方	合并金额
资产：					
货币资金	17 250 000	1 800 000			19 050 000
应收账款	12 000 000	8 000 000			20 000 000
存货	20 800 000	900 000			21 700 000
合同资产	4 000 000	120 000			4 120 000
长期股权投资	42 020 000	8 600 000		22 020 000	28 600 000
固定资产	20 000 000	10 000 000			30 000 000
使用权资产	8 000 000	2 000 000			10 000 000
无形资产	18 000 000	2 000 000			20 000 000
商誉	0	0			0
资产总计	142 070 000	33 420 000		22 020 000	153 470 000
负债和所有者权益：					
短期借款	10 000 000	6 000 000			16 000 000
应付账款	5 000 000	1 200 000			6 200 000
合同负债	2 000 000	1 000 000			3 000 000
租赁负债	8 000 000	2 000 000			10 000 000
其他负债	1 500 000	1 200 000			2 700 000
负债合计	26 500 000	11 400 000			37 900 000
实收资本（股本）	40 000 000	10 000 000	10 000 000		40 000 000
资本公积	32 020 000	6 000 000	12 020 000		26 000 000
盈余公积	20 000 000	2 000 000	0		22 000 000
未分配利润	23 550 000	4 020 000	0		27 570 000
所有者权益合计	115 570 000	22 020 000	22 020 000		115 570 000
负债和所有者权益总计	142 070 000	33 420 000			153 470 000

表 26-7　　　　　　　　　　　合并利润表（简表）
2×21 年 1 月 1 日至 6 月 30 日　　　　　　　　　　　单位：元

项目	A 公司	B 公司	抵销分录 借方	抵销分录 贷方	合并金额
一、营业收入	42 500 000	12 000 000			54 500 000
减：营业成本	33 800 000	9 550 000			43 350 000
税金及附加	200 000	50 000			250 000
销售费用	600 000	200 000			800 000

续表

项目	A公司	B公司	抵销分录 借方	抵销分录 贷方	合并金额
管理费用	1 500 000	500 000			2 000 000
财务费用	400 000	350 000			750 000
加：其他收益	100 000	100 000			200 000
投资收益	300 000	100 000			400 000
信用减值损失	-100 000	-100 000			-200 000
二、营业利润	6 300 000	1 450 000			7 750 000
加：营业外收入	500 000	450 000			950 000
减：营业外支出	450 000	550 000			1 000 000
三、利润总额	6 350 000	1 350 000			7 700 000
减：所得税费用	2 100 000	400 000			2 500 000
四、净利润	4 250 000	950 000			5 200 000
其中：被合并方在合并前实现的净利润					950 000

④比较报表的编制。

同一控制下的企业合并，在编制合并当期期末的比较报表时，应视同参与合并各方在最终控制方开始实施控制时即以目前的状态存在。提供比较报表时，应对前期比较报表进行调整。因企业合并实际发生在当期，以前期间合并方账面上并不存在对被合并方的长期股权投资，在编制比较报表时，应将被合并方的有关资产、负债并入后，因合并而增加的净资产在比较报表中调整所有者权益项下的资本公积（资本溢价或股本溢价）。

▶【例26-6】承【例26-5】中有关资料，A公司和B公司在2×20年12月31日的个别资产负债表如表26-8所示。假定A公司与B公司在2×20年末发生内部交易。

表26-8　　　　　　　　　　　资产负债表（简表）
2×20年12月31日　　　　　　　　　　　　　　　　　　　　单位：元

项目	A公司 账面价值	B公司 账面价值
资产：		
货币资金	12 000 000	2 000 000
应收账款	5 700 000	860 000
存货	20 000 000	5 000 000
合同资产	4 000 000	110 000
长期股权投资	20 000 000	8 400 000
固定资产	21 000 000	10 000 000
使用权资产	9 000 000	2 400 000
无形资产	21 600 000	2 400 000

续表

项目	A公司 账面价值	B公司 账面价值
商誉	0	0
资产总计	113 300 000	31 170 000
负债和所有者权益：		
短期借款	8 000 000	4 800 000
应付账款	3 500 000	1 000 000
合同负债	2 000 000	1 000 000
租赁负债	8 500 000	2 200 000
其他负债	2 000 000	1 100 000
负债合计	24 000 000	10 100 000
实收资本	30 000 000	10 000 000
资本公积	20 000 000	6 000 000
盈余公积	19 200 000	1 920 000
未分配利润	20 100 000	3 150 000
所有者权益合计	89 300 000	21 070 000
负债和所有者权益总计	113 300 000	31 170 000

A公司及B公司2×20年1月1日至12月31日的利润表如表26-9所示。

表26-9　　　　　　　　　　利润表（简表）

2×20年1月1日至12月31日　　　　　　　　　　　　单位：元

项目	A公司	B公司
一、营业收入	86 000 000	11 000 000
减：营业成本	71 900 000	9 860 000
税金及附加	300 000	20 000
销售费用	800 000	150 000
管理费用	1 200 000	300 000
财务费用	600 000	50 000
加：其他收益	100 000	100 000
投资收益	400 000	200 000
信用减值损失	-100 000	-100 000
二、营业利润	11 600 000	820 000
加：营业外收入	1 000 000	600 000
减：营业外支出	400 000	300 000
三、利润总额	12 200 000	1 120 000
减：所得税费用	4 200 000	320 000
四、净利润	8 000 000	800 000

本例中，A公司在编制 2×21 年比较报表时，视同该项合并在以前期间即已发生。将被合并方的有关资产、负债在抵销内部交易的影响后并入合并财务报表，同时增加合并资产负债表中所有者权益项下的资本公积。在合并工作底稿中应作以下调整：

（1）借：实收资本　　　　　　　　　　　　　　　　10 000 000
　　　　　资本公积　　　　　　　　　　　　　　　　 6 000 000
　　　　　盈余公积　　　　　　　　　　　　　　　　 1 920 000
　　　　　未分配利润　　　　　　　　　　　　　　　 3 150 000
　　　　贷：资本公积　　　　　　　　　　　　　　　21 070 000

同时，对于B公司在 2×20 年以前实现的留存收益中归属于A公司的部分，在合并工作底稿中应自资本公积转入留存收益：

（2）借：资本公积　　　　　　　　　　　　　　　　 5 070 000
　　　　贷：盈余公积　　　　　　　　　　　　　　　 1 920 000
　　　　　　未分配利润　　　　　　　　　　　　　　 3 150 000

A公司 2×21 年合并财务报表中，比较资产负债表及比较利润表的编制如表 26-10 和表 26-11 所示。

（1）合并资产负债表。

表 26-10　　　　　　　　合并资产负债表（简表）

2×20 年 12 月 31 日　　　　　　　　　　　　　　　　　单位：元

项目	A公司 账面价值	B公司 账面价值	调整或抵销分录 借方	调整或抵销分录 贷方	合并金额
资产：					
货币资金	12 000 000	2 000 000			14 000 000
应收账款	5 700 000	860 000			6 560 000
存货	20 000 000	5 000 000			25 000 000
合同资产	4 000 000	110 000			4 110 000
长期股权投资	20 000 000	8 400 000			28 400 000
固定资产	21 000 000	10 000 000			31 000 000
使用权资产	9 000 000	2 400 000			11 400 000
无形资产	21 600 000	2 400 000			24 000 000
商誉	0	0			0
资产总计	113 300 000	31 170 000			144 470 000
负债和所有者权益：					
短期借款	8 000 000	4 800 000			12 800 000
应付账款	3 500 000	1 000 000			4 500 000
合同负债	2 000 000	1 000 000			3 000 000
租赁负债	8 500 000	2 200 000			10 700 000
其他负债	2 000 000	1 100 000			3 100 000

续表

项目	A公司 账面价值	B公司 账面价值	调整或抵销分录 借方	调整或抵销分录 贷方	合并金额
负债合计	24 000 000	10 100 000			34 100 000
实收资本	30 000 000	10 000 000	①10 000 000		30 000 000
资本公积	20 000 000	6 000 000	①6 000 000 ②5 070 000	①21 070 000	36 000 000
盈余公积	19 200 000	1 920 000	①1 920 000	②1 920 000	21 120 000
未分配利润	20 100 000	3 150 000	①3 150 000	②3 150 000	23 250 000
所有者权益合计	89 300 000	21 070 000			110 370 000
负债和所有者权益总计	113 300 000	31 170 000			144 470 000

（2）合并利润表。

表26-11　　　　　　　　　　合并利润表（简表）

2×20年1月1日至12月31日　　　　　　　　　　　　　　单位：元

项目	A公司	B公司	抵销分录 借方	抵销分录 贷方	合并金额
一、营业收入	86 000 000	11 000 000			97 000 000
减：营业成本	71 900 000	9 860 000			81 760 000
税金及附加	300 000	20 000			320 000
销售费用	800 000	150 000			950 000
管理费用	1 200 000	300 000			1 500 000
财务费用	600 000	50 000			650 000
加：其他收益	100 000	100 000			200 000
投资收益	400 000	200 000			600 000
信用减值损失	-100 000	-100 000			-200 000
二、营业利润	11 600 000	820 000			12 420 000
加：营业外收入	1 000 000	600 000			1 600 000
减：营业外支出	400 000	300 000			700 000
三、利润总额	12 200 000	1 120 000			13 320 000
减：所得税费用	4 200 000	320 000			4 520 000
四、净利润	8 000 000	800 000			8 800 000

2. 同一控制下的吸收合并

同一控制下的吸收合并中，合并方主要涉及合并日取得被合并方资产、负债入账价值的确定，以及合并中取得有关净资产的入账价值与支付的合并对价账面价值之间差额的处理。

合并方对同一控制下吸收合并中取得的资产、负债应当按照相关资产、负债在最终控制方合并财务报表中的账面价值入账。

合并方在确认了合并中取得的被合并方的资产和负债后，以发行权益性证券方式进行的该类合并，所确认的净资产入账价值与发行股份面值总额的差额，应记入资本公积（资本溢价或股本溢价），资本公积（资本溢价或股本溢价）的余额不足冲减的，依次冲减盈余公积和未分配利润；以支付现金、非现金资产方式进行的该类合并，所确认的净资产入账价值与支付的现金、非现金资产账面价值的差额，应调整资本公积（资本溢价或股本溢价），资本公积（资本溢价或股本溢价）的余额不足冲减的，依次冲减盈余公积和未分配利润。

▶【例26-7】承【例26-5】，2×21年6月30日，A公司向B公司的股东定向增发1 000万股普通股（每股面值为1元，市价为4.34元）对B公司进行吸收合并，并于当日取得B公司净资产。

本例中，假定A公司和B公司为同一集团内两家全资子公司，合并前其共同的母公司为C公司。该项合并中参与合并的企业在合并前及合并后均为C公司最终控制，为同一控制下的企业合并。自2×21年6月30日开始，A公司能够对B公司的净资产实施控制，该日即为合并日。

因合并后B公司失去其法人资格，A公司应确认合并中取得的B公司的各项资产和负债，假定A公司与B公司在合并前采用的会计政策和会计期间相同，不考虑所得税影响。A公司对该项合并应进行的会计处理为：

借：银行存款（货币资金） 1 800 000
　　应收账款 8 000 000
　　库存商品（存货） 900 000
　　合同资产 120 000
　　长期股权投资 8 600 000
　　固定资产 10 000 000
　　使用权资产 2 000 000
　　无形资产 2 000 000
　　贷：短期借款 6 000 000
　　　　应付账款 1 200 000
　　　　合同负债 1 000 000
　　　　租赁负债 2 000 000
　　　　其他应付款（其他负债） 1 200 000
　　　　股本 10 000 000
　　　　资本公积 12 020 000

同一控制下的吸收合并中，合并方在合并当期期末比较报表的编制应区别不同的情况，如果合并方在合并当期期末，仅需要编制个别财务报表、不需要编制合并财务报表的，合并方在编制前期比较报表时，无须对以前期间已经编制的比较报表进行调整；如果合并方在合并当期期末需要编制合并财务报表的，在编制前期比较合并财务报表时，应将吸收合并取得的被合并方前期有关财务状况、经营成果及现金流量等并入合并方前期合并财务报表。前期比较报表的具体编制原则比照同一控制下控股合并比较报表的编制。

3. 合并方为进行企业合并发生的有关费用的处理

合并方为进行企业合并发生的有关费用，指合并方为进行企业合并发生的各项直接相关费用，如为进行企业合并支付的审计费用、资产评估费用以及有关的法律咨询费用等增量费用。同一控制下企业合并进行过程中发生的各项直接相关费用，应于发生时费用化计入当期损益，借记"管理费用"等科目，贷记"银行存款"等科目。但下列两种情况除外：

（1）以发行债券方式进行的企业合并，与发行债券相关的佣金、手续费等应按照本书第十三章金融工具的有关规定进行会计处理。

（2）发行权益性证券作为合并对价的，与所发行权益性证券相关的佣金、手续费等应按照本书第十三章金融工具的有关规定进行会计处理。

企业专设的并购部门发生的日常管理费用，如果该部门的设置并不是与某项企业合并直接相关，而是企业的一个常设部门，其设置是为了寻找相关的并购机会等，维持该部门日常运转的有关费用，不属于与企业合并直接相关的费用，应当于发生时费用化计入当期损益。

二、非同一控制下企业合并的处理

（一）非同一控制下企业合并的处理原则

1. 确定购买方

对于非同一控制下的企业合并采用购买法进行会计处理。购买法是从购买方的角度出发，该项交易中购买方取得了被购买方的净资产或是对净资产的控制权，应确认所取得的资产以及应当承担的债务，包括被购买方原来未予确认的资产和负债。就购买方自身而言，其原持有的资产及负债的计量不受该交易事项的影响。采用购买法核算企业合并的首要前提是确定购买方。购买方是指在企业合并中取得对另一方或多方控制权的一方。非同一控制下的企业合并中，应当根据本书第二十七章合并财务报表关于控制的定义和所涉及的相关要素等有关规定，在综合考虑所有相关事实和情况的基础上确定购买方。

某些情况下可能难以确定企业合并中的购买方，如参与合并的两家或两家以上企业规模相当，这种情况下，往往可以结合一些迹象表明购买方的存在。在具体判断时，可以考虑下列相关因素：

（1）以支付现金、转让非现金资产或承担负债的方式进行的企业合并，一般支付现金、转让非现金资产或是承担负债的一方为购买方。

（2）考虑参与合并各方的股东在合并后主体的相对投票权，其中股东在合并后主体具有相对较高投票比例的一方一般为购买方。

（3）参与合并各方的管理层对合并后主体生产经营决策的主导能力，如果合并导致参与合并一方的管理层能够主导合并后主体生产经营政策的制定，其管理层能够实施主导作用的一方一般为购买方。

（4）参与合并一方的公允价值远远大于另一方的，公允价值较大的一方很可能为购买方。

（5）企业合并是通过以有表决权的股份换取另一方的现金及其他资产的，则付出现金或其他资产的一方很可能为购买方。

（6）通过权益互换实现的企业合并，发行权益性证券的一方通常为购买方。但如果有证据表明发行权益性证券的一方在合并后被参与合并的另一方控制，则其应为被购买方，参与合并的另一方为购买方。该类合并通常称为反向购买。反向购买中，购买方的会计处理见本章相关部分内容。

2. 确定购买日

购买日是购买方获得对被购买方控制权的日期，即企业合并交易进行过程中，发生控制权转移的日期。根据企业合并方式的不同，在控股合并的情况下，购买方应在购买日确认因企业合并形成的对被购买方的长期股权投资；在吸收合并的情况下，购买方应在购买日确认合并中取得的被购买方各项可辨认资产、负债等。

确定购买日的基本原则是控制权转移的时点。企业在实务操作中，应当结合合并合同或协议的约定及其他有关的影响因素，按照实质重于形式的原则进行判断。同时满足了下列条件时，一般可认为实现了控制权的转移，形成购买日。有关的条件包括：

（1）企业合并合同或协议已获股东会等内部权力机构通过。企业合并一般涉及的交易规模较大，无论是合并当期还是合并以后期间，均会对企业的生产经营产生重大影响，在能够对企业合并进行确认，形成实质性的交易前，该交易或事项应经过企业的内部权力机构批准，如对于股份有限公司，其内部权力机构一般指股东会。

（2）按照规定，合并事项需要经过国家有关主管部门审批的，已获得相关部门的批准。按照国家有关规定，企业并购需要经过国家有关部门批准的，取得相关批准文件是确定购买日的重要因素。

（3）参与合并各方已办理了必要的财产权交接手续。作为购买方，其通过企业合并无论是取得对被购买方的股权还是取得被购买方的全部净资产，能够形成与取得股权或净资产相关的风险和报酬的转移，一般需办理相关的财产权交接手续，从而从法律上保障有关风险和报酬的转移。

（4）购买方已支付了购买价款的大部分（一般应超过50%），并且有能力、有计划支付剩余款项。购买方要取得与被购买方净资产相关的风险和报酬，其前提是必须支付一定的对价，一般在形成购买日之前，购买方应当已经支付了购买价款的大部分，并且从其目前财务状况判断，有能力支付剩余款项。

（5）购买方实际上已经控制了被购买方的财务和生产经营政策，享有相应的收益并承担相应的风险。

企业合并涉及一次以上交易的，例如通过分阶段取得股份最终实现合并，企业应于每一交易日确认对被投资单位的各项投资。"交易日"是指合并方或购买方在自身的账簿和报表中确认对被投资单位投资的日期。分步实现的企业合并中，购买日是指按照有关标准判断购买方最终取得对被购买企业控制权的日期。

如A企业于2×20年10月20日取得B公司30%的股权（假定能够对被投资单位施

加重大影响），在与取得股权相关的风险和报酬发生转移的情况下，当日A企业应确认对B公司的长期股权投资。在已经拥有B公司30%股权的基础上，A企业又于2×21年12月8日取得B公司30%的股权，在其持股比例达到60%的情况下，假定于当日开始能够对B公司实施控制，则2×21年12月8日为第二次购买股权的交易日，同时因在当日能够对B公司实施控制，形成企业合并的购买日。

3. 确定企业合并成本

企业合并成本包括购买方为进行企业合并支付的现金或非现金资产、发生或承担的债务、发行的权益性证券等在购买日的公允价值，公允价值的确定见本书第二十九章公允价值计量。购买方为企业合并发生的审计、法律服务、评估咨询等中介费用以及其他相关管理费用，应当于发生时计入当期损益；购买方作为合并对价发行的权益性证券或债务性证券的交易费用，应按照本书第十三章金融工具的有关规定进行会计处理。

4. 对购买日取得的可辨认资产和负债的分类和指定

企业合并的实质是业务合并，而业务是不同的资产和负债构成的。非同一控制下的企业合并就是购买业务，购买业务类似于购买资产和负债，这些资产和负债在购买日可能发生类别上的变化。

购买方在购买日取得的被购买方可辨认资产和负债通常应当按照原分类或指定的原则予以确认，不需要或也不应进行重新分类或指定。但是，如果购买方在购买日取得的是被购买方的金融资产和金融负债、衍生工具、嵌入衍生工具等，可能需要对其恰当地进行重新分类或指定。

5. 企业合并成本在取得的可辨认资产和负债之间的分配

非同一控制下的企业合并中，购买方取得了对被购买方净资产的控制权，视合并方式的不同，应分别在合并财务报表或个别财务报表中确认合并中取得的各项可辨认资产和负债。

（1）购买方在企业合并中取得的被购买方各项可辨认资产和负债，要作为本企业的资产、负债（或合并财务报表中的资产、负债）进行确认，在购买日，应当满足资产、负债的确认条件。有关的确认条件包括：

①合并中取得的被购买方的各项资产（无形资产除外），其所带来的未来经济利益预期能够流入企业且公允价值能够可靠计量的，应单独作为资产确认。

②合并中取得的被购买方的各项负债（或有负债除外），履行有关的义务预期会导致经济利益流出企业且公允价值能够可靠计量的，应单独作为负债确认。

（2）企业合并中取得无形资产的确认。购买方在企业合并中取得的无形资产应符合本书第四章无形资产中对于无形资产的界定且其在购买日的公允价值能够可靠计量。没有实物形态的非货币性资产要符合无形资产的定义，关键要看其是否满足可辨认性标准，即是否能够从企业中分离或者划分出来，并能单独或者与相关合同、资产或负债一起，用于出售、转移、授予许可、租赁或者交换；或者应源自于合同性权利或其他法定权利，无论这些权利是否可以从企业或其他权利和义务中转移或分离。非同一控制下的企业合并中，购买方在对企业合并中取得的被购买方资产进行初始确认时，应当对被购买方拥有的、但在其财务报表中未确认的无形资产进行充分辨认和合理判断，满足下列条件之一的，应确认为无形资产：

①源于合同性权利或其他法定权利；

②能够从被购买方中分离或者划分出来，并能单独或与相关合同、资产和负债一起，用于出售、转移、授予许可、租赁或交换。

公允价值能够可靠计量的情况下，应区别于商誉单独确认的无形资产一般包括：商标、版权及与其相关的许可协议、特许权、分销权等类似权利、专利技术、专有技术等。企业应当在附注中披露在非同一控制下的企业合并中取得的被购买方无形资产的公允价值及其公允价值的确定方法。

（3）企业合并中产生或有负债的确认。为了尽可能反映购买方因为进行企业合并可能承担的潜在义务，对于购买方在企业合并时可能需要代被购买方承担的或有负债，在购买日，可能相关的或有事项导致经济利益流出企业的可能性还比较小，但其公允价值能够合理确定的情况下，即需要作为合并中取得的负债确认。

（4）对于被购买方在企业合并之前已经确认的商誉和递延所得税项目，购买方在对企业合并成本进行分配、确认合并中取得可辨认资产和负债时不应予以考虑。在按照规定确定了合并中应予确认的各项可辨认资产、负债的公允价值后，其计税基础与账面价值不同形成暂时性差异的，应当按照本书第十九章所得税的规定确认相应的递延所得税资产或递延所得税负债。

在非同一控制下的企业合并中，购买方确认在合并中取得的被购买方各项可辨认资产和负债不局限于被购买方在合并前已经确认的资产和负债，还可能包括企业合并前被购买方在其资产负债表中未予确认的资产和负债，该类资产和负债在企业合并前可能由于不符合确认条件未确认为被购买方的资产和负债，但在企业合并发生后，因符合了有关的确认条件则需要作为合并中取得的可辨认资产和负债进行确认。例如，被购买方在企业合并前存在的未弥补亏损，在企业合并前因无法取得足够的应纳税所得额用于抵扣该亏损而未确认相关的递延所得税资产，如按照税法规定能够抵扣购买方未来期间实现的应纳税所得额而且购买方在未来期间预计很可能取得足够的应纳税所得额的情况下，有关的递延所得税资产应作为合并中取得的可辨认资产予以确认。

6. 企业合并成本与合并中取得的被购买方可辨认净资产公允价值份额之间差额的处理

购买方对于企业合并成本与确认的被购买方可辨认净资产公允价值份额的差额，应视情况分别处理：

（1）企业合并成本大于合并中取得的被购买方可辨认净资产公允价值份额的差额，应确认为商誉。视企业合并方式不同，控股合并情况下，该差额是指合并财务报表中应列示的商誉；吸收合并情况下，该差额是购买方在其账簿及个别财务报表中应确认的商誉。

商誉在确认以后，持有期间不要求摊销，企业应当按照本书第七章资产减值的规定对其进行减值测试，对于可收回金额低于账面价值的部分，应计提减值准备。

（2）企业合并成本小于合并中取得的被购买方可辨认净资产公允价值份额的差额，

应计入合并当期损益。

该种情况下，要对合并中取得的各项可辨认资产、负债的公允价值、作为合并对价的非现金资产或发行的权益性证券等的公允价值进行复核，复核结果表明所确定的各项可辨认资产和负债的公允价值及企业合并成本是恰当的，应将企业合并成本低于合并中取得的被购买方可辨认净资产公允价值份额之间的差额，计入合并当期的营业外收入，并在报表附注中予以说明。

在吸收合并的情况下，上述企业合并成本小于合并中取得的被购买方可辨认净资产公允价值份额的差额，应计入合并当期购买方的个别利润表；在控股合并的情况下，上述差额应体现在合并当期的合并利润表中。

7. 企业合并成本或合并中取得的可辨认资产、负债公允价值的调整

按照购买法核算的企业合并，基本原则是确定公允价值，无论是作为合并对价付出的各项资产的公允价值，还是合并中取得被购买方各项可辨认资产、负债的公允价值，如果在购买日或合并当期期末，因各种因素影响无法合理确定的，合并当期期末，购买方应以暂时确定的价值为基础对企业合并进行核算。

（1）购买日后 12 个月内对有关价值量的调整。合并当期期末，对合并成本或所取得的被购买方可辨认资产、负债以暂时确定的价值对企业合并进行处理，自购买日算起 12 个月内取得进一步的信息表明需对原暂时确定的价值进行调整的，应视同在购买日发生，进行追溯调整，同时对以暂时性价值为基础提供的比较报表信息，也应进行相关的调整。

例如，A 企业于 2×21 年 11 月 20 日对 B 公司进行吸收合并，合并中取得的一项固定资产不存在活跃市场，为确定其公允价值，A 企业聘请了有关的资产评估机构对其进行评估。至 A 企业 2×21 年财务报告对外报出时，尚未取得评估报告。A 企业在其 2×21 年财务报告中对该项固定资产暂估的价值为 300 000 元，预计使用年限为 5 年，净残值为 0，按照直线法计提折旧。该项企业合并中 A 企业确认商誉 1 200 000 元。本例中假定 A 企业不编制中期财务报告。

2×22 年 3 月，A 企业取得了资产评估报告，确认该项固定资产的价值为 450 000 元。则 A 企业应视同在购买日确定的该项固定资产的公允价值为 450 000 元，相应在编制 2×22 年财务报表时调整 2×21 年比较报表中的商誉价值（调减 150 000 元）及折旧费用（调增 2 500 元）。进行有关调整后，A 企业还应在其 2×22 年报表附注中对有关情况作出说明。

（2）超过规定期限后的价值量调整。自购买日算起 12 个月以后对企业合并成本或合并中取得的可辨认资产、负债价值的调整，应当按照本书第二十四章会计政策、会计估计变更和会计差错更正的原则进行处理，即对于企业合并成本、合并中取得可辨认资产、负债公允价值等进行的调整，应作为前期差错处理。

（3）在企业合并中，购买日取得的被购买方在以前期间发生的未弥补亏损等可抵扣暂时性差异，按照税法规定可以用于抵减以后年度应纳税所得额，但在购买日不符合递延所得税资产确认条件的，不应予以确认。购买日后 12 个月内，如果取得新的或进一步的信息表明相关情况在购买日已经存在，预期被购买方在购买日可抵扣暂时性差异带来的经济利益能够实现的，购买方应当确认相关的递延所得税资产，同时减少由该企业合

并所产生的商誉，商誉不足冲减的，差额部分确认为当期损益（所得税费用）。比如，购买方在购买日之前研发某种新产品，暂时无法合理预计该研发是否成功及新产品的市场前景，因此，购买方在购买日无法可靠确定所取得的被购买方的可抵扣暂时性差异、在可预见的未来是否很可能取得用来抵扣该暂时性差异的应纳税所得额，但在购买日后12个月内，由于该产品开发成功投产并迅速打开了市场，预计未来将获得足够的应纳税所得额以抵扣该差异。在这种情况下，购买方应当对在购买日存在的可抵扣暂时性差异确认递延所得税资产，同时冲减由该企业合并所产生的商誉，如果商誉金额不足冲减，则其差额部分计入当期所得税费用。

除上述情况以外（比如，购买日后超过12个月、或在购买日不存在相关情况但购买日以后开始出现新的情况导致可抵扣暂时性差异带来的经济利益预期能够实现），如果符合了递延所得税资产的确认条件，确认与企业合并相关的递延所得税资产，应当计入当期损益（所得税费用），不得调整商誉金额。

8. 购买日合并财务报表的编制

非同一控制下的控股合并中，购买方一般应于购买日编制合并资产负债表，反映其于购买日开始能够控制的经济资源情况。在合并资产负债表中，合并中取得的被购买方各项可辨认资产、负债应以其在购买日的公允价值计量，长期股权投资的成本大于合并中取得的被购买方可辨认净资产公允价值份额的差额，体现为合并财务报表中的商誉；长期股权投资的成本小于合并中取得的被购买方可辨认净资产公允价值份额的差额，应计入合并当期损益，因购买日不需要编制合并利润表，该差额体现在合并资产负债表上，应调整合并资产负债表的留存收益。

需要强调的是，非同一控制下的企业合并中，作为购买方的母公司在进行有关会计处理后，应单独设置备查簿，记录其在购买日取得的被购买方各项可辨认资产、负债的公允价值以及因企业合并成本大于合并中取得的被购买方可辨认净资产公允价值的份额应确认的商誉金额，或因企业合并成本小于合并中取得的被购买方可辨认净资产公允价值的份额计入当期损益的金额，作为企业合并当期以及以后期间编制合并财务报表的基础。企业合并当期期末以及合并以后期间，应当纳入到合并财务报表中的被购买方资产、负债等，是以购买日确定的公允价值为基础持续计算的结果。

（二）非同一控制下企业合并的会计处理

1. 非同一控制下的控股合并

（1）长期股权投资初始投资成本的确定。非同一控制下的控股合并中，购买方在购买日应当按照确定的企业合并成本（不包括应自被投资单位收取的现金股利或利润），作为形成的对被购买方长期股权投资的初始投资成本。具体见本书第六章长期股权投资与合营安排的相关内容。

购买方为取得对被购买方的控制权，以支付非货币性资产为对价的，有关非货币性资产在购买日的公允价值与其账面价值的差额，应作为资产的处置损益，计入合并当期的利润表。

（2）购买日合并财务报表的编制。

▶【例26-8】承【例26-5】，A公司在该项合并中发行1 000万股普通股（每股面值

1元),市场价格为每股3.5元,取得了B公司70%的股权。假定该项合并为非同一控制下的企业合并,编制购买方于购买日的合并资产负债表。

(1) 计算确定商誉。假定B公司除已确认资产外,不存在其他需要确认的资产及负债,A公司首先计算合并中应确认的合并商誉:

合并商誉 = 企业合并成本 - 合并中取得被购买方可辨认净资产公允价值份额 = 3 500 - 4 340 × 70% = 462(万元)

(2) 编制调整或抵销分录:

借:存货　　　　　　　　　　　　　　　　　　　780 000
　　长期股权投资　　　　　　　　　　　　　　 6 600 000
　　固定资产　　　　　　　　　　　　　　　　10 000 000
　　无形资产　　　　　　　　　　　　　　　　 4 000 000
　　贷:资本公积　　　　　　　　　　　　　　21 380 000
借:实收资本　　　　　　　　　　　　　　　　10 000 000
　　资本公积　　　　　　　　　　　　　　　　27 380 000
　　盈余公积　　　　　　　　　　　　　　　　 2 000 000
　　未分配利润　　　　　　　　　　　　　　　 4 020 000
　　商誉　　　　　　　　　　　　　　　　　　 4 620 000
　　贷:长期股权投资　　　　　　　　　　　　35 000 000
　　　　少数股东权益　　　　　　　　　　　　13 020 000

编制合并资产负债表如表26-12所示。

表26-12　　　　　　　　　合并资产负债表(简表)
2×21年6月30日　　　　　　　　　　　　　　　　　　单位:元

项目	A公司	B公司	调整或抵销分录 借方	调整或抵销分录 贷方	合并金额
资产:					
货币资金	17 250 000	1 800 000			19 050 000
应收账款	12 000 000	8 000 000			20 000 000
存货	20 800 000	900 000	①780 000		22 480 000
合同资产	4 000 000	120 000			4 120 000
长期股权投资	55 000 000	8 600 000	①6 600 000	②35 000 000	35 200 000
固定资产	20 000 000	10 000 000	①10 000 000		40 000 000
使用权资产	8 000 000	2 000 000			10 000 000
无形资产	18 000 000	2 000 000	①4 000 000		24 000 000
商誉	0	0	②4 620 000		4 620 000
资产总计	155 050 000	33 420 000			179 470 000
负债和所有者权益:					
短期借款	10 000 000	6 000 000			16 000 000

续表

项目	A公司	B公司	调整或抵销分录 借方	调整或抵销分录 贷方	合并金额
应付账款	5 000 000	1 200 000			6 200 000
合同负债	2 000 000	1 000 000			3 000 000
租赁负债	8 000 000	2 000 000			10 000 000
其他负债	1 500 000	1 200 000			2 700 000
负债合计	26 500 000	11 400 000			37 900 000
实收资本（股本）	40 000 000	10 000 000	②10 000 000		40 000 000
资本公积	45 000 000	6 000 000	②27 380 000	①21 380 000	45 000 000
盈余公积	20 000 000	2 000 000	②2 000 000		20 000 000
未分配利润	23 550 000	4 020 000	②4 020 000		23 550 000
少数股东权益				②13 020 000	13 020 000
所有者权益合计	128 550 000	22 020 000			141 570 000
负债和所有者权益总计	155 050 000	33 420 000			179 470 000

2. 非同一控制下的吸收合并

非同一控制下的吸收合并，购买方在购买日应当将合并中取得的符合确认条件的各项可辨认资产、负债，按其公允价值确认为本企业的资产和负债；作为合并对价的有关非货币性资产在购买日的公允价值与其账面价值的差额，应作为资产处置损益计入合并当期的利润表；确定的企业合并成本与所取得的被购买方可辨认净资产公允价值份额之间的差额，视情况分别确认为商誉或是计入企业合并当期的损益。

三、企业合并涉及的或有对价

在某些情况下，企业合并各方可能在合并协议中约定，根据未来一项或多项或有事项的发生，购买方通过发行额外证券、支付额外现金或其他资产等方式追加合并对价，或者要求返还之前已经支付的对价，这将导致产生企业合并的或有对价问题。

（一）同一控制下企业合并或有对价的会计处理

同一控制下企业合并形成的控股合并，在确定企业合并成本时，应按照《企业会计准则第13号——或有事项》的规定，判断是否应就或有对价确认预计负债或者确认资产，以及应确认的金额；确认预计负债或资产的，该预计负债或资产金额与后续或有对价结算金额的差额不影响当期损益，而应当调整资本公积（资本溢价或股本溢价），资本公积（资本溢价或股本溢价）不足冲减的，调整留存收益。

（二）非同一控制下企业合并或有对价的会计处理

非同一控制下企业合并涉及或有对价时，会计准则规定，购买方应当将合并协议约定的或有对价作为企业合并转移对价的一部分，按照其在购买日的公允价值计入企业合并成本。或有对价符合权益工具和金融负债定义的，购买方应当将支付或有对价的义务确认为一项权益或负债；符合资产定义并满足资产确认条件的，购买方应当将符合合并协议约定条件的、可收回的部分已支付合并对价的权利确认为一项资产。购买日后12个月内出现对购买日已存在情况的新的或进一步证据需要调整或有对价的，应当予以确认并对原计入合并商誉的金额进行调整；其他情况下发生的或有对价变化或调整，应当区分情况进行会计处理：或有对价为权益性质的，不进行会计处理；或有对价为资产或负债性质的，如果属于会计准则规定的金融工具，应当按照以公允价值计量且其变动计入当期损益进行会计处理，不得指定为以公允价值计量且其变动计入其他综合收益的金融资产。

上述关于或有对价的规定，主要侧重于两个方面：一是在购买日应当合理估计或有对价并将其计入企业合并成本，购买日后12个月内取得新的或进一步证据表明购买日已存在状况，从而需要对企业合并成本进行调整的，可以据以调整企业合并成本，并对原计入合并商誉的金额进行调整；二是无论是购买日后12个月内还是其他时点，如果是由于出现新的情况导致对原估计或有对价进行调整的，则不能再对企业合并成本进行调整，相关或有对价属于金融工具的，应以公允价值计量，公允价值变动计入当期损益。上述会计处理的出发点在于，对企业合并交易原则上确认和计量时点应限定为购买日，购买日以后视新的情况对原购买成本进行调整的，不能视为购买日的状况，因此也就不能据以对企业合并成本进行调整。

▶【例26-9】A上市公司2×09年1月2日以现金3亿元自B公司购买其持有的C公司100%股权，并于当日向C公司董事会派出成员，主导其财务和生产经营决策。股权转让协议约定，B公司就C公司在收购完成后的经营业绩向A公司作出承诺：C公司2×09年、2×10年、2×11年经审计扣除非经常性损益后归属于母公司股东的净利润分别不低于2 000万元、3 000万元和4 000万元。如果C公司未达到承诺业绩，B公司将在C公司每一相应年度的审计报告出具后30日内，按C公司实际实现的净利润与承诺利润的差额，以现金方式对A公司进行补偿。

购买日，A公司根据C公司所处市场状况及行业竞争力等情况判断，预计C公司能够完成承诺期利润。

2×09年，C公司实现净利润2 200万元。2×10年，由于整体宏观经济形势变化，C公司实现净利润2 400万元，且预期2×11年该趋势将持续，预计能够实现净利润约2 600万元。

本例中，A上市公司与B公司在交易前不存在关联关系，该项企业合并应为非同一控制下企业合并。

购买日为2×09年1月2日，当日A上市公司支付了有关价款3亿元，同时估计C公司能够实现承诺利润，或有对价估计为0。A上市公司应当确认对C公司长期股权投资成本为3亿元。

借：长期股权投资　　　　　　　　　　　　　　　　300 000 000
　　贷：银行存款　　　　　　　　　　　　　　　　　　300 000 000

2×09年C公司实现了预期利润，A上市公司无须进行会计处理。

2×10年C公司未实现预期利润，且预计2×11年也无法实现，则A上市公司需要估计该或有对价的公允价值并予以确认。因该预期利润未实现的情况是在购买日后新发生的，在购买日后超过12个月且不属于对购买日已存在状况的进一步证据，应于资产负债表日将该或有对价公允价值的变动计入当期损益。B公司对有关利润差额的补偿将以现金支付，该或有对价属于金融工具，应当按照金融工具的原则进行处理。2×10年末A上市公司估计该或有对价的公允价值为2 000万元，并进行如下会计处理：

　　借：交易性金融资产　　　　　　　　　　　　　　　　20 000 000
　　　　贷：公允价值变动损益　　　　　　　　　　　　　　20 000 000

　　本例中，有关或有对价的公允价值调整在个别财务报表中不作为对长期股权投资成本的调整，相应地，在合并财务报表中，亦不能调整购买日原已确认商誉金额。但由于C公司未实现预期利润，可能表明购买日原已确认商誉已发生减值，A上市公司应当对商誉及相关长期资产进行减值测试。

四、反向购买的处理

　　非同一控制下的企业合并，以发行权益性证券交换股权的方式进行的，通常发行权益性证券的一方为购买方。但某些企业合并中，发行权益性证券一方因其生产经营决策在合并后被参与合并的另一方所控制的，发行权益性证券一方虽然为法律上的母公司，但其为会计上的被购买方，该类企业合并通常称为"反向购买"。例如，A公司为一家规模较小的上市公司，B公司为一家规模较大的公司。B公司拟通过收购A公司的方式达到上市目的，但该交易是通过A公司向B公司原股东发行普通股用以交换B公司原股东持有的对B公司股权方式实现。该项交易后，B公司原控股股东持有A公司50%以上股权，A公司持有B公司50%以上股权，A公司为法律上的母公司、B公司为法律上的子公司，但从会计的角度来看，A公司为被购买方，B公司为购买方。

（一）企业合并成本

　　反向购买中，法律上的子公司（购买方）的企业合并成本是指其如果以发行权益性证券的方式为获取在合并后报告主体的股权比例，应向法律上母公司（被购买方）的股东发行的权益性证券数量与其公允价值计算的结果。购买方的权益性证券在购买日存在公开报价的，通常应以公开报价作为其公允价值；购买方的权益性证券在购买日不存在可靠公开报价的，应参照购买方的公允价值和被购买方的公允价值两者之中有更为明显证据支持的一个作为基础，确定购买方假定应发行权益性证券的公允价值。

（二）合并财务报表的编制

　　反向购买后，法律上的母公司应当遵从以下原则编制合并财务报表：

　　（1）合并财务报表中，法律上子公司的资产、负债应以其在合并前的账面价值进行确认和计量。

　　（2）合并财务报表中的留存收益和其他权益余额应当反映的是法律上子公司在合并前的留存收益和其他权益余额。

　　（3）合并财务报表中的权益性工具的金额应当反映法律上子公司合并前发行在外的股份面值以及假定在确定该项企业合并成本过程中新发行的权益性工具的金额。但是，在合并财务报表中的权益结构应当反映法律上母公司的权益结构，即法律上母公司发行在外权益性证券的数量和种类。

　　（4）法律上母公司的有关可辨认资产、负债在并入合并财务报表时，应以其在购买日确定的公允价值进行合并，企业合并成本大于合并中取得的法律上母公司（被购买方）可辨认净资产公允价值的份额体现为商誉，小于合并中取得的法律上母公司（被购买方）可辨认净资产公允价值的份额确认为合并当期损益。

（5）合并财务报表的比较信息应当是法律上子公司的比较信息（即法律上子公司的前期合并财务报表）。

（6）法律上子公司的有关股东在合并过程中未将其持有的股份转换为法律上母公司股份的，该部分股东享有的权益份额在合并财务报表中应作为少数股东权益列示。因法律上子公司的部分股东未将其持有的股份转换为法律上母公司的股权，其享有的权益份额仍仅限于对法律上子公司的部分，该部分少数股东权益反映的是少数股东按持股比例计算享有法律上子公司合并前净资产账面价值的份额。另外，对于法律上母公司的所有股东，虽然该项合并中其被认为是被购买方，但其享有合并形成报告主体的净资产及损益，不应作为少数股东权益列示。

上述反向购买的会计处理原则仅适用于合并财务报表的编制。法律上母公司在该项合并中形成的对法律上子公司长期股权投资成本的确定，应当遵从《企业会计准则第2号——长期股权投资》的相关规定。

（三）每股收益的计算

发生反向购买当期，用于计算每股收益的发行在外普通股加权平均数为：

（1）自当期期初至购买日，发行在外的普通股数量应假定为在该项合并中法律上母公司向法律上子公司股东发行的普通股数量。

（2）自购买日至期末发行在外的普通股数量为法律上母公司实际发行在外的普通股股数。

反向购买后对外提供比较合并财务报表的，其比较前期合并财务报表中的基本每股收益，应以法律上子公司在每一比较报表期间归属于普通股股东的净损益除以在反向购买中法律上母公司向法律上子公司股东发行的普通股股数计算确定。

上述假定法律上子公司发行的普通股股数在比较期间内和自反向购买发生期间的期初至购买日之间未发生变化。如果法律上子公司发行的普通股股数在此期间发生了变动，计算每股收益时应适当考虑其影响进行调整。

▶【例26-10】A上市公司于2×24年9月30日通过定向增发本企业普通股对B企业进行合并，取得B企业100%股权。假定不考虑所得税影响。A公司及B企业在合并前简化资产负债表如表26-13所示。

表26-13　　　　　　A公司及B企业合并前资产负债表　　　　　　单位：万元

项　目	A公司	B企业
流动资产	3 000	4 500
非流动资产	21 000	60 000
资产总额	24 000	64 500
流动负债	1 200	1 500

续表

项目	A公司	B企业
非流动负债	300	3 000
负债总额	1 500	4 500
所有者权益:		
股本	1 500	900
资本公积		
盈余公积	6 000	17 100
未分配利润	15 000	42 000
所有者权益总额	22 500	60 000

其他资料:

(1) 2×24年9月30日,A公司通过定向增发本企业普通股,以2股换1股的比例自B企业原股东处取得了B企业全部股权。A公司共发行了1 800万股普通股以取得B企业全部900万股普通股。

(2) A公司普通股在2×24年9月30日的公允价值为20元,B企业每股普通股当日的公允价值为40元。A公司、B企业每股普通股的面值为1元。

(3) 2×24年9月30日,A公司除非流动资产公允价值较账面价值高4 500万元以外,其他资产、负债项目的公允价值与其账面价值相同。

(4) 假定A公司与B企业在合并前不存在任何关联方关系。

对于该项企业合并,虽然在合并中发行权益性证券的一方为A公司,但因其生产经营决策的控制权在合并后由B企业原股东控制,B企业应为购买方,A公司为被购买方。

1. 确定该项合并中B企业的合并成本

A公司在该项合并中向B企业原股东增发了1 800万股普通股,合并后B企业原股东持有A公司的股权比例为54.55%(1 800÷3 300),如果假定B企业发行本企业普通股在合并后主体享有同样的股权比例,则B企业应当发行的普通股股数为750万股(900÷54.55%-900),其公允价值为30 000万元,企业合并成本为30 000万元。

2. 企业合并成本在可辨认资产、负债中的分配

企业合并成本	30 000
A公司可辨认资产、负债:	
流动资产	3 000
非流动资产	25 500
流动负债	(1 200)
非流动负债	(300)
商誉	3 000

A公司合并B企业后简化资产负债表如表26-14所示。

表26-14　　　　A公司2×24年9月30日合并资产负债表　　　　　单位：万元

项　目	金　额
流动资产	7 500
非流动资产	85 500
商誉	3 000
资产总额	96 000
流动负债	2 700
非流动负债	3 300
负债总额	6 000
所有者权益：	
股本（3 300万股普通股）	1 650
资本公积	29 250
盈余公积	17 100
未分配利润	42 000
所有者权益总额	90 000

3. 每股收益

本例中，假定B企业2×23年实现合并净利润1 800万元，2×24年A公司与B企业形成的主体实现合并净利润为3 450万元，自2×23年1月1日至2×24年9月30日，B企业发行在外的普通股股数未发生变化。

A公司2×24年基本每股收益：

$3\,450 \div (1\,800 \times 9 \div 12 + 3\,300 \times 3 \div 12) = 1.59$（元）

提供比较报表的情况下，比较报表中的每股收益应进行调整，A公司2×23年的基本每股收益 = 1 800 ÷ 1 800 = 1（元）。

4. 少数股东权益

B企业的全部股东中，假定只有其中的90%以原持有的对B企业股权换取了A公司增发的普通股。A公司应发行的普通股股数为1 620万股（900×90%×2）。企业合并后，B企业的股东拥有合并后报告主体的股权比例为51.92%（1 620÷3 120）。通过假定B企业向A公司发行本企业普通股在合并后主体享有同样的股权比例，在计算B企业须发行的普通股数量时，不考虑少数股权的因素，故B企业应当发行的普通股股数为750万股（900×90%÷51.92% - 900×90%），B企业在该项合并中的企业合并成本为30 000万元[（1 560 - 810）×40]，B企业未参与股权交换的股东拥有B企业的股份为10%，享有B企业合并前净资产的份额为6 000万元，在合并财务报表中应作为少数股东权益列示。

五、被购买方的会计处理

非同一控制下的企业合并中，被购买方在企业合并后仍持续经营的，如购买方取得被购买方100%股权，被购买方可以按合并中确定的有关资产、负债的公允价值调账；其他情况下，被购买方不应因企业合并改记资产、负债的账面价值。

第二十七章 合并财务报表

第一节 合并范围的确定

一、以"控制"为基础,确定合并范围

合并财务报表的合并范围应当以控制为基础予以确定。控制,是指投资方拥有对被投资方的权力,通过参与被投资方的相关活动而享有可变回报,并且有能力运用对被投资方的权力影响其回报金额。当投资方因参与被投资方的相关活动而享有可变回报,且有能力运用对被投资方的权力来影响上述回报时,投资方即控制被投资方。

因此,投资方要实现控制,必须具备以下基本要素,一是因涉入被投资方而享有可变回报;二是拥有对被投资方的权力,并且有能力运用对被投资方的权力影响其回报金额。投资方只有同时具备上述两个要素时,才能控制被投资方。

实际工作中,投资方在判断其能否控制被投资方时,应综合考虑所有相关事实和情况,以判断是否同时满足控制的这两个要素。相关事实和情况主要包括:被投资方的设立目的和设计;被投资方的相关活动以及如何对相关活动作出决策;投资方享有的权利是否使其目前有能力主导被投资方的相关活动;投资方是否通过参与被投资方的相关活动而享有可变回报;投资方是否有能力运用对被投资方的权力影响其回报金额;投资方与其他方的关系。其中,对被投资方的设立目的和设计的分析,贯穿于判断控制的始终,也是分析上述其他事实和情况的基础。如果事实和情况表明上述控制要素中的一个或多个发生变化,投资方应当重新判断其还能否控制被投资方。

投资方在判断能否控制被投资方时,具体判断如下:

(一)被投资方的设立目的和设计

当判断对被投资方的控制时,投资方应考虑被投资方的设立目的及设计,以明确哪些是相关活动、相关活动的决策机制、谁拥有现时能力主导这些活动,以及谁从这些活动中获得可变回报。

了解被投资方的设立目的和设计有助于了解每个投资方的目的,即:投资方为何参与被投资方的相关活动,参与了哪些活动。因此,在识别哪个投资方控制被投资方时,了解被投资方的设立目的和设计非常关键。被投资方的设立目的和设计在判断控制的很多环节都需要考虑。具体来说,了解被投资方的设立目的和设计有助于确定以下方面:(1)被投资方存在哪些风险?投资方参与被投资方相关活动可能产生哪些风险?(2)相关活动是指哪些活动?(3)被投资方相关活动的决策机制是怎样的?(4)哪个投资方有能力主导被投资方的相关活动?(5)哪些投资方能够通过参与被投资方相关活动而享有其可变回报?(6)被投资方相关活动如何影响投资方的回报?(7)如果投资方拥有对被投资方的权力、享有其可变回报,那么它是否有能力运用其对被投资方的权力影响其回报金额?

如果对被投资方的控制是通过持有被投资方权益工具而获得一定比例表决权或是潜在表决权的方式来实现,在不存在其他改变决策机制的安排时,控制的判断主要着重于判断哪一方能够通过行使表决权来决定被投资方的财务和经营政策。例如,在最简单的情况下,若不存在其他因素,通常持有半数以上表决权的投资方控制被投资方,但是如果章程或者其他协议有某些特殊约定,例如,被投资方相关活动的决策需要 2/3 以上表决权比例通过,在这种情况下,拥有半数以上表决权并不意味着必然能够对被投资方实施控制。

如果在被投资方的设计中,表决权不是判断能否控制被投资方的决定性因素,其仅与被投资方的日常行政管理活动有关,而被投资方的相关活动可能是由其他合同安排规定的,则在这种情况下,投资方在考虑被投资方的设立目的和设计时,还应考虑被投资方的设立带来了哪些风险和收益;被投资方将哪些风险和收益转移给了参与其活动的各方;投资方是否面临这些风险和收益。所考虑的风险不仅包括下行风险,也包括可能的上行收益。

▶【例 27-1】A 企业为有限合伙企业,经营期限为 3 年。A 企业将其资金全部用于对非关联方 B 公司的一家全资子公司 C 公司增资,增资完成后,A 企业持有 C 公司 60% 的股权及表决权,B 公司持有 C 公司 40% 的股权及表决权。根据协议,B 公司将在 3 年后以固定价格回购 A 企业持有的 C 公司股权。C 公司是专门建造一个大型资产并用于租赁的项目公司,其建造期为 5 年,A 企业增资的时候,C 公司的资产已经建造了 2 年。

本例中,被投资方的业务活动是用 5 年的时间建造一个大型资产,之后以租金的方式取得回报。A 企业增资的时候,C 公司的资产建造已经开始,很可能许多与建造事项有关的重要事项的决策已完成,当 A 企业的经营期限结束并将持有的 C 公司股份以固定价格出售给 B 公司时,C 公司刚刚完成建造活动,尚未开始产生回报。在这种情况下,A 企业并不能主导 C 公司的相关活动,而且 A 企业也无法通过参与 C 公司活动取得可变回报,A 企业是通过 B 公司回购股权来收回其投资成本并取得收益的。因此,即使 A 企业拥有半数以上的表决权,也不能控制被投资方 C 公司。

(二)判断通过涉入被投资方的活动享有的是否为可变回报

1. 可变回报的定义

享有控制权的投资方,通过参与被投资方相关活动,享有的是可变回报。可变回报,是不固定且可能随着被投资方业绩而变化的回报,可以仅是正回报,仅是负回报,或者同时包括正回报和负回报。

2. 可变回报的形式

投资方在评价其享有被投资方的回报是否可变以及可变的程度时，需基于合同安排的实质，而不是法律形式。例如，投资方持有固定利息的债券投资时，由于债券存在违约风险，投资方需承担被投资方不履约而产生的信用风险，因此，投资方享有的固定利息回报也可能是一种可变回报。又如，投资方管理被投资方资产而获得的固定管理费也是一种变动回报，因为投资方是否能获得此回报依赖于被投资方能否获得足够的收益以支付该固定管理费。

可变回报的形式主要包括：

（1）股利、被投资方经济利益的其他分配（例如，被投资方发行的债务工具产生的利息）、投资方对被投资方的投资的价值变动。从被投资方获取股利是投资方的可变回报的通常表现形式。但是，某些情况下，受限于法律法规的相关规定，投资方无法通过分配被投资方利润或结余的形式获得回报，例如，当被投资方的法律形式为信托机构时，其盈利可能不是以股利形式分配给投资者。这种情况下，需要根据具体情况，以投资方的投资目的为出发点，综合分析投资方是否获得除股利以外的其他可变回报，即，被投资方不能进行利润分配并不必然代表投资方不能获取可变回报。

（2）因向被投资方的资产或负债提供服务而得到的报酬、因提供信用支持或流动性支持收取的费用或承担的损失、被投资方清算时在其剩余净资产中所享有的权益、税务利益、因参与被投资方而获得的未来流动性。

（3）其他利益持有方无法得到的回报。例如，投资方将自身资产与被投资方的资产整合以实现规模经济，达到节约成本的目的；投资方通过涉入被投资方，从而保证稀缺资源的供应、获得专有技术或者限制被投资方某些运营或资产，从而达到提高投资方其他资产价值的目的。

此外，尽管只有一个投资方能够控制被投资方，但可能存在多个投资方分享被投资方的回报。例如，少数股东权益的持有者可以分享被投资方的利润。

（三）判断投资方是否对被投资方拥有权力，并能够运用此权力影响回报金额

1. 权力的定义

控制的另一个要素是权力。投资方能够主导被投资方的相关活动时，称投资方对被投资方享有"权力"。在判断投资方是否对被投资方拥有权力时，应注意以下几点：（1）权力只表明投资方主导被投资方相关活动的现时能力，并不要求投资方实际行使其权力。即，如果投资方拥有主导被投资方相关活动的现时能力，即使这种能力尚未被实际行使，也视为该投资方拥有对被投资方的权力。（2）权力是一种实质性权利，而不是保护性权利。（3）权力是为自己行使的，而不是代其他方行使。（4）权力通常表现为表决权，但有时也可能表现为其他合同安排。

2. 相关活动

（1）识别相关活动。从上述权力的定义中可以看出，要判断投资方是否拥有对被投资方的权力，首先需要识别被投资方的相关活动。相关活动是指对被投资方的回报产生重大影响的活动。可见，判断相关活动时，应关注的是那些对被投资方的回报具有重大影响的活动，而不是对被投资方回报影响甚微或没有影响的行政活动。

对许多企业而言，经营和财务活动通常对其回报产生重大影响。但是，不同企业的相关活动可能是不同的，应当根据企业的行业特征、业务特点、发展阶段、市场环境等具体情况来进行判断，这些活动可能包括但不限于：商品或劳务的销售和购买；金融资产的管理；资产的购买和处置；研究与开发活动；确定资本结构和获取融资。

同一企业在不同环境和情况下，相关活动也可能有所不同。

▶【例27-2】A资产管理公司设立一家投资公司B，A公司占B公司30%的股权，剩余70%股权由与A公司无关联关系的公众投资者持有，这些投资者的持股比例十分分散。此外，B公司还向其他公众投资者发行一项债务工具。B公司使用发行债务工具和权益工具所筹集的资金进行金融资产组合投资（均投资于债务工具），B公司可能会面临与该金融资产组合投资相关的因债务人不履约而导致投资本金和利息不能收回的信用风险。在所持金融资产组合投资出现违约事项时，首先由B公司的权益工具持有人承担由违约事项带来的损失，如果违约事项带来的损失超过权益工具金额之后，则剩余损失由债务工具持有人承担。在违约事项带来的损失超过权益工具金额之前，A公司管理B公司的投资组合；当违约事项带来的损失超过权益工具金额之后，由债务工具持有人指定的其他方开始管理B公司的投资资产。

本例说明，企业在不同环境和情况下的相关活动可能不同。在未发生违约事项或违约事项带来的损失小于权益工具金额时，B公司的相关活动是管理金融资产投资组合，而在违约事项带来的损失超过权益工具的金额后，B公司的相关活动转变为管理存在违约事项的资产及剩余金融资产投资。

（2）分析相关活动的决策机制。在大多数情况下，当投资方通过持有表决权或类似权利主导被投资方时，其权力往往是通过统驭被投资方的战略性经营和财务政策而获得的，但对于并非由表决权或类似权利主导的被投资方，以及当多个利益方对被投资方的不同活动同时拥有决策权的时候，识别相关活动尤其重要。判断被投资方的相关活动后，了解谁拥有对被投资方的权力的下一个重要步骤是分析此类活动的决策机制。就相关活动作出的决策包括但不限于：①对被投资方的经营、融资等活动作出决策，包括编制预算；②任命被投资方的关键管理人员或服务提供商，并决定其报酬，以及终止该关键管理人员的劳务关系或终止与服务提供商的业务关系。投资方在分析相关活动的决策机制时，应当重点关注被投资方设立的目的和设计以及如何作出有关下列活动的决策，例如，变更战略方向，包括收购和处置子公司；购买或处置主要资本性资产；委任董事及其他关键管理人员并确定其酬劳；批准年度计划、预算和股利政策。

另外，清晰了解被投资方的治理结构对识别相关活动的决策方式至关重要。在实务中，相关的监管要求和股东间的协议不同，企业的治理结构也可能各不相同。在某些情况下，相关活动一般由企业章程及协议中约定的权力机构（例如股东会、董事会）来决策。特殊情况下，相关活动的决策也可能基于合同协议约定等原因由其他机构来主导，如专门设置的管理委员会等。有限合伙企业的相关活动可能由合伙人大会决策，也可能由普通合伙人或者投资管理公司等机构或人员决策。

（3）两个或两个以上投资方能够分别单方面主导被投资方的不同相关活动时，如何判断哪方拥有权力。被投资方的相关活动通常有多个，并且可能不是同时进行。当两个或两个以上投资方能够分别单方面主导被投资方的不同相关活动时,能够主导对被投资方回报产生最重大影响活动的一方拥有对被投资方的权力。在具体判断哪个投资方对被投资方拥有权力时,投资方通常需要考虑的因素包括:①被投资方的设立目的;②影响被投资方利润率、收入和企业价值的决定因素;③各投资方拥有的与上述决定因素相关的决策职权的范围,以及这些职权分别对被投资方回报的影响程度;④投资方承担可变回报风险的大小。

▶【例27-3】A公司和B公司共同投资C公司,C公司的主营业务活动为药品研发和销售。根据C公司章程和合资协议的约定,在所研发药品获得相关监管部门的生产批准前,A公司可以单方面主导C公司药品研发活动,而在获得相关监管部门的生产批准后,则由B公司单方面主导该药品的生产和营销决策。

本例中,C公司的研发、生产和营销活动均是会对C公司的回报产生重大影响的活动。投资方除须结合上述四点进行综合分析以外,还需要考虑以下具体因素:获得监管部门批准的不确定性和难易程度、考虑投资方成功开发药品并获取生产批准的历史记录、产品定位、目前药品所处的开发阶段、预测所需开发时间、同类药品开发的难易程度、取得同类药品营销渠道的难易程度、开发完成后哪一方投资者可实际控制该药品相关的经营活动(如取得同类药品营销渠道和实现销售业绩的难易程度)等。

当药品研发属于最相关活动时,能够主导研发的投资方A公司拥有对被投资方的权力;当药品生产和销售属于最相关活动时,能够主导产品生产和销售的投资方B公司拥有对被投资方的权力。

3. "权力"是一种实质性权利

权力源于权利。但是,这并不意味着在判断权力时需要考虑投资方及其他方对被投资方的所有权利。在判断投资方是否拥有对被投资方的权力时,应区分投资方及其他方享有的权利是实质性权利还是保护性权利,仅实质性权利才应当被加以考虑。

(1) 实质性权利。实质性权利,是指持有人在对相关活动进行决策时,有实际能力行使的可执行权利。"有实际能力行使",意味着对于投资方拥有的实质性权利,即便投资方并未实际行使,也应在判断投资方是否对被投资方拥有权力时予以考虑。为了使一项权利成为实质性权利,在作出可主导被投资方相关活动的决策时,该项权利应当是可行使的。通常情况下,实质性权利应当是当前可执行的权利,但某些情况下,目前不可行使的权利也可能是实质性权利,如某些潜在表决权。

▶【例27-4】投资方持有一份将于25天后结算的远期股权购买合同,该合同结算后,投资方能够持有被投资方的多数表决权股份;30天后才能召开的特别股东会是能够对相关活动进行决策的最早决策日;除此之外,其他投资方不能对被投资方相关活动的现行政策作出任何改变。

本例中,虽然投资方持有的25天后才能结算的远期股权购买合同不是当前可执行的权利,但是由于最早可能召开的股东会必须在30天之后,晚于此远期合同的可行权日(25天后),在投资方执行远期合同之前的时间段内,也没有其他任何一方可以改变与被投资方相关活动有关的决策,所以该权利虽然当前不可执行,但仍然为一项实质性权利,使该投资方当前有能力主导被投资方的相关活动。

判断一项权利是否为实质性权利,应当综合考虑所有相关因素。相关因素包括但不限于以下各项:

①权利持有人行使权利是否存在经济或其他方面的障碍。例如,财务处罚或奖励阻止权利持有人行使该权利;行权价或转换价格产生了财务障碍导致权利持有人不行使权利;合同条款或条件的限定导致该等权利不太可能被行使(例如,对于权利行使的时间有严格限制条件);在设立被投资方的文件或相关法律法规中缺乏明确合理的机制让权利持有人行使其权利;权利持有人不能获得可以行使权利的必要信息;运营方面的障碍或诱因阻止权利持有人行使权利(例如,没有其他管理者愿意或能够取代现有的管理者向被投资方提供专业服务,或提供专业服务并承担现有管理者持有的权益);法律法规的限制导致权利持有人无法行使权利(例如,外国投资者被禁止行使其权利)。

②当权利由多方持有或者行权需要多方同意时,是否存在实际可行的机制使得这些权利持有人在其愿意的情况下能够一致行使权利。缺乏这种机制可能表明权利是非实质性的。需要一致行使权利的投资方越多,权利是实质性权利的可能性越小。然而,独立于决策者的董事会可以作为一个众多投资方一致行使权利的机制。因此,相较于众多投资方单独持有的罢免权,独立的董事会持有的同样的罢免权更有可能是实质性权利。

③权利持有人能否从行使权利中获利。例如,潜在表决权持有人应考虑行权价格或转换价格。当投资方能在行权或转换中因价格或其他原因获利时(例如,实现投资方和被投资方的协同效应),潜在表决权的条款和条件就更有可能是实质性的。

有时候,被投资方的其他投资方也可能拥有实质性权利,从而使投资方不能控制被投资方。其他方拥有的实质性权利不一定是待决策事项的提议权,可能仅是一些批准或否定议案的权利,只要这些权利不仅仅是保护性权利,则其他方拥有的这些实质性权利可能会使得投资方不能控制被投资方。

(2) 保护性权利。保护性权利旨在保护持有这些权利的当事方的权益,而不赋予当事方对这些权利所涉及的主体的权力。仅持有保护性权利的投资方不能对被投资方实施控制,也不能阻止其他方对被投资方实施控制。例如,贷款方限制借款方进行会对借款方信用风险产生不利影响从而损害贷款方利益的活动的权利;少数股东批准超过正常经营范围的资本性支出或发行权益工具、债务工具的权利;贷款方在借款方发生违约行为时扣押其资产的权利。上述各项均属于保护性权利的例子。

保护性权利通常仅适用于被投资方的活动发生根本性改变或某些特殊例外的情况,但并非所有在例外情况下行使的权利或在不确定事项发生时才行使的权利都是保护性权利。例如,当被投资方的活动和回报已被预先设定,只有在发生某些特定事项时才需要进行决策,且这些决策对被投资方的回报产生重大影响,则该等事项引发的活动属于相关活动,对这些相关活动行使的权利就不是保护性权利。对于有权主导这些相关活动的投资者,在判断其对被投资方是否拥有权力时,不需要考虑这些特定事项是否已经发生。

被投资方为被特许人时,特许经营协议经常给予特许人保护特许品牌的权利,也通常会赋予特许人某些与被特许人经营相关的决策权。在对被投资方进行分析时,需要区分两种权利:一是目前有能力作出对被特许人回报产生重大影响的决策的权利;二是有能力作出保护特许品牌的决策的权利,两种权利并不完全相同。一般而言,通过签订特许经营协议，被特许人依据特许经营协议的条款能够自行决定其业务的运营；特许人的权利并不限制其他方有能力作出对被特许人回报有重大影响的决策，也不必然导致特许人目前有能力主导对被特许人的相关活动。被特许人的法律形式和资本结构等基本决策可能由特许人之外的其他方来决定，并且这些决策可能会对被特许人的回报产生重大影响。当其他方享有现时权利使其目前有能力主导被特许人的相关活动时，特许人不拥有对被特许人的权力。特许人提供的财务支持越少，特许人面临的被特许人的回报的变动性越小，特许人就越有可能只拥有保护性权利。

4. 权力的持有人应为主要责任人

权力是能够"主导"被投资方相关活动的现时能力，可见，权力是为自己行使的（行使人为主要责任人），而不是代其他方行使权力（行使人为代理人）。

代理人代表其他方（主要责任人）行动并服务于该其他方的利益。主要责任人可能将其对被投资方的某些或全部决策权授予代理人，但代理人代表主要责任人行使此类权力时，代理人并不对被投资方拥有控制。在评估控制时，代理人的决策权应被视为由主要责任人直接持有，权力属于主要责任人，而非代理人。

决策者不会仅仅因为其他方能从其决策中获益而成为代理人。决策者在确定其是否为代理人时，应总体考虑自身、被投资方以及其他方之间的关系，尤其需考虑以下四项因素。除非某一方拥有罢免该决策者的实质性权利，且能够实现无理由罢免，否则应当全面分析评价以下四项因素的影响。根据具体情况，以下四项因素的相对重要性程度可能存在差异。

（1）决策者对被投资方的决策权范围。在评估决策权范围时，应考虑相关协议或法规允许决策者决策的活动，以及决策者对这些活动进行决策时的自主程度。与该评估相关的因素包括但不限于：被投资方的设立目的与设计、被投资方所面临的风险及转移到其他投资方的风险、决策者在设计被投资方过程中的参与程度。例如，如果决策者在被投资方设计过程中的参与度较深（包括确定决策权范围），则可能表明决策者有机会及动机获得权利使其有能力主导相关活动，但该情况本身并不足以认定决策者必然能够主导相关活动。主导相关活动的决策权范围越广，越能表明决策者（如资产管理人）拥有权力，但并不意味着该决策者一定是主要责任人。

（2）其他方享有的实质性权利。其他方享有的实质性权利可能会影响决策者主导被投资方相关活动的能力。其他方持有实质性罢免权或其他权利可能显示决策者是代理人。

当存在单独一方拥有实质性罢免权并能无理由地罢免决策者时，单凭这一点就足以表明决策者是代理人。如果存在多于一方拥有这样的权利（且不存在单独一方能不经其他方同意即可罢免决策者的情况），那么这些权利本身不足以得出决策者是主要代表其他方且为了其他方利益进行决策的结论。在罢免决策者时需要联合一致行使罢免权的各方的数量越多，决策者的其他经济利益（即薪酬和其他利益）的量级和可变动性越大，则其他方所持有的权利在评价决策者是否是代理人时的权重就越小。

在判断决策者是否是代理人时，应考虑其他方所拥有的限制决策者自由决策的实质性权利，这与考虑罢免权的方法相似。例如，如果决策者在进行决策时仅需要取得数量较少的其他方许可,则基本上可以判断该决策者是代理人。

在考虑其他方持有的权利时,应评估被投资方董事会(或其他权力机构)可行使的权利及其对决策权的影响。

(3)决策者的薪酬水平。相对于被投资方活动的预期回报,决策者享有的薪酬的量级和可变动性越大,决策者越可能是主要责任人。就薪酬而言,在确定决策者是主要责任人还是代理人时,应考虑是否存在以下情况:

①决策者的薪酬与其所提供的服务相称;

②薪酬协议仅包括在公平交易基础上针对类似服务和技能水平商定的安排中常见的条款、条件或金额。

如不同时满足上述条件,则决策者必然不是代理人。但仅满足上述这些条件并不足以表明决策者是代理人,还需结合决策者的决策权范围、其他方享有的实质性权利、决策者因持有其他权益而承担的可变回报风险等因素进行进一步分析。

(4)决策者因持有被投资方的其他权益而承担可变回报的风险。对于在被投资方持有其他权益(如对被投资方进行投资或提供被投资方业绩担保)的决策者,在评估其是否为代理人时,应考虑决策者因该权益所面临的可变回报的风险。持有被投资方其他权益表明该决策者可能是主要责任人。在评估由于在被投资方的其他利益而面临的可变回报风险时,决策者应考虑以下因素:

①决策者享有的经济利益的量级和可变动性。将决策者的薪酬和其他利益结合在一起的总体经济利益的量级和可变动性越大,该决策者越有可能是主要责任人。

②决策者面临的可变回报风险是否与其他投资方不同,如果不同,这些不同是否会影响其行为。例如,决策者持有次级权益,或向被投资方提供其他形式的信用增级。

决策者应评估其所承担的可变回报风险相对于被投资方总体回报变动风险的程度。该评价应主要基于预期从被投资方的活动中得到的回报,但也应考虑决策者通过持有其他利益而承担的被投资方可变回报的最大风险。

上述四项因素中的前两项因素涉及决策者对被投资方拥有的权力范围以及对这些权力设定的限制的程度。第(3)项和第(4)项因素与可变回报有关,要求考虑决策者从被投资方中获得的、相对于被投资方活动所产生总报酬的部分(预期值和最大值)的量级和可变动性。

▶【例27-5】某主体A作为资产管理人发起设立一项投资计划,为众多投资者提供投资机会。主体A在投资授权设定的范围内,以全体投资者的利益最大化为前提作出决策,其拥有广泛的决策权以主导投资计划的相关活动,包括具体资产配置、买入卖出时点以及投资资产出现风险时(如信用违约等)的后续管理等。主体A按照计划资产净值的1%加上达到特定盈利水平后投资计划利润的20%收取管理费,该管理费符合市场和行业惯例,与主体A提供的服务相称。以上事实适用于下列情况1至情况4(各示例之间相互独立)。

情况1:参与该计划的投资者人数众多,单个投资者的投资比例均小于0.5%且投资者之间不存在关联关系。没有单一的投资者可以无理由罢免主体A的资产管理人资格。该计划设有年度投资者大会,经占2/3以上份额的投资者一致通过,可以罢免主体A的资产管理人资格。主体A自身持有该投资计划2%的份额，主体A没有为该计划的其他投资者提供保证收回初始投资及最低收益率的承诺，主体A对超过其所拥有的2%投资以外的损失不承担任何义务。

在情况1下，由于没有任何一方可以无条件罢免主体A的资产管理人资格，因此，主体A在确定其是投资计划的主要责任人还是代理人时需要结合其他因素进一步分析。

主体A对于投资计划享有广泛的决策权利，可以主导投资计划的相关活动。虽然投资计划设立了年度投资者大会，但由于投资者人数众多，且单个投资者之间不存在关联关系，众多非关联投资者集合在一起进行表决并否决主体A的可能性较小。因此，结合主体A的决策权范围和其他方持有的权利，可以认为主体A拥有对该投资计划广泛的实质性权利。

主体A收取的管理费与其服务相称，该因素表明主体A可能作为代理人行使权力。然而，仅凭此证据还不足以判断其必然是代理人。

除收取管理费外，主体A还持有该投资计划2%的份额，该投资加大了主体A面临的可变回报风险，但该风险尚未重大到表明主体A是主要责任人。

综合考虑后，主体A应被认定为该投资计划的代理人。

情况2：在主体A违反合同的情况下，投资者有权罢免主体A。主体A自身持有该投资计划20%的份额，主体A没有为该计划的其他投资者提供保证收回初始投资及最低收益率的承诺，主体A没有对超过该20%的投资承担任何额外损失的义务。

在情况2下，投资者有权在主体A违约时罢免主体A。由于该权利只有在主体A违约时才能行使，该权利属于保护性权利，主体A拥有对该投资计划广泛的实质性权利。主体A通过与其服务相称的管理费以及20%的直接投资承担并有权获取投资计划的可变回报，且该回报的量级和可变动性均较为重大，表明主体A通过对投资计划行使权力而影响其回报的金额和程度较大，主体A为该投资计划的主要责任人。然而，在不同事实和情况下（例如，资产管理人的薪酬或其他因素不同），形成控制所要求的投资比例可能会不同。

情况3：投资计划设有董事会，所有董事都独立于主体A，并由其他投资者任命。董事会每年任命资产管理人。如果董事会决定不继任主体A，主体A提供的服务可以由同行业的其他主体接替。主体A自身持有该投资计划20%的份额，主体A没有为该计划的其他投资者提供保证收回初始投资及最低收益率的承诺，主体A没有对超过该20%的投资承担任何额外损失的义务。

在情况3下，主体A收取的管理费以及持有的20%投资使得A承担并有权获取计划的可变回报，并且该回报的量级和可变动性可能表明其是主要责任人，但由独立于主体A的投资者组成的董事会提供了其他投资者罢免主体A的机制，使得其他投资者有可能据此获得罢免主体A的实质性权利。因此，需要综合考虑董事会的构成、决策机制等情况评估该罢免权是否为实质性权利；如果该罢免权属于实质性权利，则在分析主体A是否为代理人时，应给予该项实质性罢免权以更大的权重。因此，本例中，尽管主体A拥有广泛的决策权，并面临重大的可变回报风险，如果综合相关因素判断其他投资者享有实质性罢免权，则表明主体A是代理人。

情况4：在主体A违反合同的情况下，投资者有权罢免主体A。主体A自身持有该投资计划5%的份额，主体A为该投资计划的其他投资者提供了保证收回初始投资的承诺。

在情况4下，主体A拥有对该投资计划的广泛实质性权力，其他投资方拥有的罢免权为保护性权利。尽管主体A通过管理费以及5%的投资面临的可变回报风险不足以表明主体A是主要责任人，但主体A还为计划的其他投资者提供了保证本金的担保，这一安排加大了主体A承担的可变回报风险，同时使主体A所面临的可变回报风险与其他投资者不同。这种情况下，应结合投资计划可能的业绩情况，主要基于投资计划的预期业绩评估主体A承担的可变回报风险，同时考虑主体A承担的可变回报的最大风险，对于主体A承担的可变回报风险作出评估（包括考虑该项可变回报风险的差异是否会影响主体A的行为），从而得出主体A是主要责任人还是代理人的结论。

实务中，还会存在受托经营业务（即标的公司）的情况，在判断受托方是否为标的公司主要责任人时，主要关注对标的公司拥有权力和享有可变回报的认定：一是关于对标的公司拥有权力的认定。在判断是否对标的公司拥有权力时，除日常运营活动相关的权力外，还应当考虑是否拥有主导对标的公司价值产生重大影响的决策事项的能力和权力。例如，部分委托经营协议中约定，标的公司进行重大资产购建、处置、重大投融资行为等可能对标的公司价值具有重大影响的决策时，需经委托方同意。在这种情况下，受托方不具有主导对标的公司价值产生重大影响的活动的权力，不应认定受托方对标的公司拥有权力。又如，部分委托受托经营业务中，委托方或双方并无长期保持委托关系的意图，部分委托协议中赋予当事一方随时终止委托关系的权力等。前述情况下，受托方仅能在较短或不确定的期间内对标的公司施加影响，不应认定受托方对标的公司拥有权力。二是关于享有可变回报的认定。从标的公司获得的可变回报，不仅包括分享的基于受托经营期间损益分配的回报，还应考虑所分享和承担的标的公司整体价值变动的报酬和风险。例如，部分委托经营协议中虽然约定委托期间标的公司损益的绝大部分比例由受托方享有或承担，但若标的公司经营状况恶化则受托方到期不再续约，这表明受托方实际上并不承担标的公司价值变动的主要报酬或风险，不应认为受托方享有标的公司的重大可变回报。又如，部分委托经营协议中虽然约定受托方享有标的公司的可变回报，但对回报的具体计量方式、给付方式等并未作明确约定，有关回报能否实际给付存在不确定性，根据实质重于形式的原则，也不应认定受托方享有可变回报。

▶【例27-6】甲集团进行内部业务重组，将业务具有协同效应的全资子公司乙和子公司丙进行整合。具体形式为：乙公司与甲集团签订托管经营协议，甲集团将丙公司托管给乙公司经营。托管协议主要条款为：托管范围包括丙公司的整体经营权，乙公司不仅拥有对丙公司资产、经营、投资、管理等日常经营活动事项的权力，还拥有包括重大资产购建、处置、重大投融资等事项的决策权力。具体而言，乙公司能够自主决定丙公司董事会等类似权力机构成员和关键管理人员的任命以及丙公司的重大交易等重大事项。托管期限为长期，除经双方协商一致，甲集团不得随意终止委托关系。乙公司不向甲集团收取托管费用。托管期间，丙公司产生的盈利或亏损均由乙公司享受或承担。

本例中，乙公司接受其控股股东甲集团委托，受托管理甲集团旗下丙公司。乙公司全面负责丙公司的生产、经营和管理，包括决定丙公司的生产经营活动、重大的投融资活动，并且拥有对丙公司重大资产的处置权等。委托管理期限为长期，并且未经过乙公司同意，委托方不能单方面终止委托管理关系，因此乙公司拥有对丙公司的权力。乙公司不仅可以获得受托期间生产经营损益的回报，而且通过享有对丙公司重大资产处置和筹资活动的权利，乙公司实质上还享有和承担丙公司内在价值变动的报酬和风险，因此乙公司享有丙公司的可变回报。乙公司通过主导丙公司的董事会等类似权力机构的表决，可以独立地对丙公司的可变回报施加影响。虽然乙公司在法律上的身份是基于委托管理合同的受托方，但乙公司基于合同产生的决策权范围广泛、受托期限长，享有受托期间重大的可变回报且甲集团不享有实质性罢免权，因此乙公司是决策的主要责任人，不是甲集团的代理人。综上，乙公司控制受托管理的丙公司。

5. 权力的一般来源——表决权

投资方对被投资方的权力可能源自各种权利。例如，表决权、委派或罢免有能力主导被投资方相关活动的该被投资方关键管理人员或其他主体的权利、决定被投资方进行某项交易或否决某项交易的权利、由管理合同授予的决策权利。这些权利单独或者结合在一起，可能赋予对被投资方的权力。

通常情况下，当被投资方具有一系列对回报产生重要影响的经营及财务活动，且需要就这些活动连续地进行实质性决策时，表决权或类似权利本身或结合其他安排，将赋予投资者权力。

表决权是对被投资方经营计划、投资方案、年度财务预算方案和决算方案、利润分配方案和弥补亏损方案、内部管理机构的设置、聘任或解聘公司经理及确定其报酬、公司的基本管理制度等事项进行表决而持有的权利。表决权比例通常与其出资比例或持股比例是一致的，但公司章程另有规定的除外。

（1）通过直接或间接拥有半数以上表决权而拥有权力。当被投资方的相关活动由持有半数以上表决权的投资方表决决定，或者主导相关活动的权力机构的多数成员由持有半数以上表决权的投资方指派，而且权力机构的决策由多数成员主导时，持有半数以上表决权的投资方拥有对被投资方的权力。

▶【例27-7】情况1：A企业和B企业分别持有C企业60%和40%的普通股，C企业的相关活动通过股东会议上多数表决权主导，在股东会议上，每股普通股享有一票投票权。假设不存在其他因素，C企业的相关活动由持有C企业大多数投票权的一方主导。因此，如果不存在其他相关因素，A企业拥有对C企业的权力，因其是C企业大多数投票权的持有者。

情况2：A企业和B企业分别持有C企业60%和40%的普通股，C企业的相关活动以董事会会议上多数表决权主导，A企业和B企业根据其享有C企业所有者权益的比例，各自有权任命6名董事和4名董事。因此，如果不存在其他相关因素，A企业拥有对C企业的权力，因其有权任命主导C企业相关活动的董事会的大多数成员。

值得注意的是，在进行控制分析时，投资方不仅需要考虑直接表决权，还需要考虑其持有的潜在表决权以及其他方持有的潜在表决权的影响，进行综合考量，以确定其对被投资方是否拥有权力。

潜在表决权是获得被投资方表决权的权利，例如，可转换工具、认股权证、远期股权购买合同或期权所产生的权利。确定潜在表决权是否给予其持有者权力时，需要考虑的因素包括：在分析控制时，仅考虑满足实质性权利要求的潜在表决权；投资方是否持有其他表决权或其他与被投资方相关的决策权，这些权利与投资方持有的潜在表决权结合后是否赋予投资方拥有对被投资方的权力；潜在表决权工具的设立目的和设计，以及投资方参与被投资方的其他方式的目的和设计，包括分析相关工具和安排的条款和条件，以及投资方接受这些条款和条件的可能性、动机和原因。

▶【例27-8】情况1：A公司与B公司分别持有被投资方70%及30%的表决权。除此之外，根据A公司与B公司签订的期权合同，B公司可以在目前及未来两年内以固定价格购买A公司持有的被投资方50%的表决权。根据该价格，上述期权在目前及预计未来两年内都是深度价外期权（即依据期权合约的条款设计，使得买方B公司到期行权的可能性极小）。历史上，A公司一直通过表决权主导被投资方的相关活动。

这种情况下，B公司目前拥有购买A公司表决权的可行使期权，一旦行使将使B公司拥有被投资方80%表决权。但由于这些期权在目前及预计未来两年内都为深度价外期权，B公司无法从该期权的行使中获利，因此，这些期权并不构成实质性权利，在评估B公司对于被投资方是否拥有权力时不应予以考虑。

情况2：A公司与其他两个投资方各自持有被投资方1/3的表决权。除了权益工具外，A公司同时持有被投资方发行的可转换债券，这些可转换债券可以在目前及未来两年内的任何时间以固定价格转换为被投资方的普通股。按照该价格，目前，该期权为价外期权，但非深度价外。被投资方的经营活动与A公司密切相关。如果可转换债券转换为普通股，A公司将持有被投资方60%的表决权，可以据此主导被投资方的相关活动，从而实现协同效应并从中获益（例如，降低A公司的运营成本、确保稀缺产品的供应等）。这种情况下，A公司持有的潜在表决权为实质性权利。A公司持有的表决权与实质性潜在表决权相结合，使得A公司拥有了对于被投资方的权力。

(2) 持有被投资方半数以上表决权但并无权力。确定持有半数以上表决权的投资方是否拥有权力，关键在于该投资方是否拥有主导被投资方相关活动的现时能力。在被投资方相关活动被政府、法院、管理人、接管人、清算人或监管人等其他方主导时，投资方无法凭借其拥有的表决权主导被投资方的相关活动。因此，投资方此时即使持有被投资方过半数的表决权，也不拥有对被投资方的权力。但是在主动清算的情况下，投资方仍拥有对进入清算阶段的被投资方的权力，能够继续实施控制，仍应将其纳入合并财务报表范围。

如果投资方虽然持有被投资方半数以上表决权，但这些表决权并不是实质性权利时，则投资方并不拥有对被投资方的权力：当其他方拥有现时权利使其可以主导被投资方的相关活动，且该其他方不是投资方的代理人时，则投资方不拥有对被投资方的权力；当投资方所拥有的表决权并非实质性权利时，即使持有多数表决权，投资方也不拥有对被投资方的权力。例如，由于无法获得必要的信息或法律法规方面的障碍，投资方虽持有半数以上表决权但无法行使，则该投资方不拥有对被投资方的权力。

半数以上表决权通过，只是作出决策的通常做法，有些情况下，根据相关章程、协议或其他法律文件，主导相关活动的决策所要求的表决权比例高于持有半数以上表决权的一方持有的表决权比例。例如，被投资方的公司章程规定，与相关活动有关的决策必须由出席会议的投资方所持 2/3 以上的表决权通过。这种情况下，持有半数以上但不足 2/3 表决权的投资方，虽然表决权比例超过半数，但该表决权本身不足以赋予投资方权力，应结合其他因素进行进一步的分析与判断。

（3）直接或间接结合，也只拥有半数或半数以下表决权，但仍然可以通过表决权判断拥有权力。持有半数或半数以下表决权的投资方（或者虽持有半数以上表决权，但仅凭自身表决权比例仍不足以主导被投资方相关活动的投资方），应综合考虑下列事实和情况，以判断其持有的表决权与相关事实和情况相结合是否可以赋予投资方对于被投资方的权力：

①考虑投资方持有的表决权相对于其他投资方持有的表决权份额的大小，以及其他投资方持有表决权的分散程度。与其他方持有的表决权比例相比，投资方持有的表决权比例越高，越有可能有现时能力主导被投资方相关活动。为否决投资方而需要联合一致的行动方越多，投资方越有可能有现时能力主导被投资方相关活动。

▶【例27-9】情况1：A投资者持有被投资者48%的投票权，剩余投票权由数千位股东持有，但除A投资者之外，没有任何股东持有超过1%的投票权，没有任何股东与其他股东达成协议或能够作出共同决策。当以其他股权的相对规模为基础判断所获得的投票权的比例时，A投资者确定48%的权益将足以使其拥有控制权。在这种情况下，A投资者无须考虑权利的任何其他证据，即可以其持有股权的绝对规模和其他股东持有股权的相对规模为基础，确定其拥有充分决定性的投票权以满足权力的标准。

情况2：A投资者持有被投资者40%的投票权，其他12位投资者各持有被投资者5%的投票权，股东协议授予A投资者任免负责相关活动的管理人员及确定其薪酬的权利，若要改变协议，须获得2/3的多数股东表决权同意。在这种情况下，单凭投资者持有的投票权的绝对规模和与其他股东持有的相对规模，无法对投资者是否拥有足以赋予其权力的权利作出结论。但是，股东协议条款赋予A投资者任免管理人员及确定其薪酬的权利，足以说明A投资者拥有对被投资者的权力。

情况3：A投资者持有被投资者45%的投票权，其他两位投资者各持有被投资者26%的投票权，剩余投票权由其他3位股东持有，各占1%。不存在影响决策的其他安排，在这种情况下，只要其他两位投资者联合起来，就能够阻止A投资者主导被投资者的相关活动，A投资者投票权的规模及与其他股东持有的投票权的相对规模，足以得出A投资者不拥有权力的结论。

情况4：A投资者持有被投资者45%的投票权，其他11位投资者各持有被投资者5%的投票权，股东之间不存在合同安排以互相协商或作出共同决策。在这种情况下，单凭投资者持有的投票权的绝对规模和与其他股东持有的相对规模，无法对A投资者是否拥有足以赋予其权力的权利作出结论。应考虑其他可能为A投资者是否拥有权力提供证据的额外事实和情况。

情况5：A投资者持有被投资者35%的投票权，其他3位股东各持有被投资者5%的投票权，剩余投票权由众多股东持有，而没有任何一位股东持有超过1%的投票权，股东之间不存在合同安排以互相协商或作出共同决策，涉及被投资者相关活动的决策须获得股东会议上大多数投票权的批准（在近期的股东会议上被投资者75%的投票权投了票）。在这种情况下，其他股东在近期股东会议上积极参与的事实表明A投资者不具有单方面主导相关活动的实际能力，无论投资者是否因足够数量的其他股东与其作出相同表决而主导了相关活动。

②考虑与其他表决权持有人的协议。投资方自己拥有的表决权不足，但通过与其他表决权持有人的协议使其可以控制足以主导被投资方相关活动的表决权，从而拥有被投资方的权力。该类协议需确保投资方能够主导其他表决权持有人的表决，即其他表决权持有人按照投资方的意愿进行表决，而不是与其他表决权持有人协商根据双方协商一致的结果进行表决。但是如果此类协议带有期限，且期限结束后投资方不拥有对被投资方权力的，很可能表明投资方无法对被投资方可变回报具有重大影响的事项（如重大资产的购建、处置、重大投融资等）进行决策。这种情况下，投资方不具有主导对被投资方价值产生重大影响的活动的权力，不应因此类协议而认定对被投资方拥有控制。

▶【例27-10】情况1：E企业拥有4名股东，分别为A企业、B企业、C企业和D企业，A企业持有E企业40%的普通股，其他3位股东各持有20%。E企业的相关活动由其董事会主导，董事会由6名董事组成，其中3名董事由A企业任命，剩余3名分别由B企业、C企业和D企业任命。A企业和B企业单独签订合同安排，规定B企业任命的董事必须与A企业任命的董事以相同方式进行表决。若不存在其他因素，该合同安排赋予A企业在董事会会议上获得涉及相关活动的大多数投票权，从而使得A企业拥有对E企业的权力，即使A企业并未持有E企业的大多数投票权。

情况2：假定为避免董事审议陷入僵局，股东们签订协议赋予A企业任命的其中1名董事作为董事会主席，并且在董事会会议上享有额外的一票。除此以外，其他事实与情况1一致。在这种情况下，股东协议有效地赋予A企业在董事会会议上获得相关活动的大多数投票权，如果不存在其他因素，这将使A企业拥有对E企业的权力，即使A企业并未持有E企业的大多数投票权。

投资方还应当考虑其与其他各方之间关系的性质以及其他各方是否代表投资方行动，即，识别投资方的"实质代理人"。当投资方或有能力主导投资方活动的一方有能力主导其他方代表投资方行动时，其为投资方的实质代理人。在这种情况下，投资方在评估对被投资方是否存在控制时，应将自身和实质代理人的决策权及其通过实质代理人而间接承担或者享有的可变回报的风险或权利与其自身的实质性权利一并考虑。根据各方关系的性质判断，表明一方可能是投资方的实质代理人的情况包括但不限于：投资方的关联方；因投资方出资或提供贷款而取得其在被投资方中权益的一方；未经投资方同意，不得出售、转让或抵押其持有的被投资方权益的一方（但不包括此项限制系通过投资者和其他非关联方之间通过自愿基础上的协商一致而实现的情形）；没有投资方的财务支持，就不能获得资金来支持经营的一方；该另一方系与投资方的权力机构的多数成员或关键管理人员相同的被投资方；与投资方具有紧密业务联系（如专业服务的提供者与其一家重要客户的关系）的一方。

③考虑其他合同安排产生的权利。投资方可能通过拥有的表决权和其他决策权相结合的方式使其目前有能力主导被投资方的相关活动。例如，合同安排赋予投资方在被投

资方的权力机构中指派若干成员的权利,而该等成员足以主导权力机构对相关活动的决策。又如,投资方可能通过表决权和合同安排给予的其他权利,使其目前有能力主导被投资方的生产活动,或主导被投资方的其他经营和财务活动,从而对被投资方的回报产生重大影响。但是,在不存在其他权利时,仅仅是被投资方对投资方的经济依赖(如供应商和其主要客户的关系)不会导致投资方对被投资方拥有权力。

④如果结合表决权和上述第①至③项所列因素,仍不足以判断投资者能否控制被投资方,则还需要考虑是否存在其他事实或情况,能够证明投资方拥有主导被投资方相关活动的现时能力。例如,投资方能够任命或批准被投资方的关键管理人员,这些关键管理人员能够主导被投资方的相关活动;投资方能够出于自身利益决定或者否决被投资方的重大交易;投资方能够控制被投资方董事会等类似权力机构成员的任命程序,或者从其他表决权持有人手中获得代理投票权;投资方与被投资方的关键管理人员或董事会等类似权力机构中的多数成员存在关联关系;投资方与被投资方之间存在特殊关系,如被投资方的关键管理人员是投资方的现任或前任职工,被投资方的经营活动依赖于投资方,被投资方活动的重大部分有投资方参与其中或者是以投资方的名义进行,投资方自被投资方承担可变回报的风险或享有可变回报的收益的程度远超过其持有的表决权或其他类似权利的比例等。

投资方所持有的被投资方表决权比例越低,否决投资方所提关于相关活动的议案所需一致行动的其他投资者数量越少,投资者为了证明其拥有主导被投资方权力的权利,就需要在更大程度上证明存在这些"其他事实或情况"。

对于被投资方的相关活动通过表决权进行决策,而投资方持有的表决权比例不超过半数的情况,如果投资方在综合考虑了所有相关情况和事实后仍不能确定是否拥有被投资方的权力,则投资方不控制被投资方。

▶【例27-11】情况1:B公司为A公司的第一大股东,其对A公司的持股比例为40%,A公司剩余股东的持股比例高度分散。除B公司外,A公司的其他前十大股东的单家持股比例均小于3%,合计不超过10%。剩余股东持股比例均小于0.1%。A公司的各股东之间不存在关联关系。A公司的各股东均未持有潜在表决权。

A公司董事会由9名董事组成,其中3名为独立董事。B公司有权向A公司提名4名非独立董事,其中一名任A公司董事长,另一名任A公司副董事长。A公司董事长同时兼任B公司的董事长,A公司的一名董事同时兼任B公司的总经理。A公司最高权力机构为股东会,与A公司相关活动有关的重大决议应由出席股东会的股东所持表决权的1/2以上表决通过。A公司董事会在股东会授权范围内,负责拟定与A公司相关活动有关的议案并报股东会批准,执行股东会的决议。在历年的股东会中,出席股东会的股东所持的表决权总数未超过47%。

在情况1中,A公司的相关活动通过股东会半数以上的表决权所主导,然而,B公司所持表决权仅为40%,未超过半数。因此,B公司在确定其是否有主导A公司相关活动的权力时,应综合考虑如下因素:

一是各方持有的潜在表决权。本例中,A公司的各股东均未持有潜在表决权。

二是投资方持有的表决权比例与其他方持有的表决权比例和分散程度的比较。B公司持股比例虽然不足半数,但是其他前十大股东的单家持股比例均小于3%,合计小于10%。剩余股东持股比例均小于0.1%。因此,B公司的持股比例相对其他股东而言较大,并且其他股东持股比例的分散程度较高。

三是来源于其他合同安排的权利。本例中,除公司章程规定外,A公司的各股东均未持有其他合同安排的权利。

四是其他事实或情况。A公司的9名董事当中有4名非独立董事由B公司提名,且一名董事任A公司董事长,另一名任副董事长。由此可见,B公司除直接持有表决权外,还可以通过任命对B公司相关活动有重大影响力的关键人员来获取权利。此外,A公司董事长还同时兼任B公司的董事长,A公司的一名董事还同时兼任B公司的总经理。由此可见,A、B公司之间除股权关系外,还存在核心管理层交叉的情况。另外,与A公司相关活动有关的重大决议应由出席股东会的股东所持表决权的1/2以上表决通过。A公司历年来的股东会中,出席股东会的股东所持的表决权总数未超过47%。B公司所持40%的表决权已经超过了出席股东会的股东所持过半数的表决权。

综上考虑,B公司认定其具有对A公司的权力。

情况2:A公司的第二、第三及第四大股东的持股比例分别为12%、10%及8%,其他股东持股比例均小于1%。在历年的股东会中,出席股东会的股东所持的表决权总数约88%。除此以外,其他事实与情况1一致。

在情况2下,B公司对A公司的持股比例相对其他股东而言,并不显著高于其他股东。B公司虽然为第一大股东,但第二、第三及第四大股东持股比例合计达到30%,已经接近于第一大股东40%的持股比例。此外,A公司历年来的股东会中,出席股东会的股东所持的表决权总数约为88%。B公司所持40%的表决权也未能超过出席股东会的股东所持过半数的表决权。

综合考虑,B公司并不具有对A公司的权力。

6. 权力来自于表决权以外的其他权利——来自合同安排

在某些情况下,某些主体的投资方对其的权力并非源自于表决权(例如,表决权可能仅与日常行政活动工作有关),被投资方的相关活动由一项或多项合同安排决定,如合伙企业、资产管理计划、资产支持证券、基金、理财产品等结构化主体。

结构化主体,是指在确定其控制方时没有将表决权或类似权利作为决定因素而设计的主体。通常情况下,结构化主体在合同约定的范围内开展业务活动,表决权或类似权利仅与行政性管理事务相关。

结构化主体通常具有下列特征中的多项或全部:

(1)业务活动范围受限。通常情况下,结构化主体在合同约定的范围内开展业务活动,业务活动范围受到了限制。例如,从事信贷资产证券化业务的结构化主体,在发行资产支持证券募集资金和购买信贷资产后,根据相关合同,其业务活动是将来源于信贷资产的现金向资产支持证券投资者分配收益。

(2)有具体明确的目的,且目的比较单一。结构化主体通常是为了特殊目的而设立的主体。例如,有的企业发起结构化主体是为了将企业的资产转让给结构化主体以迅速回收资金,并改变资产结构来满足资产负债管理的需要;有的企业发起结构化主体是为了满足客户特定的投资需求，吸引到更多的客户；还有的企业发起结构化主体是为了专门从事研究开发活动，或开展租赁业务等。

（3）股本（如有）不足以支撑其业务活动，必须依靠其他次级财务支持。次级财务支持是指承受结构化主体部分或全部预计损失的可变收益，其中的"次级"代表受偿顺序在后。股本本身就是一种次级财务支持，其他次级财务支持包括次级债权、对承担损失作出的承诺或担保义务等。通常情况下，结构化主体的股本占资产规模的份额较小，甚至没有股本。当股本很少或没有股本，不足以支撑结构化主体的业务活动时，通常需要依靠其他次级财务支持来为结构化主体注入资金，支撑结构化主体的业务活动。

（4）通过向投资者发行不同等级的证券（如分级产品）等金融工具进行融资，不同等级的证券，信用风险及其他风险的集中程度也不同。例如，以发行分级产品的方式融资是对各级产品的受益权进行了分层配置。购买优先级的投资者享有优先受益权，购买次级的投资者享有次级受益权。投资期满后，投资收益在逐级保证受益人本金、预期收益及相关费用后的余额归购买次级的投资者，如果出现投资损失，先由购买次级的投资者承担。由于不同等级的证券具有不同的信用风险、利率风险或流动性风险，发行分级产品可以满足不同风险偏好投资者的投资需求。

由于结构化主体的权力并非源自于表决权或类似权利，并且通常还具备上述典型的常见特征，这无形中加大了投资方分析此类主体的相关活动和是否对该类主体具有权力的判断难度。投资方在判断能否控制结构化主体时，还需要结合下列四项因素进行进一步的分析：

①在设立被投资方时所作出的决策及投资方对其设立活动的参与度。投资方需考虑其是否参与设计被投资方的设立，考虑被投资方初始设立时作出的决策，以评估该参与以及交易的相关安排是否为投资方提供了足够权利使其拥有对被投资方的权力。参与被投资方的初始设立，其本身虽不足以表明参与方控制被投资方，但该参与可能使投资方有机会获得使其拥有对被投资方权力的权利。通过评价被投资方的初始设立时所作的决策，可有助于确定交易条款是否为某参与者提供了足以构成权力的权利。另外，此类主体在设立后的动作过程中，其法律上的权力机构所表决的事项往往仅仅与行政事务相关，表决权对其投资方的回报往往不具备直接和重大关联。在这种情况下，投资方在分析其目的和设计时，应考虑其被专门设计来承担何种的可变性，投资方通过参与其相关活动是否承担了部分或全部的可变性。可变性既包括下行风险也包括上行收益。

②考虑其他相关合同安排。投资方需考虑此类主体初始设立时的合同安排是否赋予投资方掌控与被投资方密切相关的活动的权利。例如，看涨期权、看跌期权、清算权及其他可能为投资方提供权力的合同安排。当这些合同安排所涉及的活动与此类主体密切相关时，即使该等活动并未在此类主体的法律框架内发生，而是在其他主体中发生，该等活动也应被视为是形成此类主体的相关活动的有机组成部分。因此，投资方在与该等活动相关的合同安排中，投资方明确或者没有明确地享有的决策权均需要进行详细的评估。

③考虑仅在特定情况或事项发生时开展的活动。对于某些此类主体而言，其仅在

某些特定情况或者事项发生时才发生相关活动。这些主体的设计使其明确按照既定的流程和安排开展某些固定的活动且其相应的回报也是可确定的，除非发生某些特定情况或事项。在这种情况下，只有在发生这些特定情况或事项时，此类主体所开展的对其回报具有重大影响的活动相关的决策才是其相关活动。相应地，对相关活动具有决策权的投资方才享有权力。投资方享有权力并不依赖于这些特定情况或事项已经发生的事实。决策权依赖于特定情况或特定事件发生这一事实本身也并不表示该权利为保护性权利。

④投资方对被投资方作出的承诺。为确保此类主体持续按照原定设计和计划开展活动，投资方可能会作出明示或暗示的承诺。上述承诺可能会放大投资方可变回报的风险敞口，因而促使投资方更有动机获取足够多的权利，使其获得主导被投资方的权力。因此，投资方作出确保此类主体遵守原定设计经营的承诺可能是投资方拥有控制权力的迹象，但是其本身并不足以证明权力必然存在或阻止其他方拥有权力。

实务中，商业银行及其子公司（以下统称商业银行）发行多种形式的理财产品。商业银行应当判断是否控制其发行的理财产品。如果商业银行控制该理财产品，应当将该理财产品纳入合并范围。

商业银行在判断是否控制其发行的理财产品时，应当综合考虑其本身直接享有以及通过所有子公司（包括控制的结构化主体）间接享有权利而拥有的权力、可变回报及其联系。分析可变回报时，至少应当关注下列方面：

可变回报通常包括商业银行因向理财产品提供管理服务等获得的决策者薪酬和其他利益。前者包括各种形式的理财产品管理费（含各种形式的固定管理费和业绩报酬等），还可能包括以销售费、托管费以及其他各种服务收费的名义收取的实质上为决策者薪酬的收费；后者包括各种形式的直接投资收益，提供信用增级或支持等而获得的补偿或报酬，因提供信用增级或支持等而可能发生或承担的损失，与理财产品进行其他交易或者持有理财产品其他利益而取得的可变回报，以及销售费、托管费和其他各种名目的服务收费等。其中，提供的信用增级包括担保（例如保证理财产品投资者的本金或收益、为理财产品的债务提供保证等）、信贷承诺等；提供的支持包括财务或其他支持，例如流动性支持、回购承诺、向理财产品提供融资、购买理财产品持有的资产、同理财产品进行衍生交易等。

商业银行在分析享有的可变回报时，不仅应当分析与理财产品相关的法律法规及各项合同安排的实质，还应当分析理财产品成本与收益是否清晰明确，交易定价（含收费）是否符合市场或行业惯例，以及是否存在其他可能导致商业银行最终承担理财产品损失的情况等。商业银行应当慎重考虑其是否在没有合同义务的情况下，对过去发行的具有类似特征的理财产品提供过信用增级或支持的事实或情况，至少包括下列几个方面：

（1）提供该信用增级或支持的触发事件及其原因，以及预期未来发生类似事件的可能性和频率。

（2）商业银行提供该信用增级或支持的原因，以及作出这一决定的内部控制和管理流程；预期未来出现类似触发事件时，是否仍将提供信用增级和支持（此评估应当基于商业银行对于此类事件的应对机制以及内部控制和管理流程,且应当考虑历史经验)。

(3)因提供信用增级或支持而从理财产品获取的对价,包括但不限于该对价是否公允,收取该对价是否存在不确定性以及不确定性的程度。

(4)因提供信用增级或支持而面临损失的风险程度。如果商业银行根据控制的三要素判断对所发行的理财产品不构成控制,但在该理财产品的存续期内,商业银行向该理财产品提供了合同义务以外的信用增级或支持,商业银行应当至少考虑上述各项事实和情况,重新评估是否对该理财产品形成控制。经重新评估后认定对理财产品具有控制的,商业银行应当将该理财产品纳入合并范围。同时,对于发行的具有类似特征(如具有类似合同条款、基础资产构成、投资者构成、商业银行参与理财产品而享有可变回报的构成等)的理财产品,商业银行也应当按照一致性原则予以重新评估。

▶【例27-12】A公司为一家小额贷款公司,其发起设立主体C,A公司向主体C转让一个资产池,其中包含多笔A公司向不同的第三方发放的期限在12个月内的小额贷款。主体C向众多第三方投资者发行一项资产管理计划,计划存续期为3年,存续期内分期发行,每期期限为1年。计划的基础资产为主体C向A公司购买的资产池。第三方投资者共认购该计划75%的份额(每个单一投资者认购的比例都小于0.5%),A公司认购剩余25%的份额。

根据主体C初始设立时订立的章程和协议安排,主体C唯一的经营活动是按照既定的还款计划向贷款人收取本金和利息,并在收到款项后,在既定时间内扣除按与市场水平相当的费率计算的固定比例手续费后,将款项按份额比例支付给各个投资方。主体C日常活动的事务,例如人事、财务、行政等管理事务等均由与A公司和主体C不存在关联公司的第三方资产管理公司B负责管理并按市价收取管理费。计划存续期间的所有相关资金流均由独立于各方的第三方银行D托管并按市价收取资金托管费。

如果主体C在既定还款时间收取既定的款项,主体C则按照投资者的投资比例将收取的款项分配给投资者。如果主体C未能在既定的还款时间内收取既定的款项,主体C则先将已收取的款项按等比例分配后支付给除A公司以外的投资者,剩余部分再支付给A公司。当应收款出现违约时,A公司有权根据违约时间、抵押品情况、违约方信用等级来调整主体C下一步的收款计划。当已收取的款项已经无法向除A公司以外的投资方进行足额支付时,主体C将会按照某个事先约定的价格将应收款项全部出售给A公司,由A公司开展进一步的收款或者债务重组安排。

本例中,第一,应先识别出被投资方为主体C,A公司参与了主体C的初始设立。主体C设立的目的是管理和回收A公司发放的小额贷款。A公司在创设主体C时的安排,例如,认购计划的相对较大部分的份额(25%)、承担劣后偿付的风险(如果未能在既定的还款时间内收取既定的款项,主体C先将已收取的款项按等比例分配后支付给除A公司以外的投资者,剩余部分再支付给A公司)以及A公司向主体C签出以固定价格行权的看跌期权统统显示出A公司承担了重大的可变性,其有足够的动机要获取对主体C的权力。

第二,主体C的相关活动是对违约应收款的管理活动。理由:一是主体C在应收款违约之前的活动仅仅是按照固定的还款计划向贷款人收取预先确定的款项并过手转交给投资方并收取固定比例的收款手续费,在款项违约前,主体C的回报不存在重大不确定性;二是在应收款出现违约时,如何根据实际情况管理违约应收款并调整收款计划,以及按照固定价格将应收款出售给A公司会对主体C的回报产生重大影响。因此,主体C的相关活动是对违约应收款的管理活动,即使应收款出售给A公司后,进一步管理违约资产的活动由A公司开展而并非在主体C的法律框架下开展。

第三,在识别出主体C的相关活动后,在评估投资方对主体C的权力时,只应考虑与管理违约应收款相关的权利,尽管该权力只会在应收款发生违约的特定情况下才会被运用。很明显,本例中,当应收款出现违约时,A公司有权根据违约时间、抵押品情况、违约方信用等级来调整主体C下一步的收款计划或者债务重组安排,因此,A公司享有对主体C的权力。

第四,由于A公司认购了主体C发行资产计划25%的份额,由此承担了由于主体C应收款无法收回时的损失本金和利息的重大风险。此外,A公司认购的份额还属于劣后偿付级别且向主体C签出按照固定价格回购应收款的看跌期权,与其他的投资方相比,A公司承担了更加重大的可变性。

第五,A公司承担的可变回报与其对主体C所拥有的权力密切相关。本案例中,A公司通过行使其对主体C所拥有的权力主导主体C的相关活动——对违约应收款的管理活动,这一权力的实际行使情况将直接影响到A公司从主体C可获得的可变回报。

综上,A公司享有对主体C的控制权,应将主体C纳入合并范围。

▶【例27-13】2×20年4月,甲证券公司(以下简称甲公司)设立A集合资产管理计划(以下简称A资管计划),并同时决定了该计划的目标规模、托管人等事项。乙银行是该资管计划的托管人。甲公司自2×20年4月1日起向客户推广A资管计划,并于当日结束推广。A资管计划的所有募集资金全部划入托管人乙银行开立的A资管计划托管专户。A资管计划本次募集资金的优先级投资人的投入金额为人民币1.8亿元;甲公司作为计划管理人,以自有资金购买全部风险级份额,金额为人民币0.2亿元,占本次资管计划所有募集金额的10%。

根据《A集合资产管理计划资产管理合同》,A资管计划的投资以固定收益类资产投资为主,优选高收益的优质债券,比如国债、地方政府债、优良的公司债等,以及保本浮动收益商业银行理财计划、银行存款等,并构建投资组合,在严格控制风险的前提下,力求获取超额的投资收益。相关合同约定,资管计划成立时,风险级份额净值与资管计划份额总净值的比例不低于10:100;存续期内,风险级份额净值与资管计划份额总净值的比例不低于4:100,否则甲公司需在10个工作日内以自有资金补充投入需增加的风险级份额。

该资管计划的优先级份额自资管计划成立后每满1个月开放一次。每期优先级份额发行前,甲公司综合考虑风险级份额净值目前的占比情况以及自有资金可用头寸,以确定是否发行新的优先级份额,并确定本期的优先级预期收益率及规模上限等。资管计划存续期内,风险级份额可以在满足合同约定的风险级份额占比条件下,在持有满12个月后的每个开放期的首个工作日办理退出业务。

资管计划投资当期出现净亏损时,风险级份额不进行收益分配;资管计划风险级份额应保障优先级份额的约定收益（即由甲公司定期制定并提前公布的每期预期收益率），并每月对优先级份额进行分配。如果当期投资有超额收益，甲公司享有全部超额收益。甲公司持有该资管计划风险级投资的全部份额，以风险级份额对应的全部资产为各期优先级客户的预期收益及本金回收提供有限保障。根据甲公司的估计，风险级投资所占份额足以吸收该资管计划可能发生的所有损失。甲公司按前一日资管计划资产净值的1.5%的年费率收取管理费。

根据该资管计划截至2×20年底所公布的8期收益结果来看，有3期实际收益率低于甲公司事先设定的预期收益率，但甲公司仍按原设定的预期收益率实际分配给优先级投资人，即甲公司在实际执行时以自己的风险级份额对应的资产及收益来保证优先级投资人的预期收益及本金的回收。截至2×20年12月31日，该资管计划的优先级份额净值为18亿元，风险级份额净值为7 500万元。

本例中，（1）从被投资方的设立目的和设计来看，A资管计划的设立目的是运用所募集资金，选择比较优质的债权投资及其他收益较为固定、风险较低的投资，以获取较高收益。

（2）从被投资方的相关活动以及相关活动的决策过程来看，基于资管计划的设立目的，A资管计划的主要经济活动是将募集资金进行债权投资等，以获取收益。因此，其相关活动是决定募集资金的规模、确定投资项目及每一期的预期收益并进行分配。而根据相关文件规定，该等相关活动，均由甲公司对该计划的运营状况进行分析后作出决策。

（3）从投资方享有的权利是否使其目前有能力主导被投资方的相关活动来看，从上述被投资方的相关活动及其决策过程的分析可见，甲公司作为管理人在确定投资范围、作出投资决策及确定每一期优先级收益率方面拥有全部决策权，而优先级投资者不享有该权利。优先级投资人没有罢免或替换该计划管理人（即甲公司）的权利。因此，甲公司对该资管计划拥有权力。

（4）从评估投资方是否享有可变回报来看，甲公司作为管理人，按前一日资管计划资产净值的1.5%的年费率收取管理费，这与市场上固定收益类资管计划的管理者薪酬相仿。甲公司的可变回报来自于其收取的管理费、在资管计划中投资的份额（10%~4%不等）所带来的收益、享有所有的超额收益以及对优先级投资者的投资补偿承诺。因此，甲公司享有资管计划的可变回报。

（5）从权力与回报之间是否相关来看，由于甲公司作为该资管计划的管理人，对于该资管计划的相关活动具有决策权，同时作为风险级投资人首先承担了资管计划的下行风险同时享有所有的超额回报，所以甲公司可以运用其所享有的决策权影响其可变回报。

（6）从投资方与其他方的关系来看，根据协议，优先级投资人不能罢免管理人（即甲公司），因此不存在一个罢免甲公司的机制。同时，基于前述上述内容的分析，可以看出甲公司享有的决策权是广泛且实质的；甲公司因持有该资管计划其他权益，享有的超额收益以及对优先级投资者的投资补偿承诺，所承担的可变回报的风险是实质的，甲公司作为风险级投资者，首先承担了该资管计划投资的信用风险和流动性风险，并且甲公司的投资足以吸收该资管计划可能发生的所有损失，因此其面临的可变回报风险与优先级投资者显著不同。所以，甲公司判断其是决策的主要责任人。

综上，甲公司拥有对 A 资管计划的权力，享有可变回报，并有能力运用其权力影响其回报，因此甲公司控制 A 资管计划。

▶【例 27-14】乙证券公司（以下简称乙公司）发起设立一项资产管理计划并担任管理人，该资产管理计划的募集资金用于投资上市公司小额股票质押贷款组合。资产管理计划分为优先级份额和劣后级份额，存续期内优先级份额与劣后级份额的比例不超过 9∶1。优先级份额设有预期年化收益率，享有优先分配权；劣后级份额不设固定收益率，用于吸收初始损失以保护优先级投资者，并获取所有剩余回报。由于投资的基础资产有较好的质押物增信，按照过往经验数据，乙公司预计来自质押贷款发行方的信用风险和投资组合管理相关利率风险的整体风险波动导致本金亏损达到 10% 以上的可能性极小。

乙公司作为资产管理人，根据资产管理计划的资金募集说明书设定的投资政策进行决策，以投资者利益最大化管理该资产组合。乙公司按照资产管理计划资产净值的 1% 加上达到特定盈利水平后资产管理计划投资利润的 10% 收取管理费，该管理费符合市场和行业惯例，与乙公司提供的服务相称。乙公司同时持有资产管理计划 35% 的劣后级份额，剩下 65% 的劣后级份额和所有优先级份额被众多分散且非关联第三方投资方持有。其他投资方可以通过简单多数表决无理由地罢免资产管理人。

本例中，乙公司作为资产管理人获取固定费用和与业绩挂钩的费用，这些费用与其提供的服务相称，其收取的报酬使得其对增加基金价值的利益与其他投资方的利益一致。同时，由于乙公司持有 35% 的劣后级份额并获取相应报酬，其因管理资产管理计划相关活动享有或承担重大可变回报及其波动风险。乙公司尽管需要根据被投资方的资管计划募集说明书设定的政策进行运营，但目前有能力作出能够对被投资方回报产生重大影响的投资决策，且因为其他投资方持有的罢免权被大量分散且非关联第三方的投资方所持有，此项罢免权利在控制分析中影响不大。本例中，乙公司重点关注因其劣后于优先级份额的劣后级权益份额承担的基金回报可变性敞口，其持有 35% 的权益使得承担被投资方损失和享有其回报权利的次级敞口重大到足以表明乙公司是主要责任人。综上，乙公司控制该资产管理计划。

如果本例中，资产管理计划募集的资金用于股权性投资或其他风险波动较大投资，且 10% 的劣后级权益可能无法吸收资产管理计划几乎所有的风险敞口，在此情况下需要根据资产管理计划的预期收益及波动性等综合因素进行分析，是否控制资产管理计划的结论可能会有所不同。

7. 权力与回报之间的联系

投资方必须不仅拥有对被投资方的权力和因涉入被投资者而承担或有权获得可变回报，而且要有能力使用权力来影响因涉入被投资者而获得的投资方回报。只有当投资方不仅拥有对被投资方的权力、通过参与被投资方的相关活动而享有可变回报，并且有能力运用对被投资方的权力来影响其回报的金额时，投资方才控制被投资方。

另外，会计准则对于"控制"的定义和判断并不拘泥于被投资单位的法律形式。学校、养老院及医疗机构等非营利性组织无法进行利润分配，也并不必然代表投资方无法获取可变回报。投资方需要结合非营利性组织的设立目的、对非营利性组织日常活动拥有的权力、享有的相关经济利益（例如，产品销售利得、收取管理费、收取技术许可使用费等）等进行判断。

二、纳入合并范围的特殊情况——对被投资方可分割部分的控制

投资方通常应当对是否控制被投资方整体进行判断。但在少数情况下，如果有确凿证据表明同时满足下列条件并且符合相关法律法规规定的，投资方应当将被投资方的一部分视为被投资方可分割的部分，进而判断是否控制该部分（可分割部分）：

（1）该部分的资产是偿付该部分负债或该部分其他利益方的唯一来源，不能用于偿还该部分以外的被投资方的其他负债。

（2）除与该部分相关的各方外，其他方不享有与该部分资产相关的权利，也不享有与该部分资产剩余现金流量相关的权利。

实质上该部分的所有资产、负债及其他相关权益均与被投资方的剩余部分相隔离，即该部分的资产产生的回报不能由该部分以外的被投资方其他部分享有，该部分的负债也不能用该部分以外的被投资方资产偿还。

如果被投资方的一部分资产和负债及其他相关权益满足上述条件，构成可分割部分，则投资方应当基于控制的判断标准确定其是否能控制该可分割部分，考虑该可分割部分的相关活动及其决策机制，投资方是否目前有能力主导可分割部分的相关活动并据以从中取得可变回报。如果投资方控制可分割部分，则应将其进行合并。在此情况下，其他方在考虑是否合并被投资方时，应仅对被投资方的剩余部分进行控制及合并的评估，而将可分割部分排除在外。

▶【例27-15】A公司为有限责任公司，专门从事房地产开发项目，其主要经营活动为在B地块上开发住宅和商业地产项目。B地块的开发分三期执行，各期地块的开发成本和销售收入分设三个独立子账套进行单独核算管理，但与各期开发相关的开发支出均由A公司作为同一法人主体进行清偿，各期项目相关的土地增值税及所得税等相关税收也均由A公司作为同一纳税主体进行统一申报和清算。各地块的相关经营决策互相独立，其经营损益分别归属于不同的权利人。

本例中，虽然各期开发项目区分了三个账套进行独立核算管理，然而，这并不足以说明其中一期开发项目的有关资产、负债和权益均与其余各期的剩余部分相隔离。各期开发支出和相应税负仍以A公司作为单一主体进行清偿就表明某期资产并非仅承担与该期资产相关的负债，某期资产也并非是该期开发相关的负债的唯一支付来源。因此，本例中的各期开发项目并非是可分割的部分，不应被认定为可分割部分。

三、合并范围的豁免——投资性主体

（一）豁免规定

母公司应当将其全部子公司（包括母公司所控制的被投资单位可分割部分、结构化主体）纳入合并范围。但是，如果母公司是投资性主体，则只应将那些为投资性主体的投资活动提供相关服务的子公司纳入合并范围，其他子公司不应予以合并，母公司对其他子公司的投资应当按照以公允价值计量且其变动计入当期损益的金融资产进行核算。

一个投资性主体的母公司如果其本身不是投资性主体，则应当将其控制的全部主体，

包括投资性主体以及通过投资性主体间接控制的主体,纳入合并财务报表范围。

除上述情况外,不允许有其他情况的豁免。

例如,甲公司在2×20年报告期内处置了唯一的子公司,并且于2×20年12月31日已经没有子公司,是否需要编制2×20年合并财务报表？本例中,甲公司在报告期内处置子公司,应当将该子公司期初至处置日的收入、费用、利润纳入合并利润表,将该子公司期初至处置日的现金流量纳入合并现金流量表,编制合并资产负债表时不应当调整合并资产负债表的期初数。因此,甲公司应当按照本章的有关规定,编制2×20年合并财务报表。

（二）投资性主体的定义

当母公司同时满足以下三个条件时,该母公司属于投资性主体:

（1）该公司以向投资方提供投资管理服务为目的,从一个或多个投资者获取资金。这是投资性主体与其他主体的显著区别。

（2）该公司的唯一经营目的,是通过资本增值、投资收益或两者兼有而让投资者获得回报。投资性主体的经营目的一般可能通过其设立目的、投资管理方式、投资期限、投资退出战略等体现出来,具体表现形式可以是通过募集说明书、公司章程或合伙协议以及所发布的其他公开信息。例如,如果一个基金在募集说明书中说明其投资的目的是为了实现资本增值、一般情况下的投资期限较长、制定了比较清晰的投资退出战略等,则这些描述与投资性主体的经营目的是一致的;反之,如果该基金的经营目的是与被投资方合作开发、生产或者销售某种产品,则其不是投资性主体。

（3）该公司按照公允价值对几乎所有投资的业绩进行计量和评价。对于投资性主体而言,相对于合并子公司财务报表或者按照权益法核算对联营企业或合营企业的投资,公允价值计量所提供的信息更具有相关性。公允价值计量体现在:在企业会计准则允许的情况下,在向投资方报告其财务状况和经营成果时应当以公允价值计量其投资;向其关键管理人员提供公允价值信息,以供他们据此评估投资业绩或作出投资决策。但是,投资性主体没必要以公允价值计量其固定资产等非投资性资产或其负债。

（三）投资性主体的特征

投资性主体通常应当符合下列四个特征:

（1）拥有一个以上投资。投资性主体通常会同时持有多项投资,以分散风险,但通过直接或间接投资于另一个持有多项投资的投资性主体的,也可能是投资性主体。另外,当投资性主体刚设立、尚未寻找到多个符合要求的投资项目,或者刚处置了部分投资、尚未进行新的投资,或者正处于清算过程中时,也有可能仅持有一项投资。

（2）拥有一个以上投资者。典型的投资性主体通常拥有多个投资者,多个投资者通过投资性主体集中资金,以获取单个投资者可能无法单独获取的投资管理服务和投资机会。拥有多个投资者使投资性主体或其集团成员获取除资本增值、投资收益以外的收益的可能性减小。一个投资性主体在过渡期也可能只有一个投资者。例如,当投资性主体刚刚设立、正在积极识别合格投资者,或者原持有的权益已经赎回、正在寻找新的投资者,或者处于清算过程中时,或者是为了代表或支持一个较大的投资者集合的利益而设立的（如某企业设立的年金基金），也有可能仅拥有一个投资者。

（3）投资者不是该主体的关联方。投资性主体通常拥有若干投资者，这些投资者既不是其关联方，也不是该投资主体所在集团的成员，这一情况使投资性主体或其集团成员获取除资本增值和投资收益以外的收益的可能性减小；反之，一个主体的投资方中包括了与该主体存在关联关系的投资方，则该主体或者关联投资方更有可能存在除了获取资本增值或者投资收益之外的其他投资目的，在这种情况下，需要更为谨慎的判断和确凿的证据来证明其唯一的经营目的是取得资本增值或投资收益或两者兼有。但是，关联投资者的存在并非表明该主体一定不是投资性主体。例如，某基金的投资方之一可能是该基金的关键管理人员出资设立的企业，其目的是更好地激励基金的关键管理人员，这一安排并不影响该基金符合投资性主体的定义。

（4）该主体的所有者权益以股权或类似权益存在。一个投资性主体并不一定必须是单独的法律实体，但无论其采取什么样的法律形式，其所有者权益应该采取股份、合伙权益或者类似权益份额的形式，且净资产按照所有者权益比例份额享有。然而，拥有不同类型的投资者，并且其中一些投资者可能仅对某类或某组特定投资拥有权利，或者不同类型的投资者对净资产享有不同比例的分配权的情况，并不说明该主体不是一个投资性主体。

可见，上述特征仅仅是投资性主体的常见特征，当主体不完全具备上述四个特征时，需要审慎评估，判断是否有确凿证据证明虽然缺少其中一个或几个特征，但该主体仍然符合投资性主体的定义。

▶【例27-16】A技术公司设立B高新技术基金，该基金专门投资于高新技术创业公司从而获取资本增值。A技术公司持有B高新技术基金80%的权益并且控制该基金，该基金其余20%的权益由其他10个不相关投资者持有。A技术公司同时持有以公允价值购买B基金所持有投资的选择权，如果行使该选择权，A技术公司从B基金所持被投资方开发的技术中受益。B基金没有明确的退出投资的计划，且B基金由该基金投资者代理人作为投资顾问管理。

本例中，即使B基金的经营目的是为资本增值而进行投资，并向其投资者提供投资管理服务，B基金也不是投资性主体，主要原因如下：一是A公司持有购买B基金持有投资的选择权，B基金被投资方开发的资产将使A技术公司受益，这样，除本增值外，B基金还提供了其他利益；二是B基金的投资计划不包括作为权益投资的投资退出战略，A技术公司持有的选择权并非由B基金控制，也不构成退出战略。

（四）因投资性主体转换引起的合并范围的变化

当母公司由非投资性主体转变为投资性主体时，除仅将为其投资活动提供相关服务的子公司纳入合并财务报表范围编制合并财务报表外，企业自转变日起对其他子公司不应予以合并，其会计处理参照部分处置子公司股权但不丧失控制权的处理原则：终止确认与其他子公司相关资产（包括商誉）及负债的账面价值，以及其他子公司相关少数股东权益（包括属于少数股东的其他综合收益）的账面价值，并按照对该子公司的投资在转变日的公允价值确认一项以公允价值计量且其变动计入当期损益的金融资产，同时将对该子公司的投资在转变日的公允价值作为处置价款，其与当日合并财务报表中该子公司净资产（资产、负债及相关商誉之和，扣除少数股东权益）的账面价值之间的差额，调整资本公积（资本溢价或股本溢价），资本公积不足冲减的，依次冲减盈余公积和未分配利润。

当母公司由投资性主体转变为非投资性主体时，应将原未纳入合并财务报表范围的子公司于转变日纳入合并财务报表范围，将转变日视为购买日，原未纳入合并财务报表范围的子公司于转变日的公允价值视为购买的交易对价，按照非同一控制下企业合并的会计处理方法进行会计处理。

四、控制的持续评估

控制的评估是持续的，当环境或情况发生变化时，投资方需要评估控制的两个基本要素中的一个或多个是否发生了变化。如果有任何事实或情况表明控制的两项基本要素中的一个或多个发生了变化，投资方应重新评估对被投资方是否具有控制。

如果对被投资方的权力的行使方式发生变化，该变化必须反映在投资方对被投资方权力的评估中。例如，决策机制的变化可能意味着投资方不再通过表决权主导相关活动，而是由其他方通过协议或者合同赋予的其他权利来主导相关活动。

某些事件即使不涉及投资方，也可能导致该投资方获得或丧失对被投资方的权力。例如，其他方以前拥有的能阻止投资方控制被投资方的决策权到期失效，则可能使投资方因此而获得权力。

投资方应考虑因其参与被投资方相关活动而承担的可变回报的风险敞口的变化带来的影响。例如，如果拥有权力的投资方不再享有可变回报（如与业绩相关的管理费合同到期），则该投资方会因此而丧失对被投资方的控制。再如，某资产管理计划的管理人原持有该计划5%的份额，并收取按照该计划的利润的一定比例的管理费，其获得的可变回报的规模表明该管理人只是一个代理人，之后，由于该资产管理计划的几个重要投资者的退出，管理人的持有份额上升，加上管理费之后可变回报的相对比例大幅上升，体现出主要责任人的特点，从而该管理人需要持续评估其是否控制该资产管理计划。

投资方还应考虑其作为代理人或主要责任人的评估是否发生了变化。投资方与其他方之间整体关系的变化可能意味着原为代理人的投资方不再是代理人；反之亦然。例如，如果投资方或其他方的权利发生了变化，投资方应重新评估其代理人或主要责任人的身份。

投资方初始评估控制的结果，或者初始评估其是主要责任人或代理人的结果，不会简单地因为市场情况的变化（如因市场情况的变化导致被投资方的回报发生变化）而变化，除非市场情况的变化导致了控制两个要素的一个或多个的改变，或导致主要责任人与代理人之间的整体关系的改变。

第二节 合并财务报表编制原则、前期准备事项及程序

一、合并财务报表的编制原则

合并财务报表作为财务报表，必须符合财务报表编制的一般原则和基本要求。这些基本要求包括真实可靠、内容完整。与个别财务报表相比，合并财务报表又具有下列特点：一是反映的对象是由母公司和其全部子公司组成的会计主体；二是编制者是母公司，但所对应的会计主体是由母公司及其控制的所有子公司所构成的企业集团；三是合并财务报表是站在合并财务报表主体的立场上，以纳入合并范围的企业个别财务报表为基础，根据其他有关资料，抵销母公司与子公司、子公司相互之间发生的内部交易，考虑了特殊交易事项对合并财务报表的影响后编制的，旨在反映合并财务报表主体作为一个整体的财务状况、经营成果和现金流量。因此，合并财务报表的编制除在遵循财务报表编制的一般原则和要求外，还应当遵循以下原则和要求：

（1）以个别财务报表为基础编制。合并财务报表并不是直接根据母公司和子公司的账簿编制，而是利用母公司和子公司编制的反映各自财务状况和经营成果的财务报表提供的数据，通过合并财务报表的特有方法进行编制。以纳入合并范围的个别财务报表为基础，可以说是客观性原则在合并财务报表编制时的具体体现。

（2）一体性原则。合并财务报表反映的是企业集团的财务状况和经营成果，反映的是由多个法人企业组成的一个会计主体的财务情况，在编制合并财务报表时应当将母公司和所有子公司作为整体来看待，视为一个会计主体，母公司和子公司发生的经营活动都应当从企业集团这一整体的角度进行考虑。因此，在编制合并财务报表时，对于母公司与子公司、子公司相互之间发生的经济业务，应当视同同一会计主体内部业务处理，视同同一会计主体之下的不同核算单位的内部业务。

（3）重要性原则。与个别财务报表相比，合并财务报表涉及多个法人主体，涉及的经营活动的范围很广，母公司与子公司经营活动往往跨越不同行业界限，有时母公司与子公司经营活动甚至相差很大。这样，合并财务报表要综合反映这样的会计主体的财务情况，必然要涉及重要性的判断问题。特别是在拥有众多子公司的情况下，更是如此。在编制合并财务报表时，特别强调重要性原则的运用。如对一些项目在企业集团中的某一企业具有重要性，但对于整个企业集团则不一定具有重要性，在这种情况下根据重要性的要求对财务报表项目进行取舍，则具有重要的意义。此外，母公司与子公司、子公司相互之间发生的经济业务，对整个企业集团财务状况和经营成果影响不大时，为简化合并手续也应根据重要性原则进行取舍，可以不编制抵销分录而直接编制合并财务报表。

二、合并财务报表的构成

合并财务报表至少包括合并资产负债表、合并利润表、合并现金流量表、合并所有

者权益变动表（或合并股东权益变动表）和附注，它们分别从不同的方面反映企业集团财务状况、经营成果及其现金流量情况，构成一个完整的合并财务报表体系。

（1）合并资产负债表。合并资产负债表是反映母公司和子公司所形成的企业集团某一特定日期财务状况的报表。

（2）合并利润表。合并利润表是反映母公司和子公司所形成的企业集团整体在一定期间内经营成果的报表。

（3）合并现金流量表。合并现金流量表是反映母公司和子公司所形成的企业集团在一定期间现金流入、流出量以及现金净增减变动情况的报表。

（4）合并所有者权益变动表（或合并股东权益变动表）。合并所有者权益变动表（或合并股东权益变动表）是反映母公司和子公司所形成的企业集团在一定期间内，包括经营成果分配在内的所有者（或股东）权益增减变动情况的报表。

（5）附注。附注是对在合并资产负债表、合并利润表、合并现金流量表和合并所有者权益变动表（或合并股东权益变动表）等报表中列示项目的文字描述或明细资料，以及对未能在这些报表中列示项目的说明等。

企业集团中期期末编制合并财务报表的，至少应当包括合并资产负债表、合并利润表、合并现金流量表和附注。

三、合并财务报表编制的前期准备事项

合并财务报表的编制涉及多个子公司，有的合并财务报表的合并范围甚至包括数百个子公司。为了使编制的合并财务报表准确、全面地反映企业集团的真实情况，必须做好一系列的前期准备事项。这些前期准备事项主要有：

（一）统一母子公司的会计政策

会计政策是编制财务报表的基础，统一母公司和子公司的会计政策是保证母子公司财务报表各项目反映内容一致的基础。为此，在编制财务报表前，应当尽可能统一母公司和子公司的会计政策，统一要求子公司所采用的会计政策与母公司保持一致。对一些境外子公司，由于所在国或地区法律、会计准则等方面的原因，确实无法使其采用的会计政策与母公司所采用的会计政策保持一致，则应当要求其按照母公司所采用的会计政策重新编报财务报表，也可以由母公司根据自身所采用的会计政策对境外子公司报送的财务报表进行调整，以重编或调整编制的境外子公司财务报表，作为编制合并财务报表的基础。

（二）统一母子公司的资产负债表日及会计期间

财务报表总是反映一定日期的财务状况和一定会计期间经营成果的，母公司和子公司的个别财务报表只有在反映财务状况的日期和反映经营成果的会计期间一致的情况下，才能进行合并。为了编制合并财务报表，必须统一企业集团内所有子公司的资产负债表日和会计期间，使子公司的资产负债表日和会计期间与母公司的资产负债表日和会计期间保持一致，以便于子公司提供相同资产负债表日和会计期间的财务报表。

对于境外子公司，由于当地法律限制确实不能与母公司财务报表决算日和会计期间一致的，母公司应当按照自身的资产负债表日和会计期间对子公司的财务报表进行调整，

以调整后的子公司财务报表为基础编制合并财务报表,也可以要求子公司按照母公司的资产负债表日和会计期间另行编制报送其个别财务报表。

(三) 对子公司以外币表示的财务报表进行折算

对母公司和子公司的财务报表进行合并,其前提必须是母子公司个别财务报表所采用的货币计量单位一致。在我国允许外币业务比较多的企业采用某一外币作为记账本位币,境外企业一般也是采用其所在国或地区的货币作为其记账本位币。在将这些企业的财务报表纳入合并时,则必须将其折算为母公司所采用的记账本位币表示的财务报表。有关外币财务报表的具体折算方法在外币业务中已作论述,在此不再赘述。

(四) 收集编制合并财务报表的相关资料

合并财务报表以母公司和其子公司的财务报表以及其他有关资料为依据,由母公司合并有关项目的数额编制。为编制合并财务报表,母公司应当要求子公司及时提供下列有关资料:(1) 子公司相应期间的财务报表;(2) 与母公司及与其他子公司之间发生的内部购销交易、债权债务、投资及其产生的现金流量和未实现内部销售损益的期初、期末余额及变动情况等资料;(3) 子公司所有者权益变动和利润分配的有关资料;(4) 编制合并财务报表所需要的其他资料,如非同一控制下企业合并购买日的公允价值资料。

四、合并财务报表的编制程序

合并财务报表的编制是一项极为复杂的工作,不仅涉及本企业会计业务和财务报表,而且还涉及纳入合并范围的子公司的会计业务和财务报表。为了使合并财务报表的编制工作有条不紊,必须按照一定的程序有步骤地进行。合并财务报表编制程序大致如下:

(1) 设置合并工作底稿。合并工作底稿的作用是为合并财务报表的编制提供基础。在合并工作底稿中,对母公司和纳入合并范围的子公司的个别财务报表各项目的数额进行汇总和抵销处理,最终计算得出合并财务报表各项目的合并数。合并工作底稿的基本格式如表27-1所示。

(2) 将母公司、纳入合并范围的子公司个别资产负债表、利润表及所有者权益变动表各项目的数据过入合并工作底稿,并在合并工作底稿中对母公司和子公司个别财务报表各项目的数据进行加总,计算得出个别资产负债表、个别利润表及个别所有者权益变动表各项目合计数额。

(3) 编制调整分录与抵销分录,将母公司与子公司、子公司相互之间发生的经济业务对个别财务报表有关项目的影响进行调整抵销处理。编制调整分录与抵销分录,进行调整抵销处理是合并财务报表编制的关键和主要内容,其目的在于将因会计政策及计量基础的差异而对个别财务报表的影响进行调整,以及将个别财务报表各项目的加总数据中重复的因素等予以抵销。

(4) 计算合并财务报表各项目的合并数额。即在母公司和纳入合并范围的子公司个别财务报表各项目加总数额的基础上,分别计算财务报表中的资产项目、负债项目、所有者权益项目、收入项目和费用项目的合并数。其计算方法如下:

①资产类项目,其合并数根据该项目加总的数额,加上该项目调整分录与抵销分录

的借方发生额，减去该项目调整分录与抵销分录的贷方发生额计算确定。

②负债类项目和所有者权益类项目，其合并数根据该项目加总的数额，减去该项目调整分录与抵销分录的借方发生额，加上该项目调整分录与抵销分录的贷方发生额计算确定。

③有关收益类项目，其合并数根据该项目加总的数额，减去该项目调整分录与抵销分录的借方发生额，加上该项目调整分录与抵销分录的贷方发生额计算确定。

④有关成本费用类项目和有关利润分配的项目，其合并数根据该项目加总的数额，加上该项目调整分录与抵销分录的借方发生额，减去该项目调整分录与抵销分录的贷方发生额计算确定。

（5）填列合并财务报表。即根据合并工作底稿中计算出的资产、负债、所有者权益、收入、成本费用类各项目的合并数，填列正式的合并财务报表。

五、编制合并财务报表需要调整抵销的项目

（一）编制合并资产负债表需要调整抵销的项目

合并资产负债表是以母公司和纳入合并范围的子公司的个别资产负债表为基础编制的。个别资产负债表则是以单个企业为会计主体进行会计核算的结果，它从母公司本身或从子公司本身的角度对自身的财务状况进行反映。对于企业集团内部发生的经济业务，从发生内部经济业务的企业来看，发生经济业务的双方都在其个别资产负债表中进行了反映。例如，集团内部母公司与子公司之间发生的商品赊购赊销业务，对于赊销企业来说，一方面确认营业收入、结转营业成本、计算营业利润，另一方面在其个别资产负债表中反映为应收账款；而对于赊购企业来说，在内部购入的存货未实现对外销售的情况下，则在其个别资产负债表中反映为存货和应付账款。在这种情况下，资产、负债和所有者权益类各项目的加总数额中，必然包含有重复计算的因素。作为反映企业集团整体财务状况的合并资产负债表，必须将这些重复计算的因素予以扣除，对这些重复的因素进行抵销处理。这些需要扣除的重复因素，就是合并财务报表编制时需要进行抵销处理的项目。

编制合并资产负债表时需要进行抵销处理的主要有如下项目：（1）母公司对子公司股权投资项目与子公司所有者权益（或股东权益）项目；（2）母公司与子公司、子公司相互之间未结算的内部债权债务项目；（3）存货项目，即内部购进存货价值中包含的未实现内部销售损益；（4）固定资产项目（包括固定资产原价和累计折旧项目），即内部购进固定资产价值中包含的未实现内部销售损益；（5）无形资产项目，即内部购进无形资产价值包含的未实现内部销售损益。

（二）编制合并利润表和合并所有者权益变动表需要调整抵销的项目

合并利润表和合并所有者权益变动表是以母公司和纳入合并范围的子公司的个别利润表和个别所有者权益变动表为基础编制的。利润表和所有者权益变动表作为以单个企业为会计主体进行会计核算的结果，它从母公司本身或从子公司本身反映一定会计期间经营成果的形成及其分配情况。在以其个别利润表及个别所有者权益变动表为基础计算的收益和费用等项目的加总数额中，也必然包含有重复计算的因素。在编制合并利润表和合并所有者权益变动表时，也需要将这些重复的因素予以扣除。

编制合并利润表和合并所有者权益变动表时需要进行抵销处理的主要有如下项目：（1）内部销售收入和内部销售成本项目；（2）内部投资收益项目，包括内部利息收入与利息支出项目、内部股权投资收益项目；（3）信用减值损失、资产减值损失项目，即与内部交易相关的内部应收账款、存货、固定资产、无形资产等项目的减值损失；（4）纳入合并范围的子公司利润分配项目。

（三）编制合并现金流量表需要调整抵销的项目

合并现金流量表是综合反映母公司及其子公司组成的企业集团，在一定会计期间现金流入、现金流出数量以及其增减变动情况的财务报表。合并现金流量表以母公司和子公司的现金流量表为基础，在抵销母公司与子公司、子公司相互之间发生内部交易对合并现金流量表的影响后，由母公司编制。

在以母公司和子公司个别现金流量表为基础编制合并现金流量表时，需要进行抵销的内容主要有：（1）母公司与子公司、子公司相互之间当期以现金投资或收购股权增加的投资所产生的现金流量。（2）母公司与子公司、子公司相互之间当期取得投资收益收到的现金与分配股利、利润或偿付利息支付的现金。（3）母公司与子公司、子公司相互之间以现金结算债权与债务所产生的现金流量。（4）母公司与子公司、子公司相互之间当期销售商品所产生的现金流量。（5）母公司与子公司、子公司相互之间处置固定资产、无形资产和其他长期资产收回的现金净额与购建固定资产、无形资产和其他长期资产支付的现金。（6）母公司与子公司、子公司相互之间当期发生的其他内部交易所产生的现金流量。

六、合并财务报表的格式

合并财务报表格式通常在个别财务报表基础上，增加下列项目：

（一）合并资产负债表

（1）在所有者权益项目下增加"归属于母公司所有者权益合计"项目，用于反映企业集团的所有者权益中归属于母公司所有者权益的部分，包括实收资本（或股本）、其他权益工具、资本公积、库存股、其他综合收益、盈余公积、未分配利润、其他等项目的金额；（2）在所有者权益项目下增加"少数股东权益"项目，用于反映非全资子公司的所有者权益中不属于母公司的份额。具体格式可参见表27-6。

（二）合并利润表

（1）在"净利润"项目下增加"归属于母公司所有者的净利润"和"少数股东损益"两个项目，分别反映净利润中由母公司所有者享有的份额和非全资子公司当期实现的净利润中归属于少数股东的份额。同一控制下企业合并增加子公司的，当期合并利润表中还应在"净利润"项目下增加"其中：被合并方在合并前实现的净利润"项目，用于反映同一控制下企业合并中取得的被合并方在合并日前实现的净利润，该单列项目应考虑合并方和被合并方之间在合并前存在需要抵销的事项且抵销对合并净利润产生的影响。

（2）在"综合收益总额"项目下增加"归属于母公司所有者的综合收益总额"和"归属于少数股东的综合收益总额"两个项目，分别反映综合收益总额中由母公司所有者享有的份额和非全资子公司当期综合收益总额中归属于少数股东的份额。同时，在"其他综合收益的税后净额"部分，区分"归属于母公司所有者的其他综合收益的税后净额"和"归属于少数股东的其他综合收益的税后净额"两部分进行列示。具体格式可参见表27-7。

(三) 合并现金流量表

合并现金流量表格式与本书第二十三章第四节中现金流量表的格式基本相同。不同的是：

(1) 在"筹资活动产生的现金流量"的"吸收投资收到的现金"项下可以增加"其中：子公司吸收少数股东投资收到的现金"。

(2) 在"筹资活动产生的现金流量"的"分配股利、利润或偿付利息支付的现金"项下可以增加"其中：子公司支付给少数股东的股利、利润"。

(3) 根据重要性原则，可以在合并现金流量表中"筹资活动产生的现金流量"项下增加"发行债券收到的现金"项目。

(四) 合并所有者权益变动表

合并所有者权益变动表应增加"少数股东权益"栏目，反映少数股东权益变动的情况。另外，参照合并资产负债表中的"资本公积""其他权益工具""其他综合收益"等项目的列示，合并所有者权益变动表中应单列上述各栏目反映。具体格式可参见表27-8。

对于纳入合并财务报表的子公司既有一般工商企业，又有金融企业等的，如果母公司在企业集团经营中权重较大，以母公司主业是一般企业还是金融企业确定其报表类别，根据集团其他业务适当增加其他报表类别的相关项目；如果母公司在企业集团经营中权重不大，以企业集团的主业确定其报表类别，根据集团其他业务适当增加其他报表类别的相关项目；对于不符合上述情况的，合并财务报表采用一般企业报表格式，根据集团其他业务适当增加其他报表类别的相关项目。

第三节　长期股权投资与所有者权益的合并处理（同一控制下企业合并）

在一般情况下，企业取得子公司的途径主要有两条：一是对外进行直接投资组建新的被投资企业使其成为子公司，这里包括单独投资组建全资子公司、与其他企业合资组建非全资子公司等情况；二是通过企业合并，对现有企业的股权进行并购，使其成为子公司，这里包括购买同一控制下的企业的股权使其成为直接的子公司、购买非同一控制下的企业的股权使其成为子公司两种情况。

一、同一控制下取得子公司合并日合并财务报表的编制

根据现行企业会计准则，母公司在合并日可以编制合并日的合并资产负债表、合并利润表、合并现金流量表等合并财务报表。母公司在将购买取得子公司股权登记入账后，在编制合并日合并资产负债表时，只需将对子公司长期股权投资与子公司所有者权益中母公司所拥有的份额相抵销。

▶【例27-17】甲公司2×22年1月1日以28 600万元的价格取得A公司80%的股权。A公司净资产的公允价值为35 000万元。甲公司在购买A公司过程中发生审计、法律服务等相关费用120万元。上述价款均以银行存款支付。甲公司与A公司均为同一控制下的企业，且均为非金融企业。A公司采用的会计政策与甲公司一致。A公司2×22年1月1日的资产负债表见表27-1中A公司的数据（A公司个别财务报表中的资产、负债数据与其在最终控制方合并财务报表中的数据相同）。

由于A公司与甲公司均为同一控制下的企业，按同一控制下企业合并的规定进行处理。根据A公司资产负债表，A公司股东权益总额为32 000万元，其中，股本为20 000万元，资本公积为8 000万元，盈余公积为1 200万元，未分配利润为2 800万元。合并后，甲公司在A公司股东权益中所拥有的份额为25 600万元。甲公司对A公司长期股权投资的初始投资成本为25 600万元。至于购买该股权过程中发生的审计、估值等相关费用，则直接计入当期损益，即计入当期管理费用。

2×22年1月1日，甲公司在对A公司投资进行账务处理后编制的资产负债表，以及A公司当日各项资产、负债在最终控制方合并财务报表中的账面价值，如表27-1所示。

在本例中，对于甲公司为购买A公司所发生的审计等费用实际上已支付给会计师事务所等中介机构，不属于甲公司与A公司所构成的企业集团内部交易，不涉及抵销处理的问题。编制合并日合并资产负债表时，假定不考虑留存收益恢复因素，甲公司应当进行如下抵销处理：

借：股本　　　　　　　　　　　　　　　　　　　　　　20 000
　　资本公积　　　　　　　　　　　　　　　　　　　　　8 000
　　盈余公积　　　　　　　　　　　　　　　　　　　　　1 200
　　未分配利润　　　　　　　　　　　　　　　　　　　　2 800
　　贷：长期股权投资　　　　　　　　　　　　　　　　25 600
　　　　少数股东权益　　　　　　　　　　　　　　　　　6 400

根据上述抵销分录，编制合并工作底稿如表27-1所示。

表27-1　　　　　　　　　　　合并工作底稿　　　　　　　　　　　　单位：万元

项目	甲公司	A公司	合计数	抵销分录 借方	抵销分录 贷方	少数股东权益	合并数
流动资产：							
货币资金	9 000	4 200	13 200				13 200
交易性金融资产	4 000	1 800	5 800				5 800
衍生金融资产							
应收票据	4 700	3 000	7 700				7 700
应收账款	5 800	3 920	9 720				9 720
预付款项	2 000	880	2 880				2 880
其他应收款	4 200	0	4 200				4 200
存货	31 000	20 000	51 000				51 000
持有待售资产							

续表

项　目	甲公司	A公司	合计数	抵销分录 借方	抵销分录 贷方	少数股东权益	合并数
一年内到期的非流动资产							
其他流动资产	1 300	1 200	2 500				2 500
流动资产合计	62 000	35 000	97 000				97 000
非流动资产：							
债权投资	11 400	0	11 400				11 400
其他债权投资	10 000	0	10 000				10 000
长期应收款							
长期股权投资	25 600	0	25 600		25 600		0
投资性房地产							
固定资产	21 000	18 000	39 000				39 000
在建工程	20 000	3 400	23 400				23 400
无形资产	4 000	1 600	5 600				5 600
开发支出							
商誉	2 000	0	2 000				2 000
长期待摊费用							
递延所得税资产							
其他非流动资产	0	0	0				0
非流动资产合计	94 000	23 000	117 000		25 600		91 400
资产总计	156 000	58 000	214 000		25 600		188 400
流动负债：							
短期借款	12 000	5 000	17 000				17 000
交易性金融负债	3 800	0	3 800				3 800
衍生金融负债							
应付票据	10 000	3 000	13 000				13 000
应付账款	18 000	4 200	22 200				22 200
预收款项	3 000	1 300	4 300				4 300
应付职工薪酬	6 000	1 600	7 600				7 600
应交税费	2 000	1 200	3 200				3 200
其他应付款	4 000	4 000	8 000				8 000
持有待售负债							
一年内到期的非流动负债							
其他流动负债	1 200	700	1 900				1 900
流动负债合计	60 000	21 000	81 000				81 000

续表

项 目	甲公司	A公司	合计数	抵销分录 借方	抵销分录 贷方	少数股东权益	合并数
非流动负债：							
长期借款	4 000	3 000	7 000				7 000
应付债券	20 000	2 000	22 000				22 000
长期应付款	2 000	0	2 000				2 000
其他非流动负债	0	0	0				0
非流动负债合计	26 000	5 000	31 000				31 000
负债合计	86 000	26 000	112 000				112 000
股东权益：							
股本	40 000	20 000	60 000	20 000			40 000
其他权益工具							
其中：优先股							
永续债							
资本公积	10 000	8 000	18 000	8 000			10 000
减：库存股							
其他综合收益							
专项储备							
盈余公积	11 000	1 200	12 200	1 200			11 000
未分配利润	9 000	2 800	11 800	2 800			9 000
归属于母公司股东权益合计	70 000	32 000	102 000	32 000			70 000
少数股东权益						6 400	6 400
股东权益合计	70 000	32 000	102 000	32 000		6 400	76 400
负债和股东权益总计	156 000	58 000	214 000	32 000		6 400	188 400

二、直接投资及同一控制下取得子公司合并日后合并财务报表的编制

编制合并日后合并财务报表时，首先，将母公司对子公司长期股权投资由成本法核算的结果调整为权益法核算的结果，使母公司对子公司长期股权投资项目反映其在子公司所有者权益中所拥有权益的变动情况；其次，将母公司对子公司长期股权投资项目与子公司所有者权益项目等内部交易相关的项目进行抵销处理，将内部交易对合并财务报表的影响予以抵销；最后，在编制合并日合并工作底稿的基础上，编制合并财务资产负债表。

（一）长期股权投资成本法核算的结果调整为权益法核算的结果

将成本法核算调整为权益法核算时，应当自取得对子公司长期股权投资的年度起，逐年按照子公司当年实现的净利润中属于母公司享有的份额，调整增加对子公司长期股权投资的金额，并调整增加当年投资收益；对于子公司当期分派的现金股利或宣告分派的股利中母公司享有的份额，则调整冲减长期股权投资的账面价值，同时调整减少原投

资收益。之所以要按子公司分派或宣告分派的现金股利调整减少投资收益,是因为在成本法核算的情况下,母公司在当期的财务报表中已按子公司分派或宣告分派的现金股利确认投资收益。

在取得子公司长期股权投资的第二年,将成本法调整为权益法核算的结果时,则在调整计算第一年年末权益法核算的对子公司长期股权投资的金额的基础上,按第二年子公司实现的净利润中母公司所拥有的份额,调增长期股权投资的金额;按子公司分派或宣告分派的现金股利中母公司所拥有的份额,调减长期股权投资的金额。以后年度的调整,则比照上述做法进行调整处理。

子公司除净损益以外所有者权益的其他变动,在按照权益法对成本法核算的结果进行调整时,应当根据子公司本期除损益以外的所有者权益的其他变动而计入资本公积或其他综合收益的金额中所享有的金额,对长期股权投资的金额进行调整。在以后年度将成本法调整为权益法核算的结果时,也应当持续考虑这一因素对长期股权投资的金额进行调整。

▶【例 27-18】承【例 27-17】,甲公司于 2×22 年 1 月 1 日,以 28 600 万元的价格取得 A 公司 80% 的股权,使其成为子公司。甲公司和 A 公司 2×22 年度个别财务报表如表 27-2、表 27-3 和表 27-4 所示。

表 27-2　　　　　　　　　　资产负债表　　　　　　　　　　会企 01 表
编制单位:　　　　　　　　2×22 年 12 月 31 日　　　　　　　　单位:万元

资　产	甲公司	A 公司	负债和所有者权益（或股东权益）	甲公司	A 公司
流动资产:			流动负债:		
货币资金	5 700	6 500	短期借款	10 000	4 800
交易性金融资产	3 000	5 000	交易性金融负债	4 000	2 400
衍生金融资产			衍生金融负债		
应收票据	7 200	3 600	应付票据	13 000	3 600
应收账款	8 500	5 100	应付账款	18 000	5 200
应收款项融资			预收款项	4 000	3 900
预付款项	1 500	2 500	合同负债		
其他应收款	5 300	1 300	应付职工薪酬	5 000	1 600
存货	37 000	18 000	应交税费	2 700	1 400
合同资产			其他应付款	5 300	5 200
持有待售资产			持有待售负债		
一年内到期的非流动资产			一年内到期的非流动负债		
其他流动资产	1 800	1 000	其他流动负债	2 000	900
流动资产合计	70 000	43 000	流动负债合计	64 000	29 000
非流动资产:			非流动负债:		
债权投资	8 000	0	长期借款	4 000	5 000
其他债权投资	13 000	4 000	应付债券	20 000	7 000
长期应收款			租赁负债		

续表

资　产	甲公司	A公司	负债和所有者权益（或股东权益）	甲公司	A公司
长期股权投资			长期应付款	6 000	0
其他权益工具投资			预计负债		
其他非流动金融资产	40 000	0	递延收益		
投资性房地产			递延所得税负债		
固定资产	28 000	26 000	其他非流动负债	0	0
在建工程	13 000	4 200	非流动负债合计	30 000	12 000
生产性生物资产			负债合计	94 000	41 000
油气资产			股东权益：		
使用权资产			股本	40 000	20 000
无形资产	6 000	1 800	其他权益工具		
开发支出			其中：优先股		
商誉	2 000	0	永续债		
长期待摊费用			资本公积	10 000	8 000
递延所得税资产			减：库存股		
其他非流动资产	0	0	其他综合收益		
非流动资产合计	110 000	36 000	专项储备		
			盈余公积	18 000	3 200
			未分配利润	18 000	6 800
			股东权益合计	86 000	38 000
资产总计	180 000	79 000	负债和股东权益总计	180 000	79 000

表27-3　　　　　　　　　　　　　利　润　表　　　　　　　　　　　　会企02表

编制单位：　　　　　　　　　　　　2×22年度　　　　　　　　　　　　单位：万元

项　目	甲公司	A公司
一、营业收入	150 000	94 800
减：营业成本	96 000	73 000
税金及附加	1 800	1 000
销售费用	5 200	3 400
管理费用	6 000	3 900
研发费用		
财务费用	1 200	800
其中：利息费用	1 200	800
利息收入		
加：其他收益		
投资收益（损失以"-"号填列）	9 800	200
其中：对联营企业和合营企业的投资收益		
以摊余成本计量的金融资产终止确认收益（损失以"-"号填列）		

续表

项目	甲公司	A公司
净敞口套期收益（损失以"-"号填列）		
公允价值变动收益（损失以"-"号填列）	0	0
信用减值损失（损失以"-"号填列）	200	140
资产减值损失（损失以"-"号填列）	400	160
资产处置收益（损失以"-"号填列）		
二、营业利润（亏损以"-"号填列）	49 000	12 600
加：营业外收入	1 600	2 400
减：营业外支出	2 600	1 000
三、利润总额（亏损总额以"-"号填列）	48 000	14 000
减：所得税费用	12 000	3 500
四、净利润（净亏损以"-"号填列）	36 000	10 500
（一）持续经营净利润（净亏损以"-"号填列）	36 000	10 500
（二）终止经营净利润（净亏损以"-"号填列）		
五、其他综合收益的税后净额		
（一）不能重分类进损益的其他综合收益		
1. 重新计量设定受益计划变动额		
2. 权益法下不能转损益的其他综合收益		
3. 其他权益工具投资公允价值变动		
4. 企业自身信用风险公允价值变动		
……		
（二）将重分类进损益的其他综合收益		
1. 权益法下可转损益的其他综合收益		
2. 其他债权投资公允价值变动		
3. 金融资产重分类计入其他综合收益的金额		
4. 其他债权投资信用减值准备		
5. 现金流量套期储备		
6. 外币财务报表折算差额		
……		
六、综合收益总额	36 000	10 500
七、每股收益：		
（一）基本每股收益		
（二）稀释每股收益		

表 27-4　　　　　　　　　　　股东权益变动表　　　　　　　　　　会企04表
2×22 年度　　　　　　　　　　　　　　单位：万元

项目	甲公司 股本	其他权益工具	资本公积	减:库存股	其他综合收益	专项储备	盈余公积	未分配利润	股东权益合计	A公司 股本	其他权益工具	资本公积	减:库存股	其他综合收益	专项储备	盈余公积	未分配利润	股东权益合计
一、上年年末余额	40 000		10 000				11 000	9 000	70 000	20 000		8 000				1 200	2 800	32 000
加：会计政策变更																		
前期差错更正																		
其他																		
二、本年年初余额	40 000		10 000				11 000	9 000	70 000	20 000		8 000				1 200	2 800	32 000
三、本年增减变动金额（减少以"-"号填列）																		
（一）综合收益总额								36 000	36 000								10 500	10 500
（二）所有者投入和减少资本																		
1. 所有者投入的普通股																		
2. 其他权益工具持有者投入资本																		
3. 股份支付计入所有者权益的金额																		
4. 其他																		
（三）利润分配																		
1. 提取盈余公积							7 000	7 000								2 000	2 000	
2. 对股东的分配								20 000	20 000								4 500	4 500
3. 其他																		
（四）股东权益内部结转																		
1. 资本公积转增股本																		
2. 盈余公积转增股本																		
3. 盈余公积弥补亏损																		
4. 设定受益计划变动额结转留存收益																		

续表

项 目	甲公司								A公司							
	股本	其他权益工具	资本公积	减：库存股	其他综合收益	专项储备	盈余公积	未分配利润	股东权益合计	股本	其他权益工具	资本公积	减：库存股	其他综合收益	专项储备	盈余公积	未分配利润	股东权益合计
5. 其他综合收益结转留存收益																		
6. 其他																		
四、本年年末余额	40 000		10 000				18 000	18 000	86 000	20 000		8 000				3 200	6 800	38 000

A公司2×22年1月1日股东权益总额为32 000万元，其中，股本为20 000万元，资本公积为8 000万元，盈余公积为1 200万元，未分配利润为2 800万元；2×22年12月31日，股东权益总额为38 000万元，其中，股本为20 000万元，资本公积为8 000万元，盈余公积为3 200万元，未分配利润为6 800万元。

本例中，A公司当年实现净利润10 500万元，经公司董事会提议并经股东会批准，2×22年提取盈余公积2 000万元，向股东宣告分派现金股利4 500万元。甲公司对A公司长期股权投资取得时的账面价值为25 600万元，2×22年12月31日仍为25 600万元，甲公司当年确认投资收益3 600万元。

将成本法核算的结果调整为权益法核算的结果相关的调整分录如下：

借：长期股权投资——A公司　　　　　　　　　　　　　　8 400①
　　贷：投资收益　　　　　　　　　　　　　　　　　　　　　8 400
借：投资收益　　　　　　　　　　　　　　　　　　　　　　3 600②
　　贷：长期股权投资——A公司　　　　　　　　　　　　　　3 600

经过上述调整分录后，甲公司对A公司长期股权投资的账面价值为30 400万元（25 600＋8 400－3 600）。甲公司对A公司长期股权投资的账面价值30 400万元正好与母公司在A公司股东权益中所拥有的份额相等。

（二）合并抵销处理

在合并工作底稿中，按照上述权益法核算的要求，对长期股权投资的金额进行调整后，长期股权投资的金额正好反映母公司在子公司所有者权益中所拥有的份额。要编制合并财务报表，在此基础上还必须按编制合并财务报表的要求进行合并抵销处理，将母公司与子公司之间的内部交易对合并财务报表的影响予以抵销。

编制合并财务报表时，首先，必须将母公司对子公司长期股权投资与子公司所有者权益中所拥有的份额予以抵销。根据母公司在子公司所有者权益中拥有份额的多少不同，可以将子公司分为全资子公司和非全资子公司。对于全资子公司，进行抵销处理时将对子公司长期股权投资的金额与子公司所有者权益全额抵销；而对于非全资子公司，则将长期股权投资与子公司所有者权益中母公司所拥有的份额进行抵销，不属于母公司的份额，即属于子公司少数股东的权益，应将其转为少数股东权益。

承【例27-18】，本例经过调整后，甲公司对A公司长期股权投资的金额为30 400万元；A公司股东权益总额为38 000万元，甲公司拥有80%的股权，即在子公司股东权益中拥有30 400万元；其余20%则属于少数股东权益。

长期股权投资与子公司所有者权益相互抵销时，其抵销分录如下：

借：股本　　　　　　　　　　　　　　　　　　　　　　　　　　　20 000③
　　资本公积　　　　　　　　　　　　　　　　　　　　　　　　　　 8 000
　　盈余公积　　　　　　　　　　　　　　　　　　　　　　　　　　 3 200
　　未分配利润　　　　　　　　　　　　　　　　　　　　　　　　　 6 800
　　贷：长期股权投资　　　　　　　　　　　　　　　　　　　　　　30 400
　　　　少数股东权益　　　　　　　　　　　　　　　　　　　　　　 7 600

其次，还必须将对子公司的投资收益与子公司当年利润分配相抵销，使合并财务报表反映母公司股东权益变动的情况。从单一企业来讲，当年实现的净利润加上年初未分配利润是企业利润分配的来源，企业对其进行分配，提取盈余公积、向股东分配股利以及留待以后年度的未分配利润（未分配利润可以理解为将这部分利润分配到下一会计年度）等，则是利润分配的去向。而子公司当年实现的净利润，可以分为两部分：一部分属于母公司所有，即母公司的投资收益；另一部分则属于少数股东所有，即少数股东本期收益。为了使合并财务报表反映母公司股东权益的变动情况及财务状况，则必须将母公司投资收益、少数股东收益和期初未分配利润与子公司当年利润分配以及未分配利润的金额相抵销。

甲公司进行上述抵销处理时，其抵销分录如下：

借：投资收益　　　　　　　　　　　　　　　　　　　　　　　　　 8 400④
　　少数股东损益　　　　　　　　　　　　　　　　　　　　　　　　 2 100
　　年初未分配利润　　　　　　　　　　　　　　　　　　　　　　　 2 800
　　贷：提取盈余公积　　　　　　　　　　　　　　　　　　　　　　 2 000
　　　　对股东的分配　　　　　　　　　　　　　　　　　　　　　　 4 500
　　　　年末未分配利润　　　　　　　　　　　　　　　　　　　　　 6 800

同时，对于同一控制下企业合并取得的子公司，被合并方在企业合并前实现的留存收益、其他综合收益中归属于合并方的部分，自资本公积转入留存收益等（本例中，不考虑留存收益等的恢复）。

另外，本例中A公司本年宣告分派现金股利4 500万元，股利款项尚未支付，A公司已将其计列应付股利4 500万元。甲公司根据A公司宣告的分派现金股利的公告，按照其所享有的金额，已确认应收股利，并在其资产负债表中计列应收股利3 600万元。这属于母公司与子公司之间的债权债务，在编制合并财务报表时必须将其予以抵销，其抵销分录如下：

借：其他应付款——应付股利　　　　　　　　　　　　　　　　　　 3 600⑤
　　贷：其他应收款——应收股利　　　　　　　　　　　　　　　　　 3 600

根据上述调整分录①和②和抵销分录③至⑤，编制合并工作底稿如表27-5所示。

表 27-5 合并工作底稿

2×22 年度   单位：万元

项目	母公司	子公司	合计数	调整分录 借方	调整分录 贷方	抵销分录 借方	抵销分录 贷方	少数股东权益	合并数
（资产负债表项目）									
流动资产：									
货币资金	5 700	6 500	12 200						12 200
交易性金融资产	3 000	5 000	8 000						8 000
衍生金融资产									
应收票据	7 200	3 600	10 800						10 800
应收账款	8 500	5 100	13 600						13 600
预付款项	1 500	2 500	4 000						4 000
其他应收款	5 300	1 300	6 600				3 600⑤		3 000
存货	37 000	18 000	55 000						55 000
持有待售资产									
一年内到期的非流动资产									
其他流动资产	1 800	1 000	2 800						2 800
流动资产合计	70 000	43 000	113 000				3 600		109 400
非流动资产：									
债权投资	8 000	0	8 000						8 000
其他债权投资	13 000	4 000	17 000						17 000
长期股权投资	40 000	0	40 000	8 400①	3 600②		30 400③		14 400
固定资产	28 000	26 000	54 000						54 000
在建工程	13 000	4 200	17 200						17 200
无形资产	6 000	1 800	7 800						7 800
商誉	2 000	0	2 000						2 000
其他非流动资产	0	0	0						0
非流动资产合计	110 000	36 000	146 000	8 400	3 600		30 400		120 400
资产总计	180 000	79 000	259 000	8 400	3 600		34 000		229 800
流动负债：									
短期借款	10 000	4 800	14 800						14 800
交易性金融负债	4 000	2 400	6 400						6 400
衍生金融负债									
应付票据	13 000	3 600	16 600						16 600

续表

项 目	母公司	子公司	合计数	调整分录 借方	调整分录 贷方	抵销分录 借方	抵销分录 贷方	少数股东权益	合并数
应付账款	18 000	5 200	23 200						23 200
预收款项	4 000	3 900	7 900						7 900
应付职工薪酬	5 000	1 600	6 600						6 600
应交税费	2 700	1 400	4 100						4 100
其他应付款	5 300	5 200	10 500			3 600⑤			6 900
持有待售负债									
一年内到期的非流动负债									
其他流动负债	2 000	900	2 900						2 900
流动负债合计	64 000	29 000	93 000			3 600			89 400
非流动负债:									
长期借款	4 000	5 000	9 000						9 000
应付债券	20 000	7 000	27 000						27 000
长期应付款	6 000	0	6 000						6 000
其他非流动负债	0	0	0						0
非流动负债合计	30 000	12 000	42 000						42 000
负债合计	94 000	41 000	135 000			3 600			131 400
股东权益:									
股本	40 000	20 000	60 000			20 000③			40 000
资本公积	10 000	8 000	18 000			8 000③			10 000
盈余公积	18 000	3 200	21 200			3 200③			18 000
未分配利润	18 000	6 800	24 800	3 600	8 400	18 000	13 300	2 100④	22 800
归属于母公司股东权益合计	86 000	38 000	124 000	3 600	8 400	49 200	13 300	2 100	90 800
少数股东权益								7 600③	7 600
股东权益合计	86 000	38 000	124 000	3 600	8 400	49 200	13 300	5 500	98 400
负债和股东权益总计	180 000	79 000	259 000	3 600	8 400	52 800	13 300	5 500	229 800
(利润表项目)									
一、营业收入	150 000	94 800	244 800						244 800
减:营业成本	96 000	73 000	169 000						169 000
税金及附加	1 800	1 000	2 800						2 800
销售费用	5 200	3 400	8 600						8 600

续表

项 目	母公司	子公司	合计数	调整分录 借方	调整分录 贷方	抵销分录 借方	抵销分录 贷方	少数股东权益	合并数
管理费用	6 000	3 900	9 900						9 900
财务费用	1 200	800	2 000						2 000
加：其他收益									
投资收益	9 800	200	10 000	3 600②	8 400①	8 400④			6 400
其中：对联营企业和合营企业的投资收益									
公允价值变动收益									
信用减值损失	200	140	340						340
资产减值损失	400	160	560						560
资产处置收益（损失以"-"号填列）									
二、营业利润	49 000	12 600	61 600	3 600	8 400	8 400			58 000
加：营业外收入	1 600	2 400	4 000						4 000
减：营业外支出	2 600	1 000	3 600						3 600
三、利润总额	48 000	14 000	62 000	3 600	8 400	8 400			58 400
减：所得税费用	12 000	3 500	15 500						15 500
四、净利润	36 000	10 500	46 500	3 600	8 400	8 400			42 900
（一）按经营持续性分类：									
1. 持续经营净利润（净亏损以"-"号填列）									42 900
2. 终止经营净利润（净亏损以"-"号填列）									
（二）按所有权归属分类：									
1. 归属于母公司股东净利润									40 800
2. 少数股东损益								2 100④	2 100
五、其他综合收益的税后净额									

续表

项目	母公司	子公司	合计数	调整分录 借方	调整分录 贷方	抵销分录 借方	抵销分录 贷方	少数股东权益	合并数
六、综合收益总额	36 000	10 500	46 500	3 600	8 400	8 400			42 900
归属于母公司股东的综合收益总额									40 800
归属于少数股东的综合收益总额								2 100④	2 100
（股东权益变动表项目）									
一、年初未分配利润	9 000	2 800	11 800			2 800④			9 000
二、本年增减变动金额									
其中：利润分配									
1. 提取盈余公积	7 000	2 000	9 000				2 000④		7 000
2. 对股东的分配	20 000	4 500	24 500				4 500④		20 000
三、年末未分配利润	18 000	6 800	24 800	3 600	8 400	6 800③ 18 000	6 800④ 13 300	2 100④	22 800*

注：*22 800 = 24 800 + (8 400 - 3 600) + (13 300 - 18 000) - 2 100。

为便于对报表格式进行说明，表27-1、表27-5的合并工作底稿以及表27-2、表27-3、表27-4、表27-6、表27-7、表27-8按一般企业报表项目格式进行了全面列示；限于篇幅，随后的合并工作底稿和报表中，示例企业不存在相应业务的项目不再列示。

根据上述合并工作底稿，可以编制甲公司2×22年度合并资产负债表、合并利润表和合并股东权益变动表，如表27-6、表27-7和表27-8所示。

表27-6　　　　　　　　　　合并资产负债表　　　　　　　　　　会合01表

编制单位：甲公司　　　　　　　2×22年12月31日　　　　　　　　单位：万元

资产	期末余额	上年年末余额	负债和所有者权益（或股东权益）	期末余额	上年年末余额
流动资产：			流动负债：		
货币资金	12 200		短期借款	14 800	
交易性金融资产	8 000		交易性金融负债	6 400	
衍生金融资产			衍生金融负债		
应收票据	10 800		应付票据	16 600	
应收账款	13 600		应付账款	23 200	
应收款项融资			预收款项	7 900	
预付款项	4 000		合同负债		

续表

资　　产	期末余额	上年年末余额	负债和所有者权益（或股东权益）	期末余额	上年年末余额
其他应收款	3 000		应付职工薪酬	6 600	
存货	55 000		应交税费	4 100	
合同资产			其他应付款	69 000	
持有待售资产			持有待售负债		
一年内到期的非流动资产			一年内到期的非流动负债		
其他流动资产	2 800		其他流动负债	2 900	
流动资产合计	109 400		流动负债合计	89 400	
非流动资产：			非流动负债：		
债权投资	8 000		长期借款	9 000	
其他债权投资	17 000		应付债券	27 000	
长期应收款			租赁负债		
长期股权投资	14 400		长期应付款	6 000	
其他权益工具投资			预计负债		
其他非流动金融资产			专项应付款		
投资性房地产			递延收益		
固定资产	54 000		递延所得税负债		
在建工程	17 200		其他非流动负债	0	
生产性生物资产			非流动负债合计	42 000	
油气资产			负债合计	131 400	
使用权资产			股东权益：		
无形资产	7 800		股本	40 000	
开发支出			其他权益工具		
商誉	2 000		其中：优先股		
长期待摊费用			永续债		
递延所得税资产			资本公积	10 000	
其他非流动资产			减：库存股		
非流动资产合计	120 400		其他综合收益		
			专项储备		
			盈余公积	18 000	
			未分配利润	22 800	
			归属于母公司股东权益合计	90 800	

续表

资　产	期末余额	上年年末余额	负债和所有者权益（或股东权益）	期末余额	上年年末余额
			少数股东权益	7 600	
			股东权益合计	98 400	
资产总计	229 800		负债和股东权益总计	229 800	

表 27-7　　　　　　　　　　　　　合并利润表　　　　　　　　　　　会合 02 表
编制单位：甲公司　　　　　　　　　　2×22 年度　　　　　　　　　　　单位：万元

项　目	本期金额	上期金额
一、营业总收入	244 800	
其中：营业收入	244 800	
二、营业总成本	186 800	
其中：营业成本	169 000	
税金及附加	2 800	
销售费用	8 600	
管理费用	9 900	
研发费用		
财务费用	2 000	
其中：利息费用		
利息收入		
加：其他收益		
投资收益（损失以"-"号填列）	6 400	
其中：对联营企业和合营企业的投资收益		
以摊余成本计量的金融资产终止确认收益（损失以"-"号填列）		
净敞口套期收益（损失以"-"号填列）		
公允价值变动收益（损失以"-"号填列）		
信用减值损失（损失以"-"号填列）	340	
资产减值损失（损失以"-"号填列）	560	
资产处置收益（损失以"-"号填列）		
三、营业利润（亏损以"-"号填列）	58 000	
加：营业外收入	4 000	
减：营业外支出	3 600	
四、利润总额（亏损总额以"-"号填列）	58 400	
减：所得税费用	15 500	

续表

项　目	本期金额	上期金额
五、净利润（净亏损以"－"号填列）	42 900	
（一）按经营持续性分类		
1. 持续经营净利润（净亏损以"－"号填列）	42 900	
2. 终止经营净利润（净亏损以"－"号填列）		
（二）按所有权归属分类		
1. 归属于母公司股东的净利润（净亏损以"－"号填列）	40 800	
2. 少数股东损益（净亏损以"－"号填列）	2 100	
六、其他综合收益的税后净额		
（一）归属于母公司股东的其他综合收益的税后净额		
1. 不能重分类进损益的其他综合收益		
（1）重新计量设定受益计划变动额		
（2）权益法下不能转损益的其他综合收益		
（3）其他权益工具投资公允价值变动		
（4）企业自身信用风险公允价值变动		
……		
2. 将重分类进损益的其他综合收益		
（1）权益法下可转损益的其他综合收益		
（2）其他债权投资公允价值变动损益		
（3）金融资产重分类计入其他综合收益的金额		
（4）其他债权投资信用减值准备		
（5）现金流量套期储备		
（6）外币财务报表折算差额		
……		
（二）归属于少数股东的其他综合收益的税后净额		
七、综合收益总额	42 900	
（一）归属于母公司股东的综合收益总额	40 800	
（二）归属于少数股东的综合收益总额	2 100	
八、每股收益		
（一）基本每股收益		
（二）稀释每股收益		

表 27-8

合并股东权益变动表

2×22 年度

编制单位：甲公司 合合 04 表 单位：万元

项目	本年金额 归属于母公司股东权益 股本	其他权益工具	资本公积	减：库存股	其他综合收益	专项储备	盈余公积	未分配利润	其他	少数股东权益	股东权益合计	上年金额（归属于母公司股东权益 股本 / 其他权益工具 / 资本公积 / 减：库存股 / 其他综合收益 / 专项储备 / 盈余公积 / 未分配利润 / 其他 / 少数股东权益 / 股东权益合计）
一、上年年末余额	40 000		10 000				11 000	9 000			70 000	
加：会计政策变更												
前期差错更正												
其他												
二、本年年初余额	40 000		10 000				11 000	9 000		6 400	6 400 76 400	
三、本年增减变动金额（减少以"-"号填列）									40 800	2 100	42 900	
（一）综合收益总额									40 800	2 100	42 900	
（二）所有者投入和减少资本												
1. 所有者投入的普通股												
2. 其他权益工具持有者投入资本												

续表

项目	本年金额 归属于母公司股东权益 股本	其他权益工具	资本公积	减:库存股	其他综合收益	专项储备	盈余公积	未分配利润	其他	少数股东权益	股东权益合计	上年金额 归属于母公司股东权益 股本	其他权益工具	资本公积	减:库存股	其他综合收益	专项储备	盈余公积	未分配利润	其他	少数股东权益	股东权益合计
3. 股份支付计入所有者权益的金额																						
4. 其他																						
（三）利润分配							7 000	27 000		900	20 900											
1. 提取盈余公积							7 000	7 000														
2. 对股东的分配								20 000		900	20 900											
3. 其他																						
（四）股东权益内部结转																						
1. 资本公积转增股本																						
2. 盈余公积转增股本																						
3. 盈余公积弥补亏损																						
4. 设定受益计划变动额结转留存收益																						

续表

项目	本年金额									上年金额								
	归属于母公司股东权益							少数股东权益	股东权益合计	归属于母公司股东权益							少数股东权益	股东权益合计
	股本	其他权益工具	资本公积	减:库存股	其他综合收益	专项储备	盈余公积	未分配利润	其他			股本	其他权益工具	资本公积	减:库存股	其他综合收益	专项储备	盈余公积	未分配利润	其他		
5. 其他综合收益结转留存收益																						
6. 其他																						
四、本年年末余额	40 000		10 000				18 000	22 800		7 600	98 400											

值得注意的是，子公司发行累积优先股等其他权益工具的，无论当期是否宣告发放其股利，在计算列报母公司合并利润表中的"归属于母公司股东的净利润"时，应扣除当期归属于除母公司之外的其他权益工具持有者的可累积分配股利，扣除金额应在"少数股东损益"项目中列示；子公司发行不可累积优先股等其他权益工具的，在计算列报母公司合并利润表中的"归属于母公司股东的净利润"时，应扣除当期宣告发放的归属于除母公司之外的其他权益工具持有者的不可累积分配股利，扣除金额应在"少数股东损益"项目中列示。子公司发行的累积或不可累积优先股等其他权益工具的，在资产负债表和股东权益变动表的列报原则与利润表相同。

第四节 长期股权投资与所有者权益的合并处理（非同一控制下企业合并）

一、非同一控制下取得子公司购买日合并财务报表的编制

根据现行企业会计准则，非同一控制下取得子公司，母公司编制购买日的合并资产负债表时，因企业合并取得的子公司各项可辨认资产、负债及或有负债应当以公允价值在合并财务报表中列示。母公司合并成本大于取得的子公司可辨认净资产公允价值份额的差额，作为合并商誉在合并资产负债表中列示。

（一）按公允价值对非同一控制下取得子公司的财务报表进行调整

在非同一控制下取得子公司的情况下，母公司为进行企业合并要对子公司的资产负债进行估值，然而子公司作为持续经营的主体，一般情况下，即一般不将该估值而产生的资产、负债公允价值的变动登记入账，其对外提供的财务报表仍然是以各项资产和负债原来的账面价值为基础编制的，其提供的购买日财务报表一般也是以各项资产和负债原账面价值为基础编制的。为此，母公司要编制购买日的合并财务报表，则必须按照购买日子公司资产、负债的公允价值对其财务报表项目进行调整。这一调整是通过在合并工作底稿中编制调整分录进行的，实际上相当于将各项资产、负债的公允价值变动模拟入账，然后以购买日子公司各项资产、负债的公允价值为基础编制购买日的合并财务报表。

▶【例27-19】甲公司2×21年1月1日以定向增发公司普通股票的方式，购买取得A公司70%的股权。甲公司当日资产负债表和A公司当日资产负债表及估值确认的资产负债数据如表27-9所示。甲公司定向增发普通股股票10 000万股（每股面值为1元），甲公司普通股股票面值每股为1元，市场价格每股为2.95元。甲公司和A公司均为非金融企业，甲公司并购A公司属于非同一控制下的企业合并，假定不考虑所得税、甲公司增发该普通股股票所发生的审计以及发行等相关的费用。

甲公司将购买取得A公司70%的股权作为长期股权投资入账，其账务处理如下：

借：长期股权投资——A公司　　　　　　　　　　　　　　　　29 500①

贷：股本　　　　　　　　　　　　　　　　　　　　　　10 000
　　　　资本公积　　　　　　　　　　　　　　　　　　　　19 500

表 27-9　　　　　　　　　　　　**资产负债表**　　　　　　　　　　　　会企 01 表
编制单位：　　　　　　　　　　　　2×21 年 1 月 1 日　　　　　　　　　　单位：万元

资产	甲公司	A 公司 账面价值	A 公司 公允价值	负债和所有者权益（或股东权益）	甲公司	A 公司 账面价值	A 公司 公允价值
流动资产：				流动负债：			
货币资金	9 000	4 200	4 200	短期借款	12 000	5 000	5 000
交易性金融资产	4 000	1 800	1 800	交易性金融负债	3 800	0	0
衍生金融资产				衍生金融负债			
应收票据	4 700	3 000	3 000	应付票据	10 000	3 000	3 000
应收账款	5 800	3 920	3 820	应付账款	18 000	4 200	4 200
应收款项融资				预收款项	3 000	1 300	1 300
预付款项	2 000	880	880	合同负债			
其他应收款	4 200	0	0	应付职工薪酬	6 000	1 600	1 600
存货	31 000	20 000	21 100	应交税费	2 000	1 200	1 200
合同资产				其他应付款	4 000	4 000	4 000
持有待售资产				持有待售负债			
一年内到期的非流动资产				一年内到期的非流动负债			
其他流动资产	1 300	1 200	1 200	其他流动负债	1 200	700	700
流动资产合计	62 000	35 000	36 000	流动负债合计	60 000	21 000	21 000
非流动资产：				非流动负债：			
债权投资	6 000	0	0	长期借款	4 000	3 000	3 000
其他债权投资	11 000	0	0	应付债券	20 000	2 000	2 000
长期应收款				租赁负债			
长期股权投资	32 000	0	0	长期应付款	2 000	0	0
其他权益工具投资				预计负债			
其他非流动金融资产				递延收益			
投资性房地产				递延所得税负债			
固定资产	21 000	18 000	21 000	其他非流动负债	0	0	0
在建工程	20 000	3 400	3 400	非流动负债合计	26 000	5 000	5 000
生产性生物资产				负债合计	86 000	26 000	26 000
油气资产				股东权益：			
使用权资产				股本	40 000	20 000	
无形资产	4 000	1 600	1 600	其他权益工具			
开发支出				资本公积	10 000	8 000	

续表

资　　产	甲公司	A公司 账面价值	A公司 公允价值	负债和所有者权益（或股东权益）	甲公司	A公司 账面价值	A公司 公允价值
商誉	0	0		减：库存股			
长期待摊费用				其他综合收益			
递延所得税资产				专项储备			
其他非流动资产	0	0	0	盈余公积	11 000	1 200	
非流动资产合计	94 000	23 000	26 000	未分配利润	9 000	2 800	
				股东权益合计	70 000	32 000	36 000
资产总计	156 000	58 000	62 000	负债和股东权益总计	156 000	58 000	62 000

编制购买日的合并资产负债表时，将 A 公司资产和负债的公允价值与其账面价值的差额分别调增或调减相关资产和负债项目的金额。在合并工作底稿中调整分录如下：

借：存货　　　　　　　　　　　　　　　　1 100②
　　固定资产　　　　　　　　　　　　　　3 000
　　贷：应收账款　　　　　　　　　　　　　　　100
　　　　资本公积　　　　　　　　　　　　　　4 000

上述调整实际上等于将资产、负债的公允价值变动模拟入账，通过这一调整，调整后的子公司资产负债表实际上是以公允价值反映资产和负债的。在此基础上，再与母公司的个别财务报表合并，则是将子公司的资产和负债以公允价值反映于合并资产负债表中。

（二）母公司长期股权投资与子公司所有者权益抵销处理

在编制购买日的合并资产负债表时，需要将母公司对子公司长期股权投资与子公司所有者权益中所拥有的份额予以抵销。母公司对非同一控制下取得的子公司长期股权投资进行账务处理时，母公司是按子公司资产、负债的公允价值确定其在子公司所有者权益中所拥有的份额，合并成本超过这一金额的差额则作为合并商誉处理。经过上述按公允价值对子公司财务报表调整处理后，在编制合并财务报表时则可以将长期股权投资与子公司所有者权益所拥有的份额相抵销。在非全资子公司的情况下，不属于母公司所拥有的份额在抵销处理时则结转为少数股东权益。在抵销处理时，应当注意的是，母公司在子公司所有者权益中所拥有的份额是按资产和负债的公允价值为基础计算的，也是按公允价值进行抵销，少数股东权益也是按资产和负债的公允价值为基础计算调整后的金额确定的。

承【例27-19】，基于资产和负债的公允价值对 A 公司财务报表调整后，有关计算如下：

A公司调整后的资本公积 = 8 000 + 4 000 = 12 000（万元）

A公司调整后的股东权益总额 = 32 000 + 4 000 = 36 000（万元）

合并商誉 = 29 500 - 36 000 × 70% = 4 300（万元）

少数股东权益 = 36 000 × 30% = 10 800（万元）

因此，甲公司将长期股权投资与其在 A 公司所有者权益中拥有的份额抵销时，其抵销分录如下：

借：股本 20 000③
　　资本公积 12 000
　　盈余公积 1 200
　　未分配利润 2 800
　　商誉 4 300
　　贷：长期股权投资——A 公司 29 500
　　　　少数股东权益 10 800

（三）编制合并工作底稿并编制合并财务报表

在按公允价值对子公司财务报表项目进行调整，并编制合并抵销分录，将母公司对子公司长期股权投资与子公司所有者权益中母公司所持有的份额进行抵销处理后，则可以编制购买日合并工作底稿。

根据上述调整分录和抵销分录，甲公司编制购买日合并工作底稿如表 27-10 所示。

表 27-10　　　　　　合并工作底稿　　　　　　单位：万元

项目	母公司	子公司	合计数	调整分录 借方	调整分录 贷方	抵销分录 借方	抵销分录 贷方	少数股东权益	合并数
流动资产：									
货币资金	9 000	4 200	13 200						13 200
交易性金融资产	4 000	1 800	5 800						5 800
应收票据	4 700	3 000	7 700						7 700
应收账款	5 800	3 920	9 720		100②				9 620
预付款项	2 000	880	2 880						2 880
其他应收款	4 200	0	4 200						4 200
存货	31 000	20 000	51 000	1 100②					52 100
持有待售资产									
一年内到期的非流动资产									
其他流动资产	1 300	1 200	2 500						2 500
流动资产合计	62 000	35 000	97 000	1 100	100				98 000
非流动资产：									
债权投资	6 000	0	6 000						6 000
其他债权投资	11 000	0	11 000						11 000
长期股权投资	32 000	0	32 000	29 500①			29 500③		32 000
固定资产原价	30 000	20 000	50 000	3 000②					53 000
减：累计折旧	9 000	2 000	11 000						11 000
固定资产净值	21 000	18 000	39 000	3 000					42 000
在建工程	20 000	3 400	23 400						23 400
无形资产	4 000	1 600	5 600						5 600

续表

项目	母公司	子公司	合计数	调整分录 借方	调整分录 贷方	抵销分录 借方	抵销分录 贷方	少数股东权益	合并数
商誉	0		0			4 300③			4 300
其他非流动资产	0	0	0						
非流动资产合计	94 000	23 000	117 000	32 500		4 300	29 500		124 300
资产总计	156 000	58 000	214 000	33 600	100	4 300	29 500		222 300
流动负债:									
短期借款	12 000	5 000	17 000						17 000
交易性金融负债	3 800	0	3 800						3 800
应付票据	10 000	3 000	13 000						13 000
应付账款	18 000	4 200	22 200						22 200
预收款项	3 000	1 300	4 300						4 300
应付职工薪酬	6 000	1 600	7 600						7 600
应交税费	2 000	1 200	3 200						3 200
其他应付款	4 000	4 000	8 000						8 000
持有待售负债									
一年内到期的非流动负债									
其他流动负债	1 200	700	1 900						1 900
流动负债合计	60 000	21 000	81 000						81 000
非流动负债:									
长期借款	4 000	3 000	7 000						7 000
应付债券	20 000	2 000	22 000						22 000
长期应付款	2 000		2 000						2 000
其他非流动负债									
非流动负债合计	26 000	5 000	31 000						31 000
负债合计	86 000	26 000	112 000						112 000
股东权益:									
股本	40 000	20 000	60 000	10 000①		20 000③			50 000
资本公积	10 000	8 000	18 000	19 500① 4 000②		12 000③			29 500
盈余公积	11 000	1 200	12 200			1 200③			11 000
未分配利润	9 000	2 800	11 800			2 800③			9 000
归属于母公司股东权益合计	70 000	32 000	102 000	33 500		36 000			99 500
少数股东权益								10 800③	10 800
股东权益合计	7 000	32 000	102 000	33 500		36 000		10 800	110 300
负债和股东权益总计	156 000	58 000	214 000	33 500		36 000		10 800	222 300 *

注：* 222 300 = 214 000 + 33 500 - 36 000 + 10 800。

根据上述合并工作底稿计算得出的合并资产负债表各项目的合并数，则可以编制购买日的合并资产负债表。本例编制的合并资产负债表略。

二、非同一控制下取得子公司购买日后合并财务报表的编制

母公司在非同一控制下取得子公司后,在未来持有该子公司的情况下,每一会计期末都需要将其纳入合并范围,编制合并财务报表。

在对非同一控制下取得的子公司编制合并财务报表时,首先,应当以购买日确定的各项可辨认资产、负债及或有负债的公允价值为基础对子公司的财务报表进行调整。

其次,将母公司对子公司的长期股权投资采用成本法核算的结果,调整为权益法核算的结果,对公司的财务报表进行相应的调整。

再次,则是通过编制合并抵销分录,将母公司对子公司长期股权投资与子公司所有者权益等内部交易对合并财务报表的影响予以抵销。

最后,则是在编制合并工作底稿的基础上,计算合并财务报表各项目的合并数,编制合并财务报表。

▶【例27-20】承【例27-19】,甲公司2×21年1月1日以定向增发普通股票的方式,购买持有A公司70%的股权。甲公司对A公司长期股权投资的金额为29 500万元,甲公司购买日编制的合并资产负债表中确认合并商誉为4 300万元。

甲公司和A公司2×21年12月31日的个别资产负债表、利润表和股东权益变动表如表27-11、表27-12和表27-13所示。

表27-11　　　　　　　　　　　　　资产负债表　　　　　　　　　　　会企01表

编制单位:　　　　　　　　　　2×21年12月31日　　　　　　　　　　单位:万元

资　产	甲公司	A公司	负债和所有者权益（或股东权益）	甲公司	A公司
流动资产:			流动负债:		
货币资金	5 700	6 500	短期借款	10 000	4 800
交易性金融资产	3 000	5 000	交易性金融负债	4 000	2 400
衍生金融资产			衍生金融负债		
应收票据	7 200	3 600	应付票据	13 000	3 600
应收账款	8 500	5 100	应付账款	18 000	5 200
应收款项融资			预收款项		
预付款项	1 500	2 500	合同负债	4 000	3 900
其他应收款	5 300	1 300	应付职工薪酬	5 000	1 600
存货	37 000	18 000	应交税费	2 700	1 400
合同资产			其他应付款	5 300	5 200
持有待售资产			持有待售负债		
一年内到期的非流动资产			一年内到期的非流动负债		
其他流动资产	1 800	1 000	其他流动负债	2 000	900
流动资产合计	70 000	43 000	流动负债合计	64 000	29 000

续表

资　产	甲公司	A公司	负债和所有者权益 （或股东权益）	甲公司	A公司
非流动资产：			非流动负债：		
债权投资	9 000	0	长期借款	4 000	5 000
其他债权投资	14 000	4 000	应付债券	20 000	7 000
长期应收款			租赁负债		
长期股权投资	69 500	0	长期应付款	6 000	0
其他权益工具投资			预计负债		
其他非流动金融资产			递延收益		
投资性房地产			递延所得税负债		
固定资产	28 000	26 000	其他非流动负债	0	0
在建工程	13 000	4 200	非流动负债合计	30 000	12 000
生产性生物资产			负债合计	94 000	41 000
油气资产			股东权益：		
使用权资产			股本	50 000	20 000
无形资产	6 000	1 800	其他权益工具		
开发支出			资本公积	29 500	8 000
商誉			减：库存股		
长期待摊费用			其他综合收益		
递延所得税资产			专项储备		
其他非流动资产			盈余公积	18 000	3 200
非流动资产合计	139 500	36 000	未分配利润	18 000	6 800
			股东权益合计	115 500	38 000
资产总计	209 500	79 000	负债和股东权益总计	209 500	79 000

表 27-12　　　　　　　　　　　　　利　润　表　　　　　　　　　　　　会企02表

编制单位：　　　　　　　　　　　　　2×21年度　　　　　　　　　　　　单位：万元

项　目	甲公司	A公司
一、营业收入	150 000	94 800
减：营业成本	96 000	73 000
税金及附加	1 800	1 000
销售费用	5 200	3 400
管理费用	6 000	3 900
研发费用		
财务费用	1 200	800
其中：利息费用		
利息收入		
加：其他收益		

续表

项　目	甲公司	A公司
投资收益（损失以"－"号填列）	9 800	200
其中：对联营企业和合营企业的投资收益		
以摊余成本计量的金融资产终止确认收益（损失以"－"号填列）		
净敞口套期收益（损失以"－"号填列）		
公允价值变动收益（损失以"－"号填列）	0	0
信用减值损失（损失以"－"号填列）	200	140
资产减值损失（损失以"－"号填列）	400	160
资产处置收益（损失以"－"号填列）		
二、营业利润（亏损以"－"号填列）	49 000	12 600
加：营业外收入	1 600	2 400
减：营业外支出	2 600	1 000
三、利润总额（亏损总额以"－"号填列）	48 000	14 000
减：所得税费用	12 000	3 500
四、净利润（净亏损以"－"号填列）	36 000	10 500
（一）持续经营净利润（净亏损以"－"号填列）	36 000	10 500
（二）终止经营净利润（净亏损以"－"号填列）		
五、其他综合收益的税后净额		
（一）不能重分类进损益的其他综合收益		
1. 重新计量设定受益计划变动额		
2. 权益法下不能转损益的其他综合收益		
3. 其他权益工具投资公允价值变动		
4. 企业自身信用风险公允价值变动		
……		
（二）将重分类进损益的其他综合收益		
1. 权益法下可转损益的其他综合收益		
2. 其他债权投资公允价值变动		
3. 金融资产重分类计入其他综合收益的金额		
4. 其他债权投资信用减值准备		
5. 现金流量套期储备		
6. 外币财务报表折算差额		
……		
六、综合收益总额	36 000	10 500
七、每股收益：		
（一）基本每股收益		
（二）稀释每股收益		

表 27-13

股东权益变动表

2×21 年度

编制单位：

会企 04 表
单位：万元

项目	甲公司 股本	其他权益工具	资本公积	减:库存股	其他综合收益	专项储备	盈余公积	未分配利润	股东权益合计	A公司 股本	其他权益工具	资本公积	减:库存股	其他综合收益	专项储备	盈余公积	未分配利润	股东权益合计
一、上年年末余额	40 000		10 000				11 000	9 000	70 000	20 000		8 000				1 200	2 800	32 000
加：会计政策变更																		
前期差错更正																		
其他																		
二、本年年初余额	40 000		10 000				11 000	9 000	70 000	20 000		8 000				1 200	2 800	32 000
三、本年增减变动金额（减少以"-"号填列）								36 000	36 000								10 500	10 500
（一）综合收益总额																		
（二）所有者投入和减少资本	10 000		19 500						29 500									
1. 所有者投入的普通股	10 000																	
2. 其他权益工具持有者投入资本																		
3. 股份支付计入所有者权益的金额																		
4. 其他																		
（三）利润分配							7 000	7 000								2 000	2 000	4 500
1. 提取盈余公积							7 000	20 000	20 000							2 000	4 500	4 500
2. 对股东的分配																		
3. 其他																		

续表

项目	甲公司									A公司								
	股本	其他权益工具	资本公积	减:库存股	其他综合收益	专项储备	盈余公积	未分配利润	股东权益合计	股本	其他权益工具	资本公积	减:库存股	其他综合收益	专项储备	盈余公积	未分配利润	股东权益合计
(四) 股东权益内部结转																		
1. 资本公积转增股本																		
2. 盈余公积转增股本																		
3. 盈余公积弥补亏损																		
4. 设定受益计划变动额结转留存收益																		
5. 其他综合收益结转留存收益																		
6. 其他																		
四、本年年末余额	50 000		29 500				18 000	18 000	115 500	20 000		8 000				3 200	6 800	38 000

A公司在购买日股东权益总额为32 000万元,其中,股本为20 000万元、资本公积为8 000万元、盈余公积为1 200万元、未分配利润为2 800万元。A公司购买日应收账款账面价值为3 920万元、公允价值为3 820万元;存货的账面价值为20 000万元、公允价值为21 100万元;固定资产账面价值为18 000万元、公允价值为21 000万元。

A公司2×21年12月31日股东权益总额为38 000万元,其中,股本为20 000万元、资本公积为8 000万元、盈余公积为3 200万元、未分配利润为6 800万元。A公司2×21年全年实现净利润10 500万元,A公司当年提取盈余公积2 000万元、向股东分配现金股利4 500万元。截至2×21年12月31日,应收账款按购买日确认的金额收回,确认的坏账已核销;购买日存货公允价值增值部分,当年已全部实现对外销售;购买日固定资产原价公允价值增加系公司用办公楼增值,该办公楼采用的折旧方法为年限平均法,该办公楼剩余折旧年限为20年,假定该办公楼增加的公允价值在未来20年内平均摊销。

1. 甲公司2×21年末编制合并财务报表时,相关项目的计算

A公司调整后本年净利润=10 500+[100(购买日应收账款公允价值减值的实现而调减信用减值损失)-1 100(购买日存货公允价值增值的实现而调增营业成本)-150(固定资产公允价值增值计算的折旧而调增管理费用)]=9 350(万元)

150万元系固定资产公允价值增值3 000万元按剩余折旧年限摊销。

A公司调整后本年末未分配利润=2 800(年初)+9 350-2 000(提取盈余公积)-4 500(分派股利)=5 650(万元)

权益法下甲公司对A公司投资的投资收益=9 350×70%=6 545(万元)

权益法下甲公司对A公司长期股权投资本年年末余额=29 500+6 545-4 500(分派股利)×70%=32 895(万元)

少数股东损益=9 350×30%=2 805(万元)

少数股东权益的年末余额=10 800+2 805-4 500×30%=12 255(万元)

2. 甲公司2×21年编制合并财务报表时,进行的调整抵销处理

(1)按公允价值对A公司财务报表项目进行调整。

根据购买日A公司资产和负债的公允价值与账面价值之间的差额,调整A公司相关公允价值变动的资产和负债项目及资本公积项目。在合并工作底稿中,其调整分录如下:

借:存货　　　　　　　　　　　　　　　　　　　　　　1 100①
　　固定资产　　　　　　　　　　　　　　　　　　　　3 000
　　贷:应收账款　　　　　　　　　　　　　　　　　　　　100
　　　　资本公积　　　　　　　　　　　　　　　　　　4 000

因购买日A公司资产和负债的公允价值与原账面价值之间的差额对A公司本年净利润的影响,调整A公司的相关项目。之所以进行这一调整,是由于子公司个别财务报表是按其资产、负债的原账面价值为基础编制的,其当期计算的净利润也是以其资产、负债的原账面价值为基础计算的结果,而公允价值与原账面价值存在差额的资产或负债,在经营过程中因使用、销售或偿付而实现其公允价值,其实现的公允价值对子公司当期净利润的影响需要在净利润计算中予以反映。在合并工作底稿中,其调整分录如下:

借：营业成本　　　　　　　　　　　　　　　　　　　1 100②
　　管理费用　　　　　　　　　　　　　　　　　　　　150
　　应收账款　　　　　　　　　　　　　　　　　　　　100
　贷：存货　　　　　　　　　　　　　　　　　　　　1 100
　　　固定资产　　　　　　　　　　　　　　　　　　　150
　　　信用减值损失　　　　　　　　　　　　　　　　　100

(2) 按照权益法对甲公司财务报表项目进行调整。

因购买日A公司资产和负债的公允价值与原账面价值之间的差额对A公司本年净利润的影响，而对甲公司对A公司长期股权投资权益法核算的影响，需要对甲公司对A公司长期股权投资及相关项目进行调整；另外，甲公司对A公司的长期股权投资采用成本法进行核算，需要对成本法核算的结果按权益法核算的要求，对长期股权投资及相关项目进行调整。在合并工作底稿中，其调整分录如下：

借：长期股权投资　　　　　　　　　　　　　　　　6 545③
　　投资收益　　　　　　　　　　　　　　　　　　3 150
　贷：投资收益　　　　　　　　　　　　　　　　　6 545
　　　长期股权投资　　　　　　　　　　　　　　　3 150

(3) 长期股权投资与所有者权益的抵销。

将甲公司对A公司的长期股权投资与其在A公司股东权益中拥有的份额予以抵销。在合并工作底稿中，其抵销分录如下：

借：股本　　　　　　　　　　　　　　　　　　　20 000④
　　资本公积　　　　　　　　　　　　　　　　　12 000
　　盈余公积　　　　　　　　　　　　　　　　　 3 200
　　未分配利润　　　　　　　　　　　　　　　　 5 650
　　商誉　　　　　　　　　　　　　　　　　　　 4 300
　贷：长期股权投资　　　　　　　　　　　　　　32 895
　　　少数股东权益　　　　　　　　　　　　　　12 255

(4) 投资收益与子公司利润分配等项目的抵销。将甲公司对A公司投资收益与A公司本年利润分配有关项目的金额予以抵销。在合并工作底稿中，其抵销分录如下：

借：投资收益　　　　　　　　　　　　　　　　　6 545⑤
　　少数股东损益　　　　　　　　　　　　　　　2 805
　　年初未分配利润　　　　　　　　　　　　　　2 800
　贷：提取盈余公积　　　　　　　　　　　　　　2 000
　　　对股东的分配　　　　　　　　　　　　　　4 500
　　　年末未分配利润　　　　　　　　　　　　　5 650

(5) 应收股利与应付股利的抵销。

本例中，A公司本年宣告分派现金股利4 500万元，股利款项尚未支付，A公司已将其计列应付股利4 500万元。甲公司根据A公司宣告的分派现金股利的公告，按照其所享有的金额，已确认应收股利，并在其资产负债表中计列应收股利3 150万元。这属于母公司与子公司之间的债权债务，在编制合并财务报表时必须将其予以抵销，其抵销分录如下：

借：其他应付款——应付股利　　　　　　　　　　　　　　3 150⑥
　　贷：其他应收款——应收股利　　　　　　　　　　　　　　　　　3 150

3. 编制合并工作底稿并编制合并财务报表

根据上述调整分录和抵销分录，甲公司可以编制合并工作底稿如表27-14所示。

表27-14　　　　　　　　　　　　合并工作底稿

2×21年度　　　　　　　　　　　　　　　　　　　　　　　单位：万元

项目	母公司	子公司	合计数	调整分录 借方	调整分录 贷方	抵销分录 借方	抵销分录 贷方	少数股东权益	合并数
（资产负债表项目）									
流动资产：									
货币资金	5 700	6 500	12 200						12 200
交易性金融资产	3 000	5 000	8 000						8 000
应收票据	7 200	3 600	10 800						10 800
应收账款	8 500	5 100	13 600	100②	100①				13 600
预付款项	1 500	2 500	4 000						4 000
其他应收款	5 300	1 300	6 600				3 150⑥		3 450
存货	37 000	18 000	55 000	1 100①	1 100②				55 000
持有待售资产									
一年内到期的非流动资产									
其他流动资产	1 800	1 000	2 800						2 800
流动资产合计	70 000	43 000	113 000	1 200	1 200		3 150		109 850
非流动资产：									
债权投资	9 000	0	9 000						9 000
其他债权投资	14 000	4 000	18 000						18 000
长期股权投资	69 500	0	69 500						40 000
其中：A公司	29 500			6 545③	3 150③		32 895④		
固定资产	28 000	26 000	54 000	3 000①	150②				56 850
在建工程	13 000	4 200	17 200						17 200
无形资产	6 000	1 800	7 800						7 800
商誉						4 300④			4 300
其他非流动资产									
非流动资产合计	139 500	36 000	175 500	9 545	3 300	4 300	32 895		153 150
资产总计	209 500	79 000	288 500	10 745	4 500	4 300	36 045		263 000
流动负债：									
短期借款	10 000	4 800	14 800						14 800

续表

项 目	母公司	子公司	合计数	调整分录 借方	调整分录 贷方	抵销分录 借方	抵销分录 贷方	少数股东权益	合并数
交易性金融负债	4 000	2 400	6 400						6 400
应付票据	13 000	3 600	16 600						16 600
应付账款	18 000	5 200	23 200						23 200
预收款项	4 000	3 900	7 900						7 900
应付职工薪酬	5 000	1 600	6 600						6 600
应交税费	2 700	1 400	4 100						4 100
应付股利	5 000	4 500	9 500				3 150⑥		6 350
其他应付款	300	700	1 000						1 000
持有待售负债									
一年内到期的非流动负债									
其他流动负债	2 000	900	2 900						2 900
流动负债合计	64 000	29 000	93 000				3 150		89 850
非流动负债:									
长期借款	4 000	5 000	9 000						9 000
应付债券	20 000	7 000	27 000						27 000
长期应付款	6 000	0	6 000						6 000
其他非流动负债	0	0	0						0
非流动负债合计	30 000	12 000	42 000						42 000
负债合计	94 000	41 000	135 000				3 150		131 850
股东权益:									
股本	50 000	20 000	70 000			20 000④			50 000
资本公积	29 500	8 000	37 500		4 000①	12 000④			29 500
盈余公积	18 000	3 200	21 200			3 200④			18 000
未分配利润	18 000	6 800	24 800	4 400	6 645	14 995	12 150	2 805	21 395
归属于母公司的股东权益合计	115 500	38 000	153 500	4 400	10 645	50 195	12 150	2 805	118 895
少数股东权益								12 255④	12 255
股东权益合计	115 500	38 000	153 500	4 400	10 645	50 195	12 150	9 450	131 150
负债和股东权益总计	209 500	79 000	288 500	4 400	10 645	53 345	12 150	9 450	263 000
(利润表项目)									
一、营业收入	150 000	94 800	244 800						244 800
减：营业成本	96 000	73 000	169 000	1 100②					170 100
税金及附加	1 800	1 000	2 800						2 800

续表

项 目	母公司	子公司	合计数	调整分录 借方	调整分录 贷方	抵销分录 借方	抵销分录 贷方	少数股东权益	合并数
销售费用	5 200	3 400	8 600						8 600
管理费用	6 000	3 900	9 900	150②					10 050
财务费用	1 200	800	2 000						2 000
其中：利息费用									
利息收入									
加：其他收益									
投资收益	9 800	200	10 000						6 850
其中：A公司	3 150			3 150③	6 545③	6 545⑤			0
公允价值变动收益	0	0	0						0
信用减值损失	200	140	340		100②				240
资产减值损失	400	160	560						560
资产处置收益（损失以"-"号填列）									
二、营业利润	49 000	12 600	61 600	4 400	6 645	6 545			57 300
加：营业外收入	1 600	2 400	4 000						4 000
减：营业外支出	2 600	1 000	3 600						3 600
三、利润总额	48 000	14 000	62 000	4 400	6 645	6 545			57 700
减：所得税费用	12 000	3 500	15 500						15 500
四、净利润	36 000	10 500	46 500	4 400	6 645	6 545			42 200
（一）按经营持续性分类：									
1. 持续经营净利润（净亏损以"-"号填列）									42 200
2. 终止经营净利润（净亏损以"-"号填列）									
（二）按所有权归属分类：									
1. 归属于母公司股东的净利润									39 395
2. 少数股东损益								2 805⑤	2 805
五、其他综合收益的税后净额									
六、综合收益总额	36 000	10 500	46 500	4 400	6 645	6 545			42 200
归属于母公司股东的综合收益总额									39 395

续表

项目	母公司	子公司	合计数	调整分录 借方	调整分录 贷方	抵销分录 借方	抵销分录 贷方	少数股东权益	合并数
归属于少数股东的综合收益总额								2 805⑤	2 805
（股东权益变动表项目）									
一、年初未分配利润	9 000	2 800	11 800			2 800⑤			9 000
二、本年增减变动金额									
其中：利润分配									
1. 提取盈余公积	7 000	2 000	9 000				2 000⑤		7 000
2. 对股东的分配	20 000	4 500	24 500				4 500⑤		20 000
三、年末未分配利润	18 000	6 800	24 800	4 400	6 645	5 650④ 14 995	5 650⑤ 12 150	2 805	21 395*

注：* 21 395 = 24 800 + (6 645 - 4 400) + (12 150 - 14 995) - 2 805。

甲公司在编制上述合并工作底稿，计算各项目合并数后，根据合并数编制合并资产负债表、合并利润表以及合并股东权益变动表略。

▶【例27-21】承【例27-20】，甲公司和A公司2×22年12月31日个别资产负债表、利润表和所有者权益变动表，如表27-15、表27-16和表27-17所示。

表27-15　　　　　　　　　　　资产负债表　　　　　　　　　　　会企01表
编制单位：　　　　　　　　　2×22年12月31日　　　　　　　　　单位：万元

资产	甲公司	A公司	负债和所有者权益（或股东权益）	甲公司	A公司
流动资产：			流动负债：		
货币资金	8 900	9 400	短期借款	8 000	5 800
交易性金融资产	4 800	7 800	交易性金融负债	4 000	2 100
衍生金融资产			衍生金融负债		
应收票据	7 100	3 900	应付票据	15 000	5 600
应收账款	9 000	5 300	应付账款	14 800	5 300
应收款项融资			预收款项	4 000	3 300
预付款项	2 600	2 900	合同负债		
其他应收款	9 200	1 600	应付职工薪酬	5 800	1 800
存货	37 900	23 000	应交税费	2 200	1 700
合同资产			其他应付款	10 000	7 500
持有待售资产			持有待售负债		
一年内到期的非流动资产			一年内到期的非流动负债		
其他流动资产	1 500	1 100	其他流动负债	1 200	900
流动资产合计	81 000	55 000	流动负债合计	65 000	34 000

续表

资　产	甲公司	A公司	负债和所有者权益（或股东权益）	甲公司	A公司
非流动资产：			非流动负债：		
债权投资	8 000	0	长期借款	3 000	4 000
其他债权投资	14 000	4 200	应付债券	20 000	7 000
长期应收款			租赁负债		
长期股权投资	69 500	0	长期应付款	4 000	0
其他权益工具投资			预计负债		
其他非流动金融资产			递延收益		
投资性房地产			递延所得税负债		
固定资产	33 000	25 000	其他非流动负债	0	0
在建工程	7 000	3 200	非流动负债合计	27 000	11 000
生产性生物资产			负债合计	92 000	45 000
油气资产			股东权益：		
使用权资产			股本	50 000	20 000
无形资产	5 000	1 600	其他权益工具		
开发支出			资本公积	29 500	8 000
商誉		0	减：库存股		
长期待摊费用			其他综合收益		
递延所得税资产			专项储备		
其他非流动资产			盈余公积	24 000	5 600
非流动资产合计	136 500	34 000	未分配利润	22 000	10 400
			股东权益合计	125 500	44 000
资产总计	217 500	89 000	负债和股东权益总计	217 500	89 000

表 27-16　　　　　　　　　　　　利　润　表　　　　　　　　　　　　会企02表

编制单位：　　　　　　　　　　　2×22 年度　　　　　　　　　　　　单位：万元

项　目	甲公司	A公司
一、营业收入	180 000	117 000
减：营业成本	135 000	89 300
税金及附加	2 800	1 900
销售费用	5 800	4 700
管理费用	6 900	4 400
财务费用	2 000	1 200
其中：利息费用		
利息收入		
加：其他收益		

续表

项 目	甲公司	A公司
投资收益（损失以"-"号填列）	11 000	1 300
其中：对联营企业和合营企业的投资收益		
以摊余成本计量的金融资产终止确认收益（损失以"-"号填列）		
净敞口套期收益（损失以"-"号填列）		
公允价值变动收益（损失以"-"号填列）	0	0
信用减值损失（损失以"-"号填列）	300	40
资产减值损失（损失以"-"号填列）	700	60
资产处置收益（损失以"-"号填列）		
二、营业利润（亏损以"-"号填列）	37 500	16 700
加：营业外收入	3 700	1 100
减：营业外支出	1 200	1 800
三、利润总额（亏损总额以"-"号填列）	40 000	16 000
减：所得税费用	10 000	4 000
四、净利润（净亏损以"-"号填列）	30 000	12 000
（一）持续经营净利润（净亏损以"-"号填列）		
（二）终止经营净利润（净亏损以"-"号填列）		
五、其他综合收益的税后净额		
（一）不能重分类进损益的其他综合收益		
1. 重新计量设定受益计划变动额		
2. 权益法下不能转损益的其他综合收益		
3. 其他权益工具投资公允价值变动		
4. 企业自身信用风险公允价值变动		
……		
（二）将重分类进损益的其他综合收益		
1. 权益法下可转损益的其他综合收益		
2. 其他债权投资公允价值变动		
3. 金融资产重分类计入其他综合收益的金额		
4. 其他债权投资信用减值准备		
5. 现金流量套期储备		
6. 外币财务报表折算差额		
……		
六、综合收益总额	30 000	12 000
七、每股收益：		
（一）基本每股收益		
（二）稀释每股收益		

表 27 – 17

股东权益变动表

2×22 年度

编制单位：
会企 04 表
单位：万元

项目	甲公司 股本	其他权益工具	资本公积	减：库存股	其他综合收益	专项储备	盈余公积	未分配利润	股东权益合计	A公司 股本	其他权益工具	资本公积	减：库存股	其他综合收益	专项储备	盈余公积	未分配利润	股东权益合计
一、上年年末余额	50 000		29 500				18 000	18 000	115 500	20 000		8 000				3 200	6 800	38 000
加：会计政策变更																		
前期差错更正																		
其他																		
二、本年年初余额	50 000		29 500				18 000	18 000	115 500	20 000		8 000				3 200	6 800	38 000
三、本年增减变动金额（减少以"−"号填列）								30 000	30 000								12 000	12 000
（一）综合收益总额								30 000	30 000								12 000	12 000
（二）所有者投入和减少资本																		
1. 所有者投入的普通股																		
2. 其他权益工具持有者投入资本																		
3. 股份支付计入所有者权益的金额																		
4. 其他																		
（三）利润分配							6 000	6 000								2 400	2 400	
1. 提取盈余公积							20 000	20 000								6 000	6 000	
2. 对股东的分配																		

续表

项目	甲公司									A公司								
	股本	其他权益工具	资本公积	减:库存股	其他综合收益	专项储备	盈余公积	未分配利润	股东权益合计	股本	其他权益工具	资本公积	减:库存股	其他综合收益	专项储备	盈余公积	未分配利润	股东权益合计
3. 其他																		
(四) 股东权益内部结转																		
1. 资本公积转增股本																		
2. 盈余公积转增股本																		
3. 盈余公积弥补亏损																		
4. 设定受益计划变动额结转留存收益																		
5. 其他综合收益结转留存收益																		
6. 其他																		
四、本年年末余额	50 000		29 500				24 000	22 000	125 500	20 000		8 000				5 600	10 400	44 000

A公司在购买日相关资产和负债等资料同上，即购买日A公司股东权益总额为32 000万元，其中，股本为20 000万元、资本公积为8 000万元、盈余公积为1 200万元、未分配利润为2 800万元。A公司购买日应收账款账面价值为3 920万元、公允价值为3 820万元；存货的账面价值为20 000万元、公允价值为21 100万元；固定资产账面价值为18 000万元、公允价值为21 000万元。截至2×22年12月31日，应收账款按购买日公允价值的金额收回；购买日的存货，当年已全部实现对外销售；购买日固定资产公允价值增加的系公司管理用办公楼，该办公楼采用的折旧方法为年限平均法，该办公楼购买后剩余折旧年限为20年，假定该办公楼增加的公允价值在未来20年内平均摊销。

A公司2×22年12月31日股东权益总额为44 000万元，其中，股本为20 000万元、资本公积为8 000万元、盈余公积为5 600万元、未分配利润为10 400万元。A公司2×22年全年实现净利润12 000万元，A公司当年提取盈余公积2 400万元、向股东分配现金股利6 000万元。

1. 甲公司编制2×22年度合并财务报表时，相关项目的计算

A公司调整后本年净利润 = 12 000 - 150（固定资产公允价值增值计算的折旧）= 11 850（万元）

A公司调整后本年年初未分配利润 = 6 800 + 100（上年实现的购买日应收账款公允价值减值）- 1 100（上年实现的购买日存货公允价值增值）- 150（固定资产公允价值增值计算的折旧）= 5 650（万元）

A公司调整后本年年末未分配利润 = 5 650 + 11 850 - 2 400（提取盈余公积）- 6 000（分派股利）= 9 100（万元）

权益法下甲公司对A公司投资的投资收益 = 11 850 × 70% = 8 295（万元）

权益法下甲公司对A公司长期股权投资本年年末余额 = 32 895（上年末长期股权投资余额）+ 8 295 - 6 000（分派股利）× 70% = 36 990（万元）

少数股东损益 = 11 850 × 30% = 3 555（万元）

少数股东权益的年末余额 = 12 255 + 3 555 - 6 000 × 30% = 14 010（万元）

2. 甲公司2×22年编制合并财务报表时，进行的调整抵销处理

（1）按公允价值对A公司财务报表项目进行调整。

因购买日A公司资产和负债的公允价值与账面价值之间的差额，调整A公司年初未分配利润及相关项目。其调整分录如下：

借：存货　　　　　　　　　　　　　　　　　　　　1 100①
　　固定资产　　　　　　　　　　　　　　　　　　3 000
　　贷：应收账款　　　　　　　　　　　　　　　　　　100
　　　　资本公积　　　　　　　　　　　　　　　　　4 000

因购买日A公司资产和负债的公允价值与原账面价值之间的差额对A公司上年净利润的影响，调整A公司年初未分配利润及相关项目。其调整分录如下：

借：年初未分配利润　　　　　　　　　　　　　　　1 100②
　　年初未分配利润　　　　　　　　　　　　　　　　150

  应收账款   100
   贷：存货   1 100
     固定资产   150
     年初未分配利润   100

上述调整分录简化为：
  借：年初未分配利润   1 150③
   应收账款   100
   贷：存货   1 100
     固定资产   150

因购买日A公司固定资产公允价值与原账面价值之间的差额对A公司本年净利润的影响，调整A公司固定资产折旧相关的项目及累计折旧项目。调整分录如下：
  借：管理费用   150④
   贷：固定资产   150

至于应收账款公允价值减值和存货公允价值增值，由于在上一年已全部实现，不涉及对本年实现净利润的影响。

（2）按照权益法对甲公司财务报表项目进行调整。

因购买日A公司资产和负债的公允价值与原账面价值之间的差额对A公司上年净利润的影响而对甲公司对A公司长期股权投资权益法核算的影响，调整甲公司对A公司长期股权投资及相关项目。其调整分录如下：
  借：长期股权投资   6 545⑤
   年初未分配利润   3 150
   贷：年初未分配利润   6 545
     长期股权投资   3 150

甲公司对A公司长期股权投资由成本法核算的结果调整为权益法核算的结果。即根据调整后A公司本年实现净利润以及本年分派现金股利中所拥有的份额，调整本年甲公司对A公司投资收益。其调整分录如下：
  借：长期股权投资   8 295⑥
   投资收益   4 200
   贷：投资收益   8 295
     长期股权投资   4 200

（3）长期股权投资与子公司所有者权益的抵销。

将甲公司对A公司的长期股权投资与其在A公司所有者权益中拥有的份额予以抵销。其抵销分录如下：
  借：股本   20 000⑦
   资本公积   12 000
   盈余公积   5 600
   年末未分配利润   9 100
   商誉   4 300

贷：长期股权投资						36 990		
少数股东权益						14 010		

（4）投资收益与子公司利润分配等项目的抵销。

将甲公司对A公司投资收益与A公司本年利润分配有关项目的金额予以抵销。其抵销分录如下：

借：投资收益	8 295⑧
少数股东损益	3 555
年初未分配利润	5 650
贷：提取盈余公积	2 400
对股东的分配	6 000
年末未分配利润	9 100

（5）应收股利与应付股利的抵销。

本例中，A公司本年宣告分派现金股利6 000万元，股利款项尚未支付，A公司已将其计列应付股利6 000万元。甲公司根据A公司宣告的分派现金股利的公告，按照其所享有的金额，已确认应收股利，并在其资产负债表中计列应收股利4 200万元。这属于母公司与子公司之间的债权债务，在编制合并财务报表时必须将其予以抵销，其抵销分录如下：

借：其他应付款——应付股利	4 200⑨
贷：其他应收款——应收股利	4 200

3. 编制合并工作底稿并编制合并财务报表

根据上述调整分录和抵销分录，甲公司可以编制合并工作底稿如表27-18所示。

表27-18　　　　　　　　　　合并工作底稿

2×22年度　　　　　　　　　　　　　　单位：万元

项　目	母公司	子公司	合计数	调整分录 借方	调整分录 贷方	抵销分录 借方	抵销分录 贷方	少数股东权益	合并数
（资产负债表项目）									
流动资产：									
货币资金	8 900	9 400	18 300						18 300
交易性金融资产	4 800	7 800	12 600						12 600
应收票据	7 100	3 900	11 000						11 000
应收账款	9 000	5 300	14 300						14 300
预付款项	2 600	2 900	5 500						5 500
应收股利	5 500	0	5 500				4 200⑨		1 300
其他应收款	3 700	1 600	5 300						5 300
存货	37 900	23 000	60 900						60 900
持有待售资产									
一年内到期的非流动资产									

续表

项　目	母公司	子公司	合计数	调整分录 借方	调整分录 贷方	抵销分录 借方	抵销分录 贷方	少数股东权益	合并数
其他流动资产	1 500	1 100	2 600						2 600
流动资产合计	81 000	55 000	136 000				4 200		131 800
非流动资产：									
债权投资	8 000	0	8 000						8 000
其他债权投资	14 000	4 200	18 200						18 200
长期股权投资	69 500	0	69 500						40 000
其中：A公司	29 500			6 545⑤	3 150⑤		36 990⑦		
				8 295⑥	4 200⑥				
固定资产	33 000	25 000	58 000	3 000①	150②				60 700
					150④				
在建工程	7 000	3 200	10 200						10 200
无形资产	5 000	1 600	6 600						6 600
商誉		0	0			4 300⑦			4 300
其他非流动资产	0	0	0						0
非流动资产合计	136 500	34 000	170 500	17 840	7 650	4 300	36 990		148 000
资产总计	217 500	89 000	306 500	17 840	7 650	4 300	41 190		279 800
流动负债：									
短期借款	8 000	5 800	13 800						13 800
交易性金融负债	4 000	2 100	6 100						6 100
应付票据	15 000	5 600	20 600						20 600
应付账款	14 800	5 300	20 100						20 100
预收款项	4 000	3 300	7 300						7 300
应付职工薪酬	5 800	1 800	7 600						7 600
应交税费	2 200	1 700	3 900						3 900
应付股利	8 000	6 000	14 000			4 200⑨			9 800
其他应付款	2 000	1 500	3 500						3 500
持有待售负债									
一年内到期的非流动负债									
其他流动负债	1 200	900	2 100						2 100
流动负债合计	65 000	34 000	99 000			4 200			94 800
非流动负债：									
长期借款	3 000	4 000	7 000						7 000
应付债券	20 000	7 000	27 000						27 000
长期应付款	4 000	0	4 000						4 000

续表

项 目	母公司	子公司	合计数	调整分录 借方	调整分录 贷方	抵销分录 借方	抵销分录 贷方	少数股东权益	合并数
其他非流动负债	0	0	0						0
非流动负债合计	27 000	11 000	38 000						38 000
负债合计	92 000	45 000	137 000			4 200			132 800
股东权益：									
股本	50 000	20 000	70 000			20 000⑦			50 000
资本公积	29 500	8 000	37 500		4 000①	12 000⑦			29 500
盈余公积	24 000	5 600	29 600			5 600⑦			24 000
未分配利润	22 000	10 400	32 400	8 750	14 940	23 045	17 500	3 555	29 490
归属于母公司股东权益合计	125 500	44 000	169 500	8 750	18 940	60 645	17 500	3 555	132 990
少数股东权益								14 010⑦	14 010
股东权益合计	125 500	44 000	169 500	8 750	18 940	60 645	17 500	10 455	147 000
负债和股东权益总计	217 500	89 000	306 500	8 750	18 940	64 845	17 500	10 455	279 800
（利润表项目）									
一、营业收入	180 000	117 000	297 000						297 000
减：营业成本	135 000	89 300	224 300						224 300
税金及附加	2 800	1 900	4 700						4 700
销售费用	5 800	4 700	10 500						10 500
管理费用	6 900	4 400	11 300	150④					11 450
财务费用	2 000	1 200	3 200						3 200
其中：利息费用									
利息收入									
加：其他收益									
投资收益	11 000	1 300	12 300	4 200⑥	8 295⑥	8 295⑧			8 100
其中：对联营企业和合营企业的投资收益									
公允价值变动收益	0	0	0						0
信用减值损失	300	40	340						340
资产减值损失	700	60	760						760
资产处置收益（损失以"-"号填列）									
二、营业利润	37 500	16 700	54 200	4 350	8 295	8 295			49 850
加：营业外收入	3 700	1 100	4 800						4 800
减：营业外支出	1 200	1 800	3 000						3 000

续表

项目	母公司	子公司	合计数	调整分录 借方	调整分录 贷方	抵销分录 借方	抵销分录 贷方	少数股东权益	合并数
三、利润总额	40 000	16 000	56 000	4 350	8 295	8 295			51 650
减：所得税费用	10 000	4 000	14 000						14 000
四、净利润	30 000	12 000	42 000	4 350	8 295	8 295			37 650
（一）按经营持续性分类：									
1. 持续经营净利润（净亏损以"-"号填列）									37 650
2. 终止经营净利润（净亏损以"-"号填列）									
（二）按所有权归属分类：									
1. 归属于母公司股东净利润									34 095
2. 少数股东损益								3 555⑧	3 555
五、其他综合收益的税后净额									
六、综合收益总额	30 000	12 000	42 000	4 350	8 295	8 295			37 650
归属于母公司股东的综合收益总额									34 095
归属于少数股东的综合收益总额								3 555⑧	3 555
（股东权益变动表项目）									
一、年初未分配利润	18 000	6 800	24 800	1 100② 150② 3 150⑤	100② 6 545⑤	5 650⑧			21 395
二、本年增减变动金额									
其中：利润分配									
1. 提取盈余公积	6 000	2 400	8 400			2 400⑧			6 000
2. 对股东的分配	20 000	6 000	26 000			6 000⑧			20 000
三、年末未分配利润	22 000	10 400	32 400	8 750	14 940	9 100⑦ 23 045	9 100⑧ 17 500	3 555	29 490

甲公司在编制上述合并工作底稿后，根据其中的合并数，编制合并资产负债表、合并利润表以及合并股东权益变动表。甲公司编制的合并资产负债表、合并利润表以及合并股东权益变动表略。

第五节 内部商品交易的合并处理

一、内部销售收入和内部销售成本的抵销处理

内部销售收入是指企业集团内部母公司与子公司、子公司相互之间（以下称成员企业）发生的购销活动所产生的销售收入。内部销售成本是指企业集团内部母公司与子公司、子公司相互之间发生的内部销售商品的销售成本。

（一）购买企业内部购进的商品当期全部实现销售时的抵销处理

在这种情况下，对于销售企业来说，销售给其他成员企业商品与销售给集团外部企业情况下的会计处理相同，即在本期确认销售收入、结转销售成本、计算损益，并在其个别利润表中反映；对于购买企业来说，一方面要确认销售收入，另一方面要结转销售内部购进商品的成本，并在其个别利润表中分别作为营业收入和营业成本反映，并确认损益。这也就是说，对于同一购销业务，在销售企业和购买企业的个别利润表都作了反映。但从企业集团整体来看，这一购销业务只是实现了一次销售，其销售收入只是购买企业销售该产品的销售收入，其销售成本只是销售企业销售该商品的成本。销售企业销售该商品的收入属于内部销售收入，相应的购买企业销售该商品的销售成本则属于内部销售成本。因此，在编制合并财务报表时，就必须将重复反映的内部销售收入与内部销售成本予以抵销。进行抵销处理时，应借记"营业收入"等项目，贷记"营业成本"等项目。

▶**【例27-22】** 甲公司拥有A公司70%的股权，系A公司的母公司。甲公司本期个别利润表的营业收入中有3 000万元，系向A公司销售产品取得的销售收入，该产品销售成本为2 100万元。A公司在本期将该产品全部售出，其销售收入为3 750万元，销售成本为3 000万元，并分别在其个别利润表中列示。

对此，编制合并财务报表将内部销售收入和内部销售成本予以抵销时，应编制如下抵销分录：

借：营业收入　　　　　　　　　　　　　　　　　　　　　　　3 000
　　贷：营业成本　　　　　　　　　　　　　　　　　　　　　　　　3 000

（二）购买企业内部购进的商品未实现对外销售时的抵销处理

在内部购进的商品未实现对外销售的情况下，从销售企业来说，同样是按照一般的销售业务确认销售收入，结转销售成本，计算销售利润，并在其利润表中列示。这一业务从整个企业集团来看，实际上只是商品存放地点发生变动，并没有真正实现企业集团对外销售，不应确认销售收入、结转销售成本以及计算损益。因此，对于该内部购销业务，在编制合并财务报表时，应当将销售企业由此确认的内部销售收入和内部销售成本予以抵销。对于这一经济业务，从购买企业来说，则以支付的购货价款作为存货成本入账，并在其个别资产负债表中作为资产列示。这样，购买企业的个别资产负债表中存货

的价值中就包含有销售企业实现的销售毛利。销售企业由于内部购销业务实现的销售毛利，属于未实现内部销售损益。

存货价值中包含的未实现内部销售损益是由于企业集团内部商品购销活动所引起的。在内部购销活动中，销售企业将集团内部销售作为收入确认并计算销售利润。而购买企业则是以支付购货的价款作为其成本入账；在本期内未实现对外销售而形成期末存货时，其存货价值中也相应地包括两部分内容：一部分为真正的存货成本（即销售企业销售该商品的成本）；另一部分为销售企业的销售毛利（即其销售收入减去销售成本的差额）。对于期末存货价值中包括的这部分销售毛利，从企业集团整体来看，并不是真正实现的利润。因为从整个企业整体来看，集团内部企业之间的商品购销活动实际上相当于一个企业内部物资调拨活动，既不会实现利润，也不会增加商品的价值。正是从这一意义上来说，将期末存货价值中包括的这部分销售企业作为利润确认的部分，称之为未实现内部销售损益。如果合并财务报表将母公司与子公司财务报表中的存货简单相加，则虚增存货成本。因此，在编制合并资产负债表时，应当将存货价值中包含的未实现内部销售损益予以抵销。

▶【例27-23】甲公司系A公司的母公司。甲公司本期个别利润表的营业收入中有2 000万元，系向A公司销售商品实现的收入，其商品成本为1 400万元，销售毛利率为30%。A公司本期从甲公司购入的商品在本期均未实现销售，期末存货中包含有2 000万元从甲公司购进的商品，该存货中包含的未实现内部销售损益为600万元。

编制合并利润表时，将内部销售收入、内部销售成本及存货价值中包含的未实现内部销售损益抵销时，其抵销分录如下：

借：营业收入　　　　　　　　　　　　　　　　　　　　2 000
　　贷：营业成本　　　　　　　　　　　　　　　　　　　1 400
　　　　存货　　　　　　　　　　　　　　　　　　　　　　600

对于第三种情况，即内部购进的商品部分实现对外销售部分形成期末存货的情况，可以将内部购买的商品分解为两部分来理解：一部分为当期购进并全部实现对外销售；另一部分为当期购进但未实现对外销售而形成期末存货。【例27-22】介绍的就是前一部分的抵销处理，【例27-23】介绍的则是后一部分的抵销处理。将【例27-22】和【例27-23】的抵销处理合并在一起，则就是第三种情况下的抵销处理。

▶【例27-24】甲公司本期个别利润表的营业收入中有5 000万元，系向A公司销售产品取得的销售收入，该产品销售成本为3 500万元，销售毛利率为30%。A公司在本期将该批内部购进商品的60%实现销售，其销售收入为3 750万元，销售成本为3 000万元，销售毛利率为20%，并列示于其个别利润表中；该批商品的另外40%则形成A公司期末存货，即期末存货为2 000万元，列示于A公司的个别资产负债表之中。

此时，在编制合并财务报表时，其抵销处理如下：

借：营业收入　　　　　　　　　　　　　（3 000+2 000）5 000
　　贷：营业成本　　　　　　　　　　（3 000+3 500×40%）4 400
　　　　存货　　　　　　　　　　　　　　　　（1 500×40%）600

根据上述抵销分录，其合并工作底稿（局部）如表27-19所示。

表27-19　　　　　　　　　合并工作底稿（局部）　　　　　　　　　　单位：万元

项　　目	甲公司	A公司	合计	调整分录 借方	调整分录 贷方	抵销分录 借方	抵销分录 贷方	少数股东权益	合并数
（资产负债表项目）									
……									
存货		2 000	2 000				600		1 400
（利润表项目）									
营业收入	5 000	3 750	8 750			5 000			3 750
营业成本	3 500	3 000	6 500				4 400		2 100
……									
营业利润	1 500	750	2 250			5 000	4 400		1 650
……									
净利润	1 500	750	2 250			5 000	4 400		1 650
（股东权益变动表项目）									
期初未分配利润	0	0	0						0
……									
期末未分配利润	1 500	750	2 250			5 000	4 400		1 650

对于内部销售收入的抵销，也可按照如下方法进行抵销处理：（1）按照内部销售收入的数额，借记"营业收入"项目，贷记"营业成本"项目；（2）按照期末存货价值中包含的未实现内部销售损益的数额，借记"营业成本"项目，贷记"存货"项目。

▶【例27-25】甲公司与A公司内部销售业务资料见【例27-24】。

将其内部销售收入、销售成本以及期末存货中包含的未实现内部销售利润抵销，编制抵销分录如下：

①借：营业收入　　　　　　　　　　　　　　　　　　　　　　5 000
　　　贷：营业成本　　　　　　　　　　　　　　　　　　　　　　　5 000
②借：营业成本　　　　　　　　　　　　　　　　　　　　　　　600
　　　贷：存货　　　　　　　　　　　　　　　　　　　　　　　　　　600

在合并工作底稿中，按上述抵销分录进行抵销的结果与【例27-24】的抵销结果相同。

（三）购买企业内部购进的商品作为固定资产使用时的抵销处理

在集团内成员企业将自身的产品销售给其他成员企业作为固定资产使用的情况下，对于销售企业来说是作为普通商品销售并进行会计处理的，即在销售时确认收入、结转成本和计算损益，并以此在其个别财务报表中列示；对于购买企业来说，则以购买价格（在此不考虑安装及运输费用）作为固定资产原值记账，该固定资产入账价值中既包含销售企业生产该产品的成本，也包含销售企业由于该产品销售所实现的销售利润。购买企业虽然以支付给销售企业的购买价格作为固定资产原价入账，但从整个企业集团来说，只能以销售企业生产该产品的成本作为固定资产原价在合并财务报表中反映。因此,编制合并利润表时应将销售企业由于该固定资产交易所实现的销售收入、结转的销售成本予以抵销;并将内部交易形成的固定资产原价中包含的未实现内部销售损益予以抵销。

▶【例27-26】母公司个别利润表的营业收入中有500万元,系向子公司销售其生产的设备所取得的收入,该设备生产成本为400万元。子公司个别资产负债表固定资产原价中包含有该设备的原价,该设备系12月购入并投入使用,本期未计提折旧,该固定资产原价中包含有100万元未实现内部销售损益。对此,在编制合并财务报表时,需要将母公司相应的销售收入和销售成本予以抵销,并将该固定资产原价中包含的未实现内部销售损益予以抵销。其抵销分录如下:

借:营业收入　　　　　　　　　　　　　　　　　　　500
　　贷:营业成本　　　　　　　　　　　　　　　　　　400
　　　　固定资产　　　　　　　　　　　　　　　　　　100

二、连续编制合并财务报表时内部销售商品的合并处理

在连续编制合并财务报表的情况下,首先必须将上期抵销的存货价值中包含的未实现内部销售损益对本期期初未分配利润的影响予以抵销,调整本期期初未分配利润的数额;然后再对本期内部购进存货进行合并处理。其具体合并处理程序和方法如下:

(1)将上期抵销的存货价值中包含的未实现内部销售损益对本期期初未分配利润的影响进行抵销。即按照上期内部购进存货价值中包含的未实现内部销售损益的数额,借记"期初(年初)未分配利润"项目,贷记"营业成本"项目。这一抵销分录,可以理解为上期内部购进的存货中包含的未实现内部销售损益在本期视同为实现利润,将上期未实现内部销售损益转为本期实现利润,冲减当期的合并销售成本。

(2)对于本期发生内部购销活动的,将内部销售收入及内部销售成本予以抵销。即按照销售企业内部销售收入的数额,借记"营业收入"项目,贷记"营业成本""存货"项目。

(3)将期末内部购进存货价值中包含的未实现内部销售损益予以抵销。对于期末内部购买形成的存货(包括上期结转形成的本期存货),应按照购买企业期末内部购入存货价值中包含的未实现内部销售损益的数额,借记"期初未分配利润""营业成本"项目,贷记"存货"项目。

▶【例27-27】上期甲公司与A公司内部购销资料、内部销售的抵销处理及其合并工作底稿(局部)见【例27-24】。本期甲公司个别财务报表中向A公司销售商品取得销售收入6 000万元,销售成本为4 200万元,甲公司本期销售毛利率与上期相同,为30%。A公司个别财务报表中从甲公司购进商品本期实现对外销售收入为5 625万元,销售成本为4 500万元,销售毛利率为20%;期末内部购进形成的存货为3 500万元(期初存货2 000万元+本期购进存货6 000万元-本期销售成本4 500万元),存货价值中包含的未实现内部销售损益为1 050万元。

此时,编制合并财务报表时应进行如下合并处理:

(1)调整期初未分配利润的数额:

借:期初未分配利润　　　　　　　　　　　　　　　　600①

贷：营业成本　　　　　　　　　　　　　　　　　　　　　　　　　　　600
（2）抵销本期内部销售收入：
借：营业收入　　　　　　　　　　　　　　　　　　　　　　　　6 000②
　　贷：营业成本　　　　　　　　　　　　　　　　　　　　　　　　6 000
（3）抵销期末存货中包含的未实现内部销售损益：
借：营业成本　　　　　　　　　　　　　　　　　　（3 500×30%）1 050③
　　贷：存货　　　　　　　　　　　　　　　　　　　　　　　　　1 050

其合并工作底稿（局部）如表27-20所示。

表27-20　　　　　　　　　合并工作底稿（局部）　　　　　　　　单位：万元

项　目	甲公司	A公司	合计	调整分录 借方	调整分录 贷方	抵销分录 借方	抵销分录 贷方	少数股东权益	合并数
（资产负债表项目）									
……									
存货		2 500	2 500				1 050③		1 450
……									
（利润表项目）									
营业收入	6 000	5 625	11 625			6 000②			5 625
营业成本	4 200	4 500	8 700			1 050③	600① 6 000②		3 150
……									
营业利润	1 800	1 125	2 925			7 050	6 600		2 475
……									
净利润	1 800	1 125	2 925			7 050	6 600		2 475
（股东权益变动表项目）									
期初未分配利润	1 500	750	2 250			600①			1 650
……									
期末未分配利润	3 300	1 875	5 175			7 650	6 600		4 125

三、存货跌价准备的合并处理

（一）初次编制合并财务报表时存货跌价准备的合并处理

根据现行企业会计准则的规定，企业必须定期或者至少于年度终了时，对存货进行全面清查，采用成本与可变现净值孰低法进行期末计价，对存货项目计提存货跌价准备。其存货清查的范围既包括从企业集团外部购进形成的存货，也包括从企业集团内部购进形成的存货；采用成本与可变现净值孰低法进行期末计价的范围，也包括从企业集团内部购进形成的期末存货。当企业本期计提的存货跌价准备中包括对内部购进形成的存货计提的跌价准备时，则涉及如何将对内部购进的存货计提的跌价准备进行抵销的问题。

某一商品因毁损、陈旧过时而导致其可变现净值下跌，从而计提跌价准备时，持有该商品的企业计提的存货跌价准备金额与企业集团合并报表中计提的存货跌价准备金额可能不同。

从商品的可变现净值来说，某一商品的可变现净值，无论对于企业集团还是持有该商品的企业来说，基本上都是一致的。从商品的取得成本来说，持有内部购进商品的企业，该商品的取得成本包括销售企业所实现的利润；而对于企业集团整体来说，则是指从外部购买该商品的成本或生产这一产品的生产成本。编制合并财务报表时，计提存货跌价准备应当是将该商品的可变现净值与企业集团的取得成本进行比较确定的计提金额。

对内部购进形成的存货计提跌价准备的合并处理，从购买企业来看有两种情况：第一种情况是，购买企业本期期末内部购进存货的可变现净值低于其取得成本，但高于销售企业销售成本。第二种情况是，购买企业本期期末内部购进存货的可变现净值既低于该存货的取得成本，也低于销售企业的该存货的取得成本。

在第一种情况下，从购买企业个别财务报表来说，购买企业按该存货的可变现净值低于其取得成本的金额，一方面，确认存货跌价准备并在其个别资产负债表中通过抵销存货项目的金额列示；另一方面，在利润表中作为资产减值损失列示。但从合并财务报表来说，随着内部购进存货包含的未实现内部销售损益的抵销，该存货在合并财务报表中列示的成本为抵销未实现内部销售损益后的成本。当该存货的可变现净值低于购买企业的取得成本，但高于该存货在合并财务报表中成本时，则不需要计提存货跌价准备。个别财务报表中计列的相应的存货跌价准备，也应予以抵销。进行合并处理时，应当按照购买企业本期计提存货跌价准备的金额，借记"存货"项目，贷记"资产减值损失"项目。

▶【例27-28】甲公司系A公司的母公司，甲公司本期向A公司销售商品2 000万元，其销售成本为1 400万元；A公司购进的该商品当期全部未实现对外销售而形成期末存货。A公司期末对存货进行检查时，发现该商品已经部分陈旧，其可变现净值已降至1 840万元。为此，A公司期末对该存货计提存货跌价准备160万元，并在其个别财务报表中列示。

在本例中，该存货的可变现净值降至1 840万元，高于抵销未实现内部销售损益后的金额（1 400万元）。此时，在编制本期合并财务报表时，应进行如下合并处理：

(1) 将内部销售收入与内部销售成本抵销：

借：营业收入　　　　　　　　　　　　　　　　　　　　　　2 000①
　　贷：营业成本　　　　　　　　　　　　　　　　　　　　　　　2 000

(2) 将内部销售形成的存货价值中包含的未实现内部销售损益抵销：

借：营业成本　　　　　　　　　　　　　　　　　　　　　　　600②
　　贷：存货　　　　　　　　　　　　　　　　　　　　　　　　　 600

(3) 将A公司本期计提的存货减值准备抵销：

借：存货　　　　　　　　　　　　　　　　　　　　　　　　　160③
　　贷：资产减值损失　　　　　　　　　　　　　　　　　　　　　160

其合并工作底稿（局部）如表27-21所示。

表27-21　　　　　　　　　　　合并工作底稿（局部）　　　　　　　　　　单位：万元

项　目	甲公司	A公司	合计	调整分录 借方	调整分录 贷方	抵销分录 借方	抵销分录 贷方	少数股东权益	合并数
（资产负债表项目）									
……									
存货		1 840	1 840			160③	600②		1 400
……									
（利润表项目）									
营业收入	2 000	0	2 000			2 000①			0
营业成本	1 400	0	1 400			600②	2 000①		0
……									
资产减值损失		160	160				160③		0
……									
营业利润	600	-160	440			2 600	2 160		0
……									
净利润	600	-160	440			2 600	2 160		0
（股东权益变动表项目）									
期初未分配利润	0	0	0						0
……									
期末未分配利润	600	-160	440			2 600	2 160		0

在第二种情况下，从购买企业个别财务报表来说，购买企业按该存货的可变现净值低于其取得成本的金额确认存货跌价准备。确认的存货跌价准备的金额，一方面，在其个别资产负债表中通过抵销存货项目列示；另一方面，在利润表中作为资产减值损失列示。购买企业在个别财务报表中确认的存货跌价准备的金额，既包括购买企业该商品取得成本高于销售企业销售成本（即取得成本）的差额（即抵销的未实现内部销售损益），也包括销售企业销售成本高于该商品可变现净值的差额。但从合并财务报表来说，随着内部购进存货价值中包含的未实现内部销售损益的抵销，在合并财务报表中列示的该存货的成本为抵销未实现内部销售损益后的成本。相对于购买企业该存货的取得成本高于销售企业销售该存货成本的差额部分计提的跌价准备的金额，已因未实现内部销售损益的抵销而抵销，故在编制合并财务报表时，也须将这部分金额予以抵销；而相对于销售企业销售该存货成本高于该存货可变现净值的部分而计提的跌价准备的金额，无论从购买企业来说，还是对于整个企业集团来说，都是必须计提的存货跌价准备，必须在合并财务报表中予以反映。进行抵销处理时，应当按购买企业本期计提的存货跌价准备中内部购进商品取得成本高于销售企业取得成本的数额，借记"存货"项目，贷记"资产减值损失"项目。

▶【例27-29】甲公司为A公司的母公司。甲公司本期向A公司销售商品2 000万元，其销售成本为1 400万元，并以此在其个别利润表中列示。A公司购进的该商品当期全部未实现对外销售而形成期末存货；期末对存货进行检查时，发现该存货已经部分陈旧，其可变现净值降至1 320万元。为此，A公司期末对该存货计提存货跌价准备680万元。

在本例中，该存货的可变现净值降至1 320万元，低于抵销未实现内部销售损益后的金额（1 400万元）。在A公司本期计提的存货跌价准备680万元中，其中的600万元是相对于A公司取得成本（2 000万元）高于甲公司销售该商品的销售成本（1 400万元）部分计提的，另外80万元则是相对于甲公司销售该商品的销售成本（1 400万元）高于其可变现净值（1 320万元）的部分计提的。此时，A公司对计提存货跌价准备中相当于抵销的未实现内部销售损益的数额600万元部分，从整个企业集团来说，该商品的取得成本为1 400万元，在可变现净值高于这一金额的情况下，不需要计提存货跌价准备，故必须将其予以抵销；而对于另外的80万元的存货跌价准备，从整个企业集团来说，则是必须计提的存货跌价准备，则不需要进行抵销处理。

在编制本期合并财务报表时，应进行如下抵销处理：

(1) 将内部销售收入与内部销售成本抵销：

借：营业收入　　　　　　　　　　　　　　　　　　　　　　2 000①
　　贷：营业成本　　　　　　　　　　　　　　　　　　　　　　　　2 000

(2) 将内部销售形成的存货价值中包含的未实现内部销售损益抵销：

借：营业成本　　　　　　　　　　　　　　　　　　　　　　　600②
　　贷：存货　　　　　　　　　　　　　　　　　　　　　　　　　　600

(3) 将A公司本期计提的存货跌价准备中相当于未实现内部销售利润的部分抵销：

借：存货　　　　　　　　　　　　　　　　　　　　　　　　　600③
　　贷：资产减值损失　　　　　　　　　　　　　　　　　　　　　　600

其合并工作底稿（局部）如表27-22所示。

表27-22　　　　　　　　合并工作底稿（局部）　　　　　　　单位：万元

项目	甲公司	A公司	合计	调整分录 借方	调整分录 贷方	抵销分录 借方	抵销分录 贷方	少数股东权益	合并数
(资产负债表项目)									
……									
存货		1 320	1 320			600③	600②		1 320
……									
(利润表项目)									
营业收入	2 000	0	2 000			2 000①			0
营业成本	1 400	0	1 400			600②	2 000①		0
……									
资产减值损失	0	680	680				600③		80
……									
营业利润	600	-680	-80			2 600	2 600		-80

续表

项　目	甲公司	A公司	合计	调整分录 借方	调整分录 贷方	抵销分录 借方	抵销分录 贷方	少数股东权益	合并数
……									
净利润	600	-680	-80			2 600	2 600		-80
（股东权益变动表项目）									
期初未分配利润	0	0	0						0
……									
期末未分配利润	600	-680	-80			2 600	2 600		-80

（二）连续编制合并财务报表时存货跌价准备的合并处理

在连续编制合并财务报表进行合并处理时，首先，将上期资产减值损失中抵销的存货跌价准备对本期期初未分配利润的影响予以抵销，即按上期资产减值损失项目中抵销的存货跌价准备的数额，借记"存货"或"营业成本"项目，贷记"期初未分配利润"项目。其次，对于本期对内部购进存货在个别财务报表中补提或者冲销的存货跌价准备也应予以抵销，借记"存货"项目，贷记"资产减值损失"项目。

至于抵销存货跌价准备的数额，应当分别不同的情况进行处理。当本期内部购进存货的可变现净值低于持有该存货企业的取得成本但高于抵销未实现内部销售损益后的取得成本（即销售企业该存货的取得成本）时，其抵销的存货跌价准备的金额为本期存货跌价准备的增加额。当本期内部购进存货的可变现净值低于抵销未实现内部销售损益后的取得成本（即销售企业的取得成本）时，其抵销的存货跌价准备的金额为相对于购买企业该存货的取得成本高于销售企业销售成本的差额部分计提的跌价准备的数额扣除期初内部购进存货计提的存货跌价准备的金额后的余额，即本期期末存货中包含的未实现内部销售损益的金额减去期初内部购进存货计提的存货跌价准备的金额后的余额。

▶【例27-30】承【例27-28】，甲公司与A公司之间内部销售情况、内部销售及存货跌价准备的抵销处理，以及合并工作底稿（局部）见【例27-28】。A公司与甲公司之间本期未发生内部销售。本例期末存货系上期内部销售结存的存货。A公司本期期末对存货清查时，该内部购进存货的可变现净值为1 200万元，A公司期末存货跌价准备余额为800万元。

本例中，该内部购进存货的可变现净值由上期期末的1 840万元降至1 200万元，既低于A公司从甲公司购买时的取得成本，也低于抵销未实现内部销售损益后的金额（即甲公司销售该商品的成本1 400万元）。A公司本期期末存货跌价准备余额800万元，从计提时间来看，包括上期期末计提结存的存货跌价准备160万元，还包括本期期末计提的存货跌价准备640万元。上期计提的部分，在编制上期合并财务报表时已将其与相应的资产减值损失相抵销，从而影响到本期的期初未分配利润。为此，对于这一部分在本期编制合并财务报表时需要调整期初未分配利润的数额。而对于本期计提的640万元存货跌价准备，其中440万元是相对上期计提存货跌价准备后存货净额与甲公司该内部销售商品的销售成本之间的差额计提的，而另外200万元则相对甲公司该内部销售商品的销售成本与其可变现净值之间的差额计提的。从整个企业集团来说，前者应当予以抵销；后者则是属于应当计提的。

甲公司在编制本期合并财务报表时，应进行如下合并处理：

(1) 借：存货　　　　　　　　　　　　　　　　　　　160①
　　　贷：期初未分配利润　　　　　　　　　　　　　　　　160
(2) 借：期初未分配利润　　　　　　　　　　　　　　600②
　　　贷：存货　　　　　　　　　　　　　　　　　　　　　600
(3) 借：存货　　　　　　　　　　　　　　　　　　　440③
　　　贷：资产减值损失　　　　　　　　　　　　　　　　　440

其合并工作底稿（局部）如表27-23所示。

表27-23　　　　　　　　合并工作底稿（局部）　　　　　　金额单位：万元

项　目	甲公司	A公司	合计	调整分录 借方	调整分录 贷方	抵销分录 借方	抵销分录 贷方	少数股东权益	合并数
(资产负债表项目)									
……									
存货		1 200	1 200			160① 440③	600②		1 200
……									
(利润表项目)									
营业收入	0	0	0						0
营业成本	0	0	0						0
……									
资产减值损失	0	640	640				440③		200
……									
营业利润	0	-640	-640				440		-200
……									
净利润	0	-640	-640				440		-200
(股东权益变动表项目)									
期初未分配利润	600	-160	440			600②	160①		0
……									
期末未分配利润	600	-800	-200			600	600		-200

▶【例27-31】承【例27-28】，甲公司上期向A公司销售商品2 000万元，其销售成本为1 400万元；A公司购进的该商品当期未实现对外销售全部形成期末存货。A公司期

末对存货进行检查时,发现该存货已经部分陈旧,其可变现净值降至1 840万元,A公司期末对该存货计提存货跌价准备160万元。在编制上期合并财务报表时,已将该存货跌价准备予以抵销,其抵销处理及合并工作底稿(局部)见【例27-28】。甲公司本期向A公司销售商品3 000万元,甲公司销售该商品的销售成本为2 100万元。A公司本期对外销售内部购进商品实现的销售收入为4 000万元,销售成本为3 200万元,其中上期从甲公司购进商品本期全部售出,销售收入为2 500万元,销售成本为2 000万元;本期从甲公司购进商品销售40%,销售收入为1 500元,销售成本为1 200万元。另60%形成期末存货,其取得成本为1 800万元,期末其可变现净值为1 620万元,A公司本期期末对该内部购进形成的存货计提存货跌价准备180万元。

(1) 借:营业成本　　　　　　　　　　　　　　　　　　　160①
　　　 贷:期初未分配利润　　　　　　　　　　　　　　　　　　160
(2) 借:期初未分配利润　　　　　　　　　　　　　　　　600②
　　　 贷:营业成本　　　　　　　　　　　　　　　　　　　　　600
(3) 借:营业收入　　　　　　　　　　　　　　　　　　　3 000③
　　　 贷:营业成本　　　　　　　　　　　　　　　　　　　　3 000
(4) 借:营业成本　　　　　　　　　　　　　　　　　　　　540④
　　　 贷:存货　　　　　　　　　　　　　　　　　　　　　　　540
(5) 借:存货　　　　　　　　　　　　　　　　　　　　　　180⑤
　　　 贷:资产减值损失　　　　　　　　　　　　　　　　　　　180

其合并工作底稿(局部)如表27-24所示。

表27-24　　　　　　　　　　合并工作底稿(局部)　　　　　　　　　金额单位:万元

项　目	甲公司	A公司	合计	调整分录 借方	调整分录 贷方	抵销分录 借方	抵销分录 贷方	少数股东权益	合并数
(资产负债表项目)									
……									
存货		1 620	1 620			180⑤	540④		1 260
……									
(利润表项目)									
营业收入	3 000	4 000	7 000			3 000③			4 000
营业成本	2 100	3 200	5 300			160① 540④	600② 3 000③		2 400
……									
资产减值损失	0	180	180				180⑤		0
……									
营业利润	900	620	1 520			<u>3 700</u>	<u>3 780</u>		1 600
……									

续表

项目	甲公司	A公司	合计	调整分录 借方	调整分录 贷方	抵销分录 借方	抵销分录 贷方	少数股东权益	合并数
净利润	900	620	1 520			3 700	3 780		1 600
（股东权益变动表项目）									
期初未分配利润	600	-160	440			600②	160①		0
……									
期末未分配利润	1 500	460	1 960			4 300	3 940		1 600

第六节 内部债权债务的合并处理

一、内部债权债务抵销概述

母公司与子公司、子公司相互之间的债权和债务项目，是指母公司与子公司、子公司相互之间的应收账款与应付账款、预付账款和预收账款（合同负债）、应付债券与债权投资等项目。对于发生在母公司与子公司、子公司相互之间的这些项目，从债权方企业来说，在资产负债表中表现为一项债权资产；而从债务方来说，一方面形成一项负债，另一方面同时形成一项资产。发生的这种内部债权债务，从母公司与子公司组成的集团整体角度来看，它只是集团内部资金运动，既不增加企业集团的资产，也不增加负债。为此，在编制合并财务报表时也应当将内部债权债务项目予以抵销。

在编制合并资产负债表时需要进行合并处理的内部债权债务项目主要包括：（1）应收账款与应付账款；（2）应收票据与应付票据；（3）预付账款与预收账款（合同负债）；（4）债权投资、其他债权投资与应付债券；（5）其他应收款与其他应付款（包括应收股利与应付股利）。

▶【例27-32】甲公司系A公司的母公司。甲公司个别资产负债表应收账款中有600万元为应收A公司账款；应收票据中有400万元为应收A公司票据；债权投资中有A公司发行的应付债券2 500万元。

对此，甲公司在编制合并财务报表时，应当将这些内部债权债务予以抵销。其抵销分录如下：

(1) 内部应收账款与应付账款抵销：
借：应付账款　　　　　　　　　　　　　　　　　　　600
　　贷：应收账款　　　　　　　　　　　　　　　　　　　　　600
(2) 内部应收票据与应付票据抵销：
借：应付票据　　　　　　　　　　　　　　　　　　　400
　　贷：应收票据　　　　　　　　　　　　　　　　　　　　　400

(3) 债权投资与应付债券抵销：
借：应付债券　　　　　　　　　　　　　　　　　　　　2 500
　　贷：债权投资　　　　　　　　　　　　　　　　　　　　　　　2 500

二、内部应收应付款项及其坏账准备的合并处理

企业对于包括应收账款、应收票据以及其他应收款在内的所有应收款项，应当根据其预计可收回金额变动情况，确认信用减值损失，计提坏账准备。这里的应收账款、应收票据等也包括应收子公司账款、应收子公司票据等。在对子公司的应收款项计提坏账准备的情况下，在编制合并财务报表时，随着内部应收款项的抵销，与此相联系也须将该内部应收款项计提的坏账准备予以抵销。将内部应收款项抵销时，按内部应付款项的金额，借记"应付账款""应付票据"等项目，贷记"应收账款""应收票据"等项目；将内部应收款项计提的坏账准备抵销时，按各内部应收款项计提的相应坏账准备期末余额，借记"应收账款""应收票据"等项目，贷记"信用减值损失"项目。

▶【例 27 – 33】甲公司为 A 公司的母公司。甲公司本期个别资产负债表应收账款中有 580 万元为应收 A 公司账款，该应收账款账面余额为 600 万元，甲公司当年计提坏账准备 20 万元；应收票据中有 390 万元为应收 A 公司票据，该应收票据账面余额为 400 万元，甲公司当年计提坏账准备 10 万元。A 公司本期个别资产负债表中应付账款和应付票据中列示有应付甲公司账款 600 万元和应付甲公司票据 400 万元。

在编制合并财务报表时，甲公司应当将内部应收账款与应付账款相互抵销，同时，还应将内部应收账款计提的坏账准备予以抵销，其抵销分录为：

(1) 应收账款与应付账款抵销：
借：应付账款　　　　　　　　　　　　　　　　　　　　600①
　　贷：应收账款　　　　　　　　　　　　　　　　　　　　　　　600
(2) 应收票据与应付票据抵销：
借：应付票据　　　　　　　　　　　　　　　　　　　　400②
　　贷：应收票据　　　　　　　　　　　　　　　　　　　　　　　400
(3) 坏账准备与信用减值损失抵销：
借：应收账款　　　　　　　　　　　　　　　　　　　　20③
　　应收票据　　　　　　　　　　　　　　　　　　　　10
　　贷：信用减值损失　　　　　　　　　　　　　　　　　　　　30

其合并工作底稿（局部）如表 27 – 25 所示。

表 27 – 25　　　　　　　　合并工作底稿（局部）　　　　　　　　金额单位：万元

项　目	甲公司	A 公司	合计	调整分录 借方	调整分录 贷方	抵销分录 借方	抵销分录 贷方	少数股东权益	合并数
（资产负债表项目）									
……									
应收账款	580		580			20③	600①		0

续表

项　目	甲公司	A公司	合计	调整分录 借方	调整分录 贷方	抵销分录 借方	抵销分录 贷方	少数股东权益	合并数
应收票据	390		390			10③	400②		0
……									
应付账款		600	600			600①			0
应付票据		400	400			400②			0
……									
（利润表项目）									
……									
信用减值损失	30		30				30③		0
……									
营业利润	-30		-30				30		0
……									
净利润	-30		-30				30		0
（股东权益变动表项目）									
期初未分配利润	0		0				0		0
……									
期末未分配利润	-30		-30				30		0

三、连续编制合并财务报表时内部应收款项及其坏账准备的合并处理

在连续编制合并财务报表进行合并处理时，首先，将内部应收款项与应付款项予以抵销，即按内部应付款项的数额，借记"应付账款""应付票据"等项目，贷记"应收账款""应收票据"等项目。其次，应将上期信用减值损失中抵销的各内部应收款项计提的相应坏账准备对本期期初未分配利润的影响予以抵销，即按上期信用减值损失项目中抵销的各内部应收款项计提的相应坏账准备的数额，借记"应收账款""应收票据"等项目，贷记"期初未分配利润"项目。再次，对于本期各内部应收款项在个别财务报表中补提或者冲销的相应坏账准备的数额也应予以抵销，即按照本期期末内部应收款项在个别资产负债表中补提的坏账准备的数额，借记"应收账款""应收票据"等项目，贷记"信用减值损失"项目；或按照本期期末各内部应收款项在个别资产负债表中冲销的相应坏账准备的数额，借记"信用减值损失"项目，贷记"应收账款""应收票据"等项目。

（一）内部应收款项坏账准备本期余额与上期余额相等时的合并处理

▶【例27-34】承【例27-33】。甲公司为A公司的母公司。甲公司和A公司上期内部应收款项、坏账准备情况、内部债权债务的抵销及其合并工作底稿（局部）见【例27-33】。甲公司本期个别资产负债表应收账款中有应收A公司账款580万元，该应收账款系上期发生的，账面余额为600万元，甲公司上期对其计提坏账准备20万元，该坏账准备结转到

本期；应收A公司票据390万元，该应收票据系上期发生的，账面余额为400万元，甲公司上期对其计提坏账准备10万元，该坏账准备结转到本期。本期对上述内部应收账款和应收票据未计提坏账准备。

甲公司在合并工作底稿中应进行如下抵销处理：

(1) 将上期内部应收款项计提的坏账准备抵销。

在这种情况下，母公司个别资产负债表中坏账准备余额可以理解为实际上是上期结转而来的余额，因此只需将上期内部应收账款计提的坏账准备予以抵销，同时调整期初未分配利润的数额。其抵销分录如下：

借：应收账款　　　　　　　　　　　　　　　　　　20①
　　应收票据　　　　　　　　　　　　　　　　　　10
　　贷：期初未分配利润　　　　　　　　　　　　　　　30

(2) 内部应收账款、应收票据与应付账款、应付票据抵销：

借：应付账款　　　　　　　　　　　　　　　　　　600②
　　贷：应收账款　　　　　　　　　　　　　　　　　　600
借：应付票据　　　　　　　　　　　　　　　　　　400③
　　贷：应收票据　　　　　　　　　　　　　　　　　　400

其合并工作底稿（局部）如表27-26所示。

表27-26　　　　　　　　合并工作底稿（局部）　　　　　　　金额单位：万元

项目	甲公司	A公司	合计	调整分录 借方	调整分录 贷方	抵销分录 借方	抵销分录 贷方	少数股东权益	合并数
（资产负债表项目）									
……									
应收账款	580		580			20①	600②		0
应收票据	390		390			10①	400③		0
……									
应付账款		600	600			600②			0
应付票据		400	400			400③			0
……									
（利润表项目）									
……									
信用减值损失	0	0	0				0		0
……									
营业利润	0	0	0				<u>0</u>		0
……									

续表

项目	甲公司	A公司	合计	调整分录 借方	调整分录 贷方	抵销分录 借方	抵销分录 贷方	少数股东权益	合并数
净利润	0		0				0		0
(股东权益变动表项目)									
期初未分配利润	-30		-30				30①		0
……									
期末未分配利润	-30		-30				30		0

（二）内部应收款项坏账准备本期余额大于上期余额时的合并处理

▶【例 27-35】承【例 27-33】。甲公司为 A 公司的母公司。甲公司和 A 公司上期内部应收款项、坏账准备情况、内部债权债务的抵销及其合并工作底稿（局部）见【例 27-33】。甲公司本期个别资产负债表应收账款中有应收 A 公司账款 735 万元，该应收账款账面余额为 800 万元，甲公司对该应收账款累计计提坏账准备 65 万元，其中 20 万元系上期结转至本期的，本期对其补提坏账准备 45 万元；应收 A 公司票据 875 万元，该应收票据账面余额为 900 万元，甲公司对该应收票据累计计提坏账准备 25 万元，其中 10 万元系上期结转至本期的，本期对其补提坏账准备 15 万元。

甲公司在合并工作底稿中应进行如下抵销处理：

(1) 抵销上期内部应收款项计提的坏账准备，并调整期初未分配利润的数额：

借：应收账款　　　　　　　　　　　　　　　　　　　　20①
　　应收票据　　　　　　　　　　　　　　　　　　　　10
　　贷：期初未分配利润　　　　　　　　　　　　　　　　　30

(2) 内部应收账款、应收票据与应付账款、应付票据抵销：

借：应付账款　　　　　　　　　　　　　　　　　　　　800②
　　贷：应收账款　　　　　　　　　　　　　　　　　　　　800
借：应付票据　　　　　　　　　　　　　　　　　　　　900③
　　贷：应收票据　　　　　　　　　　　　　　　　　　　　900

(3) 抵销本期内部应收款项增加计提的坏账准备与信用减值损失：

借：应收账款　　　　　　　　　　　　　　　　　　　　45④
　　应收票据　　　　　　　　　　　　　　　　　　　　15
　　贷：信用减值损失　　　　　　　　　　　　　　　　　　60

其合并工作底稿（局部）如表 27-27 所示。

表 27-27　　　　　　　合并工作底稿（局部）　　　　　　金额单位：万元

项目	甲公司	A公司	合计	调整分录 借方	调整分录 贷方	抵销分录 借方	抵销分录 贷方	少数股东权益	合并数
(资产负债表项目)									
……									

续表

项 目	甲公司	A公司	合计	调整分录 借方	调整分录 贷方	抵销分录 借方	抵销分录 贷方	少数股东权益	合并数
应收账款	735		735			20① 45④	800②		0
应收票据	875		875			10① 15④	900③		0
……									
应付账款		800	800			800②			0
应付票据		900	900			900③			0
……									
(利润表项目)									
……									
信用减值损失	60	0	60				60④		0
……									
营业利润	-60	0	-60				60		0
……									
净利润	-60	0	-60				60		0
(股东权益变动表项目)									
期初未分配利润	-30	0	-30			30①			0
……									
期末未分配利润	-90	0	-90				90		0

(三) 内部应收款项坏账准备本期余额小于上期余额时的合并处理

▶【例27-36】承【例27-33】，甲公司为A公司的母公司，甲公司和A公司上期内部应收款项、坏账准备情况、内部债权债务的抵销及其合并工作底稿（局部）见【例27-33】。甲公司本期个别资产负债表应收账款中有应收A公司账款538万元，该应收账款账面余额为550万元，甲公司对该应收账款累计计提坏账准备12万元，其中上期结转至本期的坏账准备20万元，本期冲减坏账准备8万元；应收A公司票据374万元，该应收票据账面余额为380万元，甲公司对其累计计提坏账准备6万元，其中上期结转至本期的坏账准备10万元，本期冲减坏账准备4万元。

甲公司在合并工作底稿中应进行如下抵销处理：

(1) 抵销上期内部应收款项计提的坏账准备，并调整期初未分配利润的数额：

借：应收账款　　　　　　　　　　　　　　　　　　　20①
　　应收票据　　　　　　　　　　　　　　　　　　　10
　　贷：期初未分配利润　　　　　　　　　　　　　　　30

(2) 内部应收账款、应收票据与应付账款、应付票据抵销：

借：应付账款　　　　　　　　　　　　　　　　　　　550②
　　贷：应收账款　　　　　　　　　　　　　　　　　　　550
借：应付票据　　　　　　　　　　　　　　　　　　　380③

　　　　贷：应收票据　　　　　　　　　　　　　　　　　　　　　　380
　（3）抵销本期内部应收款项冲销的坏账准备与信用减值损失：
借：信用减值损失　　　　　　　　　　　　　　　　　　　　　　12④
　　　贷：应收账款　　　　　　　　　　　　　　　　　　　　　　8
　　　　　应收票据　　　　　　　　　　　　　　　　　　　　　　4
其合并工作底稿（局部）如表27-28所示。

表27-28　　　　　　　　合并工作底稿（局部）　　　　　金额单位：万元

项　目	甲公司	A公司	合计	调整分录 借方	调整分录 贷方	抵销分录 借方	抵销分录 贷方	少数股东权益	合并数
（资产负债表项目）									
……									
应收账款	538		538			20①	550② 8④		0
应收票据	374		374			10①	380③ 4④		0
应付账款		550	550			550②			0
应付票据		380	380			380③			0
……									
（利润表项目）									
……									
信用减值损失	-12	0	-12			12④			0
……									
营业利润	12	0	12			12			0
……									
净利润	12	0	12			12			0
（股东权益变动表项目）									
期初未分配利润	-30	0	-30				30①		0
……									
期末未分配利润	-18	0	-18			12	30		0

　　在第三期编制合并财务报表的情况下，必须先将第二期各内部应收款项期末余额相应的坏账准备予以抵销；再将内部应收款项与应付款项等内部债权债务相抵销；最后将第三期内部应收款项的坏账准备与第二期内部应收款项的坏账准备进行比较，计算确定本期内部应收款项坏账准备的增加或减少数额，并将其予以抵销。其抵销分录与第二期编制的抵销分录相同。首先，借记"应收账款""应收票据"等项目，贷记"期初未分配利润"项目，将第二期编制合并财务报表时抵销的坏账准备对第三期期初未分配利润

的影响予以抵销，调整期初未分配利润的数额。其次，借记"应付账款""应付票据"等项目，贷记"应收账款""应收票据"等项目，将内部应收款项与应付款项等内部债权债务予以抵销。最后，如果第三期内部应收款项坏账准备的期末余额大于第二期内部应收款项坏账准备的期末余额，补提内部应收账款坏账准备时，借记"应收账款""应收票据"等项目，贷记"信用减值损失"项目；如果第三期内部应收款项坏账准备期末余额小于第二期内部应收款项期末余额，冲减内部应收账款坏账准备时，则借记"信用减值损失"项目，贷记"应收账款""应收票据"等项目。

第七节 内部固定资产交易的合并处理

一、内部固定资产交易概述

内部固定资产交易，是指企业集团内部发生的与固定资产有关的购销业务。根据销售企业销售的是产品还是固定资产，可以将企业集团内部固定资产交易划分为两种类型：第一种类型是企业集团内部企业将自身使用的固定资产变卖给企业集团内的其他企业作为固定资产使用；第二种类型是企业集团内部企业将自身生产的产品销售给企业集团内的其他企业作为固定资产使用。此外，还有另一类型的内部固定资产交易，即企业集团内部企业将自身使用的固定资产变卖给企业集团内的其他企业作为普通商品销售。这种类型的固定资产交易，属于固定资产的内部处置，在企业集团内部发生的情况极少，一般情况下发生的数量也不大。

严格说来，内部固定资产交易属于内部商品交易，其在编制合并财务报表时的抵销处理与一般内部商品交易的抵销处理有相同之处。但由于固定资产取得并投入使用后，往往要跨越若干个会计期间，并且在使用过程中通过计提折旧将其价值转移到产品生产成本或各会计期间费用之中去，因而其抵销处理也有其特殊性。由于其跨越若干会计期间，则涉及使用该固定资产期间编制合并财务报表的期初未分配利润的调整问题；由于固定资产需要计提折旧，则涉及每一次计提折旧中包含的未实现内部销售损益的抵销问题，也涉及每期累计折旧中包含的未实现内部销售损益的抵销问题。相对来说，内部固定资产交易的抵销处理，要比一般的内部商品交易的抵销处理复杂得多。

为了便于理解，本节将财务报表中的"固定资产"项目，细化为"固定资产原价"项目、"累计折旧"项目以及"固定资产净值"项目三个项目，来介绍内部交易固定资产相关的合并抵销处理。

二、内部固定资产交易当期的合并处理

（一）内部固定资产交易但当期未计提折旧的抵销处理

1. 企业集团内部固定资产变卖交易的抵销处理

在合并工作底稿中编制抵销分录时，应当按照该内部交易固定资产的转让价格与其

原账面价值之间的差额,借记"资产处置收益"项目,贷记"固定资产原价"项目。如果该内部交易的固定资产转让价格低于其原账面价值,则按其差额,借记"固定资产原价"项目,贷记"资产处置收益"项目。

▶【例27-37】A公司和B公司为甲公司控制下的两个子公司。A公司将其净值为1 280万元的某厂房,以1 500万元的价格变卖给B公司作为固定资产使用。A公司因该内部固定资产交易实现收益220万元,并列示于其个别利润表之中。B公司以1 500万元的金额将该厂房作为固定资产的原价入账,并列示于其个别资产负债表之中。

在该内部固定资产交易中,A公司因交易实现资产处置收益220万元。编制合并财务报表时,甲公司必须将因该固定资产交易实现的资产处置收益与固定资产原值中包含的未实现内部销售损益的数额予以抵销。其抵销分录如下:

借:资产处置收益　　　　　　　　　　　　　　　220
　　贷:固定资产原价　　　　　　　　　　　　　　　　220

通过上述抵销处理后,该内部固定资产交易所实现的损益予以抵销,该厂房的原价通过抵销处理后调整为1 280万元。

2. 企业集团内部产品销售给其他企业作为固定资产的交易的抵销处理

在合并工作底稿中编制抵销分录将其抵销时,应当借记"营业收入"项目,贷记"营业成本"项目和"固定资产原价"项目。其中借记"营业收入"项目的数额,为销售企业销售该产品的销售收入;贷记"营业成本"项目的数额为销售企业销售该产品结转的销售成本;贷记"固定资产原价"项目的数额为销售企业销售该产品的销售收入与销售成本之间的差额,即该内部交易所形成的固定资产原价中包含的未实现内部销售损益的数额。

▶【例27-38】A公司和B公司为甲公司控制下的两个子公司。A公司于2×21年12月,将自己生产的产品销售给B公司作为固定资产使用,A公司销售该产品的销售收入为1 680万元,销售成本为1 200万元,B公司以1 680万元的价格作为该固定资产的原价入账。

此时,与一般的内部商品交易的抵销处理相似,编制合并财务报表时,甲公司应当将该产品的销售收入1 680万元及其销售成本1 200万元,以及B公司固定资产原价中包含的未实现内部销售损益480万元(1 680-1 200)予以抵销。在合并工作底稿中应进行如下抵销处理:

借:营业收入　　　　　　　　　　　　　　　　　1 680①
　　贷:营业成本　　　　　　　　　　　　　　　　　1 200
　　　　固定资产原价　　　　　　　　　　　　　　　　480

其合并工作底稿(局部)如表27-29所示。

表27-29　　　　　　　　合并工作底稿(局部)　　　　　　　　金额单位:万元

项目	A公司	B公司	合计	调整分录 借方	调整分录 贷方	抵销分录 借方	抵销分录 贷方	少数股东权益	合并数
(资产负债表项目)									
……									
固定资产原价		1 680	1 680				480①		1 200

续表

项　目	A公司	B公司	合计	调整分录 借方	调整分录 贷方	抵销分录 借方	抵销分录 贷方	少数股东权益	合并数
累计折旧		0	0						0
固定资产净值		1 680	1 680				480		1 200
……									
（利润表项目）									
营业收入	1 680		1 680			1 680①			0
营业成本	1 200		1 200				1 200①		0
……									
营业利润	480		480			1 680	1 200		0
……									
净利润	480		480			1 680	1 200		0
（股东权益变动表项目）									
期初未分配利润	0		0						0
……									
期末未分配利润	480		480			1 680	1 200		0

（二）内部固定资产交易且当期计提折旧的合并处理

在发生内部固定资产交易当期编制合并财务报表时，首先，必须将该内部固定资产交易相关销售收入、销售成本以及形成的固定资产原价中包括的未实现内部销售损益予以抵销。其次，购买企业使用该内部交易固定资产并计提折旧，其折旧费用计入当期损益，由于购买企业是以该固定资产的取得成本作为其原价计提折旧，在取得成本中包含有销售企业由于该内部固定资产交易所实现的损益（即未实现内部销售损益），相应地在该内部交易固定资产使用过程中其各期计提的折旧额中，也包含有未实现内部销售损益摊销的金额。因此还必须将当期该内部交易固定资产计提的折旧额中相当于未实现内部销售损益的摊销金额即多计提折旧的数额，从该内部交易固定资产当期计提的折旧费用和该固定资产累计折旧中予以抵销。其合并抵销处理如下：

（1）将内部交易固定资产相关的销售收入、销售成本以及其原价中包含的未实现内部销售损益予以抵销，即按销售企业由于该固定资产交易所实现的销售收入，借记"营业收入"项目，按照其销售成本，贷记"营业成本"项目，按照该内部交易固定资产的销售收入与销售成本之间的差额（即原价中包含的未实现内部销售损益的数额），贷记"固定资产原价"项目。

（2）将内部交易固定资产当期因未实现内部销售损益而多计提的折旧费用和累计折旧予以抵销。对固定资产计提折旧，企业进行会计处理时，一方面增加当期的费用，另一方面形成累计折旧。对因内部交易固定资产当期使用多计提的折旧进行抵销处理时，应按当期多计提的数额，借记"累计折旧"项目，贷记"管理费用"等项目（为便于理解,本节有关内部交易固定资产均假定为管理用固定资产,其各期多计提的折旧费用均通过"管理费用"项目进行抵销处理)。

▶【例27-39】A公司和B公司为甲公司控制下的两个子公司。A公司于2×21年1月1日,将自己生产的产品销售给B公司作为固定资产使用,A公司销售该产品的销售收入为1 680万元,销售成本为1 200万元。B公司以1 680万元的价格作为该固定资产的原价入账。B公司购买的该固定资产用于公司的行政管理,该固定资产属于不需要安装的固定资产,当月投入使用,其折旧年限为4年,预计净残值为0。为简化合并处理,假定该内部交易固定资产在交易当年按12个月计提折旧。

甲公司在编制合并财务报表时,应当进行如下抵销处理:

(1) 将该内部交易固定资产相关销售收入与销售成本及原价中包含的未实现内部销售利润予以抵销。

本例中,A公司因该内部交易确认销售收入1 680万元,结转销售成本1 200万元;B公司该固定资产的原价为1 680万元,其中包含的未实现内部销售损益为480万元(1 680-1 200)。在合并工作底稿中应进行如下抵销处理:

借:营业收入 1 680①
　　贷:营业成本 1 200
　　　　固定资产原价 480

(2) 将当年计提的折旧和累计折旧中包含的未实现内部销售损益予以抵销。

该固定资产在B公司按4年的折旧年限计提折旧,每年计提折旧420万元,其中每年计提的折旧和累计折旧中均包含未实现内部销售损益的摊销额120万元(480÷4)。在合并工作底稿中应进行如下抵销处理:

借:累计折旧 120②
　　贷:管理费用 120

其合并工作底稿(局部)如表27-30所示。

表27-30　　　　　　　　　　合并工作底稿(局部)　　　　　　　　　　金额单位:万元

项目	A公司	B公司	合计	调整分录 借方	调整分录 贷方	抵销分录 借方	抵销分录 贷方	少数股东权益	合并数
(资产负债表项目)									
……									
固定资产原价		1 680	1 680				480①		1 200
累计折旧		420	420			120②			300
固定资产净值		1 260	1 260			120	480		900
……									
(利润表项目)									
营业收入	1 680		1 680			1 680①			0
营业成本	1 200		1 200				1 200①		0
……									

续表

项 目	A公司	B公司	合计	调整分录 借方	调整分录 贷方	抵销分录 借方	抵销分录 贷方	少数股东权益	合并数
管理费用		420	420				120②		300
……									
营业利润	480	-420	60			1 680	1 320		-300
……									
净利润	480	-420	60			1 680	1 320		-300
(股东权益变动表项目)									
期初未分配利润	0	0	0						0
……									
期末未分配利润	480	-420	60			1 680	1 320		-300

通过上述抵销分录，在合并工作底稿中累计折旧额减少120万元，其合并数为300万元；管理费用减少120万元，其合并数为300万元。

三、内部交易固定资产取得后至处置前期间的合并处理

在以后的会计期间，具体抵销程序如下：

（1）将内部交易固定资产原价中包含的未实现内部销售损益抵销，并调整期初未分配利润，即按照固定资产原价中包含的未实现内部销售损益的数额，借记"期初未分配利润"项目，贷记"固定资产原价"项目。

（2）将以前会计期间内部交易固定资产多计提的累计折旧抵销，并调整期初未分配利润，即按照以前会计期间抵销该内部交易固定资产因包含未实现内部销售损益而多计提的累计折旧额，借记"累计折旧"项目，贷记"期初未分配利润"项目。

（3）将当期由于该内部交易固定资产因包含未实现内部销售损益而多计提的折旧费用予以抵销，并调整本期计提的累计折旧额，即按照本期该内部交易的固定资产多计提的折旧额，借记"累计折旧"项目，贷记"管理费用"等费用项目。

▶【例27-40】承【例27-39】，B公司2×22年个别资产负债表中，该内部交易固定资产原价为1 680万元，累计折旧为840万元，该固定资产净值为840万元。该内部交易固定资产2×22年计提折旧为420万元。2×21年度合并工作底稿（局部）见【例27-39】。

甲公司编制2×22年度合并财务报表时，应当进行如下抵销处理：

（1）借：期初未分配利润　　　　　　　　　　　　　　480①
　　　　贷：固定资产原价　　　　　　　　　　　　　　　　480
（2）借：累计折旧　　　　　　　　　　　　　　　　　120②
　　　　贷：期初未分配利润　　　　　　　　　　　　　　　120
（3）借：累计折旧　　　　　　　　　　　　　　　　　120③
　　　　贷：管理费用　　　　　　　　　　　　　　　　　　120

其合并工作底稿（局部）如表27-31所示。

表 27-31　　　　　　　　　　合并工作底稿（局部）　　　　　　　　金额单位：万元

项目	A公司	B公司	合计	调整分录 借方	调整分录 贷方	抵销分录 借方	抵销分录 贷方	少数股东权益	合并数
（资产负债表项目）									
……									
固定资产原价		1 680	1 680				480①		1 200
累计折旧		840	840			120②			600
						120③			
固定资产净值		840	840			240	480		600
……									
（利润表项目）									
营业收入	0		0						0
营业成本	0		0						0
……									
管理费用		420	420				120③		300
……									
营业利润	0	-420	-420				120		-300
……									
净利润	0	-420	-420				120		-300
（股东权益变动表项目）									
期初未分配利润	480	-420	60			480①	120②		-300
……									
期末未分配利润	480	-840	-360			480	240		-600

▶【例 27-41】承【例 27-40】，B 公司 2×23 年个别资产负债表中，该内部交易固定资产原价为 1 680 万元，累计折旧为 1 260 万元，该固定资产净值为 420 万元。该内部交易固定资产 2×23 年计提折旧为 420 万元。2×21 年度、2×22 年度合并工作底稿（局部）分别见【例 27-39】、【例 27-40】。

甲公司编制 2×23 年度合并财务报表时，应当进行如下抵销处理：

(1) 借：期初未分配利润　　　　　　　　　　　　　　　　480①
　　　　贷：固定资产原价　　　　　　　　　　　　　　　　　　480
(2) 借：累计折旧　　　　　　　　　　　　　　　　　　　240②
　　　　贷：期初未分配利润　　　　　　　　　　　　　　　　　240
(3) 借：累计折旧　　　　　　　　　　　　　　　　　　　120③
　　　　贷：管理费用　　　　　　　　　　　　　　　　　　　　120

根据上述抵销分录，编制其合并工作底稿（局部）如表 27-32 所示。

表27-32 合并工作底稿（局部） 金额单位：万元

项 目	A公司	B公司	合计	调整分录 借方	调整分录 贷方	抵销分录 借方	抵销分录 贷方	少数股东权益	合并数
（资产负债表项目）									
……									
固定资产原价		1 680	1 680				480①		1 200
累计折旧		1 260	1 260				240②		900
							120③		
固定资产净值		420	420			360	480		300
……									
（利润表项目）									
营业收入	0		0						0
营业成本	0		0						0
……									
管理费用		420	420				120③		300
……									
营业利润	0	-420	-420			120			-300
……									
净利润	0	-420	-420			120			-300
（股东权益变动表项目）									
期初未分配利润	480	-840	-360			480①	240②		-600
……									
期末未分配利润	480	-1 260	-780			480	360		-900

四、内部交易固定资产清理期间的合并处理

对于销售企业来说，因该内部交易固定资产实现的利润，作为期初未分配利润的一部分结转到以后的会计期间，直到购买企业对该内部交易固定资产进行清理的会计期间。从购买企业来说，对内部交易固定资产进行清理的会计期间，在其个别财务报表中表现为固定资产原价和累计折旧的减少；该固定资产清理收入减去该固定资产净值以及有关清理费用后的余额，则在其个别利润表中以"资产处置收益"项目列示。固定资产清理时可能出现三种情况：（1）期满清理；（2）超期清理；（3）提前清理。编制合并财务报表时，应当根据具体情况进行合并处理。

（一）内部交易固定资产使用期限届满进行清理期间的合并处理

在内部交易固定资产使用期限届满进行清理的会计期间期末，购买企业内部固定资产实体已不复存在，因此不存在着未实现内部销售损益抵销问题，包括未实现内部销售损益在内的该内部交易固定资产的价值全部转移到各会计期间实现的损益之中。从整个企业来说，随着该内部交易固定资产的使用期满，其包含的未实现内部销售损益也转化

为已实现利润。从销售企业来说，因该内部销售所实现的利润，作为期初未分配利润的一部分已结转到购买企业对该内部交易固定资产使用期满进行清理的会计期间。为此，编制合并财务报表时首先必须调整期初未分配利润。其次，在固定资产进行清理的会计期间，在未进行清理前仍处于使用之中，仍须计提折旧，本期计提折旧中仍然包含因内部未实现销售损益而多计提的折旧额，因此也需要将当期多计提的折旧额予以抵销。

▶【例27-42】承【例27-41】，2×24年12月该内部交易固定资产使用期满，B公司于2×24年12月对其进行清理。B公司对该固定资产清理时实现固定资产清理净收益14万元，在2×24年度个别利润表中以"资产处置收益"项目列示。随着对该固定资产的清理，该固定资产的原价和累计折旧转销，在2×24年12月31日个别资产负债表固定资产中已无该固定资产的列示。2×21年度、2×22年度、2×23年度合并工作底稿（局部）分别见【例27-39】、【例27-40】、【例27-41】。

此时，甲公司编制2×24年度合并财务报表时，应当进行如下抵销处理：

（1）按照内部交易固定资产原价中包含的未实现内部销售利润，调整期初未分配利润：

借：期初未分配利润　　　　　　　　　　　　　　　　　480①
　　贷：资产处置收益　　　　　　　　　　　　　　　　　　　480

（2）按以前会计期间因固定资产原价中包含的未实现内部销售利润而多计提累计折旧的数额，调整期初未分配利润：

借：资产处置收益　　　　　　　　　　　　　　　　　360②
　　贷：期初未分配利润　　　　　　　　　　　　　　　　　360

（3）将本期因固定资产原价中包含的未实现内部销售利润而多计提的折旧额抵销：

借：资产处置收益　　　　　　　　　　　　　　　　　120③
　　贷：管理费用　　　　　　　　　　　　　　　　　　　　120

随着内部交易固定资产的清理，该固定资产的原价、累计折旧和净值在B公司个别资产负债表中均无列示，故涉及调整期初未分配利润项目的抵销处理，均通过资产处置收益项目进行。

以上三笔抵销分录，可以合并为以下抵销分录：

借：期初未分配利润　　　　　　　　　　　　　　　　　120
　　贷：管理费用　　　　　　　　　　　　　　　　　　　　120

其合并工作底稿（局部）如表27-33所示。

（二）内部交易固定资产超期使用进行清理期间的合并处理

内部交易固定资产超期使用进行清理时，在内部交易固定资产清理前的会计期间，该固定资产仍然按包含未实现内部销售损益的原价及计提的累计折旧，在购买企业的个别资产负债表中列示；销售企业因该内部交易固定资产所实现的利润，作为期初未分配利润的一部分结转到购买企业对该内部交易固定资产进行清理的会计期间。因此，首先需要将该固定资产原价中包括的未实现内部销售损益予以抵销，并调整期初未分配利润。其次，要将以前会计期间因内部交易固定资产原价中包含的未实现内部销售利润而多计提的累计折旧予以抵销。最后，由于在该固定资产使用期满的会计期间仍然需要计提折旧，本期计提折旧中仍然包含有多计提的折旧，因此需要将多计提的折旧费用予以抵销，并调整已计提的累计折旧。

表27-33　　　　　　　　　　合并工作底稿（局部）　　　　　　　　金额单位：万元

项　目	A公司	B公司	合计	调整分录 借方	调整分录 贷方	抵销分录 借方	抵销分录 贷方	少数股东权益	合并数
（资产负债表项目）									
……									
固定资产原价		0	0						0
累计折旧		0	0						0
固定资产净值		0	0						0
……									
（利润表项目）									
营业收入	0								0
营业成本	0								
……									
管理费用		420	420				120③		300
……									
资产处置收益		14	14			360② 120③	480①		14
……									
营业利润	0	-406	-406			480	600		-286
……									
净利润	0	-406	-406			480	600		-286
（股东权益变动表项目）									
期初未分配利润	480	-1 260	-780			480①	360②		-900
……									
期末未分配利润	480	-1 666	-1 186			960	960		-1 186

▶【例27-43】承【例27-41】，2×24年12月31日该内部交易固定资产使用期满，但该固定资产仍处于使用之中，B公司未对其进行清理报废。B公司2×24年度个别资产负债表固定资产仍列示该固定资产的原价1 680万元，累计折旧1 680万元；在其个别利润表列示该固定资产当年计提的折旧420万元。2×21年度、2×22年度、2×23年度合并工作底稿（局部）分别见【例27-39】、【例27-40】、【例27-41】。

此时，甲公司在编制2×24年度合并财务报表时，应当进行如下抵销处理：

(1) 将内部交易固定资产原价中包含的未实现内部销售利润抵销，并调整期初未分配利润：

借：期初未分配利润　　　　　　　　　　　　　　　　　　　480①
　　　贷：固定资产原价　　　　　　　　　　　　　　　　　　　　480
（2）将因固定资产原价中包含的未实现内部销售利润而多计提的累计折旧抵销，并调整期初未分配利润：
借：累计折旧　　　　　　　　　　　　　　　　　　　　　　360②
　　　贷：期初未分配利润　　　　　　　　　　　　　　　　　　　360
（3）将本期因固定资产原价中包含的未实现内部销售利润而多计提的折旧额抵销：
借：累计折旧　　　　　　　　　　　　　　　　　　　　　　120③
　　　贷：管理费用　　　　　　　　　　　　　　　　　　　　　　120
其合并工作底稿（局部）如表27-34所示。

表27-34　　　　　　　　　合并工作底稿（局部）　　　　　　　金额单位：万元

项目	A公司	B公司	合计	调整分录 借方	调整分录 贷方	抵销分录 借方	抵销分录 贷方	少数股东权益	合并数
（资产负债表项目）									
……									
固定资产原价	1 680		1 680				480①		1 200
累计折旧	1 680		1 680			360②			1 200
						120③			
固定资产净值	0		0			480	480		0
……									
（利润表项目）									
营业收入									0
营业成本									0
……									
管理费用	420		420				120③		300
……									
营业利润	-420		-420				120		-300
……									
净利润	-420		-420				120		-300
（股东权益变动表项目）									
期初未分配利润	480	-1 260	-780			480①	360②		-900
……									
期末未分配利润	480	-1 680	-1 200			480	480		-1 200

首先，在内部交易固定资产超期使用未进行清理前，由于该内部交易的固定资产仍处于使用之中，并在购买企业资产负债表中列示，因此，必须将该固定资产原价中包含的未实现内部销售损益予以抵销；其次，由于该固定资产的累计折旧仍然是按包含有未实现内部销售损益的原价计提折旧，为此也必须将其计提的累计折旧予以抵销。但由于

固定资产超期使用不计提折旧,所以不存在抵销多计提折旧问题。

▶【例27-44】承【例27-43】,该内部交易固定资产2×25年仍处于使用之中。B公司个别资产负债表中内部交易固定资产为1 680万元,累计折旧为1 680万元;由于固定资产超期使用不计提折旧,B公司个别利润表中无该内部固定资产计提的折旧费用。2×21年度、2×22年度、2×23年度、2×24年度合并工作底稿(局部)分别见【例27-39】、【例27-40】、【例27-41】、【例27-43】。

此时,甲公司编制合并财务报表时,应进行如下抵销处理:

(1) 将固定资产原价中包含的未实现内部销售利润抵销,调整期初未分配利润:

借:期初未分配利润　　　　　　　　　　　　　　　　480①
　　贷:固定资产原价　　　　　　　　　　　　　　　　　　　480

(2) 将累计折旧包含的未实现内部销售利润抵销,调整期初未分配利润:

借:累计折旧　　　　　　　　　　　　　　　　　　480②
　　贷:期初未分配利润　　　　　　　　　　　　　　　　　480

其合并工作底稿(局部)如表27-35所示。

表27-35　　　　　　　　　合并工作底稿(局部)　　　　　　　金额单位:万元

项目	A公司	B公司	合计	调整分录 借方	调整分录 贷方	抵销分录 借方	抵销分录 贷方	少数股东权益	合并数
(资产负债表项目)									
……									
固定资产原价		1 680	1 680				480①		1 200
累计折旧		1 680	1 680			480②			1 200
固定资产净值		0	0			480	480		0
……									
(利润表项目)									
营业收入									0
营业成本									0
……									
管理费用									0
……									
营业利润									0
……									
净利润									0
(股东权益变动表项目)									
期初未分配利润	480	-1 680	-1 200			480①	480②		-1 200
……									
期末未分配利润	480	-1 680	-1 200			480	480		-1 200

对于超期使用后再进行清理的内部交易的固定资产，由于清理当期其实物已不存在，不存在着固定资产原价中包含未实现内部销售损益的抵销问题；同时，该固定资产累计折旧也随着固定资产清理而转销，也不存在着固定资产使用多计提折旧的抵销问题。也可以这样理解，即当内部交易固定资产超期使用进行清理的情况下，其包含的未实现内部销售损益，随着其折旧计提完毕，其包含的未实现内部销售损益已实现。因此，在编制对该内部交易固定资产进行清理的会计期间的合并财务报表时，不需要进行合并处理。

（三）内部交易固定资产使用期限未满提前进行清理期间的合并处理

在这种情况下，购买企业内部交易固定资产实体已不复存在，因此不存在着未实现内部销售损益抵销问题，但由于固定资产提前报废，固定资产原价中包含的未实现内部销售损益随着清理而成为实现的损益。对于销售企业来说，因该内部交易固定资产所实现的利润，作为期初未分配利润的一部分结转到购买企业对该内部交易固定资产进行清理的会计期间。为此，首先必须调整期初未分配利润；其次在固定资产进行清理前仍需计提折旧，本期计提折旧中仍然包含有多计提的折旧，需要将多计提的折旧费用予以抵销。

▶【例27-45】承【例27-41】，B公司于2×23年12月对该内部交易固定资产进行清理处置，在对其清理过程中取得清理净收益25万元，在其个别利润表作为资产处置收益列示。2×21年度、2×22年度合并工作底稿（局部）分别见【例27-39】、【例27-40】。

本例中，该内部交易固定资产至2×23年12月，已经使用三年，B公司对该固定资产累计计提折旧1 260万元。

此时，编制合并财务报表时，应编制如下抵销分录：

(1) 借：期初未分配利润　　　　　　　　　　　　　480①
　　　贷：资产处置收益　　　　　　　　　　　　　　　　480
(2) 借：资产处置收益　　　　　　　　　　　　　　240②
　　　贷：期初未分配利润　　　　　　　　　　　　　　　240
(3) 借：资产处置收益　　　　　　　　　　　　　　120③
　　　贷：管理费用　　　　　　　　　　　　　　　　　　120

其合并工作底稿（局部）如表27-36所示。

表27-36　　　　　　　合并工作底稿（局部）　　　　　　金额单位：万元

项目	A公司	B公司	合计	调整分录 借方	调整分录 贷方	抵销分录 借方	抵销分录 贷方	少数股东权益	合并数
（资产负债表项目）									
……									
固定资产原价	0	0							0
累计折旧	0	0							0
固定资产净值	0	0							0
……									
（利润表项目）									

续表

项目	A公司	B公司	合计	调整分录 借方	调整分录 贷方	抵销分录 借方	抵销分录 贷方	少数股东权益	合并数
营业收入	0								0
营业成本	0		0						0
……									
管理费用	0	420	420				120③		300
……									
资产处置收益		25	25			240② 120③	480①		145
……									
营业利润	0	−395	−395			360	600		−155
……									
净利润	0	−395	−395			360	600		−155
（股东权益变动表项目）									
期初未分配利润	480	−840	−360			480①	240②		−600
……									
期末未分配利润	480	−1 235	−755			840	840		−755

第八节　内部无形资产交易的合并处理

内部无形资产交易是企业集团内部发生交易的一方涉及无形资产的交易，如企业集团内部某一成员企业将自身拥有的专利权、专有技术等转让出售给其他成员企业作为无形资产继续使用。对于内部无形资产交易，在编制合并财务报表时，首先必须将由于转让出售无形资产所产生的收入、成本及购入企业无形资产入账价值中包含的未实现内部销售损益予以抵销；其次，随着无形资产价值的摊销，无形资产价值中包含的未实现内部销售损益也随之计入当期费用，为此也必须对内部交易无形资产摊销计入相关费用项目进行抵销处理。

为了便于理解，本节将财务报表中的"无形资产"项目，细化为"无形资产"项目、"累计摊销"项目以及"无形资产净额"项目等三个项目，来介绍内部交易无形资产相关的合并抵销处理。

一、内部无形资产交易当期的合并处理

进行合并处理时，按照内部交易时该无形资产账面价值中包含的未实现内部销售损益的

数额,借记"资产处置收益"项目,按交易时该内部交易无形资产账面价值中包含的未实现内部销售损益的数额,贷记"无形资产"项目;同时按本期该内部交易无形资产摊销额中包含的未实现内部销售损益的数额(即该无形资产价值中包含的未实现内部销售损益除以该无形资产的摊销年限得出的金额)借记"累计摊销"项目,贷记"管理费用"项目。

▶【例27-46】甲公司系A公司的母公司,甲公司2×21年1月8日向A公司转让无形资产一项,转让价格为820万元,该无形资产的账面成本为700万元。A公司购入该无形资产后,即投入使用,确定使用年限为5年。A公司2×21年12月31日资产负债表中无形资产项目的金额为656万元,利润表管理费用项目中记有当年摊销的该无形资产价值164万元。

此时,A公司该无形资产入账价值为820万元,其中包含的未实现内部销售利润为120万元;按5年的期限,本期摊销的金额为164万元(与固定资产不同,无形资产从取得的当月起开始摊销),其中包含的未实现内部销售利润的摊销额为24万元。

甲公司在编制2×21年度合并财务报表时,应当对该内部无形资产交易进行如下抵销处理:

(1)将A公司受让取得该内部交易无形资产时其价值中包含的未实现内部销售利润抵销:

借:资产处置收益　　　　　　　　　　　　　　　　　　120①
　　贷:无形资产　　　　　　　　　　　　　　　　　　　　　　120

(2)将A公司本期该内部交易无形资产价值摊销额中包含的未实现内部销售利润抵销:

借:累计摊销　　　　　　　　　　　　　　　　　　　　24②
　　贷:管理费用　　　　　　　　　　　　　　　　　　　　　　24

其合并工作底稿(局部)如表27-37所示。

表27-37　　　　　　　　　合并工作底稿(局部)　　　　　　金额单位:万元

项目	甲公司	A公司	合计	调整分录 借方	调整分录 贷方	抵销分录 借方	抵销分录 贷方	少数股东权益	合并数
(资产负债表项目)									
……									
无形资产	0	820	820				120①		700
累计摊销		164	164			24②			140
无形资产净额		656	656			24	120		560
……									
(利润表项目)									
……									
管理费用		164	164				24②		140
……									
资产处置收益	120		120			120①			0
……									
营业利润	-164		-44			120	24		-140
……									

续表

项目	甲公司	A公司	合计	调整分录 借方	调整分录 贷方	抵销分录 借方	抵销分录 贷方	少数股东权益	合并数
净利润	120	-164	-44			120	24		-140
（股东权益变动表项目）									
期初未分配利润	0	0	0						0
……									
期末未分配利润	120	-164	-44			120	24		-140

对于抵销分录（1），可以理解为将购入时该无形资产价值中包含的未实现内部销售损益予以抵销。对于抵销分录（2），则可以理解为将本期无形资产累计摊销中因内部交易无形资产价值中包含未实现内部销售损益而多计算的摊销额以及当期多计列的无形资产摊销费用予以抵销。

二、内部交易无形资产持有期间的合并处理

进行合并处理时，按受让时内部交易无形资产价值中包含的未实现内部销售损益的数额，借记"期初未分配利润"项目，贷记"无形资产"项目；按上期期末该内部交易无形资产累计摊销金额中包含的已摊销未实现内部销售损益的数额，借记"累计摊销"项目，贷记"期初未分配利润"项目；按本期因该内部交易无形资产价值中包含未实现内部销售损益而多计算的摊销金额，借记"累计摊销"项目，贷记"管理费用"项目。

▶【例27-47】承【例27-46】，2×22年12月31日A公司个别资产负债表无形资产项目的金额为492万元，利润表管理费用项目中记有当年摊销的该无形资产价值164万元。2×21年度合并工作底稿（局部）见【例27-46】。

本例中，A公司该无形资产取得时入账价值为820万元，其中包含的未实现内部销售利润为120万元；该无形资产按5年的使用期限摊销，每期摊销金额为164万元，到2×22年12月31日A公司该内部交易无形资产累计摊销额为328万元，包括上年结转的累计摊销额和本期发生的无形资产摊销额各164万元，上年结转的累计摊销额中包含2×21年因内部交易无形资产价值中包含未实现内部销售利润而多计算的摊销额24万元；此外，本期因该内部交易无形资产使用而计算的摊销额164万元，其中也包括因该无形资产价值中包含的未实现内部销售利润而多计算的摊销额24万元。

甲公司在编制2×22年度合并财务报表时，应当对该内部无形资产交易进行如下抵销处理：

（1）将A公司受让取得该无形资产时其价值中包含的未实现内部销售利润抵销：

借：期初未分配利润　　　　　　　　　　　　　　　　　　　　120①
　　贷：无形资产　　　　　　　　　　　　　　　　　　　　　　　　120

（2）将A公司上期期末该无形资产价值摊销额中包含的已摊销未实现内部销售利润抵销：

借：累计摊销　　　　　　　　　　　　　　　　　　　　　　　　　　24②
　　　　贷：期初未分配利润　　　　　　　　　　　　　　　　　　　　　　24
　（3）将A公司本期摊销的该无形资产价值中包含的未实现内部销售利润的摊销额抵销：
　　借：累计摊销　　　　　　　　　　　　　　　　　　　　　　　　　　24③
　　　　贷：管理费用　　　　　　　　　　　　　　　　　　　　　　　　24
　其合并工作底稿（局部）如表27-38所示。
　甲公司在编制2×23年度合并财务报表时，该内部无形资产交易相关的抵销处理如下：
　（1）将A公司受让取得该无形资产时其价值中包含的未实现内部销售利润抵销：
　　借：期初未分配利润　　　　　　　　　　　　　　　　　　　　　　　120①
　　　　贷：无形资产　　　　　　　　　　　　　　　　　　　　　　　　120

表27-38　　　　　　　　　合并工作底稿（局部）　　　　　　　　金额单位：万元

项　目	甲公司	A公司	合计	调整分录 借方	调整分录 贷方	抵销分录 借方	抵销分录 贷方	少数股东权益	合并数
（资产负债表项目）									
……									
无形资产	0	820	820				120①		700
累计摊销		328	328				24② 24③		280
无形资产净额	0	492	492			48	120		420
……									
（利润表项目）									
……									
管理费用	0	164	164				24③		140
……									
营业利润	0	-164	-164				24		-140
……									
营业外收入	0								0
……									
净利润	0	-164	-164				24		-140
（股东权益变动表项目）									
期初未分配利润	120	-164	-44			120①	24②		-140
……									
期末未分配利润	120	-328	-208			120	48		-280

(2) 将A公司上期期末该无形资产价值摊销额中包含的已摊销未实现内部销售利润抵销：

借：累计摊销　　　　　　　　　　　　　　　　　　　　　　　48②
　　贷：期初未分配利润　　　　　　　　　　　　　　　　　　　　　　48

(3) 将A公司本期摊销的该无形资产价值中包含的未实现内部销售利润的摊销抵销：

借：累计摊销　　　　　　　　　　　　　　　　　　　　　　　24③
　　贷：管理费用　　　　　　　　　　　　　　　　　　　　　　　　24

其合并工作底稿（局部）如表27-39所示。

表27-39　　　　　　　　　　合并工作底稿（局部）　　　　　　　金额单位：万元

项　目	甲公司	A公司	合计	调整分录 借方	调整分录 贷方	抵销分录 借方	抵销分录 贷方	少数股东权益	合并数
（资产负债表项目）									
……									
无形资产		820	820				120①		700
累计摊销		492	492			48② 24③			420
无形资产净额	0	328	328			72	120		280
……									
（利润表项目）									
……									
管理费用	0	164	164				24③		140
……									
营业利润	0	-164	-164				24		-140
……									
营业外收入	0								0
……									
净利润	0	-164	-164				24		-140
（股东权益变动表项目）									
期初未分配利润	120	-328	-208			120①	48②		-280
……									
期末未分配利润	120	-492	-372			120	72		-420

甲公司在编制2×24年度合并财务报表时，该内部无形资产交易相关的抵销处理如下：

(1) 将A公司受让取得该无形资产时其价值中包含的未实现内部销售利润抵销：

借：期初未分配利润　　　　　　　　　　　　　　　　　　　　120①
　　贷：无形资产　　　　　　　　　　　　　　　　　　　　　　　120

(2) 将A公司上期期末该无形资产价值摊销额中包含的已摊销未实现内部销售利润

抵销：

借：累计摊销　　　　　　　　　　　　　　　　　　　　　72②

　　贷：期初未分配利润　　　　　　　　　　　　　　　　　　　72

（3）将 A 公司本期摊销的该无形资产价值中包含的未实现内部销售利润的摊销抵销：

借：累计摊销　　　　　　　　　　　　　　　　　　　　　24③

　　贷：管理费用　　　　　　　　　　　　　　　　　　　　　　24

其合并工作底稿（局部）如表 27-40 所示。

表 27-40　　　　　　　　合并工作底稿（局部）　　　　　金额单位：万元

项目	甲公司	A公司	合计	调整分录 借方	调整分录 贷方	抵销分录 借方	抵销分录 贷方	少数股东权益	合并数
（资产负债表项目）									
……									
无形资产		820	820				120①		700
累计摊销		656	656				72② 24③		560
无形资产净额	0	164	164			96	120		140
……									
（利润表项目）									
……									
管理费用	0	164	164				24③		140
……									
营业利润		-164	-164				24		-140
……									
营业外收入	0								0
……									
净利润	0	-164	-164				24		-140
（股东权益变动表项目）									
期初未分配利润	120	-492	-372			120①	72②		-420
……									
期末未分配利润	120	-656	-536			120	96		-560

三、内部无形资产交易摊销完毕期间的合并处理

从购买企业来说，该内部交易无形资产到期时，其账面价值已摊销完毕，包含于其中的未实现内部销售损益的数额也摊销完毕，无形资产账面价值经摊销后为零。对于转让企业来说，因该内部交易无形资产实现的收益，作为期初未分配利润的一部分结转到以后的会计期间，直到购买企业对该内部交易无形资产到期的会计期间。从整个企业来说，随着该内部交易无形资产的使用期满，其包含的未实现内部销售损益也

转化为已实现损益。由于销售企业因该内部交易无形资产所实现的收益,作为期初未分配利润的一部分结转到购买企业该内部交易无形资产到期的会计期间,为此首先必须调整期初未分配利润。其次,在该无形资产到期的会计期间,本期无形资产摊销额中仍然包含无形资产价值中包含的未实现内部销售损益的摊销额,这一数额仍须进行抵销处理。

▶【例27-48】承【例27-47】,2×25年12月,A公司该内部交易无形资产使用期满,在其个别资产负债表中已无该无形资产摊余价值,在其个别利润表管理费用中仍包含该无形资产使用本期摊销额164万元。2×21年度、2×22年度至2×24年度合并工作底稿(局部)见【例27-46】、【例27-47】。

甲公司在编制2×25年度合并财务报表时,该内部无形资产交易相关的抵销处理如下:

(1) 将A公司受让取得该无形资产时其价值中包含的未实现内部销售利润抵销:

借:期初未分配利润　　　　　　　　　　　　　　　120①
　　贷:无形资产　　　　　　　　　　　　　　　　　　　　120

(2) 将A公司上期期末该无形资产价值摊销额中包含的已摊销未实现内部销售利润抵销:

借:累计摊销　　　　　　　　　　　　　　　　　　96②
　　贷:期初未分配利润　　　　　　　　　　　　　　　　　96

(3) 将A公司本期摊销的该无形资产价值中包含的未实现内部销售利润的摊销抵销:

借:累计摊销　　　　　　　　　　　　　　　　　　24③
　　贷:管理费用　　　　　　　　　　　　　　　　　　　　24

其合并工作底稿(局部)如表27-41所示。

表27-41　　　　　　　　　合并工作底稿(局部)　　　　　　　　金额单位:万元

项目	甲公司	A公司	合计	调整分录 借方	调整分录 贷方	抵销分录 借方	抵销分录 贷方	少数股东权益	合并数
(资产负债表项目)									
……									
无形资产	0	0	0				120①		-120
累计摊销	0	0	0			96② 24③			120
无形资产净额	0	0	0			120	120		0
……									
(利润表项目)									
……									
管理费用	0	164	164				24③		140
……									
营业利润	0	-164	-164				24		-140
……									
营业外收入	0								0

续表

项 目	甲公司	A公司	合计	调整分录 借方	调整分录 贷方	抵销分录 借方	抵销分录 贷方	少数股东权益	合并数
……									
净利润	0	-164	-164				24		-140
(股东权益变动表项目)									
期初未分配利润	120	-656	-536			120①	96②		-560
……									
期末未分配利润	120	-820	-700			120	120		-700

第九节 特殊交易在合并财务报表中的会计处理

一、本期增加或减少子公司时如何编制合并财务报表

(一)同一控制下企业合并增加的子公司或业务

同一控制下企业合并增加的子公司或业务,编制合并财务报表时,视同合并后形成的企业集团报告主体自最终控制方开始实施控制时一直是一体化存续下来的,视同参与合并的各方在最终控制方开始控制时即以目前的状态存在进行调整。编制合并资产负债表时,应当调整合并资产负债表的期初数,合并资产负债表的留存收益项目应当反映母子公司视同一直作为一个整体运行至合并日应实现的盈余公积和未分配利润的情况,同时应当对比较报表的相关项目进行调整;编制合并利润表时,应当将该子公司或业务自合并当期期初至报告期末的收入、费用、利润纳入合并利润表,而不是从合并日开始纳入合并利润表,同时应当对比较报表的相关项目进行调整;在编制合并现金流量表时,应当将该子公司或业务自合并当期期初到报告期末的现金流量纳入合并现金流量表,同时应当对比较报表的相关项目进行调整。在编制合并财务报表时,应当对母公司与该子公司或业务自合并当期期初至报告期末之间的内部交易进行抵销处理。

如果某集团公司新设一家子公司,将现有其他子公司或业务注入该新设公司,在新设公司层面该交易构成同一控制下企业合并,新设公司需要编制合并财务报表,该新设公司应当追溯至自比较期最早期初开始编制合并财务报表,即使比较期最早期初早于该新设公司的成立日,但应不早于被注入的其他子公司或业务处于最终控制方控制的时点。该新设公司的个别报表期初日为其成立日。

(二)非同一控制下企业合并或其他方式增加的子公司或业务

编制合并资产负债表时,应当以本期取得的子公司在合并资产负债表日的资产负债表为基础编制。对于本期投资或追加投资取得的子公司,不需要调整合并资产负债表的期初数。但为了提高会计信息的可比性,应当在财务报表附注中披露本期取得的子公司对合并财务报表的财务状况的影响,即披露本期取得的子公司在购买日的资产和负债金

额,包括流动资产、长期股权投资、固定资产、无形资产及其他资产和流动负债、长期负债等的金额。

编制合并利润表时,应当以本期取得的子公司自取得控制权日起至本期期末为会计期间的财务报表为基础编制,将本期取得的子公司自取得控制权日起至本期期末的收入、费用和利润通过合并,纳入合并财务报表之中。同时,为了提高会计信息的可比性,应在财务报表附注中披露本期取得的子公司对合并财务报表的经营成果的影响,以及对前期相关金额的影响,即披露本期取得的子公司自取得控制权日至本期期末止的经营成果,包括营业收入、营业利润、利润总额、所得税费用和净利润等。

编制合并现金流量表时,应当将本期取得的子公司自取得控制权日起至本期期末止的现金流量的信息纳入合并现金流量表,并将取得子公司所支付的现金扣除子公司于购买日持有的现金及现金等价物后的净额,在有关投资活动类的"取得子公司及其他营业单位所支付的现金净额"项目反映。

(三) 本期减少子公司时如何编制合并财务报表

在本期出售转让子公司部分股份或全部股份,丧失对该子公司的控制权而使其成为非子公司的情况下,该公司从处置日(即丧失控制权日)开始不再是母公司的子公司,不应继续将其纳入合并财务报表的合并范围。

编制合并资产负债表时,不应当调整合并资产负债表的期初数。但为了提高会计信息的可比性,应当在财务报表附注中披露该子公司成为非子公司对合并财务报表财务状况以及对前期相关金额的影响,即披露该子公司在丧失控制权日以及该子公司在上年年末的资产和负债金额,具体包括流动资产、长期股权投资、固定资产、无形资产及其他资产和流动负债、长期负债等。

编制合并利润表时,则应当以该子公司期初至丧失控制权成为非子公司之日止的利润表为基础,将该子公司自期初至丧失控制权之日止的收入、费用、利润纳入合并利润表。同时为提高会计信息的可比性,在财务报表附注中披露该子公司成为非子公司对合并财务报表的经营成果以及对前期相关金额的影响,即披露该子公司自期初至丧失控制权日止的经营成果以及上年度的经营成果,具体包括营业收入、营业利润、利润总额、所得税费用和净利润等。

编制现金流量表时,应将该子公司自期初至丧失控制权之日止的现金流量信息纳入合并现金流量表,并将出售该子公司所收到的现金扣除子公司持有的现金和现金等价物以及相关处置费用后的净额,在有关投资活动类的"处置子公司及其他营业单位所收到的现金净额"项目反映。

在编制处置当年合并财务报表时,应当对母公司与该子公司或业务自处置当期期初至处置日之间的内部交易进行抵销处理。

如果在处置子公司当年该公司也已经没有其他子公司,该公司也应当按照上述规定编制合并财务报表,将该子公司期初至处置日的收入、费用、利润纳入合并利润表,将该子公司期初至处置日的现金流量纳入合并现金流量表,编制合并资产负债表时不应当调整合并资产负债表的期初数。

二、追加投资的会计处理

(一) 母公司购买子公司少数股东股权

母公司购买子公司少数股东拥有的子公司股权的,在母公司个别财务报表中,其自子公司少数股东处新取得的长期股权投资应当按照《企业会计准则第2号——长期股权投资》的规定确定其入账价值;在合并财务报表中,子公司的资产、负债应以购买日或合并日所确定的净资产价值开始持续计算的金额反映,因购买少数股权新取得的长期股权投资(支付的对价)与按照新增持股比例计算应享有子公司自购买日或合并日开始持续计算的净资产份额之间的差额,应当调整合并财务报表中的资本公积(资本溢价或股本溢价),资本公积不足冲减的,依次冲减盈余公积和未分配利润。

▶【例27-49】2×12年12月26日,甲公司以7 000万元取得A公司60%的股权,能够对A公司实施控制,形成非同一控制下的企业合并。2×13年12月23日,甲公司又以公允价值为2 000万元、原账面价值为1 600万元的固定资产作为对价,自A公司的少数股东取得A公司15%的股权。本例中甲公司与A公司的少数股东在交易前不存在任何关联方关系(不考虑所得税等影响)。

2×12年12月26日(购买日),甲公司在取得A公司60%股权时,A公司可辨认净资产公允价值为9 000万元。

2×13年12月23日,在甲公司合并财务报表中,A公司自购买日开始持续计算的净资产账面价值为10 000万元。

本例中,2×13年12月23日,甲公司进一步取得A公司15%的股权时,甲公司合并财务报表的会计处理如下:

合并财务报表中,A公司的有关资产、负债按照自购买日开始持续计算的价值(10 000万元)进行合并,无须按照2×13年12月23日的公允价值进行重新计量。甲公司按新增持股比例计算应享有自购买日开始持续计算的A公司净资产份额为1 500万元(10 000×15%),与新增长期股权投资2 000万元之间的差额为500万元,在合并资产负债表中应调整所有者权益相关项目,首先调整归属于母公司的资本公积(资本溢价或股本溢价),资本公积不足冲减的,冲减归属于母公司的盈余公积,盈余公积不足冲减的,冲减归属于母公司的未分配利润。

甲公司作为对价的固定资产的公允价值(2 000万元)与账面价值(1 600万元)的差异(400万元),应计入甲公司利润表中的资产处置收益。

(二) 企业因追加投资等原因能够对非同一控制下的被投资方实施控制

企业因追加投资等原因,通过多次交易分步实现非同一控制下企业合并的,在合并财务报表上,首先,应结合分步交易的各个步骤的协议条款,以及各个步骤中所分别取得的股权比例、取得对象、取得方式、取得时点及取得对价等信息来判断分步交易是否属于"一揽子交易"。

各项交易的条款、条件以及经济影响符合以下一种或多种情况的,通常应将多次交易事项作为"一揽子交易"进行会计处理:一是这些交易是同时或者在考虑了彼此影响的情况下订立的;二是这些交易整体才能达成一项完整的商业结果;三是一项交易的发生取决于至少一项其他交易的发生；四是一项交易单独看是不经济的，但是和其他交易一并考虑时是经济的。

如果分步取得对子公司股权投资直至取得控制权的各项交易属于"一揽子交易"，应当将各项交易作为一项取得子公司控制权的交易进行会计处理。

如果不属于"一揽子交易"，在合并财务报表中，对于购买日之前持有的被购买方的股权，应当按照该股权在购买日的公允价值进行重新计量。购买日之前持有的被购买方股权被指定为以公允价值计量且其变动计入其他综合收益的金融资产的，公允价值与其账面价值之间的差额计入留存收益，该股权原计入其他综合收益的累计公允价值变动转出至留存收益；购买日之前持有的被购买方的股权作为以公允价值计量且其变动计入当期损益的金融资产或者权益法核算的长期股权投资的，公允价值与其账面价值之间的差额计入当期投资收益；购买日之前持有的被购买方的股权涉及权益法核算下的其他综合收益以及除净损益、其他综合收益和利润分配外的其他所有者权益变动的，与其相关的其他综合收益应当在购买日采用与被投资方直接处置相关资产或负债相同的基础进行会计处理，与其相关的其他所有者权益变动应当转为购买日所属当期投资收益。购买方应当在附注中披露其在购买日之前持有的被购买方的股权在购买日的公允价值、按照公允价值重新计量产生的相关利得或损失的金额。

▶【例27-50】2×11年1月1日，甲公司以每股3元的价格购入A上市公司股票500万股，并由此持有A公司5%股权。投资前甲公司与A公司不存在关联方关系。甲公司将对A公司的该项投资指定以公允价值计量且其变动计入其他综合收益的金融资产。2×13年1月1日，甲公司以现金2.2亿元为对价，向A公司大股东收购A公司55%的股权，从而取得对A公司的控制权；A公司当日股价为每股4元，A公司可辨认净资产的公允价值为3亿元。甲公司购买A公司5%股权和后续购买55%的股权不构成"一揽子交易"（不考虑所得税等影响）。

甲公司在编制合并财务报表时，首先，应考虑对原持有股权按公允价值进行重新计量。因为甲公司将原持有A公司5%的股权作为其他权益工具投资，所以2×13年1月1日，该股权的公允价值与其账面价值相等，为2 000万元，不存在差额。同时，将原计入其他综合收益的累计公允价值变动500万元［500×（4-3）］转入合并留存收益。

其次，按照企业合并准则有关非同一控制下企业合并的相关规定，甲公司购买A公司股权并取得控制权的合并对价为2.4亿元（原持有股权在购买日的公允价值2 000万元+合并日应支付的对价2.2亿元）。由于甲公司享有A公司于购买日的可辨认净资产公允价值的份额为1.8亿元（3×60%），因此，购买日形成的商誉为0.6亿元（2.4-1.8）。

▶【例27-51】2×11年1月1日，甲公司以现金4 000万元取得A公司20%股权并具有重大影响，按权益法进行核算。当日，A公司可辨认净资产公允价值为1.8亿元。2×13年1月1日，甲公司另支付现金9 000万元取得A公司35%股权，并取得对A公司的控制权。2×13年1月1日，甲公司原持有的对A公司20%股权的公允价值为5 000万元，账面价值为4 600万元（其中，与A公司权益法核算相关的累计净损益为150万元、被指定为以公允价值计量且其变动计入其他综合收益的金融资产公允价值变动产生的累计其他综合收益为450万元）；A公司可辨认净资产公允价值为2.2亿元（不考虑所得税等影响）。

甲公司在编制合并财务报表时，首先，应对原持有股权按照公允价值进行重新计量。在购买日（2×13年1月1日），该项股权投资的公允价值为5 000万元，与其账面价值（4 600万元）之间的差额（400万元）应计入合并当期投资收益；同时，将原计入其他综合收益的450万元转入合并留存收益。

其次，按照企业合并准则有关非同一控制下企业合并的相关规定，甲公司购买A公司股权并取得控制权的合并对价应为1.4亿元（原持有股权于购买日的公允价值5 000万元＋合并日新支付的对价9 000万元）。由于甲公司享有A公司在购买日的可辨认净资产公允价值的份额为1.21亿元（2.2×55%），因此，购买日形成的商誉为0.19亿元（1.4－1.21）。

购买方以"一揽子交易"方式分步取得对被投资单位的控制权，双方协议约定，若购买方最终未取得控制权，"一揽子交易"将整体撤销，并返还购买方已支付价款。在这种情况下，购买方应按照相关规定恰当确定购买日和企业合并成本，在取得控制权时确认长期股权投资，取得控制权之前已支付的款项应作为预付投资款项处理。

（三）通过多次交易分步实现同一控制下企业合并

对于分步实现的同一控制下企业合并，在编制合并财务报表时，应视同参与合并的各方在最终控制方开始控制时即以目前的状态存在进行调整，在编制比较报表时，以不早于合并方和被合并方同处于最终控制方的控制之下的时点开始，将被合并方的有关资产、负债并入合并方合并财务报表的比较报表中，并将合并而增加的净资产在比较报表中调整所有者权益项下的相关项目。

为避免对被合并方净资产的价值进行重复计算，合并方在取得被合并方控制权之前持有的股权投资，在取得原股权之日与合并方和被合并方同处于同一方最终控制之日孰晚日起至合并日之间已确认有关损益、其他综合收益以及其他净资产变动，应分别冲减比较报表期间的期初留存收益或当期损益等。

▶【例27-52】甲公司为P公司的全资子公司。2×11年1月1日，甲公司与非关联方A公司各出资600万元及1 400万元设立乙公司，并各持有乙公司30%及70%的股权。

2×12年1月1日，P公司向A公司收购其持有乙公司70%的股权，乙公司成为P公司的全资子公司，当日乙公司净资产的账面价值与其公允价值相等。

2×13年3月1日，甲公司向P公司购买其持有乙公司70%的股权，乙公司成为甲公司的全资子公司。

甲公司与A公司不存在关联关系，甲公司购买乙公司70%股权的交易和原取得乙公司30%股权的交易不属于"一揽子交易"，甲公司在可预见的未来打算一直持有乙公司股权。

乙公司自2×11年1月1日至2×12年1月1日实现净利润800万元，自2×12年1月1日至2×13年1月1日实现净利润600万元，自2×13年1月1日至2×13年3月1日实现净利润100万元（不考虑所得税等影响）。

本例中，2×13年3月1日，甲公司从P公司手中购买乙公司70%股权的交易属于同一控制下企业合并。并且甲公司自2×12年1月1日起与乙公司同受P公司最终控制，甲公司合并财务报表应自取得原股权之日（2×11年1月1日）和双方同处于同一方最终控制之日（2×12年1月1日）孰晚日（2×12年1月1日）起，将乙公司纳入合并范围。

在甲公司合并财务报表中，视同自2×12年1月1日起，甲公司即持有乙公司100%股权，重溯2×12年1月1日的报表项目，2×11年1月1日至2×12年1月1日的合并财务报表并不重溯。

2×12年1月1日，乙公司净资产的账面价值为2 800万元（2 000+800）。此前，甲公司持有对乙公司的长期股权投资的账面价值为840万元（600+800×30%）。因此，甲公司在编制合并财务报表时，并入乙公司2×12年（比较期间）年初各项资产、负债后，因合并而增加净资产2 800万元，冲减长期股权投资账面价值840万元，两者之间的差额调增资本公积1 960万元（2 800-840）。

借：资产、负债 2 800
　　贷：长期股权投资 840
　　　　资本公积 1 960

甲公司对于合并日（即2×13年3月1日）的各报表项目，除按照本章"第2节合并财务报表编制原则、前期准备事项及程序"的一般规定编制合并分录外，还应冲减2×12年1月1日至2×13年1月1日对乙公司30%的长期股权投资的权益法核算结果，冲减乙公司2×13年1月1日至2×13年3月1日实现的净利润中按照权益法核算归属于甲公司的份额。即，冲减期初留存收益180万元（600×30%），冲减投资收益30万元（100×30%）。

借：期初留存收益 180
　　投资收益 30
　　贷：长期股权投资 210

三、处置对子公司投资的会计处理

（一）在不丧失控制权的情况下部分处置对子公司长期股权投资

母公司在不丧失控制权的情况下部分处置对子公司的长期股权投资的，在母公司个别财务报表中作为长期股权投资的处置，确认有关处置损益。即出售股权取得的价款或对价的公允价值与所处置投资账面价值的差额，应作为投资收益或损失计入处置投资当期母公司的个别财务报表；在合并财务报表中，因出售部分股权后，母公司仍能够对被投资单位实施控制，被投资单位应当纳入母公司合并财务报表。因此，在合并财务报表中，处置价款与处置长期股权投资相对应享有子公司自购买日或合并日开始持续计算的净资产份额之间的差额，应当调整资本公积（资本溢价或股本溢价），资本公积不足冲减的，依次冲减盈余公积和未分配利润。上述情形下确定子公司净资产份额时按照如下原则考虑商誉：

母公司不丧失控制权情况下处置子公司部分股权时，在合并财务报表中，可以把子公司净资产分为两部分，一是归属于母公司的所有者权益（包含子公司净资产和商誉）；二是少数股东权益（包含子公司净资产，但不包含商誉）。母公司购买或出售子公司部分股权时，为两类所有者之间的交易。当母公司购买少数股权时，按比例把少数股东权益（包含子公司净资产，但不包含商誉）的账面价值调整至归属于母公司的所有者权益。反之,当母公司出售部分股权时,按比例把归属于母公司的所有者权益(包含子公司净资产和商誉)的账面价值调整至少数股东权益。

母公司不丧失控制权情况下处置子公司部分股权时,不应终止确认所处置股权对应的商誉。

▶【例27-53】A上市公司在以前年度通过非同一控制下企业合并方式取得B公司80%股权,2×11年,A公司把所持的B公司的20%股权转让给第三方,并未丧失控制权。20%股权转让前,B公司在A公司合并财务报表中财务数据如表27-42所示。

表27-42　　　　　　　合并财务报表相关财务数据　　　　　　　单位:万元

项目	金额
商誉	8 000
B公司可辨认净资产公允价值	100 000
净资产合计	108 000
其中:归属于母公司所有者权益	88 000
少数股东权益	20 000

A公司处置20%股权对应享有子公司自购买日或合并日开始持续计算的净资产份额=20%÷80%×88 000=22 000(万元);处置后,计算重新划分归属于母公司所有者权益为66 000万元(88 000-22 000),少数股东权益为42 000万元(20 000+22 000)。

(二)母公司因处置对子公司长期股权投资而丧失控制权

1. 一次交易处置子公司

母公司因处置部分股权投资或其他原因丧失了对原有子公司控制的,在合并财务报表中,应当进行如下会计处理:

(1)终止确认相关资产负债、商誉等的账面价值,并终止确认少数股东权益(包括属于少数股东的其他综合收益)的账面价值。

(2)按照丧失控制权日的公允价值进行重新计量剩余股权,按剩余股权对被投资方的影响程度,将剩余股权作为长期股权投资或金融工具进行核算。

(3)处置股权取得的对价与剩余股权的公允价值之和,减去按原持股比例计算应享有原有子公司自购买日开始持续计算的净资产账面价值份额与商誉之和,形成的差额计入丧失控制权当期的投资收益。

(4)与原有子公司的股权投资相关的其他综合收益,应当在丧失控制权时采用与原有子公司直接处置相关资产或负债相同的基础进行会计处理,与原有子公司相关的涉及权益法核算下的其他所有者权益变动应当在丧失控制权时转入当期损益。

2. 多次交易分步处置子公司

企业通过多次交易分步处置对子公司股权投资直至丧失控制权,在合并财务报表中,首先应判断分步交易是否属于"一揽子交易"。

如果分步交易不属于"一揽子交易",则在丧失对子公司控制权以前的各项交易,应按照本部分"(一)在不丧失控制权的情况下部分处置对子公司长期股权投资"的规定进行会计处理。

如果分步交易属于"一揽子交易",则应将各项交易作为一项处置原有子公司并丧失控制权的交易进行会计处理,其中,对于丧失控制权之前的每一次交易,处置价款与处置投资对应的享有该子公司自购买日开始持续计算的净资产账面价值的份额之间的差额,在合并财务报表中应当计入其他综合收益,在丧失控制权时一并转入丧失控制权当期的损益。

▶【例27-54】为集中力量发展优势业务,甲公司计划剥离辅业,处置全资子公司A公司。2×11年11月20日,甲公司与乙公司签订不可撤销的转让协议,约定甲公司向乙公司转让其持有的A公司100%股权,对价总额为7 000万元。考虑到股权平稳过渡,双方协议约定,乙公司应在2×11年12月31日之前支付3 000万元,以先取得A公司30%股权;乙公司应在2×12年12月31日之前支付4 000万元,以取得A公司剩余70%股权。2×11年12月31日至乙公司支付剩余价款的期间,A公司仍由甲公司控制,若A公司在此期间向股东进行利润分配,则后续70%股权的购买对价按甲公司已分得的金额进行相应调整。

2×11年12月31日,乙公司按照协议约定向甲公司支付3 000万元,甲公司将A公司30%股权转让给乙公司,股权变更手续已于当日完成;当日,A公司自购买日持续计算的净资产账面价值为5 000万元。

2×12年9月30日,乙公司向甲公司支付4 000万元,甲公司将A公司剩余70%股权转让给乙公司并办理完毕股权变更手续,自此乙公司取得A公司的控制权;当日,A公司自购买日持续计算的净资产账面价值为6 000万元。

2×12年1月1日至2×12年9月30日,A公司实现净利润1 000万元,无其他净资产变动事项(不考虑所得税等影响)。

本例中,甲公司通过两次交易分步处置其持有的A公司100%股权:第一次交易处置A公司30%股权,仍保留对A公司的控制;第二次交易处置剩余70%股权,并丧失对A公司的控制权。

分析上述两次交易是否属于"一揽子交易":
(1)甲公司处置A公司股权是出于集中力量发展优势业务,剥离辅业的考虑,甲公司的目的是全部处置其持有的A公司股权,两次处置交易结合起来才能达到其商业目的;(2)两次交易在同一转让协议中同时约定;(3)在第一次交易中,30%股权的对价为3 000万元,相对于100%股权的对价总额7 000万元而言,第一次交易单独来看对乙公司而言并不经济,和第二次交易一并考虑才反映真正的经济影响,此外,如果在两次交易期间A公司进行了利润分配,也将据此调整对价,说明两次交易是在考虑了彼此影响的情况下订立的。

综上所述,在合并财务报表中,两次交易应作为"一揽子交易",按照分步处置子公司股权至丧失控制权并构成"一揽子交易"的相关规定进行会计处理。

2×11年12月31日,甲公司转让A公司30%股权,在A公司中所占股权比例下降至70%,甲公司仍控制A公司。在合并财务报表中,该笔交易体现为银行存款增加3 000万元,少数股东权益增加1 500万元,处置价款3 000万元与处置30%股权对应的A公司净资产账面价值份额1 500万元(5 000×30%)之间的差额为1 500万元,在合并财务报表中计入其他综合收益。

2×12年1月1日至2×12年9月30日，A公司作为甲公司持股70%的非全资子公司应纳入甲公司合并财务报表合并范围，A公司实现的净利润1 000万元中归属于乙公司的份额300万元（1 000×30%），在甲公司合并财务报表中确认少数股东损益300万元，并调整少数股东权益。

2×12年9月30日，甲公司转让A公司剩余70%股权，丧失对A公司的控制权，不再将A公司纳入合并范围。甲公司应终止确认对A公司的长期股权投资及少数股东权益等，并将处置价款4 000万元与享有的A公司净资产份额4 200万元（6 000×70%）之间的差额200万元，计入当期损益；同时，将第一次交易计入其他综合收益的1 500万元转入当期损益。

四、因其他股东对子公司增资导致母公司股权稀释的会计处理

如果由于其他股东对子公司进行增资，导致母公司股权稀释但母公司仍控制子公司，母公司应当按照增资前的股权比例计算其在增资前子公司自购买日（合并日）开始持续计算的净资产账面价值中的份额，该份额与增资后按母公司持股比例计算的在增资后子公司净资产账面价值份额之间的差额计入资本公积，资本公积不足冲减的，依次冲减盈余公积和未分配利润。

▶【例27-55】2×12年1月1日，甲公司和乙公司分别出资800万元和200万元设立A公司，甲公司、乙公司的持股比例分别为80%和20%。A公司为甲公司的子公司。2×13年1月1日，乙公司对A公司增资400万元，增资后占A公司股权比例为30%。增资完成后，甲公司仍控制A公司。A公司自成立日至增资前实现净利润1 000万元，除此以外，不存在其他影响A公司净资产变动的事项（不考虑所得税等影响）。

本例中，甲公司持股比例原为80%，由于少数股东乙公司增资而变为70%。增资前，甲公司按照80%的持股比例享有的A公司净资产账面价值为1 600万元（2 000×80%）；增资后，甲公司按照70%持股比例享有的净资产账面价值为1 680万元（2 400×70%），两者之间的差额80万元，在甲公司合并资产负债表中应调增资本公积。

如果由于其他股东对子公司进行增资，导致母公司股权稀释并丧失对子公司的控制权，应按照本节"三"中的"（二）母公司因处置对子公司长期股权投资而丧失控制权"进行会计处理。

五、交叉持股的合并处理

交叉持股，是指在由母公司和子公司组成的企业集团中，母公司持有子公司一定比例股份，能够对其实施控制，同时，子公司也持有母公司一定比例股份，即相互持有对方的股份。

母子公司有交互持股情形的，在编制合并财务报表时，对于母公司持有的子公司股权，与通常情况下母公司长期股权投资与子公司所有者权益的合并抵销处理相同。对于子公司持有的母公司股权，应当按照子公司取得母公司股权日所确认的长期股权投资的初始投资成本，将其转为合并财务报表中的库存股，作为所有者权益的减项，在合并资产负债表中所有者权益项目下以"减：库存股"项目列示；对于子公司持有母公司股权

所确认的投资收益（如利润分配或现金股利），应当进行抵销处理。子公司将所持有的母公司股权分类为以公允价值计量且其变动计入当期损益或其他综合收益的金融资产，按照公允价值计量的，同时冲销子公司累计确认的公允价值变动。

子公司相互之间持有的长期股权投资，应当比照母公司对子公司的股权投资的抵销方法，将长期股权投资与其对应的子公司所有者权益中所享有的份额相互抵销。

六、逆流交易的合并处理

如果母子公司之间发生逆流交易，即子公司向母公司出售资产，则所发生的未实现内部交易损益，应当按照母公司对该子公司的分配比例在"归属于母公司所有者的净利润"和"少数股东损益"之间分配抵销。

▶【例27-56】甲公司是A公司的母公司，持有A公司80%的股份。2×13年5月1日，A公司向甲公司销售商品1 000万元，商品销售成本为700万元，甲公司以银行存款支付全款，将购进的该批商品作为存货核算。截至2×13年12月31日，该批商品仍有20%未实现对外销售。2×13年末，甲公司对剩余存货进行检查，发现未发生存货跌价损失。除此之外，甲公司与A公司2×13年未发生其他交易（不考虑所得税等影响）。

本例中，2×13年存货中包含的未实现内部销售损益为60万元[(1 000-700)×20%]。在2×13年合并财务报表工作底稿中的抵销分录如下：

借：营业收入　　　　　　　　　　　　　　　　　1 000
　　贷：营业成本　　　　　　　　　　　　　　　　940
　　　　存货　　　　　　　　　　　　　　　　　　 60

同时，由于该交易为逆流交易，应将内部销售形成的存货中包含的未实现内部销售损益在甲公司和A公司少数股东之间进行分摊。

在存货中包含的未实现内部销售损益中，归属于少数股东的未实现内部销售损益分摊金额为12万元（60×20%）。在2×13年合并财务报表工作底稿中的抵销分录如下：

借：少数股东权益　　　　　　　　　　　　　　　　12
　　贷：少数股东损益　　　　　　　　　　　　　　 12

子公司之间出售资产所发生的未实现内部交易损益，应当按照母公司对出售方子公司的持股比例在"归属于母公司所有者的净利润"和"少数股东损益"之间分配抵销。

七、其他特殊交易

对于站在企业集团合并财务报表角度的确认和计量结果与其所属的母公司或子公司的个别财务报表层面的确认和计量结果不一致的，在编制合并财务报表时，应站在企业集团角度对该特殊交易事项予以调整。例如，母公司将借款作为实收资本投入子公司用于长期资产的建造，母公司应在合并财务报表层面反映借款利息的资本化金额。再如，子公司作为投资性房地产的大厦，出租给集团内其他企业使用，母公司应在合并财务报表层面作为固定资产反映。再如，子公司发行的按照本书第十三章分类为权益工具的特殊金融工具，子公司在其个别财务报表中作为权益工具列报，母公司应在合并财务报表中将对应的少数股东权益部分列报为金融负债。

第十节 所得税会计相关的合并处理

一、所得税会计概述

在编制合并财务报表时,由于需要对企业集团内部交易进行合并抵销处理,由此可能导致在合并财务报表中反映的资产、负债账面价值与其计税基础不一致,存在着差异。为了使合并财务报表全面反映所得税相关的影响,特别是当期所负担的所得税费用的情况,应当进行所得税会计核算,在计算确定资产、负债的账面价值与计税基础之间差异的基础上,确认相应的递延所得税资产或递延所得税负债。

二、内部应收款项相关所得税会计的合并处理

在编制合并财务报表时,随着内部债权债务的抵销,也必须将内部应收账款计提的坏账准备予以抵销。通过对其进行合并抵销处理后,合并财务报表中该内部应收账款已不存在,由内部应收账款账面价值与计税基础之间的差异所形成的暂时性差异也不能存在。在编制合并财务报表时,对持有该集团内部应收款项的企业因该暂时性差异确认的递延所得税资产则需要进行抵销处理。

▶【例27-57】甲公司为A公司的母公司。甲公司本期个别资产负债表应收账款中有1 700万元为应收A公司账款,该应收账款账面余额为1 800万元,甲公司当年对其计提坏账准备100万元。A公司本期个别资产负债表中列示有应付甲公司账款1 800万元。甲公司和A公司适用的所得税税率均为25%。

甲公司在编制合并财务报表时,其合并处理如下:

(1) 将内部应收账款与应付账款相互抵销,其抵销分录如下:

借:应付账款　　　　　　　　　　　　　　　　　　　　1 800①
　　贷:应收账款　　　　　　　　　　　　　　　　　　　　　　1 800

(2) 将内部应收账款计提的坏账准备予以抵销,其抵销分录如下:

借:应收账款　　　　　　　　　　　　　　　　　　　　100②
　　贷:信用减值损失　　　　　　　　　　　　　　　　　　　　100

(3) 将甲公司对内部应收账款计提坏账准备导致暂时性差异确认的递延所得税资产予以抵销。本例中,甲公司在其个别财务报表中,对应收A公司账款计提坏账准备100万元,由此导致应收A公司账款的账面价值调整为1 700万元,而该应收账款的计税基础仍为1 800万元,应收A公司账款的账面价值1 700万元与其计税基础1 800万元之间的差额100万元,则形成当年暂时性差异。对此,按照所得税会计准则的规定,应当确认该暂时性差异相应的递延所得税资产25万元(100×25%)。甲公司在其个别财务报表中确认递延所得税资产时,借记"递延所得税资产"科目25万元,贷记"所得税费用"科目25万元。在编制合并财务报表时随着内部应收账款及其计提的坏账准

备的抵销，在合并财务报表中该应收账款已不存在，由甲公司在其个别财务报表中因应收A公司账款账面价值与其计税基础之间形成的暂时性差异也不存在，对该暂时性差异确认的递延所得税资产则需要予以抵销。在编制合并财务报表对其进行合并抵销处理时，其抵销分录如下：

借：所得税费用　　　　　　　　　　　　　　　　　　　　　　　25③
　　贷：递延所得税资产　　　　　　　　　　　　　　　　　　　　　　25

根据上述抵销分录，编制合并工作底稿（局部）如表27-43所示。

表27-43　　　　　　　　　　合并工作底稿（局部）　　　　　　　　金额单位：万元

项　目	甲公司	A公司	合计	调整分录 借方	调整分录 贷方	抵销分录 借方	抵销分录 贷方	少数股东权益	合并数
（资产负债表项目）									
……									
应收账款	1 700		1 700			100②	1 800①		0
……									
递延所得税资产	25		25				25③		0
……									
应付账款		1 800	1 800			1 800①			0
……									
（利润表项目）									
……									
信用减值损失	100		100				100②		0
……									
营业利润	-100		-100				100		0
……									
利润总额	-100		-100				100		0
所得税费用	-25		-25			25③			0
净利润	-75		-75			25	100		0
（股东权益变动表项目）									
期初未分配利润	0		0				0		0
……									
期末未分配利润	-75		-75			25	100		0

三、内部交易存货相关所得税会计的合并处理

企业在编制合并财务报表时,应当将纳入合并范围的母公司与子公司以及子公司相互之间发生的内部交易对个别财务报表的影响予以抵销,其中包括内部商品交易所形成的存货价值中包含的未实现内部销售损益的金额。对于内部商品交易所形成的存货,从持有该存货的企业来说,假定不考虑计提资产减值损失,其取得成本就是该资产的账面价值,这其中包括销售企业因该销售所实现的损益,这一取得成本也就是计税基础。由于所得税是以独立的法人实体为对象计征的,这一计税基础也是合并财务报表中该存货的计税基础。此时,账面价值与其计税基础是一致的,不存在暂时性差异,也不涉及确认递延所得税资产或递延所得税负债的问题。但在编制合并财务报表过程中,随着内部商品交易所形成的存货价值包含的未实现内部销售损益的抵销,合并资产负债表所反映的存货价值是以原来内部销售企业该商品的销售成本列示的,不包含未实现内部销售损益。由此导致在合并资产负债表所列示的存货的价值与持有该存货的企业计税基础不一致,存在着暂时性差异。这一暂时性差异的金额就是编制合并财务报表时所抵销的未实现内部销售损益的数额。从合并财务报表编制来说,对于这一暂时性差异,则必须确认递延所得税资产或递延所得税负债。当内部交易双方适用税率不同时,合并财务报表中递延所得税的计算应按购买方(即资产最终持有方)的适用税率确定(下同)。

▶【例27-58】甲公司持有A公司80%的股权,是A公司的母公司。甲公司2×21年利润表列示的营业收入中有5 000万元,是当年向A公司销售产品取得的销售收入,该产品销售成本为3 500万元。A公司在2×21年将该批内部购进商品的60%实现对外销售,其销售收入为3 750万元,销售成本为3 000万元,并列示于其利润表中;该批商品的另外40%则形成A公司期末存货,即期末存货为2 000万元,列示于A公司2×21年的资产负债表之中。甲公司和A公司适用的企业所得税税率均为25%。

甲公司在编制合并财务报表时,其合并抵销处理如下:

(1)将内部销售收入与内部销售成本及存货价值中包含的未实现内部销售利润抵销,其抵销分录如下:

借:营业收入　　　　　　　　　　　　　　　　　　　　　5 000①
　　贷:营业成本　　　　　　　　　　　　　　　　　　　　4 400
　　　　存货　　　　　　　　　　　　　　　　　　　　　　600

(2)确认因编制合并财务报表导致的存货账面价值与其计税基础之间的暂时性差异相关递延所得税资产。本例中,从A公司来说,其持有该存货账面价值与计税基础均为2 000万元;从甲集团公司角度来说,通过上述合并抵销处理,合并资产负债表中该存货的价值为1 400万元;由于甲公司和A公司均为独立的法人实体,这一存货的计税基础应从A公司的角度来考虑,即其计税基础为2 000万元。因该内部交易抵销的未实现内部销售损益导致的暂时性差异为600万元(2 000-1 400),实际上就是抵销的未实现内部销售损益的金额。为此,编制合并财务报表时还应当对该暂时性差异确认递延所得税资产150万元(600×25%)。进行合并抵销处理时,其抵销分录如下:

借:递延所得税资产　　　　　　　　　　　　　　　　　　150②

  贷：所得税费用   150

根据上述抵销分录，其合并工作底稿（局部）如表27-44所示。

表27-44   合并工作底稿（局部）   金额单位：万元

项目	甲公司	A公司	合计	调整分录 借方	调整分录 贷方	抵销分录 借方	抵销分录 贷方	少数股东权益	合并数
（资产负债表项目）									
……									
存货		2 000	2 000				600①		1 400
……									
递延所得税资产	0	0	0			150②			150
……									
（利润表项目）									
营业收入	5 000	3 750	8 750			5 000①			3 750
营业成本	3 500	3 000	6 500				4 400①		2 100
……									
营业利润	1 500	750	2 250			5 000	4 400		1 650
……									
利润总额	1 500	750	2 250			5 000	4 400		1 650
所得税费用	375	187.5	562.5				150②		412.5
净利润	1 125	562.5	1 687.5			5 000	4 550		1 237.5
（股东权益变动表项目）									
期初未分配利润	0	0	0						0
……									
期末未分配利润	1 125	562.5	1 687.5			5 000	4 550		1 237.5

四、内部交易固定资产等相关所得税会计的合并处理

  对于内部交易形成的固定资产，编制合并财务报表时应当将该内部交易对个别财务报表的影响予以抵销，其中包括将内部交易形成的固定资产价值中包含的未实现内部销售利润予以抵销。对于内部交易形成的固定资产，从持有该固定资产的企业来说，假定不考虑计提资产减值损失，其取得成本就是该固定资产的账面价值，其中包括销售企业因该销售所实现的损益，这一账面价值与其计税基础是一致的，不存在着暂时性差异，也不涉及确认递延所得税资产或递延所得税负债的问题。但在编制合并财务报表时，随着内部交易所形成的固定资产价值所包含的未实现内部销售损益的抵销，合并资产负债表中所反映的该固定资产价值不包含这一未实现内部销售损益，也就是说是以原销售企业该商品的销售成本列示的，因而导致在合并资产负债表所列示的固定资产价值与持有该固定资产的企业计税基础不一致，存在着暂时性差异。这一暂时性差异的金额就是编制合并财务报表时所抵销的未实现内部销售损益的数额。从合并财务报表来说，对于这一暂时性差异，在编制合并财务报表时必须确认相应的递延所得税资产或递延所得税负债。

▶【例 27-59】A 公司和 B 公司均为甲公司控制下的子公司。A 公司于 2×21 年 1 月 1 日，将自己生产的产品销售给 B 公司作为固定资产使用，A 公司销售该产品的销售收入为 1 680 万元，销售成本为 1 200 万元。A 公司在 2×21 年度利润表中列示有该销售收入 1 680 万元，该销售成本 1 200 万元。B 公司以 1 680 万元的价格作为该固定资产的原价入账。B 公司购买的该固定资产用于公司的销售业务，该固定资产属于不需要安装的固定资产，当月投入使用，其折旧年限为 4 年，预计净残值为 0。B 公司对该固定资产确定的折旧年限和预计净残值与税法规定一致。为简化合并处理，假定该内部交易固定资产在交易当年按 12 个月计提折旧。B 公司在 2×21 年 12 月 31 日的资产负债表中列示有该固定资产，其原价为 1 680 万元、累计折旧为 420 万元、固定资产净值为 1 260 万元。A 公司、B 公司和甲公司适用的所得税税率均为 25%。

甲公司在编制合并财务报表时，应当进行如下抵销处理：

(1) 将该内部交易固定资产相关销售收入与销售成本及原价中包含的未实现内部销售利润予以抵销。其抵销分录如下：

借：营业收入　　　　　　　　　　　　　　　　　　　　1 680①
　　贷：营业成本　　　　　　　　　　　　　　　　　　　　1 200
　　　　固定资产原价　　　　　　　　　　　　　　　　　　　480

(2) 将当年计提的折旧和累计折旧中包含的未实现内部销售损益的金额予以抵销。其抵销分录如下：

借：累计折旧　　　　　　　　　　　　　　　　　　　　120②
　　贷：销售费用　　　　　　　　　　　　　　　　　　　　120

(3) 确认因编制合并财务报表导致的内部交易固定资产账面价值与其计税基础之间的暂时性差异相关递延所得税资产。

本例中，确认递延所得税资产或负债相关计算如下：

B 公司该固定资产的账面价值 = 1 680（固定资产原价）- 420（当年计提的折旧额）
　　　　　　　　　　　　　　= 1 260（万元）

B 公司该固定资产的计税基础 = 1 680（固定资产原价）- 420（当年计提的折旧额）
　　　　　　　　　　　　　　= 1 260（万元）

根据上述计算，从 B 公司角度来看，因该内部交易形成的固定资产账面价值与其计税基础相同，不产生暂时性差异，在 B 公司个别财务报表中不涉及确认递延所得税资产或递延所得税负债的问题。

合并财务报表中该固定资产的账面价值 = 1 200（企业集团取得该资产的成本）- 300（按取得资产成本计算确定的折旧额）= 900（万元）

合并财务报表中该固定资产的计税基础 = B 公司该固定资产的计税基础 = 1 260 万元

合并财务报表中该固定资产相关的暂时性差异 = 900（账面价值）- 1 260（计税基础）= -360（万元）

关于计税基础，企业所得税是以单个企业的纳税所得为对象计算征收的。某一资产的计税基础是从使用该资产的企业来考虑的。从某一企业来说，资产的取得成本就是其计税基础。由于该内部交易固定资产属于 B 公司拥有并使用，B 公司该固定资产的计税基础也就是整个企业集团的计税基础，个别财务报表确定该固定资产的计税基础与合并财务报表确定的该固定资产的计税基础是相同的。

关于合并财务报表中该固定资产的账面价值，是以抵销未实现内部销售利润后的固定资产原价（即销售企业的销售成本）1 200万元（固定资产原价1 680万元－未实现内部销售利润480万元），以及按抵销未实现内部销售利润后的固定资产原价计算的折旧额为基础计算的。

合并财务报表中该固定资产相关的暂时性差异，就是因抵销未实现内部销售利润而产生的。本例中该固定资产原价抵销的未实现内部销售利润为480万元，同时由于该固定资产使用而当年计提的折旧额420万元中也包含未实现内部销售利润120万元，这120万元随着固定资产折旧而结转为已实现内部销售利润，因此，该内部交易形成的固定资产价值中当年实际抵销的未实现内部销售利润为360万元（480－120）。这360万元也就是因未实现内部销售利润而产生的暂时性差异。

对于合并财务报表中该内部交易固定资产因未实现内部销售利润的抵销而产生的暂时性差异，应当确认的递延所得税资产为90万元（360×25%）。本例中，确认相关递延所得税资产的合并抵销分录如下：

借：递延所得税资产　　　　　　　　　　　　　　　　　　90③
　　贷：所得税费用　　　　　　　　　　　　　　　　　　　　　90

根据上述抵销分录，编制合并工作底稿（局部）如表27－45所示。

表27－45　　　　　　　　　合并工作底稿（局部）　　　　　　　金额单位：万元

项　目	A公司	B公司	合计	调整分录 借方	调整分录 贷方	抵销分录 借方	抵销分录 贷方	少数股东权益	合并数
（资产负债表项目）									
……									
固定资产原价		1 680	1 680				480①		1 200
累计折旧		420	420			120②			300
固定资产净值		1 260	1 260			120	480		900
……									
递延所得税资产						90③			90
……									
（利润表项目）									
营业收入	1 680		1 680			1 680①			0
营业成本	1 200		1 200				1 200①		0
……									
销售费用		420	420				120②		300
……									
营业利润	480	－420	60			1 680	1 320		－300
……									
利润总额	480	－420	60			1 680	1 320		－300
所得税费用	120	－105	15				90③		－75

续表

项　目	A公司	B公司	合计	调整分录 借方	调整分录 贷方	抵销分录 借方	抵销分录 贷方	少数股东权益	合并数
净利润	360	-315	45			1 680	1 410		-225
（股东权益变动表项目）									
期初未分配利润	0	0	0						0
……									
期末未分配利润	360	-315	45			1 680	1 410		-225

第十一节　合并现金流量表的编制

一、合并现金流量表概述

现金流量表作为第三张主要报表已经为世界上一些主要国家的会计实务所采用，现金流量表要求按照收付实现制反映企业经济业务所引起的现金流入和流出，其编制方法有直接法和间接法两种。我国已经明确规定企业对外报送的现金流量表采用直接法编制。所谓直接法，是将按照权责发生制确认的营业收入调整与营业活动有关的流动资产和流动负债的增减变动，列示营业收入和其他收入的收现数，将按照配比原则确认的营业成本和营业费用调整为付现数。在采用直接法的情况下，以合并利润表有关项目的数据为基础，调整得出本期的现金流入和现金流出数量；分别经营活动产生的现金流量、投资活动产生的现金流量、筹资活动产生的现金流量等三大类，反映企业一定会计期间的现金流量情况。

合并现金流量表是综合反映母公司及其子公司组成的企业集团在一定会计期间现金流入、现金流出数量以及其增减变动情况的财务报表。合并现金流量表以母公司和子公司的现金流量表为基础，在抵销母公司与子公司、子公司相互之间发生内部交易对合并现金流量表的影响后，由母公司编制。合并现金流量表也可以合并资产负债表和合并利润表为依据进行编制。

二、编制合并现金流量表需要抵销的项目

在以母公司和子公司个别现金流量表为基础编制合并现金流量表时，需要进行抵销的内容主要有：

（1）母公司与子公司、子公司相互之间当期以现金投资或收购股权增加的投资所产生的现金流量应当抵销。当母公司从子公司中购买其持有的其他企业的股票时，由此所产生的现金流量，在购买股权方的母公司的个别现金流量表中，表现为"投资活动产生的现金流量"中的"投资支付的现金"的增加，而在出售股权方的子公司的个别现金流量表中则表现为"投资活动产生的现金流量"中的"收回投资收到的现金"的增加。在

母公司对子公司投资的情况下，其所产生的现金流量表在母公司的个别现金流量表中表现为"投资活动产生的现金流量"中的"投资支付的现金"的增加，而在接受投资的子公司个别现金流量表中则表现为"筹资活动产生的现金流量"中的"吸收投资收到的现金"的增加。因此，编制合并现金流量表时将其予以抵销。

（2）母公司与子公司、子公司相互之间当期取得投资收益收到的现金，应当与分配股利、利润或偿付利息支付的现金相互抵销。母公司对子公司投资以及子公司之间进行投资分配现金股利或利润时，由此所产生的现金流量，在股利或利润支付方的个别现金流量表中表现为"筹资活动产生的现金流量"中的"分配股利、利润或偿付利息支付的现金"的增加，而在收到股利或利润方的个别现金流量表中则表现为"投资活动产生的现金流量"中的"取得投资收益收到的现金"的增加，为此，在编制合并现金流量表时必须将其予以抵销。

（3）母公司与子公司、子公司相互之间以现金结算债权与债务所产生的现金流量应当抵销。以现金结算内部债权债务，对于债权方来说表现为现金的流入，而对于债务方来说则表现为现金的流出。在现金结算的债权与债务属于母公司与子公司、子公司相互之间内部销售商品和提供劳务所产生的情况下，从其个别现金流量表来说，在债权方的个别现金流量表中表现为"销售商品、提供劳务收到的现金"的增加；而在债务方的个别现金流量表中则表现为"购买商品、接受劳务支付的现金"的增加。在编制合并现金流量表时必须将由此所产生的现金流量予以抵销。

（4）母公司与子公司、子公司相互之间当期销售商品所产生的现金流量应当抵销。母公司与子公司、子公司相互之间当期销售商品没有形成固定资产、在建工程、无形资产等资产的情况下，该内部销售商品所产生的现金流量，在销售方的个别现金流量表中表现为"销售商品、提供劳务收到的现金"的增加，而在购买方的个别现金流量表中则表现为"购买商品、接受劳务支付的现金"的增加。而在母公司与子公司、子公司相互之间当期销售商品形成固定资产、工程物资、在建工程、无形资产等资产的情况下，该内部销售商品所产生的现金流量，在购买方的个别现金流量表中表现为"购建固定资产、无形资产和其他长期资产所支付的现金"的增加。为此，在编制合并现金流量表时必须将由此所产生的现金流量予以抵销。

（5）母公司与子公司、子公司相互之间处置固定资产、无形资产和其他长期资产收回的现金净额，应当与购建固定资产、无形资产和其他长期资产支付的现金相互抵销。内部处置固定资产时，由于处置固定资产等所产生的现金流量，对于处置方个别现金流量表来说，表现为"处置固定资产、无形资产和其他长期资产收回的现金净额"的增加；对于购置该资产的接受方来说，在其个别现金流量表中表现为"购置固定资产、无形资产和其他长期资产支付的现金"的增加。故在编制合并现金流量表时必须将由此所产生的现金流量予以抵销。

（6）母公司与子公司、子公司相互之间当期发生的其他内部交易所产生的现金流量应当抵销。

第二十八章 每股收益

第一节 每股收益的基本概念

每股收益是指普通股股东每持有一股普通股所能享有的企业净利润或需承担的企业净亏损。每股收益是用于反映企业的经营成果，衡量普通股的获利水平及投资风险，是投资者、债权人等信息使用者据以评价企业盈利能力、预测企业成长潜力进而作出相关经济决策的一项重要的财务指标。在进行财务分析时，每股收益指标既可用于不同企业间的业绩比较，以评价某企业的相对盈利能力；也可用于企业不同会计期间的业绩比较，以了解该企业盈利能力的变化趋势；另外还可用于企业经营实绩与盈利预测的比较，以掌握该企业的管理能力。

每股收益包括基本每股收益和稀释每股收益两类。基本每股收益仅考虑当期实际发行在外的普通股股份，而稀释每股收益的计算和列报主要是为了避免每股收益虚增可能带来的信息误导。例如，一家公司发行可转换公司债券融资，在转股之前不会增加普通股股数，尽管可转换公司债券的名义利率通常低于正常同等条件下普通债券的利率，在经营业绩和其他条件不变的情况下，假如会计处理时将转股权部分拆分成权益，负债部分按普通债券的实际利率折现，则基本每股收益的金额与发行同等条件的普通债券时相当。然而，可行使的转股权意味着有更多潜在的普通股股东有权参与分享相关利润，而利息则有可能无须承担，转股很可能会导致每股收益下降，因此转股权具有稀释性。要求考虑可转换公司债券的影响计算和列报稀释每股收益，就是为了能够提供一个更可比、更有用的财务指标。

第二节 基本每股收益

基本每股收益只考虑当期实际发行在外的普通股股份，按照归属于普通股股东的当期净利润除以当期实际发行在外普通股的加权平均数计算确定。

一、分子的确定

计算基本每股收益时,分子为归属于普通股股东的当期净利润,即企业当期实现的可供普通股股东分配的净利润或应由普通股股东分担的净亏损金额。发生亏损的企业,每股收益以负数列示。以合并财务报表为基础计算的每股收益,分子应当是归属于母公司普通股股东的当期合并净利润,即扣减少数股东损益后的余额。

企业存在发行在外的除普通股以外的权益工具的,在计算基本每股收益时,基本每股收益中的分子,即归属于普通股股东的净利润不应包含其他权益工具的股利或利息。其中,对于发行的不可累积优先股等其他权益工具应扣除当期宣告发放的股利,对于发行的累积优先股等其他权益工具,无论当期是否宣告发放股利,均应扣除归属于其他权益工具持有者的股利。基本每股收益计算中的分母,为发行在外普通股的加权平均股数。对于同普通股股东一起参加剩余利润分配的其他权益工具,在计算普通股每股收益时,归属于普通股股东的净利润不应包含根据可参加机制计算的应归属于其他权益工具持有者的净利润。

二、分母的确定

计算基本每股收益时,分母为当期发行在外普通股的加权平均数,即期初发行在外普通股股数根据当期新发行或回购的普通股股数与相应时间权数的乘积进行调整后的股数。需要指出的是,公司库存股不属于发行在外的普通股,且无权参与利润分配,应当在计算分母时扣除。

发行在外普通股加权平均数 = 期初发行在外普通股股数 + 当期新发行普通股股数 × 已发行时间 ÷ 报告期时间 - 当期回购普通股股数 × 已回购时间 ÷ 报告期时间

其中,作为权数的已发行时间、报告期时间和已回购时间通常按天数计算,在不影响计算结果合理性的前提下,也可以采用简化的计算方法,如按月数计算。

▶【例28-1】某公司2×24年期初发行在外的普通股为30 000万股;5月1日新发行普通股16 200万股;12月1日回购普通股7 200万股,以备将来奖励职工之用。该公司当年度实现净利润为16 250万元。假定该公司按月数计算每股收益的时间权重。2×24年度基本每股收益计算如下:

发行在外普通股加权平均数 = 30 000 × 12/12 + 16 200 × 8/12 - 7 200 × 1/12 = 40 200(万股)

或者,30 000 × 4/12 + 46 200 × 7/12 + 39 000 × 1/12 = 40 200(万股)

基本每股收益 = 16 250/40 200 = 0.4(元/股)

新发行普通股股数应当根据发行合同的具体条款,从应收对价之日(一般为股票发行日)起计算确定。通常包括下列情况:(1)为收取现金而发行的普通股股数,从应收现金之日起计算。(2)因债务转资本而发行的普通股股数,从停计债务利息之日或结算日起计算。(3)非同一控制下的企业合并,作为对价发行的普通股股数,从购买日起计算;同一控制下的企业合并,作为对价发行的普通股股数,应当计入与合并净利润口径一致的相关各列报期间普通股的加权平均数。(4)为收购非现金资产而发行的普通股股数,从确认收购之日起计算。

▶【例28-2】甲公司2×24年度实现净利润为200 000万元,发行在外普通股加权平均数为250 000万股。2×24年1月1日,甲公司按票面金额平价发行600万股优先股,优先股每股票面金额为100元。该批优先股股息不可累积,即当年度未向优先股股东足额派发股息的差额部分,不可累积到下一计息年度。2×24年12月31日,甲公司宣告并以现金全额发放当年优先股股息,股息率为6%。根据该优先股合同条款规定,甲公司将该批优先股分类为权益工具,优先股股息不在所得税前列支。2×24年度基本每股收益计算如下:

归属于普通股股东的净利润 = 200 000 - 100 × 600 × 6% = 196 400(万元)

基本每股收益 = 196 400/250 000 = 0.79(元/股)

第三节 稀释每股收益

一、基本计算原则

稀释每股收益是以基本每股收益为基础,假设企业所有发行在外的稀释性潜在普通股均已转换为普通股,从而分别调整归属于普通股股东的当期净利润以及发行在外普通股的加权平均数计算而得的每股收益。

(一)稀释性潜在普通股

潜在普通股是指赋予其持有者在报告期或以后期间享有取得普通股权利的一种金融工具或其他合同。目前,我国企业发行的潜在普通股主要有可转换公司债券、认股权证、股份期权等。

稀释性潜在普通股,是指假设当期转换为普通股会减少每股收益或增加每股亏损的潜在普通股。计算稀释每股收益时只考虑稀释性潜在普通股的影响,而不考虑不具有稀释性的潜在普通股。

需要特别说明的是,潜在普通股是否具有稀释性的判断标准是看其对持续经营每股收益的影响;也就是说,假定潜在普通股当期转换为普通股,如果会减少持续经营每股收益或增加持续经营每股亏损,表明具有稀释性,否则,具有反稀释性。一般情况下,每股收益是按照企业当期归属于普通股股东的全部净利润计算而得;但如果企业存在终止经营的情况,应当按照扣除终止经营净利润以后的当期归属于普通股股东的持续经营净利润进行计算。

(二)分子的调整

计算稀释每股收益时,应当根据下列事项对归属于普通股股东的当期净利润进行调整:(1)当期已确认为费用的稀释性潜在普通股的利息。(2)稀释性潜在普通股转换时将产生的收益或费用。上述调整应当考虑相关的所得税影响。对于包含负债和权益成分的金融工具,仅需调整属于金融负债部分的相关利息、利得或损失。

(三)分母的调整

计算稀释每股收益时,当期发行在外普通股的加权平均数应当为计算基本每股收益时普通股的加权平均数与假定稀释性潜在普通股转换为已发行普通股而增加的普通股股数的加权平均数之和。

假定稀释性潜在普通股转换为已发行普通股而增加的普通股股数，应当根据潜在普通股的条件确定。当存在不止一种转换基础时，应当假定会采取从潜在普通股持有者角度看最有利的转换率或执行价格。

假定稀释性潜在普通股转换为已发行普通股而增加的普通股股数，应当按照其发行在外时间进行加权平均。以前期间发行的稀释性潜在普通股，应当假设在当期期初转换为普通股；当期发行的稀释性潜在普通股，应当假设在发行日转换普通股；当期被注销或终止的稀释性潜在普通股，应当按照当期发行在外的时间加权平均计入稀释每股收益；当期被转换或行权的稀释性潜在普通股，应当从当期期初至转换日（或行权日）计入稀释每股收益中，从转换日（或行权日）起所转换的普通股则计入基本每股收益中。

二、可转换公司债券

可转换公司债券是指公司依法发行的、在一定期间内依据约定的条件可以转换成股份的公司债券。对于可转换公司债券，可以采用假设转换法判断其稀释性，并计算稀释每股收益。首先，假设这部分可转换公司债券在当期期初（或发行日）即已转换成普通股，从而一方面增加了发行在外的普通股股数，另一方面节约了公司债券的利息费用，增加了归属于普通股股东的当期净利润。然后，用增加的净利润除以增加的普通股股数，得出增量股的每股收益，与原来的每股收益进行比较。如果增量股的每股收益小于原每股收益，则说明该可转换公司债券具有稀释作用，应当计入稀释每股收益的计算中。

计算稀释每股收益时，以基本每股收益为基础，分子的调整项目为当期已确认为费用的利息等的税后影响额；分母的调整项目为假定可转换公司债券当期期初（以前期间发行的可转换公司债券）或发行日（当期发行的可转换公司债券）转换为普通股的股数加权平均数。

▶【例28-3】某上市公司2×24年归属于普通股股东的净利润为38 200万元，期初发行在外普通股股数20 000万股，年内普通股股数未发生变化。2×24年1月1日，公司按面值发行60 000万元的三年期可转换公司债券，债券每张面值100元，票面固定年利率为2%，利息自发行之日起每年支付一次，即每年12月31日为付息日。该批可转换公司债券自发行结束12个月以后即可转换为公司股票，即转股期为发行12个月后至债券到期日止的期间。转股价格为每股10元，即每100元债券可转换为10股面值为1元的普通股。债券利息不符合资本化条件，直接计入当期损益，所得税税率为25%。

假设不具备转股权的类似债券的市场利率为3%。公司在对该批可转换公司债券初始确认时，根据《企业会计准则第37号——金融工具列报》的有关规定将负债和权益成分进行了分拆。2×24年度每股收益计算如下：

基本每股收益 = 38 200/20 000 = 1.91（元/股）

每年支付利息 = 60 000 × 2% = 1 200（万元）

负债成分公允价值 = 1 200/(1 + 3%) + 1 200/(1 + 3%)² + 61 200/(1 + 3%)³ = 58 302.83（万元）

权益成分公允价值 = 60 000 − 58 302.83 = 1 697.17（万元）

假设转换所增加的净利润 = 58 302.83 × 3% × (1 − 25%) = 1 311.81（万元）

假设转换所增加的普通股股数 = 60 000/10 = 6 000（万股）
增量股的每股收益 = 1 311.81/6 000 = 0.22（元/股）
增量股的每股收益小于基本每股收益，可转换公司债券具有稀释作用。
稀释每股收益 = (38 200 + 1 311.81)/(20 000 + 6 000) = 1.52（元/股）

三、认股权证、股份期权

认股权证是指公司发行的、约定持有人有权在履约期间内或特定到期日按约定价格向本公司购买新股的有价证券。股份期权是指公司授予持有人在未来一定期限内以预先确定的价格和条件购买本公司一定数量股份的权利，股份期权持有人对于其享有的股份期权，可以在规定的期间内以预先确定的价格和条件购买公司一定数量的股份，也可以放弃该种权利。

对于盈利企业，认股权证、股份期权等的行权价格低于当期普通股平均市场价格时，具有稀释性。对于亏损企业，其自身发行的认股权证、股份期权的假设行权一般不影响净亏损，但增加普通股股数，从而导致每股亏损金额的减少，实际上产生了反稀释的作用，因此，这种情况下，不应当计算稀释每股收益。

对于稀释性认股权证、股份期权，计算稀释每股收益时，一般无须调整分子净利润金额，只需要按照下列步骤对分母普通股加权平均数进行调整：

（1）假设这些认股权证、股份期权在当期期初（或发行日）已经行权，计算按约定行权价格发行普通股将取得的股款金额。

（2）假设按照当期普通股平均市场价格发行股票，计算需发行多少普通股能够带来上述相同的股款金额。

（3）比较行使股份期权、认股权证将发行的普通股股数与按照平均市场价格发行的普通股股数，差额部分相当于无对价发行的普通股，作为发行在外普通股股数的净增加。也就是说，认股权证、股份期权行权时发行的普通股可以视为两部分：一部分是按照平均市场价格发行的普通股，这部分普通股由于是按照市价发行，导致企业经济资源流入与普通股股数同比例增加，既没有稀释作用也没有反稀释作用，不影响每股收益金额；另一部分是无对价发行的普通股，这部分普通股由于是无对价发行，企业可利用的经济资源没有增加，但发行在外普通股股数增加，因此具有稀释性，应当计入稀释每股收益中。

增加的普通股股数 = 拟行权时转换的普通股股数 − 行权价格 × 拟行权时转换的普通股股数 ÷ 当期普通股平均市场价格

其中，普通股平均市场价格的计算，理论上应当包括该普通股每次交易的价格，但实务操作中通常对每周或每月具有代表性的股票交易价格进行简单算术平均即可。股票价格比较平稳的情况下，可以采用每周或每月股票的收盘价作为代表性价格；股票价格波动较大的情况下，可以采用每周或每月股票最高价与最低价的平均值作为代表性价格。无论采用何种方法计算平均市场价格，一经确定，不得随意变更，除非股票价格波动情况发生明显改变或有其他确凿证据表明原计算方法不再适用。当期发行认股权证或股份期权的，普通股平均市场价格应当自认股权证或股份期权的发行日起计算。

（4）将净增加的普通股股数乘以其假设发行在外的时间权数，据此调整计算稀释每股收益的分母数。

▶【例28-4】某公司2×24年度归属于普通股股东的净利润为2 750万元，发行在外普通股加权平均数为5 000万股，该普通股平均每股市场价格为8元。2×24年1月1日，该公司对外发行1 000万份认股权证，行权日为2×25年3月1日，每份认股权证可以在行权日以7元的价格认购本公司1股新发的股份。该公司2×24年度每股收益计算如下：

基本每股收益＝2 750/5 000＝0.55（元/股）

调整增加的普通股股数＝1 000－1 000×7/8＝125（万股）

稀释每股收益＝2 750/(5 000＋125)＝0.54（元/股）

需要注意的是，企业发行的金融工具中包含转股条款的，即存在潜在稀释性的，在计算稀释每股收益时考虑的因素与企业发行可转换公司债券、认股权证相同。

四、授予员工的限制性股票或股份期权

上市公司采取授予限制性股票的方式进行股权激励的，常见安排是上市公司以非公开发行的方式向激励对象授予一定数量的公司股票，并规定锁定期和解锁期，在锁定期和解锁期内，不得上市流通及转让。达到解锁条件，可以解锁；如果全部或部分股票未被解锁而失效或作废，通常由上市公司按照事先约定的价格立即进行回购。在上述股权激励的等待期内应当按照以下原则计算每股收益。

（一）等待期内基本每股收益的计算

基本每股收益仅考虑发行在外的普通股，按照归属于普通股股东的当期净利润除以发行在外普通股的加权平均数计算。限制性股票由于未来可能被回购，性质上属于或有可发行股票，因此，在计算基本每股收益时不应当包括在内。上市公司在等待期内基本每股收益的计算，应视其发放的现金股利是否可撤销采取不同的方法：

（1）现金股利可撤销，即一旦未达到解锁条件，被回购限制性股票的持有者将无法获得（或需要退回）其在等待期内应收（或已收）的现金股利。等待期内计算基本每股收益时，分子应扣除当期分配给预计未来可解锁限制性股票持有者的现金股利；分母不应包含限制性股票的股数。

（2）现金股利不可撤销，即不论是否达到解锁条件，限制性股票持有者仍有权获得（或不得被要求退回）其在等待期内应收（或已收）的现金股利。对于现金股利不可撤销的限制性股票，即便未来没有解锁，已分配的现金股利也无须退回，表明在分配利润时这些股票享有了与普通股相同的权利。因此，属于同普通股股东一起参加剩余利润分配的其他权益工具。等待期内计算基本每股收益时，分子应扣除归属于预计未来可解锁限制性股票的净利润；分母不应包含限制性股票的股数。

（二）等待期内稀释每股收益的计算

上市公司在等待期内稀释每股收益的计算，应视解锁条件不同采取不同的方法：

（1）解锁条件仅为服务期限条件的，公司应假设资产负债表日尚未解锁的限制性股票已于当期期初（或晚于期初的授予日）全部解锁，并参照本章中股份期权的有关规定考虑限制性股票的稀释性。行权价格低于公司当期普通股平均市场价格时，应当考虑其稀释性，计算稀释每股收益。其中，行权价格为限制性股票的发行价格加上资产负债表日尚未取得的职工服务按《企业会计准则第11号——股份支付》有关规定计算确定的公

允价值。锁定期内计算稀释每股收益时,分子应加回计算基本每股收益分子时已扣除的当期分配给预计未来可解锁限制性股票持有者的现金股利或归属于预计未来可解锁限制性股票的净利润。

行权价格 = 限制性股票的发行价格 + 资产负债表日尚未取得的职工服务的公允价值

稀释每股收益 = 当期净利润 ÷（普通股加权平均数 + 调整增加的普通股加权平均数）

= 当期净利润 ÷ [普通股加权平均数 +（限制性股票股数 − 行权价格 × 限制性股票股数 ÷ 当期普通股平均市场价格）*]

*限制性股票若为当期发行的,则还需考虑时间权数计算加权平均数。

(2) 解锁条件包含业绩条件的,公司应假设资产负债表日即为解锁日并据以判断资产负债表日的实际业绩情况是否满足解锁要求的业绩条件。若满足业绩条件的,应当参照上述解锁条件仅为服务期限条件的有关规定计算稀释性每股收益;若不满足业绩条件的,计算稀释性每股收益时不必考虑此限制性股票的影响。

企业授予员工股份期权的,也应区分行权条件仅为服务条件,还是同时包含业绩条件,根据上述原则判断是否需要考虑其稀释性,如果需要考虑稀释性,其计算原则与限制性股票一致。对于股份期权而言,分子通常不涉及股利的调整。分母计算稀释性潜在普通股时使用的行权价格为期权的行权价与资产负债表日尚未取得的职工服务按照股份支付准则有关规定计算确定的公允价值之和。

▶【例 28−5】甲公司为上市公司,采用授予职工限制性股票的形式实施股权激励计划。2×15 年 1 月 1 日,公司以非公开发行的方式向 600 名管理人员每人授予 100 股自身股票(每股面值为 1 元),授予价格为每股 8 元。当日,600 名管理人员出资认购了相关股票,总认购款为 480 000 元,甲公司履行了相关增资手续。甲公司估计该限制性股票股权激励在授予日的公允价值为每股 15 元。

激励计划规定,这些管理人员从 2×15 年 1 月 1 日起在甲公司连续服务 3 年的,所授予股票将于 2×18 年 1 月 1 日全部解锁;其间离职的,甲公司将按照原授予价格每股 8 元回购相关股票。2×15 年 1 月 1 日至 2×18 年 1 月 1 日期间,所授予股票不得上市流通或转让;激励对象因获授限制性股票而取得的现金股利由公司代管,作为应付股利在解锁时向激励对象支付;对于未能解锁的限制性股票,公司在回购股票时应扣除激励对象已享有的该部分现金分红。

2×15 年度,甲公司实现净利润 500 万元,发行在外普通股(不含限制性股票)加权平均数为 200 万股,宣告发放现金股利每股 1 元;甲公司估计三年中离职的管理人员合计为 80 人,当年年末有 30 名管理人员离职。假定甲公司 2×15 年度当期普通股平均市场价格为每股 35 元。

基本每股收益 = [5 000 000 − 1 ×（600 − 80）× 100] ÷ 2 000 000 = 2.47（元）

行权价格 = 8 + 15 × 2 ÷ 3 = 18（元）

由于行权价格低于当期普通股平均市场价格,因此应当考虑限制性股票的稀释性。

发行在外的限制性股票在 2×15 年的加权平均数 = 600 × 100 ×（364 ÷ 365）+（600 − 30）× 100 ×（1 ÷ 365）= 59 991.78（股）

稀释每股收益 = 5 000 000 ÷ [2 000 000 +（59 991.78 − 18 × 59 991.78 ÷ 35）] = 5 000 000 ÷ 2 029 139 = 2.46（元）

五、企业承诺将回购其股份的合同

企业承诺将回购其股份的合同中规定的回购价格高于当期普通股平均市场价格时,应当考虑其稀释性。计算稀释每股收益时,与前面认股权证、股份期权的计算思路恰好相反,具体步骤为:

(1) 假设企业于期初按照当期普通股平均市场价格发行普通股,以募集足够的资金来履行回购合同;合同日晚于期初的,则假设企业于合同日按照自合同日至期末的普通股平均市场价格发行足量的普通股。该假设前提下,由于是按照市价发行普通股,导致企业经济资源流入与普通股股数同比例增加,每股收益金额不变。

(2) 假设回购合同已于当期期初(或合同日)履行,按照约定的行权价格回购本企业股票。

(3) 比较假设发行的普通股股数与假设回购的普通股股数,差额部分作为净增加的发行在外普通股股数,再乘以相应的时间权重,据此调整计算稀释每股收益的分母数。

增加的普通股股数 = 回购价格 × 承诺回购的普通股股数 ÷ 当期普通股平均市场价格 − 承诺回购的普通股股数

▶【例 28−6】某公司 2×24 年度归属于普通股股东的净利润为 400 万元,发行在外普通股加权平均数为 1 000 万股。2×24 年 3 月 2 日,该公司与股东签订一份远期回购合同,承诺一年后以每股 5.5 元的价格回购其发行在外的 240 万股普通股。假设,该普通股 2×24 年 3 月至 12 月平均市场价格为 5 元。2×24 年度每股收益计算如下:

基本每股收益 = 400/1 000 = 0.4(元/股)
调整增加的普通股股数 = 240 × 5.5/5 − 240 = 24(万股)
稀释每股收益 = 400/(1 000 + 24 × 10/12) = 0.39(元/股)

六、多项潜在普通股

企业对外发行不同潜在普通股的,单独考察其中某潜在普通股可能具有稀释作用,但如果和其他潜在普通股一并考察时可能恰恰变为反稀释作用。例如,某公司先后发行甲、乙两种可转换债券(票面利率和转换价格均不同),甲债券导致的增量股每股收益为 1.5 元,乙债券导致的增量股每股收益为 3.5 元,假设基本每股收益为 4 元。如果分别考察甲、乙两种可转换债券,增量股每股收益小于基本每股收益,两种债券都具有稀释作用。并且,由于增量股每股收益越小,其稀释作用越大,甲债券的稀释作用大于乙债券。然而,如果综合考察甲、乙两种可转换债券,先计入甲债券使得每股收益稀释为 3.1 元,若再计入乙债券则使得每股收益反弹为 3.4 元,因此,乙债券在这种情况下不再具有稀释作用,不应计入稀释每股收益中。

为了反映潜在普通股最大的稀释作用,应当按照各潜在普通股的稀释程度从大到小的顺序计入稀释每股收益,直至稀释每股收益达到最小值。稀释程度根据增量股的每股收益衡量,即假定稀释性潜在普通股转换为普通股的情况下,将增加的归属于普通股股东的当期净利润除以增加的普通股股数的金额。需要强调的是,企业每次发行的潜在普通股应当视作不同的潜在普通股,分别判断其稀释性,而不能将其作为一个总体考虑。通常情况下,股份期权和认股权证排在前面计算,因为其假设行权一般不影响净利润。

对外发行多项潜在普通股的企业应当按照下列步骤计算稀释每股收益：

（1）列出企业在外发行的各潜在普通股。

（2）假设各潜在普通股已于当期期初或发行日转换为普通股，确定其对归属于普通股股东当期净利润的影响金额。可转换公司债券的假设转换一般会增加当期净利润金额；股份期权和认股权证的假设行权一般不影响当期净利润。

（3）确定各潜在普通股假设转换后将增加的普通股股数。值得注意的是，稀释性股份期权和认股权证假设行权后，计算增加的普通股股数不是发行的全部普通股股数，而应当是其中无对价发行部分的普通股股数。

（4）计算各潜在普通股的增量股每股收益，判断其稀释性。增量股每股收益越小的潜在普通股稀释程度越大。

（5）按照潜在普通股稀释程度从大到小的顺序，将各稀释性潜在普通股分别计入稀释每股收益中。分步计算过程中，如果下一步得出的每股收益小于上一步得出的每股收益，表明新计入的潜在普通股具有稀释作用，应当计入稀释每股收益中；反之，则表明具有反稀释作用，不计入稀释每股收益中。

（6）最后得出的最小每股收益金额即为稀释每股收益。

计算流程如图 28-1 所示。

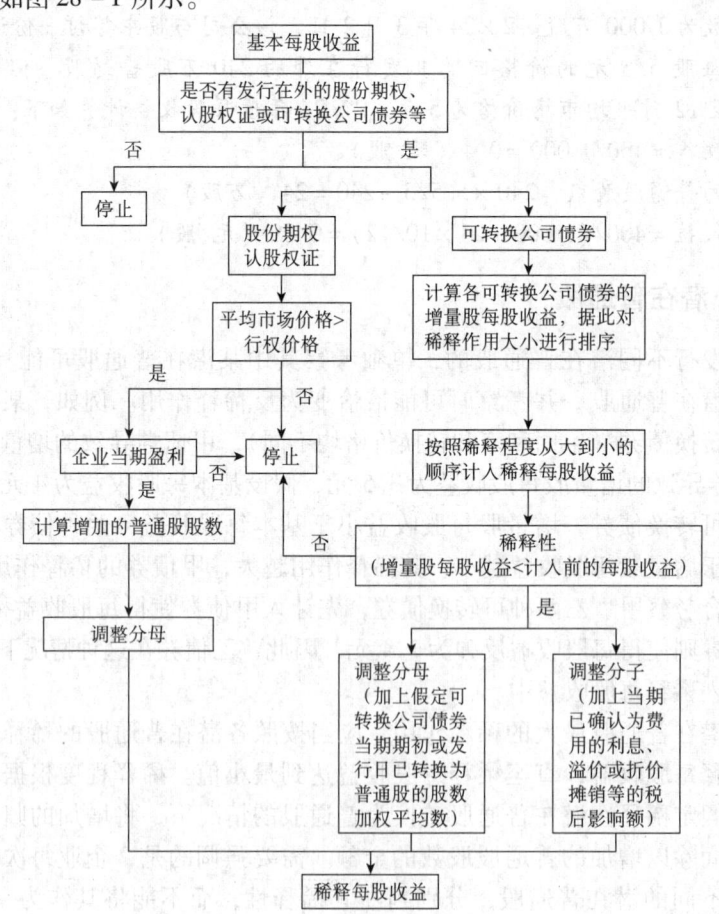

图 28-1 计算流程图

【**例28-7**】某公司2×24年度归属于普通股股东的净利润为5 625万元，发行在外普通股加权平均数为18 750万股。年初已发行在外的潜在普通股有：(1) 认股权证7 200万份，每份认股权证可以在行权日以8元的价格认购1股本公司新发股票。(2) 按面值发行的5年期可转换公司债券75 000万元，债券每张面值100元，票面年利率为2.6%，转股价格为每股12.5元，即每100元债券可转换为8股面值为1元的普通股。(3) 按面值发行的3年期可转换公司债券150 000万元，债券每张面值100元，票面年利率为1.4%，转股价格为每股10元，即每100元债券可转换为10股面值为1元的普通股。当期普通股平均市场价格为12元，年度内没有认股权证被行权，也没有可转换公司债券被转换或赎回，所得税税率为25%。假设不考虑可转换公司债券在负债和权益成分的分拆，且债券票面利率等于实际利率。2×24年度每股收益计算如下：

基本每股收益 = 5 625/18 750 = 0.3 (元/股)

计算稀释每股收益：

(1) 假设潜在普通股转换为普通股，计算增量股每股收益并排序，如表28-1所示。

表28-1　　　　　　　　　　增量股每股收益的计算

项 目	净利润增加（万元）	股数增加（万股）	增量股的每股收益（元）	顺 序
认股权证	—	2 400①	—	1
2.6%债券	1 462.5②	6 000③	0.24	3
1.4%债券	1 575④	15 000⑤	0.11	2

注：① 7 200 - 7 200 × 8/12 = 2 400（万股）

② 75 000 × 2.6% × (1 - 25%) = 1 462.5（万元）

③ 75 000/12.5 = 6 000（万股）

④ 150 000 × 1.4% × (1 - 25%) = 1 575（万元）

⑤ 150 000/10 = 15 000（万股）

由此可见，认股权证的稀释性最大，2.6%利率可转债的稀释性最小。

(2) 分步计入稀释每股收益如表28-2所示。

表28-2　　　　　　　　　　稀释每股收益的计算

项 目	净利润（万元）	股数（万股）	每股收益（元）	稀释性
基本每股收益	5 625	18 750	0.30	
认股权证	0	2 400		
	5 625	21 150	0.27	稀释
1.4%债券	1 575	15 000		
	7 200	36 150	0.20	稀释
2.6%债券	1 462.5	6 000		
	8 662.5	42 150	0.21	反稀释

因此，稀释每股收益为0.20元。

七、子公司、合营企业或联营企业发行的潜在普通股

子公司、合营企业、联营企业发行能够转换成其普通股的稀释性潜在普通股，不仅应当包括在其稀释每股收益计算中，而且还应当包括在合并稀释每股收益以及投资者稀释每股收益的计算中。因此，当子公司、合营企业、联营企业存在稀释性潜在普通股时，合并层面或投资者层面即使为亏损，也应当考虑计算稀释性每股收益，因为其应分享的子公司、合营企业、联营企业的净利润可能由于子公司、合营企业、联营企业存在稀释性潜在普通股而稀释减少，从而进一步扩大合并层面归属于母公司普通股股东的亏损或投资者层面的亏损。

▶【例28-8】甲公司2×24年度归属于普通股股东的净利润为72 000万元（不包括子公司乙公司利润或乙公司支付的股利），发行在外普通股加权平均数为60 000万股，持有乙公司70%的普通股股权。乙公司2×24年度归属于普通股股东的净利润为32 400万元，发行在外普通股加权平均数为13 500万股，该普通股当年平均市场价格为8元。年初，乙公司对外发行900万份可用于购买其普通股的认股权证，行权价格为4元，甲公司持有18万份认股权证，当年无认股权证被行权。假设除股利外，母子公司之间没有其他需抵销的内部交易；甲公司取得对乙公司投资时，乙公司各项可辨认资产等的公允价值与其账面价值一致。2×24年度每股收益计算如下：

（1）子公司每股收益：

①基本每股收益=32 400/13 500=2.4（元/股）

②调整增加的普通股股数=900-900×4/8=450（万股）

稀释每股收益=32 400/(13 500+450)=2.32（元/股）

（2）合并每股收益：

①归属于母公司普通股股东的母公司净利润=72 000（万元）

包括在合并基本每股收益计算中的子公司净利润部分=2.4×13 500×70%=22 680（万元）

基本每股收益=(72 000+22 680)/60 000=1.58（元/股）

②子公司净利润中归属于普通股且由母公司享有的部分=2.32×13 500×70%=21 924（万元）

子公司净利润中归属于认股权证且由母公司享有的部分=2.32×450×18/900=20.88（万元）

稀释每股收益=(72 000+21 924+20.88)/60 000=1.57（元/股）

▶【例28-9】甲公司为乙公司的母公司，持有乙公司60%的普通股股权。乙公司采用授予职工限制性股票的形式实施股权激励计划。2×25年1月1日，乙公司以非公开发行的方式向乙公司的200名管理人员每人授予1万股自身股票（每股面值为1元），授予价格为每股10元。当日，200名管理人员均出资认购了相关股票，总认购款为2 000万元，乙公司履行了相关增资手续，该限制性股票激励计划在授予日的公允价值为每股5元。激

励计划规定,这些管理人员从2×25年1月1日起在乙公司连续服务3年的,所授予股票将于2×28年1月1日全部解锁;其间离职的,乙公司将按照原授予价格每股10元回购相关股票。激励对象因获授限制性股票而取得的现金股利由公司代管,作为应付股利在解锁时向激励对象支付;对于未能解锁的限制性股票,公司在回购股票时应扣除激励对象已享有的该部分现金分红。

2×25年度,甲公司归属于普通股股东的净利润为50 000万元(不包括子公司乙公司的利润),发行在外的普通股加权平均数为20 000万股,乙公司归属于普通股股东的净利润为33 000万元,发行在外普通股(不含限制性股票)加权平均数为12 500万股,乙公司未宣告发放股利。假定2×25年度,乙公司普通股平均市场价格为每股25元。

2×25年每股收益计算如下:

(1) 乙公司每股收益:

①基本每股收益 = 33 000/12 500 = 2.64(元/股)

②行权价格 = 限制性股票的发行价格 + 资产负债表日尚未取得的职工服务的公允价值 = 10 + 5×2/3 = 13.33(元/股)

由于行权价格均低于当期普通股平均市场价格25元,因此应当考虑限制性股票的稀释性。

发行在外的限制性股份在2×25年的加权平均数 = 200×1 = 200(万股)

稀释每股收益 = 33 000/[12 500 + (200 - 13.33×200/25)] = 2.62(元/股)

(2) 甲公司合并每股收益:

①归属于母公司普通股股东的母公司净利润 = 50 000万元

包括在合并基本每股收益计算中的子公司净利润部分 = 2.64×12 500×60%
= 19 800(万元)

基本每股收益 = (50 000 + 19 800)/20 000 = 3.49(元/股)

②子公司净利润中归属于普通股且由母公司享有的部分 = 2.62×12 500×60%
= 19 650(万元)

稀释每股收益 = (50 000 + 19 650)/20 000 = 3.48(元/股)

第四节 每股收益的列报

一、重新计算

(一) 派发股票股利、公积金转增资本、拆股和并股

企业派发股票股利、公积金转增资本、拆股或并股等,会增加或减少其发行在外普通股或潜在普通股的数量,但并不影响所有者权益金额,这既不影响企业所拥有或控制的经济资源,也不改变企业的盈利能力,即意味着同样的损益现在要由扩大或缩小了的股份规模来享有或分担。因此,为了保持会计指标的前后期可比性,企业应当在相关报批手续全部完成后,按调整后的情况重新计算各列报期间的每股收益。上述变化发生于资产负债表日至财务报告批准报出日之间的,应当以调整后的股数重新计算各列报期间的每股收益。

▶【例28-10】某企业2×23年和2×24年归属于普通股股东的净利润分别为1 596万元和1 848万元,2×23年1月1日发行在外的普通股800万股,2×23年4月1日按市价新发行普通股160万股,2×24年7月1日分派股票股利,以2×23年12月31日总股本960万股为基数每10股送3股,假设不存在其他股数变动因素。2×24年度比较利润表中基本每股收益的计算如下:

2×24年度发行在外普通股加权平均数 = (800+160+288)×12/12 = 1 248(万股)

2×23年度发行在外普通股加权平均数 = 800×1.3×12/12+160×1.3×9/12 = 1 196(万股)

2×24年度基本每股收益 = 1 848/1 248 = 1.48(元/股)

2×23年度基本每股收益 = 1 596/1 196 = 1.33(元/股)

(二)配股

配股在计算每股收益时比较特殊,因为它是向全部现有股东以低于当前股票市价的价格发行普通股,实际上可以理解为按市价发行股票和无对价送股的混合体。也就是说,配股中包含的送股因素具有与股票股利相同的效果,导致发行在外普通股股数增加的同时,却没有相应的经济资源流入。因此,计算基本每股收益时,应当考虑配股中的送股因素,将这部分无对价的送股(注意不是全部配发的普通股)视同列报最早期间期初就已发行在外,并据以调整各列报期间发行在外普通股的加权平均数,计算各列报期间的每股收益。

为此,企业首先应当计算出一个调整系数,再用配股前发行在外普通股的股数乘以该调整系数,得出计算每股收益时应采用的普通股股数。

每股理论除权价格 = (行权前发行在外普通股的公允价值总额+配股收到的款项)÷行权后发行在外的普通股股数

调整系数 = 行权前发行在外普通股的每股公允价值÷每股理论除权价格

因配股重新计算的上年度基本每股收益 = 上年度基本每股收益÷调整系数

本年度基本每股收益 = 归属于普通股股东的当期净利润÷(配股前发行在外普通股股数×调整系数×配股前普通股发行在外的时间权重+配股后发行在外普通股加权平均数)

▶【例28-11】某企业2×24年度归属于普通股股东的净利润为23 500万元,2×24年1月1日发行在外普通股股数为8 000万股,2×24年6月10日,该企业发布增资配股公告,向截止到2×24年6月30日(股权登记日)所有登记在册的老股东配股,配股比例为每4股配1股,配股价格为每股6元,除权交易基准日为2×24年7月1日。假设行权前一日的市价为每股11元,2×23年度基本每股收益为2.64元。2×24年度比较利润表中基本每股收益的计算如下:

每股理论除权价格 = (11×8 000+6×2 000)/(8 000+2 000) = 10(元)

调整系数 = 11/10 = 1.1

因配股重新计算的 2×23 年度基本每股收益 = 2.64/1.1 = 2.4（元/股）

2×24 年度基本每股收益 = 23 500/(8 000×1.1×6/12 + 10 000×6/12) = 2.5（元/股）

需要特别说明的是，企业向特定对象以低于当前市价的价格发行股票，虽然与配股具有相似的特征，即发行价格低于市价，但是，后者属于向非特定对象增发股票，而前者往往是企业出于某种战略考虑或其他动机向特定对象以较低的价格发行股票，或者特定对象除认购股份以外还需以其他形式予以补偿。因此，倘若综合这些因素，向特定对象发行股票的行为可以视为不存在送股因素，视同发行新股处理。

（三）以前年度损益的追溯调整或追溯重述

按照《企业会计准则第 28 号——会计政策、会计估计变更和差错更正》的规定对以前年度损益进行追溯调整或追溯重述的，应当重新计算各列报期间的每股收益。

二、列报

对于普通股或潜在普通股已公开交易的企业以及正处于公开发行普通股或潜在普通股过程中的企业，如果不存在稀释性潜在普通股则应当在利润表中单独列示基本每股收益；如果存在稀释性潜在普通股则应当在利润表中单独列示基本每股收益和稀释每股收益。编制比较财务报表时，各列报期间中只要有一个期间列示了稀释每股收益，那么所有列报期间均应当列示稀释每股收益，即使其金额与基本每股收益相等。

企业对外提供合并财务报表的，仅要求其以合并财务报表为基础计算每股收益，并在合并财务报表中予以列报；与合并财务报表一同提供的母公司财务报表中不要求计算和列报每股收益，如果企业自行选择列报的，应以母公司个别财务报表为基础计算每股收益，并在其个别财务报表中予以列报。

企业应当在附注中披露与每股收益有关的下列信息：(1) 基本每股收益和稀释每股收益分子、分母的计算过程。(2) 列报期间不具有稀释性但以后期间很可能具有稀释性的潜在普通股。(3) 在资产负债表日至财务报告批准报出日之间，企业发行在外普通股或潜在普通股发生重大变化的情况。

企业如有终止经营的情况，应当在附注中分别持续经营和终止经营披露基本每股收益和稀释每股收益。

第二十九章 公允价值计量

第一节 公允价值概述

一、公允价值的定义

公允价值,是指市场参与者在计量日发生的有序交易中,出售一项资产所能收到或者转移一项负债所需支付的价格。

按照现行会计准则规定,涉及公允价值计量的资产或负债包括《企业会计准则第3号——投资性房地产》中规范的以公允价值进行后续计量的投资性房地产、《企业会计准则第5号——生物资产》中规范的以公允价值进行后续计量的生物资产、《企业会计准则第8号——资产减值》中规范的使用公允价值确定可收回金额的资产、《企业会计准则第10号——企业年金基金》中规范的以公允价值计量的企业年金基金投资、《企业会计准则第16号——政府补助》中规范的以非货币性资产形式取得的政府补助、《企业会计准则第20号——企业合并》中规范的非同一控制下企业合并中取得的可辨认资产和负债以及作为合并对价发行的权益工具、《企业会计准则第22号——金融工具确认和计量》中规范的以公允价值计量且其变动计入当期损益的金融资产或金融负债以及以公允价值计量且其变动计入其他综合收益的金融资产等。但是,《企业会计准则第1号——存货》中规范的可变现净值、《企业会计准则第8号——资产减值》中规范的预计未来现金流量现值等计量属性,与公允价值类似但并不遵循《企业会计准则第39号——公允价值计量》的有关规定,《企业会计准则第11号——股份支付》和《企业会计准则第21号——租赁》业务相关的计量也不遵循公允价值计量的有关规定。

二、公允价值计量的基本要求

为了更好地理解公允价值定义,应当从四个方面掌握公允价值计量的基本要求:一是以公允价值计量的相关资产或负债;二是应用于相关资产或负债公允价值计量的有序交易;三是有序交易发生的主要市场或最有利市场;四是主要市场或最有利市场中的市场参与者。

（一）相关资产或负债

企业以公允价值计量相关资产或负债，应当考虑该资产或负债的特征以及该资产或负债是以单项还是以组合的方式进行计量等因素。

1. 相关资产或负债的特征

相关资产或负债的特征，是指市场参与者在计量日对该资产或负债进行定价时考虑的特征，包括资产状况及所在位置、对资产出售或者使用的限制等。如果市场参与者在计量相关资产或负债公允价值时，会考虑这些资产或负债所具有的特征，企业在计量该资产或负债的公允价值时，也应当考虑这些特征因素。

（1）资产状况和所在位置。市场参与者以公允价值计量一项非金融资产时，通常会考虑该资产的地理位置和环境、使用功能、结构、新旧程度、可使用状况等。因此，企业计量其公允价值时，也应考虑这些特征，对类似资产和可观察市场价格或其他交易信息进行调整，以确定该资产的公允价值。

（2）对资产出售或使用的限制。企业以公允价值计量相关资产，应当考虑出售或使用该资产所存在的限制因素。企业为合理确定相关资产的公允价值，应当区分该限制是针对资产持有者的，还是针对该资产本身的。企业可以通过假定在特殊情况下将该资产转让给另外一方时该限制是否会"传递"至转入方来判断该限制是针对资产持有者还是针对该资产本身。如果该限制会"传递"至转入方，则表明该限制针对资产本身，如果该限制不会"传递"至转入方，则表明该限制针对资产持有人。

如果该限制是针对相关资产本身的，则此类限制是该资产具有的一项特征，任何持有该资产的企业都会受到影响，市场参与者在计量日对该资产进行定价时会考虑这一特征，企业以公允价值计量该资产时也应当考虑该限制特征。例如，甲上市公司的限售股具有在指定期间内无法在公开市场上出售的特征。市场参与者在对甲公司限售股进行定价时会考虑该权益工具流动性受限的因素。因此，企业以公允价值计量该权益工具时，应当对在公开市场上交易的同一发行人未受限制的相同权益工具的报价作出相应调整，即从报价中扣除市场参与者因承担指定期间内无法在公开市场上出售该权益工具的风险而要求获得补偿的金额。

如果该限制是针对资产持有者的，则此类限制并不是该资产的特征，只会影响当前持有该资产的企业，而其他企业可能不会受到该限制的影响，市场参与者在计量日对该资产进行定价时不会考虑该限制因素，企业以公允价值计量该资产时，也不应考虑针对该资产持有者的限制因素。例如，甲公司与乙商业银行签订一份借款合同，根据借款合同规定，甲公司将其持有的一块土地使用权作为抵押，在偿还该债务前，甲公司不能转让该土地使用权。在此例中，甲公司承诺在偿还该商业银行借款前不转让其持有的已抵押土地使用权，该承诺是针对甲公司的限制，而非针对甲公司所持有的土地使用权的限制，并不会转移给其他市场参与者。因此，甲公司在确定其持有的该土地使用权的公允价值时，不应考虑该限制。

2. 计量单元

计量单元，是指相关资产或负债以单独或者组合方式进行计量的最小单位。企业以公允价值计量相关资产或负债，该资产或负债可以是单项资产或负债，也可以是资产组合、负债组合或者资产和负债的组合，例如由多台设备构成的一条生产线，又如由《企业会计准则第 20 号——企业合并》规范的业务等。企业是以单项还是以组合的方式对相关资产或负债进行公允价值计量，取决于该资产或负债的计量单元。企业在确认相关资产或负债时就已经确定了该资产或负债的计量单元，并进行了相应计量。对于市场风险或信用风险可抵销的金融资产、金融负债和其他合同，在符合条件的情况下，可以将该金融资产、金融负债和其他合同的组合作为计量单元。

（二）有序交易

企业以公允价值计量相关资产或负债，应当假定市场参与者在计量日出售资产或者转移负债的交易，是当前市场情况下的有序交易。企业应用于相关资产或负债公允价值计量的有序交易，是在计量日前一段时期内该资产或负债具有惯常市场活动的交易，不包括被迫清算和抛售。

1. 有序交易的确定

企业在确定一项交易是否为有序交易时，应当全面理解交易环境和有关事实。企业应当基于可获取的信息，如市场环境变化、交易规则和习惯、价格波动幅度、交易量波动幅度、交易发生的频率、交易对手信息、交易原因、交易场所和其他能够获得的信息，运用专业判断对交易行为和交易价格进行分析，以判断该交易是否为有序交易。为了确定一项交易是否为有序交易，企业应当考虑可合理获得的信息，在获得合理信息时应当考虑成本效益原则，不应花费过大成本。当企业成为交易一方时，通常假定该企业有充分的信息来判断该交易是否为有序交易。当存在下列情况时，相关资产或负债的交易活动通常不应作为有序交易：

（1）在当前市场情况下，市场在计量日之前一段时间内不存在相关资产或负债的惯常市场交易活动。

（2）在计量日之前，相关资产或负债存在惯常的市场交易，但资产出售方或负债转移方仅与单一的市场参与者进行交易。

（3）资产出售方或负债转移方处于或者接近于破产或托管状态，即资产出售方或负债转移方已陷入财务困境。

（4）资产出售方为满足法律或者监管规定而被要求出售资产，即被迫出售。

（5）与相同或类似资产或负债近期发生的其他交易相比，出售资产或转移负债的价格是一个异常值。

2. 有序交易价格的应用

企业判定相关资产或负债的交易是有序交易的，应当以交易价格为基础确定该资产或负债的公允价值。企业在公允价值计量过程中赋予有序交易价格的权重时，应当考虑交易量、交易的可比性、交易日与计量日的临近程度等因素。企业判定相关资产或负债的交易不是有序交易的，在以公允价值计量该资产或负债时，不应考虑该交易的价格，或者应赋予该交易价格较低权重。企业根据现有信息不足以判定该交易是否为有序交易的，在以公允价值计量该资产或负债时，应当考虑该交易的价格，但不应将该交易价格作为计量公允价值的唯一依据或者主要依据。相对于其他已知的有序交易价格，企业应赋予该交易较低权重。

(三) 主要市场或最有利市场

企业以公允价值计量相关资产或负债，应当假定出售资产或者转移负债的有序交易在该资产或负债的主要市场进行。不存在主要市场的，企业应当假定该交易在相关资产或负债的最有利市场进行。主要市场，是指相关资产或负债交易量最大和交易活跃程度最高的市场。最有利市场，是指在考虑交易费用和运输费用后，能够以最高金额出售相关资产或者以最低金额转移相关负债的市场。

1. 主要市场或最有利市场的识别

企业根据可合理取得的信息，能够在交易日确定相关资产或负债交易量最大和交易活跃程度最高的市场的，应当将该市场作为相关资产或负债的主要市场。企业根据可合理取得的信息，无法在交易日确定相关资产或负债交易量最大和交易活跃程度最高的市场的，应当在考虑交易费用和运输费用后，将能够以最高金额出售该资产或者以最低金额转移该负债的市场作为最有利市场。企业在识别相关资产或负债的主要市场（或者在不存在主要市场情况下的最有利市场）时，应当考虑所有可以合理取得的信息，但同时应当考虑成本效益原则，不应花费大量成本去考察所有可能的市场。通常情况下，如果不存在相反的证据，企业正常进行资产出售或者负债转移的市场可以视为主要市场或最有利市场。

相关资产或负债的主要市场（或者在不存在主要市场情况下的最有利市场）应当是企业可进入的市场，但不要求企业于计量日在该市场上实际出售资产或者转移负债。企业应当从自身角度，而非市场参与者角度，判定相关资产或负债的主要市场（或者在不存在主要市场情况下的最有利市场）。

不同的企业可以进入不同的市场，对相同资产或负债而言，不同企业可能具有不同的主要市场（或者在不存在主要市场情况下的最有利市场）。例如，甲企业与银行签订了一项初始交易价格为零的利率互换。该企业只能进入利率互换的零售市场，而银行则能够进入利率互换的零售市场和做市商市场，并且其主要业务发生在做市商市场。因此，该企业与银行就存在不同的主要市场，该企业应当以零售市场为主要市场，该银行应当以做市商市场为主要市场。

2. 主要市场或最有利市场的应用

企业应当以主要市场上相关资产或负债的价格为基础，计量该资产或负债的公允价值。主要市场是资产或负债流动性最强的市场，能够为企业提供最具代表性的参考信息。因此，无论相关资产或负债的价格能够直接从市场观察到，还是通过其他估值技术获得，企业都应当以主要市场上相关资产或负债的价格为基础，计量该资产或负债的公允价值。即使企业能够于计量日在主要市场以外的另一个市场上，获得更高的出售价格或更低的转移价格，企业也仍应当以主要市场上相关资产或负债的价格为基础，计量该资产或负债的公允价值。

不存在主要市场或者无法确定主要市场的，企业应当以相关资产或负债最有利市场的价格为基础，计量其公允价值。企业在确定最有利市场时，应当考虑交易费用、运输费用等。交易费用是指企业发生的可直接归属于资产出售或者负债转移的不可避免的费用。交易费用直接由交易引起，并且是企业进行交易所必需的，如果企业不出售资产或转移负债，则该费用不会产生。交易费用不属于相关资产或负债的特征，只与特定交易有关，取决于企业参与该资产或负债交易的不同方式，例如，零售交易或者批发交易，交易所交易或者场外交易等。企业在根据主要市场或最有利市场的交易价格确定相关资产或负债的公允价值时，不应根据交易费用对该价格进行调整。交易费用不包括运输费用。相关资产所在地理位置是该资产的特征，发生的运输费用能够使该资产从当前位置转移到主要市场（或最有利市场）的，企业应当根据使该资产从当前位置转移到主要市场（或最有利市场）的运输费用调整主要市场（或最有利市场）的价格。

例如，甲公司委托某证券公司于2×22年12月1日购买乙上市公司100万股普通股股票，作为交易性金融资产持有，购买价格为每股10元，甲公司共支付1 002万元，其中2万元是支付给证券公司的手续费。甲公司在2×22年12月1日初始计量该交易性金融资产时，每股股票的公允价值应当是10元，而不是10.02元。

再如，甲公司在非同一控制下的企业合并业务中获得500吨原材料，在购买日，甲公司以公允价值计量这批原材料。甲公司分别在A市场和B市场两个活跃交易市场中交易过该原材料，交易量分别为3 000万吨和50万吨，交易价格分别为26万元/吨和28万元/吨。甲公司在A市场中出售企业合并中获得的该批原材料需要支付1 500万元相关税费，将该批原材料运抵A市场需要花费100万元的运输成本；甲公司在B市场中出售企业合并中获得的该批原材料需要支付1 600万元相关税费，将该批原材料运抵B市场需要花费200万元的运输成本。甲公司在估计这批原材料的公允价值时，应当首先确定主要市场，由于A市场拥有最大交易量、交易活跃程度最高，判定A市场为甲公司销售该原材料的主要市场。该批原材料的公允价值为13 000万元减去运输成本100万元，即12 900万元。

企业以公允价值计量相关资产或负债，即使在计量日不存在提供出售资产或转移负债价格信息的可观察市场，企业仍应当从持有资产或承担负债的市场参与者的角度进行考虑，并假设当日发生了交易。该假设的交易是估计出售资产或转移负债价格的基础。例如，2008年国际金融危机发生时，很多股票、债权交易市场因不存在买家而消失，持有这些股票、债权的企业在进行公允价值计量时，不能以不存在相关资产的可观察市场为由终止公允价值计量，而应当站在持有相关股票、债权的市场参与者角度，假定计量日当日发生有序交易时的公允价值。

（四）市场参与者

企业以公允价值计量相关资产或负债，应当充分考虑市场参与者之间的交易，采用市场参与者在对该资产或负债定价时为实现其经济利益最大化所使用的假设。

1. 市场参与者的特征

市场参与者，是指在相关资产或负债的主要市场（或者在不存在主要市场情况下的最有利市场）中，相互独立的、熟悉资产或负债情况的、能够且愿意进行资产或负债交易的买方和卖方。市场参与者应当具备下列特征：

（1）市场参与者应当相互独立，不存在关联方关系。如果企业有证据表明，关联方之间的交易是按市场条款达成的，则关联方之间交易可以作为市场参与者之间的交易，交易价格可作为公允价值计量的基础。

（2）市场参与者应当熟悉情况，根据可获得的信息，包括通过正常的尽职调查获取的信息，对相关资产或负债以及交易具备合理认知。

（3）市场参与者应当有能力并自愿进行相关资产或负债的交易，而非被迫或以其他强制方式进行交易。

2. 市场参与者的确定

企业在确定市场参与者时，应当考虑所计量的相关资产或负债、该资产或负债的主要市场（或者在不存在主要市场情况下的最有利市场）以及在该市场上与企业进行交易的市场参与者等因素，从总体上识别市场参与者。企业在确定市场参与者时至少应当考虑以下因素：

（1）所计量的相关资产或负债。例如，金融资产的市场参与者与非金融资产的市场参与者之间将存在较大差别。

（2）该资产或负债的主要市场（或者在不存在主要市场情况下的最有利市场）。主要市场（或者在不存在主要市场情况下的最有利市场）是基于企业角度确定的，因此，与企业在同一行业的其他企业有可能是市场参与者。市场参与者也可能来自其他行业。例如，在计量制造业企业拥有的土地使用权的公允价值时，房地产开发企业也可能作为市场参与者。

（3）企业将在主要市场或最有利市场进行交易的市场参与者。

3. 市场参与者的应用

企业以公允价值计量相关资产或负债，应当基于市场参与者之间的交易确定该资产或负债的公允价值。如果市场参与者在交易中考虑了相关资产或负债的特征以及相关风险等，并根据这些特征或风险对该资产或负债的交易价格进行了调整，那么企业也应当采用市场参与者在对该资产或负债定价时所使用的这些假设。

企业应当从市场参与者角度计量相关资产或负债的公允价值，而不应考虑企业自身持有资产、清偿或者以其他方式履行负债的意图和能力。例如，甲公司取得了竞争对手乙公司100%的股权。乙公司声誉良好，原有商标具有商业价值，但甲公司决定不再使用乙公司的商标。甲公司以公允价值计量该商标时，应当基于将该商标出售给熟悉情况、有意愿且有能力进行交易的其他市场参与者的价格，而不能因为自愿放弃使用该商标而将其公允价值确定为零。

第二节 公允价值计量要求

一、公允价值初始计量

企业应当根据交易性质和相关资产或负债的特征等，判断初始确认时的公允价值是否与其交易价格相等。企业在取得资产或者承担负债的交易中，交易价格是取得该资产所支付或者承担该负债所收到的价格，即进入价格。而相关资产或负债的公允价值是脱手价格，即出售该资产所能收到的价格或者转移该负债所需支付的价格。在大多数情况下，相关资产或负债的进入价格等于其脱手价格。但企业未必以取得资产时所支付的价格出售该资产，同样，也未必以承担负债时所收取的价格转移该负债，也就是说，企业取得资产或承担负债的进入价格不一定等于该资产或负债的脱手价格。在下列情况下，企业以公允价值对相关资产或负债进行初始计量的，不应将取得资产或者承担负债的交易价格作为该资产或负债的公允价值：

（1）关联方之间的交易。但企业有证据表明，关联方之间的交易是按照市场条款进行的，该交易价格可作为确定其公允价值的基础。

（2）被迫进行的交易，或者资产出售方（或负债转移方）在交易中被迫接受价格的交易。例如，资产出售方或负债转移方为满足监管或法律要求而被迫出售资产或转移负债，或者资产出售方或负债转移方正陷于财务困境。

（3）交易价格所代表的计量单元不同于以公允价值计量的相关资产或负债的计量单元。例如，在企业合并交易中，以公允价值计量的相关资产或负债仅是交易中的一部分，而交易除该资产或负债外，还包括应单独计量但未确认的无形资产。

（4）进行交易的市场不是该资产或负债的主要市场（或者在不存在主要市场情况下的最有利市场）。例如，某商业银行是银行间债券市场的做市商，既可以与其他做市商在银行间债券市场进行交易，也可以与客户在交易所市场进行交易，但对于该银行而言，债券交易的主要市场（或者在不存在主要市场情况下的最有利市场）是与其他做市商进行交易的银行间债券市场，交易所市场上的交易价格有可能不同于银行间债券市场上的交易价格，交易所市场上的交易价格不应作为公允价值。

企业以公允价值对相关资产或负债进行初始计量，并且交易价格与公允价值不相等的，交易价格与公允价值的差额应当按照会计准则的要求进行处理。如果会计准则对此未作出明确规定，企业应当将该差额计入当期损益。

二、估值技术

企业以公允价值计量相关资产或负债，应当使用适用于当前情况的估值技术，且企业使用该估值技术时有足够的可利用数据和其他信息支持。企业使用估值技术的目的是估计市场参与者在计量日当前市场情况下的有序交易中出售资产或者转移负债的价格。

估值技术通常包括市场法、收益法和成本法，企业应当根据实际情况从这三种方法中选择一种或多种估值技术，用于估计相关资产或负债的公允价值。相关资产或负债存在活跃市场公开报价的，企业应当优先使用该报价确定该资产或负债的公允价值。除上述情况外，企业选择上述三种估值方法中的哪种或哪几种确定相关资产或负债的公允价值并不存在优先顺序。企业在应用估值技术估计相关资产或负债的公允价值时，应当根据可观察的市场信息定期校准估值模型，以确保所使用的估值模型能够反映当前市场状况，并识别估值模型本身可能存在的潜在缺陷。如果企业所使用的估值技术未能考虑市场参与者在对相关资产或负债估值时所考虑的所有因素，那么企业通过该估值技术获得的金额不能作为对计量日当前交易价格的估计。

（一）市场法

市场法是利用相同或类似的资产、负债或资产和负债组合的价格以及其他相关市场交易信息进行估值的技术。企业应用市场法估计相关资产或负债公允价值的，可利用相同或类似的资产、负债或资产和负债的组合（例如，一项业务）的价格和其他相关市场交易信息进行估值。

企业在使用市场法时，应当以市场参与者在相同或类似资产出售中能够收到或者转移相同或类似负债需要支付的公开报价为基础。企业应当根据资产或负债的特征，例如，当前状况、地理位置、出售和使用的限制等，对相同或类似资产或负债的市场价格进行调整，以确定该资产或负债的公允价值。

企业在应用市场法时，除直接使用相同或类似资产或负债的公开报价外，还可以使用市场乘数法等估值方法。市场乘数法是一种使用可比企业市场数据估计公允价值的方法，包括上市公司比较法、交易案例比较法等。企业采用上市公司比较法时，可使用的市场乘数包括市盈率、市净率、企业价值/税息折旧及摊销前利润（EV/EBITDA）乘数等。企业应当进行职业判断，考虑与计量相关的定性和定量因素，选择恰当的市场乘数。

（二）收益法

收益法是企业将未来金额转换成单一现值的估值技术。企业使用收益法时，应当反映市场参与者在计量日对未来现金流量或者收入费用等金额的预期。企业使用的收益法包括现金流量折现法、多期超额收益折现法、期权定价模型等估值方法。

1. 现金流量折现法

现金流量折现法是企业在收益法中最常用到的估值方法，包括传统法（即折现率调整法）和期望现值流量法。企业运用折现率将未来金额与现在金额联系起来，取得现值。企业使用现金流量折现法估计相关资产或负债的公允价值时，需要在计量日从市场参与者角度考虑相关资产或负债的未来现金流量、现金流量金额和时间的可能变动、货币时间价值、因承受现金流量固有不确定性而要求的补偿（即风险溢价）、与负债相关的不履约风险（包括企业自身信用风险）、市场参与者在当前情况下可能考虑的其他因素等。

企业以现金流量折现法估计相关资产或负债的公允价值，应当避免重复计算或遗漏风险因素的影响，协调折现率与现金流量输入值的选择。例如，企业使用了合同现金流量的，应当采用能够反映预期违约风险的折现率；使用了概率加权现金流量的，应当采用无风险利率；使用了包含通货膨胀影响的现金流量的，应当采用名义利率；使用了排除通货膨胀影响的现金流量的，应当采用实际利率；使用税后现金流量的，应当采用税后折现率；使用税前现金流量的，应当采用税前折现率；使用人民币现金流量的，应当采用与人民币相关的利率等。

企业在现金流量折现法中所使用的现金流量是估计金额，而非确定的已知金额。当存在违约风险时，即使是合同约定的金额也不是确定的折现金流量，例如，贷款承诺中虽约定贷款金额，但如果企业无法按期还款，该金额并不能作为确定的已知折现现金流量。所以，企业使用现金流量折现法时，将面临较多不确定性。企业在以公允价值计量该资产或负债时应当考虑风险溢价，即使存在较大困难，企业仍应当考虑相关风险调整因素。

根据对风险的调整方式和采用的现金流量类型，可以将现金流量折现法区分为传统法和期望现金流量法两种方法。

（1）传统法。传统法是使用在估计金额范围内最有可能的现金流量和经风险调整的折现率的一种折现方法。企业在传统法中所使用的现金流量，包括合同现金流量、承诺现金流量或者最有可能的现金流量等。这些现金流量都以特定事项为前提条件，例如，债券中包含的合同现金流量或承诺现金流量是以债务人不发生违约为前提条件的。企业所使用的经风险调整的折现率，应当来自市场上交易的类似资产或负债的可观察回报率。当不存在可观察的市场回报率时，企业也可以使用估计的市场回报率。企业在确定资产或负债是否类似时，需要考虑现金流量的性质，例如，现金流量是合同现金流量还是非合同现金流量，现金流量是否会对经济条件的改变作出类似反应，还需要考虑信用状况、抵押品、期限、限制性合同和流动性等其他因素。

▶【例29-1】2×21年12月31日，甲商业银行从全国银行间债券市场购入乙公司发行的10万份中期票据，将其分类为以公允价值计量且其变动计入其他综合收益的金融资产。该票据信用评级为AAA，乙公司的长期信用评级为AAA，期限为7年，自2×21年12月31日至2×28年12月31日止。该票据面值为人民币100元，票面利率为5%，付息日为每年的12月31日。2×22年12月31日，甲商业银行对该中期票据投资进行公允价值计量。假定该票据没有活跃市场中的报价，甲商业银行能够通过中央国债登记结算有限责任公司公布的相关收益率曲线确定相同信用评级、相同期限债券的市场回报率为6%。

本例中，甲商业银行可根据该中期票据约定的合同现金流量即利息和本金，运用市场回报率进行折现，得到该中期票据的公允价值1 001万元。具体计算如表29-1所示。

表29-1　　　　　　　　　公允价值计算表

项　目	2×22年	2×23年	2×24年	2×25年	2×26年	2×27年	2×28年	合计
现金流量（万元）	50	50	50	50	50	50	1 050	
折现率（6%）	1	0.9434	0.8900	0.8396	0.7921	0.7473	0.7050	
现值（万元）	50	47.2	44.5	42	39.6	37.4	740.3	1001

（2）期望现金流量法。期望现金流量法是使用经风险调整的期望现金流量和无风险利率，或者使用未经风险调整的期望现金流量和包含市场参与者要求的风险溢价的折现率的一种折现方法。企业应当通过以概率为权重计算的期望现金流量反映未来所有可能的现金流量。企业在期望现金流量法中使用的现金流量是对所有可能的现金流量进行概率加权，最终得到的期望现金流量不再以特定事项为前提条件，这不同于企业在传统法中所使用的现金流量。

在期望现金流量法中，可以通过两种方法调整相关资产或负债期望现金流量的风险溢价：第一种方法是，以概率为权重计算的期望现金流量中扣除风险溢价，得到确定等值现金流量，并按照无风险利率对确定等值现金流量折现，从而估计出相关资产或负债的公允价值。当市场参与者认为确定的现金流量和期望现金流量无差异时，该确定的现金流量即为确定等值现金流量。例如，如果市场参与者愿意以1 000元的确定现金流量交换1 200元的期望现金流量，该1 000元即为1 200元的确定等值（即200元代表风险溢价）。在这种情况下，持有1 200元的期望现金流量和持有1 000元现金，对于市场参与者而言是无差异的。第二种方法是，在无风险利率之上增加风险溢价，得到期望回报率，并使用该期望回报率对以概率为权重计算的现金流量进行折现，从而估计出相关资产或负债的公允价值。企业可以使用对风险资产进行计价的模型（如资本资产定价模型）估计期望回报率，例如资本资产定价模型。使用期望现金流量法的上述两种方法得到的现金流量现值应当是相同的。因此，企业在使用期望现金流量法估计相关资产或负债的公允价值时，期望现金流量法的上述两种方法均可使用。企业对期望现金流量法第一种方法或第二种方法的选择，取决于被计量资产或负债的特征和环境因素、企业是否可获取足够多的数据，以及企业运用判断的程度等。

2. 期权定价模型

企业可以使用布莱克—斯科尔斯模型、二叉树模型、蒙特卡洛模拟法等期权定价模型估计期权的公允价值。其中，布莱克—斯科尔斯期权定价模型可以用于认股权证和具有转换特征的金融工具的简单估值。布莱克—斯科尔斯期权定价模型中的输入值包括即期价格、行权价格、合同期限、预计或内含波动率、无风险利率、期望股息率等。蒙特卡洛模拟法适用于包含可变行权价格或转换价格、对行权时间具有限制条款等复杂属性的认股权证或具有转换特征的金融工具。蒙特卡洛模拟法根据认股权证或具有转换特征的金融工具的条款、条件以及其他假设，随机生成数千甚至数百万的可能结果，计算每种可能情形的相关回报，这些回报用概率加权并折现以计算相关资产或负债的公允价值。

（三）成本法

成本法，是反映当前要求重置相关资产服务能力所需金额的估值技术，通常是指现行重置成本。在成本法下，企业应当根据折旧贬值情况，对市场参与者获得或构建具有相同服务能力的替代资产的成本进行调整。折旧贬值包括实体性损耗、功能性贬值以及经济性贬值。企业主要使用现行重置成本法估计与其他资产或其他资产和负债一起使用的有形资产的公允价值。

（四）估值技术的选择

企业在某些情况下使用单项估值技术是恰当的，如企业使用相同资产或负债在活跃市场上的公开报价计量该资产或负债的公允价值。但在有些情况下，企业可能需要使用多种估值技术以进行交叉检验，如企业采用市场法和收益法估计未上市企业股权投资的公允价值。企业应当运用更多职业判断，确定恰当的估值技术。企业至少应当考虑下列因素：

（1）根据企业可获得的市场数据和其他信息，其中一种估值技术是否比其他估值技术更恰当；

（2）其中一种估值技术所使用的输入值是否更容易在市场上观察到或者只需作更少的调整；

（3）其中一种估值技术得到的估值结果区间是否在其他估值技术的估值结果区间内；

（4）市场法和收益法结果存在较大差异的，应进一步分析存在较大差异的原因，例如，其中一种估值技术可能使用不当，或者其中一种估值技术所使用的输入值可能不恰当等。

企业在公允价值后续计量中使用了估值技术，并且运用了不可观察输入值的，应当确保该估值技术反映了计量日可观察的市场数据（如类似资产或负债的最近交易价格等）。企业以相关资产或负债的交易价格作为其初始确认时的公允价值，并在公允价值后续计量中使用了不可观察输入值的,应当校正后续计量中运用的估值技术,以使得用该估值技术确定的初始确认结果与初始确认时的交易价格相等。企业通过校准估值技术,能够确保估值技术反映当前市场情况,避免发生估值技术无法反映相关资产或负债特征的情况。

▶【例29-2】甲公司在2×22年12月31日购买了乙公司20万股普通股股票,占乙公司所有发行在外股份的5%。乙公司是一家非上市的股份公司,不存在活跃市场的公开报价。甲公司共支付720万元,假定该交易价格等于该投资在2×22年12月31日的公允价值。

甲公司决定使用可比公司估值乘数技术计量这些股权的公允价值,并在该估值技术中使用乙公司业绩衡量指标、流动性折价等不可观察输入值。因此,甲公司以720万元的交易价格对后续使用的估值模型进行校准,以使该估值模型计算取得的投资初始估计值等于交易价格,确保该估值模型已充分反映了该投资的所有特征。

假定乙公司2×22年12月31日的税息折旧及摊销前利润为1 600万元,流动性折价为10%,甲公司从市场上获得可比公司的企业价值/税息折旧及摊销前利润(EV/EBITDA)乘数为10倍。甲公司运用该乘数和乙公司税息折旧及摊销前利润估计得到乙公司在2×22年12月31日的价值为16 000万元,其持有的5%股权的价值为800万元,在考虑流动性折价后得到的估计价值为720万元。具体计算过程如表29-2所示。

表29-2　　　　　　　　　乙公司估计价值计算表　　　　　　　　　单位:万元

项　目	金　额
(1) 乙公司2×22年12月31日的税息折旧及摊销前利润	1 600
(2) 企业价值/税息折旧及摊销前利润乘数(10倍)	
(3) 乙公司价值=(1)×(2)	16 000
(4) 5%股权所占份额=(3)×5%	800
(5) 流动性折价(10%)	
(6) 流动性折价调整=(4)×10%	80
(7) 2×22年12月31日的股权估计价值=(4)-(6)	720

企业在估计不存在活跃市场的权益工具的公允价值时,如果自权益工具购买日至计量日之间的间隔较短,并且在此期间没有发生对该权益工具价值产生重大影响的事件,企业可采用近期交易价格作为无公开报价权益工具的公允价值;如果权益工具非近期购买,或者自购买日至计量日之间发行权益工具的企业或发行人发生了重大变化,企业可能不应按照近期交易价格确定权益工具的公允价值,而应当根据发行人的具体情况,选用恰当的估值方法进行估值。

例如,对于成熟的被投资企业,企业可采用市场法计量其无公开报价权益工具的公允价值。企业选择可比公司作为基准公司时,应当重点考虑业务的性质、业务的盈利能力及所在地。企业无法找到与被投资企业在同一行业的上市公司时,可选择最相近行业和具有相似经营风险和利润率的公司作为替代。企业选定可比公司后,应当对关键指标的差异进行调整,从而增强市场法的适用性和可靠性。这些所需调整的关键指标差异包括可比公司所在不同市场的估值水平、可比公司与被投资企业之间增长性、盈利能力、股本回报率、流动性的差异等。另外,企业也可使用股价/页面浏览量等行业特定的一些业务驱动因素进行比较。又如，对于迅速成长的被投资企业，企业可采用收益法计量其无公开报价权益工具的公允价值。企业使用该方法时，需要进行一系列的财务预测，预测时间至少包括企业一个业务周期，一般不少于5年。如果被投资企业已经确定在近期能够实现上市流通，并且相应的股价已大致确定，企业可采用投资收益折现法来确定被投资企业发行的权益工具的公允价值，使用较低的风险回报率确定计量日的现值。企业应当采用市场法对收益法的结果进行交叉检验。

企业在公允价值计量中使用的估值技术一经确定，不得随意变更。企业在公允价值计量中应用的估值技术应当在前后各会计期间保持一致，除非变更估值技术或其应用方法能使计量结果在当前情况下同样或者更能代表公允价值，包括但不限于下列情况：（1）出现新的市场；（2）可以取得新的信息；（3）无法再取得以前使用的信息；（4）改进了估值技术；（5）市场状况发生变化等。企业变更估值技术及其应用方法的，应当按照会计估计变更处理，并对估值技术及其应用方法的变更进行披露。企业无论使用何种估值技术，都应当考虑当前市场状况并作出市场参与者可能进行的风险调整，如对信用风险和流动性风险的调整。

三、输入值

企业以公允价值计量相关资产或负债，应当考虑市场参与者在对相关资产或负债进行定价时所使用的假设，包括有关风险的假设（如所用特定估值技术的内在风险等）。市场参与者所使用的假设即为输入值，可分为可观察输入值和不可观察输入值。

企业使用估值技术时，应当优先使用可观察输入值，仅当相关可观察输入值无法取得或取得不切实可行时才使用不可观察输入值。企业通常可以从交易所市场、做市商市场、经纪人市场、直接交易市场获得可观察输入值。在交易所市场上，企业可直接获得相关资产或负债的收盘价。在做市商市场，做市商随时准备用自有资本买入或者卖出做市项目，以此提供流动性并形成市场，所以出价和要价比收盘价更容易获得。但在直接交易市场上，买卖双方独立协商，无中介参与，所以企业难以获得这些交易。

企业为估计相关资产或负债公允价值必须使用一些不可观察输入值的，如果市场参与者在对该资产或负债的公允价值计量会用到这些不可观察输入值，那么企业也应当使用这些不可观察输入值。无论企业在以公允价值计量相关资产或负债过程中是否使用不可观察输入值，其公允价值计量的目的仍是基于市场参与者角度确定在当前市场条件下计量日有序交易中该资产或负债的脱手价格。

（一）公允价值计量中相关的溢价和折价

企业应当选择市场参与者在相关资产或负债交易中会考虑的、反映该资产或负债特征的输入值。如果企业能够获得相同或类似资产或负债在活跃市场中的报价且市场参与者将考虑与相关资产或负债的特征相关的溢价或折价时，企业应当根据这些溢价或折价，如控制权溢价、少数股东权益折价、流动性折价等，对相同或类似资产或负债的市场交易价格进行调整。

企业不应考虑与计量单元不一致的溢价或折价，如反映企业持有规模特征即"大宗持有因素"的溢价或折价。大宗持有因素是与交易相关的特定因素，因企业交易该资产的方式不同而有所不同。例如，某企业持有一家上市公司15 000万股普通股。该上市公司在资本市场上一般平均日交易量约为12 000万股普通股。如果该企业全部出售其持有的上市公司股份将会造成流动性问题，该上市公司每股普通股股份将发生严重下跌。该因素与企业持有股份数量即持有规模有关，不是该资产即上市公司普通股的特征，在企业进行公允价值计量时不应予以考虑。

（二）以出价和要价为基础的输入值

当相关资产或负债存在出价和要价时，企业应当以在出价和要价之间最能代表当前情况下公允价值的价格确定该资产或负债的公允价值。出价是经纪人或做市商购买一项资产或处置一项负债所愿意支付的价格，要价是经纪人或做市商出售一项资产或承担一项负债所愿意收取的价格。企业可使用出价计量资产头寸，使用要价计量负债头寸，也可使用市场参与者在实务中使用的在出价和要价之间的中间价或其他定价惯例计量相关资产或负债。无论如何，企业不应使用与公允价值计量假定不一致的方法，例如对资产使用要价，对负债使用出价。

四、公允价值层次

为提高公允价值计量和相关披露的一致性和可比性，企业应当将估值技术所使用的输入值划分为三个层次，并首先使用第一层次输入值，其次使用第二层次输入值，最后使用第三层次输入值。

（一）第一层次输入值

第一层次输入值是企业在计量日能够取得的相同资产或负债在活跃市场上未经调整的报价。活跃市场是指相关资产或负债交易量及交易频率足以持续提供定价信息的市场。在活跃市场中，交易对象具有同质性，可随时找到自愿交易的买方和卖方，并且市场价格信息是公开的。当交易量和交易活动显著下降、可获得的价格因时间或市场参与者的不同存在显著差异、可获得的价格并非当前的价格时，当前市场可能不是活跃市场。在活跃市场中，企业应当能够容易获得相关资产或负债的报价，且可定期从交易所、交易商、经纪人、行业集团、定价机构或监管机构等获得该报价。企业从活跃市场获得的这些报价，应当能够代表在公平交易基础上实际并经常发生的市场交易，异常的市场报价（如债券交易中出现的频繁对敲交易形成的市场价格）不应作为第一层次输入值。

企业使用相同资产或负债在活跃市场的公开报价对该资产或负债进行公允价值计量时，通常不应进行调整。但下列情况除外：

（1）企业持有大量类似但不相同的以公允价值计量的资产或负债，这些资产或负债存在活跃市场报价，但难以获得每项资产或负债在计量日单独的定价信息。在这种情况下，企业可使用不完全依赖于单个报价的其他定价方法，但由此取得的公允价值计量结果应当划入第二或第三层次。例如，银行等金融机构持有大量的类似债券，可能在计量日较难取得每一债券的价格信息，银行可以使用其中一些债券的报价确定其他类似债券的公允价值。

（2）因发生影响公允价值计量的重大事件等导致活跃市场的报价不代表计量日的公允价值。例如，在证券市场闭市之后但在计量日之前发生的买卖双方直接交易、经纪人交易或公告等重大事项。企业应当制定相应会计政策并一致应用，以识别那些可能影响公允价值计量的重大事项。企业根据该新信息而对报价有所调整的，公允价值计量应当划入第二或第三层次。

（3）不存在相同或类似负债或企业自身权益工具报价但其他方将其作为资产持有、企业以该资产的公允价值为基础确定该负债或自身权益工具的公允价值的，如果无须对资产报价进行调整，则公允价值计量结果为第一层次，否则，公允价值计量应当划入第二或第三层次。

在活跃市场中，企业应当以单项资产或负债的市场报价即第一层次输入值与企业持有数量的乘积，确定其持有的金融资产或金融负债的公允价值。即使在市场正常日交易量不足以吸收企业的持有量以致在市场交易中出售该金融资产或转移该金融负债可能影响市场报价的情况下，企业也应如此。

（二）第二层次输入值

第二层次输入值是除第一层次输入值外相关资产或负债直接或间接可观察的输入值。对于具有合同期限等特定期限的相关资产或负债，第二层次输入值必须在其几乎整个期限内是可观察的。第二层次输入值包括：

（1）活跃市场中类似资产或负债的报价。

（2）非活跃市场中相同或类似资产或负债的报价。

（3）除报价以外的其他可观察输入值，包括在正常报价间隔期间可观察的利率和收益率曲线等。

（4）市场验证的输入值等。市场验证的输入值是指通过相关性分析或其他手段，主要来源于可观察市场数据的输入值或者经过可观察市场数据验证的输入值。

企业以公允价值计量相关资产或负债的，类似资产或负债在活跃市场或非活跃市场的报价为该资产或负债的公允价值计量提供了依据，但企业需要对该报价进行调整。企业在确定哪些资产或负债与相关资产或负债类似时，需要进行判断。在非有序交易情况下，企业确定相关资产或负债的公允价格或报价不能完全代表计量日该资产或负债的公允价值，却又以该交易价格或报价为基础计量其公允价值的，应当对该交易价格或报价进行调整。例如，在非活跃市场上，相同资产或负债的最近交易日不是该资产或负债的公允价值计量日的，企业应当考虑两个日期的间隔期间内市场状况是否发生变动，如金融工具发行人信用评级的变动、与市场风险相关的信用利差变动等。

企业应当根据相关资产或负债的特征，对第二层次输入值进行调整。这些特征包括资产状况或所在位置、输入值与可比资产或负债的相关程度、可观察输入值所在市场的交易量和活跃程度等。企业使用重要的不可观察输入值对第二层次输入值进行调整，且该调整对公允价值计量整体而言是重大的，那么公允价值计量结果应当划分为第三层次。

（三）第三层次输入值

第三层次输入值是相关资产或负债的不可观察输入值，包括不能直接观察和无法由可观察市场数据验证的利率、股票波动率、企业合并中承担的弃置义务的未来现金流量、企业使用自身数据作出的财务预测等。

企业只有在相关资产或负债几乎很少存在市场交易活动，导致相关可观察输入值无法取得或取得不切实可行的情况下，才能使用第三层次输入值即不可观察输入值。但企业计量公允价值的目标仍应当保持不变，即从持有资产或承担负债的市场参与者角度确定资产或负债的计量日有序交易中的脱手价格。因此，企业使用不可观察输入值仍应当反映市场参与者给资产或负债定价时使用的假设，包括有关风险的假设（如特定估值技术及其输入值的固有风险的假设等）。

企业在确定不可观察输入值时，应当使用在当前情况下可以合理取得的最佳信息，包括所有可合理取得的市场参与者假设。企业在内部数据的基础上确定不可观察输入值，但如果有证据表明其他市场参与者将使用不同于企业内部数据的其他数据，或者这些企业内部数据是企业特定数据、其他市场参与者不具备企业相关特征时，例如企业的协同效应，企业应当对其内部数据作出相应调整。企业在获取关于市场参与者假设的信息时应该遵循成本效益原则，但必须考虑所有可合理获得的信息。

如果市场参与者在对相关资产或负债定价时考虑了风险调整，而企业在公允价值计量时没有考虑该风险调整，那么该计量就不能代表公允价值。例如，当相关资产或负债或类似资产或负债的交易量或交易活动比正常市场显著下降，交易价格或报价无法代表该资产或负债的公允价值时，企业应当考虑风险调整。企业在确定相关资产或负债的交易量或交易活跃程度是否出现大幅下降时，应当考虑下列情形：

（1）最近几乎没有发生该资产或负债的交易；
（2）该资产或负债的报价信息不是基于当前信息的；
（3）报价信息在一段时间内或在做市商之间变化极大；
（4）以往与该资产或负债公允价值高度相关的指数被证明与该资产或负债近期公允价值的指示值不相关；
（5）与企业对期望现金流量的估计相比，在考虑了关于该资产或负债信用风险和其他不履约风险的所有市场数据后，可观察到的交易或报价的隐含流动性风险溢价、收益率或拖欠率、损失严重程度等业绩指标大幅增加；
（6）出价和要价之间的价差很大或者大幅增加；
（7）该资产或负债或类似资产或负债的一级市场交易活动大幅降低或不存在此类市场；
（8）几乎没有公开可获得的信息，例如，一些交易活动由买卖双方直接进行。

相关资产或负债的交易量或交易活跃程度大幅下降的，企业可能需要改变估值技术或者使用多种估值技术，例如，使用市场法、收益法和成本法等。当权衡使用不同估值技术取得的公允价值计量结果时，企业应当考虑公允价值计量各种结果的合理性。即使相关资产或负债的交易量或活跃程度出现大幅下降，企业计量公允价值的目标仍应保持不变。如果资产或负债的交易量或交易活跃程度大幅下降，则企业需要根据计量日的事实和环境，估计市场参与者在计量日按照当前市场情况愿意进行交易的价格。

（四）公允价值计量结果所属的层次

公允价值计量结果所属的层次，由对公允价值计量整体而言重要的输入值所属的最低层次决定。企业应当在考虑相关资产或负债特征的基础上判断输入值的重要性，并考虑公允价值计量本身，而不是公允价值的变动以及这些变动的会计处理。企业应当在书面文件中记录其如何评估输入值对于公允价值计量的重要性，并一致应用该政策。

公允价值计量结果所属的层次，取决于估值技术的输入值，而不是估值技术本身。当企业使用的所有输入值都属于同一层次时，例如，企业使用未经调整的活跃市场的报价计量公允价值，公允价值计量结果所属的层次就比较容易确定。但如果企业在公允价值计量中所使用的输入值属于不同层次,企业评价某一输入值对公允价值计量整体的重要性需要运用职业判断,考虑与相关资产或负债有关的特定因素。如果企业在公允价值计量中需要使用不可观察输入值对可观察输入值进行调整,并且该调整引起相关资产或负债公允价值计量结果显著增加或显著减少,则公允价值计量结果应当划入第三层次的公允价值计量。例如在【例29-2】中,流动性折价为不可观察输入值,如果该调整对公允价值计量具有重大影响,那么该公允价值计量结果应当被划入第三层次。企业有时需要以公允价值为基础获得其他计量结果,例如,从公允价值中扣除处置费用,此时如果企业需要确定公允价值计量结果所属的层次,不应考虑该处置费用调整对公允价值的影响。

(五) 第三方报价机构的估值

企业使用经纪人、做市商等第三方报价机构提供的出价或要价计量相关资产或负债公允价值的,应当确保该第三方报价机构提供的出价或要价遵循了公允价值计量的要求。企业应当综合考虑相关资产或负债所处市场的特点、交易是否活跃、是否有足够数量的报价方、报价方是否权威、报价是否持续等因素,对出价和要价的质量进行判断。

企业即使使用了第三方报价机构提供的估值,也不应简单将该公允价值计量结果划入第三层次输入值。企业应当了解估值服务中应用到的输入值,并根据该输入值的可观察性和重要性,确定相关资产或负债公允价值计量结果的层次。例如,第三方报价机构提供了相同资产或负债在活跃市场报价的,企业应当将该资产或负债的公允价值计量划入第一层次。如果相关资产或负债的交易量或交易活跃程度出现大幅下降,企业应当评估第三方报价机构在形成报价过程中是否使用了反映有序交易的当前信息或是反映市场参与者假定(包括有关风险的假定)的估值技术。

企业在权衡作为公允价值计量输入值的报价时,应当考虑报价的性质,例如,报价是参考价格还是具有约束性的要约,对第三方报价机构提供的具有约束性要约的报价应赋予更高权重,并对不能反映交易结果的报价赋予较低权重。

第三节 公允价值计量的具体应用

一、非金融资产的公允价值计量

(一) 非金融资产的最佳用途

企业以公允价值计量非金融资产,应当考虑市场参与者通过直接将该资产用于最佳用途产生经济利益的能力,或者通过将该资产出售给能够用于最佳用途的其他市场参与者产生经济利益的能力。最佳用途,是指市场参与者实现一项非金融资产或其所属的一组资产和负债的价值最大化时该非金融资产的用途。最佳用途是评估行业在非金融资产评估中所使用的估值概念,也称为最高最佳使用。企业判定非金融资产的最佳用途,应当考虑该用途是否为法律上允许、实物上可能以及财务上可行的使用方式。企业判断非金融资产的用途在法律上是否允许,应当考虑市场参与者在对该非金融资产定价时所考虑的资产使用在法律上的限制。企业在计量日对非金融资产的使用必须未被法律禁止，例如，如果政府禁止在生态保护区内进行房地产开发和经营，则该保护区内土地的最佳用途不可能是工业或商业用途的开发。企业判断非金融资产的用途在实物上是否可能，应当考虑市场参与者在对该非金融资产定价时所考虑的资产实物特征，例如，一栋建筑物是否能够作为仓库使用。企业判断非金融资产的用途在财务上是否可行，应当考虑在法律上允许且实物上可能的情况下，市场参与者通过使用该非金融资产能否产生足够的收益或现金流量，从而在补偿将该非金融资产用于这一用途所发生的成本之后，仍然能够满足市场参与者所要求的投资回报。

即使企业已经或者计划将非金融资产用于不同于市场参与者的用途，企业仍然应当从市场参与者的角度确定非金融资产的最佳用途。通常情况下，企业对非金融资产的当前用途可视为最佳用途，除非市场因素或者其他因素表明市场参与者按照其他用途使用该非金融资产可以实现价值最大化。

▶【例29-3】甲软件公司拥有一组资产，包括向客户收取许可证费用的收费软件资产和配套使用的数据库支持系统，这两项资产结合使用。2×22年，由于市场上出现新的可替代软件，甲公司需要对该资产组进行减值测试，确定该资产组公允价值减去处置费用后的净额。

由于没有证据表明这些资产的当前用途并非其最佳用途，甲公司确定这些资产的最佳用途是其当前用途，并且每一项资产将主要通过与其他资产结合使用来为市场参与者提供最大价值。假定市场参与者有两种类型，一种是甲公司的竞争对手等同行业企业，另一种是投资公司。同行业企业拥有与软件资产配套使用的其他资产，软件资产只会在有限的过渡期内使用，且在过渡期结束时无法单独出售。同行业企业对软件资产的估价为350万元。投资公司未拥有与软件资产配套使用的其他资产以及软件资产的替代资产，软件资产将在其整个剩余经济寿命内被使用。投资公司对软件资产的估价为340万元。假定两类买家对配套资产的定价相同，均为290万元。根据上述分析，同行业企业愿意为整个资产组合支付的价格高于投资公司的价格，因此软件资产和配套系统组合的公允价值应基于同行业企业对整个资产组合的使用来确定，即640万元（350+290）。

▶【例29-4】2×21年12月1日，甲公司在非同一控制下的吸收合并中取得一块土地使用权。该土地在合并前被作为工业用地，一直用于出租。甲公司取得该土地使用权后，仍将其用于出租。甲公司以公允价值计量其拥有的投资性房地产。2×22年3月31日，邻近的一块土地被开发用于建造高层公寓大楼的住宅用地使用。本地区区域规划自2×22年1月1日以来已经作出调整，甲公司确定，在履行相关手续后，可将该土地的用途从工业用地变更为住宅用地。

市场参与者在对该土地进行定价时，将考虑该土地的最佳用途，并比较该土地仍用于工业用途即与厂房结合使用的价值和该土地用于建造住宅的空置土地的价值。假定该土地目前用于工业用途的价值是600万元，用于建造住宅的价值是1 000万元，并需要发生拆除厂房成本及其他成本250万元。比较上述两项价值后可以确定，该土地使用权的公允价值为750万元。

(二) 非金融资产的估值前提

企业以公允价值计量非金融资产,应当在最佳用途的基础上确定该非金融资产的估值前提,即单独使用该非金融资产还是将其与其他资产或负债组合使用。通过单独使用实现非金融资产最佳用途的,该非金融资产的公允价值应当是将该资产出售给同样单独使用该资产的市场参与者的当前交易价格。通过与其他资产或负债组合使用实现非金融资产最佳用途的,该非金融资产的公允价值应当是将该资产出售给以同样组合方式使用资产的市场参与者的当前交易价格,并且假定市场参与者可以取得组合中的其他资产或负债。其中,负债包括企业为筹集营运资金产生的负债,但不包括企业为组合之外的资产筹集资金所产生的负债。最佳用途假定应当一致地应用于组合中所有相关资产。

对于非金融资产,即使已知该资产通过与其他资产或与其他资产和负债组合使用能够实现最佳用途,但该资产的计量单元是单项资产,企业在以公允价值对其进行计量时,仍应当假设该资产按照与计量单元相一致的方式出售,并假定市场参与者已取得了使该资产正常运作的组合中的其他资产和负债。例如,甲公司在非同一控制下的企业合并中取得一台精密设备,该设备是被合并方生产流水线上的专用设备,该设备需要与流水线上其他设备一起组合使用以实现最佳用途。甲公司在以公允价值计量该精密设备时,应当假定市场参与者能够取得使该精密设备正常运转的其他组合资产,从而使该资产实现最佳用途。但在具体计量时,按照计量单元,将组合的估值分配至各项资产,以确定该精密设备的公允价值。

企业以公允价值计量与其他资产或与其他资产和负债组合使用的非金融资产时,为实现上述估值前提,可能出现以下不同情况:

(1) 非金融资产与其他资产或与其他资产和负债组合使用前提下的公允价值,与该非金融资产单独使用前提下的公允价值可能相等。例如,企业以公允价值对持续运营的业务进行计量时,需要对业务的整体进行估值。由于市场参与者都能获得业务中每一项资产或负债的协同效应,所以无论资产单独使用还是与其他资产或负债组合使用,协同效应都会影响各项资产和负债的公允价值。

(2) 非金融资产与其他资产或与其他资产和负债组合使用前提下的公允价值,可能通过调整该非金融资产单独使用时的公允价值取得。例如,非金融资产是一台机器设备,其公允价值计量基于没有为使用进行安装或配置的类似机器的可观察价格确定,并就运输和安装成本进行调整,从而在公允价值计量中反映了机器的当前状况和位置。

(3) 市场参与者通过在公允价值计量中采用的假设反映非金融资产通过组合实现最佳用途的估值前提。例如,非金融资产是特殊的在产品,市场参与者会将该存货转化为产成品,确定该存货的公允价值时应当假设市场参与者已经获取或者能够获取将存货转化为产成品所需的任何特殊机器设备。

(4) 估值技术反映非金融资产通过组合实现最佳用途的估值前提。例如,在使用多期超额收益法计量无形资产的公允价值时,该估值技术特别考虑了无形资产所在组合中的其他配套资产和相关负债的贡献。

(5) 在少数情况下,非金融资产与其他资产或与其他资产和负债组合使用前提下的公允价值，可通过分配资产组合的公允价值获得近似于该资产公允价值的金额。

▶【例29-5】2×22年10月16日，甲企业在非同一控制下的企业合并中获得一台可辨认的机器，需要估计该资产在合并日的公允价值。被合并方最初通过外购取得该机器，并对该机器进行了特定配置，以适用于自身经营。甲企业自取得该机器后将其用于生产经营。

该资产在安装调配后与其他资产结合使用，并提供最大价值，没有证据表明该机器的当前用途不是最佳用途。因此，该机器的最佳用途是与其他资产相结合的当前用途。假定甲企业可获得运用市场法和成本法计量公允价值的充分数据。运用市场法时，采用类似机器的报价并就差异进行调整，确定该机器公允价值为60万元。运用成本法时，估计当前建造具有类似用途并经过配置后的替代机器所需的金额，考虑机器的现状及其运行所处环境以及安装成本等，其中对机器现状的考虑应包括实体性损耗、功能性贬值、经济性贬值，确定该机器的公允价值为65万元。考虑到对市场法所使用的输入值仅作了较少调整，甲企业认为市场法得出的估计值更能代表该机器的公允价值。因此，甲企业确定该机器在2×22年10月16日的公允价值为60万元。

二、负债和企业自身权益工具的公允价值计量

企业以公允价值计量负债，应当假定在计量日将该负债转移给市场参与者，而且该负债在转移后继续存在，由作为受让方的市场参与者履行相关义务。同样，企业以公允价值计量自身权益工具，应当假定在计量日将该自身权益工具转移给市场参与者，而且该自身权益工具在转移后继续存在，并由作为受让方的市场参与者取得与该工具相关的权利、承担相应的义务。在任何情况下，企业都应当优先使用相关的可观察输入值，只有在相关可观察输入值无法取得或取得不切实可行的情况下，才可以使用不可观察输入值，用以估计在计量日市场参与者之间按照当前市场情况转移一项负债或权益工具的有序交易中的价格。

（一）确定负债或企业自身权益工具公允价值的方法

（1）具有可观察市场报价的相同或类似负债或企业自身权益工具。如果存在相同或类似负债或企业自身权益工具可观察市场报价，企业应当以该报价为基础确定负债或企业自身权益工具的公允价值。但在很多情况下，由于法律限制或企业未打算转移负债或企业自身权益工具等原因，企业可能无法获得转移相同或类似负债或企业自身权益工具的公开报价。在这种情况下，企业应当确定该负债或自身权益工具是否被其他方作为资产持有。相关负债或企业自身权益工具被其他方作为资产持有的，企业应当在计量日从持有对应资产的市场参与者角度，以对应资产的公允价值为基础，确定该负债或企业自身权益工具的公允价值；相关负债或企业自身权益工具没有被其他方作为资产持有的，企业应当从承担负债或者发行权益工具的市场参与者角度，采用估值技术确定该负债或企业自身权益工具的公允价值。

（2）被其他方作为资产持有的负债或企业自身权益工具。对于不存在相同或类似负债或企业自身权益工具报价，但其他方将其作为资产持有的负债或企业自身权益工具，企业应当根据下列方法估计其公允价值：

①如果对应资产存在活跃市场的报价，并且企业能够获得该报价，企业应当以对应资产的报价为基础确定该负债或企业自身权益工具的公允价值。

②如果对应资产不存在活跃市场的报价，或者企业无法获得该报价，企业可使用其

他可观察的输入值,例如,对应资产在非活跃市场中的报价。

③如果上述①和②中的可观察价格或输入值都不存在,企业应使用收益法、市场法等其他估值技术。企业使用收益法的,应当考虑市场参与者将该负债或企业自身权益工具作为资产持有时预期收到的现金流量现值。企业使用市场法的,应当考虑其他市场参与者作为资产持有的类似负债或企业自身权益工具的报价。

对应资产的某些特征不适用于负债或企业自身权益工具的,企业应当对该资产的市场报价进行调整,以调整后的价格确定该负债或企业自身权益工具的公允价值。这些调整因素包括:一是对应资产的出售受到限制。二是与对应资产相关的负债或企业自身权益工具与所计量负债或企业自身权益工具类似但不相同。负债或权益工具可能具有一些特征(如发行方的信用),与被作为资产持有的类似负债或企业自身权益工具的公允价值中反映的特征不同。三是对应资产的计量单元与负债或企业自身权益工具的计量单元不完全相同。如果对应资产的价格反映了相关债权和第三方信用增级,而负债的计量单元不包括第三方的信用增级,则企业在以公允价值计量该负债时,应当调整对应资产的可观察价格,剔除第三方信用增级的影响。四是其他需要调整的因素。

(3) 未被其他方作为资产持有的负债或企业自身权益工具。不存在相同或类似负债或企业自身权益工具报价,并且其他方未将其作为资产持有的,企业应当从承担负债或发行权益工具的市场参与者角度,采用估值技术确定该负债或企业自身权益工具的公允价值。即使不存在对应资产,企业也可使用估值技术计量该负债的公允价值,例如对于弃置义务,企业可以计算市场参与者预期在履行义务时将发生的未来现金流量的现值。

▶【例29-6】2×22年1月1日,甲企业通过非同一控制下的企业合并取得乙公司的控制权。乙公司为在东海海域开采石油,建立了一个钻井平台,并于2×22年1月1日投入使用。根据相关法律要求,乙公司在东海海域钻井平台寿命期结束后将其拆除,该平台的寿命期预计为10年。

甲企业使用期望现金流量法来计量该弃置义务的公允价值,所使用的重大假设包括:

(1) 人工成本,依据当前市场条件下聘请承包商拆除海上钻井平台的薪酬水平确定,并就预期未来薪酬增长进行调整。甲企业估计未来人工成本流出的现金流为2亿元、2.5亿元、3.5亿元的概率分别为25%、50%、25%,概率评估是基于甲企业履行此类义务的经验及其对市场的了解而确定的,由此计算取得预计人工成本的期望现金流是2.625亿元。

(2) 应分摊的间接费用和设备运行成本,甲企业采用人工成本的一定比率80%估计,这与市场参与者的成本结构相符。

(3) 市场参与者实施相关活动及承担与拆除该资产相关的风险而要求的补偿如下:

①第三方承包商通常对人工成本及分摊的内部成本进行加成以保证工程的利润率,所使用的利润率20%反映了业内承包商拆除海上钻井平台通常赚取的经营利润。

②由于锁定10年后项目的当前价格存在固有不确定性,甲企业在考虑通货膨胀影响的基础上,确定溢价金额为期望现金流量的5%。

(4) 甲企业根据可获得的市场数据,假设10年期间的通货膨胀率为4%。

(5) 2×22年1月1日,10年期无风险利率为5%。甲企业为反映不履约风险,在无风险利率基础上增加3.5%。因此,用于计算现金流量现值的折现率为8.5%。

甲企业认为上述假设与市场参与者的假设是一致的。

如表29-3所示，甲企业估计该弃置义务在2×22年1月1日的公允价值为38 977万元。

表29-3　　　　　　　　　甲企业估计弃置业务的公允价值　　　　　　　金额单位：万元

项　目	数　值
（1）预计人工成本	26 250
（2）分摊的间接费用和设备成本＝0.8×（1）	21 000
（3）承包商的利润加成＝0.2×［（1）＋（2）］	9 450
（4）通货膨胀调整前的期望现金流量＝（1）＋（2）＋（3）	56 700
（5）10年期4%通货膨胀率的系数	1.4802
（6）通货膨胀调整后的期望现金流量＝（4）×（5）	83 927
（7）市场风险溢价＝0.05×（6）	4 196
（8）市场风险调整后的期望现金流量＝（6）＋（7）	88 123
（9）8.5%折现率的系数	0.4423
（10）折现后的期望现值＝（8）×（9）	38 977

（二）不履约风险

企业以公允价值计量相关负债，应当考虑不履约风险，并假定不履约风险在负债转移前后保持不变。不履约风险，是指企业不履行义务的风险，包括但不限于企业自身信用风险。企业以公允价值计量相关负债时，应当考虑其信用状况的影响，以及其他可能影响负债履行的因素。这些因素的影响会因不同负债而有所不同，例如，该负债是否是一项具有偿付现金义务的金融负债，或者是一项具有提供商品或服务义务的非金融负债，或者存在与该负债相关的信用增级条款。

企业以公允价值计量相关负债，应当基于该负债的计量单元考虑不履约风险对负债公允价值的影响。负债附有不可分割的第三方信用增级，如第三方的债务担保，并且该信用增级与负债是分别进行会计处理的，企业估计该负债公允价值时，不应考虑该信用增级的影响，而仅应当考虑企业自身的信用状况。

（三）负债或企业自身权益工具转移受限

企业以公允价值计量负债或自身权益工具，并且该负债或自身权益工具存在限制转移因素的，如果企业在公允价值计量的输入值中已经考虑了这些因素，则不应再单独设置相关输入值，也不应对其他输入值进行相关调整。例如，如果债权人和债务人在交易日完全了解相关义务包含转移限制的情况，并接受负债的交易价格，那么交易价格已包含转移限制，企业不需要在交易日或后续计量日通过重新设立单独输入值或者对现有输入值进行调整来反映转移限制的影响。但如果对于负债或自身权益工具转移的限制未反映在交易价格或用于计量公允价值计量的其他输入值中，企业应当对输入值进行调整，以反映该限制。

（四）具有可随时要求偿还特征的金融负债

具有可随时要求偿还特征的金融负债的公允价值，不应低于债权人要求偿还时的应付金额，即从可要求偿还第一天起折现的现值。例如，对于银行而言，其吸收的客户活期存款是具有可随时要求偿还特征的金融负债，反映了银行需根据存款人需求随时偿还现金给存款人或者存款人指定的第三方的合同义务，该活期存款的公允价值不应低于随时要求偿还的金额。

三、市场风险或信用风险可抵销的金融资产和金融负债的公允价值计量

企业持有一组金融资产和金融负债时，将会面临包括利率风险、货币风险和其他价格风险等市场风险和交易对手的信用风险。通常情况下，企业不是通过"出售"金融资产或"转移"金融负债来管理其面临的市场风险及信用风险敞口的，而是基于一个或多个特定市场风险或特定交易对手信用风险的净敞口管理这些金融工具。

企业基于其市场风险或特定交易对手信用风险的净敞口来管理其金融资产和金融负债时，在满足要求的情况下，可以在当前市场情况下市场参与者之间于计量日进行的有序交易中，以出售特定风险敞口的净多头（即资产）所能收到的价格或转移特定风险敞口的净空头（即负债）所需支付的价格为基础，计量该组金融资产和金融负债的公允价值。

（一）金融资产和金融负债组合计量的条件

企业以公允价值计量金融资产和金融负债组合的，应当同时满足下列条件：

（1）企业在风险管理或投资策略的正式书面文件中已载明，以特定市场风险或特定对手信用风险的净敞口为基础，管理金融资产和金融负债的组合。企业应当提供证据，以证明其一致地基于市场风险或信用风险的净敞口管理金融工具。

（2）企业以特定市场风险或特定对手信用风险的净敞口为基础，向企业关键管理人员报告金融资产和金融负债组合的信息。

（3）企业在每个资产负债表日持续以公允价值计量组合中的金融资产和金融负债。

（二）金融资产和金融负债的市场风险敞口

企业以公允价值计量基于特定市场风险的净敞口管理的金融资产和金融负债，金融资产和金融负债应当具有实质上相同的特定市场风险敞口和特定市场风险的期限，企业应当使用出价和要价价差内最能代表当前市场环境下公允价值的价格作为公允价值。因期限不同而导致在一段时期市场风险未被抵销的，企业应当分别计量其市场风险被抵销时期的市场风险净敞口，以及在市场风险未被抵销的时期的市场风险总敞口。例如，企业使用 12 个月的期货合同对应 5 年期金融工具中与 12 个月利率风险敞口价值相关的现金流量，对于由这些金融资产和金融负债组成的组合，企业以净额为基础计量 12 个月利率风险敞口的公允价值，以总额为基础计量剩余利率风险敞口即第 2 年至第 5 年的公允价值。

（三）金融资产和金融负债的信用风险敞口

企业以公允价值计量相关资产或负债，如果已与交易对手达成了在出现违约情况下将考虑所有能够缓释信用风险敞口的安排，例如与交易对手订立的总互抵协议，或者要求基于各方对另一方信用风险的净敞口交换担保品的协议，则应在公允价值计量中考虑交易对手信用风险的净敞口或者该交易对手对企业信用风险的净敞口。企业以公允价值计量相关资产或负债，应当反映市场参与者对这些安排在出现违约情况下能否依法强制执行的预期。

企业为管理一个或多个特定市场风险净敞口而进行组合管理的金融资产和金融负债，可以不同于企业为管理其特定交易对手信用风险净敞口而进行组合管理的金融资产和金融负债，因为企业所有合同不可能均与相同的交易对手订立。

第三十章 政府及民间非营利组织会计

第一节 政府会计概述

政府会计是会计体系的重要分支，它是运用会计专门方法对政府及其组成主体的财务状况、运行情况（含运行成本，下同）、现金流量、预算执行等情况进行全面核算、监督和报告。

一、政府会计标准体系

我国的政府会计标准体系由政府会计准则（包括基本准则、具体准则及应用指南）、政府会计制度和政府会计准则制度解释等组成。

（一）政府会计准则

政府会计基本准则用于规范政府会计目标、政府会计主体、政府会计信息质量要求、政府会计核算基础，以及政府会计要素定义、确认和计量原则、列报要求等原则事项。基本准则指导具体准则和制度的制定，并为政府会计实务问题提供处理原则。2015年10月23日，财政部制定发布了《政府会计准则——基本准则》（财政部令第78号，以下简称《基本准则》）。

政府会计具体准则依据基本准则制定，用于规范政府发生的经济业务或事项的会计处理原则，详细规定经济业务或事项引起的会计要素变动的确认、计量和报告。应用指南是对具体准则的实际应用作出的操作性规定。2016年以来，财政部相继出台了存货、投资、固定资产、无形资产、公共基础设施、政府储备物资、会计调整、负债、财务报表编制和列报、文物资源等具体准则，以及相关会计准则应用指南。

（二）政府会计制度

政府会计制度依据基本准则、具体准则制定，主要规定政府会计科目的设置、应用及账务处理、报表体系及编制说明等。按照政府会计主体不同，政府会计制度主要由政府财政总会计制度和政府单位会计制度组成。2017年财政部制定发布了《政府会计制度——行政事业单位会计科目和报表》（以下简称《政府单位会计制度》），2018 年又印发的 11 项新旧制度衔接规定和 7 个特殊行业单位执行《政府单位会计制度》的补充规定，2022 年印发的《行政事业单位划转撤并相关会计处理规定》等。新旧衔接规定、行业补充规定和会计处理规定也是政府会计制度的有机组成部分。

此外，财政部自 2019 年以来先后印发了《事业单位成本核算基本指引》和公立医院、高等学校、科学事业单位三个行业事业单位的成本核算具体指引，积极推进事业单位开展成本核算。成本核算指引也属于政府会计制度的组成部分。

（三）政府会计准则制度解释

为了及时回应和解决政府会计准则制度执行中的问题，进一步补充和完善政府会计标准体系，财政部还适时出台了政府会计准则制度解释，以确保准则制度有效实施。财政部自 2019 年以来印发了 7 项政府会计准则制度解释。

政府会计主体应当根据政府会计准则规定的原则和政府会计制度及解释的要求，对其发生的各项经济业务或事项进行会计核算。根据《基本准则》，政府会计主体主要包括各级政府、各部门、各单位。各级政府指各级政府财政总会计。各部门、各单位是指与本级政府财政部门直接或者间接发生预算拨款关系的国家机关、军队、政党组织、社会团体、事业单位和其他单位。军队、已纳入企业财务管理体系的单位和执行《民间非营利组织会计制度》的社会团体，其会计核算不适用政府会计准则制度。

二、政府会计核算模式

政府会计由预算会计和财务会计构成。政府会计核算应当实现预算会计与财务会计适度分离并相互衔接，全面、清晰反映政府财务信息和预算执行信息，为开展政府信用评级、加强资产负债管理、改进政府绩效监督考核、防范财政风险等提供支持，促进政府财务管理水平提高和财政经济可持续发展。

（一）政府预算会计和财务会计的"适度分离"

1."双功能"。政府会计应当实现预算会计和财务会计双重功能。预算会计应准确完整反映政府预算收入、预算支出和预算结余等预算执行信息，财务会计应全面准确反映政府的资产、负债、净资产、收入、费用等财务信息。

2."双基础"。预算会计实行收付实现制，国务院另有规定的，从其规定；财务会计实行权责发生制。

3."双报告"。政府会计主体应当编制决算报告和财务报告。政府决算报告的编制主要以收付实现制为基础，以预算会计核算生成的数据为准；政府财务报告的编制主要以权责发生制为基础，以财务会计核算生成的数据为准。

（二）政府预算会计和财务会计的"相互衔接"

政府预算会计和财务会计"适度分离"，并不是要求政府会计主体分别建立预算会计和财务会计两套账，对同一笔经济业务或事项进行会计核算，而是要求政府预算会计要素和财务会计要素相互协调，决算报告和财务报告相互补充，共同反映政府会计主体的预算执行信息和财务信息。

三、政府会计要素及其确认和计量

（一）政府预算会计要素

政府预算会计要素包括预算收入、预算支出与预算结余。

1. 预算收入

预算收入是指政府会计主体在预算年度内依法取得并纳入预算管理的现金流入。预算收入一般在实际收到时予以确认，以实际收到的金额计量。

2. 预算支出

预算支出是指政府会计主体在预算年度内依法发生并纳入预算管理的现金流出。预算支出一般在实际支付时予以确认，以实际支付的金额计量。

3. 预算结余

预算结余是指政府会计主体预算年度内预算收入扣除预算支出后的资金余额，以及历年滚存的资金余额。

预算结余包括结余资金和结转资金。结余资金是指年度预算执行终了，预算收入实际完成数扣除预算支出和结转资金后剩余的资金。结转资金是指预算安排项目的支出年终尚未执行完毕或者因故未执行，且下年需要按原用途继续使用的资金。

（二）政府财务会计要素

政府财务会计要素包括资产、负债、净资产、收入和费用。

1. 资产

资产是指政府会计主体过去的经济业务或者事项形成的，由政府会计主体控制的，预期能够产生服务潜力或者带来经济利益流入的经济资源。服务潜力是指政府会计主体利用资产提供公共产品和服务以履行政府职能的潜在能力。经济利益流入表现为现金及现金等价物的流入，或者现金及现金等价物流出的减少。符合政府资产定义的经济资源，在同时满足以下条件时，确认为资产：一是与该经济资源相关的服务潜力很可能实现或者经济利益很可能流入政府会计主体；二是该经济资源的成本或者价值能够可靠地计量。

政府会计主体的资产按照流动性，分为流动资产和非流动资产。流动资产包括库存现金、银行存款、其他货币资金、零余额账户用款额度、财政应返还额度、短期投资、应收及预付款项、存货等，非流动资产包括固定资产、在建工程、无形资产、长期投资、公共基础设施、政府储备物资、文物资源、保障性住房等。

政府资产的计量属性主要包括历史成本、重置成本、现值、公允价值和名义金额。政府会计主体在对资产进行计量时，一般应当采用历史成本。采用重置成本、现值、公允价值计量的，应当保证所确定的资产金额能够持续、可靠计量。无法采用历史成本、重置成本、现值和公允价值计量属性的，采用名义金额（即人民币1元）计量。

2. 负债

负债是指政府会计主体过去的经济业务或者事项形成的，预期会导致经济资源流出政府会计主体的现时义务。现时义务是指政府会计主体在现行条件下已承担的义务。未来发生的经济业务或者事项形成的义务不属于现时义务，不应当确认为负债。符合政府负债定义的义务，在同时满足以下条件时，确认为负债：一是履行该义务很可能导致含有服务潜力或者经济利益的经济资源流出政府会计主体；二是该义务的金额能够可靠地计量。

政府会计主体的负债按照流动性，分为流动负债和非流动负债。流动负债包括应付及预收款项、应缴税费、应付职工薪酬、应缴款项等，非流动负债包括长期应付款、预计负债等。政府会计主体的负债按照偿债压力不同，分为偿还时间与金额基本确定的负债和由或有事项形成的预计负债。偿还时间与金额基本确定的负债按政府会计主体的业务性质及风险程度，分为融资活动形成的举借债务及其应付利息、运营活动形成的应付及预收款项和暂收性负债。政府举借的债务包括政府发行的政府债券，向外国政府、国际经济组织等借入的款项，以及向上级政府借入转贷资金形成的借入转贷款。应付及预收款项包括应付职工薪酬、应付账款、预收款项、应交税费、应付国库集中支付结余和其他应付未付款项。暂收性负债是指政府会计主体暂时收取，随后应做上缴、退回、转拨等处理的款项，主要包括应缴财政款和其他暂收款项。政府会计主体常见的或有事项主要包括：未决诉讼或未决仲裁、对外国政府或国际经济组织的贷款担保、承诺（补贴、代偿）、自然灾害或公共事件的救助等。

政府负债的计量属性主要包括历史成本、现值和公允价值。政府会计主体在对负债进行计量时，一般应当采用历史成本。采用现值、公允价值计量的，应当保证所确定的负债金额能够持续、可靠计量。

3. 净资产

净资产是指政府会计主体资产扣除负债后的净额，其金额取决于资产和负债的计量。

4. 收入

收入是指报告期内导致政府会计主体净资产增加的、含有服务潜力或者经济利益的经济资源的流入。收入的确认应当同时满足以下条件：一是与收入相关的含有服务潜力或者经济利益的经济资源很可能流入政府会计主体；二是含有服务潜力或者经济利益的经济资源流入会导致政府会计主体资产增加或者负债减少；三是流入金额能够可靠地计量。

5. 费用

费用是指报告期内导致政府会计主体净资产减少的、含有服务潜力或者经济利益的经济资源的流出。费用的确认应当同时满足以下条件：一是与费用相关的含有服务潜力或者经济利益的经济资源很可能流出政府会计主体；二是含有服务潜力或者经济利益的经济资源流出会导致政府会计主体资产减少或者负债增加；三是流出金额能够可靠地计量。

四、政府财务报告和决算报告

（一）政府财务报告

政府财务报告是反映政府会计主体某一特定日期的财务状况和某一会计期间的运行情况和现金流量等信息的文件。政府财务报告的目标是向财务报告使用者提供与政府财务状况、运行情况和现金流量等有关的信息，反映政府会计主体公共受托责任履行情况，有助于财务报告使用者作出决策或者进行监督和管理。

政府财务报告应当包括财务报表和其他应当在财务报告中披露的相关信息和资料。财务报表包括会计报表和附注。会计报表至少应当包括资产负债表、收入费用表和现金流量表。

政府财务报告主要分为政府部门财务报告和政府综合财务报告。政府部门编制部门财务报告，反映本部门的财务状况和运行情况；财政部门编制政府综合财务报告，反映政府整体的财务状况、运行情况和财政中长期可持续性。

（二）政府决算报告

政府决算报告是综合反映政府会计主体年度预算收支执行结果的文件。政府决算报告的目标是向决算报告使用者提供与政府预算执行情况有关的信息，综合反映政府会计主体预算收支的年度执行结果，有助于决算报告使用者进行监督和管理，并为编制后续年度预算提供参考和依据。

政府决算报告应当包括决算报表和其他应当在决算报告中反映的相关信息和资料。

第二节 政府单位特定业务的会计核算

行政事业单位（以下简称单位）是政府会计主体的重要组成部分。单位财务会计的原理和方法与企业会计基本一致，但与企业会计不同的是，单位会计中没有"利润"要求，且其核算应当具备财务会计与预算会计双重功能，实现财务会计与预算会计适度分离并相互衔接，全面、清晰反映单位财务信息和预算执行信息。本节主要介绍单位特定业务的会计核算。

一、单位会计核算一般原则

单位应当根据政府会计准则规定的原则和《政府单位会计制度》的要求，对其发生的各项经济业务或事项进行会计核算。

单位财务会计通过资产、负债、净资产、收入、费用五个要素，全面反映单位财务状况、运行情况和现金流量情况。单位预算会计通过预算收入、预算支出和预算结余三个要素，全面反映单位预算收支执行情况。为了保证单位预算会计要素单独循环，在日常核算时，单位应当设置"资金结存"科目，核算纳入年度部门预算管理的资金的流入、流出、调整和滚存等情况。根据资金支付方式及资金形态，"资金结存"科目应设置"零余额账户用款额度""货币资金""财政应返还额度"三个明细科目。年末预算收支结转后，"资金结存"科目借方余额与预算结转结余科目贷方余额相等。

单位对于纳入年度部门预算管理的现金收支业务，在采用财务会计核算的同时应当进行预算会计核算；对于其他业务，仅需进行财务会计核算。年末结账前，单位应当对暂收暂付款项进行全面清理，并对于纳入本年度部门预算管理的暂收暂付款项进行预算会计处理，确认相关预算收支，确保预算会计信息能够完整反映本年度部门预算收支执行情况。这里的部门预算是指部门综合预算，包括财政拨款收支和非财政拨款收支；未纳入年初批复的预算但纳入决算报表编制范围的非财政收支，也应当进行预算会计核算。这里的现金，是指单位的库存现金以及其他可以随时用于支付的款项，包括库存现金、银行存款、其他货币资金、零余额账户用款额度、财政应返还额度，以及通过财政直接支付方式支付的款项。对于单位受托代理的现金以及不纳入部门预算管理的暂收暂付款项（如应上缴、应转拨或应退回的资金），仅需要进行财务会计处理，不需要进行预算会计处理。

另外，单位会计核算的一个重要特点是关于明细科目的设置及运用。比如，为了满足决算报表的编制要求，单位应当在预算会计"行政支出""事业支出"科目下，分别按照"财政拨款支出""非财政专项资金支出"和"其他资金支出"，"基本支出"和"项目支出"等进行明细核算，并按照《政府收支分类科目》中"支出功能分类科目"的项级科目进行明细核算；"基本支出"和"项目支出"明细科目下应当按照《政府收支分类科目》中"部门预算支出经济分类科目"的款级科目进行明细核算，同时在"项目支出"明细科目下按照具体项目进行明细核算。又如，为了满足成本核算需要，单位可在财务会计"业务活动费用"和"单位管理费用"科目下，按照"工资福利费用""商品和服务费用""对个人和家庭的补助费用""对企业补助费用""固定资产折旧费""无形资产摊销费""公共基础设施折旧（摊销）费""保障性住房折旧费""计提专用基金"等成本项目设置明细科目，归集能够直接计入业务活动或采用一定方法计算后计入业务活动的费用。

按照《政府会计制度》规定，"业务活动费用"科目核算单位为实现其职能目标、依法履职或开展专业业务活动及其辅助活动所发生的各项费用。"单位管理费用"科目核算事业单位本级行政及后勤管理部门开展管理活动发生的各项费用，包括单位行政及后勤管理部门发生的人员经费、公用经费、资产折旧（摊销）等费用，以及由单位统一负担的离退休人员经费、工会经费、诉讼费、中介费等。按照上述规定，行政单位不使用"单位管理费用"科目，其为实现其职能目标、依法履职发生的各项费用均记入"业务活动费用"科目。事业单位应当同时使用"业务活动费用"和"单位管理费用"科目，其业务部门开展专业业务活动及其辅助活动发生的各项费用记入"业务活动费用"科目，其本级行政及后勤管理部门发生的各项费用以及由单位统一负担的费用记入"单位管理费用"科目。事业单位应当按照《政府会计制度》的规定，结合本单位实际，确定本单位业务活动费用和单位管理费用划分的具体会计政策。

此外，单位财务会计核算中关于应交增值税的会计处理与企业会计基本相同，但是在预算会计处理中，预算收入和预算支出包含了销项税额和进项税额，实际缴纳增值税时计入预算支出。为了简化起见，本节内容在账务处理介绍中一般不涉及增值税的会计处理。

二、财政拨款收支业务

财政拨款收支业务是绝大多数单位的主要业务，"财政拨款（预算）收入"科目核算单位从同级财政部门取得的各类财政拨款。实行国库集中支付的单位，财政资金的支付方式包括财政直接支付和财政授权支付①。单位核算国库集中支付业务，应当在进行预算会计核算的同时进行财务会计核算。单位在财务会计中应当设置"财政拨款收入""零余额账户用款额度""财政应返还额度"等科目，在预算会计中应设置"财政拨款预算收入""资金结存——零余额账户用款额度""资金结存——财政应返还额度"科目。②

（一）财政直接支付业务

在财政直接支付方式下，单位收到"财政直接支付入账通知书"时，按照通知书中的直接支付入账金额，在预算会计中借记"行政支出""事业支出"等科目，贷记"财政拨款预算收入"科目；同时在财务会计中借记"库存物品""固定资产""应付职工薪酬""业务活动费用""单位管理费用"等科目，贷记"财政拨款收入"科目。

年末，根据本年度财政直接支付预算指标数与当年财政直接支付实际支出数的差额，在预算会计中借记"资金结存——财政应返还额度"科目，贷记"财政拨款预算收入"科目；同时在财务会计中借记"财政应返还额度"科目，贷记"财政拨款收入"科目。

下年度恢复财政直接支付额度后，单位以财政直接支付方式发生实际支出时，在预算会计中借记"行政支出""事业支出"等科目，贷记"资金结存——财政应返还额度"科目；同时在财务会计中借记"库存物品""固定资产""应付职工薪酬""业务活动费用""单位管理费用"等科目，贷记"财政应返还额度"科目。

▶【例30-1】2×22年10月9日，某事业单位根据经过批准的部门预算和用款计划，向同级财政部门申请支付第三季度水费105 000元。10月18日，财政部门经审核后，以财政直接支付方式向自来水公司支付了该单位的水费105 000元。10月23日，该事业单位收到了"财政直接支付入账通知书"。该单位应进行如下账务处理：

借：事业支出　　　　　　　　　　　　　　　　　　　　　　　　105 000
　　贷：财政拨款预算收入　　　　　　　　　　　　　　　　　　　　105 000

同时：

借：单位管理费用　　　　　　　　　　　　　　　　　　　　　　　105 000
　　贷：财政拨款收入　　　　　　　　　　　　　　　　　　　　　　105 000

▶【例30-2】2×21年12月31日，某行政单位财政直接支付指标数与当年财政直接支付实际支出数之间的差额为100 000元。2×22年初，财政部门恢复了该单位的财政直接支付额度。2×22年1月15日，该单位以财政直接支付方式购买一批办公用物资（属于上年预算指标数），支付给供应商50 000元价款。该行政单位应进行如下账务处理：

（1）2×21年12月31日补记指标：

借：资金结存——财政应返还额度　　　　　　　　　　　　　　　　100 000
　　贷：财政拨款预算收入　　　　　　　　　　　　　　　　　　　　100 000

同时：

借：财政应返还额度——财政直接支付　　　　　　　　　　　　　　100 000

---

① 实行预算管理一体化的行政事业单位，国库集中支付业务流程与本节讲述的内容不一致的，应当遵循财政部关于预算管理一体化相关会计处理的规定，具体参见《政府会计准则制度解释第5号》。

② 按照《国务院关于进一步深化预算管理制度改革的意见》（国发〔2021〕5号）规定，市县级财政国库集中支付结余不再按权责发生制列支，相关单位年末不再进行上述账务处理。

贷：财政拨款收入	100 000

（2）2×22年1月15日使用上年预算指标购买办公用品：

借：行政支出	50 000
贷：资金结存——财政应返还额度	50 000

同时：

借：库存物品	50 000
贷：财政应返还额度——财政直接支付	50 000

（二）财政授权支付业务

在财政授权支付方式下，单位收到代理银行盖章的"授权支付到账通知书"时，根据通知书所列数额，在预算会计中借记"资金结存——零余额账户用款额度"科目，贷记"财政拨款预算收入"科目；同时在财务会计中借记"零余额账户用款额度"科目，贷记"财政拨款收入"科目。

按规定支用额度时，按照实际支用的额度，在预算会计中借记"行政支出""事业支出"等科目，贷记"资金结存——零余额账户用款额度"科目；同时在财务会计中借记"库存物品""固定资产""应付职工薪酬""业务活动费用""单位管理费用"等科目，贷记"零余额账户用款额度"科目。

年末，依据代理银行提供的对账单作注销额度的相关账务处理，在预算会计中借记"资金结存——财政应返还额度"科目，贷记"资金结存——零余额账户用款额度"科目；同时在财务会计中借记"财政应返还额度"科目，贷记"零余额账户用款额度"科目。下年年初恢复额度时，在预算会计中借记"资金结存——零余额账户用款额度"科目，贷记"资金结存——财政应返还额度"科目；同时在财务会计中借记"零余额账户用款额度"科目，贷记"财政应返还额度——财政授权支付"科目。

年末，单位本年度财政授权支付预算指标数大于零余额账户用款额度下达数的，根据未下达的用款额度，在预算会计中借记"资金结存——财政应返还额度"科目，贷记"财政拨款预算收入"科目；同时在财务会计中借记"财政应返还额度"科目，贷记"财政拨款收入"科目[①]。下年度收到财政部门批复的上年末未下达零余额账户用款额度时，在预算会计中借记"资金结存——零余额账户用款额度"科目，贷记"资金结存——财政应返还额度"科目；同时在财务会计中借记"零余额账户用款额度"科目，贷记"财政应返还额度"科目。

▶【例30-3】2×22年3月，某科研所根据经过批准的部门预算和用款计划，向同级财政部门申请财政授权支付用款额度180 000元。4月6日，财政部门经审核后，以财政授权支付方式下达了170 000元用款额度。4月8日，该科研所收到了代理银行转来的"授权支付到账通知书"，该科研所应进行如下账务处理：

借：资金结存——零余额账户用款额度	170 000
贷：财政拨款预算收入	170 000

同时：

---

① 按照《国务院关于进一步深化预算管理制度改革的意见》（国发〔2021〕5号）规定，市县级财政国库集中支付结余不再按权责发生制列支，相关单位年末不再进行上述账务处理。

借：零余额账户用款额度　　　　　　　　　　　　　　　　　　　170 000
　　贷：财政拨款收入　　　　　　　　　　　　　　　　　　　　　　170 000

▶【例 30-4】2×21 年 12 月 31 日，某事业单位经与代理银行提供的对账单核对无误后，将 150 000 元零余额账户用款额度予以注销。另外，本年度财政授权支付预算指标数大于零余额账户用款额度下达数，未下达的用款额度为 200 000 元。2×22 年度，该单位收到代理银行提供的额度恢复到账通知书及财政部门批复的上年末未下达零余额账户用款额度。该事业单位应进行如下账务处理：

(1) 注销额度：
借：资金结存——财政应返还额度　　　　　　　　　　　　　　　150 000
　　贷：资金结存——零余额账户用款额度　　　　　　　　　　　　　150 000
同时：
借：财政应返还额度——财政授权支付　　　　　　　　　　　　　150 000
　　贷：零余额账户用款额度　　　　　　　　　　　　　　　　　　　150 000

(2) 补记指标数：
借：资金结存——财政应返还额度　　　　　　　　　　　　　　　200 000
　　贷：财政拨款预算收入　　　　　　　　　　　　　　　　　　　　200 000
同时：
借：财政应返还额度——财政授权支付　　　　　　　　　　　　　200 000
　　贷：财政拨款收入　　　　　　　　　　　　　　　　　　　　　　200 000

(3) 恢复额度：
借：资金结存——零余额账户用款额度　　　　　　　　　　　　　150 000
　　贷：资金结存——财政应返还额度　　　　　　　　　　　　　　　150 000
同时：
借：零余额账户用款额度　　　　　　　　　　　　　　　　　　　150 000
　　贷：财政应返还额度——财政授权支付　　　　　　　　　　　　　150 000

(4) 收到财政部门批复的上年末未下达的额度：
借：资金结存——零余额账户用款额度　　　　　　　　　　　　　200 000
　　贷：资金结存——财政应返还额度　　　　　　　　　　　　　　　200 000
同时：
借：零余额账户用款额度　　　　　　　　　　　　　　　　　　　200 000
　　贷：财政应返还额度——财政授权支付　　　　　　　　　　　　　200 000

三、关于预算管理一体化相关的会计处理

根据《预算管理一体化规范（试行）》（财办〔2020〕13 号）、《中央财政预算管理一体化资金支付管理办法（试行）》（财库〔2022〕5 号）等规定，中央一体化试点部门及其所属相关预算单位（以下称中央预算单位）在预算管理一体化下的有关会计处理规定如下：

（一）实行预算管理一体化的中央预算单位会计核算时不再使用的科目

实行预算管理一体化的中央预算单位在会计核算时不再使用"零余额账户用款额度"

科目，"财政应返还额度"科目和"资金结存——财政应返还额度"科目下不再设置"财政直接支付""财政授权支付"明细科目。

（二）财政资金支付的账务处理

中央预算单位应当根据收到的国库集中支付凭证及相关原始凭证，按照凭证上的国库集中支付入账金额，在财务会计下借记"库存物品""固定资产""业务活动费用""单位管理费用""应付职工薪酬"等科目，贷记"财政拨款收入"科目（使用本年度预算指标）或"财政应返还额度"科目（使用以前年度预算指标）；同时，在预算会计下借记"行政支出""事业支出"等科目，贷记"财政拨款预算收入"科目（使用本年度预算指标）或"资金结存——财政应返还额度"科目（使用以前年度预算指标）。

（三）按规定向本单位实有资金账户划转财政资金的账务处理

中央预算单位在某些特定情况下按规定从本单位零余额账户向本单位实有资金账户划转资金用于后续相关支出的，可在"银行存款"或"资金结存——货币资金"科目下设置"财政拨款资金"明细科目，或采用辅助核算等形式，核算反映按规定从本单位零余额账户转入实有资金账户的资金金额，并应当按照以下规定进行账务处理：

（1）从本单位零余额账户向实有资金账户划转资金时，应当根据收到的国库集中支付凭证及实有资金账户入账凭证，按照凭证入账金额，在财务会计下借记"银行存款"科目，贷记"财政拨款收入"科目（使用本年度预算指标）或"财政应返还额度"科目（使用以前年度预算指标）；同时，在预算会计下借记"资金结存——货币资金"科目，贷记"财政拨款预算收入"科目（使用本年度预算指标）或"资金结存——财政应返还额度"科目（使用以前年度预算指标）。

（2）将本单位实有资金账户中从零余额账户划转的资金用于相关支出时，按照实际支付的金额，在财务会计下借记"应付职工薪酬""其他应交税费"等科目，贷记"银行存款"科目；同时，在预算会计下借记"行政支出""事业支出"等支出科目下的"财政拨款支出"明细科目，贷记"资金结存——货币资金"科目。

（四）已支付的财政资金退回的账务处理

发生当年资金退回时，中央预算单位应当根据收到的财政资金退回通知书及相关原始凭证，按照通知书上的退回金额，在财务会计下借记"财政拨款收入"科目（支付时使用本年度预算指标）或"财政应返还额度"科目（支付时使用以前年度预算指标），贷记"业务活动费用""库存物品"等科目；同时，在预算会计下借记"财政拨款预算收入"科目（支付时使用本年度预算指标）或"资金结存——财政应返还额度"科目（支付时使用以前年度预算指标），贷记"行政支出""事业支出"等科目。

发生项目未结束的跨年资金退回时，中央预算单位应当根据收到的财政资金退回通知书及相关原始凭证，按照通知书上的退回金额，在财务会计下借记"财政应返还额度"科目，贷记"以前年度盈余调整""库存物品"等科目；同时，在预算会计下借记"资金结存——财政应返还额度"科目，贷记"财政拨款结转——年初余额调整"等科目。

（五）结余资金上缴国库的账务处理

因项目结束或收回结余资金，中央预算单位按照规定通过实有资金账户汇总相关资金统一上缴国库的，应当根据一般缴款书或银行汇款单上的上缴财政金额，在财务会计下借记"累计盈余"科目，贷记"银行存款"科目；同时，在预算会计下借记"财政拨款结余——归集上缴"科目，贷记"资金结存——货币资金"科目。中央预算单位按照规定注销财政拨款结转结余资金额度的，应当按照《政府会计制度》相关规定进行账务处理。

（六）年末的账务处理

年末，中央预算单位根据财政部批准的本年度预算指标数大于当年实际支付数的差额中允许结转使用的金额，在财务会计下借记"财政应返还额度"科目，贷记"财政拨款收入"科目；同时，在预算会计下借记"资金结存——财政应返还额度"科目，贷记"财政拨款预算收入"科目。

四、非财政拨款收支业务

单位的收支业务除了财政拨款收支业务之外，还包括事业活动、经营活动等形成的收支。这里主要以事业（预算）收入、捐赠（预算）收入和支出、债务预算收入和债务还本支出、投资支出为例进行说明。

（一）事业（预算）收入

事业收入是指事业单位开展专业业务活动及其辅助活动实现的收入，不包括从同级政府财政部门取得的各类财政拨款。为了核算事业收入，单位在预算会计中应当设置"事业预算收入"科目，采用收付实现制核算；在财务会计中应当设置"事业收入"科目，采用权责发生制核算。

1. 对采用财政专户返还方式管理的事业（预算）收入，实现应上缴财政专户的事业收入时，按照实际收到或应收的金额，在财务会计中借记"银行存款""应收账款"等科目，贷记"应缴财政款"科目。向财政专户上缴款项时，按照实际上缴的款项金额，在财务会计中借记"应缴财政款"科目，贷记"银行存款"等科目。收到从财政专户返还的事业收入时，按照实际收到的返还金额，在财务会计中借记"银行存款"等科目，贷记"事业收入"科目；同时在预算会计中借记"资金结存——货币资金"科目，贷记"事业预算收入"科目。

▶【例30-5】某事业单位部分事业收入采用财政专户返还的方式管理。2×22年9月5日，该单位收到应上缴财政专户的事业收入5 000 000元。9月15日，该单位将上述款项上缴财政专户。10月15日，该单位收到从财政专户返还的事业收入5 000 000元。财会部门根据有关凭证，应进行如下账务处理：

（1）收到应上缴财政专户的事业收入时：

借：银行存款　　　　　　　　　　　　　　　　　　　　5 000 000
　　　贷：应缴财政款　　　　　　　　　　　　　　　　　　5 000 000

（2）向财政专户上缴款项时：

借：应缴财政款　　　　　　　　　　　　　　　　　　　5 000 000
　　　贷：银行存款　　　　　　　　　　　　　　　　　　　5 000 000

（3）收到从财政专户返还的事业收入时：

借：银行存款　　　　　　　　　　　　　　　　　　　　5 000 000
　　　贷：事业收入　　　　　　　　　　　　　　　　　　　5 000 000

同时：
借：资金结存——货币资金 5 000 000
　　贷：事业预算收入 5 000 000

2. 对采用预收款方式确认的事业（预算）收入，实际收到预收款项时，按照收到的款项金额，在财务会计中借记"银行存款"等科目，贷记"预收账款"科目；同时在预算会计中借记"资金结存——货币资金"科目，贷记"事业预算收入"科目。以合同完成进度确认事业收入时，按照基于合同完成进度计算的金额，借记"预收账款"科目，贷记"事业收入"科目。

3. 对采用应收款方式确认的事业收入，根据合同完成进度计算本期应收的款项，在财务会计中借记"应收账款"科目，贷记"事业收入"科目。实际收到款项时，在财务会计中借记"银行存款"等科目，贷记"应收账款"科目；同时在预算会计中借记"资金结存——货币资金"科目，贷记"事业预算收入"科目。

单位以合同完成进度确认事业收入时，应当根据业务实质，选择累计实际发生的合同成本占合同预计总成本的比例、已经完成的合同工作量占合同预计总工作量的比例、已经完成的时间占合同期限的比例、实际测定的完工进度等方法，合理确定合同完成进度。

4. 对于其他方式下确认的事业收入，按照实际收到的金额，在财务会计中借记"银行存款""库存现金"等科目，贷记"事业收入"科目；同时在预算会计中借记"资金结存——货币资金"科目，贷记"事业预算收入"科目。

5. 事业活动中涉及增值税业务的，事业收入按照实际收到的金额扣除增值税销项税之后的金额入账，事业预算收入按照实际收到的金额入账。

▶【例30-6】2×22年3月，某科研事业单位（为增值税一般纳税人）对开展技术咨询服务，开具的增值税专用发票上注明的劳务收入为200 000元，增值税税额为12 000元，款项已存入银行。财会部门根据有关凭证，应进行如下账务处理：

（1）收到劳务收入时：
借：银行存款 212 000
　　贷：事业收入 200 000
　　　　应交增值税——应交税金（销项税额） 12 000
同时：
借：资金结存——货币资金 212 000
　　贷：事业预算收入 212 000

（2）实际缴纳增值税时：
借：应交增值税——应交税金（已交税金） 12 000
　　贷：银行存款 12 000
同时：
借：事业支出 12 000
　　贷：资金结存——货币资金 12 000

6. 事业单位对于因开展专业业务活动及其辅助活动取得的非同级财政拨款收入（包括两大类，一类是从同级财政以外的同级政府部门取得的横向转拨财政款，另一类是从上级或下级政府取得的各类财政款），应当通过"事业收入"和"事业预算收入"下的"非同级财政拨款"明细科目核算；对于其他非同级财政拨款收入，应当通过"非同级财政拨款收入"科目核算。

（二）捐赠（预算）收入和支出

1. 捐赠（预算）收入

捐赠收入指单位接受其他单位或者个人捐赠取得的收入，包括现金捐赠和非现金捐赠收入。捐赠预算收入指单位接受的现金资产。

单位接受捐赠的货币资金，按照实际收到的金额，在财务会计中借记"银行存款""库存现金"等科目，贷记"捐赠收入"科目；同时在预算会计中借记"资金结存——货币资金"科目，贷记"其他预算收入——捐赠预算收入"科目。

单位接受捐赠的存货、固定资产等非现金资产，应当根据相关会计准则确定的初始入账成本，在财务会计中借记"库存物品""固定资产"等科目，按照发生的相关税费、运输费等，贷记"银行存款"等科目，按照其差额，贷记"捐赠收入"科目；同时在预算会计中，按照发生的相关税费、运输费等支出金额，借记"其他支出"科目，贷记"资金结存——货币资金"科目。

▶【例30-7】2×22年3月12日，某事业单位接受甲公司捐赠的一批实验材料，甲公司所提供的凭据表明其价值为100 000元，该事业单位以银行存款支付了运输费1 000元。假设不考虑相关税费。财会部门根据有关凭证，应进行如下账务处理：

借：库存物品　　　　　　　　　　　　　　　　　　　　　101 000
　　贷：捐赠收入　　　　　　　　　　　　　　　　　　　　100 000
　　　　银行存款　　　　　　　　　　　　　　　　　　　　　1 000

同时：

借：其他支出　　　　　　　　　　　　　　　　　　　　　　1 000
　　贷：资金结存——货币资金　　　　　　　　　　　　　　　1 000

需要说明的是，单位取得捐赠的货币资金按规定应当上缴财政的，应当按照"应缴财政款"科目相关规定进行财务会计处理，预算会计不作处理。单位接受捐赠人委托转赠的资产，应当按受托代理业务相关规定进行财务会计处理，预算会计不作处理。

2. 捐赠（支出）费用

单位对外捐赠现金资产的，按照实际捐赠的金额，在财务会计中借记"其他费用"科目，贷记"银行存款""库存现金"等科目；同时在预算会计中借记"其他支出"科目，贷记"资金结存——货币资金"科目。

单位对外捐赠库存物品、固定资产等非现金资产的，在财务会计中应当将资产的账面价值转入"资产处置费用"科目；如未以货币资金支付相关费用，则预算会计不作账务处理。

单位作为主管部门或上级单位向其附属单位分配受赠的货币资金，应当按照"对附属单位补助费用（支出）"科目相关规定处理；单位按规定向其附属单位以外的其他单位分配受赠的货币资金，应当按照"其他费用（支出）"科目相关规定处理。单位向政府会计主体分配受赠的非现金资产，应当按照"无偿调拨净资产"科目相关规定处理；单位向非政府会计主体分配受赠的非现金资产,应当按照"资产处置费用"科目相关规定处理。

(三) 债务预算收入和债务还本支出

债务预算收入是指事业单位按照规定从银行和其他金融机构等借入的、纳入部门预算管理的、不以财政资金作为偿还来源的债务本金,债务还本支出是指事业单位偿还自身承担的纳入预算管理的从金融机构举借的债务本金的现金流出。事业单位为了核算借款及债务预算收入,在预算会计下应设置"债务预算收入"和"债务还本支出"科目,在财务会计下设置"短期借款""长期借款""应付利息"等科目。

事业单位借入各种短期借款、长期借款时,按照实际借入的金额,在预算会计中借记"资金结存——货币资金"科目,贷记"债务预算收入"科目;同时在财务会计中借记"银行存款"科目,贷记"短期借款""长期借款"科目。

事业单位按期计提长期借款的利息时,按照计算确定应支付的利息金额,在财务会计中借记"其他费用"或"在建工程"科目,贷记"应付利息"或"长期借款——应计利息"科目。待实际支付利息时,在财务会计中借记"应付利息"科目,贷记"银行存款"等科目;同时在预算会计中借记"其他支出"等科目,贷记"资金结存——货币资金"科目。

事业单位偿还各项短期或长期借款时,按照偿还的借款本金,在预算会计中借记"债务还本支出"科目,贷记"资金结存——货币资金"科目;同时在财务会计中借记"短期借款""长期借款"科目,贷记"银行存款"科目。

需要说明的是,单位通过部门预算从同级财政取得政府债券资金的,不应计入单位债务预算收入,应当在财务会计中借记"银行存款""零余额账户用款额度"等科目,贷记"财政拨款收入"科目;同时在预算会计中借记"资金结存"等科目,贷记"财政拨款预算收入"科目。同级财政以地方政府债券置换单位原有负债的,单位应当借记"长期借款""应付利息"等科目,贷记"累计盈余"科目;预算会计不作处理。单位需要向同级财政上缴专项债券对应项目专项收入的,取得专项收入时,应当借记"银行存款"等科目,贷记"应缴财政款"科目;实际上缴时,借记"应缴财政款"科目,贷记"银行存款"等科目;预算会计不作处理。

(四) 投资支出

投资支出指事业单位以货币资金对外投资发生的现金流出。为了核算投资支出,事业单位应当在预算会计下设置"投资支出"科目,在财务会计下设置"短期投资""长期股权投资""长期债券投资"等科目。

事业单位以货币资金对外投资时,按照投资金额和所支付的相关税费金额的合计数,在预算会计中借记"投资支出"科目,贷记"资金结存——货币资金"科目;同时在财务会计中借记"短期投资""长期股权投资""长期债券投资"等科目,贷记"银行存款"等科目。需要说明的有两点:第一,单位按规定出资成立非营利法人单位,如事业单位、社会团体、基金会等,不应按照投资业务进行会计处理,在出资时应当按照出资金额,在财务会计中借记"其他费用"科目,贷记"银行存款"等科目;同时,在预算会计中借记"其他支出"科目,贷记"资金结存"科目。第二,根据国务院和地方人民政府授权、代表本级人民政府对国家出资企业履行出资人职责的单位，与其履行出资人职责的国家出资企业之间不存在股权投资关系，其履行出资人职责的行为不作为单位的投资进行会计处理。通过单位账户对国家出资企业投入货币资金，纳入本单位预算管理的，应当按照"其他费用（支出）"科目相关规定处理；不纳入本单位预算管理的，应当按照"其他应付款"科目相关规定处理。

事业单位收到取得投资时实际支付价款中包含的已到付息期但尚未领取的利息或股利时，按照实际收到的金额，在预算会计中借记"资金结存——货币资金"科目，贷记"投资支出"科目；同时在财务会计中借记"银行存款"科目，贷记"短期投资""应收股利""应收利息"等科目。

事业单位持有股权投资期间收到被投资单位发放的现金股利或分期付息的利息时，按照实际收到的金额，在预算会计中借记"资金结存——货币资金"科目，贷记"投资预算收益"科目；同时在财务会计中借记"银行存款"科目，贷记"应收股利""应收利息"科目。

事业单位出售、对外转让或到期收回本年度以货币资金取得的对外投资，按规定将投资收益留归本单位的，在预算会计中，按照实际收到的金额，借记"资金结存——货币资金"科目，按照取得投资时"投资支出"科目的发生额，贷记"投资支出"科目，按照其差额，贷记或借记"投资预算收益"科目（如果单位出售、对外转让或到期收回的是以前年度以货币资金取得的对外投资，应当将上述业务处理中的"投资支出"科目改为"其他结余"）。同时，在财务会计中，按照实际收到的金额，借记"银行存款"科目，按照对外投资的账面余额，贷记"短期投资""长期股权投资""长期债券投资"科目，按照尚未领取的现金股利、利润或尚未收取的利息，贷记"应收股利"或"应收利息"科目，按照发生的相关税费等支出，贷记"银行存款"等科目，按照借贷方差额，借记或贷记"投资收益"科目。

▶【例30-8】2×19年7月1日，某事业单位以银行存款购入5年期国债100 000元，年利率为3%，按年分期付息，到期还本，付息日为每年7月1日，最后一年偿还本金并付最后一次利息。财会部门根据有关凭证，应进行如下账务处理：

(1) 2×19年7月1日购入国债：

借：长期债券投资　　　　　　　　　　　　　　　　　　100 000
　　贷：银行存款　　　　　　　　　　　　　　　　　　　　100 000

同时：

借：投资支出　　　　　　　　　　　　　　　　　　　　100 000
　　贷：资金结存——货币资金　　　　　　　　　　　　　100 000

(2) 每年计提债券利息时：

借：应收利息　　　　　　　　　　　　　　　　　　　　3 000
　　贷：投资收益　　　　　　　　　　　　　　　　　　　3 000

每年7月1日实际收到利息时：

借：银行存款　　　　　　　　　　　　　　　　　　　　3 000
　　贷：应收利息　　　　　　　　　　　　　　　　　　　3 000

同时：
借：资金结存——货币资金　　　　　　　　　　　　　　3 000
　　贷：投资预算收益　　　　　　　　　　　　　　　　　　　3 000

(3) 2×24年7月1日，收回债券本息：
借：银行存款　　　　　　　　　　　　　　　　　　　103 000
　　贷：长期债券投资　　　　　　　　　　　　　　　　　　100 000
　　　　投资收益　　　　　　　　　　　　　　　　　　　　　3 000

同时：
借：资金结存——货币资金　　　　　　　　　　　　　103 000
　　贷：其他结余　　　　　　　　　　　　　　　　　　　　100 000
　　　　投资预算收益　　　　　　　　　　　　　　　　　　　3 000

五、预算结转结余及分配业务

单位应当严格区分财政拨款结转结余和非财政拨款结转结余。财政拨款结转结余不参与事业单位的结余分配，单独设置"财政拨款结转"和"财政拨款结余"科目核算。非财政拨款结转结余通过设置"非财政拨款结转""非财政拨款结余""专用结余""经营结余""非财政拨款结余分配"等科目核算。

(一) 财政拨款结转结余的核算

1. 财政拨款结转的核算

单位应当在预算会计中设置"财政拨款结转"科目，核算滚存的财政拨款结转资金。"财政拨款结转"科目下应当设置"年初余额调整""归集调入""归集调出""归集上缴""单位内部调剂""本年收支结转""累计结转"等明细科目，反映财政拨款结转金额变动情况。年末结转后，"财政拨款结转"科目除"累计结转"明细科目外，其他明细科目应无余额。

本科目还应当设置"基本支出结转""项目支出结转"两个明细科目，并在"基本支出结转"明细科目下按照"人员经费""日常公用经费"进行明细核算，在"项目支出结转"明细科目下按照具体项目进行明细核算；同时，"财政拨款结转"科目还应按照《政府收支分类科目》中"支出功能分类科目"的相关科目进行明细核算。

财政拨款结转的主要账务处理如下：

(1) 年末，单位应当将财政拨款收入和对应的财政拨款支出结转入"财政拨款结转"科目。根据财政拨款收入本年发生额，借记"财政拨款预算收入"科目，贷记"财政拨款结转——本年收支结转"科目；根据各项支出中的财政拨款支出本年发生额，借记"财政拨款结转——本年收支结转"科目，贷记各项支出（财政拨款支出）科目。

(2) 按照规定从其他单位调入财政拨款结转资金的，按照实际调增的额度数额或调入的资金数额，在预算会计中借记"资金结存——财政应返还额度、零余额账户用款额度、货币资金"科目，贷记"财政拨款结转——归集调入"；同时在财务会计中借记"零余额账户用款额度""财政应返还额度"等科目，贷记"累计盈余"科目。

按规定上缴（或注销）财政拨款结转资金、向其他单位调出财政拨款结转资金，按照实际上缴资金数额、实际调减的额度数额或调出的资金数额，在预算会计中借记"财政拨款结转——归集上缴、归集调出"科目，贷记"资金结存——财政应返还额度、零余额账户用款额度、货币资金"科目；同时在财务会计中借记"累计盈余"科目，贷记"零余额账户用款额度""财政应返还额度"等科目。

因发生会计差错等事项调整以前年度财政拨款结转资金的，按照调整的金额，在预算会计中借记或贷记"资金结存——财政应返还额度、零余额账户用款额度、货币资金"科目，贷记或借记"财政拨款结转——年初余额调整"科目；同时在财务会计中借记或贷记"以前年度盈余调整"科目，贷记或借记"零余额账户用款额度""银行存款"等科目。

经财政部门批准对财政拨款结余资金改变用途，调整用于本单位基本支出或其他未完成项目支出的，按照批准调剂的金额，借记"财政拨款结余——单位内部调剂"科目，贷记"财政拨款结转——单位内部调剂"科目。

（3）年末，冲销有关明细科目余额。将"财政拨款结转——本年收支结转、年初余额调整、归集调入、归集调出、归集上缴、单位内部调剂"科目余额转入"财政拨款结转——累计结转"科目。

（4）年末，完成上述财政拨款收支结转后，应当对财政拨款各明细项目执行情况进行分析，按照有关规定将符合财政拨款结余性质的项目余额转入财政拨款结余，借记"财政拨款结转——累计结转"科目，贷记"财政拨款结余——结转转入"科目。

2. 财政拨款结余的核算

单位在预算会计中应当设置"财政拨款结余"科目，核算单位滚存的财政拨款项目支出结余资金。"财政拨款结余"科目应当设置"年初余额调整""归集上缴""单位内部调剂""结转转入""累计结余"等明细科目，反映财政拨款结余金额变动情况。年末结转后，"财政拨款结余"科目除"累计结余"明细科目外，其他明细科目应无余额。该科目还应当按照《政府收支分类科目》中"支出功能分类科目"的相关科目进行明细核算。

财政拨款结余的主要账务处理如下：

（1）年末，对财政拨款结转各明细项目执行情况进行分析，按照有关规定将符合财政拨款结余性质的项目余额转入财政拨款结余，借记"财政拨款结转——累计结转"科目，贷记"财政拨款结余——结转转入"科目。

（2）经财政部门批准对财政拨款结余资金改变用途，调整用于本单位基本支出或其他未完成项目支出的，按照批准调剂的金额，借记"财政拨款结余——单位内部调剂"科目，贷记"财政拨款结转——单位内部调剂"科目。

按照规定上缴财政拨款结余资金或注销财政拨款结余资金额度的，按照实际上缴资金数额或注销的资金额度数额，在预算会计中借记"财政拨款结余——归集上缴"科目，贷记"资金结存——财政应返还额度、零余额账户用款额度、货币资金"科目；同时在财务会计中借记"累计盈余"科目，贷记"零余额账户用款额度""财政应返还额度"等科目。

因发生会计差错等事项调整以前年度财政拨款结余资金的，按照调整的金额，在预算会计中借记或贷记"资金结存——财政应返还额度、零余额账户用款额度、货币资金"科目,贷记或借记"财政拨款结余——年初余额调整"科目;同时在财务会计中借记或贷记"以前年度盈余调整"科目,贷记或借记"零余额账户用款额度""银行存款"等科目。

(3)年末,冲销有关明细科目余额。将"财政拨款结余"科目(年初余额调整、归集上缴、单位内部调剂、结转转入)余额转入"财政拨款结余"科目(累计结余)。

▶【例30-9】2×22年6月,财政部门拨付某事业单位基本支出补助4 000 000元、项目补助1 000 000元,"事业支出"科目下"财政拨款支出(基本支出)""财政拨款支出(项目支出)"明细科目的当期发生额分别为4 000 000元和800 000元。月末,该事业单位将本月财政拨款预算收入和支出结转,预算会计应进行如下账务处理:

(1)结转财政拨款预算收入:

借:财政拨款预算收入——基本支出　　　　　　　　　　4 000 000
　　　　　　　　　　——项目支出　　　　　　　　　　1 000 000
　贷:财政拨款结转——本年收支结转——基本支出结转　　4 000 000
　　　　　　　　　　　　　　　　——项目支出结转　　1 000 000

(2)结转财政拨款支出:

借:财政拨款结转——本年收支结转——基本支出结转　　4 000 000
　　　　　　　　　　　　　　　　——项目支出结转　　　800 000
　贷:事业支出——财政拨款支出(基本支出)　　　　　　4 000 000
　　　　　　　——财政拨款支出(项目支出)　　　　　　　800 000

▶【例30-10】2×22年末,某事业单位完成财政拨款收支结转后,对财政拨款各明细项目进行分析,按照有关规定将某项目结余资金45 000元转入财政拨款结余,该单位预算会计应进行如下账务处理:

将项目结余转入财政拨款结余:

借:财政拨款结转——累计结转——项目支出结转　　　　　45 000
　贷:财政拨款结余——结转转入　　　　　　　　　　　　45 000

(二)非财政拨款结转的核算

非财政拨款结转资金是指单位除财政拨款收支、经营收支以外的各非同级财政拨款专项资金收入与其相关支出相抵后剩余滚存的、须按规定用途使用的结转资金。单位应当在预算会计中设置"非财政拨款结转"科目,核算单位除财政拨款收支、经营收支以外各非同级财政拨款专项资金的调整、结转和滚存情况。"非财政拨款结转"科目应当设置"年初余额调整""缴回资金""项目间接费用或管理费""本年收支结转""累计结转"等明细科目,反映非财政拨款结转的变动情况。"非财政拨款结转"科目还应当按照具体项目、《政府收支分类科目》中"支出功能分类科目"的相关科目等进行明细核算。

非财政拨款结转的主要账务处理如下:

(1)年末,将事业预算收入、上级补助预算收入、附属单位上缴预算收入、非同级财政拨款预算收入、债务预算收入、其他预算收入本年发生额中的专项资金收入转入

"非财政拨款结转"科目，借记"事业预算收入""上级补助预算收入""附属单位上缴预算收入""非同级财政拨款预算收入""债务预算收入""其他预算收入"科目下各专项资金收入明细科目，贷记"非财政拨款结转——本年收支结转"科目；将行政支出、事业支出、其他支出本年发生额中的非财政拨款专项资金支出转入"非财政拨款结转"科目，借记"非财政拨款结转——本年收支结转"科目，贷记"行政支出""事业支出""其他支出"科目下各非财政拨款专项资金支出明细科目。

（2）按照规定从非财政科研项目预算收入中提取项目间接费用或管理费时，按照提取金额，在预算会计中借记"非财政拨款结转——项目间接费用或管理费"科目，贷记"非财政拨款结余——项目间接费用或管理费"科目；同时在财务会计中借记"单位管理费用"等科目，贷记"预提费用——项目间接费用或管理费"科目。

因会计差错更正等事项调整非财政拨款结转资金的，按照收到或支出的金额，在预算会计中借记或贷记"资金结存——货币资金"科目，贷记或借记"非财政拨款结转——年初余额调整"科目；同时在财务会计中借记或贷记"以前年度盈余调整"，贷记或借记"银行存款"等科目。

按照规定缴回非财政拨款结转资金的，按照实际缴回资金数额，在预算会计中借记"非财政拨款结转——缴回资金"科目，贷记"资金结存——货币资金"科目；同时在财务会计中借记"累计盈余"科目，贷记"银行存款"等科目。

（3）年末，冲销有关明细科目余额。将"非财政拨款结转——年初余额调整、项目间接费用或管理费、缴回资金、本年收支结转"科目余额转入"非财政拨款结转——累计结转"科目。结转后，"非财政拨款结转"科目除"累计结转"明细科目外，其他明细科目应无余额。

（4）年末，完成上述结转后，应当对非财政拨款专项结转资金各项目情况进行分析，将留归本单位使用的非财政拨款专项（项目已完成）剩余资金转入非财政拨款结余，借记"非财政拨款结转——累计结转"科目，贷记"非财政拨款结余——结转转入"科目。

▶【例30-11】2×22年1月，某事业单位启动一项科研项目。当年收到上级主管部门拨付的非财政专项资金5 000 000元，为该项目发生事业支出4 800 000元。2×22年12月，项目结项，经上级主管部门批准，该项目的结余资金留归事业单位使用。该事业单位应进行如下账务处理：

（1）收到上级主管部门拨付款项时：

借：银行存款　　　　　　　　　　　　　　　　　　　　　　5 000 000
　　贷：上级补助收入　　　　　　　　　　　　　　　　　　　　5 000 000

同时：

借：资金结存——货币资金　　　　　　　　　　　　　　　　　5 000 000
　　贷：上级补助预算收入　　　　　　　　　　　　　　　　　　5 000 000

（2）发生业务活动费用（事业支出）时：

借：业务活动费用　　　　　　　　　　　　　　　　　　　　　4 800 000
　　贷：银行存款　　　　　　　　　　　　　　　　　　　　　　4 800 000

同时：

借：事业支出　　　　　　　　　　　　　　　　　4 800 000
　　贷：资金结存——货币资金　　　　　　　　　　　　4 800 000

（3）年末结转上级补助预算收入中该科研专项资金收入：

借：上级补助预算收入　　　　　　　　　　　　　5 000 000
　　贷：非财政拨款结转——本年收支结转　　　　　　5 000 000

（4）年末结转事业支出中该科研专项支出：

借：非财政拨款结转——本年收支结转　　　　　　4 800 000
　　贷：事业支出——非财政专项资金支出　　　　　　4 800 000

（5）经批准确定结余资金留归本单位使用时：

借：非财政拨款结转——累计结转　　　　　　　　　200 000
　　贷：非财政拨款结余——结转转入　　　　　　　　　200 000

（三）非财政拨款结余的核算

非财政拨款结余指单位历年滚存的非限定用途的非同级财政拨款结余资金，主要为非财政拨款结余扣除结余分配后滚存的金额。单位应当在预算会计中设置"非财政拨款结余"科目，核算单位历年滚存的非限定用途的非同级财政拨款结余资金。"非财政拨款结余"科目应当设置"年初余额调整""项目间接费用或管理费""结转转入""累计结余"等明细科目，反映非财政拨款结余的变动情况。"非财政拨款结余"科目还应当按照《政府收支分类科目》中"支出功能分类科目"的相关科目进行明细核算。非财政拨款结余的主要账务处理如下：

（1）年末，将留归本单位使用的非财政拨款专项（项目已完成）剩余资金转入"非财政拨款结余"科目，借记"非财政拨款结转——累计结转"科目，贷记"非财政拨款结余——结转转入"科目。

（2）按照规定从非财政科研项目预算收入中提取项目间接费用或管理费时，按照提取金额，在预算会计中借记"非财政拨款结转——项目间接费用或管理费"科目，贷记"非财政拨款结余——项目间接费用或管理费"科目；同时在财务会计中借记"单位管理费用"等科目，贷记"预提费用——项目间接费用或管理费"科目。

有企业所得税缴纳义务的事业单位实际缴纳企业所得税时，按照缴纳金额，在预算会计中借记"非财政拨款结余——累计结余"科目，贷记"资金结存——货币资金"科目；同时在财务会计中借记"其他应缴税费——单位应交所得税"科目，贷记"银行存款"等科目。

因会计差错更正等调整非财政拨款结余资金的，按照收到或支出的金额，在预算会计中借记或贷记"资金结存——货币资金"科目，贷记或借记"非财政拨款结余——年初余额调整"；同时在财务会计中借记或贷记"以前年度盈余调整"，贷记或借记"银行存款"等科目。

（3）年末，冲销有关明细科目余额。将"非财政拨款结余——年初余额调整、项目间接费用或管理费、结转转入"科目余额结转入"非财政拨款结余——累计结余"科目。结转后，"非财政拨款结余"科目除"累计结余"明细科目外，其他明细科目应无余额。

(4) 年末，事业单位将"非财政拨款结余分配"科目余额转入非财政拨款结余。"非财政拨款结余分配"科目为借方余额的，借记"非财政拨款结余——累计结余"科目，贷记"非财政拨款结余分配"科目；"非财政拨款结余分配"科目为贷方余额的，借记"非财政拨款结余分配"科目，贷记"非财政拨款结余——累计结余"科目。

年末，行政单位将"其他结余"科目余额转入非财政拨款结余。"其他结余"科目为借方余额的，借记"非财政拨款结余——累计结余"科目，贷记"其他结余"科目；"其他结余"科目为贷方余额的，借记"其他结余"科目，贷记"非财政拨款结余——累计结余"科目。

（四）专用结余、经营结余、其他结余及非财政拨款结余分配的核算

1. 专用结余的核算

专用结余是指事业单位按照规定从非财政拨款结余中提取的具有专门用途的资金。事业单位在预算会计中设置"专用结余"科目，核算专用结余资金的变动和滚存情况。根据有关规定从本年度非财政拨款结余或经营结余中提取专用基金的，按照提取金额，在预算会计中借记"非财政拨款结余分配"科目，贷记"专用结余"科目；同时，按照相同金额，在财务会计中借记"本年盈余分配"科目，贷记"专用基金"科目。根据规定使用从非财政拨款结余或经营结余中提取的专用基金时，按照使用金额，借记"事业支出"等支出科目，贷记"资金结存——货币资金"科目；同时，按照相同金额，在财务会计中，借记"业务活动费用"等科目，贷记"银行存款"等科目。年末，事业单位应当将有关预算支出中使用专用结余的本年发生额转入专用结余，在预算会计下借记"专用结余"科目，贷记"事业支出"等科目。

2. 经营结余的核算

事业单位应当在预算会计中设置"经营结余"科目，核算单位本年度经营活动收支相抵后余额弥补以前年度经营亏损后的余额。期末，事业单位应当结转本期经营收支。根据经营预算收入本期发生额，借记"经营预算收入"科目，贷记"经营结余"科目；根据经营支出本期发生额（不含使用专用结余形成的支出），借记"经营结余"科目，贷记"经营支出"科目。年末，如"经营结余"科目为贷方余额，将余额结转入"非财政拨款结余分配"科目，借记"经营结余"科目，贷记"非财政拨款结余分配"科目；如为借方余额，为经营亏损，不予结转。

3. 其他结余的核算

单位应当在预算会计中设置"其他结余"科目，核算单位本年度除财政拨款收支、非同级财政专项资金收支和经营收支以外各项收支相抵后的余额。

年末，单位应将事业预算收入、上级补助预算收入、附属单位上缴预算收入、非同级财政拨款预算收入、债务预算收入、其他预算收入本年发生额中的非专项资金收入以及投资预算收益本年发生额转入"其他结余"科目，借记"事业预算收入""上级补助预算收入""附属单位上缴预算收入""非同级财政拨款预算收入""债务预算收入""其他预算收入"科目下各非专项资金收入明细科目和"投资预算收益"科目，贷记"其他结余"科目（"投资预算收益"科目本年发生额为借方净额时，借记"其他结余"科目，贷记"投资预算收益"科目);将行政支出、事业支出、其他支出本年发生额中的非同级财政、非专项资金支出(不含使用专用结余形成的支出),以及上缴上级支出、对附属单位补助支出、投资支出、债务还本支出本年发生额转入"其他结余"科目,借记"其他结余"科目,贷记"行政支出""事业支出""其他支出"科目下各非同级财政、非专项资金支出明细科目和"上缴上级支出""对附属单位补助支出""投资支出""债务还本支出"科目。

年末,完成上述结转后,行政单位将"其他结余"科目余额转入"非财政拨款结余——累计结余"科目;事业单位将"其他结余"科目余额转入"非财政拨款结余分配"科目。

4. 非财政拨款结余分配的核算

事业单位应当在预算会计中设置"非财政拨款结余分配"科目,核算事业单位本年度非财政拨款结余分配的情况和结果。年末,事业单位应将"其他结余"科目余额和"经营结余"科目贷方余额转入"非财政拨款结余分配"科目。根据有关规定提取专用基金的,按照提取的金额,借记"非财政拨款结余分配"科目,贷记"专用结余"科目;同时在财务会计中按照相同金额,借记"本年盈余分配"科目,贷记"专用基金"科目。然后,将"非财政拨款结余分配"科目余额转入非财政拨款结余。

▶【例30-12】2×22年12月,某事业单位对其收支科目进行分析,事业预算收入和上级补助预算收入本年发生额中的非专项资金收入分别为1 000 000元、200 000元,事业支出和其他支出本年发生额中的非财政非专项资金支出分别为800 000元、100 000元,对附属单位补助支出本年发生额为200 000元。经营预算收入本年发生额为94 000元,经营支出本年发生额为64 000元。年末,该事业单位预算会计应进行如下账务处理:

(1) 结转本年非财政、非专项资金预算收入:

借:事业预算收入　　　　　　　　　　　　　　　　1 000 000
　　上级补助预算收入　　　　　　　　　　　　　　　200 000
　　　贷:其他结余　　　　　　　　　　　　　　　　1 200 000

(2) 结转本年非财政、非专项资金支出:

借:其他结余　　　　　　　　　　　　　　　　　　1 100 000
　　贷:事业支出——其他资金支出　　　　　　　　　　800 000
　　　　其他支出　　　　　　　　　　　　　　　　　100 000
　　　　对附属单位补助支出　　　　　　　　　　　　200 000

(3) 结转本年经营预算收入:

借:经营预算收入　　　　　　　　　　　　　　　　　94 000
　　贷:经营结余　　　　　　　　　　　　　　　　　　94 000

(4) 结转本年经营支出:

借:经营结余　　　　　　　　　　　　　　　　　　　64 000
　　贷:经营支出　　　　　　　　　　　　　　　　　　64 000

▶【例30-13】2×22年年终结账时,某事业单位当年经营结余的贷方余额为30 000

元，其他结余的贷方余额为 40 000 元。该事业单位按照有关规定提取职工福利基金 10 000 元。该事业单位预算会计应进行如下账务处理：

（1）结转其他结余：

借：其他结余　　　　　　　　　　　　　　　　　　　　40 000
　　贷：非财政拨款结余分配　　　　　　　　　　　　　　　　40 000

（2）结转经营结余：

借：经营结余　　　　　　　　　　　　　　　　　　　　30 000
　　贷：非财政拨款结余分配　　　　　　　　　　　　　　　　30 000

（3）提取专用基金：

借：非财政拨款结余分配　　　　　　　　　　　　　　　10 000
　　贷：专用结余——职工福利基金　　　　　　　　　　　　 10 000

同时：

借：本年盈余分配　　　　　　　　　　　　　　　　　　10 000
　　贷：专用基金——职工福利基金　　　　　　　　　　　　 10 000

（4）将"非财政拨款结余分配"的余额转入非财政拨款结余：

借：非财政拨款结余分配　　　　　　　　　　　　　　　60 000
　　贷：非财政拨款结余　　　　　　　　　　　　　　　　　　60 000

六、净资产业务

单位财务会计中净资产的来源主要包括累计实现的盈余和无偿调拨的净资产。在日常核算中，单位应当在财务会计中设置"累计盈余""专用基金""无偿调拨净资产""权益法调整"和"本期盈余""本期盈余分配""以前年度盈余调整"等科目。

（一）本期盈余及本年盈余分配

1. 本期盈余

本期盈余反映单位本期各项收入、费用相抵后的余额。期末，单位应当将各类收入科目的本期发生额转入本期盈余，借记"财政拨款收入""事业收入""上级补助收入""附属单位上缴收入""经营收入""非同级财政拨款收入""投资收益""捐赠收入""利息收入""租金收入""其他收入"科目，贷记"本期盈余"科目；将各类费用科目本期发生额（不含使用从非财政拨款结余或经营结余中提取的专用基金形成的费用）转入本期盈余，借记"本期盈余"科目，贷记"业务活动费用""单位管理费用""经营费用""所得税费用""资产处置费用""上缴上级费用""对附属单位补助费用""其他费用"科目。年末，单位应当将"本期盈余"科目余额转入"本年盈余分配"科目。

2. 本年盈余分配

"本年盈余分配"科目反映单位本年度盈余分配的情况和结果。年末，单位应当将"本期盈余"科目余额转入"本年盈余分配"科目，借记或贷记"本期盈余"科目，贷记或借记"本年盈余分配"科目。根据有关规定从本年度非财政拨款结余或经营结余中提取专用基金的，按照预算会计下计算的提取金额，借记"本年盈余分配"科目，贷记"专用基金"科目。然后，将"本年盈余分配"科目余额转入"累计盈余"科目。

（二）专用基金

专用基金是指事业单位按照规定提取或设置的具有专门用途的净资产，主要包括职工福利基金、科技成果转换基金等。事业单位应当设置"专用基金"科目，核算专用基金的取得和使用情况。事业单位从本年度非财政拨款结余或经营结余中提取专用基金的，在财务会计"专用基金"科目核算的同时，还应在预算会计"专用结余"科目进行核算。

1. 专用基金的取得

事业单位根据有关规定从预算收入中提取专用基金并计入费用的，一般按照预算会计下基于预算收入计算提取的金额，借记"业务活动费用"等科目，贷记"专用基金"科目。单位根据有关规定设置的其他专用基金（如留本基金），按照实际收到的基金金额，借记"银行存款"等科目，贷记"专用基金"科目。

年末，事业单位根据有关规定从本年度非财政拨款结余或经营结余中提取专用基金的，按照预算会计下计算的提取金额，在财务会计中借记"本年盈余分配"科目，贷记"专用基金"科目，同时在预算会计中借记"非财政拨款结余分配"科目，贷记"专用结余"科目。

2. 专用基金的使用

事业单位按照规定使用提取的专用基金时，在财务会计中借记"专用基金"科目（使用从预算收入中提取并计入费用的专用基金）或"业务活动费用"等费用科目（使用从非财政拨款结余或经营结余中提取的专用基金），贷记"银行存款"等科目，同时在预算会计中借记"事业支出"等科目，贷记"资金结存——货币资金"科目。期末，单位应当将有关费用中使用专用基金的本期发生额转入专用基金，在财务会计下借记"专用基金"科目，贷记"业务活动费用"等科目。

但是，单位使用提取的专用基金购置固定资产、无形资产的，按照固定资产、无形资产成本金额，借记"固定资产""无形资产"科目，贷记"银行存款"等科目（预算会计处理同上）；同时，按照专用基金使用金额，借记"专用基金"科目，贷记"累计盈余"科目。

（三）无偿调拨净资产

按照行政事业单位资产管理相关规定，经批准政府单位之间可以无偿调拨资产。通常情况下，无偿调拨非现金资产不涉及资金业务，因此不需要进行预算会计核算（除非以现金支付相关费用等）。单位应当设置"无偿调拨净资产"科目，核算无偿调入或调出非现金资产所引起的净资产变动金额。

单位按照规定取得无偿调入的非现金资产等，按照相关资产在调出方的账面价值加相关税费、运输费等确定的金额（资产账面价值为零或该资产以名义金额计量的除外），借记"库存物品""长期股权投资""固定资产""无形资产""公共基础设施""政府储备物资""文物资源""保障性住房"等科目，按照调入过程中发生的归属于调入方的相关费用，贷记"零余额账户用款额度""银行存款"等科目，按照其差额，贷记"无偿调拨净资产"科目，同时在预算会计中按照调入方实际发生的费用金额，借记"其他支出"科目，贷记"资金结存"科目。无偿调入资产在调出方的账面价值为零（即已经按制度规定提足折旧）或者账面余额为名义金额的，单位（调入方）应当将调入过程中其承担的相关税费计入当期费用，不计入调入资产的初始入账成本。

单位按照规定经批准无偿调出非现金资产等，按照调出资产的账面余额或账面价值，借记"无偿调拨净资产"科目，按照相关资产已计提的累计折旧或累计摊销金额，借记"固定资产累计折旧""无形资产累计摊销""公共基础设施累计折旧（摊销）""保障性住房累计折旧"科目，按照调出资产的账面余额，贷记"库存物品""长期股权投资""固定资产""无形资产""公共基础设施""政府储备物资""文物资源""保障性住房"等科目。按照调出过程中发生的归属于调出方的相关费用，借记"资产处置费用"科目，贷记"零余额账户用款额度""银行存款"等科目，同时在预算会计中借记"其他支出"科目，贷记"资金结存"科目。

无偿调入资产在调出方的账面价值为零的，单位（调入方）在进行财务会计处理时，应当按照该项资产在调出方的账面余额，借记"固定资产""无形资产"等科目，按照该项资产在调出方已经计提的折旧或摊销金额（与资产账面余额相等），贷记"固定资产累计折旧""无形资产累计摊销"等科目；按照支付的相关税费，借记"其他费用"科目，贷记"零余额账户用款额度""银行存款"等科目。同时，在预算会计中按照支付的相关税费，借记"其他支出"科目，贷记"资金结存"科目。

无偿调入资产在调出方的账面余额为名义金额的，单位（调入方）在进行财务会计处理时，应当按照名义金额，借记"固定资产""无形资产"等科目，贷记"无偿调拨净资产"科目；按照支付的相关税费，借记"其他费用"科目，贷记"零余额账户用款额度""银行存款"等科目。同时，在预算会计中按照支付的相关税费，借记"其他支出"科目，贷记"资金结存"科目。

年末，单位应将"无偿调拨净资产"科目余额转入累计盈余，借记或贷记"无偿调拨净资产"科目，贷记或借记"累计盈余"科目。

▶【例30-14】2×22年5月5日，某行政单位接受其他部门无偿调入物资一批，该批物资在调出方的账面价值为20 000元，经验收合格后入库。物资调入过程中该单位以银行存款支付了运输费1 000元。财会部门根据有关凭证，不考虑相关税费，应进行如下账务处理：

借：库存物品　　　　　　　　　　　　　　　　　　　　　21 000
　　贷：银行存款　　　　　　　　　　　　　　　　　　　　1 000
　　　　无偿调拨净资产　　　　　　　　　　　　　　　　　20 000

同时：

借：其他支出　　　　　　　　　　　　　　　　　　　　　1 000
　　贷：资金结存——货币资金　　　　　　　　　　　　　　1 000

▶【例30-15】2×22年7月5日，某事业单位经批准对外无偿调出一套设备，该设备账面余额为100 000元，已计提折旧40 000元。设备调拨过程中该单位以现金支付了运输费1 000元。财会部门根据有关凭证，不考虑相关税费，应进行如下账务处理：

借：无偿调拨净资产　　　　　　　　　　　　　　　　　　60 000
　　固定资产累计折旧　　　　　　　　　　　　　　　　　　40 000

    贷：固定资产   100 000
  借：资产处置费用   1 000
    贷：库存现金   1 000
  同时：
  借：其他支出   1 000
    贷：资金结存——货币资金   1 000

（四）权益法调整

"权益法调整"科目核算事业单位持有的长期股权投资采用权益法核算时，按照被投资单位除净损益和利润分配以外的所有者权益变动份额调整长期股权投资账面余额而计入净资产的金额。年末，按照被投资单位除净损益和利润分配以外的所有者权益变动应享有（或应分担）的份额，借记或贷记"长期股权投资——其他权益变动"科目，贷记或借记"权益法调整"科目。处置长期股权投资时，按照原计入净资产的相应部分金额，借记或贷记"权益法调整"科目，贷记或借记"投资收益"科目。

（五）以前年度盈余调整

"以前年度盈余调整"科目核算单位本年度发生的调整以前年度盈余的事项，包括本年度发生的重要前期差错更正涉及调整以前年度盈余的事项。单位对相关事项调整后，应当及时将"以前年度盈余调整"科目余额转入累计盈余，借记或贷记"累计盈余"科目，贷记或借记"以前年度盈余调整"科目。

（六）累计盈余

累计盈余反映单位历年实现的盈余扣除盈余分配后滚存的金额，以及因无偿调入调出资产产生的净资产变动额。年末，将"本年盈余分配"科目的余额转入累计盈余，借记或贷记"本年盈余分配"科目，贷记或借记"累计盈余"科目；将"无偿调拨净资产"科目的余额转入累计盈余，借记或贷记"无偿调拨净资产"科目，贷记或借记"累计盈余"科目。

按照规定上缴、缴回、单位间调剂结转结余资金产生的净资产变动额，以及对以前年度盈余的调整金额，也通过"累计盈余"科目核算。

七、资产业务

单位资产业务涉及的核算内容较多，下面主要介绍资产业务的几个共性内容及应收账款、库存物品、固定资产、无形资产、公共基础设施、政府储备物资和受托代理资产的核算。

（一）资产业务的几个共性内容

1. 资产取得

单位资产取得的方式包括外购、自行加工或自行建造、接受捐赠、无偿调入、置换换入、租赁等。资产在取得时按照成本进行初始计量，并分别不同取得方式进行会计处理。

（1）外购的资产，其成本通常包括购买价款、相关税费（不包括按规定可抵扣的增值税进项税额）以及使得资产达到目前场所和状态或交付使用前所发生的归属于该项资产的其他费用。

（2）自行加工或自行建造的资产，其成本包括该项资产至验收入库或交付使用前所发生的全部必要支出。

（3）接受捐赠的非现金资产，对于存货、固定资产、无形资产而言，其成本按照有关凭据注明的金额加上相关税费等确定；没有相关凭据可供取得，但按规定经过资产评估的，其成本按照评估价值加上相关税费等确定；没有相关凭据可供取得、也未经资产评估的，其成本比照同类或类似资产的市场价格加上相关税费等确定；没有相关凭据且未经资产评估、同类或类似资产的市场价格也无法可靠取得的，按照名义金额（人民币1元）入账。对于投资和公共基础设施、政府储备物资、保障性住房、文物资源等经管资产而言，其初始成本不能采用名义金额计量。盘盈资产的入账成本的确定参照上述规定。这里的"同类或类似资产的市场价格"，一般指取得资产当日捐赠方自产物资的出厂价、所销售物资的销售价、非自产或销售物资在知名大型电商平台同类或类似商品价格等。如果存在政府指导价或政府定价的，应符合其规定。有确凿证据表明凭据上注明的金额高于受赠资产同类或类似资产的市场价格30%或达不到其70%的，则应当以同类或类似资产的市场价格确定成本。

单位对于接受捐赠的资产，其成本能够确定的，应当按照确定的成本减去相关税费后的净额计入捐赠收入。资产成本不能确定的，单独设置备查簿进行登记，相关税费等计入当期费用。

（4）无偿调入的资产，其成本按照调出方账面价值加上相关税费等确定。但是，无偿调入资产在调出方的账面价值为零（即已经按制度规定提足折旧）或者账面余额为名义金额的，单位（调入方）应当将调入过程中其承担的相关税费计入当期费用，不计入调入资产的初始入账成本。

（5）置换取得的资产，其成本按照换出资产的评估价值，加上支付的补价或减去收到的补价，加上为换入资产发生的其他相关支出确定。

2. 资产处置

资产处置的形式按照规定包括无偿调拨、出售、出让、转让、置换、对外捐赠、报废、毁损以及货币性资产损失核销等。单位应当按规定报经批准后对资产进行处置。通常情况下，单位应当将被处置资产账面价值转销计入资产处置费用，并按照"收支两条线"将处置净收益上缴财政。如按规定将资产处置净收益纳入单位预算管理的，应将净收益计入当期收入。对于资产盘盈、盘亏、报废或毁损的，应当在报经批转前将相关资产账面价值转入"待处理财产损溢"，待报经批准后再进行资产处置。

对于无偿调出的资产，单位应当在转销被处置资产账面价值时冲减无偿调拨净资产。对于置换换出的资产，应当与换入资产一同进行相关会计处理。

（二）应收账款

单位的应收账款是指单位因出租资产、出售物资等应收取的款项以及事业单位提供服务、销售产品等应收取的款项。单位应视应收账款收回后是否需要上缴财政进行不同的会计处理。目前，我国政府会计核算中除了对事业单位收回后不需上缴财政的应收账款和其他应收款进行减值处理外，对于其他资产均未考虑减值。

1. 收回后不需上缴财政的应收账款

对于应收账款收回后不需上缴财政的，单位发生应收账款时，按照应收未收金额，借记"应收账款"科目，贷记"事业收入""经营收入""租金收入""其他收入"等科目；收回应收账款时，按照实际收到的金额，借记"银行存款"等科目，贷记"应收账款"科目；同时在预算会计中借记"资金结存——货币资金"科目，贷记"事业预算收入""经营预算收入"等科目。

年末，事业单位对收回后不需上缴财政的应收账款进行全面检查，分析其可收回性，对预计可能产生的坏账损失计提坏账准备、确认坏账损失。提取坏账准备时，借记"其他费用"科目，贷记"坏账准备"科目。对于账龄超过规定年限并确认无法收回的应收账款，应当按照有关规定报经批准后，按照无法收回的金额，借记"坏账准备"科目，贷记"应收账款"科目。已核销的应收账款在以后期间又收回的，按照实际收回金额，借记"应收账款"科目，贷记"坏账准备"科目；同时，借记"银行存款"等科目，贷记"应收账款"科目，并且在预算会计中借记"资金结存——货币资金"科目，贷记"非财政拨款结余"科目。

2. 收回后需上缴财政的应收账款

对于应收账款收回后需上缴财政的，单位发生应收账款时，按照应收未收金额，借记"应收账款"科目，贷记"应缴财政款"科目；收回应收账款时，按照实际收到的金额，借记"银行存款"等科目，贷记"应收账款"科目；将款项上缴财政时，借记"应缴财政款"科目，贷记"银行存款"科目。

年末，单位对收回后应当上缴财政的应收账款应进行全面检查。对于账龄超过规定年限、确认无法收回的应收账款，按照规定报经批准后予以核销。按照核销金额，借记"应缴财政款"科目，贷记"应收账款"科目。已核销的应收账款在以后期间又收回的，按照实际收回金额，借记"银行存款"等科目，贷记"应缴财政款"科目。

（三）库存物品

库存物品是指单位在开展业务活动及其他活动中为耗用或出售而储存的各种材料、产品、包装物、低值易耗品，以及达不到固定资产标准的用具、装具、动植物等的成本。

单位应当设置"库存物品"科目对其库存物品进行核算。已完成的测绘、地质勘查、设计成果等的成本，也通过"库存物品"科目核算。单位随买随用的零星办公用品，可以在购进时直接列作费用，不通过"库存物品"科目核算。单位控制的政府储备物资，应当通过"政府储备物资"科目核算，不通过"库存物品"科目核算。单位受托存储保管的物资和受托转赠的物资，应当通过"受托代理资产"科目核算，不通过"库存物品"科目核算。单位为在建工程购买和使用的材料物资，应当通过"工程物资"科目核算，不通过"库存物品"科目核算。

1. 库存物品的取得

（1）单位外购的库存物品验收入库，按照确定的成本，借记"库存物品"科目，贷记"财政拨款收入""零余额账户用款额度""银行存款""应付账款""在途物品"等科目；同时在预算会计中借记"行政支出""事业支出""经营支出"等科目，贷记"财政拨款预算收入""资金结存"科目。

（2）单位自行加工的库存物品，其成本包括耗用的直接材料费用、发生的直接人工费用和按照一定方法分配的与库存物品加工有关的间接费用。单位委托加工的存货，其成本包括委托加工前存货成本、委托加工的成本以及使存货达到目前场所和状态所发生的归属于存货成本的其他支出。自制或委托加工的库存物品验收入库，按照确定的成本，借记"库存物品"科目，贷记"加工物品——自制物品、委托加工物品"科目。

（3）单位接受捐赠的库存物品验收入库，按照确定的成本，借记"库存物品"科目，按照发生的相关税费、运输费等，贷记"银行存款"等科目，按照其差额，贷记"捐赠收入"科目。接受捐赠的库存物品按照名义金额入账的，按照名义金额，借记"库存物品"科目，贷记"捐赠收入"科目；同时，按照发生的相关税费、运输费等，借记"其他费用"科目，贷记"银行存款"等科目。对于捐赠过程中实际支付的相关税费、运输费等，在财务会计核算的同时，应当在预算会计中借记"其他支出"科目，贷记"资金结存"科目。

（4）单位无偿调入的库存物品验收入库，按照确定的成本，借记"库存物品"科目，按照发生的相关税费、运输费等，贷记"银行存款"等科目，按照其差额，贷记"无偿调拨净资产"科目。

（5）单位置换换入的库存物品验收入库，按照确定的成本，借记"库存物品"科目，按照换出资产的账面余额，贷记相关资产科目（换出资产为固定资产、无形资产的，还应当借记"固定资产累计折旧""无形资产累计摊销"科目），按照置换过程中发生的其他相关支出，贷记"银行存款"等科目，按照借贷方差额，借记"资产处置费用"科目或贷记"其他收入"科目。涉及补价的，还应考虑补价对处置损益的影响。对于置换过程中实际支付的相关支出，在财务会计核算的同时，应当在预算会计中借记"其他支出"科目，贷记"资金结存"科目。

其他资产置换业务参照上述规定进行会计处理。

2. 库存物品的发出

（1）单位开展业务活动等领用、按照规定自主出售发出或加工发出库存物品，按照领用、出售等发出物品的实际成本，借记"业务活动费用""单位管理费用""经营费用""加工物品"等科目，贷记"库存物品"科目。

（2）经批准对外出售的库存物品（不含可自主出售的库存物品）发出时，按照库存物品的账面余额，借记"资产处置费用"科目，贷记"库存物品"科目；同时，按照收到的价款，借记"银行存款"等科目，按照处置过程中发生的相关费用，贷记"银行存款"等科目，按照其差额，贷记"应缴财政款"科目。

（3）经批准对外捐赠的库存物品发出时，按照库存物品的账面余额和对外捐赠过程中发生的归属于捐出方的相关费用合计数，借记"资产处置费用"科目，按照库存物品账面余额，贷记"库存物品"科目，按照对外捐赠过程中发生的归属于捐出方的相关费用，贷记"银行存款"等科目，同时在预算会计中按照实际支出金额借记"其他支出"

科目,贷记"资金结存"科目。

(4) 经批准无偿调出的库存物品发出时,按照库存物品的账面余额,借记"无偿调拨净资产"科目,贷记"库存物品"科目;按照无偿调出过程中发生的归属于调出方的相关费用,借记"资产处置费用"科目,贷记"银行存款"等科目,同时在预算会计中借记"其他支出"科目,贷记"资金结存"科目。

▶【例30-16】2×22年3月5日,某事业单位(为增值税一般纳税人)购入物资一批,取得的增值税专用发票上注明的物资价款为20 000元,增值税税额为2 600元,已经税务局认证。款项尚未支付,当日收到物资,经验收合格后入库。3月10日,该单位以银行存款支付了价款22 600元。财会部门根据有关凭证,应进行如下账务处理:

(1) 2×22年3月5日购入物资:

借:库存物品　　　　　　　　　　　　　　　　　　20 000
　　应交增值税——应交税金(进项税额)　　　　　2 600
　　贷:应付账款　　　　　　　　　　　　　　　　　　22 600

(2) 2×22年3月10日支付价款:

借:应付账款　　　　　　　　　　　　　　　　　　22 600
　　贷:银行存款　　　　　　　　　　　　　　　　　　22 600

同时:

借:事业支出　　　　　　　　　　　　　　　　　　22 600
　　贷:资金结存——货币资金　　　　　　　　　　　　22 600

▶【例30-17】2×22年6月30日,某行政单位经批准以其1部公务轿车置换另一单位的办公用品(不符合固定资产确认标准)一批,办公用品已验收入库。该轿车账面余额20万元,已计提折旧10万元,评估价值为12万元。置换过程中该单位收到对方支付的补价1万元已存入银行,另外以现金支付运输费5 000元。不考虑其他因素,应编制如下会计分录:

借:库存物品　　　　　　(120 000-10 000+5 000) 115 000
　　固定资产累计折旧　　　　　　　　　　　　　　　100 000
　　银行存款　　　　　　　　　　　　　　　　　　　10 000
　　贷:固定资产　　　　　　　　　　　　　　　　　　200 000
　　　　库存现金　　　　　　　　　　　　　　　　　　5 000
　　　　应缴财政款　　　　　　　　(10 000-5 000) 5 000
　　　　其他收入　　　　　　　　　　　　　　　　　　15 000

同时:

借:其他支出　　　　　　　　　　　　　　　　　　5 000
　　贷:资金结存——货币资金　　　　　　　　　　　　5 000

(四) 固定资产

固定资产,是指单位为满足自身开展业务活动或其他活动需要而控制的,使用年限超过一年(不含一年)、单位价值在规定标准以上,并在使用过程中基本保持原有物质形态的资产,一般包括房屋及构筑物、专用设备、通用设备等。单位价值虽未达到规定标准，但是使用年限超过一年（不含一年）的大批同类物资，如图书、家具、用具、装具等，应当确认为固定资产。

为了核算固定资产，单位应当设置"固定资产""固定资产累计折旧"等科目。购入需要安装的固定资产，应当先通过"在建工程"科目核算，安装完毕交付使用时再转入"固定资产"科目核算。以借入、经营租赁租入方式取得的固定资产，不通过"固定资产"科目核算，应当设置备查簿进行登记。采用融资租入方式取得的固定资产，通过"固定资产"科目核算，并在"固定资产"科目下设置"融资租入固定资产"明细科目。经批准在境外购买具有所有权的土地，作为固定资产，通过"固定资产"科目核算；单位应当在"固定资产"科目下设置"境外土地"明细科目，进行相应明细核算。

按规定由本级政府机关事务管理等部门统一管理（如仅持有资产的产权证等），但具体由其他部门占有、使用的固定资产，应当由占有、使用该资产的部门作为会计确认主体，对该资产进行会计核算。多个部门共同占用、使用同一项固定资产，且该项固定资产由本级政府机关事务管理等部门统一管理并负责后续维护、改造的，由本级政府机关事务管理等部门作为确认主体，对该项固定资产进行会计核算。同一部门内部所属单位共同占有、使用同一项固定资产，或者所属事业单位占有、使用部门本级拥有产权的固定资产的，按照本部门规定对固定资产进行会计核算。

1. 取得固定资产

（1）购入不需安装的固定资产验收合格时，按照确定的固定资产成本，借记"固定资产"科目，贷记"财政拨款收入""零余额账户用款额度""应付账款""银行存款"等科目；同时按照实际支付的款项，在预算会计中借记"行政支出""事业支出""经营支出"等科目，贷记"财政拨款预算收入""资金结存"科目。购入需要安装的固定资产，在安装完毕交付使用前通过"在建工程"科目核算，安装完毕交付使用时再转入"固定资产"科目。

（2）自行建造的固定资产交付使用时，按照在建工程成本，借记"固定资产"科目，贷记"在建工程"科目。已交付使用但尚未办理竣工决算手续的固定资产，按照估计价值入账，待办理竣工决算后再按照实际成本调整原来的暂估价值。这里的估计价值是指项目竣工财务决算前在建工程的实际成本，包括项目建设资金安排的各项支出，以及应付未付的工程价款、职工薪酬等。单位办理竣工财务决算后，按照实际成本调整资产暂估价值时，应当将实际成本与暂估价值的差额计入净资产，借记或贷记"固定资产"，贷记或借记"以前年度盈余调整"科目。经过上述调整后，应将"以前年度盈余调整"科目转入"累计盈余"科目。

（3）融资租赁取得的固定资产，其成本按照租赁协议或者合同确定的租赁价款、相关税费以及固定资产交付使用前所发生的可归属于该项资产的运输费、途中保险费、安装调试费等确定。融资租入的固定资产，按照确定的成本，借记"固定资产"科目（不需安装）或"在建工程"科目（需安装），按照租赁协议或者合同确定的租赁付款额，贷记"长期应付款"科目，按照支付的运输费、途中保险费、安装调试费等金额，贷记"财政拨款收入""零余额账户用款额度""银行存款"等科目；同时在预算会计中按照实际支付的税费等金额，借记"行政支出""事业支出""经营支出"等科目，贷记"财政拨款预算收入""资金结存"等科目。

(4) 接受捐赠的固定资产，按照确定的成本，借记"固定资产"科目（不需安装）或"在建工程"科目（需安装），按照发生的相关税费、运输费等，贷记"零余额账户用款额度""银行存款"等科目，按照其差额，贷记"捐赠收入"科目；同时在预算会计中按照实际支付的税费、运输费等金额，借记"其他支出"科目，贷记"资金结存"科目。接受捐赠的以名义金额计量的固定资产，其会计处理参照库存物品。

(5) 无偿调入的固定资产，按照确定的成本，借记"固定资产"科目（不需安装）或"在建工程"科目（需安装），按照发生的相关税费、运输费等，贷记"零余额账户用款额度""银行存款"等科目，按照其差额，贷记"无偿调拨净资产"科目；同时在预算会计中按照实际支付的税费、运输费等金额，借记"其他支出"科目，贷记"资金结存"科目。

无偿调入资产在调出方的账面价值为零的，单位（调入方）在进行财务会计处理时，应当按照该项资产在调出方的账面余额，借记"固定资产"科目，按照该项资产在调出方已经计提的折旧或摊销金额（与资产账面余额相等），贷记"固定资产累计折旧"科目；按照支付的相关税费，借记"其他费用"科目，贷记"零余额账户用款额度""银行存款"等科目。同时，在预算会计中按照支付的相关税费，借记"其他支出"科目，贷记"资金结存"科目。无偿调入资产在调出方的账面余额为名义金额的，单位（调入方）在进行财务会计处理时，应当按照名义金额，借记"固定资产"科目，贷记"无偿调拨净资产"科目；按照支付的相关税费，借记"其他费用"科目，贷记"零余额账户用款额度""银行存款"等科目。同时，在预算会计中按照支付的相关税费，借记"其他支出"科目，贷记"资金结存"科目。

2. 固定资产后续支出

固定资产在使用过程中发生的后续支出，符合资产确认条件的，应当资本化计入固定资产；不符合资产确认条件的，应当在发生时计入当期费用或其他相关资产成本。通常情况下，为增加固定资产使用效能或延长其使用年限而发生的改建、扩建、大型维修改造等后续支出，应当计入固定资产成本；为维护固定资产正常使用发生的日常维修、养护等后续支出，应当计入当期费用。列入部门预算支出经济分类科目中资本性支出的后续支出，应当予以资本化。单位将固定资产转入改建、扩建时，按照固定资产的账面价值，借记"在建工程"科目，按照固定资产已计提折旧，借记"固定资产累计折旧"科目，按照固定资产的账面余额，贷记"固定资产"科目。

单位在原有固定资产基础上进行改建、扩建、大型维修改造等建造活动后的固定资产，其成本按照原固定资产账面价值加上改建、扩建、大型维修改造等建造活动发生的支出，再扣除固定资产被替换部分的账面价值后的金额确定。被替换部分的账面价值难以确定的，单位可以采用合理的分配方法计算确定，或组织专家参照资产评估方法进行估价。单位确定被替换部分的账面价值不切实可行或不符合成本效益原则的，可以不予扣除，但应当在报表附注中予以披露。

单位对于租入等不由本单位入账核算但实际使用的固定资产，发生的符合资产确认条件的后续支出，应当按照《政府单位会计制度》中"长期待摊费用"科目相关规定进行会计处理。

3. 对固定资产计提折旧

单位应当按月对固定资产计提折旧，下列固定资产除外：（1）陈列品；（2）动植物；（3）图书、档案；（4）单独计价入账的土地；（5）以名义金额计量的固定资产。单位应当根据相关规定以及固定资产的性质和使用情况，合理确定固定资产的使用年限。因改建、扩建等原因而延长固定资产使用年限的，应当重新确定固定资产的折旧年限。单位盘盈、无偿调入、接受捐赠以及置换的固定资产，应当考虑该项资产的新旧程度，按照其尚可使用的年限计提折旧。

固定资产应当按月计提折旧，当月增加的固定资产，当月开始计提折旧；当月减少的固定资产，当月不再计提折旧。固定资产提足折旧后，无论能否继续使用，均不再计提折旧；提前报废的固定资产，也不再补提折旧。已提足折旧的固定资产，可以继续使用的，应当继续使用，规范实物管理。

单位按月计提固定资产折旧时，按照应计提折旧金额，借记"业务活动费用""单位管理费用""经营费用""加工物品""在建工程"等科目，贷记"固定资产累计折旧"科目。

4. 处置固定资产

（1）报经批准出售、转让固定资产，按照被出售、转让固定资产的账面价值，借记"资产处置费用"科目，按照固定资产已计提的折旧，借记"固定资产累计折旧"科目，按照固定资产账面余额，贷记"固定资产"科目；同时，按照收到的价款，借记"银行存款"等科目，按照处置过程中发生的相关费用，贷记"银行存款"等科目，按照其差额，贷记"应缴财政款"科目。

（2）报经批准对外捐赠固定资产，按照固定资产已计提的折旧，借记"固定资产累计折旧"科目，按照被处置固定资产账面余额，贷记"固定资产"科目，按照捐赠过程中发生的归属于捐出方的相关费用，贷记"银行存款"等科目，按照其差额，借记"资产处置费用"科目；同时，在预算会计中按照实际支付的相关费用金额，借记"其他支出"科目，贷记"资金结存"科目。

（3）报经批准无偿调出固定资产，按照固定资产已计提的折旧，借记"固定资产累计折旧"科目，按照被处置固定资产账面余额，贷记"固定资产"科目，按照其差额，借记"无偿调拨净资产"科目。按照无偿调出过程中发生的归属于调出方的相关费用，借记"资产处置费用"科目，贷记"银行存款"等科目；同时在预算会计中借记"其他支出"科目，贷记"资金结存"科目。

▶【例30-18】2×22年7月18日，某行政单位（为增值税一般纳税人）经批准购入一台设备，取得的增值税专用发票上注明的设备价款为8 000 000元，增值税税额为720 000元，该单位以银行存款支付了相关款项。财会部门根据有关凭证，应进行如下账务处理：

2×22年7月18日购入设备时：

借：固定资产 8 000 000

	应交增值税——应交税金（进项税额）	720 000
贷：	银行存款	8 720 000

同时：

借：	行政支出	8 720 000
贷：	资金结存——货币资金	8 720 000

▶【例30-19】2×22年6月30日，某行政单位计提本月固定资产折旧50 000元。财会部门根据有关凭证，应进行如下账务处理：

借：	业务活动费用	50 000
贷：	固定资产累计折旧	50 000

▶【例30-20】2×22年12月末，某事业单位（为增值税小规模纳税人）对固定资产进行盘点，盘亏笔记本电脑一台，账面余额为12 000元，已提折旧2 000元，报经批准后应由单位职工张三赔偿5 000元，款项已经收到，其他损失由单位承担。财会部门根据有关凭证，应进行如下账务处理：

(1) 固定资产转入待处置资产时：

借：	待处理财产损溢——待处理财产价值	10 000
	固定资产累计折旧	2 000
贷：	固定资产	12 000

(2) 收到张三赔偿款时：

借：	库存现金	5 000
贷：	待处理财产损溢——处理净收入	5 000

(3) 固定资产报经批准予以核销时：

借：	资产处置费用	10 000
贷：	待处理财产损溢——待处理财产价值	10 000
借：	待处理财产损溢——处理净收入	5 000
贷：	应缴财政款	5 000

5. 由有关部门统一管理，但由其他部门占有、使用的固定资产的会计处理

按规定由本级政府机关事务管理等部门统一管理（如仅持有资产的产权证等），但具体由其他部门占有、使用的固定资产，应当由占有、使用该资产的部门作为会计确认主体，对该资产进行会计核算。

多个部门共同占用、使用同一项固定资产，且该项固定资产由本级政府机关事务管理等部门统一管理并负责后续维护、改造的，由本级政府机关事务管理等部门作为确认主体，对该项固定资产进行会计核算。

同一部门内部所属单位共同占有、使用同一项固定资产，或者所属事业单位占有、使用部门本级拥有产权的固定资产的，按照本部门规定对固定资产进行会计核算。

（五）自行研发取得的无形资产

单位自行研究开发项目形成的无形资产，其成本包括自该项目进入开发阶段后至达到预定用途前所发生的支出总额。这里的自行研究开发项目，应当同时满足以下条件：一是该项目以科技成果创造和运用为目的，预期形成至少一项科技成果。二是该项目的

研发活动起点可以明确。例如，利用财政资金等单位外部资金设立的科研项目，可以将立项之日作为起点；利用单位自有资金设立的科研项目，可以将单位决策机构批准同意立项之日，或科研人员将研发计划书提交单位科研管理部门审核通过之日作为起点。

单位自行研究开发项目的支出，应当区分研究阶段支出与开发阶段支出，研究阶段的支出，应当于发生时计入当期费用；开发阶段的支出，先按合理方法进行归集，如果最终形成无形资产的，应当确认为无形资产；如果最终未形成无形资产的，应当计入当期费用。自行研究开发项目尚未进入开发阶段，或者确实无法区分研究阶段支出和开发阶段支出，但按法律程序已申请取得无形资产的，应当将依法取得时发生的注册费、聘请律师费等费用确认为无形资产。

当单位自行研究开发项目预期形成的无形资产同时满足以下条件时，可以认定该自行研究开发项目进入开发阶段：（1）单位预期完成该无形资产以使其能够使用或出售在技术上具有可行性。（2）单位具有完成该无形资产并使用或出售的意图。（3）单位预期该无形资产能够为单位带来经济利益或服务潜能。该无形资产自身或运用该无形资产生产的产品存在市场，或者该无形资产在内部使用具有有用性。（4）单位具有足够的技术、财务资源和其他资源支持，以完成该无形资产的开发，并有能力使用或出售该无形资产。（5）归属于该无形资产开发阶段的支出能够可靠地计量。通常情况下，单位可以将样品样机试制成功、可行性研究报告通过评审等作为自行研究开发项目进入开发阶段的标志，但该时点不满足上述进入开发阶段5个条件的除外。

单位应当设置"研发支出"科目，核算自行研究项目研究阶段和开发阶段发生的各项支出。对于研究阶段的支出，应当先在"研发支出"科目归集。期（月）末，应当将"研发支出"科目归集的研究阶段的支出金额转入当期费用，借记"业务活动费用"等科目，贷记"研发支出——研究支出"科目。对于开发阶段的支出，先通过"研发支出"科目进行归集，待自行研究开发项目完成，达到预定用途形成无形资产的，按照"研发支出"科目归集的开发阶段的支出金额，借记"无形资产"科目，贷记"研发支出——开发支出"科目。单位应于每年年度终了评估研究开发项目是否能达到预定用途，如预计不能达到预定用途（如无法最终完成开发项目并形成无形资产的），应当将已发生的开发支出金额全部转入当期费用。

（六）投资

这里所讲的投资，是指政府会计主体按规定以货币资金、实物资产、无形资产等方式形成的债权或股权投资。政府会计主体的投资分为短期投资和长期投资，短期投资是指政府会计主体取得的持有时间不超过一年（含一年）的投资；长期投资是指政府会计主体取得的除短期投资以外的债权和股权性质的投资。这里所称"股权投资"，是指政府会计主体持有的各类股权投资资产，包括国际金融组织股权投资、投资基金股权投资、企业股权投资等。政府财政总预算会计应当按照财政总预算会计制度相关规定对本级政府持有的各类股权投资资产进行核算。根据国务院和地方人民政府授权、代表本级人民政府对国家出资企业履行出资人职责的单位，与其履行出资人职责的国家出资企业之间不存在股权投资关系，其履行出资人职责的行为不属于此处所指投资，不作为单位的投资进行会计处理。通过单位账户对国家出资企业投入货币资金，纳入本单位预算管理的，应当按照《政府会计制度》中"其他费用（支出）"科目相关规定处理；不纳入本单位预算管理的，应当按照《政府会计制度》中"其他应付款"科目相关规定处理。单位按规定出资成立非营利法人单位，如事业单位、社会团体、基金会等，不属于此处所指的投资，出资时应当按照出资金额，借记"其他费用"科目，贷记"银行存款"等科目；同时，在预算会计中借记"其他支出"科目，贷记"资金结存"科目。单位应当对出资成立的非营利法人单位设置备查簿进行登记。

1. 短期投资

政府会计主体取得的短期投资，应于取得时，按照取得时的实际成本（包括购买价款和相关税费）作为初始投资成本。其中，实际支付的价款中包含的已到付息期但尚未领取的利息，应于收到时冲减短期投资成本。短期投资持有期间的利息，应当于实际收到时确认为投资收益；期末，短期投资应当按照账面余额计量。

2. 长期股权投资

政府会计主体取得的长期股权投资，应于取得时按照实际成本作为初始投资成本：

（1）以支付现金取得的长期股权投资，按照实际支付的全部价款（包括购买价款和相关税费）作为实际成本，其中，实际支付价款中包含的已宣告但尚未发放的现金股利，应当单独确认为应收股利，不计入长期股权投资初始投资成本。

（2）以现金以外的其他资产置换取得的长期股权投资，其成本按照换出资产的评估价值加上支付的补价或减去收到的补价，加上换入长期股权投资发生的其他相关支出确定。事业单位以其持有的科技成果取得的长期股权投资并按规定通过协议定价、在技术交易市场挂牌交易、拍卖等方式确定价格的，应当按照以上方式确定的价格加相关税费作为投资成本。

（3）接受捐赠的长期股权投资，其成本按照有关凭据注明的金额加上相关税费确定；没有相关凭据可供取得，但按规定经过资产评估的，其成本按照评估价值加上相关税费确定；没有相关凭据可供取得，也未经资产评估的，其成本比照同类或类似资产的市场价格加上相关税费确定。

（4）无偿调入的长期股权投资，其成本按照调出方账面价值加上相关税费确定。

长期股权投资在持有期间，通常应当采用权益法进行核算。政府会计主体无权决定被投资单位的财务和经营政策或无权参与被投资单位的财务和经营政策决策的，应当采用成本法进行核算。

（5）成本法下，长期股权投资的账面余额通常保持不变，但追加或收回投资时，应当相应调整其账面余额；长期股权投资持有期间，被投资单位宣告分派的现金股利或利润，政府会计主体应当按照宣告分派的现金股利或利润中属于政府会计主体应享有的份额确认为投资收益。

（6）权益法下，政府会计主体取得长期股权投资后，对于被投资单位所有者权益的变动：第一，按照应享有或应分担的被投资单位实现的净损益的份额，确认为投资损益，同时调整长期股权投资的账面余额。第二，按照被投资单位宣告分派的现金股利或利润计算应享有的份额，确认为应收股利，同时减少长期股权投资的账面余额。第三，按照被投资单位除净损益和利润分配以外的所有者权益变动的份额，确认为净资产，同时调整长期股权投资的账面余额。第四，政府会计主体确认被投资单位的净亏损，应当以长期股权投资的账面余额减记至零为限，政府会计主体负有承担额外损失义务的除外。被投资单位发生净亏损，但以后年度又实现净利润的，政府会计主体应当在其收益分享额弥补未确认的亏损分担额等后，恢复确认投资收益。

事业单位按规定应将长期股权投资持有期间取得的投资净收益，以及以现金取得的长期股权投资处置时取得的净收入（处置价款扣除投资本金和相关税费后的净额）上缴本级财政并纳入一般公共预算管理的，在应收或收到上述有关款项时不确认投资收益，应通过"应缴财政款"科目核算。

政府会计主体因处置部分长期股权投资等原因无权再决定被投资单位的财务和经营政策或者参与被投资单位的财务和经营政策决策的，应当对处置后的剩余股权投资改按成本法核算，并以该剩余股权投资在权益法下的账面余额作为按照成本法核算的初始投资成本。其后，被投资单位宣告分派现金股利或利润时，属于已计入投资账面余额的部分，作为成本法下长期股权投资成本的收回，冲减长期股权投资的账面余额。

政府会计主体因追加投资等原因对长期股权投资的核算从成本法改为权益法的，应当自有权决定被投资单位的财务和经营政策或者参与被投资单位的财务和经营政策决策时，按成本法下长期股权投资的账面余额加上追加投资的成本作为按照权益法核算的初始投资成本。

政府会计主体按规定报经批准处置长期股权投资，应当冲减长期股权投资的账面余额，并按规定将处置价款扣除相关税费后的余额作应缴款项处理，或者按规定将处置价款扣除相关税费后的余额与长期股权投资账面余额的差额计入当期投资损益。采用权益法核算的长期股权投资，因被投资单位除净损益和利润分配以外的所有者权益变动而将应享有的份额计入净资产的，处置该项投资时，还应当将原计入净资产的相应部分转入当期投资损益。

权益法下，事业单位处置以现金以外的其他资产取得的（不含科技成果转化形成的）长期股权投资时，按规定将取得的投资收益（此处的投资收益，是指长期股权投资处置价款扣除长期股权投资成本和相关税费后的差额）纳入本单位预算管理的，分别以下两种情况处理：

①长期股权投资的账面余额大于其投资成本的，应当按照被处置长期股权投资的成本，借记"资产处置费用"科目，贷记"长期股权投资——成本"科目；同时，按照实际取得的价款，借记"银行存款"等科目，按照尚未领取的现金股利或利润，贷记"应收股利"科目，按照发生的相关税费等支出，贷记"银行存款"等科目，按照长期股权投资的账面余额减去其投资成本的差额，贷记"长期股权投资——损益调整、其他权益变动"科目（以上明细科目为贷方余额的，借记相关明细科目），按照实际取得的价款与被处置长期股权投资账面余额、应收股利账面余额和相关税费支出合计数的差额，贷记或借记"投资收益"科目，按照贷方差额，贷记"应缴财政款"科目。

预算会计下，按照取得价款减去投资成本和相关税费后的金额，借记"资金结存——货币资金"科目，贷记"投资预算收益"。

②长期股权投资的账面余额小于或等于其投资成本的，应当按照被处置长期股权投

资的账面余额，借记"资产处置费用"科目，按照长期股权投资各明细科目的余额，贷记"长期股权投资——成本"科目，贷记或借记"长期股权投资——损益调整、其他权益变动"科目；同时，按照实际取得的价款，借记"银行存款"等科目，按照尚未领取的现金股利或利润，贷记"应收股利"科目，按照发生的相关税费等支出，贷记"银行存款"等科目，按照实际取得的价款大于被处置长期股权投资成本、应收股利账面余额和相关税费支出合计数的差额，贷记"投资收益"科目，按照贷方差额，贷记"应缴财政款"科目。

预算会计下，按照取得价款减去投资成本和相关税费后的金额，借记"资金结存——货币资金"科目，贷记"投资预算收益"。

(7) 事业单位处置以科技成果转化形成的长期股权投资，按规定所取得的收入全部留归本单位的，应当按照实际取得的价款，借记"银行存款"等科目，按照被处置长期股权投资的账面余额，贷记"长期股权投资"科目，按照尚未领取的现金股利或利润，贷记"应收股利"科目，按照发生的相关税费等支出，贷记"银行存款"等科目，按照借贷方差额，借记或贷记"投资收益"科目；同时，在预算会计中，按照实际取得的价款，借记"资金结存——货币资金"科目，按照处置时确认的投资收益金额，贷记"投资预算收益"科目，按照贷方差额，贷记"其他预算收入"科目。

(8) 事业单位按规定需将长期股权投资持有期间取得的投资收益上缴本级财政的，应当按照以下规定进行账务处理：

①长期股权投资采用成本法核算的，被投资单位宣告发放现金股利或利润时，事业单位按照应收的金额，借记"应收股利"科目，贷记"投资收益"科目；收到现金股利或利润时，借记"银行存款"等科目，贷记"应缴财政款"科目，同时按照此前确定的应收股利金额，借记"投资收益"科目或"累计盈余"科目（此前确认的投资收益已经结转的），贷记"应收股利"科目；将取得的现金股利或利润上缴财政时，借记"应缴财政款"科目，贷记"银行存款"等科目。

②长期股权投资采用权益法核算的，被投资单位实现净利润的，按照应享有的份额，借记"长期股权投资——损益调整"科目，贷记"投资收益"科目；被投资单位宣告发放现金股利或利润时，单位按照应享有的份额，借记"应收股利"科目，贷记"长期股权投资——损益调整"科目；收到现金股利或利润时，借记"银行存款"等科目，贷记"应缴财政款"科目，同时按照此前确定的应收股利金额，借记"投资收益"科目或"累计盈余"科目（此前确认的投资收益已经结转的），贷记"应收股利"科目；将取得的现金股利或利润上缴财政时，借记"应缴财政款"科目，贷记"银行存款"等科目。

3. 长期债权投资

政府会计主体取得的长期债权投资，应于取得时按照实际成本作为初始投资成本，其中，实际支付价款中包含的已到付息期但尚未领取的债券利息，应当单独确认为应收利息，不计入长期债券投资初始投资成本。

长期债券投资持有期间，应当按照以票面金额与票面利率计算的金额确认利息收入。对于分期付息、一次还本的长期债券投资，应当将计算确定的应收未收利息确认为应收利息，计入投资收益；对于一次还本付息的长期债券投资，应当将计算确定的应收未收利息计入投资收益，并增加长期债券投资的账面余额。政府会计主体按规定出售或到期收回长期债券投资，应当将实际收到的价款扣除长期债券投资账面余额和相关税费后的差额计入投资损益。

（七）公共基础设施和政府储备物资

公共基础设施和政府储备物资属于特殊的行政事业性资产，这类资产的典型特征是政府会计主体控制的，供社会公众使用的经济资源。这类资产除公共基础设施、政府储备物资外，还包括文物资源、保障性住房等。这里主要概述公共基础设施和政府储备物资的会计核算。

1. 公共基础设施

公共基础设施是指单位为满足社会公共需求而控制的，同时具有以下特征的有形资产：（1）是一个有形资产系统或网络的组成部分；（2）具有特定用途；（3）一般不可移动。公共基础设施主要包括市政基础设施（如城市道路、桥梁、隧道、公交场站、路灯、广场、公园绿地、室外公共健身器材，以及环卫、排水、供水、供电、供气、供热、污水处理、垃圾处理系统等）、交通基础设施（如公路、航道、港口等）、水利基础设施（如大坝、堤防、水闸、泵站、渠道等）和其他公共基础设施。独立于公共基础设施、不构成公共基础设施使用不可缺少组成部分的管理维护用房屋建筑物、设备、车辆等，应当确认为固定资产。

通常情况下，公共基础设施应当由按规定对其负有管理维护职责的政府会计主体予以确认。多个政府会计主体共同管理维护的公共基础设施，应当由对该资产负有主要管理维护职责或者承担后续主要支出责任的政府会计主体予以确认。分为多个组成部分由不同政府会计主体分别管理维护的公共基础设施，应当由各个政府会计主体分别对其负责管理维护的公共基础设施的相应部分予以确认。负有管理维护公共基础设施职责的政府会计主体通过政府购买服务方式委托企业或其他会计主体代为管理维护公共基础设施的，该公共基础设施应当由委托方予以确认。

公共基础设施的各组成部分具有不同使用年限或者以不同方式提供公共产品或服务，适用不同折旧率或折旧方法且可以分别确定各自原价的，应当分别将各组成部分确认为该类公共基础设施的一个单项公共基础设施。在购建公共基础设施时，能够分清购建成本中的构筑物部分与土地使用权部分的，应当将其中的构筑物部分和土地使用权部分分别确认为公共基础设施；不能分清购建成本中的构筑物部分与土地使用权部分的，应当整体确认为公共基础设施。

为了核算公共基础设施，单位应当设置"公共基础设施"和"公共基础设施累计折旧（摊销）"科目。公共基础设施在取得时，应当按照其成本入账，其账务处理与固定资产基本相同。按月计提公共基础设施折旧时①，按照应计提的折旧额，借记"业务活动费用"科目，贷记"公共基础设施累计折旧（摊销）"科目。处置公共基础设施时，按照

---

① 在国务院财政部门对公共基础设施折旧（摊销）年限作出规定之前，单位在公共基础设施首次入账时暂不考虑补提折旧（摊销），初始入账后也暂不计提折旧（摊销）。单位在2019年1月1日之前已经核算公共基础设施且计提折旧（摊销）的，在新旧衔接时以及执行政府会计准则制度后可继续沿用之前的折旧（摊销）政策。

所处置公共基础设施的账面价值，借记"资产处置费用""无偿调拨净资产""待处理财产损溢"等科目，按照已提取的折旧和摊销，借记"公共基础设施累计折旧（摊销）"科目，按照公共基础设施账面余额，贷记"公共基础设施"科目。

2. 政府储备物资

政府储备物资是指单位为满足实施国家安全与发展战略、进行抗灾救灾、应对公共突发事件等特定公共需求而控制的，同时具有下列特征的有形资产：（1）在应对可能发生的特定事件或情形时动用；（2）其购入、存储保管、更新（轮换）、动用等由政府及相关部门发布的专门管理制度规范。政府储备物资包括战略及能源物资、抢险抗灾救灾物资、农产品、医药物资和其他重要商品物资，通常情况下由政府会计主体委托承储单位存储。

通常情况下，政府储备物资应当由按规定对其负有行政管理职责的政府会计主体予以确认。行政管理职责主要指提出或拟定收储计划、更新（轮换）计划、动用方案等。相关行政管理职责由不同政府会计主体行使的政府储备物资，由负责提出收储计划的政府会计主体予以确认。对政府储备物资不负有行政管理职责但接受委托具体负责执行其存储保管等工作的政府会计主体，应当将受托代储的政府储备物资作为受托代理资产核算。

为了核算政府储备物资，单位应当设置"政府储备物资"科目。政府储备物资在取得时，应当按照其成本入账，会计处理与库存物品基本一致。因动用而发出无须收回的政府储备物资的，按照发出物资的账面余额予以转销，计入业务活动费用；因动用而发出需要收回或者预期可能收回的政府储备物资的，单位应当在按规定的质量验收标准收回物资时，将未收回物资的账面余额予以转销计入业务活动费用；因行政管理主体变动等原因而将政府储备物资调拨给其他主体的，按照无偿调出政府储备物资的账面余额冲减无偿调拨净资产；对外销售政府储备物资并将销售收入纳入单位预算统一管理的，应当将发出物资的账面余额计入业务活动费用，将实现的销售收入计入当期收入；对外销售政府储备物资并按照规定将销售净收入上缴财政的，应当将取得销售价款时大于所承担的相关税费后的差额确认为应缴财政款。

（八）文物资源

文物资源，是指按照《中华人民共和国文物保护法》等有关法律、行政法规规定，被认定为文物的有形资产，以及考古发掘品、尚未被认定为文物的古籍和按照文物征集尚未入藏的征集物。博物馆、纪念馆、公共图书馆等用于提供公共文化服务，且未被认定为文物的建筑物、场地、设备、公共图书馆的普通馆藏文献等，不属于此处所指的文物资源。

政府会计主体应当设置"文物资源"科目，核算由政府会计主体承担管理收藏职责的文物资源，包括按文物资源定义所确定的文物资源，以及按照《博物馆条件》《博物馆藏品管理办法》等规定进行管理的其他藏品，并且按照文物资源的类型、计量属性等进行明细核算。政府会计主体应当根据文物资源的类型设置"可移动文物""不可移动文物""其他藏品"一级明细科目。根据文物资源的计量属性设置"成本""名义金额"二级明细科目。对于可移动文物和其他藏品，根据文物资源的入藏状态，设置"待入藏"

"馆藏""借出"三级明细科目。对于认定为不可移动文物的公共基础设施，其三级及以下明细科目设置可参照公共基础设施有关规定执行。

"文物资源"科目"成本"明细科目的期末借方余额，反映以成本计量的文物资源成本，"名义金额"明细科目的期末借方余额，反映以名义金额计量的文物资源数量。

1. 文物资源的确认

文物资源，应当由对其承担管理收藏职责的政府会计主体予以确认。通常情况下，对于购买、调拨、接受捐赠、依法接收、指定保管等方式取得的文物资源，政府会计主体应当在取得时对其予以确认。对于考古发掘取得的发掘品，政府会计主体应当在其数量、形态稳定时予以确认，通常不晚于提交考古发掘报告之日；对于考古发现的古遗址、古墓葬等，政府会计主体应当将文物行政部门发布文物认定公告之日作为确认时点。因文物认定等原因将现有其他相关资产重分类为文物资源的，政府会计主体应当在相关文物认定手续办理完毕时将其确认为文物资源。

政府会计主体应当至少在每年年末对借入但尚未归还的文物资源进行核查，根据核查结果将其作为受托代理资产予以确认。

2. 文物资源的初始计量

政府会计主体应当按照成本对文物资源进行初始计量；对于成本无法可靠取得的文物资源以名义金额计量。对于依法征集购买取得的文物资源，政府会计主体应当按照购买价款确定其成本。以一笔款项征集购买多项没有单独标价的文物资源，政府会计主体应当按照系统、合理的方法对购买价款进行分配，分别确定各项文物资源的成本。政府会计主体通过调拨、依法接收、指定保管等方式取得的文物资源，其成本应当按照该文物资源在调出方的账面价值予以确定。调出方未将该文物资源入账或账面价值为零的（即已按制度规定提足折旧的，下同），政府会计主体应当按照成本无法可靠取得的文物资源进行会计处理。

政府会计主体控制的其他相关资产重分类为文物资源的，其成本应当按照该资产原账面价值予以确定。资产原账面价值为零的，政府会计主体应当按照成本无法可靠取得的文物资源进行会计处理。

因盘点、普查等方式盘盈的文物资源，有相关凭据的，其成本按照凭据注明的金额予以确定；没有相关凭据的，政府会计主体应当按照成本无法可靠取得的文物资源进行会计处理。

政府会计主体通过考古发掘、接受捐赠等方式取得的文物资源，应当按照成本无法可靠取得的文物资源进行会计处理。政府会计主体在接受捐赠过程中按照规定向捐赠人支付物质奖励的，在发生时计入当期费用。政府会计主体为取得文物资源发生的相关支出，包括文物资源入藏前发生的保险费、运输费、装卸费以及专业人员服务费等，应当在发生时计入当期费用。

3. 后续计量

文物资源不计提折旧。

政府会计主体对于文物资源本体的修复修缮等相关保护支出，应当在发生时计入当期费用。对于文物资源安防、消防及防雷等保护性设施建设支出，以及对于文物资源本体以外的预防性保护、数字化保护等支出，符合相关资产确认条件的，应当计入固定资产等其他相关资产成本。

政府会计主体按照规定报经批准调出文物资源的，应当将该文物资源的账面价值予以转销，将调出中发生的归属于调出方的相关支出计入当期费用。文物资源报经文物行政部门批准被依法拆除或者因不可抗力等因素发生毁损、丢失的，政府会计主体应当在按照规定程序核查处理后确认文物资源灭失时，将该文物资源的账面价值予以转销。

文物资源撤销退出后仍作为其他资产进行管理的，政府会计主体应当按照该文物资源的账面价值将其重分类为其他资产。

4. 文物资源的账务处理

（1）政府会计主体通过征集购买方式取得的文物资源，应当按照购买价款，在财务会计借记"文物资源"科目，贷记"财政拨款收入""银行存款"等科目；在预算会计借记"行政支出""事业支出"等科目，贷记"财政拨款预算收入""资金结存"等科目。

文物资源在取得后直接入藏的，政府会计主体应当在财务会计将其记入"文物资源"科目的"馆藏"明细科目；取得后暂未入藏的，政府会计主体应当将其记入"文物资源"科目下的"待入藏"明细科目，待办理完成入藏手续后由"文物资源"下的"待入藏"明细科目转入"馆藏"明细科目。

（2）政府会计主体通过调入、依法接收、指定保管等方式取得的文物资源，应当按照确定的成本或名义金额，在财务会计借记"文物资源"科目，贷记"无偿调拨净资产"科目。

（3）政府会计主体对于考古发掘、接受捐赠等方式取得的文物资源，应当按照名义金额入账，在财务会计借记"文物资源"科目，贷记"累计盈余""捐赠收入"等科目。

（4）其他资产重分类为文物资源的，政府会计主体应当在财务会计按照该资产的账面价值，借记"文物资源"科目，按照相关资产科目余额，借记"固定资产累计折旧"等科目（如有），贷记"固定资产"等科目。资产原账面价值为零的，在转销原资产相关科目余额的同时，按照名义金额在财务会计借记"文物资源"科目，贷记"累计盈余"科目。

（5）文物资源发生盘盈的，政府会计主体应当按照确定的成本或名义金额，在财务会计借记"文物资源"科目，贷记"待处理财产损溢"科目。按照规定报经批准处理后，对属于本年度取得的文物资源，政府会计主体应当按照当年新取得文物资源的情形进行账务处理，在财务会计借记"待处理财产损溢"科目，贷记"捐赠收入""无偿调拨净资产""累计盈余"等科目；对属于以前年度取得的文物资源，政府会计主体应当按照前期差错进行账务处理，在财务会计借记"待处理财产损溢"科目，贷记"以前年度盈余调整"科目。

（6）为取得文物资源发生的相关支出，包括文物资源入藏前发生的保险费、运输费、装卸费、专业人员服务费，以及按规定向捐赠人支付的物质奖励等，政府会计主体应当在财务会计按照实际发生的费用，借记"业务活动费用"等科目，贷记"财政拨款收入""银行存款"等科目；在预算会计按照实际支付的金额，借记"行政支出""事业支出"

等科目，贷记"财政拨款预算收入""资金结存"等科目。

（7）对于文物资源本体的修复修缮等相关保护支出，政府会计主体应当在财务会计按照实际发生的费用，借记"业务活动费用"科目，贷记"财政拨款收入""银行存款""库存物品"等科目；在预算会计按照实际支付的金额，借记"行政支出""事业支出"等科目，贷记"财政拨款预算收入""资金结存"等科目。

政府会计主体将已入藏的文物资源借给外单位的，应当至少在每年年末核查尚未收回的文物资源，按照账面价值，在财务会计借记"文物资源"科目下的"借出"明细科目，贷记"文物资源"科目下的"馆藏"明细科目；在借出的文物资源收回时做相反会计分录。政府会计主体从外单位借入文物资源的，应当至少在每年年末核查尚未归还的文物资源，按照该文物资源在借出方的账面价值，在财务会计借记"受托代理资产"科目，贷记"受托代理负债"科目；在归还借入的文物资源时做相反会计分录。

（8）报经批准无偿调出文物资源的，政府会计主体应当在财务会计按照调出的文物资源的账面价值，借记"无偿调拨净资产"科目，贷记"文物资源"科目；按照无偿调出过程中发生的归属于调出方的相关支出，借记"资产处置费用"科目，贷记"财政拨款收入""银行存款"等科目。同时，政府会计主体应当在预算会计按照实际支付的金额，借记"其他支出"科目，贷记"财政拨款预算收入""资金结存"等科目。

（9）文物资源报经文物行政部门批准被依法拆除或者因不可抗力等因素毁损、丢失的，政府会计主体应当在按照规定程序核查处理后确认文物资源灭失时，按照该文物资源的账面价值，在财务会计借记"待处理财产损溢"科目，贷记"文物资源"科目。文物资源报经批准予以核销时，政府会计主体应当在财务会计借记"资产处置费用"科目，贷记"待处理财产损溢"科目。政府会计主体在按照规定程序核查处理过程中依法取得净收入的，应当按照收到的金额在财务会计借记"银行存款"等科目，贷记"其他收入"科目；在预算会计借记"资金结存"等科目，贷记"其他预算收入"科目。政府会计主体发生净支出的，按照实际支出净额在财务会计借记"资产处置费用"科目，贷记"银行存款"等科目；在预算会计借记"其他支出"科目，贷记"资金结存"等科目。

文物资源撤销退出后仍作为其他资产进行管理的，政府会计主体应当按照该文物资源的账面价值，在财务会计借记"固定资产"等科目，贷记"文物资源"科目。

（九）受托代理资产

受托代理资产是指单位接受委托方委托管理的各项资产，包括受托指定转赠的物资、受托存储保管的物资等。为了核算受托代理资产，单位应当设置"受托代理资产"科目。单位管理的罚没物资也应当通过"受托代理资产"科目核算。单位收到的受托代理资产为现金和银行存款的，不通过"受托代理资产"科目核算，应当通过"库存现金""银行存款"科目进行核算。

需要注意的是，单位对受托代理资产不拥有控制权，因此受托代理资产并不符合《基本准则》所规定的资产的定义及其确认标准。"受托代理负债"科目因单位接受受托代理资产而产生，应当按照相对应的受托代理资产的金额予以确认和计量。单位收取的押金、存入保证金等负有偿还义务的暂收款项，应当通过"其他应付款"科目核算。

单位接受委托人委托存储保管或需要转赠给受赠人的物资，其成本按照有关凭据注明的金额确定。接受委托的物资验收入库，按照确定的成本，借记"受托代理资产"科目，贷记"受托代理负债"科目。将受托转赠物资交付受赠人或按委托人要求发出委托存储保管的物资时，作相反会计分录。转赠物资的委托人取消了对捐赠物资的转赠要求，且不再收回捐赠物资的，应当将转赠物资转为单位的存货、固定资产等，同时确认其他收入。

单位取得罚没物资时，其成本按照有关凭据注明的金额确定。罚没物资验收（入库），按照确定的成本，借记"受托代理资产"科目，贷记"受托代理负债"科目。罚没物资成本无法可靠确定的，单位应当设置备查簿进行登记。按照规定处置或移交罚没物资时，按照罚没物资的成本，借记"受托代理负债"科目，贷记"受托代理资产"科目。处置时取得款项的，按照实际取得的款项金额，借记"银行存款"等科目，贷记"应缴财政款"等科目。

八、负债业务

单位负债主要包括应付及预收款项、应缴税费、应付职工薪酬、应缴款项、长期应付款、预计负债等，其财务会计核算与企业会计基本相同。下面主要介绍应缴财政款和应付职工薪酬的核算。

（一）应缴财政款

单位应缴财政款是指单位取得或应收的按照规定应当上缴财政的款项，包括应缴国库的款项和应缴财政专户的款项。为核算应缴财政的各类款项，单位应当设置"应缴财政款"科目。单位按照国家税法等有关规定应当缴纳的各种税费，通过"应交增值税""其他应交税费"科目核算，不通过"应缴财政款"科目核算。

单位取得或应收按照规定应缴财政的款项时，借记"银行存款""应收账款"等科目，贷记"应缴财政款"科目。单位上缴应缴财政的款项时，按照实际上缴的金额，借记"应缴财政款"科目，贷记"银行存款"科目。由于应缴财政的款项不属于纳入部门预算管理的现金收支，因此不进行预算会计处理。

（二）应付职工薪酬

单位的应付职工薪酬是指按照有关规定应付给职工（含长期聘用人员）及为职工支付的各种薪酬，包括基本工资、国家统一规定的津贴补贴、规范津贴补贴（绩效工资）、改革性补贴、社会保险费（如职工基本养老保险费、职业年金、基本医疗保险费等）、住房公积金等。为核算应付职工薪酬业务，单位应当设置"应付职工薪酬"科目。该科目应当根据国家有关规定按照"基本工资"（含离退休费）、"国家统一规定的津贴补贴""规范津贴补贴（绩效工资）""改革性补贴""社会保险费""住房公积金""其他个人收入"等进行明细核算。其中，"社会保险费""住房公积金"明细科目核算内容包括单位从职工工资中代扣代缴的社会保险费、住房公积金，以及单位为职工计算缴纳的社会保险费、住房公积金。

单位计算确认当期应付职工薪酬时，根据职工提供服务的受益对象，借记"业务活动费用""单位管理费用""在建工程""加工物品""研发支出"等科目,贷记"应付职工薪酬"科目。按照税法规定代扣职工个人所得税时,借记"应付职工薪酬——基本工资"科目,贷记"其他应交税费——应交个人所得税"科目;从应付职工薪酬中代扣社会保险费和住房公积金,按照代扣的金额,借记"应付职工薪酬——基本工资"科目,贷记"应付职工薪酬——社会保险费、住房公积金"科目;从应付职工薪酬中代扣为职工垫付的水电费、房租等费用时,按照实际扣除的金额,借记"应付职工薪酬——基本工资"科目,贷记"其他应收款"等科目。

单位向职工支付工资、津贴补贴等薪酬,或按照国家有关规定缴纳职工社会保险费和住房公积金时,按照实际支付的金额,借记"应付职工薪酬"科目,贷记"财政拨款收入""零余额账户用款额度""银行存款"等科目,同时在预算会计中借记"行政支出""事业支出""经营支出"等科目,贷记"财政拨款预算收入""资金结存"科目。

▶【例30-21】2×22年5月,某事业单位为开展专业业务活动及其辅助活动人员发放工资500 000元,津贴300 000元,奖金100 000元,按规定应代扣代缴个人所得税30 000元,该单位以国库授权支付方式支付薪酬并上缴代扣的个人所得税。财会部门根据有关凭证,应进行如下账务处理:

(1) 计算应付职工薪酬时:

借:业务活动费用　　　　　　　　　　　　　　　　900 000
　　贷:应付职工薪酬　　　　　　　　　　　　　　　　　900 000

(2) 代扣个人所得税时:

借:应付职工薪酬　　　　　　　　　　　　　　　　30 000
　　贷:其他应交税费——应交个人所得税　　　　　　　30 000

(3) 实际支付职工薪酬:

借:应付职工薪酬　　　　　　　　　　　　　　　　870 000
　　贷:零余额账户用款额度　　　　　　　　　　　　　870 000

同时:

借:事业支出　　　　　　　　　　　　　　　　　　870 000
　　贷:资金结存——零余额账户用款额度　　　　　　　870 000

(4) 上缴代扣的个人所得税时:

借:其他应交税费——应交个人所得税　　　　　　　30 000
　　贷:零余额账户用款额度　　　　　　　　　　　　　30 000

同时:

借:事业支出　　　　　　　　　　　　　　　　　　30 000
　　贷:资金结存——零余额账户用款额度　　　　　　　30 000

(三) 关于政府债券的会计处理

根据《政府会计准则第8号——负债》第七条规定,政府发行的政府债券属于政府举借的债务。有关政府债券的会计处理规定如下:

1. 财政总预算会计的处理

政府财政总预算会计应当按照《政府会计准则第 8 号——负债》和财政总预算会计制度相关规定对政府债券进行会计处理。

2. 使用政府债券资金的单位的会计处理

（1）单位实际从同级财政取得政府债券资金的，应当借记"银行存款""零余额账户用款额度"等科目，贷记"财政拨款收入"科目；同时在预算会计中借记"资金结存"等科目，贷记"财政拨款预算收入"科目。

按照预算管理要求需对政府债券资金单独反映的，应当在"财政拨款（预算）收入"科目下进行明细核算。例如，取得地方政府债券资金的，应当根据地方政府债券类别按照"地方政府一般债券资金收入""地方政府专项债券资金收入"等进行明细核算。

（2）同级财政以地方政府债券置换单位原有负债的，单位应当借记"长期借款""应付利息"等科目，贷记"累计盈余"科目。预算会计不做处理。

（3）单位需要向同级财政上缴专项债券对应项目专项收入的，取得专项收入时，应当借记"银行存款"等科目，贷记"应缴财政款"科目；实际上缴时，借记"应缴财政款"科目，贷记"银行存款"等科目。预算会计不做处理。

（4）单位应当对使用地方政府债券资金所形成的资产、上缴的专项债券对应项目专项收入进行辅助核算或备查簿登记。

九、单位年末暂收暂付非财政资金的会计处理

单位对于纳入本年度部门预算管理的现金收支业务，在采用财务会计核算的同时应当及时进行预算会计核算。年末结账前，单位应当对暂收暂付款项进行全面清理，并对于纳入本年度部门预算管理的暂收暂付款项进行预算会计处理，确认相关预算收支，确保预算会计信息能够完整反映本年度部门预算收支执行情况。

（1）对于纳入本年度部门预算管理的暂付款项，按照《政府会计制度》规定，单位在支付款项时可不做预算会计处理，待结算或报销时，按照结算或报销的金额，借记相关预算支出科目，贷记"资金结存"科目。但是，在年末结账前，对于尚未结算或报销的暂付款项，单位应当按照暂付的金额，借记相关预算支出科目，贷记"资金结存"科目。以后年度，实际结算或报销金额与已计入预算支出的金额不一致的，单位应当通过相关预算结转结余科目"年初余额调整"明细科目进行处理。

（2）对于应当纳入下一年度部门预算管理的暂收款项，单位在收到款项时，借记"银行存款"等科目，贷记"其他应付款"科目；本年度不做预算会计处理。待下一年初，单位应当按照上年暂收的款项金额，借记"其他应付款"科目，贷记有关收入科目；同时在预算会计中，按照暂收款项的金额，借记"资金结存"科目，贷记有关预算收入科目。

对于应当纳入下一年度部门预算管理的暂付款项，单位在付出款项时，借记"其他应收款"科目，贷记"银行存款"等科目，本年度不做预算会计处理。待下一年实际结算或报销时，单位应当按照实际结算或报销的金额，借记有关费用科目，按照之前暂付的款项金额，贷记"其他应收款"科目，按照退回或补付的金额，借记或贷记"银行存

款"等科目；同时，在预算会计中，按照实际结算或报销的金额，借记有关支出科目，贷记"资金结存"科目。下一年度内尚未结算或报销的，按照上述（1）中的规定处理。

（3）对于不纳入部门预算管理的暂收暂付款项（如应上缴、应转拨或应退回的资金），单位应当按照《政府会计制度》规定，仅作财务会计处理，不做预算会计处理。

十、部门（单位）合并财务报表

部门（单位）合并财务报表，是指以政府部门（单位）本级作为合并主体，将部门（单位）本级及其合并范围内全部被合并主体的财务报表进行合并后形成的，反映部门（单位）整体财务状况与运行情况的财务报表。部门（单位）合并财务报表是政府部门财务报告的主要组成部分。

（一）合并范围

部门（单位）合并财务报表的合并范围一般应当以财政预算拨款关系为基础予以确定。有下级预算单位的部门（单位）为合并主体，其下级预算单位为被合并主体。合并主体应当将其全部被合并主体纳入合并财务报表的合并范围。通常情况下，纳入本部门预决算管理的行政事业单位和社会组织（包括社会团体、基金会和社会服务机构，下同）都应当纳入本部门（单位）合并财务报表范围。

除满足一般原则的会计主体外，以下会计主体也应当纳入部门（单位）合并财务报表范围：（1）部门（单位）所属的未纳入部门预决算管理的事业单位。（2）部门（单位）所属的纳入企业财务管理体系执行企业类会计准则制度的事业单位。（3）财政部规定的应当纳入部门（单位）合并财务报表范围的其他会计主体。（1）、（2）中的所属关系，应当按照《事业单位法人证书》所列的举办单位确认。涉及两个或两个以上举办单位的，按排序第一的举办单位确认，纳入该举办单位的合并财务报表编制范围；举办单位之间有协议、章程或管理办法约定的，按约定执行，不得重复编报。

以下会计主体不纳入部门（单位）合并财务报表范围：（1）部门（单位）所属的企业，以及所属企业下属的事业单位。（2）与行政机关脱钩的行业协会商会。（3）部门（单位）财务部门按规定单独建账核算的会计主体，如工会经费、党费、团费和土地储备资金、住房公积金等资金（基金）会计主体。（4）挂靠部门（单位）的没有财政预算拨款关系的社会组织以及非法人性质的学术团体、研究会等。

（二）合并程序

部门（单位）合并资产负债表应当以部门（单位）本级和其被合并主体符合上述有关编制基础和统一会计政策要求的个别资产负债表或合并资产负债表为基础，在抵销内部业务或事项对合并资产负债表的影响后，由部门（单位）本级合并编制。编制部门（单位）合并资产负债表时，需要抵销的内部业务或事项包括部门（单位）本级和其被合并主体之间、被合并主体相互之间的债权（含应收款项坏账准备，下同）、债务项目，以及其他业务或事项对部门（单位）合并资产负债表的影响。

部门（单位）合并收入费用表应当以部门（单位）本级和其被合并主体符合上述有关编制基础和统一会计政策要求的个别收入费用表或合并收入费用表为基础，在抵销内部业务或事项对合并收入费用表的影响后，由部门（单位）本级合并编制。编制部门

（单位）合并收入费用表时，需要抵销的内部业务或事项包括部门（单位）本级和其被合并主体之间、被合并主体相互之间的收入、费用项目。

第三节 民间非营利组织会计

民间非营利组织会计是对民间非营利组织的财务收支活动进行连续、系统、综合的记录、计量和报告，以价值指标客观地反映业务活动过程，从而为业务管理和其他相关的管理工作提供信息的活动。民间非营利组织会计与政府会计的共性体现为"非营利性"，因此，相对于企业会计，二者的会计要素中均没有"利润"要素。

一、民间非营利组织会计概述

（一）民间非营利组织的概念和特征

民间非营利组织是指通过筹集社会民间资金举办的、不以营利为目的，从事教育、科技、文化、卫生、宗教等社会公益事业，提供公共产品的社会服务组织。

我国《民间非营利组织会计制度》适用于在中华人民共和国境内依法设立的符合该制度规定特征的民间非营利组织。民间非营利组织包括依照国家法律、行政法规登记的社会团体、基金会、社会服务机构、宗教活动场所、国际性社会团体、外国商会和境外非政府组织在中国境内依法登记设立的代表机构等组织。按照《民间非营利组织会计制度》规定，适用于本制度的民间非营利组织应当同时具备以下三个特征：

1. 为公益目的或其他非营利目的成立。这一特征强调民间非营利组织的非营利性，这与企业的营利性有本质的区别。但是强调民间非营利组织目的的非营利性，并不排除其因提供商品或者社会服务而获取相应收入或者收取合理费用，只要这些营利活动的所得最终是用于组织的非营利事业。

2. 资源提供者向该组织投入资源不取得经济回报。这一特征强调民间非营利组织的资金或者其他资源提供者不能从民间非营利组织中获取回报，如果出资者等可以从组织中获取回报，应当将其视为企业，适用企业会计准则和企业会计制度。

3. 资源提供者对该组织的财产不保留或享有任何财产权利。这一特征强调资金或者其他资源提供者在将资源投入到民间非营利组织后不再保留或享有相关财产的任何权利，如与所有者权益有关的资产出售、转让、处置权以及清算时剩余财产的分配权等。这一特征既将民间非营利组织与企业区分开来，也将其与各行政事业单位区分开来，因为行政事业单位尽管也属于非营利组织，但是国家对这些组织及其净资产拥有所有权。

满足上述三个特征的境外非政府组织在中国境内依法登记设立的代表机构，也应当按照《民间非营利组织会计制度》进行会计核算。

（二）民间非营利组织会计的特点

民间非营利组织会计的特点主要包括：

（1）以权责发生制为会计核算基础。这是由于权责发生制较收付实现制更有助于民间非营利组织加强资产、负债的管理,提高民间非营利组织会计信息质量,增强其会计信息的有用性。

(2) 在采用历史成本计价的基础上,引入公允价值计量基础。公允价值的引入是由民间非营利组织的特殊业务活动所决定的,如通过接受捐赠等业务取得的资产,可能很难或者根本无法确定其实际成本,此时以历史成本原则就无法满足对资产计量的要求,采用公允价值则可以解决资产计量问题。

(3) 由于民间非营利组织资源提供者既不保留或享有该组织的任何财产权利,也不取得经济回报,因此,其会计要素不应包括所有者权益和利润,而是设置了净资产这一要素。

(三) 民间非营利组织的会计要素

民间非营利组织的会计要素划分为反映财务状况的会计要素和反映业务活动情况的会计要素。

1. 反映财务状况的会计要素

(1) 资产,是指过去的交易或者事项形成并由民间非营利组织拥有或者控制的资源,该资源预期会给民间非营利组织带来经济利益或者服务潜力。资产应当按其流动性分为流动资产、长期投资、固定资产、在建工程、文物资源、无形资产和受托代理资产等。

(2) 负债,是指过去的交易或者事项形成的现时义务,履行该义务预期会导致含有经济利益或者服务潜力的资源流出民间非营利组织。负债按其流动性分为流动负债、长期负债和受托代理负债等。

(3) 净资产,是指民间非营利组织的资产减去负债后的余额。

净资产按照是否受到限制,分为限定性净资产和非限定性净资产。如果资产或者资产所产生的经济利益(如资产的投资收益和利息等)的使用受到资产提供者或者国家有关法律、行政法规所设置的时间限制或(和)用途限制,由此形成的净资产即为限定性净资产,国家有关法律、行政法规对净资产的使用直接设置限制的,该受限制的净资产也应作为限定性净资产;除此之外的其他净资产应作为非限定性净资产。时间限制是由资产提供者或者国家有关法律、行政法规要求民间非营利组织在收到资产后的特定时期之内或特定日期之后使用该项资产,或者对资产的使用设置了永久限制。用途限制是指资产提供者或者国家有关法律、行政法规要求民间非营利组织将收到的资产用于某一特定的用途。资产或净资产是否存在制度中所指的限制,需要根据净资产的概念进行判断。在实务中,时间限制和用途限制常常是同时存在的,民间非营利组织应当能够判断是否存在时间限制或用途限制,或者两种限制同时存在。

资产或净资产是否存在《民间非营利组织会计制度》中所指的限制,需要根据净资产的概念进行判断。限制是指由民间非营利组织之外的资产提供者或者国家有关法律、行政法规所设置的,民间非营利组织的理事会或类似权力机构对净资产的使用所作的限定性决策、决议或拨款限额等,属于民间非营利组织内部管理上对资产使用所作的限制,不属于所界定的限定性净资产。资产提供者或者国家有关法律、行政法规所设置的限制只有在比民间非营利组织的宗旨、目的或章程等关于资产使用的要求更为具体明确时,才能成为《民间非营利组织会计制度》所称的"限制"。民间非营利组织设立时取得的注册资金，应当直接计入净资产。注册资金的使用受到时间限制或用途限制的，在取得时直接计入限定性净资产；其使用没有受到时间限制和用途限制的，在取得时直接计入非限定性净资产。

2. 反映业务成果的会计要素

（1）收入，是指民间非营利组织开展业务活动取得的、导致本期净资产增加的经济利益或者服务潜力的流入。收入应当按其来源分为捐赠收入、会费收入、提供服务收入、政府补助收入、投资收益、商品销售收入、总部拨款收入等主要业务活动收入和其他收入等。其中，政府补助收入是指民间非营利组织接受政府拨款或者政府机构给予的补助而取得的收入。该补助是无偿的，不需要向政府交付商品或服务等对价。商品销售收入是指民间非营利组织销售商品（如出版物、药品）等所形成的收入。投资收益是指民间非营利组织因对外投资取得的投资净损益。总部拨款收入是指境外非政府组织代表机构从其总部取得的拨款收入。

民间非营利组织在确认收入时，应当区分交换交易所形成的收入和非交换交易所形成的收入。交换交易是指按照等价交换原则所从事的交易，即当某一主体取得资产、获得服务或者解除债务时，需要向交易对方支付等值或者大致等值的现金，或者提供等值或者大致等值的货物、服务等的交易。如按照等价交换原则销售商品、提供劳务等均属于交换交易。对于因交换交易所形成的商品销售收入，应当在下列条件下同时满足时予以确认：第一，已将商品所有权上的主要风险和报酬转移给购货方；第二，既没有保留通常与所有权相联系的继续管理权，也没有对已售出的商品实施控制；第三，与交易相关的经济利益能够流入民间非营利组织；第四，相关的收入和成本能够可靠地计量。对于因交换交易所形成的提供劳务收入，应当按以下规定予以确认：第一，在同一会计年度内开始并完成的劳务，应当在完成劳务时确认收入；第二，如果劳务的开始和完成分属不同的会计年度，可以按完工进度或完成的工作量确认收入。对于因交换交易所形成的因让渡资产使用权而发生的收入，应当在下列条件同时满足时予以确认：第一，与交易相关的经济利益能够流入民间非营利组织；第二，收入的金额能够可靠地计量。民间非营利组织承接政府购买服务属于交换交易，取得的相关收入应当记入"提供服务收入"等收入类科目，不应当记入"政府补助收入"科目。非交换交易是指除交换交易之外的交易。在非交换交易中，某一主体取得资产、获得服务或者解除债务时，不必向交易对方支付等值或者大致等值的现金，或者提供等值或者大致等值的货物、服务等；或者某一主体在对外提供货物、服务等时，没有收到等值或者大致等值的现金、货物等。如捐赠、政府补助等均属于非交换交易。对于因非交换交易所形成的收入，应当在同时满足下列条件时予以确认：第一，与交易相关的含有经济利益或者服务潜力的资源能够流入民间非营利组织并为其所控制，或者相关的债务能够得到解除；第二，交易能够引起净资产的增加；第三，收入的金额能够可靠地计量。

民间非营利组织对于各项收入应当按是否存在限定区分为非限定性收入和限定性收入进行核算。如果资产提供者对资产的使用设置了时间限制或者（和）用途限制，则所确认的相关收入为限定性收入；除此之外的其他收入，为非限定性收入。民间非营利组织的会费收入、提供服务收入、商品销售收入、投资收益、总部拨款收入等一般为非限定性收入，除非相关资产提供者对资产的使用设置了限制。民间非营利组织的捐赠收入和政府补助收入，应当视相关资产提供者对资产的使用是否设置了限制，分别限定性收入和非限定性收入进行核算。期末，民间非营利组织应当将本期限定性收入和非限定性收入分别结转至净资产项下的限定性净资产和非限定性净资产。

（2）费用，是指民间非营利组织为开展业务活动所发生的、导致本期净资产减少的经济利益或者服务潜力的流出。费用应当按照其功能分为业务活动成本、税金及附加、管理费用、筹资费用、资产减值损失、所得税费用和其他费用等。

业务活动成本，是指民间非营利组织为了实现其业务活动目标、开展其项目活动或者提供服务所发生的费用。如果民间非营利组织从事的项目、提供的服务或者开展的业务比较单一，可以将相关费用全部归集在"业务活动成本"项目下进行核算和列报；如果民间非营利组织从事的项目、提供的服务或者开展的业务种类较多，民间非营利组织应当在"业务活动成本"项目下分别项目、服务或者业务大类进行核算和列报。

税金及附加，是指民间非营利组织业务活动发生的消费税、城市维护建设税、资源税、教育费附加、房产税、城镇土地使用税、车船税、印花税等相关税费。

管理费用，是指民间非营利组织为组织和管理其业务活动所发生的各项费用，包括民间非营利组织理事会或者类似权力机构经费和行政管理人员的工资、奖金、福利费、住房公积金、住房补贴、社会保障费、离退休人员工资及补助，以及办公费、水电费、邮电费、物业管理费、差旅费、折旧费、修理费、租赁费、无形资产摊销费、资产盘亏损失、因预计负债所产生的损失、聘请中介机构费和因民间非营利组织自身原因应偿还的受赠资产或政府补助资产等。其中，福利费应当依法根据民间非营利组织的管理权限，按照理事会或类似权力机构等的规定据实列支。

筹资费用，是指民间非营利组织为筹集业务活动所需资金而发生的费用，它包括民间非营利组织为了获得捐赠资产而发生的费用以及应当计入当期费用的借款费用、汇兑损失（减汇兑收益）等。民间非营利组织为了获得捐赠资产而发生的费用包括举办募款活动费、准备、印刷和发放募款宣传资料费以及其他与募款或者争取捐赠资产有关的费用。

资产减值损失，是指民间非营利组织计提各项资产减值准备所形成的损失。

所得税费用，是指有企业所得税缴纳义务的民间非营利组织按规定缴纳企业所得税所形成的费用。

其他费用，是指民间非营利组织发生的、无法归属到上述费用中的费用，包括固定资产处置净损失、无形资产处置净损失等。

民间非营利组织的某些费用如果属于多项业务活动或者属于业务活动、管理活动和筹资活动等共同发生的，而且不能直接归属于某一类活动，应当将这些费用按照合理的方法在各项活动中进行分配。

民间非营利组织发生的业务活动成本、管理费用、筹资费用、所得税费用和其他费用，应当在发生时按其发生额计入当期费用。

民间非营利组织对于各项费用应当按是否存在限定区分为非限定性费用和限定性费用进行核算。如果资产提供者对资产的使用设置了时间限制或者（和）用途限制，则所确认的相关费用为限定性费用；除此之外，为非限定性费用。

期末，民间非营利组织应当将本期限定性费用结转至净资产项下的限定性净资产，非限定性费用结转至净资产项下的非限定性净资产，作为净资产的减项。

（四）民间非营利组织财务会计报告

民间非营利组织的财务会计报告是反映民间非营利组织某一特定日期的财务状况和某一会计期间的业务活动情况和现金流量等信息的书面文件。财务会计报告由会计报表、会计报表附注和财务情况说明书和其他应当在财务会计报告中披露的相关信息和资料组成。会计报表至少应当包括资产负债表、业务活动表和现金流量表三张基本报表，附注侧重披露编制会计报表所采用的会计政策、已经在会计报表中得到反映的重要项目的具体说明和未在会计报表中得到反映的重要信息的说明等内容。

民间非营利组织的财务会计报告分为年度财务会计报告和中期财务会计报告。以适于一个完整的会计年度的期间（如半年度、季度和月度）编制的财务会计报告称为中期财务会计报告。年度财务会计报告则是以整个会计年度为基础编制的财务会计报告。民间非营利组织在编制中期财务会计报告时，应当采用与年度会计报表相一致的确认与计量原则。中期财务会计报告的内容相对于年度财务会计报告而言可以适当简化，但仍应保证包括与理解中期期末财务状况和中期业务活动情况及其现金流量相关的重要财务信息。

二、民间非营利组织特定业务的会计核算

（一）捐赠业务

1. 捐赠的概念和特征

捐赠属于非交换交易的一种，通常是指某个单位或个人（捐赠人）自愿地将现金或其他资产无偿地转让给另一单位或个人（受赠人），或者无偿地清偿或取消该单位或个人（受赠人）的负债。这里的其他资产包括债券、股票、产品、材料、设备、房屋、无形资产和劳务等。在实务中，民间非营利组织既可能作为受赠人，接受其他单位或个人的捐赠，也可能作为捐赠人，对其他单位或个人作出捐赠。

捐赠一般具有以下三个基本特征：（1）捐赠是无偿地转让资产或者取消负债，属于非交换交易；（2）捐赠是自愿地转让资产或者取消负债，从而将捐赠与纳税、征收罚款等其他非交换交易区分开来；（3）捐赠交易中资产或劳务的转让不属于所有者的投入或向所有者的分配。

判断某项交易是否是捐赠时，还需要注意以下几点：（1）应当将捐赠与受托代理交易等类似交易区分开来；（2）可能某项交易的一部分属于捐赠交易，另一部分属于其他性质的交易；（3）应当将政府补助收入与捐赠收入区分开来，分别核算和反映。

2. 捐赠资产的确认和计量

对于民间非营利组织接受捐赠的现金资产，应当按照实际收到的金额入账。对于民

间非营利组织接受捐赠的非现金资产，如接受捐赠的短期投资、存货、长期投资、固定资产和无形资产等，如果捐赠方提供了有关凭据（如发票、报关单、有关协议等）的，应当按照凭据上标明的金额作为入账价值；如果捐赠方没有提供有关凭据，或者凭据上标明的金额与受赠资产公允价值相差较大，受赠资产应当以其公允价值作为其入账价值。民间非营利组织接受捐赠资产的有关凭据或公允价值以外币计量的，应当按照取得资产当日的市场汇率将外币金额折算为人民币金额记账。当汇率波动较小时，也可以采用当期期初的汇率进行折算。对于民间非营利组织接受的固定资产、无形资产捐赠，如果捐赠方没有提供有关凭据，且公允价值无法可靠取得的，应当按照名义金额入账。对于民间非营利组织接受的文物资源捐赠，如果捐赠方没有提供有关凭据，应当按照名义金额入账。

对于民间非营利组织接受的劳务、服务捐赠，如果捐赠方提供了合法有效凭据，且凭据上标明的金额能够反映受赠劳务、服务的公允价值，民间非营利组织可以按照凭据金额入账，其他情况不予确认。民间非营利组织接受的劳务、服务捐赠的情况应当在会计报表附注中作相关披露。

对于民间非营利组织接受非现金资产捐赠时发生的应归属于其自身的相关税费、运输费等，应当计入当期费用，借记"筹资费用"科目，贷记"银行存款"等科目。

民间非营利组织应当区分捐赠与捐赠承诺。捐赠承诺是指捐赠现金或其他资产的书面协议或口头约定等。捐赠承诺不满足非交换交易收入的确认条件。民间非营利组织对于捐赠承诺，不应予以确认，但可以在会计报表附注中作相关披露。

3. 捐赠收入的核算

捐赠收入是指民间非营利组织接受其他单位或者个人捐赠所取得的收入，应当根据相关资产提供者对资产的使用是否设置了限制，划分为限定性收入和非限定性收入分别进行核算。

一般情况下，对于民间非营利组织接受的捐赠，应当在符合收入确认条件时确认收入。但当民间非营利组织存在需要偿还全部或部分捐赠资产或者相应金额的现时义务时，应当根据需要偿还的金额同时确认一项负债和费用。

民间非营利组织为了核算捐赠收入，应当设置"捐赠收入"科目，并按照捐赠收入是否存在限制，在"捐赠收入"科目下设置"限定性收入"和"非限定性收入"明细科目。如果民间非营利组织存在多个捐赠项目，还可以结合具体情况，在"限定性收入"和"非限定性收入"明细科目下按照捐赠项目设置相应的明细科目。

（1）接受捐赠时，按照应确认的金额，借记"现金""银行存款""短期投资""存货""长期股权投资""长期债权投资""固定资产""无形资产"等科目，贷记"捐赠收入——限定性收入"或"捐赠收入——非限定性收入"科目。接受的劳务、服务收入，按照应确认的金额，借记"业务活动成本""管理费用"等科目，贷记本科目"限定性收入"或"非限定性收入"明细科目。

接受的捐赠，如果由于捐赠方或法律法规限制等民间非营利组织之外的原因存在需要偿还全部或部分捐赠资产或政府补助资产或者相应金额的现时义务时，按照需要偿还的金额，借记"捐赠收入"科目，贷记"其他应付款"等科目；如果由于民间非营利组织自身的原因存在需要偿还全部或部分捐赠资产或者相应金额的现时义务时，按照需要偿还的金额，借记"管理费用"科目，贷记"其他应付款"等科目。

（2）如果限定性捐赠收入的限制在确认收入的当期得以解除，应当将其转为非限定性捐赠收入，借记"捐赠收入——限定性收入"科目，贷记"捐赠收入——非限定性收入"科目。

（3）期末，将"捐赠收入"科目各明细科目的余额分别转入限定性净资产和非限定性净资产，借记"捐赠收入——限定性收入"科目，贷记"限定性净资产"科目，借记"捐赠收入——非限定性收入"科目，贷记"非限定性净资产"科目。期末结转后"捐赠收入"科目应无余额。

▶【例30-22】2×22年2月1日，某社会团体收到甲企业捐赠款项。协议规定，甲企业向该社会团体捐赠100 000元，应当在协议签订当日转入该社会团体银行账户；该社会团体应当将这笔款项用于某项学术课题。该社会团体应进行如下账务处理：

借：银行存款　　　　　　　　　　　　　　　　　　　　　100 000
　　贷：捐赠收入——限定性收入　　　　　　　　　　　　　　　100 000

▶【例30-23】2×22年6月16日，甲基金会与乙企业签订了一份捐赠协议。协议规定，自2×22年7月1日至2×22年12月31日，乙企业在此6个月的期间内每售出一件产品，即向甲基金会捐赠1元钱，以资助贫困人员医疗救治，款项将在每月底按照销售量计算后汇至甲基金会银行账户。同时，乙企业承诺，此次捐赠的款项不会少于600 000元，并争取达到1 000 000元。根据此协议，甲基金会在2×22年7月底收到了乙企业捐赠的款项90 000元。

甲基金会应进行如下账务处理：

（1）2×22年6月16日，不满足捐赠收入的确认条件，不需要进行账务处理。

（2）2×22年7月31日，按照收到的捐款金额，确认捐赠收入：

借：银行存款　　　　　　　　　　　　　　　　　　　　　90 000
　　贷：捐赠收入——限定性收入　　　　　　　　　　　　　　　90 000

（3）2×22年8月至12月的每个月月底，分别按照收到的捐款金额，确认捐赠收入。账务处理同7月31日。

▶【例30-24】2×22年8月24日，某基金会与乙企业签订了一份捐赠协议。协议规定，乙企业将向该基金会捐赠180 000元，其中160 000元用于资助贫困地区的儿童；20 000元用于此次捐赠活动的管理，款项将在协议签订后的20日内汇至该基金会银行账户。根据此协议，2×22年9月12日，该基金会收到了乙企业捐赠的款项180 000元。2×22年9月20日，该基金会将160 000元转赠给数家贫困地区的小学，并发生了18 000元的管理费用。2×22年9月30日，该基金会与乙企业签订了一份补充协议，协议规定，此次捐赠活动节余的2 000元由该基金会自由支配。该基金会应进行如下账务处理：

（1）2×22年8月24日，不满足捐赠收入的确认条件，不需要进行账务处理。

（2）2×22年9月12日，按照收到的捐款金额，确认捐赠收入：

借：银行存款 180 000
　　贷：捐赠收入——限定性收入 180 000

(3) 2×22年9月20日，按照实际发生的金额，确认业务活动成本：
借：业务活动成本 160 000
　　管理费用 18 000
　　贷：银行存款 178 000

(4) 2×22年9月30日，部分限定性捐赠收入的限制在确认收入的当期得以解除，将其转为非限定性捐赠收入：
借：捐赠收入——限定性收入 2 000
　　贷：捐赠收入——非限定性收入 2 000

▶【例30-25】2×22年9月12日，某基金会与乙企业签订了一份捐赠协议。协议规定，乙企业将向该基金会捐赠420 000元，用于成立一项奖学金基金，款项将在协议签订后的20日内汇至该基金会银行账户，自第2年开始每年以基金利息奖励乙企业所在城市的前10名优秀学生，未经乙企业允许不得动用基金本金，具体奖励金额将由双方根据累积基金利息另行商定。根据此协议，2×22年9月30日，该基金会收到了乙企业捐赠的款项420 000元。该基金会应进行如下账务处理：

(1) 2×22年9月12日，不满足捐赠收入的确认条件，不需要进行账务处理。
(2) 2×22年9月30日，按照收到的捐款金额，确认捐赠收入：
借：银行存款 420 000
　　贷：捐赠收入——限定性收入 420 000

▶【例30-26】2×22年12月31日，某民间非营利组织"捐赠收入"科目的账面余额为480 000元，其中，"限定性收入"明细科目的账面余额为320 000元；"非限定性收入"明细科目的账面余额为160 000元。2×22年12月31日，该组织将"捐赠收入"科目各明细科目的余额分别转入限定性净资产和非限定性净资产。该民间非营利组织应进行如下账务处理：
借：捐赠收入——限定性收入 320 000
　　贷：限定性净资产 320 000
借：捐赠收入——非限定性收入 160 000
　　贷：非限定性净资产 160 000

(二) 受托代理业务

1. 受托代理业务的概念

受托代理业务是指民间非营利组织从委托方收到受托资产，并按照委托人的意愿将资产转赠给指定的其他组织或者个人的受托代理过程。民间非营利组织接受委托方委托从事受托代理业务而收到的资产即为受托代理资产。民间非营利组织因从事受托代理业务、接受受托代理资产而产生的负债即为受托代理负债。

2. 受托代理业务的界定

《民间非营利组织会计制度》规定的受托代理业务，是指有明确的转赠或者转交协议，或者虽然无协议但同时满足以下条件的业务：

（1）民间非营利组织在取得资产的同时即产生了向具体受益人转赠或转交资产的现时义务，不会导致自身净资产的增加。

（2）民间非营利组织仅起到中介而非主导发起作用，帮助委托人将资产转赠或转交给指定的受益人，并且没有权利改变受益人，也没有权利改变资产的用途。

（3）委托人已明确指出了具体受益人个人的姓名或受益单位的名称，包括从民间非营利组织提供的名单中指定一个或若干个受益人。

3. 受托代理业务的核算

对于受托代理业务，民间非营利组织应当比照接受捐赠资产的原则确认和计量受托代理资产，同时应当按照其金额确认相应的受托代理负债。为此，民间非营利组织需要设置两个会计科目，即"受托代理资产"和"受托代理负债"科目。民间非营利组织应当设置受托代理资产登记簿，加强对受托代理资产的管理。同时，应当在"受托代理资产"和"受托代理负债"科目下，按照指定的受赠组织或个人设置明细账，进行明细核算。"受托代理资产"科目的期末借方余额，反映民间非营利组织期末尚未转出的受托代理资产价值；"受托代理负债"科目的期末贷方余额，反映民间非营利组织尚未清偿的受托代理负债。

民间非营利组织收到受托代理资产时，应当按照应确认的受托代理资产的入账金额，借记"受托代理资产"科目，贷记"受托代理负债"科目。在转赠或者转出受托代理资产时，应当按照转出受托代理资产的账面余额，借记"受托代理负债"科目，贷记"受托代理资产"科目。收到的受托代理资产如果为现金、银行存款或其他货币资金，可以不通过"受托代理资产"科目核算，而在"现金""银行存款""其他货币资金"科目下设置"受托代理资产"明细科目进行核算。

民间非营利组织从事受托代理业务时发生的应归属于其自身的相关税费、运输费等，应当计入当期费用，借记"其他费用"科目，贷记"银行存款"等科目。

▶【例30-27】2×22年12月10日，甲民间非营利组织、乙民间非营利组织与丙企业共同签订了一份捐赠协议，协议规定：丙企业将通过甲民间非营利组织向乙民间非营利组织下属的10家儿童福利院（附有具体的受赠福利院名单）捐赠全新的台式电脑60台，每家福利院6台。每台电脑的账面价值为12 000元。丙企业应当在协议签订后的10日内将电脑运至甲民间非营利组织。甲民间非营利组织应当在电脑运抵后的20日内派志愿者将电脑送至各福利院，并负责安装。2×22年12月18日，丙企业按照协议规定将电脑运至甲民间非营利组织。假设截至2×22年12月31日，甲民间非营利组织尚未将电脑送至各福利院。不考虑其他因素和税费，甲民间非营利组织应进行如下账务处理：

首先根据协议规定判断，此项交易对于甲民间非营利组织属于受托代理交易。

2×22年12月18日，收到电脑时：

借：受托代理资产——电脑　　　　　　　　　　　　　　720 000
　　贷：受托代理负债　　　　　　　　　　　　　　　　　　　720 000

另外，甲民间非营利组织应当在2×22年12月31日资产负债表中单设"受托代理资产"和"受托代理负债"项目，金额均为720 000元。同时，应当在会计报表附注中，披露该受托代理业务的情况。

▶【例30-28】2×22年12月1日,甲基金会与乙企业签订了一份捐赠合作协议,协议规定:乙企业将通过甲基金会向丙学校捐款100 000元,乙企业应当在协议签订后的10日内将款项汇往甲基金会银行账户,甲基金会应当在收到款项后的10日内将款项汇往丙学校的银行账户。2×22年12月8日,乙企业按照协议规定将款项汇至甲民间非营利组织账户。2×22年12月15日,甲民间非营利组织按照协议规定将款项汇至丙学校账户。假设不考虑其他因素和税费,甲基金会应进行如下账务处理:

首先根据协议规定判断,此项交易对于甲民间非营利组织属于受托代理交易。

(1) 2×22年12月8日,收到银行存款时:

借:银行存款——受托代理资产　　　　　　　　　　　　100 000
　　贷:受托代理负债　　　　　　　　　　　　　　　　　　100 000

(2) 2×22年12月15日,转出银行存款时:

借:受托代理负债　　　　　　　　　　　　　　　　　　100 000
　　贷:银行存款——受托代理资产　　　　　　　　　　　　100 000

(三) 会费收入

会费收入是指民间非营利组织根据章程等的规定向会员收取的会费。一般情况下,民间非营利组织的会费收入为非限定性收入,除非相关资产提供者对资产的使用设置了限制。民间非营利组织的会费收入通常属于非交换交易收入。

民间非营利组织为了核算会费收入,应当设置"会费收入"科目,并应当在"会费收入"科目下设置"非限定性收入"明细科目。如果存在限定性会费收入,还应当设置"限定性收入"明细科目;同时,民间非营利组织应当按照会费种类(如团体会费、个人会费等),在"非限定性收入"或"限定性收入"科目下设置明细科目,进行明细核算。在会计期末,民间非营利组织应当将"会费收入"科目中"非限定性收入"明细科目当期贷方发生额转入"非限定性净资产"科目,将该科目中"限定性收入"明细科目当期贷方发生额转入"限定性净资产"科目。期末结转后该科目应无余额。

▶【例30-29】某社会团体按照会员代表大会通过的会费收缴办法的规定,该社会团体的单位会员应当按照上年度主营业务收入的2‰缴纳当年度会费,个人会员应当每年缴纳300元会费,每年度会费应当在当年度1月1日至12月31日缴纳;当年度不能按时缴纳会费的会员,将在下一年度的1月1日自动取消会员资格。假设2×22年1月至12月,该社会团体每月分别收到单位会员会费210 000元(均以银行转账支付),个人会员会费6 000元(均以邮局汇款支付)。该社会团体应进行如下账务处理:

借:银行存款　　　　　　　　　　　　　　　　　　　　210 000
　　现金　　　　　　　　　　　　　　　　　　　　　　　6 000
　　贷:会费收入——非限定性收入——单位会费　　　　　　210 000
　　　　　　　　　　　　　　　　——个人会费　　　　　　6 000

▶【例30-30】2×22年12月31日,某社会团体"会费收入"科目的账面余额为123 000元,均属于非限定性收入。将"会费收入"科目明细科目的余额转入非限定性净资产。该社会团体应进行如下账务处理:

借:会费收入——非限定性收入　　　　　　　　　　　　123 000

　　　　贷：非限定性净资产　　　　　　　　　　　　　　　　　　　123 000

（四）提供服务收入

　　提供服务收入是指民间非营利组织根据章程等的规定向其服务对象提供服务取得的收入，包括学杂费收入、医疗费收入、培训收入、承接政府购买服务收入等。一般情况下，民间非营利组织的提供服务收入为非限定性收入，如果存在限定性提供服务收入，则应当在本科目设置"非限定性收入""限定性收入"明细科目，进行明细核算。

　　民间非营利组织应当在满足规定的收入确认条件时确认提供服务收入。提供服务取得收入时，按照实际收到或应当收取的价款，借记"现金""银行存款""应收账款"等科目，按照应当确认的提供服务收入金额，贷记"提供服务收入"科目，按照预收的价款，贷记"预收账款"科目。在以后期间确认提供服务收入时，借记"预收账款"科目，贷记"提供服务收入——非限定性收入"科目，如果存在限定性提供服务收入，应当贷记"提供服务收入——限定性收入"科目。期末，将提供服务收入科目的余额转入非限定性净资产，借记"提供服务收入——非限定性收入"科目，贷记"非限定性净资产"科目。如果存在限定性提供服务收入，则将其金额转入限定性净资产，借记"提供服务收入——限定性收入"明细科目，贷记"限定性净资产"科目。期末结转后，提供服务收入科目应无余额。

（五）业务活动成本

　　业务活动成本是指民间非营利组织为了实现其业务活动目标、开展某项目活动或者提供服务所发生的费用，包括设立与实现本组织业务活动目标相关的民间非营利组织的出资。民间非营利组织的业务活动成本应当按照是否存在限定区分为非限定性费用和限定性费用，设置"非限定性费用""限定性费用"明细科目，进行明细核算。

　　为了核算业务活动成本，民间非营利组织应当设置"业务活动成本"科目。如果民间非营利组织从事的项目、提供的服务或者开展的业务比较单一，可以将相关费用全部归集在"业务活动成本"项目下进行核算和列报；如果民间非营利组织从事的项目、提供的服务或者开展的业务种类较多，民间非营利组织应当在"业务活动成本"项目下分别项目、服务或者业务大类进行核算和列报。

　　此外，如果民间非营利组织接受政府提供的专项资金补助，可以在"政府补助收入——限定性收入"科目下设置"专项补助收入"进行核算；同时，在"业务活动成本"科目下设置"专项补助成本"，归集当期为专项资金补助项目发生的所有费用。

　　民间非营利组织按规定出资设立其他民间非营利组织，应当计入当期费用。设立与实现本组织业务活动目标相关的民间非营利组织的，相关出资金额记入"业务活动成本"科目；设立与实现本组织业务活动目标不相关的民间非营利组织的，相关出资金额记入"其他费用"科目。

　　业务活动成本的主要账务处理如下：

　　（1）发生的业务活动成本，应当借记"业务活动成本"科目，贷记"现金""银行存款""存货""应付账款"等科目。

　　民间非营利组织收到退回的捐赠资产，按照退回的金额，借记"现金""银行存款""存货""应付账款"等科目，贷记"业务活动成本"科目。

(2) 会计期末，将"业务活动成本"科目的余额分别转入限定性净资产和非限定性净资产，借记"限定性净资产"科目，贷记"业务活动成本——限定性费用"科目，借记"非限定性净资产"科目，贷记"业务活动成本——非限定性净资产"科目。期末结转后，"业务活动成本"科目应无余额。

▶【例 30-31】2×22 年 8 月 5 日，某社会团体对外售出杂志 2 万份，每份售价 5 元，款项已于当日收到（假定均为银行存款），每份杂志的成本为 4 元。假定销售符合收入确认条件，不考虑相关税费。该社会团体应进行如下账务处理：

按照配比原则，在确认销售收入时，应当结转相应的成本：

借：银行存款　　　　　　　　　　　　　　　　　　　100 000
　　贷：商品销售收入　　　　　　　　　　　　　　　　　　100 000
借：业务活动成本——商品销售成本　　　　　　　　　　 80 000
　　贷：存货　　　　　　　　　　　　　　　　　　　　　　80 000

▶【例 30-32】2×22 年 12 月 31 日，某民间非营利组织"业务活动成本"科目的借方余额为 230 000 元。该民间非营利组织在年末结转业务活动成本时，应进行如下账务处理：

借：非限定性净资产　　　　　　　　　　　　　　　　230 000
　　贷：业务活动成本　　　　　　　　　　　　　　　　　 230 000

（六）净资产

1. 限定性净资产的核算

民间非营利组织应当设置"限定性净资产"科目来核算本单位的限定性净资产，并可根据本单位的具体情况和实际需要，在"限定性净资产"科目下设置相应的二级科目和明细科目。

(1) 期末结转限定性收入。民间非营利组织限定性净资产的主要来源是获得了限定性收入（主要是限定性捐赠收入和政府补助收入）。期末，民间非营利组织应当将当期限定性收入的贷方余额转为限定性净资产，即将各收入科目中所属的限定性收入明细科目的贷方余额转入"限定性净资产"科目的贷方，借记"捐赠收入——限定性收入""政府补助收入——限定性收入"等科目，贷记"限定性净资产"科目。

▶【例 30-33】2×21 年 12 月 5 日，某捐资举办的民办学校获得一笔 23 000 元的捐款，捐款人要求将款项用于奖励该校 2×22 年度科研竞赛的前十名学生。该民办学校应进行如下账务处理：

(1) 2×21 年 12 月 5 日，收到捐款：

借：银行存款　　　　　　　　　　　　　　　　　　　 23 000
　　贷：捐赠收入——限定性收入　　　　　　　　　　　　 23 000

(2) 2×21 年 12 月 31 日，将捐赠收入结转限定性净资产：

借：捐赠收入——限定性收入　　　　　　　　　　　　 23 000
　　贷：限定性净资产　　　　　　　　　　　　　　　　　 23 000

▶【例 30-34】承【例 30-33】。该民办学校在 2×22 年 12 月 7 日，又得到一笔 1 000 000 元的政府实拨补助款，要求用于资助贫困学生。该民办学校应进行如下账务处理：

(1) 2×22年12月7日，收到补助款：

借：银行存款　　　　　　　　　　　　　　　　　　　1 000 000
　　贷：政府补助收入——限定性收入　　　　　　　　　　　　1 000 000

(2) 2×22年12月31日，将政府补助收入结转限定性净资产：

借：政府补助收入——限定性收入　　　　　　　　　　　1 000 000
　　贷：限定性净资产　　　　　　　　　　　　　　　　　　　1 000 000

(2) 限定性净资产的重分类。如果限定性净资产的限制已经解除，应当对净资产进行重新分类，将限定性净资产转为非限定性净资产，借记"限定性净资产"科目，贷记"非限定性净资产"科目。

民间非营利组织应当区分限制解除的不同情况，确定将限定性净资产转为非限定性净资产的金额。

①对于因资产提供者或者国家有关法律、行政法规要求在收到资产后的特定时期之内使用该项资产而形成的限定性净资产，应当在相应期间之内按照实际使用的相关资产金额转为非限定性净资产。

▶【例30-35】承【例30-33】，假设该民办学校在2×22年10月将2×21年收到的23 000元捐款以现金的形式奖励给了科研竞赛的前十名学生。该民办学校应进行如下账务处理：

借：业务活动成本　　　　　　　　　　　　　　　　　　23 000
　　贷：现金　　　　　　　　　　　　　　　　　　　　　　　23 000
借：限定性净资产　　　　　　　　　　　　　　　　　　23 000
　　贷：非限定性净资产　　　　　　　　　　　　　　　　　　23 000

②对于因资产提供者或者国家有关法律、行政法规要求在收到资产后的特定日期之后使用该项资产而形成的限定性净资产，应当在该特定日期全额转为非限定性净资产。

▶【例30-36】2×21年12月7日，某基金会收到一笔300 000元的捐款，捐赠人要求该基金会在2×22年1月1日之后才能使用该款项。2×22年3月5日，该基金会使用了其中的100 000元，用于资助贫困家庭。该基金会应进行如下账务处理：

(1) 2×21年12月7日，收到捐款：

借：银行存款　　　　　　　　　　　　　　　　　　　　300 000
　　贷：捐赠收入——限定性收入　　　　　　　　　　　　　　300 000

(2) 2×21年12月31日，将捐赠收入结转到限定性净资产：

借：捐赠收入——限定性收入　　　　　　　　　　　　　300 000
　　贷：限定性净资产　　　　　　　　　　　　　　　　　　　300 000

(3) 2×22年1月1日，由于该捐赠的限定条件已经满足，将限定性净资产进行重分类：

借：限定性净资产　　　　　　　　　　　　　　　　　　300 000
　　贷：非限定性净资产　　　　　　　　　　　　　　　　　　300 000

(4) 2×22年3月5日，使用捐赠款项：

借：业务活动成本　　　　　　　　　　　　　　　　　　100 000
　　贷：银行存款　　　　　　　　　　　　　　　　　　　　　100 000

③对于因资产提供者或者国家有关法律、行政法规设置用途限制而形成的限定性净

资产，应当在使用时按照实际用于规定用途的相关资产金额转为非限定性净资产。

其中，对固定资产、无形资产仅设置用途限制的，应当自取得该资产开始，按照计提折旧或计提摊销的金额，分期将相关限定性净资产转为非限定性净资产。在处置固定资产、无形资产时，应当将尚未重分类的相关限定性净资产全额转为非限定性净资产。

▶【例30-37】2×19年6月30日，某非营利性民办学校接受了一项固定资产捐赠，价值1 200 000元，捐赠人要求该学校将这项固定资产用作办公楼，不得出售或挪为他用。假设收到时固定资产为全新资产，预期使用年限为10年，采用直线法计提折旧，不考虑净残值。该民办学校按月结转收入和费用，应进行如下账务处理：

（1）2×19年6月30日，收到捐赠：

借：固定资产　　　　　　　　　　　　　　　　　　　1 200 000
　　贷：捐赠收入——限定性收入　　　　　　　　　　　　　　1 200 000

同日，将捐赠收入结转到限定性净资产。

借：捐赠收入——限定性收入　　　　　　　　　　　　　1 200 000
　　贷：限定性净资产　　　　　　　　　　　　　　　　　　　1 200 000

（2）2×19年7月起提取折旧，月折旧额=1 200 000/120=10 000（元）。2×19年7月起，每月应进行如下账务处理：

借：管理费用　　　　　　　　　　　　　　　　　　　　　10 000
　　贷：累计折旧　　　　　　　　　　　　　　　　　　　　　10 000
借：限定性净资产　　　　　　　　　　　　　　　　　　　10 000
　　贷：非限定性净资产　　　　　　　　　　　　　　　　　　10 000

月末将管理费用结转到非限定性净资产：

借：非限定性净资产　　　　　　　　　　　　　　　　　　10 000
　　贷：管理费用　　　　　　　　　　　　　　　　　　　　　10 000

④如果资产提供者或者国家有关法律、行政法规要求民间非营利组织在特定时期之内或特定日期之后将限定性净资产用于特定用途，应当在相应期间之内或相应日期之后按照实际用于规定用途的相关资产金额转为非限定性净资产。

其中，要求在收到固定资产、无形资产后的某个特定时期之内将该项资产用于特定用途的，应当在该规定时期内，对相关限定性净资产金额按期平均分摊，转为非限定性净资产。要求在收到固定资产、无形资产后的某个特定日期之后将该项资产用于特定用途的，应当在特定日期之后，自资产用于规定用途开始，在资产预计剩余使用年限内，对相关限定性净资产金额按期平均分摊，转为非限定性净资产。与限定性净资产相关的固定资产、无形资产，应当按照《民间非营利组织会计制度》规定计提折旧或计提摊销。

▶【例30-38】承【例30-37】，2×19年6月30日，某非营利性民办学校接受了一项固定资产捐赠，价值1 200 000元，捐赠人要求该学校须在收到资产后的两年内（即至2×21年6月30日）将这项固定资产用作办公楼，此后的用途不限。该民办学校2×19年6月30日的账务处理同【例30-37】，7月起应进行如下账务处理：

（1）2×19年7月起，每月计提折旧：

借：管理费用　　　　　　　　　　　　　　　　　　　　　10 000

　　　　贷：累计折旧 10 000
　　月末将管理费用结转到非限定性净资产：
　　借：非限定性净资产 10 000
　　　　贷：管理费用 10 000
　　(2) 2×19年7月至2×21年6月，每月编制净资产重分类分录，金额=1 200 000/2/12=50 000（元）。
　　借：限定性净资产 50 000
　　　　贷：非限定性净资产 50 000

▶【例30-39】承【例30-37】，2×19年6月30日，某非营利性民办学校接受了一项固定资产捐赠，价值1 200 000元，捐赠人要求该学校须在2×20年1月1日之后将这项固定资产用作办公楼。实际上，由于种种原因，学校直到2×21年7月1日才将该固定资产用作办公楼，之前一直闲置。该民办学校2×19年6月30日的账务处理同【例30-37】，7月起应进行如下账务处理：
　　(1) 2×19年7月起，每月计提折旧：
　　借：管理费用 10 000
　　　　贷：累计折旧 10 000
　　月末将管理费用结转到非限定性净资产：
　　借：非限定性净资产 10 000
　　　　贷：管理费用 10 000
　　(2) 2×21年7月1日起，该固定资产按照规定用途使用，固定资产的限制条件逐渐解除，每月应当编制净资产重分类分录，重分类金额按剩余使用月份平均分摊，每月金额=1 200 000/8/12=12 500（元）。
　　借：限定性净资产 12 500
　　　　贷：非限定性净资产 12 500

　　⑤对于资产提供者或者国家有关法律、行政法规撤销对限定性净资产所设置限制的，应当在撤销时全额转为非限定性净资产。

▶【例30-40】2×20年12月4日，某基金会取得一项捐款600 000元，捐赠人限定将该款项用于购置化疗设备。2×21年1月12日，某基金会购入设备，价值550 000元。2×21年2月19日，经与捐赠人协商，捐赠人同意将剩余的款项50 000元留归该基金会自主使用。该基金会应进行如下账务处理：
　　(1) 2×20年12月4日，取得捐赠：
　　借：银行存款 600 000
　　　　贷：捐赠收入——限定性收入 600 000
　　(2) 2×20年12月31日，将捐赠收入结转到限定性净资产：
　　借：捐赠收入——限定性收入 600 000
　　　　贷：限定性净资产 600 000
　　(3) 2×21年1月12日，购入设备：
　　借：固定资产 550 000

　　　　贷：银行存款　　　　　　　　　　　　　　　　　　　　　550 000
　　由于该捐赠的限定条件已经满足，应当记录限定性净资产的重分类：
　　借：限定性净资产　　　　　　　　　　　　　　　　　　　　　550 000
　　　　贷：非限定性净资产　　　　　　　　　　　　　　　　　　　550 000
　（4）2×21年2月19日，将剩余的限定性净资产进行重分类：
　　借：限定性净资产　　　　　　　　　　　　　　　　　　　　　50 000
　　　　贷：非限定性净资产　　　　　　　　　　　　　　　　　　　50 000

⑥有些情况下，资源提供者或者国家法律、行政法规会对以前期间未设置限制的资产增加时间或用途限制，应将非限定性净资产转入限定性净资产，借记"非限定性净资产"科目，贷记"限定性净资产"科目。

2. 非限定性净资产的核算

民间非营利组织应当设置"非限定性净资产"科目来核算本单位的非限定性净资产，并可以根据本单位的具体情况和实际需要，在"非限定性净资产"科目下设置相应的二级科目和明细科目。

（1）期末结转非限定性收入。期末，民间非营利组织应当将捐赠收入、会费收入、提供服务收入、政府补助收入、商品销售收入、投资收益和其他收入等各项收入科目中非限定性收入明细科目的期末余额转入非限定性净资产，借记"捐赠收入——非限定性收入""会费收入——非限定性收入""提供服务收入——非限定性收入""政府补助收入——非限定性收入""商品销售收入——非限定性收入""投资收益——非限定性收入""总部拨款收入——非限定性收入""其他收入——非限定性收入"科目，贷记"非限定性净资产"科目。

（2）期末结转成本费用。期末，民间非营利组织应当将业务活动成本、管理费用、筹资费用和其他费用的期末余额均结转至非限定性净资产，借记"非限定性净资产"科目，贷记"业务活动成本""税金及附加""管理费用""筹资费用""资产减值损失""所得税费用""其他费用"科目。

3. 调整以前年度收入、费用项目对净资产的影响

如果因调整以前期间收入、费用项目而涉及调整非限定性净资产的，民间非营利组织应当就需要调整的金额，借记或贷记有关科目，贷记或借记"非限定性净资产"或"限定性净资产"科目。

▶【例30-41】2×22年5月16日，某基金会发现上一年度的一项无形资产摊销6 000元未记录。该基金会应当追溯调整2×21年度业务活动表中的管理费用（调增6 000元），减少非限定性净资产期初数6 000元。该基金会应进行如下账务处理：
　　借：非限定性净资产（期初数）　　　　　　　　　　　　　　　6 000
　　　　贷：无形资产　　　　　　　　　　　　　　　　　　　　　　6 000